le Guide du routard

Directeur de collection et auteur
Philippe GLOAGUEN

Cofondateurs
Philippe GLOAGUEN et Michel DUVAL

Rédacteur en chef
Pierre JOSSE

Rédacteur en chef adjoint
Benoît LUCCHINI

Directrice de la coordination
Florence CHARMETANT

Directeur de routard.com
Yves COUPRIE

Rédaction
Olivier PAGE, Véronique de CHARDON,
Amanda KERAVEL, Isabelle AL SUBAIHI,
Anne-Caroline DUMAS, Carole BORDES,
Bénédicte BAZAILLE, André PONCELET,
Marie BURIN des ROZIERS, Thierry BROUARD,
Géraldine LEMAUF-BEAUVOIS, Anne POINSOT,
Mathilde de BOISGROLLIER, Gavin's CLEMENTE-RUÏZ,
Fabrice de LESTANG et Alain PALLIER

PAYS DE LA LOIRE

2002

Hachette

Avis aux hôteliers et aux restaurateurs

Les enquêteurs du *Routard* travaillent dans le plus strict anonymat, afin de préserver leur indépendance et l'objectivité des guides. Aucune réduction, aucun avantage quelconque, aucune rétribution ne sont jamais demandés en contrepartie. La loi autorise les hôteliers et restaurateurs à porter plainte.

Hors-d'œuvre

Le *GDR*, ce n'est pas comme le bon vin, il vieillit mal. On ne veut pas pousser à la consommation, mais évitez de partir avec une édition ancienne. D'une année sur l'autre, les modifications atteignent et dépassent souvent les 40 %.

Spécial copinage

Le Bistrot d'André : 232, rue Saint-Charles, 75015 Paris. ☎ 01-45-57-89-14. M. : Balard. À l'angle de la rue Leblanc. Fermé le dimanche. L'un des seuls bistrots de l'époque Citroën encore debout, dans ce quartier en pleine évolution. Ici, les recettes d'autrefois sont remises à l'honneur. Une cuisine familiale, telle qu'on l'aime. Des prix d'avant-guerre pour un magret de canard poêlé sauce au miel, rognon de veau aux champignons, poisson du jour... Menu à 10,52 € (69 F) servi le midi en semaine uniquement. Menu-enfants à 6,86 € (45 F). À la carte, compter autour de 21,34 € (140 F) avec la boisson. Kir offert à tous les amis du *Guide du routard*.

www.routard.com

NOUVEAU : les temps changent, après 4 ans de bons et loyaux services, le web du Routard laisse la place à *routard.com,* notre portail voyage. Tout pour préparer votre voyage en ligne, de A comme argent à Z comme Zanzibar : des fiches pratiques sur 130 destinations (y compris les régions françaises), nos tuyaux perso pour voyager, des cartes et des photos sur chaque pays, des infos météo et santé, la possibilité de réserver en ligne son visa, son vol sec, son séjour, son hébergement ou sa voiture. En prime, *routard mag* véritable magazine en ligne, propose interviews de voyageurs, reportages, carnets de routes, événements culturels, programmes télé, produits nomades, fêtes et infos du monde. Et bien sûr : des concours, des chats, des petites annonces, une boutique de produits voyages...

Pour que votre pub voyage autant que nos lecteurs,
contactez nos régies publicitaires :
fbrunel@hachette-livre.fr
veronique@routard.com

Le bon truc pour voyager malin ! Hertz vous propose deux remises exceptionnelles en France :

15 € (98 F) de réduction immédiate sur les Forfaits Week-ends et 30 € (196 F) sur les Forfaits Vacances standard Hertz.

Offre valable sur présentation de votre *Guide du routard* jusqu'au 31 décembre 2003 à l'agent de comptoir Hertz.

Comment bénéficier de cette offre ? Au moment de la réservation, merci d'indiquer votre **numéro Hertz CDP 967130** et de rappeler les remises citées ci-dessus.

Informations et réservations : ☎ 01-39-38-38-38 ou ● www.routard.com ●

Le contenu des annonces publicitaires insérées dans ce guide n'engage en rien la responsabilité de l'éditeur.

© **HACHETTE LIVRE** (Hachette Tourisme), 2002
Tous droits de traduction, de reproduction
et d'adaptation réservés pour tous pays.

© **Cartographie** Hachette Tourisme.

TABLE DES MATIÈRES

COMMENT Y ALLER ?

- PAR LA ROUTE 21
- EN TRAIN 21
- EN AVION 24

GÉNÉRALITÉS

- CARTE D'IDENTITÉ 28
- AVANT LE DÉPART 28
- ARCHITECTURE 35
- ÉCONOMIE 36
- GÉOGRAPHIE 36
- HISTOIRE 39
- LANGUES RÉGIONALES 42
- LE CULTE DE LA CULTURE .. 43
- LIVRES DE ROUTE 43
- MERVEILLES DE GUEULE ... 44
- PERSONNAGES 46
- PERSONNES HANDICAPÉES . 49
- PLÉIADE : LES RIMES ET LA RAISON 49
- SITES INTERNET 50
- VINS ET ALCOOLS 51

LA LOIRE-ATLANTIQUE

- GASTRONOMIE 53
- ADRESSES UTILES 59
- NANTES *(NAONED)* 59
  - L'Erdre • La Loire

LE PAYS DU VIGNOBLE NANTAIS

- BRIEFING POUR NÉOPHYTES 80
- LA DIVATTE 82
  - La chapelle Saint-Simon à La Chapelle-Basse-Mer • Les marais de Goulaine • La butte de la Roche • Le château de Goulaine • La statue de Louis XVI au Loroux-Bottereau • Le moulin du Pé
- VALLET *(GWALED)* 84
  - Le château de la Noé de Bel Air • Mouzillon
- LE PALLET *(AR PALEZ)* 85
- LA HAIE-FOUASSIÈRE *(AN HAE-FOAZER)* 86
- CLISSON *(KLISON)* 86
- VERTOU *(GWERZHAV)* 91
  - Le site de la Cantrie à Saint-Fiacre-sur-Maine

LE PAYS DE RETZ

- INTRODUCTION 93
- LE LAC DE GRAND-LIEU ET SA RÉGION 93
  - L'observatoire et la maison du Pêcheur à Passay • Le site de l'abbatiale de Saint-Philbert-de-Grand-Lieu
- MACHECOUL *(MACHIKOUL)* . 96

Le Guide du Routard sera toujours et partout avec vous, depuis votre mobile Orange, par le wap (Orange.fr > se divertir > loisirs et sorties) ou en composant le 711.

Le futur, vous l'aimez comment ?

- Le marais breton-vendéen
- La route de Charette • La route touristique du vignoble
- BOURGNEUF-EN-RETZ

LA CÔTE DE JADE
- LA BERNERIE-EN-RETZ *(KER-VERNER-RAEZ)* 100
- PORNIC *(PORNIZH)* 100
- PRÉFAILLES *(PRADVAEL)* ET LA PLAINE-SUR-MER *(PLAEN-RAEZ)* 105
  - Saint-Michel-Chef-Chef
- SAINT-BRÉVIN *(SENT-BREWENN)* 107
- PAIMBŒUF *(PEMBO)* 109

(BOURC'HNEVEZ-RAEZ) 98
- Les Moustiers-en-Retz • La chapelle de Prigny • La lanterne des Morts
- Corsept
- LE CANAL DE LA MARTINIÈRE .. 110
  - La réserve ornithologique de l'île de Massereau • Frossay
- SAINT-NAZAIRE *(SANT-NAZER)* . 111
  - Les terminaux • La raffinerie Total Fina Elf

LA CÔTE D'AMOUR
- PORNICHET *(PORNIZHAN)* ... 123
- LA BAULE *(AR BAOL)* 126
- LE POULIGUEN *(AR POULGWENN)* 129
- BATZ-SUR-MER *(BOURC'H-BAZ)* 131
- LE CROISIC *(AR GROAZIG)* .. 133
- GUÉRANDE *(GWENRANN)* ... 136
- LA TURBALLE *(AN TURBALL)* 140
  - Port-Lérat • Penbron
- PIRIAC *(PENC'HERIEG)* 143
  - Le calvaire de Pen Ar Ren
  - La pierre druidique du tombeau d'Almanzor à la pointe Castelli • La grotte Madame

- Pont-Mahé
- MESQUER-QUIMIAC *(MESKER)* .. 145
- LE PARC NATUREL RÉGIONAL DE BRIÈRE 146
  - Rozé • L'île de Fédrun • Camer
  - La Chapelle-des-Marais • Mayun
  - Les Fossés-Blancs • Les jardins du Marais à Herbignac
  - Saint-Lyphard • Bréca • Kerhinet • La Chaussée-Neuve • Ker Anas, le village des Canards, à Saint-André-des-Eaux • Le château de Ranrouët

LE PAYS DES TROIS-RIVIÈRES
- LA FORÊT DU GÂVRE 153
  - Le Gâvre
- LE CANAL DE NANTES À BREST 154
- BLAIN *(BLAEN)* 155
  - La ferme de l'Orme et le musée des Mines et Minéraux
- GUENROUET *(GWENRED)* ... 156
- FEGRÉAC *(FEGERIEG)* 158
  - L'église de Saint-Gildas-des-Bois

- PONTCHÂTEAU (PONTKASTELL-KEREN) 159
  - Le château de la Bretesche
- SAINT-NICOLAS-DE-REDON *(SANT-NIKOLAZ-AN-HENT)* ... 160
- LA VALLÉE DU DON 160
  - Marsac-sur-Don (Marzheg)
  - Conquereuil (Konkerel) • Guémené-Penfao (Gwenvenez-Penfaou) • Masserac (Merzhereg)

CHÂTEAUBRIANT ET LE PAYS DE LA MÉE
- CHÂTEAUBRIANT *(KASTELL-BRIANT)* 162
- LE PAYS DE LA MÉE 165
  - L'église de Saint-Julien-de-Vouvantes • Le château de La Motte-Glain • Moisdon-la-Rivière • L'abbaye de Melleray à

La Meilleraye-de-Bretagne • Le grand réservoir de Vioreau • Abbaretz • Nozay • Derval • Mouais • Sion-les-Mines • La chapelle des Templiers à Saint-Aubin-des-Châteaux • Louisfert

LE PAYS D'ANCENIS

- ANCENIS *(ANKINIZ)* 168
  - Le château de Vair à Anetz • Le palais Briau à Varades • L'église Saint-Pierre-de-Montrelais
- OUDON *(OUDON)* 171
- LE CELLIER *(KELLER)* 172
  - Les folies Siffait • Le château de Clermont

LA MAYENNE

- COMMENT Y ALLER ? 173
- ADRESSES UTILES 173
- LAVAL 173
  - L'abbaye du Port-Salut à Entrammes
- COSSÉ-LE-VIVIEN 187
- CRAON 189
  - La vieille forge à Denazé • Le musée de l'Ardoise à Renazé • Notre-Dame-de-la-Roë • Le moulin des Gués à Fontaine-Couverte
- CHÂTEAU-GONTIER 191
  - Le refuge de l'Arche • Le château de Magnanne à Ménil • Le moulin de la Guenaudière à Grez-en-Bouère • Saint-Denis-d'Anjou • La base de loisirs de Daon

DU MAINE ANGEVIN AUX COËVRONS

- MESLAY-DU-MAINE 195
  - Saint-Denis-du-Maine
- SAULGES 196
  - Chémeré-le-Roi • Le moulin de Thévalles
- SAINTE-SUZANNE 199
  - La ferme fortifiée du centre médiéval de Clairbois à Chammes
- ÉVRON 202
  - La base de loisirs du Gué-de-Selle à Mézangers • Le site et la chapelle de Montaigu • La ferme de l'Ermitage à Saint-Gemmes-le-Robert • Le centre touristique du Bois-du-Tay à Hambers • Randonnée pédestre dans la vallée de la Jouanne
- MAYENNE 204
  - Les Toiles de Mayenne à Fontaine-Daniel • Le musée des Tisserands mayennais à Ambrières-les-Vallées
- JUBLAINS 208
- LASSAY-LES-CHÂTEAUX 209
  - Le vélo-rail du bocage à Saint-Louis-du-Gast • Le musée du Cidre à La Duretière • Le circuit du peintre Pissarro
- PRÉ-EN-PAIL 212
  - Le monts des Avaloirs et son belvédère • Le moulin de Trotté
- VILLAINES-LA-JUHEL 213

LE PAYS DE JEAN CHOUAN

- GORRON 214
- PONTMAIN 215
- ERNÉE 215
- JUVIGNÉ 217
- SAINT-OUEN-DES-TOITS 218
- ANDOUILLÉ 220

LA SARTHE

- INTRODUCTION 221
- LE MANS 224
  - Yvré-l'Évêque et l'abbaye de l'Épau • Spay • Les bois de Changé

LE MAINE NORMAND ET LES ALPES MANCELLES

- SILLÉ-LE-GUILLAUME 243
- BEAUMONT-SUR-SARTHE ... 245
  - Le musée de l'Abeille au Tronchet • Le musée de la Vie d'autrefois au prieuré de Vivoin • Les halles et les vitraux de René • Le donjon de Ballon • Le prieuré de Saint-Marceau
- FRESNAY-SUR-SARTHE 247
- SAINT-LÉONARD-DES-BOIS .. 248
- LA FORÊT DE PERSEIGNE ... 250
  - La maison de la Broderie à Bourg-le-Roi • La maison du Sabot à Neufchâtel-en-Saosnois
- MAMERS 251

LE PERCHE SARTHOIS

- LA FERTÉ-BERNARD 253
  - La vallée de l'Huisne : Villaines-la-Gonais, Beillé, Tuffé et Prévelles
- BONNÉTABLE 257
  - Saint-Georges-du-Rosay
- Saint-Aubin-des-Coudrais
- MONTMIRAIL 258
- VIBRAYE 259
  - Semur-en-Vallon
- SAINT-CALAIS 260

LA VALLÉE DU LOIR

- PONCÉ-SUR-LE-LOIR 262
  - Le château de Courtanvaux à Bessé-sur-Braye
- LA CHARTRE-SUR-LE-LOIR .. 265
  - Le château de Bénéhard • Le musée de la Vigne à L'Homme
- LA FORÊT DE BERCÉ 266
  - La maison du Sabot et de l'Artisanat du bois à Jupilles
- CHÂTEAU-DU-LOIR 268
  - La cave municipale de Vouvray-sur-le-Loir • Marçon • La base de loisirs du lac de Varennes • L'église de Dissay-sous-Courcillon
- VAAS 270
  - Le complexe archéologique d'Aubigné-Racan
- LE LUDE 271
- LA FLÈCHE 274
  - Le château de Bazouges-sur-le-Loir • L'écomusée de Cré-sur-Loir

LA VALLÉE DE LA SARTHE

- SABLÉ-SUR-SARTHE 279
- SOLESMES 282
- L'Amusant Musée à Juigné-sur-Sarthe

LA VALLÉE DE LA VÈGRE

- ASNIÈRES-SUR-VÈGRE 284
- BRÛLON 284
- LOUÉ 285
- LA FORÊT DE LA PETITE ET DE LA GRANDE CHARNIE ... 286
- ROUEZ-EN-CHAMPAGNE 287

LA VALLÉE DE LA SARTHE JUSQU'AU MANS

- MALICORNE-SUR-SARTHE ... 287
- LA SUZE-SUR-SARTHE 289
- Le jardin des Oiseaux à Spay

L'ANJOU (LE MAINE-ET-LOIRE)

- LES P'TITS VINS D'ANJOU ... 291
- LA BOULE DE FORT 294

- ANGERS 298
  - Marcé : le musée régional de l'Air (GPPA) • Saint-Barthélemy-d'Anjou : le parc de Pignerolle et le musée européen de la Communication ; le musée Cointreau) • Les Ponts-de-Cé : le musée des Coiffes

D'ANGERS À SAUMUR

- TRÉLAZÉ 325
  - Saint-Mathurin-sur-Loire • Blaison-Gohier • Saint-Rémy-la-Varenne • Le Thoureil • Le dolmen de la Bajoulière près de Fontaine • Le manoir de la Caillère à Coutures • L'Hélice terrestre de L'Orbière, espace d'Art plastique contemporain à Saint-Georges-des-Sept-Voies • L'église de Saint-Pierre-en-Vaux • Le moulin à eau de Sarré • L'abbaye de Saint-Maur • Gennes • Les dolmens de la Forêt, de la Pagerie et de la Madeleine • Les Rosiers-sur-Loire • Le moulin à vent des Basses-Terres
- BEAUFORT-EN-VALLÉE 335
  - Le château de Montgeoffroy à Mazé
- CUNAULT 338
  - Chênehutte-les-Tuffeaux
- SAUMUR 341
  - Saint-Hilaire-Saint-Florent • Le musée de la Figurine • Bagneux

AU SUD DE SAUMUR

- DE SAUMUR À MONTSOREAU .. 360
  - Turquant • La Grande-Vignolle • Le troglo des Pommes tapées
- MONTSOREAU 362
- FONTEVRAUD-L'ABBAYE 365
  - Le château de Brézé
- MONTREUIL-BELLAY 370
  - L'abbaye d'Asnières à Cizay-la-Madeleine • Méron • Le Puy-Notre-Dame • La cave champignonnière de Saint-Maur à Sanziers • Le moulin à eau de Batereau au Vauldenay • Le Coudray-Macouard
- DOUÉ-LA-FONTAINE 376
  - Rochemenier • La caverne sculptée de Dénezé-sous-Doué • La Fosse à Forges

LA RÉGION DES COTEAUX DU LAYON

- INTRODUCTION 385
- À VOIR 388
  - Tigné • Aubigné-sur-Layon • Le château de Martigné-Briand • Rablay-sur-Layon • Beaulieu-sur-Layon • Saint-Lambert-du-Lattay • Saint-Aubin-de-Luigné • Les ruines du château de la Haute-Guerche • La corniche angevine et Rochefort-sur-Loire • Le château de Brissac à Brissac-Quincé
- L'ÎLE DE BÉHUARD 391
  - Savennières • Le château de Serrant • La mairie de Saint-Georges-sur-Loire
- MONTJEAN-SUR-LOIRE 393
  - Le jardin du château du Pin à Champtocé-sur-Loire • Ingrandes-sur-Loire

LA RÉGION DES MAUGES

- UN PEU D'HISTOIRE 396
- SAINT-LAURENT-DE-LA-PLAINE . 397
- SAINT-FLORENT-LE-VIEIL 399
  - Le moulin de l'Épinay à La

Chapelle-Saint-Florent • Le cirque de Courossé • Le musée Joachim-du-Bellay à Liré
- CHAMPTOCEAUX 404
  • Saint-Laurent-des-Autels • Le Fuilet
- CHANZEAUX 408
- CHEMILLÉ 409
- CHOLET 410
  • Le parc oriental de Maulévrier
  • Le musée de la Chaussure à Saint-André-de-la-Marche

LE HAUT-ANJOU SEGRÉEN

- COMMENT Y ALLER ? 415
- ADRESSE UTILE 416
- À VOIR 417
  • Où dormir ? Où manger ?
  • Le château du Plessis-Macé
  • Le château du Plessis-Bourré à Écuillé • Grez-Neuville • Le Lion-d'Angers • Chenillé-Changé • La maison de la Rivière à Châteauneuf-sur-Sarthe
  • Le château de Bouillé-Thévalle
  • Segré • Le château de La Lorie à La Chapelle-sur-Oudon
- NOYANT-LA-GRAVOYÈRE ... 419
  • La forteresse de Pouancé • Le château de Challain-la-Potherie • Le château de Raguin à Chazé-sur-Argos • Le domaine de la Petite-Couère à Nyoiseau

LE BAUGEOIS

- BAUGÉ 423
  • L'église Saint-Symphorien du Vieil-Baugé • L'église de Jarzé • L'église de Fontaine-Guérin • L'église de Moulihèrne • Le musée Jules-Desbois à Parçay-les-Pins • Le Musée populaire des Arts et Métiers à Noyant • Le château du Breil-de-Foin à Genneteil • L'église de Pontigné • Le château de Durtal • Les Rairies

LA VENDÉE

- MÉLUSINE, FÉE BÂTISSEUSE DE LA VENDÉE 428
- COMMENT Y ALLER ? 430
- ADRESSES UTILES 432
- LA ROCHE-SUR-YON 432
  • L'église Saint-Nicolas de La Chaize-le-Vicomte • L'abbaye des Fontenelles • L'église de Landeronde

LE MARAIS BRETON-VENDÉEN

- CHALLANS 438
  • Sallertaine • Bois-de-Céné
- BOUIN 441
- BEAUVOIR-SUR-MER 442
  • Le port du Bec à L'Époids
  • La Barre-de-Monts
- L'ÎLE DE NOIRMOUTIER 444
  • Le Gois de Noirmoutier • Noirmoutier-en-l'Île • La Guérinière • La jetée Jacobsen • Le bois de la Chaize • Le Vieil • L'Herbaudière • Les plages de la façade atlantique • Les marais salants
- L'ÎLE D'YEU 453
  • Port-Joinville • Le bois de la Citadelle et le fort de Pierre-Levée • Les mégalithes islais • La pointe du But • La pointe du Châtelet • Le Vieux Château

- Le port de La Meule • Saint-Sauveur • De la pointe des Corbeaux à Ker Chalon
- NOTRE-DAME-DE-MONTS 461
- SAINT-JEAN-DE-MONTS 462
- Le musée Milcendeau-Jean Yole à Soullans • L'écomusée de la Bourrine du Bois-Juquaud à Saint-Hilaire-de-Riez

LE LITTORAL VENDÉEN
- SAINT-GILLES-CROIX-DE-VIE 465
- COMMEQUIERS 467
  - Apremont • Coëx • La Chaize-Giraud
- BRÉTIGNOLLES-SUR-MER ... 469
  - Le château de Beaumarchais

LE PAYS D'OLONNE
- LES SABLES-D'OLONNE 470
  - Olonne-sur-Mer • La forêt d'Olonne • Le marais d'Olonne
  - La Mothe-Achard
- TALMONT-SAINT-HILAIRE 483

DE TALMONT À LA TRANCHE-SUR-MER
- SAINT-VINCENT-SUR-JARD .. 484
  - Le CAIRN (Centre archéologique de recherche sur le néolithique) à Saint-Hilaire-la-Forêt • L'abbaye de Lieu-Dieu à Jard-sur-Mer
- LA TRANCHE-SUR-MER 486

DE TALMONT À LUÇON
  - Le château la Guignardière
  - Moutiers-les-Mauxfaits • Saint-Benoist-sur-Mer
- SAINT-CYR-EN-TALMONDAIS 489
- LUÇON 489
  - L'église Saint-Nicolas des Magnils-Reigniers • Les « fiefs vendéens » • Mareuil-sur-Lay

LE BOCAGE DE LA VALLÉE DU LAY
  - L'église des Moutiers-sur-le-Lay
- SAINTE-HERMINE 494
  - De Sainte-Hermine à Mouilleron-en-Pareds : Thiré, Saint-Martin-de-Lars-en-Sainte-Hermine, La Réorthe et Bazoges-en-Pareds
- MOUILLERON-EN-PAREDS ... 495

LES COLLINES VENDÉENNES
- POUZAUGES 497
  - L'église Notre-Dame-du-Vieux-Pouzauges • Réaumur • Le musée de la France protestante de l'Ouest à Montsireigne • L'abbaye de Grammont à Saint-Prouant • Le bois de la Folie • Le château de Saint-Mesmin-la-Ville
- SAINT-MICHEL-MONT-MERCURE 500
  - La Flocellière • La maison de la Vie rurale • Le moulin des Justices
- LE PUY-DU-FOU 501
- LES ÉPESSES 502
- LES HERBIERS 503
  - Beaurepaire • L'abbaye de la Grainetière • L'église Saint-Christophe • La tombe de Clemenceau à Mouchamps
- MORTAGNE-SUR-SÈVRE 504
  - L'église de La Gaubretière
- SAINT-LAURENT-SUR-SÈVRE 506

TABLE DES MATIÈRES

- **TIFFAUGES** 506
- **MONTAIGU** 508
  - Le château de la Preuille à Saint-Hilaire-de-Loulay
- **LE MÉMORIAL DE VENDÉE** .. 509
  - Le logis de la Chabotterie à Saint-Sulpice-le-Verdon • Le mémorial des Lucs-sur-Boulogne

LE MARAIS POITEVIN

- **LA LONGUE HISTOIRE DU MARAIS** 515
- **ADRESSES UTILES DANS LE MARAIS** 515
- Parcours
- **FONTENAY-LE-COMTE** 516

LA FORÊT DE MERVENT ET LE PAYS DE MÉLUSINE

- **VOUVANT** 521
- **MERVENT** 522
- L'église de Foussais-Payré

LE MARAIS MOUILLÉ ET LA VENISE VERTE

- **MAILLEZAIS** 523
  - Anchais • Saint-Sigismond • Le Mazeau
- **NIEUL-SUR-L'AUTISE** 527
  - Le site néolithique de Champ-Durand
- **COULON** 529
- **LA GARETTE** 532
- **MAGNÉ** 532
  - La chapelle Sainte-Macrine
- **BESSINES** 534
- **LE VANNEAU** 534
  - Saint-Georges-de-Rex • Armuré
- **IRLEAU** 535
- **ARÇAIS** 535
- **SAINT-HILAIRE-LA-PALUD** ... 537
- **DAMVIX** 538
- **MAILLÉ** 539

LE MARAIS DESSÉCHÉ

- **CHAILLÉ-LES-MARAIS** 540
- **MARANS** 542
  - La ferme de Bellevue
- **LA RONDE** 544
- **TAUGON** 545
- **COURÇON-D'AUNIS** 545

LA BAIE DE L'AIGUILLON

- La porte du Brault et les portes des Grands-Greniers
- **SAINT-MICHEL-EN-L'HERM** ... 547
  - La réserve naturelle Michel-Brosselin de Saint-Denis-du-Payré
- **L'AIGUILLON-SUR-MER** 549
  - La Faute-sur-Mer

- **INDEX GÉNÉRAL** 569
- **OÙ TROUVER LES CARTES ET LES PLANS ?** 579

> Situé à la lisière de trois départements, la Vendée, les Deux-Sèvres et la Charente-Maritime, le Marais poitevin est délibérément traité de façon identique dans les guides *Pays de la Loire* et *Poitou-Charentes*. En effet, il nous paraissait incongru, soit de le découper en départements, soit de l'évincer totalement de l'un des deux guides.

LES GUIDES DU ROUTARD 2002-2003

(dates de parution sur **www.routard.com**)

France

- Alpes
- Alsace, Vosges
- Aquitaine
- **Ardèche, Drôme**
- Auvergne, Limousin
- Banlieues de Paris
- Bourgogne, Franche-Comté
- Bretagne Nord
- Bretagne Sud
- Châteaux de la Loire
- Corse
- Côte d'Azur
- Hôtels et restos de France
- Junior à Paris et ses environs
- **Junior en France (printemps 2002)**
- Languedoc-Roussillon
- Lyon et ses environs
- Midi-Pyrénées
- Nord, Pas-de-Calais
- Normandie
- Paris
- Paris à vélo
- Paris balades
- Paris casse-croûte
- Paris exotique
- **Paris la nuit (nouveauté)**
- Pays basque (France, Espagne)
- Pays de la Loire
- Poitou-Charentes
- Provence
- Restos et bistrots de Paris
- Le Routard des amoureux à Paris
- Tables et chambres à la campagne
- Week-ends autour de Paris

Amériques

- **Argentine (déc. 2001)**
- Brésil
- Californie et Seattle
- Canada Ouest et Ontario
- Cuba
- **Chili et Île de Pâques (déc. 2001)**
- Équateur
- États-Unis, côte Est
- Floride, Louisiane
- Guadeloupe, Saint-Martin, Saint-Barth
- Martinique, Dominique, Sainte-Lucie
- Mexique, Belize, Guatemala
- New York
- Parcs nationaux de l'Ouest américain et Las Vegas
- Pérou, Bolivie
- Québec et Provinces maritimes
- Rép. dominicaine (Saint-Domingue)

Asie

- Birmanie
- **Chine**
- Inde du Nord
- Inde du Sud
- Indonésie
- Israël
- Istanbul
- Jordanie, Syrie, Yémen
- Laos, Cambodge
- Malaisie, Singapour
- Népal, Tibet
- Sri Lanka (Ceylan)
- Thaïlande
- Turquie
- Vietnam

Europe

- Allemagne
- Amsterdam
- Andalousie
- **Andorre, Catalogne**
- Angleterre, pays de Galles
- Athènes et les îles grecques
- Autriche
- Baléares
- Belgique
- **Croatie (mars 2002)**
- Écosse
- Espagne du Centre
- **Espagne du Nord-Ouest (Galice, Asturies, Cantabrie - mars 2002)**
- Finlande, Islande
- Grèce continentale
- Hongrie, Roumanie, Bulgarie
- Irlande
- Italie du Nord
- Italie du Sud, Rome
- Londres
- Norvège, Suède, Danemark
- Pologne, République tchèque, Slovaquie
- Portugal
- Prague
- Sicile
- Suisse
- Toscane, Ombrie
- Venise

Afrique

- Afrique noire
- Égypte
- Île Maurice, Rodrigues
- Kenya, Tanzanie et Zanzibar
- Madagascar
- Maroc
- Marrakech et ses environs
- Réunion
- Sénégal, Gambie
- Tunisie

et bien sûr...

- Le Guide de l'expatrié
- **Le Guide du chineur autour de Paris (printemps 2002)**
- **Le Guide du citoyen (printemps 2002)**
- Humanitaire
- Internet

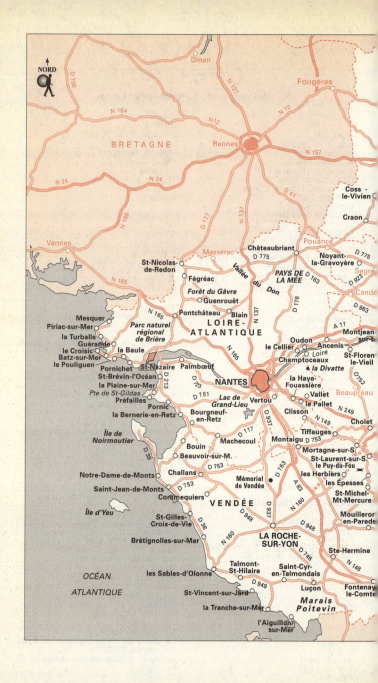

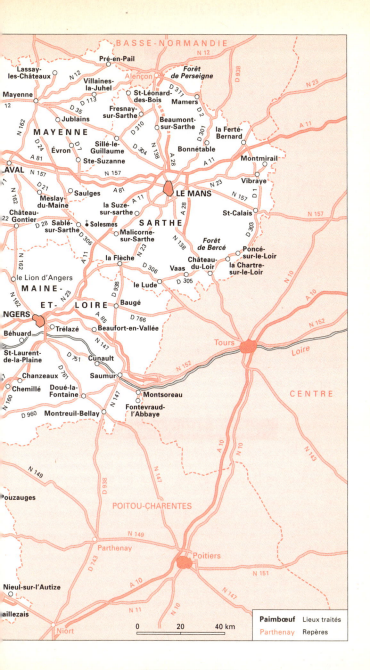

PAYS DE LA LOIRE

NOS NOUVEAUTÉS

CHINE (paru)

Depuis Tintin et *Le Lotus Bleu*, on rêve de la Chine. Eh oui, de superbes images exotiques, une capacité d'évocation exceptionnelle. Mais attention, cette Chine-là a tout de même quelque peu évolué : ouverture économique, développement incroyable, montée en puissance du tourisme... Tout cela fait que le pays a plus changé en dix ans qu'en un siècle ! Aujourd'hui, avec la baisse des prix du transport et l'ouverture quasi totale du pays, y voyager librement et à la *routarde*, est carrément à la portée de tous. À nous donc, la Cité interdite de Pékin, le magique parc impérial de Chengde, la Grande Muraille, l'armée impériale en terre cuite de Xi'an, les paysages d'estampes de Guilin, Shanghai, la trépidante vitrine de cette Chine nouvelle, en pleine explosion capitaliste, et aussi Hong Kong, le grand port du Sud, Canton et la Rivière des Perles, sans oublier Macao, la ville des casinos et du jeu. Avec notre coup de cœur : le Yunnan, la grande province du Sud-Ouest... « Au sud des Nuages », une région montagneuse et sauvage, habitée par de nombreuses minorités ethniques, au mode de vie encore préservé.
Certes, toute la Chine ne tiendra pas dans un seul *Guide du routard*, mais un seul routard peut tenir à la Chine plus qu'à nul autre pays. En avant vers cet empire du Milieu, désormais accessible de tous bords et qui n'est pas, loin s'en faut, totalement entré dans la modernité.
La Chine se révélera encore capable de livrer nombre de scènes et atmosphères du temps des Seigneurs de guerre (ou peut-être même avant !). Cependant, elles se mériteront, il faudra seulement les chercher un peu plus. En tout cas, elles n'échapperont pas à ceux, celles qui sauront sortir des *Hutongs* battus ! Allez, un peu de yin dans la valoche, beaucoup de yang dans le sac à dos, et en route !

ANDORRE, CATALOGNE (paru)

Si la belle Andorre est surtout réputée pour son commerce détaxé et la multitude de ses boutiques, cela ne représente que 10 % de son territoire. Et le reste ? De beaux vestiges romans, des montagnes et des vallées, avec un climat idéal, doux en été et aux neiges abondantes en hiver. Un vrai paradis de la balade et du ski. Avant tout, l'Andorre, c'est l'ivresse des sommets. Un dépaysement qui mérite bien quelques jours, déjà en pays catalan, et pourtant différent.
La Catalogne, bourrée de charme, renferme un époustouflant éventail de trésors artistiques, alliant les délicieuses églises romanes aux plus grands noms de l'art moderne : Dalí, Picasso, Miró et Tápies, pour ne citer qu'eux. Et on les retrouve, bien sûr, dans la plus branchée des villes espagnoles, Barcelone, bouillonnante de sensations, d'odeurs et d'émotions. Aussi célèbre pour sa vie nocturne que pour ses palais extraordinaires cachés derrière les façades décrépies des immeubles, marqués par l'architecture incroyable de Gaudí, cette merveilleuse cité se parcourt à pied pour qui veut découvrir son charme propre. Et de la côte aux villages reculés, c'est avant tout cette culture, d'une richesse étonnante, qui a façonné l'identité catalane. Et les Catalans sont ravis de la partager avec ceux qui savent l'apprécier.

TICKET POUR UN ALLER-RETOUR-ALLER-RETOUR-ALLER-RETOUR-ALLER-RETOUR...

LES PRÉSERVATIFS VOUS SOUHAITENT UN BON VOYAGE. **AIDES**
Association de lutte contre le sida
Reconnue d'Utilité Publique

3615 AIDES (1,29 F/MIN.) www.aides.org

NOS NOUVEAUTÉS

PARIS LA NUIT (paru)

Après les années moroses, les nuits parisiennes se sont remis du rose aux joues, du rouge aux lèvres et ont oublié leurs bleus à l'âme. Tant mieux ! Dressons le bilan avant de rouler carrosse : DJs tournants, soirées mousse, bars tendance-tendance pour jeunesse hip-hop, mais aussi soirées-chansons pleines d'amitié où l'on réveille Fréhel, Bruant et Vian. Après les *afters*, en avant les *befores* pour danser au rythme des nouvelles D'Jettes à la mode. Branchados des bô-quartiers, pipoles-raï, jet-set et néo-mondains, qui n'hésitent pas à pousser la porte des vieux bistroquets d'avant-guerre pour redécouvrir les convivialités de comptoir des cafés-concerts d'autrefois. Voici un bouquet de bonnes adresses pour dîner tard, pour boire un verre dans un café dé à coudre, dépenser son énergie en trémoussant ses calories en rab, s'offrir un blanc-limé sur le premier zinc, ouvert sur la ligne du petit matin... Mooon Dieu que tu es chiiic ce sooiiir ! Nuits frivoles pour matins glauques, voici notre répertoire pour colorer le gris bitume... voire plus si affinités.

ARDÈCHE, DRÔME (paru)

Pas étonnant que les premiers hommes de la création aient choisi l'Ardèche comme refuge. Ils avaient bon goût ! Une nature comme à l'aube des temps, intacte et grandiose. Des gorges évidemment, à découvrir à pied, à cheval ou mieux, en canoë-kayak.
Grottes à pénétrer, avens à découvrir, musées aux richesses méconnues, une architecture qui fait le grand écart entre les frimas du Massif central et les cigales de la Provence. Enfin, pour mettre tout le monde d'accord, une bonne et franche soupe aux châtaignes.
Entre Alpes et Provence, la Drôme a probablement du mal à choisir. La Drôme, c'est avant tout des paysages sans tapage, harmonieux, sereins, des montagnes à taille humaine... À la lumière souvent trop dure et trop crue de la Provence, elle oppose une belle lumière adoucie, des cieux d'un bleu plus tendre. Voici des monts voluptueux, piémonts aux accents italiens comme en Tricastin et en Drôme provençale. Tout ce qui, au sud, se révèle parfois trop léché, se découvre ici encore intact ! Quant aux villes, elles sont raisonnables, délicieusement accueillantes.
Pour finir, l'Histoire, ici, avec un grand « H » : refuge pour les opprimés de tous temps, des protestants pourchassés aux juifs persécutés.

SPÉCIAL DÉFENSE DU CONSOMMATEUR

Un routard informé en vaut dix ! Pour éviter les arnaques en tout genre, il est bon de les connaître. Voici, par ordre alphabétique, un petit vade-mecum destiné à parer aux coûts et aux coups les plus redoutables (coup de bambou, coup de fusil et même... coup du sous-marin !).

Accueil : aucune loi n'oblige un hôtelier ou un restaurateur à recevoir aimablement ses clients. On imagine d'ailleurs assez mal une amende pour accueil désagréable. Là encore, chacun fait ce qu'il peut et reçoit comme il veut. Selon la conscience professionnelle, l'aptitude à rendre service et le caractère de chacun, l'accueil peut varier du meilleur au pire... Une simple obligation incombe aux hôteliers et aux restaurateurs : ils doivent renseigner correctement leurs clients, même par téléphone, sur les prix des chambres et des menus, sur le niveau de confort et le genre de cuisine proposé.

Affichage des prix : les hôtels et les restos sont tenus d'informer les clients de leurs prix, à l'aide d'une affichette, d'un panneau extérieur, ou de tout autre moyen. Ça, c'est l'article 28 de l'ordonnance du 1er décembre 1986 qui l'impose à la profession. Donc, vous ne pouvez contester des prix exorbitants que s'ils ne sont pas clairement affichés.

Arrhes ou acompte ? Au moment de réserver votre chambre (par téléphone ou par écrit), il n'est pas rare que l'hôtelier vous demande de verser à l'avance une certaine somme, celle-ci faisant office de garantie. Il est préférable de parler d'arrhes et non d'acompte. Légalement, aucune règle n'en précise le montant. Toutefois, ne versez que des arrhes raisonnables : 25 à 30 % du prix total, sachant qu'il s'agit d'un engagement définitif sur la réservation de la chambre. Cette somme ne pourra donc être remboursée en cas d'annulation de la réservation, sauf cas de force majeure (maladie ou accident) ou en accord avec l'hôtelier si l'annulation est faite dans des délais raisonnables. Si, au contraire, l'annulation est le fait de l'hôtelier, il doit vous rembourser le double des arrhes versées : l'article 1590 du Code civil le dit très nettement, et ce depuis 1804 !

Commande insuffisante : il arrive que certains restos refusent de servir une commande jugée insuffisante. Le garçon ou le patron fait la moue. Il affirme même qu'il perd de l'argent. Cependant, le restaurateur ne peut pas vous pousser à la consommation. C'est illégal.

Eau : une banale carafe d'eau du robinet est gratuite, à condition qu'elle accompagne un repas.

Hôtels : comme les restaurants, ils ont interdiction de pratiquer la subordination de vente. C'est-à-dire qu'ils ne peuvent pas vous obliger à réserver plusieurs nuits d'hôtel si vous n'en souhaitez qu'une. Dans le même ordre d'idée, on ne peut vous obliger à prendre votre petit déjeuner ou vos repas dans l'hôtel où vous dormez ; ce principe est illégal et constitue une subordination de prestation de service condamnable par une amende. L'hôtelier reste cependant libre de proposer la demi-pension ou la pension complète. Bien se renseigner avant de prendre la chambre dans les hôtels-restaurants. À savoir aussi, si vous dormez en compagnie de votre « moutard », il peut vous être demandé un supplément.

Menus : très souvent, les premiers menus (les moins chers) ne sont servis qu'en semaine et avant certaines heures (12 h 30 et 20 h 30 généralement). Cela doit être clairement indiqué sur le panneau extérieur : à vous de vérifier.

Sous-marin : après le coup de bambou et le coup de fusil, celui du sous-marin. Le procédé consiste à rendre la monnaie en plaçant dans la soucoupe (de bas en haut) : les pièces, l'addition puis les billets. Si l'on est pressé, on récupère les billets en oubliant les pièces cachées sous l'addition.

Vins : les cartes des vins ne sont pas toujours très claires. Exemple : vous commandez un bourgogne à 7,62 € (50 F) la bouteille. On vous la facture 15,24 € (100 F). En vérifiant sur la carte, vous découvrez qu'il s'agit d'une demi-bouteille. Mais c'était écrit en petits caractères illisibles.
La bouteille doit être obligatoirement débouchée devant le client, sinon il n'est pas sûr qu'il y ait adéquation entre le vin annoncé et le contenu de la bouteille.

Nous tenons à remercier tout particulièrement Gérard Bouchu, François Chauvin, Grégory Dalex, Carole Fouque, Michelle Georget, Patrick de Panthou, Jean Omnes, Jean-Sébastien Petitdemange et Alexandra Sémon pour leur collaboration régulière.

Et pour cette chouette collection, plein d'amis nous ont aidés :

Caroline Achard
Didier Angelo
Barbara Batard
José-Marie Bel
Thierry Bessou
Cécile Bigeon
Philippe Bordet et Edwige Bellemain
Nathalie Boyer
Benoît Cacheux et Laure Beaufils
Guillaume de Calan
Danièle Canard
Florence Cavé
Raymond Chabaud
Jean-Paul Chantraine
Bénédicte Charmetant
Franck Chouteau
Geneviève Clastres
Maud Combier
Sandrine Copitch
Sandrine Couprie
Franck David
Laurent Debéthune
Agnès Debiage
Fiona Debrabander
Charlotte Degroote
Vianney Delourme
Tovi et Ahmet Diler
Evy Diot
Sophie Duval
Flora Etter
Hervé Eveillard
Didier Farsy
Flamine Favret
Pierre Fayet
Alain Fisch
Cédric Fisher
Dominique Gacoin
Cécile Gauneau
Adélie Genestar
David Giason
Adrien Gloaguen
Olivier Gomez et Sylvain Mazet
Isabelle Grégoire
Jean-Marc Guermont
Xavier Haudiquet
Claude Hervé-Bazin
Catherine Hidé

Bernard Houliat
Christian Inchauste
Catherine Jarrige
Lucien Jedwab
François Jouffa
Emmanuel Juste
Florent Lamontagne
Jacques Lanzmann
Vincent Launstorfer
Grégoire Lechat
Raymond et Carine Lehideux
Alexis Le Manissier
Jean-Claude et Florence Lemoine
Mickaela Lerch
Valérie Loth
Pierre Mendiharat
Anne-Marie Minvielle
Thomas Mirande
Xavier de Moulins
Jacques Muller
Yves Negro
Alain Nierga et Cécile Fischer
Michel Ogrinz et Emmanuel Goulin
Franck Olivier
Martine Partrat
Nathalie Pasquier
Jean-Valéry Patin
Odile Paugam et Didier Jehanno
Côme Perpère
Jean-Alexis Pougatch
Michel Puysségur
Jean-Luc Rigolet
Guillaume de Rocquemaurel
Ludovic Sabot
Jean-Luc et Antigone Schilling
Emmanuel Sheffer
Michèle Solle
Guillaume Soubrié
Régis Tettamanzi
Thu-Hoa-Bui
Christophe Trognon
Anne de la Varende
Isabelle Verfaillie
Charlotte Viard
Stéphanie Villard
Isabelle Vivarès
Solange Vivier

Direction : Cécile Boyer-Runge
Contrôle de gestion : Joséphine Veyres
Direction éditoriale : Catherine Marquet
Édition : Catherine Julhe, Peggy Dion, Matthieu Devaux, Stéphane Renard, Sophie Berger et Carine Girac
Préparation-lecture : Nathalie Foucard
Cartographie : Cyrille Suss
Fabrication : Gérard Piassale et Laurence Ledru
Direction des ventes : Francis Lang
Direction commerciale : Michel Goujon, Dominique Nouvel, Dana Lichiardopol et Lydie Firmin
Informatique éditoriale : Lionel Barth
Relations presse : Danielle Magne, Martine Levens et Maureen Browne
Régie publicitaire : Florence Brunel et Monique Marceau
Service publicitaire : Frédérique Larvor et Marguerite Musso

LA CHARTE DU ROUTARD

À l'étranger, l'étranger c'est nous ! Avec ce dicton en tête, les bonnes attitudes coulent de source.

– Les us et coutumes du pays
Respecter les coutumes ou croyances qui semblent parfois surprenantes. Certains comportements très simples, comme la discrétion et l'humilité, permettent souvent d'éviter les impairs. Observer les attitudes des autres pour s'y conformer est souvent suffisant. S'informer des traditions religieuses est toujours passionnant. Une tenue vestimentaire sans provocation, un sourire, quelques mots dans la langue locale sont autant de gestes simples qui permettent d'échanger et de créer une relation vraie. Tous ces petits gestes constituent déjà un pas vers l'autre. Et ce pas, c'est à nous visiteurs de le faire. Mots de passe : la tolérance et le droit à la différence.

– Visiteur/visité : un rapport de force déséquilibré
Le passé colonial ou le simple fossé économique peuvent entraîner parfois inconsciemment des tensions dues à l'argent. La différence de pouvoir d'achat est énorme entre gens du Nord et du Sud. Ne pas exhiber ostensiblement son argent. Éviter les grosses coupures, que beaucoup n'ont jamais eues entre les mains.

– Le tourisme sexuel
Il est inadmissible que des Occidentaux utilisent leurs moyens financiers pour profiter sexuellement de la pauvreté. De nouvelles lois permettent désormais de poursuivre et juger dans leur pays d'origine ceux qui se rendent coupables d'abus sexuels, notamment sur les mineurs des deux sexes. C'est à la conscience personnelle et au simple respect humain que nous faisons appel. Combattre de tels comportements est une démarche fondamentale. Boycottez les établissements favorisant ce genre de relations.

– Photo ou pas photo ?
Renseignez-vous sur le type de rapport que les habitants entretiennent avec la photo. Certains peuples considèrent que la photo vole l'âme. Alors, contentez-vous des paysages, ou bien créez un dialogue avant de demander l'autorisation. Ne tentez pas de passer outre. Dans les pays où la photo est la bienvenue, n'hésitez pas à prendre l'adresse de votre sujet et à lui envoyer vraiment la photo. Un objet magique : laissez-lui une photo Polaroïd.

– À chacun son costume
Vouloir comprendre un pays pour mieux l'apprécier est une démarche louable. En revanche, il est parfois bon de conserver une certaine distanciation (on n'a pas dit distance), en sachant rester à sa place. Il n'est pas nécessaire de porter un costume berbère pour montrer qu'on aime le pays. L'idée même de « singer » les locaux est mal perçue. De même, les tenues dénudées sont souvent gênantes.

– À chacun son rythme
Les voyageurs sont toujours trop pressés. Or, on ne peut ni tout voir, ni tout faire. Savoir accepter les imprévus, souvent plus riches en souvenirs que les périples trop bien huilés. Les meilleurs rapports humains naissent avec du temps et non de l'argent. Prendre le temps. Le temps de sourire, de parler, de communiquer, tout simplement. Voilà le secret d'un voyage réussi.

– Éviter les attitudes moralisatrices
Le routard « donneur de leçons » agace vite. Évitez de donner votre avis sur tout, à n'importe qui et n'importe quand. Observer, comparer, prendre le temps de s'informer avant de proférer des opinions à l'emporte-pièce. Et en profiter pour écouter, c'est une règle d'or.

– Le pittoresque frelaté
Dénoncer les entreprises touristiques qui traitent les peuples autochtones de manière dégradante ou humiliante et refuser les excursions qui jettent en pâture les populations locales à la curiosité malsaine. De même, ne pas encourager les spectacles touristiques préfabriqués qui dénaturent les cultures traditionnelles et pervertissent les habitants.

REMERCIEMENTS

Pour ce guide, nous remercions tout particulièrement :

– Michel Talvard, directeur du CDT de la Mayenne
– Brigitte Couzigou, Richard Tempereau et Patricia Lefèvre du CDT de la Sarthe
– Andrée Meslier-Bellard et Hélène Ramsamy, du CDT du Maine-et-Loire
– Chantal Bessière de l'OT de Saumur
– Fabienne Couton et Emmanuelle Parkin, du CDT de la Vendée
– Cécile Devoisine et Christelle Defay, du CDT de la Loire-Atlantique
– Claude Bourdon d'Escal'Atlantic à Saint-Nazaire
– Sophie Adam du Syndicat mixte du vignoble nantais
– Anne-Laure Blonet de la Maison du tourisme du Parc de la Brière
– Yannick Chabot de l'association pour le développement touristique du Pays de Châteaubriant
– Jean-Marc Devanne et Aurélie Oms de l'OT de Nantes Atlantique
– Claire Mandin de l'OT de Clisson
– Manuella Le Bohec de l'OT de Pornichet
– Éricka Mathiaud de l'OT de Guérande
– Élisabeth Robineau du Pays d'Accueil des 3 rivières
– Cathy Rochepeau du Pays de Retz Atlantique

Le *Guide du routard* remercie l'Association des Paralysés de France de l'aider à signaler les lieux accessibles aux personnes à mobilité réduite. Cette attention est déjà une victoire sur le handicap.

COMMENT Y ALLER ?

PAR LA ROUTE

L'autoroute A11, l'Océane

Un nom très tonique pour une superbe quatre-voies qui fonce tout droit vers les embruns et l'océan. On évite Le Mans et Laval au départ du péage de Saint-Arnoult (proche de Paris) où tous les bouchons se retrouvent. L'autoroute traverse les bons vieux pays : mélancoliques champs de blé beaucerons, collines ondulées du Perche, bois de pins autour du Mans, campagne de la Mayenne, étonnamment bien conservée même si le monstre du remembrement a largement obéré les bocages. Puis la route se perd dans les faubourgs d'Angers pour réapparaître quelques lieues plus loin. Naoned, Nantes... tout le monde descend. Elle s'appelle désormais la N165 vers Saint-Nazaire et La Baule.
Pour gagner du temps vers la Vendée, l'A83 prend le relais au sud de Nantes. Les sudistes connaissent déjà l'A62, l'« autoroute des Deux-Mers », depuis Toulouse vers Bordeaux, puis l'A10, l'« Aquitaine », vers Rochefort et La Rochelle. Une bien belle route puisqu'elle traverse le vignoble du Blayais.

Par les petites routes tranquilles

➢ *Pour Saint-Nicolas-de-Redon, les Trois-Rivières et le pays Gallo :* l'idéal est de musarder en Anjou avant d'y arriver. C'est la meilleure façon de saisir les contrastes entre les deux provinces. D'un côté, les villages clairs et l'influence de la Loire ; de l'autre, le granit et le schiste, roches fières et dures qui affleurent dès Châteaubriant et le pays de la Mée. L'un des plus beaux massifs forestiers, malheureusement trop méconnu, se situe à proximité, c'est la forêt du Gâvre au pays des Trois-Rivières. Une petite départementale sympa vous mènera à Saint-Nicolas-de-Redon par Guéméné-Penfao (Loire-Atlantique), à ne pas confondre avec Guéméné-sur-Scorff (Morbihan), patrie de l'andouille.
➢ *Pour Nantes et la Loire-Atlantique :* l'accès le plus direct reste l'autoroute l'Océane. Mais la plus belle manière de se rendre dans la ville d'Anne de Bretagne est sans conteste de suivre les rives de la Loire. Pour cela, sortez à Angers, passez la Corniche angevine, Chalonnes, Ingrandes (limite de l'Anjou et de la Bretagne), Saint-Florent-le-Vieil, Liré (patrie de Joachim du Bellay) et la D751 par Champtoceaux.

EN TRAIN

Comment y aller ?

Au départ de Paris

🚆 Les TGV partent de la *gare Montparnasse*.
En région parisienne, des TGV directs relient Le Mans, Angers et Nantes depuis les gares : Aéroport-Charles-de-Gaulle, Marne-la-Vallée-Chessy et Massy-TGV.
➢ *Paris-Nantes :* 21 TGV directs par jour en moyenne. Durée du trajet : environ 2 h.
➢ *Paris-Angers :* 15 aller-retour en TGV par jour en moyenne. Durée du trajet : environ 1 h 30.

COMMENT Y ALLER?

➢ **Paris-Laval :** 8 TGV directs par jour en moyenne. Durée du trajet : environ 1 h 30.
➢ **Paris-Le Mans :** 15 aller-retour en TGV par jour en moyenne. Durée du trajet : environ 55 mn.
➢ **Paris-La Roche-sur-Yon :** 14 aller-retour en TGV par jour en moyenne, directs ou avec un changement à Nantes. Durée du trajet : environ 3 h.
➢ **Paris-Cholet :** 10 aller-retour en TGV par jour en moyenne, avec un changement à Angers. Durée du trajet : environ 2 h 30.
➢ **Paris-Saumur :** 16 aller-retour en TGV par jour en moyenne, avec un changement à Saint-Pierre-des-Corps ou Angers. Durée du trajet : environ 1 h 30.
➢ **Paris-Les Sables-d'Olonne :** 6 aller-retour en TGV par jour en moyenne, directs ou avec un changement à Nantes. Durée du trajet : environ 3 h 30.
➢ **Paris-La Baule :** 8 aller-retour en TGV par jour en moyenne, directs ou avec un changement à Nantes ou Saint-Nazaire. Durée du trajet : un peu moins de 3 h.
➢ **Paris-Saint-Nazaire :** 5 TGV directs par jour en moyenne. Durée du trajet : 2 h 35.

Au départ de la province

➢ **Depuis Lille et Lyon :** TGV directs pour Le Mans, Angers, Nantes.
➢ **Depuis Bordeaux :** trains directs pour Nantes. Durée du trajet : environ 4 h.

Pour préparer votre voyage

– **Billet à domicile :** vous pouvez commander votre billet par téléphone, Minitel ou Internet; la SNCF vous l'envoie gratuitement à domicile. Vous réglez par carte bancaire au moins 4 jours avant le départ (7 jours si vous résidez à l'étranger) et pour un montant supérieur à 1,52 €* (10 F).
* Sous réserve de modifications ultérieures.
– **Service bagages :** ☎ 0825-845-845 (0,15 €/mn, soit 0,98 F). Téléphonez au moins un jour avant votre départ. La SNCF prend en charge vos bagages, où vous le souhaitez, et vous les livre là où vous allez en 24 h porte à porte (délai à compter du jour de l'enlèvement à 17 h, hors samedi, dimanche et jours fériés; offre soumise à conditions).

Pour voyager au meilleur prix

La SNCF propose de nombreuses offres vous permettant d'obtenir jusqu'à 50 % de réduction (toutes soumises à conditions).
– **Pour tous :** pour un séjour comportant la nuit du samedi au dimanche Découverte Séjour (25 % de réduction) pour un voyage à 2 et jusqu'à 9 personnes; Découvertes à deux (25 % de réduction) et jusqu'à 50 % de réduction avec J8 et J30 si vous réservez votre billet jusqu'à 8 ou 30 jours avant le départ.
– **Pour les familles :** *Découverte Enfant +* (25 % de réduction), *carte Enfant +* (de 25 % garantis à 50 % de réduction).
– **Pour les jeunes :** *Découverte 12-25* (25 % de réduction), *carte 12-25* (de 25 % garantis à 50 % de réduction).
– **Pour les seniors :** *Découverte Senior* (25 % de réduction), *carte Senior* (de 25 % garantis à 50 % de réduction).

Voyagez avec 25 %* de réduction, sans formalité et en toute liberté.

DÉCOUVERTE -25%* POUR TOUS

Paris - Nantes
34,7 € (227,62 F)**

Paris - Angers
29,4 € (192,85 F)**

Lyon - Angers
42,2 € (276,81 F)**

Vous voyagez à 2, 3, 4... jusqu'à 9 personnes ?

Vous passez la nuit du samedi sur place ?

Vous réservez votre billet bien à l'avance sur certaines relations ?

Il y a forcément une réduction qui vous correspond.

Alors laissez-vous gagner par vos envies de voyage !

voyages-sncf.com

Offre soumise à conditions. Renseignez-vous dans les gares, boutiques SNCF, agences de voyages agréées ou par ligne *Directe* au 08 92 35 35 35 (0,34 €/min soit 2,21 F/min).
* Prix en vigueur au 01/01/02 avec Découverte, pour un aller-simple en TGV (hors TGV de nuit), en 2ᵉ classe, en période normale, dans la limite des places disponibles.

À NOUS DE VOUS FAIRE PRÉFÉRER LE TRAIN.

Pour vous informer sur ces offres et acheter vos billets

– **Ligne Directe :** ☎ 08-92-35-35-35 (0,34 €/mn, soit 2,21 F), tous les jours de 7 h à 22 h. Renseignements et vente grandes lignes.
– **Internet :** ● www.voyages-sncf.com ●
– **Minitel :** 36-15, 36-16 ou 36-23, code SNCF (0,20 €/mn, soit 1,28 F).
– Également dans les gares, les boutiques SNCF et les agences de voyages agréées.

Comment circuler dans la région Pays-de-la-Loire ?

Le réseau TER Pays-de-la-Loire en quelques chiffres : 28 lignes de transport collectif, 128 gares et points d'arrêts ferroviaires.
Pratique pour sillonner toute la région, le guide du voyageur Pays-de-la-Loire (disponible gratuitement dans toutes les gares de la région) présente toutes les informations indispensables pour bien voyager sur le réseau TER. Il répond aux questions que vous vous posez : où acheter ses billets ? Comment voyager au meilleur tarif ? etc. Et comme votre parcours ne se termine pas toujours en gare, ce guide vous informe également sur les transports urbains et départementaux.
Réservées à ceux qui se déplacent sur un axe précis, 30 fiches horaires TER gratuites, format pocket, sont aussi disponibles dans toutes les gares SNCF de la région. Pour les malins qui préparent leur voyage à l'avance, ces fiches horaires sont proposées en téléchargement sur le site ● http ://ter.sncf.fr ●
Pour tous autres renseignements SNCF :
Ligne directe : ☎ 08-92-35-35-35 (0,34 €/mn, soit 2,21 F) ou 36-15, code TER (0,15 €/mn, soit 1 F).

EN AVION

▲ AIR FRANCE
– *Paris :* 119, av. des Champs-Élysées, 75008. Renseignements et réservations : ☎ 0820-820-820 de 8 h à 21 h. ● www.airfrance.fr ● Minitel : 36-15, code AF (tarifs, vols en cours, vaccination, visas). Et dans les agences de voyages. M. : George-V.
➢ Air France dessert Nantes depuis Paris à raison de 6 vols directs quotidiens au départ de Roissy-Charles-de-Gaulle 2.
Air France relie également Nantes au départ d'Ajaccio, Bordeaux, Brest, Clermont-Ferrand, Le Havre, Lyon, Marseille, Nice, Pau, Strasbourg et Toulouse.
Air France propose une gamme de tarifs très attractifs, accessibles à tous : *Tempo 1* (le plus souple), *Tempo 2, Tempo 3, Tempo 4* (le moins cher). La compagnie propose également le tarif *Tempo Jeunes* (pour les moins de 25 ans). Ces tarifs sont accessibles jusqu'au jour de départ en aller simple ou aller-retour, avec date de retour libre. Il est possible de modifier la réservation ou d'annuler jusqu'au jour de départ sans frais.
– Pour les moins de 25 ans, la carte de fidélité *Fréquence Jeunes* est nominative, gratuite et valable sur l'ensemble des lignes nationales et internationales d'Air France. Cette carte permet d'accumuler des *miles* et de bénéficier ainsi de nombreux avantages ou réductions chez les partenaires d'Air France.
– Tous les mercredis dès 0 h 00, sur Minitel : 36-15, code AF (0,20 €/mn, soit 1,28 F) ou sur Internet ● www.airfrance.fr ●, Air France propose des tarifs « coup de cœur », une sélection de destinations en France Métropolitaine et en Europe à des tarifs très bas pour les 7 jours à venir.

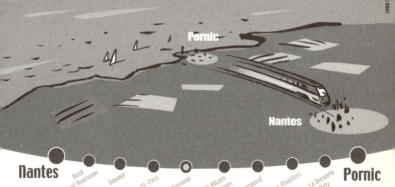

COMMENT Y ALLER?

Pour les enchères sur Internet, Air France propose pour les clients disposant d'une adresse en France Métropolitaine, tous les 15 jours, le jeudi de 12 h à 22 h plus de 100 billets mis aux enchères. Il s'agit de billets aller-retour, sur le réseau Métropole, moyen-courrier et long-courrier, au départ de France métropolitaine. Air France propose au gagnant un second billet sur un même vol au même tarif.

▲ BRIT AIR
– *Morlaix* : aéroport de Morlaix, BP156, 29204. ☎ 02-98-62-10-22. Renseignements également dans toutes les agences Air France (☎ 0820-820-820) et dans votre agence de voyages habituelle.

➢ La compagnie régionale européenne frappée symboliquement de l'hermine et du triskèle breton exploite des appareils *(Fokkers 100, CRJ 700)* au départ de Brest, Marseille, Toulouse, Strasbourg et Londres vers Nantes.

faire du ciel le plus bel endroit de la terre

AIR FRANCE

Tarifs Tempo. Envolez-vous à prix légers.
www.airfrance.com

Membre de

GÉNÉRALITÉS

Normandie, Bretagne, Aquitaine... La côte océane a ses divas au caractère affirmé, voire wagnérien. En Pays de la Loire, on fait plutôt dans le Debussy. Ici, la Bretagne donne la main aux Charentes, la Normandie épouse le Val de Loire, le Poitou lance ses racines en Île-de-France. Souvent, d'ailleurs, l'impressionnisme y confine au pointillisme. Chaque morceau du puzzle est divisible à l'infini. La Vendée oppose marais et bocages, plages de sable et côtes de granit. L'Anjou a son Val, ses montagnettes, ses châteaux lumineux et ses campagnes noires... En somme, la région ligérienne est une réduction fidèle de la France, qui passe pour le pays le plus varié d'Europe. Avec un peu de recul, le tableau ne manque ni de rigueur, ni de cohérence. La Loire, colonne vertébrale du pays, conduit un cortège de riches terres vers cette porte du monde qu'est l'océan. Et fait de sa région la plus ouverte et la plus harmonieuse du vieux pays d'Ouest.

CARTE D'IDENTITÉ

- *Superficie :* 32 082 km^2
- *Préfecture régionale :* Nantes (Loire-Atlantique)
- *Sous-préfectures :* Angers (Maine-et-Loire), Laval (Mayenne), Le Mans (Sarthe), La-Roche-sur-Yon (Vendée)
- *Population :* 3 222 061 habitants
- *Densité :* 100,4 hab/km^2
- *Population active :* 1 414 000 habitants
- *Taux de chômage :* 10,7 %
- *Principales industries :* caoutchouc et matières plastiques, matériels électriques et électroniques, construction navale
- *Agriculture :* lait, bovins, volailles et œufs, porcins, céréales

AVANT LE DÉPART

Adresses utiles

■ *Maison des Pays de la Loire :* 6, rue Cassette, 75006 Paris. ☎ 01-53-63-02-50. Fax : 01-53-63-02-59. • maison.paris@paysdelaloire.fr • www.paysdelaloire.fr • M. : Saint-Sulpice. Accueil à l'angle de la rue de Mézières et de la rue Cassette. Ouvert du mardi au samedi de 10 h à 19 h. Des locaux tout neufs pour promouvoir la région et informer le public. Toujours utile pour préparer ses vacances.
■ *Comité régional du tourisme des Pays de la Loire :* 2, rue de la Loire, BP 20411, 44204 Nantes Cedex 2. ☎ 02-40-48-24-20. Fax : 02-40-08-07-10. • www.paysdelaloire.fr •
🛈 *Comités départementaux du tourisme :* se reporter à l'introduction de chaque département.

C'est ça votre petit coin tranquille pour les vacances ?

A ujourd'hui avec Hertz, découvrez la liberté d'une location de voiture à prix "routard".

H ertz vous offre **15 €** de réduction immédiate sur les forfaits Hertz Week-end standard et **30 €** sur les forfaits Hertz Vacances standard en France, sur simple présentation de ce guide.

A vec Hertz, à vous la liberté.

**Réservations au 01 39 38 38 38
en précisant le code CDP 967 130.**

Offre soumise à conditions,
valable jusqu'au 31/12/2003, non cumulable
avec toute autre remise ou promotion,
non remboursable.

■ **Gîtes de France :** pour commander des brochures, s'adresser au 59, rue Saint-Lazare, 75009 Paris. ☎ 01-49-70-75-75. • www.gites-de-france.fr • Minitel : 36-15, code GITES DE FRANCE. M. : Trinité. Les réservations sont à faire auprès des relais départementaux des *Gîtes de France* (indiqués dans ce guide en introduction de chaque département).

■ **Crown Blue Line :** bassin de la Villette, 19-21, quai de la Loire, 75019 Paris. ☎ 01-42-40-81-60. Fax : 01-42-40-77-30. • www.crown-blueline.com • M. : Jaurès. Crown Blue Line est représenté par Paris Canal et loue des *house-boats* (sans permis) de 2 à 12 personnes au départ de la base de Messac, en Ille-et-Vilaine, et de celle de Daon, en Mayenne. On a testé, c'est super.

Auberges de jeunesse

Il n'y a pas de limite d'âge pour séjourner en AJ.
La FUAJ (association à but non lucratif, eh oui, ça existe encore !) propose un guide gratuit répertoriant les adresses des AJ en France. Il existe deux autres guides pour l'Europe et le reste du monde, qui sont payants.
La FUAJ offre à ses adhérents la possibilité de réserver depuis la France, grâce à son système *IBN (International Booking Network)* 6 nuits maximum et jusqu'à 6 mois à l'avance, dans certaines auberges de jeunesse situées en France, mais aussi à l'étranger (la FUAJ couvre près de 50 pays). Gros avantage, les AJ étant souvent complètes, votre lit (en dortoir, pas de réservation en chambre individuelle) est réservé à la date souhaitée. Vous réglez le montant, plus des frais de réservation (environ 2,59 €, soit 17 F). L'intérêt, c'est que tout cela se passe avant le départ, en euros. Vous recevrez en échange un reçu de réservation que vous présenterez à l'AJ une fois sur place. Ce service permet aussi d'annuler et d'être remboursé. Le délai d'annulation varie d'une AJ à l'autre (compter 5,03 €, soit 33 F, pour les frais).
La FUAJ propose aussi une **carte d'adhésion « Famille »**, valable pour les familles de deux adultes ayant un ou plusieurs enfants âgés de moins de 14 ans. Prix : 22,87 € (150 F). Fournir une copie du livret de famille. La carte donne également droit à des réductions sur les transports, les musées et les attractions touristiques de plus de 60 pays, mais ces avantages varient d'un pays à l'autre, ce qui n'empêche pas de la présenter à chaque occasion, cela peut toujours marcher.

■ **FUAJ (centre national) :** 27, rue Pajol, 75018 Paris. ☎ 01-44-89-87-27. Fax : 01-44-89-87-10. • www.fuaj.org • M. : La Chapelle, Marx-Dormoy, Gare-du-Nord (RER B et D). Minitel : 36-15, code FUAJ.

■ **AJ D'Artagnan :** 80, rue Vitruve, 75020 Paris. ☎ 01-40-32-34-56. Fax : 01-40-32-34-55. • paris.le.dartagnan@fuaj.org • M. : Porte-de-Bagnolet.

Pour adhérer à la FUAJ en France

– S'adresser à la FUAJ (coordonnées ci-dessus).
– Et dans toutes les auberges de jeunesse et points d'information et de réservation FUAJ en France.
– *Sur place :* présenter une pièce d'identité et 10,67 € (70 F) pour la carte pour les moins de 26 ans et 15,24 € (100 F) pour les plus de 26 ans.
– *Par correspondance :* envoyer une photocopie recto verso d'une pièce d'identité et un chèque (ajouter 0,76 €, soit 5 F, pour les frais de transport de la FUAJ). On conseille de l'acheter en France car elle est moins chère qu'à l'étranger.

Avec Ouest-France vivez au quotidien les Pays de la Loire

Quoi de plus efficace pour vivre les Pays de la Loire, que de lire Ouest-France !

Dans Ouest-France, partez chaque jour, y compris le dimanche, à la découverte de la vie culturelle et sportive de nos villes, bourgs, quartiers au travers des rubriques "Vivre", "En Bref", "Aujourd'hui" ...

20 rédactions en Pays de la Loire - tél. 02 99 32 60 00
Publicité et petites annonces - tél. 02 99 26 45 19
www.ouest-france.fr

En Belgique

Son prix varie selon l'âge : entre 3 et 15 ans, 2,48 € (100 Fb) ; entre 16 et 25 ans, 8,68 € (350 Fb) ; après 25 ans, 11,77 € (475 Fb).
Renseignements et inscriptions :

- **LAJ :** rue de la Sablonnière, 28, Bruxelles 1000. ☎ 02-219-56-76. Fax : 02-219-14-51. ● info@laj.be ● www.laj.be ●
- **VJH - Vlaamse Jeugdherbergcentrale :** Van Stralenstraat, 40, Antwerpen B2060. ☎ 03-232-72-18. Fax : 03-231-81-26. ● info@vjh.be ● www.vjh.be ●

– On peut également se la procurer *via* le réseau des **bornes Servitel** de la CGER. Les résidents flamands qui achètent une carte en Flandre obtiennent 7,44 € (300 Fb) de réduction dans les auberges flamandes et 3,72 € (150 Fb) en Wallonie. Le même principe existe pour les habitants wallons.

En Suisse

Le prix de la carte dépend de l'âge : 14,31 € (22 Fs) pour les moins de 18 ans, 1,46 € (33 Fs) pour les adultes, et 28,62 € (44 Fs) pour une famille avec des enfants de moins de 18 ans.
Renseignements et inscriptions :

- **Schweiser Jugendherbergen (SH), Service des membres des auberges de jeunesse suisses :** 14, Schasffauserstr., 14, Postfach 161, 8042 Zurich. ☎ 01-360-14-14. Fax : 01-360-14-60. ● www.youthhostel.ch ●

Au Canada

La carte des AJ coûte 24,76 € (35 $Ca) pour 1 an et 141,50 € (200 $Ca) à vie. Gratuit pour les moins de 18 ans qui accompagnent lers parents. Pour les juniors voyageant seuls, compter 8,49 € (12 $Ca). Ajouter systématiquement les taxes.

- **Tourisme Jeunesse :** 4008, Saint-Denis, CP 1000, Montréal, H2W-2M2. ☎ (514) 844-02-87. Fax : (514) 844-52-46.
- **Canadian Hostelling Association :** 205 Catherine Street, Bureau 400, Ottawa, Ontario, Canada K2P-1C3. ☎ (613) 237-78-84. Fax : (613) 237-78-68.

Les cartes de paiement

– La **carte Eurocard MasterCard** permet à son détenteur et à sa famille (si elle l'accompagne) de bénéficier de l'assistance médicale rapatriement. En cas de problème, contacter immédiatement le ☎ 01-45-16-65-65. En cas de perte ou de vol (24 h/24) le ☎ 01-45-67-84-84 en France (PCV accepté), pour faire opposition. ● www.mastercardfrance.com ● Sur Minitel : 36-15 ou 36-16, code EM (0,20 €/mn, soit 1,28 F) pour obtenir toutes les adresses de distributeurs par pays et villes dans le monde entier.
– Pour la **carte Visa**, en cas de vol, composez le : ☎ 0836-690-880 (0,34 €/mn, soit 2,21 F), ou le numéro communiqué par votre banque.
– Pour la **carte American Express**, téléphonez en cas de pépin au : ☎ 01-47-77-72-00.
– Également un numéro d'appel valable quelle que soit votre carte de paiement : ☎ 0892-705-705 (0,34 €/mn, soit 2,21 F).

La carte internationale d'étudiant (carte ISIC)

Elle permet de bénéficier des avantages qu'offre le statut étudiant dans le pays où l'on se trouve. Cette carte ISIC donne droit à des réductions (transports, musées, logements, change...). En France, elle peut être très utile à des étudiants étrangers, d'autant que tous les organismes dépendant du CROUS la reconnaissent (restaurants universitaires, etc).
Vous trouverez la liste complète des points de vente et des avantages ISIC régulièrement mis à jour sur leur site Internet :
Site français : • www.isic.tm.fr •
Site international : • www.istc.org •

Pour l'obtenir en France

– Se présenter dans l'une des agences des organismes mentionnées ci-dessous.
– Fournir un certificat ou une photocopie de la carte d'étudiant prouvant son inscription régulière dans un centre d'études donnant droit au statut d'étudiant ou d'élève.
– Prévoir 9,15 € (60 F) et une photo.
On peut aussi l'obtenir par correspondance (sauf au CTS). Dans ce cas, il faut envoyer une photo, une photocopie de son justificatif étudiant, une enveloppe timbrée et un chèque de 9,15 € (60 F).

■ ***OTU :*** central de réservation, 119, rue Saint-Martin, 75004 Paris. ☎ 01-40-29-12-22. • www.otu.fr • M. : Rambuteau.
■ ***USIT :*** 6, rue de Vaugirard, 75006 Paris. ☎ 01-42-34-56-90. M. : Odéon ou RER : Luxembourg. Ouvert de 9 h 30 à 18 h 30.

■ ***CTS :*** 20, rue des Carmes, 75005 Paris. ☎ 01-43-25-00-76. M. : Maubert-Mutualité. Ouvert du lundi au vendredi de 10 h à 19 h et le samedi de 10 h à 13 h.

En Belgique

Elle coûte environ 8,68 € (350 Fb) et s'obtient sur présentation de la carte d'identité, de la carte d'étudiant et d'une photo auprès de :

■ ***CJB l'Autre Voyage :*** chaussée d'Ixelles, 216, Bruxelles 1050. ☎ 02-640-97-85.
■ ***Connections :*** renseignements, ☎ 02-550-01-00.

■ ***Université libre de Bruxelles*** (service « Voyages ») : av. Paul-Héger, 22, CP 166, Bruxelles 1000. ☎ 02-650-37-72.

En Suisse

Dans toutes les agences SSR, sur présentation de la carte d'étudiant, d'une photo et de 9,83 € (15 Fs).

■ ***SSR :*** 3, rue Vignier, 1205 Genève. ☎ 022-329-97-35.
■ ***SSR :*** 20, bd de Grancy, 1006 Lausanne. ☎ 021-617-56-27.

Les Chèques-Vacances

Simples et ingénieux, vous pouvez utiliser les *Chèques-Vacances* dans un réseau de 130 000 professionnels agréés du tourisme et des loisirs pour

régler hébergement, restos, transports, loisirs sportifs et culturels sur votre lieu de villégiature ou dans votre ville. Nominatifs, ils vous permettent d'optimiser votre budget vacances et loisirs grâce à la participation financière de votre employeur, CE, amicale du personnel, etc.
Désormais, les *Chèques-Vacances* sont accessibles aux PME-PMI de moins de 50 salariés et sont édités sous forme de deux coupures de 10 et 20 € (avec leur contre-valeur francs jusqu'en 2002).
Avantage : ils donnent accès à de nombreuses réductions, promotions et vous assurent un accueil privilégié.
Renseignez-vous auprès des différents établissements recommandés par le *Guide du routard* pour savoir s'ils acceptent ce titre de paiement.
– Renseignements : par téléphone ☎ 0825-844-344 (0,15 €/mn, soit 0,98 F) ; sur internet ● www.ancv.com ● Minitel : 3615, code ANCV ou dans le *Guide Chèque-Vacances.*

Monuments à la carte

Le Centre des monuments nationaux propose un laissez-passer nominatif, valable un an, pour plus de 100 monuments ouverts au public répartis dans toute la France. En Pays de la Loire, les sites concernés sont le château d'Angers, l'abbaye royale de Fontevraud et la maison de Clemenceau à Saint-Vincent-sur-Jard. Avantages : pas de file d'attente et gratuité des expos dans les monuments répertoriés. Coût : 42,69 € (280 F). L'achat s'effectue dans les lieux culturels concernés ou par correspondance :

■ **Centre des monuments nationaux** (centre d'informations) *:* 62, rue Saint-Antoine, 75186 Paris Cedex 04. ☎ 01-44-61-21-50. M. : Saint-Paul ou Bastille.

Téléphone

Pour vous simplifier la vie dans tous vos déplacements, les **Cartes France Télécom** vous permettent de téléphoner en France et depuis plus de 100 pays de la plupart des téléphones (d'une cabine téléphonique, chez des amis, d'un restaurant, d'un hôtel...) sans souci de paiement immédiat. Les appels sont directement prélevés et détaillés sur votre facture France Télécom. Il existe plusieurs formules. Par exemple, pour les routards qui voyagent souvent à l'étranger, on recommande la **Carte France Télécom Voyage** qui propose une tarification dégressive pour les appels internationaux (sauf depuis les DOM).
Pour en savoir plus, composez le n° Vert : ☎ 0800-202-202 ou ● www.carte francetelecom.com ●

Travail bénévole

■ **Concordia :** 1, rue de Metz, 75010 Paris. ☎ 01-45-23-00-23. ● www.concordia-association.org ● M. : Strasbourg-Saint-Denis. Travail bénévole. Logés, nourris. Chantiers très variés ; restauration du patrimoine, valorisation de l'environnement, travail d'animation... Places limitées. Attention : voyage à la charge du participant et droit d'inscription obligatoire.

ARCHITECTURE

Églises de Loire-Atlantique

Souvent immenses, en haut des bourgs, elles ont été le plus souvent reconstruites dans le plus pur style néo-gothique. Sans prendre en compte les chapelles ou les presbytères, on dénombre quelque 170 églises édifiées souvent sur l'emplacement d'églises romanes ou vraiment gothiques, au XIXe siècle. C'était un peu à qui aurait la plus grande église, parfois presque cathédrale ou basilique... Le diocèse de Nantes a été de plus marqué, au XIXe siècle et même au XXe siècle, par un très grand nombre de vocations religieuses, ce qui explique cet engouement créateur. On n'a pas hésité, par exemple, à raser la chapelle Renaissance Saint-Nicolas de Châteaubriant pour la remplacer par une église très néo-gothique... Les églises romanes, comme celle de Vouais (pays de Châteaubriant) ou celle de Prigny (pays de Retz), ne sont pas si nombreuses, si vous passez à côté, ne les manquez pas.

Les moulins vendéens

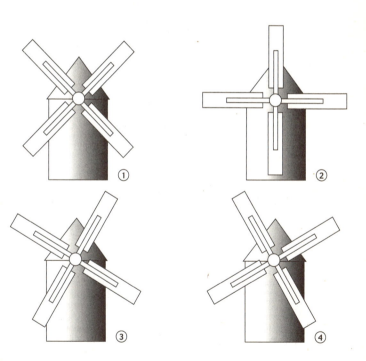

LE LANGAGE DES MOULINS

Comme partout ailleurs, les moulins des collines vendéennes servirent pendant des siècles à moudre le grain. On sait moins que les moulins avaient un langage propre : ils servaient en quelque sorte de télégraphe optique pour faire connaître des informations à la population avoisinante. En plaçant les ailes d'une certaine manière, on annonçait, par exemple, la mort du meunier ou de quelqu'un de sa famille. Pendant la Révolution, forts de cette coutume et de la situation toujours élevée de leurs moulins, les Vendéens imaginèrent un code pour transmettre la position des troupes républicaines... Code ingénieux mais assez limité quand même ! Toutefois, il a fallu aux Républicains un certain temps avant de découvrir ce système. Par la suite, ils s'évertuèrent à détruire systématiquement tous les moulins à vent et à eau. Tous suspects, donc tous coupables ! Aujourd'hui, il n'en reste que quelques-uns que l'on restaure patiemment.

ÉCONOMIE

BN, LU et approuvé

Quand les héros de Jules Verne errent sur l'océan, on les voit souvent manger des biscuits de mer. Et ils n'ont pas l'air de trouver ça bon ! Mais l'indestructible munition des équipages, jadis produite à qui mieux mieux dans les ports de l'Ouest, a fait de grands progrès en se recyclant dans la consommation civile. Nantes en possédait les deux phares : LU et BN, désormais décentralisés à La Haie-Fouassière pour LU et Vertou pour BN. Signalons à nos lecteurs que LU ne renvoie pas à l'acte de lire, pas plus que BN ne signifie, à Nantes, Bibliothèque Nationale... LU illustre l'union d'un monsieur Lefèvre et d'une demoiselle Utile (autant qu'agréable, on l'espère...), sous le signe de l'exploitation biscuitière de leurs initiales : lancé en 1887, le petit-beurre gravé aux festons arrondis sera la locomotive d'une gamme destinée à s'étoffer avec succès (le biscuit « thé » étant considéré par certains comme le roi du genre). 1896 voit un concurrent s'élancer en la personne du Nantais Pierre Cosse. Il ne gravera pas, lui, ses propres initiales (PC aurait fait prétentieux...), mais celles de son entreprise : BN, c'est-à-dire Biscuiteries Nantaises. La consécration attendra le lancement, en 1922, du Choco-BN, casse-croûte rustique au cacao que les mères et épouses attentives glissent indistinctement, depuis lors, dans les cartables et les salopettes.

GÉOGRAPHIE

Le pays et les hommes

Perche, Maine, Anjou... Leurs noms fleurent bon la campagne, féconde et douce, des vieux livres d'histoire. Si l'industrie fait vibrer quelques villes – Nantes, Angers, Le Mans... – les Pays de la Loire ressemblent à ce qu'en montre la carte : une vaste plaine, par endroits bosselée de bocages, et que jaunissent à peine, au nord (417 m en Mayenne, au mont des Avaloirs) et au sud (231 m en Vendée, au mont des Alouettes), les chicots du vieux Massif armoricain. À première vue morne, cette uniformité cache un maillage étroit de petits pays singularisés par l'histoire et les traditions. En les enrôlant aujourd'hui sous son nom jusqu'à la porte océane de son estuaire, la Loire a fait triompher la cohérence géographique sur les atavismes de l'histoire. Le plus long fleuve de France, en effet, fut longtemps la frontière mystique qui séparait ses deux moitiés – France du gothique contre France du soleil – et servit de ligne de front aux contrées riveraines. Si le Val (Maine-et-Loire et Loire-Atlantique) garde sa cohérence, les deux ensembles qui lui font cortège (Sarthe et Mayenne au nord, Vendée au sud) appartiennent incontestablement à des mondes opposés.

Le Maine, au nord, est-il vraiment ligérien ? Rouen n'est pas loin, et Paris tout proche. Il y a là des bocages à fromages, des buttes forestières, des ruisseaux à truites, de nobles gentilhommières et toute une ruralité opulente que démant à peine le discret activisme des villes (assurances et industrie automobile au Mans, électronique et métallurgie à Laval). Il est vrai qu'au sud, les champs de maïs et les vignes du Loir, inondées de soleil, flirtent plus franchement avec l'Anjou...

« C'est ici, disait Clemenceau, que la France est le plus la France. » De l'Anjou au Pays nantais, la Loire sinue dans une buée d'or, pendant que de gros bourgs hissent leurs toits d'ardoise entre le maillage des vignobles de légende. Après le Saumurois des ceps et des tournesols vient l'Anjou proprement dit, dont les paysages suaves sonnent comme une arrière-pensée de la Touraine. Bientôt, les plaines maraîchères succèdent aux vergers opulents, tandis que le souffle tiède de l'océan remplit de fleurs les jardins. Les usines se multiplient pour former le poumon industriel de la région, dont le plus beau fleuron est le port de Nantes-Saint-Nazaire, quatrième de France, et qui occupe 60 km de l'estuaire. À l'ombre des fameux chantiers navals – mal en point, comme on sait –, prospèrent des conserveries, des industries métallurgiques, de la mécanique de précision, de la chaudronnerie... Pour être ville universitaire, Nantes n'en professe pas moins des activités similaires – auxquelles elle a joint l'agroalimentaire...

Ligérienne de fait, la Loire-Atlantique reste bretonne par tradition. Les Le Coz et les Le Bihan y sont moins nombreux que les Leclerc et pourtant, les noms de lieux portent souvent le sceau de la blanche hermine : Pornic, Le Croisic, Guémené-Penfao voisinent avec les très français Clisson et Châteaubriant. Sans surprise, c'est la côte, notamment celle de Guérande, qui bretonne avec le plus d'entrain. L'influence se poursuit dans les îles – Aix et Yeu – de la Vendée voisine : leur âpreté suggère qu'elles ont dérivé, un jour, depuis le golfe du Morbihan... Fait d'autant plus étrange que la côte continentale, juste en face, déploie les mêmes platitudes sablonneuses – voire marécageuses – qu'en Charentes. Voilà pourquoi, sans doute, le Vendéen se sent davantage terrien, enraciné qu'il est dans les mille replis de son bocage.

La Loire : une Gargamelle lunatique

Dans notre mythologie nationale, la Loire incarne des valeurs lumineuses : amabilité, douceur et civilisation. On oublie donc qu'elle est aussi le dernier grand fleuve sauvage d'Europe, et l'un des plus capricieux. Moins impétueuse que le Rhône, moins tordue que la Seine, elle a opté pour les records de tour de taille et d'endurance. Du Puy-en-Velay jusqu'à Nantes, ce sont mille kilomètres de course de fond où la Loire engloutit dans la foulée tout ce qui se présente : l'Allier auvergnat, le Beuvron solognot, l'Indre et le Cher berrichons, la Vienne poitevine et la Maine sarthoise viennent grossir cette interminable autoroute liquide où flotte tout un monde d'îlots chevelus. Avec un tel périple, la Loire ne pouvait être qu'un fleuve à métamorphoses, fait de bric et de broc. Avec l'Anjou, elle entre dans les grandes largeurs, roule des hanches et finit par occuper 5 km (voire 8) du Val, lorsque aucun goulet ne vient l'étrangler. La Loire a arrêté les invasions anglaises et propulsé les Auvergnats vers les vignobles angevins jusqu'aux comptoirs de la France du Nord. Baudelaire la voyait en vert, Heredia en blond, Jules Lemaître en bleu et La Fontaine en cristal... Alors, qui est vraiment la Loire ?

L'unité de la Loire, c'est son incohérence. Tributaire des climats du Massif central, la Loire des débits ordinaires accuse ses amplitudes de un à six. Un hiver, elle déverse dans l'océan 50 m^3/s, un printemps, elle pousse à 9 000. La douce Loire fait le gros dos, sauve-qui-peut sur les berges ! On ne s'étonnera pas que les gabares chargées à ras bord qui firent, deux mille ans durant, la fortune d'Orléans, aient plus mal résisté qu'ailleurs. Jadis, il fallait lutter contre les vents d'ouest en remontant le fleuve, éviter les bancs de sable pendant la descente en draguant les hauts fonds au râteau. Assurés grâce aux péages imposés par les seigneurs riverains, l'entretien et le balisage du chenal furent bientôt à la charge des marchands qui fréquentaient la Loire, puis des Ponts et Chaussées. De petits bateaux ouvraient la route aux convois de chalands et les coches d'eau évitaient aux gens de condition l'inconfort des carrosses.

À force de voir l'Anjou dévasté par les crues tous les dix ans, on rêva d'apprivoiser le monstre. En 1856, les levées de terre se trouvèrent épaulées par quelque 85 retenues d'eau qui devaient remédier tant aux crues de printemps qu'à la sécheresse estivale. Mais le danger demeure : aujourd'hui, une crue d'amplitude historique laisserait sur le carreau quelque 200 000 sinistrés. C'est pourquoi les élus locaux ont soumis au gouvernement un projet de régulation du fleuve au moyen de quatre nouveaux barrages. Mais voilà : pendant que les riverains se réjouissent, les écolos de tous les pays s'unissent pour crier au scandale. Regroupés dans l'association Loire Vivante, ces croisés de la nature naturelle dénoncent le génocide d'une faune ultra-riche (où le saumon a fait son grand retour parmi d'autres poissons migrateurs, comme les anguilles et les lamproies), l'outrage fait à la flore des berges, nourrie par un microclimat amazonien unique en Europe, les dommages indicibles infligés à la faune aquatique, hérons, sarcelles et poules d'eau... Pour eux, la solution idéale consisterait à détecter les crues à temps pour évacuer les populations. Alors, les canards et les brochets riront bien en voyant les villageois barboter dans leur jus... Jusqu'ici, le barrage des Verts s'est montré efficace, mais les ministères hésitent encore à fortifier ce microcosme aux dépens des paysans riverains qui, plus qu'aucun promeneur ou naturaliste, se sont escrimés à le faire vivre. Romantisme citadin ou dures réalités indigènes, le choix reste à faire...

Des petits trous

Le tuffeau de la Loire et de ses affluents est un calcaire bien pratique. On en fait des pierres à bâtir, toutes blanches. Et quand la carrière s'épuise, on vient y creuser son trou, le troglodyte (troglo, pour les intimes !). Humide et sombre, mais pas cher... Été comme hiver, il y fait 14 °C, et s'il manque un meuble, on le taille dans le rocher : four, pétrin, pressoir, chapelle, pigeonnier, éventuellement le luxe d'une façade, qui dit mieux ? Jusqu'au XVIe siècle, on s'entasse dans la même paroi, toutes classes confondues, sur plusieurs niveaux reliés par des ruelles ou des escaliers. Ces villages abondent en Anjou (Dénezé-sous-Doué, Louresse-Rochemenier). Mais le XVIIe siècle a changé les normes du confort : on laisse ces « caves demeurantes » (ces « antres », disait Ronsard) aux pauvres. Les villageois du XIXe siècle ne s'en serviront plus que comme atelier, chai ou appentis.

Les marais

Les côtes planes cultivent le vague. Terre et eau s'y brassent et s'y mêlent. Sur tous les modes : estran, îlots, vasières, marais, bassins... L'homme a su en tirer parti. Au Moyen Âge, les sauniers cultivaient le précieux sel, qu'on expédiait jusqu'au cercle arctique. Peu à peu, le paysan s'est vu priver de ces revenus d'appoint par l'industrie de la silice. Tout comme les vasières de la côte, les marais salants ont été asséchés pour engendrer, par poldérisation, de nouvelles campagnes. Le Marais breton-vendéen, qui barbote tout au nord, père de Noirmoutier, de Bourgneuf jusqu'à Saint-Gilles-Croix-de-Vie, est un ancien golfe marin qu'ont colmaté au cours des siècles les vases et les hommes. Sur l'île de Noirmoutier, quelques paludiers récoltent encore, au bout de leur longue échelle, un sel très fin, de couleur grise (enrichi en oligo-éléments et en sels minéraux) ou blanche (la fleur de sel). Les marais de Machecoul, de Monts et de Challans y sont séparés par de vastes étendues d'herbages et de potagers, drainées par des canaux où le maraîchin circulait en yole : on y élève aujourd'hui des anguilles et des mulets, à l'abri d'écluses. Bien plus vaste, le Marais poitevin (érigé en Parc naturel régional) occupe lui aussi un ancien golfe, en partie comblé par une foison de petites rivières, menées par la Sèvre niortaise. Creusant des canaux, levant des digues, les moines, puis les ouvriers royaux, se sont donné la main pour assécher sa partie extérieure. Le « Marais mouillé », ou marais proprement dit, s'étend sur quelque 15 000 ha aux portes de Niort. Tout mouillé qu'il soit, il porte aussi des îles à pâturages (on y amène les vaches en barque) et à cultures (les fameuses *mojettes*), que délimitent les canaux bordés de frênes, d'aulnes, de saules et de peupliers. Si la « Venise verte » reste très sauvage, le plus gros de son labyrinthe est aujourd'hui parcouru par les yoles, ces grandes barques où les maraîchins promènent les touristes sous le ciel immense.

HISTOIRE

Les guerres de Vendée

Scapulaires blancs et bonnets phrygiens bleus et rouges se sont combattus à mort dans les marais, les bocages, les collines et les forêts de Vendée. Mais on ne peut réduire cette page d'histoire de France, horrible et oubliée pendant deux siècles, à ces symboles simplistes : cette guerre a tout de même fait près de 120 000 victimes côté vendéen. Un petit flash-back s'impose pour tenter de comprendre ce qui s'est vraiment passé.

Les provinces de l'Ouest de la France accueillirent plutôt favorablement la prise de la Bastille et les principes fondamentaux de 1789. Toutefois, aucune solution ne fut apportée suffisamment rapidement à la grave crise économique qui régnait là-bas. Pire, la suppression des marchés bénéficiant de privilèges fiscaux importants fut reçue comme une brimade dans la région. La religion se retrouva, également, au centre des polémiques. Ici, les paysans entretenaient des rapports assez peu conflictuels avec un clergé complaisant. La nationalisation des biens de l'Église, la suppression des ordres religieux et l'élection des prêtres furent mal comprises, mais ne donnèrent lieu qu'à quelques échauffourées. Pas de quoi fouetter un chat. En 1792, les Vendéens vécurent comme une trahison l'exécution de Louis XVI. Il était « l'oint du Seigneur » et avait accepté la constitution sans trop rechigner. Il n'y avait donc aucune raison de le guillotiner. La grogne commençait à monter...

La guerre déclarée aux monarchies européennes, avec la décision de lever une armée de 300 000 hommes par la conscription, fut la goutte d'eau qui fit déborder le vase. Même si seulement 3 % des Vendéens étaient concernés par cette mobilisation, le procédé avait des airs de déjà-vu sous l'Ancien Régime. D'autant que les bourgeois des villes pouvaient s'acheter un remplaçant dans les campagnes.

Dès lors, le fardeau des injustices et des incompréhensions fut trop lourd à porter pour la Vendée, département issu du décret de 1790. Par cette insurrection, elle acquit le statut de province, fédérant autour d'elle une partie de la Loire-Atlantique, des Deux-Sèvres et du département de Maine-et-Loire dans un rectangle allant de Paimbœuf au sud d'Angers en longeant la Loire, descendant jusqu'à Parthenay et revenant vers Les Sables-d'Olonne. Cette Vendée militaire devint l'emblème d'une révolte populaire, rurale et religieuse réunissant plus de 700 paroisses éparpillées dans ce vaste périmètre.

Fourches, faux montées à l'envers, faucilles sont les premières armes de cette jacquerie où les paysans, pieds nus ou en sabots, s'agenouillent avant de monter au combat. Manquant de chefs et d'expérience militaire, les paysans se tournent alors naturellement vers les châtelains. Certains se laissent convaincre d'entrer en guerre à contrecœur. L'émeute populaire se change en une guerre de principe. On se bat pour « Dieu et le Roi ».

De mars à juin 1793, les victoires des Blancs se succèdent. Quelques villes sont prises (Chemillé, Thouars, Fontenay, Saumur), la Convention s'inquiète. Jacques Cathelineau, un colporteur, devient le premier généralissime des Vendéens. Tué devant Nantes moins de quinze jours après son élection, il est remplacé par Maurice d'Elbée, un officier français engagé dans l'armée polonaise. Il devra s'opposer à l'offensive républicaine lancée par Paris. En octobre 1793, 80 000 « soldats » traversent la Loire avec femmes et enfants, et partent chercher des renforts en Bretagne auprès des chouans en révolte, en espérant également le soutien des Anglais. Qui ne vinrent pas. Et cette fameuse « virée de Galerne » tourne à la débâcle : Granville n'est pas prise, il faut redescendre. L'armée blanche décimée est au bout du rouleau. Le 25 décembre (joyeux Noël!), tous les survivants sont exterminés à Savenay, sauf peut-être une poignée de 5 000 hommes.

En 1794, la Convention envoie des « Colonnes infernales » sous le commandement d'un général de 26 ans, Turreau. Il a pour mission « d'exterminer les brigands jusqu'au dernier ». Il œuvre dans ce but avec un soin tout particulier. Bien qu'exsangue, la Vendée trouve la force de se révolter encore une fois et suit son nouveau chef : Charette. Lieutenant de vaisseau sur un navire qui prit part à la guerre d'Amérique, Charette est réputé pour ses compétences de tacticien militaire. Adversaire redoutable pour les Républicains, il ne pourra empêcher les massacres, les incendies de villages, les noyades dans la Loire qui se suivent durant toute l'année. Le carnage des Lucs-sur-Boulogne où l'on dénombra 560 victimes reste le lieu emblématique de ces tueries programmées par le gouvernement de la Terreur. Marx, écrivant à Engels en 1870, analysera cette Terreur comme étant le fait « d'une bourgeoisie parisienne qui a chié dans ses culottes ». Bien vu, Sigmund !

Charette signera la paix le 17 février 1795 en obtenant des garanties concernant la liberté religieuse et l'exemption de conscription. Il aurait également négocié la restauration de la royauté. Réalité ou prétexte : s'estimant trahi, il reprend les combats quelques mois plus tard. Il continue la « guérilla » avec une poignée de fidèles, mais tombe bientôt sous le nombre des troupes lancées à ses trousses. Arrêté le 23 mars 1796 dans le bois de la Chabotterie, il est fusillé à Nantes une semaine plus tard. La guerre de Vendée est finie... Pas les polémiques.

Nul aujourd'hui ne peut rejeter la Révolution de 1789 et ses acquis indéniables. Il est plus difficile de cautionner les excès meurtriers de la Terreur. En fait, l'épisode sanglant de la Vendée marqua une autre réalité : la fin d'un monde paysan opposé à une société moderne née de la Révolution. En 1789, Mirabeau comparaît la France à « un agrégat de peuples désunis ». En 1793, les Vendéens refusent l'union nationale obligatoire déniant leurs spécificités et, quelque part, leurs libertés. La République soupçonne, à tort, dans les soubresauts de cette région, un complot royaliste. Difficile, dès lors, de parler de génocide. Jamais, en effet, il n'a été question d'exterminer une race, fût-elle vendéenne. Toutefois, les guerres de Vendée ont mis en lumière, de la façon la plus odieuse qui soit, les difficultés d'une centralisation forcée longtemps rejetée par la province.

Chouans ou pas chouans?

Dire des Vendéens qu'ils sont des chouans frise l'hérésie. D'ailleurs, on vous regardera avec un drôle d'œil si, d'aventure, vous commettez ce crime de « lèse-Vendée ». Et vous n'aurez plus aucune excuse après avoir lu ces lignes...

Autrefois, les faux-sauniers, spécialistes de la contrebande du sel, signalaient à leurs camarades l'approche des gabelous en imitant le cri de la chouette. L'animal ayant pour surnom le chat-huant, on les appela les « chouans ». Dès lors, pendant la Révolution, tous les insurgés de l'Ouest de la France ont été dénommés du terme générique de chouans. Mais la vraie chouannerie vient du Maine, de Bretagne, du haut Anjou et de Basse-Normandie. Rien à voir avec le bas Poitou. Le terme de chouan fut galvaudé au XIXe siècle par un amalgame facile dû à l'indifférence générale des historiens pour une guerre franco-française plutôt gênante. Pour être plus exact, il faut préciser que les Vendéens ont tout de même « chouanné », mais bien avant la Révolution. La région produisant énormément de sel, les ressources de la gabelle étaient très importantes. Qui dit impôt, dit forcément fraudeur. Normal, on est en France !

Quelques dates

– **Vers 2200 av. J.-C. :** deux mille ans avant Obélix, menhirs et dolmens colonisent la région.
– **De 800 av. J.-C. à 100 av. J.-C. :** nos ancêtres les Gaulois arrivent d'Allemagne. La tribu des Aulerques délègue son clan Cénomans en Sarthe et en Mayenne (capitale : Vindunos, c'est-à-dire Le Mans), et installe son clan Diablintes dans le Maine. Les Namnètes donneront leur nom à Nantes (qui s'appelle alors Condevincum), les Pictons au Poitou et les Andes à Angers (baptisée à l'époque Andegavum).
– **56 av. J.-C. :** malgré la rébellion d'un chef Ande, près de Saumur, César occupe la région sans trop se casser la tête.
– **Vers 400 :** partout, les Gaulois succombent aux Germains. En Grande-Bretagne, ils s'esquivent à l'arrivée des Angles et des Saxons, venus de Hollande et du Danemark, et s'installent en Petite-Bretagne (la nôtre), en important un dialecte assez différent du celte local. Entre peuples barbares, c'est la guerre des gangs : Angers est tenue par les Francs, les Wisigoths festoient ce qui deviendra les départements de Vendée et de Maine-et-Loire...
– **831 :** avènement de Nominoë, « Le » Charlemagne breton. Quinze ans plus tard, le Franc Charles le Chauve reconnaît ce dernier comme roi souverain de Bretagne. Comme la Loire sert de frontière, tout le monde s'y étripe...
– **866 :** arrêt des invasions normandes à Segré (près de Laval).
– **Du XIe au XIIIe siècle :** essor des grandes maisons ducales – Anjou, Maine, Poitou –, qui se bagarrent avec entrain pour un ruisseau ou trois villages. Une grande famille émerge, qui va les éclipser : héritiers des comtes d'Anjou et de Poitou, les Plantagenêts deviennent aussi ducs d'Aquitaine, de Normandie et... rois d'Angleterre. Toute la France de l'Ouest – hormis la Bretagne – est ainsi administrée par Londres. Paris pâlit. Le roi de France n'aura plus qu'un but : bloquer les Plantagenêts dans leur île. Nom de l'opération : la guerre de Cent Ans.
– **1341 :** déchaînant les hostilités dans le Maine et l'Anjou, les deux rois n'oublient pas de s'affronter en Bretagne, où la couronne ducale est vacante. En 1365, le prétendant des Anglais, Jean de Montfort, décroche la timbale.
– **De 1399 à 1442 :** héritier du précédent, le duc Jean V hisse la Bretagne à son apogée. À cette époque, sa marine est la plus puissante du monde ! Couronné à Rennes, il préfère régner à Nantes, dans son magnifique château. Pendant ce temps, la défaite d'Azincourt succédant à la déculottée de Poitiers, la France s'enfonce dans le désastre. L'Anjou et le Poitou se retrouvent en pleine mêlée.
– **1406 :** naissance de Gilles de Rais à Machecoul. Compagnon de Jeanne d'Arc, son brevet de sainteté est quelque peu écorné par des accusations de crimes atroces. Ses compatriotes bretons jurent qu'il n'y est pour rien...
– **1481 :** Anjou et Maine sont rattachés au domaine royal. Sept ans plus tard, une défaite militaire place la Bretagne sous obédience française.
– **1532 :** rattachement de la Bretagne à la France.
– **XVIe siècle :** loin de Paris l'imprévisible, les rois mettent à la mode l'Orléanais et la Touraine, mais aussi l'Anjou. À l'ombre de l'université d'Angers, on écrit (Rabelais), on versifie (du Bellay), on guérit (Ambroise Paré). Des châteaux superbes sortent de terre. Suivent les guerres de Religion. Après une Saint-Barthélemy féroce à Orléans, Angers et Saumur se rallient à la Réforme. C'est à Nantes qu'Henri IV promulgue, en 1598, l'édit qui les stoppe : un royaume, deux religions.
– **XVIIe siècle :** tournant le dos aux campagnes miséreuses et à l'agitation bretonne (révolte des Bonnets Rouges, en 1675), Nantes lance sa flotte vers

les colonies, et s'assure une prospérité coquette avec le trafic d'épices et d'esclaves.
– **La Révolution française :** elle est d'abord bien accueillie. Mais la répression contre l'Église, la conscription et les excès de la Terreur font bientôt fermenter les campagnes dans toute la région (voir les rubriques « Les guerres de Vendée » et « Chouans ou pas chouans ? »).

LANGUES RÉGIONALES

Le parler d'Henriette (ou patois sarthois)

– *Avoir la kerouaire :* avoir une petite forme gastrique (ou dans la langue gaulliste : « c'est la chienlit ! »).
– *Un benez :* un travailleur journalier au chômage.
– *Un berlot :* un benêt.
– *Cusser :* gémir.
– *Crouiller :* fermer à clef.
– *Déguenniller (se) :* se déshabiller (également valable pour une chose).
– *Erquer :* réaliser quelque chose avec moult efforts (synonyme : « y laisser sa chemise »).
– *Fertouiller :* bruit des feuilles dans le vent ; peut être étendu à un individu (faire du potin).
– *Avoir la guerdine :* trembler de froid.
– *Jouquer :* percher.
– *Une jouquerite :* un perchoir à poules.
– *Ourser :* travailler durement.
– *Pinger :* piocher (au sens figuré surtout : « pinger les doigts dans un bocal de cornichons »).
– *Un pitau :* un orphelin.
– *Mettre* ou *faire sa vire :* mettre ou faire à sa convenance.
– *Quermayonner :* faire du bruit.
– *Une rotte :* une petite sente.
– *Ne pas être de sang rassis :* être déjà éméché.
– *Tout saveter :* tout abîmer.
– *Subier :* siffler (« tu peux toujours subier », synonyme de « tu peux toujours courir »).
– *Un souapiot :* un sale gamin.
– *Tirer :* se servir (encore entendu dans les bars ; si quelqu'un fait des chichis on lui dira d'un air excédé : « mais tire-don' ! »).

Petit vocabulaire briéron

Certains mots usuels de la Brière semblent aussi mystérieux que le pays :
– *Blin :* grand chaland pour le transport de la tourbe, du roseau.
– *Bosselle :* nasse en osier pour capturer les anguilles.
– *Curée :* fossé-canal sinueux, bien entretenu, qui entoure les îles.
– *Fouesne* ou *fouine :* fourche particulière à la Brière, avec laquelle on pêche l'anguille.
– *Gagnerie :* centre des îles, que l'on consacre à la culture.
– *Marre :* outil pour extraire la tourbe.
– *Morta :* arbre fossilisé.
– *Le noir :* la tourbe.
– *Piarde :* plan d'eau.
– *Pimpeneau :* anguille de vase.
– *Plattière :* terre ou pâture basse.

LE CULTE DE LA CULTURE

Si Nantes a perdu son charme portuaire, elle continue de fixer l'océan. C'est ainsi que le festival des Trois Continents affiche les horizons lointains dans les galeries et les cinémas nantais. Le plus souvent, l'art est au cœur de cette quête de l'Ailleurs. Clisson, ou plus exactement la Garenne-Lemot, où siégeaient les Fonds régional d'art contemporain (FRAC), offre une quintessence de folie XIXe avec bosquet, templion et statues antiques, pour héberger des « installations » résolument contemporaines. Nantes, pour sa part, dynamisée par ses universités, se révèle une vraie pépinière d'artistes, au travers de solides institutions telles que l'école des Beaux-Arts ou les galeries Convergence, Fradin et KNA Studio... Tandis que Saint-Nazaire reçoit régulièrement en résidence des écrivains étrangers.
Jetez donc un œil à la magnifique revue *303* (on peut la trouver dans les musées, librairies spécialisées ou dans les Maisons de la Presse de la région), c'est un bon moyen de faire connaissance avec les spécificités culturelles de la région. Cette revue, soutenue par le Conseil régional, a pour vocation de faire découvrir la région Pays de La Loire au travers de ses richesses culturelles dans une publication de grande qualité. Certains numéros ont eu pour thèmes Julien Gracq, la tapisserie de l'Apocalypse, le patrimoine industriel, le paquebot France...

LIVRES DE ROUTE

– ***Au nom de la Loire***, de Catherine et Bernard Desjeux (Éd. Grandvaux, 1998). Beau livre de photos qui suit le cours de la Loire. Petits matins, couchers de soleil, pleine lumière ou dans la brume, comment (re)découvrir la magie et l'ambiance du plus long fleuve de France.
– ***Notes d'un voyageur dans l'Ouest de la France***, de Prosper Mérimée (Éd. Adam Biro-La porte étroite, 1989). 1836, notre jeune Prosper national se balade à travers la France, et l'Ouest du pays. Il nous le fait savoir, et en tire un « compte rendu » – de 215 pages! – savoureux, à l'œil historique, avec son regard d'expert, d'inspecteur des monuments historiques. Et youp-pla-boum...
– ***La Cuisine des châteaux de la Loire***, de Gilles et Bleuzen Du Pontavice (Éd. Ouest-France, 1997). Les châteaux regorgent de secrets... et même des secrets de cuisine. Passez de l'un à l'autre (avec son descriptif, et quelques photos), et de recette en recette. Transmises de génération en génération, ancestrales et originales, voici une autre façon de découvrir les châteaux de la Loire.
– ***Châteaux en pays de Loire***, de Michel Melot (Éd. Evergreen, 1997). Tout savoir ou presque sur les châteaux de la Loire. Nombreux sont les ouvrages sur ce sujet, mais ici, l'approche y est encore plus complète grâce aux 250 illustrations, plans et élévations des édifices. Une bible dans le genre.
– **Muscadet**, de François Midavaine (Éd. J. Legrand, 1994). Que seraient les pays de la Loire sans le Muscadet? Sec et moins joyeux, certainement. Ce livre, assez générique sur le sujet, présente les vignobles et la région. Ça a le mérite d'être complet... hip! À la vôtre.
– ***Mon enfance est à tout le monde***, de René-Guy Cadou (Le castor astral, 1995). Figure de la région, le poète nous raconte la vie en famille, dans un village près de St-Nazaire, dans les années 1920. Autobiographique. Et « **Monts et merveilles** » du même auteur (Éd. du Rocher,1997), une description poétique, en prose, entre rêves et hallucinations, se rapportant à la Brière. Quand poésie et pays de la Loire font bon ménage.
– ***Les Champs d'Honneur***, de Jean Rouaud (Éd. de Minuit, 1990). Attention Prix Goncourt (1990)! Ça se passe en Loire inférieure, juste après la guerre, une famille face à la mort, la sienne... mais ça pourrait être la nôtre. Tendresse, subtilité sont les maîtres mots de ce « chef-d'œuvre » (si, si!) dont

le ton et le souvenir happent le lecteur. Du même auteur, « **Carnac, ou le Prince des lignes** » (Ed. Seuil, 1999) décrit avec la même tendresse cette région chère à l'écrivain, dans un style plus proche de la poésie.

MERVEILLES DE GUEULE

Certes, la région n'a pas inventé la chantilly et le foie gras. Elle n'en est pas moins le berceau d'un adjectif qui traverse toute la gastronomie française : rabelaisien... Mais la cuisine des Pays de la Loire ne se limite pas aux cochonnailles – andouilles, fressure... – dont ripaillaient les émules de Gargantua. Ici, c'est la géographie qui dicte le menu. Une profusion de cours d'eau ? Ce sont des tanches, des brochets, du saumon... Mais aussi, tout au long des vallées, le gras limon qui plaît aux primeurs. Une côte maritime ? Voici le sel, les crustacés et les poissons de mer. De larges pâturages ? En avant le beurre et la triple crème. Un bocage pauvre, d'accès difficile ? Bonjour les plats de terroir, les cochonnailles, les fromages de chèvre. Si les Pays de la Loire, à eux tous, forment un parfait concert gourmand, chacun d'eux n'en joue pas moins sa partition personnelle : poitevine en Vendée, ligérienne en Anjou et Loire-Atlantique, à demi normande dans le Maine...

Pour commencer, la région jouit de quelques produits exceptionnels. Ainsi le pays Nantais est-il La Mecque des **légumes** : d'excellentes carottes presque sucrées, mais aussi des oignons, des navets, de fameux poireaux nains, et une mâche qui a conquis l'Europe entière. De même, la culture des **champignons de Paris**, née dans les carrières de Paris au début du XVe siècle, a trouvé de solides relais dans les sous-sols de la Loire, tout spécialement des Saumurois qui produit 75 % de notre récolte nationale. Du coup, on les sert dans les restos troglodytiques sous le nom de **galipettes** car en s'épanouissant (8 cm de diamètre minimum !), ils perdent pied et font la culbute. À déguster dorés et garnis de rillettes, fromage de chèvre et même d'escargots ! La Vendée est le pays des **mohjettes** (ou mogettes), ces petits haricots de marais aux couleurs diverses, que l'on cuisine à toutes les sauces (même en potée) et que l'on accompagne de **jambon vendéen**. Sur la côte, la fleur de **sel de Guérande** – non lavée ni broyée – est une friandise à déguster sans accompagnement, sur une tartine de beurre local. Les mêmes marais salants produisent aussi la **salicorne**, une petite algue qui, cuite à la vapeur, accompagne les poissons, et, préparée en saumure, remplace nos bons vieux cornichons avec les viandes froides et les terrines. Quant aux volailles, elles ont trouvé dans la région l'un de leurs plus beaux terroirs : tandis qu'à **Loué**, les chapons, dindes, poulets et pintades de la Sarthe conjuguent l'abondance à la très haute qualité, les **canards de Challans**, en Vendée, font valoir la finesse de leur chair rouge.

Comment composer un repas idéal ?

Spécialités du terroir

On commencera sans doute par une **soupe angevine** – *bijane* (à la mie de pain trempée dans du vin rouge) ou rôtie (aux tranches de pain grillé baignant dans du cidre) –, voire vendéenne (au chou vert et au petit salé, ou encore la soupe aux fèves et aux herbes).

Suivront les *cochonnailles*. Au Mans, ce sont des **rillettes** (juste grasses et cuites sans excès pour leur conserver un teint clair), mais aussi des **boudins blancs** (à base de lard, de viande, d'œufs et de lait). L'Anjou décline **rillauds, andouillettes** et **gogues** (sortes de boudins noirs de légumes liés au sang de porc, qu'on poêle après les avoir pochés). La Vendée transforme le

porc en **andouilles, pâtés de foie au cognac**, sans oublier la fameuse **fressure**, qui n'est guère autre chose qu'un boudin sans peau. Dans la même veine charcutière, la Vendée mange ses **alouettes en tourtes** et ses **lapins de garenne en pâté**, l'Anjou sert la **langue de bœuf en gelée**...
Dans le terroir d'Angers, les préparations de viande témoignent de délicatesse. Il faut absolument goûter le « **cul de veau** » au vin blanc et aux morilles, l'**oie farcie de Segré** aux marrons, ou encore la **rouelle de veau** aux carottes, que l'on trouve aussi dans le Maine – même si ce dernier terroir s'intéresse plus volontiers aux volatiles, notamment la **fricassée de poulet** aux champignons. Plus rustique, la Vendée en tient pour le cochon, servi en **tantouillet** (daube d'abats au vin rouge) ou en **tribalée** (ragoût aux herbes). Son bocage est d'ailleurs le royaume des « plats complets », où le chou vert, roi des légumes locaux, tient une place de choix. Si les petits choux, baptisés piochons, se dégustent en vinaigrette, les gros vont dans le **farci** (ladite farce mêlant le lard à des légumes, tels que les bettes, l'oseille, les poireaux et même les fameuses mogettes), quand ils ne se retrouvent pas écrasés en **embeurrée** (ou beurrée), avec du lard et une bonne motte de beurre. Une recette tout aussi populaire dans l'Anjou voisin... Où l'on a d'ailleurs ressorti des troglodytes de la région de Saumur et des vieux parchemins de Rabelais la recette des **fouées** ou **fouaces**, sortes de petits pains ronds cuits au four sous vos yeux dans les restos troglodytiques, et garnis de mogettes, beurre salé, rillettes, fromage de chèvre, et même de foie gras !

Spécialités de poisson

La mer et la Loire vont se charger de tempérer ces lourdeurs. Loin de se contenter de **sardines grillées** (comme à Saint-Gilles), la Vendée raffine ses préparations poissonnières avec la **cotriade** (sorte de bouillabaisse aux pommes de terre et aux oignons, généreusement relevée d'aromates) et la **chaudrée** (seiches et petits poissons plats pochés au muscadet). Nantes, par contre, dispute à l'Anjou la paternité du célèbre **beurre blanc**, qui ne serait autre, d'après la légende, qu'une sauce béarnaise ratée fort à propos. Ici comme là, on en accommode les poissons, tant d'eau douce que de pleine mer, ainsi que les coquilles Saint-Jacques. Mais les Angevins ont bien d'autres recettes, comme le **pâté de lamproie**, la **tanche à l'oseille**, l'**alose marinée**, le **boudin de brochet**, et la fameuse **bouilleture**, sorte de matelote d'anguille au vin rouge et aux pruneaux, servie sur des tranches de pain. Sans oublier les merveilleuses **fritures de Loire**, anguilles, éperlans et même ablettes, servies dans les guinguettes et à arroser d'un petit rosé ou d'un blanc bien frais !

Fromages

Sans prétendre concurrencer la Normandie, les Pays de la Loire ont aussi quelques bons fromages. Après un détour à Nantes pour goûter l'honorable **carré nantais** à croûte orange, les adeptes de la vache courront dans le Maine s'approvisionner en **saint-paulin** – une pâte pressée très douce, également connue sous le nom de **port-salut** –, ou, dans sa version plus typée, le fromage d'**Entrammes**. Si la Vendée ne s'intéresse guère à la vache, c'est pour mieux produire – avec son cousin le Poitou – la moitié des **fromages de chèvre** consommés en France... En fait, le fromage fait figure de friandise, en Vendée comme en Anjou. On le déguste frais, en **caillebotte**, avec du miel ou du sucre (éventuellement, aussi, de l'essence de café), ou en tarte. La version sophistiquée de la caillebotte est le **crémet d'Anjou**, un fromage frais égoutté dans une faisselle et servi avec des œufs en neige, de la crème fouettée, de la crème fraîche, du sucre et des fraises.

Desserts

À chacun son registre. L'Anjou joue les pousse-au-crime avec force **macarons** et **fruits confits**. Quant à la Vendée, elle a fait de la **brioche** son étendard : cet ancien gâteau de noces, onctueux, joufflu et bien bronzé, a aujourd'hui conquis la France. C'est dans le village de Turquant, près de Saumur, que l'on peut encore goûter aux **pommes et poires tapées** : selon une recette du XIXe siècle, les fruits séchés sont encore comestibles... 15 ans après qu'on les a fait tremper dans du vin de Loire et cuire dans un sirop de sucre. Enfin, c'est à Sablé-sur-Sarthe, en 1923, qu'un pâtissier inventa la galette du même nom, ancêtre de la fameuse **pâte sablée**. Avec le café, si possible, finir par un petit **quernon d'ardoise**, spécialité d'un confiseur angevin en hommage aux générations de mineurs de Trélazé et d'ailleurs.
– Voir aussi la rubrique « Gastronomie » dans le chapitre « Loire-Atlantique ».

PERSONNAGES

– **Abélard :** ce sulfureux théologien du début du XIIe siècle entra dans la légende pour s'être fait couper les testicules par un chanoine dont il avait séduit la nièce, Héloïse. De désespoir, il se fit moine. Mais les amants ne rompirent jamais leur correspondance enflammée...
– **David d'Angers :** 1er prix de Rome en 1811, ce sculpteur romantique fut l'ami intime de Victor Hugo. On lui doit, entre autres, le fronton du Panthéon.
– **Hervé Bazin :** toute la région de Segré (Anjou) dans son livre fétiche, *Vipère au poing*.
– **François Bernier :** dans les années 1660, cet Angevin sut se faire apprécier au Cachemire, où il devint le médecin personnel du Grand Mogol.
– **Les Bollée :** toute une famille de Géo Trouvetout manceaux, spécialisée dans l'automobile. Le plus connu est le papa, Amédée, qui, en 1873, équipe les véhicules de la traction à vapeur, grâce à laquelle il franchit huit ans plus tard le record des 60 km/h.
– **Anne de Bretagne :** mariée à Charles VIII en 1491, puis à Louis XII, la bonne duchesse offrit la Bretagne à la France, selon un vœu arraché à son père.
– **Claire Brétécher :** la maman d'Agrippine a taillé ses premiers crayons sur les bancs des écoles nantaises.
– **Aristide Briand :** né à Nantes, député en 1902, à plusieurs reprises ministre et président du Conseil. Défenseur de la paix après la Première Guerre mondiale, il participe activement à la création de la SDN. Prix Nobel de la paix en 1926.
– **René-Guy Cadou :** originaire de la Brière, il devient instituteur remplaçant et sillonne ainsi la Loire-Atlantique. C'est en même temps un poète. Sa poésie, influencée par le surréalisme, demeure très personnelle, sobre et dépouillée ; il y chante la nature et son amour pour sa femme, Hélène, qu'il rencontre à Clisson en 1943. Meurt à 31 ans, en 1951. C'est, paraît-il, le poète qui inspire le plus de thèses de troisième cycle dans les universités françaises.
– **Pierre Cambronne :** ce vicomte et général d'Empire s'illustra héroïquement à Waterloo en lançant, alors que ses hommes étaient cernés, une réponse expéditive, qui lui vaudra d'être citée plus tard à tout propos. À propos d'un certain M. de Cambremer, Proust fait ainsi dire à la duchesse de Guermantes : « c'est un nom qui ne commence pas bien, mais qui finit encore plus mal. On dirait qu'il n'a pas eu le courage d'aller jusqu'au bout ! »
– **Jean-Baptiste Ceyneray :** architecte de la ville de Nantes, de 1760 à 1780. Influencée par le classicisme, il a marqué les édifices de la ville et les folies de l'Erdre de son empreinte. C'est aussi un urbaniste qui crée les cours Saint-Pierre et Saint-André à Nantes.

PERSONNAGES

- **François-Athanase de Charette de la Contrie :** « Charette », pour les intimes. Après avoir bataillé pour la révolution américaine, ce vicomte du pays de Retz prend les armes contre la Révolution française. Il mena brillamment au combat les paysans de Vendée, de Bretagne et d'Anjou dès 1793. Après trois années de succès, l'homme providentiel fut capturé et fusillé à Nantes.
- **Jean Chouan :** Jean Cottereau, dit « le Chouan », incarna avec ses trois frères la tribu originelle de la chouannerie vendéenne. Chouan ne vient pas de chou, mais de chat-huant, ce qui est plus flatteur... Insurgés royalistes, ils abreuvèrent leurs sillons du sang des révolutionnaires.
- **Claude de France :** fille d'Anne de Bretagne, c'est elle qui cède à son mari, François Ier, l'administration du duché de Bretagne en 1515.
- **Georges Clemenceau :** né en 1841 à Mouilleron-en-Pareds (Vendée), le « Tigre » restera un grand homme politique, président du Conseil qui mena la France à la victoire de 1918. Ce que disent moins les manuels d'histoire, c'est qu'il fut un farouche adepte du duel (il en livra vingt-deux durant sa vie, dont le dernier contre un certain... Gaston Defferre!), ainsi qu'un homme à femmes : à 80 ans, il finit ses jours une nuit de novembre 1929 dans les bras d'une de ses maîtresses. Un vrai Tigre, en somme !
- **Olivier de Clisson :** le roi de France ayant fait traîtreusement décapiter son papa, Olivier embrasse le parti des Anglais et combat du Guesclin, son compatriote breton. Ayant bientôt reconnu son erreur, il soutient la chevauchée de Jeanne d'Arc avec un si grand zèle qu'on va le surnommer « le Boucher des Anglais ».
- **Pierre-Joseph Colin :** c'est lui qui mit au point au XIXe siècle l'industrie de la sardine à l'huile en boîte de fer blanc.
- **Claude Crébillon :** cet écrivain licencieux du Grand Siècle vécut longtemps à Nantes.
- **Jacques Demy :** *Jacot de Nantes* – tel est le nom du film qu'Agnès Varda, sa femme, lui a consacré – eut beau naître à Pontchâteau, c'est Nantes qu'il choisit pour son premier long-métrage, *Lola*... avant d'écumer toute la côte océane – *Les Demoiselles de Rochefort, Les Parapluies de Cherbourg*... –, armé d'une solide bonne humeur et d'un sens de la fable élégante.
- **René Descartes :** fondateur de cet « esprit français », qu'on présume amateur d'ordre et de lumière, l'homme du *Discours de la Méthode* avait le bon profil pour être ligérien. Né en Touraine, Descartes tira grand profit de ses études à La Flèche, dans le Maine.
- **Philippe de Duplessis-Mornay :** Saumur ayant été concédée aux protestants, Duplessis-Mornay en devient gouverneur. Il y fonda une académie protestante qui brillait par la tolérance et l'ouverture intellectuelle. Son surnom : le pape des huguenots.
- **Joseph Fouché :** alter ego de Talleyrand, l'inquiétant ministre de la Police de Napoléon Ier.
- **Julien Gracq :** interne au lycée Clemenceau de Nantes. Auteur d'ouvrages reconnus, comme *Un balcon en forêt* (Éd. José Corti). Publie sur Nantes un essai en 1985 : *La Forme d'une ville*. A refusé le prix Goncourt, en 1951, pour son *Rivage des Syrtes*. Vit à Saint-Florent-le-Vieil, où il est né.
- **Paul Guimard :** journaliste et écrivain né à Saint-Mars-la-Jaille, près de Nantes.
- **Alfred Jarry :** Tzara et les surréalistes doivent une fière chandelle (verte) au créateur d'*Ubu Roi* et fondateur de la pataphysique, né à Laval.
- **Jean Lurçat :** *L'Apocalypse* d'Angers révéla au lithographe Jean Lurçat l'art de la tapisserie. Un art qui devient vite sa passion unique : année après année, il l'épure, le rénove et l'enrichit.
- **Les marins :** non seulement Éric Tabarly était nantais, mais les frères Peyron, Marc Pajot et Laurent Bourgnon sont tous de Loire-Atlantique. Mille sabords !

GÉNÉRALITÉS

GÉNÉRALITÉS

– **La Dame de Montsoreau :** c'est le « Dumas » le plus fameux du cycle des Valois. L'Histoire, elle, a retenu les amours de Diane de Méridor, châtelaine du Breil de Foin, au nord de Saumur. Mariée à Jean de Couesme, remariée au seigneur de Montsoreau, la belle dame se fit remarquer par son appétit sentimental et la fin tragique de ses soupirants. Bussy d'Amboise, assassiné peu après, fut peut-être du nombre.

– **Narcejac :** de son vrai nom Pierre Ayraud, indissociable de Boileau, coauteur de très célèbres romans policiers. Fut professeur de français au lycée Clemenceau de Nantes pendant 20 ans. Mort en 1998.

– **Jean-David Nau :** les Anglais ont Black Beard, alias Barbe Noire. Les Français ont Nau, alias « l'Olonnois ». Le plus fameux des flibustiers français se déchaîna particulièrement contre les Espagnols, qui lui taillèrent une effroyable réputation. Était-elle usurpée ? L'Olonnois mourut aux mains des Indiens, qui lui dévorèrent le cœur...

– **Ambroise Paré :** né à Laval, ce contemporain de Rabelais invente la chirurgie moderne en soulageant les souffrances des blessés sur les champs de bataille.

– **Denys de la Patellière :** le réalisateur de *Un taxi pour Tobrouk* et de *Tonnerre de Dieu* a été croqué par Hergé en « Jean-Lou de la Batellerie » dans *Les Bijoux de la Castafiore*.

– **Alain-Dominique Perrin :** ce Nantais a réussi son OPA sur Cartier, qu'il dirige encore. Créateur du concept des célèbres Must et grand mécène des arts et des lettres.

– **Armand du Plessis, duc de Richelieu :** le célèbre cardinal est né à Luçon qui devient son évêché alors qu'il n'a que 22 ans. On raconte qu'Alexandre Dumas est venu dans la région pour retrouver l'ambiance et les traits de ce grand homme (qui créa la Sorbonne et l'Académie française).

– **Gilles de Rais** (ou **Retz** ou **Rays**) **:** né en 1404, c'est à l'origine un très grand seigneur vendéen, très brave et très fortuné. Il est d'ailleurs compagnon de Jeanne d'Arc dans sa reconquête contre les Anglais. La paix le renvoie dans ses châteaux et c'est là qu'il commence à disjoncter. L'alchimie et la magie l'attirent et il s'entoure de personnages plus que douteux. Partout, sur son passage, des enfants disparaissent ! Enfin, l'Église donne l'ordre de l'arrêter et Gilles confesse les plus monstrueux crimes : plus de 600 bambins ont été « dévorés » par l'ogre, dans d'indescriptibles scènes sadiques. Il fait alors preuve d'un tel repentir que les parents des victimes prient pour lui sur le chemin du supplice. Démesuré, le procès de « Barbe-Bleue » aura sans doute été le cas le plus extrême des annales judiciaires. À tel point qu'on le rejugea, il y a quelques années, pour tenter de prouver qu'il n'était pas si méchant que ça...

– **Le bon roi René :** plus connu comme roi de Provence, ce contemporain de Louis XI était aussi duc d'Anjou. Sa « bonté » ne fut pas que légende : on le disait plein de sollicitude envers ses sujets. Il laissa le souvenir d'un prince exquis et cultivé.

– **La Rochejacquelein :** le plus jeune et le plus brave – sinon le plus chanceux – des généraux vendéens. En dépit de ses vingt-et-un ans, il sera nommé généralissime et sème la panique dans les rangs républicains. Dès 1794, l'« Achille de la Vendée » est tué dans une escarmouche.

– **Jean Rouaud :** le Goncourt 1997 des *Champs d'honneur* est un Nantais discret.

– **Le Douanier Rousseau :** le père de la peinture « naïve » se prénommait Henri et naquit à Laval.

– **Claude Sérillon :** né à Nantes en 1950. Longtemps présentateur du JT avant d'être rangé au placard (ah, la télé !), il en est ressorti (mais jusqu'à quand ?). En prudent Nantais qu'il est, il cultive par ailleurs ses talents de journaliste documenté, pédagogique et rêveur, au travers de l'émission *Géopolis* ou la désormais traditionnelle et familiale *Nuit des Étoiles*, en compagnie, bien sûr, de son éternel complice, l'astrophysicien Hubert Reeves.

– **Stofflet :** né dans l'Est, comme son nom l'indique, cet ancien militaire de carrière reprit du service dans les guerres de Vendée. Une lutte acharnée contre les Bleus lui valut un sobriquet, « le roi des Mauges », qu'il porta jusqu'à l'autoritarisme en faisant fusiller l'un des généraux de son camp, coupable de trahison. Ses dons de stratège ne l'empêchèrent pas d'être capturé en 1796, et fusillé.
– **Jacques Tati :** né au Pecq, dans les Yvelines, mais a tourné en 1951 le film génial *Les Vacances de M. Hulot* à Saint-Marc-sur-Mer, près de Saint-Nazaire. Rien que pour ça, ça valait la peine d'être signalé !
– **Jules Verne :** ce Nostradamus de la technologie projeta vers des mondes inconnus les inventions embryonnaires de l'ère industrielle. Un hélico pour Robur, un sous-marin pour Nemo, un hologramme au château des Carpates, un obus vers la Lune, une voiture à gaz à Paris... Nantais d'origine, celui que la légende fait fuguer « à onze ans » sur un navire, exporte vers des terres australes qu'il n'a jamais vues les préjugés et les malaises d'une Europe à son apogée. Contrarié de n'avoir jamais publié ses quarante pièces de théâtre en vers et en prose, il semble avoir trouvé avec son éditeur, Pierre-Jules Hetzel, un moyen de déguiser sa pensée dans l'imaginaire, l'aventure, l'exploit et la prophétie technologique. Son statut d'auteur le plus traduit fait souvent oublier la « morale » de son œuvre, pessimiste, misanthrope, voire paranoïaque. L'ingénieur rêveur serait-il le grand-père des *X-files* ?
– **Jacques Warminski :** sculpteur-plasticien décédé en 1997, il lègue au village de Saint-Georges-des-Sept-Voies (Anjou) une œuvre impressionnante, l'*Hélice Terrestre*.
– **Tri Yann :** les « Trois Jean de Nantes » (un peu plus nombreux à présent) sont contre le nucléaire, le remembrement, les Boys Bands et la bouffe uniformisée. Ça tombe bien, nous aussi ! De plus, leur musique s'inspire de mélodies celtes, québécoises et irlandaises, le tout à la sauce ethno-rock-folk et à grand renfort de mandoloncelle, de cromorne, psaltérion et dulcimer. S'ils ont abandonné leurs pattes d'eph' aux ourlets ornés de triskèle, ils ont cependant gardé un goût de la provoc', la fierté de leur capitale bretonne et de la mise en scène spectaculaire.

PERSONNES HANDICAPÉES

Nous indiquons désormais par le logo ❦ les établissements qui possèdent un accès ou des chambres pouvant accueillir des personnes handicapées. Certaines adresses sont parfaitement équipées selon les critères les plus modernes. D'autres, plus simples, plus anciennes aussi, sans répondre aux normes les plus récentes, favorisent leur accueil, facilitent l'accès aux chambres ou au resto. Évidemment, les handicaps étant très divers, des lieux accessibles à certaines personnes ne le seront pas pour d'autres. Appelez toujours auparavant pour savoir si l'équipement de l'hôtel ou du resto est compatible avec votre degré de mobilité.
Malgré les combats menés par de nombreuses associations, l'intégration des handicapés à la vie de tous les jours est encore balbutiante en France. Il tient à chacun de nous de faire changer les choses. Nous sommes tous concernés par cette prise de conscience nécessaire.

PLÉIADE : LES RIMES ET LA RAISON

Les Pléiades, dit *Le Robert*, sont les sept filles d'Atlas que Zeus changea en colombes avant de les envoyer briller dans le ciel. La Pléiade, elle, est une constellation de sept poètes que la Renaissance fit surgir – à l'exception de Pontus de Thyard et d'Étienne Jodelle – dans l'orbite des Pays de la Loire. Joachim du Bellay à Liré, Rémi Belleau à Nogent-le-Rotrou, Jacques Pelletier au Mans, Antoine de Baïf à La Flèche et Pierre de Ronsard, le chef d'école, dans le Vendômois, soit à proximité immédiate des cours royales. Tantôt élégiaques, tantôt satiriques et le plus souvent érudits, ils ont redécouvert la poésie à la lumière des Anciens : Pétrarque, Horace, Virgile...

C'est Ronsard qui a le moins vieilli. Amoureux sensuel (« Dedans et dehors mes entrailles/ Une ardente chaleur me point/ Plus fort qu'un maréchal ferrant ne joint/ Le fer tout rouge en ses tenailles »), courtisan fidèle, il régale successivement de ses sonnets Henri II, François II, Charles IX et Henri III. Le « Prince des poètes » vaut surtout pour ses derniers vers, marqués par l'approche de la mort : « Vous estes déjà vieille, et je le suis aussi/ Joignons notre vieillesse et l'accolons ensemble/ Et faisons d'un hiver un printemps adouci. »

SITES INTERNET

Sites génériques

- ● *www.tourisme.fr* ● Site réalisé par la Fédération des offices du tourisme et syndicats d'initiative. Propose des informations sur des régions ou des villes. Par exemple, une rubrique « France secrète » avec des propositions de week-ends.

Sites sur la Mayenne

- ● *www.tourisme.mayenne.com* ● Présentation à l'aide de textes et de photographies du département. Références complètes des activités touristiques avec détails des lieux et horaires de visites. Liste complète d'hôtels, restaurants et chambres d'hôte.
- ● *perso.wanadoo.fr/renaudies/* ● Les jardins des Renaudies ont pu voir le jour grâce à la passion d'un homme, Jean Renaud. C'est la création d'un jardin d'inspiration anglaise de plus de 3 000 plantes dans un petit village de la Mayenne, Colombiers-du-Plessis.
- ● *www.ville-chateau-gontier.fr* ● Tout sur les activités touristiques en pays de Château-Gontier.
- ● *www.coevrons.com* ● Évron et ses environs entre collines et rivières, au cœur d'un patrimoine historique riche.
- ● *www.mairie-mayenne.fr* ● Une petite ville homonyme au bord de la rivière Mayenne, un site archéologique d'intérêt national et l'un des plus anciens châteaux de France.
- ● *www.mairie-laval.fr* ● Laval, ville d'art et d'histoire, les remparts et le château. Visites guidées à pied, en bateau...
- ● *www.refuge-arche.org* ● Le Refuge de l'Arche est un lieu de vie, d'espérance et de convivialité. Loin de l'aspect mercantile des zoos, il permet aux animaux de trouver un accueil tranquille et sait aussi redonner de la dignité aux exclus de notre société.
- ● *perso.wanadoo.fr/m53mayenneastro/* ● Aujourd'hui, M53 Mayenne Astronomie regroupe 71 adhérents autour de 3 pôles : le pôle adhérents pour les amateurs d'astronomie, le pôle animation pour les scolaires et le pôle tourisme (soirées aux étoiles et station de nuit).

Sites sur la Sarthe

- ● *tourisme.sarthe.com* ● Le comité départemental du tourisme souhaite la bienvenue en Sarthe, à 1 h de TGV de Paris-Montparnasse. Présentation détaillée des pôles touristiques et des activités classés par région.
- ● *www.sarthe.com* ● À la une, Grand Prix de France moto aux 24 Heures du Mans. Musée de l'Automobile de la Sarthe. Prix des lecteurs 2000.
- ● *www.en-sarthe.com* ● En Sarthe est un moteur de recherche par mots clés, entrez les mots... Le site est centré sur l'Internet en Sarthe.

- ***automobile.sarthe.com*** • La Sarthe et l'automobile : les 24 Heures du Mans, le musée de l'Automobile, les 5 Litres du Mans, 24 Heures camions, etc.
- ***www.camping-fr.com/html/dpt72.htm*** • Adresses et présentations des campings du département par secteurs géographiques : dates d'ouverture, tarifs et catégories.
- ***www.valdeloir.org*** • Dans la vallée du Loir, en Sarthe, les appellations de terroir vins de Jasnières et coteaux du Loir. Ouvrez les portes avec les mots clefs : Sarthe, Jasnières, coteau, Loir...

VINS ET ALCOOLS

Sur les rives sud de la Loire essentiellement, mais aussi un peu au nord, sur les vieilles roches du Massif armoricain, le secteur viticole de la région nantaise est une incroyable mosaïque de terroirs : granit, schistes, grès, roches éruptives. Bref, un beau mélange ! Le vignoble (13 000 ha) y occupe des coteaux bien ensoleillés et agréablement balayés par la petite brise de l'océan.

Abstraction faite des **fiefs vendéens**, petits rouges légers du pays des Chouans, la région appuie son renom viticole sur deux aires distinctes : les coteaux de la Loire et le Pays nantais. Les premiers ont notre préférence. En Anjou, la vogue du **gamay** ou du fameux petit **rosé** cache des vins réellement intéressants. Ainsi, les connaisseurs tiennent-ils en très grande estime le **savennières**, un blanc sec d'une extrême finesse, dont les deux grands crus se nomment **Roche aux Moines** et **Coulée de Serrant**. Par ailleurs, dommage que les blancs liquoreux soient aujourd'hui passés de mode ! Exception faite du sauternes, les meilleurs se trouvent en Anjou : une gorgée de **coteaux-du-layon**, de **quarts-de-chaume** ou de **bonnezeaux** fait défiler dans votre palais un inépuisable cortège d'arômes. Côté rouges, l'Anjou se prévaut d'un champion du « léger-et-facile-à-boire », le **saumur-champigny**, qui rivalise avec son cousin le **bourgueil** sur les tables parisiennes. Et tant que vous êtes à **Saumur**, faites mousser votre séjour avec un de ses vins effervescents, élégants et corsés, que les connaisseurs rangent juste après le champagne. Pour compléter vos connaissances sur ce vignoble, voir aussi la rubrique « les p'tits vins d'Anjou » dans le chapitre sur le Maine-et-Loire (l'Anjou).

À défaut de grands vins, le Pays nantais a le **muscadet**, ce qui suffit à sa prospérité : ami des fruits de mer et protecteur de la langouste, ce « petit-blanc-qui-va-avec-tout » a conquis tout l'Hexagone. On compte par ici 4 AOC muscadet : muscadet, muscadet coteaux de la Loire, muscadet sèvre-et-maine et muscadet côtes de grand lieu. On le récolte un peu partout, des coteaux de la Loire au pays de Retz, mais les meilleurs (secs et très pâles) proviennent de Sèvre-et-Maine, un petit vignoble au sud-est de Nantes. Vignerons et négociants bataillent aujourd'hui pour modifier son image de « petit blanc qu'on boit sous les tonnelles », apprécié de Manet, Monet et Renoir : le muscadet peut aussi être un vin de prestige, et son bouquet sans verdeur, accentué par certaines techniques réglementées comme « l'élevage sur lie », qui reste une opération délicate. Ces nouvelles méthodes apportent gras, rondeur et complexité à des vins qui n'ont pas toujours suffisamment de structure.

Le muscadet tire son nom d'un cépage importé de Bourgogne. Quant au cépage baptisé **gros-plant**, ce n'est autre que la « folle blanche », ainsi nommée parce que ses vins, en Vendée et ailleurs, passent pour vous rendre fou ! Au sud de Nantes, il n'en produit pas moins des blancs très raisonnables, c'est-à-dire légers et fruités. Sur le gros-plant et le muscadet, voir aussi la rubrique « briefing pour les néophytes », au début du chapitre sur le « Pays du vignoble nantais ».

Côté liqueurs et tord-boyaux, c'est à Angers qu'Adolphe (apothicaire gourmand) et Édouard **Cointreau** mirent au point la recette du célèbre nectar à base d'écorces d'orange, et c'est encore à l'Anjou qu'on doit le *guignolet*, élaboré à partir de griottes macérées dans l'alcool, la menthe pastille *Giffard* et le triple-sec *Combier*.

> **Avertissement : du franc à l'euro**
>
> Depuis le 17 février 2002, nous n'avons plus en poche que de la monnaie et des billets en euros pour payer des marchandises et des services libellés en euros. Pour permettre aux nombreux hésitants (et on les comprend!) de se familiariser avec des valeurs inhabituelles qui exigent une certaine gymnastique mentale, nous avons décidé pour la présente édition d'indiquer tous les prix dans la nouvelle devise et pour une période transitoire son équivalent en francs (FF).
>
> Au moment de mettre ce guide sous presse, un grand nombre de nos adresses n'avaient pas encore converti leurs prix à la nouvelle donne. La tendance étant à arrondir les chiffres, nous faisons appel par avance à votre légendaire indulgence si les prix annoncés varient de quelques % par rapport à la conversion arithmétique.

LA LOIRE-ATLANTIQUE

Étonnant département que cette Loire-Atlantique, bretonne géographiquement, historiquement aussi, et faisant partie de la région Pays de la Loire ! Le Nord du département est marqué du sceau breton, alors que le Sud est attiré vers la Vendée. Cité des ducs de Bretagne, injustement rattachée aux Pays de la Loire (dont elle devient le centre administratif en 1969), Nantes reste déchirée par sa double appartenance. La tour Bretagne, symbole du modernisme nantais, rappelle aussi ses attirances et ses contradictions. Qu'y a-t-il de commun entre les vignes du Sud et les landes granitiques du Nord, entre les maisons basses sous leurs toits de tuiles romaines, typiques du Sud, et les longues fermes aux toits d'ardoise, voire de chaume, au nord de la Loire ? Difficile, vous l'avez compris, de trouver une cohérence. Le département est une marqueterie de petits pays (des Trois-Rivières, de Retz, de la Presqu'île guérandaise...) historiquement, géographiquement et socialement bien différents. Alors on cherche vainement un liant pour ce département composite. On le trouvera peut-être, comme son nom l'indique, dans la Loire, le seul fleuve sauvage européen. Jamais loin, vecteur d'échanges et d'innovations, il joue un rôle complémentaire, voire indispensable, avec sa façade maritime.

GASTRONOMIE

Dans ce chapitre sont évoqués quelques particularismes gastronomiques de la Loire-Atlantique par rapport aux autres départements des Pays de la Loire :

Les poissons et crustacés

La Loire-Atlantique est le pays de l'eau : eau douce et eau de mer. Les poissons sont donc rois dans la gastronomie de la région. Vous les trouverez à l'honneur sur les cartes des restaurants. Pardon aux oubliés mais on ne peut les citer tous.
– **L'alose :** elle n'est pas très appréciée en raison de ses nombreuses arêtes. On la pêche en rivière et dans la Loire, dont elle remonte le cours pour se reproduire. Elle est parfois appelée poisson de mai, car c'est au cours de ce mois qu'elle abonde. Servie avec une sauce aux échalotes et au muscadet, accompagnée d'oseille et de crème, c'est un poisson très savoureux.
– **L'anguille :** se rencontre dans les estuaires de rivière. Son cycle de reproduction conduit sa larve de la mer des Sargasses aux rivières de l'Ouest, portée par le Gulf Stream. Elle est appelée *civelle* (voir plus loin) quand elle parvient aux estuaires de la Loire ou de la Vilaine. Elle remonte alors le cours d'eau pour y terminer sa croissance. D'un goût assez fort, on la cuit soit grillée pour les petites anguilles soit en matelote pour les plus grosses. La préparer n'est cependant pas une mince affaire : il faut retirer la peau et la dépouiller.
– **L'araignée de mer :** pêchée le plus souvent dans des filets et des casiers le long des côtes, elle est considérée comme le meilleur des crustacés. On la cuit en court-bouillon et on la sert le plus souvent accompagnée de mayonnaise.
– **Le bar :** les plus gros font quelque 80 cm. Le bar apprécie les estuaires et les eaux agitées où il chasse d'autres poissons. On le pêche toute l'année

mais surtout au printemps et en été. À l'opposé de l'alose, le bar a peu d'arêtes. Sa chair est délicieuse.
– **Le bigorneau :** ah, le plaisir de savourer des bigorneaux avec des tranches de pain beurrées ! Ce petit crustacé est bien sûr servi dans les plateaux de fruits de mer.
– **Le brochet :** surnommé l'Attila des étangs ou requin d'eau douce, on le trouve surtout dans le marais de Goulaine, la plus grande frayère à brochets d'Europe. Excellent poisson d'eau douce. Se méfier des brochets d'étang qui ont parfois un goût de vase ! Vous ne résisterez pas au brochet servi avec un beurre nantais.
– **La civelle :** typique de la région de Nantes. On la pêche à Cormerais et le long de la Loire, au doux bruit des tamis. C'est une espèce devenue rare et donc très chère. On les déguste soit frites soit cuites dans un court-bouillon.
– **L'écrevisse :** si vous avez l'occasion d'en déguster dans un restaurant, n'hésitez pas avant qu'il n'y en ait plus... eh, oui ! ce crustacé d'eau douce n'apprécie pas la pollution. Il existe beaucoup de variétés d'écrevisses, la meilleure étant celle à pattes rouges.
– **La lamproie :** sa chair grasse est appréciée depuis toujours. C'est un poisson d'eau douce et de mer, car elle vit près des côtes et remonte les fleuves.
– **Le sandre :** il est originaire d'Europe centrale. Mais ce poisson, qui peut atteindre 1 m, s'est adapté aux rivières de Bretagne. C'est un poisson servi assez souvent dans la région même s'il n'est pas aussi courant que l'on croit. Chair ferme et blanche, cuisinée surtout pochée. Comme poisson de rivière, il est apprécié n'ayant que peu d'arêtes.

Et les viandes ?

Gastronomie de Loire-Atlantique rime avec poissons et crustacés, mais on parvient à trouver quelques spécialités de viandes.
– **Le canard challandais :** on l'appelle aussi le canard nantais, qui provient d'un croisement de plusieurs races ; en fait, il était à l'origine élevé en Vendée, mais comme il était vendu à Nantes, pour être ensuite diffusé en France, on lui donna le nom de *canard nantais*. Sa chair est grasse et on le saigne avant de le cuire ; sa chair rouge a ainsi meilleur goût.
– **Le châteaubriant :** une excellente pièce de bœuf de 400 g environ, provenant du filet. La viande doit être saisie à l'extérieur et chaude à l'intérieur. Le pays de Châteaubriant était un pays d'élevage qui revendique haut et fort l'origine du pavé de châteaubriant.

Les légumes, plantes, fruits, primeurs, etc.

La Loire-Atlantique est le pays du maraîchage. Ah ! les bons légumes vendus tout frais sur les marchés. Dommage que leur exploitation à l'abri de bâches en plastique gâche parfois le paysage (on n'a pas dit mâche, pas de jeu de mot stupide).
– **L'artichaut :** pour qu'il soit bon, il doit être lourd. L'artichaut *camus*, produit en Bretagne, possède souvent une teinte brune. Les feuilles de l'artichaut sont appelées *bractées*, elles doivent être courtes pour un artichaut camus.
– **L'asperge :** ce légume était cultivé dans l'Antiquité grecque. Son exploitation fut développée en France au XVIIe siècle. On la savoure de mars à juin, sous trois espèces, la violette, fruitée, la blanche, un peu fade, et la verte, la plus goûteuse, que l'on mange toute entière.
– **La carotte :** comme l'asperge, on la cultiva surtout en France à partir du XVIIe siècle, et plus particulièrement dans la région nantaise au sol sableux, très propice. La carotte nantaise est très appréciée. Primeur, on la récolte au mois d'avril.

Loire Atlantique

cdt44.com
pour vos vacances
c'est net !

Comité Départemental du Tourisme
2 allée Baco - BP 20502 - 44005 Nantes cedex 1
✆ **02 51 72 95 30**   télécopie 02 40 20 44 54

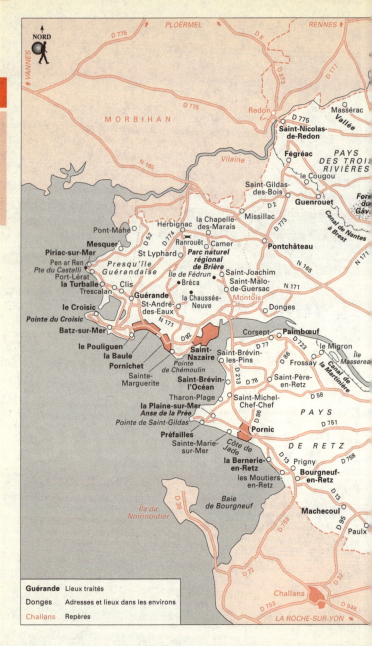

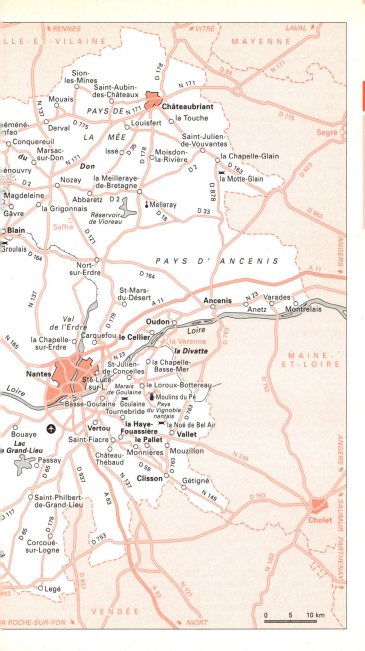

LA LOIRE-ATLANTIQUE

– **Les champignons :** on ne peut oublier les champignons de la forêt du Gâvre, des cèpes essentiellement, qui font le bonheur des chefs locaux. On trouve aussi des trompettes de la mort dans cette même forêt.
– **Les fruits rouges :** au départ, fraises et framboises sont des fruits sauvages. La fraise est cultivée à partir du XVe siècle mais ce n'est qu'à partir du XVIIIe siècle qu'on obtient, par croisement avec des fruits d'Amérique du Sud, des fraises plus grosses. Une partie importante de la production vient de Pornic ; quant aux framboises, elles ont été judicieusement intégrées dans les célèbres gaufrettes LU.
– **La mâche :** indissociable de Nantes, la mâche nantaise est produite sur les sols sablonneux des bords de Loire. Cultivée également près de Machecoul qui arbore le titre de « capitale mondiale de la mâche ». Pleine de vitamine A, elle se marie avec tout.
– **Le poireau :** les Nantais en produisent 80 % de la consommation nationale.
– **Le radis :** la Loire-Atlantique en est un des trois premiers départements producteurs. La meilleure saison pour le manger est le printemps, car après, son goût devient un peu revêche.
– **La salicorne :** on l'appelait autrefois l'asperge de la mer. C'est une plante qui ne vit que sur les terrains salés, supportant une submersion marine. On la trouve donc dans les estuaires et les marais salants, notamment ceux de Guérande. La salicorne est charnue, au goût iodé. On la mange en légume frais ou en condiment pour accompagner charcuteries, viandes froides ou crudités.
– **La tomate :** la Loire-Atlantique est le 2e département producteur français de tomate.

Un fromage

– **Le curé nantais :** il a été créé à Saint-Julien-de-Concelles, au sud-est de Nantes, en 1880. Sa pâte est molle, au lait cru et entier. Il est affiné sur des planches d'épicéa de trois semaines à un mois et fabriqué à Pornic.

Et les douceurs ?

On ne les a pas oubliées, même si elles ne sont pas très nombreuses.
– **La fouace :** les viticulteurs ont trouvé ce gâteau miracle pour atténuer les conséquences d'une consommation trop forte de muscadet. D'autres rapportent qu'on la consommait dès le Moyen Âge.
– **Les berlingots :** une des productions traditionnelles de Nantes. Trois types de berlingots : berlingots rayés, berlingots nantais et berlingolos.

Autres spécialités

– **Le beurre blanc :** le must de la région. Son histoire remonte au début du XXe siècle. Clémence Lefeuvre était alors cuisinière chez le marquis de Goulaine. On dit qu'un jour elle rata sa béarnaise, ayant oublié de la lier avec des œufs. Le marquis la trouva délicieuse. La « mère Clémence » ajouta ensuite à cette sauce des échalotes et du poivre blanc. Elle travailla alors dans le restaurant familial, la *Chebuette*, près de Saint-Julien-de-Concelles. Le succès de cette sauce fut considérable, un de ses plus grands amateurs était Aristide Briand. Elle peut accompagner la plupart des poissons de Loire. *Recette :* hacher 3 échalotes grises, faire réduire aux trois quarts dans une casserole à fond épais 10 cl de vinaigre de vin, 5 cl de muscadet avec les échalotes. Ajouter ensuite peu à peu 250 g de beurre coupé auparavant en petits morceaux. Fouetter sur un feu doux. De temps en temps lever la casserole, pour éviter de faire bouillir. Saler et poivrer.

– *La godaille :* à l'origine de cette recette, la « part du pêcheur ». Il y eut un temps où le pêcheur, après la pêche, recevait un poisson de chaque espèce pêchée. Cela permettait à sa femme de faire la soupe du pêcheur. En effet, la godaille est un peu l'équivalent nantais de la bouillabaisse marseillaise ou de la cotriade bretonne : toutes sortes de poissons et crustacés sont cuits dans un bouillon avec pommes de terre et légumes. Beaucoup de digressions sont possibles, aucune godaille ne ressemble à une autre.

Adresses utiles

■ *Comité départemental du tourisme de Loire-Atlantique :* 2, allée Baco, BP 20502 44005 Nantes Cedex 1. ☎ 02-51-72-95-30. Fax : 02-40-20-44-54. • www.cdt44.com • Minitel : 36-15, code LOIRE ATLANTIQUE (0,34 €/mn, soit 2,21 F). Ouvert du lundi au vendredi de 8 h 30 à 12 h 30 et de 13 h 30 à 17 h 30, 16 h 30 le vendredi. Multiservices, personnel dévoué, compétent et souriant.

■ *Relais départemental des Gîtes de France :* maison du tourisme, 1, allée Baco, BP 93218, 44032 Nantes Cedex 1. ☎ 02-51-72-95-65. Fax : 02-40-35-17-05. • www.gites-de-france.fr • Ouvert du lundi au vendredi de 8 h 30 à 18 h. Gère environ 200 chambres et 350 gîtes sur le département.

■ *Agence culturelle bretonne Morvan Lebesque :* 24, quai de la Fosse, 44000 Nantes. ☎ et fax : 02-51-84-16-07. • acbml@free.fr • Ouvert du lundi au vendredi de 9 h 30 à 13 h et de 14 h 30 à 18 h. Association dont la mission est de particiiper à la dynamique des associations culturelles bretonnes de Loire-Atlantique (70 associations celtiques dans ce département). Organise des événements tels que le festival Fest Yves. Apporte toutes sortes d'infos sur la culture bretonne.

■ *Location de bateaux :* Bretagne fluviale, quai Crickelade, 44240 Sucé-sur-Erdre. ☎ 02-40-77-79-51. Fax : 02-40-77-77-64. 14 bateaux. Voir également les généralités sur la région en début du guide.

NANTES (*NAONED*) (44000) 270 260 hab.

> *Nantes est une ville très intéressante du point de vue architectural. Le spectacle des quais, en amont et en aval, a la couleur fraîche et neutre que l'on retrouve si souvent dans les ports français, cette tonalité grise et brillante qui caractérise l'art paysagiste français.*
>
> **Henry James (1877).**

Pour poursuivre dans la même veine littéraire, on pourrait encore citer Julien Gracq qui décrivait sa ville « ni tout à fait terrienne, ni tout à fait maritime. Ni chair, ni poisson, juste ce qu'il faut pour faire une sirène ». Et compléter en disant que, comme on l'a vu plus haut, elle n'est ni tout à fait bretonne, ni tout à fait liée aux Pays de la Loire. Qu'importent les tiraillements identitaires, Nantes est une sirène souriante, une ville qu'on pourrait épouser, fière d'être un port de mer au milieu des terres. Et puis après tout, le poisson se marie fort bien avec les vins du terroir du muscadet. Située sur l'estuaire de la Loire, à 50 km de l'Atlantique, Nantes est, du haut de ses 270 000 habitants (490 000 pour toute l'agglomération), la septième ville française.

NANTES DANS L'HISTOIRE

Sous les Romains, *Condevincum*, où vivent les Namnètes, d'où le nom de Nantes, est déjà un centre actif qui bénéficie de sa situation au confluent de l'Erdre et de la Loire. Le martyre des frères Donatien et Rogatien, patrons de la ville, symbolise l'entrée du christianisme, et les églises prennent la place des temples païens. Après avoir subi les invasions saxonnes au Ve siècle, la ville se réorganise au VIe. Nominoë devient roi des Bretons en 842. Mais Nantes est envahie ensuite par les Normands. Le duché de Bretagne est reconstitué en 936 par Alain Barbe-Torte. À sa mort, la souveraineté de Bretagne est revendiquée à la fois par les comtes de Nantes et les comtes de Rennes. Pierre de Dreux, dit Mauclerc, nommé duc de Bretagne par Philippe Auguste, fait de Nantes sa capitale et fortifie la ville. Après les péripéties des guerres de Succession, le duché devient puissant sous la houlette des Montfort, vainqueurs du conflit. Une université est créée. Lorsque Louis XI décide d'annexer la Bretagne à la Couronne de France, il se heurte à la résistance du duc François II. La défaite de l'armée bretonne, à Saint-Aubin-du-Cormier (près de Saint-Malo) en 1488, porte un coup fatal à l'indépendance de la Bretagne. En épousant Charles VIII, puis Louis XII, Anne de Bretagne apporte en dot la Bretagne à la France, mais lui conserve tout de même une autonomie de pays d'États. Au cours des guerres de Religion, Nantes est peu touchée par le calvinisme. Au contraire, les Nantais suivent le gouverneur de la Bretagne, Mercœur, du côté des ligueurs. Henri IV n'obtient la soumission de Mercœur qu'en venant lui-même signer l'édit de Nantes en 1598, qui mettra fin aux guerres de Religion.

Du XVIe au XIXe siècle, Nantes profite du commerce du « bois d'ébène » (la traite des Noirs) et devient le premier port de France. La Fosse et l'île Feydeau sont connues dans le monde entier. La ville déborde vers la place Viarme et les places Royale, Graslin, etc. Les hôtels de style Louis XV et Louis XVI sont les témoins de cette période prospère, voire fastueuse.

Nantes et la traite des Noirs

Pour l'historien Michelet, les corsaires ont fait la fortune de Saint-Malo... et les négriers celle de Nantes! Pour mieux comprendre comment fonctionnait ce « système », suivons un des navires qui effectuaient ce *commerce triangulaire*. Le bateau est chargé à Paimbœuf car les bâtiments ayant un trop fort tirant d'eau ne pouvaient accéder à Nantes. Les marchandises consistent en bagues, barrettes de cuivre, cristaux (vrais ou faux), fusils, miroirs, rubans, futures monnaies d'échange sur le continent africain. Le navire est bien armé, car les chargements d'esclaves sont particulièrement convoités. Deux mois plus tard, le navire arrive en Afrique. Après moult tractations, on embarque des esclaves enchaînés. Dans le meilleur des cas, ils n'ont droit qu'à une promenade quotidienne sur le pont. On dira qu'ils meurent de « langueur ». *Le Parfait Négociant* propose, pour la « conservation des nègres », d'« embarquer quelque personne qui sût jouer de la musette, de la vielle, violon ou de quelques autres instruments pour les faire danser et tenir gais, le long du chemin ». Au XVIIIe siècle, plusieurs centaines de milliers de captifs sont ainsi transférés pour exploiter les terres du Nouveau Monde. C'est d'abord la Martinique qui reçoit le plus d'esclaves. Après 1735, Saint-Domingue la supplante. À l'arrivée, les captifs sont vendus au magasin d'esclaves. Ils travaillent dans les plantations ou comme domestiques. Le *Code noir* de 1685 réglemente leur sort : à la première évasion, l'esclave a les oreilles coupées et il est marqué au fer rouge. À la deuxième, on lui coupe le jarret. À la troisième, c'est la mort...

Après la vente aux Antilles, le navire retourne en France, chargé de sucre brut, de café, d'indigo, coton et tabac. De 1715 à 1775, on a enregistré 787 retours de navires négriers, soit la moitié de la traite française. Le sucre était traité à Nantes : de cette époque datent les grandes raffineries nantaises. Quant au coton, il était travaillé à Nantes, et les indiennes réalisées prenaient le chemin de l'Afrique. Le financier Graslin créa la première manufacture d'indiennes de la ville.

Les ambitions de la bourgeoisie nantaise croissent avec sa richesse. Les armateurs se font élire aux États de Bretagne, ce qui ne va pas sans résistance de la part des privilégiés. Le commerce nantais souffre par ailleurs de la contrainte des barrières douanières... Tout cela explique pourquoi la bourgeoisie de la ville accueillit favorablement la Révolution.

Les troubles de la Révolution

Si, avec la Révolution, Nantes devient le chef-lieu de la Loire-Inférieure, elle n'en connaît pas moins une période bien troublée.

– *L'attaque de Nantes :* en 1793, les deux armées royales de Charette et de Cathelineau attaquent la ville. La résistance est vive, et Cathelineau est tué place Viarme.

– *Les noyades de Carrier :* en octobre 1793, chassé par le maire de Rennes, Carrier est envoyé par la Convention à Nantes pour « purger le corps politique de toutes les mauvaises humeurs qui y circulent ». La Terreur se développe avec les délations des dames négrières enrichies, jalouses des aristocrates. Jugeant la guillotine insuffisante pour tuer les suspects et les prisonniers, Carrier achète un « gabareau », où il fait pratiquer des sabords de chaque côté. On y transporte une centaine de personnes, et, au milieu de la Loire, on fait sauter les sabords. Et il recommence l'opération de nombreuses fois. En tout, il fit guillotiner et noyer environ 13 000 personnes. À la suite des plaintes des Nantais, Carrier fut jugé puis exécuté.

– *La mort de Charette :* à la suite de l'affaire de Quiberon, Charette reprend les armes. Après une ultime résistance, il est capturé et fusillé place Viarme le 29 mars 1796.

Le XIXe siècle : Nantes, ville industrielle

L'abolition de la traite des Noirs par la Révolution, vraiment effective à Nantes en 1847, l'invention de la fabrication du sucre à partir de la betterave, le blocus continental, l'essor du chemin de fer et l'ensablement de la Loire constituent de sérieux handicaps à la croissance économique de la ville.

■ **Adresses utiles**
- Office du tourisme
- Poste
- Gare SNCF

Où dormir ?
- 10 Auberge de jeunesse
- 11 Foyer des jeunes travailleurs Port Beaulieu
- 12 Hôtel Saint-Daniel
- 13 Hôtel de l'Océan
- 14 Hôtel Cholet
- 15 Hôtel Amiral
- 16 L'Hôtel
- 17 Hôtel La Pérouse
- 18 Hôtel des Colonies
- 19 Hôtel Duchesse Anne
- 21 Hôtel Fourcroy

Où manger ?
- 30 La Ciboulette
- 32 Le Clin d'Œil
- 33 Le Tire-Bouchon
- 34 Le Montesquieu
- 35 Chez L'Huître
- 36 Le Guingois
- 37 Le Café du Marché
- 38 Le Bouche à Oreille
- 39 Lou Pescadou
- 40 La Cigale
- 42 Le Gavroche
- 43 Restaurant La Mangeoire
- 44 La Maison du Change
- 45 Le Paludier
- 46 La Civelle

Où sortir ?
- 50 La Maison
- 51 Le Santeuil
- 53 Le Remorqueur
- 54 Le Saint-Domingue
- 55 Le Floride
- 56 Quai Ouest
- 57 Buck Mulligan's
- 58 Le Pannonica

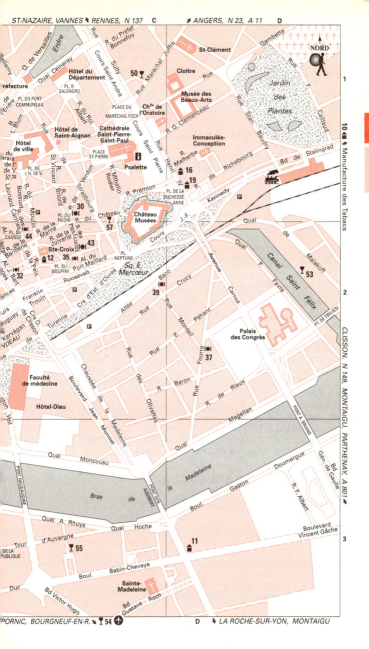

NANTES

Nantes pourtant opère sa reconversion dans les conserveries, les biscuiteries (*Biscuiteries Nantaises* et *Lefèvre-Utile, BN* et *LU* pour les intimes) et la métallurgie. En 1856, un avant-port est créé à Saint-Nazaire. Et les dragages de la Loire, à la fin du siècle, redonnent un nouvel élan au commerce maritime. En 1914, Nantes accueille encore les grands cap-horniers, déjà concurrencés par les vapeurs transatlantiques armés à Saint-Nazaire.

Au cours du XXe siècle

De grands travaux bouleversent le visage de Nantes : les îles Feydeau et Gloriette sont rattachées à la rive droite par le comblement des anciens bras de la Loire. L'Erdre est détournée dans un tunnel. La culture des légumes sur les terres humides (marais) des bords de Loire se développe alors. Les maraîchers occupent maintenant 4 000 ha, ils produisent chaque année 2 000 t de carottes, 8 000 t de navets, 12 000 t de poireaux, etc. Ils se partagent les bonnes terres avec les fleuristes (85 % du muguet du 1er mai vient de Nantes) et avec les vignerons du gros-plant.

Pendant la Seconde Guerre mondiale, Nantes connaît de terribles bombardements (alliés) à partir de septembre 1943, qui coûteront la vie à des centaines de personnes et ravageront le centre. Le maquis nantais de Saffré est anéanti, en forêt de Saffré. Et le cours des Cinquante-Otages (les Champs-Élysées nantais) rappelle la tragédie qui suivit l'assassinat du colonel Holz, commandant allemand.

Nantes en 2001

Nantes, avec une progression de presque 10 %, connaît la plus forte croissance démographique des grandes villes de France, devançant Strasbourg par sa population qui atteint 270 000 habitants. Aujourd'hui, le port autonome de Nantes-Saint-Nazaire est le 4e port français (pétrole, gaz, charbon, tourteaux, céréales) et possède la première raffinerie de France. Grâce à une riche vie universitaire, à de nouveaux moyens de communication (TGV Atlantique, pont de Cheviré) et à une industrie diversifiée *(BN, Alcaltel, Aérospatiale...)*, Nantes oriente ses forces vives sur une technopole : Atlanpole. Le taux de croissance de l'économie nantaise est deux fois supérieur à celui de la moyenne française, le développement du secteur tertiaire étant spectaculaire, favorisé par les décentralisations (INSEE, ministère des Affaires étrangères, etc). Le temps des fermetures des chantiers navals ou des conserveries est loin... Paradoxalement, le taux de chômage est lui supérieur à la moyenne nationale en raison de la pression démographique.

Adresses et infos utiles

Informations touristiques

Office du tourisme *(plan B2)* : place du Commerce. ☎ 02-40-20-60-00. Fax : 02-40-89-11-99. • of fice@nanteds-tourisme.com • Minitel : 36-15, code NANTES. Ouvert du lundi au samedi de 10 h à 19 h. Situé dans l'ancienne bourse du commerce, siège actuel de la Fnac. Personnel efficace et dévoué.

Annexe de l'office du tourisme *(plan C1)* : dans le château d'Anne de Bretagne. Ouvert de 10 h à 12 h et de 14 h à 18 h les dimanche et jours fériés ; tous les jours en juillet-août.

Transports

Gare SNCF *(plan D1)* : bd de Stalingrad (entrée nord) ou rue de Lourmel (entrée sud), car il n'y a qu'une gare, mais deux entrées.

☎ 0892-35-35-35 (0,34 €/mn, soit 2,21 F) ou 02-40-08-11-00. TGV directs de Paris (très fréquents : 21 par jour, en 2 h), de Lyon (4 h 30) et de Lille (4 h). Si vous devez attendre une correspondance ou si vous êtes très en avance, plutôt que de patienter à la gare, traversez la rue face à l'entrée nord pour aller faire un petit tour dans le jardin des Plantes, très agréable. Nombreux bancs.

✈ *Aéroport de Nantes-Atlantique (hors plan par C3) :* à Bouguenais. ☎ 02-40-84-80-00. À 12 km au sud-ouest du centre. Liaison par bus urbains TAN (service TAN AIR) avant les principaux vols. Départ de la place du Commerce ou de la gare SNCF (entrée sud). Modernisé et agrandi pour recevoir le trafic international, l'aéroport de Nantes-Atlantique dessert quotidiennement toutes les capitales régionales et la plupart des grandes villes européennes.

🚌 *Compagnie Réseau Atlantic :* ☎ 0825-087-156. Transports départementaux.

🚌 *Bus et tramway TAN (Transports de l'Agglomération Nantaise) :* ☎ 0810-44-44-44. Les 3 lignes de tramway se croisent au centre-ville et sont complétées par un dense réseau de bus. Pour l'anecdote, signalons que le tramway nantais a été inauguré le 7 janvier 1985 et que, ce jour-là, il neigeait. Le tram était le seul véhicule à pouvoir circuler. C'est ce qu'on appelle un lancement réussi. Les cyclistes fatigués peuvent mettre leur vélo dans le tramway.

■ *Taxis :* ☎ 02-40-69-22-22 ou 02-40-63-66-66.

■ *Service Navigation :* 2, rue Marcel-Sembat. ☎ 02-40-71-02-20. Réponse par téléphone sur la navigabilité (ensablement) de la Loire tous les jours, sauf les week-ends, aux horaires de bureaux.

Location de vélos

Nantes est une ville pilote en matière de pistes cyclables. Un vrai réseau existe et les voitures semblent s'en accommoder, tant mieux.

■ *Bicyclaude :* ☎ 02-40-74-08-01.
■ *NGE :* 8 points de location. ☎ 02-51-84-94-51.

Divers

■ *CRIJ (Centre régional d'information jeunesse) :* 28, rue du Calvaire. ☎ 02-51-72-94-50. Ouvert les lundis et samedis de 14 h à 18 h 30, et du mardi au vendredi de 10 h à 18 h 30.

■ *Laverie de la Madeleine :* 11, chaussée de la Madeleine. ☎ 02-40-47-10-17. Ouvert de 9 h à 20 h du lundi au samedi.

Où dormir ?

Campings

⚐ *Camping du Petit Port :* 21, bd du Petit-Port. ☎ 02-40-74-47-94. Fax : 02-40-74-23-06. À 3 km du centre, ce camping de luxe (4 étoiles, piscine...) ouvert, toute l'année, est le seul à Nantes même. On y accède par le tram 2, arrêt Morrhonnière. Sinon, en voiture, par le périphérique

nord, sortie Porte-de-la-Chapelle, direction « Université Petit Port ». En saison, comptez environ 9,45 € (62 F) pour 2 personnes, 1 véhicule et l'emplacement d'une tente. Également location de mobile homes. Piscine chauffée gratuite avec toboggan.

Bon marché

▪ *Auberge de jeunesse* (hors plan par D1, 10) : cité universitaire internationale, 2, place de la Manu. ☎ 02-40-29-29-20. Fax : 02-51-12-48-42. • nanteslamanu@fuaj.org • À 300 m de la gare, sortie nord. Comptez 8,08 € (53 F) la nuit par personne. Le petit déjeuner est à 2,90 € (19 F). Carte FUAJ demandée. Installée dans une ancienne manufacture des tabacs. 75 lits répartis en 21 chambres, cuisine à disposition. Bar ouvert le soir. Activités diverses : baptêmes et stages ULM, découverte du vignoble nantais... Café offert aux lecteurs sur présentation du *GDR*.

▪ *Foyer des jeunes travailleurs Port Beaulieu* (plan D3, 11) : 9, bd Vincent-Gâche. ☎ 02-40-12-24-00. Fax : 02-51-82-00-05. Pour s'y rendre, prendre la 2e ligne de tramway en direction de Rezé, arrêt La Gâche. Ouvert toute l'année. Comptez 20,58 € (135 F) en chambre individuelle pour une nuit. Repas : autour de 6,86 € (45 F). En juillet et août, le foyer se transforme en auberge de jeunesse (9,15 €, soit 60 F, la nuit par personne), pour ceux qui ont la carte bien sûr ! Foyer calme et propre ; plus on reste longtemps, moins c'est cher (rien de nouveau sous le soleil !). Laverie sur place.

Assez bon marché

▪ *Hôtel Saint-Daniel* (plan C2, 12) : 4, rue du Bouffay. ☎ 02-40-47-41-25. Fermé le dimanche après-midi. Chambres de 24,39 à 27,44 € (160 à 180 F) avec douche ou bains. Dans la partie piétonne de la vieille ville, au cœur du quartier du Bouffay. Petit hôtel bien tenu. Toutes les chambres ont téléphone et réveil, TV avec supplément. Certaines donnent sur la rue piétonne, d'autres sur un jardin et la charmante église Sainte-Croix. Une bonne adresse dont les prix intéressent beaucoup de jeunes : réservation indispensable. Parking payant. 10 % de remise sur le prix de la chambre sur présentation du *GDR* de l'année.

▪ *Hôtel Fourcroy* (plan B2, 21) : 11, rue Fourcroy. ☎ 02-40-44-68-00. Près de la place Graslin et de l'agréable cours Cambronne. Fermé du 20 décembre au 5 janvier. Chambres doubles avec douche à 24,24 € (159 F) et avec bains à 28,05 € (184 F). Simple mais correct. Calme. Certaines chambres donnent sur une cour privée. Parking non payant. 10 % de réduction sur le prix de la chambre, du 15 juillet au 15 août, sur présentation du *GDR* de l'année. Attention, faites-vous confirmer votre réservation par fax.

▪ *Hôtel de l'Océan* (plan B2, 13) : 11, rue de Lattre-de-Tassigny. ☎ 02-51-70-26-30. • www.hotel-nantes.com • Chambres doubles avec douches et w.-c. à 30,34 € (199 F). Cet hôtel bien tenu, à l'aspect très simple et aux chambres plutôt petites, est une bonne adresse aux prix intéressants, qui a l'avantage de se trouver en plein centre. Déco agréable et tout le confort, même s'il n'est classé qu'une étoile. Les chambres sur la rue ont un double vitrage. Parking payant. N'accepte que les cartes de paiement *American Express*. 10 % de réduction accordée en juillet et août sur présentation du *GDR*.

Prix moyens

▪ *Hôtel Cholet* (plan B2, 14) : 10, rue Gresset. ☎ 02-40-73-31-04. Fax : 02-40-73-78-82. Près du théâtre Graslin. 46 € (302 F) la chambre double avec bains. Bon accueil et chambres bien tenues, récemment rénovées. De plus, l'hôtel est calme grâce à cette ingénieuse invention qu'est le double vitrage. Certaines chambres sont installées dans d'anciens appartements voisins. On peut donc disposer d'une petite suite (2 chambres, salle de bains) ou encore d'une chambre sous les toits ! Rénovation en cours, légère augmentation que le charmant proprio n'a pas pu nous chiffrer avec précision. Sur présentation du *GDR* de l'année, 10 % de réduction sur le prix de la chambre.

▲ *Hôtel des Colonies (plan B2, 18) :* 5, rue du Chapeau-Rouge. ☎ 02-40-48-79-76. Fax : 02-40-12-49-25. ● www.hoteldescolonies.fr ● Chambres doubles à 48,02 € (315 F), avec un équipement sanitaire irréprochable. Réductions de 15 % les vendredis et samedis et 10 % de mi-juillet à fin août. Les colonies ne sont plus, l'hôtel est toujours là ! Banales mais correctes, les petites chambres qui donnent sur l'arrière pour la plupart garantissent un calme absolu, à deux pas pourtant du quartier piéton. 10 % de réduction accordé en semaine aux lecteurs sur présentation du *Guide du routard*.

Plus chic

▲ *Hôtel Duchesse Anne (plan D1, 19) :* 3-4, place de la Duchesse-Anne. ☎ 02-51-86-78-78. Fax : 02-40-74-60-20. Chambres doubles avec douches et w.-c. à partir de 51,83 € (340 F). Chambres avec bains à 60,98 € (400 F). Petit déjeuner : 7,17 € (47 F). Scoop : le plus bel hôtel de Nantes n'est pas le plus cher. Juste derrière le château, ce bâtiment, genre palace, n'est classé que 2 étoiles. Rénovées, les chambres se divisent en deux catégories, simple et standing. Si les premières offrent déjà tout le confort, les secondes possèdent un ou deux balcons, une immense salle de bains, une gigantesque baignoire, et donc de l'espace, de l'espace. Malgré une déco parfois un peu clinquante, on ne saurait que recommander cet établissement à celles et ceux qui ont les moyens de se l'offrir. Demandez les chambres 116, 216, 314, 315, 415, car très grandes avec vue sur le château. Petit garage privé et parking public en face de l'hôtel. 10 % de remise sur le prix de la chambre à partir de 2 nuits consécutives sur présentation du *Guide du routard* de l'année.

▲ *Hôtel Amiral (plan B2, 15) :* 26 bis, rue Scribe. ☎ 02-40-69-20-21 ou 0800-601-971 (pour les réservations). Fax : 02-40-73-98-13. ● www.hotel-nantes.fr ● Chambres doubles avec bains à 51,68 € (339 F). Réductions importantes le week-end. « Tout près de tout »... on ne peut mieux dire pour cet hôtel de chaîne moderne et agréable, caché derrière l'opéra, qui a tout pour plaire (double vitrage, mini-bar, Canal +) aux hommes d'affaires qui ont gardé un cœur de routard et aux routards qui aiment voyager en classe affaires... Parking payant extérieur à l'hôtel. 10 % de remise sur le prix de la chambre (sauf le week-end) pour les lecteurs du *Guide du routard* sur présentation du guide de l'année.

▲ *L'Hôtel (plan D1, 16) :* 6, rue Henri-IV. ☎ 02-40-29-30-31. Fax : 02-40-29-00-95. 2 chambres accessibles. Chambres doubles à partir de 65,55 € (430 F). Hôtel-bureau très confortable, superbement situé en face du château d'Anne de Bretagne. Heureusement, la maison dispose d'un parking et d'un garage clos. Avec une chambre insonorisée et un délicieux petit déjeuner, le confort et toutes les commodités se paient encore moitié moins cher que dans certains caravansérails internationaux. 10 % de réduction sur le prix de la chambre accordés aux lecteurs du *GDR*, ou parking gratuit.

▲ *Hôtel La Pérouse (plan B1, 17) :* 3, allée Duquesne. ☎ 02-40-89-75-00. Fax : 02-40-89-76-00. Chambres doubles de 77,75 à 91,47 € (510 à 600 F). Autant prévenir tout de suite : ou vous détesterez d'emblée, ou vous ne pourrez plus vous passer de cet hôtel tout neuf, unique en France, et donc à Nantes, construit par les architectes Barto et Barto. Ce gros bloc de granit blanc, lourd, compact, comme un bel hôtel particulier nantais, est pourtant ouvert sur les toits et le cours des Cinquante-Otages, à travers ses baies vitrées. À l'intérieur, du bois, des meubles design, de l'espace, du calme. Étonnant et épuré. À déconseiller aux nostalgiques de grand-papa, qui auront du mal à s'habituer aux formes des lampes, des lavabos, des chaises... et des fenêtres.

Où manger ?

Il n'est pas difficile de bien manger à Nantes. Outre les nombreux restaurants exotiques du quartier du Bouffay (nom prédestiné !), la ville regorge d'établissements qui mettent en valeur les spécialités de la région, dont le divin beurre blanc ou les cuisses de grenouilles. Cela dit, cette préparation étant délicate, on vous invite à vous méfier du beurre blanc à 45 F. Si vous êtes ric-rac, contentez-vous de la bonne cuisine familiale qu'on trouve dans bon nombre de restaurants qui ont fait et font la joie des étudiants nantais et affamés.

Bon marché

|●| *La Ciboulette* (plan C1, *30*) : 9, rue Saint-Pierre. ☎ 02-40-47-88-71. Fermé le dimanche ainsi qu'une semaine en janvier et en été. Menus à 7,47 € (49 F) tous les midis et de 12,65 à 21,04 € (83 à 138 F). *La Ciboulette* propose, le midi seulement, un joli petit menu, fromage et dessert compris. De la bonne cuisine familiale préparée par une équipe jeune. Au menu le plus cher, vous dînerez, par exemple, d'une salade de pétoncles marinées et poêlées aux épices douces, suivie d'une fresse de sole et sa crème au safran, de fromages avec leur salade aux noix et enfin d'un croustillant praliné et crème anglaise. Un bon rapport qualité-prix.

|●| *Le Clin d'Œil* (plan C2, *32*) : 15, rue Beauregard. ☎ 02-40-47-72-37. Fermé le dimanche, le samedi midi et le lundi midi. Congés annuels : 2 semaines en août. Formule plat du jour, un café ou un verre de vin à midi à 8,99 € (59 F). Formules plat-dessert à 10,67 € (70 F) le midi et 12,96 € (85 F) le soir. Autre menu à 16,77 € (110 F). Autant être prévenu : la minuscule (et tristounette) salle du rez-de-chaussée sert surtout à décourager les touristes de passage ! Tout se passe à l'étage. Ce resto vaut autant pour son originale déco en plastique (très gaie) que pour son atmosphère conviviale. Côté cuisine, du traditionnel avec parfois un peu d'imagination (tarte Tatin à la banane !). De plus, le « clin d'œil » (ah, ah ! clin d'œil rue Beauregard !) du jour vous permet de découvrir une cuisine tout à fait originale, alliant l'exotisme chinois aux saveurs orientales.

|●| *Le Tire-Bouchon* (plan A3, *33*) : 2, rue Julien-Videment. ☎ 02-40-47-84-10. À l'angle du quai François-Mitterrand, pas loin du nouveau palais de justice. Ouvert du lundi au vendredi. Fermé 1 semaine autour du 15 août. Menus uniques, à 9,15 € (60 F) au déjeuner, autour de 15,24 € (100 F) le soir. Sympathique restaurant où l'on mange dans une salle aux pierres apparentes où les bouteilles de vin sont reines, et qui fait aussi bar à vin. Environ une quarantaine de références, dont pas mal de blanc, qui vont de 9,91 à 27,44 € (65 à 180 F) la bouteille. Bien entendu, le client est là pour découvrir, déguster et il peut le faire au verre. Et si ce client a apprécié un vin, le restaurateur se transforme en caviste, ainsi le client, heureux, repart-il après avoir fait ses emplettes viticoles en plus d'avoir rassasié son estomac. Cuisine traditionnelle agréable au déjeuner et le soir, décidément, cet établissement a plus d'une originalité dans son sac : spécialités fromagères (uniquement). Un verre de vin blanc offert pour les lecteurs du *Guide du routard*.

|●| *Le Montesquieu* (plan A2, *34*) : 1, rue Montesquieu. ☎ 02-40-73-

06-69. Fermé les vendredi soir, samedi et dimanche, ainsi que du 24 juillet au 31 août. Menus à 10,52 € (69 F) le midi et 13,42 € (88 F) le soir. Enfin, un petit resto de quartier, vaguement étudiant, qui n'a pas vendu son âme au diable ! Dans un coin calme, au-delà du quartier piéton Graslin, et près du musée Thomas-Dobrée, la maison blanche est discrète, mais la cuisine et les prix valent que l'on s'y attarde. Cuisine simple et bonne. Aux murs, des faïences de Rouen et de Moustiers, des nappes à petits carreaux rouges et blancs ; l'ambiance est conviviale. S'y côtoient aussi bien des employés que des couples en tête à tête pour dîner.

|●| *Restaurant La Mangeoire* (plan C2, **43**) : 16, rue des Petites-Écuries. ☎ 02-40-48-70-83. Fermé les dimanche et lundi, ainsi que la 2ᵉ quinzaine de janvier, 15 jours en mai-juin et la 1ʳᵉ quinzaine de septembre. Menus de 8,84 € (58 F), le midi en semaine, à 22,56 € (148 F). Cuisine française, mariant tradition et créativité (poêlon d'escargots, langoustines flambées au whisky, foie gras maison), servie dans un cadre très « souvenirs, souvenirs », avec photos de famille sur les murs de pierre. Beau choix de menus où figurent notamment la lotte au cidre et l'andouille de Guéméné. Excellents desserts. Terrasse. Café offert à nos lecteurs sur présentation du *GDR* de l'année.

|●| *Chez L'Huître* (plan C2, **35**) : 5, rue des Petites-Écuries. ☎ 02-51-82-02-02. Fermé le dimanche, ainsi qu'entre Noël et le Jour de l'An. Comptez dans les 5 € (33 F) les 6 huîtres, 12 € (79 F) le « panaché d'huîtres » ou 7 € (46 F) l'assiette baltique. Au cœur du Bouffay, entre un grec et un chinois, un tout petit bistrot aux murs couverts de plaques émaillées comme on les aime. Des huîtres, et encore des huîtres, ouvertes ou préparées par le jeune patron qui apprécie la musique. Du saumon aussi. Essayez de trouver une place parmi les habitués, à l'heure de « l'apéri-huîtres ». Idéal pour se mettre en train, et sans se faire mener en bateau !

|●| *La Civelle* (hors plan par A3, **46**) : 21, quai Marcel-Boissard, à Trentemoult-Rezé. ☎ 02-40-75-46-60. Village situé à 5 mn du centre de Nantes, sur la rive sud de la Loire. Fermé les samedi midi et dimanche. Grillades autour de 11,43 € (75 F), plats du jour à 8,38 € (55 F). L'occasion de faire un tour dans ce charmant village, aux ruelles empreintes d'histoires de marins et dont le quai abonde en cafés. De *La Civelle*, qui fait resto et bar, un peu style Louisiane, vue superbe sur la Loire et Nantes. Excellentes moules au muscadet à moins que vous ne préfériez le sauté de porc aux épices. Accueil très sympa. Endroit très apprécié par les Nantais.

Prix moyens

|●| *Le Guingois* (plan B2, **36**) : 3 bis, rue Santeuil. ☎ 02-40-77-10-96. Ouvert jusqu'à minuit, pour animer un peu la vie nocturne nantaise, les soirs où il n'y a pas de match ou de spectacle. Fermé les dimanche et lundi, ainsi qu'en août. Menus de 13,57 à 36,59 € (89 à 240 F), une formule à 10,67 € (70 F) le midi. Dans la grande salle pleine d'habitués, on choisit les plats du marché sur l'ardoise : jarret aux lentilles, andouillette grillée, ris de veau à l'ancienne, curry d'agneau, préparés sans chichis ni génie, mais bien servis. Kir offert aux lecteurs sur présentation du *GDR*.

|●| *Le Paludier* (plan B2, **45**) : 2, rue Santeuil. ☎ 02-40-69-44-06. Fermé le dimanche, le lundi midi et le mercredi soir. Formule à 11,90 € (78 F) servie tous les jours sauf le samedi soir. Menus de 16,80 à 27,40 € (110 à 180 F). Ici, on déguste avant tout du poisson : bisque bouille du *Paludier*, piccata de cabillaud à l'huile d'olives et au citron. On y apprécie aussi les desserts. Tous les produits sont archi frais et le pain est maison. Accueil super en prime. Un bon rapport qualité-prix-accueil.

|●| *Le Café du Marché* (plan D2, **37**) : 2, rue de Mayence. ☎ 02-40-47-63-50. Service uniquement le

midi. Fermé les samedi et dimanche, et en août. Menu unique à 14,50 € (95 F). La tête de veau dans l'assiette, autant que celle des habitués, méritent le détour. Depuis près de 50 ans, on y sert toujours, à la bonne franquette, un menu unique avec pas moins de 3 entrées, un plat, fromages et dessert. Avec une bonne bouteille là-dessus, ça vous fait un après-midi qui passe tout seul. Super adresse, dans le genre hors du temps, mais très prisée par les hommes d'affaires de la voisine cité des congrès.

|●| *Le Bouche à Oreille* (plan B2, 38) : 14, rue Jean-Jacques-Rousseau. ☎ 02-40-73-00-25. Fermé les dimanche et samedi midi, ainsi que les 3 premières semaines d'août. Menu le midi à 10,52 € (69 F). À la carte, comptez 18,29 € (120 F). À deux pas de l'opéra, un bouchon lyonnais avec nappes à carreaux et plaques émaillées qui ne fait pas dans la dentelle. Les « théâtreux » et les sportifs se retrouvent jusqu'à minuit environ, pour boire un pot de beaujolais en avalant quenelles, tabliers de sapeur et autres amuse-gueule. Le boudin caramélisé aux pommes n'est pas mal non plus. En été, de délicieuses salades gourmandes, comme celle au foie gras. Déco aussi chargée que les langues, au petit matin.

|●| *La Maison du Change* (plan C2, 44) : 2, place du Change. ☎ 02-40-47-18-49. Fermé le dimanche. Menus à 19,82 et 25,15 € (130 et 165 F), formule-midi à 12,96 € (85 F). À la carte, comptez de 15,24 à 22,87 € (100 à 150 F). Endroit insolite fréquenté à la fois pour le cadre et la cuisine. Dans une des plus vieilles maisons de Nantes (elle date du XVe siècle), avec colombages, grosses poutres, fenêtres en vitrail, etc., on savoure une cuisine inspirée du Moyen Âge : chausses d'escargots au beurre d'ortie, gigue d'agneau en caravane d'épices, crème glacée au gingembre et à la liqueur des druides. Voilà qui sort de l'ordinaire et qui n'en est pas moins délicieux.

Plus chic

|●| *Lou Pescadou* (plan C2, 39) : 8, allée Baco. ☎ 02-40-35-29-50. Fermé les samedi midi, dimanche et lundi soir. Menus de 19,06 à 48,78 € (125 à 320 F). Menu-enfants (offert aux moins de 12 ans) à 10,67 € (70 F). Pensez à réserver car l'endroit est couru : c'est l'un des meilleurs restaurants de poisson de Nantes. Le chef, sympathique passionné de cuisine et de muscadet, interrompt ses dithyrambiques descriptions pour s'éclipser devant ses fourneaux, préparer avec bonheur les poissons du jour que lui livre un artisan-pêcheur. Voici l'endroit idéal pour goûter un beurre blanc, surtout sur le divin bar en croûte de sel (une meringue très salée). Mais on ne prendra aucun risque en optant pour la raie, la lotte, ou, pour ceux qui en ont les moyens, les langoustes et homards du vivier. À signaler : les amuse-bouche sont délicieux. Sur présentation du *Guide du routard* de l'année, le patron vous offre l'apéritif maison.

|●| *La Cigale* (plan B2, 40) : 4, place Graslin. ☎ 02-51-84-94-94. Face au théâtre Graslin. Ouvert tous les jours jusqu'à 0 h 30. Menus à 11,43 € (75 F), servi le midi en semaine, et de 15,24 à 22,87 € (100 à 150 F). L'adresse incontournable de Nantes. La haute société locale vient y « souper » après le théâtre (juste à côté), et les célébrités de passage se doivent d'y montrer leur frimousse... Service un peu speedé, mais il ne faut pas manquer de venir admirer le décor de cette brasserie 1900, superbe : plafonds peints, boiseries, mosaïques, céramiques colorées... Jacques Demy y tourna même certaines scènes de *Lola* interprétée par Anouk Aimée.

|●| *Le Gavroche* (hors plan par B1, 42) : 139, rue des Hauts-Pavés. ☎ 02-40-76-22-49. Fermé les dimanche soir et lundi, et du 22 juillet au 22 août. Menus de 19,06 € (125 F), en semaine, à 39,64 € (260 F). Une adresse excentrée certes, mais de qualité. Grande salle

feutrée, aux tons jaunes et bleus, élégante, raffinée et à l'ambiance un peu attendue dans ce genre d'établissement, où l'on se fait en général inviter par ses parents. La cuisine, résolument inventive, est fort équilibrée, et les desserts sont sublimes. La carte change toutes les six semaines environ en fonction des produits de saison. Apéritif maison offert sur présentation du *Guide du routard*.

Où dormir ? Où manger dans les environs ?

– Voir aussi plus loin dans le pays du Vignoble nantais.

Camping

▲ *Camping Belle Rivière* : rue Bourgnière, 44980 Sainte-Luce-sur-Loire. ☎ 02-40-25-85-81. ♿ Entre Sainte-Luce et Thouaré, sur la route des Perrières, à environ 10 km au nord-est de Nantes (accès en tram, ligne 1, arrêt Haluchère ; puis bus). Emplacement pour 2 personnes avec voiture et tente à 10,37 € (68 F). Son cadre et son confort justifient le détour. Pêche et promenades au bord de la Loire. 5 % de réduction pour les lecteurs du *GDR*.

Chambres d'hôte

▲ *Chambres d'hôte La Gandonnière* : chez Françoise et Pierre Girard, 44240 La Chapelle-sur-Erdre. ☎ et fax : 02-40-72-53-45. Situé à 15 km de Nantes. À La Chapelle, au centre, prendre direction La Gandonnière. Ouvert de mai à septembre, sur réservation le reste de l'année. Chambre double avec douche ou bains à 61 € (400 F), petit déjeuner compris. Dans un manoir du XVIIIe siècle aux chambres joliment rénovées, deux doubles dont une avec nursery, et une suite pour 4 personnes, à 92 € (603 F). Dans un site classé, au bord de l'Erdre, vous apprécierez le calme et vous vous sentirez loin du centre de Nantes qui n'est pourtant qu'à 15 km. Une collation (café ou apéritif) vous sera offerte sur présentation du *Guide du routard* de l'année au moment de votre arrivée et vous pourrez bénéficier de 10 % sur le prix de la chambre pour une réservation de plus de 4 nuits.

Où manger dans les environs ?

Prix moyens à chic

|●| *L'Auberge du Vieux-Gachet* : Le Gachet, 44470 Carquefou. ☎ 02-40-25-10-92. Fermé les dimanche soir et lundi. Menus de 14,48 € (95 F), servi le midi en semaine, à 39,64 € (260 F). Une excellente auberge de campagne, avec un cadre comme autrefois, et même le service sous cloche. Beaux poissons et belles volailles (salade de caille au foie gras chaud, champignons farcis au crabe, pigeonneau rôti). Amuse-bouche délicieux. La terrasse sur la rivière, l'Erdre, face au château de la Gascherie, est positivement sublime. Les marcheurs peuvent y venir depuis Nantes en deux petites heures en longeant l'Erdre.

Vie nocturne

Nantes est une ville étudiante – donc on sort – et bretonne – donc on boit. La ville déborde de cafés de tous styles, souvent très animés, qui ferment entre 2 h et 4 h. Les boîtes prennent la relève jusqu'à 5 h, voire 6 h pour celles de la périphérie. Nantes est une ville plutôt ouverte, et il n'est pas difficile de se faire accepter. La plupart des bars de nuit et des pubs se trouvent dans le quartier du Bouffay, le vieux centre piéton, ex-commune libre (un maire honorifique y siège toujours). Ensuite, il faudra traverser la Loire pour sortir sur l'île Beaulieu, un quartier calme en apparence, mais aux grandes ressources noctambulesques.

Plus chics et moins tardifs, les cafés du quartier Graslin (place du Commerce, place Royale) goûtent la soirée sur leur terrasse.

La Maison (plan C1, 50) : 4, rue Lebrun. ☎ 02-40-37-04-12. Dans une petite rue après l'esplanade du château (cours Saint-Pierre). Ouvert jusqu'à 2 h. Sans doute notre bistrot favori à Nantes. La déco, très réussie, reproduit avec kitsch et astuce les pièces d'une maison, dont chacune possède son ambiance, sa lumière et ses objets chinés. On a flashé sur la cuisine, mais vous pourrez préférer la salle de bains, le salon, la chambre ou les petits boxes grillagés gardés par des nains de jardin. Bonne musique, bon accueil, bon esprit et bières pas chères. Pour la jeunesse bohème moderne.

Buck Mulligan's (plan C1-2, 57) : 12, rue du Château. ☎ 02-40-20-02-72. Ouvert jusqu'à 2 h. Verres de 2 à 5 € (13 à 33 F). La façade est discrète, mais ce serait dommage de ne pas y entrer. Un pub irlandais sympa tenu par de vrais Irlandais. Bonne ambiance. Un whisky irlandais offert aux lecteurs sur présentation du *GDR*.

Le Santeuil (plan B2, 51) : 5, rue Santeuil. ☎ 02-40-69-36-89. Il était une fois un jeune couple qui rêvait de son bistrot idéal. Alors on a laissé dégouliner le béton, sculpté des chapiteaux, recouvert les sièges de peaux de bêtes, accumulé un incroyable bric-à-brac, pour créer un lieu intime, chaleureux et gentiment inquiétant. C'était il y a longtemps, et le jeune couple a pris quelques rides. Mais les alcôves de leur maison de sorcière, bâtie comme un palais idéal, abritent toujours les confidences des amoureux.

Le Remorqueur (plan D2, 53) : amarré au quai Malakoff. ☎ 02-40-20-49-99. Ouvert du mardi au samedi jusqu'à 5 h du matin. Un couple de bourlingueurs a transformé cet authentique remorqueur en authentique débit de boissons. La mer semble loin, mais la bière coule à flots. Espace rigolo et exigu, avec de petits salons sur des coursives, et une grande table dans l'ancienne salle des machines. On peut même y danser sur une petite piste.

Le Saint-Domingue (hors plan par C3, 54) : rue de Saint-Domingue. ☎ 02-40-35-47-37. Fermé les dimanche et lundi. Voilà le bar le plus bizarre de la ville, ou plutôt du port, car il se trouve dans le no man's land portuaire de l'île Beaulieu. Drôle d'endroit, assez sale et brut, parfois même violent – donc à ne pas mettre entre toutes les mains – mais que les amateurs éclairés de nuits éclectiques et de lieux authentiques apprécieront. Une petite bourgeoisie aventureuse n'hésite pas à venir s'encanailler au milieu des marins ukrainiens, des ouvriers ivres morts et de raisonnables représentants de la racaille locale, pour venir bouffer avec les doigts des poulets qui cuisent à la broche.

Le Pannonica (plan B1, 58) : 9, rue Basse-Porte. ☎ 02-51-72-10-10. • www.pannonica.com • En sous-sol, un café bien sympathique, où le jazz est roi. Concerts et bœufs tardifs.

Le Floride (plan C3, 55) : 15, rue Michel-Colomb. ☎ 02-40-47-66-80. Dans une petite ruelle vers la place de la République (donc sur l'île Beaulieu). Ouvert du mardi au samedi de 23 h à 5 h. Gratuit en semaine, payant le week-end. Une boîte – mais c'est presque un bar – vraiment sympa. Petit endroit un peu marginal, tenu par des patrons présents et adorables qui passent du bon rock au sens large, en fuyant les tendances musicales en vogue dans les discothèques. Clientèle d'habitués calmes et plutôt dans le vent, mais sans se la jouer, t'vois.

– Pas loin, on trouvera moins de jolies filles (quoique...), mais plus de beaux garçons, au **Temps d'Aimer**, la boîte gay de Nantes (14, rue Alexandre-Fourny, ouvert 365 jours par an). La clientèle, homo à 70 % mais pas sectaire, apprécie l'imagination débordante dont le patron, un vrai pro de la nuit, fait preuve pour animer ses soirées. Ambiance bon enfant, à respecter, merci.

☙ **Quai Ouest** (plan B3, 56) : 3, quai François-Mitterrand. ☎ 02-40-47-68-45. Ouvert du jeudi au samedi, de 23 h à 5 h. Entrée payante : 9,15 € (60 F) le jeudi, 12,20 € (80 F) les vendredis et samedi. Ce grand entrepôt décoré de fresques et transformé en machine à danser est la grosse discothèque en vogue (ça peut avoir changé quand vous lirez ces lignes, on ne sait jamais avec la nuit). Pour l'anecdote, ce sont des footballeurs du club de Nantes qui ont lancé l'endroit.

Où trouver du bon chocolat ?

⚜ **Chocolat Gautier-Debotté** (plan B2) : 9, rue de la Fosse. ☎ 02-40-48-23-19. Spécialités de sardines de Nantes (si, si, c'est bien du chocolat !) et berlingots artisanaux. Dans une boutique au look un peu kitsch croulant sous les lustres en cristal.

À voir

La vieille ville

★ **La cathédrale Saint-Pierre-Saint-Paul** (plan C1) : ouverte de 9 h à 19 h. Vous serez frappé par l'unité de style de l'édifice, malgré la durée des travaux (450 ans). Sur la façade, remarquables portails à voussures finement sculptées. Les deux tours, érigées en 1508, ont une hauteur de 63 m. Autant l'extérieur apparaît sale, autant l'intérieur, restauré après l'incendie de la toiture en 1972, surprend par sa splendeur et sa netteté. Les 500 m de vitraux modernes, réalisés (en 12 ans !) par Jean Le Moal, donnent au chœur une coloration flamboyante. Bel éclairage nocturne.
Dans le croisillon sud, le *tombeau* de François II et Marguerite de Foix, qu'Anne de Bretagne, leur fille, commanda à Michel Colombe. Il fut sculpté de 1502 à 1507. Aux angles, les vertus cardinales : la Justice, la Force, la Tempérance et la Prudence, représentée par un double visage de jeune femme et de vieillard.

★ **La place de la Psalette** (plan C1) : délicieux petit jardin à droite de la cathédrale. Pour les amoureux qui veulent se marier derrière l'église ! Il relie le cours Saint-Pierre, où s'exercent les vieux boulistes, à la place Saint-Pierre. Autour du jardin s'élèvent toujours des immeubles de style Renaissance d'inspiration châteaux de la Loire. Au n° 3, une plaque rappelle l'aventure rocambolesque de la duchesse de Berry, cachée dans une cheminée pour échapper aux gendarmes de Louis-Philippe (en 1832).

★ **La place du Maréchal-Foch** (plan C1) : superbe ensemble architectural, conçu au XVIIIe siècle entre les cours Saint-Pierre et Saint-André qui reliaient le quai de la Loire à celui de l'Erdre. À voir, l'*hôtel d'Aux*, construit par Ceineray, où séjourna Napoléon en 1808, et l'*hôtel Montaudouin* que l'on doit à Crucy. Près de la cathédrale, la *porte Saint-Pierre*, vestige de l'enceinte médiévale.

★ **Le château des ducs de Bretagne** (plan C1-2) ☎ 02-40-41-56-56. Le château lui-même ne se visite pas, mais on peut visiter la cour de 10 h à 19 h en été, de 10 h à 12 h et de 14 h à 18 h le reste de l'année. Henri IV, qui le visita, s'exclama joyeusement : « Les ducs de Bretagne n'étaient pas de petits compagnons, ventre saint-gris ! » Et c'est vrai qu'elle a fière allure, cette forteresse reconstruite à la fin du XVe siècle, et aujourd'hui affublée d'une ridicule boutique. Témoin des grands moments de l'histoire de Bretagne, le château vit la naissance de la duchesse Anne et, en 1499, le mariage, dans la chapelle, de l'héritière et du roi de France Louis XII. En août 1532, François Ier, usufruitier du duché, y donna l'édit prononçant, sur la requête des États assemblés à Vannes, « l'union perpétuelle des pays et duché de Bretagne, avec le royaume de France ». Après avoir servi de prison d'État au XVIIe siècle – le cardinal de Retz s'en est échappé – et d'arsenal en 1791, le château a été restauré en 1861. Il appartient à la Ville depuis 1915 et fut converti en musée municipal dès 1924. Il est actuellement en travaux jusqu'en 2008 (au moins), l'objectif étant la création d'un grand musée d'Histoire de la ville de Nantes et de sa région.

– En pénétrant dans la cour par le pont-levis, remarquez le *puits* dont les fers forgés symbolisent la couronne ducale. Vers la *tour du Port* se trouve le grand logis, aux lucarnes de style gothique flamboyant. À droite, la tour de la Couronne d'or, où des loggias permettaient d'assister aux fêtes données dans la cour.

– Au-dessus de la voûte d'entrée, le *Grand Gouvernement* où s'installera le musée. Au fond de la cour, près de la tour de la Rivière, s'élève le *Petit Gouvernement*, de style Renaissance, dont les cheminées de brique et d'ardoise sont d'origine. Non loin, le *bâtiment du Harnachement*, rénové, qui abrite actuellement des expositions.

Remarquez, dans la cour, une ligne de pavés qui représente le tracé de l'enceinte gallo-romaine de la ville.

– À gauche de l'entrée, l'ancien donjon du XIVe siècle, accolé à la conciergerie. Pour bien situer le château dans son époque, il faut se rappeler qu'il était baigné par la Loire au sud et à l'est. Ce n'est qu'au XIXe siècle que la création des quais en modifia l'aspect extérieur.

★ ***Autour du château :*** par la vieille rue du Château (remarquer, au n° 14, l'hôtel de Goulaine, du XVIIIe siècle) et la rue de la Morue bordée par l'ancien grand magasin Decré, devenu les Galeries Lafayette, on parvient à la place du Change, avec la superbe *maison des Apothicaires*, des XVe et XVIe siècles, à pans de bois et encorbellements. Au-delà du carrefour de la rue de la Barillerie et de la rue de la Marne, on arrive à la place Sainte-Croix.

★ ***L'église Sainte-Croix*** (plan C2) : de style jésuite. La façade et le portail sont de 1685. La tour est surmontée d'un beffroi avec anges sonnant de la trompette : on y a placé la grosse cloche de l'ancien beffroi de Nantes, dite la Bouffay. À l'intérieur, stalles du XVIIIe siècle et chaire où parla le tristement célèbre Carrier.

★ ***Autour de Sainte-Croix :*** tout un quartier subsiste de la ville du Moyen Âge aux rues étroites encore bordées de maisons à colombages, appelé *plateau piéton Sainte-Croix*. Au n° 11 de la rue de la Juiverie, bas-reliefs inexpliqués ; au n° 7, maison des XVe et XVIe siècles ; cette dernière rue conduit à la *place du Bouffay*, ouverte sur les anciens quais de la Loire. Ici eurent lieu de nombreuses exécutions, comme celle du comte de Chalais, en 1626, coupable d'avoir comploté contre le cardinal de Richelieu avec Gaston d'Orléans, frère de Louis XIII. Le jour de l'exécution, ses amis, désirant le sauver, enlevèrent le bourreau. Mais ce dernier fut remplacé par un prisonnier qui obtint une remise de peine à condition de décapiter le condamné. L'inexpérimenté tremblait tellement qu'il dut s'y reprendre en quinze reprises avant de l'achever... Au nord de la place, bel immeuble du XVIIe siècle.

La ville du XIXe siècle, le quartier Graslin

★ ***La place Royale*** (plan B2) : construite à la fin du XVIIIe siècle par Crucy, architecte de la ville. Bombardée en 1943, elle fut reconstruite à l'identique.

★ ***La rue Crébillon*** (plan B2) : c'est le « faubourg Saint-Honoré » de Nantes, dont les habitants sont très fiers. Grande animation le samedi. La rue relie la place Royale à la place Graslin. Suite au festival Fin de Siècle consacré à Johannesburg, les égouts de cette rue « chicos » de Nantes sont, en été, ouverts au public.

★ *La place Graslin* (plan B2) : elle porte le nom du receveur général des fermes du royaume, qui acheta de vastes terrains dans le quartier et les revendit à la Ville. Sur la place, le Grand Théâtre (1783), de style corinthien, que surveille une nuée de chérubins potelés.
Au n° 4, brasserie *La Cigale*, splendide établissement Art nouveau, inauguré en 1895, véritable délire de mosaïques et miroirs (voir « Où manger ? Plus chic »). À l'angle de la brasserie s'amorce le cours Cambronne (mort en 1842 à Nantes), dont l'unité architecturale est remarquable.

★ *Le passage Pommeraye* (plan B2) : superbe et étonnant passage couvert, d'époque Louis-Philippe, chanté par les poètes, tels qu'André Pieyre de Mandiargues (dans *Le Musée noir*) ou le cinéaste Jacques Demy (dans *Une chambre en ville* et *Lola*). Ce dernier en fait d'ailleurs le fil d'Ariane du destin de certains de ses héros. Son escalier central (remarquez les contre-marches en fer forgé) se compose de trois paliers ornés de statues et de médaillons qui ont séduit les surréalistes. Aujourd'hui, ce sont aussi les commerces qui attirent les touristes et la bourgeoisie locale. Il faut bien reconnaître que le surréaliste se fait rare par les temps qui courent.

★ *La place du Commerce* (plan B2) : située sur l'ancien port au vin. Le palais de la Bourse fut édifié par Mathurin Crucy au début du XIXe siècle, dans le style néo-classique. Il accueille aujourd'hui la Fnac (qui elle-même accueille l'office du tourisme). De nombreux cafés rendent la place bien animée.

★ À l'ouest de la Bourse, à la suite de la rue de la Fosse, s'étend le **quai de la Fosse** *(plan A-B3)*. De nombreux hôtels d'armateurs du milieu du XVIIIe siècle rappellent l'époque florissante du commerce maritime à Nantes. Remarquez les thèmes marins ou bachiques de certains mascarons. C'était aussi le quartier chaud avec de nombreux « bars à putes ». Mais le quartier se transforme, avec la médiathèque et la rénovation des immeubles, et devient plus respectable...

★ *La médiathèque* (plan B2) : 24, quai de la Fosse (autrefois appelé quai de la Fesse, en raison de ses bars à marins...). Ouvert du lundi au vendredi de 12 h à 19 h et le samedi de 10 h à 18 h. Fermé le lundi en juillet et août. C'est une réussite architecturale, clin d'œil au passage Pommeraye avec sa cascade de verrières, qui ne heurte pas à côté des hôtels du XVIIIe siècle du quai de la Fosse. Ici sont regroupés bibliothèque et discothèque municipales, lieu d'expositions, musée de l'Imprimerie (voir « Les Musées »).

★ *La tour Bretagne* (plan B1) : Nantes aurait pu se passer de ce hideux gratte-ciel, triste symbole des ambitions modernistes des édiles en 1976. Celui-ci domine le cours des Cinquante-Otages de ses 31 étages, et du haut de ses 145 m. On pouvait voir Nantes de haut en grimpant au sommet de cette tour, ce qui lui donnait un intérêt. Mais comme elle était devenue le (dernier) passage obligé des candidats au suicide, l'accès en est aujourd'hui interdit.

L'Île Feydeau *(plan B-C2)*

Ce n'est plus une île depuis 60 ans, mais les Nantais l'appellent toujours ainsi... Et si les anciens quais se devinent, le quartier demeure toujours isolé du reste de la ville. Il regorge de splendides hôtels particuliers construits au XVIIIe siècle pour les négociants ou les armateurs. On a comparé ces demeures, avec leurs balcons en saillie ornés de balustrades ventrues en fer forgé, à « des bourgeois pansus, le ventre orné de breloques »... Chaque propriétaire a affirmé sa fortune et son goût dans la décoration des façades.

★ **La rue Kervégan** *(plan C2)* : c'est l'une des rues les plus pittoresques de Nantes, avec ses balcons en saillie, ses déformations en tous sens. Au n° 9, remarquer les mascarons à visages de pirates ou de faunes. En face, aux n°s 12 et 14, deux immeubles symétriques avec chacun trois balcons en pyramide. Au n° 30, trois balcons en pyramide décorés de balustrades ventrues.

★ Au n° 3, **place de la Petite-Hollande** *(plan B3)*, l'*hôtel de La Villestreux*, immeuble majestueux doté d'une magnifique cour intérieure (poussez la porte ou suivez poliment un habitant). Au n° 2, *hôtel Jacquier*, avec mascarons représentant Neptune entouré des quatre éléments : la Terre, le Feu, l'Air et l'Eau.

Les musées

★ **Le musée des Beaux-Arts** *(plan D1)* : 10, rue Georges-Clemenceau. ☎ 02-40-41-65-65. Ouvert de 10 h à 18 h les lundi, mercredi, jeudi, samedi et dimanche, et jusqu'à 20 h le vendredi. Fermé les mardi et jours fériés. Entrée : 3,05 € (20 F). Demi-tarif tous les jours après 16 h 30. Gratuit le 1er dimanche de chaque mois, le vendredi soir en nocturne et pour les moins de 18 ans. Presque entièrement consacré à la peinture, du XIIIe siècle à nos jours. Les écoles anciennes sont particulièrement bien représentées dans ce superbe musée du XIXe siècle, vaste et lumineux. Bonnes expositions temporaires.
Parmi les œuvres les plus célèbres, il faut citer *Le Reniement de saint Pierre* et *Le Songe de saint Joseph* de Georges de La Tour, la *Diane chasseresse* d'Orazio Gentileschi, le fameux *Portrait de Mme de Senonnes* d'Ingres, les *Cribleuses de blé* de Courbet et les *Nymphéas* de Monet.
Parmi les œuvres contemporaines, une part importante est faite à l'abstraction avec 11 Kandinsky, des Sonia Delaunay, Bryen, Vasarely, Poliakoff, etc. Une halte importante, qu'on pourra prolonger au café-restaurant du musée.

★ **Le musée Thomas-Dobrée** *(plan A2)* : 18, rue Voltaire. ☎ 02-40-71-03-50. Ouvert du mardi au vendredi de 9 h 45 à 17 h 30, les samedi et dimanche de 14 h 30 à 17 h 30. Fermé les lundi et jours fériés. Entrée : 3,05 € (20 F). Gratuit le dimanche. Cet étonnant palais de style néo-roman a été construit au XIXe siècle par Thomas Dobrée, qui appartenait à une famille d'armateurs. Il acheta aussi le *manoir Jean-V*, bâti au XVe siècle par l'évêque Jean de Malestroit. Il conserve une importante collection d'ouvrages rares et précieux. À voir aussi : collection d'armes, reliquaire en or du cœur d'Anne de Bretagne, émaux et ivoires du Moyen Âge, numismatique, peinture, orfèvrerie...

★ **Le Musée archéologique** *(plan A2)* : 18, rue Voltaire. ☎ 02-40-71-03-50. Même lieu et mêmes horaires que le précédent. Il abrite les découvertes provenant des chantiers de fouilles de la région, illustrant la préhistoire jusqu'aux invasions vikings. Avec aussi des collections antiques méditerranéennes sur l'Égypte, la Grèce...

★ **Le muséum d'Histoire naturelle** *(plan A-B2)* : square Louis-Bureau, place de la Monnaie. ☎ 02-40-99-26-20. Ouvert de 10 h à 18 h. Fermé le mardi et certains jours fériés. Entrée : 3,05 € (20 F). Gratuit pour les moins de 18 ans et le 3e dimanche du mois. Un des plus beaux musées d'histoire naturelle de France. À voir absolument : l'immense et complet squelette de baleine, une remarquable collection d'oiseaux, une autre de minéraux. Vivarium avec reptiles et insectes vivants. Salles d'expositions temporaires.

★ **Le musée de l'Imprimerie** *(plan B2)* : 24, quai de la Fosse. ☎ 02-40-73-26-55. Dans la médiathèque. De septembre à fin février, ouvert du mardi au samedi de 10 h à 12 h et de 14 h à 18 h (17 h le samedi) et de mars à juillet, du lundi au vendredi de 10 h à 12 h et de 14 h à 18 h et le dimanche de 14 h à 18 h. Fermé les jours fériés, ainsi qu'en août. Entrée : 4,57 € (30 F) ; 3,05 € (20 F) sur présentation du *Guide du routard* de l'année. Les différentes techniques de l'imprimerie sont présentées.

★ *Le musée Jules-Verne* (hors plan par A3) : 3, rue de l'Hermitage. ☎ 02-40-69-72-52. Ouvert de 10 h à 12 h et de 14 h à 18 h. Fermé les dimanche matin, mardi et jours fériés. Entrée : 1,52 € (10 F). Gratuit le dimanche. Installé dans une belle maison du XIXᵉ siècle, ce musée dédié à Jules Verne, né en 1828 à Nantes, fait revivre par des lettres et photographies le souvenir de l'écrivain. Également tout un bric-à-brac de maquettes de science-fiction, mappemondes, affiches anciennes, et objets insolites...

★ *Le planétarium* (hors plan par A3) : 8, rue des Acadiens. ☎ 02-40-73-99-23. Séances à 10 h 30, 14 h 15 et 15 h 45 du lundi au vendredi, à 15 h et 16 h 30 le dimanche. Fermé le samedi, le dimanche matin et les jours fériés. Entrée : 4,27 € (28 F). Très intéressant pour les enfants, ce théâtre d'étoiles sur fond de coupole hémisphérique. On y reproduit le mouvement des planètes.

À voir encore

★ *La table d'orientation de la butte Sainte-Anne* (hors plan par A3) : dans le prolongement du quai de la Fosse, rue de l'Hermitage. Idéal pour avoir une bonne vue d'ensemble de la ville. Une table d'orientation permet de situer les différents monuments. La vue embrasse tout le port, l'île Beaulieu et, plus loin, les rives sud de la Loire. Une certaine nostalgie vous envahit devant le petit nombre de bateaux et les grues qui ne fonctionnent plus ou presque.

★ *La place du Général-Mellinet* (hors plan par A3) : remarquable ensemble de 8 hôtels construits sur un même modèle sous la Restauration.

★ *Le jardin des Plantes* (plan D1) : face à la gare. En 1688, Louis XIV officialise ce jardin qui servira, dit-il, « au soulagement des malades et à l'embellissement de la ville ». Louis XV à son tour incite les navigateurs nantais à rapporter de leurs périples des espèces rares. Aujourd'hui, le plus vieux magnolia d'Europe, d'une circonférence de 2,30 m, trône fièrement au milieu du jardin. Il constitue un agréable havre de verdure et de fraîcheur. Allez vous y promener au printemps, lorsque les camélias sont en fleur. C'est un enchantement. À voir également, une orangerie, un palmarium, une serre à cactées et les orchidées de serre chaude et froide.

★ *L'île de Versailles* (hors plan par C1) : « Un poumon vert au cœur du béton. » Superbe jardin ponctué de cascades, bassins, plages de galets... Nombreuses essences telles qu'azalées, rhododendrons, bambous et même séquoias. Un véritable dépaysement tout oriental dans le cœur de la ville... On y trouve aussi des jeux pour enfants, des aquariums et un jardin de mousse. L'ensemble est assez réussi. À voir aussi, la *maison de l'Erdre*, initiation aux différents écosystèmes de l'Erdre. On y évoque les activités aujourd'hui disparues de la batellerie.

★ *Le pont de Cheviré* (hors plan par A3) : pour franchir la Loire en aval de Nantes, ainsi la rocade ouest prend-elle forme, enfin ! Ce brontosaure de béton, long de 1,5 km, porté par 23 piles, permet à 6 voies de franchir le fleuve à 50 m de hauteur. La travée métallique centrale pèse 2 400 t et mesure 242 m.

★ *Le port à bois de Cheviré* : ce site portuaire est souvent appelé le « supermarché du bois ». C'est en effet le premier port et il occupe un tiers des emplois de cette filière. Belles photos en perspective. Jetez un œil aux troncs entreposés et à leurs tranches fissurées et maculées au pochoir.

★ **Trentemoult** *(hors plan par C3)* : sur la rive gauche de la Loire, juste après l'île Beaulieu. Petit port pittoresque, ancienne résidence des cap-horniers, restauré en 1989, lors du tournage du film *La Reine Blanche*, avec Catherine Deneuve. Chouette endroit, assez branché, restos, bars, etc. Il faut dériver dans ses ruelles qui débouchent sur de jolies places, remarquer les maisons surélevées pour échapper aux colères de la Loire.

★ **LU-CRDC-Scène nationale de Nantes :** 2, rue de la Biscuiterie. Accueil du public, renseignements : ☎ 02-40-12-14-34. Dans l'ancienne biscuiterie LU. Nouveau lieu culturel de la ville, rebaptisé Lieu unique. À l'occasion du réaménagement total de l'endroit et du passage à l'an 2000, une expérience originale a été organisée. Du 1er octobre au 1er décembre 1999, chaque personne qui le désirait a pu déposer un objet personnel représentatif de son existence. Chaque objet a ensuite été répertorié, conditionné dans une boîte en fer blanc (il y en a 16 000 !), et acheminé dans un lieu créé à cet effet, où il a été scellé, dans la double paroi translucide (conçue par l'artiste plasticien Patrick Raynaud) dans un mur du grenier de l'usine LU. Ce témoignage aux générations suivantes sera révélé le 1er janvier 2100 (non ce n'est pas une erreur de frappe !) à 17 h précisément. C'est l'opération « Grenier du Siècle ». Par ailleurs, dans ce lieu unique, ouvert depuis le 30 décembre 1999, la vie est associée à l'art et on trouve, à côté d'espaces modulables de spectacles ou d'expos, un bar, un resto, une librairie, etc.

Marchés

– **Le marché de Talensac** *(plan B1)* **:** rue de Talensac. Sous les halles (datent de 1934) et autour. Tous les matins, sauf le lundi. Le « grand » marché de Nantes. Amusant : boulangers à double file d'attente, bouchers, poissonniers, mais aussi traiteurs asiatiques et latino-américains au milieu des vendeurs artisanaux de miel et de fromage de chèvre.
– **Le marché aux puces** *(plan B1)* **:** place Viarme. Tous les samedis matin.
– **Le marché de la Petite-Hollande** *(plan B2)* **:** place de la Petite-Hollande. Tous les samedis matin.
– **Le marché aux fleurs** *(plan B2)* **:** place du Commerce.
– **Le marché bio de Trentemoult** *(hors plan par C3)* **:** produits bio ou naturels exclusivement.

Fêtes et festivals

– **La Folle Journée :** de fin janvier à début février, à la cité des Congrès. Renseignements : ☎ 02-51-88-20-00. Trois journées au cours desquelles de nombreux interprètes de grand renom viennent « jouer » un musicien. Un succès fou depuis sa création. Après Mozart, Beethoven, Schubert, Brahms et Bach, les années précédentes, en janvier 2002, Haydn et Mozart auront connu les faveurs de cette manifestation devenue institution. Places bon marché en regard de la qualité des interprètes, ce qui explique en partie le nombre de spectateurs : plus de 60 000. Pour 2003 (du 24 au 26 janvier), le festival célèbrera la musique italienne (Monteverdi, Vivaldi...), 280 concerts sont déjà prévus et 1 000 artistes sont attendus.
– **Le Carnaval de Nantes :** autour de la Mi-Carême. Grosses têtes, fanfares et défilé gratuits pour tous dans le centre-ville. Le plus spectaculaire est le défilé carnavalesque nocturne.
– **Le Club des Cinq :** du 24 au 28 avril 2002. Renseignements : ☎ 02-40-12-14-34. Festival régional de danse éclectique, qui accueille compagnies reconnues ou débutantes. À Nantes, ce festival se déroule à l'espace culturel Onyx de Saint-Herblain.

- **Fest Yves-Gouel Erwan :** le jour de la Saint-Yves, le 19 mai. Renseignements : ☎ 02-51-84-16-07. Musique celtique dans les rues et bars de Nantes dans le cadre des « Chemins de l'Atlantique », dont le projet est de mettre en valeur la « triangulation » Bretagne-Irlande-Québec. Lieu fédérateur : le château des ducs de Bretagne.
- **Le Printemps des Arts :** du 13 au 31 mai 2002 (du 1er au 29 juin dans la région des Pays de la Loire). Renseignements : ☎ 02-40-20-03-00. ● www.printemps-des-arts.com ● Concerts de musique baroque, spectacles de chants et danses baroques, expositions conférences, pièces de théâtre ponctuent ce printemps qui se déroule en Pays de la Loire.
- **Le Festival international d'été Musiques sur l'île :** début juillet 2002. Renseignements : ☎ 02-40-08-01-00. Grande rencontre interculturelle sur l'île Sainte-Anne présentant musiques, danses et chants.
- **Les Rendez-Vous de l'Erdre :** le 1er week-end de septembre. Renseignements : ☎ 02-51-82-37-70. Spectacles musicaux et concerts sur l'Erdre, le public reste sur les quais. Très chouette. 100 000 spectateurs attendus. Les villes voisines du bord de l'Erdre sont associées. Le thème retenu pour 2001 était le jazz autour du monde.
- **Les Celtomania :** en octobre. Renseignements : ☎ 02-40-54-20-18 ou 02-51-84-16-07. 13e édition de ce festival voué à la culture celtique, concerts, expositions, conférences...
- **Le festival des Trois Continents :** du 26 novembre au 3 décembre 2002. Renseignements : ☎ 02-40-69-74-14. ● www.3continents.com ● Le festival du Film de Nantes, créé par les frères Jalladeau, véritables globe-trotters, présente une riche cinématographie d'Afrique, d'Asie et d'Amérique latine et noire (œuvres de fiction, hommages à des acteurs et réalisateurs, présentation historique d'un pays...).

Randonnée pédestre

➢ **La vallée du Gesvres :** balade de 4,5 km ; comptez 1 h 30 aller-retour sans les arrêts. En boucle au départ du viaduc de la Verrière et son moulin. Balisage : vert et blanc. Facile. Référence : topo *Promenades et randonnées en Loire-Atlantique*, éd. Ouest-France. Carte IGN 1/25 000, 1323 Ouest.
Des souvenirs historiques dans une oasis de verdure. La vallée du Gesvres, à deux pas au nord de Nantes, cache bien ses atouts. Vieilles pierres et oiseaux migrateurs pour une randonnée tranquille. Le site du Gesvres est classé « espace naturel de qualité ». Vous y trouverez sa majesté l'osmonde royale, sorte de grande fougère très rare et protégée, le petit martin-pêcheur dont les ailes sont un éblouissement au soleil, et le prudent héron. Les dix-huit arches du viaduc de la Verrière remontent au XIXe siècle. Le moulin date du XVe. Les chouans occupèrent la forge sous la Révolution.
Partir du viaduc de la Verrière et passer les ruines du moulin. Le sentier se poursuit en sous-bois en longeant un étang. Le rocher de Moque-Souris surplombe la vallée. L'itinéraire monte puis redescend vers des prairies et le chemin du Bouffay. On pourra y admirer l'un des plus vieux châtaigniers du département (un grand-père de 800 ans !). Une très belle allée mène à la D 75, puis au pont de Forges. Suivant la rive droite du Gesvres, l'itinéraire se poursuit à travers bois jusqu'à la fontaine Saint-Georges. Il croise le ruisseau du Douet pour revenir au viaduc de la *Verrière*.

➢ *DANS LES ENVIRONS DE NANTES*

★ **L'Erdre :** possibilité de remonter le cours de l'Erdre, soit à pied, par un adorable sentier qui longe la rive gauche, soit sur l'eau, avec les *Bateaux Nantais*, de bizarres mais superbes péniches qui font aussi restaurant ; quai de la Motte-Rouge. ☎ 02-40-14-51-14.

Les Nantais sont très fiers de leur rivière, que François Ier aurait qualifiée de « plus belle rivière de France ». Le trajet permet d'apercevoir de nombreux châteaux (on parle de la rivière aux 365 Châteaux) et offre de superbes points de vue. Du XVIIIe siècle, subsistent trois folies : *le Fort*, *la Poterie*, *la Desnerie*. Elles rappellent la vogue des maisons de campagne à cette époque, mais surtout la richesse des armateurs ou planteurs. *La Desnerie* et *la Poterie* furent édifiées par Ceyneray. On retrouve son style pur, classique. Peu de décors. Ces folies n'ont rien de fol ! On y voit aussi des manoirs ou châteaux du XIXe siècle, comme *la Gascherie*, site le plus apprécié des Nantais, qu'il convient d'admirer de l'autre côté de l'Erdre, au Gaschet. Cette propriété existait en fait dès le XVe siècle, mais le château fut restauré à la fin du XIXe.

Après Sucé, le cours de l'Erdre s'élargit en *lac de Mazerolles*. C'est à partir de cet endroit que Napoléon fit réaliser le canal de Nantes à Brest.

Sur l'Erdre, à Sucé, *château de la famille Descartes (château de la Jaille)*. Plus au nord, le *château de Chavagnes*, où vécut Descartes. Pendant les guerres de Religion, Sucé fut un foyer protestant. C'est surtout ici que les calvinistes venaient de Nantes par l'Erdre pour se réunir. Du *manoir de Montretait*, qui dominait le port de Sucé, et résidence d'été des évêques, partaient des attaques contre les protestants. Lors de la révocation de l'Édit de Nantes, le temple qu'ils avaient édifié ici fut fermé. Le week-end avant la rentrée des classes, l'Erdre se pare de ses anciens bateaux, qui pavoisent au rythme de prestigieux concerts.

Avant d'arriver à Nort-sur-Erdre, un dernier château, *La Pervenchère*. À partir de Nort, l'Erdre n'est plus navigable (*office du tourisme de Nort :* 12, place du Bassin. ☎ 02-51-12-60-74. Fax : 02-40-72-17-03). À Joué-sur-Erdre qu'on atteint par la route désormais, on arrive au pays des étangs et des forêts.

★ *La Loire :* des balades sur la Loire sont proposées par *Finist'Mer* à certaines dates, de mai à octobre. Renseignements et réservations à l'office du tourisme de Nantes ou auprès de *Finist'Mer* (☎ 02-40-69-40-40). Comptez 21,34 € (140 F) aller-retour. On part du quai de la Fosse et on va jusqu'à Saint-Nazaire.

LE PAYS DU VIGNOBLE NANTAIS

La route touristique des vins de Nantes – les vins de la Loire du couchant – est indiquée par une grappe de raisin jaune et une feuille verte. D'est en ouest, de part et d'autre de Nantes et le long de la Loire, des muscadets des coteaux de la loire, sèvre-et-maine, côtes de grand lieu, aux gros-plants qui finissent à l'océan, plus de 1 800 vignerons vous attendent.

Leurs productions, des vins blancs secs, vifs et légers, figurent parmi les plus anciennes appellations d'origine contrôlée (AOC) de France. Selon les coteaux et le terroir, ils exhalent des arômes floraux ou fruités et peuvent parfois s'enorgueillir d'une bonne charpente.

Quand vous entrerez dans les caves, ne cherchez pas les barriques : les muscadets sont sous vos pieds, dans des cuves souterraines en acier inoxydable, en verre ou en grès. Les rares fûts sont uniquement utilisés pour vieillir ce divin breuvage.

BRIEFING POUR LES NÉOPHYTES

Le muscadet s'est imposé et domine en maître tous les comptoirs de France et de Navarre. Le « blanc syndical de 11 h » est à coup sûr du muscadet. Or, la région est productrice de plusieurs vins souvent confondus et méconnus.

– **Le muscadet :** issu d'un cépage appelé melon. Il représente 85 % de la production locale de vins blancs secs et fut rapporté de Bourgogne (d'où melon de Bourgogne, pardi !) au XVIIe siècle par les moines de Saint-Martin-de-Vertou. Le muscadet, vous le préférerez *sur lie* et le trouverez chez tout bon vigneron qui se respecte. La méthode sur lie perpétue une tradition qui voulait que l'on garde la meilleure cuvée pour les fêtes. Le vin reposait de la Saint-Martin (le 11 novembre, évidemment !) jusqu'à sa mise en bouteille le lundi de Pâques.

Aujourd'hui, le muscadet sur lie repose au moins tout l'hiver sur ses levures naturelles de fermentation (les lies, qui ressemblent à un précipité jaunâtre). Il garde ainsi toute sa fraîcheur et présente de légers pétillements. On dit alors qu'il a du « perlant ». Contrairement aux idées reçues, le muscadet peut très bien vieillir.

– **Le gros-plant :** continuez la route jusqu'à Pornic où, d'un cépage joliment nommé « folle blanche », on fait le gros-plant qu'on boira dans l'année. Prisé par les marins, ce blanc sec a longtemps eu la réputation de tord-boyaux. Mais rien ne vaut pourtant un gros-plant matinal avec des huîtres. Cela vivifie autant que l'océan et c'est moins cher que la thalasso !

– **Salon des Vins de Nantes :** le 3e week-end de mars, du samedi soir au mardi soir. Renseignements : ☎ 02-40-33-92-97. Il réunit quelque 250 exposants locaux représentatifs des terroirs et du vignoble de Sèvre-et-Maine.

Adresse utile

🛈 **Syndicat mixte du pays du Vignoble nantais :** allée du Chantre, BP 9133, 44191 Clisson Cedex. ☎ 02-40-36-09-10. Fax : 02-40-36-09-15. Envoi de brochures. Pour des informations touristiques ponctuelles, il faut se rendre dans les offices du tourisme ou syndicats d'initiative. Le syndicat mixte du pays du Vignoble nantais joue un rôle dans de nombreux domaines : tourisme, économie, environnement, etc.

Où acheter du bon vin ?

Voici quelques adresses ; avant de vous y rendre, nous vous recommandons de téléphoner. Il y en a beaucoup d'autres, à vous de les dénicher.

❀ **Domaine du Vieux-Chai :** Scea Bideau-Giraud, La Cornillère, 44690 La Haie-Fouassière. ☎ 02-40-54-83-24. À 15 km de Nantes. Fermé le dimanche, en août et pendant les vendanges. Un jeune couple produit du muscadet de Sèvre-et-Maine de caractère. Dégustation et visite de cave gratuite sur présentation du Guide du routard.

❀ **Domaine Les Coins :** 44650 Corcoué-sur-Logne. ☎ 02-40-05-95-95. Jean-Claude Madilan est aussi typique qu'un gros-plant ou un muscadet côtes de grand lieu typique.

❀ **Cave Chéreau-Carré :** 44690 Saint-Fiacre. ☎ 02-40-54-81-15. Fermé le dimanche. Chez une famille de négociants possédant des vignes et de superbes chais. Un peu plus cher qu'ailleurs, mais on y trouve de vieux muscadets, et la qualité est constante.

❀ Enfin, si vous ne disposez pas de temps suffisant pour vous rendre dans toutes ces caves, vous pouvez rendre visite à **M. Bournigault** qui possède une belle palette de vins locaux et nationaux. Les amateurs passionnés le connaissent déjà. Son adresse : 22, rue Abbé-Fresneau, 44150 Ancenis. ☎ 02-40-83-09-74. Ouvert de 8 h à 12 h 30 et de 14 h 30 à 19 h 30. Fermé les dimanche après-midi et lundi.

LA DIVATTE

C'est une rivière qui se jette dans la Loire près de La Varenne. Mais c'est aussi le nom de la levée qui borde un bout de la Loire et qui a toute une histoire. Afin de contenir le cours fougueux de la Loire, on a très tôt fait construire des digues. Mais elles n'étaient jamais assez hautes. On ne cessait de les reconstruire en gémissant sur les caprices du fleuve tumultueux. Il fallut attendre une ordonnance royale de 1846 pour voir une lueur d'espoir. Celle-ci donnait alors à Saint-Sébastien-sur-Loire, La Chapelle-Basse-Mer, Basse-Goulaine et Saint-Julien-de-Concelles la possibilité de se réunir en un syndicat communal. Et quelques mois plus tard une nouvelle ordonnance royale déclara la levée de la Divatte d'utilité publique. Les travaux durèrent presque 10 ans.

L'ouvrage s'étend sur environ 16 km et constitue un talus haut de 3 m. À la fin du XIXe siècle, la chaussée qui y fut construite devint route nationale. En 1910, c'est la catastrophe : la Loire, trop puissante, fait craquer des centaines de mètres de digues. Des milliers d'hectares sont inondés. Les Nantais ne lui en tinrent pas trop rigueur puisqu'aux beaux jours, ils revenaient à la Divatte et à ses guinguettes : pêche, parties de boules et de palets arrosés de muscadet faisaient le bonheur des gens du dimanche. Avec l'arrivée de l'automobile, la Divatte fut considérée comme dangereuse et les guinguettes fermèrent leurs portes. Autres temps, autres mœurs. L'endroit garda sa célébrité pour les quelques bons restos qui sont toujours là. Les maraîchers s'y sont aussi installés. Un projet de route parallèle, la route de la vallée, pourrait permettre à la Divatte de retrouver sa vocation touristique.

Adresses utiles

▌ *Point I :* place de la Chanterie, 44115 Basse-Goulaine. ☎ 02-40-03-53-47. Ouvert le lundi de 13 h 30 à 19 h, les mardi et jeudi de 8 h 30 à 12 h et de 13 h 30 à 19 h, les mercredi et samedi de 8 h 30 à 12 h 30, le vendredi de 8 h 30 à 12 h et de 13 h 30 à 18 h.

▌ *Point I :* 20, rue du Stade, 44450 Saint-Julien-de-Concelles. ☎ 02-40-36-54-81. Ouvert du 1er avril à fin octobre du mardi au samedi de 10 h à 12 h et de 14 h à 18 h, et le dimanche pendant les expositions de 15 h à 18 h.

▌ *Office du tourisme :* rue du Calvaire, 44450 La Chapelle-Basse-Mer. ☎ 02-40-06-32-87. Fax : 02-40-03-68-49. ● chapellebassemertourisme @wanadoo.fr ● Ouvert du mardi au samedi de 10 h à 12 h 30 et de 14 h à 18 h. Annexe pendant l'été à La Pierre-Percée : ☎ 02-40-06-38-88. Ouvert tous les jours de juin à septembre de 10 h 30 à 12 h 30 et de 15 h à 19 h. Très sympa et compétent.

▌ *Office du tourisme :* 12, place Rosmadec, 44430 Le Loroux-Bottereau. ☎ 02-40-03-79-76. Fax : 02-51-71-90-66. Ouvert toute l'année de 10 h à 12 h 30 et de 15 h à 18 h. Fermé le lundi.

Où dormir dans les environs ?

Chambres d'hôte

🏠 |●| *Chambres d'hôte, Chez Martine et Yvonnick Lecomte :* Le Bois-Fillaud, 44450 La Chapelle-Basse-Mer. ☎ 02-40-33-30-74. Compter 40 € (262 F) pour 2 personnes, 10 à 15 € (66 à 98 F) par personne supplémentaire. Table d'hôte sur réservation : 18 € (118 F). Spécialités de la région. Dans les communs d'une maison du XVIIIe siècle, face aux coteaux de la Loire. Possibilité de loger dans une « suite familiale », avec 2 chambres, salle de bains et kitchenette.

Où manger dans les environs ?

Prix moyens

IOI Coco-Charette : 157, rue de Grignon, 44115 Basse-Goulaine. ☎ 02-40-03-58-85. Fermé le mardi et le soir sauf les vendredi et samedi, ainsi qu'en août. Menus de 12,20 € (80 F), sauf le dimanche, à 32,01 € (210 F). Cuisine du pays. Le beurre blanc est à l'honneur pour accompagner brochet ou sandre. Parmi les spécialités, délicieuses grenouilles sautées à l'ail. Bonne cave. Cadre simple et accueil convivial.

Plus chic

IOI Villa Mon Rêve : route des Bords-de-Loire, 44115 Basse-Goulaine. ☎ 02-40-03-55-50. Sur la D751. Fermé 20 jours en novembre et en février. Menus de 21,04 € (138 F), sauf les dimanche et jours fériés, à 29,88 € (196 F). Une institution dans la région. Tenu depuis 20 ans par Cécile et Gérard Ryngel. Cadre agréable au milieu des arbres avec une terrasse en bord de Loire très appréciée en été. Cuisine de tradition : bar aux girolles, cuisses de grenouille au gros-plant et jus de viande, poisson du jour au beurre blanc. Belle sélection de muscadet. Excellent accueil. Café et digestif maison offerts sur présentation de ce guide.

➤ *DANS LES ENVIRONS DE LA DIVATTE*

★ **La chapelle Saint-Simon :** à **La Chapelle-Basse-Mer.** Ouvert toute l'année de 9 h à 19 h. Sur les bords de Loire, elle date du XVIe, mais a été restaurée au XVIIIe siècle. Doit son nom au saint patron des mariniers.

★ **Les marais de Goulaine :** 1 500 ha qui hébergent canards, foulques et hérons cendrés. Très chouette. Ils se découvrent à pied sur les sentiers, en été, quand les marais sont asséchés, ou en barque sur les canaux qui sillonnent le marais et qui servaient autrefois au transport des vins ou des pierres vers Nantes. Flore variée, dont le roseau appelé ici rouche. Les marais de Goulaine sont aussi la plus grande frayère à brochets d'Europe. Le pont de l'Ouen est le seul pont possible pour traverser les marais, entre Haute-Goulaine et Le Loroux-Bottereau.

★ **La butte de la Roche :** table d'orientation. Beau panorama sur les marais et l'agglomération nantaise.

★ **Le château de Goulaine :** ☎ 02-40-54-91-42. Visite guidée. Ouvert de 14 h à 18 h. Du 15 juin au 15 septembre, ouvert tous les jours sauf le mardi ; de fin mars au 14 juin et du 16 septembre au 1er novembre, uniquement les week-ends et jours fériés. Entrée : 6,90 € (45 F), enfants de plus de 8 ans : 2,30 € (15 F). Sur présentation du *Guide du routard* de l'année : entrée adulte à 6,10 € (40 F). Superbe demeure du XVe siècle, passée à travers la Révolution sans dommages et qui appartient à la même famille depuis 1 000 ans. C'est le dernier château de la Loire avant l'estuaire. Riche décor intérieur. Il abrite une volière aux papillons tropicaux et une très belle exposition sur la biscuiterie LU (tableaux, affiches, objets, etc.). Vous pouvez également y acheter le vin du domaine.

★ **La statue de Louis XVI :** sur le parvis de l'église, au **Loroux-Bottereau.** Ici on est très fier, car il n'y a que trois statues de Louis XVI en France. Le pauvre, il n'a jamais eu la cote ! Les deux autres statues sont à Nantes et au château de Caradeuc, près de Rennes. Celle-ci d'ailleurs est une copie, l'original étant à l'office du tourisme, place Rosmadec. La statue fut érigée ici en souvenir des colonnes infernales qui massacrèrent bon nombre d'habitants restés fidèles au roi. En remerciement, à la Restauration, on décida de donner au Loroux-Bottereau une statue de Louis XVI.

★ **Le moulin du Pé :** situé à 64 m d'altitude, ce qui, dans la région, représente une petite montagne. Adossée au moulin qui a perdu son toit, une statue du Christ-Roi ajoutée en 1960. On peut grimper jusqu'à une plate-forme à l'intérieur de la tour. À voir pour le point de vue sur le vignoble.

★ **Espace de loisirs « Les rives de Loire » :** une aire de jeux, de pique-nique et de pêche, avec plusieurs sentiers pédestres et un port miniature. Possibilité de louer des bateaux électriques auprès de Patrick Berrais : ☎ 02-40-03-69-55. Tous les jours à partir de 11 h en juillet-août et tous les week-ends de mai à octobre. Réduction accordée aux lecteurs du *GDR*.

VALLET *(GWALED)* (44330) 6 810 hab.

Grosse bourgade au cœur du vignoble, dominée par une immense église très « loire-atlantiquienne ». Il y a une centaine d'années, on ne commandait pas au comptoir un muscadet, mais un « vallet ». D'où le titre de « capitale du muscadet », dont s'honore la ville, et sa devise : « Je suis la vigne, vous êtes les sarments ». C'est aussi à Vallet que fut « créée » la recette du canard au muscadet en 1958.

Adresse utile

🛈 **Office du tourisme :** 1, place Charles-de-Gaulle. ☎ 02-40-36-35-87. Fax : 02-40-36-29-13. Ouvert toute l'année du mardi au samedi de 9 h 30 à 12 h 30 et de 14 h 30 à 18 h 30, le dimanche de 10 h 30 à 12 h 30. En juillet-août, ouvert aussi le lundi après-midi, de 14 h 30 à 18 h 30.

Où dormir ? Où manger ?

🛏 **Chambres d'hôte, Le Domaine d'Yzeron :** chez Sophie et Éric Thibault. ☎ 02-40-36-36-30. À 3 km de Vallet, direction Ancenis. Au niveau du garage Peugeot, prenez à droite, c'est à peine à 1 km. Comptez 42,69 € (280 F) pour 2 personnes, petit déjeuner compris, et 38,11 € (250 F) pour 1 personne. Belle demeure du XVIIIe siècle, de style Renaissance italienne (cour carrée) au milieu d'un domaine viticole. 3 chambres personnalisées. Possibilité de visite de caves et dégustation. Bon accueil.

Plus chic

🛏 I●I **Don Quichotte :** 35, route de Clisson. ☎ 02-40-33-99-67. Fax : 02-40-33-99-72. ✗ Fermé le dimanche soir, le vendredi soir en hiver et la 1re semaine de janvier. Chambres de 44,97 à 49,55 € (295 à 325 F). Menus de 14,94 à 31,25 € (98 à 205 F). Chambres façon motel, récemment rénovées, situées au calme sur l'arrière, mais un peu sombres car au rez-de-chaussée. Au restaurant, bonne cuisine de marché, avec, par exemple, salpicon de confit et foie gras de canard, filet de sandre au beurre blanc et algues marines, gratin de fruits au saboyau cointreau. Pas donné, mais la déco est originale, le patron sympa, très fort sur ses vins, et le service décontracté comme il faut. Excellente cave et même le cabernet d'anjou en pichet est un régal. Le patron avoue d'ailleurs que lorsqu'il est fatigué il en boit deux verres et que cela va tout de suite mieux... Terrasse pour les beaux jours mais proche d'une route fréquentée.

À voir. À faire

★ *Le cimetière des gitans* : avec ses étonnantes chapelles-serres.

★ *Les vergers du Cléray* : ☎ 02-40-36-20-88. Pour y aller, prenez la sortie direction Beaupréau, puis village La Hersonnière. Ouvert en semaine de 10 h à 12 h et de 13 h 30 à 17 h 30. Ici on produit la muroise, fruit hybride mi-mûre, mi-framboise. Son goût fait penser à la griotte. Les Sauvion la cultivent sur 10 ha et la transforment en confitures (faites dans des chaudrons de cuivre), coulis de fruits, sorbets, liqueurs, etc. D'autres produits à venir : vinaigre, moutarde... Étonnant.

➤ *DANS LES ENVIRONS DE VALLET*

★ *Le château de la Noé de Bel Air* : ☎ 02-40-33-92-72. Seul le parc se visite. Prendre l'allée du château, puis à droite. Incendié pendant la guerre de Vendée, le château fut reconstruit en 1836, dans un style italien. Clisson n'est pas loin, ce qui explique ses inspirations palladiennes, toscanes et milanaises. Plan rectangulaire, loggia à colonnes, façade décorée de niches à statues. Bien situé, il domine le vignoble.

★ *Mouzillon (44330)* : fondée par les moines de Vertou sur l'ancienne voie romaine reliant Rouen à Bordeaux. Mouzillon est célèbre pour son pont gallo-romain, à quatre arches, qui franchit la Sanguèze et surtout pour sa **nuit du Muscadet** qui, le premier samedi de juillet, attire plus de 10 000 visiteurs. La fête, montée par 700 bénévoles, se déroule autour d'un thème, animations musicales, etc. Attention : avant de vous y rendre, mieux vaut contacter l'office du tourisme de Vallet (☎ 02-40-36-35-87), car, au moment où nous rédigeons, nous avons cru comprendre qu'il y aurait des interrogations sur sa reconduction. Enfin, il faut citer le *petit mouzillon*, biscuit sec en couronne dentelée fabriqué au village voisin du Pallet. Sans sel ni matière grasse, mais fait à base de froment, lait, œufs frais et amandes, il accompagne bien le muscadet.

LE PALLET *(AR PALEZ)* (44330) 2 390 hab.

Ville natale du philosophe Pierre Abélard, aux doctrines audacieuses souvent condamnées par l'Église, dont on connaît l'amour pour la belle Héloïse. Tout cela se termina très mal, l'oncle d'Héloïse fit émasculer son amant... Autre personnage étonnant de la petite ville, Roland-Michel Barin, amiral de son métier et grand botaniste, qui introduisit en France le magnolia. Mais Le Pallet est aujourd'hui surtout connu pour son musée du Vignoble, enfoui au milieu des vignes, au bord de la nationale.

À voir

★ *Le musée du Vignoble nantais* : 82, rue Pierre-Abélard. ☎ 02-40-80-90-13. Fax : 02-40-80-49-81. Sur la N149, entre La Haie-Fouassière et Clisson. Du 1er avril au 15 novembre, ouvert tous les jours de 10 h 30 à 13 h et de 14 h 30 à 19 h. Visite guidée tous les dimanches à 16 h. Entrée : 3,80 € (25 F) ; 2,30 € (15 F) pour les 12-18 ans. Les gens du coin auraient préféré un musée dans une cave voûtée, bien classique. On a construit un musée à l'architecture moderne, qui en choque certains, mais pas nous. Superbe collection d'objets et d'outils relatifs à la vigne : pressoir à vis à clayettes, pressoir horizontal, émietteuse, moulin à vendanges, pressoir à long fût du XVIIIe siècle, pèse-barrique, pompe à vin, rinceuse de bouteille, « civière à vendanges » (destinée à transporter les « portoires » remplies de raisin jusqu'au plateau à vignes), fusée anti-grêle, etc. Nouvelle muséographie intégrant la connaissance de la viticulture moderne. Belles expos photos. Audiovisuel consacré à la vie et à l'œuvre de Pierre Abélard.

★ Non loin du musée du Vignoble nantais, voir aussi la **cale du Port Domino,** qui rappelle le rôle joué par la Sèvre pour l'expédition du vin, et la **chapelle Sainte-Anne** des XIe et XIIe siècles.

LA HAIE-FOUASSIÈRE *(AN HAE-FOAZER)* (44690)
3 340 hab.

La ville est bordée par la Sèvre, et son petit port attire pas mal de pêcheurs. C'est aussi ici que s'est implantée l'usine LU qui perpétue une tradition gourmande : La Haie-Fouassière est la ville de la *fouace*, gâteau à six branches, créé au XIXe siècle, censé atténuer pendant les vendanges les effets du muscadet.

À voir

★ **La maison des Vins de Nantes :** sur le site de Bellevue. ☎ 02-40-36-90-10. Ouvert du lundi au vendredi de 8 h 30 à 12 h 30 et de 14 h à 17 h 45 ; en juillet-août, ouvert tous les jours aux horaires indiqués ci-dessus, et le week-end de 10 h 30 à 12 h 30 et de 14 h à 18 h. Le site de Bellevue est le plus haut point du vignoble. Beau panorama. Expos, infos sur le vignoble et quelque 200 vins de terroirs.

CLISSON *(KLISON)* (44190) 5 940 hab.

Sur un coteau au pied duquel se joignent deux rivières,
dans un frais paysage égayé par les claires couleurs
des toits en tuile abaissés à l'italienne, près d'une longue cascade
qui fait tourner un moulin tout caché dans le feuillage,
le château de Clisson montre sa tête ébréchée par-dessus les grands arbres.
À l'entour,
c'est calme et beau.

Gustave Flaubert, *Par les champs et les grèves.*

Bienvenue au « rez-de-chaussée » de la Bretagne. Il faut encore beaucoup d'imagination pour se croire en Bretagne alors que l'on est déjà aux confins de l'Anjou et du Poitou. Malgré tout, cette jolie ville de Clisson (comme dirait

Lucien Jeunesse) possède un indéniable charme qui ne peut laisser indifférent. Pourtant, aussi « historique » soit-elle, il s'agit d'une ville créée sur mesure... En 1793, les guerres de Vendée passent comme une tornade sur Clisson, détruisant la ville. En 1796, Pierre Cacault, peintre nantais expulsé de la villa Médicis, s'installe à Clisson. Son frère François, ancien ambassadeur de France à Rome, le rejoint. Ensemble, ils fondent un musée-école. Ils demandent à leur ami, le sculpteur Frédéric Lemot, d'entreprendre la reconstruction de la ville à l'italienne. Ce dernier, qui tombe sous le charme du paysage, accepte et achète même les ruines du château. Désormais, la tuile et la brique vont se marier à l'ardoise et au granit, et les plantes méditerranéennes apparaître sur les bords de la Sèvre.

Comment y aller ?

– **En train :** depuis Nantes, Clisson est sur la ligne des Sables-d'Olonne, Cholet et La Roche-sur-Yon. Nombreux trajets directs.

Adresse et info utiles

🛈 *Office du tourisme :* place du Minage, BP 9124, 44191 Clisson cedex. ☎ 02-40-54-02-95. • www.clisson.com • Minitel : 36-15, code LOIRE ATLANTIQUE, rubrique « Pays du Vignoble nantais ». Dans les halles. Partage un grand espace avec le caveau des producteurs de muscadet. Ouvert tous les jours de 10 h à 12 h 30 et de 14 h 30 à 18 h. Bien documenté. Compétent et efficace.
Marché : le vendredi. Animé.

Où dormir ?

Camping

▲ *Camping du Moulin :* route de Nantes. ☎ 02-40-54-44-48 ou 06-80-62-62-61. Ouvert d'avril à octobre. Comptez 8,69 € (57 F) pour 2 personnes et une voiture. Le « plus » de ce camping (au demeurant bien banal) est d'avoir un espace pour rejouer à La Guerre du Feu. Préférer un emplacement sous les pins ou face à la Sèvre nantaise, qui coule en contrebas. 10 % de réduction accordée sur présentation du *GDR*.

Prix moyens

▲ *Auberge de la Cascade :* 26, route de Gervaux. ☎ et fax : 02-40-54-02-41. Fermé les dimanche soir et lundi pour le restaurant, 3 semaines en janvier et 1 semaine en novembre. Chambres à 41,16 € (170 F), avec salle de bains et TV. Menus de 10,37 à 25,61 € (68 à 168 F). Au bord de la Sèvre nantaise, ce petit hôtel genre pension de famille est le plus correct. Accueil franc. Demandez les chambres n°s 4, 5, 6, 7, ou 8 avec vue sur la Sèvre nantaise et la cascade. En dépannage uniquement. Au restaurant, spécialités de sandre au beurre blanc, canard au muscadet, raie au vinaigre de framboise.

🛏 *Hôtel de la Gare :* 23, rue F. Albert. ☎ 02-40-36-16-55. Fax : 02-40-54-40-85. Chambres confortables, certaines récemment rénovées de 28,97 à 42,69 € (190 à 280 F). Dommage que cet hôtel soit parfois accaparé par les groupes se rendant en Vendée voisine, car il offre un bon rapport qualité-prix. Tentez quand même votre chance.

Où dormir dans les environs ?

Gîte

🛏 *Gîte d'étape Terbin-Gétigné Canoë Kayak :* 44190 Gétigné. ☎ et fax : 02-40-54-04-82. Réserver. Bien se faire expliquer comment y arriver car l'accès est difficile. De 6,25 à 10,15 € (41 à 67 F) par personne la nuitée. Tarifs préférentiels pour les groupes. 16 lits répartis en chambres de 2, 4 et 6 personnes. Au bord de la Sèvre nantaise. Salle à manger avec cheminée (idéal pour le tricot au coin du feu ou le séchage des chaussettes, connu de tous les randonneurs) et cuisine équipée. Couchage en lits gigogne. Se munir de drap ou de sac de couchage. Couvertures fournies. Café offert à l'arrivée pour les porteurs du guide.

Chambres d'hôte

🛏 *Chez Nicole et François :* 19, rue des Changes, 44190 Gétigné. ☎ 02-40-54-09-91. Dans la même direction que le cimetière. 3 petites chambres bien équipées, pimpantes et printanières. 38 € (249 F) la nuitée pour 2 personnes, petit déjeuner copieux compris (ne manquez pas les « six confitures de Nicole »). Table d'hôte le soir ; menu à 16 € (105 F) vin compris ou menus végétarien et gastronomique sur demande. Spécialités : saucisses au muscadet grillées sur sarments de vigne, poisson au beurre blanc. Possibilité de garer sa voiture derrière la maison. Apéritif maison offert sur présentation du *Guide du routard*.

Chic

🛏 *Château Plessis-Brézot :* chez Annick et Didier Calonne, 44690 Monnières. ☎ 02-40-54-63-24. Fax : 02-40-54-66-07. • www.chateauplessisbrezot.com • À 6 km au nord-ouest de Clisson. Ouvert du 1er avril au 31 octobre, sur réservation le reste de l'année. Chambres de 74 à 104 € (485 à 682 F), petit déjeuner compris. Cadre superbe, château du XVIIe siècle dans un parc de 2 ha. 5 chambres très bien rénovées, avec meubles anciens, belles salles de bains. 2 gîtes installés dans les dépendances de la propriété. Piscine. Accueil charmant. Vous pourrez faire connaissance avec les produits du domaine de 15 ha de vigne en visitant les caves et en dégustant le muscadet de la propriété.

Où manger ?

Bon marché

|●| *Le Grill de l'Arsenal :* à Fouques. ☎ 02-40-54-05-73. Assez difficile de s'y rendre. Depuis Clisson, sur la N149 après la Garenne-Lemot, prendre direction Le Pré Baillet par un petit pont de bois et remonter la pente. Ou bien, en sortant de Gétigné, en direction de Cugand, prendre sur la droite après le petit pont et poursuivre tout droit. Fermé le lundi. Assiette de frites dans les 1,80 € (12 F), omelette-jambon : 3,80 € (25 F). Il s'agit d'un café un peu hors du temps, avec terrasse

fleurie et deux pistes pour les boulistes aux éclairages de gare blafards et compte-points sur disques sur les poteaux électriques. À l'intérieur, cela vaut également son pesant de cacahuètes : piliers de bars et vieux juke-box des années 1960 constituent le décor. Lucette fait aussi quelques crêpes. Également une très bonne carte des bières. Prix plus que doux.

Prix moyens

I●I Le Croque-Mitaine : 9, rue Tire-Jarrets. ☎ 02-40-54-34-84. Sur la petite rue qui dévale des halles vers la Sèvre. Fermé les lundi, mardi midi et jeudi soir. Menus à 8,23 et 13,26 € (54 et 87 F). Une originalité dans cette belle ville de Clisson, les criques, des galettes ardéchoises de pommes de terre que l'on peut choisir parmi 20 sortes (aux champignons, au canard...). Au 3e menu, dit « Gargantua », pièce de bœuf, un verre de bordeaux, dessert du jour et café. Cadre artistico-champêtre.

Chic

I●I La Bonne Auberge : 1, rue Olivier-de-Clisson. ☎ 02-40-54-01-90. Fermé le lundi toute la journée et les mardi et mercredi midi, ainsi que 3 semaines en août. Menus de 20,12 (132 F), le midi en semaine, à 51,83 € (340 F). Cette maison est plus qu'une auberge, car elle est vraiment plus chic avec ses petits salons feutrés et privatifs. Cuisine raffinée et inventive. Carte variant suivant les arrivages. S'il y est inscrit, testez le sandre rôti fumet saint-émilion. Bonne cave locale (belle palette de muscadets) et nationale.

Où manger dans les environs ?

Prix moyens

I●I Auberge Chez Pipette : route de Clisson. ☎ 02-40-54-80-47. Direction La Chapelle-Heulin à Tournebride. Tout proche de la N249. Menu du jour à 14,03 € (92 F) et à 18,14 € (119 F) le soir en semaine. Les VRP, cadres et employés de l'usine LU viennent s'en mettre plein la lampe *Chez Pipette*. Avant la guerre (la seconde), c'était une auberge de campagne. Dans l'entrée, d'importants tonneaux trônaient, d'où l'on tirait d'un trou une pipette de vin versée à même le gosier. Pas de doute, on est bien dans la patrie de Rabelais qui fit de la fouace le point de départ des *Guerres Picrocholines*. On y mange donc un menu du jour très bon, avec entrée, pavé de saumon beurre blanc, par exemple, fromage ou dessert. Service rondement mené.

Chic

I●I La Gétignière : 3, rue de la Navette, 44190 Gétigné. ☎ 02-40-36-05-37. À 3 km de Clisson par la N149, direction Cholet. Fermé les dimanche soir, mardi soir et mercredi, ainsi que les 2 dernières semaines d'août et la 1re semaine de septembre. Menus à 11,43 € (75 F) le midi et de 17,53 à 50,31 € (115 à 330 F). Le 1er menu offre un excellent rapport qualité-prix. Cuisine soignée, cadre agréable et prix raisonnables font de ce restaurant une table renommée à juste titre.

À voir

★ **Le château :** vestige de l'activité de boutefeu du connétable Olivier de Clisson, il mérite un coup d'œil prolongé, même s'il n'est aujourd'hui peuplé que par les ramiers et les souvenirs. L'absence de murs, les jambages des cheminées qui pendent dans le vide, les prisons pour hommes et femmes suscitent justement un intérêt pour essayer de reconstituer l'histoire de ce château également intéressant de nuit lorsqu'il est illuminé. Visites guidées (se renseigner à l'office du tourisme).
Vers 1214, on repère les premières traces sérieuses du château qui se campe fièrement au pied de la Sèvre nantaise et de la Moine. Ce sont les successifs aïeux du futur connétable de France qui mettent la première pierre à l'édifice. Quelques décennies plus tard, le père du futur connétable de France, Olivier IV, est officieusement « liquidé » par Philippe de Valois, roi de France, pour avoir intrigué auprès des Anglais. À cette époque, la majeure partie des provinces du Sud-Ouest demeure sous domination de la perfide Albion. La raison d'État n'existe pas sous cette appellation, mais dans les faits, cela revient au même, on liquide à tour de bras. Piquée au vif, Jeanne de Belleville, sa femme, qui reçoit en retour de Paris la tête de son époux, prend le parti de lever des troupes contre le roi. C'est dans cette atmosphère belliqueuse que le jeune Olivier, futur connétable, va être élevé. Après un bref séjour à la cour du roi Édouard d'Angleterre, Clisson, en 1349, livre bataille contre Charles de Blois, au cours de laquelle il fait prisonnier Bertrand du Guesclin et... perd un œil (voilà pourquoi il est souvent représenté de profil). Mais il retourne sa veste et revient dans le parti français. Du Guesclin et Clisson sont donc devenus de bons potes, à tel point que quand le premier passe l'arme à gauche, la charge de connétable revient à Clisson (pour ceux qui s'endormaient près du poêle à bois lors des cours d'histoire, être connétable c'est diriger le commandement des armées). Ses nouvelles fonctions le mènent aux côtés de Jeanne d'Arc pour bouter les Anglais hors de France... d'où son surnom de « Boucher des Anglais ».
Du château, on a une vue superbe sur les toits de tuiles rondes des habitations alentour.

★ **Les halles :** une très belle bâtisse, du XVe siècle, à la charpente de chêne et châtaignier, abrite le marché et le caveau des producteurs de vin. Utilisées par les Bleus ou les Blancs comme base de repli, elles ne furent jamais incendiées, car trop utiles.

★ **Le pont Saint-Antoine et le pont de la Vallée :** bien que différents, ils sont à parcourir. Le premier, par sa légère voûte, affirme un caractère gothique, tandis que le second (moyenâgeux), de par ses cinq éperons, est classé monument historique.

★ **Le square Mathurin-Crucy :** situé au bord de la Sèvre, à côté du pont de la Vallée, il permet de voir les bâtiments témoins des principales activités industrielles du Clisson d'autrefois. Sur le square lui-même, un moulin à farine, restauré à côté d'un moulin à papier. En face, de l'autre côté de la Sèvre, le séchoir pour le tannage du cuir, et l'ancienne filature, de part et d'autre du pont.

★ **La rue de la Collégiale :** avec son pin parasol qui surplombe la rue et que l'on retrouve sur beaucoup de cartes postales. De cette même rue, part à droite, après le pin parasol en remontant, la rue du Cul-Chaud (*sic!* vous ne trouverez pas de panneau car ils sont aussitôt dérobés) qui tire son nom du bateau-lavoir qui se trouvait au débouché de la ruelle, au bord de la Sèvre. Les lavandières, pour ne pas avoir froid, avaient coutume de s'asseoir au-dessus de braseros...

★ **La rue Tire-Jarrets :** elle descend des halles vers la Sèvre et doit son nom aux malfrats qui, après le marché, détroussaient les marchands retournant chez eux, le jarret bien rempli de leurs gains, le jarret désignant leur bourse.

★ ***La Garenne-Lemot*** : un parc boisé constitué d'une villa et d'une maison de jardinier, dont l'architecture du XIXe siècle constitue un exemple parfait de l'italianisme en vogue à cette époque. En 1805, Cacault présente à Frédéric Lemot le site de La Garenne, ancien territoire de chasse des seigneurs de Clisson. Le sculpteur l'achète. Avec l'aide de Mathurin Crucy, il couche les premiers dessins, puis arrête le projet général de construction, un peu fou, d'inspiration toscane. Il tire profit des ressources offertes par La Garenne : la vallée encaissée de la Sèvre, des cascades, bois, etc. Il est aussi inspiré par deux toiles de Poussin : *Diogène jetant son écuelle* et *Les bergers d'Arcadie*. La Garenne-Lemot, classée en 1988, a désormais des échanges privilégiés avec la villa Médicis à Rome et la casa Velázquez à Madrid.

– À l'entrée du domaine, la *maison du jardinier*, flanquée d'une chouette tour pigeonnier. Construite de 1811 à 1815, elle reprend les principales composantes de l'architecture transalpine : loggia, toits de tuiles rondes, combles ouverts pour laisser passer les courants d'air bienvenus en été, motifs décoratifs en brique...

– *La villa du sculpteur*, avec son imposante colonnade en hémicycle sur laquelle se penchent quelques pins, offre, de l'autre côté, depuis son belvédère, une vue plongeante sur la Sèvre nantaise. Elle sera achevée par le fils de Lemot, Barthélemy. Elle accueille également des expositions temporaires (entrée payante). Jetez un coup d'œil au sas d'entrée en marbre même si vous ne la visitez pas.

Le *parc* est entièrement artificiel : marronniers, pins parasols et platanes, la grotte Héloïse et les rochers, les petits temples datent de cette époque. Propice à la rêverie...

★ On peut également aller admirer la ***Garenne-Valentin***, bâtie pour Jacques-Charles Valentin, ami de Frédéric Lemot, sur le site d'un ancien couvent de bénédictines. Remarquable porche néo-classique en tuffeau. La Moine coule en contrebas du parc très bien aménagé.

★ ***Le viaduc*** et ses 15 arches, qui surplombent la Moine. Date de 1840.

Fêtes et manifestations

– ***Montmartre à Clisson*** : pendant un week-end de mai ou juin, en général pendant celui de la Pentecôte. Exposition et concours de peinture, qui commence à rencontrer un franc succès.

– ***Les Italiennes*** : le week-end précédant le 14 juillet. Expositions d'artistes italiens, concerts, spectacles de danse, pièces de théâtre interprétées par des artistes italiens, bien sûr. L'idée étant de développer les échanges entre Clisson et l'Italie.

– ***Les Médiévales*** : en principe le 1er week-end d'août. Une vraie fête de rue, avec marché médiéval, crieur de rue, artisans et camelots, scènes de rue, etc.

VERTOU *(GWERZHAV)* (44120) 20 300 hab.

On n'est qu'à 12 km de Nantes, et pourtant cette ville située sur les bords de la Sèvre semble presque loin de la grande agglomération. C'est la porte du vignoble.

L'histoire de Vertou est liée à celle de saint Martin qui y fonda deux abbayes au VIe siècle et encouragea le développement du vignoble. Les moines déci-

LA LOIRE ATLANTIQUE / LE PAYS DU VIGNOBLE NANTAIS

dèrent à partir du IXe siècle de réguler le débit de la Sèvre et firent construire la célèbre chaussée aux Moines, qui allait permettre d'augmenter la navigation fluviale et le transport des vins. Plus tard, armateurs et fortunés de Nantes y édifièrent des maisons de villégiatures, les folies, entourées de vigne, qu'on appelait « maisons de bouteille » et qui jalonnent les bords de Sèvre.

Adresse utile

Office du tourisme : place du Beau-Verger. ☎ 02-40-34-12-22. Fax : 02-40-34-06-86. Ouvert le lundi de 15 h à 18 h et du mardi au samedi de 10 h à 12 h et de 15 h à 18 h.

Où manger ?

Chic

Restaurant L'Écluse : 9, quai Chaussée-aux-Moines. ☎ 02-40-34-40-70. Fermé le dimanche soir et 3 semaines à partir du 15 août. Menus de 16,77 € (110 F), sauf les samedi soir et dimanche, à 38,11 € (250 F). Bonne cuisine traditionnelle à base des produits du terroir : anguilles et poissons de rivière. Belle carte de vins régionaux. Le restaurant surplombe le plan d'eau.

Où dormir ? Où manger dans les environs ?

Chambres d'hôte

La Pénissière : chez Annick et Gérard Bousseau, 44690 Château-Thébaud. ☎ et fax : 02-40-06-51-22. À 9 km au sud de Vertou. Ouvert toute l'année. 38,11 € (250 F) pour 2 personnes, petit déjeuner compris. Table d'hôte : 12,96 € (85 F). Au cœur du vignoble nantais, 4 chambres confortables, personnalisées, avec meubles anciens, et vue imprenable sur le vignoble. Agréable salle à manger rustique avec cheminée. Le proprio fait déguster son muscadet, son cabernet, et vous fournira toutes les indications possibles et imaginables sur la vinification. Accueil familial.

Le Fiacre : 1, rue d'Échichens, 44690 Saint-Fiacre-sur-Maine. ☎ 02-40-54-83-92. Face à l'église du village. Ouvert du lundi au vendredi midi. Menu unique à 9,76 € (64 F). Ce petit établissement ne paie pas de mine, mais on y mange fort bien, sans façon, et pour pas cher. Au menu, 2 entrées, 1 plat du jour, tel que blanquette, coq au vin, etc., fromage, dessert, café et... vin ! Question vins, le patron est proche de l'incollable. Près de 100 muscadets à sa carte, qu'il connaît tous sur le bout des papilles. Il en parlerait pendant des heures. S'il a le temps, vous en apprendrez plus avec lui que dans n'importe quel musée du vin. Il pourra également vous conseiller.

À voir

★ **La chaussée aux Moines :** voir explication dans l'introduction. Mouillage pour les plaisanciers, c'est aussi un lieu apprécié des promeneurs et des pêcheurs.

★ **Le porche du presbytère :** c'est le seul vestige de l'ancienne abbaye. Il date du XVIIe siècle et a été restauré dans les années 80.

À faire

– *La remontée de la Sèvre en bateau :* on peut louer un bateau électrique, très maniable et silencieux, à la demi-journée. Location : ☎ 02-40-34-67-13. Superbe balade en perspective et découverte des châteaux qui bordent la rivière dans un cadre enchanteur.
– *Parc du Loiry :* animations de juin à septembre avec un programme différent chaque année. Informations au ☎ 02-40-34-76-13 ou auprès de l'office du tourisme : ☎ 02-40-34-12-22.

➤ *DANS LES ENVIRONS DE VERTOU*

★ *Le site de la Cantrie :* 44690 **Saint-Fiacre-sur-Maine.** ☎ 02-40-54-82-26. Ouvert de 14 h 30 à 19 h. Fermé le mardi. Parcours panoramique, botanique et géologique le long de la Sèvre. Assez réussi. Expositions de mai à septembre dans les anciennes caves du château. Concerts. Entrée libre. Saint-Fiacre est la bourgade la plus viticole de France (rapport entre hectares de vigne et surface communale) ! Jetez enfin un coup d'œil à sa surprenante église, néo-romane et byzantine.

LE PAYS DE RETZ

La vigueur de la Bretagne armoricaine vient mourir dans cette plaine presque vendéenne. Bocage et forêts sont le lot quotidien de ce pays où l'on passe souvent sans s'arrêter. Tout juste retient-on du pays de Retz, le nom du cardinal, voire celui de Pornic, pionnière dans les bains de mer.
Pourtant, ce pays longtemps enclavé recèle de belles histoires. Celle, par exemple, de la ville d'Herbauge engloutie et maudite pour avoir réservé un mauvais accueil à saint Martin de Vertou. Depuis, chaque nuit de Noël, les cloches sous les flots du lac de Grand-Lieu retentiraient d'un commun accord...

Adresses utiles

Pour les infos ponctuelles, adressez-vous directement aux offices du tourisme.

🛈 **Syndicat du pays de Retz Atlantique :** place du Marché, 44320 Saint-Père-en-Retz. ☎ 02-40-21-80-40. Ouvert du lundi au vendredi de 9 h à 12 h et de 14 h à 17 h 30. Envoi de brochures.
🛈 **Syndicat du pays de Machecoul et de Logne :** maison de l'Économie, 4, rue Alexandre-Riou, 44270 Machecoul. ☎ 02-40-02-28-09. Fax : 02-40-02-20-49. Ouvert du lundi au vendredi de 8 h 30 à 12 h 30 et de 13 h 30 à 17 h 30. A surtout une vocation économique. Envoi de brochures.

LE LAC DE GRAND-LIEU ET SA RÉGION

Ce lac, difficile d'accès, se cache derrière une rangée d'arbres ou de roseaux et ne peut se voir à hauteur d'homme qu'à quelques endroits, tels qu'au hameau de l'Étier, à Passay ou encore à Saint-Aignan, au lieu-dit Les

Pierres-Aiguës. Le mieux est de monter au sommet du clocher de l'église Saint-Lumine de Coutais. Pour cela, demandez au café du coin, le *café du Cheval Mallet*, la clef de l'église. On préfère vous prévenir : l'escalier qui y mène n'est pas pour les faibles du mollet, ni pour les belles-mères ensuquées. Du haut d'une centaine de marches, on embrasse toute l'étendue de ce lac qui, l'hiver, devient le plus grand lac de France avec quelque 7 000 ha (seulement 800 ha en été). Il accueille 250 espèces d'oiseaux sédentaires ou migrateurs et se vante également d'être la plus grande héronnière d'Europe. C'est un lieu un peu magique, qui change sans cesse, selon les fluctuations de son niveau et la force des vents qui bousculent des îles flottantes (les *levis*) de saules et de roselières.

Adresses utiles

Office du tourisme : Le Prieuré, 44310 Saint-Philbert-de-Grand-Lieu. ☎ 02-40-78-73-88. Fax : 02-40-78-83-42. Du 1ᵉʳ avril au 30 septembre, ouvert tous les jours de 10 h à 12 h 30 et de 14 h 30 à 18 h 30 ; du 1ᵉʳ octobre au 31 mars, ouvert du lundi au samedi de 10 h à 12 h et de 14 h à 17 h 30 et le dimanche de 14 h à 17 h 30.

Syndicat d'initiative de la Chevrolière : 16, rue Brisson, 44118 Passay. ☎ et fax : 02-40-31-36-46.

Où manger ?

Le Restaurant des Pêcheurs : 11, rue du Port, 44118 Passay. ☎ 02-40-04-31-94. Sert uniquement au déjeuner, sauf les vendredi et samedi soir et fin décembre. Nombreux menus de 8,23 € (54 F) en semaine, à 36,59 € (240 F). Le charpentier du coin, les pêcheurs et chasseurs s'y retrouvent devant un petit blanc, puis un repas complet (entrée, plat, fromage et dessert) à un prix très doux. Ce n'est pas de la grande gastronomie, mais le prix est très compétitif et le service express. Kir offert sur présentation du *Guide du routard*.

À voir

★ **Le lac :** il se divise en trois parties bien distinctes. D'une part, une réserve naturelle au centre du lac ; d'autre part, une surface appartenant à la Fondation pour la protection des habitats de la faune sauvage ; enfin, une partie appartenant à des particuliers (les veinards !). Avant 1980, le lac était propriété de la famille Guerlain et de grandes chasses s'y déroulaient. Depuis cette date, le lac est réserve naturelle.
Vous verrez peut-être sécher encore des *plates*, ces embarcations à fond... « plat » que l'on enduit de goudron ou de coaltar. Renversées sur un bord, elles sèchent au soleil. Sachez que n'est pas pêcheur qui veut au lac de Grand-Lieu. Le postulant doit habiter une commune du lac et être soit fils, soit petit-fils de pêcheur du lac. Résultat des courses : aujourd'hui, moins d'une dizaine de personnes pêchent dans ce grand mouchoir de poche pour dénicher la spécialité du coin, l'anguille.
– Pour mieux connaître le lac, après la grimpette au clocher de Saint-Lumine-de-Coutais, vous pouvez visiter la **maison du Lac** (voir ci-dessous, sur le site de l'abbatiale de Grand-Lieu) et la **maison de la Réserve,** à Bouaye, gérée par la Société naturelle de protection de la nature et animée d'une mission protectrice. ☎ 02-40-65-57-73. Organise des sorties-découvertes très intéressantes, des expositions, etc.
Une source d'*enjeux conflictuels* : le lac est au centre de nombreux enjeux, entre écologistes, pêcheurs, agriculteurs. Il faut « faire » aussi avec la loi sur

l'eau et la directive européenne. Le lac est menacé, avec une profondeur inférieure à 2 m en été. Si rien n'est fait, il risque de disparaître dans quelques dizaines d'années. Parmi les solutions possibles, on pourrait remonter le niveau de l'eau et ne pas évacuer l'eau stockée dans la Loire. Mais les agriculteurs perdraient alors leurs récoltes de foin... Le problème des apports polluants utilisés par les agriculteurs ne doit pas non plus être oublié...

★ *L'observatoire et la maison du Pêcheur :* 16, rue Yves-Brisson à **Passay,** La Chevrolière. ☎ 02-40-31-36-46. Entrée : 2,29 € (15 F). Ouvert tous les jours de 10 h à 12 h et de 14 h 30 à 18 h 30 (15 h à 18 h en hiver). De novembre à fin avril, fermé le matin les dimanche et lundi. Aménagé autour de plusieurs thèmes : la vie des pêcheurs à travers le temps, le matériel utilisé pour la pêche, les espèces qui vivent dans le lac, la description du lac, faune et flore. On peut suivre au plus près les évolutions des oiseaux dans leur environnement naturel. Réduction accordée à nos lecteurs sur présentation du *GDR* de l'année : pour 2 adultes, 3,66 € (24 F) au lieu de 4,57 € (30 F).

★ *Le site de l'abbatiale de Saint-Philbert-de-Grand-Lieu :* l'entrée se fait par l'office du tourisme (voir horaires plus haut). Entrée : 2,44 € (16 F), 1,52 € (10 F) pour les enfants de plus de 10 ans. Comprend la visite de l'abbatiale, du jardin médiéval, de la maison du Lac et des expositions. Une superbe bâtisse de facture carolingienne (qui date de 815), où ombres et lumières jouent à cache-cache entre les voûtes de brique et de pierre.
Cette église fut construite au début du IXe siècle pour abriter les reliques de saint Philbert, fondateur des monastères de Jumièges et Noirmoutier. Les moines avaient reçu en donation la propriété de Deas, située près de Grand-Lieu. De nombreuses guérisons miraculeuses autour du sarcophage de saint Philbert provoquent un afflux massif de pèlerins, qui en font une étape sur la route de Compostelle. En 847, les Normands dévastent le monastère. Les moines font alors reconstruire la nef. Mais la menace d'invasions restant présente, ils décident de transporter les reliques du saint à Tournus, en Bourgogne. Au Xe siècle, Deas devient une dépendance de Tournus, et, au XIIe siècle, prend le nom de Saint-Philbert-de-Grand-Lieu. Les protestants mettent à sac l'église lors des guerres de Religion. Plus tard, des prêtres séculiers succèdent aux moines. Lors des guerres de Vendée, le dernier prêtre de l'église est assassiné par Carrier. L'église n'est pas trop saccagée par la révolte chouanne, et se trouve transformée en entrepôt à fourrage. Après cet épisode, l'église retrouve son rôle initial jusqu'à l'inévitable construction d'une église néo-gothique en 1870, quelques mètres plus loin... L'ancienne abbatiale est alors convertie en marché à poulets. En 1896, alors que l'on redécouvre le sarcophage de saint Philbert, l'église est classée monument historique. Quand même ! C'est une des premières églises adaptées au pèlerinage grâce à sa crypte et à son déambulatoire.

– *La nef carolingienne :* architecture de transition entre l'Antiquité et l'art roman. Certains éléments romains ont été utilisés dans les arcs. Lourds piliers et arcs en damier. Déjà apparaît l'évolution vers le type d'abbaye bénédictine en forme de croix.

– *La crypte de saint Philbert :* on peut y voir le sarcophage mérovingien en marbre de saint Philbert.

– *La chapelle de Sainte-Anne :* sainte Anne est la patronne des pêcheurs, nombreux autour du lac de Grand-Lieu.

– *Les jardins de l'abbaye :* le jardin médiéval a été reconstitué en 1995, reprenant le plan initial. Comme dans tous les jardins monastiques, on découvre quatre espaces : le potager, l'herbarium de plantes médicinales (les moines soignaient car ils étaient dotés du pouvoir divin et de la connaissance dite scientifique), le verger et le jardin du cloître. On aime beaucoup cet endroit très paisible, en particulier le jardin du cloître, avec son puits et ses beaux arbres.

– **La maison du Lac :** vidéos sur la flore, la faune et la vie des pêcheurs. Collection d'oiseaux nicheurs ou de migrateurs. Vous saurez tout sur les échassiers (ciconiformes, ralliformes, charadriformes), les palmipèdes, les prédateurs, etc. Belle collection minéralogique, géologique et paléontologique également.

Fêtes

– **Fête des Anguilles :** fin avril, à Passay. Visite du lac en bateau.
– **Fête des Pêcheurs :** le 15 août, à Passay et à La Chevrolière. Vous pouvez vous promener en barque sur le lac. Démonstration de pêche, vente des poissons à la criée.
Ce n'est que pendant ces deux occasions que vous pouvez vous promener en barque sur le lac. Profitez-en !

MACHECOUL *(MACHIKOUL)* (44270) 5 420 hab.

Machecoul est une agréable petite ville, célèbre pour son château ayant appartenu à Gilles de Rais. On se sent près de la Vendée, avec ses maisons basses. Belles promenades à proximité. Dans les proches alentours, on trouve de nombreux maraîchers produisant mâche et divers primeurs et aussi le muguet du 1er mai.

Adresse et info utiles

Office du tourisme : 14, place des Halles. ☎ 02-40-31-42-87. Fax : 02-40-02-31-28. • www.machecoul.com • Ouvert en saison du lundi au samedi, de 9 h 30 à 12 h 30 et de 14 h 30 à 18 h 30 ; les dimanche et jours fériés, de 10 h à 12 h. Hors saison, du mardi au samedi, de 10 h à 12 h et de 15 h à 17 h. Bon accueil. Propose la location de vélos. En juillet et août, visites guidées de la ville tous les mardi et jeudi : 2,30 € (15 F), gratuit pour les moins de 12 ans. Et visites du marais à vélo (environ 2 h 30) tous les vendredis : 3,81 € (25 F), gratuit pour les moins de 12 ans.
– **Marché :** le mercredi matin.

Où dormir ?

Camping

Camping La Rabine : au bord du Falleron, à côté du complexe sportif. ☎ 02-40-02-30-48 et 06-08-49-22-88. Ouvert du 1er mai au 30 septembre. Comptez 6,10 € (40 F) pour 1 emplacement, 1 voiture et 2 personnes.

Où manger ?

I●I La Bicyclette d'Argent : 6, place du Port. ☎ 02-40-78-50-48. Ouvert tous les jours en juillet et août. Fermé le samedi en hiver. Congés pendant les vacances de la Toussaint. Menu ouvrier à 8,60 € (56 F) et menus de 11 à 22 € (72 à 144 F). Cadre simple pour ce resto qui sert une cuisine honnête sans prétention. Quelques bons plats, comme le pavé de turbot à l'oseille fraîche ou le caneton aux grains de muscadet.

MACHECOUL (MACHIKOUL)

Où dormir ? Où manger dans les environs ?

🏠 *Chambres d'hôte La Mozardière :* chez Christine et Gérard Desbrosses, Richebonne, 44650 Legé. ☎ 02-40-04-98-51. Fax : 02-40-26-31-61. Legé est à 20 km au sud-est de Machecoul, et la chambre d'hôte à 1 km de Legé. Ouvert toute l'année. 49 € (321 F) pour 2 personnes. 2 chambres dans une maison de maître vendéenne en pierre sèche, sise dans un beau parc. Préférez la chambre qui donne sur le jardin. Bon accueil.

🍴 *Restaurant Les Voyageurs :* 1, place de l'Église, 44270 Paulx. ☎ 02-40-26-02-76. À 4 km de Machecoul par la D13, direction Touvois. Fermé les dimanche soir, lundi, mardi soir et pendant les vacances scolaires de février, ainsi que de la dernière semaine d'août à la mi-septembre. Menus de 16,01 € (105 F) le midi en semaine, à 52,59 € (345 F). Ici, on met les petits plats dans les grands pour vous concocter des plats bien mitonnés. Le midi, les hommes d'affaires locaux s'y retrouvent. C'est donc le soir qu'il convient de goûter une cuisine savoureuse, dont l'inspiration fluctue au gré des arrivages et au fil des saisons (terrine tiède de homard sauce crustacés, rognons de veau flambés aux baies de cassis-muscadette, moelleux au chocolat...). Les produits sont vraiment choisis avec soin. Café offert sur présentation du *Guide du routard*.

À voir

★ *Le château de Machecoul :* la ville de Gilles de Rais est l'ancienne capitale du pays de Retz. On peut encore y voir les restes de son château, construit sur les bords du Falleron au XIIIe siècle. Le château devint la propriété de la famille Montmorency-Laval au début du XVe siècle. L'un de ses membres les plus célèbres, Gilles de Rais, fut jugé et exécuté à Nantes. À la fin du XVIIIe siècle, les Gondi, nouveaux propriétaires, introduisirent le style Renaissance. Plus tard, le château connut des heures funestes : Louis XIV le fit détruire en partie et un incendie le ravagea en 1782. Pendant la Révolution, il fut mis à sac. Aujourd'hui, on peut en apercevoir les ruines, à partir d'un sentier piéton.

★ *L'auditoire :* construit vers 1760, il servit de siège à la justice des seigneurs de Machecoul. Il fut transformé ensuite en tribunal révolutionnaire, puis en mairie.

★ *L'église et le couvent des Calvairiennes :* construits en 1673, l'église est toujours dédiée au culte mais on peut la visiter. Le couvent n'est accessible qu'en visites guidées.

★ *Les halles :* remplaçant la cohue de l'époque médiévale, elles furent élevées à la fin du XIXe siècle, dans le style des pavillons Baltard.

Fêtes

– *Soirées-spectacles médiévales :* pendant le week-end de l'Ascension. Dîner et spectacle sur le thème et avec les acteurs du parcours théâtral de juillet. Pour plus de renseignements, contacter l'office du tourisme de Machecoul.

– *Parcours théâtral « Sur les chemins de Gilles de Rais » :* en juillet. 300 acteurs et figurants animent ce spectacle. Les spectateurs déambulent dans les ruines du château et découvrent des tableaux vivants relatant la vie de Gilles de Rais.

➤ DANS LES ENVIRONS DE MACHECOUL

★ **Le marais breton-vendéen :** l'idéal est de découvrir ce lieu perdu et très « nature » à pied ou à vélo. Prendre la direction Bouin. Tourner à droite direction Port-la-Roche, Saint-Cyr-en-Retz. Superbe balade au milieu des marais. À Saint-Cyr-en-Retz, s'arrêter à la Noë Briord. Table d'orientation qui domine le marais breton.

➤ **La route de Charette :** elle relie les principaux lieux marqués par la présence de Charette. Assez bien signalée. Voir entre autres, à Legé, la chapelle construite à la mémoire de Charette et surtout, à quelques kilomètres de Legé, par la D753 puis, à gauche au lieu-dit La Garrelière, le château Bois-Chevalier où Charette avait coutume de se réfugier. Très belle architecture du XVIIe siècle, en pleine campagne. Visites guidées du 1er avril au 30 septembre, sauf le mardi et le dimanche matin. ☎ 02-40-26-62-18.

➤ **La route touristique du vignoble :** le pays de Retz est le pays du muscadet côtes de grand-lieu, du grolleau et du gros-plant. Nombreux caveaux de dégustation au bord des routes.

BOURGNEUF-EN-RETZ *(BOURC'HNEVEZ-RAEZ)*
(44580)   9 430 hab.

Bourgneuf fut pendant longtemps un grand centre d'exportation du sel. Des bateaux venaient de la Hanse, chargés de pierres, et repartaient chargés de sel. La mer arrivait en ce temps-là jusqu'à Machecoul et Bourgneuf était un port très actif. Les belles maisons d'armateurs rappellent ce passé prospère. Leurs soubassements ont souvent été réalisés avec les pierres provenant des pays nordiques. Lors de l'envasement de la baie, Bourgneuf vit le début de son déclin.

Comment y aller ?

– **En train ou bus :** Bourgneuf est sur la ligne Nantes-Pornic. Renseignements SNCF : ☎ 0892-35-35-35 (0,34 €/mn, soit 2,21 F).

Adresse utile

Office du tourisme : route de Bouin. ☎ 02-40-21-93-63. Fax : 02-40-21-90-52. Ouvert tous les jours en juillet et août de 10 h à 19 h. Hors saison, ouvert de 9 h à 13 h et de 14 h 15 à 18 h. Propose des sorties nature : « Les marais en fin de journée » ou « Le marais breton », sur réservation.

Où dormir ?

Camping

Domaine du Collet : 44760 Les Moustiers-en-Retz. ☎ 02-40-21-40-92. Fax : 02-40-21-45-12. Forfait 2 personnes de 12,20 à 18,29 € (80 à 120 F) selon la période. Location de mobile homes : de 186,75 à 517,56 € (1 225 à 3 395 F) la semaine, selon la saison. Le super camping méga équipé, qui possède néanmoins une annexe peu après le port du Collet, beaucoup plus calme, sauvage et ombragée.

Bon marché

â **Auberge Rétro :** 4 et 6, rue du Château-Gaillard. ☎ 02-40-21-93-22. Ouvert toute l'année. Chambres doubles avec douche à 27,44 € (180 F), pour dépanner. Tranquille. Gentiment rétro avec de la moquette murale et quelques vieilles babioles. Sans prétention. Fait aussi restaurant. Café offert et 10 % de réduction sur le prix de la chambre, sauf en juillet-août, sur présentation du *Guide du routard*.

Où manger ?

l●l **La Bourrine :** 8, rue de la Taillée. ☎ 02-40-21-40-69. Près de la Poste. Menus de 11 à 27 € (72 à 177 F). Dans une auberge construite au XVIIe siècle, vous savourerez une bonne cuisine qui privilégie fruits de mer et poissons : anguilles à la provençale, brochettes de Saint-Jacques au beurre nantais, etc. Salle à manger rustique et, en été, terrasse ombragée agréable. La cuisine et le service sont impeccables. Propose également des chambres.

À voir

★ **Le musée du pays de Retz :** 6, rue des Moines. ☎ 02-40-21-40-83. • museepaysderetz.free.fr • ♿ En juillet-août, ouvert de 10 h 30 à 13 h et de 14 h à 18 h 30. Hors saison, de 10 h à 12 h et de 14 h à 18 h. Fermé le lundi hors saison et de la Toussaint à fin mars. Adultes : 3,05 € (20 F). Réductions. Le musée du pays de Retz évoque le passé du pays : anciens métiers, exposition de coiffes et costumes, illustration des activités liées au sel et à la mer, montage audiovisuel sur le pays de Retz, minéralogie, etc. Quelques reconstitutions réussies.

★ **Le port du Collet :** niché dans la veine de l'étier du sud. Un très bel endroit.

★ Peut-être verrez-vous encore, en **baie de Bourgneuf,** quelques irréductibles pêchant depuis leur barque au haveneau (un filet triangulaire).

➤ *DANS LES ENVIRONS DE BOURGNEUF-EN-RETZ*

★ *LES MOUTIERS-EN-RETZ*

🛈 **Office du tourisme :** ☎ 02-40-82-74-00.

★ **La chapelle de Prigny :** sur la commune des Moutiers-en-Retz. Visite guidée en saison, renseignements à l'office du tourisme des Moutiers. Très belle chapelle du XIe siècle, entourée de murs en pierre, au milieu des pins. Située près de la grande route. La proximité de celle-ci gâche d'ailleurs un peu le côté paisible de l'endroit. Les contreforts de la chapelle ne sont pas perpendiculaires au mur, preuve de son style roman primitif. Près de Prigny, Albert Camus rédigea *La Peste*, au château des Breffes, propriété des Gallimard.

★ **La lanterne des morts :** dans l'ancien cimetière des Moutiers-en-Retz. Étonnant et rare édifice. Datant du XIIe siècle, il fut restauré à plusieurs reprises. La tour est trouée de trois petites fenêtres. Lors d'un décès, la lampe à l'intérieur y brille.

LA CÔTE DE JADE

On surnomme ainsi, en raison de la couleur de leur eau, le chapelet de petites stations balnéaires – de Saint-Brévin à La Bernerie – qui s'égrènent sur une cinquantaine de kilomètres et dont Pornic s'enorgueillit d'être la perle.

LA BERNERIE-EN-RETZ *(KERVERNER-RAEZ)*
(44760) 2 140 hab.

Station balnéaire familiale, dans la baie de Bourgneuf. Grande plage de sable et grand bassin d'eau qui permet de se baigner à toute heure sans dépendre des marées.

Comment y aller?

– **En train :** sur la ligne Nantes-Pornic. Renseignements SNCF : ☎ 0892-35-35-35 (0,34 €/mn, soit 2,21 F).

Adresse utile

Office du tourisme : 3, chaussée du Pays-de-Retz, place du Marché. ☎ 02-40-82-70-99. Fax : 02-51-74-61-40. Ouvert du 15 juin au 15 septembre tous les jours de 9 h à 12 h et de 15 h à 18 h. Hors saison, du mardi au samedi de 10 h à 12 h et de 15 h à 17 h. Également les dimanche et lundi de Pâques et de la Pentecôte, de 10 h à 12 h.

Où dormir? Où manger?

Chic

Le château de la Bressière : ☎ 02-51-74-60-06. Fax : 02-51-74-60-02. À droite, en arrivant à La Bernerie par la grande route de la côte. Fléché. Chambres de 58 à 114,40 € (380 à 750 F). Demi-pension de 53,36 à 85,37 € (350 à 560 F) par personne. Menus de 20 à 42,70 € (131 à 280 F). Dans un parc de 4 ha, une ancienne demeure du XIXe siècle restaurée. Des chambres côté jardin, vue sur la mer. Dommage que derrière le parc, depuis certaines chambres, on aperçoive des mobile homes juste avant le village de La Bernerie. Chambres joliment décorées, dotées de belles salles d'eau ou salles de bains confortables. Petit déjeuner et dîner dans une grande salle avec plafonds en trompe l'œil et chaises Louis XVI. Table soignée, mais menus assez chers si vous ne prenez pas la demi-pension. Vue sur le parc où gambadent des oies sous l'œil réservé des grands lys. Cadre très agréable, loin du bruit de la côte et pourtant si près.

PORNIC *(PORNIZH)*
(44210) 11 900 hab.

Niché au fond de sa crique et de ce fait bien protégé, Pornic fut dès le début du XIXe siècle, grâce à la réputation de ses eaux, une station thermale et un lieu de villégiature réputé, que fréquentèrent des artistes comme Michelet,

Flaubert, Renoir ou Léautaud. Pornic est aujourd'hui une agréable station balnéaire à laquelle l'activité de son port de pêche confère une authenticité certaine, et dont les côtes bordées de petites plages et de belles villas ont conservé beaucoup de cachet. À découvrir de préférence hors saison, afin d'éviter la foule des mois d'été (avec tout ce que cela implique comme problèmes de stationnement en ville... et sur les plages).

Comment y aller?

– *En train* ou *bus :* liaison en train et en bus avec Nantes toute l'année. Renseignements SNCF : ☎ 0892-35-35-35 (0,34 €/mn, soit 2,21 F).

Adresses utiles

■ *Office du tourisme :* place de la Gare. ☎ 02-40-82-04-40. Fax : 02-40-82-90-12. En saison : ouvert du lundi au samedi de 9 h à 19 h et les dimanche et jours fériés de 10 h à 18 h. Hors saison : du lundi au samedi de 9 h à 12 h 30 et de 14 h à 18 h 30, les dimanche et jours fériés lors de grandes manifestations de 10 h à 13 h. Bonne documentation. Propose des visites commentées de Pornic et de ses environs sur différents thèmes. Sorties natures : l'estran, coquillages et crustacés, le marais doux.

■ *Gare SNCF :* ☎ 02-40-82-00-06 ou 0892-35-35-35 (0,34 €/mn, soit 2,21 F).

■ *Location de vélos :* Cyclo Beach, route de Saint-Père. ☎ 02-40-82-15-97 ou 06-09-56-84-28. Ouvert toute l'année.

Où dormir?

Campings

▲ *Camping de la Madrague :* à Sainte-Marie-sur-Mer. ☎ 02-40-82-06-73. Fax : 02-51-74-11-93. Non loin de la plage du Portmain. Camping ouvert de mars à octobre, mobile homes ouverts toute l'année. Forfait journalier pour 2 personnes : de 12,96 à 16,77 € (85 à 110 F). Vous y rencontrerez certainement pas Brigitte Bardot, mais sa localisation est idéale car certains emplacements surplombent la mer. De plus, des sentiers permettent d'accéder à de petites criques pour la baignade.

▲ *Camping Le Port Chéri :* ☎ 02-40-82-34-57. Fax : 02-40-82-96-77. En direction du Clion-sur-Mer. Ouvert toute l'année également. Forfait pour 2 personnes : de 10,67 à 14,48 € (70 à 95 F). Un camping à visage humain parmi ses confrères plus « industriels ». Mini-golf et piscine.

Chambres d'hôte

▲ *Le Jardin de Retz :* av. du Général-de-Gaulle. ☎ 02-40-82-02-29. Comptez de 45 à 55 € (295 à 361 F). Ces 3 chambres au pied du château donnent sur une belle pépinière (et pour cause, elles sont tenues par la femme du pépiniériste). Elles sont bien agréables : celles à l'étage, « Glycine » ou « Euphorbe », se distinguent par une harmonieuse déco dans les tons blanc et gris et celle du rez-de-chaussée par son ameublement en pin naturel. Petit déjeuner dans le jardin aux beaux jours et exposition de peinture en été dans la serre, accessibles même aux non-résidents. Parking. Cartes de paiement refusées.

🏠 **Villa Delphine :** 55, rue de la Source. ☎ et fax : 02-40-82-67-79. Comptez 50,31 € (330 F) la nuitée, petit déjeuner compris. 3 chambres au décor un peu désuet dans une maison début de XXe siècle. Sur une route passante (double vitrage) mais à quelques encablures du centre et du port. N'accepte pas les cartes de paiement.

Prix moyens

🏠 **Hôtel Les Sablons :** 13, rue des Sablons, à Sainte-Marie-sur-Mer. ☎ 02-40-82-09-14. Fax : 02-40-82-04-26. Chambres doubles de 45,73 à 71,65 € (300 à 470 F) suivant la saison. À l'écart de l'agitation du port de Pornic, cet établissement jure par son architecture bloc de béton au milieu des beaux et cossus hôtels particuliers du début du XXe siècle. Accueil très professionnel et plage du même nom à deux pas. Parking privé gratuit.

🏠 **Hôtel Beau Soleil :** 70, quai Leray. ☎ 02-40-82-34-58. Fax : 02-40-82-43-00. Chambres doubles avec douche et w.-c. ou bains de 42 à 76 € (275 à 499 F). Un peu trop standard à notre goût, ce petit hôtel offre surtout l'avantage d'être sur le port, tout près du château. Chambres petites mais claires, sans véritable cachet, avec tout le confort moderne et la vue sur la mer (sauf pour 3 d'entre elles). Garage payant situé à 10 mn à pied de l'hôtel.

LOCATION DE STUDIOS ET D'APPARTEMENTS

Chic

🏠 |●| **Auberge La Fontaine aux Bretons :** rue de Noëlles, au lieu-dit La Fontaine-aux-Bretons. ☎ 02-51-74-07-07 et 02-51-74-08-08 (restaurant). Fax : 02-51-74-15-15. ● www.auberge-la-fontaine.com ● 🍴 À 2 km avant le centre de Pornic en venant de La Bernerie. Ouvert de fin mars à fin octobre. Restaurant fermé les dimanche et lundi soir. Studios tout confort (lave-vaisselle) pour 2-3 personnes de 211,90 € (1 390 F) la semaine en basse saison à 577,78 € (3790 F) en saison. Au restaurant, menus de 16,77 à 36,59 € (110 à 240 F). Également des 2 et 3 pièces. Tout nouveau, tout beau, ouvert en 1999. Bien placé, pratiquement sur la mer. Sur le site de l'ancienne ferme des Frères de la Salle. Les bâtiments ont été complètement restaurés, ouverts sur un potager biologique. Piscine. Grande salle de restaurant décorée avec goût : immense cheminée où l'on fait rôtir les volailles, beaux carrelages, tables en bois. Les prix ne sont pas trop élevés pour une cuisine mettant en valeur les produits du terroir : pain au feu de bois, tomates du jardin, etc. Café offert aux routards qui déjeunent ou dînent.

Où manger ?

Bon marché à prix moyens

|●| **Restaurant L'Estaminet :** 8, rue du Maréchal-Foch. ☎ 02-40-82-35-99. Fermé le dimanche midi hors saison, le lundi toute l'année, ainsi que de mi-décembre à mi-janvier. Menus de 13,26 à 25,92 € (87 à 170 F). Situé dans la rue commerçante de Pornic, ce petit resto n'a apparemment rien d'extraordinaire, mais la cuisine fraîcheur du patron, la gentillesse de sa femme au service vous font vite changer d'avis. Goûtez donc la papillote de noix de Saint-Jacques aux petits légumes ou le ris de veau au pineau des Charentes.

|●| **Le Grilladin :** 4, escalier Galipaud. ☎ 02-40-82-40-34. Fermé le jeudi et de mi-novembre à mi-décembre. Menus de 12,96 à 21,50 €

(85 à 141 F). Décor rustique pour ce petit resto coincé dans un escalier qui monte du port à l'église. Pas prétentieux pour un sou, on y mange très correctement au 1er menu, voire copieusement aux formules plus chères. Service assez lent.

I●I *Crêperie La Sarrazine :* 28, rue des Sables. ☎ 02-40-82-09-13. Fermé les mercredi et jeudi hors saison et de mi-novembre à mi-janvier. Située dans une petite rue juste derrière le casino, cette crêperie, dont la réputation n'est plus à faire dans la région, propose un choix de délicieuses crêpes salées et sucrées, servies dans une salle agréablement et sobrement décorée.

Plus chic

I●I *Restaurant Beau Rivage :* plage de la Birochère. ☎ 02-40-82-03-08. Fermé les dimanche soir, lundi et mercredi soir hors saison, ainsi que du 9 au 26 décembre et en janvier. Différentes formules de 19,06 à 43,45 € (125 à 285 F). Un emplacement en or, en surplomb de la plage, pour un restaurant aux couleurs et à l'ambiance d'entrée sympathiques, malgré un service assez irrégulier. La mer qu'on voit danser, par-delà des vitres claires, est dans l'assiette et dans la tête de Gérard Corchia, un chef qui travaille intelligemment les produits de l'océan : bouillabaisse de l'Atlantique, salade de homard aux herbes potagères (à 24,39 €, soit 160 F, tout de même). Belle carte des vins.

Où manger ? Où boire un verre dans les environs ?

I●I *Crêperie Le Bac à Blé :* 67, bd de la République, 44730 Tharon-Plage, Saint-Michel-Chef-Chef. ☎ 02-40-64-90-90. • www.creperie-bacable.com • À 10 km au nord-ouest de Pornic (sur la D213). Ouvert tous les jours pendant les vacances scolaires, et du jeudi au dimanche le reste de l'année. Fermé de mi-décembre à début février. Compter 15,24 à 18,29 € (100 à 120 F) à la carte, avec un verre de cidre. Dans un cadre frais et plaisant, découvrez beaucoup plus qu'une crêperie. Henri, le patron, se révèle intraitable sur la qualité et la fraîcheur des produits. Ça se sait jusqu'à Nantes, et on n'hésite pas à faire le déplacement pour certaines spécialités comme la « Force 7 » avec coquilles Saint-Jacques flambées au rhum sur lit de poireaux à la crème, humm.... Crêpes au froment rivalisant de finesse (ah, la « Vague d'ivresse » : bananes-amandes, flambée au Grand-Marnier). Sinon, des salades, de la soupe de poissons gratinée. Excellent couscous marocain (à commander à l'avance). En prime, l'accueil et la gentillesse de Caroline et Henri Bacqué et des prix qui restent sages, même en été. Café offert sur présentation du *Guide du routard*.

▼ *El Papagayo :* sur la plage du Portmain, à Sainte-Marie-sur-Mer. ☎ 02-40-82-22-73. Ouvert du 15 juin au 15 septembre, tous les jours, de 12 h jusqu'à 2 ou 3 h du matin, voire plus tard... Hors saison, le week-end uniquement. En face d'une jolie petite maison aux volets verts et jaunes sur la D751. De l'extérieur, ce bar ressemble à un blockhaus fraîchement repeint. À l'intérieur, ô surprise ! tout ce que les GT (Gentils Touristes) ont oublié sur la plage (pelles et râteaux, tongues, etc.) a été soigneusement et scrupuleusement clouté au plafond. Atmosphère de *cantina mexicaine* façon bord de mer.

À voir

★ Une balade en ville à travers les petites ruelles qui montent du port de pêche, toujours en activité, au **château.** Celui-ci date du Xe siècle, mais a été restauré et remanié par Viollet-le-Duc au XIXe siècle. Il fut la propriété du fameux Gilles de Rais au début du XVe siècle et un point important du système de défense mis en place contre les Anglais. Derrière le château, la promenade de la terrasse était le lieu à la mode où il fallait voir et être vu quand Pornic était une station réputée au milieu du XIXe siècle. Au pied du château, la plage du même nom, anciennement plage de la Sablière, était le lieu de baignade privilégié des hommes, alors que l'on avait réservé aux femmes l'anse opposée (la plage de l'Anse-aux-Lapins), sur l'autre rive.

★ Nos lecteurs férus d'histoire et de gros cailloux pourront également aller voir un peu plus au nord, non loin du golf, le **tumulus des Mousseaux,** site mégalithique classé.

★ **La corniche de la Noëveillard :** débuter la promenade par la terrasse en bois qui passe sous le château pour rejoindre la plage, puis longer la côte par la corniche pour atteindre la plage principale de Pornic, la Noëveillard et le port de plaisance en eau profonde construit en 1971 et qui a malheureusement envasé tout l'avant-port. On pouvait auparavant passer d'une corniche à l'autre à marée basse sur le sable sans aucun problème, entre les deux cales à bateaux. C'était le bon temps des pêches à la crevette avec son haveneau... mais trêve de nostalgie, on continue la balade en passant par Sainte-Marie, charmante commune rattachée à Pornic depuis les années 1970, pour arriver à la plage du Porteau. Vous aurez déjà fait une bonne heure de marche, occupé à commenter et à détailler les maisons qui bordent l'océan, des villas construites au début du XIXe siècle par des industriels de la région. Les plus courageux pourront continuer jusqu'au Portmain, la côte se fait alors plus sauvage.

★ **La corniche de Gourmalon :** cette corniche fut investie par les villas balnéaires plus tardivement que la précédente, ce qui explique un plan plus géométrique. Lénine y passa quelques jours de vacances en 1910 dans une maison louée rue Mon-Désir. Le chemin des douaniers qui longe la côte jusqu'à la plage de la Boutinardière (compter 3 h de marche) permet dans sa première partie d'admirer les villas de la côte « adverse », notamment *La Malouine* sur son rocher au pied du château, une des plus anciennes villas de la côte, construite au début du XIXe siècle. Passé le port municipal de plaisance et contourné la pointe de Gourmalon, c'est l'île de Noirmoutier qui marque l'horizon. Le chemin continue, bordé côté mer de pêcheries et de criques, et côté terre de villas plus ou moins récentes. À noter que les belles villas du XIXe siècle se singularisent par l'utilisation de la brique ou du bois et par leurs kiosques qui permettent d'observer le trafic maritime tout en s'abritant du soleil ou du vent. Très chic ! En chemin, vous pourrez profiter de la *plage de la Source*, dominée par le centre de thalasso, de la *plage de la Birochère*, dominée quant à elle, c'est moins régime, par un excellent restaurant (le *Beau Rivage* ; voir « Où manger ? »), puis la *plage de la Joselière* (location de dériveurs et de planches et stages de voile possibles en été), enfin la *plage de la Boutinardière,* sans oublier quelques dolmens (nous sommes encore en Bretagne !).

À faire

– **Le club nautique du port de plaisance :** à la Noëveillard. Propose des stages de voile et de planches à voile. Renseignements : ☎ 02-40-82-34-72.
– Dans un autre style, possibilité de **cure de thalassothérapie** au *centre de thalasso Alliance* (☎ 02-40-82-21-21), dont le restaurant est installé face à la mer dans ce qui fut autrefois le casino des Flots, au-dessus de la plage de la Source, sur la corniche de Gourmalon. Emplacement logique puisque c'est là que coulait au XIXe siècle la fontaine de Malmy, réputée pour ses propriétés curatives.

➤ Les enfants apprécieront certainement de découvrir Pornic et ses environs en *petit train*. Départ devant le casino ; durée 30 mn environ. Seulement en été.

➤ En juillet et en août également, *promenades en mer* de 1 h environ à bord de la *Pimpante 2*. Départ selon les marées sur le môle au port de pêche en face du casino ou au port de plaisance à la Noëveillard. En été, liaison avec Noirmoutier (départ le matin, retour en fin de journée) les dimanche, mercredi et vendredi. Renseignements à l'office du tourisme de Pornic.

PRÉFAILLES *(PRADVAEL)* (44770) 1 040 hab. ET
LA PLAINE-SUR-MER *(PLAEN-RAEZ)* (44770) 2 520 hab.

Ces deux petites cités de part et d'autre de la pointe Saint-Gildas sont bien connues des pêcheurs à pied ; il suffit de constater le nombre de voitures qui peuplent le bord des routes. C'est surtout vers La Prée, La Tara et Port-Giraud qu'il faut se diriger pour trouver sous le goémon bigorneaux et berniques. Attention, ce type de pêche répond à des normes particulières. Vous ne pouvez ramasser plus de 5 kg de moules et de coques par personne. Pas plus de 3 douzaines d'huîtres et ce, à plus de 20 m d'un site ostréicole… La loi rappelée, vous pouvez toujours apporter votre quart de gros-plant et un citron afin de consommer sur place.

Adresses utiles

❖ *Office du tourisme :* 17, Grande-Rue, à Préfailles. ☎ 02-40-21-62-22. Fax : 02-40-64-53-45. • office.tourisme.prefailles@wanadoo.fr • Ouvert du mardi au samedi ; le matin hors saison, tous les jours en saison, de 10 h à 12 h et de 15 h à 17 h. Sorties nature sur la côte sauvage ou dans le bocage organisées à certaines dates, sur réservation. Assez chouette.

■ *Météo Marine :* ☎ 0892-680-277 (0,34 €/mn, soit 2,21 F). « Bulletin rivage ».

Où dormir dans le coin ?

Campings

⚑ *Aire naturelle de camping Le Haut Village :* ☎ 02-40-64-90-99. À 1,2 km sur la D96, avant d'arriver à Saint-Michel-Chef-Chef. Forfait emplacement + 2 personnes : autour de 7,70 € (51 F). Le camping à la ferme super discount. Pas énormément de place et possibilité d'achat de produits de la ferme. Téléphone public.

⚑ *Camping de la Prée :* D13, chemin de la Prée. ☎ et fax : 02-40-21-02-64. À 3 km de Préfailles. Ouvert du 13 avril à fin septembre. 9,76 € (64 F) environ l'emplacement pour 2 personnes et leur voiture en saison. Ce petit camping familial est très apprécié des pêcheurs à la ligne et à pied, ainsi que des randonneurs nantais. Qu'on se le dise suffisamment tôt. Bon accueil et de bon conseil. 10 % de réduction hors saison sur présentation du *Guide du routard*.

Bon marché

▲ *Hôtel Le Bretagne :* 3, rue de Chauvé, 44730 Saint-Michel-Chef-Chef. ☎ 02-40-27-84-60. Fax : 02-40-39-45-82. À 7,5 km de La Plaine-du-Mer par la D96. Juste en face de la biscuiterie Saint-Michel, qui laisse filtrer ses douces odeurs de galettes. Fermé le dimanche (le resto, pas l'hôtel), et du 24 décembre au 10 janvier. Chambres refaites à neuf (nouvelle literie) à 29 € (190), avec un petit cabinet de toilette et TV. Demi-pension à 36,60 € (240 F). Bon accueil.

Chic

🏠 *Hôtel Anne de Bretagne :* le port de la Gravette, à La Plaine-sur-Mer. ☎ 02-40-21-54-72. Fax : 02-40-21-02-33. ✗ Fermé de début janvier à fin février. Chambres avec douches et w.-c. ou bains de 60 à 122 € (394 à 800 F). Suites pour 4 à 129,58 € (850 F) hors saison, 140,40 € (980 F) en saison. Cet hôtel de charme propose de très belles chambres donnant sur le jardin ou sur la mer. Les chambres sur jardin disposent d'une belle terrasse ; dommage que les salles d'eau soient un peu exiguës. Silence impressionnant la nuit, évidemment c'est un Relais du silence. Site magnifique et grand calme. Chouette bar intime tout en bois, bien sympa pour bouquiner. Petit déjeuner-buffet copieux à 9,91 € (65 F). Piscine chauffée et tennis. De l'hôtel vous pouvez aller à pied le long de la côte jusqu'à la pointe Saint-Gildas voire jusqu'à Préfailles. Superbe balade. Ici le littoral français n'a pas encore été trop gâché, profitez-en. À signaler au moment de réserver, 10 % de réduction accordée sur présentation du *GDR*, hors saison et jours fériés.

Où manger dans le coin ?

Prix moyens

|●| *Restaurant de l'hôtel La Flottille :* pointe Saint-Gildas. ☎ 02-40-21-61-18. ✗ 2 formules pour ce restaurant. Côté crêperie, toutes sortes de crêpes ou galettes. Au resto, plus chic, bien sûr, situé de l'autre côté de l'entrée de l'hôtel, menus de 15,24 à 41,47 € (100 à 272 F). Au menu du terroir, à 15,24 €, 2 entrées et 2 plats au choix, avec poisson et viande, tout cela avec une vue superbe. Parmi les spécialités, marmite de homard, plateau de fruits de mer, choucroute de la mer. Apéritif offert à nos lecteurs sur présentation du *GDR*.

|●| *Le Vivier de Port-Meleu :* plage de Port-Meleu, à Préfailles. ☎ 02-40-21-60-75. Fermé d'octobre à mars. Menus de 11,89 à 30,49 € (78 à 200 F). On y va un peu à reculons, les talons en avant en se disant : « Encore une guitoune de plage sans âme, qui vend des esquimaux glacés ». Et en définitive, on finit par prendre du plaisir avec le 2ᵉ menu, où un poisson du marché à l'étuvée de légumes fait belle figure à côté d'une assiette du pêcheur, d'un fromage ou d'un dessert. Parmi d'autres spécialités, vous hésiterez entre les Saint-Jacques aux pleurotes, le pavé de bar au beurre blanc ou la salade de croustillants de langoustines. Café offert aux lecteurs du *Guide du routard*.

Chic

|●| *Anne de Bretagne :* le port de la Gravette, à La Plaine-sur-Mer. ☎ 02-40-21-54-72. Fermé les dimanche soir, lundi et mardi midi du 15 septembre au 15 mai, le lundi et le mardi midi du 15 mai au 15 septembre. Fermeture annuelle de début janvier à fin février. Menus de 21 à 76 € (138 à 499 F). Également formule un plat, un dessert à 17 € (112 F). Restaurant de l'hôtel cité plus haut dans « Où dormir ? » Une des très bonnes adresses de la région. Grand choix de menus. Sinon, menus à thème, comme le menu dégustation tout asperges crustacés ou les menus du terroir, avec plein d'options. Menu dit « Bacchus », avec « accord mets et vins » pour chacun des plats. Parmi les spéciali-

tés, on citera la lotte rôtie à l'anjou rouge ou la sole petit bateau cuite en peau. Cave de 15 000 bouteilles. De la salle à manger, vue sur la mer, service parfois un peu débordé. Excellent accueil.

À faire

➢ *Chouettes balades* bien balisées, comme le circuit du moulin Tillac (8 km), le circuit de la vallée de Pasquin (5 km, dans la lande de Préfailles) ou le tour de Préfailles pour les courageux (14 km) qui ne le regretteront pas : de la grande plage, le sentier borde la côte sud, au-dessus des falaises.

➢ *DANS LES ENVIRONS DE PRÉFAILLES ET DE LA PLAINE-SUR-MER*

★ *Saint-Michel-Chef-Chef (44730) :* entre la pointe Saint-Gildas et Saint-Brévin. La notoriété de cette commune est liée à ses fameuses galettes Saint-Michel et à sa biscuiterie, créée en 1905 par un enfant du pays, Joseph Grellier. Eh, non, les galettes n'ont rien à voir avec Le Mont-Saint-Michel ! L'usine existe toujours et on peut y visionner un film sur l'histoire du fameux biscuit (7, rue de Chevecier, ☎ 02-51-74-75-44 ; projection tous les jours en juillet et août à 17 h 30, sur rendez-vous en dehors de cette période). On peut aussi acheter la production (galettes Saint-Michel, mais aussi sablés de Retz, Roudor, pâtisseries...) dans la boutique de l'usine.

SAINT-BRÉVIN *(SENT-BREWENN)* (44250) 9 590 hab.

Vers les années 1860, pour lutter contre l'avancée des dunes, on planta des pins maritimes. *De facto*, le charme de la station a fait de cette bourgade une des destinations mondaines privilégiées des bains de mer. Sur le front de mer qui s'étend entre Mindin et le lieu-dit de La Rousselerie, il reste le casino de 1886 dont on peut tirer encore quelques beaux clichés en noir et blanc. La vague de béton est passée par là également, mais fort heureusement, de manière plus douce qu'à La Baule. Le résultat est visible, une multitude de petites maisons de villégiature. Aujourd'hui, ce qui reste de la belle pinède offre sa douceur aux retraités qui y passent de beaux jours. Pour y arriver, emprunter la « route Bleue », une quatre-voies qui n'en dit pas moins sur sa fréquentation estivale...

Adresses utiles

🛈 *Office du tourisme :* 10, rue de l'Église, BP 10. ☎ 02-40-27-24-32. Fax : 02-40-39-10-34. • www.mairie-saint-brevin.fr • En juillet-août, ouvert du lundi au samedi de 9 h à 19 h et le dimanche de 10 h à 12 h 30. Hors saison, ouvert du lundi au samedi de 9 h à 12 h 15 et de 14 h à 18 h 30. Possibilité de réserver un billet SNCF sur place. Vente de tickets de bus Saint-Brévin-Nantes, Saint-Brévin-Saint-Nazaire.
🛈 *Annexe de l'office du tourisme :* 50, bd du Président-Roosevelt, Saint-Brévin-l'Océan. ☎ 02-40-27-24-32. Ouvert uniquement en juillet-août du lundi au samedi de 10 h à 12 h 30 et de 14 h 30 à 18 h 30, le dimanche de 14 h 30 à 18 h 30.
■ *Centre nautique de Saint-Bré-*

LA CÔTE DE JADE

vin : bd de l'Océan, BP 28. ☎ 02-40-27-41-93. Fax : 02-40-39-05-55. • cnstbrevin@yahoo.fr • Ouvert du lundi au samedi de 14 h à 18 h. Stages. Caisses à savon (les Optimist, pour sûr !), char à voile, catamaran, speed-sail...

Où dormir ? Où manger ?

Il n'existe malheureusement pas de « vie locale » à proprement parler, ni de gargotes du style « routard » à Saint-Brévin. On peut néanmoins se sustenter dans les adresses suivantes.

Campings

⚑ *Camping de Mindin :* av. du Bois. ☎ 02-40-27-46-41. Fax : 02-40-39-20-53. • www.camping-de-mindin.com • ♿ À 2 km du centre-ville. Ouvert toute l'année. Emplacements à partir de 10,82 € (71 F) pour 2 personnes. Un petit camping bien au calme dans les pins. Accès direct à la mer. Snack-bar. Bon accueil d'Alain. Clientèle familiale et d'habitués.

⚑ *Camping La Courance :* 110, av. du Maréchal-Foch. ☎ 02-40-27-22-91. Fax : 02-40-27-24-59. ♿ Ouvert toute l'année. Forfait emplacement et 2 personnes, 8,69 € (57 F). Tenu par des jeunes. Ombragé. Au bord de la mer. Bien équipé.

Bon marché

🛏 |●| *Auberge de jeunesse de Saint-Brévin, La Pinède :* 1, allée de la Jeunesse. ☎ 02-40-27-25-27. Fax : 02-40-64-48-77. Fermé en janvier et en octobre. Nuit à 8,08 € (53 F) en chambre collective. Petit déjeuner à 2,90 € (19 F). Propose un menu à 7,62 € (50 F). 64 lits. Magnifiquement bien située sur la plage, sous les pins. Les couples attachés à leur intimité doivent demander la chambre A ou G. La chambre D offre une belle vue sur la plage. Carte FUAJ obligatoire (en vente sur place). On peut y faire sa cuisine et également camper. Stages de char à voile, catamaran, planche et équitation. Accueil chaleureux. Apéritif maison et café offerts sur présentation du *Guide du routard*.

Prix moyens

🛏 |●| *Hôtel La Boissière :* 70, av. de Mindin. ☎ 02-40-27-21-79. Fax : 02-40-39-11-88. Ouvert du 1er avril au 15 octobre. Chambres de 46,50 à 55,70 € (305 à 365 F) selon le confort et la saison. Ce petit hôtel-résidence est plongé dans le quartier résidentiel de Mindin et respire la tranquillité. Belle allée de platanes. Chambres sous toit spacieuses. Vieux cuirs, tapisserie fleurie et bois cirés, tout un programme ! Accueil polyglotte et courtois. 10 % sur le prix de la chambre sur présentation du *Guide du routard*.

À voir

★ *Le musée de la Marine :* place de la Marine. ☎ 02-40-27-00-64. Dans le fort de Mindin. Ouvert tous les jours de la mi-juin à début septembre de 15 h à 19 h. entrée : 2,30 € (15 F). Gratuit pour les moins de 12 ans. Situé dans le fort désaffecté de Mindin (super point de vue sur l'estuaire et le pont de Saint-Nazaire), ce musée abrite des maquettes de navires modernes ou anciens, de guerre, commerce ou pêche. Collection d'objets et de tableaux ayant trait, bien sûr, à la marine. Cartes anciennes de l'estuaire.

★ **L'église :** remonte dans sa plus grande partie au XIᵉ siècle. Les bas-côtés et la partie centrale furent ajoutés au début du XXᵉ siècle. Dédiée à Brewing, archevêque de Canterbury au VIIIᵉ siècle, qui donna son nom à la ville. À l'intérieur, retable de 1661.

Fêtes et festivals

– **Fête de l'air et de la mer :** le week-end de la Pentecôte, les 18 et 19 mai. Char à voile, ULM, cerfs-volants...
– **Meeting aérien :** le 14 juillet. Présentation d'avions, des vieux coucous jusqu'aux derniers fleurons de l'aéronautique.
– **Festival pyrotechnique :** le 3ᵉ samedi d'août. Festival international avec grands feux d'artifice en musique.
– **Festival de Cerfs-Volants :** le dernier week-end d'août. Les grandes plages de Saint-Brévin sont tout à fait propices à une telle manifestation.

PAIMBŒUF *(PEMBO)*   (44560)   2 760 hab.

Petite ville qui connut une époque glorieuse à la fin du XVIIIᵉ siècle. L'ensablement de la Loire ne permettait plus aux navires de remonter le cours du fleuve. Du coup, ils devaient s'arrêter à Paimbœuf, devenu avant-port de Nantes, avec ses chantiers de réparation navale. Plus tard, au début du XIXᵉ siècle, l'approfondissement du chenal de la Loire et la concurrence de Saint-Nazaire portèrent un coup fatal au développement de la ville.

Adresse utile

Office du tourisme : quai Sadi-Carnot, le « hangar ». ☎ 02-40-27-53-82. Fax : 02-40-27-62-03. Ouvert en hiver du mardi au samedi de 10 h à 12 h et de 15 h à 17 h. En été, du mardi au samedi de 9 h 30 à 12 h 30 et de 14 h à 18 h 30. Organise des visites commentées de la ville, ainsi que des sorties nature à certaines dates : les oiseaux de l'estuaire, les anciennes îles de la Loire entre Paimbœuf et Le Pellerin, les marais en fin de journée, dans les brumes du marais. Bon accueil.

Où dormir ?

Camping de l'Estuaire : quai Éole. ☎ 02-40-27-52-12. Fax : 02-40-27-61-14. Ouvert du 1ᵉʳ avril au 31 octobre. Bien situé en bord de Loire. Ombragé. Location de chalets équipés. Piscine.

À voir. À faire

★ **L'église Saint-Louis :** de style néo-byzantin, l'architecte ayant trouvé son inspiration en l'église devenue mosquée Sainte-Sophie, d'Istanbul...
Se promener le long des **quais**, le quai Éole en particulier, admirer **les maisons d'armateurs,** dont il reste parfois de beaux balcons. Dommage que la raffinerie de Donges gâche le paysage, même si pour certains, l'usine rappelle New York lorsqu'elle est illuminée le soir.

Fête et manifestation

- *La fête de l'Estuaire :* début juillet. Animations et spectacles.
- *Foire aux Greniers :* le dernier dimanche d'août.

➤ *DANS LES ENVIRONS DE PAIMBŒUF*

★ *Corsept (44560) :* à 2 km à l'ouest de Paimbœuf, au bord de l'estuaire. Vieille église où était pratiqué un culte à saint Martin de Vertou dès le XVe siècle. Dans la maison du Pasquiaud séjourna le peintre J.-B. Corot. 3 sentiers pédestres, dont l'un permet de découvrir les mégalithes, nombreuses dans la région.

LE CANAL DE LA MARTINIÈRE

À quelque 20 km du centre de Nantes, un havre de paix assez insolite, très agréable, à l'ombre de saules et de peupliers. Le canal de Basse-Loire, c'est l'autre nom donné à ce canal, court sur 15 km, entre le village de La Martinière, commune du Pellerin, et le Carnet, commune de Saint-Viaud. Il est fermé en chaque extrémité par une écluse.

UN PEU D'HISTOIRE

Au XIXe siècle, l'ensablement de la Loire et la navigabilité de l'estuaire empêchent les bateaux de haute mer, jaugeant plus lourd, de remonter jusqu'à Nantes. La survie du port de Nantes est en jeu. En 1876, un député s'écrie à la tribune « La Loire s'ensable, la Loire se perd, la Loire se ruine ». Des travaux avaient été pourtant menés auparavant : endiguement du fleuve de Bouguenais au Pellerin. Ce n'était pas suffisant. Il fallait créer un canal pour éviter les pièges des îles et des passes entre Le Pellerin et Paimbœuf. Les travaux commencés en 1882 durèrent 10 ans. Mais avec l'apparition de navires dont les tirants d'eau mesurent jusqu'à 7 m, le canal est vite inadapté. En 1903, on décide d'approfondir le chenal de la Loire. En 1914, le canal est fermé à la grande navigation, fréquenté seulement par les chalands des riverains et les plaisanciers. Depuis les années 1960, on utilise le canal pour réguler les niveaux d'eau des marais du pays de Retz et irriguer une partie de son territoire.

Où dormir ?

Camping

△ *Camping du Migron :* au Migron, sur la commune de Frossay (44320). ☎ 02-40-39-77-83. Au bord du canal. Ouvert du 15 juin au 15 septembre. Forfait emplacement et 2 personnes : compter 6,10 € (40 F). Dans la verdure, calme assuré pour ce camping de catégorie 2 étoiles. Piscine. Possibilité de balades à vélo.

Chambres d'hôte

🏠 *Château de la Roussellière :* chez Catherine et Sylvain Scherer, 44320 Frossay. ☎ 02-40-39-79-59. Fax : 02-40-39-77-78. • www.berteloot.com • À 8 km à l'ouest de Paimbœuf, par la route de Nantes, et à

3 km du canal de La Martinière. Ouvert de mai à septembre. 3 chambres d'hôte avec salle de bains à 70 € (459 F), petit déjeuner compris. Dans une très belle demeure des XVI-XVIIIe siècles au milieu d'un parc de 25 ha. Les chambres sont confortables, récemment restaurées. Piscine. Accueil familial. Apéritif maison et café offerts sur présentation du *GDR*. Que demander de plus ?

Où manger ?

I●I *Le Tisonnier :* à Rouans, à l'est de Frossay. ☎ 02-40-64-29-83. Fermé la 2e quinzaine d'août. Service le midi uniquement. Menus de 10,21 à 28,20 € (67 à 185 F). Si ce restaurant ne paie pas de mine, on s'y restaure bien pour pas cher avec un 1er menu très correct. Pour un peu plus, on en rajoute un peu de cuisine populaire et bien tournée : coquilles Saint-Jacques, cuisses de grenouille... Les retraités et les employés en pause-déjeuner ne s'y trompent pas et se retrouvent dans ce restaurant-tabac-café-maison de la presse. Difficile de trouver meilleur rapport qualité-prix-rapidité.

Se balader le long du canal

➢ Partir du village de La Martinière. Maisons anciennes et écluse de grande navigation. Longer la rive droite jusqu'aux Champs Neufs. Là : barrage et écluse, maison éclusière. Suivre ensuite la rive gauche jusqu'au Migron, petit bourg qui abrite de vieilles maisons le long de ses ruelles. Au Migron, club nautique et club de canoë-kayak.

➢ *DANS LES ENVIRONS DU CANAL*

★ **La réserve ornithologique de l'île de Massereau :** paradis des oiseaux migrateurs. 400 ha de roselières, saulaies et prairies où s'ébattent hérons cendrés, sarcelles, bécassines...

★ *Frossay (44320) :* voir ses calvaires, dont celui de la Fuie.

SAINT-NAZAIRE *(SANT-NAZER)* (44600) 65 900 hab.

À première vue, Saint-Nazaire apparaît triste, froide et sans intérêt, voire un peu déprimante, tendance « crise de foie dont on se remet mal »... Et pour peu que le ciel soit gris, le caractère industrie lourde de Saint-Nazaire ressort avec évidence, le fond de l'air y devient alors prolétaire. Par contre, lorsque le bleu s'impose, les lignes des usines deviennent plus franches, plus pures et la lumière beaucoup plus crue.
À bien des égards, cette ville est d'une richesse insoupçonnée. Il faut cependant donner un peu de soi pour l'apprécier. Et puis, on réserve quelques coins bien sympas pour ceux qui ne sont pas forcément fanas du patrimoine industriel. Mais pour les autres, c'est surtout dans le quartier industriel et celui des docks qu'il convient d'errer. Amis photographes, si vous aimez les « urbanités » industrielles, vous allez être conquis...

LA VILLE DANS L'HISTOIRE

Comme tous les ports, Saint-Nazaire véhicule nombre de fantasmes. Vies enveloppées entre terre et mers lointaines, rêves de voyages au long court, ce port, aux tavernes repues de souvenirs, n'est pourtant pas un port comme les autres. Phagocyté par les marais de Brière d'un côté, entre eaux douces et eaux salées de l'estuaire, de l'autre, il ressemblerait aux autres si une armée de chalutiers remontait de bonne heure les flots. C'était ainsi, tout du moins, que s'écoulait la vie dans le petit port de pêche de Méan, défendu aux XIVe et XVe siècles par le château fort des ducs de Bretagne. Le village prend alors le nom de Port-Nazaire, en hommage au martyr décapité à Rome en 52. Amen ! De celui-ci naquit un Saint-Nazaire en raison des facéties de la Loire puisque ses bancs de sable, dans lesquels certains bateaux se prennent encore les pieds, la rendent impénétrable au-delà d'Ingrandes. En 1830, seuls quelque 300 habitants peuplaient les petites rues tortueuses où les travailleurs à façon s'affairaient dans leurs boutiques. Mais en 1850, tout n'était pas gagné. Le voisin d'en face, Paimbœuf, prétendait également jouer dans la cour des grands, celle de l'avant-port de Nantes. Tout se joue donc dans le bouillonnant XIXe siècle. Ce sera alors chez les Nazairiens que l'on construira les premiers bassins en eau profonde. Par décision administrative en théorie ou par esprit de chapelle, nul ne sait... Mais, en secret, l'on penche pour la version suivante : tuiles rondes et toits plats contre ardoise et parlers différents. Nantes capitale déchue allait-elle réserver le même sort à sa Bretagne et choisir le Sud de la Loire ? Non !

Les frères Pereire, ceux des banques, du chemin de fer Paris-Orléans et de la Compagnie Générale Transatlantique, confient à John Scott, en 1862, la construction d'une usine de paquebots (pas que beaux mais aussi efficaces). Cet Écossais (au nom on ne peut plus patriotique), afin de construire ces murs d'acier promis aux déferlantes, fait appel aux Briérons déjà experts dans la fabrication des coques de bois de leurs chalands. Mutation technique, mais même esprit. Les grands « transats » partent donc de Saint-Nazaire, cette étrange ville « clef de l'estuaire » dont la devise est « Aperit et nomo claudit » (« Elle ouvre et personne ne ferme »), tout de même bizarre pour une clef ! Plusieurs autres bassins sont creusés et Saint-Nazaire connaît un essor démographique sans précédent. On accourt de toutes les provinces, à tel point que l'on affuble la ville du surnom de « Petite Californie bretonne ».

Pendant l'entre-deux-guerres, la vie est belle à Saint-Nazaire, et les innovations sont légion. Premières convention collective, bourse du travail, habitations à bon marché, maison d'hygiène sociale pour les consultations des femmes enceintes, gratuité des livres pour tous les élèves de l'école publique... Et puis, l'histoire se répète, hum... pas vraiment de la même façon, à vrai dire. La Seconde Guerre mondiale éclate, et, comme Brest, la ville est rasée. On reconstruit donc à la va-vite et le moins cher possible. On taille donc les rues comme l'opinel le beurre. À angle droit. Rectitude et ordre, s'il vous plaît ! Témoin à charge de cette époque, l'élégante et gracile mairie, au style furieusement hôtel *Cosmos* moscovite. Après plus d'un siècle et demi de construction de palaces flottants (aux noms on ne peut plus dominateurs : *Sovereign Majesty, Monarch, Star*), aujourd'hui, Saint-Nazaire se retourne sur son passé et s'aperçoit qu'elle est mal lotie. Les cordonniers sont souvent les plus mal chaussés... Espérons que le nouveau projet urbain « Ville-Port » rectifie un peu les choses.

Adresses utiles

Office du tourisme (plan B2) : bd de la Légion-d'Honneur, base sous-marine. ☎ 02-40-22-40-65 ou 0820-014-015 (n° Indigo). Fax : 02-

40-22-19-80. • www.saint-nazaire-tourisme.com • Ouvert de 9 h 30 à 12 h 30 et de 13 h 30 à 19 h, tous les jours en juillet et août; en intersaison, de 9 h 30 à 12 h 30 et de 13 h 30 à 18 h; en basse saison, du mardi au dimanche de 10 h à 12 h 30 et de 14 h à 18 h. Important, la plupart des sites à visiter sur le port sont fermés en janvier.

✉ *Poste* (plan A3) : 11, av. de la République. Ouvert du lundi au vendredi de 8 h à 19 h, le samedi de 8 h à 12 h.

🚆 *Gare SNCF* (plan B1) : ☎ 0892-35-35-35 (0,34 €/mn, soit 2,21 F). 5 TGV directs par jour en moyenne pour Paris. Durée : 2 h 45.

■ *Boutique STRAN* (plan A2-3, 1) : 18, av. de la République. ☎ 02-40-00-75-75. Ouvert du lundi au samedi de 8 h à 12 h 15 et de 13 h 45 à 18 h. Point de vente des tickets de bus du réseau Atlantique.

Où dormir ?

Camping

⚑ *Camping de l'Ève* (hors plan par A3) : route du Fort-de-l'Ève, à Saint-Marc-sur-Mer. ☎ 02-40-91-90-65. Fax : 02-40-91-78-59. 🍴 Ouvert du 1er mai au 30 septembre. Forfait emplacement et 2 personnes : 12,04 à 13,87 € (79 à 91 F) selon la saison, sans l'électricité. Emplacements classés par couleur, nombreux services en haute saison (supermarché, laverie, point presse, bar, brasserie, boulangerie et club-enfants gratuit!). Réservation indispensable, vous vous en seriez douté, en été. Et un petit tunnel pour accéder directement à la plage sans danger.

Bon marché

🏠 Les fauchés échoueront dans la zone portuaire de Saint-Nazaire (sur les rues des Chantiers et Penhoët). Les hôtels du cru, style *hôtel de*

■ **Adresses utiles**

    🛈 Office du tourisme
    🚆 Gare SNCF
    🚌 Gare routière Baco
    ✉ Poste
    1 Boutique STRAN

🏠 **Où dormir ?**

    10 Hôtel de l'Espérance
    12 Hôtel Le Norway
    14 Hôtel de Touraine
    15 Korali Hôtel

🍴 **Où manger ?**

    16 Le Quincy
    30 L'Air Bleu
    31 Chez Nous
    32 Le Skipper
    33 La Table d'Harmonie
    35 L'An II

🍷 **Où boire un verre ?**

    50 Le Transat
    51 Le Café de la Loire
    52 Indian Rock Café
    53 Le Bakoua
    54 Le Spoutnik

★ **À voir**

    100 Pont de Saint-Nazaire
    101 Écomusée de Saint-Nazaire
    102 Sous-marin L'Espadon
    103 Mémorial de l'Abolition de l'esclavage
    104 Grand Café
    105 Building
    107 Ancienne gare
    110 Halles de Penhouët
    111 Pavillon des douches publiques
    112 Ancienne douane ou bâtiment des célibataires
    113 Maison du XIXe siècle
    114 Vignette : Où allons-nous ? À Saint-Nazaire
    115 Vignette : Le lendemain matin
    116 Vignette : Nous ne sommes guère plus avancés
    117 Terminal fruitier

🛍 **Achats**

    70 Le Tastevin

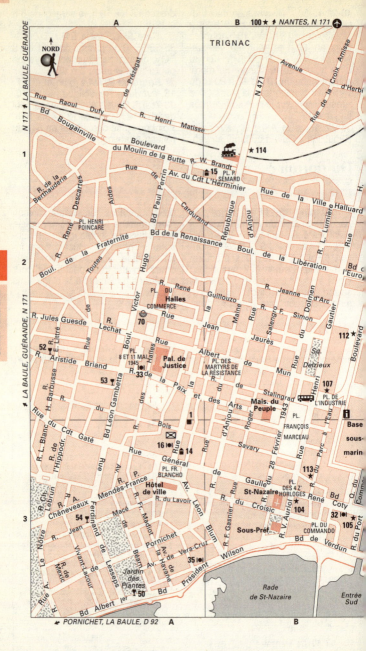

SAINT-NAZAIRE

l'Espérance (plan C1, **10** ; ☎ 02-40-22-63-11) et *hôtel Le Norway* (plan C1, **12** ; ☎ 02-51-10-04-73), notamment, sont plutôt des pensions réservées aux ouvriers des chantiers de l'Atlantique et/ou de l'Aérospatiale. La réservation à la semaine (ou au mois !) est donc indispensable. Prix défiant toute concurrence : autour de 30,50 € (200 F) en pension complète. Appeler avant de s'y rendre, car souvent complets. Quartier un peu excentré, donc pour les motorisés.

🏠 *Hôtel de Touraine* (plan A3, **14**) : 4, rue de la République. ☎ 02-40-22-47-56. Fax : 02-40-22-55-05. • hoteltouraine@free.fr • Fermé la dernière quinzaine de décembre. Chambres de 19,82 € (130 F) avec lavabo, à 35,83 € (235 F) avec bains. Trouver à Saint-Nazaire une chambre neuve, propre et agréable, pour un prix raisonnable, se voir servir un petit déjeuner copieux dans le jardin quand il fait beau et offrir un repassage de chemise sans supplément est suffisamment rare pour être signalé. De plus, on accepte le chien, le chat, le compagnon (ou la compagne) de toute race que l'on peut amener... Excellent accueil, vous l'aviez deviné ! 10 % de réduction sur le prix de la chambre d'octobre à mars, sur présentation du *GDR*.

Prix moyens

🏠 *Korali Hôtel* (plan B1, **15**) : place de la Gare. ☎ 02-40-01-89-89. Fax : 02-40-66-47-96. ✗ Chambres doubles à partir de 48,78 € (320 F). On a aimé l'architecture moderne de cet hôtel récent, bien situé, près de la gare SNCF. Facilement accessible. Les chambres de bon confort avec TV (Canal + sans supplément) et l'amabilité du patron nous invitent à recommander cette maison jolie et accueillante. À noter, le petit déjeuner à partir de 5 h du mat' permet, en cas de départ matinal, de ne pas s'élancer le ventre creux. 10 % de réduction sur le prix de la chambre de septembre à fin juin accordée à nos lecteurs sur présentation du *GDR*.

Où manger ?

Plus qu'ailleurs, de nombreux restaurants ouvriers proposent un repas complet pour environ 7,62 € (50 F)... On ne saurait s'en priver !

Dans le quartier des chantiers navals

Bon marché

|●| *Chez Nous* (plan C1, **31**) : 5, rue de Trignac. ☎ 02-40-22-58-43. Fermé le week-end, ainsi que la semaine de Noël. Repas à 8,08 € (53 F) vin compris. Que demande le peuple ? La patronne serre la main à ses habitués qui, pour ceux qui y logent, ont une ardoise.

|●| *L'Air Bleu* (hors plan par C1, **30**) : 3, rue Anatole-France, à Montoir-de-Bretagne. ☎ 02-40-90-01-17. Au rond-point de Gron, au pied du pont de Saint-Nazaire. Fermé les samedi, dimanche et jours fériés. Congés annuels en août. Menus à 8,38 et 9,91 € (55 et 65 F). L'air de rien, on y mange très correctement une côte de porc ou une côte d'agneau, des chipos, une bavette grillée au feu de bois avec une assiette de frites, des vraies de vraies. Café offert aux lecteurs sur présentation du *GDR*.

Dans le quartier des docks

Prix moyens

I●I Le Skipper (plan B3, 32) : 1, bd René-Coty. ☎ 02-40-22-20-03. Fermé les samedi midi et dimanche. Plats du jour autour de 8,38 € (55 F). Autres plats à 10,67-12,20 € (70-80 F). Ce bar-restaurant est l'un des seuls ouverts tard le soir (jusqu'à 23 h 30), et de sa baie vitrée on peut contempler les lumières du port, assis sur de hauts tabourets en skaï. Sinon, c'est un tantinet cher, mais les plats principaux, comme la fricassée de lapin aux épices douces et tagliatelles ou les coquilles Saint-Jacques au whisky sont préparés devant vous et sont copieux. Le patron est polonais et termine parfois avec ses hôtes à la vodka. Une bonne adresse, somme toute.

Dans le centre

Bon marché

I●I La Table d'Harmonie (plan A2, 33) : 60, rue de la Paix. ☎ 02-51-76-04-10. Fax : 02-40-19-14-64. Fermé les mardi soir et mercredi ainsi que 15 jours en mars. Formule bon marché le midi à 9,91 € (65 F) et autres menus allant de 13,57 à 29,88 € (89 à 196 F). Mieux vaut éviter d'y aller le soir car les néons ne riment pas avec espoir. Spécialités de poissons et fruits de mer.

I●I Le Quincy (plan A3, 16) : 15, av. de la République. ☎ 02-40-66-70-82. Fermé le samedi soir et dimanche. Y aller, pour les affamés, le midi et sa formule à 9,60 € (63 F) : buffet à volonté de hors-d'œuvre divers, excellents et variés, plat de cuisine familiale à choisir parmi une dizaine et dessert. Service rapide. Fréquenté par les gens du coin attirés par l'excellent rapport qualité-prix de l'endroit.

Prix moyens à chic

I●I L'An II (plan A3, 35) : 2, rue Villebois-Mareuil. ☎ 02-40-00-95-33. ♿ Fermé le 25 décembre au soir et le 1er janvier au soir également. Formule à 12 € (78 F) et menus de 15 à 45 € (98 à 295 F). Certaines tables, comme les 1, 2, 5 et 14, ont vue sur l'estuaire. Installé depuis une dizaine d'années, ce restaurant est parfois inégal. Quoi qu'il en soit, la godaille (voir la rubrique « Gastronomie », au début de ce chapitre sur la Loire-Atlantique) y est très copieuse. Pour qui connaît les prix du poisson, on s'en tire à bon compte. Le 1er menu est d'un excellent rapport qualité-prix, avec sardines de La Turballe marinées à l'huile d'olive et fleur de sel de Guérande, le poisson du marché « cuisiné suivant l'humeur du chef » et la crème renversée à l'orange. Les amoureux du bon vin seront au paradis : saint-julien, pauillac et autres petits vins plus modestes côtoient une carte de vins australiens, chiliens, néo-zélandais et sud-africains savamment choisis et servis.

Où déguster une bonne pâtisserie ?

I●I Chez Éric Jauneau (plan A3) : 3, rue de la République. ☎ 02-40-22-47-24. Ouvert de 8 h à 19 h du mardi au samedi et de 8 h à 13 h le dimanche. Diverses spécialités, d'excellents gâteaux et de fameux chocolats.

Vie nocturne

▼ **Le Transat** *(plan A3, 50)* : 60, bd Wilson. ☎ 02-40-00-16-96. Fermé les jeudi soir, dimanche soir et lundi hors saison, ainsi qu'à la Toussaint. Adossé au jardin des Plantes, un point stratégique pour se dorer les côtes sur le front de mer, bouquiner face à l'océan ou voir au loin les paquebots passer. Galettes, crêpes et salades. Apéritif maison offert aux lecteurs qui déjeunent, sur présentation du *GDR*.

▼ **Le Café de la Loire** *(plan C3, 51)* : dans le quartier du Petit Maroc. Depuis sa grande baie vitrée, l'on peut voir tôt le matin s'animer les bateaux de pêche. Certains journalistes locaux y ont leurs habitudes, d'autres ouvriers viennent se jeter un kawa avant d'aller bosser.

▼ **Indian Rock Café** *(plan A2, 52)* : 55, rue Aristide-Briand. C'est avec beaucoup de suspicion que l'on entre dans ce bar dont on se dit qu'il s'est mis à la mode tex-mex. Cependant, il a de la bouteille puisqu'il est l'un des tout premiers ouverts à Saint-Nazaire. En définitive, la déco s'avère tout sauf carton pâte. Bonne sélection de bières et rock solide.

▼ **Le Bakoua** *(plan A2, 53)* : 19 bis, av. Gambetta. ☎ 02-40-22-00-43. Fermé les dimanche et lundi. Comme son nom l'indique, on y trouve des barriques sur lesquelles repose le bar. Les *tapas* y sont bonnes et dignes de foi. Bonne carte de cocktails.

▼ **Le Spoutnik** *(plan A3, 54)* : 22, av. Ferdinand-de-Lesseps. Impossible de louper ce bar à la devanture jaune à damiers noirs. Clientèle étudiante.

– Saint-Nazaire possède son « Zénith » (à lui), ici appelé **Le V.I.P**. Groupes locaux et d'envergure nationale s'y produisent (salle sur le port). Renseignements : ☎ 02-51-10-00-00.

À voir

Vision panoramique

★ Un bon point de départ pour aborder la ville est d'aller flâner depuis le **pont de Saint-Nazaire** *(hors plan par B1 ou D1, 100)*. Rabelais en avait rêvé dans *Gargantua*, les nombreux bacs qui assuraient la liaison de part et d'autre de la Loire en faisaient le cauchemar. Le conseil général l'a fait ! Long de 3 356 m, il a été inauguré en 1975. C'est un pont à haubans, d'une suprême élégance, car son profil en long suit une douce et harmonieuse voûte qui le fait s'élever à 61 m au-dessus de la Loire, et son tracé ondule en « S » entre Mindin et Saint-Nazaire. Sachez que la pente fait tout de même 5,6 % et que les bas-côtés ont été aménagés en piste cyclable. Enfin, il n'y a pas si longtemps encore, le passage du pont était soumis à péage...

★ On peut, en outre, jouir d'une vue panoramique sur l'estuaire depuis la **plage du Petit-Traict**. Au premier plan subsistent des villas du XIXe siècle, épargnées par les bombardements alliés. Plus loin, on voit les bassins et les formes de radoub pour la construction des navires. Au couchant, les loupiotes qui éclairent les ponts des navires en construction offrent une vue saisissante sur leur carcasse squelettique. La nuit met également en valeur le patrimoine industriel sous un nouveau... jour. Yann Kersalé, un ingénieux artiste local, a récemment mis en scène ce port en l'illuminant selon la force des vents, le trafic des voitures ou les coefficients des marées. Le programme **Nuit des Docks** est ainsi activé dès le crépuscule pendant une période de 2 h. Passée cette période, le programme évolue de façon aléatoire selon 16 scénarios différents. Plus de 900 points lumineux mettent en valeur frigos, grues, silos, souvent de manière très originale. Des éclairages tournants donnent ainsi la géniale impression que les tourelles immobiles sont en mouvement, tandis que la base sous-marine se teinte d'un joli bleu curaçao.

Le port

Le port de Saint-Nazaire forme un ensemble constitué de plusieurs sites. La base sous-marine, où est amarré le bateau-musée *Escal'Atlantic*, est en quelque sorte la porte d'entrée à cet ensemble. Dans cette base (en fait, un gigantesque blockhaus construit par les nazis afin d'abriter la *Kriegsmarine*, au-dessus des bassins où mouillaient les transatlantiques), on trouve la billetterie centrale où on réserve ses visites, dont certaines sont guidées. Renseignements et réservations : ☎ 0810-888-444 (n° Azur). Ouverture de 9 h 30 à 12 h 30 et de 13 h 30 à 19 h en saison, horaires légèrement modifiés le reste de l'année. Fermeture annuelle en janvier. Tarifs d'entrée variables. Pour nos lecteurs, une entrée enfant gratuite (4 à 12 ans) pour deux entrées adultes achetées, sur présentation du *Guide du routard*.

Si vous êtes un accro du tourisme industriel et/ou du port de Saint-Nazaire, la visite de tous les sites indiqués ci-après vous prendra une bonne journée. Soulignons et applaudissons avec enthousiasme la volonté de Saint-Nazaire de mettre en avant son passé et son présent industriel et d'offrir ainsi l'image d'une ville qui retrouve son identité autour de son port d'une manière innovante, vivante et attrayante. Une bien belle réussite.

★ **Escal'Atlantic :** amarré dans deux alvéoles de l'ancienne base sous-marine allemande. En plus des horaires de journée (voir ci-dessus), nocturnes uniquement en été les mercredi et samedi de 21 h à 22 h, placées sous le thème « Nuits transatlantiques ». La navette (pour traverser le port) et l'entrée à l'écomusée sont compris dans le billet d'entrée à E*scal'Atlantic*. *Escal'Atlantic* a ouvert ses portes en avril 2000. Véritable exposition-spectacle sur l'histoire et la légende des paquebots, où les visiteurs deviennent les passagers d'un voyage dans l'univers des grands paquebots. De la salle des machines aux cabines, en passant par la timonerie ou le restaurant, le visiteur en prend plein ses petites mirettes ! Magnifique !

Une rampe d'accès au toit de la base sous-marine, impressionnante, offre un bon point de vue sur les environs immédiats. Tantôt sur le *terminal fruitier (plan C2, 117)*, tantôt sur la *forme Joubert* (bassin ; *plan C3*), aux dimensions impressionnantes : 350 m de long sur 53 m de large et 16,50 m de profondeur, voire sur le *Building (plan B3, 105)* ou encore sur le *pont Levant*. Coup d'œil également sur le nouveau quartier Ville-Port, conçu par l'architecte catalan Manuel de Sola, avec, entre autres, une vaste esplanade sur laquelle trône une monumentale « sirène », œuvre du sculpteur Federica Matta.

★ **L'écomusée de Saint-Nazaire** *(plan C3, 101)* et le **sous-marin L'Espadon** *(plan C3, 102) :* av. de Saint-Hubert. ☎ 0810-888-444. Voir horaires dans l'introduction à la visite du port, plus haut. Ce musée et *L'Espadon* sont systématiquement associés à la visite d'*Escal'Atlantic*. Prix groupé pour la visite de l'écomusée et de l'Espados : 5,34 € (35 F) pour un adulte, 3,81 € (25 F) pour un enfant.

Près d'une ancienne écluse qui servait de base aux sous-marins nazis, ce petit musée (assailli par les cars de touristes) s'avère très intéressant et surtout très bien aménagé. On y présente avec beaucoup d'attention la faune et l'histoire de l'estuaire et surtout ce qui constitue le gros morceau de la ville : les chantiers navals (vous l'aviez compris !). Qui dit chantiers navals dit également reconversions. Vers les hydravions, notamment, dont on peut voir les jolies maquettes des essais en soufflerie. Alors que certains ont été commercialisés (la série *Loire*, par exemple), on se demande encore comment d'autres ont pu, un jour, prétendre voler... À l'étage, bonne illustration des luttes ouvrières (qui valent à Saint-Nazaire le surnom de « la Rouge »), espoirs, révoltes ou désillusions (comme la mort d'Albert Londres – le père du grand reportage, chéri une fois l'an par les journaleux pour le prix qui porte son nom – à bord du *Georges-Philippar*).

★ Non loin de l'écomusée, un étrange *mémorial de l'Abolition de l'esclavage (plan C4, 103),* conçu par Mayo dans l'eau. Notez que la femme regarde au loin et a brisé ses chaînes. À côté, le vieux môle ou « les rochers gluants » décrits par Balzac.

★ *Alstom-Chantiers de l'Atlantique (plan D1-2) :* difficile de passer à côté du principal employeur de la ville, le groupe Alstom-Atlantique. Visite tous les jours en juillet et août (six visites quotidiennes), hors saison, plusieurs départs hebdomadaires, se renseigner à la base sous-marine (voir plus haut dans l'introduction à la visite du port). Réservation obligatoire. Prévoir 2 h de visite.
Pour ceux qui auraient raté le coche, petit résumé. Depuis 1861, les Chantiers ont enfanté *L'Île-de-France, Le Normandie, La Jeanne-d'Arc...* la liste est longue : 78 paquebots et 120 navires de guerre ; on y a construit des bateaux de toute sortes : cargos, pétroliers, méthaniers, sous-marins et on en passe... Aujourd'hui, on produit avant tout des bâtiments de croisière, Alstom est d'ailleurs le leader mondial incontesté pour la construction de paquebots de croisière. Cocorico ! euh, pardon... Poursuivons : le carnet de commandes des Chantiers de l'Atlantique est très chargé. *Le Millénium* est un des derniers paquebots sortis des Chantiers en 2000, on s'en serait douté, avec un nom pareil...
Le grand intérêt de cette visite réside dans le fait que le lieu est vivant, actif, qu'on peut y voir des gens travailler et des bateaux à différents stades de leur construction. Armé d'un casque récepteur qui permet de suivre sans mal les commentaires du guide (les lieux sont bruyants, c'est un lieu industriel en pleine activité), parfois transporté en bus, on est vraiment plongé au cœur même du chantier naval.
La visite permet de découvrir, sur un site de 120 ha (une ville dans la ville !), toutes les étapes de la fabrication depuis le rivet pop à la découpe des tôles, à la soudure des plaques sous eau, en passant par la ligne de teint et les portiques prêts à soulever quelque 750 t.
On repartira avec des notions de base (c'est déjà pas mal !) de la construction navale et de ses différents métiers.

★ *Airbus (plan D1) :* autre curiosité industrielle prestigieuse. Visites guidées en période estivale, jusqu'à 6 visites heddomadaires à 10 h 30 et 15 h 30, réservation obligatoire au : ☎ 0810-888-444 ; lors de la réservation, communiquer son adresse, la date et le lieu de sa naissance, le n° de sa pièce d'identité à présenter le jour de la visite. Prévoir 2 h de visite.
La visite se déroule en deux temps. D'une part, l'aérothèque retrace l'aventure de l'industrie aéronautique à Saint-Nazaire depuis les premiers hydravions des années 1920 (notez la très *soft* évocation de la période de la guerre – eh ! les adversaires d'hier sont les partenaires d'aujourd'hui...) et d'autre part, une ludique visite du gigantesque atelier où l'on monte et où sont assemblés des tronçons d'*Airbus.*

La ville

★ *La ville neuve et la rue de la République (plan A-B, 1-2-3) :* la reconstruction de la ville a été confiée à Noël Le Maresquier, Grand Prix de Rome, qui conçut un plan octogonal dégageant un vaste terre-plein autour du port. Après avoir déblayé 2 millions de mètres cubes de gravats, on vit surgir une ville neuve en 1960, avec ses « Champs-Élysées », ici baptisés rue de la République, longue de 1 200 m nord-sud. Point névralgique : le centre commercial appelé « le Paquebot » (ça vous étonne ?), qui coupe l'avenue en deux.

★ Rue du Dolmen s'élève un *lichaven (ou trilithe),* sorte de dolmen de 2 m de haut, précédé d'un menhir, datant de 4000 ans av. J.-C.

★ La ville et les docks sont jalonnés par trois **vignettes** *(plan B1, 114 ; plan C2, 115 ; plan C3, 116)* évoquant le petit reporter à la célèbre houpette et le capitaine non moins fameux pour ses injures caustiques. L'association **Les 7 Soleils** suit les ravisseurs du professeur Tournesol dans un paysage similaire à Saint-Nazaire *via* l'album d'Hergé *Les 7 Boules de Cristal*. Gag : pour inaugurer l'un des derniers panneaux, l'initiateur de cette bonne idée a décidé de faire revivre l'harmonie de Moulinsart (celle qui termine par un tohu-bohu génial après l'invitation à se rincer les amygdales de la signora Castafiore). Il a donc convoqué la presse à l'arrivée du TGV pour fixer l'événement sur la pellicule. Pour l'occasion, l'harmonie a entonné les airs favoris de la Castafiore, dont *L'Air des Bijoux* de Faust, avec brio... mais d'harmonie il n'en existait que pour l'occasion, car Moulinsart n'est présent que dans l'imagination d'Hergé...

– Il reste encore quelques vestiges du Saint-Nazaire d'avant-guerre. On en distingue deux types : ceux à l'état de souvenirs et ceux à l'état de vestiges (quand ils ne sont pas l'un et l'autre à la fois).

★ Dans la ville, n'hésitez pas à flâner dans les **avenues de Santander, Vera Cruz, Mexico** et La **Havane** où subsistent de vieilles maisons, parfois de style balnéaire, datant de 1880. Celles du front de mer sont un peu plus cossues avec leurs balcons en fer forgé. Voir notamment la *façade de l'hôtel Wilson*.

★ Du côté du port : sur la place des Quat'z-Horloges, l'ancien **Grand Café** *(plan B3, 104)*, le café chantant du père d'Aristide Briand, abrite aujourd'hui une salle d'exposition dédiée à l'art contemporain. Il fait l'angle et a été miraculeusement épargné par les bombardements. Ce ne fut pas le cas de cette **maison du XIX**[e] **siècle** *(plan B3, 113)* qui se dresse encore comme une rescapée au croisement des rues Brunelière et du Parc-à-l'Eau. Voir également l'**ancienne douane ou bâtiment des célibataires** *(plan B2, 112)*. Mention spéciale, enfin, doit être faite à l'**ancienne gare** *(plan B2, 107)* des frères Pereire. Comme beaucoup de gares à l'époque, il s'agissait d'une gare en cul-de-sac. Les trains devaient donc « culer » (pour partir dans l'autre sens). Aujourd'hui, même si elle a été mal rénovée, elle abrite une pépinière d'entreprises et mérite encore le coup d'œil.

★ Dans le quartier des chantiers navals, on peut encore se promener dans les **halles de Penhouët** *(hors plan par C1, 110)* ; chaque mercredi et samedi s'y tient le marché. Juste devant, à l'attention des marins et autres voyageurs, le **pavillon des douches publiques** *(hors plan par C1, 111)*, ouvert à la « baignade » les vendredi et samedi.

– Saint-Nazaire et la *maison des Écrivains étrangers et des Traducteurs* (MEET) invitent en résidence depuis plus de 10 ans dans le **Building** *(plan B3, 105)* écrivains, essayistes, poètes pour composer à Saint-Nazaire ou sur Saint-Nazaire. Cette « villa Médicis océanique » a ainsi permis le séjour de Luis Goytisolo, Juan José Saer ou encore Giuseppe Conte.

Achats

Le Tastevin *(plan A2, 70)* : 87, rue Jean-Jaurès. ☎ 02-40-66-55-57. Les tenanciers de cette cave maintenant associée en réseau *(Vino vini)* sont dingues de vélo. Ils ont sillonné quelques-uns de nos vignobles et ont donc « les cépages inscrits dans les mollets ». Ils présentent une belle sélection de petits et grands vins de l'Hexagone et en provenance de l'étranger, dont l'excellent vouvray de la maison Huet, ou encore le *concha y toro* chilien.

LA LOIRE ATLANTIQUE / LA CÔTE DE JADE

➤ DANS LES ENVIRONS DE SAINT-NAZAIRE

Randonnées pédestres

➤ *Le chemin des douaniers :* point de départ du phare de Villès-Martin, non loin de la superbe route côtière D292 entre Saint-Marc et Sainte-Marguerite. On peut aussi emprunter ce petit sentier (idéal pour un petit jogging matinal) qui suit la falaise, jusqu'au sémaphore. En bas, succession de petites criques sableuses, calmes, douillettes, tantôt à l'ombre, tantôt au soleil, accessibles par de petits escaliers escarpés. La seconde plage, à la hauteur du camping municipal des Jaunais, reçoit les naturistes. Symbole de l'ère des loisirs, c'est durant l'été 1952 que Jacques Tati a tourné sur la plage de Saint-Marc les immortelles *Vacances de M. Hulot* à l'*Hôtel de la Plage*, méconnaissable aujourd'hui ; à recommander aux cinéphiles, pas aux gourmets... Au large de Saint-Marc, les paquebots jettent l'ancre dans leur zone d'attente jusqu'au signal des autorités maritimes pour venir accoster. Les plus courageux peuvent continuer au bord du rivage et ainsi aboutir au port de plaisance du Pouliguen. Depuis le mémorial américain jusqu'au Pouliguen, compter une bonne trentaine de kilomètres.

➤ *Sainte-Marguerite-la-Brière-Sainte-Marguerite :* cet itinéraire de 35 km permet de relier Sainte-Marguerite au parc naturel régional de Brière. Départ de la place de Sainte-Marguerite. Il mène à la lande de Cavaro dont on peut observer les pins, puis, par un paysage changeant, l'on s'achemine peu à peu vers la Brière (par les villes de Blais, Dissignac – voir le tumulus – et Tergoët). Arrivé aux landes de Cuneix, il faut longer le marais d'Ust pour se rendre à Saint-André-des-Eaux. Reprendre à partir du Passouer le même itinéraire qu'à l'aller pour le retour à Sainte-Marguerite. Demander l'itinéraire détaillé à l'office du tourisme de Saint-Nazaire.

À voir

★ **Les terminaux** qui se situent sur la route de Saint-Nazaire à Donges sont tout simplement féeriques. En chemin, quelques blockhaus et de vieux pans de murs décrépis subsistent au bord de la piste d'atterrissage des ateliers d'*Airbus*. Ce sont les vestiges de l'ancienne gare de triage, construite par les Américains en 1917.
Un conseil, allez vous y promener vers 17-18 h pour le spectacle des camions se dirigeant vers les terminaux, et pour le coucher du soleil.
Par ordre d'apparition :
– le *terminal roulier de l'usine Citroën*. Bonne idée pour réduire la pollution atmosphérique, on connaissait déjà le « fer-routage », ici, Citroën pratique le « mer-routage ». En gros, PSA fait de l'import-export de véhicules et de pièces détachées vers son usine espagnole de Vigo.
– Le *terminal méthanier*.
– Le *terminal agro-alimentaire* engouffre quelque 2 millions de tonnes par an de céréales. Remarquez les suceuses qui, de leurs vis sans fin, aspirent les grains des vraquiers. Ces déchargeurs en continu, les *sywertell*, absorbent 1 200 t à l'heure.
– Le *terminal charbonnier :* au loin, vous apercevrez peut-être sur le cours de la Loire la drague que les Nazairiens appellent la « Marie-Salope », palliatif temporaire à l'ensablement continu et problématique de l'estuaire.

★ **La raffinerie Total Fina Elf** mérite plus qu'une visite pour sa bonne odeur de soufre qui s'échappe des torchères après combustion. La nuit, l'impression est saisissante. Ceux qui seront venus à Saint-Naz' en train auront également le privilège d'être passés dans le terminal (qui, contrairement aux autres, ne peut être visité pour des raisons de sécurité que vous comprendrez aisément) car la ligne le traverse.

QUITTER SAINT-NAZAIRE

En bus

Nombreuses liaisons avec le Réseau Atlantic : ☎ 0825-087-156.
➢ *Pour Châteaubriant :* 2 bus *via* Blain, Nozay, Louisfert avec la ligne 44.
➢ *Pour Guérande, La Turballe et Piriac :* ligne 80.
➢ *Pour le parc naturel régional de Brière* (Herbignac, La Chapelle-des-Marais, Saint-Joachim) : avec la ligne 87, après changement à Guérande.
➢ *Pour Pornichet, La Baule :* ligne 82 et 83.
➢ *Pour La Baule, Le Pouliguen, Batz-sur-Mer, Le Croisic :* ligne 81.

LA CÔTE D'AMOUR

PORNICHET *(PORNIZHAN)*   (44380)   9 670 hab.

La station précède La Baule, mais ce n'est pourtant pas son quartier pauvre, bien au contraire. Pornichet a son casino (rénové), son port de plaisance, sa gare SNCF et sa thalasso. Bref, tout ce qu'il faut pour passer des vacances un peu plus au calme qu'à La Baule.

Adresses et infos utiles

🅸 *Office du tourisme :* 3, bd de la République. ☎ 02-40-61-33-33. Fax : 02-40-11-60-88. Près du marché. Ouvert en hiver de 9 h 30 à 18 h 30, sauf le dimanche. En juillet-août, de 9 h à 19 h 30 en semaine ; le dimanche, d'avril à septembre, de 9 h 30 à 19 h. Compétent.
🚆 *Gare SNCF :* place Aristide-Briand. ☎ 02-51-76-34-08 ou 0892-35-35-35 (0,34 €/mn, soit 2,21 F). En saison, 3 ou 4 TGV de la ligne Paris-Le Croisic s'y arrêtent. Sinon trains « normaux ».
🚌 *Bus du réseau Atlantique :* ☎ 02-40-11-53-00. Pour Nantes, Saint-Nazaire, Le Croisic. Vente des tickets au tabac-presse, place du Marché.

Où dormir ?

Campings

⛺ *Camping Saint-Sébastien :* 10, av. des Loriettes. ☎ 02-40-61-53-07. À 700 m de la plage. Ouvert de mi-juin à mi-septembre. Forfait emplacement pour 2 personnes avec voiture et tente à 9,53 € (62,50 F). Un camping de poche aux prix aussi petits.
⛺ *Camping Bel Air :* 150, av. de Bonne-Source, à Sainte-Marguerite. ☎ 02-40-61-10-78. Fax : 02-40-61-26-18. ● www.bel-air-pornichet.com ● Comptez autour de 16,16 € (106 F) en haute saison pour 2 personnes. Le super camping pas super équipé, pas super ombragé et pas super calme, mais pas trop loin de la plage.

Bon marché

🛏 *Le Danicheff :* 45, av. du Général-de-Gaulle. ☎ 02-40-61-07-32. Chambres de 22,87 à 43,45 € (150 à 285 F). Chambres simples, certaines avec sanitaires sur le palier. Hôtel très familial et convivial. Correct pour le prix.

Prix moyens

🛏 *Normandy Hotel :* 120, av. de Mazy. ☎ 02-40-61-03-08. Fax : 02-40-61-67-56. Juste en face de la gare et à 200 m de la plage. Congés annuels en janvier. Chambres de 29,73 à 57,93 € (195 à 390 F). Les chambres ont été rénovées. Simple mais correct. Bon accueil de Mme Alix.

🛏 *Hôtel de France :* place Aristide-Briand. ☎ 02-40-61-08-68. Fax : 02-40-61-05-49. Sur la place de la gare et à 250 m de la plage. Ouvert toute l'année. Chambres de 29 à 52 € (190 à 340 F), correctes, sans plus.

Plus chic

🛏 *Villa Flornoy :* 7, av. Flornoy. ☎ 02-40-11-60-00. Fax : 02-40-61-86-47. • www.villa-flornoy.com • Ouvert de février à la Toussaint. Chambres avec douche et w.-c. ou bains de 51,07 à 83,85 € (335 à 550 F) selon la saison. Notre coup de cœur à Pornichet. Hôtel plein de charme, situé dans une rue tranquille près de l'hôtel de ville. On n'est cependant qu'à 300 m de la plage. Aménagé dans une ancienne maison de famille, décoré avec beaucoup de goût et de soin. Salon agréable et confortable, très bien meublé (commodes anciennes), derrière lequel se cache un jardin impeccable où il fait bon lire, loin de la foule en été. Patron attentif. Une bonne adresse. Apéritif maison offert aux lecteurs du *GDR*.

🛏 |●| *Le Régent :* 150, bd des Océanides. ☎ 02-40-61-05-68. Fax : 02-40-61-25-53. • www.le-regent.fr • Fermé le dimanche soir ainsi qu'en décembre et janvier. Chambres doubles avec douche et w.-c. à 48,02 € (315 F), avec bains à 68,60 € (450 F). Demi-pension obligatoire en été de 45,73 à 57,93 € (300 à 380 F) par jour et par personne, selon le type de chambre. Au resto, menus de 14,94 à 32,01 € (98 à 210 F). Face à la mer, un hôtel dont presque toutes les chambres ont été rénovées dans le style « mer et bateaux », hublots dans les salles de bains, murs et plans vasques en bois, etc. Coloré, ensoleillé, il ne lui manque qu'un grain de folie. Mais on est à Pornichet, au pays des matins calmes et des familles heureuses. Au resto, cuisine océanique, comme on pourrait s'en douter. Parmi les spécialités, on a apprécié la charlotte de cabillaud au coulis d'étrilles et le dos de sandre et brochet en réduction de saumur rouge. Apéritif maison offert sur présentation du *Guide du Routard*.

Où manger ?

Prix moyens

|●| *Restaurant La Brigantine :* sur le port. ☎ 02-40-61-03-58. Fermé les mardi soir et mercredi et de mi-novembre à mi-février. De 14,03 à 22,11 € (92 à 145 F) pour les menus. À la carte, autour de 22,87 € (150 F). L'une des seules crêperies avec terrasse donnant sur le port. Un agréable décor à l'intérieur, avec feu de bois lors des premiers frimas, des crêpes et des brochettes à la carte, et quelques plats exotiques, comme le poulet au saté ou le boudin antillais créole, qui vous font ai-

mer ce lieu échappant à la grisaille bétonnée environnante. Mieux vaut choisir à la carte. Apéritif maison offert sur présentation du *Guide du routard.*

Plus chic

I●I *Parfums de Plage :* bd des Océanides. ☎ 02-40-61-85-27. Sur la plage. À la carte, comptez dans les 22 € (144 F). Assez quelconque au premier abord, ce resto, situé en contrebas du boulevard, directement sur la plage, est en fait très sympa. Le patron n'a pas son pareil pour vous mettre de bonne humeur et la déco est charmante. Tout est tapissé de bois clair, les tables bleues jouent avec les chaises style transat en bois exotique. Terrasse extérieure, protégée par un mur en verre. S'il fait beau, le soir, superbe coucher de soleil sur La Baule. La cuisine y est raffinée et fraîche, un peu chère peut-être. Sur l'ardoise, les plats et desserts du jour, comme la rougaille de lotte et crevettes, brick de rouget à la vanille ou le crémet maison aux fraises. À la carte, soignée, des salades, des galettes aux prix plus doux bien sûr, ou de bons plats de poissons ou fruits de mer.

Où boire un verre ?

▼ *Le Bidule :* 122, av. de Mazy. Nulle part ailleurs sur la côte vous ne trouverez une ambiance semblable ! Dans cette cave à vin qui date des années 1930, les cuves sont d'époque, des tonneaux servent de table (sans tabouret), et M. Gilles sert au « verre à moutarde » sur un comptoir en bois, devant les rayonnages à bouteilles, comme faisait son père ! Et ça marche fort toute l'année, ça change des boîtes de La Baule !

▼ *Le Bar à Huîtres :* sous les nouvelles halles de Pornichet. Ouvert tous les matins, sauf le lundi en hiver. Pour déguster quelques huîtres accompagnées d'un verre de muscadet. Ambiance souvent sympa.

À voir. À faire

★ *La plage et le boulevard de bord de mer :* ici, les grandes résidences n'ont pas encore dévoré toutes les vieilles villas d'avant-guerre.

★ *Les villas de Pornichet :* un dépliant fort bien fait, intitulé « Histoires de Villas » et réalisé par l'office du tourisme, permet de découvrir l'architecture balnéaire et l'histoire des villas de la station. Vous pourrez, par exemple, admirer *Les Farfadets* (4, av. de l'Océan), construite pour le directeur d'un grand magasin parisien, d'inspiration mauresque, *Ker Souveraine* (202, bd des Océanides), dessinée par Vachon, l'architecte du casino, en 1925, où fut reçu en invité Léon Blum, ou encore *Sigurd* (89, av. du Général-de-Gaulle), que fit édifier Henri Sellier, ténor de l'Opéra de Paris. Il y en a bien d'autres (58 villas sont présentées), alors procurez-vous le dépliant (3,05 €, soit 20 F). Des visites commentées sont proposées d'avril à septembre avec l'office du tourisme.

★ *Le port de plaisance de Pornichet :* ☎ 02-40-61-03-20. Il ne compte que 180 places et abrite les petits bateaux. Le grand port de 1 100 places, avec sa galerie marchande, apparaît comme un étier relié au continent par un pont qui double la jetée du petit port de pêche primitif.

★ *La pointe du Bec :* prendre l'avenue du Commandant-Boitard au rond-point de l'Europe. Un autre paysage s'offre à vous, loin des immeubles du front de mer et du port assez mastoc. Le long de la côte rocheuse, belles villas enfouies sous les pins, la chapelle Sainte-Anne, près de laquelle Julien Gracq venait en vacances...

➢ *Le sentier des douaniers :* il rejoint celui décrit plus haut, dans la rubrique « Randonnées pédestres » du chapitre sur Saint-Nazaire.

➢ *Randonnées pédestres :* à partir du rond-point de l'Intermarché. Trois sentiers de randonnée à pied ou en VTT, de 4,10 et 17 km, balisés à partir du chemin de Baudry. Pour se changer des joies du bord de mer. Demandez le dépliant à l'office du tourisme (0,76 €, soit 5 F).

Fête

– *Les Renc'Arts :* de début juillet à la fin août. Festival gratuit et convivial consacré aux arts de la rue tous les mardis soir, et aux musiques « métissées » tous les jeudis soir.

LA BAULE *(AR BAOL)*   (44500)   16 000 hab.

C'est le train (voir la superbe gare rénovée, classée monument historique) qui, au XIXe siècle, a fait naître la station. Aujourd'hui, le TGV, en tout juste moins de 3 h, convoie les Parisiens de Neuilly, Auteuil, Passy... jusqu'à leurs belles demeures de villégiature nichées dans les pins, ces pins qui disparaissent peu à peu pour cause de vieillesse, d'asphyxie ou de non-résistance à la pioche des promoteurs. Un appartement en front de mer vaut environ 4 573,47 € (30 000 F) le mètre carré (on comprend tout de suite beaucoup mieux pourquoi la pinède est menacée...). La Baule ressemble à ces vieilles dames coquettes, un peu frimeuses, mais au fond très sages, et éminemment sympathiques puisqu'elles parlent verlan et font encore du sport. Pas n'importe lequel, certes : tennis, polo, golf, yachting, équitation. Que des sports populaires en somme. Voilà ce qui se pratique en famille commodément à La Baule, et c'est très bien comme cela. Si le décor a vieilli (cf. le film *La Baule-les-Pins* de Diane Kurys avec Nathalie Baye et Richard Berry), son « charme » B.C.B.G. où l'on vous donne du « chéri » à tout-bout-de-champ peut exaspérer. Elle reste pourtant la star des stations balnéaires et climatiques bretonnes. Il faut absolument rendre visite à La Baule, « la Belle ! », comme on va à Deauville, Cannes, Biarritz, et autres musts des plages à la mode...

Adresses utiles

🛈 *Office du tourisme :* 8, place de la Victoire. ☎ 02-40-24-34-44. Fax : 02-40-11-08-10. • www.labaule.tm.fr • Ouvert tous les jours en saison, de 9 h à 20 h. Hors saison : ouvert du lundi au samedi de 9 h à 12 h 30 et de 13 h 45 à 18 h et le dimanche de 10 h à 13 h et de 14 h 30 à 17 h. Dans un superbe bâtiment ultramoderne, comme la mairie. Accueil sympa. Se procurer la brochure *Bienvenue dans nos caves* qui fournit toutes les adresses pour aller déguster les vins de la région, gratuitement, sur rendez-vous.

🚆 *Gare SNCF :* place Rhin-et-Danube. ☎ 0892-35-35-35 (0,34 €/mn, soit 2,21 F). 3 liaisons directes sur Paris en TGV (un peu moins de 3 h de parcours), 10 TGV avec un changement à Saint-Nazaire ou à Nantes. Gare classée monument historique.

🚌 *Gare routière :* 4, place de la Victoire. ☎ 02-40-11-53-00. En face de l'office du tourisme. Une aubaine à inscrire sur vos tablettes, 30 % de réduction sur l'achat de 5 tickets. Depuis La Baule, les bus du réseau *Cariane Atlantic* desservent directement Pornichet, Saint-Nazaire (ligne 81),

Guérande (ligne 83), Le Croisic (ligne 81), et, avec changement, Saint-Lyphard, Asserac, Saint-Molf, Mesquer-Quimiac, Piriac et La Turballe.

■ **Port de plaisance La Baule-Le Pouliguen :** bureau du Port, square Général-Masson. ☎ 02-40-11-97-97.

■ **Météo Marine :** ☎ 0892-680-244. « La Baule et la presqu'île Guérandaise » (0,34 €/mn, soit 2,21 F).

Où dormir ?

Pas d'AJ à La Baule, c'est dire combien on aime les jeunes voyageurs un peu fauchés ; la plus proche se trouve à Saint-Brévin, il ne vous reste donc plus qu'à pratiquer le sport du pauvre... la marche à pied.

Camping

⋏ **Caravaning municipal du Bois d'Amour :** BP 221, allée de Diane, 44505 La Baule Cedex. ☎ 02-40-60-17-40. Fax : 02-40-60-11-48. ⋏ Forfait camping pour 2 personnes et 1 emplacement : de 10,67 à 14,94 € (70 à 98 F) selon la saison. Spécialement réservé aux caravanes, 80 emplacements. Café offert sur présentation du *Guide du routard* au « restaurant ».

Prix moyens

â **Hôtel Marini :** 22, av. Georges-Clemenceau. ☎ 02-40-60-23-29. Fax : 02-40-11-16-98. Ouvert toute l'année. Chambres doubles, avec douche et w.-c. ou bains, de 42 à 67 € (276 à 440 F). Force est de reconnaître que les travaux effectués dans ce petit hôtel lui ont donné une fraîcheur et une jeunesse bien agréables. Le rapport qualité-prix est plus qu'enviable, les chambres sont confortables et meublées avec goût. Tenu par deux amis qui ont le sens du service et de l'accueil. Sur présentation *du Guide du routard,* 10 % de réduction sur le prix de la chambre, sauf en juillet-août et les week-ends de mai.

â **Hôtel La Palmeraie :** 7, allée des Cormorans. ☎ 02-40-60-24-41. Fax : 02-40-42-73-71. ⋏ Fermé d'octobre à fin mars. Chambres coquettes avec douche et w.-c. de 54 à 81 € (354 à 531 F). Cette demeure cossue, perdue dans un océan de géraniums et de rosiers à l'écart de la foule, fut construite par une Mexicaine. Elle fait aujourd'hui le bonheur, entre autres, des retraités repus qui, à l'heure de la sieste, somnolent le bob sur le coin de l'œil à l'ombre du store...

â **Hôtel Riviera :** 16, av. des Lilas. ☎ 02-40-60-28-97. Fax : 02-40-60-49-03. • www.hotel-riviera.com • Vers Le Pouliguen. Ouvert de Pâques à fin septembre. Chambres entre 37 € (243 F), avec douche, et 67 € (440 F) avec bains, et selon la saison. Villa début du XXe siècle. Au calme. Parking clos. 10 % de réduction hors juillet-août et fêtes, à partir de 2 nuits consécutives sur présentation du *Guide du routard.*

â **Hostellerie du Bois :** 65, av. Lajarrige. ☎ 02-40-60-24-78. Fax : 02-40-42-05-88. • www.hostellerie-du-bois.com • À 300 m de la plage. Fermé du 15 novembre au 1er mars. Chambres doubles avec douches et w.-c. ou bains de 54,88 à 64,03 € (360 à 420 F) suivant la saison. Hôtel au jardin fleuri à l'ombre des pins, en retrait d'une rue très animée. Un amour de maison, fraîche, agréable, pleine de fleurs, de parfums... et de souvenirs de l'Asie du Sud-Est. Sur présentation du *Guide du routard,* un petit déjeuner offert par chambre sauf en juillet-août.

Où manger ?

Bon marché

I●I Crêperie La Bôle : 36, av. du Général-de-Gaulle. ☎ 02-40-60-19-73. Congés annuels : 15 jours en novembre et en janvier. Menu à 9,91 € (65 F), boisson comprise. Bon rapport qualité-prix du menu qui propose, par exemple, une galette beurre, une galette complète et une crêpe au Grand-Marnier avec une bolée de cidre. Accueil sympa du patron. Café offert sur présentation du *Guide du routard*.

Prix moyens à chic

I●I Chez l'Écailleur : 37, av. des Ibis. ☎ 02-40-60-87-94. Fermé le soir et le lundi hors saison. Congés de fin novembre à début décembre et mi-mars. Menu à 8,38 € (55 F). Comptez de 6,40 à 7,17 € (42 à 47 F) pour 6 huîtres et 1,98 € (13 F) le verre de blanc. Près du marché, le lieu idéal pour avaler une douzaine d'huîtres bretonnes charnues avec une demi-bouteille de gros-plant. Ambiance un tantinet chicos. Café offert aux lecteurs sur présentation du *GDR*.

I●I Le Rossini : 13, av. des Evens. ☎ 02-40-60-25-81. Fax : 02-40-42-73-52. Fermé les dimanche soir, lundi toute la journée et mardi midi hors saison, ainsi qu'en janvier. Menus de 18,29 € (120 F), en semaine, à 38,11 € (250 F). Colette et Michel Fornaréso ont transformé la salle à manger de l'hôtel Lutétia en un élégant restaurant gastronomique devenu un grand classique. Le modern style des années 30 convient au décor d'une fête gourmande. Le sourire de la patronne et la cuisine précise, nette, fraîche et rassurante de son mari font toujours recette. Enfin, un vrai filet de bœuf Rossini, accompagné d'un vrai foie gras de canard, assez cher tout de même. L'amateur de poisson découvrira avec plaisir, sous sa croûte de sel de Guérande, un dos de saumon rôti nappé d'un beurre rouge. De somptueux desserts, comme ce gratin de figues à la crème d'amande. Adresse chic et chère pour sortir de la routine. Apéritif maison offert sur présentation du *Guide du routard*.

I●I La Ferme du Grand Clos : 52, av. de Lattre-de-Tassigny. ☎ 02-40-60-03-30. Fermé le mercredi sauf pendant les vacances scolaires, et du 15 novembre au 15 décembre. Formule la moins chère à 12,20 € (80 F). On ne voudrait pas vous faire peur en disant que c'est « la » crêperie chic de La Baule. Même sans avoir appris à manger votre crêpe de froment ou de sarrasin un petit doigt en l'air, vous n'en apprécierez pas moins cette fermette pour Marie-Antoinette (ou Marie-Cécile) d'aujourd'hui, où l'on peut se régaler de petits plats très famille, comme le cassoulet au confit de canard, la tête de veau sauce gribiche ou les moules Grand Clos. Apéritif maison offert sur présentation du *Guide du routard*.

Où boire un verre ?

Y Le Bar Parisien : sur la place du Marché. ☎ 02-40-60-23-46. Fermé le lundi hors saison. Congés en novembre et en février. Ce bar est le lieu de rendez-vous du rugby-club baulois. Un des seuls popu du coin, où les papys ont leurs habitudes du petit blanc et leur place réservée. Bon accueil. On peut faire ouvrir ses huîtres au marché et venir les déguster au Bar Parisien avec un bon verre de vin.

Y Bar'Ouf : 3, av. des Houx. ☎ 02-40-60-52-81. Ouvert du mercredi au dimanche. Congés en janvier et février. Le bar « in », car c'est, entre autres, celui de Gérard Lanvin. Est-ce pour cela que les consommations sont si chères (7,62 € soit 50 F) ou bien parce que la clientèle parisienne des « gogos dragueurs » s'y précipite ?

Où sortir ?

♪ *Discothèque Le Noir et Blanc :* sur la route du marais de Congors. Deux salles et une grande terrasse pour une clientèle hétéroclite.

À voir. À faire

▷ *La plage :* de sable fin, longue de 9 km, où la mer se retire au loin pour dégager un vaste espace de jeux. Les rochers découverts abritent des coquillages et autres crabes. À marée haute, c'est un très beau stade nautique.

★ *Le boulevard et la promenade de front de mer :* ils changent de nom selon les emplacements, du Pouliguen jusqu'à Pornichet. Évidemment, les résidences avec loggia (voir l'immeuble de verre et l'aluminium de la thalasso près de l'hôtel *Royal*) ont presque partout remplacé les villas d'avant-guerre. Il en reste de beaux spécimens dans la pinède, mais qui ne voient plus le large depuis longtemps, à La Baule et à Pornichet comme ailleurs !

★ *L'église Sainte-Thérèse, la gare SNCF, la mairie* (bâtie en 1974) sont les seuls bâtiments publics dignes d'intérêt. Le quartier autour de la place des Palmiers, entre le bois d'Escoublac, son arboretum des Dryades, et la plage, conserve le style architectural B.C.B.G. qui sied à la station.

🚲 Une visite à la fois sportive et instructive en participant à *des visites commentées à vélo* avec l'office du tourisme (☎ 02-40-24-34-44). Différentes balades : découverte de l'architecture balnéaire, la forêt d'Escoublac.

LE POULIGUEN *(AR POULGWENN)* (44510) 5270 hab.

C'est le port de plaisance de La Baule, sur la rive gauche, mais aussi un port de pêche encore très actif. Cette activité, qui nourrit les marais salants de Guérande, donne à la ville une atmosphère très « famille » que l'on ressent bien tout le long du quai Jules-Sandeau. Les belles boutiques, les hôtels aux façades très classiques, le manège pour enfants, la galerie marchande. Tout cet ensemble inspire confiance et fait penser au bon vieux temps.

Adresses utiles

🛈 *Office du tourisme :* à Port-Sterwitz. ☎ 02-40-42-31-05. Fax : 02-40-62-22-27. Ouvert de 9 h à 12 h 30 et de 13 h 45 à 19 h (horaires allégés les dimanche et jours fériés) ; hors saison, de 9 h à 12 h et de 14 h 30 à 18 h, sauf les dimanche et jours fériés. Vend également des tickets de bus. Point de vente pour les excursions.
■ *Météo Marine :* ☎ 0892-680-244 (0,34 €, soit 2,21 F). « Bulletin rivage ».

Où dormir ?

▲ *Camping municipal du Pouliguen, Les Mouettes :* 45, bd de l'Atlantique. ☎ 02-40-42-43-98. ● les mouettes@mairie-lepouliguen.fr ●

Ouvert du 1er avril au 15 octobre. Forfait pour 2 personnes, 1 emplacement et 1 véhicule : 11,59 € (76 F) en saison. Snack. En face d'une route à fort débit (celle de Batz), prix peu dispendieux pour ceux qui ne souhaitent pas être gênés par l'ombre. Animaux acceptés gratuitement. Un verre de l'amitié offert en juillet et en août.

Où manger ?

|●| *Restaurant L'Opéra de la Mer :* promenade du Port. ☎ 02-40-62-31-03. Fermé les mercredi et jeudi hors saison, ainsi que la 2e quinzaine de novembre et en janvier. Menus de 16,77 à 25,15 € (110 à 165 F). Les familles qui se promènent le long du port s'arrêtent sous les arbres pour regarder les acteurs souriants et détendus de cet *Opéra de la Mer* plus mozartien que wagnérien : salade fraîcheur, soupe de poisson sympathique, belles huîtres. Terrasse remplie en été. Apéritif maison offert aux lecteurs sur présentation du *GDR*.

|●| *Le Garde-Côte :* 1, promenade du Port. ☎ 02-40-42-31-20. À la carte, plat autour de 14,48 € (95 F). Formule à 11,43 € (75 F) avec plat, dessert et vin compris. Menus à 19,06 et 25,92 € (125 et 175 F). Cuisine correcte (poissons et fruits de mer), accueil correct aussi, mais on aime surtout cet endroit pour sa situation, au bout du port et au bord de la plage, avec ses grandes baies vitrées, histoire de voir passer et repasser les vacanciers en mal de loisirs et fredonner la chanson de Michel Jonasz sur les glaces à l'eau... Apéritif maison offert à nos lecteurs sur présentation du *Guide du routard* de l'année en cours.

|●| *Le T Bone :* 4, place Mauperthuis. ☎ 02-40-62-23-66. Menus de 12,81 à 16,01 € (84 à 105 F). Un resto chaleureux et une cuisine généreuse, un peu à l'écart de la foule des touristes. Au 1er menu, moules marinières, poêlée de foies de volaille ou raie sauce citron, crêpe Suzette. Bon rapport qualité-prix pour le coin.

À voir. À faire

△ *La plage :* bordée de chemins de planches. Quand la mer se retire, elle découvre les rochers des Impairs. Aux abords de la pointe de Pen-Château, la falaise porte de belles villas. D'après la légende bretonne, les *korrigans*, ces facétieux lutins, logeraient dans les grottes creusées par la mer. À 5 mn de la plage, le bois d'Amour offre un îlot de verdure agréable à découvrir.

★ *La chapelle Sainte-Anne-et-Saint-Julien :* sur la route de Pen-Château. Joli édifice du XIVe siècle précédé de son calvaire. À l'intérieur, on peut admirer le bénitier en granit du XVIe siècle et la statue de sainte Anne entourée de la Vierge Marie et de Jésus.

★ *La pointe de Pen-Château :* c'est le début de la côte sauvage. Sentier des douaniers qui mène jusqu'à Batz, permettant de voir une vingtaine de grottes.

★ *La ville* (dont le nom en breton signifie « petite baie blanche ») présente quelques belles façades qui méritent le coup d'œil.

Fête et manifestation

– *Les concerts Saint-Nicolas :* en juillet et août, à l'église Saint-Nicolas-du-Pouliguen. Concerts tous les mercredis soir. Principalement de la musique classique. Vente de billets et renseignements à l'office du tourisme.
– *Fête bretonne :* le dernier week-end de juillet. Sur le port, danses bretonnes, concerts ; et jeux bretons sur la plage.

BATZ-SUR-MER *(BOURC'H-BAZ)* (44740) 3 050 hab.

Attachante bourgade où l'on se sent loin de La Baule et de la foule des estivants, et ça fait tellement du bien qu'on en oublie le temps qui passe. Au VIIIe siècle, la paroisse couvrait tout le territoire du Croisic et du Pouliguen. Elle a longtemps fondé sa prospérité sur le sel, les oignons et les échalotes. Les villages de Kervalet et de Roffiat ont conservé leur charme d'autrefois. C'est maintenant une station balnéaire familiale (avec son *VVF*) pourvue de belles plages calmes : Saint-Valentin, Saint-Michel et la Govelle.

Adresse utile

🛈 *Office municipal du tourisme :* 25, rue de la Plage. ☎ 02-40-23-92-36. Fax : 02-40-23-74-10. Ouvert tous les jours en saison, sauf le dimanche après-midi, de 9 h 30 à 12 h 30 et de 14 h 30 à 18 h 30. Hors saison : de 9 h 30 à 12 h 30 et de 14 h à 17 h, fermé les mercredi après-midi, samedi après-midi et dimanche. Fermeture annuelle : du 15 septembre au 15 octobre. Accueil charmant.

Où dormir ?

Chic

🏠 *Hôtel Le Lichen de la Mer :* baie du Manérick. ☎ 02-40-23-91-92. Fax : 02-40-23-84-88. • www.le-lichen.com • ♿ Ouvert toute l'année. À partir de 45 € (298 F) la chambre double avec douche et de 60 € (394 F) avec bains. Les chambres n°s 9 et 10 ont une terrasse directe sur la mer. Là, sur le site imprenable de la côte sauvage, peut-être opterez-vous pour des chambres sobres, ou pour des chambres avec balcon (plus chères). Pas de route entre l'hôtel et la plage, juste le jardin. En fait, on apprécie cet hôtel surtout pour le site et l'agréable salon.

Où dormir ? Où manger dans les environs ?

Camping

⛺ *Camping La Govelle :* 10, route de la Govelle. ☎ 02-40-23-91-63. ⛺ À 2 km environ de Batz-sur-Mer, desservi par bus. Ouvert du 15 juin au 1er septembre. 25,15 € (165 F) en haute saison pour 1 ou 3 personnes. Petit camping familial, avec accès direct à la plage. Remarquablement bien équipé.

Prix moyens

🍴 *Le Derwin :* av. du Derwin. À 3 km de Batz-sur-Mer par la route de la Côte-Sauvage. Fermé le mardi (toute l'année), le mercredi et le jeudi (sauf en saison), et de fin septembre à début avril. Entre 12,20 et 18,29 € (80 et 120 F) par personne. Des rideaux de dentelle aux fenêtres, de vieilles « louves de mer » au foulard Hermès enfoui sous le pull marin et des familles toutes de bleu vêtues, *Le Derwin* (prononcez « Dervin » !) fait le plein sans avoir besoin du téléphone, ni des moyens de paiement électroniques (comprenez cartes de paiement). Le lieu idéal pour déguster moules, fruits de mer ou crêpes, le regard perdu vers le large sur la côte sauvage. Café offert sur présentation du *Guide du routard*.

À voir

★ **L'église Saint-Guénolé :** elle est dominée par une tour-clocher de 60 m, qu'on aperçoit de toute la région. Grimper au sommet du clocher de granit, du XVe siècle, d'où l'on a une vue sur toute la presqu'île guérandaise. À voir également pour son chœur, son retable en bois doré et sculpté et encore pour cet étrange ex-voto dédié à Notre-Dame-de-l'Assomption.

– **Pardon** le 12 août, si le péché est votre pain quotidien.

★ **La chapelle Notre-Dame-du-Mûrier :** elle aurait été élevée par les villageois suite à un vœu lors d'une épidémie de peste au XVe siècle. Elle est construite en blocs de granit décorés de motifs flamboyants, mais n'a plus ni toiture, ni voûtes. À ciel ouvert, elle en est peut-être d'autant plus émouvante et impressionnante.

★ **Le musée des Marais salants :** 29 bis, rue Pasteur. ☎ 02-40-23-82-79. • MuseeDesMaraisSalants@wanadoo.fr • ♿ pour le rez-de-chaussée. De juin à septembre et pendant toutes les vacances scolaires, ouvert tous les jours de 10 h à 12 h et de 15 h à 19 h ; hors saison, ouvert le week-end de 15 h à 19 h. Entrée : 3,50 € (23 F) ; tarif réduit de 7 à 12 ans : 2,29 € (15 F). Pour nos lecteurs, tarif réduit accordé sur présentation du *Guide du routard* de l'année. Un des plus anciens musées d'arts et traditions populaires de France. Au rez-de-chaussée, mobilier, faïences et vêtements des paludiers des XVIIIe et XIXe siècles. À l'étage, on vous explique le fonctionnement tout à fait ingénieux d'une saline et l'histoire des marais salants guérandais depuis 1 500 ans.

★ **Le Grand Blockhaus-musée de la Poche :** route de la Côte-Sauvage. ☎ 02-40-23-88-29. À 3 km de Batz-sur-Mer par la route de la Côte-Sauvage (à côté de la crêperie *Le Derwin*). D'avril à mi-novembre, ouvert tous les jours de 10 h à 19 h ; en basse saison, fermé le mardi. Entrée : 5,50 € (36 F), enfant : 4 € (26 F). Ouvert depuis 1997, ce musée reconstitue l'histoire de la poche de Saint-Nazaire, dernière région libérée seulement le 11 mai 1945, la construction du mur de l'Atlantique et enfin la Libération. Le lieu n'est pas anodin puisqu'il s'agit d'un ancien poste de commandement du mur de l'Atlantique, sur 5 étages, qui s'avance sur le promontoire de la Dilane, point haut de la région. Très visible de la mer et donc de l'aviation alliée, il fut à l'époque camouflé en hôtel grâce à la peinture de 31 fenêtres en trompe l'œil et la construction de deux toits en bois factices. Tenu par 21 soldats de la marine allemande, il commandait le tir des deux canons sur la voie ferrée de Kermoisan. À l'intérieur, les équipements et salles sont restés comme jadis : salles de ventilation, PC radio, armurerie, local d'intendance, bloc sanitaire... À noter également, une intéressante évocation de l'opération Chariot du 27 mars 1942 contre la forme-écluse Joubert de Saint-Nazaire.

➚ **La plage Saint-Michel :** une oasis de calme, protégée par une digue, que domine un menhir.

★ **La biscuiterie Saint-Guénolé :** 50, rue du Croisic. ☎ 02-40-23-90-01. Fabrique artisanale de biscuits bretons pur beurre. Biscuiterie fondée en 1920 qui produit 600 kg de biscuits par jour.

À faire

➢ Par une belle soirée d'été, à l'heure où le soleil décline et où les voitures se font moins nombreuses, sachez vous perdre sur les petites routes du marais. En plus, c'est l'heure propice à la rêverie, où les œillets se teintent de jolis reflets mordorés. Ah, poésie ! Quand tu nous tiens !

Festival et manifestation

– *Les Nuits Salines :* 3 jours fin juillet ; pour les dates précises, se renseigner à l'office du tourisme. Un festival autour du sel et de la culture celtique contemporaine. Concerts de personnalités reconnues de la culture celtique, tels les Tri Yann ou Gilles Servat. Au menu : concerts en plein air, *fest-noz*, conférences, visites de salines, marché du terroir et village gastronomique où l'on achète galettes et sardines en troquant de petits sacs de sel...
– *Foire à la brocante :* un samedi mi-juillet et un autre samedi à la mi-août. Foire réputée, stands tenus par des professionnels uniquement.

LE CROISIC *(AR GROAZIG)* (44490) 4 280 hab.

Très fréquenté en été et les week-ends, ce port actif garde beaucoup de cachet. On y débarque des poissons nobles capturés la nuit par une importante flottille de pêcheurs artisans qui pêchent aussi au casier. D'ailleurs, on doit l'invention du casier à crevettes (en 1850) à un Croisicais, René Sibille. Mais les crevettes et les crustacés se font rares. De belles demeures anciennes rappellent la prospérité passée de cette petite ville. Les Croisicais étaient de fiers armateurs, pilotes, négociants, terre-neuvas, et même pilleurs d'épaves, voire naufrageurs. Aujourd'hui, on voit dans le tourisme une nouvelle raison d'espérer, à tel point qu'à certains endroits les restaurants se serrent les coudes comme des sardines dans une boîte. Le Croisic a conservé cependant son caractère de port breton, nid de corsaires et d'armateurs. Mais il est dommage que l'on ait tant construit aux alentours. C'est donc le sud de la péninsule, entre Port-Lin et la plage de Saint-Goustan, non dévoré par la « constructionite », que l'on préfère.

Adresses utiles

■ *Office du tourisme :* place du 18-Juin-1940, BP 41. ☎ 02-40-23-00-70. Fax : 02-40-23-23-70. • www.ot-lecroisic.com • Ouvert en été du lundi au samedi de 9 h à 13 h et de 14 h à 19 h, et le dimanche de 10 h à 13 h et de 15 h à 17 h. Hors saison : du mardi au vendredi de 9 h à 12 h 30 et de 14 h à 18 h 30, le samedi fermeture à 17 h 30.
■ *Annexe de l'office du tourisme :* sur le port. Ouvert en été seulement, tous les jours de 10 h à 13 h et de 14 h 30 à 19 h 30. Point d'information supplémentaire.
■ *Gare SNCF :* place du 18-Juin-1940. ☎ 02-51-76-34-94 ou 0892-35-35-35 (0,34 €, soit 2,21 F). Gare terminus des trains venant de Paris, Lille, Lyon. Bien desservi toute l'année.
■ *Météo Marine :* ☎ 0892-680-244 (0,34 €, soit 2,21 F). « Bulletin rivage ».

Où dormir ?

Campings

△ *Camping de l'Océan :* Les Frauds. ☎ 02-40-23-07-69. Fax : 02-40-15-70-63. ✂ À 1,5 km par la jolie route de la Pointe. Ouvert du 1er avril au 1er octobre. Forfait emplacement et 2 personnes, en haute saison : 22,87 € (150 F). Réserver en été. Près de la mer. Grand terrain bien tranquille et doté de toutes les commodités. Parc aquatique et tennis. Jeux d'enfants.

△ **Camping du Paradis :** rue Henri-Dunant. ☎ 02-40-23-07-89. Fax : 02-40-42-32-50. À 2 km du centre. Ouvert du 15 mai au 15 septembre. Forfaits à partir de 11,43 € (75 F) pour 2 personnes en haute saison pour ce chouette camping sur la pointe. Pot de bienvenue offert aux lecteurs du *Guide du routard*.

Location chez l'habitant

▄ **Villa Manor :** chez Gérard Bihoré, av. de la Pierre-Longue. ☎ 02-40-23-04-29 ou 06-10-64-01-62. Sur la côte Sauvage. Chambres de 43 à 49 € (280 à 320 F) hors saison. En saison, de 60 à 64 € (390 à 420 F), mais normalement c'est toujours complet. Dans un petit manoir, chambres en prise directe avec les embruns, le vent, l'écume, les algues, etc. L'équipement des chambres, aux murs de schiste et de granit, est volontairement simple, voire dépouillé.

Prix moyens

▄ **Les Nids :** 15, rue Pasteur. ☎ 02-40-23-00-63. Fax : 02-40-23-09-79. • www.hotel.lesnids.com • Fermé d'octobre à mars. À partir de 52,75 € (346 F) la chambre double avec douche et w.-c., et 62,20 € (408 F) avec bains. Demi-pension obligatoire en saison, de 43,30 à 60,22 € (284 à 395 F). Les chambres sont nickel et l'accueil professionnel. Piscine intérieure. Jardin. Apéritif maison offert sur présentation du *Guide du routard* de l'année.

▄ **Hôtel L'Estacade :** 4, quai du Lénigo. ☎ 02-40-23-03-77. Fax : 02-40-23-24-32. Bien situé. Chambres avec douche et w.-c. de 45 à 55,65 € (295 à 365 F). Prix dégressifs en hiver. 10 % sur le prix de la chambre offert à nos lecteurs du 1er octobre au 31 mars sur présentation du *Guide du routard*.

▄ **Hôtel-restaurant Castel Moor :** baie du Castouillet. ☎ 02-40-23-24-18. Fax : 02-40-62-98-90. • www.castel-moor.com • △ Fermé les dimanche soir et lundi hors saison, ainsi qu'en janvier et 1 semaine en novembre. Chambres de 38,11 à 65,55 € (250 à 430 F). Demi-pension obligatoire en juillet-août de 48,02 à 56,41 € (315 à 370 F). Menus de 19,06 à 30,49 € (125 à 200 F). Face à la mer, une grande villa moderne avec des chambres calmes, sans grande prétention, certaines avec terrasse et vue panoramique sur l'océan. Au restaurant, vous dégusterez bien sûr les poissons tout frais pêchés du Croisic. Un petit déjeuner offert par chambre sur présentation du *Guide du routard*.

Où manger ?

Bon marché

I●I **Le Phare Ouest :** 10, quai du Lénigo. ☎ 02-40-62-91-72. En face de la nouvelle criée. Fermé le dimanche (hors saison), ainsi que d'octobre à mars pour le resto, le bar restant ouvert. Formule à 9 € (59 F). Côté prix, c'est l'eldorado : formule avec sardines grillées ou moules et un dessert... rien de plus local. Mais les petites choses simples font parfois les plus grands bonheurs... Oui, madame !

À voir

★ **Le mont Esprit :** tout de suite à droite en arrivant. Il doit son nom à une déformation des mots « lest pris ». En effet, cette butte est constituée par le lest déposé par les navires venus chercher du sel. Aménagée en parc, elle offre une jolie vue sur le pays guérandais. Juste au pied, prenez à droite la petite route qui mène à des parcs à huîtres. Il n'y a presque personne, vous passerez devant de belles propriétés et pourrez, assis sur un rocher, contempler tranquillement les marais salants avec, au loin, la tour-clocher de l'église de Batz.

★ ***Le port :*** il est doté de plusieurs bassins et abrite quelques beaux voiliers. Tout au long, de belles demeures en granit du XVe au XVIIIe siècle, mais aussi crêperies et restaurants, marchands de souvenirs, de cartes postales, et de péloches... Le port se termine par une esplanade dominée par le *mont Lénigo*, construit comme le mont Esprit, à partir de la pierre de lest. Sur la jonchère du Lénigo, on a bâti la nouvelle *criée* où il faut assister à une vente aux enchères. Pittoresque garanti !

★ En face de cette nouvelle criée à l'architecture banale, jeter un coup d'œil sur l'***ancienne criée*** qui porte encore sur ses murs l'orgueil de la ville : armes de la ville, horloge, hampe de drapeau et ancre.

★ ***L'église Notre-Dame-de-la-Pitié :*** de style flamboyant, elle a été édifiée en granit de 1494 à 1507. La tour carrée, qui devait rivaliser avec celle de Batz, porte sur sa plate-forme à balustres une tourelle octogonale coiffée d'un dôme à lanterne. À l'intérieur, ex-voto.

★ ***Les rues anciennes :*** autant les quais sont très animés les week-ends et pendant les vacances, autant les rues de l'intérieur sont presque désertes. Promenez-vous dans la vieille ville et remarquez les portes basses, les façades patinées par les ans : aux n°s 33 et 35 de la *rue Saint-Christophe* ou au n° 28, *rue de l'Église*, par exemple.

★ ***La jetée du Tréhic :*** très longue, vous aurez l'impression, pour peu qu'il y ait du vent, d'être en plein océan.

★ ***L'Océarium du Croisic :*** av. de Saint-Goustan. ☎ 02-40-23-02-44. • www.ocearium-croisic.fr • De septembre à mai, ouvert de 10 h à 12 h et de 14 h à 18 h ; en juin, juillet et août, ouvert sans interruption de 10 h à 19 h. Fermé 3 semaines en janvier. Entrée : 7,93 € (52 F), enfant de 3 à 12 ans : 5,18 € (34 F).
Plus qu'une simple attraction pour petits et grands, un véritable « observatoire de l'Atlantique » qui mérite qu'on s'attarde un peu dans les cinq branches de cette grande maison en forme d'étoile de mer. À noter : le tunnel « sous la mer », la colonie de manchots, le ballet des méduses (brrrr !) ou encore les Abysses (qui présentent les invertébrés des grandes profondeurs).

Plongée sous-marine

Rincez-vous l'œil sans vergogne (à travers le masque, bien entendu !) sur les basses très pudiques de la Côte d'Amour. Célèbre pour sa vie sous-marine intense, le ***plateau du Four*** est aussi semé de vieux canons, tristes vestiges de la flotte française échouée lors de la bataille des Cardinaux (1759). Les abords du Croisic comptent également une trentaine d'épaves modernes, dont le *Lancastria*, transporteur de troupe anglais bombardé en 1940, vestige de la plus grande tragédie maritime de tous les temps...
Il est préférable de plonger au moment de la marée montante (ou à étale de haute mer) qui chasse les alluvions de la Loire et éclaircit considérablement les eaux. Attention enfin au vent d'Ouest.

Club de plongée

■ *Groupe Atlantique Plongée :* rue du Pont-du-Chat, au Croisic. ☎ 02-40-62-91-83. Ouvert le week-end du 1ᵉʳ mai au 30 septembre, et tous les jours en été. Pour ce club (FFESSM) créé en 1956, les fonds du coin n'ont plus aucun secret. Que ce soit pour une explo simple, un baptême ou une formation (jusqu'au niveau II), les moniteurs brevetés d'État ou fédéraux choisiront avec vous l'équipement de plongée adapté. Bateau de plongée à l'allure « pépère ». Réservation obligatoire en été.

Nos meilleurs spots

La Bonen du Four : une pointe rocheuse au nord du plateau du Four. Jusqu'à 25 m environ, enchevêtrement complexe de rochers (laminaires, éponges et gorgones), avec de petits surplombs (mirabelles de mer abondantes), un impressionnant boyau de 15 m de long, et des trous abritant de nombreux crustacés. Parfois des roussettes. Attention au courant. Niveau II.

Le Laos : au sud-est du même plateau, l'épave d'un gros vapeur naufragé en 1907 par 15 m de fond, dont on distingue encore la partie arrière (beau safran). Camarades de plongée classiques : congres, tacauds, vieilles, bars et crabes. Niveau I confirmé.

Basse Hikéric : proche du Croisic, ensemble de blocs rocheux (18 m maxi) finement enrobés de roses de mer, alcyons, mirabelles de mer, gorgones, et corynactis. Dans les fractures se blottissent homards et congres « pépères », alors que bars et lieus nagent furtivement. Parfois des roussettes venues pondre. Idéal pour une plongée de nuit (seiches, raies-torpilles peu farouches). Niveau I.

Les Bicyclettes : épave d'un petit caboteur dont le chargement, de bicyclettes, a aujourd'hui disparu (20 m maxi). Pas mal de bulots et pétoncles dans les roches à proximité. Niveau I.

GUÉRANDE (*GWENRANN*) (44350) 13 600 hab.

La ville, de fondation très ancienne, a pour nom breton *Gwen-Ran,* « Ville Blanche », ville sacrée, par référence aux marais salants qui l'isolent du continent. Elle se trouve donc sur une presqu'île, et sa fonction portuaire justifie sa protection par de robustes remparts pour défendre le carrefour des axes La Roche-Bernard-Le Pouliguen et La Turballe-Saint-Lyphard.

UN PEU D'HISTOIRE

Les monuments mégalithiques de l'arrière-pays témoignent d'une occupation ancienne. Les Romains s'installent sur place et consolident les marais salants. La place forte joue un rôle important dans la constitution du duché de Bretagne. La collégiale de Guérande bénéficie d'un statut particulier, mais les invasions normandes n'épargnent pas la cité en 919. Pendant la guerre de Succession de Bretagne, Guérande a pris le parti de Montfort, elle sera donc ravagée par les Espagnols, alliés du roi de France et de Charles de Blois.

C'est à Guérande qu'Anne de Bretagne signe ses premières ordonnances lorsqu'elle succède à son père, le duc François II, en 1488. À cette époque, la flotte guérandaise compte 269 vaisseaux. La presqu'île produit du blé, du sel, du vin. Ses chantiers navals seront actifs jusqu'à la Révolution de 1789. En juin 1830, Honoré de Balzac, au bras de Laure de Berny, parcourt le pays, qu'il décrit dans son roman *Béatrix*.

Aujourd'hui, Guérande maintient la récolte artisanale du sel de mer, mais vit surtout du tourisme grâce à sa situation géographique entre La Baule, la Brière et Le Croisic.

PETITE HISTOIRE DU SEL

Les pêcheurs des Pays-Bas ont été les premiers à découvrir les vertus conservatrices du sel. C'est pour cette raison que de nombreuses églises de la presqu'île guérandaise ont été bâties avec des pierres en provenance des villes hanséatiques de Brême ou de Hambourg, dont les navires étaient lestés. De fait, cette denrée a acquis une valeur considérable (dans le Sud saharien, posséder du sel équivalait à détenir de l'or). On venait le chercher depuis fort loin. Les Romains l'avaient bien compris. Chaque centurion recevait une poignée de sel, la « solde », l'ancêtre de notre « salaire ».
En posséder ou en produire a donc très tôt représenté un intérêt politique. Les princes, les évêques ou les potentats locaux s'arrangent donc pour en maîtriser les flux. En 1340, Philippe VI de Valois institue une ponction fiscale : la *gabelle*, récoltée par les « gabelous ». La Bretagne en était exemptée jusqu'en 1765. Créant de profondes injustices entre les régions, elle représentait, en 1715, un peu plus d'un dixième du revenu fiscal du royaume. On établit donc des quotas d'achat, et il devient impossible d'acheter autre part que dans les « greniers à sel ».
Historiquement, le marais salant guérandais n'a pas été des plus productifs. En baie de Bourgneuf-en-Retz, on exploitait également le marais depuis l'étier du port du Collet. Mais l'envasement de la baie y a mis un terme.
À Guérande, le marais a repris « du poil de la bête » grâce à une poignée d'anciens « hippies » attirés par la vie au grand air, la mise en valeur du terroir... Leur production annuelle chiffre 10 000 t par an grâce à un groupement de producteurs indépendants. À présent, le sel de Guérande est une réussite commerciale. Présent sur toutes les bonnes tables, de grands chefs vantent ses qualités gustatives, notamment celles de la fleur de sel. Les concurrents, par l'odeur alléchés, ont décidé également de se lancer dans la production de ce « caviar du sel ». Commercialisé bien plus cher, il fait sourire les industriels puisqu'il s'agit ni plus ni moins de chlorure de sodium. Néanmoins, la méthode utilisée par les paludiers guérandais est d'autant plus artisanale et utile qu'elle met en valeur l'économie rurale.
En ce qui concerne les méthodes de la récolte à proprement parler, il faut absolument se rendre à la **maison des Paludiers** de Saillé (18, rue des Près-Garnier ; ☎ 02-40-62-21-96). Une grande maquette permet d'en expliquer le subtil et saisonnier fonctionnement.

Petit lexique du paludier

– *Roller :* déciller les cristaux de sel déposés sur les côtés de l'œillet.
– *Porter :* manutentionner la récolte de la *ladure* jusqu'au *tremet* ; autrement dit, du tas sur l'œillet au grenier à sel.
– *Trousser :* hisser les cristaux de sel de l'œillet sur la ladure.
– *Fares :* petits bassins où l'eau est encore peu salée.

Adresse utile

ℹ *Office du tourisme :* 1, place du Marché-aux-Bois, BP 5304, 44353 Guérande Cedex. ☎ 02-40-24-96-71. Fax : 02-40-62-04-24. • www.ot-guerande.fr • En juillet et août, ouvert du lundi au samedi de 9 h 30 à 19 h et le dimanche de 10 h à 13 h ; le reste de l'année, ouvert du lundi au samedi de 9 h 30 à 12 h 30 et de 13 h 30 à 18 h. Organise en été des visites guidées de la ville en individuel (visites de 1 h trois fois par semaine) : 5 € (33 F) pour les adultes et 2,50 € (16 F) pour les enfants. Possibilité de visites guidées en groupe, avec des forfaits de 25 à 50 personnes : 120 € (787 F). Réservation : ☎ 02-40-24-71-88.

Où dormir ? Où manger ?

Campings

△ *Camping Tremondec :* 48, rue du Château-Careil. ☎ 02-40-60-00-07. Fax : 02-40-60-91-10. • www.camping-tremondec.com • Situé à 1,5 km de la ville et à 1,8 km de la plage. En fait, le camping est tout près de La Baule, bien que situé sur la commune de Guérande. Ouvert d'avril à fin septembre. En haute saison, comptez de 11,89 à 16,31 € (78 à 107 F) par emplacement et véhicule par jour. Mobile homes de 228,67 à 442,10 € (1500 à 2900 F) la semaine en saison. Très bien équipé. Piscine. Sur présentation du *GDR*, 10 % de réduction accordée sur l'emplacement hors saison pour les routards campeurs, et pour ceux qui louent un mobile home, frais de dossier gratuits et une pizza offerte !

△ *Le Pré du Château de Careil :* château de Careil, route de La Baule. ☎ et fax : 02-40-60-22-99. • www.pays-blanc.com/camping-careil • Ouvert du 5 mai au 30 septembre. Forfait emplacement et 2 personnes en basse saison : 17 € (112 F), en haute saison : 20 € (131 F). Cadre superbe, vous êtes dans le parc d'un château splendide qui date du XIVe siècle. Emplacements ombragés. Très bien équipé. Piscine.

Bon marché

▲ *An Ty Gwer :* 3, bd Émile-Pourieux. ☎ 02-40-42-97-84. De 36,59 à 39,64 € (240 à 260 F) la chambre double avec douche ou bains ; w.-c. sur le palier. Le vert pétaradant du couloir style chewing-gum à la pomme décoiffe. Cela dit, les chambres de ce bar sont correctes.

Prix moyens

▲ I●I *Hôtel-crêperie Le Roc Maria :* 1, rue des Halles. ☎ 02-40-24-90-51. Fax : 02-40-62-13-03. Ouvert toute l'année mais resto fermé le mardi hors saison. Chambres doubles de 45,73 à 48,78 € (300 à 320 F) hors saison ; pour les tarifs haute saison, la charmante patronne ne les avait pas encore définis lors de notre passage, à voir donc lors de la réservation. Dans un superbe hôtel du XVe siècle. Chambres confortables avec murs en pierre et poutres apparentes. À la crêperie, excellentes galettes et crêpes, les galettes les plus élaborées constituent des repas à elles toutes seules ; mais aussi des salades, etc. Cadre médiéval sympa.

▲ I●I *Hôtel-restaurant Les Remparts :* 14-15, bd du Nord. ☎ 02-40-24-90-69. Fax : 02-40-62-17-99. • www.paysblanc.com • Face aux remparts, près de la porte Saint-Michel. Fermé les dimanche soir, lundi et mardi sauf en juillet et août. Restaurant fermé le soir de mi-novembre à mi-mars et congés annuels du 26 novembre au 10 janvier. Chambres doubles avec douche ou bains de 38,11 à 44,21 € (250 à 290 F). Au restaurant, menus de 16,77 à 26,68 € (110 à 175 F). 8 chambres seulement, correctes et confortables. Cuisine soignée et raffinée. Pour le 2e menu, vous pourrez savourer du melon au pommeau de Bretagne suivi d'un dos de cabillaud aux langoustines et crème de ciboulette et d'un délice aux pêches et aux fraises... Parmi les spécialités, saumon mariné au sel de Guérande, bien sûr, et à l'aneth, panaché de bar et de rouget à la crème de persil. Bonne sélection de vins. Bon rapport qualité-prix-accueil dans cette ville touristique. Apéritif maison et un petit déjeuner offert par chambre aux lecteurs sur présentation du *GDR*.

🛏 |⚫| **Hôtel-restaurant Les Voyageurs :** place du 8-Mai. ☎ 02-40-24-90-13. Fax : 02-40-62-06-64. ✂ Fermé les dimanche soir et lundi. Chambres avec douches et w.-c. à 46 € (302 F), avec bains à 50 € (328 F). Au restaurant, menu à 11,30 € (74 F), servi en semaine, sinon, menus de 17 à 29 € (112 à 190 F). Face aux remparts, un hôtel sans prétention qui offre une douzaine de chambres ; literie à revoir pour certaines. Les chambres n°s 2 et 3 sont les plus grandes, avec bains. Bonne cuisine avec de beaux plateaux de fruits de mer.

Où boire un verre ?

🍸 *Le Passe-Muraille :* 14, place du Marhallé. ☎ 02-40-15-69-54. Derrière le mail, à l'extérieur des remparts, pratiquement au niveau de la porte Saint-Michel. Ouvert tous les jours de 17 h à 2 h. Grand parking juste devant. Un petit endroit très chaleureux, avec sa cheminée et ses coussins partout. Ici, on expose les peintures des copains. On y vient surtout pour l'ambiance et la bonne musique. Ça fait du bien de trouver un lieu pareil dans cette bonne ville de Guérande.

À voir

★ **Les remparts :** magnifique muraille qui ceinture la ville sur 1,4 km. Vous serez sensible à leurs vieilles pierres dorées de lichens et leurs tours. Ils remontent au XIVe siècle, mais furent pour l'essentiel reconstruits au XVe, sous Jean V et François II. Au XVIIIe siècle, le duc d'Aiguillon, gouverneur de Bretagne, fit combler une partie des douves et aménager des promenades. L'ensemble, récemment rénové, constitue un superbe exemple de l'architecture bretonne du Moyen Âge.

★ **La porte Saint-Michel :** l'ancienne demeure du gouverneur, entrée principale de la ville, a été transformée en **château-musée.** ☎ 02-40-42-96-52. Ouvert d'avril à fin septembre de 10 h à 12 h 30 et de 14 h 30 à 19 h ; en octobre, de 10 h à 12 h et de 14 h à 18 h. Fermé le lundi matin sauf les jours fériés et pendant les vacances scolaires. Visite guidée possible, sur réservation et à partir de 15 personnes. Entrée : 3,05 € (20 F) ; réductions. Cet endroit fut l'habitation du gouverneur et une prison pendant la Révolution. Au 1er étage, meubles de la Brière, meubles cirés, et meubles rouges des paludiers en bois verni, faïences du Croisic. Au 2e étage, trésor de la collégiale, salle archéologique, tableaux. Au 3e, costumes de fête des sauniers et paludiers. La visite est associée à la promenade sur les remparts.

★ **La collégiale :** elle est célèbre pour les concerts d'orgue qui s'y déroulent en été. À l'extérieur : remarquez la *chaire à prêcher* du XVe siècle, desservie par l'escalier à vis du clocher, très rare en Bretagne. À l'intérieur, superbes *chapiteaux* dont les motifs grotesques apportent une note d'humour, enseignement tantôt profane, tantôt religieux. Les sculptures apparaissent assez maladroites, les artistes bretons de l'époque pratiquant plus volontiers des décors géométriques que des motifs à caractère humain ou animal. Remarquez, entre autres, la superbe *tête*, bouche ouverte et langue tirée. Vous reconnaîtrez aussi la *Flagellation du Christ*, les *Martyres de saint Simon* (scié), *saint Étienne* (lapidé) et *saint Laurent* (grillé), les travaux d'agriculture, une sirène-oiseau, des monstres, etc. Dans le chœur, *verrière* du XVIIIe siècle, le *Couronnement de la Vierge*. Sur la droite, la chapelle basse à voûte gothique abrite un sarcophage du VIe siècle et un gisant du XVIe siècle.

★ *La ville close* : laissez-vous dériver dans les ruelles tortueuses où se cachent les « logis » anciens – *manoirs du Tricot, de La Gaudinais*. La ville a le plan des villes romaines antiques : division en croix avec deux voies principales perpendiculaires, le *cardo* et le *decumanus*, orientées selon les points cardinaux. Au Moyen Âge, tout un quartier de la ville appartenait aux prêteurs et banquiers juifs *(rue de la Juiverie)*, un autre à l'évêque de Nantes qui, chaque année, y faisait une entrée solennelle, un autre aux chevaliers templiers... La ville possédait aussi ses graveurs, orfèvres et sculpteurs qui ont décoré la collégiale. Il est possible désormais de visiter une partie du chemin de ronde des courtines adjacentes à la tour Saint-Jean.

★ *Le musée de la Poupée et des Jouets anciens* : 23, rue de Saillé. ☎ 02-40-15-69-13. Ouvert du 1er mai au 31 octobre tous les jours de 10 h 30 à 13 h et de 14 h 30 à 19 h ; en juillet et août, ouvert de 10 h 30 à 19 h. Du 1er novembre au 30 avril, tous les jours de 14 h à 18 h, sauf le lundi et pendant les vacances scolaires, aussi ouvert le matin. Fermé 3 semaines en janvier. Entrée : 4 € (26 F) ; tarif enfants de 6 à 10 ans : 2,50 € (16 F). Réduction consentie sur présentation du *Guide du routard* de l'année : 2,29 € (15 F) pour un adulte, 1,50 € (10 F) pour un enfant.
Très belle collection privée de poupées, dînettes en Gien, Saint-Amand, Luneville, meubles et vêtements. Tous ces éléments sont situés dans des mises en scène réussies : les poupées au jardin, au salon, etc. Le musée devrait être agrandi bientôt.

Fêtes et manifestations

– *Fête médiévale* : le 26 mai 2002. Costumes médiévaux, défilés, banquets, fauconniers, une ambiance « médiévalement » très sympa.
– *Concerts d'orgue* : le vendredi soir, en juillet-août, à 21 h 30. Dans la collégiale. Vente de billets sur place.
– *Fête des Métais* : le 3e dimanche de juillet. C'est la fête des vieux métiers d'autrefois. On y bat le blé, vanniers et potiers s'activent, etc.
– *Festival celtique* : à la mi-août. Chouette animation, même les Irlandais sont là. Concerts nombreux et défilés.
– *Salon des Antiquaires* : 10 jours en juillet et 10 jours en août.

LA TURBALLE (*AN TURBALL*) (44420) 4 040 hab.

La sardine a fait la fortune du port, créé au XIXe siècle. En 1824, l'implantation de conserveries stimula d'autant l'activité de la pêche. C'est aujourd'hui le cinquième port de pêche français, premier port pour la sardine et l'anchois, avec une flottille moderne et un port agrandi. La « grosse vache » (ce n'est pas une insulte mais le nom de la sardine ici pêchée) représente la moitié du tonnage turbalais. Elle est capturée tantôt au chalut pélagique, tantôt à la senne (un filet tournant). La production annuelle d'anchois est d'environ 5 700 t. La pêche à l'anchois a lieu de janvier à mars et de juin à novembre. Elle est particulièrement prisée par les pêcheurs car l'anchois se vend beaucoup plus cher que la sardine. Plus de 80 % de la production part à l'exportation, principalement en Espagne. Sur le toit de la criée, la *maison de la Pêche* avec salle d'exposition et dégustation de produits « maison ». La ville possède aussi une longue plage de 5 km, dite *de la Grande Falaise*, de réputation internationale pour les véliplanchistes.

Comment y aller ?

– **En bus :** bus n° 80 depuis Saint-Nazaire. 4 à 5 liaisons quotidiennes. Renseignements : gare routière de La Baule (☎ 02-40-11-53-00) ou à l'office du tourisme.

Adresses et infos utiles

■ **Office du tourisme :** sur le port, place Charles-de-Gaulle. ☎ et fax : 02-40-23-39-87. Ouvert en saison, tous les jours de 10 h à 13 h et de 15 h à 19 h (de 10 h à 13 h le dimanche) ; en hiver : de 10 h à 13 h et de 14 h à 18 h, sauf les dimanche et jours fériés. Sympa et efficace.

■ **CROSSA Etel** (Centre régional des opérations de surveillance et de sauvetage sur l'Atlantique) **:** ☎ 02-97-55-35-35.

■ **Météo Marine :** ☎ 0892-680-244 (0,34 €/mn, soit 2,21 F). « Bulletin rivage ».

Où dormir ?

Camping

Se reporter à la rubrique « Où dormir dans les environs ? ».

Chambres d'hôte

🛏 **Les Rochasses :** 58, rue de Bellevue. ☎ 02-40-23-31-29. Fax : 02-40-11-86-49. • www.paysblanc.com • À 1 km du centre-ville, à l'écart de l'agitation côtière. 54 € (354 F) la nuit, petit déjeuner compris. Le bon accueil et le jardin fleuri de Mme Elian sont réputés parmi ses hôtes. Elle vous concoctera peut-être même des crêpes pour le petit déjeuner (mais attention, il ne faudrait pas que cela devienne une habitude...). Piscine.

Où dormir dans les environs ?

Camping

⛺ **Camping du parc Sainte-Brigitte :** domaine de Brehet. ☎ 02-40-24-88-91. Fax : 02-40-23-30-42. • www.campingqaintbrigitte.com • ♿ À 3 km, direction Guérande. À la sortie de Clis, sur la droite. Ouvert du 1ᵉʳ avril au 30 septembre. Forfait emplacement, voiture et 2 personnes : 21,34 € (140 F). Réserver en juillet et août. Agréable car établi près d'un château dans un domaine boisé. Piscine chauffée. Jeux pour enfants.

Chambres d'hôte

🛏 **Chambres chez l'habitant :** chez Claudine Dousset, 12, route du Riau, à Clis. ☎ 02-40-24-84-96. 2 chambres qui se partagent la même salle de bains à 30,49 et 38,11 € (200 et 250 F), et une chambre plus grande avec douche et lavabo entre 35,06 et 44,21 € (230 et 290 F) la nuit pour 2 personnes, petit déjeuner compris. Demandez une confirmation écrite de réservation.

Où manger ?

I●I La Taverne du Pêcheur : 4, rue du Maréchal-Leclerc. ☎ 02-40-23-30-65. Fermé à Noël et le Jour de l'An. Menus de 9 à 24,24 € (59 à 159 F). Le toit de ce petit restaurant qui porte fièrement une barque de pêcheur fait face à la place Charles-de-Gaulle. Le midi, formule à 9 € qui change selon les saisons. Sinon, parmi les spécialités, la godaille, la poêlée de lotte et Saint-Jacques aux pleurotes flambées au whisky. Accueil sympa, mais service parfois longuet, succès oblige.

Plus chic

I●I Le Terminus : 18, quai Saint-Paul. ☎ 02-40-23-30-29. Fermé les dimanche soir et lundi toute l'année, jeudi soir hors saison et du 15 janvier au 8 février. Menus de 14,48 à 29,73 € (95 à 195 F). Menu « Petit mousse » à 12,20 € (80 F). Vue sur le port de pêche. Cuisine très correcte et produits d'une grande fraîcheur. Bon rapport qualité-prix au 1er menu. Plats inventifs comme la charlotte d'anchois frais, l'aumônière de langoustines ou la daurade laquée aux épices douces; spécialités de Saint-Jacques uniquement en saison. Essayez d'avoir une table au bord de la baie vitrée. Tables joliment dressées. Café offert aux lecteurs sur présentation du *GDR*.

I●I Crêperie du Plat Pays : 17, rue Ropert. ☎ 02-40-23-36-36. Ouvert de Pâques à la Toussaint, pendant les week-ends; tous les jours pendant les vacances scolaires. Menu à 8,38 € (55 F), boisson comprise. Une vraie de vraie. Ici on ne fait que des crêpes ou des galettes, des glaces aussi. Décor sympa (cafetières), terrasse qui donne sur le jardin à l'arrière. Chouette pour les enfants. Bonne ambiance. Apéritif maison offert sur présentation du *Guide du routard*.

À voir

★ **Le clocher-belvédère de l'église de Trescalan (édifiée en 1852) :** il permet d'avoir une vue panoramique à 45 m au-dessus du niveau de la mer. Il y a 110 marches à monter et une échelle en bois ! Visite guidée tous les jours de 14 h 30 à 17 h 30.

★ **Le calvaire de Fourbihan :** à Trescalan. Date du XVIe siècle.

★ **La criée :** arrivée des bateaux pour les matinaux à 7 h. Un cérémonial bien réglé que celui de la criée, même si la « criomobile » a pris le relais du crieur professionnel. Les mareyeurs, les grossistes, poissonniers viennent s'y approvisionner. C'est donc réservé aux professionnels. Possibilité d'acheter son poisson sur le bord des quais en juillet et août.

➤ DANS LES ENVIRONS DE LA TURBALLE

À voir

★ Sur la route qui mène à la *pointe Castelli*, on peut s'arrêter à **Port-Lérat,** un mignon petit port taillé dans la veine d'un petit cours d'eau.

★ Sur la route vers Pen Bron, engoncé dans une dune, un petit **cimetière** des religieuses de l'hôpital.

★ L'imposant **centre hélio-marin de Pen Bron** fut, dès la fin du XIXe siècle, très rapidement renommé. Grâce à Hippolyte Pallu et à une congrégation de religieuses, on y accueillait des tuberculeux pour les assujettir au grand air du large. Aujourd'hui, son activité principale est la rééducation motrice et fonctionnelle, quand il ne sert pas de cadre pour le tournage de films, comme *Marthe, ou la promesse d'un jour* avec Guillaume Depardieu.

➤ QUITTER LA TURBALLE EN BATEAU

➤ **Navettes pour Houat, Hoëdic et Belle-Île :** tous les jours en juillet et août. Comptez environ 2 h pour Houat depuis La Turballe, puis 30 mn entre Houat et Hoëdic. Compter également 1 h 30 pour Belle-Île, sur un bateau plus rapide. Réservations à l'office du tourisme.

PIRIAC *(PENC'HERIEG)* (44420) 1 900 hab.

Un des plus beaux endroits de la région, qui a séduit Daudet, Flaubert et Chopin. Occupé déjà par les Phéniciens, puis par les Bretons du temps de la splendeur du roi Warroc'h ! La petite église de granit, Saint-Pierre, semble protéger le petit port des intempéries... Les rues étroites de l'intérieur se serrent pour mieux lutter contre le vent omniprésent. Admirez les maisons anciennes de la place de l'Église. Pas de marina intempestive, pas d'immeubles sur ce port qui a gardé tout son cachet. Très style *Pauline à la plage*.

Comment y aller ?

– **En bus :** bus n° 80 depuis Saint-Nazaire. Renseignements : ☎ 02-40-11-53-00.

Adresses utiles

🛈 *Office du tourisme :* 7, rue des Cap-Horniers. ☎ 02-40-23-51-42. Fax : 02-40-23-51-19. En saison, ouvert tous les jours de 9 h 30 à 19 h ; hors saison, ouvert du lundi au samedi de 9 h à 12 h 30 et de 14 h à 18 h.

■ *Météo Marine :* ☎ 0892-680-244 (0,34 €/mn, soit 2,21 F). « Bulletin rivage ».

Où dormir ? Où manger ?

Campings

🛆 **Pouldroit :** ☎ 02-40-23-50-91. Ouvert d'avril à mi-septembre. À 300 m de la mer, et à 1 km de Piriac par la route de Mesquer. Réservation conseillée en été. Tout le confort. Piscine chauffée, tennis, etc. Parc de 12 ha avec étang. Accueil moyen.

🛆 **Camping naturiste Le Clos Marot :** BP 10, à Saint-Sébastien. ☎ 02-40-23-59-20. Ouvert en juillet et août. Forfait emplacement, 2 personnes : 10,82 € (71 F). 30 emplacements à l'ombre, pour ceux qui n'aiment pas que le soleil laisse des traces. Piscine.

Prix moyens

Hôtel-restaurant de la Pointe : 1, quai de Verdun. ☎ 02-40-23-50-04. Fax : 02-40-15-59-65. Fermé le mercredi hors saison d'été et du 1er novembre au 15 mars. Chambres doubles avec douche et w.-c. à 41,16 € (270 F). Demi-pension obligatoire en juillet-août à 45,73 € (300 F). Menus à 8,38 € (55 F), le midi en semaine, 14,48 et 22,87 € (95 et 150 F). La bonne petite adresse pour passer un moment à la bonne franquette. Certaines chambres (comme les nos 8, 10, 11 et 12), qui donnent sur le port et la plage, ne sont pas toutes en effet à la pointe du progrès. La salle de restaurant, elle, a été refaite dans un style bistrot nostalgique. Si l'on n'y vient pas pour faire un repas gastronomique, on peut au moins se régaler de salades, de poisson et de fruits de mer qui satisferont ceux que l'air du large a pu affamer. Parmi les spécialités, colin au beurre blanc ou rougets grillés. Bon accueil. 10 % de remise sur le prix de la chambre à partir de 2 nuits sur présentation du *Guide du routard,* sauf en juillet et août.

Hôtel-restaurant de la Poste : 26, rue de la Plage. ☎ 02-40-23-50-90. Fax : 02-40-23-68-96. À 200 m du bord de mer. Ouvert de Pâques au 11 novembre pour l'hôtel ; pour le restaurant, fermé à partir de début octobre. Restaurant fermé le lundi hors saison et seulement le lundi midi en saison. Chambres avec douche ou bains de 47,26 à 54,88 € (310 à 360 F). Menus à 15 et 20 € (98 et 131 F). N'a pas le charme du précédent, bien sûr, mais correct. Au restaurant, un 1er menu avec, par exemple, moules de Pen Bé, poisson du marché, dessert. Jardin fleuri.

Crêperie Lacomère : 18, rue de Kéroman. ☎ 02-40-23-53-63. Ouvert pendant les vacances scolaires en hiver (sauf celles de Noël) et les week-ends en septembre, octobre, février et mars. Fermé les lundi et mardi en demi-saison (juste avant et après l'été). Périodes d'ouverture variables, téléphoner auparavant. Menus à 10 € (66 F), le midi en semaine, et à 12 € (79 F). Plats du jour autour de 14 € (92 F). Cette crêperie un peu plus inventive que les guitounes au bord des routes touristiques est aussi un resto comme on les aime. La carte s'inspire des escapades au bout du monde de Jean-Michel, le patron. Goûtez son excellent tajine de poissons, ses sardines farcies rôties aux épices ou sa fameuse cassolette maison de poisson. Mais attention, il n'y a qu'une dizaine de tables, donc il vaut mieux réserver ! Sinon, faites comme tout le monde, attendez votre place devant une planche apéro au bistrot voisin de *Lacomère le Vercoquin*. Apéritif maison offert par la crêperie sur présentation du *Guide du routard.*

Où dormir dans les environs ?

Camping

Camping de la Baie : à Pen Bé, Keravelo Assérac (44410). ☎ 02-40-01-71-16. Fax : 02-40-01-79-23. Ouvert de mars à fin octobre. Forfait pour une nuit : environ 15,24 € (100 F) pour deux, emplacement + voiture. Au calme avec une vue reposante sur la baie. Location de vélos à Assérac. 10 % de réduction accordée aux lecteurs du *GDR,* de Pâques à fin juin et de fin août à septembre inclus.

➤ DANS LES ENVIRONS DE PIRIAC

– Ne cherchez plus le vignoble de Piriac... seuls les vieux pêcheurs s'en souviennent, mais cela souligne la chaleur du climat local.

★ **Le calvaire de Pen Ar Ren :** des Xe et XIe siècles.

★ **La pierre druidique du tombeau d'Almanzor :** à la **pointe Castelli**.

★ Suivre le sentier côtier conduisant jusqu'à la **grotte Madame,** via la pointe Castelli, placée sous le regard du sphinx ; le sémaphore de la marine.

★ **Pont-Mahé :** à l'extrême nord du département, réputé parmi les véliplanchistes pour son spot de vitesse (peu de vagues, site abrité et pas mal de zef).

MESQUER-QUIMIAC *(MESKER)*   (44420)   1 470 hab.

Un endroit resté assez sauvage. Prendre la route qui longe la côte de Piriac. Aller à l'étier de Kercabellec, près des parcs à huîtres. Cet ancien petit port comptait, au milieu du XIXe siècle, 35 navires exportateurs de sel. Il alimente une partie des marais salants de Mesquer. On peut se promener sur les sentiers du marais. Beaucoup de charme et bon point de chute dans la région.

Comment y aller ?

– **En bus :** bus n° 85 depuis Guérande. ☎ 02-40-11-53-00.

Adresse utile

Office du tourisme : place du Marché, BP 9. ☎ et fax : 02-40-42-64-37. • tourismemesquer2@wanadoo.fr • Ouvert en saison de 9 h à 19 h ; ouvert le dimanche de 10 h à 13 h. Hors saison : horaires un peu allégés ; fermé les dimanche et lundi. Visites guidées des marais et des parcs ostréicoles en été.

Où dormir ? Où manger ?

Hôtel-restaurant Le Moderne : rue Principale. ☎ 02-40-42-51-09. Fax : 02-40-42-56-47. À 300 m de la plage. Ouvert de Pâques à la Toussaint. Restaurant fermé les mardi soir et mercredi sauf pendant les vacances scolaires. Chambres avec lavabo à 30 € (197 F), avec douche et w.-c. à 41,45 € (272 F). Au restaurant, menus de 14,48 à 27,44 € (95 à 180 F). Les chambres, clean, sont de confort suffisant, mais, pour certaines, le décor date un peu (demandez celles qui ont été récemment rénovées). Au restaurant, 1er menu avec des huîtres de Kercabellec, en voisines, ou suggestion du jour comme les filets de Saint-Pierre aux salicornes, suivis d'une cassolette de poissons et fruits de mer ou toujours de la suggestion du jour, et d'un fondant au chocolat. Cuisine très soignée, servie dans une salle à manger aux tables joliment fleuries. Service attentionné. Sur présentation du *GDR*, 10 % de réduction accordée sur le prix de la chambre, hors juillet et août.

LE PARC NATUREL RÉGIONAL DE BRIÈRE

Il y a en Brière des caches profondes si dissimulées qu'elles vont jusqu'à tromper le flair des canard sauvages ; nids fourrés que l'hiver dessèche sans les éclaircir, faits de grands joncs lancéolés, de chandelles de loup et de toute une flore creusée tout exprès, dirait-on, pour le chaland qui s'y glisse comme en son gîte de bête de marais. Nulle part l'homme n'est plus loin du monde, y compris les îles et leurs villages, que dans ces fourrés dont le roitelet, le crapaud et les grands faucheux d'eau se partagent la jouissance.

Alphonse de Châteaubriant.

Le Pays Noir est organisé en plusieurs ensembles. Au nord, les marais du Haut-Brivet, à l'est, les marais de Donges, à l'ouest, la Grande Brière mottière. Cette dernière (de « motte » : briquette de tourbe) couvre 6 700 ha (21 communes) sur les 40 000 ha du parc naturel régional de Brière, créé en 1970. Deuxième marécage de France après la Camargue, c'est une immense tourbière que les pluies d'automne transforment en une vaste étendue d'eau. À la mi-saison, quand ciel et eau se confondent, on se retrouve dans un monde plein de mystère... Jusqu'aux horizons indéfinis, comme un miroir s'étale l'eau grise crevée par des roseaux empanachés. Comment croire que nous ne sommes qu'à une vingtaine de kilomètres de La Baule ?

UN PEU D'HISTOIRE

On pense que cette zone d'effondrement, une fois boisée, fut (vers l'an 7000 ou 5000 av. J.-C.) envahie par la mer et le marais. Il s'est constitué derrière une digue formée par les alluvions de la Loire. Témoins de ce glissement de terrain, des arbres enfouis à 1,50 m du sol, les *mortas*. Plus durs et plus noirs que l'ébène, une fois séchés, seuls quelques courageux artistes les transforment selon une tradition ancestrale en pipes et autres parures de stylos très chics.

Le grand marais, au sol de tourbe, a été jusqu'à la seconde moitié du XIXe siècle la terre nourricière des riverains, notamment ceux des îles. D'ailleurs, le duc François II n'avait-il pas octroyé à ses sujets briérons le libre droit de ramassage de bois sec et de tourbe ? Le marais suffisait presque à tout. Le roseau était utilisé pour le chaume, les claies, les fourrages ; la tourbe (aujourd'hui précieuse pour les climatologues, car elle leur permet d'étudier les réchauffements successifs de la planète et les différentes espèces de plantes disparues *via* les pollens) servait de combustible ; l'osier était employé dans la vannerie ; poisson et gibier abondaient. On élevait oies et canards, on recueillait les sangsues pour les vendre aux pharmaciens. La tourbe faisait l'objet d'un commerce substantiel. Méan, où se jette le Briret (qui traverse la Brière), était le port briéron. La motte de tourbe était vendue jusqu'à l'île de Ré.

En Grande Brière, l'adage « Pas de terre sans seigneur » n'avait pas cours. Les paroisses riveraines devenues communes gardaient la propriété indivise de la Grande Brière mottière. La fin de l'été était marquée par l'extraction de la tourbe. Pendant les huit jours accordés au tourbage chaque année, on se livrait aussi à la recherche des *mortas* (arbres fossilisés). Cette Camargue de l'Ouest vivait repliée sur elle-même. Les habitants se mariaient entre eux. Pour mieux connaître les habitudes de vie de ce pays autrefois, il faut lire le roman d'Alphonse de Châteaubriant, *La Brière*.

Depuis la Seconde Guerre mondiale, le tourbage a presque disparu. Les gros troupeaux de bétail font partie de l'histoire (tout du moins sur la partie indivise des 21 communes). Seuls oies et canards, identifiés selon les propriétaires par une marque à la patte (une incision entre deux phalanges) mettent leur note pittoresque dans ce beau paysage. La coupe des roseaux artisanale est sévèrement concurrencée par la coupe industrielle de la Camargue... mais rapporte tout de même quelques substantiels revenus aux Briérons. Les *piardes*, ou plans d'eau, ont diminué devant le comblement et l'extension de la roselière.

PETIT VOCABULAIRE BRIÉRON

Un chapitre est consacré au patois spécifique à la Brière dans les « Généralités » à la rubrique « Langues régionales ».

LE MARAIS

Le marais souffre de n'avoir plus d'utilité immédiate. Si l'on ne fait rien, la Brière va s'assécher progressivement : la terre va gagner sur l'eau, et la forêt de saules et de bouleaux va repousser. Plusieurs associations organisent des **randonnées de découverte** du marais (se renseigner auprès de l'office du tourisme). Le visiteur embarque sur un blin poussé à la perche sur les piardes, de curées en coulisses, parmi les nénuphars nacrés, les lotus blancs, les iris jaunes, les laiches, les jonchées. On lui raconte l'histoire des feux follets (en fait, les effluves de méthane qui s'exhalaient de la tourbe) qui effrayaient les enfants. On vous recommande aussi d'aller voir Frédéric Guillou, qui propose des balades en chaland à la perche uniquement (et non à moteur, comme certains...) ☎ 02-40-91-66-53 ou 06-85-41-03-64 (sur l'île de Fédrun, au n° 79). Possible également avec Yannick Thual, à Bréca : ☎ 02-40-91-32-02. Départ en matinée ou au coucher du soleil recommandé mais possibilité de promenades en journée. Le printemps et l'automne sont les meilleures périodes pour s'y aventurer.

LA FAUNE EN BRIÈRE

Les ornithologues seront à la fête. De nombreuses espèces d'oiseaux peuvent être observées en Brière : des rapaces (busard des roseaux), le butor (le plus bel oiseau d'Europe), des passereaux (bruant des roseaux, mésange à moustaches), des oiseaux aquatiques (grèbes, sarcelles, moretons, rousseroles, hérons). À voir encore, la foulque macroule qui fait son nid près des plans d'eau, où les enfants venaient pêcher les sangsues destinées aux industries pharmaceutiques. Le marais nourrit 4 000 bovins (18 000 au début du XXe siècle).

ELLE EN PINCE POUR LE MARAIS...

Considérant la reproduction exponentielle de l'écrevisse rouge de Louisiane, l'idée d'introduire un élevage desdits crustacés décapodes a germé dans certains esprits locaux. La Brière, hormis son tourisme, aurait bien vu dans cet élevage un nouveau revenu salvateur depuis l'arrêt de la vente de la tourbe, du roseau, des grenouilles et des anguilles. Cependant, si l'introduction a réussi, l'exploitation commerciale, par contre, ne s'est pas aussi bien déroulée. L'affaire a capoté, et les écrevisses ont été oubliées au tréfonds des piardes. Pour un temps, car l'écrevisse, comme la fourmi, n'est pas prêteuse. Elle élimine ses collègues en leur refilant « ni vu, ni connu » une maladie fongique. Même si elle n'a cure de la toxicité des eaux et mange les œufs de grenouilles (donc, plus de pattes...), le plus grave c'est qu'en période sèche, elle se met à creuser « bille en tête » à la recherche de l'humidité. Peu lui importe de trouver sur son passage des canaux, des remblais et des ouvrages hydrauliques : elle creuse, la garce ! Seuls le héron, la loutre et l'homme (par la pêche) sont capables de menacer sa course. Il ne faudrait pas compter sur les deux premiers pour venir à bout d'un crustacé implanté dans un environnement autre que le sien. Quant au dernier, les rapports de sa pêche sont inférieurs aux dégâts qu'elle inflige...

LA CHAUMIÈRE DE BRIÈRE

À la différence des chaumières bretonnes et normandes, la chaumière de Brière est trapue, sa hauteur sous plafond est faible. Les murs épais sont montés en pierre et en terre. Trois ouvertures traditionnelles sont exposées au midi (pas bête!). La porte basse s'ouvre en deux parties. En général, une seule pièce en terre battue, où l'on a disposé bancs, table et lits dans les coins. Un petit escalier étroit monte au grenier. À voir à Kerhinet, le *musée du Chaume* : renseignements auprès de l'office du tourisme, ☎ 02-40-66-85-01.

Adresses et infos utiles

Office du tourisme de Brière : maison du tourisme, 38, rue de la Brière, 44410 La Chapelle-des-Marais. ☎ 02-40-66-85-01. Ouvert toute l'année ; de juin à septembre, tous les jours de 10 h à 12 h 30 et de 14 h 30 à 18 h 30 ; d'octobre à mai, du lundi au samedi de 10 h à 12 h 30 et de 14 h à 18 h. Compétents, agréables et pour ne rien vous cacher : sympas. Si vous êtes dans la panade question logement, ils pourront vous aiguiller vers une solution de secours.

Maison du parc naturel régional de Brière : 177, île de Fédrun, 44720 Saint-Joachim. ☎ 02-40-91-68-68. En août 2000, une partie des bâtiments et 30 ans d'archives ont brûlé, mais malgré tout, on continue à vous renseigner.

➤ L'idéal pour découvrir la Brière est de prendre le *chaland* (bateau à fond plat). Des promenades sont possibles à La Chaussée-Neuve (Saint-André-des-Eaux), Fédrun (Saint-Joachim), aux Fossés-Blancs, à Bréca (Saint-Liphard). Demandez la liste des guides bénéficiaires de la « marque Parc ».

Où dormir ?

Campings

Camping Les Brières du Bourg : sur la D47, à 300 m du village de Saint-Lyphard. ☎ 02-40-91-43-13. Fax : 02-40-91-43-03. Ouvert du 1er avril au 30 septembre. Forfait emplacement + 2 personnes en saison : environ 10,67 € (70 F). Au bord d'un plan d'eau. Confort 3 étoiles. 110 emplacements dont 20 « grand confort ». Boisé et bien situé. Équipements sportifs à proximité.

Camping Le Ranrouët : à Herbignac. ☎ 02-40-88-96-23. Ouvert du 1er avril à fin octobre. 11,43 € (75 F) pour 1 emplacement, 1 voiture et 2 personnes. Calme et ombragé. Bien équipé, confort 3 étoiles ici aussi.

Camping de l'Étang : Kerjacob, 27, rue des Chênes, Sandun, 44350 Guérande. ☎ 02-40-87-43-56. Situé à 7 km au nord-est de Guérande, près de Bréca. Ouvert du 15 mai au 15 septembre. Comptez 12,88 € (84,50 F) par emplacement et par véhicule pour une journée à 2 personnes. Au bord d'un lac de 30 ha, cadre agréable. Ombragé. Piscine chauffée. Bien équipé.

Prix moyens

Auberge du Parc-La Mare aux Oiseaux : 162, île de Fédrun, 44720 Saint-Joachim. ☎ 02-40-88-53-01. Fax : 02-40-91-67-44. • www.auberge-du-parc.com • Chambres à 60,98 € (400 F). Demi-pension : 76,22 € (500 F). 4 chambres sous un toit de roseaux, toutes respectueuses de l'atmosphère briéronne. 10 % de réduction accordée sur le prix de la chambre sur présentation du *GDR*. Fait aussi resto. Voir « Où manger ? »

🏠 |◉| *Auberge de Kerhinet :* 44410 Saint-Lyphard. ☎ 02-40-61-91-46. Fax : 02-40-61-97-57. À 7 km de Saint-Lyphard, sur la route de Guérande, au village-musée de Kerhinet (voir plus loin). Fermé les mardi et mercredi, sauf en juillet et août, ainsi que de mi-décembre à mi-janvier. Chambres doubles à 45,73 € (300 F). Demi-pension : 53,36 € (350 F). Menus de 18,29 à 33,54 € (120 à 220 F). Accueil sympathique. Quelques chambres situées dans une chaumière. Au restaurant, service par des garçons stylés et gentils. Décor rustique et campagnard. Belle collection de photos anciennes. Parmi les spécialités, anguille au vert, filet de bœuf en croûte, cuisse de grenouille fricassée. Une bonne adresse.

🏠 *Hôtel Les Chaumières du Lac :* route d'Herbignac, 44410 Saint-Lyphard. ☎ 02-40-91-32-32. Fax : 02-40-91-30-33. ⚒ Fermé en décembre et janvier. Chambres doubles avec bains de 59,46 à 74,70 € (390 à 490 F). Assez récent et confortable. Jolies chambres donnant sur un jardin à la pelouse tondue dans le style green ou sur le lac. Accepte la carte *American Express*.

Chambres d'hôte

🏠 *Chez M. et Mme Collard :* 25, rue Errand, 44550 Saint-Malo-de-Guersac. ☎ 02-40-91-15-04. Ouvert du 1ᵉʳ avril au 1ᵉʳ octobre. Comptez 46 € (302 F) pour 2. Repas : 19 € (125 F). Dans une vraie chaumière ancienne, avec parquets en marqueterie et tapisserie d'Aubusson, 4 chambres avec sanitaires privés. Belle salle à manger. Table d'hôte sur réservation.

🏠 *Chez M. et Mme Fresne :* 12, rue Jean-de-Rieux, Marlais, 44410 Herbignac. ☎ et fax : 02-40-91-40-83. • www.pays-blanc.com/noemarlais • D'Herbignac, prendre la D47 vers Saint-Nazaire. Chambres pour deux à 46 € (302 F). Pratique, si vous venez en famille, une belle suite pour quatre personnes. À l'étage d'une longère. Décoration soignée. Salle d'eau et w.-c. privés. Jardin. Bon rapport qualité-prix. 10 % sur le prix de la chambre hors saison pour nos lecteurs porteurs de l'édition en cours.

🏠 *Château de Coët Carret :* chez Mme de la Monneraye, 44410 Herbignac. ☎ 02-40-91-41-20. Fax : 02-40-91-37-46. D'Herbignac, prendre la D47 direction Saint-Nazaire, puis à 4 km sur la droite. Ouvert toute l'année. Chambres doubles avec bains à 90 € (590 F). Également 2 gîtes dans une maison indépendante : 219 € (1 437 F) le week-end (uniquement en basse et moyenne saison). Dans un ravissant château du XIXᵉ siècle, sur un grand domaine boisé. Accueil chaleureux de Mme de la Monneraye, qui donne plein de conseils et prête même des bouquins sur la région. Le cadre est superbe.

Gîtes

🏠 |◉| *Maison de la Nature et de la Randonnée :* Le Bignon d'Hoscas. ☎ et fax : 02-40-91-33-91. À l'écart de la D51 entre Saint-Lyphard (à 2 km) et La Chapelle-des-Marais. Ouvert toute l'année. Gîte d'étape. 8,08 € (53 F) la nuit en dortoir, 19,82 € (130 F) la chambre double avec douche et w.-c. Menu autour de 6,86 € (45 F) sans le service. Trois grands corps de bâtiments bien réhabilités. Nous, on a un faible pour le gîte « Panda » aux huisseries vertes et à la petite barrière bordée de fleurs. Une vraie chaumière de conte pour enfants. Café offert sur présentation du *Guide du routard*. N'accepte pas les cartes de paiement.

🏠 *Gîte du port de Bréca :* ☎ 02-51-72-95-65 (numéro central de réservation). 535 € (3509 F) la semaine en pleine saison, 198 € (1 299 F) le week-end (en moyenne ou basse saison). Dans une belle petite chaumière au toit de chaume qui fait l'angle de la route principale par laquelle on arrive. 2 chambres sous ledit toit, avec un grand jardin ceint de végétation (idéal pour les enfants) et tout le confort moderne (TV, douche, belle cuisine bien aménagée et fonctionnelle). Une bonne adresse, en somme.

Où manger ?

Prix moyens à chic

|●| *La Hutte Briéronne :* 181, île de Fédrun. ☎ 02-40-88-43-05. À côté de la maison du Parc. Fermé les mardi soir et mercredi hors saison et de mi-décembre à février. Menus de 16 à 31 € (105 et 203 F). Bonne cuisine traditionnelle briéronne, avec canards, brochets, anguilles, sandre beurre blanc, etc. Spécialité : la marmite de la Hutte. Cadre rustique sympa.
|●| *L'Eau de Mer :* route de Guérande, à Ker Moureau, 44410 Herbignac. ☎ 02-40-91-32-36. Situé en fait à 7 km au sud d'Herbignac (la commune est très étendue). Fermé les dimanche soir et lundi et du 1er au 23 janvier. 1er menu à 15,09 € (99 F), vin compris, le midi uniquement, puis menus de 19,82 à 38,11 € (130 à 250 F). Voilà un couple, Marc et Armelle, bien heureux de faire la cuisine. On va chercher ses haricots verts dans le jardin, quand la saison le permet, et l'on se préoccupe de faire du bon et du « maison ». La carte change à chaque saison. Par exemple, *nems* aux huîtres, salade de châtaignes au haddock, gâteau de cèpes au chèvre frais, terrine de faisan. Cadre agréable.
|●| *Auberge du Parc – La Mare aux Oiseaux :* 162, île de Fédrun, 44720 Saint-Joachim. ☎ 02-40-88-53-01. Menus de 29,73 à 45,73 € (195 à 300 F). Les habitants de l'île de Fédrun, fiers de leurs prérogatives et de leur marais, ont adopté Éric Guérin, un ancien de *La Tour d'Argent.* Ancien ? À moins de 30 ans, ce jeune chef plein d'idées en tête met un brin de folie dans les assiettes de ses convives. Sa cuisine raconte de belles histoires. Celles d'un petit farci d'anguilles aux mille senteurs de Brière ou d'un croquant de grenouilles aux algues bretonnes. Dans l'absolu, on connaît la fin de l'adage : la valeur n'attend point le nombre des années. À *La Mare aux Oiseaux,* aussi ! On y mange vraiment bien sans s'embêter.

Très chic

|●| *Auberge de Kerbourg :* village de Kerbourg, route de Guérande, 44410 Saint-Lyphard. ☎ 02-40-61-95-15. Ouvert du mardi soir au dimanche midi inclus. Congés annuels : de Noël à la Saint-Valentin. 1er menu à 24,39 € (160 F) le midi en semaine ; autres menus de 45,73 à 53,36 € (300 à 350 F). Difficile de ne pas succomber au charme de ces chaumières restaurées avec un goût certain pour l'authentique, quand l'accueil se fait très souriant et que le chef « s'amuse » à accommoder divinement des produits simples du terroir (foie gras mariné au sel de Guérande, canard sauvage à l'aigre-doux). Réservation recommandée.

À voir

★ ROZÉ

Sortir de Saint-Nazaire par la N171, direction Nantes. À Montoir-de-Bretagne, ancien port de mer comblé au XVIIe siècle, tourner à gauche pour parvenir à Rozé.

★ **La maison de l'Éclusier :** ouverte de juin à septembre, pendant les vacances scolaires des trois zones, de 10 h 30 à 12 h 30 et de 14 h 30 à 18 h 30 ; horaires allégés à la Toussaint et en février. Sur le quai est exposée la chaloupe *Théotiste* qui transportait à Nantes la tourbe de Brière. Elle ressemble à un gros sabot ponté, à deux mâts rabattables. Elle était armée par deux ou trois marins, ceux-ci s'aidant de perches pour pousser le bateau sur les canaux quand le vent était défavorable.

★ **Le parc animalier :** le hall d'accueil se trouve à 800 m à droite après avoir franchi le pont sur le canal. Ouvert de juin à octobre, de 9 h à 18 h, jusqu'à 19 h en juillet-août. Location de jumelles. Un sentier aménagé, ponctué de postes d'observation, vous fera découvrir les oiseaux à l'état sauvage.

➤ Reprenez la route et, juste avant Saint-Joachim (prononcez « Sein Joachun »), tournez à gauche.

★ **L'île de Fédrun :** c'est l'île la plus intéressante, en dépit d'un habitat disparate, au moins au niveau des toitures, puisque alternent chaume, tuile et ardoise ! Primitivement, les chaumières s'installèrent sur le pourtour de l'île, adossées aux canaux. Le centre de l'île, jamais inondé, était réservé aux cultures. On l'appelait la « gagnerie ». Ceinturant l'île, un canal, la « curée », desservait les appontements d'amarrage, les « seuils » ou les fossés pour garer les chalands.
À visiter : la *maison de la Mariée* qui abrite une superbe collection de parures de mariage, décorées de fleurs d'oranger (devait faire l'objet de travaux de réaménagement). À la fin du XIXe siècle, une fabrique de fleurs d'oranger artificielles (qui exportait dans toute l'Europe) s'était établie à Saint-Joachim. On obtenait la fleur en trempant de la toile amidonnée dans un bain de cire. Après le mariage, les fleurs de la mariée étaient disposées sur un coussin de velours et conservées sous un globe de verre. La chaumière briéronne restitue l'ambiance d'un intérieur du pays.

★ **Camer :** quittez la route principale pour vous rendre dans ce village très typique, en fait deux îlots où les maisons serrées les unes contre les autres s'ouvrent par derrière sur un canal.

★ **La Chapelle-des-Marais (44410) :** à 10 km plus au nord. Dans l'église, statue polychrome de saint Corneille, protecteur des troupeaux. Dans la mairie, *morta* (arbre fossile) de 7 m de haut.

★ **Mayun :** de La Chapelle-des-Marais, prendre la direction Saint-Lyphard. Mayun est resté célèbre pour sa *vannerie* qui garde beaucoup de cachet. De nombreux habitants fabriquaient autrefois des paniers. Ils tressent encore la bourdaine. À voir : la *miellerie de la Brière*.

★ **Les Fossés-Blancs :** ici, le canal du Nord mène au cœur de la Grande Brière. N'hésitez pas à faire une promenade en chaland, pour vous enfoncer plus profondément dans l'intimité briéronne avec Alexandre David et Christophe Cotte. ☎ 02-40-61-93-31 ou 06-62-28-50-93. Balades du 1er avril au 30 septembre. Tarif : 6,10 € (40 F) et 3,05 € (20 F) pour les enfants.

★ **Les jardins du Marais :** 44410 Herbignac. ☎ 02-40-91-47-44. Ouvert du 15 avril au 15 septembre, de 16 h à 20 h. Entrée : 4,57 € (30 F), demi-tarif pour les moins de 15 ans. Vraiment intéressant. Vous découvrirez un jardin privé biologique, qui associe sur plus de 1 ha un jardin d'agrément, un potager familial, un jardin expérimental et un petit bois.

★ **Saint-Lyphard :** 44410 Herbignac. Grimpez les 135 marches du clocher de l'église, qui constitue un superbe belvédère sur toute la Brière. Panorama du haut du clocher organisé par l'office du tourisme de Saint-Lyphard. ☎ 02-40-91-41-34. Tarif adulte : 1,52 € (10 F).

★ **Bréca :** continuez vers Saint-André-des-Eaux, mais à 4 km, tournez à gauche vers Bréca, hameau riche en vieilles demeures, d'où l'on peut s'embarquer pour le marais. Abri pique-nique.

★ **Kerhinet :** ce hameau est devenu un authentique musée vivant, de plein air, acquis et restauré par l'administration du parc régional. Les voitures n'y pénètrent pas. On y trouve le *musée du Chaume.* ☎ 02-40-66-85-01. Ouvert de juin à septembre, pendant les vacances scolaires des trois zones, de 10 h 30 à 12 h 30 et de 14 h 30 à 18 h 30 ; horaires allégés à la Toussaint et en février. Entrée : 2,29 € (15 F). Il présente un habitat briéron traditionnel, ainsi que le métier de chaumier, une boutique d'artisanat et un gîte d'étape en complément d'un gentil hôtel que nous recommandons (voir la rubrique « Où dormir ? », plus haut).

★ **La Chaussée-Neuve :** de Saint-André-des-Eaux (44117), une route s'enfonce au cœur du marais. À La Chaussée-Neuve, on embarquait jadis pour un ou deux jours pour livrer sel et légumes à Trignac ou Saint-Joachim, d'où l'on rapportait sable ou fumier. Le long canal n'attend plus désormais que les touristes en mal de poésie... qui ne seront pas déçus. Belles promenades guidées organisées par Anthony Mahé, un guide passionné. ☎ 02-40-91-59-36. 6,10 € (40 F) par adulte pour 45 mn, demi-tarif pour les enfants.

★ **Ker Anas, le village des Canards :** 44117 Saint-André-des-Eaux. ☎ 02-40-01-27-48. Ouvert en juillet-août de 10 h à 18 h 30 ; du 1er avril au 31 octobre, hors été, de 14 h 30 à 18 h 30. En dehors de ces périodes, sur rendez-vous. Entrée : 5,34 € (35 F). Tarif réduit : 3,05 € (20 F). Parc ornithologique de 3 ha avec un sentier de 1 km qui permet de rencontrer canards, oies ou bernaches, une centaine d'espèces au total. Très chouette pour les enfants.

★ **Le château de Ranrouët :** ouvert du 1er avril à début octobre, tous les jours (fermé le lundi hors saison). C'est le dernier des châteaux du Moyen Âge qui bordaient la Brière. Il avait un rôle stratégique car situé sur la route du sel. Ce château, à l'état de ruine, résume toutes les techniques de construction militaire du XIIIe au XVIIe siècle. Motte féodale, bastions ou château fort. Il s'agit d'un édifice composite en somme, mais bien restauré. Petits spectacles amateurs en saison.

Fêtes et manifestations

– **Le marché des potiers :** le week-end de l'Ascension, autour du château de Ranrouët à Herbignac. Quelque 40 potiers venus de toute la France perpétuent l'activité traditionnelle d'Herbignac et exposent leurs produits.
– **Les Anguillades :** le dernier week-end de juillet à Saint-Joachim. C'est la fête de l'Anguille, avec dégustations.
– **La fête des Chalands fleuris :** un dimanche début août, à Saint-André-des-Eaux.
– **La fête de la Tourbe :** le 15 août, à Saint-Lyphard.
– **La Transbriéronne :** le 1er week-end de septembre. Rendez-vous des randonneurs de toutes sortes, à pied, à cheval, à vélo, en chaland. Le lieu de rendez-vous change chaque année. Très sympa.

LE PAYS DES TROIS-RIVIÈRES

Un étonnant pays à découvrir, sur la route entre la Brière et le pays de Châteaubriant. Irrigué par le Don, l'Isac et le Brivet, c'est un pays à parcourir et le paradis des randonneurs pour sa forêt du Gâvre (4 500 ha).
Ce « pays » des Trois-Rivières regroupe 25 communes et a pour objectif de développer le tourisme, en soutenant les projets de création liés au patrimoine historique et culturel.

LA FORÊT DU GÂVRE

Le nom Gâvre a pour origine le mot celtique *gavr*, qui signifie chèvre ou chevreuil. La forêt du Gâvre couvre environ 4 000 ha entre la vallée de la Vilaine à l'ouest et la vallée de l'Erdre à l'est. C'est la plus grande forêt proche de Nantes et Saint-Nazaire, assez fréquentée le week-end.

UN PEU D'HISTOIRE

La forêt a appartenu aux ducs de Bretagne à partir du XIIIe siècle. Une ville franche fut créée en 1226 avec de nombreux droits sur une partie de la forêt afin de faire venir de nouveaux habitants. Elle fut rattachée au domaine royal par le mariage d'Anne de Bretagne avec Charles VIII. Colbert contribua à sa beauté en décidant de la faire vieillir, afin que ses troncs puissent être utilisés plus tard pour les mâts des navires. En 1791, la forêt devient domaniale. Au cours du XIXe siècle, grâce à son bois, on fabriquait des sabots qui étaient exportés jusqu'en Amérique. Aujourd'hui constituée de 45 % de chênes rouvres, 10 % de chênes pédonculés, 40 % de pins et 5 % de hêtres, elle est aussi très giboyeuse (cerfs, biches, chevreuils, etc.). Par chance, cette magnifique forêt n'a pratiquement pas subi de dommages pendant la tempête de 1999. Un vrai miracle ! De nombreux promeneurs la parcourent le week-end, notamment par les dix allées qui partent du carrefour de la Belle-Étoile. À ce carrefour, d'ailleurs, un kiosque présente une exposition sur la forêt.

Où dormir ? Où manger ?

Camping

Camping de la Forêt du Gâvre : route de l'étang, à l'orée de la forêt, en bordure d'un plan d'eau. ☎ 06-03-65-82-58. Fax : 02-40-51-23-83. Ouvert de Pâques au 31 octobre. Forfait journalier pour emplacement et 2 personnes : environ 7,62 € (50 F). Site pédalos et mini-golf.

Bon marché à prix moyens

L'Étriché : 44170 La Grigonnais. ☎ 02-40-79-04-99. À 6 km du bourg de La Grigonnais, et à 4 km de Blain. 40 € (262 F) la nuit. Table d'hôte à 14 € (92 F). Ce petit *bed & breakfast* aux vieux meubles bien cirés est fréquenté par les Anglais de passage. Conseillé de réserver car il n'y a que 2 chambres, dont une avec kitchenette et mezzanine. Fait également table d'hôte sur demande.

Auberge de la Forêt : La Maillardais, 44130 Le Gâvre. ☎ 02-40-51-20-26. Fax : 02-40-51-29-36. Fermeture hebdomadaire les dimanche soir et lundi. Chambres de 26,68 à 38,11 € (175 à 250 F) selon le confort. Menus à 10,60 € (69,50 F), le midi en semaine, et de 18,29 à 33,54 € (120 à 220 F). Large palette de prix. Ici, on est loin de tout, au bord de la forêt. Chambres plutôt simples, mais dotées d'un confort suffisant. Sans doute en raison du succès de leur restaurant, les patrons ont ajouté une très grande salle moderne, sans beaucoup de personnalité. On aimait bien pourtant l'ancienne petite salle avec sa cheminée où l'on prend maintenant le petit déjeuner. Délicieux poisson du marché. Sinon, la cuisine s'adapte aux produits de saison : gibiers, champignons, poissons, etc. Bon accueil, un brin familier, de Francesca.

I●I La Croix Blanche : 25, Grande-Rue, 44130 Le Gâvre. ☎ 02-40-51-29-10. ● www.lacroixblanche.com ● Fermé le lundi soir, mardi soir et mercredi, sauf sur réservation, et en janvier. Menu du midi à 8,38 € (55 F) et de 13,72 à 28,20 € (90 à 185 F), menu enfant à 6,86 € (45 F). Dans une belle maison du XVIIe siècle, ancien relais de poste. À l'intérieur, immense cheminée où flambe un bon feu aux mauvais jours. En été, on peut profiter du jardin ombragé qui sert de bar-glacier. Spécialités de saison, chevreuil, cèpes. Au 1er menu, une entrée et un plat, comme la salade de gésiers au vinaigre de framboise et le filet mignon aux senteurs de la forêt. Apéritif maison offert sur présentation du *Guide du routard*.

À voir

★ LE GÂVRE (44130)

★ *Le bourg du Gâvre :* maisons anciennes des XVe, XVIe et XVIIe siècles. Belle église du XIIIe siècle, remaniée aux XVe et XIXe siècles (évidemment !). Voûte de bois en berceau avec aux extrémités des poutres des sculptures représentant les animaux de la forêt.

★ *La maison de la Forêt :* au Gâvre, sur la Grand-Rue. ☎ 02-40-51-25-14. ♿ seulement pour le rez-de-chaussée. Ouvert de mi-mars à mi-décembre, tous les jours sauf le lundi de 14 h à 18 h 30 ; le dimanche, de 14 h 30 à 18 h 30. Entrée : 3,05 € (20 F), enfant : 1,52 € (10 F). Tarif réduit pour les adultes sur présentation du *GDR* de l'année : 2,29 € (15 F). Dans une splendide demeure en pierre du XVIIe siècle. Accueil sympa.
Cette maison présente le milieu forestier au fil des saisons du point de vue économique, écologique et artistique. Expositions variées, animations, sorties en forêt et conférences sur la faune et la flore. Un fond de documentation est aussi à disposition pour consultation sur place.
Présentation des métiers d'autrefois liés à la forêt. Les différentes espèces d'arbres y sont répertoriées. Reconstitution d'un intérieur du XIXe siècle, avec tous les objets insolites oubliés, comme le presse-purée, le rase-galette, la sorbetière. Collection de vierges en faïence, de globes de mariage, de coiffes. Projections de films, diorama, etc.

★ *La chapelle de la Magdeleine :* en bord de la forêt, à l'ouest. Elle date du XIIe siècle, mais a été remaniée au XIXe siècle.

LE CANAL DE NANTES À BREST

C'est le blocus continental qui est à son origine : Napoléon décida sa création pour contourner ce blocus qui handicapait lourdement les ports de Brest et de Nantes. Il fut construit de 1811 à 1842. Ça ne fut pas une mince affaire. Prisonniers espagnols et bagnards de Belle-Île durent creuser tranchées et biefs, raser des collines dans des conditions très dures. Un barrage construit à Guerlédan en 1928 supprima la navigation en direction de Brest.
Le canal est composé au départ par l'Erdre puis, après l'écluse de Quiheix, par l'Isac. On peut l'emprunter en bateau habitable, et apprécier la vie du canal au rythme des écluses. Location à *Loisirs Accueil Loire-Atlantique* : 2, allée Baco, 44000 Nantes. ☎ 02-51-72-95-30.

BLAIN *(BLAEN)* (44130) 7 730 hab.

Célèbre pour sa forteresse chargée de défendre les marches de Bretagne. Elle a appartenu aux familles de Clisson et de Rohan, qui, converties au protestantisme, ont fait de la ville une cité calviniste pendant un siècle.

Adresses utiles

🛈 *Office du tourisme :* place Jean-Guihard. ☎ 02-40-87-15-11. Fax : 02-40-79-09-93. Ouvert du mardi au samedi de 10 h à 12 h et de 14 h à 18 h.

🛈 *Pays d'accueil touristique des Trois-Rivières :* rue Charles-de-Gaulle. ☎ 02-40-79-16-65. Fax : 02-40-51-75-00. Brochures sur demande. Organise en été des journées découvertes très chouettes, sur réservation auprès des offices du tourisme. Propose aussi un guide VTT et VTC et un topo-guide canoë pour les fondus de sport. Accueil très sympa.

Où dormir ?

✠ *Camping municipal du Château :* sur la N171, route de Saint-Nazaire. ☎ 02-40-79-11-00. Fax : 02-40-79-09-93. Au pied du château. Ouvert du 1er mai au 30 septembre. Environ 5,34 € (35 F) pour 2 campeurs, une voiture et une tente. Un peu bruyant car la route de Saint-Nazaire est très fréquentée, y compris par les camions. Bon accueil.

Où manger ?

Chic

⦿ *Restaurant Cochin :* 6, quai Surcouf. ☎ 02-40-79-01-22. Sur le bord du canal de Nantes à Brest, avec vue sur le château. Fermé les dimanche soir et lundi toute l'année, le mercredi soir d'octobre à avril, ainsi que 2 semaines en janvier. Menus de 11,43 € (75 F), en semaine, à 34,30 € (225 F). Demandez une table à côté de la baie vitrée, si possible. Cuisine de marché à base de produits frais. Une des bonnes tables du coin. Gibier en saison. Excellent rapport qualité-prix dès le 1er menu. Parmi les spécialités, persillade d'anguilles à l'échalote, dos de sandre au beurre blanc compotée de choux et légumes, croustade de poires fondues dans leur jus. Service attentif. Café offert sur présentation du *GDR*.

À voir

★ *Le château de la Groulais :* BP 75. Accès par la N171. Ouvert de mi-mai à mi-octobre. Fermé le lundi. Visites de 10 h à 12 h et de 14 h 30 à 18 h 30. Pour les visites guidées : ☎ 02-40-79-07-81. Fax : 02-40-79-94-79. • contacts@château-de-balin.org • ♿ seulement pour le rez-de-chaussée. Ce château fut fondé par le duc Alain Fergent en 1104, véritable forteresse constituant un des maillons de la défense de Bretagne. Il a été possédé par Olivier de Clisson. De la famille du connétable, il passa en 1407 à la maison de Rohan qui l'habita jusqu'en 1802. Le château, pris et repris par les ligueurs et les royaux de 1585 à 1595, fut occupé tour à tour par les Vendéens et les républicains en 1793. Les fortifications en avaient été rasées en 1628 par Richelieu. C'est dans ce château que naquit en 1579 Henri, pre-

mier duc de Rohan, gendre de Sully, l'un des chefs calvinistes sous Louis XIII.
Le château est formé par deux corps de bâtiments, chacun portant la signature de leur mécène. D'une part, le « petit castel », avec sa tour du connétable, érigé par Olivier de Clisson, d'autre part, la grande enceinte et sa belle tour du Pont-Levis du XVIe siècle.

– Au printemps et en été, le château abrite des **expositions**. Entrée : 3,05 € (20 F), demi-tarif sur présentation du *Guide du routard*. L'association Château et Essor blinois y a créé un centre de la Fresque. Il s'agit d'y promouvoir, par des stages d'initiation et de perfectionnement, la technique de la peinture murale *a fresca* avec utilisation du mortier (mélange de chaux et de sable de Loire). Bien sûr, on est loin de la chapelle des Scrovegni, chef-d'œuvre de Giotto, mais, grâce à ce renouveau de la peinture sur fresque, les murs des chapelles de Blain (Saint-Roch), Vay (Saint-Germain) et Guénouvry (chapelle des Lieux-Saints) ont repris vie. Le château abrite également un atelier d'imprimerie ancienne.

★ *Le musée de Blain, Fèves, Crèches et Traditions Populaires :* 2, place Jean-Guihard. ☎ 02-40-79-98-51. Ouvert du mardi au dimanche, de 14 h à 18 h. Fermé les lundi et jours fériés. Entrée : 3,05 € (20 F), enfant : 0,76 € (5 F). Réduction accordée aux lecteurs du *Guide du routard* de 1,52 € (10 F) à partir de 2 adultes (soit un prix global de 4,57 € – 30 F – pour 2 entrées adulte). Exposition permanente de 250 crèches du monde entier, collection unique en France de fèves des rois (environ 10 000 !), reconstitution d'une place de village avec ses boutiques 1900 (épicerie, café, école...). Vestiges gallo-romains, avec le vase de Décébale commémorant la victoire de l'empereur romain Trajan sur les Daces. Un étonnant musée installé dans l'ancien présidial des ducs de Rohan.

★ *La chapelle Saint-Roch :* accès par la D42. Adressez-vous à l'office du tourisme pour la visiter. Dommage que cet ancien lieu de pèlerinage ait été beaucoup remanié au XIXe siècle. Fresques à l'intérieur.

Fête

– *Fête de la Saint-Laurent :* 5 jours autour du 10 août. Accueil de groupes musicaux étrangers ; le dimanche : cavalcades, défilé de chars et des groupes folkloriques.

➤ DANS LES ENVIRONS DE BLAIN

★ *La ferme de l'Orme et le musée des Mines et Minéraux :* sur la route de Saint-Nazaire. ☎ 02-40-79-19-83. Ouvert tous les jours de 10 h à 18 h (jusqu'à 20 h en été) ; toute l'année pour le musée, et d'avril à octobre pour la ferme. Entrée payante. Parc animalier assez sympa. Oiseaux exotiques, mini-ferme, conservatoire avicole, etc. À côté, dans le musée des Mines et Minéraux, sont présentés 3 000 minéraux, et une galerie de 90 m d'ancienne mine a été reconstituée. Une initiation à la minéralogie.

GUENROUET *(GWENRED)* (44530) 2 410 hab.

Sur le bord du canal, Guenrouet abrite l'une des plus anciennes paroisses de la région. Les plaisanciers ont succédé aux bateliers. Guenrouet dispose d'une base de loisirs assez chouette, avec piscine de 600 m (toboggan),

GUENROUET (GWENRED)

mini-golf et tennis. La piscine épouse la forme du vallon sur lequel elle a été construite, donnant l'impression aux baigneurs de se fondre dans le paysage. À Guenrouet encore, possibilité de faire escale en bateau. Petit port. Pontons pour 12 bateaux (en juillet-août, renseignements au : ☎ 02-40-87-68-09). Possibilité de louer des canoës, des kayaks : ☎ 02-40-87-64-23.

Où dormir ?

Camping municipal Saint-Clair : ☎ 02-40-87-61-52 (en juillet-août) ou 02-40-87-64-18 (mairie). En bordure du canal. Ouvert du 1er avril au 30 septembre. Forfait camping pour 2 personnes, piscine et mini-golf : 11,45 € (75 F) par jour, en haute saison. Ombragé. 110 emplacements. Piscine, mini-golf, location de pédalos, canoë-kayak.

Gîte La Rivière Blanche : La Touche-aux-Robins. ☎ 02-40-87-64-94. Ouvert toute l'année. De 10 à 11,45 € (65 à 75 F) la nuitée. Cadre tranquille et agréable.

Où manger ?

Bon marché

Le Jardin de l'Isac : 31, rue de l'Isac, ☎ 02-40-87-66-11. Près du canal, en arrivant à Guenrouet quand on vient de Blain. Fermé les dimanche soir, lundi et mardi, sauf en juillet-août, ainsi que la 1re semaine de janvier et la 2e quinzaine de février. Menu à 10 € (65 F) le midi en semaine ; 15 € (95 F) le soir et le week-end. Un rapport qualité-prix imbattable pour ce petit resto situé au-dessous d'un resto « gastronomique », dirigé par le même couple. Aux beaux jours, on mange sur la terrasse-jardin bien fleurie. À l'ombre de la glycine et en respirant le délicat parfum du chèvrefeuille, vous pourrez vous régaler d'un buffet de hors-d'œuvre très variés, allant de la terrine de poisson aux charcuteries et à toutes sortes de crudités ; ensuite, grillade ou poisson du jour, suivi à nouveau d'un buffet de desserts. Vous pouvez, bien sûr, vous contenter d'un plat ! À l'intérieur, préférez la salle au bord du jardin à celle du fond plus tristounette, même si c'est là que sont dressés les buffets. Service pro et bon accueil.

Chic

Le Relais Saint-Clair : 31, rue de l'Isac. ☎ 02-40-87-66-11. • www.relais-saint-clair.com • Pour vous y rendre, même chemin que le restaurant ci-dessus. Mêmes horaires d'ouverture et périodes de fermeture que le *Jardin de l'Isac*. Menus de 14,50 à 33,50 € (95 à 220 F). Un resto connu dans la région pour la qualité de sa cuisine inventive. Quelques spécialités : le suprême de pigeon de mesquer au jus de truffe, le filet de sandre de Loire à la façon nantaise... Cadre soigné un peu compassé. Accueil chaleureux et enjoué de Christine Todesco. Café offert aux lecteurs sur présentation du guide de l'année.

Où manger dans les environs ?

Le Paradis des Pêcheurs : au Cougou. ☎ 02-40-87-64-10. En sortant de Guenrouet, sur la route de Saint-Gildas, prendre la route de Fégréac, à droite et continuer pendant 5 km. À côté d'une charmante chapelle, en pleine campagne. Fermé les lundi soir, mardi soir, mercredi et pendant les vacances scolaires de février. Menus de 8,38 € (55 F), servi au déjeuner en semaine, et de 14,94 à 26,68 € (98 à 175 F). Cuisine à base de produits frais servie dans un cadre agréable. Parmi les spécialités, vous choisirez entre la salade de Saint-Jacques aux blancs de volaille et pointes d'asperges, le médaillon de lotte au coulis de crustacés ou le feuilleté de rognons de veau à la fondue de poireaux. Grande salle qui donne sur un parc. Kir offert aux lecteurs du *Guide du routard*.

À voir

★ **L'église :** étonnante pour ses vitraux qui rappellent des lieux sacrés et leurs saints. Ainsi Domrémy et Padoue côtoient Montmartre, Nazareth et Le Cougou, cité plus haut pour son restaurant, ici pour sa sainte Anne. Mais l'église est plus célèbre pour les vitraux commémorant les combats de la poche de Saint-Nazaire.

FEGRÉAC *(FEGERIEG)*   (44460)   1 990 hab.

Étape touristique pour les randonneurs, plaisanciers et amateurs de canoë.

Où dormir ?

⏶ *Camping Le Bellion :* ☎ 02-40-91-20-21. Ouvert du 15 juin au 15 septembre. Situé au bord du canal, un petit camping.

⏶ *Gîte de Pont Miny :* à Fegréac. ☎ 02-40-91-24-96. 8,08 € (53 F) la nuit en été ; 9,91 € (65 F) en hiver, plus un supplément pour l'utilisation de la cuisine : 5,34 à 6,86 € (35 à 45 F) selon la saison. 9 places réparties dans 3 chambres. Les pieds au bord du canal de Nantes à Brest. Idéal car lieu de départ de petites randonnées, cette ancienne maison flashy accueille également la maison du Canal (voir ci-dessous). Des 3 étages, seul le dernier est destiné à l'hébergement. Dommage qu'on entende du canal le bruit de la grande route toute proche.

Où dormir dans les environs ?

⏶ *La Ferme École :* 44530 Saint-Gildas-des-Bois. ☎ 02-40-66-90-27. Comptez 33 € (216 F) la nuitée, petit déjeuner compris. 2 chambres, refaites à neuf, chez Jacqueline et Gisèle et 1 gîte récemment réhabilité dans une ancienne écurie. Une vraie chambre d'hôte puisque l'exploitation des terres alentour continue.

À voir

★ *La maison du Canal :* ☎ 02-40-91-24-96 (en saison). Ouvert tous les jours en juillet-août, le dimanche en juin et septembre. Plein d'infos sur la construction du canal. Vidéo, maquettes sur les écluses et sur les biefs de partage.

➤ DANS LES ENVIRONS DE FEGRÉAC

★ *L'église de Saint-Gildas-des-Bois (44530) :* renseignements, ☎ 02-40-88-35-14 (office du tourisme) ou 02-40-01-40-10. Visites guidées en journée en juillet-août. Église abbatiale des XIIe et XIIIe siècles. A été bien restaurée après les bombardements du 12 août 1944, qui avaient effondré la toiture. Enfin une église romane ! La nef remonte au XIIe siècle, le chœur aussi. L'ancienne clôture du chœur des moines porte la date de 1711. Elle a été aménagée en porche intérieur, lors de la transformation en 1840 de l'ancienne église abbatiale en église paroissiale. Superbe grille en fer forgé du XVIIIe siècle.

PONTCHÂTEAU *(PONTKASTELL-KEREN)* (44160)
7770 hab.

Célèbre pour son calvaire très visité.

Adresse utile

ℹ *Office du tourisme :* 1, place du Marché. ☎ 02-40-88-00-87. Fax : 02-40-01-61-10. Ouvert toute l'année et en juillet-août, du lundi au samedi de 9 h à 12 h 30 et de 14 h 30 à 19 h.

Où dormir dans les environs ?

Chambres d'hôte

🏠 *Les Pierres Blanches :* chez Anthony et Denise Debray. ☎ 02-40-01-32-51. Fax : 02-40-01-38-18. À 4,6 km du centre de Besné. Besné est situé à quelques kilomètres au sud de Pontchâteau par la D773. 2 chambres à 39 et 43 € (256 et 282 F) pour 2 personnes, petit déjeuner compris, dans une belle et grande maison couverte de vigne vierge. Propriété boisée de 1,5 ha. Bon accueil, endroit agréable pour sa terrasse et son barbecue, à mi-chemin entre la Brière et le pays des Trois-Rivières. Kitchenette à disposition gratuitement. 10 % de réduction accordée aux lecteurs du *GDR* pour un séjour de 10 nuits.

Où manger dans les environs ?

🍴 *Le Relais de Beaulieu :* ☎ 02-40-01-60-58. À 4 km du centre. Fermé les samedi soir et dimanche soir. Comptez 10,98 € (72 F) le repas complet avec entrées et plats au choix. Menus jusqu'à 27,44 € (180 F). Un routier pour les routards ! Cuisine sans prétention, même si elle est un peu plus élaborée dans la salle du fond. Parmi les spécialités, anguilles au cidre.

À voir

★ *Le calvaire monumental :* il fut édifié en 1710 par le père de Montfort. Louis XIV ordonna l'arrêt des travaux. Le père Gouray, abbé de Ponchâteau, décida de sa reconstruction en 1821. Situé dans un site verdoyant, il reconstitue le chemin de croix avec des personnages grandeur nature.

Assez étonnant. Aujourd'hui, le sanctuaire du Calvaire est confié à des communautés montfortaines qui assurent l'accueil des visiteurs en permanence.

★ *Atlantic Canevas :* zone Industrielle, rue Gutenberg. ☎ 02-40-45-00-22. Fax : 02-40-01-64-15. Ouvert du lundi au vendredi de 9 h à 11 h et de 14 h à 17 h. Visite gratuite « du seul fabricant de canevas à broder de l'Ouest ». Vente directe d'usine de quelque 2 000 ouvrages à broder, de fils à broder, etc.

➤ *DANS LES ENVIRONS DE PONCHÂTEAU*

★ *Site naturel de Coët Roz :* allée du Brivet. Nombreuses activités : promenade ou balade en VTT le long de la rivière Le Brivet, équitation, tennis, canoë, piscine, aire de jeux... Renseignements auprès de l'office du tourisme : ☎ 02-40-88-00-87.

★ *Le château de la Bretesche :* à Missillac (44780). Haut lieu de l'Église réformée de La Roche-Bernard, ce château ne se visite pas. Cependant, il est possible de se promener dans le parc et d'en apprécier la magnifique architecture, dont la majeure partie est issue des transformations opérées par le marquis de Cucé. Le château subit de nombreux dommages durant la Révolution. M. Perron, l'un des propriétaires, fait reconstruire le logis, en essayant de conserver sa forme moderne et son style Renaissance.

SAINT-NICOLAS-DE-REDON *(SANT-NIKOLAZ-AN-HENT)* (44460) 2 800 hab.

On est ici au carrefour du canal et de la Vilaine, à la frontière entre la Loire-Atlantique et l'Ille-et-Vilaine.

Où manger ?

|●| *L'Auberge des Marais :* La Digue, route de Nantes. ☎ 02-99-71-02-48. Fax : 02-99-71-41-74. ✂ À la sortie de Redon, au carrefour du canal de Nantes à Brest et de la Vilaine. Fermé les vendredi soir et dimanche, ainsi que 15 jours en juillet et 1 semaine en janvier. Menus de 10,37 à 24,39 € (68 à 160 F). Une grande façade couverte de lierre, un chef sympa à souhait qui ne manque pas une occasion d'aller discuter avec ses convives, et une cuisine avenante : poêlée de Saint-Jacques, canette fermière de Challans façon « vallée d'Oust ». Net et sans bavures. Apéritif maison offert sur présentation du *Guide du routard*.

LA VALLÉE DU DON

Avant de se jeter dans la Vilaine, la rivière traverse des paysages variés offrant des promenades agréables aux randonneurs à pied, à vélo ou en canoë. Les rives, presque toujours boisées, sont parfois escarpées, ponctuées par quelque rocher hanté ou chapelle miraculeuse.

★ MARSAC-SUR-DON (MARZHEG ; 44170)

Ici, les écolos seront ravis. On est en pleine nature, seulement dérangé par les oiseaux, et on peut visiter une ferme écologique.

Où dormir ? Où manger ?

Camping La Roche : sur la D125. ☎ 02-40-87-56-39. Ouvert de mai au 1er octobre. Forfait emplacement, 1 voiture et 2 personnes aux alentours de 4,57 € (30 F). Au bord d'un étang.

Hôtel du Don : 16, rue du Général-de-Gaulle. ☎ 02-40-87-54-55. Fax : 02-40-87-52-66. Fermé les dimanche soir et lundi soir, ainsi que les 3 premières semaines d'août. De 36,59 à 45,73 € (240 à 300 F) la chambre double avec douche et w.-c. Menus de 9,15 à 30,49 € (60 à 200 F). Le charme des petites chambres se retrouve dans la cuisine de Thérèse avec ses petits plats bien mijotés. Spécialités régionales au rythme des saisons. Accueil chaleureux. Une adresse comme on les aime.

★ CONQUEREUIL (KONKEREL ; 44290)

Un village tout calme au bord du Don, célèbre pour son Gué de Pont Veix, vestige de l'ancienne voie romaine qui traversait l'endroit. Remarquer les dalles de schiste ardoisier. Non loin, l'étang de Coisma, prisé pour les pique-niques en famille.

★ GUÉMENÉ-PENFAO (GWENVENEZ-PENFAOU ; 44290)

Petite ville qui se glorifie d'abriter une maison où a séjourné du Guesclin. L'église a été reconstruite à la fin du XIXe siècle comme beaucoup d'églises de Loire-Atlantique et s'est vu, il y a quelques années, ajouter un clocher extérieur car, faute de moyens suffisants, elle en était jusqu'ici privée.
Le Don traverse la ville pour le plaisir des randonneurs. Un peu plus loin, le château de Juzet, tout droit sorti d'un conte de fées, domine la rivière.

Adresse utile

Office du tourisme : 9, place Simon. ☎ 02-40-79-30-83. Fiches randonnées, location de vélos, canoës, suggestions d'itinéraires en canoë sur le Don, etc. Propose en particulier la découverte en canoë du Don en une journée ou une demi-journée. Système de navette pour conduire les amateurs au départ et à l'arrivée.

Où dormir ?

Camping L'Hermitage : sur la D775. ☎ 02-40-79-95-06. Fax : 02-40-51-11-87. Ouvert du 1er avril au 31 octobre. Forfait : 8,69 € (57 F). 110 emplacements. Géré de manière familiale. Verdoyant et calme. Piscine.

Gîte de Bellevue : au sein du camping L'Hermitage. ☎ 02-40-79-95-06. Ouvert toute l'année. Comptez 10,06 € (66 F) la nuit.

À voir dans les environs

★ *Guenouvry (44290) :* à 5 km au sud de Guémené, par la D125 ou en suivant l'itinéraire fléché. Ouvert le dimanche. Superbe chapelle dite des Lieux Saints sur un site panoramique dominant la vallée. Fresques magnifiques.

★ **MASSERAC** *(MERZHEREG ; 44290)*

Le Don se perd dans les marais de la Vilaine appelés encore la mer de Murin. La légende rapporte qu'une ville aurait été engloutie dans ces marais.

À voir

★ *La chapelle Saint-Benoît :* ouverte tous les jours. Ruines d'une chapelle du XIe siècle. À l'intérieur, tombeau de saint Benoît.

★ *La maison des Marais, de la Pêche et de la Chasse :* ☎ 02-40-87-20-35. Ouvert en été de 10 h à 18 h, le reste de l'année sur rendez-vous. Expositions, vidéos, etc.

CHÂTEAUBRIANT ET LE PAYS DE LA MÉE

On arrive ici au bord de la vraie Bretagne. C'est le pays de la Mée, c'est-à-dire du Milieu, car au centre du triangle Nantes-Rennes-Angers. C'est un pays boisé, joliment vallonné, clairsemé d'anciennes forges, d'étangs et de rivières où l'on peut faire de belles balades.

Adresse utile

■ *Club des randonneurs du pays de la Mée :* Mme Françoise Pilard, 3, rue de Cambronne, 44110 Châteaubriant. ☎ 02-40-81-07-08 ou 02-40-81-15-26.

CHÂTEAUBRIANT *(KASTELL-BRIANT)* (44110)
12 000 hab.

Au bord de la Chère, son imposant château féodal défendait les portes de la Bretagne. La ville elle-même ne manque pas de cachet avec ses petites rues bordées d'hôtels particuliers aux balcons de fer forgé et ses maisons à colombages... Les Castelbriantais ne sont pas peu fiers de leur foire agricole de Béré qui se tient à la même place depuis 1049, où l'on vend les bêtes au travers. C'est aussi une foire commerciale. Châteaubriant est donc une agréable petite ville, à la fois industrielle et agricole, qui attire de nombreuses PME et PMI. Depuis Châteaubriant, possibilité de s'embarquer pour quelques randonnées dans la région du schiste.

Comment y aller ?

– *En train ou bus :* 3 possibilités. Passez soit par Rennes, puis TER de Rennes à Châteaubriant, soit par le bus d'Angers à Châteaubriant, soit par le bus de Nantes à Châteaubriant.

CHÂTEAUBRIANT (KASTELL-BRIANT)

■ Renseignements SNCF : ☎ 0892-35-35-35 (0,34 €/mn, soit 2,21 F).

Adresses utiles

🛈 *Office du tourisme :* 22, rue de Couëré, BP 193, 44142 Châteaubriant Cedex. ☎ 02-40-28-20-90. Fax : 02-40-28-06-02. Ouvert de 9 h 30 à 12 h 30 et de 14 h à 18 h. Fermé le dimanche et le lundi matin ; ouvert hors saison du mardi au samedi midi. La rue de Couëré est une rue piétonne. Dans une belle maison ancienne. Organisation pendant toute l'année de visites guidées variées de sites de la ville et des alentours, dont en été « les promenades littéraires », où comédiens et musiciens nous enchantent. Office compétent et dynamique et très bon accueil.

■ *Location de vélos Pasgrimaud :* 31, rue d'Ancenis. ☎ 02-40-81-09-14. Derrière la gare. Fermé les dimanche (!) et lundi. Mais si, par une belle journée d'été (ou d'une autre saison, d'ailleurs), vous souhaitez vous embarquer sur les routes à « bi-cy-cletteu » 12,20 € (80 F) la journée de VTT ; téléphonez-leur d'abord.

Où dormir ? Où manger ?

🛏 |●| *Hôtel Le Terminus :* 3, rue de la Gare. ☎ 02-40-28-14-36. Fax : 02-40-28-16-93. ● patrick.fourtier@worldonline.fr ● Chambres avec douche et w.-c. à 32 € (210 F), à 33,55 € (220 F) avec bains. Chambres un peu tristounettes, mais accueil cordial et apéro offert sur présentation du *Guide du routard*.

🛏 *Hôtel Le Pont Saint-Jean :* 5, rue Denieul-et-Gastineau. ☎ 02-40-28-04-54. Bien situé, en plein centre. Chambres avec douche et lavabo à 24,39 € (160 F), avec douche et w.-c. à 28,97 € (190 F). Simple mais correct.

|●| *Le Bilig :* 1, rue Joseph-Hervouet. ☎ 02-40-81-48-49. Fermé le lundi. Formule à 8,84 € (58 F), le midi en semaine. Menus de 14,48 à 21,34 € (95 à 140 F). Sinon, à la carte. Excellentes galettes. Une crêperie-bistrot originale dans un cadre superbe, murs en schiste et en grès, belle cheminée. Des plats traditionnels aussi. Très chaleureux. Café offert sur présentation du *GDR*.

Plus chic

🛏 *Le Châteaubriant :* 30, rue du 11-Novembre. ☎ 02-40-28-14-14. Fax : 02-40-28-26-49. Chambres doubles de 38,11 à 60,98 € (250 à 400 F). Suites de 76,22 à 91,47 € (500 à 600 F). Si l'extérieur a de l'allure, la déco des chambres est un peu vieillotte (une suite récemment refaite). Ces dernières sont tout de même confortables (TV, câble, etc), et grandes pour la plupart. Apéritif maison offert sur présentation du *GDR*.

🛏 |●| *L'Auberge Bretonne :* 23, place de La Motte. ☎ 02-40-81-03-05. Fax : 02-40-28-37-51. Fermé le dimanche soir. Chambres de 30,50 à 73,20 € (200 à 480 F). Au restaurant, menus de 13 à 43,45 € (85 à 285 F). Plus classique que bretonne, cette auberge a de la classe : vieilles armoires, bonne literie et belles chambres neuves avec douche. Excellente table. Au 1er menu, servi en semaine : entrée, plat, dessert, quart de vin et café inclus. Au menu dit de « l'Académie du Châteaubriant », vous savourerez un excellent châteaubriant rôti aux échalotes confites.

|●| *Le Poêlon d'Or :* 30 bis, rue du 11-Novembre. ☎ et fax : 02-40-81-43-33. Fermé les dimanche soir et lundi, ainsi que 15 jours en février et les trois 1res semaines d'août. Menus de 16,01 à 45,73 € (105 à 300 F). Les clients se tiennent fort bien à table, jusqu'à ce que le vin anime un peu les conversations. Ça sent d'autant mieux la France éternelle que le

LES PAYS DE LA MÉE ET D'ANCENIS

décor est rustique. Mais quand arrivent les plats – le châteaubriant à l'os à moelle évidemment, splendide, fondant, le Parmentier à l'andouille de Guémené, ou le saint-pierre sauce mousseline au citron vert, savoureux –, on ne voit plus que son assiette ! Et vous craquerez pour la tarte fine aux pommes et lavande du jardin. Accueil attentionné. Pour les routards gastronomes qui ont quelques économies.

À voir

★ **Le château :** ☎ 02-40-28-20-20. Visites guidées ou libres du 15 juin au 15 septembre, tous les jours sauf le mardi, de 10 h 30 à 18 h. Le reste de l'année, visites libres de 14 h à 17 h (visites guidées sur demande). Il se compose de deux parties principales. À l'ouest, le château féodal, dont il ne reste que les remparts, est splendide, surtout vu de l'extérieur, le long de la Chère. On voit encore ses belles fenêtres à encadrement de schiste. En remontant à travers les jardins se révèle la majesté du bâtiment Renaissance. Pénétrez ensuite dans la cour transformée en un agréable jardin fleuri. Vous découvrez les tours du vieux château et la chapelle. À l'est, le château neuf possède une galerie à colonnade et un bel escalier Renaissance (montez pour disposer d'une vue d'ensemble).

★ **La vieille ville :** axée sur la Grande-Rue, prolongée par la rue de Couéré. Quartier commerçant qui garde quelques belles maisons. Au 24, rue de Couéré, notamment, très belle maison dite de l'Ange où vécut Sophie Trébuchet, mère de Victor Hugo. C'est d'ailleurs à Châteaubriant qu'elle rencontra son époux.

★ **Le théâtre de Verre :** 27, place Charles-de-Gaulle. ☎ 02-40-81-19-99. Ce joli cube de verre de 12 m de haut accueille concerts, spectacles... Il est soutenu par de massifs poteaux de bois rouge orangé, plantés sur le sol schisteux de la ville. Dans la salle de spectacle, un procédé original de murs inclinés permet d'en diriger le son vers le centre. Les spectacles qui s'y déroulent connaissent un grand succès, accueillant 1 200 abonnés sur une population locale de 13 000 habitants.

★ **L'église Saint-Jean-de-Béré :** dans l'un des faubourgs de Châteaubriant, cette belle église était, au bas Moyen Âge, le siège d'un rectorat qui contrôlait quelque 70 paroisses. Sa conception architecturale en grès armoricain n'en est pas moins intéressante et mérite un coup d'œil.

Manifestations

– **Marché aux bovins :** tous les mercredis, à partir de 7 h 30, sur le foirail. Le 3e marché de France pour les bovins. Au centre-ville, le marché du mercredi est très animé.
– **La foire de Béré :** le 2e week-end de septembre. Elle se tient au même endroit, à côté de l'église romane de Béré, depuis 950 ans. Accueille quelque 45 000 visiteurs chaque année.
– **Les Journées gastronomiques :** le 1er week-end après la Toussaint. Concours de cuisine avec présence de grands chefs, marchés de production des terroirs de France, etc. Renseignements : ☎ 02-40-81-02-32.
– **Spectacle théâtral autour des trois dames de Châteaubriant :** le 3e week-end de septembre (se renseigner à l'office du tourisme pour les dates exactes). Relate l'histoire de Sibylle, de Françoise Dinan et de Françoise de Foix, trois femmes qui ont marqué le passé de Châteaubriant.

LE PAYS DE LA MÉE

Où dormir ?

Gîtes

â *Haras de la Gâtine :* à Issé. ☎ 02-51-72-95-65. Gîte disponible du 20 juillet à mi-novembre. Compter 235 à 273 € (1 541 à 1 791 F) selon les gîtes, en haute saison. Le haras fut une station de monte. Très beau cadre tout en pierre de meulière, à côté d'un magnifique château qui ne se visite pas. Non loin se trouve un élevage d'émeus. Ni vaches ni chevaux dans les prés, mais ces drôles d'oiseaux aux allures d'autruches.

â *Chez Cécile et Amand Châtelier :* La Ferronnais, 44520 Moisdon-la-Rivière. ☎ et fax : 02-40-07-62-84. À 2,5 km de la forge Neuve. 396,37 € (2 600 F) la semaine, en saison pour 7 personnes, de 121,96 à 190,56 € (800 à 1 250 F) le week-end. 2 gîtes, un pour 5 personnes et un pour 7 ouvert plus récemment. Bon accueil. Possibilité de visiter la ferme sur place. Une bouteille de vin ou de jus de pommes maison offerte aux lecteurs du *Guide du routard*.

Chambres d'hôte

â *Chez Mme Habay :* 1, rue de Nantes, 44590 Derval. ☎ 02-40-07-72-97. 3 chambres à partir de 33 € (216 F) pour 2 personnes, petit déjeuner compris. Possibilité de dîner pour 13 € (85 F). Cette belle et grande maison du XVIIe siècle, coincée sagement derrière de grands marronniers, est un refuge bienvenu. Ces pionniers de la chambre d'hôte commencèrent il y a un peu moins d'une vingtaine d'années. Vieilles comtoises, cheval à bascule et petite expo de faïences dans les écuries de la propriété. Parking privé et accueil chaleureux. Apéritif maison, café ou boisson offert à l'arrivée pour les lecteurs du *Guide du routard*.

â *La Jahotière :* chez Jean-François Nodinot, 44170 Abbaretz. ☎ 02-40-55-23-34. Chambres avec bains à 53,36 € (350 F) pour 2 personnes. 4 chambres et 1 suite dans un manoir des XVIIe et XIXe siècles, au milieu d'un parc de 80 ha. Sur le site, ruines des forges restaurées progressivement grâce à la passion du propriétaire, qui a acheté l'usine créée au XIXe siècle par le fils de l'inventeur du bateau à vapeur.

â *Chez Pierre et Monique Marzelière :* Grand-Jouan, 44170 Nozay. ☎ 02-40-79-45-85. Chambres avec sanitaires privés à 40 € (262 F) pour 2 personnes. Dans l'ancienne ferme-école créée au XIXe siècle et dirigée alors par un Alsacien, Rieffel. C'était à l'époque une expérience très novatrice, qui est à l'origine de l'actuelle école nationale d'agriculture de Rennes. Salle de jeux, salon et salle à manger réservés aux hôtes. Parc.

Où manger ?

|●| *Le Relais Glainois :* 1, rue du Flavier, 44670 La Chapelle-Glain. ☎ 02-40-55-50-42. La Chapelle-Glain est au croisement des D878 et D163, le resto est au centre du bourg. Fermé le mercredi, le dimanche soir et pendant les vacances scolaires de février de la zone A. Menus de 8,40 à 24,40 € (55 à 160 F). A priori, rien ne prédispose vraiment ce resto à figurer dans le *GDR* : salle sous une véranda, au bord d'une route passante... Mais suivant le prix des

menus, on monte crescendo en quantité avec parfois une petite inspiration antillaise. D'ailleurs, les noceurs ne s'y trompent pas puisqu'ils s'y retrouvent. Une bonne adresse où on travaille en famille, sans prétention et à l'accueil agréable.

I●I *Au Maître des Forges :* 3, rue du Fourneau, 44520 Moisdon-la-Rivière. ☎ 02-40-07-61-04. Fermé le lundi. Menus de 13,42 à 26,68 € (88 à 175 F). Pour son cadre, dans l'ancienne auberge du site des forges, et pour sa cuisine traditionnelle : merlu au beurre blanc, caille aux raisins, etc.

Gentil accueil. Apéritif maison offert aux lecteurs du *Guide du routard*.

I●I *Le Saint-Hubert :* 1, place du Calvaire, 44110 La Touche-d'Erbray. ☎ 02-40-55-08-37. Fax : 02-40-55-05-83. Sur la D163, direction Angers, à 5 km au sud-est. Fermé le dimanche soir. Chambres doubles à 40 € (262 F). Menus de 9 à 28 € (56 à 180 F). Bon, propre et service rapide. Voyez le nombre de convives ! Au 1er menu, asperges, poulet rôti et petits pois cuisinés, salade, tartelette et quart de vin. Incroyable ! Sinon, spécialités de poissons. Piscine côté hôtel.

À voir

★ *L'ÉGLISE DE SAINT-JULIEN-DE-VOUVANTES* (44670)

Ouverte de 10 h à 18 h 30. La plus vaste église, après celle de Nantes, du département de la Loire-Atlantique. À la voir, on se dit qu'elle doit être bien vieille... eh bien, pas tant que cela. Elle n'a en fait que 100 ans et c'est un modèle de style néo-gothique. Une vingtaine de gargouilles ont été classées monument historique. L'église se trouve sur la route d'un vieux pèlerinage qui joignait Marseille à Brest. Sur toute cette « route des galériens » on retrouve, notamment à Brioude, des saints Julien et des croix « julienne » en ardoise. Et c'est là que le miracle apparut. L'un de ces galériens, évoquant saint Julien, fut libéré de ses chaînes. À voir également, la *chapelle Sainte-Anne*, dans le cimetière.

★ *LE CHÂTEAU DE LA MOTTE-GLAIN*

☎ 02-40-55-52-01. Ouvert du 15 juin au 15 septembre, de 14 h 30 à 18 h 30. Fermé le mardi. Entrée : 5,35 € (35 F). Réductions. Ce château en grès armoricain et pierre rouillée de tuffeau est à voir. Au XIe siècle, le bouillant Warm de Rougé participe à la première croisade contre l'infidèle. C'est l'un de ses fils qui reçoit en partage un vaste territoire sur lequel il édifie une demeure fortifiée. De cette « motte », provient La Motte-Glain, puis La Chapelle-Glain, lieu de culte de l'actuelle commune du même nom. C'est principalement le maréchal de Gié (Pierre Rohan) qui redonne belle allure au château. Vers la fin du XVe siècle, il reçoit la visite de Charles VIII et d'Anne de Bretagne. Parmi les autres visiteurs célèbres qui marquèrent l'histoire du château, on compte Charles IX et Catherine de Médicis. Depuis sa cour centrale de terre battue et de pavés, on a un point de vue imposant sur les bâtiments, dont une partie a été réhabilitée avec le concours des architectes de France. Peu de pièces à voir. À notre avis, la plus belle n'en est pas une : il s'agit de l'escalier en pierre bleue de Nozay, dont la rusticité est aussi flagrante qu'élégante.

★ *MOISDON-LA-RIVIÈRE* (44520)

Connu pour ses forges. Mais il faut aussi voir son *église*, l'unique église romane fortifiée du département, avec à l'intérieur une statue de saint Éloi, patron des métallurgistes. Quant à la *forge Neuve*, très bien conservée, elle fut fondée sur décision du prince de Condé en 1668. L'ancienne halle à charbon, devenue maison de pays, abrite une exposition des Forges du pays de Châteaubriant qui évoque l'histoire de la métallurgie en Loire-Atlantique.

Ouvert seulement en juillet-août du mercredi au samedi de 14 h à 18 h, et le dimanche de 10 h à 12 h et de 14 h à 16 h 30.

★ L'ABBAYE DE MELLERAY

À *La Meilleraye-de-Bretagne (44520)*. ☎ 02-40-55-26-00. Accès pour les visiteurs aux heures des offices car c'est l'une des seules abbayes de Loire-Atlantique encore en activité. Fondée au XIIe siècle, elle abrite aujourd'hui des moines trappistes. Les bâtiments n'ont rien de particulier, mais le parc est bordé d'un étang très reposant, idéal pour les retraites. Les moines, suivant leur tradition d'accueil, ont construit une nouvelle hôtellerie grand confort.

★ LE GRAND RÉSERVOIR DE VIOREAU

Un superbe plan d'eau de 200 ha, le plus grand de Loire-Atlantique, imaginé par Napoléon Ier et destiné à alimenter le canal de Nantes à Brest. Plages aménagées, location de planches à voile, dériveurs, canoës, kayaks, pédalos. Aires naturelles de camping. Quelques restos tout autour de l'étang. Au nord, la forêt de Vioreau, une des plus belles de Loire-Atlantique, après celle du Gâvre, bien sûr. Deux sentiers de randonnée traversent la commune : le circuit du Petit Vioreau et le circuit du Grand Vioreau.

★ ABBARETZ *(44170)*

★ *Le site de l'ancienne mine d'étain :* à Abbaretz. Coincée entre deux couches de schiste, la cassitérite (pour ceux que ça intéresserait !) affleurait dans cette région. Le minerai, une fois extrait, était envoyé en Hollande pour y être travaillé. Le site est effectivement désaffecté depuis 1958, mais reste assez sympa pour son terril de couleur blanche qui culmine à 120 m. En fait, le terril et le lac à côté sont nés simultanément : l'un s'arrondissait, quand l'autre se creusait... La grimpette dure quelques minutes et, du sommet, on a une vue panoramique sur la région. Paysage lunaire où de belles parties de plaisir peuvent se faire en dévalant les pentes à vélo. Quelques artistes tentent parfois de mettre le terril en art.

★ À voir encore à Abbaretz, le *musée Agri-Rétro :* ☎ 02-40-55-19-71. Ouvert du mardi au dimanche, de Pâques à septembre ou sur rendez-vous hors saison. Entrée : 3,05 € (20 F). Quelque 140 tracteurs, batteuses et outils d'exploitation réunis par un passionné, Rogatien Mortier, depuis 25 ans. Vous saurez tout ou presque sur le machinisme agricole de la région, de 1910 à 1960.

★ NOZAY *(44170)*

Ce petit bourg est localement célèbre pour ses anciennes carrières de schiste bleu, appelé ardoise par le commun des mortels. C'est en fait au vieux bourg qu'il faut se rendre pour découvrir ces singulières haies en ardoise, les « palis », et le revêtement de schiste des maisons.

🛈 *Office du tourisme :* 21, rue A.-Letourneau. ☎ 02-40-79-31-64.

★ DERVAL *(44590)*

Une grande *église* néo-gothique au milieu du bourg, mais allez plutôt voir, sur la route de Mouais, la *tour Saint-Clair*, vestige d'un château détruit au XVIe siècle, qui a subi les assauts de Du Guesclin.

★ MOUAIS *(44590)*

Voir la *chapelle Saint-Marcellin*, du IXe siècle (demandez la clé à la mairie). Descendez la rue du Lavoir : belles *demeures anciennes*, avec leurs puits et four à pain.

LA LOIRE ATLANTIQUE / LE PAYS D'ANCENIS

★ SION-LES-MINES (44590)

ℹ *Syndicat d'initiative de Sion-les-Mines :* mairie, rue de Châteaubriant. ☎ 02-40-28-95-21.

★ *Les forges de la Hunaudière :* ☎ 02-40-28-41-11. Visites commentées par un guide de l'association des Amis des Forges de la Hunaudière, sur rendez-vous. Les forges ont cessé leur activité en 1882. On peut découvrir les maisons d'ouvriers, la chaussée et le pont des Bourbiers, le déversoir, une cheminée d'affinage, les écuries, la chapelle Saint-Éloi, la butte des laitiers, les maisons de maître (XVIIIe et XIXe siècles), la maison du directeur. Il existe aussi un circuit pédestre de 4 km autour de l'étang. Très intéressant. Dans l'ancienne maison des maîtres de forge, une crêperie (ouverte l'après-midi les week-ends et jours fériés).

★ À voir encore à Sion-les-Mines, le *moulin du Pont,* sur la rivière de la Chère, qui fonctionne toujours. La roue hydraulique est d'origine et a été rénovée. L'association de sauvegarde du moulin y a installé un musée de la Meunerie et de la Boulangerie. Le 3e dimanche de septembre, fête du Moulin.

★ LA CHAPELLE DES TEMPLIERS À SAINT-AUBIN-DES-CHÂTEAUX

À voir surtout pour sa charpente taillée à la hache. Demander la clef à la mairie, ou se renseigner auprès des commerces pour savoir comment se la procurer. Au passage, remarquer l'habitat rural. Les murs des vieilles maisons « longères » mélangent grès ferrugineux et schistes. Les huis ou les linteaux des portes de ces maisons basses sont en bois. L'accès à l'étage se fait par des « chiens assis », qu'ici on appelle gerbières.

★ LOUISFERT (44110)

★ *La maison de l'écrivain René-Guy Cadou :* ouvert du 15 mai au 15 septembre, du mercredi au dimanche de 14 h à 18 h, le vendredi de 14 h à 17 h. Les étudiants en littérature ou les amoureux de poésie iront visiter le *musée René-Guy Cadou*, situé dans l'ancienne école où il était instituteur et où il mourut, très jeune. Lieu très émouvant. Quand on est face à l'église, descendre la rue sur la droite, c'est tout près.

★ À voir aussi à Louisfert, le *calvaire,* constitué de trois croix construites sur des mégalithes.

LE PAYS D'ANCENIS

ANCENIS (ANKINIZ) (44150) 7 010 hab.

Tel un chapelet, les villes qui s'égrènent sur les bords de Loire ont une fonction de contrôle. Le château ici présent le confirme. On sent de la fraîcheur dans cette petite ville entourée de vignes, où subsistent quelques demeures cossues de marchands de vin. Le muscadet n'est pas loin, les coteaux d'Anjou non plus, ça n'étonne donc personne... Ancenis a gagné en 2000 le prix des Villes fleuries de Loire-Atlantique. Bravo Ancenis !

Adresses utiles

🛈 *Office du tourisme :* 27, rue du Château. ☎ et fax : 02-40-83-07-44. Face aux 2 tours du château. Ouvert tous les jours en juillet et août, de 9 h 30 à 12 h 30 et de 14 h à 19 h. Hors saison, de 10 h à 12 h et de 15 h à 18 h, fermé le lundi. Accueillant et efficace. Organise des visites guidées de la vieille ville et de la ville neuve, en saison.

■ *Plein Air Ancenien :* ☎ 02-40-83-21-45. Découverte de la Loire au fil de l'eau en canoë ou kayak. Trajets proposés : Ancenis-Oudon ou Ancenis-Saint-Florent-le-Vieil, en 1 h 30. Ancenis-Ingrandes : une demi-journée (21 km).

Où dormir ?

Camping

☒ *Camping de l'île Mouchet :* La Davrays. ☎ 02-40-83-08-43. Fax : 02-40-83-16-19. ॐ Ouvert de fin mars à mi-octobre. Forfait minimum, emplacement et véhicule, pour 2 personnes : 9,60 € (63 F). Bon accueil et possibilité de pratiquer l'escalade sur le mur à côté. Petite plage pour la bronzette à proximité, sur les bords de la Loire. Piscine. 5 % de réduction sur le prix de l'emplacement sur présentation du *Guide du routard*.

Très bon marché

🛌 *L'Épi d'Or :* 321, av. Francis-Robert. ☎ 02-40-83-07-74. En s'acheminant vers la N23, accessible à pied depuis la gare, en face du garage *Citroën*. Fermé 3 semaines en août. Chambres doubles à 24,39 € (160 F). Les chambres ne sont pas à la pointe du confort et de la modernité, mais vu le prix assez modique, c'est excusable.

Prix moyens

🛌 *Hôtel Akwaba :* bd du Docteur-Moutel, centre Les Arcades. ☎ 02-40-83-30-30. Fax : 02-40-83-25-10. ॐ Chambres doubles de 28,05 € (184 F) avec lavabo, à 45,75 € (300 F) avec bains. Un hôtel de type chaîne, un peu *Formule 1* amélioré, au mobilier standardisé. Évitez les chambres aux lits à double tiroir, et préférez celles avec un grand lit. Buffet au petit déjeuner.

Où dormir dans les environs ?

Chambres d'hôte

🛌 *Domaine du Maître des Forges :* étang de la Provostière, à Riaillé. ☎ 02-40-97-88-38. Fax : 02-40-97-88-39. ॐ Gîtes : 442,10 à 564,10 € (2 900 à 3 700 F) la semaine, autour de 266,80 € (1 750 F) le week-end. Chambres : 59,50 € (390 F), petit déjeuner inclus. Cette petite merveille est le seul vestige (avec une halle à charbon qui croule sous le poids des ans) des forges qui animaient l'ensemble de la région dans la deuxième moitié du XVIe siècle. 7 gîtes tous très bien conçus car la maîtresse des lieux est une spécialiste de l'ameublement. 5 chambres aux teintes claires, jeunes et parfaitement retapées. Entrée indépendante dans la tour par un magni-fi-que escalier de bois dont on ne compte plus les années d'existence.

TV dans les gîtes, piscine couverte et chauffée.

Où manger ?

Bon marché

I●I *Au Soleil Levant :* 11, bd Léon-Seché. ☎ 02-40-83-11-36. Fermé le dimanche, ainsi que la 1ʳᵉ semaine de chaque trimestre. Menus de 8,69 € (57 F), en semaine, à 12,20 € (80 F). Compter environ 18,29 € (120 F) à la carte. On pourrait s'attendre au *shop suey* ou aux *cookies* de la fortune au nom pareil. Point ! Un menu ouvrier, le midi en semaine. Le pêcheur accrédité des rives ligériennes habitant à côté, on ne se trompera pas beaucoup en prenant du poisson. Excellent sandre au beurre blanc.

I●I *La Grillade :* place du Millénaire. ☎ 02-40-96-35-60. Juste en face de l'office de tourisme. Fermé le lundi, et hors saison les jeudi et dimanche soir, ainsi que du 15 septembre au 15 octobre et 10 jours fin mars. Menus de 10,67 € (70 F), le midi en semaine, à 25,15 € (165 F). Savoureuses grillades aux sarments de vigne. Les grosses faims peuvent se frotter à 1 kg de côte de bœuf (pour 2, avec accompagnement !). Et pour ceux qui ont moins faim, 300 g d'entrecôte. Les poissons sont aussi présents, selon arrivage : filet de sandre beurre blanc, anguilles à la provençale, assiette de coquilles Saint-Jacques à la provençale, etc. Belle vue sur la Loire de la salle du 1ᵉʳ étage et terrasse fleurie ombragée... Apéritif maison offert aux routards sur présentation du *GDR* de l'année.

I●I *La Toile à Beurre :* 82, rue Saint-Pierre. ☎ 02-40-98-89-64. Fax : 02-40-96-01-49. Juste à côté de l'église. Fermé les dimanche soir et lundi. Menus de 10,67 € (70 F), le midi, en semaine, à 29,73 € (195 F). Une belle salle ornée d'une imposante cheminée, un petit salon et surtout une superbe salle de tuffeau en voûte et au sol d'argile. Le patron pratique une cuisine bretonne de saison et nantaise à la fois, bien travaillée : par exemple, un bar de ligne de La Turballe au beurre de malvoisie. Le 1ᵉʳ menu offre un excellent rapport qualité-prix avec, lors de notre passage, salade d'écrevisses suivie d'une alose de la Loire et de poires au sirop, excellentes, saupoudrées d'amandes. Belle carte de vins locaux. La patronne, quant à elle, est plutôt férue d'art. D'une pierre deux coups, du beurre et des beaux-arts naissait *La Toile à Beurre*. Apéritif maison offert sur présentation du *Guide du routard*.

À voir. À faire

★ *Le château :* il ne reste qu'un tiers du château du Xᵉ siècle, dont la butte était sur une île. Il a été élevé par Aremberge, comtesse de Nantes vers 984, afin de défendre la porte de Bretagne. Il fut rasé et reconstruit sous Charles VIII. Ne se visite pas.

★ *Maison des vins d'Ancenis :* 28, place du Millénaire. ☎ 02-40-96-14-92. Ouvert de mai à octobre ; du mardi au samedi, de 9 h 30 à 12 h 30 et de 15 h à 18 h 30 ; ouvert uniquement l'après-midi le dimanche. Accueil des vignerons-récoltants pour vous offrir une dégustation gratuite de vins des Coteaux d'Ancenis, de Muscadet Coteaux de la Loire sur lie (AOC) et de Gros Plant du Pays Nantais.

★ *L'église :* pour son clocher du XVᵉ siècle, surmonté d'un campanile du XVIIᵉ siècle.

– *Le marché :* le jeudi. On dit que c'est le plus grand de Loire-Atlantique.

▶ DANS LES ENVIRONS D'ANCENIS

★ **Le château de Vair :** 44150 Anetz. ☎ 02-40-98-37-45. À 5 km d'Ancenis, en remontant la Loire, vers Varades. Il ne reste que deux pavillons du XVIIe siècle et deux tours du XVIe du château médiéval qui aurait connu des épisodes des romans de la Table Ronde. Il fut reconstruit au XIXe siècle. Anetz inspira Hervé Bazin qui le décrivit dans *Au Nom du Fils*.

★ **Le palais Briau :** à Varades. ☎ 02-40-83-45-00. Le parc est ouvert du 1er avril au 31 octobre de 14 h à 18 h ; le palais : les samedi, dimanche et jours fériés de 14 h à 18 h, tous les après-midi en août. Entrée : 4,57 € (30 F), tarif réduit : 3,05 € (20 F). Pour les lecteurs du *Guide du routard* de l'année, entrée à 3,81 € (25 F) et tarif réduit à 2,29 € (15 F).
Cette demeure particulière de François Briau, ingénieur qui fit fortune dans les chemins de fer, mérite une visite. De ses chantiers à Bologne ou Ancône (Italie), il fit le plein d'idées. La conception en fut confiée à l'architecte Édouard Moll. Le résultat : une révolutionnaire et imposante demeure de brique. L'ingénieux Briau, dès 1854, possédait déjà ses propres turbines d'électricité (voir les cadrans au sous-sol), un réseau hydraulique (voir la salle de bains-chaufferie), une orangerie de béton armé. Bref, nombre d'innovations... Signalons à ceux à qui la demeure plaît tant qu'ils auraient envie d'y rester que le palais Briau propose des chambres d'hôte.

★ **L'église Saint-Pierre-de-Montrelais :** toujours en remontant la Loire. Vestiges de peinture murale médiévale, retables du XVIIIe siècle et mobilier ancien. Grande verrière qui surplombe le chœur.

OUDON *(OUDON)*   (44521)   2 620 hab.

Perché sur son rocher et regardant le fleuve, la tour est le seul élément « architectural » qui vaut le détour... On ne peut manquer également les points de vue sympas sur les bords de la Loire.

Adresse utile

Office du tourisme : en face du château. ☎ 02-40-83-80-04. Ouvert tous les jours du 1er avril au 30 septembre, de 10 h à 12 h et de 14 h 30 à 19 h, et les week-ends et jours fériés le reste de l'année.

Où dormir dans les environs ?

Ferme équestre de Mazerolles : Le Grand-Patis, à Saint-Mars-du-Désert. ☎ 02-40-77-44-95. Fax : 02-40-77-42-04. Chambres à 42 € (275 F), petit déjeuner inclus. Gîte d'étape : 12,20 € (80 F) par personne et par nuit. Entre 12,20 et 16 € (80 à 105 F) pour l'heure de poney ou de cheval. En pleine nature, grande ferme avec 2 chambres d'hôte : l'une pour 4 personnes, avec coin cuisine, et l'autre pour 5 personnes. Jolis tissus et déco chaleureuse. Également un gîte d'étape avec 2 chambres pour 4 personnes en lits individuels, une grande salle de séjour avec quelques couchages supplémentaires et un coin-cuisine à disposition. Naturellement, ferme équestre oblige, des chevaux partout. En plus, belle piscine. Accueil jeune et dynamique, ambiance agréable.

À voir. À faire

★ **Le château :** pour les horaires, se renseigner à l'office du tourisme d'Oudon. Avec le château d'Ancenis, ce château de la fin du XIVe siècle assurait un verrou sur les marches de Bretagne. Du château en tant que tel, il ne subsiste qu'une tour polygonale haute de 40 m. Cette tour maîtresse est relativement intéressante car elle est en quelque sorte un condensé des matériaux utilisés dans la région : tuffeau angevin pour les bandeaux horizontaux et les huisseries, encadrement des baies en granit et certaines parties en schiste. Exposition permanente sur le thème de la Loire.

– Après avoir passé le pont d'Oudon, on peut encore admirer, envahies par les ronces, les deux arches de l'*ancien péage fluvial du Cul-du-Moulin*.

➤ *Promenade du Havre :* au pied du château.

LE CELLIER *(KELLER)*   (44850)   3 450 hab.

Adresse utile

ℹ *Syndicat d'initiative :* à la mairie. ☎ 02-40-25-40-18.

Où manger ?

|●| *Auberge Le Vieux Cellier :* La Barre-Peinte, 44850 Le Cellier (N23). ☎ 02-40-25-40-07. Fermé les dimanche soir, lundi toute la journée et mercredi soir. Menus de 79 à 28,51 € (79 à 187 F). Des mets d'une saveur rare ; les volailles sont élevées sur place, à l'ancienne. Des spécialités du terroir, telles la pintade au lait de coco, le magret de canard à l'infusion d'oranger ou la fine tarte pommes-coings.

➤ *DANS LES ENVIRONS DU CELLIER*

★ **Les folies Siffait :** en théorie, le site est fermé, mais un programme de restauration bienvenu a été lancé pour donner un coup de fouet et de jeunesse à ces étranges ruines. Construites par un employé des douanes, Maximilien Siffait, qui débarque au Cellier au début du XIXe siècle, les terrasses finissent d'être décorées et aménagées par son fils Albert Oswald. Mais les historiens sont perplexes pour donner les raisons de la construction de ce jardin sans utilité qui, depuis les bateaux de la Loire, interloquait les voyageurs. Les murs badigeonnés de bleu, les portes ouvertes sur rien, les escaliers ne menant nulle part, les arches de verdure ont été grignotés par le passage du chemin de fer auquel Albert Oswald Siffait, alors maire du Cellier, s'était alors opposé.
On prétend de temps à autre que l'entreprise était destinée à donner du travail aux ouvriers du coin, voire qu'il s'agissait d'une promesse à l'égard d'une belle. Toujours est-il que les pavillons, les kiosques, les tourelles gothiques, les murs crénelés ont inspiré Stendhal et Turner, lequel en fit une série de gravures et de toiles. Au passage, en descendant le petit chemin, remarquez l'étrange chêne aux trois racines suspendues dans le vide.

★ **Le château de Clermont :** sur la route de Vandel au Cellier. Desservi par bus par la ligne 46 du réseau Atlantique. Cette grande bâtisse de brique rose, style Louis XIII, était la propriété de la famille Maupassant avant d'appartenir à Louis de Funès. Son seul intérêt est sa terrasse donnant sur la Loire, puisqu'il n'est pas visitable. De la roseraie du gendarme à l'agitation bien connue, il ne subsiste plus rien.

LA MAYENNE

Welcome in Mayenne! Si l'on vous parle de la Mayenne et de ses merveilleux châteaux, ses superbes festivals d'art lyrique et de jazz, ses plages de sable fin, vous aurez du mal à nous croire. Ou alors vous êtes déjà en train de chercher sur la carte les trésors cachés de ce coin de France. Ne nous croyez pas, mais gardez la carte près de vous, car la Mayenne secrète que nous avons découverte, bien après les Anglais, certes, qui sont ici chez eux, vous vaudra de passer des journées de bien-être. Oui, il y a des plages, des châteaux, des festivals, pas celles et ceux dont tout le monde parle, heureusement. Discrète Mayenne, qui reste aujourd'hui l'un des départements les moins connus de France et qui a su peut-être – grâce à cela – garder un charme authentique, tout en s'ouvrant à un tourisme en plein essor.

Comment y aller?

Par la route

➢ *Depuis Paris :* autoroutes A10, puis A11, puis A81. Sortie n° 3 Laval-centre-ville. Laval est à 278 km de Paris, 134 km de Nantes, 214 km de Poitiers et à 151 km de Saint-Nazaire.

En train

➢ *Depuis Paris :* 7 TGV directs quotidiens en moyenne, au départ de la gare Montparnasse, avec en meilleur temps de parcours, 1 h 30. Renseignements SNCF : ☎ 08-92-35-35-35 (0,34 €/mn, soit 2,21 F).

Adresses utiles

▪ *Comité départemental du tourisme de la Mayenne :* 84, av. Robert-Buron, 53000 Laval. ☎ 02-43-53-18-18. Fax : 02-43-53-58-82. Réservation *Loisirs Accueil Mayenne* : hôtels, gîtes, chambres d'hôte, tourisme fluvial... ☎ 02-43-53-58-81. À deux pas de la gare, un lieu convivial avec expos, produits du terroir en saison...

▪ *Location de bateaux :* Crown Blue Line : voir la rubrique « Avant le départ » des « Généralités » en début de guide. ● www.crownblueline.com ● 8 bateaux à Daon. *Connoisseur*, île Sauzay, 70100 Gray. ☎ 03-84-64-95-20. Fax : 03-84-65-26-54. 15 bateaux à Entrammes, dont certains disponibles au départ de Noyen-sur-Sarthe. *France Mayenne Fluviale :* Le Port, 53200 Daon. ☎ 02-43-70-13-94. Fax : 02-43-70-17-46. 10 bateaux.

LAVAL (53000) 50 800 hab.

Ne vous fiez pas à l'eau qui dort. Sous ses airs trop sages, Laval est quand même la ville qui a donné naissance au père d'Ubu, Alfred Jarry, et au Douanier Rousseau. Avant de partir au fil de l'eau ou sur les petites routes de cette bonne Mayenne, qui n'incite guère aux dépassements de vitesse, il

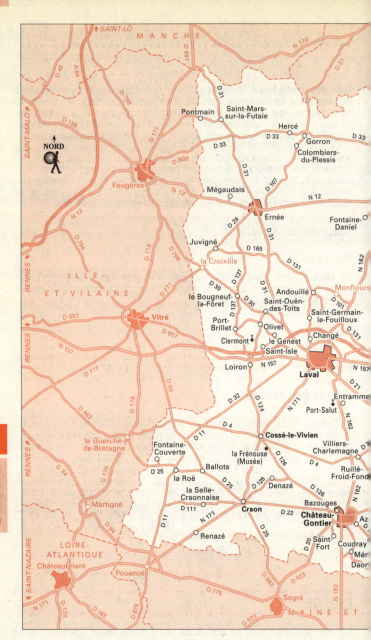

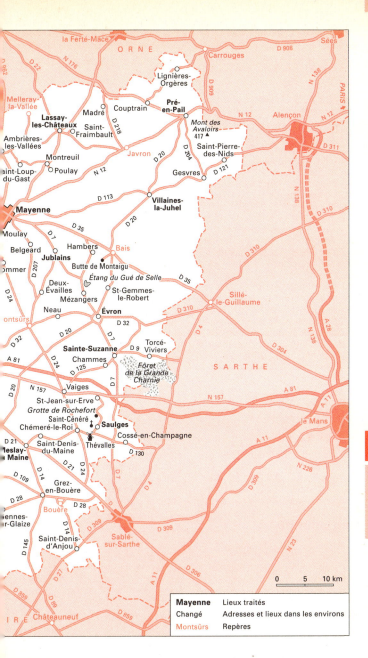

LA MAYENNE

LA MAYENNE

faut prendre le temps de visiter la vieille ville avec son château médiéval transformé en étonnant musée d'Art naïf, ses petites rues escarpées où les maisons à colombages se penchent au-dessus de vos têtes. En juillet et août, vous pouvez, avant de lever l'ancre, visiter le dernier bateau-lavoir où les Lavalloises lavaient leur linge sale en public...

Adresses utiles

Office du tourisme (plan B1) : 1, allée du Vieux-Saint-Louis, BP 614, 53006 Laval Cedex. ☎ 02-43-49-46-46. Fax : 02-43-49-46-21. • office.tourisme.laval@wanadoo.fr • Dans les anciennes halles, au centre-ville. Du lundi au vendredi, ouvert de 9 h 30 à 18 h 30, le samedi de 9 h 30 à 18 h, et les dimanche et jours fériés de 10 h à 12 h. Visites guidées tous les jours en juillet et août. Pour les jeunes routards de 6 à 12 ans, l'office du tourisme et le service du patrimoine de Laval organisent pendant les vacances scolaires de février, Pâques et d'été, des ateliers pour découvrir de façon ludique l'architecture et l'histoire de la ville. Renseignements : ☎ 02-43-49-46-46.

Gare SNCF (hors plan par D1) : pl. de la Gare. Renseignements et réservations : ☎ 08-92-35-35-35 (0,34 €/mn, soit 2,21 F).

Gare routière (plan C1-2) : 18, rue de Verdun. ☎ 02-43-53-13-61. Trois lignes principales : Angers via Château-Gontier (3 bus par jour), Mayenne (5 bus par jour) et Nantes (1 ou 2 bus par jour).

Halte fluviale (hors plan par C1, 1) : 100, rue du Vieux-Saint-Louis. ☎ 02-43-53-31-01. Ouvert de mi-avril à juin et en septembre les samedi, dimanche et jours fériés de 10 h à 12 h et de 14 h à 19 h. En juillet-août, ouvert tous les jours aux mêmes horaires. Un lieu de détente aménagé square Boston, au bord de la Mayenne. Location de barques, pédalos, canoës, bateaux à moteur (sans permis). Départ d'une visite guidée de Laval en bateau. Croisière avec restauration et animations à bord du *Pays de Laval*.

Où dormir ?

Camping

Camping du Potier (hors plan par D3, 10) : lieu-dit Cumont, Saint-Pierre-le-Potier. ☎ 02-43-53-68-86. Fax : 02-43-67-05-52. • office.tourisme.laval@wanadoo.fr • Sur la route d'Angers. Fermé du 1er octobre au 31 mars. Au bord de la Mayenne, au calme, à 10 mn du centre-ville. Sports, animation estivale permanente et point information sur place.

Bon marché

Auberge de jeunesse (hors plan par D1, 11) : CREF, 109, av. Pierre-de-Coubertin, BP 1035. ☎ 02-43-67-91-00. Fax : 02-43-67-91-01. • creps.laval@wanadoo.fr • Fermé le dimanche. 10,21 € (67 F) la nuitée par personne. Également un self à 5,64 € (37 F). Carte FUAJ indispensable délivrée sur place (pour les moins de 26 ans, 10,67 €, soit 70 F).

Hôtel du Zeff (plan B2, 12) : 2, carrefour aux Toiles. ☎ 02-43-66-86-80. Fax : 02-43-69-52-02. Au cœur du vieux Laval, proche de la mairie. Restaurant fermé du vendredi soir au lundi midi, 1 semaine à Noël et les 2e et 3e semaines d'août. Chambres doubles avec douche et toilettes à 33,54 € (220 F) tout confort, TV. Menus à 8,84 € (58 F), en semaine, et 11,43 € (75 F). Près des remparts, derrière la mairie (si vous ne trouvez pas, après ça !), un petit hôtel-restaurant repris par un

La**mayenne**

60 circuits cyclotouristiques
(fiches mises à disposition)
à faire en toute liberté au départ de
20 hébergements sélectionnés
(hôtels, chambres d'hôtes, chalets, campings)

Balades
à vélo

Région des Pays de la Loire

Sortir des sentiers battus ?
Trouvez La**mayenne**

Contact : **COMITÉ DÉPARTEMENTAL DU TOURISME**
84, avenue Robert Buron, 53000 LAVAL
Tél. : 02 43 53 18 18 - Fax : 02 43 53 58 82
E.mail : info@tourisme-mayenne.com

LA MAYENNE
CONSEIL GÉNÉRAL

couple qui fait son possible pour le faire revivre. 13 chambres très abordables qui font plus que dépanner. Menus et carte, sympas, familiaux.

Prix moyens

▲ *Marin Hôtel* (hors plan par D1, 13) : 102, av. Robert-Buron. ☎ 02-43-53-09-68. Fax : 02-43-56-95-35. ⚕ Face à la gare SNCF. Chambres doubles de 41,92 à 45,73 € (275 et 300 F) tout confort. Garage fermé payant. Un petit hôtel moderne, fonctionnel, insonorisé, dans un quartier bien calme désormais. Un point de chute idéal à la sortie du TGV. Nombreux restaurants alentour si vous avez la flemme d'aller jusque dans la vieille ville (mais ce serait quand même dommage !). Service possible de plateaux en chambre et réservation recommandée en semaine. Réduction de 10 % sur le prix de la chambre accordée à nos lecteurs les vendredi, samedi et dimanche sur présentation du *Guide du routard*.

▲ I●I *Hôtel-restaurant du Maine* (hors plan par D1, 17) : 98, av. Robert-Buron. ☎ 02-43-53-07-59. Fax : 02-43-53-04-89. Restaurant fermé le dimanche. Chambres doubles à 42,69 € (280 F) avec tout le confort, TV, Canal + et satellite. 1er menu le midi en semaine à 12,20 € (80 F). Autres menus à 14,48 et 17,53 € (95 et 115 F) et une belle carte de brochettes. Plutôt au calme avec son double vitrage côté rue et avec des chambres refaites récemment. L'ensemble est gai et coloré. Le restaurant est, lui aussi, pimpant. Au déjeuner, c'est le rendez-vous des *staff* du coin et des VRP. Une cuisine du jour qui respecte bien les traditions régionales. Vins au pichet. Parking possible à la gare. Service souriant et amène. 10 % de réduction accordée sur le prix de la chambre tous les week-ends sur présentation du *GDR*.

▲ I●I *Hôtel-restaurant Le Saint-Pierre* (hors plan par D1, 18) : 95, av. Robert-Buron. ☎ 02-43-53-06-10. Fax : 02-43-53-91-40. Chambres doubles tout confort de 45,73 à 76,22 € (300 à 500 F) selon la surface. 1er menu à 10,52 € (69 F), autour de 2 plats. Autres menus de 15,10 à 27,50 € (99 à 180 F). Un hôtel de bonne catégorie avec un bar, une vraie réception et un système de sécurité pour la tranquillité des âmes. Le restaurant de l'hôtel est couru par les autochtones, surtout ceux qui aiment le poisson de mer ou de rivière ou qui recherchent des recettes du terroir. On trouve en effet dans l'établissement le logo représentant une pomme traversée d'une flèche « Goûtez à la Mayenne » qui signale, dans le département, une cuisine typique du terroir. Petites sauces du chef de derrière les fagots (beurre blanc, au poiré, etc.). Et pour terminer le repas, pourquoi pas une tarte lavalloise maison au calva ? Réservation en semaine recommandée.

▲ I●I *À La Bonne Auberge* (hors plan par A1, 15) : 170, rue de Bretagne. ☎ 02-43-69-07-81. Fax : 02-43-91-15-02. Fermé les vendredi soir, samedi et dimanche soir, ainsi qu'en août et fin décembre. Chambres doubles à partir de 57,90 € (380 F), tout confort. 1er menu à 14,50 € (95 F) en semaine (sauf le vendredi soir), puis menus à 21,35 et 29 € (140 et 190 F). Garage de l'hôtel payant. Derrière sa vigne vierge, cette *Bonne Auberge* semble avoir du vague à l'âme. Déco pourtant relookée années 1980, lumières douces, et chambres confortables avec salle de bains. Belle cuisine réputée dans le coin avec foie gras maison ou un saumon d'Écosse fumé maison.

▲ *Le Bas du Gast* (plan B3, 16) : 6, rue de la Halle-aux-Toiles. ☎ 02-43-49-22-79. Fax : 02-43-56-44-71. Fermé en décembre et janvier. Chambres de 90 à 100 € (590 à 656 F) pour 2 personnes, une suite pour 4 à 185 € (1 214 F). Possibilité d'un petit déjeuner anglais dans la grande tradition pour 15 € (98 F), qui vous fait le repas de midi (!) ; sinon, le petit déjeuner continental est

Allez, *Zeff*, t'es plus tout seul, on t'aime bien... Apéritif maison offert à nos lecteurs, sur présentation du *Guide du routard*.

à 10 € (66 F). De superbes chambres d'hôte, dans un hôtel particulier des XVIIe et XVIIIe siècles, au milieu d'un parc, en pleine ville. Le bonheur complet si l'on aime les boiseries sculptées, les cheminées en marbre, les meubles anciens et la sérénité car on se croit, ici, perdu en pleine campagne. Réduction de 10 % sur le prix de la chambre accordée à nos lecteurs porteurs de l'édition en cours.

Où manger ?

Se reporter également à la rubrique « Où dormir ? » pour les hôtels disposant aussi d'un restaurant (bon marché : l'*Hôtel du Zeff*; à prix moyens : l'*Hôtel-restaurant du Maine,* l'hôtel-restaurant *Le Saint-Pierre* et *À La Bonne Auberge*).

Bon marché

|●| ***L'Avenio*** *(hors plan par C1, 36) :* 38, quai de Bootz. ☎ 02-43-56-87-51. Fermé les samedi et dimanche, ainsi que 3 semaines en août. Menu unique à 10,67 € (70 F), boisson comprise. Le repaire des pêcheurs mayennais devant l'Éternel, mais aussi celui des ouvriers du coin à l'heure du casse-croûte. Jusqu'au plafond, on notera la présence de gaules, moulinets, hameçons, avenios et autres engins de torture. On rigole de l'exploit du vantard qui a sorti une friture grosse comme le bras, on se touche du coude et on finit par se mêler aux conversations. Les petits plats sont tous maison, copieux et bien cuisinés. Et pas de surprise, puisque tout est compris. L'une de nos meilleures expériences à Laval. Cartes de paiement non acceptées. Apéritif ou digestif offert sur présentation du *GDR*.

- **Adresses utiles**
  - 🛈 Office du tourisme
  - ✉ Poste
  - 🚂 Gare SNCF
  - 🚌 Gare routière
  - 1 Halte fluviale

- **Où dormir ?**
  - 10 Camping du Potier
  - 11 Auberge de jeunesse
  - 12 Hôtel du Zeff
  - 13 Marin Hôtel
  - 15 À La Bonne Auberge
  - 16 Le Bas du Gast
  - 17 Hôtel-restaurant du Maine
  - 18 Hôtel-restaurant Le Saint-Pierre

- |●| **Où manger ?**
  - 30 Le Court-Bouillon
  - 31 La Braise
  - 32 Le Petit Périgord
  - 34 L'Antiquaire
  - 35 Le Bistro de Paris
  - 36 L'Avenio
  - 37 La Bretonne

- **Où boire un verre ?**
  - 40 Le Café des Arts
  - 41 L'Orient-Express
  - 42 Le Cap Horn
  - 43 Café de la Paix
  - 44 Le Spoutnik

- ★ **À voir**
  - 50 Vieux château
  - 51 Musée d'Art naïf
  - 55 Chapelle Notre-Dame-de-Pritz
  - 56 Musée vivant de l'École publique
  - 57 Bateau-lavoir Saint-Julien
  - 58 Basilique Notre-Dame d'Avesnières
  - 59 Abbaye de la Coudre
  - 60 Lactopôle, voyage au centre de la tradition laitière

- **Où trouver du bon vin ?**
  - 70 Aux Amis du Vin

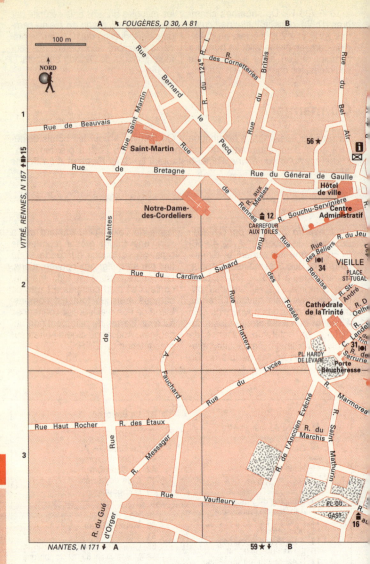

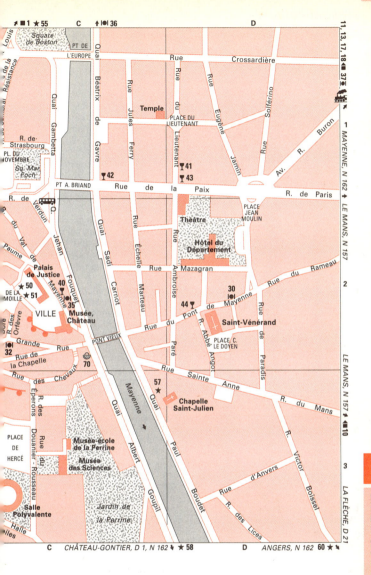

LAVAL

Prix moyens

I●I La Braise (plan B2, 31) : 4, rue de la Trinité. ☎ 02-43-53-21-87. Dans les vieux quartiers, près de la cathédrale. Fermé les dimanche et lundi, le samedi midi, ainsi qu'une semaine à Pâques et autour du 15 août. Une formule à 14,03 € (92 F) et un menu à 18,29 € (120 F) en semaine (que l'on vous conseille) ; à la carte, comptez de 19,82 à 24,39 € (130 à 160 F). Mignon tout plein. Il y a suffisamment de vieux pots, de beaux meubles, de coins de cheminée, de poutres au plafond et de tommettes au sol pour que vous vous sentiez bien d'entrée. Sans compter l'accueil d'Annie, qui prend les commandes et distille un petit mot à chacun (même aux enfants), ainsi que la cuisine simple, soignée et authentique, à la chaleur de la braise. Spécialités, vous l'avez deviné, de poisson et viande grillée : brochette de lotte, de fruits de mer, pièce de bœuf et sa sauce à la moelle ; mais aussi plats à l'ancienne : poule au pot, tête de veau... Terrasse aux beaux jours. Apéritif maison offert à nos lecteurs sur présentation du *Guide du routard*.

I●I Le Court-Bouillon (plan D2, 30) : 99, rue du Pont-de-Mayenne. ☎ 02-43-56-70-87. Fermé le dimanche, le lundi soir et 2 semaines en août. Formule du jour le midi en semaine à 8,84 € (58 F), ou menus entre 13,42 et 21,04 € (88 et 138 F). Un petit restaurant dans une rue calme du centre-ville. Cuisine traditionnelle : os à moelle à la bourguignonne, tête de veau, fondue de joue de bœuf. La formule propose plat du jour et dessert le midi en semaine. Copieux menus. Petites natures s'abstenir. Ancienne cuisine, plus encore que cuisine à l'ancienne.

I●I Le Petit Périgord (plan C2, 32) : 63, Grande-Rue. ☎ 02-43-53-29-43. Au cœur du vieux Laval. Fermé le samedi midi et fin août-début septembre. Formule à midi en semaine à 11,43 € (75 F) et menu à 14,48 € (95 F). Comptez 22,87 € (150 F) à la carte. Une petite adresse pratique. Un beau 1er menu, du genre : terrine de foie gras, roulade de sandre aux queues de langoustines et nougat glacé maison. Pour les petits appétits, la formule est tirée du 1er menu (entrée + plat ou plat + dessert). Salle voûtée en sous-sol ouverte le samedi (en semaine pour les groupes). Digestif offert à nos lecteurs ayant le *Guide du routard* en poche.

I●I La Bretonne (hors plan par D1, 37) : 103, av. Robert-Buron. ☎ 02-43-56-06-34. Fermé le dimanche et le lundi midi. Congés annuels la 1re quinzaine de février et du 24 août au 10 septembre. 2 menus à 12,20 et 19,82 € (80 et 130 F). Galettes et crêpes à la carte. Une crêperie, oui, mais pas n'importe laquelle, puisque c'est un autochtone qui nous l'a conseillée. Le cadre est clair et harmonieux, aux couleurs de la Provence, et l'accueil aussi chaud que cette région de soleil. Des spécialités, galette océane et crêpe mayennaise, mais aussi des viandes grillées, des poissons et des salades composées. Enfin, tout est là pour passer un bon petit moment. Café offert aux lecteurs sur présentation du *GDR*.

Plus chic

I●I L'Antiquaire (plan B2, 34) : 5, rue des Béliers. ☎ 02-43-53-66-76. Derrière la cathédrale. Fermé les mercredi, samedi midi, 1 semaine en février et du 7 au 28 juillet. 4 menus entre 15,09 et 35,06 € (99 et 230 F). Si vous êtes du style brocante, dans la vie comme à la table, passez votre chemin. Ici, on aime le beau, le travail bien fait, entre gens de bonne compagnie. Ne vous laissez pas appâter par le nom, ce qui compte ici, c'est l'assiette. Magnifique ! Même le petit menu vaut une affaire, dans ce lieu conçu pour les repas du même nom. Une terrine de foie gras mayennais, une escalope de sandre au beurre cidré, un civet de cuisses de canard au sang, une tarte du jour... Foncez... rue des Béliers ! Café offert à nos lecteurs, sur présentation du Guide du routard.

|●| Le Bistro de Paris (plan C2, 35) : 22, quai Jehan-Fouquet. ☎ 02-43-56-98-29. Sur les bords de la Mayenne. Fermé les samedi midi, dimanche soir et lundi, ainsi qu'en août. Menu carte à 22 € (144 F) en semaine et un menu dégustation à 40 € (262 F). Eh oui, c'est toujours lui le meilleur ! Le plus cher aussi, à moins de prendre le menu carte, sage comme une image. Entre autres belles et bonnes choses, les petites entrées gourmandes (un délice), le sifflet de sole au jus de homard, le bonbon de jarret de veau poêlé aux morilles, le macaron moelleux au chocolat salade d'oranges. Guy Lemercier continue d'inventer, bon an mal an, pour le plus grand plaisir d'une clientèle fidèle, qu'il reçoit à sa façon, bonhomme mais pas pince-fesses, dans ce décor de brasserie à l'ancienne aux allures de palais des glaces. Beau service, bons vins.

Où dormir ? Où manger dans les environs ?

▲ Chambres d'hôte La Verrerie : 53810 Changé-les-Laval. ☎ et fax : 02-43-56-10-50. Aux portes de Laval, direction nord-ouest (8 km). Comptez 35,06 € (230 F) pour 2 personnes, petit déjeuner compris. Odile Guyon, maîtresse de maison attentionnée, vous ouvre les portes de sa demeure de caractère... Chambres spacieuses et de bon confort. Attention, cartes de paiement refusées.

▲ |●| Chambres d'hôte La Charbonnerie : 53320 Loiron. ☎ et fax : 02-43-02-44-74. À l'ouest de Laval par la N157 (10 km), direction Rennes. Suivre les panneaux à gauche de la nationale. 2 chambres d'hôte avec tout le confort à 36,50 et 41 € (239 et 269 F), selon la surface, petit déjeuner amélioré compris. Table d'hôte à 13,70 € (90 F) avec boisson et tisane. Un ancien fournil restauré situé au milieu des champs, presque au bout du monde. Faut-il ajouter que c'est silencieux et que la tisane soporifique offerte par la maîtresse de maison est superflue ? Ici, on vous cuisinera la production de la ferme : le bœuf, mais aussi les volailles et autres rôts du terroir. Terrain de camping sur l'exploitation. Compter 6 € (40 F) pour 2.

▲ |●| Chambres d'hôte L'hommeau : 53240 Saint-Germain-le-Fouilloux. ☎ 02-43-01-18-41. Fax : 02-43-37-68-11. Prendre la direction Le Mans au nord de Laval. Dans Vaiges, prendre à gauche la D125. (7 km). Chambre double à 38,11 € (250 F) tout confort, petit déjeuner compris. Table d'hôte à 12,20 € (80 F), avec charcuterie et cidre maison. Une maison d'hôte en pleine campagne chez des agriculteurs, producteurs de céréales. Les chambres sont spacieuses et meublées à l'ancienne. Accueil avenant.

|●| La Table Ronde : place de la Mairie, 53810 Changé-les-Laval. ☎ 02-43-53-43-33. Fermé le dimanche soir, le lundi et le mercredi soir. Un menu bistrot en semaine à 13,57 € (89 F), un autre à 19,82 € (130 F). Attention ! ne vous trompez pas de porte. Au-dessus, il y a la salle de restaurant, où vous pourriez revenir un jour avec belle-maman. Ce qui nous plaît ici, c'est le bistrot, en dessous, déco années 1930, avec son service de « chevaliers et chevalières » souriants et ses petits prix, eux aussi très souriants. En été, il y a même une terrasse, pour se mettre au vert, entre ville et campagne. Le menu du jour est très abordable. Le suivant, un peu plus cher, servi midi et soir, est du style à proposer la belle jardinière, la pêche provençale, le titan de pommes. Du bon travail, riche en goûts, en couleurs et pas forcément en calories. Ça vaut le coup de quitter Laval pour « Changé »... un peu ! Grand parc à côté pour faciliter la digestion. Apéritif maison offert à nos lecteurs sur présentation du Guide du routard.

Où boire un verre?

❦ **Le Café des Arts** (plan C2, **40**) : 69, rue Val-de-Mayenne. ☎ 02-43-56-86-33. Le rendez-vous des week-ends, autour des concerts donnés dans cette salle rococo étonnante. Bons gros fauteuils club, lustres en bronze, faïences accrochées aux murs, cocooning assuré.

❦ **L'Orient-Express** (plan D1, **41**) : 9, rue du Lieutenant. ☎ 02-43-53-47-73. De l'extérieur, on croirait un club très privé. À l'intérieur, au contraire, c'est le style ouvert et chaleureux. En bas, on danse, en haut, on refait le monde.

❦ **Le Cap Horn** (plan C1, **42**) : 1, rue de la Paix. ☎ 02-43-53-38-59. Ouvert du lundi au samedi de 7 h 30 à 2 h du matin. Plat du jour à 7,32 € (48 F), formules à 9,15 et 11 € (60 et 72 F). Petite brasserie, salades, plat du jour, grillades... Un des plus sympas. En terrasse, l'été, ou derrière les vitres, quand il pleut, on est aux premières loges ! Avec vue sur la Mayenne.

❦ **Café de la Paix** (plan D1, **43**) : 59, rue de la Paix. ☎ 02-43-53-36-98. Plat du jour à 7,62 € (50 F) et sandwichs... On grignote, on papote, on sirote, on vous dorlote, on se fait des potes... Et le week-end, on peut le faire même le soir.

❦ **Le Spoutnik** (plan D2, **44**) : 48, rue du Pont-de-Mayenne. ☎ 02-43-53-37-22. Ouvert du lundi au samedi de 11 h 30 à 2 h du matin. Congés annuels les 2e et 3e semaines d'août. Consommations de 1,52 à 6,10 € (10 à 40 F) ; tartines campagnardes de 5,34 à 6,86 € (35 à 45 F). Des potes et des poteaux. On peut s'appuyer les uns sur les autres, et laisser ses idées aux seconds quand les premiers ne sont plus en état de les entendre. Déco déjantée, bières du monde entier, dont quelques belges, terribles au décollage. Et, nouveauté, des cocktails de bière. Café offert aux lecteurs sur présentation du *GDR*.

À voir

★ **Le vieux château** (plan C2, **50**) : place de la Trémoille. ☎ 02-43-53-39-89. Ouvert de 10 h à 12 h et de 14 h à 18 h. Fermé les lundi et jours fériés. Visites guidées. Billet groupé pour le château et le musée : plein tarif à 2,80 € (18,50 F), enfants : 1,90 € (12,50 F), gratuit pour les moins de 8 ans. C'est la première construction connue de cette ville, un véritable résumé historique à lui tout seul. Au début du XIe siècle, le Maine, à la tête duquel se trouve Herbert Ier Éveillechien (un joli nom, cher au cœur de tous les amis des bêtes), dépendait du comté d'Anjou. Comme il fallait se méfier et des Bretons, à l'ouest, et des Normands, au nord, Herbert le Terrible confie le territoire de Laval à Guy Ier du nom (il y en eut toute une tripotée !) en 1020, pour qu'il y construise un château. Le lieu était tout trouvé : l'éperon rocheux dominant le gué, là où la vieille voie gallo-romaine franchissait la rivière. Il annonçait la grande vague de constructions du Moyen Âge que l'on retrouve dans tout le département. Le château a conservé l'ensemble de ses défenses d'origine : donjon circulaire, vigie imperturbable de 35 m, enceinte fortifiée, superbe charpente défensive en bois unique par son ancienneté. Palais de justice Renaissance dans le château Neuf (on ne vous souhaite pas de le visiter, celui-là !).

★ **Le musée d'Art naïf** (plan C2, **51**) : à l'intérieur du château, plus de 450 œuvres françaises et étrangères (brésiliennes, yougoslaves...) en font le premier musée du genre en Europe. On peut rêver du musée idéal qui pourrait être consacré au père de l'art naïf devant les deux pauvres toiles du Douanier Rousseau (deux, eh oui !) et l'émouvante reconstitution de son atelier, point d'orgue d'une visite passionnante dans l'univers des vrais (ne parlons pas des faux !) naïfs.

★ **Le vieux Laval :** vieilles maisons autour du château, qui se laissent gentiment admirer, entre la porte Beucheresse, une des cinq portes fortifiées de l'ancienne ville, où l'on peut voir la maison natale d'un certain Henry Rousseau (1844-1910), et le vieux pont.

★ **Le jardin de la Perrine** (plan C3) : la ville abonde en jardins riches et fleuris comme celui de la Perrine. Celui-ci est un lieu comme on les aime, animé et drôle, où l'on peut se rouler sur l'herbe ou admirer de près les arbres et les multiples variétés de plantes vivaces. Il y a même un *musée-école* pour apprendre à peindre en liberté (ouvert du mardi au dimanche, de 10 h à 12 h et de 14 h à 17 h 30). Et un très bel *espace Alain-Gerbault* (ouvert lui aussi du mardi au dimanche, de 10 h à 12 h et de 14 h à 17 h 30), consacré à la vie du célèbre enfant de Laval qui, sur son petit cotre, le *Fire-Crest*, a réalisé le premier tour du monde en solitaire, de 1923 à 1929. La copie de son bateau, amarré dans les jardins, fait rêver les promeneurs sédentaires. Belle balade, vue panoramique de toute la cité.

★ **L'église Notre-Dame-des-Cordeliers** (plan A-B1-2) : date du XIVe siècle. Pour entrer par la grande porte dans le monde des retables lavallois, cachés derrière les autels même dans les églises les plus modestes, témoins du retour de la foi au lendemain des guerres de Religion. À ce contexte historique s'ajoute une donnée géographique. C'est par la Mayenne, canalisée, que va remonter jusqu'à Laval le tuffeau qui, associé au marbre local, inspirera artistes et architectes. Leurs noms ? Corbineau ou Langlois. Leur célébrité va bientôt dépasser largement les limites de ce Maine qu'ils ont déjà généreusement doté : aujourd'hui encore, presque chaque église mayennaise possède l'un de ces remarquables retables qu'ils ont signés ou inspirés. Vous ne risquez pas de les manquer, ils sont assez caractéristiques : une structure architecturale, avec un corps central et deux ailes, à laquelle s'intègre un décor ornemental de guirlandes et de chutes de fruits, de rinceaux et de têtes d'angelots, le tout servant de cadre à une iconographie contribuant à l'enseignement des fidèles. Autour d'un sujet central – la vie du Christ ou de la Vierge, vous n'avez guère le choix – prennent place les statues des saints locaux. Le petit théâtre religieux de la Mayenne dans toute sa splendeur !

★ **La cathédrale Notre-Dame-de-la-Trinité** (plan B2) : au travers de ses nombreux remaniements, un condensé de l'histoire de Laval. Voûte gothique Plantagenêt et Renaissance, mobilier religieux.

★ **La chapelle Notre-Dame-de-Pritz** (hors plan par C1, 55) : voir les peintures murales (XIIe et XIIIe siècles) de cette belle église carolingienne.

★ **Lactopôle, voyage au centre de la tradition laitière** (hors plan par D3, 60) : 10 à 20, rue Adolphe-Beck. ☎ 02-43-59-51-90. Fax : 02-43-59-51-99. • www.lactopole.com • Visites du lundi au samedi sur réservation seulement. 2 h 30 de visite. Entrée : 7,62 € (50 F) ; tarif réduit : 4,57 € (30 F), gratuit pour les moins de 12 ans. Tarif réduit accordé aux lecteurs sur présentation du *GDR* de l'année.
La famille Besnier, depuis trois générations, a créé un véritable empire économique d'envergure mondiale – groupe Lactalis – en commençant, dans les années 1950, par le ramassage du lait dans la région de Laval. Elle s'est lancée ensuite, en toute logique, dans la fabrication du beurre et du camembert. Ce véritable centre scientifique et technique de l'industrialisation du lait, inauguré en octobre 1999, se visite donc depuis peu et s'articule en trois parties : l'usine ancienne et le matériel original de traitement du lait, la projection d'un film vidéo sur l'histoire de l'entreprise familiale et la découverte de la gamme des produits laitiers du groupe qui fabrique pas moins de 25 % des appellations d'origine fromagères françaises.
Sur plus de 5 000 m^2, c'est toute l'histoire d'un homme, d'une famille et d'une entreprise française qui nous est révélée à l'aide de supports technologiques

impressionnants et sophistiqués. On ne voit pas ici de chaîne de conditionnement ni de tapis roulant d'usine puisque l'endroit n'est plus un site de production, mais bien une exposition vivante et attrayante qui démarre du bidon de lait pour aboutir au camembert dans sa boîte. En fin de visite, une dégustation de fromages et un verre de vin nous sont proposés. On ressort de la visite ébaubi du succès planétaire qu'a obtenu un modeste commerçant lavallois, M. André Besnier, avec tout de même cette question non élucidée qui nous trotte dans la tête : mais qui donc a inventé le fil à couper le beurre ? Point de vente de produits laitiers sur place. Pour tyrosémiophiles (collectionneurs d'étiquettes de camembert) et curieux de tout. Passionnant.

★ **Le Musée vivant de l'École publique** (plan B1, 56) : rue Haute-Chiffolière. ☎ 02-43-53-87-10. Ouvert du mercredi au dimanche, de 14 h à 18 h. Entrée : 1,52 € (10 F), 0,76 € (5 F) pour les enfants de 10 à 16 ans. Sur les hauteurs de Laval sont entassés plus de 15 000 livres scolaires, des pupitres, des bancs patinés par le temps et les derrières en culottes courtes. Des plumiers, des porte-plume, des encriers, des ardoises et évidemment le tableau noir... Une reconstitution assez surprenante d'une salle d'école des années 1920 avec ses vieilles cartes qui apprenaient le monde et l'histoire aux enfants. Il y a le vieux poêle, l'odeur de l'encre séchée, le bonnet d'âne, le tablier d'écolier, les vieilles galoches, les vieux bouquins. Expositions à thèmes, pour mieux comprendre l'école de grand-papa.

★ **Le bateau-lavoir Saint-Julien** (plan C3, 57) : quai Paul-Boudet. ☎ 02-43-53-39-89. Ouvert du 1er juillet au 31 août du mardi au dimanche, de 10 h à 12 h et de 14 h à 17 h 45. Entrée gratuite. Classé monument historique en 1993, puis restauré, ce bateau-lavoir est l'une des deux dernières embarcations que la ville a préservées, en témoignage « d'un temps que les moins de vingt ans ne peuvent pas connaître »... C'est à partir de 1860 que ces bateaux-là vont se multiplier sur la Mayenne (il y en a eu deux douzaines, dont la moitié était encore en service en 1925). Une activité racontée au travers d'une exposition remarquable consacrée à l'histoire du blanchissage du linge.

★ **La basilique Notre-Dame d'Avesnières** (hors plan par D3, 58) : 52, allée du Ronceray. ☎ 02-43-53-22-15. Sur la rive droite de la Mayenne, à la sortie de Laval, belle balade jusqu'à l'église romane d'Avesnières, riche de vitraux, chapiteaux et statuaire. Abside remarquable avec un déambulatoire à cinq chapelles et une tour carrée surmontée d'une flèche en pierre.

★ **L'abbaye de la Coudre** (hors plan par B3, 59) : bd des Trappistines. ☎ 02-43-02-85-85. Prendre le petit chemin en face de l'hôtel *Climat* (à droite du bd des Trappistines lorsqu'on vient de Laval). Entrée gratuite. Bâtie au XIXe siècle pour la communauté des cisterciennes, un lieu de prière et de travail où vous serez bien accueilli. Pour vous faire pardonner de ne pas participer aux offices, achetez la production maison dans le petit magasin de l'abbaye, le trappe, un excellent fromage au lait de vache.

À faire

➤ **Au fil de l'eau, de Laval à Château-Gontier** : ce pays doux incite à la flânerie au fil et sur les bords de l'eau. De vallées en prairies, de fermes en châteaux, vous prendrez le temps de rêver, de bronzer, de redevenir (bon) enfant, tout en saluant hérons, canards sauvages, loutres, poules d'eau : la Mayenne, c'est l'Amazonie, sans les crocodiles. Encore que... en arrivant à Château-Gontier, vous en trouverez peut-être un qui traîne encore au refuge de l'Arche. D'où que vous partiez, si vous ne désirez pas venir en voiture, les loueurs se proposent de venir vous chercher à la gare de Laval.

➤ **Le chemin de halage** : le long de la Mayenne, évidemment, a été réhabilité et mis en valeur l'ancien chemin de halage, de la ville de Mayenne à

Daon (prononcez « Dan ») au sud. C'est le lieu de prédilection des joggers, vététistes, promeneurs, cavaliers et familles avec chiens et enfants, surtout le dimanche. Ce chemin a d'autres vertus : il relie le nord et le sud du département pour une meilleure symbiose générale et facilite un échange touristique qui faisait cruellement défaut. Ambiance unique où l'on croise l'Anglais sac au dos, le routard *on the road* et bien sûr le plaisancier qui se la coule douce. Paysages variés, écluses rétros et guinguettes revigorantes.

Où faire son marché ?

– **Marché de la cathédrale :** les mardi et samedi matin. Le plus connu, avec ses petites mères qui viennent vendre les œufs de leurs poules et les salades du potager.

Où trouver du bon vin ?

🏵 **Aux Amis du Vin** *(plan C2, 70)* **:** 2 *bis*, quai Albert-Goupil. ☎ 02-43-56-40-40. Au pied du Vieux Pont. Fermé les dimanche après-midi et lundi. Tenu par un jeune caviste talentueux, à l'origine sommelier de grande réputation, qui sait dénicher les belles références, notamment dans sa sélection des vins de Loire. Ses découvertes ont fini par l'orienter vers l'agriculture bio-dynamique (plus simplement, pas de traitement chimique...) de vignerons qui travaillent à l'ancienne les éléments naturels. Il est préférable de lui téléphoner pour assister dans la boutique à un « vinissage », dégustation de « chefs-d'œuvre liquides », le 1er samedi de chaque mois (sauf en novembre). Plus de mille références de vins, pommeau, poiré, cidre et spiritueux. À consommer avec modération.

➤ *DANS LES ENVIRONS DE LAVAL*

★ *L'abbaye du Port-Salut :* 53260 **Entrammes**. ☎ 02-43-64-18-64. À 7 km au sud de Laval. Église ouverte tous les jours. Visite de l'église abbatiale du début du XIIIe siècle et du magasin de la poterie où sont vendus les produits monastiques de l'abbaye : pâtes de fruits, bières. Offices à 6 h 45 (laudes) – bon, celui-là, on l'élimine –, 12 h 15 (sexte) et 18 h (vêpres). Le dimanche, messe à 11 h. Et le fromage dont le nom est écrit dessus ? Eh non, ce n'est plus une production de l'abbaye, depuis quelques décennies déjà... Pour vous consoler, baladez-vous au bord de la rivière, dans un cadre bucolique, autour de la petite écluse. Dans l'église du village, visite des *thermes gallo-romains*. ☎ 02-43-98-00-25. Ouvert le dimanche d'avril à mi-octobre, tous les jours en été. Un son et lumière qui éclaire d'une façon originale et le lieu et l'histoire contée, en prenant appui sur un grand mur romain remarquablement préservé !

COSSÉ-LE-VIVIEN (53230) 2 710 hab.

Au sud-ouest de Laval par la N171, un village qu'un homme a rendu célèbre, Robert Tatin, artiste visionnaire de tout premier plan qui ne manquait pas d'humour. Est-ce à cause de lui qu'il y a un festival de l'Humour en automne ? Belles maisons de caractère au centre-ville et parc municipal de 3 ha, au cas où vous manqueriez d'air, ce qui serait surprenant en Mayenne !

Où dormir? Où manger?

🏠 🍽️ **Hôtel-restaurant L'Étoile :** 2, rue de Nantes. ☎ 02-43-98-81-31. Fax : 02-43-98-96-64. Fermé les dimanche soir et lundi. Chambres doubles avec douche et w.-c. ou bains à 24,39 € (160 F). En semaine, 1 menu à 9,45 € (62 F), sinon 3 menus entre 12,20 et 21,34 € (80 et 140 F). 7 chambres correctes mais au décor ringard-kitsch. Au restaurant, cuisine bourgeoise correcte ; les 3 menus proposent, entre autres, le croustillant d'oreilles de porc et le craquant de *L'Étoile* aux perles de fruits rouges, pour changer de la tarte Tatin, dont le nom n'a rien à voir avec le fou génial qui est sûrement à l'origine de votre passage ici. Ne ratez surtout pas la visite du musée Robert-Tatin, à deux pas. Réservation au restaurant recommandée en fin de semaine. 10 % de réduction offerts à nos lecteurs sur le prix de la chambre, sur présentation du *Guide du routard*.

À voir

★ **Maison des Champs-musée communal Robert-Tatin :** au lieu-dit La Frénouse. ☎ 02-43-98-80-89. ⚑ en partie. Au sud-est de Cossé, à environ 1 km. Ouvert d'avril à octobre tous les jours sauf le mardi matin de 10 h à 19 h, d'octobre à fin mars de 10 h à 12 h et de 14 h à 18 h sauf les mardi, samedi et dimanche matin. Fermeture annuelle les 3 premières semaines de janvier. Entrée du musée : 5,64 € (37 F), 2,59 € (17 F) en tarif réduit ; avec la visite de la maison de l'artiste, 7,17 € (47 F) en plein tarif, 4,57 € (30 F) en tarif réduit. Gratuit pour les moins de 10 ans (aire de jeux pour les enfants). Comptez 1/2 heure à 3/4 d'heure environ de visite commentée et guidée et arrivez au moins 1 h avant la fermeture.
C'est le truc fou par excellence. Les autochtones qui, en 1962, ont vu s'installer à La Frénouse le peintre Robert Tatin, de retour au pays, auraient-ils pu s'imaginer un seul instant ce qui se tramait aux alentours de leur village tranquille ? Ce palais d'art, ces statues gigantesques comme sorties du sol, vous accueillent pour vous faire un brin d'initiation et vous guident heureux, ravi, vers ce « musée » unique en France. Non, vous n'hallucinez pas ! Toutes ces constructions et sculptures de créatures colorées, librement inspirées des mythologies, fondement de toutes civilisations, sont bel et bien sorties de l'imagination d'un « voyant » disparu en 1983, dont elles semblent surveiller la tombe puisqu'il repose là, devant sa maison, dans son jardin de moins en moins secret, au fil du temps.
« Ici même en Frénouse à Cossé-le-Vivien près de Laval, au pays de toutes mes mères et de tous mes pères... », repose Robert Tatin qui voulait faire de ce lieu une « maison des champs », ouverte à tous, libres créateurs ou autres. Vous pouvez, des heures durant, rechercher la signification des poésies, des peintures, des sculptures rassemblées en ces lieux ou simplement vous laisser porter par votre goût de l'aventure intérieure.
La visite débute par la projection d'un film sur la vie surprenante de cet artiste touche-à-tout génial qui fut successivement, entre autres, peintre d'enseignes, charpentier au trait, céramiste, architecte-sculpteur, mosaïste et toujours aventurier. On emprunte ensuite le « chemin des Géants » entre deux haies de statues surprenantes reproduisant les figures de ceux qui marquèrent le parcours initiatique de l'artiste.
Faites un sourire au dragon, passez à votre gré la porte du Soleil ou celle de la Lune, allez à la rencontre de mystères enfouis au plus profond de vous-même. Si vous avez besoin d'être rassuré, allez prier Notre-Dame-Tout-Le-Monde ou demandez à Lise (« Liseron »), sa dernière compagne, bien

souvent présente et qui respire la joie de vivre, la folie créatrice, de vous parler de cet homme auprès de qui vivre ne devait pas être une simple routine. Ce compagnon de Rabelais, frère de Jarry et du Douanier Rousseau, émule d'un Picasso au regard de la veine inventive, pour ne citer que des parents proches, prisait le calembour, le paradoxe et le symbole. Attardez-vous dans les salles où sont exposées les peintures de cet artisan-créateur et ne manquez surtout pas de clore votre visite par celle de la maison de l'artiste. Rien n'y a été changé depuis sa disparition. L'un des sites artistiques majeurs en Mayenne. Vraiment étonnant.

CRAON (53400) 4 660 hab.

Au sud de Cossé par la N171 (12 km). Un parfum médiéval flotte dans les vieilles rues, remplacé en août et en septembre par celui du meilleur ami de l'homme. Qui flotte même toute l'année autour de chez Mme Heinry, la chocolatière, mère des fameux crottins (10, rue de la Libération ; ☎ 02-43-06-29-08). Craon (prononcez « Cran ») est célèbre en effet depuis 1848 pour ses courses de chevaux. Ces chevaux qui sont, ici plus encore que dans le reste de la Mayenne, emblèmes, ambassadeurs, amis d'enfance des habitants. Vous en rencontrerez souvent, au détour d'une route, au coin d'une barrière, ou laissant dans la terre encore humide la trace du passage de randonneurs ou d'un attelage...

Adresse utile

▯ *Syndicat d'initiative du Craonnais :* 4, rue du Murier. ☎ 02-43-06-10-14. Ouvert du 15 juin au 15 septembre, de 10 h à 12 h et de 14 h 30 à 17 h 30.

Où dormir ? Où manger ?

⚐ *Camping du Murier :* rue A.-Gerbault. ☎ 02-43-06-96-33. Fax : 02-43-06-96-33 (mairie). À 200 m du centre-ville. Ouvert du 1ᵉʳ mai au 15 septembre. Avec des huttes pour changer un peu. Petit plan d'eau pour la pêche ou le pédalo, emplacements ombragés.

▮ |●| *Hôtel-restaurant Le Coq Hardy :* 22, rue de la Libération. ☎ 02-43-06-02-21. Fax : 02-43-06-31-49. Dans la rue principale. Fermé du vendredi soir au dimanche soir (pour le restaurant) et pendant les fêtes de fin d'année. Chambres doubles à 36,59 € (240 F), avec tout le confort. Menu unique à 8,84 € (58 F). L'endroit est simple et pas compliqué, à l'image des chambres sans grand caractère. Le repas est « ouvrier » et leur est spécialement destiné. Nous, nous aimons bien ce genre d'ambiance où les gens se disent bonjour en arrivant, ce qui n'est pas si fréquent. Les plats sont copieux et on sort rassasié. Hébergement et couvert les moins chers de la région. Accueil sympa. Apéritif maison offert sur présentation du *Guide du routard*.

Très chic

▮ *Chambres d'hôte au Château :* ☎ 02-43-06-11-02. Fax : 02-43-06-05-18. À la sortie du bourg en direction de Laval. Fermé de mi-décembre à mi-janvier. Chambres tout confort entre 91,47 et 137,20 € (600 et 900 F), petit déjeuner inclus. Bienvenue au château du comte de Guébriant. Relisez, pour vous mettre dans l'ambiance, le vieux numéro de *Géo* consacré aux châtelains de la Mayenne. Vous comprendrez pourquoi une famille comme celle des comtes de Guébriant a dû, pour traverser un siècle et demi de vie de château, finir par ouvrir ses portes au grand public. Sans trop se forcer, d'ailleurs. Accueil étonnant et chambres assez fascinantes.

Où dormir ? Où manger dans les environs ?

Camping et base de Loisirs la Rincerie : 53800 La Selle-Craonnaise. ☎ 02-43-06-17-52. Fax : 02-43-07-50-20. • www.larincerie.com • De Craon, prendre la direction Saint-Aignan-sur-Roë (D111). Camping à 8,65 € (57 F) la nuit pour 2 personnes. Bungalows de toile pour 4 personnes à 25,15 € (165 F) le week-end. Un camping avec tout le confort au bord d'un plan d'eau superbe. Nombreuses activités nautiques (planche à voile, optimiste, etc.) et tout ce qu'il faut pour agrémenter les vacances : mini-golf, char à voile, cerf-volant de traction, tir à l'arc, etc. Aire de jeux pour les enfants. Grand calme au milieu des prés. Une bouteille de cidre offerte aux lecteurs du *GDR* qui logent en bungalow.

L'Auberge du Mouillotin : 9, rue de Paris, 53350 Ballots. ☎ 02-43-06-61-81. À 9,5 km au nord-ouest de Craon, sur la D 25 vers La Guerche-de-Bretagne. Fermé les mardi soir, mercredi et jeudi soir, ainsi que 8 jours en février et 2 semaines en août. Menu jusqu'au vendredi midi à 9 € (59 F). Autres menus entre 11,90 et 22,90 € (78 et 150 F). C'est autour de minuit qu'une fois l'an, dans la nuit du 30 avril au 1er mai, les mouillotins s'en allaient, de ferme en ferme, demander des œufs pour faire une orgie d'omelette. Coutume charmante, que vous aurez peut-être envie de suivre, si vous visitez à ces dates ce coin de France de toute façon peu enclin aux *rave parties*. Le restaurant qui porte ce joli nom a bien sûr des omelettes de toutes sortes au menu : à la moelle, au foie gras, aux escargots... À goûter en se pourléchant les babines, dans la jolie salle donnant sur le jardin. Pour varier les plaisirs, de beaux menus sur une bonne gamme de prix, et également des crêpes et des galettes. Café offert à nos lecteurs sur présentation du *Guide du routard*.

À voir

★ **Le château de Craon :** ☎ 02-43-06-11-02. Ouvert de 13 h à 19 h, du 1er avril au 1er novembre pour le parc, seulement en juillet et août pour l'intérieur, de 14 h à 19 h. Fermé le mardi. Un plan-guide est remis à l'entrée. Très beau, très pur château du XVIIIe siècle construit en pierre blanche de la Loire, qui s'illumine le soir au soleil couchant. Boiseries raffinées et mobilier d'époque en bon état. Les salons donnent sur le jardin à la française. Comme il fallait bien équilibrer, dans ce pays partagé entre deux cultures, le château est entouré d'un parc à l'anglaise de 42 ha tissé d'allées (totalisant 5 km), et d'un potager exceptionnel de 12 000 m² où il fait bon se promener au milieu des plantes aromatiques et des fleurs à couper. Orangerie, glacière et lavoir-buanderie du XIXe siècle. Un moment de paix à savourer.

★ **La vieille ville :** vestiges de douves, maisons à colombages et pans de bois ou hôtels particuliers témoignent, au cœur de la ville, des temps rudes qu'a connus cette première baronnie d'Anjou. Un coup d'œil sur la statue de Volney, un autre sur les halles du XIIe siècle... Le grenier à sel est l'un des rares vestiges (XVIIIe siècle) de la gabelle encore en l'état, mais quel état !

Manifestation

– **Les Trois Glorieuses :** en septembre. Information : société des courses de Craon, hippodrome de Craon, BP 61. ☎ 02-43-06-34-58. Chaque année, les Trois Glorieuses réunissent en septembre des milliers de turfistes, notamment pour les courses d'obstacles.

➤ DANS LES ENVIRONS DE CRAON

★ **La vieille forge :** 53400 **Denazé**. ☎ 02-43-98-84-27 (en saison). À 10 km au nord-est de Craon par la D126. Ouvert de Pâques à la Toussaint de 14 h à 18 h. Fermé le mardi. Un habitat du XVIIe siècle qui présente, au travers de projection, commentaires et illustrations, un métier exercé là par trois générations d'une même famille de forgerons qui ont laissé sur place suffisamment de traces pour évoquer une authentique culture populaire et son histoire.

★ **Le musée de l'Ardoise :** 53800 **Renazé**. ☎ 02-43-06-41-74 ou 02-43-06-40-14 (mairie). À 11 km au sud-ouest de Craon par la N171. Ouvert du 1er dimanche de mai, journée de l'Ardoise, à octobre, du jeudi au dimanche (et les jours fériés) de 14 h à 17 h 30 (et également le mercredi en juillet et août). Visite commentée : 1 h 30. Bienvenue au cœur du pays bleu, celui de l'ardoise. Voici un musée qui retrace la vie des anciens mineurs et l'histoire du métier d'ardoisier. Créé par des anciens mineurs à la fermeture du dernier puits, en 1975. Le puits d'extraction qui se trouve sur le site s'enfonce jusqu'à 300 m sous terre. Création d'une salle de géologie avec CD-ROM et un questionnaire-jeu. À la fin de la visite, vous assisterez à une démonstration de fente d'ardoise sous des tue-vent reconstitués. Passionnant.

★ **Notre-Dame-de-la-Roë :** ☎ 02-43-06-66-31. À 15 km à l'ouest de Craon, après Ballots (15 km). Accès par la D 25. Pour méditer un peu sur le sort de l'ermite Robert d'Arbrissel venu se retirer dans la forêt de Craon et fonder l'abbaye vers 1091. C'était l'établissement le plus influent du territoire mayennais puisque soixante églises paroissiales et prieurés lui étaient soumis. Abandonnée comme les autres à la Révolution, l'abbaye renaît de nos jours. Après la restauration des bâtiments conventuels, celle des jardins monastiques devrait lui rendre sa sérénité et sa beauté perdues. Sentier promenade tout autour.

★ **Le moulin des Gués :** à **Fontaine-Couverte**. À 6 km de La Roë. Ouvert toute l'année, les week-ends et jours fériés de 14 h à 18 h et en semaine, sur réservation. Ce vieux moulin des Gués (attention à l'écriture, on rigole pas avec ça ici) datant de 1824, à la limite du département, est une construction angevine à trois étages. L'arrière-petit-fils des derniers meuniers, chauffeur routier à la retraite, assure la visite.

I●I *Crêperie* sur réservation.

CHÂTEAU-GONTIER (53200) 11 130 hab.

Histoire qui remonte, comme celle de Laval, au Moyen Âge et au besoin qu'avait le terrible Foulques Nerra de protéger l'entrée de son comté. Le site choisi fut, comme pour Laval, un lieu dominant la Mayenne franchie à gué par le chemin de Bretagne. Gontier, l'un des officiers de Foulques, en reçut la garde, d'où le nom (c'est tout bête !). Le lieu fortifié et le prieuré attirèrent peu à peu la population des alentours. La rivière sépare la Haute Ville, sur la rive droite, et le Faubourg, sur la rive gauche.

Adresses utiles

Office du tourisme du pays de Château-Gontier : sur la péniche L'Élan, quai d'Alsace, BP 402. ☎ 02-43-70-42-74. Fax : 02-43-70-95-52. • www.ville-chateau-gontier.fr • Ouvert d'avril à octobre du lundi au samedi de 9 h à 12 h 30 et de 14 h à 18 h, les dimanche et jours fériés à partir de 10 h. De novembre à mars, à la mairie, du lundi au vendredi, de 9 h à 12 h et de 14 h à 18 h.

Location de bateaux : au port de Plaisance. ☎ 02-43-07-61-78. Bateaux habitables, petits ou grands, sans permis. Location à la journée, à la semaine ou plus.

Où dormir ? Où manger ?

Camping du Parc : route de Laval. ☎ et fax : 02-43-07-35-60. Ouvert du 1er mai au 30 septembre. Hébergement sympa dans des petits chalets ravissants à deux étages d'environ 35 m². Location possible toute l'année sur réservation. Piscine à 500 m gratuite. Normal, c'est un 3 étoiles. Un topo-guide offert et 10 % de réduction sur le forfait 2 campeurs, hors juillet et août, sur présentation du *Guide du routard*.

Hôtel Le Cerf : 31, rue Garnier. ☎ 02-43-07-25-13. Fax : 02-43-07-02-90. Fermé 2 semaines en août. Chambres doubles de 32,01 à 36,59 € (210 à 240 F) avec douche ou bains et w.-c. Chiens et chats refusés. Situé près du célèbre marché aux bestiaux (ou face au supermarché, selon les références qu'on choisit), ce petit hôtel à la façade réhabilitée propose des chambres plus calmes côté jardin bien qu'elles possèdent le double vitrage côté rue. Parking gratuit. Possibilité de restauration au jardin le midi du lundi au vendredi et le soir du lundi au jeudi.

La Brasserie : 2, av. Joffre. ☎ 02-43-09-60-00. Fax : 02-43-09-60-01. Encore une institution. Fermé le dimanche toute la journée. Formule rapide à 11 € (72 F). Menus gastronomiques et du terroir de 16 à 45 € (105 à 295 F). Chambres doubles à 35,50 et 51 € (233 et 335 F) pour vous dépanner, surtout si vous venez pour assister au marché aux veaux et n'avez pas besoin de beaucoup de sommeil. Au restaurant, tête de veau et plateaux de fruits de mer.

Le Jardin des Arts : 5, rue Abel-Cahour. ☎ 02-43-70-12-12. Fax : 02-43-70-12-07. • www.art8.com • Resto ouvert le soir du lundi au samedi. Congés annuels : une quinzaine de jours de fin juillet à mi-août et de Noël au Nouvel An. Chambres entre 55 et 66 € (361 et 433 F). Menus à 19,10 et 24 € (125 et 157 F). Petit déjeuner avec jus d'orange frais. La famille Triquet a transformé en « maison d'amis » l'ancienne sous-préfecture. 20 chambres de charme, toutes différentes, certaines avec vue sur la Mayenne d'autres sur le jardin, certaines rustiques, d'autres mansardées. On peut y trouver convivialité le soir (jeux, discussions philosophiques autour d'un verre...), auditorium rénové pour les mélomanes, une salle avec micro-ordinateurs pour les cybertouristes, des VTT pour les sportifs... Également organisation de stages d'initiation à l'informatique. Parking intérieur gratuit.

Où dormir ? Où manger dans les environs ?

Chambres d'hôte Les Marandes : 53200 Gennes-sur-Glaize. ☎ 02-43-70-90-81. À 9 km à l'est de Château-Gontier par la D28 ; dans le village, direction Châtelain (D 589), c'est à 600 m sur la droite. Fermeture du 15 septembre au 1er octobre. Comptez 30,49 à 33,54 € (200 à

220 F) pour une chambre double, petit déjeuner compris, et 13,72 € (90 F) pour dîner, tout compris. Dans d'anciennes étables joliment restaurées, vous passerez une nuit paisible. Vous êtes chez des agriculteurs à la retraite, qui ne trichent ni pour l'accueil ni pour la cuisine, familiale, avec produits frais à volonté.

▲ |●| **Hostellerie de Mirwault :** rue du Val-de-Mayenne, Bazouges. ☎ 02-43-07-13-17. Fax : 02-43-07-66-90. À 2 km de la ville, fléché depuis le centre. Restaurant fermé le lundi et le mercredi, et de janvier à mars. Chambres à 43,45 € (285 F) avec douche et w.-c ou bains. 1er menu à 13,42 € (88 F) en semaine le midi, menus gastronomiques de 14,94 à 25,61 € (98 à 168 F). Perdue dans la campagne, sur les bords de la Mayenne, une adresse de charme tenue par les Mitchell, un couple d'Anglais. Les 11 chambres ont tout le confort et une vue sur la rivière, à un prix étonnant vu la qualité de l'ensemble. Importante clientèle britannique. Un petit détail très *british* : le salon de lecture feutré qui ajoute à la sérénité du lieu. La cuisine, elle aussi, mérite le détour. Les plats « phares » de la maison : la terrine de lapin au pommeau, le filet de sandre rôti beurre de cidre et la pintade au cidre de la Mayenne. Bref, un endroit idéal pour se ressourcer. Digestif maison offert à nos lecteurs, sur présentation du *Guide du routard*.

|●| **L'Aquarelle :** 2, rue Félix Marchand, Pendu-en-Saint-Fort. ☎ 02-43-70-15-44. Sur la route de Ménil. À 400 m de Château-Gontier, suivre la route qui longe la rive droite de la Mayenne, en direction de Sablé ; au rond-point, prendre la route de Ménil. Fermé le dimanche soir et le lundi. Congés du 15 au 31 janvier et la dernière semaine de septembre. Menus entre 14 € (92 F), en semaine, et 29 € (190 F). Un peu en dehors de la ville, sur les bords de la Mayenne, un nom et un lieu qui font rêver. Vue splendide sur la rivière de la salle panoramique, climatisée en été. Cuisine fraîche, légère et inventive : dos de silure grillé (l'un des meilleurs de la région) au beurre de citron vert ou méli-mélo d'agneau et langoustines au thym et, en dessert, le pommé d'Anjou.

|●| **Le Prieuré :** 1, rue du Prieuré, Azé. ☎ 02-43-70-31-16. À 2 km, par la D22. Fermé le dimanche soir, le lundi et en février. Petit menu en semaine à 12,50 € (82 F) et autres menus de 16,46 à 32,32 € (112 à 212 F). La seule prière qu'on a envie de faire ici, c'est qu'il dure longtemps, ce *Prieuré*. Au XIIIe siècle, on n'y mangeait sûrement pas aussi bien, dans une ambiance aussi détendue, servi par une patronne possédant le sens de l'accueil et du commerce. Une cuisine gastronomique à base de produits frais. En été, on déguste en terrasse, le regard perdu sur le parc bordé par la rivière. Enchanteur !

|●| **L'Amphitryon :** 2, rue de Daon, 53200 Coudray. ☎ 02-43-70-46-46. À 7 km au sud-est de Château-Gontier, par la D 22. Fermé le mardi soir, le mercredi, le dimanche soir de novembre à mars inclus, pendant les vacances scolaires de février (zone A), et la 1re quinzaine de juillet. Menu à 14,48 € (95 F), sinon compter 30,49 € (200 F) pour un repas complet. Face à l'église, dans son angle de rue, le restaurant ne paie pas de mine. Il faut pousser la porte pour tomber sous le charme. La cuisine, comme le décor, a quelque chose de revigorant ; on peut même profiter de la terrasse extérieure récemment aménagée. Joli 1er menu, léger et coloré. Menu gourmand avec, par exemple, selon la saison et le marché : tête et langue de veau au bouillon parfumé au cidre de Mayenne, chausson au vieux pané, fine tarte aux pommes du Val de Loire...

▲ |●| **À L'Auberge :** 10, rue Dominique-Godivier, 53200 Daon. ☎ et fax : 02-43-06-91-14. Au sud-est, à 11,5 km de Château-Gontier, par la D 22, après Coudray. Fermé le samedi hors saison, ainsi que 8 jours en février et 15 jours en octobre. Chambres entre 22 et 26,70 € (144 et 175 F) avec lavabo. 1er menu, sauf le dimanche, à 8 € (52 F), autres menus à 13,70 et 20 € (90 et

131 F). Une bonne auberge de campagne où les pêcheurs viennent casser la croûte. En semaine, un gentil menu complet pas cher. Chambres simples, pratiques pour un dépannage. Apéritif maison offert à nos lecteurs, sur présentation du *Guide du Routard*.

À voir. À faire

★ *Le couvent des Ursulines :* dans le Faubourg (rive gauche). Visites guidées en mai, juin et septembre, les samedi, dimanche et jours fériés. En juillet et août, du mercredi au dimanche. Un bâtiment élevé du XVe au XVIIe siècle, classé aux monuments historiques avec le cloître et ses trois ailes dont l'une construite à l'identique. Derrière cette 3e aile, création d'un théâtre de 530 places avec un programme culturel toute l'année. Se renseigner à l'office du tourisme. En juillet et août, intéressants spectacles des Nocturnes (cf. rubrique « Manifestations », plus bas).

★ *La chapelle du Genêteil :* rue du Général-Lemonier. En face du couvent des Ursulines. Expositions d'art contemporain avec accueil dans un lieu magnifique.

★ *La vieille ville :* ville-marché, ville aussi où il fait bon marcher. Église romane Saint-Jean-Baptiste (fresques fin du XIe siècle) avec sa crypte. Promenade dans les ruelles étroites bordées de maisons à pans de bois et d'hôtels particuliers. Musée-bibliothèque et élégant hôtel Fouquet, rue Jean-Bourré. Balade jusqu'au jardin du Bout-du-Monde pour admirer la vue sur la Mayenne.

★ *Le marché aux veaux :* parc Saint-Fiacre, le jeudi matin. Renseignements : ☎ 02-43-09-42-74. Arrivez à Château-Gontier un mercredi soir pour assister, tôt, au marché aux veaux, le premier d'Europe, sur le champ de foire. Du grand spectacle qui n'est pas qu'en noir et blanc, de belles trognes se mêlant aux veaux et aux blouses noires des maquignons. Si vous n'êtes pas écœuré, allez manger une tête de veau ensuite au restaurant du *Veau d'Or*, à côté, s'il est toujours debout. Marché plus traditionnel en même temps, au centre du bourg.

➤ On peut *louer des bateaux* sur le port de plaisance. Se reporter à la rubrique « Adresses utiles », plus haut.

Manifestations

– *Le festival de la Chalibaude :* fin juin. Renseignements : ☎ 02-43-09-21-50. Tous les ans, les spectacles de rue, théâtre, mimes, concerts, etc. envahissent la ville, à l'initiative du centre culturel.
– *Les Nocturnes au couvent des Ursulines :* en juillet et août. Informations à l'office du tourisme. Spectacles basés sur les sens : odorat, vue et ouïe, avec des projections d'images.
– *Les Musicalines :* festival de groupes musicaux tournant dans les différentes communes de la région de Château-Gontier. Petits concerts gratuits en plein air. Voir le programme à l'office du tourisme.

➤ DANS LES ENVIRONS DE CHÂTEAU-GONTIER

★ *Le refuge de l'Arche :* route de Ménil. Ouvert tous les jours de 9 h 30 à 19 h de mai à août, de 10 h à 12 h et de 13 h à 18 h en septembre, octobre, mars et avril, et de 13 h 30 à 18 h de novembre à février. Un véritable asile pour animaux créé par Christian Huchedé avec une poignée de jeunes bénévoles. Ni zoo, ni SPA, plutôt une maison de retraite pour les animaux blessés récupérés dans la nature et pour tous les animaux exotiques achetés bébés et abandonnés une fois adultes. Ils ont sauvé beaucoup d'animaux qui, sans eux, auraient connu une fin sinistre : des singes, des lions, des serpents mais aussi des animaux domestiques ou de ferme qui ont été maltraités par les hommes. Buvette avec glaces sur le site et hall de pique-nique.

★ **Le château de Magnanne :** à **Ménil**. ☎ 02-43-70-24-14. Au sud-est de Château-Gontier (7 km). Prendre la route de La Jaille-Yvon. Uniquement sur rendez-vous, à partir de 5 personnes. Construit à la fin du XVIIe siècle, un bel exemple de demeure seigneuriale. Comme « Au théâtre ce soir » où l'on avait toujours les décors de Roger Hart et les costumes de Donald Caldwell, on retrouve ici un duo célèbre : Mansart côté cour, Le Nôtre côté jardin.

★ **Le moulin de la Guenaudière :** 53290 **Grez-en-Bouère**. ☎ 02-43-64-24-06. À 16 km à l'est de Château-Gontier, par la D28. Ouvert le 1er dimanche de chaque mois de mai à septembre et les jours fériés, et tous les dimanches en juillet-août de 14 h 30 à 17 h 30. Un moulin cavier, le dernier de la Mayenne, au-dessus d'un étang, paradis des pêcheurs. Ceux qui connaissent l'Anjou savent qu'il doit son nom à la cave recouverte d'un remblai de terre sur laquelle il a été bâti. Ses ailes à ventaux en bois se remettent en marche l'après-midi pour le plaisir des visiteurs.

★ **Saint-Denis-d'Anjou (53290) :** à l'est de Château-Gontier, prendre la direction Grez-en-Bouère (D28). Après Grez, tourner à droite, direction Bouère, puis prendre la D14 (28,5 km). Un village qui mérite le détour, au fin fond du département. À voir : l'église et sa tourelle, pour l'alternance romane et gothique de son architecture et ses décorations intérieures ; les halles, un des rares spécimens de l'architecture commerciale du XVIe siècle ; la maison du Tonnelier, rue de la Roche... Nombreuses balades à pied ou... en calèche (*Les Attelages du Ray* : ☎ 02-43-70-64-10).

Office du tourisme : à côté de la mairie. ☎ 02-43-70-69-09.

– **La base de loisirs de Daon** (prononcez « Dan ») *:* pêche, baignade surveillée, toboggan aquatique, pédalos, barques et sentiers pédestres.

■ *France Mayenne Fluviale :* le Port, à Daon. ☎ 02-43-70-13-94. Location de bateaux habitables que l'on peut piloter sans permis, au week-end, la semaine ou plus.

DU MAINE ANGEVIN AUX COËVRONS

Vallons, collines surmontées de chapelles, anciennes voies romaines ou chemins de pèlerins, étangs et zones humides... C'est la Mayenne éternelle, qui doit son nom à une contraction supposée de colline et d'Évron : les Coëvrons. Cette partie de la Mayenne a su conserver une part de mystère aussi, c'est le pays des rebouteux, des guérisseurs, celui dont on ne parle pas... Les Coëvrons, c'est aussi le pays de la viande de qualité avec son bœuf (label rouge), et ça, on en parle. Les éleveurs de viande sont nombreux et il existe même une confrérie des Chevaliers de l'entrecôte.

MESLAY-DU-MAINE (53170) 2 610 hab.

Au sud-est de Laval par la D21, direction Sablé (22 km).

Où dormir ? Où manger ?

🏠 |◉| **Hôtel-restaurant Le Cheval Blanc :** 7, route de Laval. ☎ 02-43- 98-68-00. Fax : 02-43-64-21-70. Fermé les dimanche soir et lundi, et les 3 premières semaines d'août. Chambres sans prétention de 18,29 € (120 F), avec w.-c. sur le palier, à 30,49 € (200 F), avec tout le confort. Menus de 10,67 € (70 F), du mardi au vendredi midi, à 30,49 € (200 F). Pour nos lecteurs porteurs de l'édition en cours, apéritif maison offert.

Où dormir ? Où manger dans les environs ?

🏠 |●| *Chambres d'hôte Villeprouvé :* 53170 Ruillé-Froid-Fonds. ☎ et fax : 02-43-07-71-62. À 9 km au sud-ouest de Meslay-du-Maine par la D152. La maison est à 1 km du village de Ruillé-Froid-Fonds. Chambres doubles à 38,50 € (253 F) et des repas à 12,20 € (80 F). Magnifique ferme du XVIIe siècle aux murs à colombages intérieurs. Le rêve : une vue superbe sur le village et la campagne, un beau jardin très fleuri avec une mare aux canards, des escaliers de bois tout de guingois, de bons vieux meubles avec plein de bibelots, des cheminées en pierre... 4 chambres confortables vraiment sympas avec de beaux lits à baldaquin. À la table d'hôte, Christophe Davenel vous propose des plats simples et savoureux comme on les aime : omelette aux lardons, lapin au cidre, poulet pommes d'abeille (une spécialité de la Mayenne), clafoutis... Atmosphère nature et décontractée. Et on n'est pas loin de chez Tatin, pour qui voudrait y retourner ! Apéritif maison et digestif offerts à nos lecteurs sur présentation du *Guide du Routard*, ainsi que 10 % de réduction à partir de 2 nuits consécutives, hors juillet-août.

🏠 *Village Vacances et Pêche :* rue des Haies, 53170 Villiers-Charlemagne. ☎ 02-43-07-71-68. Fax : 02-43-07-72-77. 🎣 À 11 km au sud-ouest de Meslay-du-Maine. Fermé les 3 premières semaines de janvier. Location uniquement au week-end, à la mini-semaine ou à la semaine. De 137,20 à 457,35 € (900 à 3 000 F) la semaine selon la période et la capacité d'accueil. Un lieu spécialement conçu pour les pauvres pêcheurs. Dans un village rural, 12 maisons de bois autour d'un plan d'eau et une vingtaine d'emplacements de camping. On peut même tremper son hameçon depuis la terrasse du chalet.

➤ *DANS LES ENVIRONS DE MESLAY-DU-MAINE*

★ *Saint-Denis-du-Maine (53170) :* au nord-est de Meslay-du-Maine par la D152, sur 11 ha, un plan d'eau superbe avec une base pour planches à voile et un camping avec bungalows, dans un environnement sympa, au pied du petit village. ☎ 02-43-98-48-08. Ouvert de Pâques à septembre. Entre deux baignades, faites une petite visite à l'église de Saint-Denis. Dans la nef, vous découvrirez des peintures murales représentant saint Georges terrassant le dragon. Regardez le retable du fond du chœur. En tuffeau et avec des incrustations de marbre, c'est un des plus anciens conservés en Mayenne.

SAULGES (53340) 330 hab.

À l'est de Laval par la N157. À Vaiges, prendre à droite la D24 (34 km). Difficile de remonter plus loin, non pas dans le département, mais dans le temps. Le site des grottes de Saulges est assurément l'un des plus anciens lieux touristiques de la Mayenne. Traditionnellement, les mariés, les communiants et leurs familles venaient ici naguère pour se balader après les repas de fête.

Une habitude qui doit remonter au temps des chasseurs-nomades qui traquaient les troupeaux de chevaux jusque dans le défilé creusé par l'Erve dans les calcaires... Ils ont laissé à leurs descendants l'héritage de leurs premiers pas vers l'art : la seule peinture rupestre connue au nord de la Loire. Il y a de cela 16 000 ans...

Adresse utile

🛈 *Office de tourisme :* place de l'Église. ☎ 02-43-90-49-81. Fax : 02-43-90-55-44. Ouvert tous les jours de mai à septembre de 9 h 30 à 12 h 30 et de 14 h à 18 h. Le reste de l'année, du lundi au vendredi.

Où dormir? Où manger?

⚐ *Camping municipal Saint-Céneré :* route de Vaiges. ☎ 02-43-90-49-81. Fax : 02-43-90-55-44. Fermé du 1ᵉʳ novembre à Pâques. Un emplacement qui ne date pas d'hier. Comptez environ 22,87 € (150 F) par personne pour 1 semaine, eau chaude et électricité comprises avec véhicule.

🏠 |●| *Hôtel-restaurant L'Ermitage :* 3, place Saint-Pierre. ☎ 02-43-64-66-00. Fax : 02-43-64-66-20. ♿ Au cœur du village, près de l'église mérovingienne. Fermé les dimanche soir et lundi (de fin septembre à début février), à la Toussaint et en février. Chambres de 50,31 à 74,70 € (330 à 490 F). Menus de 17,99 à 39,64 € (118 à 260 F). Parking clos. TV. Pas de cellule monacale ni de repas maigre à *L'Ermitage*, une maison bien de notre temps, avec des chambres confortables, claires et spacieuses, donnant sur le parc, la piscine (chauffée) et la campagne environnante. Au restaurant, messieurs Janvier et Henry-Sevestre conjuguent tout au long de l'année tradition et modernisme : blanquette de homard, fricassée de volaille « pomme d'abeille » (une spécialité de la Mayenne), le moelleux au chocolat (tiède) et sa glace vanille. En 1997, ils ont obtenu le 1ᵉʳ prix national des *Logis de France* avec leur rognonnade de lapereau du Maine au pommeau. Vin au verre possible (un bordeaux délicieux). L'idéal pour faire une retraite... gourmande et touristique. Apéritif maison offert à nos lecteurs munis du *Guide du routard*, à préciser en arrivant.

Où dormir? Où manger dans les environs?

🏠 |●| *Hôtel-restaurant du Commerce :* rue du Fief-aux-Moines, 53480 Vaiges. ☎ 02-43-90-50-07. Fax : 02-43-90-57-40. Au nord-ouest de Chémeré par la D24. L'hôtel est dans le centre de Vaiges. Fermé les vendredi soir et dimanche soir d'octobre à avril. Congés annuels du 6 au 30 janvier. Chambres doubles à partir de 53,36 € (320 F) avec douche ou bains. Formule autour d'un plat en semaine à 14,50 € (95 F). Autres menus de 18,30 à 45 € (120 à 295 F). Depuis 1883, les Oger ne pensent qu'à ça, génération après génération : « Pourvu qu'aucun client ne se plaigne d'avoir mal dormi ou pas assez mangé! » Une adresse qui défie d'autant plus le temps que chaque génération essaie de s'adapter au mieux aux changements de la clientèle. Chambres douillettes dans lesquelles on se sent tout de suite bien et au restaurant une excellente cuisine de terroir. Apéritif maison offert aux lecteurs du *Guide du routard*.

|●| *L'Erve :* 53270 Saint-Jean-sur-Erve. ☎ 02-43-90-29-20. ♿ À 8 km au nord de Saulges par la D235. Fermé les mardi soir et mercredi, ainsi que pendant les vacances sco-

laires de février (zone A) et une semaine à la Toussaint. Une petite adresse toute simple, avec des menus de 11 € (72 F), en semaine pour déjeuner, à 21 € (138 F). Au menu médian, escalope de truite, noix d'entrecôte, de la bonne !

🏠 🍽 *Gîte d'étape Le Tournesol :* 5, rue du Soleil-Levant, 53340 Cossé-en-Champagne. ☎ 02-43-90-22-70. Fax : 02-43-90-59-95. À 6 km au sud-est de Saulges par la D130. Le gîte est à 150 m de l'église et de la mairie. Comptez 22 € (144 F) la chambre double avec douche et lavabo. Table d'hôte à 11 € (72 F). Un ensemble de bâtiments restaurés en bord de route (pas de panique, ce n'est pas une nationale !). 5 chambres de 2 à 6 personnes, avec lits en pin naturel, couettes fleuries et meubles peints par Janine Monnier. Quand elle ne manie pas les pinceaux, elle prépare, sur réservation, la cuisine de table d'hôte : tarte aux poireaux, roulades de lapin gratinées, baba au rhum pour le repas du soir, gâteaux et confitures maison pour le matin. Grand jardin fleuri derrière la maison et nombreuses petites randonnées pédestres. Il y a même une rando nocturne à la lampe-tempête au programme (moyennant un petit supplément) ! Café offert à nos lecteurs sur présentation du *Guide du routard*.

🏠 *Chambres d'hôte M. et Mme Bigot :* Le Clos-de-Launay, 53270 Saint-Jean-sur-Erve. ☎ 02-43-90-26-19. À 8 km au nord de Saulges. En face du restaurant *L'Erve*. Chambre double tout confort à 42,69 € (280 F), petit déjeuner compris. Dans une jolie maison en pierre restaurée par les propriétaires, 4 chambres d'hôte lumineuses et spacieuses. Terrasse et jardin avec la proximité d'un plan d'eau propice à la pêche et aux promenades. Accueil charmant, avec un pot de bienvenue à votre arrivée.

À voir

★ *L'église mérovingienne Saint-Pierre :* l'une des plus anciennes de France, édifiée entre les VIIIe et Xe siècles. Jouxtant *L'Ermitage*, un lieu remarquablement restauré, où il fait bon passer quelques instants.

★ *L'oratoire de Saint-Cénéré :* un joli but de balade à l'ouest de Saulges (2 km), sur les pas du saint homme venu d'Italie christianiser la région au VIIe siècle. On murmure qu'il se passe parfois des scènes pas très chrétiennes autour de son oratoire. Les vieilles croyances ont du bon, même si rien ne le laisse présager, au milieu des promeneurs du dimanche, qui viennent digérer les maux du temps et la cuisine de belle-maman dans ce lieu reposant et frais.

★ *Les grottes de Saulges :* ☎ 02-43-90-52-29. Visite de 10 h à 12 h et de 14 h à 18 h. Fermé le mardi. Pas loin des grottes (fermées au public) qui renferment de magnifiques dessins d'animaux laissés par l'homme du paléolithique, vous pouvez marcher sur les pas de nos ancêtres poilus dans deux grottes superbement remises en valeur : Margot et Rochefort. Dans la première, le guide vous contera l'histoire de Margot et de sa petite poule noire, dans l'autre, vous aurez droit à un spectacle tout en lumière orchestré par EDF, mettant en valeur les formes étonnantes sculptées ici par l'eau.

À faire

– *Escalade :* les grottes sont situées près de hautes falaises de calcaire équipées pour l'escalade. 150 à 200 voies d'initiation et de perfectionnement ; contactez *FFME*, BP 1035, 53010 Laval Cedex. ☎ 02-43-49-17-45.

➤ *DANS LES ENVIRONS DE SAULGE*

★ *CHÉMÉRÉ-LE-ROI* (53340)

À l'ouest de Saulges. Selon les récits et la légende, c'est la dernière chose sensée que le pauvre Charles VI aurait faite avant de devenir fou : donner son nom au petit village de Chéméré-le-Roi.

★ Le *centre du bourg* est très pittoresque avec son ancienne prison, ses maisons témoignant du passé, son lavoir, son église d'origine romane presque entièrement rebâtie au XIXe siècle.

★ La *maison du Porche* est la demeure la plus intéressante. Ce logis daté du XVe siècle et naguère occupé par des seigneurs locaux est une construction unique en Mayenne et rarissime dans l'Ouest de la France.

★ *LE MOULIN DE THÉVALLES*

☎ 02-43-98-66-70. Ouvert du 1er mai au 1er octobre de 10 h à 12 h et de 14 h à 18 h. Visites guidées tous les jours sauf les dimanche matin et lundi matin. Hors saison, ouverture pour groupes sur rendez-vous. Entrée : 4,57 € (30 F), 3,81 € (25 F) pour les enfants de 7 à 14 ans. Un moulin à eau unique en Mayenne, fierté légitime de Chéméré, situé dans l'un des plus beaux sites de la magnifique vallée de l'Erve. Le mécanisme d'origine date de 1850 et est en état de marche. Le mouvement de la roue de 5 m de diamètre, des machines et des grands engrenages en bois et en fonte, les meules naturelles, le régulateur à boules, les trieurs et tamiseurs vous font revivre l'ambiance d'un moulin au XIXe siècle. On vend de la farine d'épeautre, faux ancêtre du blé, aux qualités étonnantes, cultivée ici au Moyen Âge. Un souvenir plus original qu'une carte postale.

SAINTE-SUZANNE (53270) 1 020 hab.

À l'est de Laval par la N157. À Vaiges, tourner à gauche vers la D125 (35 km). Du haut des remparts de Sainte-Suzanne, ancienne place forte du XIe siècle bâtie sur une colline surplombant l'Erve, respirez très fort en saluant la ténacité de Guillaume le Conquérant qui avait établi son camp en contrebas et qui mourut, dit-on, de n'avoir pu la prendre. Ses successeurs finirent par en venir à bout quatre siècles plus tard, et leurs descendants en achèvent, aujourd'hui, la conquête, plus pacifique celle-là. On ne compte plus, en effet, ici le nombre de maisons achetées par nos amis britanniques (plus de 300 familles sont venues repeupler la campagne). Une campagne alentour marquée par son passé bocager, avec des haies fermant parfois d'un seul côté et de vieux chemins creux. Allez visiter, pendant que vous êtes là, le château, racheté par la municipalité et assister au spectacle de la ferme fortifiée de Clairbois.

Adresse utile

🛈 *Office du tourisme :* 13, rue de la Cité. ☎ 02-43-01-43-60. Fax : 02-43-01-42-12. ● www.sainte-suzanne.com ● Ouvert tous les jours du 1er avril au 31 octobre, uniquement l'après-midi du 1er novembre au 31 mars.

Où dormir dans les environs ?

🏠 |●| *Gîte Le Chêne Vert :* 53270 Chammes. ☎ 02-43-01-41-12. Fax : 02-43-01-47-18. À 3 km au sud-ouest de Sainte-Suzanne. Capacité de 22 personnes, 10 chambres avec 10 salles de bains indépendantes. Week-end à 533,57 € (3500 F) et semaine à 1189,10 € (7800 F). Grande cuisine à disposition et possibilité de table d'hôte à 12,96 € (85 F), cidre maison, café et digestif compris. Une ferme d'exploitation céréalière envahie d'hortensias avec des chambres toutes personnalisées et confortables. Dans le jardin, piscine, ping-pong, vélos et aire de jeux pour les tout petits. Autour de la ferme, départ de plusieurs chemins de randonnée. Apéritif maison offert aux lecteurs du *Guide du routard*.

Où manger ?

|●| *Restaurant L'Auberge de la Cité :* 7, place Hubert-II. ☎ 02-43-01-47-66. Accès : par la D7. Fermé le lundi, le mardi soir (sauf en juillet et août), en janvier et 1 semaine fin septembre-début octobre. Menus à 9,91 et 15,10 € (65 et 99 F). La maîtresse des lieux cuisine fort bien et se passionne pour la cuisine médiévale (sur commande). Normal, les murs de son restaurant datent du XIV⁰ siècle. Même si on n'a pas eu le temps de réserver le menu médiéval, on se régale habituellement ici de crêpes et galettes. Apéritif maison ou café offert à nos lecteurs sur présentation du *Guide du routard*.

Où manger dans les environs ?

|●| *Restaurant L'Orée de la Charnie :* 1, rue de l'Union, 53270 Torcé-Viviers-en-Charnie. ☎ 02-43-90-45-17. À l'est de Sainte-Suzanne par la D9 (7 km). Fermé les mercredi et dimanche soir, 1 semaine en février et 1 semaine en août. En semaine, 1ᵉʳ menu à 9,45 € (62 F), les autres sont à 12,20 et 21,34 € (80 et 140 F). Dans un tout petit village à la lisière de l'immense forêt de la Charnie, une auberge campagnarde. Un patron jovial, des escargots fameux, du gibier en saison ont fait la réputation de cette maison ; et ses prix y sont aussi pour quelque chose.

À voir

★ *Le château de Sainte-Suzanne :* ouvert en mai, juin et septembre de 9 h à 18 h ; en juillet et août, de 10 h à 19 h ; d'octobre à avril, de 9 h 30 à 12 h 30 et de 13 h 30 à 17 h 30 sauf les lundis non fériés, avec possibilité de visites guidées toute l'année sur demande. Entrée : 3,50 € (23 F) pour les adultes, gratuit pour les moins de 18 ans. Billet groupé avec le site archéologique de Jublains (à environ 20 km) : 4,50 € (30 F). Le château date d'Henri IV et fut construit par Fouquet de la Varenne en 1608. Au pied des remparts de la citadelle, la promenade de la Poterne offre des belles vues sur la forêt de la Charnie et l'Anjou au sud, et sur les collines au nord. L'un des premiers donjons romans quadrangulaires à contreforts datant du XIᵉ siècle. Allez sur le Tertre-Ganne, d'où l'on jouit d'un superbe panorama. Voir le camp de Guillaume le Conquérant, à 600 m de la cité, route d'Assé-le-Bérenger.

★ *Le musée de l'Auditoire :* 7, Grande-Rue. ☎ 02-43-01-42-65. Ouvert du 1ᵉʳ avril au 15 juin et en septembre, de 14 h à 18 h ; du 16 juin au 31 août, de 14 h à 18 h 30. Entrée : 3,05 € (20 F) pour les adultes, 1,80 € (12 F) pour les enfants. 10 % de réduction sur le prix d'entrée sur présentation du *Guide du routard*. Installé dans l'ancien auditoire de justice (XVIIe-XVIIIe siècles), il retrace d'amusante façon mille ans d'histoire de la cité médiévale de Sainte-Suzanne. Chaque époque est illustrée par des documents, objets authentiques ou décors avec personnages illustrés, chevaliers, maquette...

À faire

➢ *Promenade-découverte des moulins :* rendez-vous tous les premiers dimanches de chaque mois (sauf en janvier) devant l'office du tourisme à 14 h 45. Adulte : 3,05 € (20 F), enfant : 2,29 € (15 F). Durée : 2 h. Participation payante. Une promenade de 2,5 km à la découverte de la vie ouvrière et industrielle de Sainte-Suzanne au travers de l'histoire de ses 17 moulins à grains, à papier, à foulon et à tan. On se balade également dans son ancienne carrière de grès.

– Plusieurs *randonnées pédestres* au départ de Sainte-Suzanne. Balisage : panneaux. L'un des plus beaux coins de la Mayenne en suivant les remparts moyenâgeux de la cité et les panoramas sur la vallée de l'Erve perdue dans les bocages. Référence : *PR Mayenne*, éd. FFRP. Carte IGN au 1/25 000, n° 16180.

➢ Depuis le centre de Sainte-Suzanne, rejoignez la porte du guichet et l'Erve. Remontez le long des remparts, sur votre droite, au-delà de la maison de retraite. Continuez en descendant vers le Tertre Ganne. Accédant à cette butte médiévale, car tout ici respire le Moyen Âge, le panorama s'élargit sur les entailles gréseuses de la vallée de l'Erve. La basilique d'Évron se détache à l'horizon. Le grès accompagne toujours vos pas lorsque vous redescendez par le chemin du Pont-Neuf. Il s'agit de l'ancien chemin des muletiers qui transportaient, sous l'Ancien Régime, le blé, le papier, le lin ou l'huile vers les nombreux moulins de l'Erve. Remontez vers le village de la rivière et admirez ses toits de tuiles anciennes. Toute sa mémoire est tournée vers l'artisanat des moulins, en particulier ceux destinés à la fabrication du papier. Longez l'Erve pour revenir à Sainte-Suzanne.

– Possibilité de faire des *randonnées équestres* :

■ *Ferme équestre de la Sorie :* ☎ 02-43-01-40-63. Suivre les panneaux indicateurs à partir du Tertre-Ganne. Randonnées à cheval de 1 h à l'infini. Longs trajets possibles.

➢ *DANS LES ENVIRONS DE SAINTE-SUZANNE*

★ *La ferme fortifiée du centre médiéval de Clairbois :* centre médiéval et culturel du Maine « Spectacle & Chevalerie », à La Ferté-Clairbois, 53270 Chammes. ☎ 02-43-01-42-15. Au sud-ouest de Sainte-Suzanne, suivre les panneaux. Visite animée : 5 € (33 F) ; spectacle : 8 € (52 F). Banquet médiéval le dimanche à partir de 12 h 30 (réservation conseillée).

Retour au Moyen Âge avec la visite de la ferme fortifiée, qu'on appelle un *chesal*. Palissades, tours de guet reconstituées, pont-levis, chapelle, four, forge, etc., et un étonnant jardin médiéval. Vous découvrirez tout ça au cours de la visite, et vous pourrez goûter aux joies du pilori, vous essayer aux jeux de la guerre du bon vieux temps, ou boire dans un hanap d'hypocras, accompagné de pâtisserie d'époque. Même si vous êtes blasé, vous serez étonné par le jardin, conçu sur le modèle du paradis perdu, avec ses quatre carrés plantés d'une centaine de plantes médicinales et magiques surgies tout droit des grimoires médiévaux.

Tous les dimanches de Pâques à début septembre (et toute l'année sur réservation), à 15 h, visite animée de La Ferté-Clairbois, spectacle avec joutes à cheval, combats à pied, archerie, tir à la catapulte et autres occupations d'une armée féodale à la veille d'une expédition guerrière. C'est l'exaltation des vertus des chevaliers « qui ne sont pas de corps mais de cœur ». Ainsi, avons-nous retenu que « pour être chevalier, il ne faut être ni trop jeune ni trop vieux » ! Pardi ! L'un des plus beaux spectacles en Mayenne. Familial, ludique et emballant.

ÉVRON (53600) 7 280 hab.

Continuez par la D 7 en direction d'Évron, petite ville agricole. À 10 km à la ronde, on distingue par temps clair les toits d'ardoise bleue de la basilique Notre-Dame-de-l'Épine, sans doute une des plus remarquables du Maine.

Adresse utile

i *Office du tourisme :* place de la Basilique. ☎ et fax : 02-43-01-63-75. • tourisme.evron@wanadoo.fr • Ouvert toute l'année : du 1er avril au 30 juin et en septembre, du mardi au samedi de 10 h à 12 h et de 13 h à 17 h 30 ; en juillet et août, le lundi de 13 h 30 à 17 h 30, du mardi au samedi de 10 h à 12 h et de 13 h 30 à 17 h 30, les dimanche et jours fériés de 10 h 30 à 13 h ; horaires réduits en hiver.

Où dormir ? Où manger ?

🛏 |●| *Hôtel-restaurant Brasserie de la Gare :* 13, rue de la Paix. ☎ 02-43-01-60-29. Fax : 02-43-01-58-28. ⚒ Face à la gare. Restaurant fermé le dimanche et les jours fériés. Chambres avec douche à 36,90 € (242 F), avec bains à 41,92 € (275 F). Menus à 9,91 et 13 € (65 et 85 F), en brasserie, et de 21,30 à 30,49 € (140 à 200 F). C'est vrai qu'on aurait plutôt tendance à pas ser deux fois devant avant de vraiment s'arrêter, tellement ça semble d'une autre époque. Si vous êtes un maniaque des hôtels-restaurants de gare, ou si vous avez rencontré l'élu (e) de votre cœur dans le train, vous n'en apprécierez que plus la chambre avec poutres, calme et du genre confortable qu'on vous proposera.

Où dormir ? Où manger dans les environs ?

🛏 |●| *Hôtel-restaurant La Croix-Verte :* 2, rue d'Évron, 53150 Neau. ☎ 02-43-98-23-41. Fax : 02-43-98-25-39. À Évron, prendre la direction de Laval à l'ouest par la D32 (6 km). Fermé le dimanche soir toute l'année et le vendredi soir d'octobre à avril. Congés annuels pour les vacances de février. Chambres à 36,59 € (240 F) avec douche ou bains. 1er menu à 10,67 € (70 F), du lundi au vendredi midi. Autres menus de 16,77 à 27,44 € (110 à 180 F). À la voir, à un croisement sans âme, avec sa façade classique et ses parasols *Perrier*, cette *Croix*-là n'incite guère à la rigolade. À l'intérieur, heureuse surprise. Des chambres superbement refaites, un bar sympa et une salle de restaurant avec des fresques marrantes, ainsi qu'une carte haute en spécialités savoureuses, vous inciteront vite à prolonger votre séjour. Goûtez au tournedos au foie gras et marrons confits au gingembre, au filet de bœuf aux girolles ou aux moules au pommeau. Prenez le temps de vivre, comme les serveuses vous le diront, les jours d'affluence, pour vous éviter de piaffer d'impatience...

🏠 |●| **Relais du Gué de Selle :** route de Mayenne, 53600 Mézangers. ☎ 02-43-91-20-00. Fax : 02-43-91-20-10. ● www.relais-du-gue-de-selle.com ● À 6 km au nord-ouest d'Évron (D 7). Fermé les vendredi soir, dimanche soir et lundi du 16 octobre au 31 mai, ainsi que de Noël au 10 janvier et du 1er au 20 février. Chambres doubles tout confort de 59 à 86 € (387 à 564 F). Menus de 18 € (118 F), en semaine, à 41 € (269 F). Il faut faire preuve d'imagination pour retrouver l'ambiance de l'ancienne ferme, perdue au milieu de la campagne, entre forêt et étang. Restaurée, transformée en hostellerie, elle accueille aussi bien les amoureux de la table, les randonneurs, les jeunes qui ont passé l'après-midi à faire de la planche à voile sur le lac que les séminaristes en goguette. Entre deux séminaires... de travail, ils goûtent à la Mayenne, de la terrine de foie gras au filet de sandre au cidre ou à la brochette de langoustines au miel. Beaux menus à tous les prix. Le soir, calme absolu, dans des chambres agréables et confortables, donnant sur le jardin, la piscine ou la campagne, certaines en duplex. Un merveilleux lieu de détente. Réduction de 10 % sur le prix de la chambre accordée à nos lecteurs sur présentation du *Guide du routard* (tarif affiché dans la chambre).

|●| **La Fenderie :** site de la Fenderie, 53150 Deux-Évailles. ☎ 02-43-90-00-95. À 12 km d'Évron. Passer par Neau (D32). Puis à Neau, prendre à droite. Fermé le lundi (sauf le soir, sur réservation). En semaine pour déjeuner, une formule à 9,15 € (60 F). Sinon, des menus entre 12,81 et 30,18 € (84 et 198 F). Tout autour, 19 ha de parc, plein de petits oiseaux pique-niquant le week-end. Plan baignade prévu. Évitez donc la foule du dimanche et venez profiter de la terrasse, face à l'étang, aux beaux jours, et du sympathique petit menu, avec salade tiède de poulet et pommes au vinaigre de cidre, brochet au beurre blanc, fromages, tarte... Revenez, les jours gris, pour apprécier le côté poutres-cheminée, petites tables bien dressées, autour de plats de terroir changeant chaque jour. « Coupette » avec le dessert offerte aux possesseurs du *Guide du routard* de l'année.

À voir

★ **La basilique Notre-Dame-de-l'Épine :** visite libre avec plan-guide très bien fait. S'adresser à l'office du tourisme, en face. Une basilique à la fois romane et gothique, ce qui ne surprendra que les sectaires. La légende veut qu'elle ait été construite au retour des croisades sur l'emplacement d'un buisson d'aubépine que la Vierge aurait fait fleurir ! Dominant le monastère (devenu maison de retraite pour les bonnes sœurs du monde entier) et son jardin, la basilique est « le feuilleton des siècles où l'art sacré se conjuguait au quotidien », comme l'a si bien écrit un de ses amoureux. Elle conserve de nombreux chefs-d'œuvre : tapisseries d'Aubusson, statues en terre cuite, bustes reliquaires... dont la statue de Notre-Dame-de-l'Épine, Vierge en chêne du XIIe siècle recouverte de lamelles d'argent, témoin exceptionnel d'une tradition qui allait ensuite disparaître.

Festival

– **Festival de la Viande :** le 1er week-end de septembre. Renseignements à l'Espace Coëvrons : ☎ 02-43-66-32-00.

➤ *DANS LES ENVIRONS D'ÉVRON*

– **La base de loisirs du Gué-de-Selle :** 2, Gué-de-Selle, 53600 **Mézangers**. ☎ 02-43-91-20-00. Base de loisirs autour du *Relais du Gué-de-Selle*, au nord d'Évron (7 km), avec école de voile, jeux pour enfants et randonnées en famille ou en solitaire autour de ce joli plan d'eau.

★ **Le site et la chapelle de Montaigu :** direction Hambers, au sommet d'une colline entourée de landes (290 m), découverte du bocage des Coëvrons (vous vous en seriez douté !) et de la chapelle construite en 1402 et dédiée à saint Michel. C'est aussi « Le Mont-Saint-Michel du Maine », lieu de pèlerinage important pour tous ceux qui n'avaient pas les moyens d'aller plus loin. Visites guidées de Pâques au 30 septembre, les samedi, dimanche et jours fériés, de 14 h à 19 h. Voir également le hameau de Montaigu.

★ **La ferme de l'Ermitage :** à **Saint-Gemmes-le-Robert**. ☎ 02-43-90-63-02. Si vous désirez voir un beau jardin médicinal. Les propriétaires louent également un gîte pour 182,94 € (1 200 F) la semaine.

★ **Le centre touristique du Bois-du-Tay :** 53160 **Hambers**. ☎ 02-43-01-21-60. Fax : 02-43-01-21-69. Au nord d'Évron par la D20 (14 km). À Bais, prendre à gauche la D241. Dans Hambers, suivre les panneaux « Bois du Tay » (3,5 km). Ouvert toute l'année. Sur son mamelon granitique, le centre apporte une touche particulière aux paysages des Coëvrons. Dans ce village de chalets blotti au fond des bois s'organise depuis quelques années un tourisme différent, respectueux des hommes et de l'environnement. Au cœur d'un bois de 135 ha, un site à la fois touristique, écologique, culturel. 10 chalets confortables et un gîte d'étape. Piscine en juillet et août pour les locataires.

Randonnée pédestre dans la vallée de la Jouanne

➤ Balade de 10 km, compter 3 h aller-retour sans les arrêts. En boucle depuis la place de l'Église de Saint-Céneré (à 4 km à l'ouest de Montsûrs). Balisage : jaune. Impressions de moyenne montagne le long de cette vallée classée « ensemble naturel ». À suivre de préférence au moment de la floraison, en mai-juin. Référence : *PR en Mayenne*, éd. FFRP. Carte IGN au 1/25 000, n° 1518 Ouest.

➤ Depuis l'église de Saint-Céneré – à ne pas confondre avec l'oratoire de Saint-Céneré, plus à l'est –, descendez par la rue Creuse pour rejoindre la passerelle sur la Jouanne. Cette rivière semble oubliée sur les guides touristiques... À vous de découvrir les contreforts du roc Saint-Michel et la silhouette du château. Contournez les rochers du Barikot sur la gauche pour atteindre le chemin des Vignes, puis le sentier de la Petite-Pommardière jusqu'à la D 32. Vous la traversez pour retrouver à nouveau la Jouanne et remonter sur la butte féodale (XIe siècle) de Grenusse. Longeant une petite vallée, d'ouest en est, vous arrivez au carrefour du Grand-Pré-Rond pour emprunter sur votre gauche la direction de La Baudronnière. Le sentier PR reprend vers le nord et le roc Saint-Michel pour rallier le village de Saint-Céneré.

MAYENNE (53100) 13 720 hab.

À 25 km au nord de Laval, le coin idéal pour se payer une toile. Mais ne confondons pas. La Mayenne ne vous fait pas son cinéma. L'écran noir de vos nuits blanches risque de le rester longtemps. On ne vient pas là pour vivre de folles nuits. Ici, quand on dit toile, on parle chiffons, encore que le terme risque d'en fâcher certains. Pour vous offrir cette toile mythique, il vous faudra arriver par la route ou, plus chic, accoster à Mayenne même, puis prendre les vélos pour aller, 5 km plus loin, jusqu'à Fontaine-Daniel, village qui appartient en fait corps et âmes aux fameuses « Toiles de Mayenne », ce tissu d'ameublement de renommée internationale. À moins que vous ne préfériez la toile... d'eau tissée par la Mayenne elle-même, avec ces barques croisant de paisibles péniches ou des esquifs plus sportifs.

Depuis les années 1950, la Mayenne avait le vague à l'âme. Ce pays de bocage, où toutes les nuances de vert se cachent dans la nature, était triste de ne plus voir passer de bateaux, entre Laval et Mayenne. Le Conseil général a redonné vie à la rivière, rouvert les écluses, restauré les maisons éclusières, nettoyé les petits chemins de halage où l'on peut aller de nouveau à bicyclette, quand l'envie vous prend de vous dégourdir les jambes.

Adresses et infos utiles

Office du tourisme : quai Waiblingen. ☎ 02-43-04-19-37. Ouvert toute l'année du lundi au samedi de 9 h à 12 h 30 et de 14 h à 18 h (le mardi, ouverture à 10 h), en juillet-août également le dimanche de 10 h à 12 h.

Mairie : rue de Verdun, BP 111, 53103 Mayenne Cedex. ☎ 02-43-30-21-21.

Le Kiosque : 7, place Juhel, BP 433, 53104 Mayenne Cedex. ☎ 02-43-30-10-16.

– **De bocages en vallées :** carte très bien faite pour la découverte du Nord mayennais au travers de circuits touristiques d'une journée, classés par thèmes. À demander à l'office du tourisme.

– **Gros marché traditionnel :** le lundi matin.

Où dormir ? Où manger ?

L'Auberge des Trois-Épis : 15, rue de la Madeleine. ☎ 02-43-04-87-34. Fax : 02-43-04-83-60. En direction de Laval. Resto fermé les vendredi soir, samedi midi et dimanche soir. Hôtel fermé la 1re quinzaine d'août. Chambres doubles à 26,70 € (175 F). 1er menu à 9,15 € (60 F), en semaine, puis menus à 12,35, 15,55 et 20,12 € (81, 102 et 132 F). Parking. Hôtel tranquille et calme, à la mode d'autrefois. Toutes les chambres doubles possèdent douche ou bains, avec w.-c. sur le palier. Au restaurant, le patron vous concocte une bonne cuisine d'inspiration normande avec andouillette au cidre et truite normande. Café offert aux lecteurs du Guide du routard.

Le Grand Hôtel : 2, rue Ambroise-de-Loré. ☎ 02-43-00-96-00. Fax : 02-43-00-69-20. Face à la Mayenne. Restaurant fermé le samedi midi, les 2 premières semaines d'août et la semaine de Noël. Chambres de 50,31 à 73,94 € (330 à 485 F) tout confort (Canal + et satellite). Menus entre 12,96 et 35,06 € (85 et 230 F). Parking privé. Si seulement toute la petite ville alentour pouvait, comme son Grand Hôtel, se voir régulièrement rénovée et être prête à accueillir, avec le sourire, les touristes venant en voiture, à vélo ou en bateau ! Des touristes heureux de pouvoir dormir dans des chambres bien arrangées, goûter une cuisine de terroir mi-bretonne mi-normande dans une ambiance à la mode d'autrefois et finir la soirée au bar, devant un bon whisky ! Réduction de 10 % accordée à nos lecteurs sur le prix de la chambre sur présentation du Guide du routard.

Hôtel La Tour des Anglais : 13 bis, place Juhel. ☎ 02-43-04-34-56. Fax : 02-43-32-13-84. • www.

latourdesanglais.com • 2 chambres équipées. Resto ouvert le soir uniquement du lundi au jeudi. Menu à 10,37 € (68 F). Chambres entre 42 et 46 € (275 et 302 F). Parking privé. À deux pas du château de Mayenne, un hôtel qui pourrait être génial si toutes les chambres ressemblaient à celle qui a été aménagée dans la tour des anciens remparts, avec vue plongeante panoramique sur la Mayenne. Les autres, plus modernes, sont confortables, avec douche ou bains. Si vous craignez la solitude, allez faire un tour au bar de style anglais, avec son impressionnante charpente en bois.

Où dormir ? Où manger dans les environs ?

La Croix Couverte : route d'Alençon. ☎ 02-43-04-32-48. Fax : 02-43-04-43-69. À 2 km du centre-ville sur la N12. Fermé les vendredi soir et dimanche. Chambres doubles à 45,73 € (300 F). Menus de 11,28 € (74 F), en semaine, à 26,68 € (175 F). Encore une institution mayennaise, un classique du bord de route qui tient la route, justement. Les chambres sont abordables, les 4 menus offrent un large éventail de prix, et tout le monde est content. C'est du sérieux, comme la cassolette de homard et langoustines ou le bœuf bourguignon. Joli jardin paysager éclairé le soir avec cascade. Apéritif maison offert à nos lecteurs, sur présentation du *Guide du routard*.

Chambre d'hôte La Chevrie : 53470 Commer. ☎ 02-43-00-44-30 ou 06-84-17-17-29. Au sud de Mayenne, direction Laval (N162). Sortir à droite au panneau « La Mayenne » (la rivière) et suivre les panneaux. Accès possible par le chemin de halage à vélo, à cheval ou à pied. Chambres doubles tout confort avec TV à 30,49 et 33,54 € (200 et 220 F), petit déjeuner compris. Dans cette ancienne fermette de plus de cent ans, l'accueil fait dans le sourire et la simplicité nous a plu. Un fait notoire : les prix n'ont pas augmenté depuis 9 ans ! Qui dit mieux ? Des chambres avec belle vue sur la campagne. Ferme productrice de lait bio. Prix spécial routard pour 3 nuits consécutives sur présentation du *Guide du routard*.

Restaurant La Forge : 53100 Fontaine-Daniel. ☎ 02-43-00-34-85. Au sud-ouest de Mayenne par la D104 (5 km). Fermé les mardi, mercredi, dimanche soir et pendant les vacances scolaires de février. Suggestion de la semaine à 14,45 € (95 F), ou menus entre 24,39 et 32,01 € (160 et 210 F). C'est un lieu magique, face à l'étang ! À l'image du village lui-même, cadre idéal pour une série TV, qui a gardé ses allures du temps où la vie de tous dépendait, de la naissance à la mort, des « Toiles de Mayenne ». Visitez l'usine, achetez toiles et tissus au magasin d'usine, avant d'aller retrouver, sur la place centrale, cette jolie maison sortie tout droit d'un conte de fées. Belle terrasse en été, et beaux produits en toutes saisons. Réservation recommandée.

Hôtel-restaurant Beau Rivage : 53100 Moulay. ☎ 02-43-00-49-13. Fax : 02-43-00-49-26. Entre Mayenne et Moulay, sur la N162, descendre sur la Mayenne (panneau). Fermé le dimanche soir et le lundi. 10 chambres *cosy*, tout confort à 42,70 € (280 F). Menu à 11 € (72 F) autour de 2 plats, sauf le dimanche. Autres menus à 13,42 et 21 € (88 et 138 F). Parking. Il n'y a qu'à suivre la Mayenne et les mines réjouies pour la trouver, cette bonne adresse. Avec sa véranda panoramique les pieds dans l'eau et ses salles toujours pleines d'une clientèle fidèle, elle fait plaisir à voir. Si vous ne voulez pas vous contenter de saliver devant les menus, pensez à réserver votre table. Terrine de lapereau aux pruneaux, caille, île flottante (menu très abordable), cassolette de pétoncles, travers de porc laqué sur la braise, fromage, crème brûlée (pour un peu plus cher), et... tout est maison ! Café offert à nos lecteurs porteurs de l'édition en cours.

🏠 |◉| *La Marjolaine :* Le Bas-Mont, 53100 Moulay. ☎ 02-43-00-48-42. Fax : 02-43-08-10-58. À la sortie de Moulay, prendre la direction Laval, sur la droite. Fermé les dimanche soir et lundi midi. Chambres entre 49 et 65,55 € (321 et 430 F), tout confort. 1 menu en semaine à 15 € (98 F). 2 autres menus à 23 et 31 € (151 et 203 F). 17 chambres dont 5 toutes neuves, confortables, sobres et reposantes et, au restaurant, une cuisine de qualité et de fraîcheur exemplaires. Goûtez, tant qu'à faire, les poissons du marché proposés par le chef. Réduction de 10 % offerte à nos lecteurs sur le prix de la chambre sur présentation du *Guide du routard*. Une carte de fidélité vous permet de bénéficier de 2 repas offerts pour 20 repas pris.

À voir. À faire

★ *Le parc et le château de Mayenne :* tout petit, tout joli. Classé « site archéologique d'intérêt national », d'importantes fouilles ont permis de vérifier qu'une partie du château date du IXe ou du Xe siècle, époque carolingienne, ce qui en fait un des plus vieux de France. Il est actuellement fermé pour travaux de restauration jusqu'en 2003. Le magnifique parc situé en surplomb de la rivière avec une aire de jeux pour enfants reste néanmoins accessible au public.

★ *La basilique Notre-Dame :* édifice composite des XIIe, XVIe et XIXe siècles, qui domine la ville et la rivière, avec une belle statuette en bois polychrome de Notre-Dame-des-Miracles (XVIIe siècle).

★ *La place de Hercé et la place Cheverus :* en haut de la rue qui passe devant la basilique. Tout autour, de nombreux hôtels particuliers des XVIIe et XVIIIe siècles, dont l'ancien *palais de la Barre-Ducale*. Il est orné de deux cadrans solaires peints sur la façade en 1785, symboles maçonniques riches de signification ici.

⛵ *Les P'tits Bateaux :* halte fluviale de Mayenne, quai Waïblingen. ☎ 02-43-32-10-32. Ouvert en mai, juin et septembre l'après-midi ; fermé le mardi. En juillet et août, l'après-midi en semaine et toute la journée le dimanche. Bateaux électriques. Location à la demi-heure ou à l'heure pour les petites embarcations ; à la demi-journée ou à la journée pour les plus grandes.

➤ *DANS LES ENVIRONS DE MAYENNE*

★ *Les Toiles de Mayenne :* 53100 **Fontaine-Daniel**. ☎ 02-43-00-34-80. À 5 km au sud-ouest de Mayenne par la D104, au milieu des bois. Visite du magasin d'exposition « Les Toiles de Mayenne » (en haut du village) de 9 h à 12 h et de 14 h à 18 h. Fermé les dimanche et jours fériés. Point de vente sur place. Un village digne de la série *Chapeau melon et bottes de cuir* mais qui n'a servi de cadre qu'à la série *Les Maîtres du pain*, dommage ! Pittoresque garanti pour le visiteur avec les faux *cottages* aux toits d'ardoise se reflétant dans un étang tranquille, près d'un bois, les joueurs de boule sur la place et l'ancienne abbaye cistercienne cachée dans le périmètre de l'usine. L'aventure commence ici quand Juhel III, baron de Mayenne, fait don aux moines en 1204 du lieu-dit pour construire l'abbaye de Fons-Danielis. Un nom qui rappelle les deux fontaines, situées à 500 m l'une de l'autre, qui alimentaient l'abbaye et ont tout naturellement facilité l'implantation d'une filature au XIXe siècle. Ce village industriel, construit à cette époque avec les maisons pour ouvriers et la fabrique des maîtres, pourrait presque vivre en autarcie avec l'usine textile pour l'ameublement haut-de-gamme qui possède la marque « Toiles de Mayenne », le tissage ayant pris en 1914 la suite de la filature. 160 employées se répartissent toutes les fonctions : tissage, teinturerie, confection, expédition des tissus (rideaux, embrasses, jetés de lit, nappes, housses, etc.).

★ *Le musée des Tisserands mayennais* : place du Château, 53300 **Ambrières-les-Vallées**. ☎ 02-43-04-96-19. À 12 km au nord par la D23. Ouvert du 1er juillet au 31 août tous les jours sauf le lundi de 14 h 30 à 18 h 30. Entrée : 2,74 € (18 F), 1,52 € (10 F) pour les enfants de 6 à 16 ans. Un musée de la vie d'autrefois installé dans d'authentiques maisons de tisserands. Une façon originale et authentique de montrer les différentes étapes de la production du XVIIIe siècle.

JUBLAINS (53160) 700 hab.

Si l'on remonte encore le temps, on se retrouve vite à Jublains, au sud-est de Mayenne par la D35, en train de rêver devant les thermes que les Romains, à la conquête de cette Gaule qui résistait encore et toujours à l'envahisseur, avaient construits pour leur bien-être au milieu de Noviodunum. La cité, qui prospéra pendant trois siècles avant de décliner sous les coups des barbares, va ravir les amateurs de civilisation gallo-romaine et ceux d'Alix, le héros de papier créé par Jacques Martin. Quand on aura abattu (si, si !) certaines maisons qui ont poussé sans grâce depuis un siècle ou deux sur cette merveille archéologique – c'est le plus grand site de l'Ouest de la France –, le département aura là un haut lieu touristique qui fera courir plus d'un curieux.

Où dormir dans les environs ?

▲ *Chambres d'hôte Le Closeau de Brives* : ancien bourg Belgeard, 53440 Belgeard. ☎ 02-43-04-14-11. À 7 km à l'ouest de Jublains par la D241. À Bourg-Nouvel, prendre à droite (6 km). Bien fléché. Ouvert toute l'année. Chambres simples à 25,92 € (170 F) et doubles entre 32,01 et 35,06 € (210 et 230 F). Dans un petit hameau au milieu des prés, Thérèse et Pierre Lelièvre, agriculteurs à la retraite, ont ouvert 3 chambres dans une gentille maisonnette en pierre apparente. Calme et tranquillité assurés.

Où manger ?

I●I *Crêperie-grill L'Orgétorix* : 9, rue Henri-Barbe. ☎ 02-43-04-31-64. À côté de l'église. Formule à 5,79 € (38 F), avec plat du jour ou galette complète, dessert et quart de vin. Menu complet avec entrée, plat, fromage et dessert à 8,69 € (57 F), quart de vin compris. Un couple sympa : monsieur au piano et madame en salle et au bar. L'ancien café-épicerie a été refait à neuf et l'affaire tourne rond. La cuisine n'est pas seulement traditionnelle, elle est goûteuse. Également des crêpes variées. Les ouvriers du coin passent par la case départ (le bar) avant de s'attabler pour de bon. À 12 h 30, c'est complet. Vous savez ce qu'il vous reste à faire : réserver !

À voir

★ **Le Musée archéologique et les sites :** ☎ 02-43-04-30-16. Fax : 02-43-04-55-34. Ouvert tous les jours du 1er mai au 30 septembre de 9 h à 18 h ; du 1er octobre au 30 avril, de 9 h 30 à 12 h 30 et de 13 h 30 à 17 h 30 sauf le lundi. Fermé le 25 décembre et le 1er janvier. Visite payante de la forteresse et du musée. Entrée : 3,50 € (23 F), tarif réduit à 2,50 € (16 F). Gratuité pour les moins de 18 ans et les étudiants. Possibilité de billet groupé avec le château de Sainte-Suzanne : 4,57 € (30 F). Audiovisuel de 15 mn et visite complète de 2 à 3 h. Visite guidée de la forteresse entre 40 et 50 mn. Visite libre des thermes et du temple.

4 sites antiques sont ouverts à la visite. La forteresse, d'abord. Malgré son allure défensive, c'était plutôt un relais sur les voies servant à l'approvisionnement de Rome depuis les provinces du Nord-Ouest. Les thermes, ensuite, sous l'église actuelle (une vieille habitude de tout faire au même endroit). En troisième lieu, le temple, ancien sanctuaire du peuple des Diablintes reconstruit en pierre au Ier siècle, au pied duquel les Romains trouvèrent un petit village à leur arrivée, qu'ils se firent un plaisir de transformer à leur manière. Et le théâtre, bien sûr, au panorama superbe, tourné vers la plaine d'Évron, que vous atteignez en passant devant des maisons dont les propriétaires en ont parfois assez de voir massacrer les fleurs du chemin. Regardez donc où vous mettez les pieds !

LASSAY-LES-CHÂTEAUX (53110) 2 530 hab.

À Lassay, petite cité de caractère très bien restaurée, aux ruelles étroites et aux maisons de granit, il y avait trois châteaux autrefois. L'un repose sous le lierre, l'autre se refait une beauté grâce à une association. Le troisième est étonnant de vigueur et fait l'objet d'une visite passionnante.

Adresse utile

🛈 **Office du tourisme :** 8, rue du Château. ☎ 02-43-04-74-33. Fax : 02-43-04-71-94. • otsi.lassay-les-chateaux@wanadoo.fr • Ouvert de septembre à mai, du lundi au vendredi en juin, tous les jours sauf le lundi ; tous les jours en juillet et août.

Où manger ?

|●| **Restaurant du Château :** 37, rue Migoret-Lamberdière. ☎ 02-43-04-71-99. Derrière le château. Fermé les dimanche soir, lundi soir et 15 jours en août. Menu ouvrier complet à 8,23 € (54 F), quart de vin compris, le midi seulement du lundi au samedi. Autres menus à 10,67 et 13,57 € (70 et 89 F), avec visite du château incluse pour ce dernier. Béatrice et Hervé accueillent dans leur langue natale les Anglais de passage et en bon français les *Frenchies* en balade et les ouvriers du coin. Tout ce petit monde cohabite agréablement autour de bons plats maison. C'est tout le talent de nos deux jeunes tourtereaux. Réservation souhaitable. Café offert à nos lecteurs sur présentation du *Guide du routard*.

|●| **Restaurant Le Crépuscule :** 4, place du 8-Mai. ☎ 02-43-04-73-12. Sur la place principale, au centre-ville. Fermé les dimanche soir et lundi. Congés annuels en septembre

et octobre. 1er menu à 8,38 € (55 F) en semaine. Autre menu à 13,72 € (90 F). Un petit resto genre brasserie avec ses deux petites salles vite bondées à l'heure des repas. Plats du jour genre palette de porc provençale tout à fait corrects. Également des crêpes et des salades composées. Pizzas le soir et en fin de semaine. Il est prudent de réserver. Café offert sur présentation du *GDR*.

Où dormir ? Où manger dans les environs ?

▲ IOI *La Ferme du Chemin* : 53250 Madré. ☎ 02-43-08-57-03. Au nord-ouest de Lassay par la D34, direction Couterne ; puis à droite, La Baroche-Gondouin, D214 (10 km). Ouvert tous les jours, toute l'année, de 10 h à 19 h. Gîte et couvert à prix doux (autour de 30,50 €, soit 200 F la nuit). À la fois écomusée et centre de randonnée équestre. Pour retrouver le temps où la vie s'écoulait au rythme du cheval, Jean-Yves Moche – un ancien de Sciences-Po qui a bien tourné – a fait d'une ancienne métairie du XVIIIe siècle une vraie auberge, à la fois lieu de mémoire et de vie. Dans cette ferme-musée du temps qui passe, on ne le voit vraiment pas passer. En hiver, quand il ne fait plus bon mettre le nez dehors en calèche, on a même droit à du théâtre.

IOI *L'Auberge Campagnarde* : Le Presbytère, 53640 Montreuil-Poulay. ☎ 02-43-32-07-11. À 8 km au sud de Lassay par la D34. Fermé les dimanche soir et lundi, ainsi que de fin janvier à début février. 1er menu à 8,99 € (59 F), du lundi au vendredi midi. Autres menus entre 14,33 et 20,58 € (94 et 135 F). Le Presbytère n'a rien perdu de son charme ni le jardin de son éclat, comme aurait dit Rouletabille, l'ancêtre de tous les routards. Ici, on vous accueille gentiment, le service est familial sans être familier, on sert l'apéritif et le café en terrasse, si le temps ne se prête pas à la durée de tout le repas. Dès le 2e menu (et dans le dernier avec un poisson en plus), vous avez un choix étonnant de bons produits du terroir et de grillades. Une bonne cuisine authentique de grand-mère. À noter, le plateau de fromages fermiers de chez Renard (au lait de vache) ou Lenoir (au lait de chèvre) de Saint-Julien-des-Églantiers, au sud de Pré-en-Pail. Réservez, c'est plus prudent. Café offert sur présentation du *Guide du routard* de l'année.

▲ IOI *Hôtel-restaurant Le Gué de Gesnes* : 27, rue Notre-Dame, 53300 Ambrières-les-Vallées. ☎ 02-43-04-95-44. Fax : 02-43-04-94-70. À 11 km au sud-ouest de Lassay, par la D33. Fermé le vendredi de septembre à mai. Chambres doubles à 41,01 € (269 F), tout confort. 1er menu à 10,98 € (72 F) en semaine. Autres menus de 18,29 à 28,36 € (120 à 186 F). *Le Gué de Gesnes* ne peut pas se louper, ne serait-ce qu'avec son nom calligraphié en néon vert au milieu de la façade. Le confort est correct avec des chambres assez spacieuses et le resto tout à fait honnête avec de belles spécialités de poisson et les fruits de mer, présents surtout en fin de semaine. Pot-au-feu, jarret de porc ou choucroute en hiver qui valent le détour. Réservation recommandée. Apéritif maison offert sur présentation du *Guide du routard*.

À voir

★ *Le château de Lassay* : ☎ 02-43-04-71-22. Visite commentée intérieure et extérieure (environ 45 mn) tous les jours du 1er juin au 30 septembre de 14 h 30 à 18 h 30. Ouvert aussi le week-end de Pâques et les week-ends de mai. Entrée : 3,70 € (24 F). Enfants de moins de 12 ans : 1,70 € (11 F) lycéens, étudiants : 2 € (13 F). Un des plus beaux et des plus captivants châteaux forts de la Mayenne, solidement assis face à son étang et resté en l'état sans aucun travail de réaménagement. Cette forteresse du XVe siècle est typique de l'architecture militaire de l'époque Charles VII, avec ses huit tours massives en granit rouillé du pays, reliées par des courtines (avec des mâchicoulis, c'est cela, oui !). Superbe châtelet d'entrée avec pont de pierre et une barbacane en proue de bateau à 3 étages de feu qui est un des rares témoins de ce style de défense encore intacts. Pont-levis parfaitement équilibré (on l'actionne d'une seule main). L'intérieur est distribué en plusieurs pièces toutes meublées d'époque. À voir, notamment, le potager (la cuisine) et tout son matériel, une chambre à coucher, la salle d'armes et la salle à manger aux volets en draperie et aux portes sculptées. Ensemble impressionnant.

★ *L'église de Saint-Fraimbault :* à la sortie du village. Une église des XIVe et XVIIe siècles, élevée à la mémoire d'un grand défricheur de forêts, évangélisateur du VIe siècle, dont les reliques du crâne ont été pieusement conservées et sont portées en procession le Lundi de Pentecôte. Est-ce lui qu'on vénère ou son double, devenu le héros de la plus grande saga des temps passés ? Chrétien de Troyes écrivit en effet quelques siècles plus tard les aventures de Lancelot *and Co* à Domfront, à une vingtaine de kilomètres de là... Il se serait inspiré du saint homme pour conter les aventures de Lancelot du Lac, l'amoureux de la douce Guenièvre, l'épouse du pauvre Arthur, vous connaissez la suite... Au pied du mur de l'enceinte, on peut voir la stèle funéraire de Lancelot qui porte trèfle et calice.

★ *La roseraie de Lassay :* ☎ 02-43-04-71-53 (mairie). Ouvert toute l'année, visite conseillée d'avril à septembre. 250 variétés venues du monde entier embaument l'ancien pré du couvent des bénédictines. « Mignonne, allons voir si la rose... » Décidément, on n'en sort pas ! Superbe.

➤ *DANS LES ENVIRONS DE LASSAY*

➤ *Le vélo-rail du bocage :* ancienne gare SNCF, 53300 *Saint-Loup-du-Gast.* ☎ 02-43-04-74-33. Au sud-ouest de Lassay par la D33, puis, après Chantrigné, prendre la D258 à gauche (15 km). Location à l'heure tous les jours en juillet et août de 13 h 30 à 19 h. Du 1er avril à fin juin, les dimanche et jours fériés. Du 1er septembre au 31 octobre, le dimanche de 13 h 30 à 18 h. Location de petits chars roulants très originaux et amusants, à partir du moment où il fait beau. À faire entre amis ou en famille.

★ *Le musée du Cidre :* route de Chantrigné-Melleray, *La Duretière.* ☎ 02-43-04-71-48. De Lassay, direction Niort-La Fontaine. Suivre les panneaux. Ouvert tous les jours de Pâques à fin septembre, de 10 h à 20 h. Entrée : 3,82 € (25 F) pour les adultes, 2,29 € (15 F) pour les enfants. Gérard Le Royer reste fidèle à la tradition : il fait du cidre avec des pommes amères ! En préambule, petite vidéo sur la fabrication du nectar. La visite nous fait découvrir les outils anciens et les machines ingénieuses nécessaires à la fabrication du breuvage. Mais, surtout, il faut goûter son calvados (domfrontais). Après la visite de la distillerie à l'ancienne, vous allez craquer. Une nouveauté : le Melroy, du poiré champagnisé qui se laisse boire même un peu trop vite... Dégustation sur présentation de la carte anti-alcoolique. Point de vente sur place.

➤ *Le circuit du peintre Pissarro :* entre Lassay et Melleray. L'office du tourisme a planté douze chevalets dans la périphérie de la maison de Ludovic Piette, ami et mentor de Pissarro, située à Montfoucault. Un hommage sympa à l'impressionniste qui a fait plusieurs séjours ici.

PRÉ-EN-PAIL (53140) 2 140 hab.

Au nord-est de Mayenne par la N12 (37 km). Quel Nougaro local ira chanter ce « pail »-là, pays des pommiers et des forêts juché sur le balcon du parc naturel régional Normandie-Maine ? Dévalant les pentes du mont des Avaloirs, le plus haut point de l'Ouest de la France (417 m), de multiples cours d'eau viennent y grossir la Mayenne naissante.

Adresse utile

- **Syndicat d'initiative :** place du Marché. ☎ 02-43-03-89-38.

Où dormir ?

- **Hôtel Le Bretagne :** 145, rue Aristide-Briand. ☎ et fax : 02-43-03-13-00. Fermé le dimanche soir et du 7 janvier au 7 février. Chambres à 35,83 € (235 F), avec douche ou bains tout confort, avec TV sur demande. De tout nouveaux propriétaires d'origine britannique ont repris cet établissement bien connu dans le coin et rénovent petit à petit le restaurant et l'hôtel. À suivre... Apéritif maison offert à nos lecteurs sur présentation du *Guide du routard*.

Où dormir dans les environs ?

- **Chambres d'hôte La Tasse :** 53370 Gesvres. ☎ 02-43-03-01-59. Fax : 02-43-03-01-10. De Pré-en-Pail, sur la N12, au milieu du bourg, vers le sud, prendre la D204 vers Saint-Julien-des-Églantiers ; et après le bourg, la D255 vers Averton ; la maison est à 1 km. Comptez entre 33,54 € et 36,59 € (220 à 240 F) pour 2, petit déjeuner maison compris. Superbe site campagnard de prés, forêts et petits vallons. Très jolie ferme avec une grande baie vitrée donnant sur le mont des Avaloirs. Les propriétaires élèvent des chèvres et des ânes qu'ils proposent en location pour des randos en âne bâté. Vente de fromages de chèvre et de produits fermiers biologiques. 10 % de réduction accordée aux porteurs du *GDR*, à partir de 2 nuits, hors juillet et août.

- **Chambres d'hôte :** 34, rue de la Magdeleine, 53250 Couptrain. ☎ et fax : 02-43-03-84-94. • www.couptrain.com • À l'ouest de Pré-en-Pail, par la N176 (7 km), suivre les panneaux agréés. Chambre d'hôte à 39,64 € (260 F), avec w.-c. sur le palier, ou à 42,69 € (280 F), tout confort, petit déjeuner compris. Une vieille maison dont tous les meubles ont été restaurés par le maître des lieux, ébéniste à la retraite. L'endroit est au calme, à 300 m de la nationale et proche de la vallée de la rivière Mayenne. Les clients sont surtout des pêcheurs à la truite, mais aussi des randonneurs (GR 22 à proximité), des cyclistes et également des cavaliers car il y a une écurie sur la propriété et un paddock. N'oublions pas les pigeons de collection qui font l'enchantement des enfants !

➤ DANS LES ENVIRONS DE PRÉ-EN-PAIL

★ **Le mont des Avaloirs et son belvédère :** à l'est de Pré-en-Pail. Le point culminant de l'Ouest. Ne venez pas à ski, on n'est qu'à 417 m ! Beau panorama dans la forêt du côté du chaos de la Pierre-aux-Loups. Grimpez au sommet du belvédère, tout beau, tout neuf ou presque. Une centaine de marches, et c'est la photo du siècle.

★ **Le moulin de Trotté :** site classé, à 3 km de Saint-Pierre-des-Nids. Promenade romantique au bord de la Sarthe et plus sportive jusqu'à Saint-Léonard-des-Bois, en Sarthe (une vingtaine de kilomètres). Un des plus beaux paysages de la Mayenne, évidemment. On ne vous en dit pas plus sinon vous restez là. À découvrir en partant de Saint-Céneri-le-Géréi (voir le chapitre sur la Sarthe), adorable village aux confins des trois départements : Mayenne, Sarthe et Orne.

🏠 2 gîtes superbes. ☎ 02-43-03-50-13.

Manifestation

– **La Mare au Jazz :** La Prévostière, 53140 **Lignières-Orgères**. ☎ 02-43-03-08-60. Au nord de Pré-en-Pail, par la D221 (10 km). Forfait pour l'ensemble des concerts à 15,24 € (100 F). Pendant le week-end de Pentecôte, free-jazz à gogo dans les granges d'une exploitation agricole. Emplacement sur place où l'on peut planter sa tente pour ceux qui veulent rester les deux jours.

VILLAINES-LA-JUHEL (53700) 3 180 hab.

À l'est de la ville de Mayenne par la D35. Un peu avant Bais, prendre la D20 à gauche (34 km).

Adresse utile

■ **Pays du Haut-Maine et du Pail :** 6, bd Dunant, BP 14. ☎ 02-43-30-40-50. Fax : 02-43-30-40-51.

Où dormir ? Où manger ?

🏠 |●| **L'Hostellerie de la Juhel :** 27, rue Jules-Doitteau. ☎ 02-43-03-23-24. Fax : 02-43-03-79-87. Suivre la D 113 ; c'est sur la grande place du bourg. Fermé le vendredi soir et 3 semaines pendant les vacances scolaires de février. Chambres à 28 € (184 F) avec lavabo, ou entre 34 et 38 € (223 et 249 F), avec douche et w.-c. Un menu à 9 € (59 F) en semaine, le midi seulement, d'autres entre 14 et 23,50 € (92 et 154 F). Parking. Le patron aime son métier et s'ingénie à faire profiter ses clients de ses nouvelles trouvailles. Le rapport qualité-prix est excellent. De copieux menus à base de produits du terroir. Réduction de 10 % sur le prix de la chambre offerte à nos lecteurs sur présentation du *Guide du routard* de l'année.

🏠 |●| **Le Jardin Gourmand :** route d'Évron. ☎ 02-43-03-22-20. Fax : 02-43-03-38-97. • www.lejardingourmand.fr • 🍴 Restaurant fermé le dimanche soir et établissement fermé la 1ʳᵉ semaine de janvier. Comptez 31,25 € (205 F) pour une chambre double tout confort. Menus à partir de 8,84 € (58 F) en semaine. Autres menus de 14,33 à 32,78 € (94 à 215 F). Un hôtel moderne et pratique aux chambres plutôt agréables et avec une salle à manger donnant sur le jardin. Sorbet offert aux lecteurs sur présentation du *GDR*.

LE PAYS DE JEAN CHOUAN

En Mayenne, dans la partie nord-ouest du département, l'homme n'a pas façonné que le bocage. D'arbre en fleur et de chemin creux en route campagnarde, il a façonné les paysages au point d'en faire, comme dans la chanson, des jardins extraordinaires. Tout dépend, il est vrai, de la façon dont on les regarde, comme dirait Trenet : « une vache qui marche, c'est beau ». Pour finir ce périple dans la douce Mayenne et dans l'histoire, on peut revenir, à travers la Mayenne blanche, sur les pas de Jean Chouan. Partir à la découverte des anciennes forteresses, transformées en manoirs plus agréables à vivre, qui font de la Mayenne le cinquième département de France pour le nombre de demeures anciennes. À noter que dans cette partie du département, la cuisine se décline « à la normande », avec beurre salé sur la table et plats déglacés à la crème fraîche. Nous ne connaissons personne qui s'en soit plaint.

GORRON (53120)

À environ 25 km au nord-ouest de la ville de Mayenne.
Tantôt normande, tantôt française ou anglaise, la ville est passée en 1199 sous l'autorité des ducs de Mayenne. C'est le dernier endroit où vous pouvez encore critiquer la chouannerie, la ville ayant été une des rares à rester républicaine. Faites quand même attention où vous mettez les pieds !

Où dormir ? Où manger ?

■ |●| *L'Hôtel-restaurant Le Bretagne :* 41, rue de Bretagne. ☎ 02-43-08-63-67. Fax : 02-43-08-01-15. Suivre la D12 et, à Saint-Georges-Buttavent, prendre la D5. Fermé les dimanche soir et lundi. Chambres à 39,64 € (260 F) avec tout le confort, douche ou bains. Petit déjeuner avec vrais croissants ! Menus de 13 à 28 € (84 à 184 F). Un bon restaurant de village où l'on se régale, avec des menus variés gastronomiques qui suivent les saisons. Le décor est pimpant avec ses couleurs pastel et les ouvertures sur la rivière Colmont. Le parc paysager et le plan d'eau avoisinants incitent à la promenade. 10 % de réduction sur le prix de la chambre accordés à nos lecteurs, sur présentation du *Guide du routard*.

Où dormir ? Où manger dans les environs ?

■ |●| *Ferme-auberge du Bailleul :* 53120 Hercé. ☎ 02-43-08-65-46. Au nord-ouest de Gorron, à la sortie du village, entrée du château à droite. Auberge ouverte uniquement le week-end pour les individuels. Menus de 13 à 24,50 € (85 à 161 F). Carte des vins de 9 à 17 € (59 à 112 F) la bouteille. Dans le parc, 3 salles rustiques dans les anciennes dépendances, avec poutres apparentes et cheminées en pierre. Cuisine à partir des produits de l'exploitation (essentiellement le canard). Au 1er prix, terrine de canard et crudités de saison, poulet fermier rôti ou cuisse de canard au cidre, salade, fromage et dessert. Au suivant, une entrée de poisson. Dans le 3e, assiette paysanne, truite ou parfait de brochet, filet de canard au cidre, salade, fromage et dessert. Pour le dernier, assiette paysanne, brochet au beurre blanc, trou normand, agneau ou filet de canard, salade, fromage, dessert. À noter que Mme Lefeuvre mère propose 2 chambres d'hôte, avec sanitaires privés, dans une maison neuve et son beau jardin à l'entrée du parc. ☎ 02-43-08-43-45. Autour de 30,50 € (200 F) la chambre, petit déjeuner amélioré compris (confitures maison, etc.).

▶ DANS LES ENVIRONS DE GORRON

★ *Les jardins des Renaudies :* 53120 *Colombiers-du-Plessis*. ☎ 02-43-08-02-08. À 3 km au sud-ouest de Gorron par la D164. Ouvert d'avril à octobre et jours fériés (téléphoner pour connaître les horaires et les tarifs qui n'étaient pas encore confirmés au moment de notre bouclage). Le tarif réduit est gentiment accordé à nos lecteurs sur présentation de leur guide préféré. À Colombiers-du-Plessis, c'est d'un bouquet multicolore que le promeneur s'émerveille. Un bouquet dont le nom, Les Renaudies, s'inspire de celui de son concepteur, Jean Renault, pépiniériste aujourd'hui à la retraite, qui le composa en 1988. Ce jardin de 4 ha est riche de centaines de rhododendrons, primevères, azalées, hortensias, bruyères, narcisses, rosiers, camélias... Il est complété par un jardin potager, et d'un musée rural où ateliers de forgeron, tonnelier, sabotier et bourrelier ont été reconstitués.

PONTMAIN (53220)

À l'ouest de Gorron par la D33 (25 km). Site de pèlerinage depuis que la Vierge y apparut en janvier 1871, le village respire la paix (c'est bien le moins), sauf en juillet, lorsque des processions assez uniques en leur genre rassemblent des milliers de croyants sous les arbres entourant la basilique.

■ *Secrétariat du pèlerinage :* 2, place de la Basilique. ☎ 02-43-05-07-26. Messe à 11 h tous les jours toute l'année ; à 9 h, 10 h 30 et 17 h le dimanche.

Où dormir? Où manger dans les environs?

🛏 |●| *La Camillane :* 5, rue du Bocage, 53220 Saint-Mars-sur-la-Futaie. ☎ 02-43-05-05-06. Fax : 02-43-05-07-57. ⚒ À 3 km de Pontmain. Fermé le mercredi, la dernière semaine de septembre et pendant les vacances de février. Chambres doubles de 35,83 à 38,11 € (235 à 250 F). Au restaurant, des menus entre 88 F (65 F), en semaine le midi, et 16,77 € (110 F). En option, demi-pension de 41,16 à 48,78 € (270 à 320 F) par jour. Une adresse de charme avec son parc, face à une aubépine géante qui fait toute la fierté du village. Depuis le IVe siècle, cette aubépine impressionnante (9 m de haut et 2,80 m de tour de taille) annonce chaque année le printemps (puisqu'on ne peut plus se fier aux hirondelles !). 5 chambres confortables et calmes, avec salle de bains. Au restaurant, une carte qui change 4 fois par an. Apéritif maison et un petit déjeuner offert par chambre à nos lecteurs porteurs de l'édition en cours.

ERNÉE (53500)

À l'ouest de Mayenne par la N12 (24 km). Une ville, de transition sur la route de Vitré et Fougères. Le centre commerçant est animé surtout le jour du marché, le mardi.

Adresse utile

fi *Office du tourisme :* place de l'Hôtel-de-Ville. ☎ 02-43-08-71-10. Ouvert du 15 juin au 15 septembre, sauf les dimanche et lundi matin. À l'étage, le Musée archéologique dont nous parlons plus loin.

Où dormir ? Où manger ?

|●| *La Table Normande :* 3, av. Aristide-Briand. ☎ 02-43-05-16-93. En bordure de la N12, à l'est de la ville, direction Mayenne. Fermé les mardi soir, mercredi soir et jeudi soir, ainsi que 2 semaines en février. Menu du jour complet à 9,10 € (60 F) le midi. Autres menus de 12,50 à 18,50 € (82 à 121 F). Ici, on ne refusera jamais de vous servir, même si l'heure du repas est bien dépassée. À condition de demander des choses simples, bien entendu. Mais même les choses simples sont délicieuses, alors... C'est cela que nous appelons un véritable accueil ! Ouvriers, représentants, clientèle locale et touristes au coude à coude. Réservation recommandée. Une bonne expérience. Apéritif maison offert sur présentation du *Guide du routard*.

â |●| *Le Grand Cerf :* 17-19, rue Aristide-Briand. ☎ 02-43-05-13-09. Fax : 02-43-05-02-90. Fermé les dimanche soir et lundi hors saison, et la 2ᵉ quinzaine de janvier. Chambres à 40,40 € (265 F) avec douche ou bains. 1ᵉʳ menu à 12,96 € (85 F), le midi en semaine. Menus de 16,46 à 28,20 € (108 à 185 F). Bon accueil, bon confort, bonne table. Atmosphère feutrée au restaurant, déjà plus décontractée dans le coin bistrot, dont l'entrée sur la rue a été condamnée. Vous pourrez vous installer là, si vous avez peur d'affronter la salle et les beaux menus un peu plus chers, dont les plats suivent intelligemment les saisons. Belles chambres portant les noms des villages du canton pour faire connaître le coin. Originale initiative ! Au rez-de-chaussée, sculptures de Louis Derbré. Apéritif offert à nos lecteurs sur présentation du *Guide du routard* de l'année.

Où dormir ? Où manger dans les environs ?

â |●| *Chambres d'hôte La Rouaudière :* à Mégaudais. ☎ 02-43-05-13-57. Fax : 02-43-05-71-15. Sur la N12 entre Ernée et Fougères, à la hauteur du hameau de Mégaudais, suivre les flèches, c'est à 650 m en contrebas de la nationale. Ouvert toute l'année. Comptez 43 € (282 F) pour 2, petit déjeuner compris. Table d'hôte sur réservation pour 15 € (98 F) tout compris. Dans une jolie ferme d'élevage (vaches laitières) recouverte de vigne vierge, 4 chambres décorées avec goût par une passionnée des brocantes et des tissus... Des petits déjeuners fermiers avec fromage, jambon, fruits, etc., et des repas campagnards avec spécialité de pintade aux pommes et au cidre. En bonus, « plateau d'accueil » à votre arrivée dans les chambres.

â *Chambres d'hôte :* à La Gasselinais. ☎ et fax : 02-43-05-70-80. Sur la N12, à 2 km du centre-ville d'Ernée, direction Mayenne (panneau jaune). Ouvert toute l'année. 3 chambres à 25 € (164 F) pour 1 personne, ou 33 € (216 F) pour 2 avec tout le confort. Petit déjeuner compris et tarifs dégressifs à partir de la 4ᵉ nuit. Dans une belle « ferme découverte » traversée d'une rivière et d'un bois. Accueil familial et convivial. Les propriétaires font tout leur possible pour vous faire découvrir la vie de la ferme (vaches laitières, petits animaux), et en plus ils se sont reconvertis à l'agriculture biologique. Vous pourrez goûter à leurs productions, des superbes confitures servies au petit déjeuner, au jus de pomme fermier, dont un verre sera offert à nos lecteurs sur présentation du *Guide du routard* de l'année.

À voir

★ *L'espace culturel Louis-Derbré :* rue Pierre-et-Marie-Curie. ☎ 02-43-05-77-61. Ouvert toute l'année de 8 h à 12 h et de 13 h 30 à 17 h 30 (le vendredi jusqu'à 16 h 30). Fermé le week-end. Entrée gratuite. Le dernier des grands allumés mayennais, connu pour ses sculptures monumentales, qui va s'exposer jusqu'au Japon, puisque son *Mémorial pour la paix dans le monde* repose désormais dans un parc d'Hiroshima. Toute l'année, il ouvre au public sa fonderie et les portes de son atelier, d'où sortent nombre d'œuvres que vous avez pu voir en chemin et notamment dans les rues de Laval.

★ *Le musée :* place de l'Hôtel-de-Ville. ☎ 02-43-08-71-17. Ouvert de mi-juin à mi-septembre, sauf les dimanche et lundi matin. Entrée gratuite. Pour les jours gris, un petit musée qui sent le temps passé. À voir surtout pour le trésor gallo-romain des Boissières.

★ *Le marché paysan :* le mardi matin. Difficile de trouver mieux dans le genre. Pour qui veut retrouver ses racines paysannes, entendre parler patois, boire un verre au milieu de bonnes vieilles trognes et rencontrer des marchands de galettes et de saucisses, un grand moment. Faut se lever, bien sûr, mais comme les nuits ne sont pas agitées...

➤ *DANS LES ENVIRONS D'ERNÉE*

★ *Le dolmen de la Contrie :* à 3 km, une magnifique allée couverte vous mène jusqu'au dolmen, une des curiosités qui justifient de jolies balades à quelques kilomètres d'Ernée. Nombreux dolmens, menhirs ou pierres levées.

JUVIGNÉ (53380)

Au sud-ouest d'Ernée par la D29 (10 km). C'est l'un des villages les plus fleuris d'Europe qui a gagné le concours plusieurs années. Même les cabines téléphoniques et les pompes à essence sont décorées ! On ne peut guère faire mieux, vous en conviendrez... Plus de 30 000 plants sont mis en terre chaque année.
– À signaler, la *fête des Fleurs*, qui a lieu au village fin juillet.

Où manger ?

I●I *Le Relais des Voyageurs :* 19, place de l'Église. ☎ 02-43-68-51-89. Fermé le soir. Menu unique et complet à 8,69 € (57 F). Le dimanche, de juin à septembre seulement, un menu à 9,91 € (65 F) sans les boissons. Il n'y a pas trop le choix des tables à Juvigné, néanmoins ce restaurant ouvrier, sans prétention mais avec une petite terrasse fleurie accueillante, est de grande qualité et généreux dans les portions servies. Si la nourriture est simple, elle n'en est pas moins bonne. Le repas, non seulement est complet, mais en plus vous avez droit au plateau de fromages et à un choix de dessert. Le tout, boisson comprise avec le café. Rapport qualité-prix remarquable. Service rapide et alerte.

À voir. À faire

★ **Le musée du Moteur et de l'Outil à la ferme :** au centre-ville. ☎ 02-43-68-51-54. Ouvert tous les jours, l'après-midi, du 1er juillet au 15 septembre ; les dimanche et les jours fériés le reste de l'année. Fermé du 15 octobre à début avril. Dans le bourg, une soixantaine de moteurs agricoles en état de fonctionnement, une trentaine de tracteurs datant de la première moitié du XXe siècle, une collection impressionnante d'outils... à chacun sa nostalgie !

★ **L'étang Neuf :** de Juvigné, prendre la direction de Saint-Hilaire-du-Maine (2 km). Un beau plan d'eau pour la pêche et un site protégé de 50 ha pour la promenade, les randonnées ou le farniente. Tables pour le pique-nique et petit chalet-refuge.

Balades à cheval ou en calèche

■ **Ferme équestre de La Mouchardière :** relais-club du Blanc-Bocage. ☎ et fax : 02-43-68-56-28. ● www.relaisblancbocage.fr ● Fermé le lundi hors saison. Un emplacement idéal, dominant l'étang Neuf, point de départ de multiples balades à cheval ou en calèche. Superbe accueil, et impression de sécurité, même pour les béotiens.

SAINT-OUEN-DES-TOITS (53410)

Au sud d'Ernée par la D31 (18 km).

Où dormir ? Où manger dans les environs ?

I●I **Restaurant L'Alica :** 12, place de l'Église, 53410 Le Bourgneuf-la-Forêt. ☎ 02-43-37-14-26. Entre Fougères et Laval. Menu du jour à 9,15 € (60 F) avec 4 choix pour chaque plat et vin compris du lundi au vendredi midi. Le dimanche, c'est sur réservation et uniquement pour les repas de famille. Un joli petit resto, sur la place du village, en pierres apparentes et à la terrasse fleurie. C'est avant tout le rendez-vous des ouvriers du coin et, à midi pile, c'est complet. Une cuisine pas compliquée avec des plats du terroir qui ont toujours du succès. On vous aura prévenu : il ne faut pas hésiter et réserver le plus tôt possible.

I●I **Restaurant Le Salvert :** route d'Olivet, 53940 Le Genest-Saint-Isle. ☎ 02-43-37-14-37. À 10 mn au nord-ouest de Laval par la D30, au bord de l'étang d'Olivet. Fermé les dimanche soir et lundi. Congés la 1re quinzaine de janvier et 2 semaines fin août. 1er menu à 14,48 € (95 F) en semaine seulement. 3 menus plus riches entre 18,90 et 28,81 € (124 et 189 F). Une table à découvrir en été, en terrasse, ou en hiver, près de la cheminée, au détour d'une promenade. Évitez de venir, quand même, en short ou en bottes (selon la saison). Les produits du terroir sont à l'honneur et les saisons bien respectées (la carte change deux fois par an) : salade gourmande (dégustation des produits maison), saumon, foie gras et magrets. Pain fait maison, comme le reste. Café offert à nos lecteurs sur présentation du *GDR* de l'année.

🏠 **Gîte d'étape du Moulin d'Olivet :** route du Genest-Saint-Isle, 53410 Olivet. ☎ 02-43-02-19-31. Fax : 02-43-02-15-92. En contrebas du restaurant *Le Salvert*, au bord de l'étang. 11,50 € (75 F) par personne et par nuit. Restauré, aménagé et meublé avec goût, ce gîte de séjour et d'étape a été conçu pour offrir le maximum de commodité et de convivialité à un prix très raisonnable. 7 chambres de 2 à 7 lits, toutes avec sanitaires privés. Parking intérieur.

🏠 |●| **Le Brillet-Pontin :** 23, rue des Forges, 53410 Port-Brillet. ☎ 02-43-01-28-00. Fax : 02-43-01-28-01. ♿ Au sud-ouest de Saint-Ouen-des-Toits par la D576. Près de l'église. Fermé les dimanche soir et lundi, ainsi que la dernière semaine de décembre. Très sympa, avec ses 5 chambres à 31,25 € (205 F), tout confort. Repas ouvrier à 9,15 € (60 F) en semaine. Autres menus à 14,94 et 22,11 € (98 et 145 F). Une jolie expérience vous attend dans cet ancien presbytère formidablement restauré en auberge de village. L'endroit est désespérément calme et séduira les ennemis des décibels. Jusqu'à la télé, dont le son a été bridé volontairement (heureusement que le film était sous-titré...). Belle terrasse sous parasols aux beaux jours. Apéritif maison offert à nos lecteurs sur présentation du *Guide du routard*.

➤ *DANS LES ENVIRONS DE SAINT-OUEN-DES-TOITS*

★ **Le musée de la Closerie des Poiriers (maison de Jean Chouan) :** route du Bourgneuf. ☎ 02-43-37-76-44, aux heures d'ouverture ; sinon au : ☎ 02-43-37-73-31 (mairie). ♿ Entre Saint-Ouen-des-Toits et Le Bourgneuf (D30). Ouvert de Pâques à fin juin et en septembre, les dimanche et jours fériés, de 14 h à 18 h 30 ; en juillet et août, tous les jours de 14 h à 18 h 30 ; le reste de l'année, sur rendez-vous pour les groupes. Entrée : 3,05 € (20 F) pour les adultes, 2,29 € (15 F) pour les enfants de 6 à 12 ans. Tarifs préférentiels pour nos lecteurs, sur présentation du *GDR* : 2,29 € (15 F) pour les adultes, et 1 € (6,56 F) pour les enfants. Durée de la visite : 45 mn.
Le lieu idéal pour comprendre ce qui a pu se passer, sur ces terres, il y a deux siècles. *La Closerie des Poiriers*, c'est l'ancienne maison de Jean Cottereau, dit Jean Chouan. Transformée aujourd'hui en musée historique et ethnologique où l'on parle de la Révolution française, de la chouannerie dans la province du Maine, de la gabelle, des faux-sauniers et de la vie des paysans entre 1750 et 1850. Elle fait revivre grâce aux documents, maquettes, objets exposés – dont un authentique confessionnal ayant servi aux prêtres réfractaires – et grâce à un diaporama (15 mn), cette période capitale de l'histoire de France.
La province du Maine est un pays de landes et de chemins creux, propice à la guérilla, habité par des paysans pauvres exploitant de petites closeries où ils cultivent seigle, blé noir et lin. Ce lin qui fait la richesse des marchands de toile. L'absence d'impôt sur le sel en Bretagne, 30 à 50 fois moins cher qu'en Mayenne, va transformer nombre de paysans en faux-sauniers, autrement dit en contrebandiers.
Jean Cottereau est l'un d'eux. Né dans une cabane de sabotier en 1757, il a grandi sur le site familial de la *Closerie des Poiriers*. Redoutable faux-saunier, il va devenir le symbole du résistant contre-révolutionnaire déçu, comme beaucoup de paysans, par cette Révolution en laquelle ils avaient d'abord cru. Cruel retour de flamme. La guillotine sera fatale à nombre de pauvres diables et à leurs curés. Sur place, vous comprendrez mieux ce qui a incité dans la nuit tant de paysans rebelles à pousser à leur tour le cri de la chouette, et à s'en aller, faux ou fusil à la main, derrière ce paysan devenu leur chef. Blessé à mort par les Républicains en juillet 1794, il meurt dans le bois de Misedon. Et là commence la légende, ses amis jurant de ne révéler à personne le secret de sa tombe. Une légende dont vous entendrez parler dans tous les Pays de la Loire marqués par ces années de guerre. Ici, vous avez au moins un bon aperçu du monde qu'a connu Jean Chouan, depuis la cabane de sa naissance reconstituée jusqu'à l'intérieur d'une maison de l'époque, en passant par la culture de plantes anciennes dans le jardin. Pour les bons marcheurs et les cavaliers, 250 km de sentiers alentour vous permettront d'aller sur les pas de Jean Chouan et de ses frères de combat.
À voir, le feu de la Saint-Jean, le 24 juin au soir. Ce jour-là, cuisson du pain dans le four traditionnel.

★ **L'abbaye de Clairmont :** ☎ 02-43-02-11-96. De Saint-Ouen-des-Toits, direction Olivet (D115), route qui passe devant l'église. Prendre direction Loiron, puis suivre les panneaux. Visite tous les jours. Participation : 3,81 € (25 F). Des étangs, des mares couvertes de nénuphars vous indiquent le chemin de l'abbaye de Clairmont, lieu mystique choisi par le bon saint Bernard (bon, bon, c'est à voir !), pour installer, en 1152, un essaim de moines de l'abbaye de Clairvaux. C'est la plus grande église du département en voie de restauration, mais le plus gros du travail reste à faire. Elle est de renommée mondiale et a gardé son architecture primitive qui date du milieu du XIIe siècle. L'ensemble est d'une grande majesté avec ses hauteurs et ses volumes gigantesques. Toquez de votre index n'importe quelle pierre ; elle vous répondra : « J'ai plus de 700 ans ! » Selon votre état de réceptivité, vous déciderez si, oui ou non, l'abbaye et la nature sauvage qui l'entoure semblent vibrer encore des élans mystiques des frères cisterciens qui s'y succédèrent pendant des siècles. Impressionnant.

ANDOUILLÉ (53240)

Au nord de Laval, prendre la direction de Mayenne, puis à gauche à Louverné, la D131 (12 km).
Charmant petit village au bord de l'Ernée, avec son camping les pieds dans l'eau. Ici, on a classé les haies, pour préserver encore mieux le site. Belles randonnées à pied ou à cheval.

À voir. À faire

★ **La ferme du Theil :** chez M. Rouland. ☎ 02-43-69-70-04. D'Andouillé, suivre la route de Saint-Ouen-des-Toits (D115) sur 4 km. Le coup de cidre, c'est ici qu'on vous le paiera, du moins si vous êtes intéressé par la production et aimez l'authentique, pas le « classé X » des grandes surfaces. Il y a même un montage audiovisuel pour vous mettre dans le bain, avant de passer aux dégustations proprement dites : cidre fermier, bien sûr, mais aussi jus de pomme, poiré et pommeau du Maine. Vous pouvez y acheter votre panier repas et aller pique-niquer dans le verger.

■ **Le Roc au Loup :** ☎ 02-43-91-50-50. À l'entrée du village d'Andouillé. Direction Laval, après le hameau de Vaugeois. Un centre équestre où vous pourrez pratiquer l'équitation sur les chevaux camarguais de l'élevage, un gîte de groupe pour accueillir les randonneurs. Le site, d'une surface totale de 70 ha, vous propose chemins de randonnée, forêt, rivière...

LA SARTHE

« La Sarthe mérite plus que 24 Heures... » Un joli slogan, mis naguère en place par les professionnels du tourisme, fiers du patrimoine, des forêts, des paysages variés de cette terre de France que beaucoup traversaient sans la voir vraiment, entre le Val de Loire et la côte normande. Ce slogan a été mal vu par certains, qui ont cru au contraire qu'on se moquait des fameuses 24 Heures du Mans. Dommage, il fallut le supprimer. Touche pas à mon Automobile Club de l'Ouest, à mes rillettes, mes reinettes, mes reines chouettes, comme la reine B., diminutif affectueux pour Bérengère, la veuve de Richard Cœur de Lion, inhumée à l'abbaye cistercienne de l'Épau, près du Mans.

Le Mans, l'ancienne capitale de la province du Maine, devenue une préfecture discrète, au cœur d'un département dont elle est plus que jamais le nombril. Ou plutôt le centre géographique, car tout tourne autour d'elle, ce qui n'empêche pas chaque « pays » alentour d'avoir sa personnalité. En suivant les aiguilles d'une montre (toujours ce stress des 24 Heures!), on file sur la Mayenne, on remonte vers le Maine normand, on découvre les charmes du Perche, à l'est, on suit le Loir jusqu'au centre et on remonte la Sarthe pour revenir sur Le Mans.

Le Nord a des charmes normands, des hauteurs plus fraîches, plus arrosées que le Sud, qui baigne dans une douceur angevine. Au nord, les belles forêts de hêtres, les bocages bien verts avec des prairies plantées de pommiers. Au sud, quelques plantes au look méditerranéen, des cieux plus lumineux. Dans la vallée du Loir, le tuffeau dresse ses falaises crayeuses truffées de caves, de grottes troglodytiques. Il y a des vignes sur les coteaux, et des vergers. De caves en tables, de coteaux en châteaux, on savoure l'art de vivre en pays sarthois. Et on ne compte plus les heures...

Comment y aller ?

Par la route

➢ *Depuis Paris :* autoroutes A11 et A81, puis l'axe Calais-Bayonne (Rouen-Le-Mans-Tours). Le Mans est à 200 km de Paris (1 h 45), à 150 km de Rennes (1 h 30), à 180 km de Nantes (2 h).

En train

➢ *Depuis Paris :* le TGV met Le Mans à 55 mn de Paris (15 liaisons par jour en moyenne, entre la gare du Mans et la gare Montparnasse dans les deux sens), à 1 h 45 de Roissy-Charles-de-Gaulle.
➢ *Depuis la province :* Le Mans est à 1 h 15 de Rennes, à 1 h 15 de Nantes, à 3 h 30 de Lyon et à 2 h 30 de Lille.
➢ *Depuis Bruxelles et Londres :* Le Mans est à 3 h 30 de Bruxelles et à 4 h 30 de Londres.

Adresses utiles

❚ *Comité départemental du tourisme :* 40, rue Joinville, 72000 Le Mans. ☎ 02-43-40-22-50. Fax : 02-43-40-22-51.

■ *Gîtes de France :* 78, av. du Général-Leclerc. ☎ 02-43-23-84-61.
● www.gites-de-france.fr ●

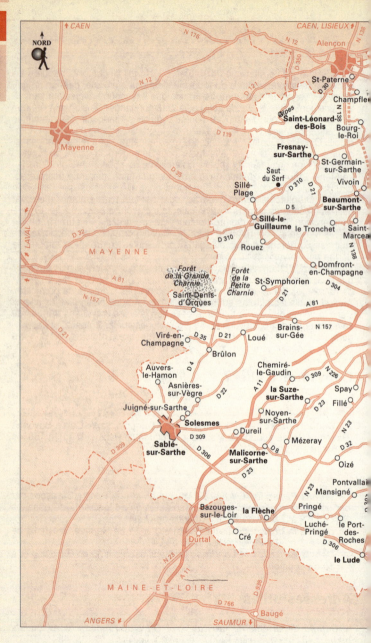

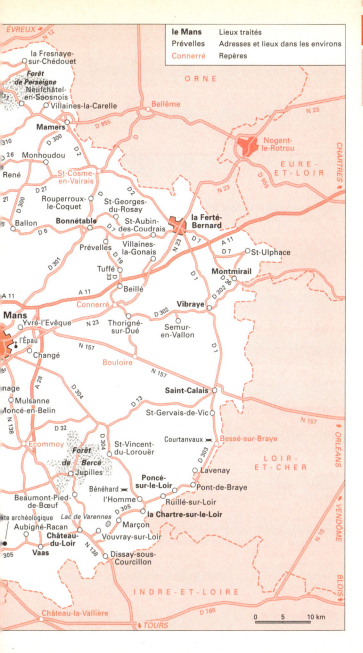

LA SARTHE

Location de bateaux

- **Anjou Navigation :** quai National, 72300 Sablé-sur-Sarthe. ☎ 02-43-95-14-42. Fax : 02-43-92-26-06. • www.anjou.navigation.com • 24 bateaux.
- **Maine Anjou Rivières :** Le Moulin, 49220 Chenillé-Changé. ☎ 02-41-95-10-83. Fax : 02-41-95-10-52. • www.acom.fr/relaisdechenille • 41 bateaux dont certains, en été, disponibles au Mans et à Châteauneuf-sur-Sarthe.
- **Sarthe Évasion :** 104 bis, quai Amiral-Lalande, 72000 Le Mans. ☎ 02-43-23-21-31. Fax : 02-43-24-12-42. 5 bateaux.

LE MANS (72000) 145 900 hab.

Autour du Mans, tracez un cercle : en 45 mn, depuis la ville la plus éloignée du département, on peut être aux portes de la cité. Après, tout dépend des embouteillages. On met moins de temps presque pour arriver de Paris en TGV : à peine 1 h. De tout cela, les Manceaux se moquent bien. Ils boudent. Ils en sont assez d'être mal aimés, d'accueillir des touristes pressés qui n'ont pas conscience des beautés des deux circuits qu'ils ont la chance de posséder. Pour un peu, ils trouveraient qu'on parle trop de l'un – les fameuses « 24 Heures » – et pas assez de l'autre, celui du vieux Mans, filmé à longueur d'année par des réalisateurs nostalgiques des films de cape et d'épée. Ses habitants le pensent, son long passé et ses monuments plaident pour une reconnaissance nationale. À vous de juger.

UN PEU D'HISTOIRE

La ville est née sur une colline, environ 4 000 ans avant notre ère, s'il faut se fier au baromètre historique que représente le menhir de la cathédrale (la Pierre au Lait), laissé là par la peuplade préhistorique « soupe au lait » – forcément ! – qui campait sur cet éperon rocheux dominant la Sarthe.

L'époque gallo-romaine

Lorsqu'en 57 av. J.-C. les légions romaines envahirent la région ; la cité, occupée par des Cénomans, peuplade d'origine celtique, s'appelait Vindunum (« colline Blanche »). Bourgade de paysans, lieu de marché ou simple refuge, allez savoir ?
Tout cela, on le sait ou on le devine, moins au travers des commentaires de Jules César (la Sévigné de l'époque !) dans la *Guerre des Gaules* que par les découvertes archéologiques réalisées lors du percement de la butte occupée par le vieux Mans pour creuser ce qu'on appelle le tunnel. Elle devint la gallo-romaine Subdunum, laissant les Gaulois dans la plaine (on se croirait dans Astérix !). De nombreux vestiges de l'occupation romaine sont encore visibles ici et là, comme l'enceinte fortifiée dressée au moment des incursions barbares, une des murailles les mieux conservées de l'époque. Son aspect révèle la hâte des bâtisseurs, mélange de matériaux insolites d'une étrange beauté. À l'intérieur, les habitants purent à la fois se réfugier et se protéger.

La cité médiévale

L'ensemble fera front aux Francs, Normands, Bretons et autres gens de bonne compagnie qui voudront s'y poser. La venue de saint Julien amènera la fondation de nombreux édifices religieux, et le sens de l'organisation des évêques une profonde mutation de la vie dans ces murs.

Une cité médiévale grandit autour de la première cathédrale et d'une grande rue sur laquelle se grefferont nombre de petites rues et cours. La vieille ville cénomane du VIe siècle va devenir Le Mans au XIIe siècle, donnant aux bourgeois l'envie d'en finir avec les multiples exactions dont ils n'avaient cessé d'être victimes. Le pouvoir appartenait aux comtes et aux ducs qui se battaient pour obtenir la suprématie sur ces terres. Ces luttes durèrent jusqu'à ce qu'au XIIe siècle le comté fût absorbé par celui d'Anjou.
Déjà, en 1070, sous Guillaume le Conquérant, les bourgeois du Mans avaient tenté de faire de leur ville une des premières « communes » de France. Prise par Jean sans Terre, la ville fut démantelée par Philippe Auguste, qui la perd, puis la reprend, pour finalement la donner à la veuve de Richard Cœur de Lion, la reine Bérengère.

Le règne des Plantagenêts

Entre-temps, la cathédrale du Mans avait connu un événement lourd de conséquences : le 9 juin 1129 eut lieu le mariage de Mathilde, fille d'Henri Ier d'Angleterre, avec Geoffroy Plantagenêt, comte d'Anjou. Elle lui donna un fils, Henri II, qui naquit ici, grandit ailleurs et finit par épouser Aliénor d'Aquitaine avant de finir roi, comme papa ! Son domaine, rappelons-le, s'étendait quand même de l'Écosse aux Pyrénées... Son fils, à son tour, un certain Richard Cœur de Lion qu'on n'ose plus présenter, se marie dans l'île de Chypre (c'est du dernier chic) avec Bérengère, princesse de Navarre. En 1204, devenue veuve (ben oui, on coupe pas mal, question de place, mais rassurez-vous, on parle souvent de la reine B., dans les pages qui suivent !), elle se retira au Mans et fonda la dernière abbaye cistercienne française, l'abbaye de l'Épau.

L'entre-deux-guerres

La guerre de Cent Ans, comme partout, fit ici des ravages. C'est en traversant les landes du pays d'Outillé que le pauvre Charles VI devint complètement fou. Tombée entre les mains des Anglais, la ville ne reviendra à la couronne qu'en 1447. Louis XI passa deux mois dans la maison des Morets, face à Notre-Dame, et à l'hôtel d'Arcouges, rue Saint-Pavin. Il avait habilement manœuvré pour obtenir l'héritage du dernier comte du Maine, Charles V d'Anjou. Ainsi put-il réunir à la couronne le duché d'Anjou et le comté du Maine. En guise de remerciement, la cité mancelle reçut en 1481 sa première charte qui la dota d'un hôtel de ville et d'une assemblée d'échevins.
Nouvelle épreuve au temps des guerres de Religion. Prise par les protestants, reprise par les catholiques en 1562, la ville est finalement assiégée par Henri IV en 1589. Au XVIIe siècle, la ville s'agrandit avec le quartier des Halles et celui de l'abbaye de Couture. On aménage la place des Jacobins en belles promenades. Une longue période de tranquillité en fera une cité bourgeoise, enrichie, repue.

Le naufrage des Vendéens

Survint la Révolution, qui supprima les couvents comme partout et fit disparaître nombre d'œuvres d'art. Mais le plus dur était encore à venir, au travers des conséquences du soulèvement vendéen. Partie depuis mars 1793, « l'armée de souffrants » de La Rochejacquelein traînait son lot d'affamés, vieillards, femmes et enfants à travers l'Ouest. Ils arrivent le 7 décembre à La Flèche et le 10 au Mans, où ils entrent, épuisés, pour reprendre des forces. Le 12 décembre apparaissent les hussards de Westermann, avant-garde des Républicains de Kléber et Marceau. L'attaque se fit dans la nuit et le combat fut impitoyable de part et d'autre. Cette atroce bataille de rue laissa des morts par milliers, sabrés, chargés à la baïonnette, fusillés à bout portant par les Bleus. Les survivants évacuèrent vers Laval.

Naissance d'une cité industrielle

Sous la monarchie de Juillet, la ville se dote d'un pont, d'une nouvelle halle, d'un nouveau théâtre. L'arrivée du chemin de fer en 1854 sera décisive pour l'avenir.
Deux invasions n'arrêtèrent pas son élan, ni celle des Prussiens le 11 janvier 1871, ni l'occupation allemande de juin 1940 à août 1944. Avec la venue des usines Renault, un nouveau coup de fouet économique est donné, affirmant la vocation automobile du Mans. C'est ici que fut construite, par Amédée Bollée père, l'Obéissante qui partit le 9 octobre 1875 pour une mémorable randonnée jusqu'à Paris. C'était la première d'une longue série de voitures à vapeur et d'automobiles de luxe auxquelles le nom des Bollée reste attaché. Une épopée que vous revivrez au cours de votre visite du musée des 24 Heures et d'un circuit devenu mythique. Depuis 1923 s'y affrontent chaque année, en juin, les plus grandes écuries automobiles du monde. Depuis peu, les camions (en octobre) et les motos (en avril) les ont rejointes pour des courses-marathon à grand spectacle.

LES 24 HEURES DU MANS

Pourquoi « 24 Heures » ? Parce que telle est la durée de cette course d'endurance, dont le départ et la clôture sont théoriquement sonnés à 16 h : le gagnant est celui qui totalise le plus de tours (environ 300 !). Loin de jouer les OVNI dans le paisible paysage manceau, les « 24 Heures » recrutent en ville le plus gros de leur public. Et cela depuis les origines. Depuis qu'Amédée Bollée, fils de la capitale des rillettes, réussit à joindre Paris en voiture à chevaux-vapeur, Le Mans rime avec automobile. En 1906, l'Automobile Club de la Sarthe pouvait organiser un Grand Prix sur un circuit triangulaire long de 103 km. L'actuel mesure beaucoup moins, mais il est clos. Après Fangio, Ickx, Bell et Pironi entre autres, Le Mans s'est entiché de Yannick Dalmas qui s'est révélé, sur ce circuit, l'un des plus habiles de nos pilotes français.

LE PARLER D'HENRIETTE (OU PATOIS SARTHOIS)

Un chapitre est consacré au patois régional dans les « Généralités » à la rubrique « Langues régionales ».

■ **Adresses utiles**

- 🅸 Office du tourisme
- ✉ Poste
- 🚅 Gare SNCF
- 🚌 Gare routière

Où dormir ?

- 10 Auberge de jeunesse internationale Le Flore
- 12 Anjou Hôtel
- 14 Hôtel de la Pommeraie
- 15 Hôtel Green 7
- 16 Hôtel Chantecler
- 17 Hôtel Concorde

🍽 **Où manger ?**

- 17 L'Amphitryon
- 20 Crêperie-salon de thé Le Blé en Herbe
- 21 Le Berry
- 22 La Vie en Rose
- 23 Le Nez Rouge
- 24 Le Clos du Hallai
- 25 La Taverne de Maître Kanter
- 26 L'Atlas
- 27 Le Flambadou
- 29 L'Auberge de Bagatelle
- 30 La Ciboulette
- 31 Le Beaulieu
- 32 Le Grenier à Sel
- 33 L'Auberge des 7 Plats

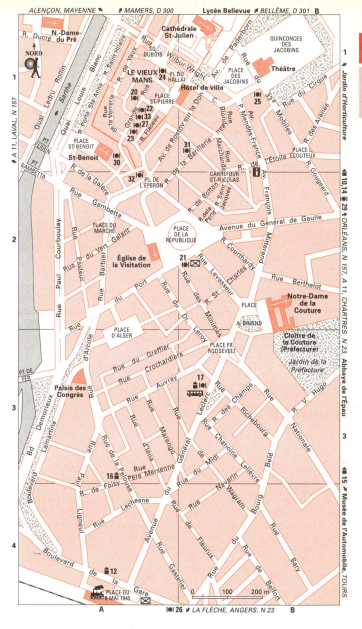

LE MANS

Adresses et infos utiles

- **Office du tourisme** (plan B1-2) : hôtel des Ursulines, rue de L'Étoile. ☎ 02-43-28-17-22. Fax : 02-43-28-12-14. Ouvert en saison du lundi au samedi de 9 h à 18 h ; les dimanche et jours fériés, de 10 h 30 à 12 h 30 et de 14 h 30 à 17 h. Hors saison, du lundi au vendredi de 9 h à 18 h ; le samedi, de 9 h à 12 h et de 14 h à 18 h ; les dimanches et jours fériés, de 10 h à 12 h.
- **Postes** : 1, place du 8-Mai-1945 (plan A4). ☎ 02-43-21-75-00. Et place de la République (plan B2). ☎ 02-43-39-14-10.
- **Gare routière** (plan B3) : ☎ 02-43-24-36-36, pour les bus de la ville, et 02-43-39-97-30 pour les déplacements intervilles.
- **Gare SNCF** (plan A4) : ☎ 0892-35-35-35 (réservations ; 0,34 €/mn, soit 2,21 F).
- **Taxis** : à la gare SNCF, côté nord. ☎ 02-43-24-99-99. Taxis Radio 24 h/24 : ☎ 02-43-24-92-92.
- **Location de vélos** : M. Lemée, 8, rue des Victimes-du-Nazisme. ☎ 02-43-81-88-91. Top-Team : 9, place Saint-Pierre. ☎ 02-43-24-88-32. Ce dernier loue uniquement des VTT.
- **Location de bateaux habitables sans permis** : Sarthe Évasion. ☎ 02-43-23-21-31. Fax : 02-43-24-12-42. Au départ du Mans, house-boats de 2 à 8 personnes.
- **Golf Club du Mans** : à Mulsanne. ☎ 02-43-42-00-36. Fax : 02-43-42-21-31. À 12 km du Mans. Parcours de 18 trous dans un cadre sylvestre. Club-house ouvert tous les jours.

– **Croisières sur la Sarthe :** différentes formules, renseignements auprès des Croisières Mancelles : ☎ 02-43-80-56-62.
– **Marchés :** au pied de la cathédrale, les mercredi, vendredi et dimanche avec une profusion de petits producteurs de fromages, légumes, fruits et fleurs.

Où dormir ?

Bon marché

- **Auberge de jeunesse internationale Le Flore** (hors plan par B2, 10) : 23, rue Maupertuis. ☎ 02-43-81-27-55. Fax : 02-43-81-06-10. À partir de la place de la République, bus n° 12 direction Californie (nord-est), arrêt à la station Erpell. Fermé du 15 décembre au 2 janvier. 10,67 € (70 F) le lit, petit déjeuner compris, et 16,46 € (108 F) la demi-pension obligatoire pour un séjour supérieur à 3 nuits. Repas à 4,65 et 5,79 € (30,50 et 38 F). Carte FUAJ obligatoire. Capacité d'accueil : 22 lits. Ne venez pas avec toute votre famille, sauf en juillet et août, où elle passe à 40 lits. Plusieurs chambres de 2 à 3 lits, 1 chambre de 4 lits et 1 appartement avec 7 lits. Pour nos lecteurs, accès gratuit à Internet sur présentation du Guide du routard.

Prix moyens

- **Anjou Hôtel** (plan A4, 12) : 27, bd de la Gare. ☎ 02-43-24-90-45. Fax : 02-43-24-82-38. Chambres doubles ou simples à 45 € (295 F). Le petit déjeuner est gentiment amélioré : ça doit tenir au fait que le nouveau patron nous vient de la pâtisserie. Double vitrage et même double fenêtre. Parking privé payant derrière. Une bonne adresse pratique face à la gare, reprise par un couple qui se met en quatre et qui se soucie de la sécurité de ses hôtes. Toujours un œil sur les entrées, ça rassure. Chambres refaites à neuf et accueil charmant. Un bon point de chute en descendant du train. 10 % de réduction sur le prix de la chambre du vendredi au dimanche et les jours de fêtes sur présentation du *Guide du routard*.

▲ *Hôtel de la Pommeraie* (hors plan par B2, **14**) *:* 314, rue de l'Éventail. ☎ 02-43-85-13-93. Fax : 02-43-84-38-32. ⚒ Sortez du Mans par la route de Paris (N23), puis fléchage. À l'*Auberge de Bagatelle*, tournez dans la rue de Douce-Amie. Ouvert toute l'année. Chambres doubles à partir de 35,83 € (235 F), avec douche, à 45 € (295 F) avec douche et w.-c. ou bains. Pas trop loin du centre (en voiture), cet hôtel respire le calme et la tranquillité. Un havre de paix avec parc aux arbres superbes, au point qu'on en oublie l'architecture plutôt banale. Accueil sympathique. Parking. Insonorisation et rénovation des chambres en cours. Apéritif maison offert à nos lecteurs sur présentation du *Guide du routard* de l'année.

Plus chic

▲ I●I *Hôtel Green 7* (hors plan par B3, **15**) *:* 447, av. Georges-Durand. ☎ 02-43-40-30-30. Fax : 02-43-40-30-00. • www.hotelgreen7.com • ⚒ Au sud du Mans, route de Tours. À 1 700 m de l'entrée du circuit des 24 Heures du Mans et du musée de l'Automobile. Resto fermé les vendredi soir et dimanche soir, ainsi que 3 semaines en août. Chambres doubles à partir de 46 € (302 F), tout confort. Menus à 13 € (85 F), en semaine uniquement, et de 20 à 31 € (131 à 203 F). Mettez-vous au vert, voire au calme, dans cet hôtel relooké contemporain. Plus que son restaurant, qui peut toujours vous dépanner, si vous n'avez pas envie d'aller jusqu'au centre-ville, c'est pour son aspect pratique, son parc, son parking et son bon petit déjeuner à volonté (buffet assez remarquable) qu'il nous a plu. Parking dans l'hôtel. Pour les lecteurs, 10 % de réduction accordée sur présentation du *GDR*, à partir de 2 nuits sauf en mai, juin et septembre.

▲ *Hôtel Chantecler* (plan A3, **16**) *:* 50, rue de la Pelouse. ☎ 02-43-14-40-00. Fax : 02-43-77-16-28. • hotel.chanteclerc@wanadoo.fr • Entre le palais des congrès et la gare. Chambres doubles de 59,46 à 70,13 € (390 à 460 F) avec douche et w.-c. ou bains, TV (Canal +). Un hôtel et une rue dont les noms sentent bon la campagne (mais la comparaison s'arrête là, faut pas pousser !). Voilà qui devrait rassurer ceux qui cherchent le calme et le confort à deux pas (trois, soyons juste) du vieux Mans et du palais des congrès. L'accueil est chaleureux, le service compétent, le parking assuré. Le petit déjeuner, dans le jardin d'hiver, est plutôt sympathique. Il y a un restaurant attenant à l'hôtel (*La Feuillantine*), mais ça n'a rien à voir avec le reste de l'établissement, on vous aura prévenu. Chambres très correctes pour un court séjour. Kir offert aux lecteurs sur présentation du *Guide du routard* de l'année.

▲ I●I *Hôtel Concorde* (plan B3, **17**) *:* 16, av. du Général-Leclerc. ☎ et fax : 02-43-24-12-30. • www.concordelemans.com • En plein centre-ville. Parking. Chambres doubles tout confort à partir de 81 € (531 F). Petit déjeuner-buffet à 10 € (66 F). Menu express à 16,50 € (108 F), et un menu gourmand à 23 € (151 F). Trois autres menus de 27,50 à 44,50 € (180 à 292 F). Au restaurant, *L'Amphitryon*, dont la salle a été refaite dans le style des années 1930, bonne surprise, qui commence avec un menu express (normal, au pays des 24 Heures – sauf le dimanche soir) et un menu gourmand à prix intéressants, et puis tous les produits sont frais pour une cuisine gastronomique traditionnelle. L'hôtel chic du Mans, depuis des lustres (c'est le cas de le dire) à deux pas de la préfecture, avec des chambres de style(s). Pas l'endroit où l'on vient en short, vous l'avez deviné. Mais la meilleure adresse d'une ville qui ne connaît pas vraiment d'hôtels de charme, des vrais.

Où manger ?

Bon marché

|●| **Crêperie-salon de thé Le Blé en Herbe** (plan A1, **20**) : 48, Grande-Rue. ☎ 02-43-28-39-00. Fermé le dimanche et lundi midi en hiver, dimanche midi et lundi en été, la 1re quinzaine de septembre et entre Noël et le Jour de l'An. Galettes entre 2,13 et 5,34 € (14 et 35 F), cidre artisanal à 6,40 € (42 F), repas complet autour de 9,15 € (60 F). Bien que située dans un coin on ne peut plus touristique, une petite crêperie sympa qui mérite vos faveurs. En hiver, on dîne dans la cave voûtée, en été, sur la terrasse. Accueil lunatique. Apéritif maison offert à nos lecteurs sur présentation du *Guide du routard*.

|●| **Le Berry** (plan B2, **21**) : 27, place de la République. ☎ 02-43-28-46-07. Une formule à 7,47 € (49 F) à midi en semaine, autour d'un plat du jour, et des menus jusqu'à 19,67 € (129 F). 8 recettes de moules-frites très appréciées. Terrasse quand il ne fait pas un temps de cochon (vieille plaisanterie locale). Et d'abord, un peu de pluie n'a jamais empêché d'apprécier les rillettes du Mans et autres charcuteries de pays. Encore qu'ici les spécialités viennent d'ailleurs. Du Berry ? Mais non, quelle idée, de Corse ! Comme le patron. On peut se régaler d'une bonne grosse salade, si l'on joue les petites natures.

Prix moyens

|●| **L'Auberge des 7 Plats** (plan A1, **33**) : 79, Grande-Rue. ☎ 02-43-24-57-77. Fermé les dimanche et lundi. Formule le midi à 7,17 € (47 F) avec un plat et un dessert. Menus à 10,21 et 13,26 € (67 et 87 F) avec choix de 10 entrées, 7 plats et 10 desserts. La grande maison à colombages et de l'allure, certes, mais elle n'est pas la seule dans cette rue, l'une des plus typiques du vieux Mans. Par contre, l'originalité d'offrir un choix de 7 plats chauds dans le même menu est responsable en grande partie du succès du restaurant et de son nom. L'accueil jeune et décontracté y est aussi pour beaucoup. Ajoutons qu'une vraie brigade se démène en cuisine et que le résultat est là : carpaccio, foie gras (avec 1,52 €, soit 10 F de supplément), jambon de pays ou magret au poivre, confit, paupiettes, etc. Tout est maison, frais, soigné et d'un excellent rapport qualité-prix. Vins d'appellation en carafe et tous les apéritifs à 2,59 € (17 F). La recette du succès est simple, n'est-ce pas ? Réservation à envisager. Digestif maison offert sur présentation du *GDR*.

|●| **La Vie en Rose** (plan A1, **22**) : 55, Grande-Rue. ☎ 02-43-23-27-37. Fermé le dimanche soir. Menu à partir de 10,52 € (69 F) pour déjeuner en semaine, ou menus à 15,09 et 22,56 € (99 et 148 F). Ce serait un comble si vous ne trouviez pas votre bonheur, en remontant cette magnifique rue plus souvent occupée par des acteurs à cheval que par des touristes à pied, ces dernières années. Maintenant que les équipes de tournage l'ont déserté, ce restaurant a repris sa vitesse de croisière et propose de bons menus. La carte change trois fois par an et suit les inspirations du chef et le marché. Terrasse aux beaux jours.

|●| **Le Nez Rouge** (plan A1, **23**) : 107, Grande-Rue. ☎ 02-43-24-27-26. Fermé les dimanche et lundi, et de mi-août au 5 septembre. Menu en semaine à 16,01 € (105 F), autres menus entre 24,39 et 35,06 € (160 et 230 F). Difficile de ne pas le voir, ce *Nez*-là, quand on admire les façades du vieux Mans, qui a retrouvé sa sérénité, après le tournage

du *Bossu* et du *Masque de Fer*. Ne croyez pas, cependant, que vous pourrez y faire les clowns, ce n'est pas l'esprit maison. Du moins dans le restaurant gastronomique – comme il est précisé, sait-on jamais –, où l'on vient pour la montgolfière de moules, la fricassée de langoustines ou le civet de lotte aux cèpes, soufflé froid de chocolat blanc. Des spécialités proposées dans le 1er menu ou dans celui, plus « fin nez », au tarif suivant. Café offert à nos lecteurs sur présentation du *GDR* de l'année.

|●| **Le Clos du Hallai** (plan A1, 24) : 1, rue du Rempart. ☎ 02-43-77-13-95. Fermé les dimanche et lundi, 15 jours en février et en août. Une formule du marché à 10,37 € (68 F), à midi en semaine, et des menus entre 13,57 et 30,18 € (89 et 198 F). À la carte, comptez autour de 22,87 € (150 F). Une petite adresse conseillée par les gens du musée de la reine Bérengère (*Hallai*-z'y donc, qu'ils disaient, avec humour) qui aiment bien le menu du marché pour la pause du midi. Les autres menus proposent de bons plats copieux avec de beaux desserts. Et la carte suit les saisons. Comme le chef n'est pas un nerveux et que le service est à l'unisson, prenez votre temps, rien ne presse. Profitez de la petite cour intérieure aux beaux jours, ou de la véranda. Bons vins des coteaux du Loir. Café offert à nos lecteurs porteurs de l'édition en cours.

|●| **Le Grenier à Sel** (plan A2, 32) : 26, place de l'Éperon. ☎ 02-43-23-26-30. Menu en semaine à 15,24 € (100 F). Autres menus de 20,58 à 42,69 € (135 à 280 F). Agneau, bœuf label rouge, homard breton. La garantie s'affiche ici en grosses lettres sur un calicot à l'entrée et il est vrai que ça rassure en ces temps galvaudés où l'on ne sait plus trop ce qui se cache sous la feuille de salade. La déco est raffinée et cadre bien avec cette cuisine authentique, un brin sophistiquée dans sa présentation japonisante. La salle bourdonne vite des familles venues faire ici leur devoir dominical gastronomique. Toutefois, on boudera les apéros, aux prix qui gonflent considérablement l'addition. Ambiance un brin chic, mais pas guindée.

|●| **La Taverne de Maître Kanter** (plan B1, 25) : 7, place des Jacobins. ☎ 02-43-28-04-06. Formule express le midi à 11 € (72 F). Menus entre 14,40 et 21,60 € (94 à 142 F). Plats du jour impeccables. À force d'avoir connu moult déboires dans d'autres tavernes du même style, on serait passé facilement devant, sans s'arrêter, au retour d'une balade dans le vieux Mans, s'il n'y avait eu le bouche à oreille. Sur le marché en face comme à la sortie du théâtre d'à côté, on le cite en référence pour ses fruits de mer, le bon maître. Alors, si vous avez garé votre voiture dans le parc, offrez-vous un plateau de l'océan ou... une choucroute. Ajoutons qu'un vrai pâtissier sévit en cuisine... Apéritif offert aux PDG (porteurs du *Guide*).

|●| **L'Atlas** (hors plan par B4, 26) : 80, bd de la Petite-Vitesse. ☎ 02-43-61-03-16. ♿ En sortant de la gare SNCF, partir à droite et passer sous le pont du chemin de fer (gare sud). Service jusqu'à 23 h 30. Fermé les lundi midi, samedi midi et en août. Petit menu à 11,43 € (75 F), difficile à obtenir... À la carte, comptez entre 16,77 et 22,87 € (110 et 150 F). Imaginons que votre train soit bloqué au Mans (ça arrive, eh oui!). Vous apprécierez de trouver, dans ce quartier de la gare sans grand intérêt touristico-gastronomique, ce restaurant de spécialités marocaines ouvert par un homme qui a du goût pour la cuisine de son pays autant que pour la mise en scène. C'est un palais arabe qui s'ouvre à vous, dans cette rue ayant échappé à la destruction, une fois poussées les portes de l'*Atlas*. Service plein d'attentions. Tajines et couscous honnêtes. Pâtisseries orientales d'une grande fraîcheur. Le samedi soir, une danseuse du ventre vous fait tourner un peu plus la tête après le *boulaouane*! Le service, lui, est tranquillou.

|●| **Le Flambadou** (plan A1, 27) : 14 *bis*, rue Saint-Flaceau. ☎ 02-43-24-88-38. Près de l'hôtel de ville, dans le vieux Mans. Fermé le dimanche, ainsi qu'une semaine à Pâ-

ques et 1 semaine autour du 15 août. Comptez environ 27,45 € (180 F) le repas. Le patron vient de Mizizan, ça se voit, ça se sent. De la cuisine de grand-mère, il n'a pas gardé que le nom de l'enseigne (le *flambadou* étant une sorte de louche qu'on rougit dans la cheminée et qui servait à arroser les viandes avec de la graisse), il a retenu l'essentiel : salade de gésiers confits aux grains de raisin frais, civet de cuisse d'oie à la lotoise, cassoulet *Flambadou*, fricassée de manchons de canard confits... Petite salle intime et chaleureuse en hiver, jolie terrasse en été, posée sur les remparts gallo-romains. Carte des vins proposée en album photo avec légendes. Café offert aux lecteurs porteurs du *GDR* de l'année.

Plus chic

|●| *L'Auberge de Bagatelle* (hors plan par B2, 29) : 489, av. Bollée. ☎ 02-43-85-25-73. À l'entrée du Mans sur la N23 (route de Paris). Fermé le mercredi, le dimanche soir, 1 semaine en août et en février. Menu rapide à 13,20 € (87 F), en semaine, avec 2 plats et 1 dessert. Les suivants vont de 20 à 32 € (131 à 210 F). Si vous craquez (circulation, chaleur, etc.) et n'avez pas envie d'entrer dans Le Mans avec le chien et les gosses, sans compter les bagages dans la voiture, pensez à l'*Auberge de Bagatelle* pour une halte sympathique. Côté cuisine, des recettes soignées comme le médaillon de veau aux girolles ou le sandre rôti au coulis d'oursin. Jolie terrasse, jardin, parking ombragé. Frais et net.

🛏 |●| *L'Amphitryon* (plan B3, 17) : 16, av. du Général-Leclerc. Se reporter à la rubrique « Où dormir ? », plus haut, hôtel *Concorde*.

|●| *La Ciboulette* (plan A1, 30) : 14, rue de la Vieille-Porte. ☎ 02-43-24-65-67. Près de la place de l'Éperon. Fermé les samedi midi, dimanche, lundi midi, ainsi que 3 semaines en août. Menu-carte à 30,18 € (198 F). Une des meilleures adresses du quartier, vite remplie avec sa petite salle, très chaleureuse le soir venu. Vous apprécierez le menu-carte : beau choix de poissons cuisinés avec des épices qui vous feront voyager. Bonne ambiance et accueil sympa.

|●| *Le Beaulieu* (plan B1, 31) : 24, rue des Ponts-Neufs. ☎ 02-43-87-78-37. Fermé les samedi, dimanche, 1 semaine en février et au mois d'août. Menus à partir de 21,35 € (140 F), à midi, entrée, plat et vin compris, jusqu'à 42,70 € (280 F). Un petit restaurant pour amoureux de la table, qui se régaleront avec cette cuisine du marché au fond très classique, qui s'adapte néanmoins aux goûts du moment, comme le pigeonneau désossé aux girolles. Beau travail autour des poissons. La bonne adresse discrète, recommandée par les fins gourmets, face à la mairie et aux jardins. Un peu cher, toutefois... Un verre de vin régional offert aux lecteurs du *Guide du routard*.

Où dormir ? Où manger dans les environs ?

🛏 |●| *Hôtel-motel Papea* : Bener, N23, 72530 Yvré-l'Évêque. ☎ 02-43-89-64-09. Fax : 02-43-89-49-81. À 5 km à l'est, bien indiqué sur la route de Paris. Chalets de 2 à 5 personnes de 30,49 à 76,22 € (200 à 500 F). Petit déjeuner : 5,35 € (35 F). Plateau-repas sur commande et pour dépanner : 8 € (52 F). Parking. Tout près de l'abbaye de l'Épau, une vingtaine de chalets confortables disséminés dans un joli parc. Idéal pour se mettre au vert à deux pas de la ville. Accueil sympathique et insolite, les lapins vous faisant un brin de conduite, et les proprios un brin de conversation (quand ils sont en forme, les uns comme les autres !) jusqu'à la porte de ce qui sera votre maison. Un petit déjeuner par nuit est offert à nos lecteurs sur présentation du *Guide du routard*.

LE MANS / OÙ DORMIR ? OÙ MANGER DANS LES ENVIRONS ?

🏠 I●I *Hôtel-restaurant Arbor :* auberge de Mulsanne (ligne droite des Hunaudières), 158, route de Tours, 72230 Mulsanne. ☎ 02-43-39-18-90. Fax : 02-43-39-18-99. 🛏 À 10 mn du Mans (à 8 km au sud), sur le site du circuit des 24 Heures. Resto fermé le samedi midi, ainsi que les 3 premières semaines d'août et 1 semaine autour de Noël. Chambres à 55 € (361 F). Menus à 16 € (105 F), en semaine, et entre 30 et 59 € (197 et 387 F). Durant la compétition, cet hôtel, qui accueille les écuries de course, est bien entendu pris d'assaut et les prix augmentent en conséquence ! Mais en dehors de cette période, et pour ceux que le circuit laisse indifférents, l'hôtel tient à la disposition des clients un sauna et une petite piscine... Chambres impeccables avec bains. A priori, tout cela n'a rien de routard, mais le patron a appris à ne pas se fier aux apparences et nous aussi, ça tombe bien !

I●I *Auberge des Matfeux :* 289, av. Nationale, 72230 Arnage. ☎ 02-43-21-10-71. 🛏 Sur la route d'Angers, à 9 km au sud du Mans. Fermé les dimanche soir, lundi et mercredi soir, ainsi que la 1re quinzaine de janvier et du 30 juillet au 20 août. Menus de 28,97 à 55,64 € (190 à 365 F). Comptez autour de 60,98 € (400 F) à la carte. Ne vous trompez pas d'adresse ni de nom. Pas de maffieux, pas de carnage, que du chic et du bon. Si vous venez de gagner le Grand Prix, ou pour vous consoler de ne pas l'avoir, offrez-vous, à deux pas, le plaisir d'une grande table, dans une auberge élégante. Enlevez votre combinaison ou votre tenue sport. Ici, tout est luxe, calme et volupté, comme disait un coureur bien connu. Rien à voir avec l'auberge campagnarde d'autrefois. Tapez dans les menus : vous goûterez peut-être le meilleur poulet de Loué, aux morilles fraîches farcies ou avec une belle sauce aux trompettes de la mort. À moins que vous ne préfériez les ravioles de langoustines ou le filet de canard de Barbarie au miel. La carte change selon les saisons. Café offert à nos lecteurs sur présentation du *Guide du routard*.

🏠 I●I *Chambres d'hôte :* chez Jacqueline et Bernard Brou, 3, rue du Petit-Pont, 72230 Moncé-en-Belin. ☎ 02-43-42-03-32. À 13 km au sud du Mans. À l'église du village, direction Téloché, puis tournez tout de suite vers Saint-Gervais-en-Belin, la maison est à 100 m sur la gauche. 6 chambres agréables, dans une ferme, à 39,65 € (260 F) pour 2 personnes, petit déjeuner compris. Table d'hôte de 12,20 à 15,24 € (80 à 100 F) tout compris. Accueil authentique et ambiance familiale. Réduction de 10 % offerte à nos lecteurs ayant le *GDR* en poche sur le prix de la chambre à partir de la 2e nuit (hors saison).

I●I *Restaurant du Midi :* 33, rue du Mans, 72240 Domfront-en-Champagne. ☎ 02-43-20-52-04. À 18 km au nord-ouest du Mans. Sur la D304 qui file sur Sillé et Mayenne. Ouvert tous les midis du mercredi au dimanche, et également le soir les vendredi et samedi. Fermé les lundi, dimanche soir et mardi soir, ainsi qu'en février. 1er menus à 12,04 € (79 F) en semaine, à 18,14 € (119 F) le week-end, et 3 autres menus à 22,87, 25,15 et 30,49 € (150, 165 et 200 F). Une adresse sûre. Un beau 1er menu avec pièce de bœuf aux épices ou cuisse de canard gavé et son jus de rôti. On ne vient pas là pour rigoler mais pour se régaler, les trognes font plaisir à voir et les prix restent raisonnables vu la qualité et le service. À la carte, avec les raviolis au foie gras et à la crème de morilles ou les ris de veau au four, ne vous privez pas ! Apéritif maison offert à nos lecteurs sur présentation du *Guide du routard*.

🏠 I●I *Chambres d'hôte :* château de Montaupin, 72330 Oizé. ☎ 02-43-87-81-70. Fax : 02-43-87-26-25. À 20 km au sud du Mans. Sur la N23 entre Le Mans et La Flèche, à Cérans-Foulletourte, prenez la D31, direction Oizé, traversez le village et au stop, prenez à gauche vers Yvré-le-Polin. Comptez de 45,73 à 60,98 € (300 à 400 F) pour 2, petit déjeuner compris. Table d'hôte le soir (uniquement en complément de la chambre) à 19,06 € (125 F). Gîte pour 6 personnes de 228,67 à 457,35 € (1 500 à 3000 F). Joli château de la fin du XVIIe siècle avec un superbe parc arboré et une piscine. Marie et Laurent proposent 5 chambres, dont 3 familiales. Demandez si possible la rose et la jaune qui ont lit à baldaquin et mobilier de style. Donc de belles chambres, avec un petit déjeuner copieux (pain grillé, yaourt, croissants, corbeille de fruits). À la table d'hôte : tarte aux rillettes, marmite sarthoise, charlotte au chocolat, par exemple. Gîte situé dans un ancien pigeonnier avec kitchenette, Une chambre double et une chambre de 4 lits simples. Accueil très agréable. Pour nos lecteurs, apéritif, café et digestif offerts sur présentation du *Guide du routard*, ainsi qu'une réduction de 10 % sur le prix de la chambre à partir de 2 nuits en basse saison.

Où sortir ? Où boire un verre ?

Le Makeson : 34, rue du Port. ☎ 02-43-23-12-45. Ouvert de 17 h à 2 h. Fermé le dimanche. Une ambiance de pub londonien, avec ici aussi une clientèle de tous âges. Sympa, la « beurrée de rillettes » et le buffet gratuit, servis tous les jours jusqu'à 21 h. Les vendredi et samedi *happy hour* entre 19 h et 20 h 30 ! Bonne musique pour tous les goûts, des années 1970 à nos jours avec des concerts tous les mardis à 21 h de septembre à juin.

Le Stan : 2, place de l'Éperon. ☎ 02-43-28-99-76. Ouvert de 17 h à 2 h (4 h le samedi). Concerts jazz le week-end.

Le Terminus : 17, bd de la Gare. ☎ 02-43-24-95-95. Ouvert de 11 h à 2 h. Fermé le dimanche. Une très grande variété de bières internationales. Ambiance assurée. Pour ceux qui ont un petit creux et préfèrent la bière dans la cuisine, pas de problème. Moules-frites.

Le Bar à Vin : 3, rue du Cornet. ☎ 02-43-23-37-31. Fermé les dimanche et lundi, ainsi que la 1re quinzaine d'août. Ouvert de 11 h à 23 h. Dégustation et ventes à emporter. Également un menu à 8,99 € (59 F) avec bon nombre de plats du Sud-Ouest et d'autres menus à 12,04 et 15,09 € (79 et 99 F). Le patron est un bon œnologue et ce qu'il propose ici est assez superbe.

À voir

La ville

Des dépliants distribués par l'office du tourisme vous permettront d'avancer à votre rythme dans cette ville aux deux visages, de passer de l'atmosphère paisible du circuit du vieux Mans à celui des 24 Heures, après un tour dans les principaux musées.

★ **Le Vieux Mans** *(plan A1)* : dominant la vallée de la Sarthe et s'étendant sur 9 ha, c'est l'un des ensembles homogènes les mieux conservés de France. Classée parmi les monuments historiques, la vieille ville a bénéficié d'un programme de restauration exemplaire qui attire depuis une dizaine d'années mes réalisateurs de films historiques, de *Cyrano de Bergerac* au *Bossu*, en passant par *Eugénie Grandet* ou *Le Masque de Fer*.
On ne se lasse pas de flâner dans les ruelles de ce quartier aujourd'hui à la mode, qui était, il y a encore trente à quarante ans, un lieu à éviter de jour comme de nuit. Si vous arrivez de la place des Jacobins, en contrebas, admirez la très belle abside de la cathédrale qui surgit, imposante, dans son écrin de pierres moussues. Hors saison touristique, et hors tournage de film, on peut trouver de la place pour se garer dans les environs immédiats.

➢ Visite guidée tous les jours du 1er juillet au 31 août, à 15 h. Rendez-vous place des Jacobins. Renseignements : ☎ 02-43-28-17-22. Visites commen-

tées par des guides conférenciers agréés par la Caisse nationale des monuments historiques et des sites. Depuis peu, une visite guidée est organisée le samedi soir dans les rues éclairées du Mans, l'enceinte romaine et le quartier de la cathédrale.
– Une soixantaine de monuments sont mis en lumière tous les soirs à 1 h du matin, de mai à octobre et à minuit le reste de l'année. Se renseigner auprès de l'office du tourisme.

★ **La cathédrale Saint-Julien** (plan B1) : d'octobre à avril, ouvert de 8 h à 12 h et de 14 h à 19 h ; en juillet-août, ouvert de 8 h à 19 h. Un des plus beaux monuments religieux de France, véritable livre ouvert racontant au visiteur l'histoire étonnante de sa construction, du XIe au XVe siècle.
La façade de la nef romane est d'une grande sobriété. Commencée au XIe siècle, elle fut remaniée par la suite (il suffit de lever les yeux pour le voir). L'un des bas-côtés porte les marques de l'incendie de 1134, qui dévasta la ville et ruina la nef centrale couverte de bois. De chaque côté du portail ont été sculptés un griffon et un sagittaire. À l'angle du mur, il y a, comme près de toute église qui se respecte, un porte-bonheur qui se laisse caresser le temps de lui adresser un vœu. Celui-là laisse rêveur : c'est un menhir de granit rose qui témoigne, mine de rien, d'autres présences, en ces lieux, de cultes remontant à la nuit des temps, comme on dit dans les films... Justement, la porte que vous allez pousser pour entrer vous est peut-être familière. Elle servit, dans le film *Cyrano de Bergerac*, d'entrée au théâtre et de prélude à une fameuse tirade.
De la reconstruction de l'église, entre 1060 et 1120, ne subsistent que les bas-côtés (couverts en pierre, ils ont résisté au feu) et la façade. Il fallut refaire les piliers de la nef pour qu'ils puissent supporter une voûte en pierre sur croisée d'ogives, dans le style en vogue à l'époque dans le bassin de la Loire. Un style caractéristique, dit Plantagenêt ou angevin.
En pénétrant à toute heure du jour on ne peut qu'être saisi par la beauté de l'enfilade de 134 m de long menant d'une nef angevine – pratiquement la nef romane la plus large de France – à un chœur et une chapelle tout ce qu'il y a de plus gothique. Arrêt sur image, avant d'aller plus loin, sur les vitraux du bas-côté droit. Tous les vitraux du XIIe siècle sont au fond de la nef, dans les trois premières travées. À lire de bas en haut, comme d'habitude. Surtout le second, daté de 1140 (on utilise les costumes, notamment, pour fixer les dates), avec ces bleus et ces rouges typiques du Maine. L'ancienneté et la pureté de cette *Ascension* où le Christ est absent (la partie le représentant a disparu) et où les Apôtres se retrouvent séparés en font un pur joyau du vitrail européen. En vous retournant, admirez au passage la superbe collection de chapiteaux que même les spécialistes ont bien du mal à expliquer.
Vers 1220, le chœur roman a été remplacé par une gigantesque construction qui consacre le succès de l'architecture gothique et le retour de la ville dans le royaume de France. Il est composé de deux séries de colonnes de grande envolée. À l'intérieur, on ne peut que remarquer les déambulatoires et la hauteur progressive des voûtes (10 m, 21 m, 33 m). À l'extérieur, on peut imaginer le jeu des arcs-boutants pour permettre à ce grand corps de se projeter vers le ciel... L'ensemble est éclairé par les vitraux du triforium et les verrières du XIIIe siècle. Dans le transept, les vitraux de la rosace sont du XVe siècle (les plus vieux de France). Le tout baigne dans une douce lumière ocrée ou rosée, selon l'heure. Ailleurs qu'au Mans, on aurait peut-être eu du mal à préserver l'unité entre le chœur et le reste de l'édifice. Des difficultés financières s'étant opposées à la reconstruction de la nef, on raccorda savamment la première voûte de celle-ci avec le transept, et la perspective du chœur et de la nef s'harmonisa tout naturellement.
Ne pas manquer :
– *La visite à la chapelle axiale*, restaurée en 1999, avec son magnifique plafond à fresques *(Les anges musiciens)*, chef-d'œuvre de la peinture médié-

vale occidentale datant du XIVe siècle (on l'identifie grâce à un livre représenté et sauvegardé, et au blason de l'évêque, mort en 1385 !).
– *Les tapisseries*, avec deux panneaux contant la vie de saint Julien, et, véritable bande dessinée, cinq panneaux illustrent la non moins exemplaire vie aventureuse de Gervais et Protais, de leur naissance à leur martyre. Ceux-ci sont accrochés au-dessus des stalles du XVIe siècle, dont le nombre laissera songeur, laissant augurer de l'importance du clan des chanoines de l'époque...
– *L'orgue du XVIe siècle*, son buffet Renaissance en bois sculpté et une grande part de la tuyauterie du XVIIe siècle.
– *Le portail typique*, avec saint-Pierre et saint-Paul de chaque côté, et la frise des douze Apôtres réunis à la fin des temps dans la Jérusalem céleste. Il n'est pas situé dans l'axe de la nef mais sur un côté face à la rue la plus commerçante de l'époque.
– *Le portail Nord*, grand portail roman avec de mystérieuses sculptures.

★ ***Autour de la cathédrale :*** à votre gauche, en sortant de la cathédrale, se dresse la *maison* dite *de Scarron*, chanoine prébendé de la cathédrale, plus connu comme auteur du *Roman comique*, satire de la vie mancelle du milieu du XVIIe siècle. Ce poète, aussi laid et nabot qu'intellectuellement brillant, en épata plus d'un en étant l'époux de Françoise d'Aubigné, la future Madame de Maintenon. Cette belle demeure du XIIe siècle, remaniée au XVIe siècle, est flanquée d'une élégante tourelle et éclairée de fenêtres à meneaux. De là, vous pourrez mieux admirer les contreforts en forme d'Y de la cathédrale, uniques en leur genre, béquilles aux yeux des uns, pattes et pinces de langoustes pour d'autres. Traversez la place Saint-Michel pour rejoindre l'ancienne résidence du gouverneur du Maine. Le bâtiment de 1542 fut transformé en hospice pour les chanoines grabataires – et ils étaient nombreux (les chanoines !) – avant d'être réquisitionné pour devenir le Palais des gouverneurs du Maine. Il accueillit Catherine de Médicis, Louis XIII (cela dit pour les lecteurs de *Gala*!). Aujourd'hui, il fait plutôt décrépi, malgré ses incroyables tourelles et dentelles de pierre. Oubliez-le et descendez la ruelle (quelque peu à pic) des Pans-de-Gorons jusqu'au pied de la muraille.

★ ***L'enceinte romaine :*** des douze tours encore visibles, celle des Pans-de-Gorron, de forme hexagonale, présente une qualité de construction extraordinaire. Un mur de 18 à 20 m de haut, une base de 4 à 5 m de large pour assurer la stabilité. Classée « ville rouge », Le Mans doit son qualificatif, au XVIIe siècle, à l'aspect extérieur de sa muraille. Les briques et les rangs de petits moellons sont liés par un mortier rose. On joua sur la différence de teinte des moellons pour créer un fabuleux décor géométrique : losanges, obliques, triangles, sabliers... L'enceinte mancelle s'inscrit au sein d'une politique de grands travaux de l'époque. De par son esthétique, sa masse, sa hauteur, elle symbolisait la puissance du pouvoir impérial à la fin du IIIe siècle et le rôle politique de la ville sur son environnement. Beau travail de restauration de la tour du Vivier, avec ses fenêtres de guet en plein cintre. Là se tenait le marché aux animaux vivants. Enclavement d'un jardin à l'abri des voleurs.

★ ***Par monts et par Vaux :*** remonter par l'escalier de la Grande-Poterne, qui n'existait pas avant le XVIIIe siècle. Voir la rue de Vaux, si mignonne avec ses belles maisons sur les façades desquelles grimpent rosiers et glycines. Il suffit d'enlever descentes de gouttières et réverbères pour faire un retour dans les siècles passés. Pour imaginer les lieux avant rénovation, il reste, presque en face de l'escalier, une maison qui rappelle le quartier un rien sordide des années 1950. Sur la gauche, le bel hôtel de Vaux (1543), construit pour le procureur du roi. À l'angle de l'une des quelque 130 maisons à pans de bois du Mans, cachées pour certaines encore derrière un torchis, comme celle-ci, qui abrite une statue de Marie-Madeleine, remonter par la rue du Bouquet, en jetant un œil sur ces « souffrances du jour » qui donnaient une ouverture à ras du sol aux maisons des tisserands (Le Mans était la capitale des étamines au XVIIe siècle). Passer sous la *Maison suspendue* pour rejoindre la rue Saint-Pavin-de-la-Cité, où se trouve l'*hôtel d'Argouges*, avec sa tourelle d'escalier et sa porte sculptée du XVe siècle. Traverser la cour d'Assé, ancienne cour de justice à ciel ouvert, pour imaginer la coupe-gorge d'antan, avant de rejoindre la Grande-Rue.

★ *La Grande-Rue* (plan A1) : devant vous, un des plus beaux piliers-corniers de la cité, le *pilier aux Clefs* (XVIe siècle), enseigne de l'artisan serrurier-orfèvre qui possédait cette maison à pans de bois assez étrange, avec son escalier en saillie. On voit les modifications apportées pour permettre l'introduction de grandes fenêtres du XVIIIe siècle. Belle suite d'hôtels du XVIe siècle sur votre droite. À gauche, au n° 69 – on croit rêver – la *maison dite d'Adam et Ève* (vous ne pouvez pas vous tromper, même sans faire preuve de grande imagination) a été édifiée en 1525 par Jean de l'Épine, médecin de la reine de Navarre. Le rez-de-chaussée présente une baie en anse de panier, souvenir de l'ancienne échoppe. Il s'agit en fait de Bacchus et Ariane, car évoquer la Création, avec Adam et Ève, aurait provoqué les foudres de l'Église. Sur la place Dubois, s'élèvent la *maison du Pilier vert* et la *maison du Pilier rouge*. Ce dernier logis appartenait à un artisan fabriquant jeux de paume et cannes de soûle, ces dernières étant représentées sur le chapiteau du pilier torsadé peint en rouge.

★ *La rue de la Reine-Bérengère* : aux n°s 18 et 20 de cette fameuse rue, une *maison double*, comme vous auriez pu le supposer, dite *des Deux Amis* (la figure centrale les montre se donnant la main mais regardant chacun sa porte), elle présente sur trois niveaux (avec échoppes au rez-de-chaussée) un bel exemple de l'architecture à encorbellement. En face, trois maisons intéressantes, qui abritent aujourd'hui le musée d'Ethnographie (voir la partie « Les musées », plus loin), réunies autour d'un seul escalier (pour les autres, on montait par des échelles, comme partout). Le *logis Véron*, au n° 11, construit entre 1490 et 1515, a vraiment ce qu'on appelait pignon sur rue. Le rez-de-chaussée en pierre présente les armes du sieur Véron des Croisettes, échevin ayant la charge de receveur du grenier à sel, sous forme de rébus : petits poissons et croix. Les étages à pans de bois s'ornent de statuettes, de fleurs de lys, de croix de saint André... Au n° 9, la *maison de l'Annonciation* doit son nom à la statuette qu'entourent sainte Barbe et sainte Catherine (qui a perdu son emblème de martyre). Qui lui rendra sa palme ? Au n° 7, la *maison du Drapier* est ornée d'une poutre rapportée où alternent personnages nus et habillés, boutonnant soit à droite, soit à gauche (le must !), le tout évoquant l'enseigne de l'artisan qui œuvrait là. Retour place Saint-Michel, devant la cathédrale.

★ *Les Thermes romains* : construits au début de notre ère, ils ont été détruits vers 270 lors de la construction de l'enceinte romaine. Seule la partie technique est visible dans la crypte archéologique qui se trouve sous l'école des Beaux-Arts. Une scénographie alliant son, vidéo et lumière retrace l'histoire de ces lieux. Visites guidées (environ 40 mn) tous les 2e et 4e samedi du mois. Adulte : 4,57 € (30 F), enfant : 2,29 € (15 F). Inscriptions auprès de l'office du tourisme : ☎ 02-43-28-17-22.

Les musées

★ *Le musée de Tessé :* 2, av. de Paderborn. ☎ 02-43-47-38-51. Ouvert du mardi au dimanche de 10 h à 12 h 30 et de 14 h à 18 h 30 en juillet et août ; le reste de l'année, ouvert du mardi au dimanche de 9 h à 12 h et de 14 h à 18 h. Entrée : 2,74 € (18 F). Possibilité de billet couplé avec le musée de la reine Bérengère ou avec le musée Vert, ou même de billet triplé avec ces deux autres musées. Billet couplé : 3,96 € (26 F). Billet triplé : 5,18 € (34 F). Pour tous les billets, tarifs réduits à moitié prix.

Étonnant musée où l'on vous recommande de passer un moment, installé dans l'évêché du XIXe siècle, lui-même construit à l'emplacement de l'ancien hôtel de la famille de Tessé, à qui il doit son nom. C'était bien le moins qu'on puisse faire, puisque les collections, confisquées à la Révolution, formèrent une partie du fonds ancien du musée.

– *L'émail Plantagenêt :* sur la gauche, en entrant, après avoir versé votre obole, recueillez-vous devant l'émail Plantagenêt, le plus ancien, le plus célèbre aussi. Ce chef-d'œuvre de l'émaillerie médiévale nous montre Geoffroy V le Bel, comte d'Anjou et du Maine (1113-1151), fondateur de la dynastie anglo-normande des Plantagenêt. Tout un roman-feuilleton a été écrit autour de cette plaque de cuivre creusée et émaillée, la plus grande de tout le Moyen Âge occidental. Enlevée du tombeau, cachée sous la Révolution, elle est entrée dans les collections du musée en 1815. LA pièce de référence en matière d'art, de costumes, d'héraldique, qui renvoie aux vitraux de la cathédrale...

– *Les primitifs :* la salle regroupe une trentaine de panneaux de retables, peints sur bois, d'artistes siennois du XIVe siècle et florentins du XVe siècle. Deux tableaux de Pesellino (les autres sont aux États-Unis). Aux figures hiératiques de saints et de vierges en majesté qui se détachent sur fonds dorés à la mode byzantine succèdent des personnages entrant dans des paysages et les premiers essais de perspective. Coup de cœur pour *La repentance du Roi David face au prophète Nathan*.

– *La Renaissance :* une école régionale des bords de Loire se développe. À côté des quatre panneaux du retable du maître de Vivoin (vers 1460) sont présentés des statues et reliefs en terre cuite du Maine de la fin du XVIe siècle.

– *Italianissimo :* dans la pièce centrale, présentation de quelques peintres italiens sous influence... L'influence du Caravage, bien sûr !

– *Cocorico !* Deux pièces importantes sont consacrées aux différents courants qui se sont développés en France sous les règnes de Louis XIII et de Louis XIV. Tout le monde veut voir – *copy or not copy, that is the question* – le tableau de la patte de Georges de la Tour, *L'Extase de saint François*. Un autre chef-d'œuvre, *La Chasse de Diane*. Un étonnant Philippe de Champaigne, *La Vanité*, d'une extrême sobriété – pas de présence humaine hormis un crâne, placé entre une fleur, dans un verre, qui va mourir et un sablier guère rassurant.

– *Fonds flamand et hollandais :* le fonds flamand est largement dominé par la peinture de genre. La série des portraits est essentiellement hollandaise, avec une étonnante *Nature morte aux armures*.

– *La vie en jaune :* tons jaunes pour la salle XVIIIe siècle, avec un mobilier qui illustre l'évolution des styles, de la période Régence à la fin du XVIIIe siècle. Un meuble exceptionnel : le secrétaire-bibliothèque exécuté pour Louis XV en 1755 par BVRB, alias Bernard II van Risen Burgh (le LVMH de l'époque). Cartel Louis XV, commode Louis XVI avec scènes de chasse de toute beauté.

– *Séries Club :* au 1er étage, le souvenir de la famille de Tessé est évoqué par les fameuses séries exécutées entre 1690 et 1725. Au cas où une exposition temporaire sévirait dans les parages, celles-ci sont exposées au rez-de-chaussée. Vous allez adorer la suite du *Roman comique*, peinte par Coulom en 1715. Ensemble de 18 tableaux, ayant pour cadre le Pays manceau, évoquant les meilleurs épisodes écrits par Scarron, écrivain facétieux. Une occasion de découvrir le petit théâtre du Mans en ce temps-là.

– *XIXe siècle :* tout tourne autour du fascinant *Portrait de famille* peint dans l'entourage de David. Tous les styles sont représentés.

– *Armes blanches et armes à feu :* très belle collection pour les amateurs, du couteau à trancher de Charles le Téméraire aux armes d'Afrique ou des îles du Pacifique en passant par d'étonnantes armes de récompense dont un must : l'épée donnée à un aubergiste du Mans par Louis XIII. Depuis

juin 2000, la présentation des armes à feu (armes de chasse ou militaires) remplacera celle des armes blanches.
– *Galerie égyptienne* : création d'une salle en sous-sol qui présente une reconstitution photographique grandeur nature de la « tombe aux vignes », sépulture de la reine Nofretari, épouse préférée de Ramsès II et de Sennefer. À côté, surprenante collection d'objets rapportés par les voyageurs d'antan : sarcophages, momie, vases canopes...

★ **Le musée de la Reine Bérengère** : rue de la Reine-Bérengère. Mêmes numéro de téléphone et tarifs que le musée de Tessé. Ouvert du 1er octobre au 31 mars, du mardi au samedi de 14 h à 18 h ; et du 1er avril au 30 septembre, ouvert du mardi au samedi de 10 h à 12 h 30 et de 14 h à 18 h 30. Au cœur même du vieux Mans, il occupe un ensemble de trois maisons de la Renaissance. Lieu pittoresque (on entend les cloches de la cathédrale, le jardin est étonnant) plus que pratique pour un musée, il doit son nom à une légende, sans rapport historique avec Bérengère de Navarre, qui vécut deux siècles plus tôt.

– *L'histoire locale* : au rez-de-chaussée, une première salle rassemble quelques tableaux évocateurs, de *La Bataille du Mans* (1795) aux *Guerres franco-prussiennes* (1871) en passant par *La Cantinière Fifine* (1848). Plus grand public, la reconstitution d'une salle commune sarthoise évoque, au travers du mobilier de l'époque, la vie au XIXe siècle. Tableaux au 2^d étage et métier à tisser le chanvre sous les toits, ce qui n'est vraiment pas sa place !
– *Céramiques populaires* : riche de plus de deux mille pièces, la collection de céramiques populaires justifie à elle seule la visite de ce musée. Une pièce du 1er étage est entièrement consacrée à Ligron, centre potier du Sud de la Sarthe actif dès le Moyen Âge, dont les poteries vernissées abondamment décorées firent la gloire des XVIIe et XVIIIe siècles. C'est la marquise de Sévigné qui fit connaître à la cour la céramique de Ligron : vierges lourdes de forme et de facture très naïve, retables dignes du baroque latino-américain, épis de faîtage monumentaux...
Étonnante histoire, à raconter au passage, que celle de Guimonneau de la Forterie, barbier qui – la soixantaine venue, après avoir eu comme victimes les potiers de la région – se lance à son tour, signant « chirurgien-potier » de superbes scènes en relief représentant la vie quotidienne de l'époque, du repas du curé sur un couvercle de soupière au buveur au chien... Regardez de près ces pichets à surprise très Douanier Rousseau.
À découvrir également : les céramiques en ronde-bosse de Courcelles (fin XVIIIe siècle), les faïences de Malicorne (de 1747 à nos jours, seule faïencerie qui ait traversé le temps), les culs noirs à décor de grosses fleurs de Bonnétable, créés au cœur d'une forêt qui a repris ses droits, les célèbres pichets aux décors modelés de Thuiland, le potier le plus original du XIXe siècle : bouilleur de cru avec alambic, boulanger enfournant son pain, charcutier éventrant le cochon, chasseur face à un cerf ahuri qui voit arriver sans réagir une volée de plomb, pêcheur à la ligne...
Sont présentées également quelques œuvres remarquables des « potiers d'étain » du Maine : beaux biberons (une des causes de la mortalité infantile, les mères appliquant un chiffon dessus !), une paire de cimarres – grands pichets à vin – aux armes de la ville du Mans, datés de 1692, des moules à chandelles, un bassin d'accouchement, un plat de quête...

★ **Le musée Vert** : 204, av. Jean-Jaurès. Mêmes numéro de téléphone et tarifs que les précédents. Ouvert du lundi au vendredi, de 9 h à 12 h et de 14 h à 18 h, et le dimanche de 14 h à 18 h. Fermé le samedi. Dernier-né des musées du Mans, le musée d'histoire naturelle, situé dans une ancienne école édifiée au XIXe siècle, abrite des collections de géologie, zoologie et botanique, riches de plus de 160 000 spécimens. Un musée qui joue à fond la carte éducative : projection de films animaliers... Idéal pour les enfants. Avec tous les ans, une grande exposition à thème dans les salles du rez-de-chaussée.

★ **Le musée de l'Automobile :** circuit des 24 Heures du Mans. ☎ 02-43-72-72-24. ● www.sarthe.com ● Ouvert du 1er octobre au 31 mai, tous les jours, de 10 h à 18 h, et du 1er juin au 30 septembre, tous les jours jusqu'à 19 h. Entrée : 6 € (40 F) pour les adultes, 5 € (33 F) pour les 12-18 ans et 2 € (13 F) pour les 7-11 ans.

Votre dernière visite est réservée, comme il se doit, au circuit des 24 Heures automobiles. Il vous sera possible d'emprunter en voiture une partie du circuit : la ligne droite des Hunaudières, le virage de Mulsanne, le virage d'Indianapolis, celui d'Arnage. Situé à l'entrée principale du circuit, le musée de l'Automobile de la Sarthe est un peu l'enfant chéri des merveilleux fous roulants de l'Automobile Club de l'Ouest. Depuis juin 1991, grâce au Conseil général, il a un nouveau bâtiment construit spécialement pour lui. Sur 5 000 m, 115 véhicules dont une vingtaine de motos et 30 bolides de course historiques font saliver les visiteurs de tous âges. Ferrari, Porsche, Matra, Courage, elles sont toutes là, rutilantes sous les spots, ces célèbres voitures qui accrochèrent à leur palmarès la course mythique. Mais pas seulement... Un véritable voyage, spectaculaire et passionnant, au pays de l'automobile attend les amateurs de vieilles voitures qui se réjouiront des 85 voitures anciennes et autres cycles et motocycles que le musée abrite. Impressionnantes Cadillac des années 1950, Rolls-Royce chromées 1920, lignes élégantes des coupés Hispano. Un secteur plus technique fait de la visite une remarquable promenade didactique, de la vapeur à la robotique. Maquettes animées, galerie de portraits, plots vidéo d'évolution technique et d'histoire, espaces cinéma, jeux interactifs, mur d'images mobiles constituent autant de découvertes, dans un circuit qui chemine parmi un siècle de véhicules de tourisme et de compétition. Pour ceux qui n'ont pas eu l'occasion de vivre en direct les 24 Heures du Mans, une bonne entrée dans ce monde étonnant qui a rendu le nom du Mans célèbre dans le monde entier.

À voir pour ceux qui ont le temps

★ **L'église Notre-Dame-du-Pré** *(plan A1)* : ouvert en juillet-août les samedi et dimanche de 15 h à 19 h. Hors de la muraille entourant le vieux Mans, sur la rive droite de la Sarthe, au bas du « tunnel ». L'église fut élevée aux XIe et XIIe siècles, sur le tombeau de saint Julien, pour être l'abbatiale d'un couvent de bénédictines. Murs romans d'origine.

★ **L'église de la Visitation** *(plan A2)* : place de la République. En longeant la Sarthe, revenir vers le centre-ville, après avoir traversé le pont Gambetta, le seul qui n'ait pas sauté en 1944, on arrive à l'église de la Visitation (construite entre 1725 et 1732). Elle dépendait d'un couvent de visitandines, aujourd'hui palais de justice. Seul exemple du style Régence au Mans, elle est empreinte d'une très grande mesure et d'une grâce toute féminine. Intérieur lumineux du fait d'une coupole.

★ **Notre-Dame-de-la-Couture** *(plan B2)* : ouvert tous les jours de 8 h à 19 h 15. En poursuivant vers la préfecture (qui en occupe les bâtiments conventuels), cette église est en fait l'ancienne abbatiale bénédictine dont la fondation remonte au VIe siècle. Elle présente au centre de sa belle façade un admirable portail des XIIIe et XIVe siècles. L'église fut construite sur le tombeau de saint Bertrand, déposé dans la crypte du Xe siècle. Deux grands retables des XVIIe et XVIIIe siècles, ainsi qu'une statue de la Vierge par Germain Pilon. D'une belle simplicité.

★ **La maison-Dieu de Coëffort** : au bout de la rue Nationale, place Washington, l'église de la Mission est en fait l'ancien hôtel-Dieu. Originellement destiné à héberger les malades, les pauvres, les enfants délaissés et les pèlerins, il fut fondé au XIIe siècle par le roi d'Angleterre Henri II Plantagenêt. Contrastant avec l'austérité extérieure, l'intérieur est d'une élégance qui annonce le gothique. Pendant 150 ans, l'édifice fut ravalé au rang d'écuries et de chambrées du quartier de cavalerie.

★ *Le jardin d'Horticulture* (hors plan par B1) *:* rue Prémartine. Du centre-ville, suivre les panneaux. Ouvert tous les jours de 8 h à 18 h. Entrée gratuite. Un jardin d'exception, site classé, à 10 mn à pied de la cathédrale Saint-Julien. D'une superficie de 5 ha, il fut créé sous le Second Empire. Il est conçu pour partie en jardin à la française avec une magnifique roseraie et pour partie en jardin anglais avec son lac, son jet d'eau et ses îles, repaires des cygnes, col-verts et poules d'eau. Un jardin d'enfants y a été aménagé. À voir, à côté du pont japonais, une coupe du cèdre abattu par la tempête de 1997.

★ *L'Arche de la Nature :* en direction de l'abbaye de l'Épau. Programme des activités auprès de l'office du tourisme. Ces 500 ha de verdure et de bois aux abords proches de la ville présentent les différents paysages du Maine : bocages, forêts, landes, rivières... Des parcours sportifs sont proposés, mais on peut également visiter une ferme en activité tout au long de l'année à des dates précises. Aussi fête des Peintres, du Miel, des Produits du terroir à la *ferme de la Prairie*, toute proche. L'Arche et l'ONF organisent aussi des visites nocturnes en période de reproduction des animaux sauvages ; avis aux voyeurs de tout poils ! Renseignements au : ☎ 02-43-50-38-45.

Fêtes et manifestations

– *Le salon des Vins et de la Gastronomie :* du 18 au 20 mars.
– *Europe Jazz-Festival du Mans :* en avril (du 2 avril au 5 mai 2002) festival de jazz de renommée internationale. L'événement culturel de la région.
– *Les 5 Litres du Mans :* le 21 avril 2002. Courses de voitures anciennes avec seulement 5 litres d'essence.
– *Les 24 Heures du Mans :* mi-avril pour les *24 Heures Motos* ; mi-juin pour les *24 Heures Autos* ; mi-octobre pour les *24 Heures Camions*.
– *Floravril :* vers la fin avril.
– *Soirées musicales :* en juillet et août, tous les vendredis soir, spectacles et concerts gratuits dans le Vieux Mans.
– *Les 24 Heures du Livre :* la 1re quinzaine d'octobre. Pas le même genre de poussière sur les bons vieux bouquins qu'autour des bolides, ne vous trompez pas !
– *La foire aux Oignons :* le 1er septembre.
– *Grand Prix France de moto :* les 18 et 19 mai 2002 (sous réserve de changement par l'organisation de l'ACO). Étape du championnat du monde de moto.

Marchés

– *Marché des Jacobins :* les mercredi, vendredi et dimanche, de 7 h à 12 h 30 au pied de la cathédrale, avenue de Paderborn. Animation gratuite et superbe à ne pas manquer, surtout le vendredi (marché aux fleurs, aux volailles...).
– *Marchés aux puces : puces* de *printemps* le 1er week-end de mars et *puces d'automne* le week-end du 11 novembre.

Où acheter des spécialités et douceurs ?

◈ *Béline :* 5, place Saint-Nicolas. ☎ 02-43-28-00-43. Fermé le dimanche et le lundi matin. Goûtez les pavés du vieux Mans et les Bélinois du célèbre maître-chocolatier.
◈ *Maison Reignier :* 19, rue de

Bolton. ☎ 02-43-24-02-15. Fermé les dimanche et lundi. Le *Fauchon* du coin, épicerie fine depuis 1885.
◉ *Robillard* : 10, rue Hippolyte-Le-cornué. ☎ 02-43-28-22-29. Fermé les dimanche après-midi et lundi. Pour les amateurs de rillettes avec de bons gros morceaux.

Randonnée pédestre

– Circuit de 11 km. Comptez 3 h aller-retour sans les arrêts. En boucle depuis Allonnes (au sud du Mans). Balisage : jaune. Tout un environnement naturel et culturel aux portes de Mans, avec en prime, quelques fouilles archéologiques pour les plus curieux. Référence : *PR en Sarthe*, éd. FFRP. Cartographie : carte IGN au 1/25 000, n° 1719.

➢ Depuis l'hôtel de ville d'Allonnes, nom d'origine gauloise, quelques pas vous suffisent pour atteindre les fouilles archéologiques situées dans le jardin public. La visite des vestiges au musée de l'hôtel de ville est complémentaire au site naturel. Vous retrouverez ensuite la Sarthe au niveau du centre aéré d'Allonnes que vous longez vers Les Métairies. C'est là que se situait l'ancienne forêt du Mans, devenue par la suite forêt royale du Maine. Depuis le XIXe siècle, elle a été replantée en pins. La D51 vous mène à l'ouest vers le chemin creux de la Mission. Le PR remonte alors vers le nord par des sablières souvent utilisées à but sportif jusqu'aux environs sud d'Allonnes et à son hôtel de ville.

➢ *DANS LES ENVIRONS DU MANS*

★ *YVRÉ-l'ÉVÊQUE* (72530)

À 4 km du Mans en direction de Changé. Sortie de l'autoroute Le Mans-Est.

★ *L'abbaye de l'Épau* : ☎ 02-43-84-22-29. Visite libre de 9 h 30 à 12 h et de 14 h à 18 h du 1er mars au 1er novembre (jusqu'à 17 h 30 après cette date). Entrée : 2,29 € (15 F). Entrée à 1,52 € (10 F) accordée à nos lecteurs sur présentation du *Guide du routard*.
Fondée en 1229 par la reine Bérengère, veuve de Richard Cœur de Lion, l'abbaye constitue l'une des dernières implantations cisterciennes. Lors de la guerre de Cent Ans, elle fut incendiée et partiellement reconstruite entre 1400 et 1444. À la Révolution, l'abbaye n'abritait plus que six moines. Elle fut aliénée en bien national et affectée à un usage agricole. En 1959, sa survie même était menacée lorsque le département de la Sarthe s'en porta acquéreur. Durant près de 30 ans, des travaux de restauration seront engagés pour permettre à l'édifice de retrouver sa splendeur originelle, au milieu d'un parc de 13 ha lui aussi retravaillé. Aujourd'hui, l'abbaye de l'Épau est une des abbayes les mieux conservées de France, ayant préservé la quasi-intégralité de ses bâtiments. Seul le cloître et la façade ouest de celui-ci, correspondant au bâtiment des convers, ont disparu. Du cloître, il ne reste rien car, après l'incendie, il ne fut jamais reconstruit. Quelques corbeaux saillants témoignent de sa présence autrefois. Le chauffoir devait être la seule véritable pièce vraiment « vivable » de l'abbaye. La cheminée aux proportions monumentales est en grès du pays. Beau dallage de l'époque. À côté se trouve le scriptorium, d'une pureté extraordinaire (remarquez la trappe pour dégeler les encriers dans ce qui était la seule pièce chauffée). Le gisant de la reine Bérengère repose dans la salle capitulaire, considérée à juste titre comme le joyau de l'abbaye avec ses très belles colonnes à chapiteaux ornés. Le dortoir, très vaste, abrite aujourd'hui les séminaires et autres grandes manifestations du conseil général. Sur le mur de la chambre du père abbé – fermée par une porte magnifique de robustesse – s'effacent avec le

temps des fragments de fresque du XVe siècle représentant une *Annonciation*. Le vaisseau de l'église abbatiale atteint une longueur de 47 m. L'église est éclairée par une rosace du XIVe siècle remise en état par les Beaux-Arts. Pour terminer la visite, allez découvrir les fresques du XIVe siècle de la sacristie. Les traces de peinture disparaissent elles aussi peu à peu. Demeurent encore quelques images magiques d'une arrivée du Christ sur un âne, de la Cène...

★ *Le parc récréatif de Papéa :* à Yvré-l'Évêque. ☎ 02-43-89-61-05. Ouvert de début avril à fin septembre, les mercredi, samedi, dimanche et jours fériés et tous les jours du 24 mai à la rentrée des classes, de 10 h à 18 h 30. Entrée : 7,93 € (52 F). Gratuit pour les moins de 3 ans. Tarif groupe pour nos lecteurs sur présentation du *Guide du routard*. À côté de l'abbaye de L'Épau et de l'arche de la Nature. Parc d'attractions pour enfants et adultes sur 20 ha ombragés. Plan d'eau, royaume des pédalos, super toboggans aquatiques, pataugeoire et 20 manèges et attractions. Les enfants peuvent jouer les Lucky Luke, les Dalton ou les Calamity Jane, selon leur humeur, au village Far West et s'offrir des sensations fortes avec le « Train de la Mine »... Restaurant rapide sur place et pique-nique autorisé.

– *Festival de Musique classique :* du 14 au 29 mai 2002.

★ *SPAY*

Au sud du Mans par la D147 (7 km). Voir le *jardin des Oiseaux* : se reporter à la rubrique « À voir dans les environs », dans le chapitre sur La Suze-sur-Sarthe, plus loin.

★ *LES BOIS DE CHANGÉ*

Près de l'abbaye de l'Épau, un véritable parc naturel de loisirs de 450 ha aux portes de la ville. Promenades en forêt, aires de pique-nique, plaines de jeux, terrains de sports, piste de bicross, équitation, VTT, etc.

LE MAINE NORMAND ET LES ALPES MANCELLES

Aux portes du Maine et de la Normandie, une région qui n'a rien d'une entité naturelle mais qui reste néanmoins bien identifiable par son histoire, sa culture, ses traditions et ses paysages. Des Alpes mancelles, où le bocage devient soudain montagne, aux étendues verdoyantes du Saosnois, en passant par les sous-bois accueillants des forêts domaniales de Perseigne et de Sillé-le-Guillaume, vous comprendrez pourquoi on dit des habitants du pays qu'ils ont, au fond, une « bonne nature ».

SILLÉ-LE-GUILLAUME (72170) 2 580 hab.

Sur la D304, route du Mans à Mayenne, un gros bourg typique des petites villes sarthoises qui revit les jours de marché (les mercredi et samedi matin). Au centre, un château féodal du XVe siècle. La ville est au cœur de la forêt achetée en 1683 par Louis XIV, qui en fit don à la fille de la duchesse de la Vallière. Don confisqué par l'État en 1792, bien fait ! Aujourd'hui, c'est une station verte, avec l'aménagement d'un étang de 45 ha au sein de ce massif forestier.

Adresses utiles

■ *Office du tourisme :* 13, place du Marché. ☎ 02-43-20-10-32. Fax : 02-43-20-01-23. Ouvert du mardi au samedi de 10 h à 12 h et de 15 h à 17 h. Fermé en décembre (contacter la mairie au : ☎ 02-43-52-15-15). À consulter, deux documentations fort bien faites : *Pays Maine normand* et *Invitations en Sarthe*.
■ *Centre de nautisme et de pleine nature :* à Sillé-Plage. ☎ 02-43-20-10-36. Fax : 02-43-20-89-76. Accompagnement de randonnées à VTT avec prêt de matériel et encadrement. Initiations à la planche à voile et canoë-kayak, tir à l'arc, escalade.
■ *Location de VTT :* à Sillé-Plage. ☎ 02-43-20-06-43. Toute l'année sur réservation et tous les jours en juillet et août de 10 h 30 à 19 h 30.

Où dormir ? Où manger ?

■ I●I *Le Pilier Vert :* 1, place du Marché. ☎ 02-43-20-10-68. Fax : 02-43-20-06-51. Dans le centre. Fermé les dimanche soir et lundi de septembre à juin, ainsi que 10 jours début octobre et 3 semaines fin janvier-début février. Pour les chambres, comptez de 28,97 à 38,11 € (190 à 250 F). Menus de 11,89 € (78 F), sauf le week-end, à 34,30 € (225 F). Le bon petit hôtel de province, sur la place principale du village. La maison date de 1732, mais les chambres ont été refaites plusieurs fois depuis, on vous rassure. Le point de chute, entre autres, de cyclistes dont certains, comme dit le patron, marchent à l'EPO (eau, pastis, olives...), et qui savent que leurs vélos seront abrités dans un garage qui leur est réservé. Apéritif maison offert à nos lecteurs munis du *Guide du routard*.

■ I●I *Le Bretagne :* 1, place de la Croix-d'Or. ☎ 02-43-20-10-10. Fax : 02-43-20-03-96. Près de la gare. Fermé les vendredi soir, samedi midi et dimanche soir d'octobre à mars. Congés annuels : pendant les vacances de février et la 2e quinzaine d'août. Chambres à 39,64 € (260 F) avec douche ou bains. Une formule en semaine à 12,65 € (83 F) jusqu'au samedi midi ou 4 menus entre 19,67 et 40,40 € (129 et 265 F). De l'extérieur, vous jureriez être tombé sur l'hôtel familial type. Mais, la porte sitôt poussée, vous sentez que la vieille maison a pris un sacré coup de jeune, dans l'accueil comme sur les murs. Après avoir travaillé chez les grands, deux « petits » sont revenus au pays ouvrir ce restaurant où l'on vous propose une cuisine fraîcheur assez enthousiasmante, depuis le 1er menu. Plats de saison à base de produits frais. À noter, un délicieux Paris-Brest en hommage à la ligne de chemin de fer qui passe derrière l'établissement. Réduction de 10 % sur le prix de la chambre offerte à nos lecteurs ayant le *Guide du routard* en poche.

■ I●I *Chambres et table d'hôte :* ferme de la Groie. ☎ 02-43-20-11-91. Du village, prendre la D16 vers Villaine-la-Juhel, puis tout de suite à droite la D105 vers Mont-Saint-Jean, c'est à 200 m sur la droite près de la gendarmerie. Chambres à 32 € (210 F) pour 2 avec petit déjeuner amélioré. Table d'hôte à 13 € (85 F). Une jolie ferme en pierre apparente. Repas à la table d'hôte tout compris, avec, par exemple, pâté maison, coq au vin ou poulet à l'estragon, clafoutis aux fruits de saison. Daniel, le fils, est passionné d'équitation. Si ça vous dit, il peut vous accompagner pour une balade en forêt (le week-end) pour 10 € (66 F) l'heure. Plusieurs étangs à proximité pour les pêcheurs. Apéritif ou café offert, ainsi qu'une réduction de 10 % sur le prix de la chambre offerte à nos lecteurs hors juillet-août, sur présentation du *Guide du routard*.

À voir. À faire

★ *Le château-forteresse :* visites guidées possibles en juillet et août à 14 h, 15 h 30 et 17 h. Durée : 1 h 30. Renseignements à l'office du tourisme. Un des nombreux châteaux témoins des luttes permanentes entre les Normands, les Anglais et les comtes du Maine. Le château actuel, siège d'une très vieille baronnie du haut Maine, a été bâti à la fin du XVe siècle sur les ruines d'une vieille forteresse. L'énorme tour à mâchicoulis domine la ville, vous ne pouvez pas la manquer.

★ *Le lac de Sillé :* lac de 45 ha au cœur du massif forestier. Nombreuses possibilités de loisirs : baignade, voile, randonnée... Renseignements à l'office du tourisme. Tour du lac en bateau, promenade avec commentaires sur la faune et la flore, le week-end d'avril à octobre et tous les jours en juillet et août. ☎ 02-43-20-06-43.

★ *La maison du Lac et de la Forêt :* ☎ 02-43-20-19-97. Ouvert de Pâques à septembre. Expo sur la faune et la flore présentes sur le site de Sillé. Présentation des écosystèmes, diaporama... Expositions temporaires sur les productions artisanales locales et autres.

★ *Le saut du Serf :* possibilité de vous adonner à l'escalade sur des sites rocheux, tels que Rochebrune ou le saut du Serf. Pour ce dernier, la légende raconte qu'un pauvre serf (le paysan de l'époque, pour ceux qui n'auraient pas compris), poursuivi par la meute hurlante d'un vilain seigneur (et donc saigneur à ses heures), franchit d'un bond prodigieux les deux versants du rocher. En réalité, il s'agissait, vous l'aviez deviné, d'un brave cerf.

BEAUMONT-SUR-SARTHE (72140) 1 970 hab.

Ville construite en amphithéâtre sur les bords de la Sarthe. Balade autour du château, témoin, comme celui de Sillé, des luttes sans fin du Moyen Âge.

Adresse utile

🛈 *Syndicat d'initiative :* 4, place de la Libération. ☎ 02-43-33-03-03. • www.ville.beaumont-sur-sarthe.fr • Ouvert de mai à septembre, du mardi au vendredi de 10 h à 12 h 30 et de 15 h à 18 h et le samedi de 10 h à 12 h 30. Le reste de l'année, ouvert du lundi au vendredi, de 10 h à 12 h et de 15 h à 17 h 30. Demandez les plaquettes de visites des villes de Beaumont et de Vivoin. Des circuits à faire soi-même grâce aux plaques explicatives disposées sur les monuments.

Où dormir ? Où manger ?

⚐ *Camping Val de Sarthe :* ☎ 02-43-97-01-93. Fax : 02-43-97-02-21. Ouvert du 1er mai au 30 septembre. Au bord de la Sarthe. Suivre le fléchage à partir de l'office du tourisme. Camping 3 étoiles tout récent. On peut quasiment pêcher depuis sa tente, le pied ! Près de la N138, mais calme garanti.

🛏 ⦿ *Hôtel-restaurant du Chemin de Fer :* place de la Gare. ☎ 02-43-97-00-05. Fax : 02-43-97-87-49. Prendre la N138 en direction de Vivoin (D26) sur 1,2 km. En face de la gare Beaumont-Vivoin. Fermé les vendredi soir, samedi midi et dimanche soir de novembre au 1er mai. Congés annuels la 2e quinzaine de février et de mi-octobre au 8 novembre. Chambres doubles de 42,69 € (280 F), avec lavabo, à 57,93 € (380 F), tout confort avec TV et Canal +. Menu du jour, en semaine, à 10,37 € (68 F), ou menus entre 13,42 et 37,35 € (88 et 245 F). Des gens qui entrent heureux et sortent de même, des effluves qui donnent faim et des sourires à l'accueil qui réconfortent. On se croirait presque à la campagne, avec le jardin derrière la maison et l'ambiance de la grande salle à manger, où l'on vient pour se régaler de Saint-Jacques flambées au whisky, en saison, de marmite sarthoise (si vous n'aimez pas cela, changez de département!) ou d'une bonne côte de bœuf. Une quinzaine de chambres plaisantes vous inciteront à faire une halte dans ce bon gros hôtel dans le style de Cabourg. Un beau menu terroir encore abordable. Apéritif maison offert à nos lecteurs sur présentation du *Guide du routard*.

🏠 |●| *Hôtel de la Barque* : 10, place de la Libération. ☎ 02-43-97-00-16. Fax : 02-43-96-03-74. Face au syndicat d'initiative. Fermé les vendredi soir et dimanche soir ; le samedi de novembre à mars ; 15 jours en novembre et 3 semaines fin décembre-mi-janvier. Chambres doubles à 33,54 et 38,11 € (220 et 250 F) selon la surface, tout confort. Petit menu brasserie avec le plat du jour à 8,84 € (58 F) ou, dans la salle de restaurant, d'autres menus plus fins de 10,52 € (69 F), en semaine, à 24,39 € (160 F). Parking privé et fermé. Vu le trafic sur la nationale, il vaut mieux choisir, si c'est possible, une chambre sur cour, bien protégée par la grande bâtisse blanche. Mais n'ayez pas peur : un double vitrage a été mis en place en façade et c'est une heureuse initiative. La cuisine, elle, se tient bien, avec notamment le foie gras poêlé et le poulet aux écrevisses de Loire. Apéritif maison offert et 10 % de réduction sur le prix de la chambre de novembre à mars, sur présentation du *Guide du routard*.

➤ DANS LES ENVIRONS DE BEAUMONT

★ *Le musée de l'Abeille :* chez Mme Foucher, **Le Tronchet**. ☎ 02-43-97-13-41. À 8 km au sud-ouest de Beaumont. Ouvert d'avril à juin et de septembre à fin octobre, les 1er et 3e week-ends du mois ; en juillet-août, du lundi au vendredi de 14 h à 17 h 30. Entrée gratuite. Exposition chez un producteur des outils utilisés dans le domaine de l'apiculture depuis le début du XXe siècle. Présentation des différents éléments de la ruche. Vente de produits artisanaux.

★ *Le prieuré de Vivoin :* ☎ 02-43-33-51-26. À 2,5 km par la D26. Ouvert du 1er avril au 15 novembre de 14 h à 17 h 30. Fermé les lundi et mardi. Adulte : 2,29 € (15 F), enfant : 0,76 € (5 F). Le prieuré fut fondé au Xe siècle par Raoul de Beaumont. Les bâtiments actuels ont été construits du XIIIe siècle au début du XVIe siècle. Évocation dans les salles du prieuré de la puissance économique que représentait la culture du chanvre au début du XXe siècle, présentation de la ferme sarthoise.

★ *Les halles et les vitraux de René (72260) :* à 8 km de Vivoin par la D26. Les plus anciennes halles de la Sarthe (1533). Elles abritaient à cette époque un marché aux grains hebdomadaire. Deux fois par an, elles retrouvent leur fonction lors du marché à l'ancienne, avec tenues d'époque, début juin, et lors du marché des produits du terroir, le 15 août. Émoi dans le village : les vitraux éclaircis des verrières de l'église sont antérieurs à ceux de la cathédrale de Sens, et seraient donc les premiers exemples d'une mode qui fit fureur à l'époque – donner de la lumière dans l'église. En effet, auparavant, on peignait les vitraux, ce qui obscurcissait l'intérieur des édifices religieux. Si vous trouvez, près du lavoir, un attroupement prenant en photos de drôles de laveuses, regardez-les de près, ce sont des mannequins.

➤ *Circuit du Chanvre :* renseignements auprès du Syndicat d'initiative à Beaumont-sur-Sarthe, ☎ 02-43-33-03-03. Un circuit instructif d'environ 3 h 30 (28 km) à travers les communes de Beaumont-sur-Sarthe, Vivoin, Saint-Marceau, Assé-le-Riboul et Ségrie pour découvrir les diverses cultures et utilisations du chanvre (non, non, pas l'herbe qui fait rire mais le textile, le cordage, le papier...).

★ *Le donjon de Ballon (72290) :* ☎ 02-43-27-38-29. Ouvert les dimanches de juin et de mi-juillet à début septembre de 14 h 30 à 18 h 30, tous les jours sauf le mercredi. Visite guidée du château et des jardins. Depuis plus de cinq siècles, une grosse tour, flanquée de deux tourelles et d'une porte à pont-levis, veille sur la vallée. C'est le donjon de la plus ancienne forteresse qui défendait la frontière entre le Maine et la Normandie. Il renferme en ses remparts un jardin de transition entre le Moyen Âge et la Renaissance, un parc botanique et une collection de rosiers anciens.

★ *Le prieuré de Saint-Marceau :* ☎ 02-43-97-02-57. 🍴 À 5 km au sud de Beaumont-sur-Sarthe par la N138. Visites guidées toute l'année, se renseigner par téléphone. Entrée adulte : 1,52 € (10 F). Gratuit jusqu'à 14 ans. Dans un ensemble architectural du XVIe siècle, on peut venir admirer notamment les vitraux de la chapelle et les émaux situés sous le maître-autel. Ne pas oublier la promenade dans les jardins du prieuré vers la fontaine Saint-Julien. En traversant la route, on peut voir également l'église paroissiale d'origine romane, l'une des plus anciennes du secteur. À l'entrée ouest du village, superbe pont roman à sept arches enjambant la Sarthe avec, en son milieu, une chapelle dédiée à la sainte Vierge.

FRESNAY-SUR-SARTHE   (72130)   2 330 hab.

Station verte des Alpes mancelles, cette petite cité de caractère comporte un ensemble de constructions homogènes employant une pierre spécifique à la région : le roussard. À découvrir : les ruines de l'ancien château, avec le jardin public situé à l'intérieur de la cour, la fontaine du Lion, emblème normand de Guillaume le Conquérant, la poterne, l'église Notre-Dame (beau portail classé du XVe siècle) et les nombreuses petites ruelles.

Adresse utile

🛈 *Office du tourisme des Alpes mancelles :* 19, av. du Docteur-Riant. ☎ 02-43-33-28-04. Fax : 02-43-34-19-62. Ouvert de juin à septembre du mardi au samedi de 9 h 30 à 12 h 30 et de 14 h à 19 h ; le dimanche, de 9 h 30 à 13 h. Visite guidée gratuite tous les vendredis soir à 17 h 30 de fin juin à fin septembre. Départ place Bassum. Itinéraire-découverte à demander à l'office du tourisme.

Où dormir ? Où manger ?

🏠 🍴 *Hôtel Ronsin :* 5, av. Charles-de-Gaulle. ☎ 02-43-97-20-10. Fax : 02-43-33-50-47. Fermé les dimanche soir et lundi, ainsi que du 20 décembre au 10 janvier. Chambres doubles de 32 € (210 F), en basse saison, à 48 € (315 F), tout confort, sauf pour le 1er prix. Menus de 13 à 23 € (85 à 151 F), avec un menu pour déjeuner en semaine à 9 € (59 F). Un hôtel qui sent bon la province éternelle, dès qu'on pousse la porte. Décor, accueil, cuisine fraîche, tout cela est dans la grande tradition. Si vous n'avez pas encore goûté la « marmite sarthoise », c'est le moment de vous lancer. À moins que vous ne préfériez la noisette de porc et poulet du Maine normand ! Apéritif maison offert à nos lecteurs sur présentation du *Guide du routard*.

Où manger dans les environs ?

|●| *Le Saint-Germain :* à La Hutte, 72130 Saint-Germain-sur-Sarthe. ☎ 02-43-97-53-06. ✗ Au carrefour sur la N138, direction Alençon (5 km). À 29 km du Mans. Fermé les dimanche soir, lundi, mardi soir et mercredi soir, pendant les vacances de février et 3 semaines en août. Un petit menu en semaine à 11,59 € (76 F), et d'autres qui varient de 16,46 à 34,76 € (108 à 228 F). L'extérieur est plutôt banal. Mais les automobilistes pressés qui filent sur la nationale, entre Le Mans et Alençon, ne savent pas ce qu'ils perdent en snobant cette adresse unique en son genre. Ici on sourit, on rit, on félicite madame pour ses fleurs et monsieur pour ses sauces. Pour un peu, on repartirait avec la terrine de lapin (primée !) servie en entrée. Il y a aussi le menu ouvrier avec boisson et café compris servi dans une petite salle attenante. Imbattable ! Apéritif maison offert à nos lecteurs porteurs de l'édition en cours.

À voir

★ *L'église Notre-Dame :* ouvert en juillet et août de 15 h 30 à 18 h. Le fleuron du village, avec notamment son portail classé du XVIe siècle en chêne sculpté.

★ *La poterne du château :* ouvert les dimanche et jours fériés de Pâques à fin septembre, et tous les jours en juillet et août. Cet édifice du XIVe siècle est la pièce la mieux conservée des fortifications. Celles-ci datent du XIe siècle, mais elles ont été mises à rude épreuve durant la guerre de Cent Ans. La poterne est formée de deux tours rondes flanquées de meurtrières réunies par un bâtiment qui abritait la herse et la machinerie du pont-levis. Dans les tours d'entrée, des cachots étaient aménagés au rez-de-chaussée, et, à l'étage, deux casemates servaient de logement aux gardes. Aujourd'hui, elles abritent les vitrines du *musée des Coiffes*. Une amusante collection venue de toute la France, bien mal présentée. Dommage !

★ *La maison des Artisans Créateurs :* place Bassum. ☎ 02-43-33-75-98. Ouvert tous les jours de juin à septembre et en décembre, ainsi que tous les week-ends le reste de l'année. Fermé en février. Exposition-vente d'une quarantaine d'artisans : poteries, peintures sur soie, verre soufflé et autres pièces originales, voire pièces uniques. Un peu touristique, mais si vous passez par là...

★ *La cave du Lion :* ruelle du Lion. Entre l'église et les halles. Ouvert en juillet et août l'après-midi seulement. Une ancienne chapelle souterraine de la fin du XIIe et du début du XIIIe siècle. Expos occasionnelles de peintures.

SAINT-LÉONARD-DES-BOIS (72590) 500 hab.

Au cœur des Alpes mancelles, au nord-ouest de Fresnay par la D15 (9 km), le petit village de Saint-Léonard-des-Bois est niché dans une boucle de la Sarthe au fond d'une vallée. Site naturel classé idéal pour les sports de pleine nature (descente fabuleuse en canoë-kayak!). Les Pierriers, éboulis naturels formés à l'ère quaternaire (vallée de la Misère, Butte-du-Pâtis...), donnent au site des allures de moyenne montagne à l'aspect très sauvage, avec une flore très proche de la flore alpine. Le site est un mélange de collines recouvertes d'un tapis de bruyère, de douces prairies et de reliefs escarpés. Le Haut-Fourché (217 m) et le Narbonne (203 m) forment des belvédères naturels et offrent une vue admirable sur le village et la rivière.

Au XVIe siècle, les habitants vivaient en grande partie du travail du fer : forgerons, cloutiers, maîtres-fondeurs, bénéficiant de la rivière comme force motrice. Fer, roussard, ardoise ont permis de faire de Saint-Léonard une commune industrielle.

Où dormir ? Où manger ?

▲ *Camping de Saint-Léonard :* ☎ 02-43-33-81-79. Près de la Sarthe et en contrebas du pont. Ouvert du 1er avril au 30 septembre. Des emplacements au bord de l'eau avec vue splendide sur la forêt. Le paradis des pêcheurs à la truite. Animations et activités sportives telles que VTT, randos, canoë-kayak, escalade et même promenades en ânes bâtés (c'est elles qui portent tout, les pauvres bêtes!). Accueil sympa.

🏠 |●| *Touring Hôtel :* ☎ 02-43-31-44-44. Fax : 02-43-31-44-49. Après l'église, avant le pont. Chambres doubles entre 76,22 et 83,85 € (500 et 550 F). Un menu en semaine à 12,96 € (85 F), sinon menus entre 18,29 et 45,73 € (120 et 300 F). Une bonne adresse de séjour, où l'environnement, l'accueil, la cuisine, la piscine font oublier que c'est du béton qui a poussé ici. 35 chambres calmes et bien équipées, avec presse-pantalon et canards jaunes dans la salle de bains : c'est le seul hôtel français de la chaîne anglaise *Forestdale* ! Rassurez-vous, ce ne sont pas des Anglais qui cuisinent... Réduction de 10 % offerte à nos lecteurs sur le prix de la chambre sur présentation du *Guide du routard*.

🏠 *Le Moulin de l'Inthe :* route de Sougé. ☎ et fax : 02-43-33-79-22. À 200 m de Saint-Léonard par la D112. 5 belles chambres d'hôte à 58 € (380 F) dans cet ancien moulin restauré, idéalement situé sur les bords de la Sarthe. Un accueil adorable.

Randonnée pédestre

– **Les bords de la Sarthe :** par les rives de la Sarthe, autour de Saint-Cénéri-le-Géréi, village de caractère des Alpes mancelles. Circuit de 9 km. Compter 3 h aller-retour sans les arrêts, en boucle depuis Saint-Cénéri-le-Géréi. Balisage : jaune, blanc et rouge du GR 36. Le pont sur la Sarthe sert de frontière entre les départements de la Sarthe, de l'Orne et de la Mayenne. Les préfets peuvent ainsi se serrer la main, lors des rendez-vous officiels, sans même sortir de leurs départements. Référence : *PR en Sarthe*, éd. FFRP. Cartographie : IGN au 1/25 000, n° 1617.

➤ Depuis le centre de Saint-Cénéri-le-Géréi, l'itinéraire descend vers le fameux pont sur la Sarthe. Un très beau panorama sur les moulins et le fleuve permet de suivre sans effort le balisage blanc et rouge du GR 36, commun avec le PR jaune, pour traverser la Sarthe par un chemin gallo-romain vers l'église de Saint-Cénéri et son piton rocheux. La D146 vous ramène à la Croix-des-Rogers jusqu'au bois de la Tasse. Longez sa lisière nord en suivant le balisage jaune du PR pour atteindre le village de Moulins-le-Carbonnel et son intéressante église. La vallée s'encaisse sur la Sarthe à travers un paysage agricole jusqu'au moulin du Désert. Dirigez-vous alors plein ouest, en suivant toujours le balisage jaune, pour rejoindre la Sarthe et Saint-Cénéri-le-Géréi.

LA FORÊT DE PERSEIGNE

Ambiances tamisées sous le couvert des frondaisons de hêtres, diversité des essences végétales, le paysage ici est sans cesse renouvelé. Nombreux sentiers équestres. Des panneaux d'indication aux carrefours et des tables d'orientation facilitent le repérage en indiquant les traits du relief et les édifices. Une petite route sinueuse au dénivelé important traverse la forêt domaniale de Perseigne (5 000 ha) et mène au site du Belvédère. Cette tour d'observation, haute de 30 m et construite au cœur de la forêt, est un véritable belvédère et le point culminant du département (340 m).

Où dormir ? Où manger ?

Chambres d'hôte Lefay : 72600 Villaines-la-Carrel. ☎ 02-43-97-73-40. • assoc.wanadoo.fr/bunia/lefay • Suivre les panneaux en direction de Saint-Longis. Chambre double tout confort à 42,69 € (280 F), petit déjeuner compris ; 12,20 € (80 F) par personne supplémentaire. Table d'hôte à 19,06 € (125 F). 3 chambres spacieuses et confortables aménagées dans le grenier d'une ancienne ferme céréalière et de volailles. Au soleil couchant, joli panorama sur la vallée du Rutin. Réservation pour les repas souhaitable. Café offert sur présentation du *GDR*.

Relais des Étangs de Guibert : 72600 Neufchâtel-en-Saosnois. ☎ 02-43-97-15-38. Fax : 02-43-33-22-99. • www.saosnois.com, puis cliquez sur « Relais Guibert » • Dans le village, prendre à droite à l'église (rue Louis-Ragot). Fermé les dimanche soir et lundi, sauf les jours fériés. Chambres entre 41,16 et 57,95 € (270 et 380 F), tout confort. 3 menus de 12,95 à 29 € (85 à 191 F). À la lisière de la forêt de Perseigne, près de l'étang, une maison qui s'éveille à la vie dès les premiers beaux jours. Un cadre sympathique, un très bon accueil et un excellent rapport qualité-prix expliquent pourquoi il est difficile d'y trouver une chambre le week-end. Chaque chambre a été conçue selon un style qui lui est propre (on peut préférer le style marin au style chasseur) et le prix ne choque personne, loin de là. Menus pour manger simplement, avant de partir, à cheval ou en barque, ou simplement à pied, à la découverte d'un des plus beaux coins du Maine normand.

L'Auberge Saint-Paul : 72600 La Fresnaye-sur-Chedouet. ☎ 02-43-97-82-76. Fax : 02-43-97-82-84. Au nord de Neufchâtel-en-Saosnois. Accès par la D3 et la D234. Fermé les lundi et mardi, sauf les jours fériés. Chambres à 29,73 € (195 F). Menus à 19,82, 26,68 et 37,35 € (130, 175 et 245 F). L'adresse idéale pour ceux qui aiment bien manger en paix ! Cet ancien haras, loin du monde et du bruit, possède même 4 chambrettes on ne peut plus rustiques, pour qui ne voudrait pas reprendre la route après. Dommage qu'elles n'aient pas toutes le charme hors du temps de l'auberge elle-même, avec sa cheminée, ses tommettes, ses petites tables bien dressées et ses serveuses de style (et vice versa). Pascal Yenk réalise une cuisine parfumée et précise, bien dans l'esprit de l'époque : suprême de bar en croûte de pommes de terre, noisettes d'agneau aux légumes confits et langoustines rôties, craquant fondant au chocolat amer. Menus magnifiques. Petite balade en forêt conseillée ensuite... Apéritif maison offert à nos lecteurs sur présentation du *Guide du routard*.

Château de Saint-Paterne : 72610 Saint-Paterne. ☎ 02-33-27-54-71. Fax : 02-33-29-16-71. • www.chateau-saintpaterne.com • À 2 km d'Alençon. Au centre du village. Fermé de mi-janvier à mi-avril. Chambres de 85 à 180 € (558 à 1 181 F), pour situer tout de suite, et repas autour de 38 € (249 F).

Charles-Henri vous accueille dans le château familial des Valbray, superbe demeure du XVe siècle aux portes d'Alençon. Et justement il y a des suites meublées d'époque, pour un week-end qui sort vraiment de l'ordinaire. Demandez la chambre qui abrita les amours d'Henri IV, au plafond historié découvert récemment. Dîner aux flambeaux élaboré à partir du potager aux accents méditerranéens pour qui veut (s')offrir le grand jeu (apéritif, café, tisane... compris). Piscine. Accueil pas guindé pour deux sous.

🏠 |ol *Chambres d'hôte Garencière, Mme Langlais :* 72610 Champfleur. ☎ 02-33-31-75-84. Du village, c'est à 1,5 km en direction de Bourg-le-Roi. Fermé 3 jours autour de Noël. 42 à 45 € (275 à 295 F) la chambre double, petit déjeuner compris, et menu à 18 € (118 F). Soirée étape spéciale à 40 € (262 F). 5 chambres mignonnettes dans une jolie ferme à flanc de coteau. Comme Christine Langlais fait beaucoup de tissus sur soie, ne vous étonnez pas de trouver des tissus fleuris dans les chambres. Repas tout compris, du genre tarte au camembert, rôti de porc au lait, fromage, salade et dessert. Denis Langlais, bon vivant aimant les plaisirs de la table, n'a pas à se forcer pour vous tenir compagnie. Piscine couverte et chauffée (waouh!). Nombreuses balades à pied ou à VTT dans la forêt. Attention, n'accepte pas les cartes de paiement!

À voir

★ *La maison de la Broderie :* 72610 **Bourg-le-Roi**. ☎ 02-33-26-80-69. En lisière sud de la forêt de Perseigne. Ouvert le week-end de 15 h à 17 h 30, en juin et en septembre, avec démonstration de broderie le week-end ; en juillet-août, du mercredi au dimanche, avec démonstration le jeudi et le week-end. Entrée adultes : 2,29 € (15 F). Dans l'une des plus petites communes de France. Exposition d'une fresque de 12 m brodée au point de Beauvais, retraçant la vie de cet ancien village fortifié (de 50 av. J.-C. à 1450), présentation de vêtements ecclésiastiques, tableaux, objets, linges brodés.

★ *La maison du Sabot :* à **Neufchâtel-en-Saosnois**. ☎ 02-43-97-60-63. Ouvert toute l'année (demander la clé au café voisin ou à la boulangerie). Exposition permanente d'outils anciens de sabotier avec présentation des divers métiers du bois, tels que tonnelier, bûcheron ou menuisier.

★ *Le musée du vélo :* 8, rue de la forêt de Perseigne, 72600 **La Fresnaye-sur-Chédouet**. Ouvert toute l'année du mercredi au dimanche de 10 h à 12 h et de 14 h à 19 h. Ce musée, ouvert depuis l'été 2001, réunit la collection d'un passionné, Ivan Bonduelle : vélos et maillots célèbres, casquettes, affiches, trophées... du XIXe siècle à nos jours.

MAMERS (72600) 6 080 hab.

Siège de la confrérie des Chevaliers de la rillette, Mamers est blottie entre les forêts domaniales de Perseigne et de Bellême. Ses magnifiques halles du début du XIXe siècle aux massifs piliers de pierre, le cloître du couvent de la Visitation, l'église Notre-Dame et celle de Saint-Nicolas, avec sa belle façade Renaissance, en sont les atouts majeurs. Capitale du Saosnois, la ville développa le tissage du chanvre. On peut encore observer les nombreuses caves qui donnent directement sur les rues et dans lesquelles travaillaient autrefois les tisserands.

LA SARTHE / LE PERCHE SARTHOIS

Adresse utile

Office du tourisme de Mamers et du Saosnois : 29, place Carnot. ☎ 02-43-97-60-63. Fax : 02-43-97-42-87. • tourisme-mamers-saunois@wanadoo.fr • Ouvert du lundi au vendredi de 9 h à 12 h 30 et de 14 h 30 à 18 h ; le samedi, de 10 h à 12 h et de 14 h 30 à 17 h ; et le dimanche matin, de 10 h à 12 h (sauf en hiver).

Où dormir ? Où manger ?

Hôtel-restaurant Le Dauphin : 54, rue du Fort. ☎ 02-43-34-24-24. Fax : 02-43-34-44-05. Fermé les vendredi soir et dimanche soir. Chambres doubles entre 27 € (177 F) avec douche, et 32 € avec bains (210 F). Menus de 10 € (66 F), en semaine, à 29 € (190 F). Parking privé en face. Mamers a beau être la capitale de la rillette, on n'y rit pas tous les jours. Cela dit pour créer l'ambiance ! Voilà au moins une petite adresse sympa, sans prétention, avec des chambres très correctes. L'omelette aux rillettes comme la marmite sarthoise font partie de ces spécialités qu'il vous faudra tester, à la carte. À moins que vous ne preniez un des menus, dont les prix restent fort raisonnables. Apéritif maison offert aux lecteurs porteurs du *GDR*.

Où dormir ? Où manger dans les environs ?

Château de Monhoudou : 72260 Monhoudou. ☎ 02-43-97-40-05. Fax : 02-43-33-11-58. Chambres entre 75 et 100 € (492 et 656 F). Repas possible pour 34 € (223 F), apéritif, café et digestif compris. Puisque les « richards » n'arrêtent pas de nous piquer nos adresses, parce qu'elles sont « si authentiques, ma chérie », pas de raison qu'on ne joue pas à notre tour dans la cour des grands. Le vicomte de Monhoudou sera ravi de voir des routards jouer le jeu de la vie de château et de parler avec vous d'autres choses que ce qu'un vicomte raconte à un autre vicomte, quand il le rencontre (air connu !). Petit joyau des XVIe et XVIIIe siècles dans un écrin de verdure : 4 chambres dont une avec chambre d'enfant attenante. Mobilier d'époque (évidemment !). La salle de bains de la chambre bleue est aménagée dans une tour. Table d'hôte sur réservation, et dîner aux chandelles en petits salons devant le feu pour le menu-prestige. Poulet aux morilles, saumon en croûte à l'oseille, foie gras maison, tarte Tatin... Un petit déjeuner offert par personne sur présentation du *GDR*.

LE PERCHE SARTHOIS

À 1 h 30 de Paris par l'autoroute A11, La Ferté-Bernard est la porte naturelle de ce pays de l'Est sarthois. Au nord-ouest, Bonnétable s'ouvre aux chemins de la Normandie et, plus au sud, Saint-Calais demeure le passage obligé vers la vallée du Loir. Autour de ces trois pôles, au détour d'une petite route ou d'un chemin, vous aurez peut-être la chance de tomber nez à nez avec un de ces magnifiques percherons qui ont fait la gloire de la région.

LA FERTÉ-BERNARD (72400) 9 240 hab.

Un véritable voyage à travers l'histoire au fil des canaux de cette petite *Venise de l'Ouest*. Stratégique, cette place forte *(ferté)* resta pendant trois siècles – jusqu'au XIVe siècle – propriété seigneuriale de la dynastie féodale des Bernard. Siège d'entrevues entre les rois de France et d'Angleterre au Moyen Âge, la ville est née autour de son vieux château. Il ne faut pas manquer les ruelles de la ville et, surtout, l'église Notre-Dame-des-Marais.

Adresse et info utiles

Office du tourisme : 15, place de la Lice. ☎ 02-43-71-21-21. Fax : 02-43-93-25-85. Ouvert toute l'année du lundi au samedi de 9 h 30 à 12 h 30 et de 14 h 30 à 18 h 30, et les dimanche et jours fériés de 15 h à 18 h en saison. Promenades en barques électriques sur les canaux pendant 45 mn. Visites guidées du centre-ville médiéval organisées par le Pays d'Art et d'Histoire du Perche Sarthois de juin à août. Topoguides de randos pédestres, équestres et à VTT. Expos ponctuelles de peintres dans les locaux de l'office du tourisme et à la Chapelle Saint-Lyphard.
– **Marchés :** en centre-ville le lundi matin, place Ledru-Rollin le jeudi matin et dans le quartier Saint-Antoine le samedi matin.

Où dormir ? Où manger ?

Camping

Camping Le Valmer : espace du Lac. ☎ et fax : 02-43-71-70-03. Au sud de la ville, à deux pas de la base de loisirs. Fermé du 30 septembre au 1er mai. 90 emplacements à 10,21 € (67 F) pour 2 personnes et par nuit en juillet et août. Barbecue, tir à l'arc, VTT, etc.

Prix moyens

Hôtel-restaurant du Stade : 21-23, rue Virette. ☎ 02-43-93-01-67. Fax : 02-43-93-48-26. ⚿ pour le restaurant. Depuis le centre-ville, suivre le panneau de l'hôtel. À 1 mn à pied. Fermé les vendredi soir et dimanche soir, 1 semaine entre Noël et le Nouvel An, ainsi que tout le mois d'août. Chambres doubles de 38,11 à 44,21 € (250 à 290 F). Menus de 9,91 € (65 F), café compris, en semaine, à 30,49 € (200 F), tous avec salade et vrai plateau de fromages (ce qui est de plus en plus rare). Dans une rue discrète, un petit établissement qui vous ramène, mine de rien, vingt ans en arrière. Propre, bien tenu, avec une cuisine style pension de famille au bon rapport qualité-prix, comme on n'en trouve plus guère. Café offert à nos lecteurs sur présentation du *Guide du routard*.

Le Bocage Fleuri : 14, place Carnot, galerie Carnot. ☎ 02-43-71-24-04. ⚿ Près de l'église Notre-Dame et de la fontaine. Fermé le dimanche et en août. Des menus à partir de 7,62 € (50 F), en semaine, et jusqu'à 19,82 € (130 F). Une petite adresse en centre-ville, vantée par les habitants, c'est bon signe. L'idéal, aux beaux jours, en terrasse, pour qui veut manger une cuisine de pro, simple mais copieuse. Ne pas hésiter à arriver tôt au déjeuner. Beau jardin intérieur à deux pas d'un des canaux. Café offert à nos lecteurs porteurs de l'édition en cours.

Plus chic

|●| Le Dauphin : 3, rue d'Huisne. ☎ 02-43-93-00-39. Dans une rue piétonne, à la porte Saint-Julien. Fermé les dimanche soir et lundi, ainsi que 15 jours en août. 1er menu en semaine à 15 € (98 F), d'autres entre 22,50 et 37,50 € (148 et 246 F). Une maison pleine de charme et d'histoire, où l'on vient se réfugier en amoureux et/ou entre gastronomes, l'un pouvant très bien aller avec l'autre, de nos jours. Atmosphère sereine, un poil trop, même. La carte est renouvelée deux fois par an et suit à la fois l'inspiration du chef et le marché.

|●| Hôtel-restaurant La Perdrix : 2, rue de Paris. ☎ 02-43-93-00-44. Fax : 02-43-93-74-95. • perso.wanadoo.fr/restaurantlaperdrix/ • Fermé les lundi soir et mardi, ainsi qu'en février. Chambres de 38,11 à 48,78 € (250 à 320 F) avec douche et w.-c. Menus entre 16,77 € (110 F), sauf les samedi soir et jours fériés, et 35,06 € (230 F). Garage de 7 places. Nul ne peut voyager en Sarthe sans s'arrêter dans cette maison tenue par Serge Thibaut. C'est aussi bon que bon. Quelques petits chefs-d'œuvre au hasard : le foie gras de canard chaud poêlé aux framboises, le craquant de filet de sandre rôti dans sa peau, le pigeon en salmis aux crêpes de pommes de terre... La cave à vin mérite aussi une mention spéciale (près de 600 crus). Une belle chambre avec duplex pour les familles. Café offert aux lecteurs du *Guide du routard*.

Où dormir dans les environs ?

Camping

Camping du Lac : route de Prévelles, 72160 Tuffé. ☎ 02-43-93-88-34. Fax : 02-43-93-43-54. Ouvert du 1er avril au 30 septembre. À la base de loisirs, dans un cadre de verdure. En juillet et août, activités principalement destinées aux enfants : mini-golf, ping-pong, rando, etc.

Chambres d'hôte

Chambres d'hôte La Gadellière : 72400 Villaines-la-Gonais. ☎ 02-43-93-21-07. Sur la N23, au sud de La Ferté-Bernard. Suivre les panneaux. Chambres doubles à 38,11 € (250 F), petit déjeuner compris. Ferme isolée en pleine campagne, offrant 2 chambres d'hôte coquettes comme tout, installées dans l'ancien grenier (accès par un escalier en bois assez raide). Sanitaires petits, mais sur le palier. Petit déjeuner compris : lait et beurre de la ferme, confitures maison et croissants pour les lève-tard. Éliane et Bernard Dorison sont agriculteurs à la retraite. Ambiance familiale et décontractée, dans un cadre arboré et fleuri. Réduction de 10 % sur le prix de la chambre offerte à nos lecteurs, de mi-octobre au 1er avril, sur présentation du *Guide du routard*.

Ferme de Tréfoux : 72400 Villaines-la-Gonais. ☎ 02-43-93-26-52. Fax : 02-43-71-43-99. Sur la N23, suivre les panneaux. Fermé le dimanche sauf du 1er novembre au 24 décembre. Comptez 43 € (282 F) pour 2, petit déjeuner compris. Cartes de paiement refusées. Une ferme typique du Perche sarthois, dans un cadre verdoyant. Chantal et Jean-Luc Ouarnier viennent du Gers et ils ont continué tout naturellement leur spécialité : le foie gras. 2 chambres avec salle de bains au 1er étage de cette maison ancienne pleine de charme. 10 % de réduction accordée à partir de 2 nuits, sur présentation du *GDR*.

Où manger dans les environs ?

Prix moyens

|●| **Au Coq Hardi :** 9, place du Général-Leclerc, 72160 Tuffé. ☎ 02-43-93-47-34. Fermé les lundi soir et mardi. Menus de 15 à 32 € (99 à 210 F). Maison de caractère et cuisine du même style. Pâtisserie faite par le chef et gibier en saison. Le même proprio a une pizzeria attenante au resto. Café offert à nos lecteurs sur présentation du Guide du routard.

À voir

Au cours d'une balade dans la ville, plusieurs haltes.

★ Du vieux **château**, seuls les communs, la chapelle Saint-Lyphard (XIIe siècle) et l'oratoire sont encore visibles aujourd'hui. À quelques pas se dresse la **halle aux toiles et aux grains** à la charpente de bois soutenue par 14 piliers de bois octogonaux de 12 m de haut ! Vous êtes dans le cœur de la ville, avec ses ruelles rehaussées de maisons à pans de bois aux façades sculptées de personnages ou de symboles de la vigne. Des petits passages aux airs mystérieux conduisent à d'anciennes cours, une fontaine à quatre têtes de lions orne la place Carnot.

★ Puis l'on se trouve face au monument le plus remarquable, le plus imposant de la ville : l'**église Notre-Dame-des-Marais** (1450-1624), le plus bel édifice religieux du département après la cathédrale Saint-Julien du Mans. La décoration extérieure et intérieure est d'une très grande richesse, fruit du gothique flamboyant et de l'art des maîtres verriers.

★ C'est en barque, sur l'Huisne et ses canaux au milieu des canards et des poules d'eau, que s'offre une des plus belles vues sur la **porte Saint-Julien**, modèle d'architecture militaire médiévale. Et qui sait, vous y rencontrerez peut-être la « Velue », monstre aquatique qui, raconte la légende, sortait de la rivière pour dévorer la jeune fille la plus belle et la plus vertueuse.

À faire

■ **Centre équestre :** Les Fleuriers. ☎ 02-43-93-13-04. Balades à cheval et en calèche. Au départ d'un réseau de chemins de randonnée balisés, le centre propose des cours d'équitation et des promenades d'initiation adaptés à tous les niveaux. Promenades en attelage sur demande.

■ **Kayak, planche à voile, baignade, etc. :** à la base de loisirs, ☎ 02-43-71-04-41. Domaine de 15 ha. En juillet-août, location de kayaks, planche à voile, VTT, tir à l'arc, etc. Hors saison, animations ponctuelles. Plage surveillée et aire de pique-nique sur place.

➢ **Le petit train :** circule en mai, juin et septembre, les week-ends et jours fériés de 15 h à 19 h. Tous les jours en juillet et août, sauf le mardi, de 15 h à 19 h. 5 arrêts pour une promenade à travers la ville : la base de loisirs, rue Florant, porte de la ville, rue d'Huisne et place Voltaire.

➢ **Promenades en barque :** embarquement sur l'Huisne rue Florant dans des petites embarcations électriques. Mêmes horaires et mêmes jours de fonctionnement que le petit train.

Festival et manifestations

– *Festival des Arts et Technologies :* la semaine de l'Ascension, au ARTEC. ☎ 02-43-71-70-00.
– *Coupe de France et d'Europe de robotique* la semaine de l'Ascension. Constructions robotisées réalisées par des étudiants, émules de Géo Trouvetout. Époustouflant.
– *Journées portes ouvertes en milieu rural :* saison estivale. Se renseigner pour les dates auprès de l'office du tourisme.

➤ DANS LES ENVIRONS DE LA FERTÉ-BERNARD : LA VALLÉE DE L'HUISNE

★ VILLAINES-LA-GONAIS (72400)

Un joli village à flanc de coteaux, avec des roses trémières dans ses rues où le réseau électrique a été enterré (un bonheur !).

🏠 Possibilité de dormir sur place : chambres d'hôte *La Gadellière* ou la *Ferme de Tréfoux* (voir rubrique « Où dormir ? Où manger dans les environs ? », plus haut).

★ *L'élevage de cerfs :* à la ferme de la Haie. ☎ 02-43-93-42-84. De La Ferté-Bernard, prendre la N23 ; dans le village, direction Sceaux-sur-Huisne sur 2 km ; en haut de la côte, tourner à droite et suivre encore 2 km. Visite du parc où se baladent 250 cervidés les vendredi, samedi et dimanche de 15 h à 18 h (visite guidée toutes les heures) de mi-avril à mi-septembre, soirées brame en septembre et octobre. Une boutique (ouverte toute la journée) où vous trouverez du pâté, des rillettes ou de la viande fraîche de cerf ! Et oui, il en faut pour tous les goûts...

★ BEILLÉ (72160)

★ *Le chemin de fer touristique La Transvap :* ☎ 02-43-89-00-37. Le dimanche en juillet et en août, départ à 11 h 20 et à 15 h. Une balade en vieux train à vapeur sur 18 km à... 20 km/h de moyenne. *Alice* – classée monument historique – et *la Chéronne* vous promèneront entre Connerré-Beillé et Bonnétable en passant par le plan d'eau de Tuffé et Prévelles. Pour retrouver la poésie de l'approche lente d'un clocher, au détour d'une courbe du rail...

★ TUFFÉ (72160)

Plan d'eau de 18 ha. Baignade surveillée en juillet et août. Pêche, voile, pédalos sur un site magnifique. ☎ 02-43-93-47-21 (mairie). En saison : ☎ 02-43-93-47-45 (syndicat d'initiative, ouvert de 14 h à 18 h). Point restauration sur place, mais attention à ne pas déranger, comme nous avons eu l'outrecuidance de le faire...

🏠 🍴 Possibilité de planter sa tente au *camping du Lac* et de se restaurer au resto *Au Coq Hardi* (voir rubrique « Où manger dans les environs ? », plus haut).

★ PRÉVELLES (72110)

★ *La maison du Potier :* rue Louis-Tuilans. ☎ 02-43-71-88-28. Ouvert l'après-midi en été. Fermé le lundi. Les vases et pichets de Tuilans – considéré comme le plus grand potier d'art populaire de la fin du XIXe siècle – ont fait la réputation de Prévelles, tout comme les fameux « coucous », sifflets à vent ou à eau (visibles au Mans au musée de la Reine Bérengère). Le dernier potier-turlotier (ce qui signifie qu'il faisait des jouets, comme vous l'aviez deviné !) a disparu en 1952. Sa maison, dont la cour recèle un ancien four de potier, est devenue un musée.

BONNÉTABLE (72110) 4020 hab.

Ici, il faut prendre le temps de se balader sur les nombreux sentiers de randonnée qui permettent, au départ du château, d'aller admirer, par exemple, l'if millénaire de Jauzé ou les mégalithes de Nogent-le-Bernard. Le château, seulement visible de l'extérieur, servit de forteresse au XIIe siècle. S'y attache la légende de Mélusine, fille d'un méchant roi d'Albanie, réfugiée au pays des Francs (voir la rubrique « Mélusine, fée bâtisseuse de la Vendée », dans le chapitre « Généralités »).

Adresse utile

ℹ Syndicat d'initiative : place du Marché. ☎ et fax : 02-43-29-57-82. Ouvert du 15 juin au 15 septembre, du mardi au samedi aux horaires administratifs. Hors saison, les mardi et samedi de 10 h à 12 h.

Où dormir ? Où manger ?

🏠 |●| Hôtel-restaurant Le Lion d'Or : 1, rue du Maréchal-Leclerc. ☎ et fax : 02-43-29-38-55. Fermé du 12 au 22 juillet et en septembre. Resto fermé le dimanche. Chambres doubles à partir de 30,49 € (200 F), avec lavabo, à partir de 38,11 € (250 F) avec douche, jusqu'à 45,73 € (300 F) avec bains. 1er menu à 8,38 € (55 F) en semaine le midi. Menus entre 13,57 et 25,76 € (89 et 169 F). Un hôtel de charme situé en centre-ville dans une ancienne bâtisse du XIe siècle. Appelée délibérément pension, cette grande maison à l'accueil chaleureux, avec une déco so british, propose une quinzaine de chambres pleines de charme, ainsi qu'un pub, un restaurant et une crêperie. Au resto, on vous prépare une cuisine sarthoise copieuse, fraîche et assez recherchée. Toutes les pâtisseries sont maison, dont une superbe tarte Tatin. Apéritif maison offert à nos lecteurs sur présentation du Guide du routard.

|●| Les Quatre Saisons : 3, place de la Victoire. ☎ 02-43-29-63-71. 1er menu à 9,45 € (62 F) en semaine. On pense à la pizza, tellement on s'attend au pire ici, et puis on se surprend à apprécier la table, la gentillesse du service. Ne parlons pas du cadre, évidemment. Spécialité de poulet au cidre.

Où manger dans les environs ?

|●| Le Petit Campagnard : 31, rue Principale, 72110 Rouperroux-le-Coquet. ☎ 02-43-29-79-74. ⚒ Au nord de Bonnétable par la D301. Fermé les lundi, mardi soir, mercredi soir, jeudi soir et 3 semaines en juillet-août. Un menu à midi en semaine à 9 € (59 F), d'autres menus de 17,07 à 160 F (112 à 185 F). Coquet, coquet, faut pas exagérer ! En tout cas, Le Petit Campagnard a une bonne bouille, qui donne envie de s'arrêter. Le Dimanche, surtout, on se rend compte qu'on n'est pas les seuls à avoir eu cette idée. Le 1er menu, sarthois, avec rillettes et poulet de Loué au cidre ou noix de Saint-Jacques à l'émincé de poireaux, fromage et dessert, est imbattable. Le suivant, c'est pas mal du tout, et avec le dernier, on fait carrément dans l'insolite, avec le daguet aux orties sauvages ou l'autruche sauce poivrade. Chacun ses goûts ! Café offert à nos lecteurs sur présentation du Guide du routard.

➤ DANS LES ENVIRONS DE BONNÉTABLE

★ **Saint-Georges-du-Rosay (72110) :** par la D59, à travers la forêt de Bonnétable. Les églises, autour desquelles s'organisait autrefois toute la vie rurale, servaient souvent de refuge aux villageois lors des guerres ou des grandes invasions. Étonnante architecture d'église fortifiée, flanquée de deux échauguettes.

★ **Saint-Aubin-des-Coudrais (72400) :** autre superbe église fortifiée, à voûte de bois. Ce fleuron de l'art roman datant des XIe et XIIe siècles est doté d'un porche du XIe siècle, unique en Sarthe, et mérite à lui seul le détour.

MONTMIRAIL (72320) 460 hab.

Village labellisé « petite cité de caractère », célèbre pour sa forteresse médiévale, juchée à 160 m au-dessus du niveau de la mer (mer de nuages par temps de brouillard !), véritable belvédère d'où l'on découvre un superbe panorama.

Où manger ?

|●| **Crêperie L'Ancienne Forge :** 11 bis, place du Château. ☎ 02-43-71-49-14. Fermé les dimanche soir et mardi, ainsi qu'une semaine en septembre et 15 jours pendant les fêtes de fin d'année. Compter environ 11 € (72 F). À la place du jeune couple qui tient ce joli petit resto, vous en auriez sans doute vite assez d'entendre un nouvel arrivant sur trois demander si c'est bien le château du film Les Visiteurs qui leur sert de fond de décor, de l'autre côté de la terrasse ! Eh non, désolé, celui-là a une histoire que le cinéma continue d'ignorer (le « vrai » est celui d'Ermenonville, dans l'Oise). En attendant l'heure de la visite, vous pourrez au moins manger très bien et pas trop cher : entrecôte fondante, belles salades, bonnes pizzas et galettes. Que demande le peuple, mon bon Jacouille !

Où dormir ? Où manger dans les environs ?

🛏 |●| **Auberge du Grand Monarque :** 5, place du Grand-Monarque, 72320 Saint-Ulphace. ☎ 02-43-93-27-07. À 11 km au nord. Cet établissement est en plein centre de Saint-Ulphace. Fermé les mardi et dimanche soir, la 1re semaine de janvier et les dix premiers jours d'août. Une formule à 8,38 € (55 F) à midi en semaine, sinon, des menus entre 11,43 et 35,06 € (75 et 230 F). Quelques chambres doubles entre 38,11 et 45,73 € (250 et 300 F). Plutôt bon enfant, le vieux Monarque, surtout quand ses loyaux sujets envahissent sa demeure pour faire ripaille jusqu'à une heure avancée, certains après-midi dominicaux. Un « menu Bienvenue » qui mérite son nom, c'est le menu 1er prix (salade, jambon de pays, côte de veau normande et ses petites pommes de terre...), des menus à des prix très variés qui font honneur à la bonne vieille cuisine bourgeoise. Ce *Monarque*-là n'est pas près d'être détrôné ! Soirées à thème en hiver : paella, choucroute, fruits de mer, etc. Café offert à nos lecteurs sur présentation du *Guide du routard*.

À voir

★ *Le château de Montmirail :* ☎ 02-43-93-72-71. Ouvert tous les dimanches du 1er avril au 30 septembre, et tous les jours sauf le mardi du 1er lundi de juillet au 3e lundi d'août de 14 h 30 à 18 h. Entrée : 4,57 € (30 F) pour les adultes, 2,29 € (15 F) pour les moins de 12 ans. C'est dans cette superbe forteresse médiévale au nom évocateur, « mont des merveilles », que fut organisée par Louis VII le Jeune, roi de France, la tentative de réconciliation (plutôt ratée) entre Henri II Plantagenêt, roi d'Angleterre, et Thomas Becket, le bouillant archevêque de Canterbury, en 1169. Une partie du château a été réaménagée au XVIIIe siècle par la princesse de Conti : les salons, au raffinement subtil, sont décorés de boiseries qui encadrent des peintures de l'école de Boucher. Pour se plonger dans une ambiance toute médiévale, la visite des 3 étages souterrains (récemment restaurés), avec oubliettes et autres sympathiques cachots, est incontournable, ainsi que la visite du parc et d'une grande glacière du XVIIIe siècle.

VIBRAYE (72320) 2 590 hab.

Adresse utile

■ *Maison des Associations :* rue X.-Boutet. ☎ 02-43-71-40-44. Ouvert du 15 juin au 15 septembre, du mardi au samedi de 10 h à 12 h 30 et de 14 h 30 à 17 h 30.

Où dormir ? Où manger ?

🏠 I●I *Hôtel-restaurant Le Chapeau Rouge :* place de l'Hôtel-de-Ville. ☎ 02-43-93-60-02. Fax : 02-43-93-60-20. • www.perso.infonie.fr/WoodrowN/index.html WoodrowN@infonie.fr • ☘ Restaurant fermé le dimanche soir et le soir des jours fériés. Congés la semaine du 18 au 24 novembre et les 2 premières semaines de janvier. Chambres doubles à 46 € (302 F). Nombreux menus de 15 € (98 F), en semaine, à 55 € (361 F). Un ancien Relais de Diligence couvert de vigne vierge. Chambres parfois un peu bruyantes à cause de la terrasse. Joyeuse ambiance les jours de marché. De la belle viande (confit de canard), du beau poisson dont du saumon fumé, du fromage fermier, servis royalement dans une vieille salle à manger ornée de trophées de chasse et d'un splendide cul-de-poule. Tout est maison depuis le pain jusqu'aux desserts. Accueil pas guindé. 1 nuit offerte pour un week-end de 3 nuits sur présentation du *Guide du routard*.

🏠 I●I *L'Auberge de la Forêt :* 38, rue Gabriel-Goussault. ☎ 02-43-93-

LA SARTHE / LE PERCHE SARTHOIS

60-07. Fax : 02-43-71-20-36. • www.aubergedelaforet.com • Fermé les dimanche soir et lundi (sauf les jours fériés), ainsi que 3 semaines du 15 janvier au 8 février. Chambres doubles entre 42,69 et 45,73 € (280 et 300 F). Un menu du jour, en semaine, à 14,48 € (95 F), un menu du terroir à 16,77 € (110 F) et d'autres menus jusqu'à 42,69 € (280 F). Si vous avez peur de vous perdre en pleine forêt, rassurez-vous, cette auberge-là est en plein bourg. Calme garanti depuis qu'un nouveau plan de circulation a fait du centre-ville de Vibraye un lieu où l'on peut promener son chien sans laisse. Chambres confortables. Dans la salle de restaurant, on prend son temps pour goûter une bonne cuisine de terroir du marché à base de volailles de Loué, de poissons et de viandes de la région. Du bon travail de pros ! Terrasse sous tonnelle. Apéritif offert à nos lecteurs sur présentation du *Guide du routard*.

Où dormir? Où manger dans les environs?

Hôtel-restaurant Saint-Jacques : place du Monument, 72160 Thorigné-sur-Dué. ☎ 02-43-89-95-50. Fax : 02-43-76-58-42. Prendre par la N23, puis la D302 ou N157 et la D52. Fermé le dimanche soir, le lundi de décembre à mi-janvier et du 19 juin au 3 juillet. Chambres doubles de 52 à 76 € (341 à 499 F). Menus de 15 à 46 € (98 à 302 F). Confort, courtoisie, bonne table : tout ce qu'on attend de l'hôtellerie traditionnelle et familiale se trouve réuni ici. Normal, le patron se doit de donner l'exemple, puisque c'est un vieux militant du tourisme en Sarthe. Spécialités de Saint-Jacques. À noter que l'établissement a fêté en l'an 2000 les 150 ans de l'hôtel dans la même famille ! Apéritif maison offert sur présentation du *Guide du routard*.

➤ DANS LES ENVIRONS DE VIBRAYE

★ **Semur-en-Vallon :** un parcours de 25 mn à travers la campagne sarthoise en chemin de fer à voie étroite. ☎ 02-43-71-30-36. À mi-trajet, visite du *musée du Train* (visite par train uniquement). De mai à septembre, ouvert les dimanche et jours fériés de 14 h 30 à 18 h 30 ; en juillet et août, le samedi de 16 h à 18 h.

SAINT-CALAIS (72120) 3 780 hab.

Tapie dans son vallon, une ville attachante qui doit son nom à un moine auvergnat : Karileph, fondateur d'un monastère à la fin du Ve siècle. Il ne reste pratiquement rien du cloître, de la somptueuse basilique et des vastes bâtiments qui formaient au XIe siècle l'abbaye de Saint-Calais.

Adresse utile

Office du tourisme : place de l'Hôtel-de-Ville. ☎ 02-43-35-82-95. Fax : 02-43-35-15-13. Ouvert du mardi au vendredi de 9 h à 12 h 30 et de 15 h à 18 h 30 ; le samedi, de 10 h à 12 h 30 et le lundi, de 14 h à 18 h.

Où manger ?

|●| **À Saint Antoine :** 8, place Saint-Antoine. ☎ 02-43-35-01-56. Fermé les dimanche soir et lundi, le mercredi soir en hiver, ainsi que du 8 au 20 août. Un petit menu en semaine à midi à 11 € (72 F) avec fromage ou dessert, et 4 autres de 15 à 37,50 € (98 à 246 F). La rumeur a fait le tour du pays : M. Achard a repris le vieux bistrot de la place Saint-Antoine pour en faire un « vrai restaurant ». Des maisons qui restent des références, surtout ici... La surprise vient moins de la découverte d'un lieu à la bonne franquette, où gendarmes, ouvriers et entrepreneurs locaux se croisent, au bar, avant de vaquer à leurs occupations. Les salles du resto se remplissent très vite. Et c'est le choc ! Une cuisine colorée et goûteuse. Bref, des produits frais bien traités avec de bons vins de la région.

Où manger dans les environs ?

|●| **Le Saint-Éloi :** place de l'Église, 72120 Saint-Gervais-de-Vic. ☎ et fax : 02-43-35-19-56. À 4 km au sud de Saint-Calais. Près de l'église. Fermé le dimanche soir hors saison, la 2e quinzaine de janvier et la 1re quinzaine d'août. Une formule à 9,30 € (61 F) en semaine et le soir sur réservation, ou des menus de 15,30 à 21,30 € (100 à 140 F). Ce petit resto de village aurait dû échanger son saint patron avec celui du bourg voisin. Le couple de joyeux charcutiers qui l'a racheté n'avait déjà pas beaucoup de week-ends libres avant, aujourd'hui ils n'en ont plus un seul, le bouche à oreille remplissant chaque dimanche la petite salle d'habitués qui se ruent sur les menus. Le plus cher comportant trois plats, au choix. En semaine, dans la formule complète, le vin et le café sont compris ! Un petit bar fort sympathique, une terrasse en été, un accueil chaleureux en font l'une de nos meilleures adresses dans le département. Apéritif maison offert à nos lecteurs sur présentation du *Guide du routard.*

À voir. À faire

★ *L'église Notre-Dame :* sur sa façade se marient harmonieusement gothique flamboyant et style Renaissance. Rosace à meneaux rayonnants servant de cadran d'horloge (1615) ou vantaux du portail monumental et flèche du XVIIe siècle en font un monument remarquable.

★ *La mairie :* dans la salle du Conseil, suaire du VIIe siècle (seulement 5 exemplaires en Europe) représentant des scènes de chasse tissées dans la soie. Toute une histoire. Il en a sué, ce suaire, avant d'arriver là !

★ *La bibliothèque :* autre fierté de Saint-Calais, elle a été reconstruite sur le site de l'ancienne abbaye, qui renferme quelque 32 000 volumes, dont environ 11 000 pour le seul fonds ancien (du XVe au XVIIIe siècle). Un fonds ancien qui recèle, entre autres, une très belle collection de livres des Pères de l'Église, et un « livre d'heures » de 1494, orné d'enluminures très bien conservées. Accès sur demande à la bibliothèque.

★ *Le Labyrinthe végétal :* sur les bords du plan d'eau de 9 ha, à côté du moulin d'Ars. Ouvert de juillet à octobre de 9 h à 20 h. Entrée gratuite. Pour petits et grands. Aire de pique-nique sur place, location de pédalos, jeux pour enfants.

Fête et festival

– *La fête du Chausson :* chaque année, le 1er week-end de septembre. Le chausson aux pommes de Saint-Calais a une longue histoire, puisque la tradition populaire le rattache à une épidémie qui aurait décimé la population en 1630. L'épidémie aurait été vaincue grâce aux prières (le truc habituel) et surtout à l'énorme « pâté aux pommes » que la châtelaine avait décidé de faire confectionner pour nourrir les pauvres et les nécessiteux contraints par les hommes valides de demeurer en ville pour ne pas propager l'épidémie. Chaque 1er dimanche de septembre, depuis plus de trois siècles, une procession précède la fête durant laquelle les chevaliers de la confrérie du Chausson aux pommes invitent population locale et visiteurs à déguster sur les quais de l'Anille la « soupe à la jambe de bouâ » (du genre roboratif, avec jarrets cuits, avec de la dinde dans un bouillon de navets et poireaux, auquel on ajoute cuisses de poulet et cervelas truffés et pistachés).
– *Le festival Manu Dibango :* la 1re semaine de juillet. Renseignements à l'office du tourisme. Le sympathique et talentueux Manu a été recueilli à l'adolescence par une famille de Saint-Calais. On comprend que ce festival lui tienne particulièrement à cœur.

LA VALLÉE DU LOIR

PONCÉ-SUR-LE-LOIR (72340) 430 hab.

Un charmant village dominé par le château proposant rien de moins que l'un des plus séduisants escaliers Renaissance de France. Son église n'est pas en reste, avec ses remarquables fresques murales du XVIIe siècle. Mais notre vrai coup de cœur, ça a été la vitalité de ses habitants. Ici, pas de longue rue déserte, de résidences de Parisiens aux volets trop longtemps clos, de vieux cafés de bourg assassinés. Ça bouge, ça vibre, ça crée ! Une trentaine d'habitants animent un fascinant centre d'artisanat d'art. D'autres artistes ont pignon sur rue. À visiter toute affaire cessante !

Adresse utile

■ *Mairie :* ☎ 02-43-44-45-32. Ouvert les lundi, mercredi et vendredi de 10 h à 12 h 30.

Où dormir ? Où manger ?

Chic

Château de la Volonière : 49, rue Principale. ☎ 02-43-79-68-16. Fax : 02-43-79-68-18. • château-de-la-voloniere@wanadoo.fr • En face du centre artisanal. Fermé en janvier et février (sauf réservation). Comptez 67,10 € (440 F) pour 2, petit déjeuner compris. Belle demeure séparée de la rue par un grand jardin fleuri et adossé à la colline, sur un parc de 3 ha paré d'un bassin paysager avec cascade, petite plage, barbecue et coins-repas. Pour nos lecteurs romantiques, 4 chambres confortables à la décoration particulièrement originale : couleurs éclatantes, lits

à baldaquin, meubles et portes gothiques. Et si ça ne suffit pas, piscine et vélos de remise en forme.
- iOi *Restaurant de la Volonière :* 49, rue Principale. ☎ 02-43-79-01-63. Attenant au château mais indépendant aujourd'hui. Menus de 13,72 € (90 F), en semaine à midi, à 24,39 € (160 F). Dans la ravissante salle des gardes, voûtée d'origine et taillée dans le roc. Un ancien traiteur-charcutier, natif du village, concocte quelques plats incontournables genre coq au vin ou lapin moutarde. Il ne manque pas d'idées et le mieux est de s'en remettre à son savoir-faire. Quand un charcutier se lance dans la restauration, c'est toujours top, nous l'avons vérifié plusieurs fois... Pain maison et délicieux *tiramisù*. Café offert à nos lecteurs sur présentation du *Guide du routard*.

Où dormir? Où manger dans les environs?

- 🏠 iOi *Chambres et table d'hôte Les Patis du Vergas :* 72310 Lavenay. ☎ et fax : 02-43-35-38-18. Fermé de mi-novembre à mi-mars (uniquement sur réservation pendant cette période). 43 € (282 F) pour 2 personnes, copieux petit déjeuner compris (bonnes confitures maison). Repas à 14 € (92 F), boisson comprise. Dans un parc immense, en bord d'étang, très agréables chambres d'hôte garantissant un calme total. Excellent accueil. Chambres avec entrée indépendante, répondant aux doux noms de Jasmin, Iris, Bleuet, Pâquerette, etc. Cadre idéal anti-stress! Réduction de 10 % accordée à partir de la 2e nuit consécutive, ainsi qu'un apéritif maison et un café offerts à nos lecteurs porteurs de l'édition en cours.
- 🏠 iOi *La Petite Auberge :* rue Principale, 72310 Pont-de-Braye. ☎ 02-43-44-45-08. Fax : 02-43-44-18-57. Fermé les mardi soir et mercredi (sauf en juillet, août et jours fériés) et les vacances scolaires de février. Chambres avec douche de 22,87 à 25,92 € (150 à 170 F). Une formule à midi en semaine à 11 € (72 F), hors samedi soir et jours fériés, et 2 menus à 19,06 et 30,18 € (125 et 198 F). Un hôtel-resto de village qui a réussi à asseoir sa notoriété en peu d'années. Il faut dire qu'elle est bien sympathique, cette petite auberge, avec sa vigne vierge. Dommage que le service soit souvent assez lent et que la cuisine ne soit pas toujours à la hauteur. Pour dormir, 3 chambres très simples. Apéritif maison offert à nos lecteurs sur présentation du *Guide du routard*.
- iOi *Le Petit Luc :* 3, rue du Val-de-Braye, 72310 Pont-de-Braye. ☎ 02-43-44-45-55. Fermé le lundi toute la journée de septembre à juin et le lundi midi d'avril à juin. Congés annuels : 1 semaine en septembre et pendant les vacances de février. 1er menu à 8,84 € (58 F). Autres menus de 12,04 à 36,59 € (79 à 240 F). Parking réservé. Quelques lettres flatteuses de plusieurs de nos lecteurs nous ont fait traverser la rue. Bien nous en a pris car il est vrai que l'accueil chaleureux le dispute à la cuisine traditionnelle entièrement maison. Disons aussi que le rapport qualité-prix est excellent et que la terrasse sur l'arrière, aux beaux jours, est bien avenante. Apéritif maison offert sur présentation du *GDR*.

À voir

- ★ *Le château et les jardins de Poncé :* ☎ 02-43-44-45-39. Ouvert tous les jours du 1er avril au 30 septembre, de 10 h à 12 h et de 14 h à 18 h. Entrée : 5,34 € (35 F). Tarif réduit : 3,81 € (25 F). Ristourne sur présentation du *Guide du routard* : entrée à 4,57 € (30 F). Durée de la visite guidée (sur rendez-vous) : 1 h 30. Édifice de la première Renaissance (1542), construit dans la belle pierre de tuffeau blanc. Deux corps de logis de part et d'autre d'un pavillon central. Découvrez l'un des plus ravissants escaliers de France, de style italien avec plafonds décorés de caissons sculptés de blasons et divers motifs végétaux ou mythologiques. Voir aussi le grand colombier, l'un des plus vastes que l'on connaisse, capable d'accueillir 8 000 pigeons. Enfin, dans les communs, outils, instruments agricoles typiques de la Sarthe et atelier du cordonnier-tonnelier. Parcourir les superbes parterres bordés de buis et les longues terrasses. Une charmille présente toujours son dessin labyrinthique du XVIe siècle. Demandez à voir le platane de plus de 400 ans.

★ *L'église Saint-Julien :* en surplomb du village. Ouvert d'avril à septembre de 9 h à 18 h. Vaut le détour pour ses superbes fresques du XIIe siècle. Couleurs presque délavées mais, dans la nef à droite, on devine la *Fuite en Égypte* (noter que l'âne est tacheté). À côté du porche, à droite, *Résurrection, Jugement dernier* et *Supplice* (corps roué). Plafond en forme de carène de navire renversée.

★ *Le centre d'artisanat d'art :* ☎ 02-43-44-45-31. Ouvert de 9 h à 12 h et de 14 h à 18 h, le dimanche de 14 h 30 à 18 h 30. Fermé le lundi. Visite des ateliers : 4,57 € (30 F), 3,05 € (20 F) pour les enfants (5-16 ans). Pour nos lecteurs, 0,76 € (5 F) de réduction sur le prix d'entrée sur présentation du *Guide du routard*. Pas un de ces emporia sans âme où les artisans sont absents, non, un vrai centre d'art. Pas non plus un musée poussiéreux des techniques d'antan. Avant tout un lieu d'expression de l'artisanat traditionnel qui se double d'un travail de recherche et de réflexion sur la création. Il faut voir et admirer le formidable labeur des maîtres verriers, ainsi que le travail des potiers, tapissiers, ateliers du bois, etc. Fascinant travail sur la céramique et les émaux de Mathieu Robert. Stupéfaction devant les chapeaux de Céline Robert, aux formes si séduisantes, faisant montre d'une imagination créatrice digne des grands couturiers hexagonaux. Et tout cela avec une modestie exagérée, une gentillesse confondante, une qualité d'accueil hors pair. Sans oublier le cadre des anciens moulins du Paillard, superbement rénovés. Expos thématiques sur l'art populaire d'autres pays, ateliers d'éveil, etc. Terrasse, jardin et cafétéria en bord de Loir. Aire abritée de pique-nique.

★ *La verrerie des Coteaux :* ☎ 02-43-79-05-69. Ouvert de 9 h à 12 h et de 14 h à 18 h 30 (les lundi et mercredi jusqu'à 18 h, les mercredi et dimanche à partir de 10 h). Attention, les mercredi et dimanche, l'atelier se visite mais ne fonctionne pas. Entrée libre. Dans la foulée, allez voir le fascinant travail de Gérard Torcheux. À l'aide de mélanges d'oxyde, d'émaux et de cristaux, il crée sans cesse des formes et des couleurs nouvelles. Rien que des pièces uniques. On aime beaucoup ses « lampes champignons », aux délicates irisations de bleus, de verts et de bruns.

➤ *DANS LES ENVIRONS DE PONCÉ-SUR-LE-LOIR*

★ *Le château de Courtanvaux :* 72310 *Bessé-sur-Braye.* ☎ 02-43-35-34-43. De Pâques à la mi-octobre, visites en principe à 10 h, 11 h, 15 h, 16 h, 17 h et 18 h (téléphonez au préalable). Fermé le mardi. Entrée : 2,74 € (18 F), 1,52 € (10 F) pour les enfants. Au milieu d'un grand parc, le château a comme particularité de n'avoir jamais été vendu au cours des siècles. Dans un environnement très bucolique, il compose l'une des plus ravissantes cartes postales de la Sarthe. Et, justement, vous y trouverez Bessé-en-Braye raconté en cartes postales.

LA CHARTRE-SUR-LE-LOIR (72340) 1 550 hab.

L'autre chef-lieu de canton du coin et petite capitale des vins de la vallée du Loir. Grimper sur la butte de Jeanne-d'Arc pour une belle vue sur la vallée. Un truc insolite : un certain M. Rustin est originaire de La Chartre. Qu'inventa-t-il ? Bravo, oui, la rustine ! Son usine emploie encore une centaine de personnes. Autre spécialité du village : fabrication exclusive des... pompons de la Marine ! À 4 km, le coteau des Jasnières, centre du vignoble qui offre aussi un beau point de vue. Le jasnières est produit sur une toute petite surface sur les communes de L'Homme et de Ruillé. Vin blanc sec, d'une belle couleur jaune, apprécié pour son goût de « pierre à fusil » et son bon temps de garde.

Adresse utile

Office du tourisme : parking central. ☎ et fax : 02-43-44-40-04. Ouvert en saison du mardi au samedi de 9 h 30 à 12 h 30 et de 15 h à 19 h ; le dimanche, de 9 h 30 à 12 h 30. Hors saison, du mardi au samedi de 10 h à 12 h.

Où dormir ? Où manger ?

Hôtel de France : 20, place de la République. ☎ 02-43-44-40-16. Fax : 02-43-79-62-20. Dans le bourg. Fermé les dimanche soir et lundi de mi-septembre à fin juin, et le lundi midi de juillet à mi-septembre, ainsi qu'en février. Comptez 38,11 € à 54,88 € (250 à 360 F) pour les chambres doubles. Menus de 12,20 € (80 F), en semaine, à 33,54 € (220 F). Un des hôtels les plus connus de la vallée du Loir. Depuis 1905, dirigé par la même famille. Longtemps le chouchou des pilotes des 24 Heures. Le bar est presque un petit musée de la fameuse course : portraits des pilotes-clients, autographes, souvenirs divers. Kitsch en diable. Des enjoliveurs servent de lampes, un casque de pendule. Jusqu'en 1955, les pilotes garaient leurs véhicules dans la cour (notamment les Aston Martin). Au restaurant, *Le Relais de Ronsard*, salle à manger au décor chaleureux, où vous goûterez une cuisine qui eut son heure de gloire. Petite brasserie à midi en terrasse. Accueil parfois... distrait. Kir offert sur présentation du *Guide du routard*.

Où dormir ? Où manger dans les environs ?

Hôtel Saint-Pierre : 42, rue Nationale, 72340 Ruillé-sur-Loir. ☎ 02-43-44-44-36. Sur la D305, à 6 km de La Chartre-sur-le-Loir. Resto fermé le samedi et le dimanche soir. Congés annuels la 2ᵉ quinzaine de décembre. Chambres à 25,92 € (170 F) pour 2. Menus ouvriers à 8,38 € (55 F) en semaine, à 12,20 € (80 F) le dimanche. Ou menu à 18,29 € (120 F) avec un poisson en plus. Oh ! qu'est-ce qu'on l'aime bien, ce petit hôtel-resto de village avec sa mine modeste cachant un grand cœur. Survivant de tous ceux qui égayaient les villages dans les années 1950-1960. Patronne charmante chouchoutant la clientèle avec une tranquille simplicité. Son menu ouvrier est imbattable alentour. Assez impressionnant de voir, avant le « coup de feu », le buffet des entrées ! Kil de rouge sur la table compris. Le dimanche, le menu augmente un peu avec gigot d'agneau ou cuisse de canard au poivre ou faux-filet, salade, plateau de fromages, dessert. Pour dormir, quelques chambres sans chichi, mais correctes. Apéritif maison offert aux lecteurs porteurs du *GDR*.

Où déguster un bon jasnières ?

Le Jasnières : 8, place de la République. ☎ 02-43-44-40-44. Un bar à vin sympa, où l'on peut goûter les différents crus de la région avec des toasts de rillettes.

À voir

★ Possibilité de visiter la **cave de Joël Gigou :** 4, rue des Caves. ☎ 02-43-44-48-72. Cave réputée pour ses bons petits jasnières et coteaux du loir.

➤ *DANS LES ENVIRONS DE LA CHARTRE*

★ **Le château de Bénéhard :** à 3 km de Chahaignes. L'intérieur ne se visite pas, mais on peut admirer la splendide façade Renaissance. Pressoir du XVe siècle. Beau retable du XVIIIe dans l'église.

★ **Le musée de la Vigne :** à L'Homme. ☎ 02-43-44-43-62. En juillet et août, ouvert du mardi au samedi de 15 h à 18 h et le dimanche de 15 h à 18 h. Fermé le lundi. Très intéressant, ce « musée de L'Homme ». Tout sur le vignoble de jasnières, ce vin blanc sec fruité et les rouges coteaux du Loir. Expo sur les outils anciens, la tonnellerie, le travail de la vigne. Vidéo.

LA FORÊT DE BERCÉ

C'est un vestige de l'immense forêt qui couvrait le Nord de la Loire avant l'occupation romaine. Grâce à la médiocrité du sol, elle échappa au déboisement et au défrichement et devint forêt royale au XIVe siècle. C'est l'une des plus belles forêts de chênes de France (moyenne d'âge : 240 ans !). On y trouve aussi des pins maritimes, des sapins normands et d'autres résineux comme le pin Douglas, le pin laricio, etc. Le chêne de Bercé fut longtemps renommé pour la construction navale. Aujourd'hui, il est recherché pour la tonnellerie et le beau meuble. Paradis du VTT, ça va de soi ! 280 km de circuits balisés. Ne pas manquer de se procurer la carte réalisée par la Vallée du Loir. Si la forêt de Bercé a souffert de la tempête de décembre 1999, les circuits balisés sont d'ores et déjà remis en état.

Où dormir ? Où manger ?

Hôtel-restaurant Saint-Jacques : place Ricordeau, 72500 Jupilles. ☎ 02-43-44-61-29. Fermé le mercredi en basse saison. Chambres à 18,29 € (120 F) et menus autour de 9,15 € (60 F), sauf le dimanche soir. Demi-pension à 33,54 € (225 F) par personne. Petit hôtel de village avec sa façade en bois originale disposant d'une demi-douzaine de chambres. D'une grande simplicité, mais la providence des randonneurs de la forêt de Bercé, car il est difficile de trouver moins cher. De plus, les chambres viennent d'être rénovées dans des tons frais et clairs. Sanitaires à l'extérieur. Petite restauration très classique et vin chaud servi en terrasse toute l'année. Bureau de tabac sur place. Les nouveaux patrons feront-ils aussi bien que les anciens ? Kir offert aux lecteurs du *Guide du routard*.

▲ *Les Randonnées du Val de Loir :* moulin d'Huizé, 72500 Beaumont-Pied-de-Bœuf. ☎ et fax : 02-43-44-15-31. ⚡ Du centre de Château-du-Loir, prendre la direction du Mans, puis la D64 à droite, ensuite la D73. 2 petits chalets de plain-pied d'une capacité de 4 à 6 personnes (2 chambres, séjour avec cheminée et coin-cuisine, salle de bains et terrasse) : 60,98 € (400 F) la nuitée, 167,69 € (1 100 F) le week-end, 251,54 € (1 650 F) la semaine pendant les vacances scolaires, 201,23 € (1 320 F) les autres mois. Un autre gîte pour les groupes (11 personnes) ; comptez 12,20 € (80 F) par nuitée, 16,77 € (110 F) la journée, 335,39 € (2 200 F) le week-end et 670,78 € (4 400 F) la semaine. Fort agréable gîte d'étape avec véranda, cuisine aménagée (lave-vaisselle). Pour amis ou familles, les deux petites habitations sont idéales. Nombreuses activités proposées : équitation, canoë, VTT, ferme pédagogique...

Prix moyens à plus chic

▲ *Les Tropes :* 72500 Jupilles. ☎ 02-43-39-95-03. Fax : 02-43-39-95-09. À l'orée de la forêt de Bercé, au bout du village. Gîte pour 4 : de 152,45 € (1 000 F) à 350,63 € (2 300 F), selon la saison pour 4 nuits. Semaine de 243,92 à 533,57 € (1 600 à 3 500 F). 15,24 € (100 F) la nuit par personne (4 personnes minimum). Gîtes ruraux d'architecture moderne, confortables, pour 4 à 8 personnes, autour d'une superbe piscine. Accueil permanent avec possibilité de sorties à thème (le brame du cerf, le soir, au fond des bois, etc.). Location de vélos. Prix comprenant le chauffage, le bois pour la cheminée, les draps et le linge de toilette. Beaucoup de clientèle étrangère.

|●| *Auberge de l'Hermitière :* sources de l'Hermitière, 72150 Saint-Vincent-du-Lorouër. ☎ 02-43-44-84-45. ⚡ À 4,5 km au sud de Saint-Vincent. Fermé les lundi et mardi d'avril à septembre et les lundi, mardi, mercredi et jeudi soir d'octobre à mars. Menu du terroir à 17 € (112 F), sauf le dimanche, et menus de la maison entre 23 et 34 € (151 et 223 F). C'est l'une des grandes tables de la Sarthe, capable d'offrir cependant un très beau menu « Terroir et patrimoine ». On aime le cadre de cette maison forestière, en bois et en brique, bien nichée au bord de sa rivière. Avant nous, la reine Élizabeth d'Angleterre honora cette prestigieuse demeure de sa présence. Jolie terrasse sous les arbres. Dommage que l'accueil soit inégal.

À voir

★ *La maison du Sabot et de l'Artisanat du bois :* 72500 **Jupilles**. ☎ 02-43-79-48-69. ⚡ uniquement au rez-de-chaussée. Ouvert de Pâques à la Toussaint, du lundi au vendredi de 10 h à 12 h 30 et de 14 h 30 à 18 h 30, le samedi de 14 h 30 à 18 h 30, et les dimanche et jours fériés de 14 h à 19 h. Entrée : 3,05 € (20 F), 2,80 € (18 F) pour les enfants de 4 à 16 ans. Tarif groupes accordé aux lecteurs sur présentation du *GDR* : 2,80 € (18 F) pour les adultes et 2 € (13 F) pour les enfants. Durée de la visite : 1 h 30. Dans une ancienne saboterie (en 1900, il y avait 500 sabotiers ici grâce à la proximité de la forêt de Bercé, un beau témoignage du passé sur 3 étages. Reconstitution de l'atelier du sabotier (bûcheuse et machine à creuser) que l'on peut voir fonctionner à certaines dates (en général, le dimanche une fois par mois). À voir, à l'entrée, la petite forêt reconstituée en miniature. Idéal pour découvrir, autour des outils et du bois, un artisanat local en voie de disparition.

CHÂTEAU-DU-LOIR (72500) 5 150 hab.

Chef-lieu de canton, ville-carrefour au sud de la forêt de Bercé. Ronsard fut prieur de l'église Saint-Guingalois. Nef et chœur du XIIIe siècle. Maître-autel en marbre du XVIIe siècle. Rue Saint-Jean, voir le logis Graslin du XVIIe siècle. Du château, seul subsiste le donjon.

Adresse utile

Office de tourisme : 2, av. Jean-Jaurès, BP 51. ☎ 02-43-44-56-68. Fax : 02-43-44-56-95. • ot.loir.berce @wanadoo.fr • Dans le parc Henri-Goude. Ouvert du 1er juin au 30 septembre, du lundi au samedi de 9 h 30 à 12 h 30 et de 13 h 30 à 18 h 30, le dimanche de 10 h à 12 h. Hors saison, du lundi au samedi de 10 h à 12 h 30 et de 15 h à 18 h 30.

Où dormir ?

Camping

Camping municipal des Trois Moulins : à Coëmont. ☎ 02-43-79-44-63 ou 02-43-44-00-38 (mairie). Ouvert du 1er juin au 30 septembre. 2 étoiles. Salle de réunion avec coin lecture, TV.

Prix moyens

Le Grand Hôtel : 59, av. Aristide-Briand. ☎ 02-43-44-00-17. Fax : 02-43-44-37-58. Très central. Fermé de mi-novembre à mi-décembre. Chambres de 40 à 50 € (262 à 328 F), tout confort avec double vitrage sur rue. Hôtel dans le genre relais de poste de charme qui défie le temps – et pour combien de temps, d'ailleurs ? Accueil souriant.

Où dormir ? Où manger dans les environs ?

Camping

Camping du Lac des Varennes : 72340 Marçon. ☎ 02-43-44-13-72. Fax : 02-43-44-54-31. • CAMPING. DES.VARENNES.MARCON@wanadoo. fr • Ouvert du 25 mars au 20 octobre. 250 emplacements. Emplacement + 2 adultes : 9,45 € (62 F). Bon confort. 5 % de remise sur la facture du séjour en présentant le *Guide du routard*.

Prix moyens à chic

Restaurant du Bœuf : 21, place de l'Église, 72340 Marçon. ☎ 02-43-44-13-12. Fermé les dimanche soir et lundi. En juillet et août, fermé seulement le lundi midi uniquement. Congés de fin janvier à début mars. Un 1er menu à 11,43 € (75 F), les autres s'échelonnent entre 15,24 et 30,49 € (100 et 200 F). À voir les couples ou les familles sortir, la mine réjouie, au beau milieu de l'après-midi, on se dit qu'on ne s'ennuie pas, à Marçon. Ici, on vient se dépayser autour de la table. 2 menus bien français mais on vient surtout pour goûter le repas créole (deux prix possibles) avec féroce d'avocat, fricassée de gambas au lait de coco, colombo d'agneau aux ignames, ragoût de cochon aux haricots rouges, poulet aux écrevisses... Avec un punch et quelques beignets pour se mettre en appétit, et un pousse-café maison pour glisser vers la sortie, même sous la pluie et au milieu de l'après-midi, il y a forcément du soleil dans la tête. Café offert à nos lecteurs sur présentation du *Guide du routard* de l'année.

➤ *DANS LES ENVIRONS DU CHÂTEAU-DU-LOIR*

★ **La cave municipale de Vouvray-sur-le-Loir (72500) :** en centre-ville. ☎ 02-43-44-62-88. Ouvert à partir de mi-juin le vendredi, de 16 h à 18 h (ou sur rendez-vous). Visite de la cave municipale taillée dans le roc. Dégustation du fameux jasnières et du coteaux du Loir.

Randonnée pédestre

– *Les caves de Vouvray-sur-le-Loir et les rives du Loir :* circuit de 4,5 km. Comptez 1 h 30 aller-retour sans les arrêts. En boucle depuis Château-du-Loir. Balisage : jaune, blanc et rouge du GR 35. Par les caves creusées dans la craie de Vouvray et les panoramas depuis la rive droite du Loir. Référence : *PR en Sarthe*, éd. FFRP. Cartographie : IGN au 1/25 000, n° 1821.
➤ Depuis le camping de Château-du-Loir au hameau de Coëmont, le balisage blanc et rouge vous fait traverser la N138 et la D64. En face du passage à niveau, sur votre droite, un chemin plus tranquille conduit au balisage jaune du PR que vous empruntez sur votre gauche. Le paysage de vignobles et de vergers est souvent très ensoleillé. Un court détour en poursuivant par le GR 35 (1 km environ, aller-retour) permet d'atteindre les hauteurs de Vouvray et son très beau panorama. La falaise de craie surplombe la vallée du Loir et l'église romane de Vouvray. Sinon, continuez directement par le balisage jaune le long des vignes pour rejoindre la N138 et le camping. Au retour, les caves touristiques de Vouvray et de Coëmont, creusées à même la craie de la falaise, vous tenteront sans modération.

★ *MARÇON* (72340)

Office du tourisme : 8, place de l'Église, BP 01. ☎ 02-43-79-91-01. Fax : 02-43-46-19-08. En juillet et août, ouvert du mardi au samedi, de 10 h à 12 h 30 et de 14 h 30 à 17 h 30 ; hors saison, horaires sur répondeur.

Camping du Lac de Varennes et **restaurant du Bœuf** (voir rubrique « Où dormir ? Où manger dans les environs ? », plus haut).

– *La base de loisirs du lac de Varennes :* au bord d'un plan d'eau de 50 ha. En juillet et août, plage surveillée. Tennis, voile (toute l'année), pédalo, pêche, tir à l'arc, équitation, etc.
★ *L'église de Dissay-sous-Courcillon (72500) :* beau chœur roman, abside en cul-de-four et chapiteaux sculptés. À côté, l'ancien prieuré de style Renaissance.

VAAS (72500) 1 540 hab.

Joli village en bord du Loir. Berges sereines et remarquable moulin ancien à visiter.

Adresse utile

Syndicat d'initiative : à la mairie. ☎ 02-43-46-70-29. Horaires administratifs du lundi au vendredi.
Office du tourisme : ☎ 02-43-44-17-17. Ouvert du 1er juillet au 31 août, du mardi au samedi, de 10 h 30 à 12 h et de 15 h à 17 h 30.

Où dormir ? Où manger ?

Le Védaquais : place de la Liberté. ☎ 02-43-46-01-41. Fax : 02-43-46-37-60. Dans le bourg. Fermé les vendredi soir, dimanche soir et lundi, ainsi que pendant les vacances scolaires (zone A) de février. Chambres doubles de 38 à 53 € (249 à 348 F) avec douche ou bains. Le « panier du marché » en semaine à 10 € (66 F), et 2 menus à 13 et 22 € (85 et 144 F). C'est une adresse tonique, à recommander à tous ceux qui trouvent parfois la vie trop moche, dans les bons vieux hôtels de village. Celui-là appartient à la mairie, qui a transformé la vieille école en lieu de vie. Les chambres, confortables et gaies, offrent des petits plus qui montrent que les patrons ont le souci du bien-être. Daniel Beauvais cuisine en silence, et fort bien, tandis que sa femme Sylvie parle avec les clients, fort bien également. Le « panier du marché », en semaine, nourrit son homme. Et les menus sont un vrai bonheur. C'est frais, net et plein d'imagination. Le menu intermédiaire comprend deux verres de vin du Loir, eh oui ! Pour finir, quelques gâteries telle que la tarte aux pommes, miel et romarin ! Réduction de 10 % offerte à nos lecteurs porteurs de l'édition en cours sur le prix de la chambre.

À voir

★ **Le moulin de Rotrou :** ☎ 02-43-46-70-22. pour le rez-de-chaussée uniquement. Du centre du village, traverser le Loir. Ouvert de Pâques à fin juin et en septembre et octobre, les dimanche et jours fériés. En juillet et août, ouvert tous les après-midi de 14 h 30 à 17 h 30. Entrée : 3,05 € (20 F), 1,22 € (8 F) pour les enfants de 8 à 16 ans. Il tournait déjà au XVIe siècle. Aujourd'hui, c'est un remarquable écomusée. Ginette, la femme de l'ancien meunier, assure la visite et l'animation avec un enthousiasme très communicatif. Dans le moulin principal, vous admirerez l'ingénieuse machinerie qui le faisait fonctionner. Il tourne toujours pour le plaisir des visiteurs. À côté, petit musée du Blé au pain, avec reconstitution d'un four d'antan, multiples souvenirs liés au pain (notamment les fameux tickets de rationnement). Carte murale de tous les moulins en Val de Loir au XVIIIe siècle.

➤ DANS LES ENVIRONS DE VAAS

★ **Le complexe archéologique d'Aubigné-Racan :** ☎ 02-43-46-20-70. À quelques kilomètres à l'ouest de Vaas, sur la D305. Visite libre toute l'année. Visite guidée pour groupes (téléphoner). Ruines romaines du IIe siècle apr. J.-C. Vestiges en cours de restauration du théâtre, du *macellum* (marché), du temple et des thermes. Pas spectaculaire en soi (ils se réduisent aux fondations), mais avec un peu d'imagination et la campagne autour est si jolie...

LE LUDE (72800) 4 200 hab.

Célèbre pour son château. Balade sympa dans le village. Dans l'église, un beau buffet d'orgue du XVIIIe siècle.

Adresse utile

🛈 *Office du tourisme :* place F.-de-Nicolay. ☎ 02-43-94-62-20. Fax : 02-43-94-48-46. Ouvert en saison de 9 h 30 à 13 h et de 14 h à 18 h 30. Hors saison, fermé les dimanche et lundi. Guides de randonnées à pied ou à vélo (0,30 €, soit 2 F la brochure, ou 3,05 €, soit 20 F l'ensemble).

Où dormir ? Où manger ?

⊼ *Camping municipal Au bord du Loir :* route du Mans (D307). ☎ 02-43-94-67-70. Fax : 02-43-94-93-82. À 500 m du centre-ville. Ouvert de Pâques à fin septembre. 5 ha assez bien ombragés en bord de Loir. Piscine gratuite en juillet et août pour les campeurs et tennis payant.

🛏 *Chambres d'hôte :* chez Mme Péan, 5, Grande-Rue. ☎ 02-43-94-63-63. De l'office du tourisme, prendre la rue à gauche du *Crédit Agricole*. Fermé d'octobre à mars inclus. Chambres à 46 € (300 F), petit déjeuner compris. Un haut mur cache de la rue cette délicieuse demeure ancienne et son jardin. Accueil affable et atmosphère paisible. Chambres plaisantes, meublées à l'ancienne. Petite chambre romantique pour enfant.

I●I *La Renaissance :* 2, av. de la Libération. ☎ 02-43-94-63-10. Fermé les dimanche soir et lundi et pendant les vacances de la Toussaint. Depuis l'office du tourisme, prendre la Grande-Rue derrière le *Crédit Agricole*. Aux feux tricolores. 1er menu à 9,91 € (65 F) en semaine autour d'un plat. Autres menus de 12,81 € (84 F), avec fromage ou dessert (sauf dimanche et fêtes). Compter 38,11 € (250 F) à la carte. L'endroit est un peu chic, il faut le dire, mais l'ambiance pas guindée pour deux sous et la cravate n'est pas obligatoire. Il est écrit sur la carte que le chef a toujours des idées. Voilà qui nous tranquillise et nous dégage de la difficulté de choisir dans une carte variée et prometteuse. Les produits sont frais et les cuissons maîtrisées selon les règles de l'art. C'est en cela que l'on reconnaît le vrai cuisinier du faux. En salle, le sourire est là et rien ne manque (pas même la petite souris sur le plateau de fromages). En prime, apéritif maison offert aux lecteurs sur présentation du *GDR*.

I●I *L'Auberge des Isles :* 8, rue des Ponts. ☎ 02-43-94-63-25. De septembre à début juin, fermé le mardi soir, le mercredi et le jeudi soir ; en été, fermé le mardi soir et le mercredi. Menus de 9,60 € (63 F), sauf les dimanche et fêtes, à 28 € (184 F). Parking. Ne cherchez pas le rêve exotique. On vient ici pour la terrasse aux beaux jours sur le pont et le Loir. Cuisine de marché traditionnelle. Café offert à nos lecteurs sur présentation du *Guide du routard*.

Où dormir ? Où manger entre Le Lude et La Flèche ?

À LUCHÉ-PRINGÉ (72800 ; 12 km)

⊼ *Camping de la Chabotière :* place des Tilleuls. ☎ et fax : 02-43-45-10-00. ♿ Beau camping municipal en bord de Loir. Ouvert d'avril à mi-octobre. For 2 personnes haute saison : 7 (51 F) ; 5,79 €

(38 F) d'avril à la fin juin et du 1er septembre au 15 octobre. Location de bungalows toilés pour 4 à 5 personnes, bien équipés : forfaits à la semaine de 182,94 à 419,23 € (1 200 à 2 750 F) suivant la période et le nombre de personnes. Concept résolument nouveau et moderne. Bas de camping interdit aux voitures, bons espaces entre les tentes, sanitaires impeccables, tout le confort (lave-linge, sèche-linge, lave-vaisselle), piscine gratuite en juillet et août. Mini-golf, et nombreuses activités possibles, moyennant une contribution raisonnable (VTT, tennis, activités nautiques). Depuis peu, 10 chalets en bois fort coquets (dont 1 pour personne handicapée) ouverts toute l'année, avec beau coin-cuisine. Animations et parfois spectacles le soir.

≜ l●l *Chambres d'hôte Domaine de La Courbe :* ☎ et fax : 02-43-94-88-75. Direction La Flèche, 1re à droite. Direction Luché-Pringé. Suivre les panneaux. Chambres d'hôte pour 2 personnes de 38 à 40 € (249 à 262 F), petit déjeuner compris. Table d'hôte sur réservation à 13 € (85 F) ou à 18,50 € (121 F) avec foie gras maison. Dans un ancien moulin à eau joliment restauré, sur le Loir. 5 chambres tout confort avec beaucoup d'espace pour chacune. Un beau salon à disposition avec vue sur la piscine pour surveiller les enfants. Point d'embarcation et accostage pour promenades romantiques sur la rivière. Sympa, familial et calme à souhait.

≜ l●l *Auberge du Port-des-Roches :* Le Port-des-Roches. ☎ 02-43-45-44-48. Fax : 02-43-45-39-61. De Luché-Pringé, suivre le fléchage (3 km). Fermé les dimanche soir et lundi, ainsi qu'en février et la 1re semaine de mars. Chambres de 39 à 48 € (256 à 315 F). 3 menus de 18 à 32 € (118 à 210 F). Un sympathique établissement en bord de Loir, dans un environnement bucolique. Cette auberge-là revient de loin. Il suffit de voir le papier à fleurs, au fond des placards, pour imaginer à quoi on a échappé. Aujourd'hui reprise par un jeune couple sympathique et bosseur (faut parfois préciser...), elle revit avec des chambres aux couleurs gaies, et avec, au restaurant, une cuisine de marché bien ficelée. L'ambiance est néo-familiale, les prix néo-ruraux. Superbe terrasse fleurie, sous l'if bicentenaire, donnant, comme certaines chambres, sur la rivière. Apéritif offert à nos lecteurs sur présentation du *Guide du routard.*

À PRINGÉ (72800 ; 8,5 km)

≜ *Chambres d'hôte :* chez M. et Mme Lailler, 2, rue de Gallerande. ☎ 02-43-45-41-21. À l'entrée du village (venant de Luché-Pringé). Dans une demeure ancienne, 2 chambres pour 2 personnes à 36,59 € (240 F), de plain-pied, avec entrée indépendante et salle de bains. Grand jardin fleuri, très bon accueil et copieux petit déjeuner avec confiture maison, dont les recettes sont tenues secrètes par la maîtresse des lieux. Un petit déjeuner offert par personne sur présentation du *Guide du routard* de l'année.

À MANSIGNÉ (72510 ; 18 km)

⚑ l●l *Camping de la Plage :* ☎ 02-43-46-14-17. Ouvert de Pâques à fin octobre. Au cœur d'un immense ensemble avec un plan d'eau de 30 ha. Plage de sable fin surveillée. Animations ponctuelles en journée comme en soirée. 2 points de restauration sur place. Location de VTT, planche à voile... (le syndicat d'initiative est sur place).

≜ *Chambres d'hôte :* chez Mme Hamandjian, La Maridaumière. ☎ et fax : 02-43-46-58-52. Direction Le Mans. Après le stade, route de Requeil

(D77). 2e route goudronnée sur la droite. Fermé du 11 novembre au 31 mars, sauf sur réservation. Chambres doubles tout confort de 42,69 à 57,93 € (280 à 380 F), 9,15 € (60 F) par personne supplémentaire, petit déjeuner compris. 5 chambres confortables dans une belle maison couverte de vigne vierge, entourée d'un parc fleuri. Idéal pour savourer la douceur de la campagne. Week-ends confitures. Au village, plan d'eau de Mansigné, avec sa base de loisirs. Pot de bienvenue offert à nos lecteurs sur présentation du GDR.

À PONTVALLAIN (72510 ; 25 km)

Chambres d'hôte : chez M. Guy Vieillet, place Jean-Graffin, à Pontvallain. ☎ et fax : 02-43-46-36-70. Au cœur du village. Comptez de 46 à 56 € (302 à 367 F) pour 2, petit déjeuner compris, avec pains, croissants et confitures maison. 3 chambres romantiques (ciels de lit, beaux tissus assortis), installées dans les anciens fours banaux qui datent du XIIe siècle ! Les chambres donnent sur un croquignolet jardin intérieur, avec petit bassin et originale terrasse d'été agrémentée d'une splendide cheminée extérieure. Avec, en plus, la piscine et le sourire de l'hôtesse ! Apéritif et café offerts à nos lecteurs, ainsi que 10 % sur le prix de la chambre sur présentation du Guide du routard.

À voir. À faire

★ **Le château du Lude :** ☎ 02-43-94-60-09. sauf la cuisine. Ouvert tous les jours (sauf le mercredi en avril, mai, jusqu'au 15 juin et en septembre) du 1er avril au 30 septembre ; jardins et terrasses ouverts de 9 h 30 à 12 h et de 14 h à 18 h, visite (guidée) du château de 14 h 30 à 18 h. Entrée : 6,10 € (40 F) pour le château et le jardin, 4,57 € (30 F) pour le jardin seul ; enfants (6-15 ans) : 3,05 € (20 F) pour le château et le jardin, 2,29 € (15 F) pour le jardin seul.
Le château du Lude se situe dans la tradition des grands châteaux de la Loire. C'est le plus septentrional. Ancienne forteresse médiévale transformée en château de plaisance à la Renaissance. Ses grosses tours d'angle donnent à l'ensemble une belle impression d'unité. Assez unique en France, chaque face représente le style d'une époque : aile Louis XII, aile François Ier au somptueux décor Renaissance, aile XVIIIe siècle néo-classique. Très beaux jardins dont une roseraie offrant une jolie collection de roses chinoises. À l'intérieur, pas de cordon pour barrer les salles pour bien montrer que la demeure est vraiment habitée. Bibliothèque dans l'ancienne chapelle. Dans la salle des fêtes, plafond et frise Renaissance. La partie XVIIIe siècle du château gagne, bien sûr, en lumière. Dans le grand salon, meubles et décor du XVIIIe siècle. Dans le salon XVIIIe siècle, nombreux portraits de famille. Beau pastel de 1907 (la grand-mère de l'actuel châtelain). Dans la bibliothèque, mobilier en tapisserie de Beauvais. À cet endroit, les murs ont 3 m d'épaisseur. Animation dans les anciennes cuisines du château (les Journées gourmandes, chaque mois de juillet à septembre) et ouverture du potager les grands week-ends d'été, avec le week-end des Jardiniers début juin et la fête de l'Arbre et des Métiers du bois fin septembre.

➢ **Promenade dans la ville :** l'office du tourisme a édité un petit dépliant avec les principaux points d'intérêt. Par exemple, la maison des Architectes du XVe siècle, la rue d'Orée, l'hôtel de Talhouët et les nombreux balcons en ferronnerie du XVIIIe siècle, l'église Saint-Vincent, la maison de la famille Scarron, l'ancien hospice, le couvent des Récollets, etc.

LA FLÈCHE (72200) 15 200 hab.

Important carrefour du Sud de la Sarthe, ville dolente se mirant dans le Loir, célèbre pour son prytanée militaire (mais, heureusement, pas seulement), c'est une agréable étape de la vallée du Loir. À noter, l'un des campings les plus sympas du département !

Adresses et info utiles

Office du tourisme (plan B2) : bd de Montréal. ☎ 02-43-94-02-53. Fax : 02-43-94-43-15. • osti-la-fleche@libertysurf.fr • Du 16 juin au 16 septembre, ouvert du lundi au samedi de 9 h 30 à 12 h 30 et de 14 h à 18 h 30 ; les dimanche et jours fériés de 9 h 30 à 12 h 30. En hiver, du lundi au samedi de 10 h à 12 h et de 14 h à 18 h.

Gare routière (plan B2) : cars SNCF pour Le Mans, Saumur, Baugé. Renseignements : ☎ 02-43-94-00-71.

Location de vélos : M. Corbeau, bd de Montréal. ☎ 02-43-45-08-63. À 100 m de l'office du tourisme. Grosse clientèle étrangère (« Les Français ne font plus de vélo », comme dit le patron...).
– **Marchés :** les mercredi, samedi et dimanche.

Où dormir ? Où manger ?

Camping

Camping de la Route d'Or (plan A3, 1) : ☎ 02-43-94-55-90. Accès par le pont qui passe devant l'hôtel de ville (rue de la Beulerie). Ouvert du 1er mars au 31 octobre. Idéalement situé en pleine ville, en bord de Loir et dans un parc immense (4 ha). Très confortable. Sanitaires impeccables. Emplacements bien espacés et pas mal ombragés. Mais c'est la qualité de l'accueil qu'il faut plébisciter. Le gérant ne ménage pas ses efforts pour faire du séjour de ses hôtes un mémorable souvenir. Résultat : il n'est pas rare qu'ils prolongent ce séjour de plusieurs jours, et les Bataves, grâce à un efficace bouche à oreille, sont de plus en plus nombreux à venir...

Bon marché à prix moyens

Relais Henri IV (hors plan par B3, 2) : lieu-dit La Transonnière. ☎ 02-43-94-07-10. Fax : 02-43-94-68-49. À 2 km au nord-est de la ville sur la route du Mans (N23). Fermé les dimanche soir et lundi, ainsi que les vacances de février et la 1re semaine de novembre. Chambres doubles de 35 à 42 € (230 à 275 F) avec douche ou bains. Menus entre 14,50 et 30 € (90 et 197 F). Situé en marge de la ville, un peu en retrait de la route, un *Logis de France* proposant des chambres claires, propres et insonorisées, récemment rénovées pour la plupart. Bonne cuisine servie dans une salle tapissée de plus de 200 moules à chocolat et de sujets en chocolat ! De quoi déjà vous faire saliver. Le chef, en effet, est un passionné de la fève de cacao et vous pourrez juger de ses talents en goûtant, par exemple, son millefeuille maison. Bon accueil. Apéritif maison offert à nos lecteurs sur présentation du *Guide du routard*.

Hôtel Relais du Loir (plan A2, 4) : 40-44, promenade du Maréchal-Foch. ☎ 02-43-94-00-60.

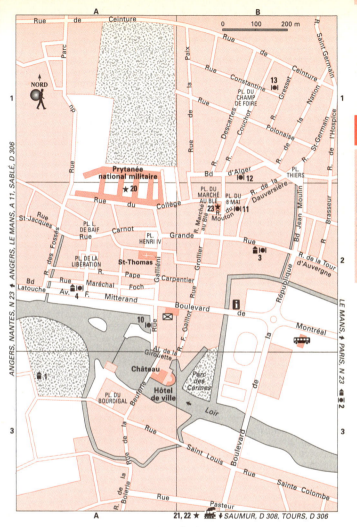

LA FLÈCHE

Adresses utiles
- Office du tourisme
- Poste
- Gare routière

Où dormir ? Où manger ?
1. Camping de la Route d'Or
2. Relais Henri IV
3. Hôtel-restaurant du Vert-Galant
4. Hôtel Relais du Loir
10. Le Moulin des Quatre Saisons
11. La Fesse d'Ange
12. Le Relais Cicero
13. Le Don Quichotte

★ À voir
20. Prytanée national militaire
21. Parc zoologique du Tertre Rouge
22. Moulin de la Bruère
23. Théâtre de la Halle au blé

Fax : 02-43-45-98-15. Fermé les dimanche soir et vendredi soir en hiver et 20 jours en janvier. Chambres doubles tout confort de 39,64 à 48,78 € (260 à 320 F). Menus de 11,43 à 36,44 € (75 à 239 F). Bien situé sur la rive du Loir, avec, pour se restaurer, une terrasse panoramique en été. L'accueil ne détonne pas dans ce décor classique. Cuisine traditionnelle de saison, plus tournée vers les poissons que la viande. Délicieux sandre au beurre blanc. Grande salle à manger rénovée dans le style cossu. Apéritif maison offert à nos lecteurs porteurs de l'édition en cours.

|●| *Le Don Quichotte* (plan B1, 13) : place du Champ-de-Foire. ☎ 02-43-94-03-37. ✕ Fermé le dimanche et les 3 premières semaines d'août. Menus à 13,72 et 20,58 € (90 et 135 F). Spécialités de grillades au feu de bois, parfois dans la cheminée devant les clients, mais pas le jour où nous y sommes allés, dommage... Une cuisine qui, ces derniers temps, a tendance à offrir des cuissons un peu imprécises. Une coupe de Saumur pétillant offerte à nos lecteurs sur présentation du *Guide du routard*.

|●| *Le Moulin des Quatre Saisons* (plan A2, 10) : rue Gallieni. ☎ 02-43-45-12-12. ✕ Fermé le dimanche soir, lundi toute la journée et mercredi soir. Congés annuels 2 semaines en janvier. Un menu en semaine le midi à 14,03 € (92 F), café et vin compris, 4 autres entre 16,01 et 30,34 € (105 et 199 F). Un emplacement en or, sur les bords du Loir, face au château des Carmes (moins poétiquement : l'actuelle mairie). L'accent de la patronne, le décor d'auberge campagnarde avec boiseries à fleurs vous entraînent en imagination sur les bords du Danube, d'autant qu'il y a du strudel au dessert et une musique d'ambiance en fond sonore. Une clientèle bon chic bon genre à l'intérieur, une autre, plus décontractée, sur la magnifique terrasse, viennent ici goûter à un certain bonheur de vivre en même temps qu'à la cuisine, savoureuse, de Camille Constantin. Les plats sont renouvelés quatre fois par an, d'où le nom du restaurant : une évidence... Café offert à nos lecteurs sur présentation du *Guide du routard* de l'année.

🏠 |●| **Hôtel-restaurant du Vert-Galant** (plan B2, 3) : 70, Grande-Rue. ☎ 02-43-94-00-51. Fax : 02-43-45-11-24. Resto fermé les mercredi et jeudi et établissement fermé de mi-décembre à mi-janvier. Chambres doubles à 46 € (302 F) avec tout le confort. 1er menu à 14 € (92 F) en semaine, et 4 menus entre 15 et 31 € (98 et 203 F). Dans le centre-ville, un hôtel aux tons un peu tristounets offrant des chambres à prix modérés. Cuisine traditionnelle issue du marché de La Flèche, ce qui est un certificat de fraîcheur. Accueil lunatique. Apéritif maison offert à nos lecteurs sur présentation du *Guide du routard* de l'année.

Plus chic

|●| *La Fesse d'Ange* (plan B2, 11) : place du 8-Mai-1945. ☎ 02-43-94-73-60. Fermé les dimanche soir, lundi et mardi soir, ainsi que du 1er au 20 août et la 1re quinzaine de février. Un 1er menu à 16,62 € (109 F) sauf le week-end, 2 autres menus à 26,37 et 32,78 € (173 et 215 F). Une jolie enseigne et, à l'intérieur, un décor résolument contemporain. Tenu par un couple sympathique. Philippe Lemaître propose un beau menu de base, avec un poisson du jour, du fromage et de remarquables desserts. Avec les 2 menus suivants, dont l'un propose poisson et viande, on est aux anges ! Une cuisine du moment, avec un chef inspiré au piano comme à la mandoline. Il ne faut pas hésiter à se laisser porter par ses partitions. *La Fesse d'Ange*, vous l'avez compris, n'a rien d'un « pince-cul » mais on s'y sent « diablement bien ». Café offert à nos lecteurs sur présentation du *Guide du routard*.

Très chic

🏠 *Le Relais Cicero (plan B1, 12) :* 18, bd d'Alger. ☎ 02-43-94-14-14. Fax : 02-43-45-98-96. Fermé le dimanche soir, du 28 juillet au 13 août et 2 semaines de Noël au Jour de l'An. Chambres doubles entre 66,32 et 102,90 € (435 et 675 F). En plein centre-ville, une petite oasis près de la place Thiers, à deux pas du célèbre Prytanée. Une belle demeure des XVIe et XVIIIe siècles, éloignée des bruits de la ville et de l'agitation des hommes. Un bar anglais, un salon de lecture, une salle confortable pour le petit déjeuner, du feu dans la cheminée et des conversations feutrées. Les chambres, dans la demeure même, sont suffisamment raffinées et confortables pour mériter un coup de folie. Mais, en traversant le jardin, joli en toutes saisons, vous aurez peut-être un coup de cœur pour celles de l'hôtel, où l'on se sent tout de suite à l'aise, ne serait-ce que par le prix (un peu plus modique). Superbe petit déjeuner. Un grand moment de charme... le charme discret de la bourgeoisie, bien sûr. Réduction de 10 % offerte à nos lecteurs sur le prix de la chambre à partir de la 2e nuitée, hors juillet et août, sur présentation du *Guide du routard*.

À voir

★ *Le Prytanée national militaire (plan A1-2, 20) :* rue du Collège. ☎ 02-43-48-67-04. En juillet et août, ouvert de 10 h à 12 h et de 14 h à 18 h. Visite commentée : 3,05 € (20 F), 1,52 € (10 F) pour les scolaires et étudiants. Durée de la visite : 1 h 30 (prévoir votre heure d'arrivée). Fondé par Henri IV « pour instruire la jeunesse et la rendre amoureuse des sciences, de l'honneur et de la vertu, pour être capable de servir au public ». D'abord collège royal dirigé par les jésuites puis, après leur expulsion en 1764, école des Cadets, enfin prytanée militaire en 1808. Il prépare aux concours d'entrée des grandes écoles militaires : Polytechnique, Saint-Cyr, École navale, École de l'Air, etc. Il compta Descartes, l'abbé Prévost, les frères Chappe (le télégraphe), le maréchal Gallieni, les spationautes Patrick Baudry et Jean-François Clervoy, Jean-Claude Brialy parmi ses élèves. Architecture typique du XVIIe siècle, avec ses trois grandes cours (avec écuries en enfilade) et son élégant jardin à la française. Sur rue, superbe porte royale s'ouvrant sur la cour d'Austerlitz. Visite de l'église Saint-Louis au grand retable, tribune d'orgue et orgue du XVIIe siècle. En haut du chœur, à gauche, les cendres mêlées des cœurs d'Henri IV et de Marie de Médicis, brûlés en place publique en 1793. Un habitant de la ville récupéra les cendres qui retournèrent dans l'église après la tourmente révolutionnaire. Visite également d'une petite salle d'histoire et de la salle d'honneur.

★ *Le parc zoologique du Tertre Rouge (hors plan par B3, 21) :* route du Lude et de Tours (D12). ☎ 02-43-48-19-19. ♿ Sur la D12, à prendre en face de l'office du tourisme (2 km). En juillet et août, ouvert de 9 h 30 à 20 h ; en mai, juin et septembre, de 9 h 30 à 19 h ; et d'octobre à mars, de 10 h à 12 h et de 13 h 30 à 17 h 30. Entrée : 13 € (85 F) pour les adultes et 9,50 € (62 F) pour les enfants de 3 à 11 ans. Prévoir la journée. Un parc vraiment enthousiasmant, qui fait partie de cette nouvelle génération de zoos tentant de reconstituer le mieux possible l'environnement naturel. Que de changements en quelques années ! À côté d'une partie traditionnelle (cages, barreaux, etc.), on trouve des îles ou des espaces où évoluent à l'air libre les animaux. Intéressant observatoire sur l'enclos des tigres. De l'île aux oiseaux (avec 30 espèces rares) à l'île aux primates, du parc pour guépards à la prairie africaine, on se promène en liberté dans ce zoo qui ne compte plus les naissances, d'où ces nombreux bébés qui font aussi le charme du lieu. Plusieurs fois par jour, le zoo s'anime à l'américaine autour du nouveau complexe aquatique de « Marine World » (on croit rêver !) : trois bassins où otaries de Californie, manchots de Humboldt et loutres asiatiques s'en paient une tranche. Un enclos pour des loups et une brousse pour éléphants font partie des nouveautés que vous pourrez découvrir. Prenez votre temps – il y a un resto sur place (un bon, ce qui ne gâche rien) – pour tout voir. Spectacle à peu près toutes les heures, notamment celui que constitue le repas de nos amis les bêtes. Petit musée des sciences naturelles avec 500 animaux de la faune régionale naturalisés. Aire de pique-nique.

★ *Le moulin de la Bruère* (hors plan par B3, 22) : route du Lude. ☎ et fax : 02-43-94-45-64. Depuis l'office du tourisme, suivre la direction du zoo, puis les pancartes. Du 1er avril au 30 juin et du 1er septembre au 31 mars, du mardi au dimanche de 14 h 30 à 18 h. Visites guidées les samedi et dimanche à 15 h, 16 h et 17 h. Entrée plein tarif : 3,05 € (20 F). L'association « Les Amis du Moulin » a remis bénévolement en état toute la machinerie du moulin à eau, y compris l'impressionnante roue à aubes de 15 t, refaite à l'identique. Et ça marche ! Les courroies entraînent, les roues tournent, le bidule pousse le machin, le moulin tout entier a repris vie. La visite commentée nous guide dans la meunerie, puis l'aplatis. Pour les utilisateurs, on vient avec son grain, on repart avec sa mouture. Mais aussi avec son pain de glace de 25 kg, puisqu'un système (le même que pour un frigo), relié au mécanisme hydraulique, produit du froid. Une mini-entreprise semble avoir pris naissance dans ce haut lieu de l'histoire locale. Le tout dans le cadre magnifique du barrage de 120 m de long sur le Loir. Passionnant, ludique et instructif. Accueil des plus sympathiques.

★ *Le théâtre de la Halle au blé* (plan B2, 23) : place du 8-Mai-1945. Visite guidée en été, sur demande uniquement auprès de l'office du tourisme le reste de l'année. Adulte : 1,52 € (10 F), gratuit pour les moins de 18 ans. Ouvert en 1999, ce petit théâtre à l'italienne, véritable bonbonnière, est un pur joyau architectural. Le théâtre a d'ailleurs obtenu le prix des Rubans du Patrimoine en 2000. Ne pas oublier de se procurer le programme des spectacles : pièces de théâtre, concerts, etc.

À faire

– *Canoë-kayak :* base nautique (près du camping). ☎ 02-43-45-98-10.
– *Club de voile :* à La Monnerie. Voile, planche à voile, Optimist, dériveur. Renseignements : ☎ 02-43-94-25-50.
– *Location d'ULM, baptême de l'air :* ☎ 02-43-94-02-37.
– *Baptême de l'air en avion :* ☎ 02-43-43-94-05-24.
– *Boule de fort :* à La Flèche et dans les villages environnants, laissez-vous surprendre par ce jeu d'une rare subtilité, autour d'une piste couverte au profil curviligne et avec des boules qui n'en sont pas vraiment. Renseignements : M. Coquelin, ☎ 02-43-94-50-99.

Festival

– *Les Affranchis :* spectacles de rues dans plusieurs quartiers de la ville pendant 3 jours en juillet. Clowns, bateleurs, musiciens, acrobates, jongleurs, comédiens, etc. Renseignements : ☎ 02-43-94-08-99.

➤ DANS LES ENVIRONS DE LA FLÈCHE

★ **Le château de Bazouges-sur-le-Loir (72200) :** ☎ 02-43-45-32-62. Visite le mardi de 10 h à 12 h et les jeudi, samedi et dimanche de 15 h à 18 h. Entrée : 3,05 € (20 F) et 1 € (6,56 F) pour les enfants ; parc seul : 0,80 € (5 F). Charmante demeure seigneuriale et jardins à l'italienne. À surprendre, lors d'une promenade en barque le long du Loir, même si son caractère médiéval et son site enchanteur méritent plus qu'un simple coup d'œil.

★ **L'écomusée de Cré-sur-Loir (72200) :** ☎ 02-43-94-33-00 (en période d'ouverture), sinon, à la mairie : ☎ 02-43-45-32-05. Ouvert du mercredi au dimanche de 15 h à 19 h de juin à septembre. La vie des gens du village aux abords du dernier marais de la Sarthe, lui-même en voie d'aménagement. Création en cours de postes d'observation des oiseaux de la nature. Des cigognes se sont même posées dans le marais il n'y a pas si longtemps. Nombreux tableaux explicatifs sur l'origine et le devenir du marais.

LA VALLÉE DE LA SARTHE

Pour avoir une vision au sens strict de la vallée de la Sarthe, avant d'aller plus loin, hop ! Achetez un autre bouquin que celui que vous tenez entre vos mains. Ça s'appelle *La mémoire est au fond de la Sarthe* et c'est plein de photos en noir et blanc prises par Jean Distel, quelqu'un qui n'avait d'autre but que son objectif, comme l'écrit si bien Bernard Pouchèle, son co-auteur, avec ses mots à lui. C'est paru chez Terre de Brume Éditions et c'est haut en couleur ! Ça vous parle de la Sarthe mieux que nous ne pourrions le faire : « fleuve du temps, qui coule ses couleurs sobres dans les lumières immobiles des saisons... C'est le fleuve des amants, des moines, des hobereaux et des paysans. C'est le fleuve qui aime ses nobles autant que ses roturiers. Et c'est le fleuve de la terre, et qui, comme tous ceux de la terre, ne voyage jamais loin, ni jamais longtemps. »

SABLÉ-SUR-SARTHE (72300) 12 700 hab.

À la confluence de la Sarthe avec l'Erve et la Vaige, cette petite ville respire la douceur de vivre, comme on dit dans les brochures touristiques. Bernard Pouchèle, évidemment, la présente autrement : « Sablé, gentiment veinée par ses ruelles d'antan et copieusement oxygénée par ses artères périphériques. Son cœur bat au rythme de son château et de ses habitants, ni trop rapide ni trop lent... Sablé est une grande ville en miniature. Elle reste gentille sans être faible. Elle séduit sans faire la pute. Ou si peu. À Sablé les gens vivent. Ils s'aiment ou se haïssent. Ils se regardent ou se tournent le dos. Mais au contraire des métropoles, ils ne sont jamais indifférents. On a vu des Saboliens cons, on a vu des Saboliens géniaux, on n'a jamais vu des Saboliens indifférents. »
Revenons sur terre. Sablé, les pieds dans la Sarthe, est dominée par son château, aujourd'hui centre de restauration de la Bibliothèque nationale. La ville est célèbre pour ses fameux petits sablés et ses concerts de musique baroque. Les amateurs de promenades insolites y loueront un bateau pour longer les rives de l'abbaye de Solesmes, saisir les joies du temps qui passe entre les herbes folles de la rive et les petits manoirs des environs. Pour faire dans l'exotisme, on peut aussi se promener en diligence ou en chariot bâché.

Adresses et info utiles

▌ *Office du tourisme :* place Raphaël-Élizé (du nom de celui qui fut le premier maire noir de la France métropolitaine !). ☎ 02-43-95-00-60. Fax : 02-43-92-60-77. Ouvert en été du lundi au samedi de 9 h 30 à 12 h 30 et de 14 h à 18 h ; les dimanche et jours fériés, de 10 h à 12 h. En hiver, du lundi au samedi de 10 h à 12 h et de 14 h 30 à 17 h 30. Renseignements pour le canoë, le cyclotourisme, les circuits au fil de l'eau.

■ *Association de développement de la vallée de la Sarthe :* à la mairie. ☎ 02-43-62-50-17. Fax : 02-43-92-31-31.

Où dormir ? Où manger ?

X *Camping de l'Hippodrome :* allée du Québec. ☎ 02-43-95-42-61. Fax : 02-43-92-74-82. À 600 m du centre et en bordure de la rivière. Fermé du 1er octobre au 31 mars. Canoë, tir à l'arc, piscine, randonnées, spéléo, escalade, etc. Animations pour enfants et visite guidée du château de Sablé. Une soirée par semaine, animation sportive spécifique.

🏠 *Hôtel de Bretagne :* place de la République. ☎ 02-43-95-02-15. Fax : 02-43-92-51-93. Congés annuels fin juillet. Chambres de 20 € (131 F) avec lavabo, à 26 € (171 F) avec douche ou 32 € (210 F) avec bains. Tout petit hôtel repris par une famille qui s'est mise à le rénover. La plupart des chambres donnent sur une petite rue calme. Bar au rez-de-chaussée. Excellent accueil.

|●| *L'Hostellerie Saint-Martin :* 3, rue Haute-Saint-Martin. ☎ 02-43-95-00-03. Fermé les lundi, dimanche soir et mercredi soir, ainsi que pendant les vacances scolaires de février (zone A). Menus de 16 à 30,50 € (105 à 200 F). Situé dans une petite rue près de la place de la Mairie, ce petit resto de centre-ville baigne dans un climat bienveillant (la preuve, un palmier pousse de l'autre côté de la rue). Salle à manger haute de plafond au charme chaleureux, un peu désuet avec toute la mythologie de la province : le vaisselier, l'horloge normande, les lourdes tentures de velours rouge, les ustensiles de cuivre. Fleurs fraîches sur les tables. Le parquet de bois craque divinement. Belle cuisine traditionnelle de terroir. Belle terrasse fleurie.

🏠 |●| *Relais Marmotte :* 9, av. Charles-de-Gaulle. ☎ 02-43-95-30-53. Fax : 02-43-95-71-49. Entrée par l'arrière, rue d'Erve. Chambres doubles claires et fonctionnelles à 38,10 € (250 F). Menus de 11,60 à 14,65 € (76 à 96 F). Hôtel de chaîne, certes, mais le service lui, ne l'est pas (à la chaîne). Grand buffet à volonté. Terrasse bien protégée aux beaux jours et parking privé. Accueil gentil. Toutefois, un petit lifting ne serait pas inutile...

|●| *Les Palmiers :* 54, Grande-Rue. ☎ 02-43-95-03-82. Fermé le mardi et le samedi midi. Tajines entre 10,52 et 11,43 € (69 et 75 F), couscous entre 10,52 et 15,24 € (69 et 100 F). Pour changer un peu des rillettes et de la marmite sarthoise. Aux *Palmiers*, vous retrouverez toute l'hospitalité marocaine, grâce à un adorable couple franco-marocain. Dans cette ruelle paumée du vieux Sablé, point de clientèle de passage, on vient nécessairement par le bouche à oreille. Pour les deux grandes salles d'abord, pimpantes et fort bien décorées, pour la cuisine d'Abdou ensuite. Bouillon et légumes parfumés, viandes extra et servies copieusement. De superbes tajines, des couscous aux différentes viandes et des pâtisseries maison. Chaleur de l'accueil en prime. Café offert aux porteurs du *Guide du routard* de l'année.

Où dormir ? Où manger dans les environs ?

|●| *Le Martin Pêcheur :* route de Pincé, domaine de l'Outinière. ☎ 02-43-95-97-55. Depuis la place de la République, remonter la rue Saint-Nicolas. Prendre la 5e à droite, rue des Jumeaux. 3 km. Fermé les dimanche soir et lundi soir. Menus à partir de 19 € (125 F). Carte autour de 38 € (250 F). C'est le restaurant du golf. On y vient d'abord pour le panorama depuis la terrasse donnant sur le green du 18. Pour ceux qui ne se contenteraient pas de manger de l'herbe, le restaurant se lance dans la gastronomie, du poisson de mer à la crème d'ortie au filet de pigeonneau rôti au chou et foie gras. Le café est offert à nos lecteurs porteurs de l'édition en cours.

🏠 *Gîte Le Moulin des Écurets :* 72300 Auvers-le-Hamon. ☎ 02-43-92-23-52. ● moulin-amj@wanadoo.fr ● De Sablé, prendre direction Laval. À la sortie de Sablé, à droite, direction Auvers-le-Hamon-Ballée. À 4 km, prendre à droite (panneau). Au bout du chemin. À 6 km de la gare TGV (possibilité de navette). 228,67 € (1 500 F) le week-end. En juillet et août, semaine à 365,88 € (2 400 F). Dans une ancienne étable restaurée avec goût par les propriétaires, un gîte composé de 3 chambres tout confort. Au rez-de-chaussée, une cuisine toute équipée avec laverie. Location de linge sur demande et proposition d'heures de ménage. Local adapté à la pêche et location de canoës possible. La rivière est proche, mais l'espace est clos, donc sécurisé. Endroit rare et protégé. 10 % de réduction pour les lecteurs porteurs du *GDR*, hors saison et hors vacances scolaires.

Où boire un verre ?

🍸 *Pub Élysée :* 13, place Raphaël-Élizé. ☎ 02-43-95-03-07. Un endroit très sympa, avec terrasse aux beaux jours, pour jouir de la vie. Petite brasserie, salades, sandwichs.

🍸 *Le Rad'Eau :* ☎ 02-43-92-33-78. Animations musicales.

À voir

Rive droite

★ *Le château :* du XVIIIe siècle. Pour admirer sa façade le mieux est de l'aborder par le parc, d'ailleurs très agréable, au bord de la Vaige. Un projet d'aménagement en jardin à la française avec pièce d'eau en avait même fait fantasmer plus d'un, mais il est pour l'instant tombé à l'eau (c'est le cas de le dire !). C'est aussi l'annexe de la Bibliothèque nationale de Paris (restauration de livres anciens et microfilms).

Rive gauche

★ *La Maison éclusière :* ☎ 02-43-95-06-86. Entrée libre. Témoignage de l'architecture des maisons qui abritaient l'éclusier et sa famille, la maison éclusière de Sablé abrite une exposition permanente : maquette animée de l'écluse, aquarium et documents divers sur la rivière.

À faire

➤ *Promenade en attelage :* Locattelage. ☎ 02-43-95-00-31. Ouvert tous les jours d'avril à octobre, une permanence toute l'année. Après une courte initiation, parcourez les petites routes et les chemins de la vallée avec un bon vieux cheval de trait.

➤ **Naviguer sur la Sarthe :** Anjou Navigation. Au port de Sablé. ☎ 02-43-95-14-42. Fax : 02-43-92-26-06. • www.anjou-navigation.com • Une flotte de 23 vedettes et house-boats de 2 à 12 places sans permis. Un débutant devra compter au minimum 3 jours pour maîtriser les manœuvres.

➤ **Bateau promenade :** Croisière Sabolienne. Au port de Sablé. ☎ 02-43-95-93-13. Fax : 02-43-95-99-14. • www.sablesien.com • Le Sablésien vous propose des croisières au fil de l'eau idéales pour les stressés, avec juste quelques émotions au passage du viaduc, des écluses et bien sûr de l'abbaye de Solesmes.

– **Le golf de Sablé-Solesmes :** route de Pincé, domaine de l'Outinière. ☎ 02-43-95-28-78. Depuis la place de la République, remonter la rue Saint-Nicolas. Prendre la 5e à droite, rue des Jumeaux. 3 km. Ouvert tous les jours. Club-house, pro-shop, chariots et voitures électriques. Tous les goûts étant dans la nature sarthoise, pourquoi vous cacheriez-vous si l'envie vous prend de vous mettre au vert sur gazon ? Adossé à la forêt de Pincé et dominant les rives de la Sarthe, un site de 110 ha percé de 27 trous... tour à tour sauvages et paisibles. Création récente d'un centre de tir à l'arc. Restauration sur place (voir « Où dormir ? Où manger dans les environs ? », plus haut).

Fêtes et festivals

– **Carnaval :** en mars.
– **Rockyssimômes :** en juillet. Festival de rock pour enfants.
– **Festival et académie de danses et musiques anciennes :** fin août.

Où acheter de bons produits ?

✿ **Maison du Sablé :** pâtisserie Drans, 38, place Raphaël-Élizé. ☎ 02-43-95-01-72. Hors saison, fermé le dimanche après-midi. Une tradition depuis 1932. Salon de thé, sablés de Sablé et macarons maison.

SOLESMES (72300) 1 380 hab.

Non loin de Sablé, l'abbaye bénédictine domine le cours de la Sarthe. Chef-d'œuvre architectural, c'est aussi un lieu propice pour se ressourcer et méditer.

Où dormir ? Où manger ?

🏠 |●| **Grand Hôtel :** 16, place Dom-Guéranger, 72300 Sablé-Solesmes. ☎ 02-43-95-45-10. Fax : 02-43-95-22-26. Face à l'abbaye. Chambres doubles de 78 à 100 € (512 à 656 F). Menus à 23 et 36 € (151 et 236 F). Une hostellerie de beau standing avec des chambres qui ne manquent ni de place ni de charme (petits balcons), et une salle de restaurant au goût des pèlerins d'aujourd'hui. Une cuisine appréciée, fort goûteuse au demeurant. L'ambiance est un peu rigide, mais ça ne vient absolument pas du personnel, si vous voyez ce qu'on veut dire.... Terrasse. Réduction de 10 % sur le prix de la chambre, toute l'année sur présentation du Guide du routard.

Où dormir ? Où manger dans les environs ?

🏠 🍴 *Chambres d'hôte Le Fresne :* ☎ et fax : 02-43-95-92-55. Accès fléché, à 4 km à partir de la pharmacie de Solesmes (indication). Chambres à 42 € (275 F). Le soir, table d'hôte dans la tradition, pour 19 € (125 F) tout compris. En pleine nature, Marie-Armelle et Pascal Lelièvre ont aménagé dans les anciennes soues (mais qu'est ce qu'il dit ? Où est le dico ?) de la ferme familiale 3 chambres coquettes. Deux d'entre elles possèdent une petite courette privative. Également un gîte pour 11 personnes en bord de rivière. Élevage de poulets de Loué et vaches limousines (pas le même calibre !). Chaleureuse salle à manger avec de beaux meubles de famille. À la table d'hôte, tout est compris (apéro, vin et café), et vous pourrez déguster les produits de la ferme : poulets de Loué (bien sûr !), légumes frais, et les vins du pays. Accueil jeune et convivial. Petit étang privé, pour ceux qui veulent taquiner le poisson (la maison a obtenu le label « Tourisme Pêche »). Remise de 10 % sur le prix de la chambre au-delà de 2 nuits, sauf en période de vacances scolaires, sur présentation du *GDR*.

À voir

★ *L'abbaye bénédictine Saint-Pierre-de-Solesmes :* 72300 Sablé-Solesmes. Geoffroy le Vieux, seigneur de Sablé, fonda en 1010 un prieuré, confié aux bénédictins du Mans, qui devint l'abbaye bénédictine de Saint-Pierre-de-Solesmes en 1837. Aux lignes claires et simples du bâtiment de 1722, s'est ajoutée l'architecture puissante de l'aile de 1896, qui rappelle à la fois celles du Mont-Saint-Michel et du palais des Papes en Avignon. Joli point de vue à l'extérieur, du côté de la rivière. Les moines (actuellement 70) tiennent à ce que l'on respecte le site religieux. On ne visite que l'église où l'on peut écouter en silence (30 à 45 mn) 2 fois par jour un office religieux chanté en grégorien (à 10 h et à 17 h précises). En dehors des offices (l'abbaye est avant tout un lieu de prière...), admirez les célèbres statues dites « Saints de Solesmes », chefs-d'œuvre de la sculpture française de la Renaissance, qui ornent les deux côtés du transept. Au-delà, le chœur des moines date de 1864. Livres, CD et cassettes de chants grégoriens en vente à la librairie. À cet endroit se trouvent des photos des ensembles sculptés et surtout une superbe maquette de l'abbaye.
Une hôtellerie située à l'intérieur de la clôture accueille les hommes souhaitant faire une retraite pendant quelques jours, et les femmes peuvent trouver accueil hors clôture. Contactez le père hôtelier : ☎ 02-43-95-03-08.

➤ *DANS LES ENVIRONS DE SOLESMES*

À voir

★ *L'Amusant Musée :* à *Juigné-sur-Sarthe*. ☎ 02-43-92-44-62. À 2 km de l'abbaye. Ouvert tous les jours non scolaires (vacances, week-end, etc.), de 14 h 30 à 18 h ou sur rendez-vous. Entrée : 4 € (26 F), tarif réduit : 3,05 € (20 F). Réduction pour nos lecteurs sur présentation du *Guide du routard* de l'année. Dans un petit bourg surplombant la vallée de la Sarthe, riche en maisons des XVIe et XVIIe siècles, face à l'abbaye de Solesmes (belle vue). Un nom sympa (personne n'a encore osé appeler un de ses confrères « l'emmerdant musée », ça aurait pourtant du succès !). Plus de 2 000 gadgets ont été réunis par un collectionneur avisé, au sens de l'humour aiguisé. Présentation et animation de jouets anciens et de curiosités (durée : 1 h 15 environ).

LA VALLÉE DE LA VÈGRE

Hors des sentiers battus, la Vègre a creusé une vallée aux berges ombragées, avant de rejoindre la Sarthe.

ASNIÈRES-SUR-VÈGRE (72430)

Assurément, l'un des plus beaux villages de la Sarthe. Ensemble de monuments médiévaux : une église aux belles fresques, un pont et un moulin pittoresques, de vieilles maisons des XIIIe et XVIe siècles, une fontaine aux légendes...
➢ Depuis dix ans, les guides expérimentés de l'*Association du Patrimoine* (☎ 02-43-92-40-47) proposent des ***visites guidées*** de qualité le dimanche après-midi, de Pâques au 30 septembre (tous les jours sauf le lundi en juillet et août). Remarquables fresques peintes de l'église (XIIe-XVe siècle) : l'architecte des Bâtiments de France les compare sans cesse à celles de Saint-Savin. La visite vaut autant pour la richesse architecturale du village que pour son environnement, traversé par la jolie rivière qu'est la Vègre.

Où dormir ? Où manger ?

🏠 🍽 *Chambres d'hôte :* manoir des Claies. ☎ 02-43-92-40-50. Fax : 02-43-92-65-72. Fermeture du 3 novembre à Pâques. À 4 km d'Asnières (suivre les panneaux sur 4 km). Chambres doubles tout confort, petit déjeuner compris, à 69 € (453 F). Table d'hôte à 23 € (151 F), boisson comprise. Au bord de la Vègre, un petit manoir du XVe siècle restauré avec passion et goût par son propriétaire. Accueil chaleureux et simple. Et vous pourrez ainsi manger devant une belle cheminée. Piscine chauffée de mai à septembre. Petit gîte rural. Une adresse de charme.

🏠 🍽 *Chambres d'hôte :* La Tuffière. ☎ 02-43-95-12-16. Fax : 02-43-92-43-05. 🚭 dans le gîte seulement. À la sortie du village (3 km), en pleine campagne. Fermé la 2e quinzaine de janvier. Chambres de 33,54 à 38,11 € (220 à 250 F), petit déjeuner compris. Table d'hôte à 13,72 € (90 F), boisson comprise. Un corps de ferme joliment restauré dans un cadre serein, au bord de l'eau. Table d'hôte composée d'une tarte aux rillettes, d'un poulet au cidre, d'une charlotte aux pommes. Un véritable accueil à la ferme : cidre, jus de pomme sur place, gîte de groupe, barques, canoë. Éleveur de Loué, qui plus est. Visite de l'élevage et goûter à la ferme sur demande. Réduction selon la durée du séjour et excellent rapport qualité-prix. Apéritif maison offert et 10 % de réduction sur le prix de la chambre au-delà de 2 nuits, pour nos lecteurs porteurs de l'édition en cours.

BRÛLON (72350)

C'est à Brûlon que naquit en 1763 Claude Chappe, l'inventeur du télégraphe aérien.

Adresse utile

■ *Location de canoës sur la Vègre :* plan d'eau de Brûlon. ☎ 02-43-92-46-70 en été, ☎ 02-43-95-05-10 (en hiver ; syndicat d'initative).

Où dormir ? Où manger ?

▲ *Camping Brûlon-Le Lac :* ☎ 02-43-95-68-96. Fax : 02-43-92-60-36. Ouvert du 1er mai au 30 septembre. Remarquable site de la base de loisirs. Piscine privée chauffée.

🛏 |●| *Hôtel-restaurant La Boule d'Or :* 25, place Albert-Liebault. ☎ 02-43-95-60-40. Fax : 02-43-95-27-55. Fermé le dimanche soir. Chambres entre 27,44 € (180 F) avec douche et w.-c. sur le palier, et 35,06 € (230 F) avec salle de bains. 1er menu à 12,04 € (79 F), autres menus entre 13,57 et 18,60 € (89 et 122 F). Une solide maison de village où rien ne semble avoir changé depuis trois décennies, ni la patronne, ni les clients, ni l'ambiance, ni le parfum des plats qui traversent la grande salle. Ici, on se régale, pour pas cher, d'une cuisine traditionnelle de marché. Chambres propres et confortables. Café offert à nos lecteurs sur présentation du *Guide du routard*.

🛏 |●| *Chambres d'hôte :* Les Belmondières. ☎ 02-43-95-60-63. Fax : 02-43-92-09-22. • perso.libertysurf.fr/les.belmondieres • ♿ Depuis la D4, suivre les panneaux sur 2 km. Comptez 42,60 € (279 F) pour la chambre double, petit déjeuner compris. Table d'hôte conviviale à 15,20 € (100 F). Une grande ferme en pleine nature où Guy et Chantal élèvent des lapins et des poulets de Loué. Accueil chaleureux. Chambres lumineuses aménagées dans une ancienne écurie. Sur place, superbe piscine chauffée et couverte. Essayez le swin-golf – il a pour ancêtre le jeu de maillet et pour cousin le golf, et il est bien français. Gîte de groupe et camping à la ferme : vous pourrez visiter l'élevage. Calme et tranquillité assurés. Apéritif offert à nos lecteurs porteurs de l'édition en cours.

À voir

★ *Le musée :* ☎ 02-43-95-05-10 (syndicat d'initative). En été, ouvert du mardi au samedi de 10 h à 12 h et de 14 h à 18 h, de 14 h à 18 h le dimanche ; en hiver, ouvert du lundi au vendredi de 9 h à 12 h et de 13 h 30 à 17 h 30. Fermé le lundi. Entrée : 1,83 € (12 F). Le musée retrace les premières expériences de communication à distance de Claude Chappe.

LOUÉ (72540)

Le tourisme n'est pas – pour l'instant – l'activité principale de cette petite ville connue dans la France entière pour avoir donné naissance non pas à des personnes célèbres, mais à des poulets ! Issus du croisement d'une poule blanche et d'une poule rousse, ces poulets à chair blanche sont élevés en plein air et vendus à 91 jours. Toute une politique de reboisement d'un paysage remis en cause par les remembrements a été mise en place pour que les volailles puissent de nouveau s'ébattre autour des fermes, à l'ombre des chênes, des cerisiers, des noyers et des nouvelles haies remplaçant celles qui ont été bêtement arrachées.

Où dormir ? Où manger à Loué et dans les environs ?

🛏 |●| *Camping et chalets de la base aqualudique de Loué :* place Hector-Vincent. ☎ 02-43-88-65-65. ♿ pour un chalet. Base aqualudique ouverte de juin à mi-septembre. Camping ouvert du 1er avril au 31 octobre. Chalets disponibles du 1er mars au 30 novembre. Une véritable base de loisirs aquatiques autour d'une grande piscine équipée d'un toboggan de 35 m, d'un bassin de jeux, d'une pataugeoire, etc. Au choix pour dormir, le camping parfaitement équipé, tout confort, ou des chalets en bois, également bien équipés, d'une capacité de 6 personnes, dont l'un peut accueillir des handicapés. Point restauration et bar sur le site. Pêche possible avec vente de carpes... non, de cartes. Aire de jeux pour enfants. Apéritif offert sur présentation du *Guide du routard* de l'année.

🛏 |●| *Hôtel Ricordeau :* 13, rue de la Libération. ☎ 02-43-88-40-03. Fax : 02-43-88-62-08. ✗ Chambres doubles tout confort de 42,69 à 103,67 € (280 à 680 F), suites entre 103,67 et 129,58 € (680 et 850). Menus de 19,82 à 65,25 € (130 à 428 F). Cet ancien relais de poste du XIXe siècle était devenu une bonbonnière pour parvenus... qui ne sont pas parvenus à grand-chose puisque la maison ferma. Sans l'aide d'une poignée de passionnés, il n'y aurait plus de grande table à Loué. De l'aventure subsistent des chambres et des suites dignes d'un feuilleton américain style *Amour, gloire et beauté*. Il y a même, pour les romantiques, une petite maison aménagée au bord de la rivière, baptisée le « pavillon des Sources ». Belle balade aromatique jusqu'au lavoir. Belle piscine. Belle cuisine, aussi, qui ne met pas forcément le poulet à toutes les sauces.

|●| *Le Coq Hardi :* 13, rue de la Libération. En annexe et à proximité de l'hôtel *Ricordeau*. Plat du jour à 7,32 € (48 F) et 3 menus de 11,43 à 14,48 € (75 à 95 F). Excellent rapport qualité-prix.

🛏 |●| *Chambres d'hôte La Sablière :* chez Denise Briand, 72550 Brains-sur-Gée. ☎ et fax : 02-43-88-75-19. À 11 km à l'ouest de Loué, prendre la N157 vers Laval ; à Coulans-sur-Gée, après les virages, tournez à gauche vers Brains. Avant d'entrer dans le village, prenez à gauche vers Crannes-en-Champagne, la maison est tout de suite à gauche. Comptez 38,11 € (250 F) pour 2, et 10,67 € (70 F) par personne supplémentaire. Un petit menu à 6,86 € (45 F) et table d'hôte à 12,20 € (80 F), vin et café compris. 3 chambres guillerettes au calme dans une petite maison formant un ensemble en U avec une petite cour intérieure fleurie. Excellente table d'hôte : tarte au fromage, poulet au cidre (Loué soit le poulet, en ce pays !), *cheese cake*... Hôtesse charmante. 10 % de réduction sur le prix de la chambre pour 2 nuitées de septembre à juin accordée à nos lecteurs ayant le *Guide du routard* en poche.

LA FORÊT DE LA PETITE-CHARNIE ET DE LA GRANDE-CHARNIE

Laissez-vous séduire par la plus petite, une forêt pleine de charmes... de chênes, de sapins et de bouleaux, un refuge apprécié en automne des biches et des cerfs, aussi bien que des amateurs de cèpes.

Où dormir ? Où manger ?

🛏 |●| *Relais de la Charnie :* 72240 Saint-Symphorien. ☎ 02-43-20-72-06. Fax : 02-43-20-70-59. À 30 m de l'église. Fermé les dimanche soir, lundi et vendredi soir, ainsi que pendant les vacances scolaires de février. Quelques chambres de 40 à 46 € (262 à 302 F). Un « menu du Routard » (merci pour la pub !) à 14 € (92 F), complet, et 2 autres menus à 20 et 27 € (131 et 177 F). Tout est là : le décor délicieusement rustique, la cuisine qui s'est nettement améliorée et la piscine pour les hôtes. Manque juste un petit sourire qui apporterait de la chaleur à l'ensemble. Sur demande, un pot de miel maison offert à nos lecteurs sur présentation du *Guide du routard*.

|●| *L'Auberge de la Grande-*

Charnie : rue Principale, 72350 Saint-Denis-d'Orques. ☎ 02-43-88-43-12. Sur la N157, à mi-chemin entre Laval et Le Mans. Fermé les dimanche soir et lundi, ainsi que 10 jours en février. Dîner uniquement les vendredi et samedi soir. Un menu du jour autour d'un plat en semaine pour 13,57 € (89 F), verre de vin compris, et 4 autres menus entre 14,94 € (98 F), en semaine également, et 35,06 € (230 F). Dans une ravissante salle à manger ou en terrasse couverte, découvrez cette excellente cuisine régionale qui ne commettra pas d'attentat à votre portefeuille. Ne pas hésiter à suivre les suggestions de la patronne qui mettra en valeur tout ce que le chef a rapporté du marché. Café offert aux lecteurs du *Guide du routard*.

À voir. À faire

★ *L'atelier-jardin à la ferme de Mme Fourmont* : à **Viré-en-Champagne**. ☎ 02-43-95-69-68. Au sud de Saint-Denis-d'Orques, par la D107. Galerie et jardins ouverts du 15 juin au 15 septembre et le week-end hors saison de 10 h à 18 h. Magnifique jardin (plus de 1 000 espèces de plantes vivaces et arbustes) qui inspire la peinture de l'artiste.

ROUEZ-EN-CHAMPAGNE (72140)

À deux pas de l'ancienne mine d'or à ciel ouvert, qui a dû fermer, une vraie pépite, pour terminer en beauté le circuit. Rejoindre ensuite Sillé-le-Guillaume pour une balade dans le Maine normand ou revenir sur Le Mans...

Où dormir ? Où manger ?

🏠 |●| *L'Abbaye de Champagne* : 72140 Rouez-en-Champagne. ☎ 02-43-20-15-74. Fax : 02-43-20-74-61. ● www.abbayedechampagne.com ● À la sortie de Conlie, direction Sillé sur 4 km, puis prendre à gauche la D167. Suivre le fléchage. Fermé les mardi soir, dimanche soir et mercredi, ainsi que pendant les vacances scolaires de février et 1 semaine début septembre. Chambres d'hôte de 45,73 à 64,03 € (300 à 420 F). Menus entre 12,96 et 22,11 € (85 et 145 F). Une maison qui a de beaux restes, ceux d'une abbaye cistercienne des XIIe et XIIIe siècles. 3 chambres d'hôte de style XVIIIe siècle. Cuisine traditionnelle servie dans les salles voûtées : terrines de foies de volaille au calva, poulet fermier au cidre. Apéritif maison offert à nos lecteurs sur présentation du *Guide du routard*.

LA VALLÉE DE LA SARTHE JUSQU'AU MANS

MALICORNE-SUR-SARTHE (72270) 1 690 hab.

Dès l'époque gallo-romaine, les Malicornais avaient remarqué que l'argile locale recelait des qualités plastiques exceptionnelles. De l'argile grasse et malléable de la région est né au XIIe siècle un célèbre artisanat d'art. Mais la Sarthe malicornaise, c'est aussi la tranquille élégance du château de Malicorne, où vécut Mme de Sévigné, son église du XIe siècle, l'une des plus anciennes du Maine, les randonnées de Mézeray, les pique-niques, les par-

LES VALLÉES DE LA SARTHE ET DE LA VÈGRE

ties de pédalos et la saveur de la pomme locale, à croquer de septembre à mai.

Où dormir ? Où manger ?

▲ *Camping Port Sainte-Marie :* route de Noyen. ☎ 02-43-94-80-14. Fax : 02-43-94-57-26. • www.ville-malicorne.fr • ✗ Ouvert d'avril à fin octobre. Forfait autour de 9,15 € (60 F) pour 2 personnes. Réalisation récente de 6 « bungalis » (des chalets en toile) meublés et équipés de tout le confort. Accueil sympa. Piscine. Et 1 h de tennis gratuite le matin pour nos lecteurs, sur présentation du *Guide du routard*.

▲ I●I *Hôtel-restaurant La Boule d'Or :* place de la République. ☎ 02-43-94-73-64. Fax : 02-43-94-44-09. ✗ pour le restaurant seulement. Chambres doubles à partir de 21,34 € (140 F) avec lavabo et à 33,54 € (220 F) avec tout le confort. En semaine, un menu à 9,45 € (62 F) avec vin et café ; et 3 autres menus entre 13,72 € et 19,82 € (90 et 130 F). Il s'agit sans doute d'un vieux relais de poste dont on a conservé la porte cochère. Adresse sympa mais très simple, voire rustique ! Accueil au comptoir. Chambres bon marché. Salle à manger popu avec toile cirée et kil de rouge sur la table pour le menu du jour. Autre salle avec serviettes en tissu et grande photo des Alpes mancelles (ou « les sources de la Sarthe », comme dit le patron).

I●I *Restaurant La Petite Auberge :* 5, place Du Guesclin. ☎ 02-43-94-80-52. ✗ Près du port et à côté du syndicat d'initiative. Fermé tous les soirs hors saison. En saison, fermé le lundi. Congés annuels pendant les vacances de Noël et de février. Un menu en semaine à 14,33 € (94 F), d'autres menus entre 19,67 et 29,27 € (129 et 192 F). C'est l'établissement même que l'on rêve de trouver, au bord d'une rivière, avec la terrasse plutôt mignonne où l'on peut, pour pas cher en semaine, s'offrir terrine de langouste, raie au beurre d'agrumes et pavé de rumsteack gratiné au basilic. Pour le repas dominical, c'est un peu plus cher, avec un peu plus de monde. La carte suit les saisons et les arrivées du poisson... sur le marché. Pour les jours gris, élégante salle à manger fleurie avec une grande cheminée. Apéritif maison offert sur présentation du *GDR*.

Où dormir ? Où manger dans les environs ?

▲ I●I *Les Mésangères :* 72270 Mézeray. ☎ 02-43-45-84-80. Fax : 02-43-94-34-34. ✗ À 6 km de Malicorne, direction La Suze, puis suivre les panneaux. Fermé les dimanche soir et lundi, ainsi qu'en février. Chambres doubles avec salle d'eau privée à 29 € (190 F). Compter 14,50 € (95 F) la nuit en dortoir de 4, 6 ou 8 personnes. Menus à 10 € (66 F), en semaine, et à 20,60 et 27,50 € (135 et 180 F). Réservation conseillée. La jolie ferme *Les Mésangères*, entourée de douves, est au centre de 100 km de chemins de campagne. À l'origine de ce sauvetage exemplaire d'un bâtiment du XVIe siècle, quelques amoureux de la nature inquiets des conséquences du remembrement sur les chemins et les haies et qui avaient créé l'association « Nature et balade ». Les forêts et prairies autour de la ferme formant un superbe domaine de loisirs pour les randonneurs à pied, à VTT, à cheval, il aurait été dommage que la communauté de communes ne le restaure pas ! Promenades en calèche ou ânes bâtés sur réservation. Formule gîte d'étape bon marché dans un site superbe. Panier pique-nique. Très sympa. Café offert à nos lecteurs sur présentation du *Guide du routard*.

▲ I●I *Hôtel Manoir du Kervéno :* 19, rue du Maréchal-Joffre, 72430 Noyen-sur-Sarthe. ☎ 02-43-95-76-06 ou 06-81-19-16-58. Fax : 02-43-95-

77-60. Sur la D309, dans le village. Chambres doubles tout confort de 28,97 à 38,11 € (190 à 250 F). Cuisine généreuse et goûteuse avec une formule à midi en semaine à 10,98 € (72 F), et 3 menus entre 15,24 et 33,54 € (100 et 220 F). Voici un manoir bien sympathique, avec un grand jardin agréable donnant sur la Sarthe. Les produits sont issus de bons producteurs locaux (viande extra). Quant au patron, si on le lance, aidé en cela par sa charmante épouse et la belle Sixtine, c'est la bonne humeur assurée. Il propose même des week-ends à bicyclette. 10 % de réduction accordée sur le prix de la chambre, toute l'année sur présentation du *Guide du routard*.

À voir

★ *Les faïenceries d'art de Malicorne :* 18, rue Bernard-Palissy. ☎ 02-43-94-81-18. à la faïencerie uniquement. Ouvert du 1er avril au 30 septembre, de 9 h à 12 h et de 14 h à 17 h, sauf les dimanche matin et lundi. Visites guidées des ateliers (45 mn environ) tous les quarts d'heure. Boutique ouverte toute l'année du lundi au samedi. Entrée : 3,05 € (20 F), 1,52 € (10 F) pour les enfants. Au fil des siècles, par l'évolution de son style et de ses techniques, Malicorne devient un des centres majeurs de la faïencerie d'art française. C'est cette tradition que perpétue Victor Deschang dans ses ateliers bruissant au son des tours. On pénètre dans l'univers de cette argile, ocre et luisante, pétrie, travaillée par les tourneurs de Malicorne avant d'être décorée et cuite. Artisanat d'esthète et richesse de la visite. Organisation impeccable. Boutique très bien présentée. Artisanat cher, mais d'une exceptionnelle qualité.

★ *Les poupées anciennes de Mme Paquin :* ☎ 02-43-94-84-78. Bien fléché depuis le centre, à 1 km de la faïencerie d'art. Du 1er mai au 30 septembre, ouvert du mardi au dimanche de 14 h à 18 h 30. Hors saison, visite possible sur rendez-vous. Entrée : 2,29 € (15 F). Gratuit pour les enfants jusqu'à 14 ans. Réductions. Cette chère Mme Paquin a ouvert au public sa collection de poupées anciennes dans sa maison particulière. Dans des vitrines, les chérubins sont mis en situation : la maison de couture, la chapellerie, la boutique du corsetier, la salle de classe, la cuisine, etc. Demandez à voir la première poupée de la maîtresse de maison, celle qu'elle a trouvée aux puces et qui a déclenché sa passion. Il lui aura fallu une trentaine d'années pour regrouper plus de 200 poupées, toutes habillées par notre hôtesse, homonyme du grand couturier parisien des années 1920. Surprenant et attachant.

À faire

➢ *Balade en bateau, canoë-kayak ou pédalo sur la Sarthe :* s'adresser à l'office du tourisme de Malicorne, près du restaurant *La Petite Auberge*, pour louer, à l'heure ou plus, des petites embarcations sans permis, des canoës-kayaks ou des pédalos. Pour se rafraîchir sur la Sarthe, après un bon repas.

LA SUZE-SUR-SARTHE (72210) 3600 hab.

Château du XVe siècle, en ruine, sur lequel plane l'ombre de Barbe-Bleue. Face au château, le *Lutin Suzerain* vous embarque pour une agréable croisière fluviale vers le jardin des Oiseaux, à Spay (voir plus loin).

Où dormir? Où manger?

Camping de la Suze : ☎ 02-43-77-32-74. Ouvert de mi-mai au 30 septembre. Au bord de la rivière (vous l'aviez deviné?). Tennis, piscine, pêche, jeux pour les enfants.

Hôtel Saint-Louis : 27, place du Marché. ☎ 02-43-77-31-07. Fax : 02-43-77-27-66. Fermé les vendredi soir et dimanche soir hors saison. Chambres doubles tout confort de 32,50 à 39,50 € (213 à 259 F). Menus allant de 9,30 € (61 F), en semaine, à 19,82 € (130 F). Accueil sympa, maison typique *Logis de France*. Également 2 belles chambres en duplex (bien pour être en famille). Un restaurant pour qui aime la cuisine traditionnelle en sauce. Apéritif maison offert sur présentation du *GDR*.

Où dormir? Où manger dans les environs?

Chambres d'hôte Théval : 72210 Chemiré-le-Gaudin. ☎ 02-43-88-14-92. En bordure de la rivière. Sur réservation. Chambres de 45 à 50 € (295 à 328 F), tout confort et petit déjeuner compris. Table d'hôte à 20 € (131 F), sauf le dimanche. Joli site au bord de la Sarthe, avec une belle terrasse. Ont obtenu le label « Tourisme Pêche ».

Restaurant Le Barrage : 43, rue du Passeur, 72210 Fillé-sur-Sarthe. ☎ 02-43-87-14-40. Dernière maison après l'église. Fermé les dimanche soir et lundi, ainsi qu'en novembre. 1er menu à 8,84 € (58 F), à midi en semaine. Autres menus à 13,26 € (87 F), excepté le dimanche, et de 21,04 à 30,18 € (138 à 198 F). Beaucoup de monde le dimanche, pensez à réserver, surtout quand il fait beau. Car le plus intéressant, ici, c'est la terrasse, derrière, donnant directement sur le chemin de halage et la Sarthe. Environnement bucolique et serein pour apprécier le flan de foie gras au porto, le filet mignon grillé au romarin ou le filet de canard aux pleurotes. Kir offert à nos lecteurs ayant le *Guide du routard* en poche.

➤ DANS LES ENVIRONS DE MALICORNE

★ **Le jardin des Oiseaux :** 72700 **Spay**. ☎ 02-43-21-33-02. • jardindesoiseaux@wanadoo.fr • À 10 mn au sud-ouest du Mans, direction Angers. En juillet et août, ouvert tous les jours de 10 h à 20 h. D'avril à octobre, les samedi, dimanche et mercredi de 10 h à 18 h. Spectacle de marionnettes à 16 h. Entrée : 6,10 € (40 F) par adulte et 3,80 € (25 F) pour les enfants de 3 à 12 ans. Durée de la visite : 2 h. *Last but not least*; la dernière peut-être, mais non la moindre des attractions en Sarthe. Attraction, oui, si l'on en juge par le ballet incessant de quelque 250 espèces d'oiseaux, en majorité exotiques, du colibri, le seul à voler en marche arrière, jusqu'au perroquet ou au faisan vénéré. Des petits panneaux instructifs, avec des questions-réponses, agrémentent le parcours. À découvrir en famille, bien évidemment. C'est si drôle de coller papa avec des infos récentes glanées dans *Wapiti* ou *30 millions d'amis*... Le spectacle de marionnettes interactif, comme on dit aujourd'hui, dont le thème est l'écologie, n'est pas à dédaigner, loin de là. Nous nous sommes pris à hurler avec les enfants, c'est tout dire. Avant de partir, dites bonjour pour nous à Tico et Arthur, les mainates beaux parleurs. À visiter plutôt le matin ou en fin d'après-midi en cas de chaleur car les animaux, comme nous, se cachent du soleil. Accueil sympa. Espace pique-nique, buvette et aire de jeux.

L'ANJOU
(LE MAINE-ET-LOIRE)

« Douceur angevine »... quelle chance pour une région de posséder ainsi une expression entrée dans le langage courant ! Visages multiples : plaines, bocages, falaises de tuffeau, troglodytes, collines de vignobles, nombreux moulins à vent et carrières d'ardoises parsèment le paysage... Loire dolente, profitant de la moindre faiblesse de ses rives pour s'étaler encore plus paresseusement. Loire sauvage également, capable de surprendre. Ainsi Julien Gracq, né à Saint-Florent-le-Vieil, sur ses rives, lui trouve un côté exotique : « Un coin d'Amazonie ou de Louisiane s'embusquait là, le long d'une centaine de mètres à peine, mais suffisant pour l'imagination ». Ses bancs de sable offrent aussi au visiteur un petit farniente d'été avant que les crues (certaines encore dans toutes les mémoires) ne viennent effacer toute trace de ces plages éphémères. Loire en trompe l'œil, donc, avec ses courants et ses tourbillons redoutables que l'on observe d'une petite guinguette en surplomb, en sirotant une « fillette d'Anjou » (le nom local de la demi-bouteille) et en grignotant une tartine de rillettes. Lumière prodigieuse, douce ou crue selon les heures, que des peintres amateurs essaient de capturer au coucher du soleil en puisant dans une palette d'orangés tirant sur le rose, alors que le mât d'une « toue » ou d'une « gabare » de passage joue le rôle du pinceau et fait le mélange des couleurs... Vous trouverez peu d'endroits où l'eau se révèle en si grande harmonie avec la terre et les hommes. À Saint-Florent justement, à Champtoceaux, à Béhuard, à Chenillé-Changé (sur la Mayenne), au Thoureil, pas d'autre rythme que celui des eaux ; peut-être, parfois, celui du bruissement des feuilles. Et une capacité miraculeuse de répartir ses visiteurs. En juillet, on se croit hors saison.

Anglais et Hollandais ont découvert depuis longtemps la grande qualité de vie de l'Anjou (ici, tout le monde dit Anjou pour le département de Maine-et-Loire), son climat exceptionnel, ses superbes avant ou arrière-saisons. Sans oublier son riche patrimoine historique, culturel et architectural. Certes moins de châteaux renommés qu'en Touraine, mais tout aussi charmants, souvent plus intimes. Et quantité de bourgades adorables qu'on ose à peine déranger... Eh bien, qu'attendez-vous ?

LES P'TITS VINS D'ANJOU

Un peu d'histoire

Aussi loin que l'on puisse remonter, c'est-à-dire au Ier siècle av. J.-C., la région a toujours cultivé le « sens » de la vigne. Au Moyen Âge, les moines développent le vignoble autour d'Angers et des bords de Loire. Au XIIe siècle, le comte d'Anjou Henri II Plantagenêt, qui est aussi roi d'Angleterre, fait venir des vins du comté à la cour d'outre-Manche et accorde son auguste « droit de banvin », c'est-à-dire de vente, aux seigneurs de sa région. Le vignoble connaît alors une véritable période de floraison, avec pour point culminant le règne du roi René. Celui-ci s'enflamme même un jour en écrivant : « De tous les vins de mon cellier, anjou, lorraine et provence, le meilleur est le premier » ! Il devait pourtant connaître les vins de Bordeaux ! Par la suite, les Hollandais changèrent un peu la donne. Aux XVIe et XVIIe siècles, ces négociants habiles développèrent le commerce des « vins de la mer », c'est-à-dire ceux qui pouvaient supporter le voyage en bateau. Fortement taxés, ces vins devaient avoir du répondant pour expliquer leur prix élevé. Cette sou-

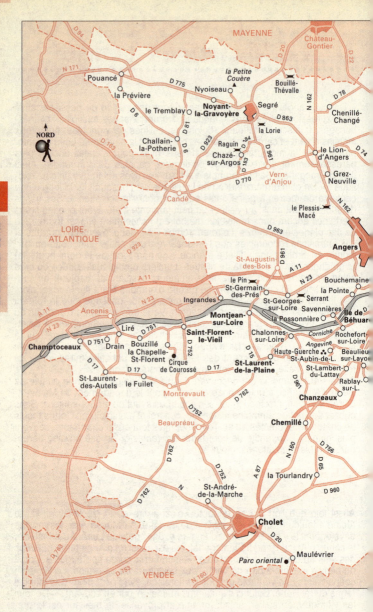

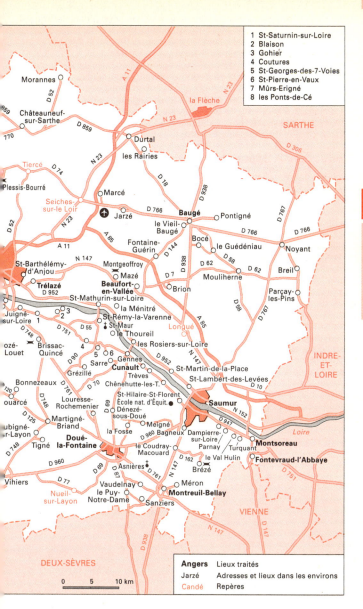

LE MAINE-ET-LOIRE

daine hausse des prix entraîna donc une sélection sévère dans le vignoble régional, bannissant les cépages de faible qualité et ne conservant principalement que le chenin blanc. Après une longue interruption due à la guerre entre les deux pays à la fin du XVIIe siècle, le commerce reprit sous Louis XVI avec la Compagnie hollandaise des Indes qui jeta son dévolu presque exclusif sur la commercialisation de petits vins blancs, les fameux coteaux du layon. Ce sont ces blancs liquoreux qui sauvèrent pratiquement le vignoble angevin car, au XVIIIe siècle, la cour du roi dédaignait royalement la production régionale. Par la suite, le phylloxéra décima les espoirs de reconquête : 75 % des vignes y passèrent ! Depuis, fort heureusement, les « p'tits vins d'Anjou » ont bien rattrapé leur retard.

Production et cépages

En ce qui concerne les cépages, deux noms principaux à retenir : le *chenin* pour les blancs et le *cabernet franc* pour les rouges et les rosés. Deux clés qui vous ouvriront des portes et déclencheront quelques sourires complices... Cela dit, d'autres cépages interviennent souvent dans l'élaboration du vin : le chardonnay et le sauvignon pour les blancs, le gamay, le groslot ou le cabernet sauvignon pour les rouges. On vous laisse le soin (et le plaisir) de visiter les caves pour comprendre les différentes techniques de maturation, fermentation et vinification mais sachez qu'il faut au moins distinguer les vins mousseux (oui, ceux avec des bulles !) des vins joliment baptisés « tranquilles », c'est-à-dire secs ou moelleux.

La production de vins d'Anjou se répartit à peu près de la manière suivante : 40 % de rosés (rosé d'Anjou, cabernet et rosé de Loire), 25 % de rouges (gamay, anjou, saumur-champigny, saumur et anjou-villages), 20 % de blancs (anjou, saumur, coteaux du layon, de l'aubance, de saumur ou de la loire – mais aussi les petites célébrités locales, comme le bonnezeaux, le quarts de chaume, les savennières ou encore le coteau de saumur avec ses 50 à 1 000 hectolitres annuels !), et enfin 15 % de mousseux (saumur, anjou et crémant de Loire). Chaque année, le plus souvent, la production globale dépasse le million d'hectolitres.

La visite des cavistes et des vignerons est un must, particulièrement dans la région de Saumur et des coteaux du Layon. Et ce ne sont pas les fêtes locales qui manquent pour apprendre à les découvrir et les apprécier à leur juste valeur !

LA BOULE DE FORT

Gâs Victor ! la boule est belle !
Et tâch'surtout d'ben viser !...
Nom de diou ! y'a pûs d'chandelle !
De c'coup là on est bésé !

Émile Joulain, *Les Joueux d'boules.*

Jeu de boule propre à l'Anjou, né à l'époque des Plantagenêts. Il se joue sur une piste de 25 à 30 m de long sur 6 à 7 m de large. Cette piste est curieusement en pente sur les côtés, ses bords étant en moyenne 35 cm plus hauts que le milieu. On en explique peut-être l'origine dans le fait que des marins à l'époque jouaient déjà aux boules dans la cale des navires pour tuer le temps. La piste est en principe en terre battue, solidement damée, recouverte d'une fine couche de sable. Mais en fait, les pistes sont de plus en plus vitrifiées aujourd'hui.

La boule n'est pas ronde. Elle possède un « côté faible » et un « côté fort », ce qui la déséquilibre complètement. Le côté faible est un peu évidé, tandis que le côté fort est renforcé d'un peu de plomb. Le tout est cerclé soigneusement. Comme bois, on utilise généralement le frêne ou le cormier, plus rarement le buis. Le but du jeu consiste à atteindre le « maître », petite boule ronde qu'on appelle aussi « boulot » ou « petit ». La boule de fort ira donc au

le jardin

la cuisine

et maintenant
le séjour
au 02 41 23 51 51

Invitations en Anjou, c'est 52 pages d'évasion, d'histoire et d'idées de séjours qui n'ont pas fini de vous étonner. Brochure gratuite par téléphone, par e-mail ou par courrier.

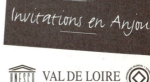
Invitations en Anjou

Anjou

Comité Départemental du Tourisme de l'Anjou
Place Kennedy - B.P. 32147 - 49021 ANGERS cedex 2
Tél. 02 41 23 51 51 - anjou.cdt@wanadoo.fr - www.anjou-tourisme.com

Bertaud & Associés - Photos : C. Watier - J.P. Guyonneau

but en louvoyant, en une combinaison harmonieuse entre son équilibre instable, sa vitesse et la courbe des pentes de la piste. Elle doit donc rouler sur le cercle de fer, en décrivant des spirales où le fort et les bords de piste contrebalancent leurs effets afin de se rapprocher le mieux possible du maître. C'est donc vraiment un jeu tout en finesse, assez lent, bien dans le tempérament angevin. Ainsi joue-t-on en sachant que naturellement, en équilibre instable, la boule tend toujours à retomber sur son fort. Presque une philosophie ou un constat sur la vie ? Il y a les « rouleurs » et aussi les « tireurs ». Ceux-ci, en envoyant leur boule à toute vitesse, tentent de déplacer les boules adverses ou le maître. À la différence de la pétanque, il est interdit de tirer à la volée car ça endommagerait la piste. Il y a même des sociétés de boule de fort où il est interdit de tirer. À vous de vous initier maintenant à ce jeu original et si culturellement lié à l'Anjou.

On comptait souvent (et on compte encore !) plusieurs sociétés de boule de fort par ville, et même par village, surtout dans le Nord saumurois. Le meilleur moyen de pénétrer dans cet univers, longtemps fermé aux femmes et aux non-membres (et toujours assez masculin, il faut bien le dire !), est d'être introduit par un sociétaire. Mais certaines sociétés s'ouvrent désormais aux « touristes »... À condition d'en respecter les règles.

À vous d'apprendre à envoyer la boule « fort en dedans » ou « fort en dehors » (on dit aussi « fort haut » et « fort bas »), à jouer « sans charge » ou en « deux charges », à jouer « de porte-jeu » ou « à revenir »... En tout cas, évitez de marcher au beau milieu de la piste et de prendre le « fort à l'envers », car vous vous exposeriez aux ricanements ou aux réflexions de vos adversaires et des spectateurs ! C'est déjà assez désagréable de voir la boule qu'on croyait trop lente, au départ, dépasser largement le maître, ou bien de la voir « chiée », c'est-à-dire bien trop courte, le coup d'après ! On vous le disait, presque une philosophie, qui cultive l'amitié et le goût du bon p'tit vin qui l'accompagne, naturellement. D'ailleurs, on a le droit de payer ensuite sa tournée de cabernet, très bon marché qui plus est...

– Démonstration et initiation : contacter *la Fédération de la boule de fort.* ☎ 02-41-72-24-23 ou 02-41-32-24-20 (président). Voir aussi nos adresses à Saumur.

À savoir

Du 15 juin au 15 septembre, les principaux châteaux et sites sont illuminés pour des promenades nocturnes et l'opération « Églises accueillantes en Anjou » ouvre toutes les portes de celles-ci, ou presque...

Fêtes et manifestations en Anjou

– *Les Rendez-Vous horticoles :* sur tout le département, de mars à octobre, particulièrement dans les secteurs d'Angers, Saumur et Cholet. Visites guidées d'entreprises, serres, pépinières et labos (tous regroupés autour du *Réseau végétal*), mais aussi châteaux, écoles, etc. N'oublions pas que l'Anjou possède une véritable tradition horticole (c'est un pôle européen), depuis le roi René qui ramenait des essences, les Hollandais intéressés par les fleurs mais aussi par les vins, en passant par les colporteurs de l'Oisans (Isère) qui venaient chercher des graines dans la région... et qui sont finalement restés. Renseignements et calendrier dans les offices du tourisme concernés.

– *La remontée du sel de Guérande :* en principe chaque année, des bateliers remontent la Loire de fin avril à juin environ (mais ça peut bouger, se renseigner dans les offices du tourisme), en faisant escale à Nantes, Ancenis, Saint-Florent-le-Vieil et dans tous les villages de bord de Loire, jusqu'à Angers, Montsoreau et Saumur. Ils colportent aussi l'histoire et la culture d'une corporation et d'une tradition en semant du sel, des produits locaux et des animations à chaque étape.

– *La fête du Vélo sur la Loire :* sur la « levée » vers Saumur, entre les Ponts-de-Cé et les Rosiers-sur-Loire, pendant le 3e week-end de juin (attention, sur une seule journée!).
– Bien sûr, beaucoup d'autres fêtes et manifestations indiquées dans le guide et propres à chaque commune.

Comment y aller ?

Par la route

➢ *Depuis Paris :* autoroutes A10 et A11. 294 km.
➢ *Depuis Lille :* autoroutes A1, A86, A10 et A11. 520 km.
➢ *Depuis Nantes :* autoroute A11. 90 km.
➢ *Depuis La Roche-sur-Yon :* autoroute A87. 110 km.
➢ *Depuis Tours :* autoroute A85. 115 km.

En train

– Renseignements SNCF (horaires et tarifs) : ☎ 0892-35-35-35 (0,34 €/mn, soit 2,21 F). • www.sncf.fr • Minitel : 36-15 ou 36-16, code SNCF (0,20 €/mn, soit 1,29 F).
➢ *Depuis Paris :* avec le TGV Atlantique. Environ 15 aller-retour quotidiens. Trajet en 1 h 30. TGV directs depuis Lille, Lyon et Marseille.

En avion

✈ *Aéroport de Nantes :* ☎ 02-40-84-80-00. • www.nantes.aéroport.fr • C'est l'aéroport le plus important. Accueille de nombreux vols en provenance des principales villes de France (Paris, Marseille, Lyon, Lille, Montpellier, etc.) et même d'Europe (Londres, Bruxelles, etc.).
✈ *Aérodrome Angers-Marcé :* ☎ 02-41-33-50-00. À une vingtaine de kilomètres au nord-est d'Angers. Liaisons directes avec *Air France* pour Clermont-Ferrand. De là, correspondances avec Paris, Lyon, Marseille, Nice, Mulhouse, etc.

Adresses utiles

■ *Comité départemental du tourisme de l'Anjou :* maison du tourisme, place Kennedy, BP 32147, 49021 Angers Cedex 02. ☎ 02-41-23-51-51. Fax : 02-41-88-36-77. • www.anjou-tourisme.com • Particulièrement dynamique.
■ *Parc naturel régional Loire-Anjou-Touraine :* 7, rue Jehanne-d'Arc, 49730 Montsoreau. ☎ 02-41-53-66-00. Fax : 02-41-53-66-09 • www.parc-loire-anjou-touraine.fr • Organisme de valorisation du patrimoine naturel régional et labellisation de « sorties » nature. Se reporter au chapitre sur Montsoreau.
■ *Relais des Gîtes de France (Anjou Réservations) :* maison du tourisme, place Kennedy, BP 32147, 49021 Angers Cedex 02. ☎ 02-41-23-51-23. Fax : 02-41-23-51-26. • www.gites-de-france.fr • Ouvert du lundi au vendredi de 9 h 30 à 13 h et de 14 h à 17 h 30.

Location de bateaux

■ *Anjou Plaisance :* rue de l'Écluse, 49220 Grez-Neuville. ☎ 02-41-95-68-95. Fax : 02-41-95-68-25. • www.anjou-navigation.com • 21 bateaux.
■ *Maine Anjou Rivières :* Le Moulin, 49220 Chenillé-Changé. ☎ 02-41-95-10-83. Fax : 02-41-95-10-52. • www.acom.fr/relaisdechenille • 41 bateaux. Pour les deux sociétés, certains bateaux, en été, sont disponibles au départ de la Sarthe.

ANGERS (49100) 156 300 hab.

Aujourd'hui, cher Paul Nizan, Angers s'éveille plutôt bien et un gros effort de rénovation urbaine a redonné du rouge à joue aux façades. On n'y écaille plus guère que les poissons de Loire, dans les hauts lieux de la gastronomie angevine. Cependant, c'est toujours une ville paisible et les soirées d'été, il faut en convenir, y sont douces, voire feutrées. Il est vrai qu'à Angers, on n'aime pas les excès.

Cela agaçait d'ailleurs en son temps Julien Gracq, qui ne manquait pas de persifler « ce site mesquin choisi à l'écart du fleuve, les ruelles peuplées de chats dormeurs où à peine entrevoyait-on, jadis, de loin en loin, flotter silencieusement la robe d'un prêtre ». Pourtant, les chats dormeurs se font rares aujourd'hui, peut-être à cause des exclamations admiratives accueillant la fabuleuse tapisserie de *L'Apocalypse* ou celles jaillissant devant l'éblouissant *Chant du monde* de Lurçat, ou encore les œuvres merveilleuses de David d'Angers exposées dans l'un des lieux les mieux adaptés qui soient... Angers, ville au très riche patrimoine artistique, saura vous séduire aussi. Avec, en prime, en juillet, l'un des plus fameux festivals de théâtre dans tout l'Anjou !

UN PEU D'HISTOIRE

Comme beaucoup de villes en France, Angers fut une cité gallo-romaine prospère qui s'appelait alors *Juliomagus*. Il ne reste cependant rien de cette époque. Par contre, quelques remparts subsistent de la cité qui dut se fortifier au Ve siècle en prévision des invasions barbares. Aux IXe et Xe siècles, Angers subit les raids vikings. La ville fut même occupée un an. Du Xe au XIIIe siècle, Angers connut à nouveau la prospérité sous le règne des comtes Foulques (l'un d'eux devint même roi de Jérusalem), puis sous celui des Plantagenêts. De brillants monuments en témoignent aujourd'hui, comme le quartier de la Doutre, né au XIe siècle autour de l'abbaye du Ronceray. Des styles surtout marquèrent profondément l'époque (la voûte angevine, l'architecture Plantagenêt). Lorsque Richard Cœur de Lion mourut, son frère Jean sans Terre, qui contestait l'héritage, assiégea Angers. Quelques années après commença la reconquête de la région par Philippe Auguste, et la fin de la domination des Plantagenêts. Au XIIIe siècle, Saint Louis fit construire le fameux château. Sous Louis X, pour faire face aux Anglais et aux Bretons, la ville est rattachée au royaume de France. C'est à la Renaissance qu'Angers connut un nouvel âge d'or : littéraire et scientifique avec, notamment, Rabelais, Ambroise Paré, Joachim du Bellay ; architectural avec une floraison de beaux hôtels particuliers. Elle y gagna le surnom d'Athènes de l'Ouest. Nombre d'universités et collèges s'y créèrent. Aujourd'hui, on y trouve l'une des plus importantes universités catholiques.

Aux XVIIe et XVIIIe siècles se développa une importante activité économique autour de la fabrication des toiles de voile et des cordages. Le chanvre venait directement des champs alentour. L'exploitation de l'ardoise, dans les environs, enrichit également la ville. Mais la Révolution française fut fatale à Angers. Nombre des cinq abbayes, des vingt-sept couvents et près de cinquante églises disparurent dans la tourmente révolutionnaire. La ville demeura aussi âprement disputée lors des guerres vendéennes. Elle fut d'abord en majorité républicaine. Puis occupée par les Blancs quelques mois. Terreur implacable, on y fusilla et guillotina beaucoup.

Le XIXe siècle n'apporta pas les bouleversements industriels vécus par d'autres villes importantes, ni même la première moitié du XXe siècle. Gracq et Nizan avaient quelques raisons d'être sarcastiques sur l'état léthargique d'Angers. Les cruelles destructions dues aux bombardements de la dernière guerre n'améliorèrent pas les choses. Pourtant, on peut dire que, depuis les années 1960, la ville a considérablement rattrapé son retard : important développement démographique, implantation d'industries de pointe : Bull, Motorola, Thomson, recherches technologiques sur les plantes, implantation de Scania, création de l'INRA, etc.

Adresses et infos utiles

- **Office du tourisme** (plan B3) : 7-9, place Kennedy, BP 15157, 49051 Angers Cedex 02. ☎ 02-41-23-50-00 ou 02-41-23-51-11. Fax : 02-41-23-50-09 • accueil@angers-tourisme.com • De début juin à fin septembre, ouvert du lundi au samedi de 9 h à 19 h, les dimanche et jours fériés de 10 h à 18 h ; en basse saison, ouvert le lundi de 11 h à 18 h, du mardi au samedi de 9 h à 18 h et le dimanche de 10 h à 13 h. Compétent et fort bien documenté. Visites guidées originales comme « la ronde de nuit », mais aussi change, réservation des hôtels, etc.
- **Annexe de l'office du tourisme** : maison du Port (plan A2), à la cale de la Savate (port de plaisance). Ouvert de juin à septembre uniquement ; en juin et septembre, le week-end ; en juillet-août, tous les jours de 10 h 30 à 12 h 30 et de 14 h à 18 h 30. Infos sur les randos et les activités fluviales. Location de vélos.
- **Grande poste** (plan B2-3) : rue Franklin-Roosevelt. ☎ 02-41-20-81-81.
- **Gare SNCF** (plan B3) : place de la Gare. ☎ 0836-35-35-35 (0,34 €/mn, soit 2,21 F).
- **Gare routière** (plan B3) : face à la gare SNCF. Renseignements : ☎ 02-41-88-59-25.
- **Taxis** : AAT, 5, rue Saint-Martin. ☎ 02-41-87-65-00.
- **Location de vélos** : à la *maison du Port* (plan A2), annexe de l'office du tourisme en été (lire plus haut). Ou chez *Gabillard* (hors plan par B3, 1), 2, rue Jean-Perrin. ☎ 02-41-88-21-69.
- **Stationnement** : tous les parkings souterrains de la ville proposent un stationnement forfaitaire de nuit à 0,76 € (5 F), entre 19 h et 10 h du matin.

Où dormir ?

Campings

△ **Camping-caravaning du Lac de Maine** : av. du Lac-de-Maine. ☎ 02-41-73-05-03. Fax : 02-41-73-02-20. • camping@lacdomaine.fr • À 2 km du centre, par le bus n° 6 pour les piétons ; en voiture, du château aller jusqu'au pont de la Basse-Chaîne, et tout de suite avant à gauche, suivre le panneau « Lac de Maine ». Ouvert du 25 mars au 10 octobre. Forfait 2 personnes, avec tente et voiture entre 9,45 et 12,65 € (62 et 83 F). Gros camping de 160 emplacements. L'un des mieux équipés, mais très fréquenté. 4 étoiles. Location de bungalows de toile (meublés), piscine, location de vélos et plein d'activités dans le parc de loisirs du Lac de Maine (voile, entre autres). 10 % de réduction pour les titulaires d'une carte internationale de camping.

▲ Voir aussi le **camping de l'Île-du-Château**, aux Ponts-de-Cé, et le **camping municipal Le Château**, à Bouchemaine (voir rubrique « Où dormir ? Où manger dans les environs ? », plus bas).

Bon marché

La municipalité prélève une taxe de séjour par nuit et par personne pour les hôtels, à ajouter aux tarifs indiqués et variable selon la catégorie de l'établissement.

Adresses utiles

- **ℹ** Office du tourisme
- ✉ Poste
- 🚆 Gare SNCF
- 🚌 Gare routière
- **1** Location de vélos

🛏 Où dormir ?

- **10** Hôtel des Lices
- **11** Hôtel Marguerite d'Anjou
- **12** Hôtel du Progrès
- **13** Hôtel du Mail
- **15** Hôtel Saint-Julien
- **16** Continental Hôtel
- **38** Hôtel d'Anjou

🍴 Où manger ?

- **30** Le Petit Mâchon
- **31** La Toscane
- **32** Les Templiers
- **33** Le Café du Jour
- **34** La Ferme
- **35** Le Grandgousier
- **36** Les Trois Rivières
- **37** Cantina Café
- **38** La Salamandre
- **39** Le Lucullus
- **40** La Treille
- **41** Le Bouchon Angevin
- **42** La Canaille
- **43** Ma Campagne
- **44** Auberge Belle Rive

🍷 Où boire un verre ?

- **70** Au Port de l'Ile
- **71** L'Abbaye
- **72** Carpe Diem

★ À voir

- **50** Maison d'Adam
- **51** Galerie David d'Angers
- **52** Musée des Beaux-Arts
- **53** Tour Saint-Aubin
- **54** Musée Pincé
- **55** Muséum d'Histoire naturelle
- **56** Musées Jean Lurçat et de la Tapisserie contemporaine
- **57** Abbaye du Ronceray
- **58** Hôtel des Pénitentes

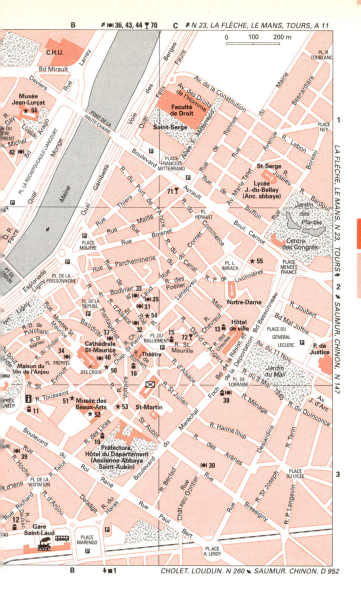

ANGERS

🏠 🍴 *Centre d'accueil international du Lac de Maine* : 49, av. du Lac-de-Maine. ☎ 02-41-22-32-10. Fax : 02-41-22-32-11 • www.lacdemaine.fr • ♿ À 2 km du centre. De la gare SNCF, des places du Ralliement ou Lorraine, bus n°s 6 et 16 en direction de Bouchemaine ; arrêt : « Lac de Maine-Accueil » ou « Pérussaie ». Ouvert toute l'année. Comptez, par nuit et par personne, 13 € (85 F) dans une chambre de 4, 15,30 € (100 F) dans une chambre de 2, toujours petit déjeuner compris. Repas de cafétéria pour environ 7,79 € (51 F), midi et soir, en libre-service. Environ 150 lits. Chambres à 2 ou 4 lits. Un centre bien équipé et spacieux, agrémenté d'un parc et d'un lac. Activités nautiques (payantes), visite de la maison de l'Environnement, terrains de sports gratuits, baignade possible de mi-juin à mi-septembre, salle TV et borne Internet fonctionnant avec une carte téléphonique. Pas mal de jeunes étrangers en été, donc assez bruyant. À vrai dire, si vous êtes deux, il vaut peut-être mieux loger dans un hôtel bon marché du centre-ville, c'est plus sympa. Sauf si vous êtes totalement fana d'activités nautiques et de verdure !

🏠 *Hôtel des Lices* (plan B3, **10**) : 25, rue des Lices. ☎ 02-41-87-44-10. Fermé les 3 premières semaines d'août. Le week-end, accueil de 16 h 30 à 21 h. Chambres à 21,34 € (140 F) avec lavabo et 27,44 € (180 F) avec douche et w.-c. Un agréable petit hôtel de 13 chambres dans une rue centrale on ne peut plus charmante, voilà de quoi séduire les routards que nous sommes. Ancienne maison particulière rénovée proposant de jolies petites chambres. Éviter si possible celles avec cabine-douche et sanibroyeur, mais elles sont finalement toutes agréables avec leurs couleurs fraîches et leur double vitrage côté rue, et toutes sont très bien tenues. Les moins chères se trouvent aux 3e et 4e étages (sans ascenseur), quelques-unes avec une vue sympa sur les toits d'Angers. Seul problème, comme dans tous les vieux édifices, l'insonorisation pâtit d'éventuels fêtards tardifs... Bon accueil. Possibilité de repas. Cuisine traditionnelle. Réservation fortement conseillée. Il faut libérer les chambres avant 11 h. Apéritif offert à nos lecteurs sur présentation du guide.

🏠 *Hôtel Marguerite d'Anjou* (plan B3, **11**) : 13, place Kennedy. ☎ 02-41-88-11-61. Fax : 02-41-87-37-61. Fermé 15 jours en février. Face au château et à l'office du tourisme. Doubles de 35,06 à 39,64 € (230 à 260 F). Forfait week-end avantageux de novembre à février sans les petits déj' à 53,36 € (350 F) pour 2 personnes. Réservation impérative et acompte demandé. Seulement 8 chambres, mais bien situées face à l'imposant château d'Angers. Fonctionnelles et entièrement rénovées, toutes avec salle de bains. L'hôtel n'a pas d'étoile répertoriée car la réception se fait au bar du rez-de-chaussée, mais on s'en fiche puisque l'on bénéficie d'un ascenseur, de la TV, du téléphone et du double vitrage. Excellent entretien. Petit déjeuner au bar, très complet, avec pain à volonté. Possibilité de petite restauration. Accueil simple et discret mais attentionné. Bref, presque la vie de château à un prix vraiment raisonnable !

Prix moyens

🏠 *Hôtel du Mail* (plan C2, **13**) : 8, rue des Ursules. ☎ 02-41-25-05-25. Fax : 02-41-86-91-20. • hoteldumail-angers@yahoo.fr • À deux pas de la place du Ralliement. Attention, fermé les dimanches et jours fériés de 12 h à 18 h 30. Chambres entre 46 € (302 F) avec douche et 55 € (361 F) avec bains. Petit déjeuner buffet à 5,95 € (39 F). Dans une petite rue bien tranquille. Grande cour intérieure pour se garer. Sans doute notre hôtel préféré à Angers. On dort dans un ancien hôtel particulier du XVIIe siècle, avec un petit côté vieille France très sympathique. Atmosphère raffinée et gentiment conformiste tout à la fois. Chambres meublées et décorées avec beaucoup de goût. Chambres toutes différentes et toutes avec beaucoup de charme. Aux beaux jours, petit déjeuner-buffet sur la terrasse, à l'ombre d'un tilleul. Une adresse unique à Angers. Réservation indispensable.

🛏 *Hôtel Saint-Julien (plan C2, 15)* : 9, place du Ralliement. ☎ 02-41-88-41-62. Fax : 02-41-20-95-19. • s-julien@wanadoo.fr • On ne peut plus central. Situé sur la plus grande place d'Angers. Chambres doubles entre 45 et 48,55 € (295 et 318 F) avec douche ou bains, ou 53 € (348 F) avec lits séparés. Petit déjeuner à 6 € (39 F). Hôtel proposant une trentaine de chambres confortables et bien insonorisées, avec TV. La plupart ont été agréablement rénovées sur le modèle « bourgeois et confortable »; excellente literie. Chambres avec vue sur la place pour les plus chères. Certaines plus spacieuses que d'autres, demander à en voir plusieurs. Accueil très aimable. Petit salon ou cour intérieure idéale pour le petit déjeuner-buffet aux beaux jours. Au moment de la réservation, n'hésitez pas à demander une table au *Provence Caffé* juste à côté (☎ 02-41-87-44-15), un restaurant qui pratique une très belle cuisine provençale mais qui affiche complet plusieurs jours, voire une ou deux semaines à l'avance ! Réduction de 10 % sur le prix des chambres offerte à nos lecteurs en juillet et août, ainsi qu'en mars et novembre.

🛏 *Continental Hôtel (plan B2, 16)* : 12-14, rue Louis-de-Romain. ☎ 02-41-86-94-94. Fax : 02-41-86-96-60. • le.continental@wanadoo.fr • 🚿 Très bien situé, dans le centre-ville. Fermé le dimanche de 12 h 30 à 17 h. Pour 2, chambre à partir de 44,21 € (290 F) avec douche et w.-c. Très jolie façade avec une enseigne à l'ancienne, style faux émail. Couleurs très gaies et chaleureuses dans les parties communes de cet hôtel entièrement refait à neuf. Chambres confortables avec salle de bains et TV. Accueil souriant des patrons, très fiers de leur décoration. Petit salon et salle du petit déjeuner agréables, bref tout va pour le mieux dans le meilleur des mondes. Peut-être un peu trop, d'ailleurs ? Allez, on ne va pas s'en plaindre ! Réservation fortement conseillée. Réduction de 10 % offerte à nos lecteurs du vendredi au dimanche.

🛏 *Hôtel du Progrès (plan B3, 12)* : 26, rue Denis-Papin. ☎ 02-41-88-10-14. Fax : 02-41-87-82-93. • hotel progres@aol.com • Face à la gare SNCF. Fermé à Noël et le Jour de l'An. Chambres doubles entre 45,50 et 47 € (298 et 308 F). Petit déjeuner-buffet à 6,50 € (43 F). Un hôtel confortable offrant un très bon rapport qualité-prix pour le quartier. Parfait pour ceux qui ne veulent pas se casser la tête en sortant du train ! Chambres plus ou moins spacieuses, selon le tarif. Décoration sobre dans les tons bleus. Chambres au mobilier standard, avec téléphone, bains ou douche et w.-c. Il y a même la TV avec 25 chaînes câblées, c'est sans doute ce que l'on appelle « le progrès » ! Accueil très agréable et confort impeccable. Seul le quartier n'est peut-être pas des plus passionnants. Réduction de 10 % offerte à nos lecteurs le week-end en juillet et août sur présentation du *Guide du routard*.

Chic

🛏 *Hôtel d'Anjou (plan C3, 38)* : 1, bd Foch. ☎ 02-41-88-24-82. Fax : 02-41-87-22-21. • info@hoteldan jou.fr • Chambres doubles de 64 à 143 € (420 à 938 F). Petit déjeuner-buffet : 11 € (72 F). Garage privé payant. En 1845, on y ouvrait une auberge... Aujourd'hui, c'est le seul hôtel de luxe d'Angers et il vient d'être entièrement rénové. Joli hall d'accueil un peu kitsch, avec une étonnante coupole aux couleurs écarlates et l'emblème royal de François Ier sur le vitrail de la réception, une belle salamandre ayant donné son nom au restaurant de l'hôtel (voir « Où manger ? »). Chambres bourgeoises et très confortables. La différence de prix entre les chambres s'explique surtout par leur taille, plus que par la différence de style. On ne saurait trop vous conseiller, si vous devez résider ici, d'investir franchement dans une grande chambre, car les moins chères sont un peu à l'étroit pour le tarif. À part cela, tout le confort que l'on est en droit d'attendre d'un établissement de cette réputation. Table renommée. Tout cela dans une atmosphère feutrée et de bon ton qui sied bien à Angers.

Où manger ?

Dans le centre

Bon marché

I●I *La Toscane (plan B2, 31)* : 17, rue Saint-Laud. ☎ 02-41-88-48-49. ⚒ Fermé le dimanche et le lundi soir d'octobre à avril et seulement le dimanche de mai à septembre. Congés de mi-septembre à mi-octobre. Menu à midi en semaine à 8,23 € (54 F), d'autres encore à 9,76 et 14 € (64 et 92 F), et pâtes et pizzas à partir de 6,10 € (40 F). Située dans l'une des rues piétonnes les plus animées d'Angers, une adresse agréable pour se retrouver en terrasse aux beaux jours. Service sympathique. À l'intérieur, cadre plutôt banal, mais l'attraction est dans l'assiette. Un choix important de pizzas ou de pâtes fraîches servies en portions généreuses. Bonnes salades également. Bon accueil et apéritif offert à nos lecteurs sur présentation du guide.

I●I *Le Café du Jour (plan B2, 33)* : 13, rue Bodinier. ☎ 02-41-86-80-70. Ouvert du lundi au vendredi de 11 h à 21 h. Fermé les samedi et dimanche. Plats « combinés » à moins de 9,15 € (60 F). On peut y boire un pot tranquillou sur un air de fado-flamenco sympathique, ou en écoutant un concert (une fois par mois) ; ou alors, et c'est encore mieux, goûter aux plats maison en dissertant sur la déco toute jaune et plus forcément... toute jeune. Mais c'est aussi pour ça qu'on l'aime. Vins au verre, dont un petit chardonnay blanc pas piqué des hannetons. Attention, on s'y laisse prendre, comme à l'ambiance de ce repaire d'artistes. Café offert à nos lecteurs sur présentation du *GDR*.

I●I *Restaurant Le Petit Mâchon (plan C3, 30)* : 43, rue Bressigny. ☎ 02-41-86-01-13. ⚒ Tout près du centre. Fermé les samedi midi, dimanche, jours fériés et en août. Congés en août et en février. Menu à 10,82 € (71 F) midi et soir, boisson en sus. Dans une rue du centre un peu en perte de vitesse et envahie par les fast-foods, un petit caboulot comme on les affectionne. Toiles cirées comme à la maison et musique variée font bon ménage pour une cuisine simple et... de ménage. Accueil sympa, teinté d'une familiarité de bon ton. Plats sans haute prétention, mais qui tiennent bien au corps le tout accompagné d'un p'tit vin d'Anjou. Rien d'inoubliable mais ça évite de commettre un attentat au portefeuille ! Café offert à nos lecteurs munis du guide.

Prix moyens

I●I *Restaurant La Ferme (plan B2, 34)* : 2-4, place Freppel. ☎ 02-41-87-09-90. ⚒ À côté de la cathédrale. Ouvert midi et soir jusqu'à 22 h 30. Fermé le mercredi et le dimanche soir, ainsi que du 21 juillet au 12 août. Un menu à midi en semaine à 10,67 € (70 F) du lundi au samedi ; d'autres menus de 14,48 à 27,75 € (95 à 182 F). L'un des restos les plus populaires d'Angers et l'une des terrasses les plus recherchées (à l'ombre de la cathédrale, espace et calme). Salle croquignolette par mauvais temps. Malgré son succès, capable d'offrir une bonne et abondante cuisine depuis de nombreuses années. Quand il y a beaucoup de monde, le service en souffre un peu, certes, mais tout s'arrange dans la bonne humeur. Spécialités de volailles comme la poule au pot ou le magret de canard aux pommes d'Anjou. À la carte, rillauds d'Anjou tièdes... ou encore une tête de veau fondante à souhait et une bonne tourte aux pruneaux et à l'armagnac. En résumé, la bonne bouffe ! Café offert à nos lecteurs porteurs de l'édition en cours.

I●I *La Treille* (plan B2, 40) : 12, rue Montault. ☎ 02-41-88-45-51. En face de la maison d'Adam. Service jusqu'à 21 h 30. Fermé les dimanche et lundi, ainsi que du 23 juin au 17 juillet et pour les fêtes de fin d'année. Formule express à 9,91 € (65 F) le midi en semaine, autres menus de 13,42 à 24,09 € (88 à 158 F). Un jeune couple tient les cinq ou six tables de cette petite salle agrémentée de fausse vigne vierge. À l'étage, les mêmes dimensions, mais une atmosphère plus intime et une déco plus soignée. Prenez la peine d'attendre s'il n'y a plus de place. Le cuisinier mitonne des spécialités angevines (salade de rillauds, minute de saumon à l'anjou rouge, crème brûlée au cointreau) en ajoutant ici ou là une fine touche d'Italie. L'accueil est très doux. Un menu « Affaire » vin compris, un menu « Suggestion », un autre « Plaisir ». Apéritif maison offert à nos lecteurs sur présentation du guide.

I●I *Le Grandgousier* (plan B2, 35) : 7, rue Saint-Laud. ☎ 02-41-87-81-47. Au cœur du quartier piéton. Fermé le dimanche. Service jusqu'à 23 h les vendredi et samedi. Un menu en semaine et à midi à 10,52 € (69 F) et de 14,33 à 22,71 € (94 à 149 F). Réservation très conseillée le week-end. Belle petite salle en tuffeau aux poutres apparentes, datant du XVIe siècle, avec une grande cheminée et une déco assez médiévale, face à une très belle demeure angevine que ceux qui déjeunent en terrasse pourront contempler. Cuisine du terroir très « littéraire », et principalement rabelaisienne si l'on en juge par les noms donnés aux plats : salades Pantagruel et Gargantua, mais aussi la terrine du maître Alcofridas (aux foies de volailles et raisins macérés aux coteaux de l'aubance...). 1er menu assez réjouissant avec apéritif et vins d'Anjou compris, servi en semaine jusqu'à 22 h. Ou menu gargantuesque avec apéro, un verre de vin différent à chaque plat et, entre autres, la salade de mémé Gargamelle (andouillette et pommes de terre) suivie du tournedos de canard (excellent !). Un petit bémol tout de même sur ces pâtisseries un peu lourdes et le temps d'attente. Pour bien digérer, le café est offert à nos lecteurs porteurs de l'édition en cours.

I●I *Les Templiers* (plan B2, 32) : 5, rue des Deux-Haies. ☎ 02-41-88-33-11. Dans une petite rue qui part de la place du Ralliement. Service jusqu'à 22 h 15. Fermé le dimanche et le lundi midi, ainsi que 15 jours à Noël. Un menu à midi en semaine à 8,84 € (58 F), le menu du Templier à 16,77 € (110 F) et celui du Roy à 22,56 € (148 F). Un cadre rassurant avec une salle lumineuse et un décor sobrement médiéval. Porte-drapeaux, fers de lances, tapisseries, vieilles épées et lampes torches sur les murs en tuffeau. Mieux vaut réserver car, ici, la cuisine traditionnelle est goûteuse et réputée. Du classique bien fait, comme le canard à l'orange, et en général très copieux. Bonne carte de vins. Un petit conseil : rappelez-vous que l'invention du jean est postérieure au Moyen Âge... Kir au vin blanc offert à nos lecteurs.

I●I *Cantina Café* (plan B2, 37) : 9, rue de l'Oisellerie. ☎ 02-41-87-36-34. Service jusqu'à 23 h le week-end. Fermé le lundi, les mardi soir et dimanche midi. Congés annuels en août et à Noël. Compter environ 23 € (151 F) pour un repas complet, sans le vin. On vous l'indique car c'est l'un des très rares restos ouverts le dimanche à Angers. Petite salle tout en longueur avec un joli bar au fond, de vieux portraits et des tables plaquées métal. Rien à voir avec du tex ou du mex frelatés, plutôt une bonne petite cuisine traditionnelle. Seules la musique hispanisante, la forme et la chaleur de la déco expliquent le nom du resto. À l'ardoise, salades copieuses, magret, confit, bavette d'aloyau et suggestions du jour. Pot de 50 cl bon marché ou vin au verre. Voilà qui est tout de même plus agréable que les brasseries du Ralliement le dimanche soir ! Apéritif offert sur présentation du guide.

Plus chic

I●I *Restaurant La Salamandre (plan C3, 38)* : 1, bd du Maréchal-Foch. ☎ 02-41-88-99-55. Ouvert midi et soir jusqu'à 21 h 30 toute l'année. Fermé le dimanche (et le lundi en août). Menus à 23 € (151 F), à midi seulement, 29 à 40 € (190 à 262 F). Situé sur l'un des grands boulevards de la ville, dans l'*hôtel d'Anjou* (voir « Où dormir ? »). Bonne réputation. Qualité constante de la cuisine. Grande salle au décor élégant de style kitsch-classique, avec un médaillon de bois peint à l'effigie de son altesse François Ier et frises royales aux murs. Clientèle chic pour une atmosphère très feutrée. Service impeccable. Les plats parlent d'eux-mêmes : sabayon d'huîtres poêlées au vin de layon en entrée, et ensuite, par exemple, un bar grillé à la peau avec crème de basilic et tian de légumes. Excellente carte des vins.

I●I *Restaurant Le Lucullus (plan B3, 39)* : 5, rue Hoche. ☎ 02-41-87-00-44. ♿ À deux pas du château et de la gare. Service midi et soir jusqu'à 21 h 30. Fermé les dimanche et lundi (sauf dimanche férié). Congés en février et du 1er au 20 août. Menu à 12,96 € (85 F) à midi en semaine, et de 18,29 € à 48,78 € (120 à 320 F). Un très bon restaurant dans des caves en tuffeau du XVe siècle. Bon accueil. Service impeccable pour une cuisine particulièrement soignée. Émulsion d'œufs aux morilles, ris de veau au savennières, joue de bœuf, filet de sandre et millefeuille au chocolat. Très bonne formule découverte des spécialités de la région, accompagnées des vins locaux, qui a sûrement plu à un président de la République bien connu. Suite à son passage, un siège porte son nom et c'est à qui s'installera à sa place (on parle du resto, bien sûr !). Café offert à nos lecteurs sur présentation du *Guide du routard*.

Dans la Doutre

De l'autre côté de la Maine, un quartier qu'on aime bien et qui a été entièrement rénové. Il avait autrefois une réputation assez canaille... Ça tombe bien, c'est le nom d'un bon resto aujourd'hui !

I●I *Le Bouchon Angevin (plan A2, 41)* : 44, rue Beaurepaire. ☎ 02-41-24-77-97. Ouvert de 10 h à 23 h. Fermé les dimanche et lundi, ainsi qu'en août et 1 semaine en février. Le principe de la maison : un seul menu à la fois ; à 9,91 € (65 F) à midi en semaine, à 12,65 € (83 F) le soir, toujours en semaine, et à 15,55 € (102 F) les vendredi et samedi soir. À la carte, comptez environ 18,29 € (120 F). Au cœur de la Doutre, une cave à vin qui fait aussi restaurant dans l'arrière-boutique. Deux petites salles où l'on peut déguster le menu du moment au coin du feu, ou quelques spécialités à la carte. Camembert pané, salade de rillauds chauds ou encore une jolie cuisse de canard confite et des pâtisseries maison... Tout ça accompagné d'un bon cru, parmi plus de 500 références, servi à la bouteille ou au verre ! Bonne atmosphère et, de plus, apéro maison offert à nos lecteurs porteurs de l'édition en cours.

I●I *La Canaille (plan B1, 42)* : 8, bd Arago. ☎ 02-41-88-56-11. À côté du musée Jean-Lurçat. Fermé les samedi midi, dimanche, lundi soir et jours fériés, ainsi qu'en août. Menu à

9,60 € (63 F), uniquement à midi en semaine ; autres menus à 13,11 € (86 F), le soir en semaine, et de 14,94 à 22,56 € (98 et 148 F), midi et soir. À la carte, comptez 19,82 à 22,87 € (130 à 150 F). Dans ce quartier qui a retrouvé un second souffle, les jeunes patrons ont voulu apporter une bouffée de soleil et une note de bonne humeur. C'est réussi ! Décor surprenant aux tons très gais, avec nappes provençales et chaises peintes de couleurs acidulées. On entendrait presque chanter les cigales... Mais, en fait, c'est le feu de la cheminée qui crépite délicieusement. Vous dégusterez ici des plats d'ogres qui plaisent même aux enfants, tels que brochettes, onglets et autres viandes bien rouges, ou alors du poisson grillé dans la cheminée. Menus en fonction de l'inspiration du chef et grand choix de salades gourmandes. Desserts enfantins aux doux noms de Pimprenelle et Nounours, entre autres. Accueil à l'avenant. Cerise sur le gâteau, une coupe de crémant de Loire est offerte à nos lecteurs, porteurs de l'édition en cours, en fin de repas.

En bord de Maine

|●| Restaurant Les Trois Rivières *(hors plan par B1, 36)* : 62, promenade de Reculée. ☎ 02-41-73-31-88. Pour s'y rendre, passez le pont de la Haute-Chaîne, vers le quartier de la Doutre, et suivre la direction du CHU tout de suite à droite. Ouvert tous les jours midi et soir. 1er menu à midi en semaine à 12,96 € (85 F), puis menus de 16,16 à 23,93 € (106 à 157 F). Certes, la salle « panoramique » est assez banale et lui enlève le titre de « plus joli resto du coin ». Mais, à vrai dire, on aurait bien tort de bouder l'adresse. D'abord, même en semaine, c'est souvent plein (un signe) et puis l'accueil et le service sont très agréables sans être guindés, comme c'est le cas ailleurs. Enfin, la cuisine à base de poissons est excellente. Essayez l'originale salade terre et mer et poursuivez par le tournedos de saumon à l'anjou rouge, par exemple. Enfin, s'il y en a, arrosez le tout de cet excellent blanc sec du domaine de Brizé, impeccable, ou suivez les conseils de vos hôtes. Apéritif maison offert à nos lecteurs sur présentation du *GDR*.

|●| Ma Campagne *(hors plan par B1, 43)* : 14, promenade de Reculée. ☎ 02-41-48-38-06. Fermé les dimanche soir et lundi. 1er menu à 14,48 € (95 F), servi à midi en semaine (sauf les jours fériés), puis menu « coup de cœur » à 17,53 € (115 F) ; menu « passion » à 24,39 € (160 F) et menu gastronomique à 33,54 € (220 F). Le resto idéal pour un repas de famille dans un cadre chic et assez bourgeois. En surplomb, une grande véranda donne sur la Maine et, à la nuit tombée, on oublie l'aménagement des berges pour retrouver le charme du bord de l'eau. Décor rafraîchissant, malgré peut-être quelques fautes de goût, et clientèle sur son 31, pour savourer une bonne cuisine régionale. Filet de sandre, petits-gris, friture d'éperlans, pièce de bœuf, etc. Accueil à l'avenant et plein de célérité, même si vous n'êtes pas une... célébrité. Comme Jean-Claude Brialy qui a vu son petit mot de remerciement s'imprimer sur toutes les cartes !

|●| Auberge Belle Rive *(hors plan par B1, 44)* : 25 bis, rue Haute-Reculée. ☎ 02-41-48-18-70. Accès par la promenade de la Reculée, face à la Maine. Juste avant *Ma Campagne*. Fermé les jeudi soir, samedi midi, dimanche et jours fériés. Menus de 14,94 € (98 F) à 25,15 € (165 F). Élégante véranda dans les tons jaune-orangé en surplomb de la Maine, idéale pour dîner en amoureux. Sinon, agréable patio sous un arbre et sous tente, face à la vigne vierge de la maison. Un cadre agréable ; calme et volupté malgré le bruit de l'aération en cuisine... Justement, la cuisine prend la teinte, avec un 1er menu coloré mais assez, disons, aérien (portions nouvelle cuisine et peu de choix en dehors des plats « du marché »). Une agréable cuisine, légère comme une brise sur la Maine, mais espérons que malgré un service un peu absent le vent souffle dans la bonne direction... Quelques chambres en projet.

Où dormir ? Où manger dans les environs ?

Quelques sympathiques auberges à un jet de lance-pierres d'Angers.

Campings

△ *Camping de l'Île-du-Château :* 49135 Les Ponts-de-Cé. ☎ et fax : 02-41-44-62-05. Au sud d'Angers, à 10 mn de la gare en voiture ; sinon, bus n° 8 de la gare ou de la place du Ralliement, arrêt « Mairie des Ponts-de-Cé » (attention, dernier bus à 19 h maxi !). Juste derrière le charmant musée des Coiffes (lire la rubrique « À voir dans les environs »). Ouvert de mars à novembre. Forfait 2 personnes à 11 € (72 F). Agréablement situé en bord de Loire. Camping 3 étoiles très bien ombragé et moins « mastodonte » que le *camping-caravaning du Lac de Maine* (voir plus haut). Accueil assez familial bien que parfois un poil débordé... Accès gratuit à un petit aqualand, aux terrains de tennis, foot, pétanque, mini-golf, etc. Snack et épicerie sur place.

△ *Camping municipal Le Château :* 25, rue Chevrière, 49080 Bouchemaine. ☎ 02-41-22-20-00. À 6 km au sud-ouest d'Angers. Pour s'y rendre, bus n° 6 (à partir de la gare) du lundi au samedi de 6 h 15 à 19 h (arrêt : « Chevrière » au rond-point ; s'arrête parfois devant le camping). Ouvert de mai à début septembre, car en zone inondable comme beaucoup de campings de la région. Compter environ 7,32 € (48 F) pour 2 personnes et une tente. À ne pas confondre avec le précédent ! 2 étoiles. Agréablement situé en bord de Maine. Assez ombragé mais pas grand. Bon marché. Confort correct.

Bon marché à prix moyens

I●I *Chez Noë, bistrot inondable :* quai de la Noë, 1, rue du Bac, 49080 Bouchemaine. ☎ 02-41-77-11-13. Ouvert toute l'année sauf le lundi. Congés annuels en janvier et février. Fait aussi bistrot de 17 h à 20 h. Formules entrée + plat à 8,84 € (58 F) à midi, 13,42 € (88 F) du vendredi soir au dimanche. Une guinguette au bord du Maine. Sous la jolie véranda vitrée, les pieds au sec, on rêve de dessiner sur ces magnifiques tables en ardoise, tandis que le patron moustachu y inscrit le nom des habitués à la craie. Rêve de potache mis à part, on ne boude pas ces planches de charcutaille et poisson fumé, ces rillauds et ces écrevisses, encore moins cette anguille poêlée ou ces saignantes bavettes et tranches de magret. De plus, on y expose en été des peintres locaux et on vous fait guincher, de temps à autre, avec du jazz... Atmosphère pleine de décontraction et de soleil en été, qui tranche avec la restauration bourgeoise et guindée, alentour.

I●I *Auberge du Cheval Blanc :* 28, Grande-Rue, 49610 Juigné-sur-Loire. ☎ 02-41-91-90-21. À 8 km d'Angers, rive sud de la Loire, sur la route de Saumur (D132), face à l'église. Ouvert tous les jours à midi, et le soir uniquement le samedi. Congés annuels pour les fêtes de fin d'année et en août. En semaine, à midi, menu ouvrier à 9,15 € (58 F), vin et café compris. Sinon menus à 14,50 et 20,60 € (95 et 135 F). Les habitants d'Angers viennent nombreux retrouver la chaleureuse atmosphère qui fait défaut à nos grandes villes dans cette auberge plus connue sous le nom d'*Auberge des Petits Cochons* (il y en a partout au bar). Chaque fois qu'un habitant du village part en vacances, il rapporte au patron une tirelire en forme de cochon! Excellente cuisine servie avec générosité, avec poissons de Loire et viandes.

Prix moyens

Chambres d'hôte Les Roches : 49610 Mozé-sur-Louet. ☎ 02-41-78-84-29. N'allez pas jusqu'à Mozé ; la maison est sur la D751 entre Mûrs-Erigné et Denée. Comptez 45 € (295 F) pour 2 ou 50 € (328 F) pour un studio avec mezzanine et un coin-cuisine, petit déjeuner compris. Dans un ancien domaine viticole, belle demeure angevine avec façade en tuffeau, entourée d'un parc qui donne sur la rivière Aubance. Trois chambres en tout, dont deux au 2e étage, charmantes avec leurs poutres et leurs pierres apparentes. Sanitaires privés coquets. Agréable salle de séjour avec horloge comtoise et cheminée. Accueil vraiment sympa. Réduction de 10 % offerte à nos lecteurs à partir de 2 nuits, sauf en juillet et août et un petit déjeuner pour 1 personne et par nuit sur présentation du guide.

Le Chêne : 49800 La Daguenière. ☎ 02-41-69-07-77. Accès par Les Ponts-de-Cé, puis à gauche par la levée de Belle-Poule. Fermé le lundi et de janvier à mi-février. Compter environ 19,82 € (130 F) pour un repas complet, sans le vin. Bien sûr, on aurait préféré cette guinguette directement en bord de Loire mais elle est dans le village à deux pas de la jolie levée de Belle-Poule. Chouette balade, d'ailleurs! Sur une terrasse très simple protégée des regards ou dans la petite salle aux couleurs fraîches, venir y déguster en compagnie d'habitués et dans la bonne humeur, quelques fritures de Loire, d'éperlans ou d'anguilles, et même des cuisses de grenouille. En entrée, rillettes artisanales. Accompagnez le tout d'un sympathique rosé de Loire et d'un nougat glacé, pour finir, et voilà un bon petit moment passé en toute décontraction, sous la bienveillance de serveurs et de serveuses peu avares de sourires... Pas chouette, ça ?

La Caillotte : 2, rue de la Loire, 49320 Saint-Saturnin-sur-Loire. ☎ 02-41-54-63-74. Au sud-est d'Angers, par la D751. Dans le bourg. Bien indiqué. Ouvert midi et soir. Fermé le lundi, et en octobre. Menus de 19,06 à 28 € (125 à 183 F). À la carte, comptez 29 € (190 F). En basse saison, c'est d'abord une ravissante salle à manger au cadre rustique. Aux beaux jours, c'est surtout l'une des terrasses les plus agréables qui soient (pensez à réserver!), délicieusement ombragée. Accueil fort sympathique, teinté d'un humour discret et familier. Cuisine réputée, avec une cave à vin attrayante, et des plats qui changent selon les produits de la pêche, de la chasse... À la carte, foie gras, fricassée d'écrevisses, sandre au beurre blanc et fritures d'anguille ou d'ablette. Et si vous trouvez la carte un peu chère, sachez que le prix est bien mérité. Un client a même laissé errer son stylo sur la nappe pour le plus grand bonheur du patron qui vous fait lire ses poèmes... Apéritif maison offert à nos lecteurs porteurs de l'édition en cours.

Plus chic

Chambres d'hôte Le Jau : route de Nantes, 49610 Mûrs-Erigné. ☎ et fax : 02-41-57-70-13 ou ☎ 06-83-26-38-80. • le.jau@anjou-et-loire.com • Fermé pendant les vacances de Noël et le Jour de l'An. Chambres de 38,11 à 60,98 € (250 à 400 F) selon leur taille. Comptez 381,12 € (2500 F) la semaine pour le gîte (uniquement en juillet et août). Table d'hôte uniquement sur réservation le soir à 22,87 € (150 F), vin compris. Une grande bâtisse de 1830 recouverte de lierre abrite 3 chambres très douillettes, chacune avec TV, salle d'eau et w.-c. La chambre « Rose » est presque un petit appartement, avec vue sur le parc et sa superbe banquette de jardin. Dans la « Carole », les insomniaques seront séduits par la bibliothèque. Possibilité de la réunir à la chambre la moins chère. Mais le plus beau, c'est la cuisine. Un Giverny angevin bleuté et jaune dans lequel on prend le petit déjeuner. Apéritif maison offert à nos lecteurs sur présentation du *GDR*.

|●| *La Terrasse* : place Ruzebouc, 49080 La Pointe-Bouchemaine. ☎ 02-41-77-11-96. ⚕ Fermé le dimanche soir hors saison. Un menu à 14,94 € (98 F) le midi en semaine, sinon, des menus entre 20,58 € (135 F), sauf les jours de fête et 48,78 € (320 F). De la salle à manger, l'un des plus séduisants panoramas sur les bords de Loire qu'on connaisse (voir les niveaux des crues sur les murets!). Demandez une table près des baies vitrées. Le genre de resto que les grand-mères aiment offrir à toute la famille pour les fêtes. Cuisine renommée. Dans le menu de fête « premier prix », des rillettes de saumon et un mignon de porc au gingembre ou une escalope de saumon à l'oseille. Un peu plus cher, crottin chaud aux lardons ou 6 huîtres, sandre au beurre blanc ou magret de canard au miel. Et enfin, dans les menus aux tarifs plus élevés : turbot et son sabayon au crémant ou panaché de poisson. Service vraiment perfectible par contre. Dommage. Réservation recommandée. Éviter l'*Ancre de Marine*, juste à côté.

Où boire un verre ? Où sortir ?

🍸 *Au Port de l'Île, Café Bariller* (hors plan par B1, 70) : ☎ 02-41-39-85-29. Pour y aller, c'est simple ; prendre le pont de la Haute-Chaîne vers la Doutre et suivre la direction du CHU tout de suite à droite ; dépasser les restos en bord de Maine et continuer tout droit en passant sous le pont, puis rouler environ 2 km jusqu'au parking sur la droite. Ouvert uniquement de juin à septembre environ, en fonction du niveau de l'eau... Bac entre 8 h et 12 h 30 et de 13 h 30 à 21 h 30 (dernier retour). Attention, chef-d'œuvre de guinguette ! Rien que la traversée, ça vaut le détour ! On ne fait pas un long trajet, mais quel bonheur d'arriver sur l'île Saint-Aubin en compagnie du passeur et des exploitants agricoles. Maryvonne vous y attend de pied ferme, même si, à son grand regret, elle ne peut le faire que cinq mois par an, en raison des inondations annuelles de ce bras de la Mayenne. Voir les photos absolument hallucinantes de la guinguette sous l'eau ! Et redonnez un petit coup de moral à Maryvonne en lui achetant une bouteille de rosé bien frais ou une glace pour vos bambins. Elle l'a bien mérité, elle qui tient à bout de bras cette maison âgée de plus d'un siècle et demi ! Après un bon moment de détente dans ce cadre exceptionnel, allez faire un tour sur cette île, exploitée uniquement pour les fourrages en raison des crues. On peut aussi amener son pique-nique (aire publique juste derrière la guinguette) et son vélo, « toléré », mais tenir son chien en laisse ! Et puis, en repartant, n'oubliez pas de filer la main (voire la pièce) au passeur...

🍸 *L'Abbaye* (plan C1, 71) : 40 bis, bd Ayrault. Ouvert du lundi au samedi de 11 h à 2 h ; le dimanche et pendant les vacances scolaires, à partir de 18 h. Face à la nouvelle fac de droit. Beau volume et très jolie déco pour cette « abbaye » reconstituée (et légèrement détournée !), aux beaux murs d'ardoise. Mezzanine avec rampes ouvragées, faux vitraux, sièges d'un rouge moelleux, chaises « arcadées », vrai confessionnal d'église et même un écran vidéo dans un cadre à l'ancienne ! Clientèle branchée mais pas trop. Cocktails ou bières d'une certaine abbaye...

🍸 *Carpe Diem* (plan C2, 72) : à l'angle des rues Saint-Maurille et David-d'Angers. ☎ 02-41-87-50-47. Derrière la place du Ralliement. Ouvert les mercredis (café philo), vendredi (soirée jazz) et 2 samedis par mois café-théâtre jusqu'à minuit ;

le reste du temps ouvert jusqu'à 20 h. Fermé le dimanche en août. Ici, on en fait qu'à sa tête et c'est aussi pour ça qu'on l'aime. Petit café de quartier tranquillou et gentiment anar, qui sert des muscats, du pastis bardouin et de la *caïpirinha* ou se la joue « silence, je pense » le mercredi. Pour vous donner l'ambiance, l'une de ses devises, c'est, excusez du peu, « Le monde appartient à ceux qui ont des ouvriers qui se lèvent tôt » !

- Évidemment, aux beaux jours, plein de **terrasses** sur les rues piétonnes, en particulier rue Saint-Laud *(plan B2)* et rue des Poêliers *(plan C2)*, comme devant le *Gainz'-Bar*.
- **Le Chabada** : 56, bd du Doyenné. ☎ 02-41-96-13-48 ou 40. LA salle de rock d'Angers, là où ça bouge vraiment ! Se renseigner par téléphone pour la programmation des concerts.

À voir

Ne pas manquer d'acheter le « Billet Jumelé » permettant de visiter le château et les 6 musées municipaux (sauf celui des Beaux-Arts, en rénovation) pour un prix vraiment modique ; le passeport musées est deux fois moins cher, mais ne permet pas la visite du château. À Angers, on ne pourra pas reprocher à la municipalité de ne pas encourager l'accès à la culture !

Dans le centre

★ **Le château** *(plan A-B2-3)* : place Kennedy. ☎ 02-41-87-43-47. Fax : 02-41-87-17-50. uniquement dans la chapelle et la galerie de l'Apocalypse. Du 1er juin au 15 septembre, ouvert de 9 h 30 à 19 h ; de mi-septembre à fin octobre et de mi-mars à fin mai, de 10 h à 18 h ; de début novembre à mi-mars, de 10 h à 17 h. Fermé les 1er janvier, 1er mai, 1er et 11 novembre, et 25 décembre. Entrée (sous réserve de modification) : 5,50 € (36 F). Tarif réduit pour les groupes et les enseignants : 3,50 € (23 F). Gratuit pour les moins de 18 ans, chômeurs et RMistes sur présentation de la carte. Tarif comprenant, si on le désire, des visites commentées de la tapisserie de *L'Apocalypse* et du château (environ 1 h 15 chaque visite). Expo temporaire en été.

Un peu d'histoire et d'architecture

Construit au début du XIIIe siècle par Saint Louis, sur l'emplacement de l'implantation romaine de *Juliomagus* (lire plus haut « Un peu d'histoire »), autour d'un précédent château, le palais comtal. D'un point de vue stratégique, édifié avant tout comme poste avancé du royaume de France, face aux ducs de Bretagne. Il se caractérise par sa forme pentagonale, hérissée de 17 tours massives. Appareillage original et superbe polychromie de pierre, reflet de la grande variété des matériaux de la région (tuffeau, granit et schiste). On y trouve aussi probablement une référence à la tradition de maçonnerie polychrome des Romains.

Larges fossés du XIIIe siècle taillés dans le roc et agrandis au XVe siècle. Mais il n'y eut jamais d'eau dans les douves. Au XVIe siècle, confronté aux guerres de Religion, Henri III autorise les Angevins ligueurs à démolir le château. Son gouverneur fera traîner les choses (spéculant sur un contre-ordre), se contentera de découronner les tours et de renforcer les murs par d'épais contreforts. Finalement, la mort du roi annula le projet. Une autre version explique cet écimage des tours par une adaptation à l'artillerie « moderne » de l'époque. Quoi qu'il en soit, sous Louis XIV, le château fut utilisé comme prison d'État (le surintendant Fouquet y séjourna). Au XVIIIe siècle et sous Napoléon, on y enferma des prisonniers de guerre, notamment de nombreux marins anglais.

La visite

— **La chapelle :** édifiée au début du XVe siècle par Louis II d'Anjou, elle se caractérise par sa largeur et son ampleur. Au plafond, la croix d'Anjou, devenue croix de Lorraine par alliance. Au fond, à droite, l'oratoire seigneurial ouvre sur la chapelle aux trois baies gothiques. Il permettait au duc de suivre les offices.

— **Le logis royal :** à côté de la chapelle et uniquement accessible en visite guidée. Construction romane transformée par les ducs d'Anjou, dont le roi René. On y trouve de belles tapisseries des XVe et XVIe siècles : *La Dame à l'orgue*, *Les Anges porteurs des instruments de la Passion*, *Penthésilée*, la célèbre *Passion d'Angers* (XVe siècle), etc. Élégante mais inaccessible voûte en étoile de l'escalier à vis du roi René portant sa devise : « En Dieu en soit. »

— **La tapisserie de L'Apocalypse :** dans la grande galerie (datant de 1954 mais complètement rénovée en 1996). On pénètre d'abord sous le châtelet édifié vers 1450 par le roi René. Élégant portail de la cour seigneuriale avec ses tourelles en poivrière, donnant donc accès à l'immense galerie abritant ce chef-d'œuvre unique, incomparable : *L'Apocalypse* (en grec « Révélation ») : message d'espérance.

Petite précision linguistique à l'attention des exégètes de tous poils : certains appellent cette œuvre monumentale une « tenture » alors que ce terme s'appliquerait plutôt, par exemple, à l'œuvre exposée à Bayeux (qui est brodée). Nous, on préfère le terme de « tapisserie » car il s'agit ici de tissage. C'est surtout le terme qui fut le plus longtemps utilisé pour sa plus grande noblesse... Pour un chef-d'œuvre pareil, ça sonne quand même mieux qu'une simple « tenture », non ?

C'est une immense bande dessinée (de plus de 100 m de long) composée de 75 tableaux racontant les scènes de *L'Apocalypse* de saint Jean. Son histoire est un vrai roman : la tapisserie, en effet, faillit disparaître ! Elle naquit, au XIVe siècle, de l'exceptionnelle conjonction de la volonté d'un prince, des largesses d'un financier, de l'immense talent d'un peintre et d'un cartonnier, et de la riche expérience des lissiers parisiens de l'époque. Louis Ier, duc d'Anjou, commanda cette tapisserie sur le thème de *L'Apocalypse* de saint Jean. Ce ne fut pas facile pour l'artiste d'interpréter ses métaphores alambiquées. Par exemple, comment dessiner ce dragon avec « sept têtes tombées dont l'une existe et l'autre n'est pas encore venue et qui, une fois venue, devra demeurer peu » ? Les techniques de fabrication, particulièrement élaborées, sont stupéfiantes : fibres doublées ou triplées à certains endroits pour donner du relief, astuces ingénieuses pour souligner les ombres, les nuances. Ainsi les teintures végétales d'origine tiennent-elles mieux que les couleurs utilisées lors des restaurations du XIXe siècle ! Il fallut 7 ans à 35 lissiers pour l'exécuter. C'était la plus grande d'Europe. On en parlait comme d'une audacieuse réalisation. La tapisserie se révéla même réversible. Ainsi découvrit-on intactes, en 1982, les extraordinaires couleurs d'origine sous la doublure. Elle était transportée et utilisée pour les grandes occasions (mariages princiers, fêtes religieuses). À la fin du XVe siècle, elle fut léguée à la cathédrale Saint-Maurice et accrochée dans la nef et le chœur.

Cependant, au XVIIIe siècle, les chanoines, se plaignant que la tapisserie étouffait leurs chants, la mirent en vente (ils n'avaient qu'à acheter un micro !). En outre, à l'époque, les tapisseries étaient complètement passées de mode. Par chance, elle ne trouva pas d'acquéreur. Les panneaux servirent alors à de multiples fonctions : de paillasson, de couverture pour les chevaux, de protection pour les orangers en hiver. En 1844, lors de la rénovation des plafonds de l'évêché, ils servirent même pour protéger les parquets. Par miracle, un chanoine de Saint-Maurice s'inquiéta néanmoins de cette dilapidation scandaleuse et se mit à la recherche de tous les morceaux éparpillés aux quatre coins de l'Anjou. Il en retrouva beaucoup. Et tel un gigantesque puzzle, il la reconstitua en grande partie. D'importants travaux de restauration furent alors réalisés. Aujourd'hui, la merveille est là. Certes, un peu plus courte qu'à l'époque, mais il ne lui manque finalement qu'une dizaine de panneaux. Résultat prodigieux quand même : les six pièces d'origine sont réunies ! Impossible à décrire totalement, bien entendu. Se reporter à l'excellent ouvrage *L'Envers et l'Endroit*, publié aux Images du Patrimoine. C'est fascinant de partir à la découverte des innombrables et riches symboles qui la composent. Voici quelques coups de cœur et repères. À noter, en tête de chaque pièce, une tenture verticale, représentant « le grand personnage », ou « lecteur ». Dans la guérite ou tourelle de guet figure saint Jean, avec une expression chaque fois différente.

– *Première pièce de l'œuvre :* le personnage semble nous inviter à la lecture de la tapisserie. Bande du haut, panneau n° 3, le Christ avec une grande épée, symbole de la justice, saint Jean à ses pieds. Celui-ci va recevoir les révélations de l'Apocalypse. Curieux, quand même, ce Christ avec un couteau entre les dents (comme les caricatures anti-bolcheviques des années 20). C'est vrai qu'on a dit souvent qu'il fut le premier communiste ! N° 4 : les 24 vieillards de l'Apocalypse et les 4 évangélistes qu'on retrouve sur tous les tympans d'églises. N° 7 : l'agneau égorgé, symbole du Christ qui s'est sacrifié. Suivi dans la bande inférieure des célèbres cavaliers de l'Apocalypse. N° 9 : le cavalier blanc (la Victoire). Malheureusement, le panneau n° 10 (le cheval roux et la guerre) n'a pas été retrouvé. Appel à nos lecteurs ! N° 11 : la famine et le cheval noir (plutôt marron, m'enfin !) ; la balance vide symbolise la carence de grain. Étonnant : ce panneau supposé évoquer la désolation est l'un des plus végétaux de l'ensemble. N° 12 : le cheval portant la mort. Scène de l'enfer. Noter comme le diable entasse les pauvres pêcheurs dans les flammes (comme dans une moulinette).

– *Deuxième pièce :* le panneau n° 14 montre les 7 trompettes de l'Apocalypse, annonciatrices des malheurs. Au suivant (n° 15), un ange allume son encensoir ; un autre met le feu à la terre dans le panneau n° 16 et le ciel est en colère (têtes crachant des flammes). Au n° 17 : première trompette annonçant les calamités, c'est la grêle et le feu (feuilles rongées). Suivent l'aigle du malheur et la ville détruite (n° 20). Puis l'absinthe tombant du ciel (n° 19) et empoisonnant les rivières. Trompette du naufrage (n° 18) : représentation graphique originale. Viennent les myriades de cavaliers (n° 23) exterminant les pécheurs. Curieusement, les chevaux possèdent des têtes de lions. Spectacle assez cruel : saint Jean exprime un geste d'horreur. Bande du haut, l'invasion des sauterelles (n° 21) ; saint Jean s'est planqué dans sa tourelle, cette fois-ci pour leur échapper. En dessous (n° 24), apparaît l'ange au livre : il apporte les condamnations suivantes, tandis que l'arc-en-ciel qui l'auréole symbolise la miséricorde de Dieu. À côté (n° 25), saint Jean devient papivore ; il ingurgite les informations de Dieu pour bien s'en pénétrer.

– *Troisième pièce :* dans les panneaux n°s 28, 29, 30 et 31, deux témoins chargés de répandre la parole du Christ ; les gens se moquent d'eux ; ils sont tués ; l'un d'eux perd abondamment son sang par la bouche ; joie malsaine des spectateurs devant les corps ; puis les deux témoins ressuscitent. N° 34 : l'une des plus belles compositions ; beau rythme du ballet des anges de saint Michel et des lances attaquant le dragon. N° 36 : finesse de la représentation du dragon vomissant son mal comme les eaux d'un fleuve ; grande délicatesse des filets d'eau qui jaillissent des gueules. Dans la scène qui suit (n° 37), c'est le seul panneau où apparaissent sur le fond les initiales de Louis d'Anjou et Marie de Blois (L et M entremêlés).

– *Quatrième pièce :* un ange annonce la chute de Babylone (n° 49). Belle représentation du sommeil des Justes (n° 51) ; ils dorment effectivement paisiblement, tandis que des anges emportent dans un drap blanc leurs âmes sauvées (sous la forme rafraîchissante d'innocents enfants). Suivent la

moisson des Élus (n° 52) et la vendange des Réprouvés (n° 53). Le jus du raisin mûr évoque leurs péchés et pour eux « la coupe est pleine » : la cuve déborde (n° 54) et se transforme en fleuve de sang.
– *Cinquième pièce :* dans cette série, les anges déversent les sept coupes d'or (ou flacons) pleines de la colère de Dieu. D'abord sur la terre (n° 58), puis dans les eaux qui se transforment en sang (n° 59); quelques mains de pêcheurs qui s'y noient émergent. Un flacon est versé sur le soleil (n° 60) qui se transforme en supplice pour les hommes. Dans le panneau n° 62, tous les démons crachent des grenouilles (symbole de la médisance). Le dernier flacon est projeté dans l'air (n° 63) et Babylone s'effondre, signe annonciateur de la vraie fin prochaine. La scène n° 64 est très belle : c'est la grande prostituée sur les eaux (Babylone, bien entendu, mère de tous les péchés). À noter que, pour la première fois, saint Jean consent à quitter son espèce de poste de guet. Un ange lui explique qui est cette femme. Le pauvre commence à avoir peur. Air hagard, yeux interrogatifs... Le panneau n° 65 se révèle plutôt cocasse : saint Jean se réfugie, tel un enfant effrayé, dans les bras de sa maman (là, un ange). La prostituée se promène sur une drôle de bête. Dans le n° 66, c'est la chute effroyable de Babylone, investie par les démons (avec les oiseaux qui piquent à la Hitchcock!). Dans la scène n° 68, saint Jean, affairé, se fait dicter le dernier chapitre de l'ouvrage ; il a l'air très studieux, presque scolaire. Noter la délicatesse, l'élégance du drapé de l'ange.
– *La sixième pièce* est celle dont il manque le plus de panneaux. Dans la scène n° 70, ça décoiffe! Le Christ, les cheveux au vent, repousse, dans une composition très dynamique, hommes et bêtes hideuses dans un lac en feu ; autre détail curieux, il porte de nombreuses auréoles. Dans la scène suivante, les juges ont l'air affairé. L'un d'eux semble faire le compte des âmes qu'il a sélectionnées. Scène très forte et bien construite (n° 72) : dans un dernier effort, Satan tente de reconquérir le pouvoir en assiégeant la ville ; des dragons sortent de sa gueule ; derrière, encore des hommes qu'il a réussi à mystifier dans cet ultime sursaut de désespoir ; à droite, le château des Justes bien défendu et qui tient bon. Autre scène ravissante et pleine de poésie (n° 73), la nouvelle Jérusalem descendant du ciel ; on est proche de l'enluminure par la qualité des éléments décoratifs (fond fleuri, graphismes nuancés évoquant l'eau). Tout cela annonce le flamboiement des dernières scènes : « La Jérusalem nouvelle dans toute sa magnificence » (n° 74) ; saint Jean a quitté définitivement sa guérite ; un ange semble lui serrer la main pour le bon job qu'il a effectué. Dans le dernier tableau (n° 75) apparaissent aussi les derniers symboles du renouveau ; l'eau, source de vie, s'écoule du trône de Dieu ; les arbres donnent des fruits ; c'est le paradis terrestre avant qu'Adam et Ève n'y fassent des bêtises. La boucle est bouclée! Enfin, comme toujours, le petit clin d'œil, le trait d'humour du tapissier : amusez-vous à repérer, dans la bande qui borde le bas de la tapisserie, le cul d'un chien qui entre dans un terrier et, quelques panneaux plus loin, le lapin qui en sort...
Une ouverture dans le sous-sol de la galerie permet d'observer l'abside de la chapelle Saint-Laud (XIIe siècle).
– Dans l'angle gauche du château (face à la Maine), **vestiges du château comtal** du Xe siècle (grande salle avec porte romane dans le mur). Agrandissements du XIIe siècle et arcature aveugle de la même époque. À gauche du porche d'entrée, possibilité d'accéder aux remparts par la tour du Moulin pour une délicieuse promenade et une jolie vue sur la ville.
– Enfin, côté place Kennedy, s'élève le **logis du gouverneur**, édifié aux XVe et XVIIIe siècles. L'impressionnante porte des Champs possède toujours sa herse ancienne. C'est la partie la plus élaborée, la plus décorée de l'enceinte du château.
Cafétéria dans le jardin en été et salle d'exposition temporaire.

Ne pas manquer d'aller admirer le panorama sur la Doutre depuis la petite esplanade, en sortant à gauche, baptisée « du Bout-du-Monde » par la ville et par les amoureux...

★ *La vieille cité :* entre le château et la cathédrale Saint-Maurice s'étend la vieille ville, aux ruelles calmes, parsemées de-ci, de-là d'intéressantes demeures, notamment rue Saint-Aignan. À l'angle de la rue des Filles-Dieu, logis de l'Estaignier (ou du Croissant) de 1448, qui abrite une boutique d'étain. Rue Donnadieu-de-Puycharic, joli coup d'œil sur l'hôtel Saint-Maurille. De là, on arrive à la cathédrale.

★ *La cathédrale Saint-Maurice (plan B2) :* place Freppel. En restauration mais toujours ouverte. Construite au XIIe siècle pour la nef et au XIIIe siècle pour le chœur et les transepts. La nef fut la première vraie réalisation de l'art gothique Plantagenêt. Avec une première : une voûte unique sans bas-côtés de 16,40 m de large ! Deux flèches de 74 m ne reposant que sur le seul mur de façade.

La façade

Superbe portail à la très riche statuaire. Au tympan, traditionnel Christ en majesté, entouré des symboles des évangélistes : l'homme de saint Matthieu, le lion de saint Marc, l'aigle de saint Jean, le taureau de saint Luc. Multiples personnages dans les voussures, mais les plus intéressants sont les huit encadrant le portail et représentant des personnages bibliques. Particulièrement remarquable est la jeune femme de droite (probablement Esther) aux tresses démesurément longues et retenant en un geste très gracieux les plis délicats de sa robe. Cette finesse des traits et des gestes déliés annonce le gothique. Vantaux du XVIIe siècle aux pittoresques ferronneries. Au-dessus de la verrière, huit chevaliers (officiers de la légion thébaine), dont l'effigie de saint Maurice, exécutés pour avoir refusé d'anéantir un village chrétien. D'ailleurs, au-dessus d'eux, le verset d'un psaume en latin : « Donne la paix, Seigneur, en notre temps, et disperse les nations qui veulent la guerre. » Quand on observe la façade dans sa globalité, on est fasciné par la fantastique verticalité des lignes, le rythme et le jeu équilibré des colonnettes et arcatures.

L'intérieur

La nef est harmonieuse et d'une grande ampleur. Une galerie en fer forgé court le long des côtés. Si vous avez de bons yeux, observez les quelque 240 modillons qui la soutiennent : visages grimaçants, postures acrobatiques, monstres (l'humour des sculpteurs de l'époque). Voûtes angevines, ça va de soi. Subtile finesse, l'architecte a décoré de fleurs les nervures portantes pour alléger l'ensemble. La galette en fer forgé continue de courir autour du chœur. À propos, il fallait bien que le XVIIIe siècle inscrivît aussi sa patte dans le chef-d'œuvre. Cela prit ici la forme d'un baldaquin vraiment lourdingue (colonnes de marbre rouge, bois dorés, style rocaille). Noter le splendide travail de fer forgé sur le lutrin, dans le chœur. Quant au XIXe siècle, il offrit une monumentale chaire de style néo-gothique, sculptée durant trois ans par un prêtre artiste, l'abbé Choyer.
– La véritable merveille de la cathédrale demeure les *vitraux*. C'est là qu'on ne regrette pas d'avoir apporté ses jumelles ou de posséder un zoom. Côté gauche de la nef, ils datent du XIIe siècle. Couleurs encore éclatantes. Dans la première verrière, Vierge en majesté encensée par deux anges. Nombreuses saynètes d'une grande délicatesse comme celle de la 4e verrière (à partir de l'entrée), racontant la mort de la Vierge. Dans le médaillon du haut, elle est assise à côté du Christ. En dessous, entourée de 4 anges (l'Assomption?). 3e médaillon (à partir du haut), Dormition, son corps posé sur un drap blanc. 2e médaillon (à partir du bas), elle est brancardée par 4 apôtres.

Médaillon du bas, Mise au tombeau. Le martyre de saint Vincent, dans le 3e médaillon de la 5e fenêtre. Dans la 3e fenêtre, admirables bleus. Dans le 3e médaillon, sainte Catherine d'Alexandrie sur le point d'être tuée. Visage empreint d'une douce sérénité. Dans la 1re verrière, 1er médaillon (en haut), saint Pierre crucifié la tête en bas. Dans la 12e fenêtre, 2e médaillon du bas (en partant de la gauche), belle scène de saint Martin coupant son manteau. Les seize verrières du chœur sont du XIIIe siècle et racontent la vie des saints. Ce sont les plus intéressantes. Dans la 1re, la vie de saint Pierre. La 8e et la 9e retracent la vie et la passion du Christ ; la dernière, la vie de saint Jean Baptiste. Noter le médaillon avec l'incroyable danse lascive pour obtenir la tête du saint. Splendide vigueur des bleus et des rouges.
– Dans les transepts, ravissantes rosaces du XVe siècle. Dans celui de gauche, tapisserie de Beauvais représentant une Nativité. À côté, les rois mages. Remarquable retable du XVIe siècle (la Passion du Christ, en 7 tableaux).
– Enfin, remarquez l'*orgue Cavaillé* du XVIIIe siècle, avec son buffet Louis XV. Renseignements pour les concerts : ☎ 02-41-87-58-45 (presbytère).
– Chaque été, présentation de tapisseries sur les murs de la cathédrale.

★ **La maison d'Adam** *(plan B2, 50)* : place Sainte-Croix. La plus belle demeure à pans de bois d'Angers, restaurée et illuminée la nuit (idéal pour en apprécier tous les détails). Édifiée au XVe siècle. Propriété d'un riche bourgeois, elle témoigne vraiment aujourd'hui de ce qu'on entendait par « avoir pignon sur rue ». Sa principale originalité provient de la profusion de poutres sculptées de pittoresques personnages et de monstres qu'il convient d'observer méticuleusement. En particulier, on retrouve tout l'humour des artistes du Moyen Âge dans ce curieux « tri-couillard » caché dans un recoin en haut (côté rue Montaut). Abrite aujourd'hui la *maison des Artisans.*

★ Remonter la *rue Toussaint* où l'on note, sur l'un des côtés, d'importants vestiges de la muraille gallo-romaine. Au n° 37, portail de l'ancienne abbaye Toussaint. Jolie cour.

★ **La galerie David d'Angers** *(plan B3, 51)* : 33 bis, rue Toussaint. ☎ 02-41-87-21-03. ♿ (sauf sur la mezzanine – bustes et médaillons). De mi-juin à mi-septembre, ouvert tous les jours de 9 h 30 à 18 h 30 ; en basse saison, ouvert de 10 h à 12 h et de 14 h à 18 h, fermé le lundi. Entrée : 2 € (13 F). Tarif réduit (groupes) : 1 € (6,56 F). Gratuit pour les moins de 18 ans. Installée dans une ancienne abbaye du XIIIe siècle. L'église fut construite sur un modèle de plan unique. Au XVIIIe siècle, on lui ajouta le chœur à chevet plat avec la grande rosace. Occupée par l'armée à la Révolution, elle ne fut, ensuite, plus entretenue : voûte et toit s'effondrèrent. L'église traversa ainsi le XIXe siècle et nous arriva en 1977 à l'état de ruine romantique. Sa reconversion en musée se révèle une belle réussite architecturale. L'architecte a su parfaitement tirer parti de l'ancien pour le mêler aux lignes et matériaux modernes. Pignon reconstitué en schiste, s'opposant au tuffeau original de l'église. Sol en ardoise et splendide verrière.
Volume, espace et luminosité formidable en font un cadre digne de David d'Angers, artiste exceptionnel (autant par l'immensité de son talent que la richesse de sa vie personnelle). En effet, fils d'un sculpteur sur bois, Pierre-Jean David (1788-1856) obtint de la municipalité une bourse pour étudier aux Beaux-Arts à Paris (où il obtint le prix de Rome en 1811). Reconnaissant à sa ville de ce geste, il prit comme nom d'artiste David d'Angers, avant de lui offrir l'ensemble de son œuvre d'atelier. Toute sa vie et son travail seront marqués par sa très haute idée morale de l'humanité. Profondément républicain (élu maire du XIe arrondissement en 1848), il défend les artistes persécutés politiquement. Exilé après le coup d'État du 2 décembre 1851, ce n'est pas un hasard si cet homme de progrès côtoya tous les « grands » de la première moitié du XIXe siècle et qu'il nous légua tant de témoignages de ces

rencontres, inscrits éternellement dans la pierre, le marbre et le bronze. Ainsi, peut-on imaginer vie plus riche que celle d'un homme qui eut la chance d'avoir connu Paganini et Canova (à Rome), Adam Mickiewicz (grand poète national polonais proscrit), Goethe, Volney, La Fayette, Balzac, Chateaubriand, Victor Hugo (dont il était un ami intime), Lamartine, Béranger, Arago, Jussieu et tant d'autres? Il fit le portrait de quasiment toute la génération romantique, plus quelques grands de la Révolution française. En tout, 110 bustes et 500 médaillons! Le paradoxe de David d'Angers, c'est que l'œuvre de cet homme profondément progressiste, pour admirable qu'elle soit, reste curieusement teintée d'un certain académisme.

Parmi les œuvres les plus remarquables, notons *Le Départ des volontaires de 1792* (côté toujours humain de l'artiste, un gamin y donne un coup de pied à un chien), le moulage de plâtre du tombeau du général Bonchamps – dont l'original est dans l'église de Saint-Florent-le-Vieil (voir à ce chapitre pour l'histoire) –, le *Gutenberg* de Strasbourg, le bas-relief du tombeau du général Foy (au Père-Lachaise à Paris). Une plaque indique le nom des gens représentés dessus (la photo de l'époque en quelque sorte), mais ils n'ont pas nécessairement tous porté le cercueil. Puis, le *Jean Bart* de Dunkerque, un superbe *Condé*, etc. Réduction au tiers du fronton du Panthéon. On lui reprocha évidemment à l'époque de ne pas y avoir fait figurer assez de généraux. On voit Bonaparte se précipiter sur la couronne. Voltaire et Rousseau sont à gauche. En face, scènes de la Bérézina et d'Austerlitz. Quelques œuvres de jeunesse : le *Jeune Berger*, la *Jeune Grecque*, etc. Sur la mezzanine, le panthéon de l'artiste : les bustes de la génération romantique appartenant à tous les courants (politique, littéraire, artistique). Dans les médaillons de bronze, on trouve Bonaparte, mais pas Napoléon bien sûr! En sortant, à gauche de l'accueil, une statuette de Damnacus (qui plaît beaucoup au régisseur du musée!), un personnage de légende qui repoussa César un temps avant d'être battu par un certain lieutenant... Fabius! En conclusion, il s'agit vraiment là d'un des plus fascinants musées de sculpture que nous connaissons.

Allez jeter un œil sur les deux ailes du cloître du XVIIIe siècle, qui s'harmonisent bien avec la très contemporaine bibliothèque-médiathèque municipale. Et ne manquez pas les jardins; moins exceptionnels, ils complètent cependant bien la visite.

★ **Le musée des Beaux-Arts** *(logis ; plan B3, 52)* **:** 10, rue du Musée. ☎ 02-41-18-24-40. Fermé pour travaux. Devrait rouvrir en 2003. Pour l'instant, admirer de l'extérieur le logis Barrault, magnifique demeure mélangeant les styles gothique et Renaissance, construit en 1487 par Olivier Barrault (trésorier de Bretagne et maire d'Angers). Elle servit au XVIIIe siècle de séminaire (où étudia un certain Talleyrand). Le musée y fut installé en 1801. Riches collections de peintures que l'on a hâte de pouvoir (re)découvrir!

En face, la jolie chapelle de l'ancien prieuré Saint-Éloi (1140-1150), aujourd'hui église réformée de France.

★ **La tour Saint-Aubin** *(plan B3, 53)* **:** au bout de la rue du Musée mais accès par la rue des Lices. Possibilité de visiter les jours de semaine de 9 h à 12 h et de 14 h à 17 h. Se présenter à l'accueil. Le beffroi, dernier vestige de l'église de l'abbaye de Saint-Aubin (du XIIe siècle) abrite des expos temporaires. De l'autre côté de la rue des Lices, les anciens bâtiments conventuels du XVIIe siècle de l'abbaye sont aujourd'hui occupés par les services du département. À l'intérieur, ancienne porte du chapitre et arcades romanes du cloître primitif qui révèlent un luxuriant décor : chapiteaux sculptés d'animaux fantastiques, colonnes aux riches motifs floraux et végétaux, entrelacs, voussures historiées, etc. La grille de la cour d'honneur provient du chœur de l'abbaye de Fontevraud.

★ **La rue Saint-Aubin** *(plan B3)* **:** rue piétonne, la plus commerçante d'Angers (avec la rue Lenepveu vers la place du Ralliement). Au n° 12, façade de l'ancien *Hôtel du Cheval Blanc*.

L'ANJOU (LE MAINE-ET-LOIRE)

★ **La place du Ralliement** *(plan B-C2)* : la place centrale d'Angers. Elle doit son nom au rassemblement des volontaires républicains pendant la Révolution française. Elle s'appela même un temps place de la Guillotine. On y trouve le Théâtre municipal.

★ **Le musée Pincé** *(plan B2, 54)* : 32 bis, rue Lenepveu. ☎ 02-41-88-94-27. À deux pas de la place du Ralliement. Ouvert de 10 h à 12 h et de 14 h à 18 h sauf le lundi ; de mi-juin à mi-septembre, de 9 h 30 à 18 h 30, tous les jours. Entrée : 2 € (13 F). Tarif réduit (groupes) : 1 € (6,56 F). Gratuit pour les moins de 18 ans. Autre musée abrité dans un magnifique hôtel particulier, construit en 1530 en style Renaissance italienne. Décor de la façade très travaillé : arabesques, animaux, frises délicatement ouvragées, pilastres, etc. Jolies tourelles.

On y trouve de riches collections d'antiquités léguées par Turpin de Crissé (peintre dont on pourra voir les œuvres au musée des Beaux-Arts en 2003). À l'intérieur, cheminées monumentales.

– *Rez-de-chaussée :* art étrusque, art grec (attique à figures noires sur fond rouge, ou inversement, du VIe siècle av. J.-C.). Splendide cratère *(Le Banquet des Dieux)*, urnes funéraires, délicates figurines de bronze, terres cuites grecques et romaines, céramique italiote (beaux rhytons, sorte de verres à vin !). Un élégant escalier à vis, avec plafond à caisson sculpté représentant les signes du zodiaque, mène au 1er étage.

– *1er étage :* salle égyptienne. Merveilleuse collection de petits objets d'art (bronzes ravissants), palette de scribe, fragments de papyrus, ouchebtis, amulettes, repose-tête en bois, momie de faucon, splendide « Ptah Sokar Osiris » en bois peint, couverture de sarcophage de Disetiaou (chanteuse d'Amon vers 700 av. J.-C.), coupes et objets en albâtre, sistre (instrument de musique). Voir aussi la *salle Barbe d'Or* qui doit son nom à cette belle enseigne en forme de masque, sculptée par le père de David d'Angers pour un barbier angevin.

– *2e étage :* art japonais. Masques de théâtre et de danse, casque de samouraï, poterie et céramique, objets laqués. Magnifiques estampes, reconstitution d'une salle de thé.

– *3e étage :* objets d'art chinois. Dynasties Shang (1520 à 1028 av. J.-C.), Han (206 av. J.-C. – 220 apr. J.-C.) et Tang (618 à 906 apr. J.-C.), notamment. Bols, vases, coupes, terres cuites diverses. Belle série d'oiseaux en céramique, tissus de soie, tabatières à priser, bas de robe de mandarin, satins brodés. Plats (décor de pivoine), boîtes en bois laqué et nacré, jarres funéraires, etc. Expositions temporaires.

★ **Les belles maisons à pans de bois :** aux n°s 3 et 5, rue de l'Oisellerie, trois ravissantes demeures à pignons avec colombages sculptés. À côté, nous oublierons vite l'une des plus dramatiques erreurs d'architecture de la ville – les nouvelles halles, ensemble de béton sans grâce – pour nous réfugier dans la charmante rue piétonne Saint-Laud. Elle conserve toujours quelques maisons à pans de bois. Terrasses bien agréables en été. Au n° 23, demeure à pignon et cornières d'angle sculptées. Au n° 38, immeuble Art nouveau de 1902, ancienne maison de joie aux sculptures étonnantes. Au n° 61, la vitrine très coquette d'un fleuriste spécialisé dans la rose. Rue Plantagenêt, hôtel de la Godeline du XVIe siècle. À l'angle de la rue Lenepveu et de la place du Pilori, maison de la Belle Angevine. D'autres demeures anciennes dans les alentours : rue des Poêliers, du Cornet, Poquet-de-Livonnières.

★ **Le Muséum d'Histoire naturelle** *(plan C2, 55)* : 43, rue Jules-Guitton. ☎ 02-41-86-05-84. Ouvert de 14 h à 18 h. Fermé le lundi. Entrée : 2 € (13 F) et demi-tarif. Gratuit jusqu'à 18 ans. Demandez les fiches-jeux à l'entrée pour les enfants. Installé dans une superbe demeure construite sous le Consulat, ce musée s'efforce d'accueillir tout ce qui a trait à l'histoire de la terre, de la vie et de l'homme. Il recèle bien des trésors, comme ces 700 animaux naturalisés, ou la dent de mammouth (salle de la préhistoire), qui vaut bien des dents de sagesse... Beau spécimen de tigre également. Les salles aux oiseaux sont splendides, l'une avec ses anges peints en trompe l'œil sur le plafond voûté et l'autre avec ses quetzals, l'oiseau dont les plumes servaient aux empereurs aztèques. Pour ceux qui boycottent les marottes naturalistes au point de ne pas les supporter, 70 000 fossiles, parmi lesquels la ravissante collection de poissons rapportée d'Italie par Napoléon, sont présentés dans un bâtiment plus ancien et qui fut l'hôtel de ville jusqu'en 1823. Superbe également. Dans la salle de la préhistoire, noter les belles portes sculptées par le père de David d'Angers. Le jardin du musée est installé sur un vestige des remparts d'Angers, et le tout est empreint d'une désuétude pleine de charme. Expos temporaires régulières.

★ *L'église Saint-Serge* (plan C1) : rue Jussieu et rue Marie-Talet. Ancienne abbatiale d'un monastère bénédictin, dont le principal intérêt est le chœur, du plus pur style angevin. Voûtes à liernes et à nervures retombant élégamment sur de fines colonnes. Le tout présente une impression de très grande légèreté architecturale. En sortant, les lecteurs bucoliques iront se doper à la chlorophylle du jardin des Plantes, où fleurissent au printemps rhododendrons et azalées.

Dans la Doutre

Quartier très ancien s'étendant de l'autre côté de la Maine (d'ailleurs « Doutre » vient de « d'outre-Maine »). Il s'est développé à partir du XIe siècle autour de l'abbaye du Ronceray. Aux XVe et XVIe siècles, quartier de notables attirés par les nombreux jardins. Relayés ensuite par les communautés religieuses qui y possédèrent de grands terrains. Bourgeois et possédants étaient sur la colline. Ouvriers, artisans, tisserands, mégissiers occupaient les bas quartiers. Puis, aux XVIIIe et XIXe siècles, l'aristocratie et la bourgeoisie abandonnèrent progressivement la Doutre. Le quartier se dégrada architecturalement assez rapidement. Les remparts furent rasés au début du XIXe siècle. Ce n'est qu'à la fin de ce même siècle qu'apparurent les premières opérations d'urbanisme et de modernisation, mais ce fut plutôt du genre chirurgical : raser et reconstruire n'importe quoi. Et cela jusqu'aux années 60 où une prise de conscience (tardive) s'effectua pour sauver ce qui restait. Il était temps. Si, en s'y promenant aujourd'hui, on peut mesurer le mal qui a été fait pendant tant d'années, on peut aussi apprécier toutes les tentatives réussies de réhabilitation récente. Évidemment, on se plaît à rêver à l'Oltrarno, quartier similaire à la Doutre à Florence, que les Italiens surent conserver quasiment dans son intégralité. Pas trop de regrets cependant, ce qui est fait est fait et il y a de beaux restes. Aujourd'hui encore, c'est un quartier paisible à parcourir avec, de-ci, de-là, des portions de rues bordées de hauts murs où l'on devine bien des jardins secrets, de fort belles demeures à pans de bois. Innombrables clins d'œil architecturaux insolites à qui prendra le temps de les saisir. Mais si nous commencions par l'une des fiertés de la Doutre : le musée Jean-Lurçat ?

★ *Les musées Jean-Lurçat et de la Tapisserie contemporaine* (plan B1, 56) : 4, bd Arago. ☎ 02-41-24-18-45 pour le premier, ☎ 02-41-24-18-48 pour le second musée. Au bout du pont de la Haute-Chaîne. Hors saison, ouvert du mardi au dimanche de 10 h à 12 h et de 14 h à 18 h ; de mi-juin à mi-septembre, tous les jours de 9 h 30 à 18 h 30. Entrée : 3,50 € (23 F), valable pour le musée suivant également. Tarif réduit (groupes) : 1,75 € (12 F). Gratuit pour les moins de 18 ans.
Installé dans l'ancien hôpital Saint-Jean, le plus ancien de France. Construit en 1175 sur l'ordre d'Henri II Plantagenêt, c'est un bel exemple de l'art gothique de l'Ouest de la France. Immense salle des malades (60 m de long, 23 m de large, 12 m de haut) présentant une superbe triple nef voûtée à

l'angevine. Admirable jaillissement des voûtes à délicates nervures à partir de fines colonnes. Le dépouillement décoratif accentue cette légèreté architecturale et ce feu d'artifice de lignes élancées. On ne se moquait pas des malades à l'époque ! La salle abrite les dix tapisseries du *Chant du Monde* de Jean Lurçat, réplique de *L'Apocalypse* du château d'Angers. Elles appartiennent à la ville sauf une, propriété de l'État afin d'éviter toute tentation ! On s'explique : si un jour, d'aventure, cet ensemble exceptionnel était mis en vente, il n'aurait plus la même valeur, la dixième tapisserie appartenant à l'État. Mais qui irait revendre une telle œuvre ? Ne serait-ce pas comme se couper un bras ? En effet, Jean Lurçat avait découvert *L'Apocalypse* en 1938 et ce fut pour lui un grand choc esthétique et artistique. « Un des plus hauts chefs-d'œuvre de l'art occidental », déclarait-il. Entre 1957 et 1966, il fit exécuter à Aubusson cette réponse à *L'Apocalypse*, gigantesque tapisserie de 80 m de long sur 4,40 m, en dix panneaux. De *L'Apocalypse*, il retint plusieurs leçons : limitation et éclat des couleurs, aplats importants, répétition ornementale pour mieux renforcer le propos. Initialement, la tapisserie devait mesurer 125 m, mais Lurçat mourut avant la fin du projet. Il avait divisé son œuvre en deux parties. D'abord l'horreur, l'expression d'un sentiment partagé par cette génération qui avait connu les deux guerres mondiales, dans les premiers panneaux : *La Grande Menace* (un aigle survole le monde, un buffle répand du poison sur les hommes), *L'Homme d'Hiroshima* (détruit, déchiqueté par sa bombe), *Le Grand Charnier, La Fin de tout*. Par contre, les panneaux suivants expriment l'espoir : *L'Homme en gloire dans la paix, L'Eau et le feu*, au centre, qui semble faire le lien avec *Champagne, La Conquête de l'espace, La Poésie* (le poète, c'est l'archer qui tente de percer le cœur des choses) et *Ornamentos Sagrados*. Là, autant de symboles et de métaphores à découvrir au sein de cette œuvre aussi extraordinaire que *L'Apocalypse* !

– Au passage, voir aussi l'*apothicairerie*, datant du XVIIe siècle et restée en l'état. Jolie collection de faïences de l'époque provenant de Nevers, Lyon, Rouen, Moustiers, etc. Au centre, un curieux pot du début du XVIIIe siècle, qui servait aux préparations contre les morsures de serpent.
Le cloître est ouvert mais la chapelle est fermée pour restauration jusqu'à nouvel ordre.
– *Le cloître :* accès au fond de la salle. Charpente en bois en grande partie d'origine. Colonnes géminées romanes. Chapiteaux primitifs. Cheminées monumentales. Au centre, un petit jardin de curé avec vieux puits. Tout au fond, sous les greniers Saint-Jean (merveille architecturale du XIIe siècle), accès malheureusement interdit pour le moment aux caves taillées dans le schiste. Voûtes, collections de beaux pressoirs, cuve creusée à même le sol, invisibles actuellement !
– À côté de la salle des malades, **musée de la Tapisserie contemporaine**, gratuit avec le ticket du musée Jean-Lurçat, et expos temporaires. Au 1er étage, d'autres œuvres de Jean Lurçat (peintures, céramiques, dessins, lithographies). Salle consacrée à l'œuvre de Thomas Gleb (1912-1991). Sinon, en principe, deux grandes expos temporaires d'artistes contemporains dans l'année.

★ **Le Centre régional d'Art et Textile (CRAT ; plan B1) :** 3, bd Daviers. ☎ 02-41-87-10-88. • crat@free.fr • Visite d'un des six ateliers du mardi au vendredi de 14 h à 17 h 30. Fermé en août et de Noël au Jour de l'An. Entrée libre. Le centre propose également, dans une salle d'expos ouverte toute l'année, du mardi au samedi de 14 h à 18 h, des expositions temporaires d'artistes contemporains (accès possible par le musée précédent). Tout est fait ici pour rendre hommage au *Chant du Monde* de Lurçat, ce chef-d'œuvre absolu, et au travail de titan qu'il représente. De fait, la bonne idée était d'ouvrir, dans l'ancien orphelinat de l'hôpital, ces ateliers constitués de métiers à tisser de haute et de basse lices, c'est-à-dire verticaux ou horizontaux. Il faut environ un mois pour tisser une surface de 1 m² de façon traditionnelle. Mais on pratique également le tissage... sans métier à tisser. On peut y voir des lissières sélectionner leur palette (échantillons de couleurs), composer la trame, tisser la maquette agrandie glissée entre les lisses du métier. Traditionnellement, les matériaux choisis sont la laine et le coton, parfois la soie, mais toutes les matières souples sont utilisables : par exemple, le lin, le nylon et même le papier ! Ces ouvrières ont commencé aux Beaux-Arts. Tout en travaillant, elles aiment raconter ce qu'elles font. Ici, le temps est suspendu... Outre les expos, documentation et atelier de restauration. Le centre prend aussi sous son aile un atelier d'artistes invités, pour un « bail » d'un an, avis aux amateurs et talents en herbe !

Petite promenade d'outre-Maine

Possibilité de visites guidées. Se renseigner auprès de l'office du tourisme.
☎ 02-41-23-50-00 ou 02-41-23-51-11.

★ **La tour des Anglais** (plan B1) : à l'entrée du pont de la Haute-Chaîne, dernier vestige de l'ancienne enceinte de la ville.

★ **La place du Tertre-Saint-Laurent** (plan B1) où apparaît le volume impressionnant des greniers Saint-Jean (datant de la même époque que l'hôpital et aujourd'hui rénovés). Le cellier offre de superbes voûtes, massives et harmonieuses tout à la fois. Accès par le jardin du musée. Au centre de la place, un reposoir néo-gothique, du XIXe siècle, dérisoirement non achevé. Au coin de l'impasse du Puits-Ron, maison ancienne du XVIIe siècle.

★ **La place de la Paix** (plan A1) : là encore, place tranquille entourée de vieilles demeures et hôtels particuliers. Notamment, au coin de la rue de l'Hommeau, la belle maison Du Guesclin. En face, le vieux café, aujourd'hui clos à jamais, témoigne du passé populaire du quartier. Plus haut, entre les rues Monroux et Vauvert, de hauts murs dissimulent le couvent du Calvaire. Rue du Calvaire, vieilles bornes anti-carrosses. Rue Vauvert, portail monumental au n° 7. En bas, belle demeure en schiste avec tourelle hexagonale.

★ Élégants **hôtels particuliers** rue Maisou (échauguette, mignonnes lucarnes, balcons en fer forgé, etc.). La rue de la Harpe dégage toujours une délicieuse atmosphère paisible et médiévale. Derrière les vastes porches, on devine de luxuriants havres de paix. À peine visible, le superbe hôtel d'Andigné. Ses jardins dégringolent en terrasses. Vers la rue Lionnaise, vestiges d'un bâtiment conventuel. Fenêtre gothique et chapelle en cours de restauration.

★ **La rue Lionnaise** (plan A1) : au n° 14, l'une des dernières portes d'échoppe sculptée (datant du XVIe siècle). À gauche de celle-ci, on reconnaît saint Michel, protecteur de la maison. Au n° 5, vieille boutique. La rue Lionnaise mène à la place de la Laiterie, l'ensemble médiéval le plus pittoresque de la Doutre. Auparavant, sur la gauche, on fera quelques pas dans le passage de la Censerie sous l'arche gothique d'une vieille demeure en schiste. Elle marquait la frontière entre le quartier aristocratique des hôtels particuliers, sur les hauteurs, et le quartier commerçant et populaire autour de la place de la Laiterie. Le passage permet d'accéder aussi à l'arrière de l'abbaye du Ronceray. Coin brut de forme, pas encore rénové. Porche complètement usé et cour avec trompe d'angle. Plus loin, long bâtiment aux multiples lucarnes et corniche sculptée.

★ **L'abbaye du Ronceray** (plan A1, 57) : fondée au XIe siècle. Elle doit son nom à une Vierge découverte dans les ronces. Les bâtiments actuels datent du XVIIe siècle. C'était la seule abbaye d'Angers, et elle était réservée aux filles nobles. Aujourd'hui, une grande partie abrite l'école des Arts et Métiers. Par la place de la Laiterie, accès à la nef de l'église abbatiale qui sert de

cadre à des expos temporaires. Toit à larges pentes surmonté d'un clocheton. Premier exemple de nef re-voûtée en berceau. Appareillage maladroit (les voûtes se sont déformées). Chapiteaux du XIe siècle. Certains sont historiés (coups de ciseau archaïque) ou corinthiens. Ne pas manquer celui à l'angle nord-ouest de la croisée : c'est une très belle *Fuite en Égypte*. Notez le gracieux mouvement des plis.
Vestiges de fresques des XIIe et XIIIe siècles. Voûtes originales des collatéraux permettant d'ouvrir de larges baies pour la lumière.

★ **L'église de la Trinité** *(plan A1-2)* : édifiée au XIIe siècle. Élégant portail roman à voussures ouvragées. Sur le côté gauche du porche, collée à l'abbaye, base de l'ancien clocher une, en hauteur, une série d'arcatures aveugles. Noter le tout petit appareillage de pierre contrastant avec les belles pierres de taille de l'église. Par contre, à l'intérieur, c'est un peu la déception. Lourde restauration du XIXe siècle par un Abadie local. Maître-autel de 1873 à l'image du reste : tentative d'imitation pesante du style roman et polychromie peu subtile. Par contre, ne pas manquer, à l'entrée, l'escalier en bois sculpté de la tribune d'orgue. Chef-d'œuvre de la Renaissance et décor d'une grande richesse. Les panneaux épousent bien le mouvement hélicoïdal. Crypte romane.

★ **La place de la Laiterie** *(plan A1-2)* : fort bien restaurée, elle aligne de nombreuses maisons à pans de bois intéressantes. En particulier, le *logis Simon Poisson* (datant de 1582), au 67, rue Beaurepaire. Construit pour un pharmacien. Originalité de composition du colombage, sablière sculptée. Noter sur les cornières les quatre valeurs chères à l'apothicaire sous forme de cariatides : au 1er étage, *Science* (rappel de la profession) *et magnificence* (rappel de sa richesse) ; au 2e étage, *Amitié et libéralité* (femme nu-pieds, robe déchirée, offrant de l'argent). Belle maison d'angle et à pignon aussi au coin de la rue Pinte.

★ **L'hôtel des Pénitentes** *(plan A1, 58)* : 23, bd Descazeaux. Bien isolé dans un quartier en grande partie normalisé, un bel ensemble qui mérite une visite. On y remarque un élégant corps de logis avec tourelle et fenêtres à meneaux, et, sur la façade, de ravissantes lucarnes Renaissance. Côté rue des Pénitentes, portail encadré de deux tourelles sur encorbellement ouvragé.

Manifestations culturelles

– **Festival d'Anjou :** chaque année, tout au long du mois de juillet, se tient l'un des plus importants festivals de théâtre de France. Jean-Claude Brialy en fut longtemps le directeur artistique, avant de passer le relais à Francis Perrin. Festival éclaté tout autour d'Angers dans des lieux et châteaux superbes. Renseignements et réservations : *Festival d'Anjou*, 1, rue des Arènes. ☎ 02-41-88-14-14. • www.angers.ensam.fr/festanjou • Minitel : 36-15, code FESTANJOU.
– **Angers l'Été :** tous les mardi et jeudi soir en juillet et août, des concerts assez intimes sont donnés dans le superbe cloître Toussaint. Tarif d'entrée bon marché mais réserver à l'office du tourisme.
– **Festival d'Ailleurs, c'est d'Ici :** le 1er week-end de juillet, à La Pointe-Bouchemaine, près d'Angers. Des musiques du monde et... d'ailleurs. Gratuit.
– **Les Accroche-Cœurs :** le 1er ou 2e week-end de septembre. Festivités de rues, théâtre processionnel, avec des troupes qui réveillent la ville ! Gratuit, bien sûr.
– **Festival international du Scoop et du Journalisme :** la 2e quinzaine de novembre, au centre des congrès. Un festival qui déplace de plus en plus de représentants du monde de la presse. Bonne organisation. Exposition de

photos d'agence et débats autour de ce métier. Remises de prix. Renseignements : ☎ 02-41-47-47-03. • www.festivalscoop.com •
– *Festival européen Premiers Plans :* la dernière semaine de janvier. Ce festival est devenu au fil des années un tremplin... de premier plan (évidemment !) pour les jeunes réalisateurs, comédiens, techniciens et scénaristes. Projections de premières œuvres et lectures publiques de premiers scénarios de long métrage par des comédiens chevronnés. Arnaud Desplechins, réalisateur de *Comment je me suis disputé... (ma vie sexuelle)*, fut découvert après la lecture à Angers de son scénario *La Sentinelle* par André Dussolier, pendant plus de 3 h ! Renseignements : ☎ 02-41-88-92-94.

Où acheter du bon chocolat et du bon vin ?

● *La Petite Marquise* (plan B3) : 22, rue des Lices. ☎ 02-41-87-43-01. Rue entre le boulevard du Roi-René et la tour Saint-Aubin. Fermé les dimanche après-midi et lundi matin. Michel Berrué, maître-chocolatier, est le créateur des célèbres « quernons d'ardoise » qui rappellent de façon gourmande l'une des plus importantes industries régionales. Ce sont de délicieux chocolats à la nougatine, de couleur bleue (pour imiter au mieux l'ardoise), présentés fort joliment et même « modèle déposé » !

● *Maison du vin de l'Anjou* (plan B3) : 5 bis, place Kennedy. ☎ 02-41-88-81-13. Ouvert de 9 h à 13 h et de 15 h à 18 h 30 du mardi au samedi, plus le dimanche du 1er avril au 30 septembre. Fermé le lundi, ainsi qu'en janvier et février. Dans un cadre design et lumineux, on vous fera découvrir et déguster avec enthousiasme toute la gamme des vins d'Anjou et de Saumur (vaste programme !). Ceux de l'année, mais aussi les millésimés choisis tous les ans par un jury de professionnels et d'amateurs éclairés. Venez goûter les meilleurs coteaux du layon, bonnezeaux, quarts de chaume, cabernet d'anjou, saumur-champigny, saumur brut, etc., tous produits issus d'un riche terroir et du savoir-faire des vignerons. Si vous ne goûtez pas à tout, et on vous comprend, vous repartirez sans doute avec une bonne documentation sur les vignobles régionaux. À vous de découvrir ensuite (mais avec modération) toutes ces merveilles sur place !

➤ *DANS LES ENVIRONS D'ANGERS*

★ **MARCÉ** (49140)

À l'entrée du Baugeois, à 2 km à l'est de Seiches-sur-Loir et à 8 km à l'ouest de Jarzé.

★ *Le Musée régional de l'Air (GPPA) :* à l'aérodrome de Marcé. ☎ 02-41-33-04-10. Ouvert toute l'année ; de mi-février à mi-novembre, tous les jours de 14 h à 18 h ; le reste de l'année, le week-end de 14 h à 18 h. Entrée : 3,05 € (20 F) ; 1,52 € (10 F) pour les enfants jusqu'à 12 ans et gratuit en dessous. Y aller de préférence un dimanche.
Le musée a été agrandi et entièrement reconçu pour mieux répondre à l'engouement des amateurs de vieux zincs, coucous vénérables et souvenirs émouvants des « vieilles tiges ». Il faut dire qu'il abrite la deuxième collection d'aviation en France, mais la première d'aviation légère, de vol à voile et d'ailes anciennes en France (et ça prend de la place, ces bêtes-là !). Parmi la trentaine d'oiseaux rares (sur une centaine d'aéronefs en stock), le *René Gasnier n° 3*, avec lequel l'audacieux René Gasnier, pionnier de l'aviation

angevine, fit son premier vol en 1908 à l'ouest d'Angers ; un planeur en bois de 1932 découvert sous une meule de foin et restauré à l'identique (trois ans de travail !). Et pas un mot sur la dose de patience qu'il a fallu pour retaper le magnifique *Potez 60* de 1935, un des trois exemplaires volant dans le monde, ou le *Boisavia*, le dernier en date à avoir été réhabilité. Quelques moteurs également, dont un de Harley, qui a servi à faire voler un « pou du ciel » avant-guerre.

L'équipe de copains qui s'est attaquée bénévolement à la restauration de toutes ces machines dispose de plusieurs ateliers dans le musée et on peut parfois assister en direct à la restauration des vieux coucous. Même si on n'est pas féru de mécanique ou « d'entoilage », l'enthousiasme de ces artisans – des artistes, en fait – devient vite communicatif. Nombreuses maquettes, archives, objets et photos, ainsi qu'une bibliothèque spécialisée. Et si vous avez de la chance, vous assisterez peut-être au « lâcher » émouvant d'un appareil, puisque tous volent ! Allez, on avoue, on est baba d'admiration.

★ *SAINT-BARTHÉLEMY-D'ANJOU* (49124)

À l'est d'Angers, en direction de Saumur.

★ *Le parc de Pignerolle et le Musée européen de la Communication :* château de Pignerolle, 49124 Saint-Barthélemy-d'Anjou. ☎ 02-41-93-38-38. • www.museecommunication.org • De début novembre à fin mai, ouvert les samedi après-midi, dimanche et sur rendez-vous tous les jours pour les groupes ; de juin à fin octobre, ouvert tous les jours de 10 h à 12 h 30 et de 14 h 30 à 18 h. Accès gratuit au parc. Entrée du musée : 6,86 € (45 F) ; 3,80 € (25 F) pour les enfants et scolaires. Un supplément de 0,76 € (5 F) permet de visiter la section « Fantasmagorie ». Les enfants apprécieront la troupe de « la fée Elektra ».

Installé dans le château de Pignerolle, grande demeure de style néo-classique du XVIIIe siècle prêtée par le district et son président, l'ancien maire d'Angers, Jean Monnier. Les souterrains abritèrent une dizaine de blockhaus pendant la dernière guerre, ainsi que la communication radio du tristement célèbre amiral Dönitz qui dirigeait d'ici ses meutes de sous-marins U-Boots... L'un des blockhaus fut même transformé en abri anti-atomique pour le général de Gaulle en 1958. Aujourd'hui, le parc de 70 ha semble bien plus pacifique et propice à la balade...

Le musée est celui d'un passionné, assurément, un ancien fabricant de transformateurs électriques féru de communication, Guy Biraud, peut-être plus bricoleur que châtelain, d'ailleurs ! Un véritable voyage dans le temps, ce musée. Après quelques animations sonores et visuelles sur les prémices de la communication (langage, écriture), partez à la découverte des prouesses techniques de l'imprimerie, de l'électricité (avec la scène du « baiser électrique »), du télégraphe, du téléphone, du phonographe, de la photographie... mais aussi de la TSF, dont la première émission fut transmise entre le dernier étage de la tour Eiffel et le Panthéon. D'ailleurs, construite pour l'expo universelle de 1900, la Dame de Fer devait être détruite ensuite mais l'armée souhaita la conserver (on saisit bien son intérêt !). Admirez le petit amphithéâtre dans lequel trônent plus de 100 postes, tous différents et superbes. C'est notre salle préférée avec le « voyage » suivant, dans l'imaginaire de Jules Verne. Pour terminer l'exploration, plongez dans le futur et faites un saut sur Vénus et Jupiter... Ne manquez pas enfin la section « Fantasmagorie » avec la salle des machines et de la locomotion, la section « Électrom », dans laquelle les jeunes peuvent apprendre les mystères de l'électricité, le pendule de Foucault reconstitué (on vous dira comment) et, derrière, un univers délirant qui doit beaucoup aux mannequins et sculptures futuristes de l'artiste Jacques Lelut. Une petite note nostalgique pour finir, avec la moto des records de Coluche achetée « pour le souvenir » par Guy

Biraud. Bref, ce musée pas comme les autres tente de fondre l'histoire de la communication avec celle de l'humanité tout entière, faisant autant appel à l'imaginaire qu'au savoir technique comme s'ils étaient indubitablement liés ! Il vaut indéniablement le voyage si vous recherchez l'originalité !

★ *Le musée Cointreau :* ZI Saint-Barthélemy-Croix-Blanche, bd des Bretonnières, 49124 Saint-Barthélemy-d'Anjou. ☎ 02-41-31-50-50. Pour y aller, bus de la ligne n° 7. De novembre à fin avril, visites du lundi au samedi à 15 h et le dimanche à 15 h et 16 h 30 ; en mai, juin, septembre et octobre, du lundi au samedi à 10 h 30 et 15 h, le dimanche à 10 h 30, 15 h et 16 h 30. En juillet et août, visites tous les jours à 10 h 30, 14 h 30, 15 h 30 et 16 h 30. Fermé le 25 décembre et en janvier. Entrée : 5,50 € (36 F), 2,60 € (17 F) pour les enfants (12-18 ans). Entrée à 4,70 € (31 F) pour les lecteurs du *GDR*. Gratuit pour les moins de 12 ans. Possibilité de visiter la distillerie fondée en 1849 et de tout savoir sur la belle aventure des frères Cointreau, inventeurs de la fameuse liqueur à base d'écorces d'orange. Processus d'élaboration, histoire de sa belle notoriété à travers le monde, parcours publicitaire ayant contribué à sa renommée et, bien sûr, une dégustation à la fin !

★ *LES PONTS-DE-CÉ* (49130)

★ *Le musée des Coiffes :* au « château » des Ponts-de-Cé. ☎ 02-41-44-68-64 ou 02-41-79-75-75 (mairie). En juillet et août, ouvert tous les jours de 10 h à 12 h 30 et de 13 h 30 à 18 h ; en juin et septembre, les week-ends de 14 h à 18 h ; en avril et en octobre, le dimanche après-midi. Fermé le reste de l'année. Entrée : 3 € (20 F), 1,52 € (10 F) pour les chômeurs et les étudiants. Gratuit jusqu'à 18 ans. Il ne reste que le donjon de ce château qui fut remanié par le roi René. Il fut en effet partiellement détruit par la bataille opposant Marie de Médicis à Louis XIII en 1620, appelée curieusement « la drôlerie des Ponts-de-Cé » ! Reconverti en un émouvant musée de toutes les coiffes d'Anjou et du monde (provinces françaises, Hollande, Allemagne, Turquie, etc.), sans doute à cause de la touche toute féminine du sujet, dans un lieu somme toute assez macho à l'origine !

D'ANGERS À SAUMUR

La Loire s'étire nonchalamment à travers les multiples îlots boisés perdus dans son lit. Par moments, le lit est si vaste qu'en été l'eau choisit de ne couler que dans un seul bras, laissant l'autre à l'état d'immense mer de sable. Avec, de temps à autre, quelques mares (ou « boires ») prisonnières ou oubliées. Même en haute saison touristique, ses rives se révèlent paisibles et les campings possèdent une densité très agréable. Anglais et Hollandais le savent depuis longtemps, eux !

TRÉLAZÉ (49800) 11 200 hab.

Avant d'aborder la Loire bucolique, un arrêt obligatoire à la mémoire ouvrière d'Angers : les mines d'ardoise de Trélazé. Petite capitale mondiale de l'ardoise, la ville possède un très riche patrimoine humain et historique. Voici quelques passionnants éléments sur la vie des mineurs d'ardoise : les « perreyeux ».

HISTOIRE DE L'ARDOISE

Au VIe siècle, saint Lezin aurait découvert les vertus de l'ardoise comme couverture. À partir du XIIe siècle, cette technique se généralisa dans la région sous forme de lauzes. L'ardoise se révélait avoir de très nombreuses qualités : imperméable, non poreuse, elle ne gèle donc pas et ne risque pas d'éclater. Elle résiste à l'écrasement (aussi bien que le granit, pour nos lecteurs géologues, 985 kg par cm^2 !) et à la rupture. En outre, elle est élastique (comme le cuivre et le laiton). Enfin, elle résiste très bien au feu. Toutes ces qualités lui valurent d'être abondamment utilisée pour la couverture des châteaux de la Loire.

À ciel ouvert...

La première technique d'extraction fut la mine à ciel ouvert par gradins droits. Elle nécessitait le déblaiement, sur plusieurs dizaines de mètres de profondeur, de centaines de milliers de mètres cubes de terre avant de parvenir au schiste ardoisier, ainsi que le pompage incessant de l'eau. Au début, l'ardoise était remontée à dos d'homme. Puis des manèges à chevaux, au début du XVIIIe siècle, permirent la remontée mécanique grâce à des échafaudages de bois élevés au fur et à mesure de la construction des gradins. Les mines à ciel ouvert, les plus profondes, atteignirent 100 à 120 m. Elles furent abandonnées durant le XIXe siècle. Aujourd'hui, remplies d'eau, les carrières à ciel ouvert sont appelées « vieux fonds ». On peut se balader sur des anciennes carrières à ciel ouvert aux Garennes, à Juigné-sur-Loire, notamment.

Mélodie en sous-sol

En 1832, on adopta une nouvelle technique d'extraction dite « par gradins droits en exploitation souterraine ». Il s'agissait tout simplement de creuser un puits et d'attaquer les couches d'ardoise sans avoir à extraire les dizaines de milliers de mètres cubes de terre les recouvrant. On constituait ainsi progressivement une immense chambre souterraine au fur et à mesure de la mise en exploitation des gradins d'ardoise. La mine pouvait ainsi atteindre 120 m sous voûte. L'inconvénient de cette méthode résidait, bien sûr, dans les risques plus grands d'éboulements et d'accidents de travail.
Enfin, à la fin du XIXe siècle, fut adoptée la méthode dite « Blavier », complètement différente. Il s'agit là de creuser un puits de 300 m, ensuite une galerie horizontale qui dessert un certain nombre de « chambres » où l'on dégage d'énormes blocs d'ardoise par en dessous. À l'aide d'explosifs, on les fait tomber, puis ils sont remontés. Les chambres sont ensuite remblayées et on recommence la même opération quelques mètres plus haut. C'est la méthode des gradins, mais à l'envers. Elle fut utilisée jusqu'à une époque récente (on remplaçait parfois l'explosif par le sciage au fil). Les blocs d'ardoise tombant ainsi du plafond pèsent souvent plusieurs centaines de tonnes. Aujourd'hui, on revient progressivement à l'extraction « par gradins en descendant » grâce aux techniques nouvelles.

Ceux « d'en haut », ceux « d'en bas »

Au XVIe siècle apparaît une différenciation entre les perreyeux : il y a des ouvriers « d'en haut » et les ouvriers « d'en bas ». Ceux d'en haut, les « fendeurs », sont une sorte d'aristocratie ouvrière : ils sont indépendants, payés au 1 000 d'ardoise, et leurs garçons sont prioritaires pour leur succéder. Ils sont renommés pour leur coup de main à fendre les blocs les plus minces pour en extraire les ardoises les plus fines. Ceux d'en bas, les « fonceurs », ont un travail beaucoup plus dur pour un salaire inférieur. Malgré cette « concurrence » professionnelle (un fils de fendeur ne descendait jamais au fond !), ils luttent souvent ensemble pour la reconnaissance de leurs droits. L'histoire des perreyeux est ainsi jalonnée de combats incessants pour de meilleures conditions de travail, de meilleurs salaires, le droit d'être syndiqués ! En septembre 1790, poussés par la misère, les perreyeux se révoltent, unis aux tisserands d'Angers. Répression féroce : les meneurs sont pendus. En 1830, la vapeur remplace l'énergie animale. En 1855, importantes émeutes ouvrières et répression toujours aussi féroce. De nombreux mineurs sont déportés en Guyane. C'est toujours la misère qui motive les perreyeux mais aussi le début de la pénétration des idées républicaines et socialistes (surtout contre la dictature de Napoléon III).

En 1856, après une crue de la Loire, plusieurs mines sont inondées. Construction de la levée Napoléon III (sur laquelle on roule toujours aujourd'hui). En 1880, création du premier syndicat des ardoisiers par Ludovic Ménard, leader ouvrier prestigieux. À la fin du XIXe siècle, de nombreux Bretons viennent s'embaucher dans les mines. Jusqu'en 1920 (loi d'assimilation des ardoisiers aux mineurs du Nord et à leurs avantages sociaux), l'histoire des perreyeux n'est qu'une longue suite de combats pour de meilleures conditions d'existence.

Sur les méthodes de travail, traditions, coutumes, solidarité des perreyeux, il y aurait des pages à écrire. La visite du musée de Trélazé sera pour vous un moment d'enrichissement extraordinaire.

Et l'ardoise aujourd'hui ?

Sous les rudes coups de la concurrence (surtout espagnole) et de la fausse ardoise, de nombreux puits ont dû fermer. Et cela bien qu'on évalue à une bonne cinquantaine d'années le potentiel d'extraction. Aujourd'hui, il reste quelques centaines d'ouvriers dans les ardoisières (contre 3700 en 1936 et 6800 en 1920) et trois puits encore en activité à Trélazé. Il y a deux autres puits dans le département de Maine-et-Loire, l'un à Noyant-la-Gravoyère, l'autre à La Pouëze. C'est là que se mettent en place les techniques d'extraction du futur. En 1927, il fallait 120 h pour extraire 1 t d'ardoise ; en 1990, seulement 22 h. Déjà, une majorité d'opérations sont semi-automatiques. Les blocs sont coupés avec des scies circulaires au diamant. Les camions descendent directement au fond les chercher. Aujourd'hui, la fabrication de l'ardoise s'effectue avec des machines à fendre entièrement automatisées. Depuis l'époque du fendeur, avec ses guêtres et son ciseau il n'y a pas si longtemps, quelle évolution !

Restera cependant pour toujours le souvenir émouvant de la solidarité entre mineurs. En particulier, la « gamelle », grande tradition entre fendeurs : lorsque l'un d'eux tombait malade, ses camarades se partageaient son travail, en plus du leur, pour qu'il puisse toucher sa paie intégralement.

À voir

★ **Le musée de l'Ardoise :** 32, chemin de la Maraîchère. ☎ 02-41-69-04-71. sur 90 % du site. En venant d'Angers, prendre la direction Saumur par la route touristique (bus ligne n° 2). Du 1er juillet au 15 septembre, ouvert tous les jours sauf le lundi, de 14 h à 18 h (démonstration de la fente et de la coupe de l'ardoise à 15 h) ; du 16 septembre au 30 novembre et du 15 février au 30 juin, ouvert les dimanche après-midi et jours fériés (démonstration également à 15 h). Entrée : 5,34 € (35 F), 2,30 € (15 F) pour les enfants et les étudiants. À 16 h, vidéo et visite guidée du musée. Compter au moins 2 h de visite. Prévoir davantage pour discuter avec les fendeurs et anciens perreyeux. Ils perpétuent, par des anecdotes pleines de verve, la mémoire ardoisière de l'Anjou. À ne pas manquer.

– *Le musée* : techniques d'extraction, outils (bouc, cobra, doujet, poignée), sabots en bois, massicots. Histoire de la mine : extraction à l'ancienne (gravures, photos, schémas, œuvres de compagnons-couvreurs, techniques de couvertures des toits, salle de minéralogie, etc.).
– *La salle d'exposition* : au-dessus de l'accueil, une demeure du XVIe siècle. Maquette du château d'Angers (qui demanda 5 ans de travail), reconstitution d'une pièce traditionnelle, plus différentes œuvres d'artistes taillées dans l'ardoise, cadran solaire de 1657, etc. Et à côté de la manufacture, autres expos sur la géologie, la méthode d'exploitation de l'ardoise et son utilisation.

➢ Promenade très agréable sur le site, à travers les buttes, à la rencontre des « vieux fonds » (Union 1, Union 2, Petit Pré) avec circuit pédestre, plan fourni (compter 2 h !).

Manifestation

– **Festival de Trélazé :** tous les étés, du 1er juillet au 31 août. Renseignements : ☎ 02-41-33-74-66. Expositions gratuites, spectacles nombreux et variés : concerts classique et jazz, danse (rap, raï), théâtre de rue ; et, au cours de la dernière quinzaine d'août, un week-end autour de l'artisanat et des métiers d'art. Entrée payante.

➢ DANS LES ENVIRONS DE TRÉLAZÉ

★ SAINT-MATHURIN-SUR-LOIRE (49250)

Gentil village tout en longueur (et langueur), d'une belle homogénéité. Maisons de tuffeau blanc et toits d'ardoise dominés par l'église de campagne. Il faut aller de l'autre côté du pont pour en avoir la plus belle vision ou bien en profiter au soleil couchant depuis la terrasse du restaurant *La Riviera*.

■ **Office du tourisme :** place Charles-Sigogne. ☎ 02-41-57-01-82. ●ot.stmathurinsurloire@wanadoo.fr● Ouvert toute l'année, avec des horaires réduits hors saison. Expos de peinture en juillet et août.
■ **Mairie :** ☎ 02-41-57-08-18.

Où dormir ? Où manger ?

⚑ **Camping Port La Vallée :** ☎ 02-41-57-30-11. Fax : 02-41-45-65-65. ⚑ Ouvert du 1er juin à fin septembre. Situé en contrebas de la levée, côté village. 2 étoiles. Supérette sur la place devant l'église, à 300 m.

■ **Chambres d'hôte Les Mûriers :** chez M. et Mme Briolon, 4, Grande-Rue. ☎ 02-41-57-04-15. De la D952 en venant d'Angers, c'est à gauche juste avant Saint-Mathurin. 3 chambres à 43 € (282 F) pour 2, dans une ancienne longère du XIXe siècle rénovée. Style assez *cosy*. Au choix, la « chambre bleue » avec sanitaires privés ou la « verte » pouvant communiquer avec la « blanche » pour 3 personnes, si l'on voyage en famille. Mais rien d'obligatoire puisque ces deux dernières ont une salle de bains et des w.-c. privatifs. Grand jardin de 3 000 m². Bon accueil et pour ne rien gâcher, 10 % de réduction sur le prix de la chambre en basse saison et vacances scolaires.

■ |●| **Chambres d'hôte La Bouquetterie :** chez Mme Pinier, 118, rue du Roi-René. ☎ 02-41-57-02-00. Fax : 02-41-57-31-90. ● cpinier@aol.com ● ⚑ À environ 1 km du bourg direction Angers. Ouvert toute l'année et sur réservation en hiver. 6 chambres de 46,50 à 59,46 € (305 à 390 F). Table d'hôte à 21,34 € (140 F) sur réservation. 4 chambres dans une maison du XIXe siècle face à la Loire et 2 dans une dépendance du XVIIIe siècle, avec un joli verger. Beau mobilier ancien, chambres spacieuses et de bon confort, avec salle de bains. Certaines avec double vitrage à cause de la route. Une suite familiale pour 4 avec kitchenette. En hiver, réserver en avance. Tarif dégressif à partir de 3 nuits et digestif offert à nos lecteurs.

À voir. À faire

★ *L'observatoire de la vallée d'Anjou :* dans l'ancienne gare de chemin de fer. ☎ 02-41-57-37-55. Indiqué à partir du centre-ville. En juillet et août, ouvert du mardi au dimanche, de 10 h à 12 h et de 15 h à 18 h ; d'avril à juin et en septembre-octobre, ouvert le week-end de 15 h à 18 h. Entrée : 3,05 € (20 F) ; 2,29 € (15 F) pour les enfants de plus de 11 ans. Écomusée de la Loire : maîtrise de l'eau dans la vallée, construction de la « levée », tout savoir sur le *sterne pierregarin* et la vie des mariniers. Expos tournantes.

– *Fête du Cheval et de la Loire :* pendant la 1re quinzaine de juillet à Saint-Mathurin. Concours complet d'équitation et animation. Renseignements : ☎ 02-41-57-08-18.

– *La base nautique et de loisirs :* port Saint-Maur, 49250 **La Ménitré**. ☎ 02-41-45-69-01 ou 06-86-83-00-96. À l'est de Saint-Mathurin. En saison, ouvert tous les jours, le reste de l'année, sur réservation. Surtout du canoë-kayak, mais aussi de la planche à voile, jeux divers, tir à l'arc, escalade.

➢ *Promenades en bateau :* sur les bateaux-promenade *Loire de Lumière*. Renseignements : ☎ 02-41-45-24-24. Saint-Mathurin et La Ménitré (à l'est du premier) sont deux points de départ possibles. Fonctionne entre Pâques et octobre. 7 circuits différents sur 35 km, entre Blaison-Gohier et Saint-Martin-de-la-Place, avec, à chaque fois, 1 h 15 de visite commentée des bords de Loire.

★ **BLAISON-GOHIER** (49320)

La commune, qui s'étend entre la Loire et les coteaux de l'Aubance, réunit les villages de Blaison et de Gohier. En venant de Saint-Mathurin, on traverse d'abord Gohier, reposant petit bourg. À l'entrée de ce dernier, l'ancienne petite mairie. Château du XIIe siècle reconstruit aux XVe et XVIe siècles. Belle église, classée monument historique pour sa nef du XIIe siècle et son clocher du XVe siècle.

■ *Mairie :* place Saint-Aubin. ☎ 02-41-57-17-57. Fait aussi office de tourisme.

■ *Location de vélos :* chez *Anjou Bike Centre*. ☎ 02-41-57-10-52 ou 06-09-20-32-36.

Où dormir ? Où manger ?

★ *Chambres d'hôte, Le Tertre Ruault :* ☎ 02-41-57-10-45. À côté de la salle des fêtes de Blaison, à 500 m du bourg. Comptez 40 € (262 F) pour une nuit à 2. Petite maison du XVIIIe, pleine de charme, au milieu d'un grand jardin fleuri en terrasses, d'où l'on domine l'église et le château. Marie-Chantal Collet propose 2 chambres simples et *cosy*, et un petit déjeuner avec confitures maison, inclus dans le prix, bien sûr.

|●| Guinguette du Port de Vallée : ☎ 02-41-57-15-40. Sortie Saint-Sulpice-sur-Loire vers Blaison-Gohier, route de gauche. Ouvert tous les jours de mi-mai à mi-septembre (sauf le samedi midi) et le week-end de mi-avril à mi-mai. Fermé le reste de l'année. Menus à 16 et 20 € (105 et 131 F) ; compter environ 21,50 € (141 F) à la carte. À l'endroit où le marinier faisait la traversée, dans le temps jadis, sympathique petite guinguette en surplomb de la Loire. Terrasse couverte avec un coin fleuri ou salle intérieure. Préférer la terrasse mais réserver, elle est courue ! Petite cuisine, sans prétention, à base de fritures d'anguille, cuisses de grenouille, filet de sandre ou plats plus classiques. Un peu ronronnant comme cuisine, mais ambiance typique de guinguette de bord de Loire, avec son animation musicale le week-end !

♀ La Guinguette à Jojo : à Chaloche (Saint-Saturnin-sur-Loire). ☎ 02-41-54-64-04. Ouvert tous les jours de mai à fin août-début septembre. Menu à 14,64 € (96 F). Cadre très bucolique et vraiment au bord de l'eau (mais gare aux moustiques !). Fait resto, mais on préfère y boire un verre, quitte à ce que l'on nous joue qu'un seul morceau d'accordéon le week-end, au lieu de quatre si l'on y mange ! Pour le cadre. Apéritif offert au lecteur du *GDR*.

★ SAINT-RÉMY-LA-VARENNE (49250)

En face de Saint-Mathurin-sur-Loire. Village paisible, niché dans la verdure.

🅘 Syndicat d'initiative : au logis du Prieuré (en saison). ☎ 02-41-57-32-32. À la mairie (toute l'année). ☎ 02-41-57-03-94. Balade intéressante sur le sentier pédagogique du Parc naturel régional, sur le thème du caractère inondable de la Loire, sujet crucial par ici. Se renseigner sur place.

Où dormir ? Où manger ?

🏠 Chambres d'hôte du château des Granges : 2, rue de la Mairie. ☎ 02-41-57-02-13. Ouvert de Pâques à la Toussaint. Comptez 58 € (380 F) pour 2. 3 charmantes chambres de style, avec douche ou bains, au 1er étage d'une belle demeure posée dans un agréable écrin de verdure de 7 ha et traversé d'une petite rivière... de 1 km, quand même ! Décoration de caractère, sobre et de bon goût. Bon accueil du charmant propriétaire moustachu. Une halte reposante dans un environnement privilégié.

À voir

★ Voir l'*église*, avec sa nef du XIIe siècle. Chapelle du XIIIe siècle avec d'élégantes voûtes angevines. À l'extérieur, clocher octogonal du XIXe siècle, mais abside avec frise ciselée et modillons.

★ Ne pas manquer le *logis du Prieuré* (malgré quelques travaux de restauration en cours). Entrée sous un porche en anse de panier (XVe siècle) soutenu par deux petits singes. Fort beau logis du XVIe siècle avec fenêtres à meneaux, médaillons, jolies lucarnes et oculi. À l'intérieur, belle cheminée abondamment sculptée. Visite possible de début juin à fin septembre en fonction du déroulement des travaux. Renseignements au syndicat d'initiative.

– *Fête du Bois :* en mai. À l'occasion de l'abattage d'un séquoia, toute la ville se mobilise et présente les métiers en lien avec le bois.

★ LE THOUREIL (49350)

Village blotti autour de son église au curieux clocher (un des rares exemples de clocher-peigne en Anjou). À l'intérieur, châsses sculptées en noyer du XVIe siècle. Belles demeures des XVe, XVIe et XVIIe siècles en bord de Loire. Certaines furent édifiées par de riches marchands de vin pour lesquels Le Thoureil était un port important à l'époque. Le fleuve prend ici un caractère particulièrement romantique avec ses îlots et rives boisées, son quai obsolète. D'ailleurs, les touristes et les habitants du département ne s'y trompent pas, ils viennent en masse le week-end pour boire un verre en admirant la Loire et ses effets de lumière si séduisants...

Où dormir ? Où manger ?

▮●▮ ▮ *Le Cabernet d'Anjou :* ☎ 02-41-57-95-02. Devant l'église du Thoureil, face à la Loire. Ouvert tous les jours en saison. Fermé les mardi et mercredi toute l'année et fermé le soir de novembre à mai. Menu à 15,24 € (100 F) ou à la carte. Ancien bistrot de mariniers, du temps où Le Thoureil était encore un port. L'ambiance n'y est plus vraiment d'origine mais le cadre reste plein de charme. Grande terrasse pour goûter à la sérénité du site. Réserves de canards sur les bancs de sable de la Loire et lumières du soleil couchant au programme. Sympa pour grignoter une tartine de rillettes à toute heure (sans doute pas artisanales, mais tant pis !) en sirotant une « fillette » d'Anjou (c'est-à-dire une demi-bouteille et si possible du rosé bien frais !). Beaucoup de monde le week-end en saison. Cuisine peu convaincante, par contre.

▲ ▮●▮ *Camping L'Européen :* à Montsabert, 49320 Coutures. ☎ 02-41-57-91-63. Fax : 02-41-57-90-02. ● www.camping-europeen.com ● Ouvert de mi-mai à mi-septembre environ. Compter 18,30 € (120 F) pour 2 personnes et une tente. Camping 4 étoiles dans un parc boisé de 10 ha. Location de mobile homes. Un peu plus cher que les autres campings de la région mais très bien équipé et plein d'activités. Resto, piscine, tous terrains de sport, location de vélos, etc. Accès possible pour les visiteurs extérieurs moyennant un droit d'entrée à la journée (pour toutes les installations). Le camping de luxe, quoi ! Pas mal d'étrangers, d'où son nom, sans doute.

▲ *Gîte d'étape troglodytique :* sur le GR 3, 49350 Saint-Pierre-en-Vaux. ☎ 02-41-51-81-76. Près de Saint-Georges-des-Sept-Voies, à 20 km d'Angers. Sur la D176, entre Gennes et Grézillé. Comptez 11 € (72 F) la nuitée ; 12 € (79 F) en hiver ; 275 € (1 803 F) le week-end pour le gîte entier. Un peu plus cher pour les fêtes de fin d'année. Réservation et sac de couchage obligatoires. Pour les animations fouées (ou fouaces), comptez 229 € (1 502 F) pour 20 personnes. Un « troglo de plaine », comme on dit, proposant une grande salle à manger souterraine avec cuisine équipée (cheminée pour les grillades). 2 dortoirs de 6 places dans une maison dans le style du pays et une chambre de 4 places. Accueil des chevaux. L'ensemble possède pas mal de charme et les promenades autour sont superbes. École de fouée, four à pain pour pratiquer. Tarifs dégressifs pour les séjours. On nous a signalé un accueil irrégulier et une propreté pas toujours impeccable.

▲ *Troglogîte de la Bachellerie :* au lieu-dit La Bachellerie, 49320 Grézillé. ☎ 02-41-45-53-57. Ouvert toute l'année. Compter 10,70 € (70 F) par nuit et par personne, dégressif à partir de 10 personnes. Réservation impérative longtemps en avance, surtout en été, ou pour un week-end. Gîte de groupe. Capacité de 20 lits. Face à de jolies salles troglodytiques, planque idéale pour une bande de copains qui voudraient se retrouver pour faire la fête ! Accueil très *cool* du couple de jeunes qui (entre)tient la maison. Chambres communes propres (mais ça dépend de votre sens du ménage !) et petite cuisine pour se faire la tambouille. Pour des groupes de 30 personnes et plus, possibilité de commander des repas de fouaces à volonté dans les salles troglodytiques... Une adresse à la bonne franquette, d'ailleurs on vous y offre l'apéritif sur présentation du guide de l'année.

🏠 ⦿ *Chambres d'hôte La Cotinière :* chez Marie-Hélène de Rocquigny, Le Clos d'Aligny, 49320 Grézillé. ☎ et fax : 02-41-59-72-21. • la.cotiniere@anjou-et-loire.com • À 2 km de Grézillé en direction de Louerre, sur la D161.

À voir

★ *Le dolmen de la Bajoulière :* près du village de **Fontaine**. Pour les amateurs, l'un des plus importants d'Anjou, dans un bel environnement.

★ *Le manoir de la Caillère :* 49320 **Coutures**. ☎ et fax : 02-41-57-97-97. • www.chez.com/artroglo • Au nord de Coutures ; juste avant Montsabert, prendre la petite route à gauche. De mai à septembre, ouvert du mardi au dimanche de 10 h à 19 h. Hors saison, ouvert les week-end et jours fériés aux mêmes horaires, et à tout moment sur rendez-vous. Entrée libre. Animations pour individuels et groupes : 1,52 € (10 F). Attention, invitation au voyage dans l'imaginaire ! Un grand souffle de liberté dans un troglo à l'éclairage magique : la galerie du peintre-personnage Richard Rak. Une musique sourde invite au recueillement. Les tableaux, détachés de tout support, semblent flotter entre les parois de tuffeau. Trace de vie douce ou violente, en tout cas ironique et à double sens, l'image égare le spectateur, et son titre le ramène dans le droit chemin. Richard, seul guide dans ce dédale où l'on se perd en rêverie, a des impulsions rimbaldiennes : lever l'ancre, se défaire de la pesanteur. L'objet est détourné, délivré de son cadre, travaillé au corps dans le pli de la matière, et modelé à fleur de peau. Cependant, un lien n'est pas rompu. Lequel ? Avec des compositions telles que *Masquiri premier, second...* ou *Mieux vaut route tard*, il s'agirait de complicité. Et si, avec les œuvres d'un cucurbitophile ponctuel, les courges semblent douées de raison, le routard qui passe à la Caillère ressort ivre... comme un bateau.

★ *L'Hélice terrestre de L'Orbière, espace d'Art plastique contemporain :* au hameau L'Orbière, 49350 **Saint-Georges-des-Sept-Voies**. ☎ 02-41-57-95-92. ♿ en partie. Pour s'y rendre : du centre de Saint-Georges-des-Sept-Voies, sur la D751, suivre le panneau « Orbière ». Ouvert tous les jours, de 11 h à 18 h. En été, visites nocturnes de 21 h à minuit (se renseigner sur les dates). Entrée : 4 € (26 F), 1,52 € (10 F) pour les enfants. Le tarif de groupe est accordé à nos lecteurs, soit 3,05 € (20 F), sur présentation du *Guide du routard*.
Jacques Warminski, sculpteur-plasticien récemment décédé, a entrepris ici, en Anjou, au cœur de la France profonde, une œuvre absolument incroyable : réconcilier l'homme, son environnement et l'art ! D'abord, le cadre, un ancien village troglodytique (encore habité au début du XXe siècle) avec sentier-promenade permettant une vue plongeante. Après la deuxième porte dans la cour, c'est le choc ! Ici, l'artiste, à coup sûr, a pu réaliser le rêve que doit probablement nourrir tout sculpteur : travailler une matière en quantité illimitée avec une liberté illimitée. Mieux, pouvoir le faire en creux. Dans le volume, créer l'espace. Plus encore, pouvoir occuper l'espace tout entier :

galerie, amphi, ciel. Ainsi la falaise de tuffeau devient-elle le bloc d'où sortira le chef-d'œuvre : tunnels et couloirs aux formes inouïes, labyrinthiques. Pourtant, l'ensemble est harmonieux, menant le visiteur abasourdi, en un irrésistible maelström, à une chambre d'écho extraordinaire... Par contre, la démarche est inversée en plein air, avec « l'Hélice terrestre » ! Là, tout est en relief dans des formes fascinantes qui montent au ciel en envolées puissantes. Le miracle opère, le béton brut devient aérien. Il a été complètement subverti par l'art. Il est couleur aussi. Ami(e) lecteur(trice), il faut venir admirer ce travail totalement original, joyeux, ludique. Il faut rendre hommage à ce prodigieux pari gagné, quasi unique en France et peut-être en Europe.

★ *La petite église de Saint-Pierre-en-Vaux :* isolée, tout en haut d'une colline boisée. Nef du XIIe siècle. À l'intérieur, jolie chaire taillée dans le tuffeau.

★ *Le moulin à eau de Sarré :* sur la D176. À 3 km de Gennes. ☎ 02-41-51-81-32. Ouvert en mai, juin et septembre les week-ends et jours fériés, en juillet-août tous les jours, avec visites guidées à 15 h, 16 h et 17 h. Sur rendez-vous le reste de l'année. Entrée : 3,80 € (25 F), 2,74 € (18 F) pour les enfants. Le dernier des neuf moulins du petit ruisseau Avort à fonctionner encore. Production de farine de meule pour le pain. Fait aussi resto de fouaces sur réservation, avec visite du moulin incluse.

★ *L'abbaye de Saint-Maur :* peu avant Le Thoureil. Elle fut fondée en 543 par saint Maur. La plupart des bâtiments datent du XVIIe siècle. Dans la petite chapelle Saint-Martin, sépulture du saint. Mais ne se visite pas encore ou alors seulement en été car, abonnée à un destin difficile, elle a changé de main assez souvent ces derniers temps... À suivre, donc.

★ **GENNES** (49350)

Aimable bourgade dominée par l'église Saint-Eusèbe, au carrefour de jolies routes de campagne et de la Loire. Ancien site religieux gallo-romain, comme l'attestent les nombreuses découvertes effectuées dans le coin.

Adresse utile

🛈 *Office du tourisme :* square de l'Europe. ☎ 02-41-51-84-14. Fax : 02-41-51-83-48. À côté de la mairie. Ouvert de 9 h 30 à 12 h 30 et de 15 h à 17 h 30 (18 h en haute saison) du lundi au vendredi ; le samedi de 9 h 30 à 12 h ; le week-end en haute saison de 10 h à 13 h. Fermé à Noël.

Où dormir ? Où manger ?

⚑ *Camping Le Bord de l'Eau :* ☎ 02-41-38-04-67. Situé au bord de l'eau, comme son nom l'indique ! Ouvert de mai à septembre. Compter 9,60 € (63 F). Interdit aux véhicules de plus de 6 m et non-aménagés. Sympathique petit camping bon marché les pieds dans l'eau (enfin, hors saison !), ombragé et familial. Services variés : machine à laver, aire de pique-nique, location de vélos. Piscine municipale à 50 m. Commerces ambulants de pain le matin, fruits et légumes le vendredi et... pizzas le samedi soir !

🏠 *Chambres d'hôte Le Haut Joreau :* ☎ 02-41-38-02-58 ou 06-07-14-52-28. ● www.joreau.fr.st ● Prendre la route de Doué-la-Fontaine et au rond-point, longer le Super-U à gauche ; c'est après le 1er pâté de maison sur la gauche. Chambres à 60 € (394 F) pour 2 et 12,20 € (80 F) par personne supplémentaire. Gîte de 4 à 5 personnes pour 381,12 € (2 500 F) en haute saison. Dans une ancienne dépendance du château de Joreau, grand corps de ferme en pierre restauré du XIXe siècle, devant lequel on fait encore la toilette du cheval des propriétaires... 2 chambres rustiques et confortables sous les toits, avec lits anciens, poutres et moquette, dont une communiquant avec une chambre attenante supplémentaire. Grand jardin devant et jardin privatif sur le côté. Petit déjeuner servi dans l'ancienne lingerie. Location de vélos à prix préférentiel pour baguenauder autour de l'étang de Joreau, à deux roues d'ici... Bon accueil et apéritif offert à nos lecteurs sur présentation du guide.

À voir

★ *L'amphithéâtre gallo-romain :* av. de l'Amphitéâtre. ☎ 02-41-51-55-04 ou 02-41-51-84-14. En juillet et août, ouvert tous les jours de 10 h à 12 h 30 et de 15 h à 18 h 30 ; en avril, mai, juin et septembre, ouvert seulement les dimanche et jours fériés, de 15 h à 18 h 30. Entrée : 2,70 € (18 F), 1,52 € (10 F) pour les enfants de 7 à 15 ans. Visite guidée. C'est le plus important vestige de la civilisation gallo-romaine encore visible à Gennes. Autant pour des spectacles que pour des combats, il pouvait accueillir jusqu'à 5 000 spectateurs : très certainement le plus grand amphithéâtre de l'Ouest connu à ce jour. L'édifice est construit en couches alternées de tuffeau, cette pierre blanche de la région, et de briques de terre cuite : un beau contraste de couleurs en perspective.

★ *L'église Saint-Eusèbe :* ne s'admire que de l'extérieur. Elle date des XIe et XIIe siècles ; le clocher est du XIIIe et la flèche du XVe siècle.

★ *Le mémorial des Cadets de Saumur :* dans le haut du village, adossé au mur de l'ancienne nef de l'église Saint-Eusèbe. Visible toute l'année. Hommage à la défense dérisoire mais héroïque des élèves de l'école de cavalerie de Saumur face aux Allemands, en 1940.

★ Dans le coin, les dolménophiles se délecteront **des dolmens de la Forêt** (à 3 km), **de la Pagerie** (à 2 km) et **de la Madeleine** (1 km au sud de Gennes). En tout, une vingtaine de dolmens autour de Gennes...

★ LES ROSIERS-SUR-LOIRE (49350)

Un autre ancien petit port de Loire, charmant village fleuri.

ℹ *Office du tourisme :* place du Mail. ☎ et fax : 02-41-51-90-22. De juin à septembre, ouvert tous les jours de 10 h à 13 h et de 15 h à 19 h. Hors saison, ouvert le lundi de 9 h à 12 h.

Où dormir ? Où manger ?

|●| *Crêperie du Pitolay :* route de Longué. ☎ 02-41-38-05-12. À quelques kilomètres des Rosiers. Fermé le lundi hors saison. Compter environ 11 € (72 F). Réservation conseillée le soir. Surprise, une petite crêperie installée dans une maison particulière récente, offrant une jolie terrasse fleurie pour les beaux jours et une salle rustique et croquignolette pour les frileux. Excellent accueil de la propriétaire, Laurianne, qui confectionne uniquement des galettes et des crêpes par souci d'authenticité. Ne manquez pas les « flambées », délicieuses. Ambiance détendue et chaleureuse à l'écart des sentiers touristiques. Un peu de simplicité, voilà qui fait du bien !

▲ I●I *Hôtel-restaurant Au Val de Loire :* place de l'Église, aux Rosiers. ☎ 02-41-51-80-30. Fax : 02-41-51-95-00. Fermé les dimanche soir et lundi (sauf en juillet et août), ainsi que de mi-février à mi-mars. Chambres à 37 € (243 F) avec douche et 43 € (282 F) avec bains. Menus à 11,90 € (78 F), servi en semaine, et de 18,30 et 32 € (120 et 210 F). Hôtel entièrement rénové, chambres confortables mais en petite quantité et donnant sur un carrefour assez bruyant malgré le double vitrage. De plus, l'accueil est un peu froid... Bon, heureusement que le patron, excellent cuisinier, propose des menus d'un bon rapport qualité-prix (notamment le premier, servi midi et soir en semaine) et une cuisine inventive. Entre autres, la terrine de foie gras maison, le brochet au beurre blanc ou le dos de sandre au jus de poulet et aux truffes. Et en saison, puisque le bonheur est dans le pré, finissez par la salade de fleurs comestibles ! Apéritif maison offert à nos lecteurs sur présentation du *Guide du routard*.

Plus chic

I●I *Restaurant La Toque Blanche :* 2, rue Quarte, aux Rosiers. ☎ 02-41-51-80-75. Situé 300 m avant le pont de la Loire en venant d'Angers. Fermé le mardi soir et mercredi. Du lundi au samedi, menu à 17,53 € (115 F), vin compris. Sinon, menus entre 22,87 et 38,11 € (150 et 250 F). L'un des restos chic les plus réputés dans la région. De plus en plus nécessaire de réserver (le dimanche midi, obligatoire !). Superbe cuisine inspirée, servie dans un espace un peu trop moderne à notre goût (bouh, la façade !), mais confortable et de bon aloi, à l'intérieur. Bon accueil. Salle climatisée. Spécialités de poissons, huîtres chaudes, poisson de Loire au beurre blanc ou alors filet de bœuf « Maine-Anjou » aux morilles. Café offert à nos lecteurs sur présentation du *GDR*.

À voir

★ Voir l'*église* au beau clocher à galerie de 1538. Sur l'une des faces, tourelle d'escalier percée de belles fenêtres. Visite guidée du clocher en été et sur rendez-vous hors saison avec l'office du tourisme.

★ À voir aussi, derrière l'office du tourisme, près de l'église, la **fontaine zen** dite « boule-versante », de Bernard Gitton, qui s'anime dans tous les sens toutes les 2 mn environ (8 trajectoires différentes !).

– *Les Artisanales des Rosiers :* tous les ans en juillet, août et décembre. Expositions-vente d'artisans d'art de la région.

★ *Le moulin à vent des Basses-Terres :* dans les environs des Rosiers. ☎ 02-41-51-82-93. Prendre la direction Saumur sur la levée et suivre les panneaux. Du 15 juillet au 15 août, ouvert de 15 h à 18 h. Du 1er mai au 30 septembre, sur rendez-vous et pour les groupes. Entrée : 3,05 € (20 F), 1,52 € (10 F) pour les enfants. Petit moulin-tour en pierre de taille de tuffeau du début du XVIIIe siècle. Réveillez donc le meunier pour une visite et la découverte du mécanisme d'un moulin à vent entièrement manuel. Il fabrique toujours de la farine ! Visite guidée par le propriétaire. Quelques ânes égayent même la visite.

BEAUFORT-EN-VALLÉE (49250) 5 570 hab.

Situé au nord des Rosiers-sur-Loire. Agréable petite ville aux ruelles pavées et qui mérite le détour. Des ruines d'un château fortifié du XIVe siècle, superbe point de vue sur les environs.

Adresse utile

🛈 Office du tourisme : place Joseph-Denais. ☎ 02-41-57-42-30. Ouvert de mi-juin à mi-septembre du mardi au dimanche de 10 h 30 à 12 h 30 et de 15 h à 18 h. Visite guidée possible à 16 h le samedi après-midi pour le réfectoire des religieuses.

Où dormir? Où manger?

🛏 🍴 *Hôtel des Voyageurs :* carrefour Chardavoine. ☎ 02-41-57-24-00. Fax : 02-41-57-39-55. Fermé les samedi soir et dimanche, ainsi qu'en août, et le resto ne sert qu'à midi (flûte!), sauf pour les pensionnaires de l'hôtel (ah, bon...). Chambres doubles à partir de 25 € (164 F) avec douche sur le palier. Menu ouvrier à 9,60 € (63 F). Sympathique auberge située au bout de la rue Baurguillaume. Décoration simple et propre. Préférez les chambres qui donnent sur la cour (ou la n° 7). Grande salle à manger vieillotte au rez-de-chaussée avec des toiles exposées à la vente pour les amateurs. Cuisine sans prétention. Bon accueil.

🛏 *Chambres d'hôte :* chez M. et Mme Lambert, 47, rue du Dr-Grimoux. ☎ 02-41-80-36-87. Direction Brion (D7), c'est au rond-point. Chambre double à 26 € (170 F), celle avec la douche est à 30,49 € (200 F). Petit déjeuner : 4,60 € (30 F). 3 chambres sans charme particulier mais qui dépanneront les petits budgets si l'*Hôtel des Voyageurs* est complet. Douche et w.-c. à l'extérieur. On peut aussi faire son petit déj' soi-même. Bon accueil. Attention, l'escalier qui mène aux chambres est un peu raide! Basique mais pas cher.

Plus chic

🛏 🍴 *Chambres d'hôte Le Relais de Beaufort :* 16, rue du Maréchal-Leclerc. ☎ 02-41-57-26-72. Dans une rue derrière la grande place pavée et l'église. Chambres à 64 € (420 F) pour 2. Table d'hôte à 18,30 € (120 F), boisson comprise. Dans un ex-relais de poste du XVIIIe siècle, en plein cœur de Beaufort. Très jolie maison bourgeoise avec mobilier ancien, cheminées, dorures et toiles d'époque. 5 chambres spacieuses avec une décoration à l'avenant et des salles de bains attenantes. Grand parc, jardin entretenu et accès à une piscine de taille plus que respectable! Bon accueil et possibilité de repas sur réservation.

Où dormir? Où manger dans les environs?

🛏 🍴 *Le Logis du Pressoir :* 49250 Brion. ☎ et fax : 02-41-57-27-33. • lepressoir@wanadoo.fr • De Beaufort-en-Vallée, prendre la D7 jusqu'à Brion; fléché depuis l'église. Fermé en janvier. 5 chambres de 46 à 53 € (302 à 348 F) pour 2 personnes. Table d'hôte à 18 € (118 F) tout compris. Anne et Jean-Marc Le Foulgocq ont totalement restauré l'ancienne ferme du château, avec ses étables et son vieux pressoir, située dans un cadre verdoyant et paisible. Mais il ne s'agit pas de simples chambres d'hôte, car la piscine, les tables de ping-pong, le billard, la cave à vin et... le studio d'enregistrement, en cours d'aménagement, leur donnent une dimension résolument originale. C'est un vieux rêve que ces deux Parisiens ont réalisé, ce qu'on appelle un « lieu ». Une adresse attachante dans l'un des berceaux de la boule de fort, connu pour l'expression « On va à Brion » et qui signifie dans le jargon des boulistes : « On a perdu, mais on va payer notre coup ! » Et puis 10 % de réduction sur le prix de la chambre sont accordés à nos lecteurs sur présentation du guide de mi-octobre à fin mars.

À voir

★ *L'église :* place Joseph-Denais, devant l'office du tourisme. Édifiée à partir du XIIe siècle, elle a été remaniée plusieurs fois au cours des XVe et XIXe siècles. La partie la plus ancienne est constituée du transept gauche avec son autel et son retable en bois de 1617. Haut de 48 m, le clocher du XVIe siècle abrite cinq belles cloches, dont un bourdon de 5 400 kg. Superbe portail extérieur élevé à la fin du XIXe siècle et qui porte notamment, sur le retour des contreforts, à droite, les armoiries de Jeanne de Laval (qui accorda aux habitants de la vallée au XVe siècle le libre droit au pâturage) et, à gauche, celles de Melle de Landreau (qui finança les travaux entrepris au XIXe siècle dans l'église). Ne pas rater, à l'intérieur, des orgues entièrement restaurées et datant de 1858. Nombreux vitraux exécutés de 1869 à 1889, représentant différentes scènes de la vie de la Vierge.

★ *Le musée Joseph-Denais :* 5, place Notre-Dame. ☎ 02-41-57-40-50 ou 02-41-82-68-11 (hors saison). À gauche en sortant de l'église. Du 1er avril à mi-juin et de mi-septembre au 1er novembre, ouvert les week-end et jours fériés seulement, de 14 h 30 à 18 h ; du 15 au 30 juin et du 1er au 15 septembre, du mardi au dimanche de 14 h 30 à 18 h ; en juillet et août, tous les jours de 11 h à 13 h et de 15 h à 19 h. Entrée : 4 € (26 F), tarif réduit à 2,50 € (16 F). Gratuit pour les enfants jusqu'à 18 ans. Sinon, ticket couplé avec le musée de Baugé et de Parçay-les-Pins ou tarif réduit accordé à chaque porteur du *Guide du routard*. Visite guidée d'environ 1 h.
Voici un exemple type du petit musée insolite que l'on aurait bien tort de bouder... À vrai dire, plus qu'un boudoir, il s'agit d'un authentique « cabinet de curiosités », installé dans un petit palais à l'italienne et conçu par la célèbre *Caisse d'Épargne* pour abriter dès 1905 les collections éclectiques d'objets d'art et d'antiquités du journaliste Joseph Denais. La devise de la maison est alors « l'épargne et l'industrie soutiennent les arts et la culture », bref le mécénat dans toute sa splendeur ! Aujourd'hui, c'est une vraie caverne d'Ali Baba, car le journaliste commença à collectionner à l'âge de 15 ans ! On y trouve pêle-mêle, du plus prestigieux au plus anecdotique, *La Petite Châtelaine* de Camille Claudel (rien que ça !), cadeau du baron de Rothschild, une collection égyptienne avec deux étonnantes momies, don du musée Guimet à Paris, des souvenirs de tous les pays traversés par le journaliste, sans parler du miel en provenance du tombeau de Napoléon, du morceau de pain datant de la Commune et du gros biscuit (presque intact) remontant au Siège de Paris ! En tout, près de 8 000 objets dans sept salles différentes. De quoi se régaler les yeux et l'esprit !

★ *L'hôtel-Dieu :* rue de l'Hôtel-de-Ville. Fondé en 1412 et restauré au XVIIe siècle. Visite guidée possible uniquement pour le réfectoire des religieuses, à 16 h le samedi après-midi ou sur rendez-vous. Renseignements à l'office du tourisme. La pharmacie, où sont exposées des faïences de Nevers sur de superbes boiseries, et la chapelle avec son maître-autel de marbre blanc ne sont malheureusement plus visibles pour le moment.

★ **Les halles :** sur la place Jeanne-de-Laval, situées au-dessus d'un puits artésien (qui donne une eau jaillissante). On y trouvait initialement les toiles des tisserands (la célèbre toile de Beaufort), ainsi que du chanvre et, au 1er étage, la salle d'audience et le greffe du juge de paix.

Manifestation

– **Les Estivales :** en juillet et août, à Beaufort et dans les communes environnantes. Concerts et expos variées. Infos à l'office du tourisme.

➤ DANS LES ENVIRONS DE BEAUFORT-EN VALLÉE

★ **Le château de Montgeoffroy :** 49630 **Mazé**. ☎ 02-41-80-60-02. Sur la D74, à l'ouest de Beaufort-en-Vallée. De mi-juin à mi-septembre, ouvert tous les jours de 9 h 30 à 18 h 30 ; le reste de l'année, sauf de novembre à fin mars, de 9 h 30 à 12 h et de 14 h 30 à 18 h 30. Entrée : 8,50 € (56 F), 4,30 € (28 F) pour les enfants de moins de 15 ans. Réductions sur présentation du *Guide du routard* : entrée à 6,86 € (45 F) pour les grands et à 3,81 € (25 F) pour les plus jeunes. Parc et jardins seulement : 2,29 € (15 F). Élégant château du XVIIIe siècle, typique de l'architecture de cette époque. A exceptionnellement conservé son décor intérieur et son ordonnancement d'origine. Un des seuls châteaux habités, depuis sa construction, par la même famille. Aujourd'hui y vivent les descendants directs du maréchal de Contades. Beaux tableaux (Poussin, Rigaud, Van Loo). Superbe sellerie et une cuisine comprenant pas moins de 260 ustensiles en cuivre et en étain. Un château encore réellement vivant.

QUITTER BEAUFORT-EN-VALLÉE EN BUS

🚌 Renseignements : ☎ 02-41-77-74-45.
➤ **Pour Angers :** lignes nos 10 et 15, environ 6 départs quotidiens sauf le dimanche.
➤ **Pour Saumur :** ligne n° 10.

CUNAULT (49350) 1 120 hab.

Un des points d'orgue de votre balade rive sud. Renommé pour sa magnifique église romane, c'était au Moyen Âge un port, lieu de foire et de pèlerinage très important.

Adresse utile

🛈 **Syndicat d'initiative :** place Victor-Dialand. ☎ 02-41-67-92-55. De juillet à mi-septembre, ouvert tous les jours de 10 h à 13 h et de 14 h 30 à 18 h 30.

Où dormir ? Où manger ?

Prix moyens

🛌 🍴 *Chambres d'hôte Les Bateliers :* 28, rue de Beauregard. ☎ 06-67-18-66-73. Fax : 02-41-67-94-49. Chambres à 45 € (295 F) pour 2 et « suite troglodytique » à 55 € (360 F), petit déjeuner inclus. Table d'hôte à 15 € (98 F), vin et café inclus. Dans une ancienne maison de bateliers, 2 chambres assez banales mais correctes avec salle de bains. Venir ici pour essayer la seule chambre troglodytique du département ! Une chambre étonnante (ou une caverne, devrait-on dire !), avec une douche impeccable le long d'un mur en tuffeau, un « salon » sous roche, un coin-cuisine rudimentaire, et puis cette jolie terrasse devant, dont on peut profiter aux beaux jours. Original, mais apporter une petite laine ou faire du feu pour se la jouer « hommes des cavernes » ! Rassurez-vous, il y a un petit chauffage d'appoint. Et pour nos lecteurs, 10 % de réduction sur le prix de la chambre du lundi au jeudi seulement hors juillet et août.

Où dormir ? Où manger dans les environs ?

Campings et gîte

⛺ *Camping Le Bord de l'Eau :* 49350 Gennes. ☎ 02-41-38-04-67. Au bord de l'eau et ombragé. Compter environ 9,60 € (63 F) pour 2 personnes et une tente. Voir « Où dormir ? Où manger ? Où boire un verre dans les environs ? » dans le chapitre sur Trélazé.

⛺ *Camping La Croix Rouge :* 49160 Saint-Martin-de-la-Place. ☎ 02-41-38-09-02. 🐎 En bord de Loire. Ouvert du 24 juin au 10 septembre. 2 étoiles. Vaste et ombragé. Environnement très plaisant. Bons sanitaires. Même en juillet, il y a de la place et les campeurs ne sont pas les uns sur les autres. Prix modérés. Une bonne alternative si Saumur est bondé !

🛌 *Gîte d'étape et camping à la ferme :* La Métairie, Trèves. ☎ 02-41-67-92-43. Fax : 02-41-67-95-92. 🐎 Dans Cunault, prendre la D213 vers Doué-la-Fontaine sur 4 km, puis à gauche vers Trèves en longeant la forêt. Près du GR 3D. Ouvert toute l'année. Nuitée à 10,67 € (70 F) par adulte, 9,15 € (60 F) par enfant. En pleine campagne. Bon accueil. 4 chambres de 4 à 9 lits d'un côté (mais souvent complet) ou dortoir de 17 places avec lits superposés de l'autre, pour une étape d'une ou plusieurs nuits. Installations très simples. Fortement conseillé de réserver. Possibilité de camper également moyennant 2,50 € (16 F) par personne. C'est une exploitation agricole et également un centre équestre. L'heure de monte revient à 12,20 € (80 F) et 10 € (66 F) pour les moins de 14 ans. Débutants acceptés. Belles randonnées dans la région. Réduction de 10 % offerte à nos lecteurs sur l'équitation sur présentation du *GDR*.

Prix moyens

🛌 *Chambres d'hôte La Chauminette :* 2, rue Foulques-Nerra, à Préban, 49350 Chênehutte-Trèves-Cunault. ☎ 02-41-67-92-54. À la sortie de Préban, vers Chênehutte. Chambres à 47 € (308 F) pour 2. Bien sûr, c'est en bord de route, comme la majorité des adresses sur cette route de la Loire. Mais Raymonde Mollé saura vous accueillir avec la grande gentillesse qui la caractérise. Elle s'occupe aussi bien de son grand jardin que de ses 2 chambres à l'étage, dans cette maison moderne et croquignolette. Salle de bains privée mais w.-c. communs, survitrage et volet électrique qui évitent le bruit de la route, bien plus discret en soirée, d'ailleurs. Bref, une adresse pratique dans ce coin si pauvre en hôtels, et accueil plein de chaleur ! Et pour ne rien gâcher, Mme Mollé accorde une réduction de 10 % à nos lecteurs sur le prix de la chambre à partir de 2 nuits consécutives.

Très chic

🏠 |●| *Le Prieuré :* à Chênehutte-les-Tuffeaux. ☎ 02-41-67-90-14. Fax : 02-41-67-92-24. Fermé en janvier et février. Compter entre... 70 et 280 € (459 et 1 837 F) ! Petit déjeuner de 14 à 22 € (92 à 144 F). Menus à 37 € (243 F) à midi en semaine, et de 38 à 65 € (249 à 426 F). Menu-enfants à 19 € (125 F). Ancien prieuré du XVIe siècle, transformé en luxueux hôtel-restaurant. Au milieu d'un très beau parc en surplomb du village. Une vingtaine de chambres superbement décorées et meublées et, bien sûr, chères, plus quelques pavillons dans le parc. Restaurant réputé, avec vue panoramique exceptionnelle sur la Loire. Clientèle évidemment chic et service très classe. Beaux menus « découverte » avec fromages et dessert, vin et café compris. Si c'est le « grand soir », menu gastronomique (et astronomique !) avec, par exemple, et dans son intégralité : foie gras de canard et sa gelée au vin du Layon, salade d'asperges et langoustines à la vinaigrette d'orange, émincé de homard à la moutarde au safran, granité à l'eau de vie pour faire le trou normand, et hop, reprise des hostilités avec un rognon de veau aux asperges et aux morilles, les fromages et... deux desserts ! Bon, après ça, mieux vaut loger sur place pour un repos bien mérité ! C'est le lieu idéal pour cela. Réservation conseillée.

À voir

★ *L'église Notre-Dame :* considérée comme la plus grande église romane de France sans transept. Pour les amateurs, messe en chant grégorien les dimanches et fêtes à 11 h.

Un peu d'histoire

Ancienne église de prieuré, elle fut édifiée aux XIe et XIIe siècles. Rabelais la cite dans *Gargantua* (des soldats attaqués implorent « Nostre-Dame de Cunaud »). Au XVIIIe siècle, le prieuré est supprimé faute de moines, et l'église séparée en deux morceaux (chœur transformé en grange), le reste consacré au culte. Elle se dégrade énormément. C'est, là encore, l'infatigable Prosper Mérimée qui la sauve de la ruine.

L'extérieur

Globalement, l'édifice apparaît comme un long vaisseau aux lignes harmonieuses. Superbe chevet rythmé par une rangée de délicates arcatures aveugles ouvragées et de tout petits chapiteaux sculptés.
– *Le clocher :* première construction du XIe siècle. D'aspect massif, mais orné de ravissantes baies romanes. Au-dessus d'elles, frises en damier, avec masques ricanants. Il faut surtout noter la remarquable diversité des baies et leur rythme. Rangées de 5, 3 et 4 s'équilibrant magnifiquement. Flèche en pierre.
– *La façade principale :* percée d'une fenêtre flamboyante du XVe siècle. Porche roman à six voussures. Au tympan, *Vierge à l'Enfant* encadrée d'anges thuriféraires.

L'intérieur

– **La nef :** du haut des neuf marches du porche, c'est l'enchantement. Apparaît l'immense vaisseau lumineux avec effet de perspective. Accentué par le rétrécissement progressif de la nef et la surélévation du chœur. Les premières travées sont voûtées à l'angevine, les suivantes (antérieures) en arc roman brisé.

– **Le chœur et les absidioles :** très beau chœur avec déambulatoire et chapelles rayonnantes. À gauche du chœur, pietà polychrome en pierre du XVIe siècle. Chapier de la même époque à droite du chœur (armoire à vêtements liturgiques). Châsse polychrome du XIIIe siècle. Vestiges de fresques dans les deux absidioles du chœur. Au-dessus de la châsse : *Résurrection des Morts* ; au-dessus du chapier : *Évangélistes* et *Prophètes*.

– Mais la merveille de Cunault, ce sont ses **chapiteaux**. Il y en a plus de 220 au riche décor (feuilles d'acanthe ou historiés). Quelques-uns dans le chœur sont reconnaissables : *Guerriers chevauchant des chimères*, une *Annonciation*. Sur le pourtour du chœur : *Chevalier luttant contre un barbare*, *Chevalier attaquant un dragon*. L'un mérite particulièrement l'attention : *Chevalier partant à l'assaut d'une ville*. Dans l'abside sud, *Jésus portant la croix*. À côté, la *Flagellation*, *Dragons se dévorant*, etc.

– Enfin, quelques **fresques** subsistent comme celle de la 5e arcade gauche de la nef *(Saint Christophe et son bâton)*. Sur la 5e arcade du bas-côté droit, une *Transfiguration*.

★ **Le logis du Prieur :** en face de l'église. Construit au XVIe siècle en style Renaissance. Fenêtres à meneaux et lucarnes joliment décorées.

Manifestations culturelles

– **Les Heures musicales de Cunault :** tous les dimanches de juillet et d'août, à 17 h, dans l'église prieurale de Cunault ou dans l'église de Trèves. Depuis une vingtaine d'années, récitals d'orgue, musique de chambre, chœurs et orchestres, etc.

– Et puis, la saison musicale débute dès le mois de mai : le **Mai de l'Orgue** invite, chaque dimanche à 17 h, un jeune organiste à se produire dans la prieurale. Et c'est gratuit. Renseignements : *Association des Amis de Notre-Dame de Cunault*, 22, rue Beauregard, 49350 Trèves-Cunault. ☎ 02-41-67-92-93 ou 55.

➤ *DANS LES ENVIRONS DE CUNAULT*

★ **Chênehutte-les-Tuffeaux (49350) :** village tranquille proposant les vestiges d'un village gallo-romain. Le plateau au-dessus fut occupé par un oppidum gaulois. Charmante église Notre-Dame, datant du XIIe siècle. Joli clocher roman. Abside du chœur décorée d'une frise à modillons. Plafond bas, aspect trapu des églises romanes primitives.

SAUMUR (49400) 31 700 hab.

Est-il vraiment nécessaire de présenter Saumur, troisième ville d'Anjou, avec son château de légende, immortalisé sur la miniature des *Très Riches Heures du duc de Berry*, son fameux Cadre noir, ses vins réputés ?... Si vous arrivez par la rive droite de la Loire, par un beau matin lumineux, vous comprendrez d'ailleurs pourquoi le miniaturiste craqua si fort. Château, mairie ouvragée et belles demeures aristocratiques des quais composent l'un des plus beaux tableaux que l'on connaisse ! Et puis, c'est sans doute la seule ville de la région où l'on peut voir des cavaliers déambuler tranquillement dans les rues, naturellement...

UN PEU D'HISTOIRE

Aux IXe et Xe siècles, on y trouvait tout d'abord un monastère (les moines ont toujours su choisir leurs sites), détruit par les Normands (bien entendu, jaloux et aigris). Thibault, comte de Blois, y construisit un château et un début d'enceinte d'où Saumur tient peut-être son nom (*salvus murus*). En 1203, Saumur fut rattaché au royaume de France par Philippe Auguste. Une petite ville se développa au pied de la colline et du château, embellie par les ducs d'Anjou aux XIVe et XVe siècles. Saumur atteignit sa notoriété véritable avec l'arrivée du protestantisme. Beaucoup de bourgeois de la ville, brimés par les privilèges des abbayes environnantes (Fontevraud, Saint-Florent), adhérèrent à la religion réformée. En 1589, Saumur devint place de sûreté protestante. Philippe Duplessis-Mornay, théologien et chef de guerre, ami du futur Henri IV et artisan du rapprochement avec Henri III, en fut le premier gouverneur. Fondation également d'une académie qui fit de la ville la Genève française. Sa réputation s'étendit à toute l'Europe. Professeurs et étudiants y affluèrent. Il y eut jusqu'à douze libraires-imprimeurs dans la ville. Une grande vitalité économique accompagna celle de la pensée. Saumur devint une cité prospère.

Les catholiques contre-attaquèrent en installant, au début du XVIIe siècle, sept communautés aux portes de la ville et en fondant une école de théologie. Les joutes philosophiques entre les deux courants de pensée religieuse sont restées fameuses. Un grand pèlerinage populaire à Notre-Dame-des-Ardilliers devint également une arme de guerre contre les parpaillots. Enfin, à la révocation de l'Édit de Nantes (en 1685), l'académie et les librairies furent fermées, les étudiants chassés, etc. La bourgeoisie protestante émigra en masse ; l'activité économique s'effondra. Saumur s'assoupit sur les bords de la Loire.

Au XVIIIe siècle, création de l'École nationale de cavalerie et, en 1825, du fameux Cadre noir, destiné à enseigner l'équitation classique aux élèves officiers. En dehors des activités équestres, l'industrie la plus importante au XIXe siècle fut la « patenôtrie » (la fabrication des chapelets, de *pater noster*). Eh oui ! jusqu'au début du XXe siècle, 1 500 patenôtriers travaillaient à Saumur et exportaient jusque dans les pays musulmans).

Balzac utilisa largement Saumur comme cadre pour son *Eugénie Grandet* (1883). Il résida souvent dans le Saumurois dont il était ainsi très familier. Si la reconstitution de l'atmosphère de la ville est remarquable, par contre, le père Grandet ne présente guère de ressemblance avec un certain Jacques Nivelleau qui servit pourtant de modèle. Le roman, en fait, mélange beaucoup de caractères attribués, suivant l'inspiration, aux personnages imaginés.

En 1940, Saumur se distingua par une héroïque défense contre l'offensive allemande. Surmontant un rapport de force très défavorable, les 800 élèves de l'École nationale de cavalerie, démunis de matériel militaire, arrivèrent cependant à contenir l'avance ennemie plusieurs jours, au prix de nombreuses pertes humaines. À l'époque, les Allemands avaient été vraiment étonnés et impressionnés par une telle résistance. Un mémorial leur rend hommage à Gennes.

LES VINS DE SAUMUR

Le Saumurois a toujours été un important centre de production du vin. Au XVIIe siècle, Saumur fut même la principale place du négoce de la région. Le coin est surtout connu pour sa production de vin à bulles qui s'obtient à partir d'un cépage principal, le « chenin ». On trouve les grandes maisons de saumur brut dans la région de Saint-Hilaire-Saint-Florent. Il gagne ses fines bulles et son parfum dans la fraîcheur des caves crayeuses. Le saumur blanc sec s'étend sur 41 communes. Le terroir calcaire du tuffeau en fait un vin léger, fruité, élégant, au délicat arôme floral. Notamment autour de Brézé, Montreuil-Bellay et du Puy-Notre-Dame. Le saumur rouge se récolte dans la même région que le blanc, grâce à une trentaine de communes. C'est un vin généreux, qui vieillit correctement. Le saumur-champigny, enfin, l'une des appellations les plus connues et les plus appréciées, est obtenu à partir de cépage « cabernet franc » et produit un vin rouge, rubis foncé, franc de goût, généreux, bien équilibré, longtemps mascotte des bars à vin parisiens. Jeune, il se boit frais. Vignoble peu étendu, sur neuf communes seulement, de Varrains à Montsoreau, en passant par Saint-Cyr-en-Bourg (voir sur place la belle cave des Vignerons de Saumur) et Souzay-Champigny, Champigny étant en fait un hameau. Dans le triangle compris entre la Loire et le Thouet, il occupe une place privilégiée sur le coteau de tuffeau en surplomb de la Loire.

Pour comparer et vous faire une bonne idée des vins du coin, ne manquez pas d'aller faire une visite à la maison du Vin de Saumur, mais aussi à une cave (voir « Les caves à vin » dans la rubrique « À voir », plus bas).

Comment y aller ?

En train

➤ **Depuis Paris :** départ de la gare Montparnasse. Une quinzaine de trains, dont 1 TGV direct tous les jours, sinon avec correspondance à Saint-Pierre-des-Corps, Tours ou Angers. Meilleur temps de parcours : 1 h 50, sans changement.

Adresses utiles

Office du tourisme (plan C2) : place de la Bilange. ☎ 02-41-40-20-60. Fax : 02-41-40-20-69. • www.saumur-tourisme.com • En saison, ouvert du lundi au samedi de 9 h 15 à 19 h ; le dimanche, de 10 h 30 à 17 h 30 ; hors saison, du lundi au samedi de 9 h 15 à 12 h 30 et de 14 h à 18 h ; le dimanche, de 10 h à 12 h. Personnel compétent et sympathique. Bonne documentation, notamment le guide *Promenades* (gratuit) ou la consultation en photos des hôtels, campings et chambres d'hôte du Saumurois. Service de réservation payant. Billetterie pour le Car-

---

■ **Adresses utiles**
- Office du tourisme
- Poste
- Gare SNCF
- Gare routière

Où dormir ?
- 10 Camping municipal de l'île d'Offard et centre international de séjour
- 11 Hôtel Le Volney
- 12 Hôtel-bar de Bretagne
- 13 Cristal Hôtel
- 14 Hôtel de Londres
- 16 Central Kyriad
- 17 Hôtel Anne d'Anjou
- 18 Chambres d'hôte de l'île du Saule

Où manger ?
- 30 Auberge Saint-Pierre
- 31 Les Palmiers
- 32 La Pierre Chaude
- 35 Les Ménestrels
- 36 Le Relais
- 37 Auberge Reine de Sicile
- 39 Les Délices du Château et L'Orangeraie

Où boire un verre ?
- 60 Le Café de la Place

★ **À voir**
- 50 Distillerie Combier
- 56 Musée des Blindés
- 57 Exposition sur la cavalerie
- 58 École nationale d'équitation

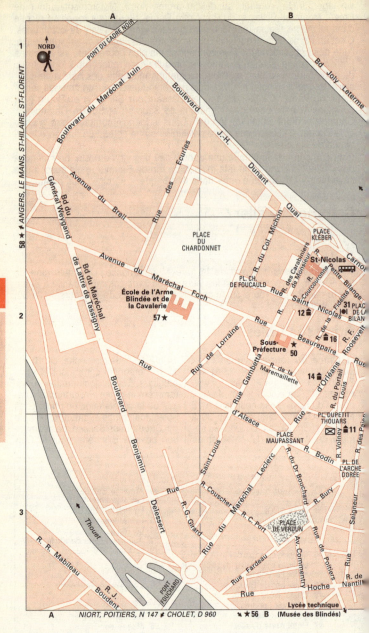

SAUMUR

rousel, les spectacles, etc. Organise également une visite commentée de la ville dans un petit train (départ toutes les heures), et des tours en calèche en été.

✉ **Poste** *(plan B3)* **:** place du Petit-Thouars. Au bout de la rue du Portail-Louis.

🚆 **Gare SNCF** *(plan C1)* **:** au nord-est du centre. ☎ 0892-35-35-35 (0,34 €/mn soit 2,21 F).

🚌 **Gare routière** *(plan B2)* **:** à la « halte routière », place Saint-Nicolas.

Où dormir ?

Campings

🅇 **Camping de l'île d'Offard** *(plan D2, 10)* **:** bd de Verden. ☎ 02-41-40-30-00. Fax : 02-41-67-37-81. ⚹ Pas loin du centre, entre les deux ponts de Saumur. Fermé de mi-décembre à mi-janvier. Forfait à 11 € (72 F) pour 2 personnes et une tente. Vaste et confortable, mais pas vraiment intime en haute saison. Grande piscine (couverte ou découverte, selon la saison). Tennis, VTT en saison, mini-golf. Location de mobile homes.

🅇 **Camping de Chantepie :** La Croix, Saint-Hilaire-Saint-Florent. Voir « Où dormir dans les environs ? »

Bon marché

🏠 **Centre international de séjour** *(plan D2, 10)* **:** bd de Verden, île d'Offard. ☎ 02-41-40-30-00. Fax : 02-41-67-37-81. ⚹ À 15 mn à pied de la gare et pas loin du centre-ville. Fermé du 15 décembre au 15 janvier. Comptez entre 12 et 23 € (79 et 151 F) pour 1 personne (petit déjeuner et draps compris) et 9 € (59 F) par personne supplémentaire dans une chambre double avec douche ; 12 € (79 F) par personne dans une chambre de 2 à 8 lits avec douche extérieure. Repas à 7,50 € (49 F) pour les groupes uniquement, servi midi et soir. Construction moderne, sans charme mais propre, pouvant accueillir une centaine de voyageurs. 11 chambres pour 8 personnes, 2 pour 4 personnes et les 10 autres pour 2 (dont 6 avec douche). Cela dit, pour une chambre double avec douche, c'est plus sympa et aussi économique en ville ! Nombreuses activités néanmoins. Location de vélos. Camping à côté et location de mobile homes. Piscine, tennis, mini-golf et la Loire tout autour.

🏠 **Hôtel Le Volney** *(plan B3, 11)* **:** 1, rue Volney. ☎ 02-41-51-25-41. Fax : 02-41-38-11-04. • contact@le-volney.com • Situé à deux pas de la poste centrale. Comptez de 24,39 € (160 F) avec lavabo, à 33,54 € (220 F) avec douche, w.-c., TV, téléphone, et 45,73 € (300 F) avec bains. Chambres douillettes et réconfortantes, aussi bien pour le voyageur harassé que pour le touriste exigeant. Excellent accueil de la maîtresse de maison. Ses chambres impeccablement tenues vous donnent l'impression d'être déjà de retour à la maison... Quelques-unes mansardées, très mignonnes, pour ceux qui voudraient retrouver un peu leurs années de fac, avec sanitaires extérieurs nickel. Une chambre familiale également. En plus, les prix sont très stables. Des adresses simples et chaleureuses comme ça, on en redemande ! Réduction de 10 % offerte à nos lecteurs de novembre à mars sur présentation du *GDR*.

🏠 **Hôtel-bar de Bretagne** *(plan B2, 12)* **:** 55, rue Saint-Nicolas. ☎ 02-41-51-26-38. Fermé le lundi hors saison et en janvier. Chambres à 22,11 € (145 F) avec lavabo, 29,72 € (195 F) avec cabine de douche et w.-c. Situé dans l'une des rues du centre les plus animées. Petit hôtel-bar familial offrant quelques chambres à l'ameublement disparate et vieillot, il faut bien le dire, mais plutôt propres. Parking fermé et payant. Accueil aimable. Pour nos lecteurs porteurs de l'édition en cours, 10 % de remise sur le prix de la chambre.

Prix moyens

🛏 *Hôtel de Londres* (plan B2, 14) : 48, rue d'Orléans. ☎ 02-41-51-23-98. Fax : 02-41-51-12-63. • lelondresaumur@aol.com • Chambres doubles de 33,54 à 45,73 € (220 à 300 F). Petit déjeuner-buffet à 5,64 € (37 F). Particulièrement bien situé, sur l'une des rues principales, mais l'isolation phonique est efficace. Hôtel refait dans un style anglais prévisible mais charmant (notamment l'entrée). Fort bien tenu. TV et téléphone direct, même dans les chambres pour solitaires. Les chambres n°s 23, 26, 27 et 29 ont une nouvelle déco sympa. Quelques chambres familiales également. Parking privé payant. L'accueil dynamique des femmes de la maison et le copieux petit déjeuner-buffet rendront le sourire à qui l'avait perdu. En plus, un petit déjeuner par chambre est offert sur présentation du guide.

🛏 *Chambres d'hôte de l'île du Saule* (hors plan par D1, 18) : sur l'île du Saule, mais toujours à Saumur. ☎ 02-41-51-38-71. Du centre-ville, passer les deux ponts vers la gare et tout de suite après le 2e pont, prendre à droite la route de Tours ; petite entrée sur la droite très rapidement. Chambres à 40 € (262 F) pour 2, petit déjeuner compris. Oh, le bon plan du *GDR* ! Pour les amoureux de la nature, Christiane propose 5 chambres avec douche et w.-c., réparties entre la maison principale en tuffeau et un petit pavillon plus moderne derrière. Chambres agréables, mais c'est surtout l'environnement qui vaut le séjour : de belles allées d'arbres et des fleurs en saison au beau milieu d'une « île » en pleine ville... Bref, un cadre bucolique au cœur de Saumur, à deux pas des restos et de l'animation du centre. C'est chouette, ça ? Comme dirait Alphonse Allais, « La ville à la campagne, à moins que ce ne soit l'inverse ! ».

🛏 *Cristal Hôtel* (plan C2, 13) : 10-12, place de la République. ☎ 02-41-51-09-54. Fax : 02-41-51-12-14. • cristal@saumur.net • Juste à côté de la mairie et face à la Loire. Service jusqu'à minuit. Prévoir 38,11 € (250 F) pour une chambre double avec douche, w.-c. et TV et 45,73 € (300 F) avec vue sur le fleuve. Hôtel fort bien situé. Par contre, prix en hausse notable ! Chambres un peu étroites, qui plus est, mais d'un confort correct. En résumé, c'est bien placé mais les prestations et les tarifs sont un peu trop « touristiques » à notre goût. Quelques chambres familiales également. Garage privé et payant. Apéritif offert et réduction de 10 % à nos lecteurs sur présentation du *Guide du routard*.

🛏 *Central Kyriad* (plan B2, 16) : 23, rue Daillé. ☎ 02-41-51-05-78. Fax : 02-41-67-82-35. Central (le contraire eût désarmé !). Chambres de 45 € (295 F) avec douche à 70,21 € (461 F) avec bains. Petit déjeuner-buffet à 6,10 € (40 F). Dans une petite rue au calme. Chambres agréables. Certaines assez grandes et un rien surprenantes, avec leur volée de marches et leur ameublement de style, mais plus chères aussi. Quelques-unes avec poutres, mansardées, et de grandes familiales avec des salles de bains très spacieuses. Toutes avec TV (Canal +, satellite...). Parking privé et payant. Réduction de 10 % offerte à nos lecteurs en basse saison et 5 % en haute saison sur présentation du GDR.

Plus chic

🏠 |●| *Hôtel Anne d'Anjou (plan C3, 17) :* 32, quai Mayaud. ☎ 02-41-67-30-30. Fax : 02-41-67-51-00. • anneanjou@saumur.net • ♿ Au pied du château, en bord de Loire. Chambres doubles de 72 à 127 € (472 à 833 F) et suites jusqu'à 155 € (1 017 F). Petit déjeuner : 9 € (59 F). Élégante demeure du XVIIIe siècle, pleine de charme. Cour intérieure fleurie. Superbe escalier intérieur classé ! Chambres confortables avec, au choix, vue sur la Loire ou sur le château. Toutes avec mobilier ancien, dont une de pur style Empire (décors de Percier et Fontaine, architectes de Napoléon), idéale pour nos lecteurs fortunés ou en voyage de noces (ou pour les étudiants en histoire de l'art ayant gagné au Loto !). D'autres chambres mansardées avec douche. Accueil très professionnel. Restaurant réputé (voir « Où manger ? » restaurant *Les Ménestrels*). Réduction de 10 % sur le prix de la chambre offerte à nos lecteurs de novembre à mars sur présentation du *Guide du routard*.

Où dormir dans les environs ?

Camping

⛺ *Camping de Chantepie :* La Croix, Saint-Hilaire-Saint-Florent. ☎ 02-41-67-95-34. Fax : 02-41-67-95-85. • camping.chantepie@wanadoo.fr • ♿ Saint-Hilaire-Saint-Florent est à 3 km de Saumur sur la D751 (vers Chênehutte et Gennes). Ouvert de mai à mi-septembre. Compter environ 19,82 € (130 F) l'emplacement pour 2 personnes. 4 étoiles. Très bon accueil, bon confort. Situé sur un plateau offrant un point de vue panoramique. Pas loin de la Loire. Location de mobile homes et bungalows de toile. Piscine, petit âne, jeux pour enfants. Fait aussi resto.

Bon marché

🏠 *Hôtel Le Canter :* place de la Sénatorerie, 49400 Saint-Hilaire-Saint-Florent. ☎ 02-41-50-37-88. À 3 km de Saumur par la D751. Ouvert toute l'année. Chambre double avec douche et w.-c. à 25,15 € (165 F) avec grand lit et à 27,44 € (180 F) avec lits séparés ; à 22,11 € (145 F) avec douche à l'étage. Attention, cartes de paiement refusées. Sympathique petit hôtel offrant un bon rapport qualité-prix juste en dehors du centre de Saumur. L'impression d'être déjà dans un village tout en pouvant gagner la ville rapidement. En plus, qu'est-ce que c'est propre et bien tenu ! On y retrouve beaucoup de cavaliers de différentes nationalités pendant les périodes de concours. Le patron est plutôt affable et à votre disposition pour vous renseigner. Parking privé.

Chic

🏠 *Chambres d'hôte La Croix de la Voulte :* route de Boumois, 49400 Saint-Lambert-des-Levées. ☎ et fax : 02-41-38-46-66. ♿ Si vous venez de Saumur, traversez l'île d'Offard, puis, à partir de la gare SNCF, suivre la D229 en direction de Saint-Martin-de-la-Place. Ouvert de Pâques à mi-octobre. Comptez de 55 à 70 € (361 à 459 F) pour la nuit à 2, petit déjeuner compris. Fort jolie demeure des XVe et XVIIe siècles avec 3 ha de prés. Une adresse au calme pour routards pas fauchés. 4 chambres avec sanitaires privés dans un bâtiment annexe. Intérieur de charme, ameublement et tissus de style. La chambre « Anjou » possède une très grande cheminée du XVe siècle et un lit à baldaquin. Belle piscine. Bon accueil. Très conseillé de réserver.

Où manger ?

Bon marché

I●I *Auberge Saint-Pierre (plan C2, 30)* : 6, place Saint-Pierre et 33, rue de la Tonnelle. ☎ 02-41-51-26-25. Fermé le lundi et le dimanche sauf en juillet et août, 15 jours en mars et 15 jours en octobre. Formule brasserie à 8,99 € (59 F) servie midi et soir ; menus de 12,96 à 22,87 € (85 à 150 F). Située dans une très jolie maison du XVe siècle à pans de bois, très fleurie. Plusieurs petites salles mais souvent pleines comme un œuf, arriver avant l'éclosion ! Tons jaunes et boiseries de bon goût à l'intérieur, avec quelques belles pierres et d'élégantes croûtes sur les murs. Cuisine simple et agréable, sur la terrasse aux beaux jours. Service un peu agité au moment du coup de feu, mais finalement bon esprit. Une petite adresse bon marché assez incontournable sur Saumur.

I●I *Les Palmiers (plan B2, 31)* : 18, rue Saint-Nicolas. ☎ 02-41-67-89-63. En plein centre. Fermé les dimanche et lundi, 15 jours fin août, et à Noël. Salades à partir de 6,10 € (40 F). Cadre fleuri pour des formules inventives et efficaces. Coude à coude garanti. Bonnes et copieuses salades dont raffolent les Saumurois, par exemple : la choletaise avec gésiers, airelles, lard grillé et vinaigre de framboise. Si toutefois, et on en doute, vous n'êtes pas rassasié, laissez-vous tenter par les galettes de sarrasin. Patron attentif. Apéritif offert sur présentation du guide.

I●I *L'Orangeraie (plan C3, 39)* : Les Feuquières, cour du Château. ☎ 02-41-67-12-88. Fermé les dimanche soir, lundi et mardi soir hors saison, ainsi que de mi-décembre à mi-janvier. Menus à 13,87 et 19,06 € (91 et 125 F). Mêmes proprios qu'aux *Délices du Château*, juste à côté, mais convient mieux aux petits budgets. Ce restaurant-salon de thé panoramique offre un joli point de vue (évidemment !) sur le château et sur la ville. Ambiance tranquille en terrasse ou dans la salle de style brasserie un peu chic. Menus qui changent au gré des saisons mais qui ne percent pas le portefeuille. Un seul reproche au service : sa lenteur au moment du coup de feu !

Prix moyens

I●I *La Pierre Chaude (plan C1, 32)* : 41, av. du Général-de-Gaulle. ☎ 02-41-67-18-83. Sur l'île d'Offard, entre les deux ponts. Traverser la Loire en direction de la gare ; c'est sur la gauche (derrière les arbres !). Fermé les samedi midi et dimanche soir et mercredi soir, ainsi que la 1re semaine de septembre et 1 semaine à Noël. Service jusqu'à 22 h. Menu à 10 € (66 F) à midi en semaine, menus « saloon » à 13,60 € (89 F) et « diligence » à 19 € (125 F). En plat principal, la « pierre chaude du boucher » peut suffire amplement : mélange de viandes et de volailles (porc, magret, etc.) que l'on fait cuire sur une... (« remplir l'espace »), le tout accompagné de délicieuses sauces. Oui, c'est ça, vous avez compris le principe ! Plaira bien à vos marmots et évite de se casser la tête ! Cuisine traditionnelle également. De plus, l'accueil est sympa et l'apéro maison offert à nos lecteurs sur présentation du guide.

Prix moyens à nettement plus chic

Les Ménestrels (plan C3, **35**) : 11-13, rue Raspail. ☎ 02-41-67-71-10. Au pied du château, dans l'hôtel Anne d'Anjou. Fermé le dimanche soir en intersaison et le dimanche toute la journée hors saison. Menus de 17,55 € (115 F), servi du lundi au samedi au déjeuner, à 53,36 € (350 F). Sans doute le meilleur resto du Saumurois. Cadre rustique, charpenterie originale et tuffeau apparent au fond d'une jolie cour fleurie. Cuistot digne d'un macaron Michelin. D'abord, son menu « affaire » à midi en est vraiment une. Ensuite, avec les menus « saveur » et « découverte » (le « dégustation » est servi uniquement pour une tablée entière), on finirait par croire que, ça y est, on l'a décrochée, la Lune ! Les spécialités changent tout le temps, mais au gré des saisons, elles finissent toujours par revenir, comme le suprême de pigeon en papillote de chou au foie gras et jus de truffe ! Bref, une jolie musique des sens chez un ménestrel de la gastronomie.

Auberge Reine de Sicile (plan C1, **37**) : 71, rue Waldeck-Rousseau ; dans l'île d'Offard. ☎ 02-41-67-30-48. Du centre, aller vers la gare et tourner juste avant le 2ᵉ pont à droite, vers le centre international de séjour. Fermé les samedi midi et lundi, ainsi que la 2ᵉ quinzaine d'août. Menus entre 16,77 € et 30,49 € (110 et 200 F), servis midi et soir. À côté d'une ravissante demeure médiévale, un resto en dehors des circuits touristiques. Chaleureuse salle à manger au calme. Dans le 1ᵉʳ menu, en principe : terrine de poisson, côte de charolais ou saumon grillé. Un peu plus cher : foie gras maison, matelote d'anguilles ou confit de canard maison. Le niveau au-dessus encore : salade tiède de saumon, sandre au beurre blanc, anguilles en matelote ou gigot. C'est-y pas beau, ça ? Réservation recommandée. Apéritif maison offert à nos lecteurs sur présentation du guide.

Les Délices du Château (plan C3, **39**) : au château de Saumur. ☎ 02-41-67-65-60. Ouvert de 12 h à 14 h 30 et de 19 h à 21 h 30. Fermé les dimanche soir, lundi et mardi soir hors saison, ainsi que de mi-décembre à mi-janvier. Un menu à midi en semaine à 19,82 € (130 F), et de 28,97 à 44,97 € (190 à 295 F) le midi et le soir. Situé dans une salle en rez-de-chaussée dans les dépendances du château. Beaucoup de caractère. Cuisine souvent à la hauteur de ses ambitions mais connaissant parfois des hauts et des bas. Au menu du déjeuner, notamment, sandre de Loire au tanin de saumur-champigny.

Le Relais (plan D3, **36**) : 31, quai Mayaud. ☎ 02-41-67-75-20. Au pied du château et en bord de Loire. Fermé les dimanche et lundi. Congés annuels en février. Formule déjeuner à 15,24 € (100 F), et menus à 19,82 et 30,49 € (130 et 200 F). Bar à vins sur les quais avec une cour-jardin aux beaux jours. Il y a les vins de Loire, que l'on peut déguster au verre, et surtout le cadre feutré, coloré, éclairé par de splendides vitraux. Bonne cuisine. Foie gras mi-cuit, sandre au beurre blanc ou ris d'agneau poêlé. Malheureusement, l'accueil est parfois un peu froid et l'on ne sert pas toujours très tard.

Où boire un verre ?

Le Café de la Place (plan C2, **60**) : 16, place Saint-Pierre. ☎ 02-41-51-13-27. Ouvert de 8 h à 23 h. Fermé le dimanche hors saison, le mardi en saison et en octobre. Des lumières tamisées colorent les deux petites salles et la fresque jazzy de ce pub chaleureux où il fait bon deviser sur les vertus de la boisson en plusieurs langues, notamment celle de Rabelais. Ici on joue à la « pissette », sorte de quatre-vingt-et-un, auquel le patron se fera un plaisir de vous initier. Encore plus sympa le samedi matin, jour de marché et d'animation sur la place. Petite carte pour se restaurer. Pour les compositeurs en herbe, un piano est à disposition.

– En été, plein de **terrasses** sympas sur cette jolie place Saint-Pierre *(plan C2)*, et dans la rue Saint-Nicolas *(plan B1)*.

À voir

Le Saumur historique

★ *Le château (plan C3)* : ☎ 02-41-40-24-40. Fax : 02-41-40-24-49. Accès à pied de la place Saint-Pierre, par la montée du Fort, ou route d'accès directe en voiture depuis la Loire, par le tunnel. Du 1er juin au 30 septembre, ouvert tous les jours de 9 h 30 à 18 h (et les mercredi et samedi, nocturnes de 20 h 30 à 22 h 30) ; du 1er octobre au 31 mai, ouvert de 9 h 30 à 12 h et de 14 h à 17 h 30, fermé le mardi du 1er octobre au 31 mars. Fermé le 25 décembre et le 1er janvier. Entrée : 6 € (39 F). Tarif réduit et enfants de 8 à 18 ans : 4 € (26 F). Forfait famille (2 adultes et au moins 2 enfants) : 17 € (112 F). Gratuit jusqu'à 10 ans. Prévoir du temps, car la visite du château comprend celle du musée avec sa section Arts décoratifs et sa section Cheval. Des travaux ont lieu depuis 1997 ; des panneaux présentent le travail de restauration de l'aile sud et de la tour ouest : explications sur le choix architecturaux, le déroulement des travaux, les découvertes archéologiques. Une vidéo permet de découvrir l'histoire du château et les personnages qui y ont vécu. Mais le château de Saumur a aussi fait la une de l'actualité en 2001 avec l'éboulement d'une partie du rempart nord. Des travaux de consolidation ont immédiatement eu lieu et le château a réouvert rapidement.

Un peu d'histoire

Il y eut avant lui plusieurs édifices dont le dernier fut le château construit par saint Louis. L'actuel date des années 1360, œuvre de Louis Ier, premier duc d'Anjou. L'architecte s'appuie sur les tours rondes pour élever ces tours polygonales reliées par un chemin de ronde à mâchicoulis. Lucarnes ouvragées, grandes fenêtres à meneaux rappellent qu'il fut aussi conçu comme un château de plaisance. Bien qu'il manque les girouettes dorées et de nombreux clochetons, il reste conforme à sa représentation dans *Les Très Riches Heures du duc de Berry*, « château d'Amour » du bon roi René. Pendant la période protestante, le gouverneur Duplessis-Mornay l'habite de 1596 à 1621. Il le fait fortifier selon un système dont s'inspira Vauban. Sous Louis XIV, puis sous Napoléon Ier, le château sert de prison (comme hôtes de marque, elle eut le marquis de Sade et l'amiral de Kerguelen et), durant le reste du XIXe siècle, de caserne. Récupéré par la Ville, dans un très mauvais état, il est superbement restauré et transformé en musée en 1912.

La visite

On pénètre dans le château par un ravissant châtelet à échauguettes. Dans la cour, puits monumental de 65 m de fond doté d'un mécanisme très ancien. Admirer l'escalier d'honneur avec ses grandes baies à balustrades ajourées. C'est le seul du XIVe siècle subsistant en France. Depuis la terrasse de la cour, panorama époustouflant sur la ville et les environs. Visite également du cachot et de la salle souterraine, cave pour l'alimentation et le vin. Pour boire un verre, par contre, ou se restaurer, aller à *L'Orangeraie* ou au resto *Les Délices du Château*, plus chic, à côté (voir « Où manger ? »).
La section Arts décoratifs : mêmes heures d'ouverture que le château. Visite guidée. Durée : environ 45 mn.

– 1re salle : tapisseries flamandes du XVe siècle (scènes de combat très fouillées, et de bal). Carrelage reconstitué à partir de copies de fragments d'origine. Coffres sculptés et statues religieuses, missel sur parchemin, crucifix limousin en cuivre doré et émail champlevé du XIIIe siècle, boîte à hosties, chasubles et chapes brodées.
– 2e salle : délicieuse *Sainte Catherine* du XVe siècle en chêne (cheveux nattés et ondoyants, traits du visage très doux, beau drapé du manteau), tapisserie *(Le Siège de Jérusalem par Titus)*, coffre de mariage Renaissance, faïences des différentes fabriques françaises et étrangères.
– Dernière salle de l'aile nord-est : ancienne chapelle. Dans le petit oratoire, faïences de Delft.
– Grande salle de l'aile sud-est (ancien salon de la Duchesse) : meubles Louis XV et tapisserie des Gobelins du XVIIIe siècle aux couleurs restées extrêmement fraîches, sur le thème des saisons. Belles faïences de Rouen et de Nevers.
– Chambre de la Duchesse (ou de la Reine) : tapisseries flamandes et d'Aubusson. Faïences de Moustiers, Marseille et Strasbourg.
– Chambre du Roi : intime et lumineuse. Portraits du duc de Lauzun et de Madame, qui ne dut sa fortune qu'à l'impossibilité pour le duc d'épouser une cousine de Louis XIV, dont il était pourtant tombé follement amoureux ! Superbe vue sur la Loire d'ici.

La section Cheval : mêmes horaires que pour la visite du château. Cadre superbe : les pièces ont de remarquables charpentes en forme de carène de navire renversée. Anciens logements de la suite des ducs d'Anjou. Toute l'histoire du harnachement du cheval, de l'Antiquité à nos jours. Préhistoire : chevaux gravés sur pierre ou os, fragment de propulseur sur bois de renne. Période gallo-romaine : petits bronzes, stèle funéraire. Quelques squelettes dans une pièce attenante. Belle collection de mors et d'étriers des XVe et XIXe siècles. Estampes, tapisseries, peintures, etc. Selles et uniformes par professions et sports (courses, gardians de Camargue, la poste à cheval, etc.). Grande collection de selles de tous les pays, dont de magnifiques exemplaires japonais et asiatiques. Selles peintes et marquetées d'ivoire d'Iran. Et puis bien d'autres très originales, d'Afrique, du Mexique, d'Argentine, etc. Dans la vitrine consacrée à la malle-poste, une véritable paire de bottes de sept lieues. Elles doivent leur nom à la distance qui séparait chaque arrêt de la voiture. Grâce à elles, le postillon évitait les durs coups de timon. Extrêmement lourdes et imposantes, elles pouvaient effrayer plus d'un Petit Poucet !

★ **La distillerie Combier** *(plan B2, 50)* : 48, rue Beaurepaire. ☎ 02-41-40-23-00. Fax : 02-41-40-23-09. De Pâques à fin mai et en octobre, ouvert du vendredi au lundi ; en juin et septembre, tous les jours sauf le mardi, de 10 h à 12 h et de 14 h à 18 h ; en juillet et août, tous les jours de 10 h à 19 h. Visite sur rendez-vous le reste de l'année. Entrée : 3,05 € (20 F) ; 2,50 € (16 F) pour les enfants (12-17 ans). Pour nos lecteurs, une entrée gratuite sur présentation du *Guide du routard*. Visite des salles de macération et de distillation avec des machines et des techniques inchangées depuis le XIXe siècle. La plus ancienne distillerie de la région encore en activité (fondée en 1834). Vous y découvrirez tous les secrets de fabrication de la liqueur (enfin, presque tous !). Jean-Baptiste Combier contribua à son époque à populariser les liqueurs créées à l'origine dans les monastères et connut le succès en inventant le fameux « triple sec », liqueur à base d'écorces d'oranges douces et amères. Puis son fils James reprit l'affaire en créant de nouvelles liqueurs et en diversifiant la production. Connu pour son côté « patron social », on chômera grâce à lui le 1er mai à Saumur ; il assurera ses employés sur les accidents du travail. Puis il accède à la mairie mais, anticlérical convaincu, il interdit toute procession religieuse dans la rue. Personnage haut en couleur, il a fortement marqué l'histoire de Saumur. Une visite originale et pleine d'anecdotes.

★ **L'hôtel de ville** *(plan C2)* : quai Mayaud. La partie gauche fut édifiée en 1508 et faisait partie du rempart en bord de Loire. Cela explique les tourelles et mâchicoulis. Dans la façade, une pierre de la Bastille. Lui est accolé un bâtiment néo-gothique du XIXe siècle. Façade côté cour, élégante tour carrée décorée de damiers en brique, le porche sculpté est de style néo-renaissance. Au fond de la cour, deux arcades en plein cintre, derniers témoins de l'illustre académie protestante.

★ **L'église Saint-Pierre** *(plan C2)* : transept et chœur du XIIe siècle et nef du XIIIe. Façade classique du XVIIe siècle, suite à un méchant coup de foudre. À l'intérieur, voûtes angevines. Dans le transept droit, porte romane particulièrement élaborée (fins chapiteaux). Mais le chef-d'œuvre du mobilier intérieur, ce sont les stalles ondoyantes, épousant de façon originale la forme de l'abside. Festival d'animaux fantastiques, fous, évangélistes et prophètes sculptés sur les miséricordes. Baldaquin, véritable dentelle de bois ciselé flamboyante. Dans le transept gauche, retable doré. Intéressants tableaux de Léon Comerre, Guido Réni, Rubens *(Déposition de Croix)*, Murillo *(Assomption)*. Dans la nef, à droite dans un enfeu, pietà en bois sculpté. Fort belles tapisseries, en particulier, dans la nef, la vie de saint Florent, l'autre raconte celle de saint Pierre (exposées de Pâques à la Toussaint). Orgue monumental.

★ **Petite promenade saumuroise :** dans le quartier du château et de l'église Saint-Pierre *(plan C2)*, nombreuses demeures anciennes le long des rues et ruelles qui ont conservé leur tracé médiéval. Très belles maisons à tourelles dans la montée du Fort. Au n° 7, celle qui aurait servi de modèle à Balzac comme logement du père Grandet. Sur le chemin du château, admirer la superbe bâtisse du XVe siècle, restaurée par les compagnons du Devoir. Place Saint-Pierre, jolies maisons à pans de bois, en particulier aux n° 3 bis, où les sculptures sont audacieuses, et aux nos 5 et 6. De la rue Dacier *(plan B2)*, quatre rues à parcourir : d'abord la *Grand-Rue*. Au n° 4, l'hôtel d'Asnières (1563) ; au n° 45 habita Duplessis-Mornay avant de s'installer au château ; au n° 47 bis, ancien logis des étudiants du temps de l'académie protestante. *Rue du Temple* : au n° 11, demeure de Louis Cappel (recteur de l'académie et pasteur de Saumur au XVIIe siècle) et au n° 13, hôtel du XVIe siècle. *Rue du Prêche :* anciennes tours de l'enceinte du XIVe siècle. *Rue des Païens :* au n° 2, maison Ducan du XVIe siècle (médecin écossais, prof de grec, de maths, de philo à l'académie). *Rue Dacier :* au n° 33, maison du roi (XVe, XVIe et XVIIe siècles) avec une ravissante tour à cinq pans, etc.

★ Sur le **quai Mayaud** *(plan C-D2-3)*, quelques bâtisses intéressantes. Entre autres, l'*hôtel Anne d'Anjou*, au n° 32. Splendide escalier intérieur, avec rampe en fer forgé et plafond peint en trompe l'œil. Entre Saint-Pierre et Notre-Dame-des-Ardilliers s'étendait le *quartier des patenôtriers*. Rue Jean-Jaurès, on notera les arcatures des anciennes boutiques de chapelets. Rue Rabelais, au n° 31, maison du XVIIe siècle, où vécut sainte Jeanne Delanoue. Petites tourelles à encorbellement. Au n° 1, rue Notre-Dame, ancienne hostellerie du XVIIe siècle, qui accueillait les pèlerins.

★ **L'église Notre-Dame-des-Ardilliers** *(plan D3)* : à la sortie de Saumur, sur la route de Montsoreau. Au départ, en 1454, la banale trouvaille d'un paysan : une petite pietà en pierre découverte dans un champ argileux (ou ardile à l'époque). Elle fit rapidement l'objet d'un pèlerinage local, puis national. Après l'édification d'une chapelle (vite dépassée), la construction d'un sanctuaire à hauteur de la dévotion populaire devint nécessaire. D'autant plus que le prestige du pèlerinage devenait pour les catholiques de la Contre-Réforme, arme de guerre contre les protestants. Les travaux débutèrent en 1655. Architecture classique d'inspiration italienne. Imposante rotonde couronnée d'un dôme en ardoise avec lanternon. Sur les côtés, larges portiques doriques à colonnes et fronton triangulaire. À l'intérieur, impression d'immensité. Entre les huit larges fenêtres, médaillons figurant les Évangélistes et les grands docteurs de l'Église (saint Grégoire, saint Augustin, etc.). Nef et chœur furent édifiés en 1673 sur les structures de la chapelle précédente. Retable monumental du maître-autel, dont la *Crucifixion* est l'œuvre du chanoine Choyer (sculpteur de la chaire de la cathédrale Saint-Maurice d'Angers). Dans la chapelle nord, édifiée par Richelieu à la suite d'un vœu exaucé, retable avec une niche close contenant la célèbre pietà découverte dans l'argile. À la Révolution, l'église servit d'entrepôt de munitions. En 1940, elle souffrit énormément de la bataille de Saumur, mais la restauration des Beaux-Arts fut remarquable. Les bâtiments jouxtant le chevet de l'église sont de la même époque. C'étaient le couvent des oratoriens-administrateurs du pèlerinage. Ils abritaient aussi l'école de théologie concurrente de l'académie protestante.

– Grandes cérémonies religieuses le 15 août et le dimanche suivant le 15 septembre (fête patronale). Renseignements : ☎ 02-41-83-14-60.

★ *L'église Notre-Dame-de-Nantilly (plan C3) :* dans le quartier du même nom. Église la plus ancienne de Saumur, avec un orgue vieux de trois siècles à la tuyauterie classée. Date du début du XIIe siècle. Façade-mur d'allure sévère avec quatre énormes contreforts. À l'intérieur, l'une des plus belles nefs romanes d'Anjou. Voûtes en berceau légèrement brisé. À la croisée du transept, coupole avec oculus. Dans le transept droit, statue particulièrement émouvante de Notre-Dame de Nantilly du XIIe siècle en bois peint. Sur le 2e pilier droit, intéressant bas-relief du XVIe siècle *(Saint Jean prêchant dans le désert)*.

– Mais les joyaux de Nantilly sont les **tapisseries** des XVIe et XVIIe siècles. Une merveille ! En particulier, *L'Adoration des bergers*. Amusant à détailler : les bergers jouent du biniou et de la flûte à bec, beaux habits des bourgeois, fond hétéroclite (campagne, chaumières, arbres luxuriants). Grande richesse du *Couronnement de la Vierge* (là aussi, végétation exubérante). La plus belle est sans doute *L'Arbre de Jessé* de 1529. Fort jolie composition : grande variété et luxe des costumes des personnages (notamment le harpiste).

– *Chapiteaux* particulièrement travaillés.

– Ne partez pas sans avoir jeté un coup d'œil aux *stalles en bois*, dans l'abside. Sur les miséricordes, des personnages grotesques joliment sculptés et une grande variété de motifs.

★ *Dans l'île d'Offard :* accès par la place de la Bilange (théâtre de 1886) et le pont Cessart *(plan C2)* date de 1756. De l'île d'Offard, la plus belle diapo de Saumur (soleil, brume du matin sur le château, vous imaginez !). Ne surtout pas manquer la **maison de la reine de Sicile** *(plan C1)*. C'est là que vécut Yolande d'Aragon (1377-1442). Elle joua un rôle historique important en éduquant (très bien) le jeune Charles VII et en encourageant la mission de Jeanne d'Arc (qui lui rendit visite ici même, émouvant non ?). Fort bel édifice à qui la maladie de la pierre donne un surcroît de charme pathétique. Porte à accolade complètement usée. Façade à pignon avec tourelle, sur le côté, et encorbellement. Grande fenêtre à meneaux au décor gothique fleuri.

Le Saumur équestre et militaire

Après l'exode de l'élite protestante, Saumur tomba en léthargie économique. L'arrivée de l'École Royale de cavalerie en 1771 relança l'activité de la ville. En 1825, un manège académique se développa au sein de l'école à l'intention des élèves officiers. Leur costume, veste noire rehaussée d'or, culotte noire, se distinguait de celui des instructeurs qui était bleu. D'où l'appellation qui découla naturellement de « Cadre noir de Saumur ». Il forma des générations d'officiers de cavalerie jusqu'en 1972. À cette date, il quitta l'armée et s'intégra à l'École nationale d'équitation. Il continue aujourd'hui à personnifier la grande tradition... « Le cheval calme, en avant, droit », cette légèreté exprimant l'harmonie parfaite qui doit régner entre le cheval et son cavalier.

★ *L'École nationale d'équitation* (hors plan par A2, 58) : à Terrefort, BP 207, 49411 Saumur Cedex. ☎ 02-41-53-50-60. Fax : 02-41-53-50-52. Réservation billetterie : ☎ 02-41-53-50-66. • tourisme-ene@cadrenoir.tm.fr • Visites guidées du 1er avril au 30 septembre, du mardi au samedi matin inclus, entre 9 h 30 et 11 h et entre 14 h et 16 h. Fermé les dimanche, lundi et jours fériés. Sur rendez-vous tous les jours de l'année pour les groupes, sauf le lundi. Visite guidée des installations de l'école, plus entraînement des écuyers du Cadre noir dans le grand manège le matin. Réduction en cas de visite couplée de l'École nationale et du Haras national du Lion d'Angers.
Pour nos lecteurs fous de chevaux, voici quelques rendez-vous réguliers, et leurs dates annoncées pour 2002.
– *Les présentations publiques du Cadre noir :* 8 dates de mai à septembre, au grand manège de l'École nationale d'équitation. Renseignements : ☎ 02-41-53-50-66. Réservation obligatoire. Entrée : 15 € (98 F). Réduction jusqu'à 16 ans et groupes : 13 € (85 F). Forfait famille (2 adultes + 2 enfants) : 38,50 € (253 F).
– *Les musicales du Cadre noir :* en 2002, les 11 et 12 octobre à 20 h. Renseignements : ☎ 02-41-40-20-60.
– Plus toutes les *grandes compétitions internationales :* voltige du 29 au 31 mars, concours complet du 23 au 26 mai, dressage du 19 au 22 septembre ; attelage du 11 au 14 juillet, et attelage traditionnel les 14 et 15 septembre. Renseignements au Comité équestre de Saumur : ☎ 02-41-67-36-37.
– Également un *salon des Arts et Métiers du Cheval* du 16 au 24 novembre 2002.
Pour toutes infos et confirmation de dates, aller sur le site Internet : • www.saumur.org •

★ *Le musée des Blindés* (hors plan par B3, 56) : 1043, route de Fontevraud. ☎ 02-41-53-06-99. D'octobre à avril, ouvert tous les jours de 10 h à 17 h ; de mai à septembre, de 9 h 30 à 18 h 30. Entrée : 4 € (26 F) ; 2,29 € (15 F) pour les enfants (7-13 ans). Tarif de groupe accordé à nos lecteurs 3,05 € (20 F) sur présentation du *Guide du routard*. Le blindé, même en pièce de musée, ça ne nous inspire pas. Seulement tout le monde ne partage pas cet avis. La notoriété de ce musée est grandissante, il s'agit sans doute même de la plus grande collection au monde. Toute l'histoire du char d'assaut autour de 150 engins provenant de plusieurs pays. Le *Tigre Royal* allemand vaut son pesant de 59 t, mais il lui faut toujours sa manivelle pour démarrer. Également le *Saint-Chamond*, l'un des deux premiers chars au monde (1917), français en prime. Tous ces monstres sont mis en situation une fois par an à l'occasion du Carrousel, la dernière semaine de juillet. Dire qu'il y en a 700 autres qui attendent dans les coulisses du musée !... Petite section sur « la place de la femme dans la guerre ».

★ *Exposition sur la cavalerie* (plan A2, 57) : place Charles-de-Foucauld. ☎ 02-41-83-92-10 ou 02-41-83-93-15 (hors saison). En principe, au sein de l'*École d'application de l'arme blindée et de la cavalerie*, dans les anciennes écuries du manège. En juin et juillet, ouvert du mercredi au dimanche de 10 h à 12 h et de 15 h à 18 h. Thème cette année : « Les Spahis ». Entrée : 2,29 € (15 F). Gratuit pour les enfants. Collection d'armes et uniformes, maquettes et figurines souvenirs historiques du XVIIIe siècle, de l'Empire, des campagnes militaires, etc.

Les caves à vin et leurs musées

La majorité d'entre elles se trouve à Saint-Hilaire-Saint-Florent (à 3 km ; *hors plan par A1*), mais pas uniquement (on ne vous parle pas ici des vignerons sur le coteau autour de Saumur). Plusieurs grandes maisons ont ouvert leurs caves à la visite. Elles sont à peu près toutes semblables et très fréquentées. Chacune essaye néanmoins de se démarquer des autres par la nature de son site et les animations organisées autour de sa production.

■ **Maison du Vin de Saumur :** sur le quai Lucien-Gautier, près de l'office du tourisme. ☎ 02-41-38-45-83. Ouvert de 10 h à 13 h et de 15 h à 19 h du mardi au samedi, ainsi que le dimanche d'avril à octobre. Entrée gratuite. Vitrine du vignoble des vins de Saumur, d'Anjou et de l'ensemble des appellations du Val de Loire. Lieu idéal pour s'informer, déguster et acheter une sélection annuelle de vins de producteurs et de négociants éleveurs.

Quelques grandes maisons

★ **Bouvet-Ladubay** (hors plan par A2) : 1, rue de l'Abbaye, Saint-Hilaire-Saint-Florent. ☎ 02-41-83-83-83. Fax : 02-41-50-24-32. De juin à septembre, ouvert de 8 h 30 à 18 h, le reste de l'année de 9 h à 12 h et de 14 h à 18 h. Visites des caves : 0,76 € (5 F). Entrée gratuite de la galerie. À visiter, notamment pour son petit théâtre du XIXe siècle construit pour les employés de l'époque et restauré, et la galerie d'art contemporain installée en face, où des expositions tournantes sont présentées toute l'année, sauf en hiver (demander la clé à l'accueil des caves). Également promoteur des journées du Livre et du Vin (voir la rubrique « Fêtes et manifestations culturelles ») et du musée du Masque.

★ **Le musée du Masque :** ☎ 02-41-50-75-26. De Pâques à mi-octobre, ouvert tous les jours de 10 h à 12 h 30 et de 14 h 30 à 18 h 30 ; de mi-mars à Pâques, tous les après-midi. Entrée : 3,81 € (25 F), 2,29 € (15 F) pour les enfants (de 6 à 14 ans). Installé dans les bâtiments des caves Bouvet-Ladubay. Saviez-vous que tous les masques qui ont fait (et font encore) la joie des premiers Mardi gras de nos chers bambins sont 100 % français et fabriqués par l'entreprise César ? D'où l'idée de faire savoir en exposant des masques (du plus traditionnel au dernier modèle en PVC), le tout sous forme de petites scènes comme la rue Saint-Denis à Paris, l'univers d'Halloween et, bien sûr, tous les hommes politiques, César et Napoléon jouant aux cartes à la tête de Saddam Hussein ou d'Hitler (un raccourci historique surprenant...). Le plus vieux masque en papier mâché date de 1870. Ludique.

★ **Ackerman** (hors plan par A2) : 19, rue Léopold-Palustre, Saint-Hilaire-Saint-Florent. ☎ 02-41-53-03-21. De mi-juin à mi-octobre, ouvert tous les jours de 9 h 30 à 18 h 30 ; sauf le lundi le reste de l'année. Entrée : 3,05 € (20 F). Gratuit pour les moins de 12 ans. « Cahier de visite » pour les enfants. Au cours d'une visite dans 7 km de superbes caves, vous découvrirez l'élaboration du saumur brut. En 1811, après un séjour en Champagne, Jean Ackerman fut le fondateur de la méthode traditionnelle à Saumur. Pendant 40 ans, il fut le seul à produire ce fameux vin. La méthode traditionnelle se caractérise par une seconde fermentation en bouteille, une lente élaboration sur lie et un vieillissement de 2 ans dans les caves.

★ **Gratien & Meyer** (hors plan par D3) : route de Montsoreau, à Saumur. ☎ 02-41-83-13-32. Fax : 02-41-83-13-49. De mi-juin à mi-septembre, ouvert tous les jours de 9 h à 18 h 30 ; le reste de l'année, de 9 h à 12 h et de 14 h à 18 h (horaires réduits les week-ends et jours fériés). Entrée : 2,29 € (15 F). Visite de la cave et dégustation gratuites sur présentation du *Guide du routard*. Très beau panorama sur la Loire. Maison familiale créée en 1864. Production à 90 % de saumur brut, le vin à bulles dont on vous expliquera le processus de vinification. Petit musée Maxime-Mabileau, du nom d'un ancien « saute-ruisseau », c'est-à-dire un garçon de course d'Alfred Gratien, devenu la mémoire de la maison. Également un musée de la Figurine.

★ **Le musée de la Figurine :** ☎ 02-41-83-13-32. De mi-juin à mi-septembre, ouvert tous les jours de 9 h à 18 h 30 ; le reste de l'année, de 9 h à 12 h et de 14 h à 18 h (horaires réduits les week-ends et jours fériés). Entrée : 3,81 € (25 F) et 2,29 € (15 F) pour les enfants de 4 à 12 ans. Une collection unique de figurines présentées dans des fûts en bois de chêne, parmi lesquelles la collection de Sacha Guitry (inspirée du film *Si Versailles m'était conté*) ou celle de Louis II de Bavière. Pour les passionnés, ou en complément de la visite des caves.

★ Plein d'autres caves, bien sûr. Parmi celles-ci, signalons **Langlois-Château** (☎ 02-41-40-21-40) et sa visite de vignes, et **Louis de Grenelle** (☎ 02-41-50-17-63), avec ses caves souterraines sous le centre-ville de Saumur.

Sports et loisirs

– **Équitation :** capitale du cheval, Saumur ne pouvait manquer d'offrir de nombreuses possibilités à ceux qui désirent pratiquer l'équitation. À Saumur et dans ses environs, une douzaine de centres équestres. Demander la liste *Équitation en Saumurois* à l'office du tourisme de Saumur.
– **Canoë et voile :** à la *base de loisirs de Millocheau*, 1, rue Éric Tabarly. ☎ 02-41-51-17-65 (voile) ou 02-41-50-62-72 (canoë). Fax : 02-41-51-27-55. Du centre, passer le pont Cessart et, avant le 2e pont, tourner à gauche au panneau, puis longer la Loire. Un centre réputé qui propose des parcours découverte, des randonnées ou des stages sur des tronçons de la Loire.
– **Promenades en toue sur la Loire :** renseignements auprès du service des sports à la mairie ☎ 02-41-83-31-02. Fax : 02-41-83-31-99 ou à l'office de tourisme. Balades de 1 h à bord de *La Saumuroise*, une toue de Loire. Visite de la gabare *Pascal-et-Carole*, à quai à Saint-Hilaire.
– **Cyclotourisme :** sorties découverte le dimanche matin, ainsi que le jeudi après-midi, organisées par les *Cyclotouristes saumurois*. Renseignements : ☎ 02-41-52-93-33. Départs depuis le parking de la place de l'Europe. Organise aussi chaque année, le 2e week-end d'octobre, la sympathique *randonnée du vin et du champignon*, ouverte aux cyclistes, VTT et marcheurs. À consommer avec modération, quand même (le vin, pas les champignons !).
– **La boule de fort :** à Saint-Hilaire-Saint-Florent, place de l'Église, la société *La Cure* se propose d'initier les visiteurs à ce jeu de boule mystérieux et si peu connu (lire l'introduction consacrée au département de Maine-et-Loire). Démonstration le jeudi à 18 h en été. Renseignements : ☎ 02-41-67-31-76. Sinon, en plein cœur de Saumur, possibilité de se rendre à *L'Union* (16, rue Brault. ☎ 02-41-67-83-26) en demandant la permission à l'un des sociétaires sur place (venir de la part du *GDR* !). Bonjour à Maurice, champion bardé de trophées et qui prodigue d'excellents conseils pour apprendre !
– *Nombreuses autres activités :* vol à voile, aviron, tennis, randonnées à pied en Saumurois, etc. Se renseigner à l'office du tourisme.

Fêtes et manifestations culturelles

– **Fêtes et concours de chevaux :** voir l'École nationale d'équitation, un peu plus haut, dans « Le Saumur équestre », rubrique « À voir ».
– **Festival international de Musiques militaires :** toutes les années impaires, fin juin. En 2002 : 29 et 30 juin. En alternance avec le **festival des Géants**, les années paires. Les orchestres étrangers apportent toujours une touche très exotique.
– **Grand Carrousel de Saumur :** chaque année autour du 20 juillet. En 2002 : 19, 20, 26 et 27 juillet. Renseignements et réservations auprès de l'office du tourisme. La grande attraction de Saumur change souvent de formule, mais il y a toujours une partie « équestre » et une partie « moto et blin-

dés ». Équitation, parachutisme, voltige, dressage, fanfares et expos viennent généralement compléter le spectacle. Réserver sa chambre d'hôtel en avance !
- *Les fêtes de la Loire :* en principe en juillet (selon la météo), sur les quais au bord de la Loire. En 2002 : les 13 et 14 juillet. Renseignements : ☎ 02-41-83-31-02. Rassemblement de vieux gréements, gabares, toues, et même des canoës... Se déroule sur 2 jours avec, pour joindre l'agréable à l'agréable, de la musique et des dégustations de vins !
- *Les journées du Livre et du Vin :* en général fin avril, au manège Bossut, place Charles-de-Foucauld. En 2002 : les 20 et 21 avril. Infos chez Bouvet-Ladubay : ☎ 02-41-83-83-83. Écrivains régionaux, bien sûr, mais aussi quelques pointures nationales qui partent de Paris en train gastronomique (les veinards !) et viennent afficher leur bonne humeur et leur dernière production littéraire autour de quelques verres du précieux liquide... On y remet aussi le prix Jean Carmet, en hommage à ce grand amateur de vin de Bourgueil, aujourd'hui disparu.

Où acheter de bonnes cochonnailles et des antiquités en vin ?

✱ *Gérard et Mireille Girardeau* (plan B2) : 51-53, rue Saint-Nicolas. ☎ 02-41-51-30-33 ou 02-41-50-29-99. Ouvert du mardi au dimanche midi de 9 h à 12 h 45 et de 15 h à 19 h 45. Fermé le lundi toute la journée, le dimanche après-midi, et en février. Bienvenue chez les Girardeau, champions toutes catégories de la manière d'accommoder le cochon ! Champion d'Europe du pied de cochon (quel fondant !), médaille d'or du boudin noir et champion de France d'un fromage de tête retentissant. Mais goûter aussi à la compotée de joue de goret, à l'andouillette à la ficelle ou à la terrine de porc « broyée comme autrefois ». Bref, les vrais dépositaires de la formule « Dans le cochon, tout est bon » ! Et puis si le cœur (et le portefeuille) vous en disent, de superbes « antiquités en vins » que Gérard déniche dans la région (quel beau métier !), comme ces coteaux du layon fin XIXe, ce vouvray 1900 (qui n'a pas bougé), une collection de chinon à damner un saint et quelques alcools 1800... Bien sûr, M. Girardeau est connu comme le loup blanc dans la région et vous retrouverez vos vedettes préférées sur les murs de son commerce, Gérard Depardieu et Claude Chabrol en tête (de cochon ?) !

▶ ***DANS LES PROCHES ENVIRONS DE SAUMUR***

★ *SAINT-HILAIRE-SAINT-FLORENT* (49400)

À 3 km de Saumur, sur la D751 (en direction de Gennes et Angers).

★ *Le musée du Champignon :* ☎ 02-41-50-31-55. Fax : 02-41-50-61-94. Visite libre ou guidée tous les jours de 10 h à 19 h du 15 février au 15 novembre. Entrée : 6,50 € (43 F), 5 € (33 F) pour les étudiants et 4 € (26 F) pour les enfants de 5 à 14 ans. Billet « duo » avec le parc miniature Pierre et Lumière à côté (voir ci-dessous). À l'accueil, demandez les fiches-jeux pour les enfants. Attention, beaucoup de monde en saison !
Saviez-vous que les fameux champignons de Paris viennent en fait de Saumur (70 % de la production française) ? Les falaises de tuffeau de la région fournirent la pierre qui servit à construire les églises, villes, villages et châteaux de la Loire. Des siècles d'exploitation de ces carrières laissèrent près de 2 500 km de galeries, dont, aujourd'hui, plusieurs centaines sont consa-

crées à la culture des champignons. Vous saurez tout sur l'histoire des perreyeux et les méthodes d'extraction du tuffeau au temps passé, avant de pénétrer dans la champignonnière en activité et de tout apprendre sur les cycles de culture des champignons, sur le mystérieux « mycélium » à l'origine du psalliote (ou champignon de couche) et les nouvelles variétés cultivées (shii-také, pleurote). Enfin, visitez le *muséum des Champignons sauvages* et la maison troglodytique, avec sa collection d'objets-champignons. Prévoir une petite laine (85 % d'humidité et température constante de 15 °C). Dégustation et vente de champignons frais. Pour nos lecteurs, sur présentation du *Guide du routard*, des recettes de cuisine avec des champignons ou des fiches de reconnaissance pour cueillir les champignons en forêt !

★ **Le parc miniature Pierre et Lumière :** 300 m après le musée du Champignon. Mêmes coordonnées, mêmes tarifs et réduction pour la visite couplée des deux sites (lire ci-dessus). Dans une ancienne carrière souterraine, qui servit également à l'édification de châteaux et d'églises du Val de Loire, reproductions miniatures en tuffeau d'une vingtaine de ces prestigieuses réalisations humaines, réalisées par un sculpteur breton. Jolie mise en lumière de la forteresse de Chinon ou de l'abbaye royale de Fontevraud, de la ville d'Angers et de la cathédrale de Tours sculptée dans un bloc de 2,20 m, mais aussi quelques édifices moins connus et tout aussi intéressants comme le clocher tors de Vieil-Baugé ou la collégiale de Candes-Saint-Martin. Original.

★ *BAGNEUX*

Dans la banlieue sud de Saumur.

★ **Le musée du Moteur :** 18, rue Alphonse-Cailleau. ☎ 02-41-50-26-10. Après le pont Fouchard, tourner à gauche. Ouvert de mai à septembre, de 9 h à 12 h et de 14 h à 18 h, fermé le jeudi et le dimanche matin ; le reste de l'année, ouvert de 14 h à 18 h, fermé les jeudi et dimanche. Entrée : 3,81 € (25 F). Tarif réduit de 10 à 16 ans : 2,29 € (15 F). Une ristourne offerte à nos lecteurs porteurs de l'édition en cours sur le prix d'entrée : 3,05 € (20 F) au lieu du plein tarif. Pour les fous de mécanique, une collection pas banale de moteurs de 1 à 12 cylindres, pesant de 800 g à 21 t, datant de 1898 à nos jours.

★ **Le dolmen de Bagneux :** 56, rue du Dolmen. ☎ 02-41-50-23-02. Visite de 9 h à 19 h. Fermé le mercredi du 1er septembre au 30 juin. Entrée : 2,29 € (15 F), enfants : 1,90 € (12 F). Vieux de 5 000 ans, un impressionnant dolmen de 500 t. Huit pierres soutenant quatre énormes tables et couvrant 90 m². Outils préhistoriques et fossiles.

QUITTER SAUMUR

En train

🚆 **Gare SNCF** *(plan C1)* **:** au nord-est du centre. ☎ 0892-35-35-35 (0,34 €/mn, soit 2,21 F).
➢ Des trains **pour Angers, Nantes, Lyon, Bourges, Vierzon, Tours, Paris**, etc.

En bus

🚌 **Gare routière** *(plan B2)* **:** à la « halte routière », place Saint-Nicolas.
➢ **Pour Angers :** *via* Gennes sur la rive gauche avec la ligne n° 5, ou *via* Les Rosiers sur la rive droite avec la ligne n° 11. En moyenne 4 départs par jour sur l'une ou l'autre ligne. Renseignements : ☎ 02-41-88-59-25.
➢ **Pour Cholet :** par Doué-la-Fontaine et Vihiers ; ligne n° 23. Renseignements : ☎ 02-41-62-11-86.

➢ *Pour Fontevraud :* par Montsoreau, Turquant, Dampierre ; ligne n° 16. Renseignements : ☎ 02-41-40-25-00.

AU SUD DE SAUMUR
DE SAUMUR À MONTSOREAU

Possibilité de prendre la route du vignoble par le coteau (D145) qui surplombe la Loire et traverse le territoire du saumur-champigny. On y cultive parfois la vigne dans des clos, le long de petits murets qui emmagasinent la chaleur pour une meilleure maturation du raisin. Se procurer le *Guide du vignoble du saumur-champigny* (gratuit), avec toutes les coordonnées des viticulteurs, auprès de la maison du Vin de Saumur ou de l'office du tourisme à Saumur. C'est aussi une petite « route des moulins » car il y en a beaucoup dans le coin. Voir notamment celui de la Herpinière, entièrement restauré (mais qui s'admire de l'extérieur !) et rejoindre Turquant.

★ *TURQUANT* (49730)

À 8 km de Saumur, vous découvrirez quelques-uns des plus beaux troglodytes des bords de Loire. Le matin, vision charmante quand le tuffeau se mordore sous les premiers rayons de soleil. De nobles habitations possèdent des fenêtres à meneaux et des porches sculptés, atout majeur de ce village de charme. Un charme que Ben Bella apprécia sans doute moins durant sa détention en France dans les années 1950-1960, quand il fut emprisonné au château ! Aujourd'hui, un village redevenu paisible...

Où dormir ? Où manger dans le coin ?

🛏 *Chambres d'hôte Le Balcon Bleu :* 2, rue des Martyrs, 49730 Turquant. ☎ 02-41-38-10-31. • turquant@chez.com • Dans le village. Chambres doubles de 30,49 à 38,11 € (200 à 250 F). Très belle maison avec une superbe cour intérieure fleurie et 5 chambres d'hôte d'un excellent rapport qualité-prix. Les plus chères sont bien sûr les plus grandes (avec kitchenette), mais elles sont toutes très coquettes... Élégant mobilier, avec parquet ou moquette, couleurs fraîches et agréables. Salles de bains impeccables. On se sent comme chez soi. Accueil discret et présent à la fois. Bonnes confitures maison pour le petit déjeuner, que l'on prend dans la magnifique pièce à vivre des charmants propriétaires. D'ailleurs, un petit déjeuner est offert pour 1 personne et par nuit sur présentation du guide de l'année.

🛏 |●| *Chambres et table d'hôte Le Petit Hureau :* 540, route de Montsoreau, 49400 Dampierre-sur-Loire. ☎ 02-41-67-92-51. • http://le-village.ifrance.com/petithureau • le.petit.hureau@wanadoo.fr • Chambres à 48 € (315 F) pour 2 et 14 € (92 F) par personne supplémentaire, petit déjeuner compris. Table d'hôte le soir à 14 € (92 F), sans le vin. Encore un site étonnant sur cette route de la Loire ! On loge dans un manoir du XVᵉ siècle, ancienne dépendance de Marguerite d'Anjou. Elle changeait, dit-on, de résidence chaque soir par peur d'être assassinée et aurait emprunté les nombreux souterrains de ce gruyère de tuffeau qui longe le fleuve sauvage... Quoi qu'il en soit, ce polar royal étant définitivement achevé, Christian et Sophie vous accueilleront avec le sourire en vous proposant trois chambres très spacieuses pour 2, 3 ou 4 personnes, avec une grande salle de bains et une cheminée. Cuisine simple et familiale, sur réservation le soir. Une bonne adresse. Parking. 10 % de remise sur le prix de la chambre (sauf en avril et en juillet) sur présentation du *GDR*.

|●| *Restaurant Les Pêcheurs :* sur la D947, 49400 Dampierre-sur-Loire. ☎ 02-41-67-79-63. ✂ Ouvert midi et

soir d'avril à mi-octobre. Fermé le soir le reste de l'année sauf le samedi. Congés : fin octobre et 2 semaines en février. Menus à 9,60 € (63 F) avant 13 h 45 et 20 h 45, et de 13,57 et 21,19 € (89 et 139 F). OK, c'est en bord de route mais, outre la terrasse pour l'apéro, il y a une jolie petite salle avec pierres et poutres apparentes, et l'accueil de la patronne est vraiment adorable. Aux fourneaux, le fringant patron, qui fait lui-même ses courses tous les matins et s'approvisionne directement en fritures et en anguilles de Loire auprès des pêcheurs du coin ! Hélas, ils sont de plus en plus rares, alors dépêchez-vous... Au menu le moins cher, un poisson du jour, frais comme un gardon, mais on ne saurait trop vous conseiller le menu « terroir » : galipettes variées (champignons farcis), escargots, anguilles ou fritures délicieuses. Dans le menu le plus cher, l'excellent et classique sandre au beurre blanc. Diable, que demander de mieux sur ces bords de Loire qu'une petite adresse authentique et conviviale à la fois ? Et tant pis pour les voitures ! Café offert à nos lecteurs sur présentation du guide.

Plus chic

▲ **Chambres d'hôte du Domaine du Marconnay :** à Parnay, sur la D947, côté Souzay-Champigny. ☎ 02-41-67-60-46. Fax : 02-41-50-23-04. Chambres pour 2, 3 ou 4 personnes de 51 à 57,15 € (335 à 375 F). 4 chambres en tout, face à une magnifique demeure seigneuriale du XVe siècle et dans un bel environnement troglodytique. Certes, c'est au bord de la route (encore !), mais la maison est assez en retrait. Détail amusant, le méridien de Greenwich passe dans la cour, selon le panneau juste en face ! On loge en fait chez une famille de vignerons. Pour la détente, le parc, la piscine et la salle TV sont à votre disposition et les chambres sont à la hauteur du lieu. La moins chère avec douche, la suivante avec bains (un peu plus grande avec un joli mobilier), la 3e est pour 3 personnes et la 4e se divise en deux chambres, avec salle de bains commune. Une adresse de charme sur un site qui n'en manque pas. Réservation conseillée, bien sûr.

À voir dans ce coin

★ **La Grande-Vignolle :** ☎ 02-41-38-16-44 ou 02-41-52-90-84. Fax : 02-41-51-79-17. ● domaine@filliatreau.fr ● Le site est ouvert de Pâques à fin septembre de 10 h à 18 h, et en octobre le jeudi de 14 h à 18 h et du vendredi au dimanche de 10 h à 18 h. C'est l'un des ensembles troglodytiques les plus remarquables de la vallée de la Loire, datant du XVIe siècle. Ses salles creusées dans le coteau surplombent le fleuve d'une quinzaine de mètres. De là-haut, on peut voir le logo des monuments historiques sculpté dans la vigne du producteur ! Pour les routards fortunés, un hôtel de luxe s'est même installé juste à côté.

★ **Le troglo des Pommes tapées :** Le Val Hulin, 49730 Turquant. ☎ 02-41-51-48-30. ♿ En juillet et août, ouvert tous les jours (sauf les lundis non fériés), de 10 h à 12 h et de 14 h 30 à 18 h ; la 2e quinzaine de juin et la 1re quinzaine de septembre, de 14 h 30 à 18 h sauf le lundi, les week-ends et jours fériés ; de Pâques au 11 novembre de 10 h à 12 h et de 14 h 30 à 18 h. Entrée : 4,60 € (30 F), 2,60 € (17 F) pour les enfants (8-16 ans, sans dégustation).
Dans une grande cave troglo, venez découvrir les « pommes tapées », très populaires au XIXe siècle et qui disparurent à l'époque de la Première Guerre mondiale. Les pommes sont déshydratées pendant plusieurs jours dans des fours en tuffeau et, suivant une recette locale, peuvent être réhydratées grâce à un bon vieux vin de pays. Pour le conditionnement, elles

sont aplaties (d'où le nom de « pommes tapées »). Les marins anglais en achetaient pour leurs longs voyages. Intéressant procédé de fabrication et ravissante reconstitution de cette activité dans le monde rural de la fin du XIXe siècle. Dépaysant. Non moins intéressante dégustation d'une recette particulièrement originale.

MONTSOREAU (49730) 550 hab.

Agréable ville-frontière avec la Touraine, au confluent de la Loire et de la Vienne, Montsoreau est classée village de charme et même l'un des plus beaux de France. D'ailleurs, son fier château est là pour en témoigner. Alexandre Dumas popularisa la petite cité dans *La Dame de Montsoreau*. Bien entendu, il prit quelque liberté avec l'histoire de Françoise de Maridor (rebaptisée Diane dans le roman). D'abord, rien ne prouve qu'elle fut la maîtresse du beau gouverneur d'Anjou, Bussy d'Amboise. Ensuite, celui-ci mourut assassiné par le mari jaloux dans un autre château que celui de Montsoreau. La brave dame se rabibocha d'ailleurs avec son mari (mort dans le roman aussi) et vécut encore 40 ans, ne lui faisant pas moins de 9 enfants.

Comment y aller ?

– *En bus :* ligne n° 16 de Saumur à Fontevraud ; en été, environ 3 départs par jour, sauf le dimanche. Bus plus fréquents hors saison. Renseignements : ☎ 02-41-40-25-00.

Adresses utiles

❚ *Office du tourisme :* av. de la Loire. ☎ 02-41-51-70-22. Hors saison, à la mairie : ☎ 02-41-51-70-15. • www.ville-montsoreau.fr • Dans le centre. En juillet et août, ouvert du lundi au dimanche de 10 h à 12 h 30 et de 14 h 30 à 18 h 30 ; mêmes horaires aux mois de mai, juin et septembre, mais fermé le jeudi. Personnel dynamique. Bonne documentation sur la région.
■ *Parc naturel régional Loire-Anjou-Touraine :* 7, rue Jehanne-d'Arc. ☎ 02-41-53-66-00. Fax : 02-41-53-66-09. • www.parc-loire-anjou-touraine.fr • Organisme de valorisation du patrimoine naturel de la région. Sorties originales sur la flore, la faune et les traditions, organisées par des prestataires privés mais labellisées par le parc. Toutes infos et documentation sur place. Se procurer en saison les *Carnets de sorties*.

Où dormir ? Où manger ?

Camping

X *Camping de l'Isle Verte :* en bord de Loire. ☎ 02-41-51-76-60. Ouvert d'avril à septembre. Compter 14 € (92 F) pour 2 personnes et une tente. 3 étoiles. Confortable et ombragé. Location de mobile homes et de bungalows, piscine, terrains de sport, etc.

Prix moyens

🛏 **Hôtel Le Bussy :** 4, rue Jehanne-d'Arc. ☎ 02-41-38-11-11. Fax : 02-41-38-18-10. Tourner à l'angle du resto *Diane de Méridor*. Fermé le mardi en février et mars. Congés en janvier. Chambres doubles de 46 à 58 € (302 à 380 F). Hôtel sans resto en surplomb du village. Une douzaine de chambres rustiques et de bon confort, correctes malgré des prix un peu élevés. Éviter quand même celles du rez-de-chaussée, moins calmes. Parking et terrasse juste en face, avec un jardin très agréable face à la Loire et au château de Montsoreau.

🍴 **Restaurant Le Saut-aux-Loups :** route de Saumur. ☎ 02-41-51-70-30. ✂ En venant de Saumur, par la D947, à l'entrée de Montsoreau. Attenant à la champignonnière du Saut-aux-Loups. Ouvert à midi seulement (y compris les jours fériés et pendant les ponts), car le soir, on fait la récolte des champignons ! En juin et septembre, uniquement le dimanche ; en juillet et août, tous les jours sauf le lundi ; le reste de l'année, sur réservation pour les groupes. Fermeture annuelle de mi-novembre à fin février. Compter à peine 9,15 € (60 F) pour une « assiette du champignonniste » avec une boisson, ou autour de 15,24 € (100 F) pour un repas complet ; pour les groupes, menu à 18,30 € (120 F) avec apéritif, café, et vin à discrétion. Voici le premier resto troglo de la région à avoir relancé les succulentes et inattendues spécialités de « galipettes ». Ce sont de très gros champignons de Paris (8 cm de diamètre minimum pour les vrais !), farcis de rillettes ou d'andouille et crème fraîche, voire d'escargots et de fromage de chèvre. Doucement dorés au cep de vigne dans un four à pain, servis avec un gamay fruité et léger. En dessert, un délicieux fromage blanc sur brioche agrémenté de pommes, parfumé de calva et caramélisé au four également. En prime, l'excellent accueil du jeune patron, des prix fort modérés, un cadre sympathique en surplomb, et des tables dehors aux beaux jours... Café offert à nos lecteurs sur présentation du *Guide du routard*. N'accepte pas les cartes de paiement.

🍴 **Restaurant Aigue-Marine :** quai Alexandre-Dumas. ☎ 02-41-38-12-52. Pile-poil au panneau qui indique la limite avec le département d'Indre-et-Loire. Fermé le lundi. Congés annuels en janvier et février. Une formule rapide à midi en semaine à 7,65 € (50 F) et des menus de 9,15 à 18,30 € (60 à 120 F). Un lieu original et agréable pour goûter aux fouées (spécialité régionale) sur un ancien sablier amarré au pied du château. Menus avec coteau du layon en apéritif, champignons à la crème, rillettes traditionnelles, *mohjettes*... Ou bien alors des fritures d'anguilles. Partie terrasse pour les langoureux couchers de soleil ! Café offert à nos lecteurs sur présentation du *GDR*.

À voir. À faire

★ **Le château :** ☎ 02-41-67-12-60. • www.chateau-montsoreau.com • Ouvert de mi-février à fin avril de 10 h à 18 h, de mai à mi-septembre de 9 h 30 à 19 h et de mi-septembre à mi-novembre de 10 h à 18 h. Fermé de mi-novembre à mi-février. Entrée : 6,07 € (40 F) ; tarif réduit 4,24 € (28 F). Le château s'est refait une beauté après la découverte de murs du premier château, datant du XIe siècle, et de grandes latrines du XVe siècle en étages, plutôt rares... En ce qui concerne la scénographie intérieure, elle est assez contemporaine (scénographes du Mont-Saint-Michel et d'Azay-le-Rideau), sur le thème des *Imaginaires de Loire*. Reconstitution de paysages et de scènes du fleuve sauvage, avec aquarelles de bateaux, jeux de lumière, girouettes traditionnelles, maquettes et rappels historiques, ainsi que des photos de la Loire étalées sur une année entière...

Mais le château a aussi un passé. Situé sur le confluent de la Vienne et de la Loire et construit en 1455 par Jean de Chambes, fidèle de Charles VII, il a fort belle allure, annonçant la transition de la forteresse médiévale vers le château d'agrément. Chargé d'histoire aussi. La fille du propriétaire, Nicole, fut l'amante du frère de Louis XI et finit mal. Sa sœur Hélène épousa le célèbre chroniqueur Philippe de Commines. Un autre Chambes, un siècle après, organisa la Saint-Barthélemy angevine. Son frère Charles devint le héros involontaire d'Alexandre Dumas. Au XVIIe siècle, un Chambes se livrait au faux monnayage et dut s'enfuir. En 1820, le château avait encore les pieds dans l'eau.

S'il possède toujours son allure défensive face à la Loire, il présente par contre une élégante façade intérieure. En particulier, admirer le bel escalier d'honneur à vis Renaissance, aux fenêtres délicatement ouvragées.

★ *La champignonnière du Saut-aux-Loups :* route de Saumur. ☎ 02-41-51-70-30. Fax : 02-41-38-15-30. En venant de Saumur, par la D947, à l'entrée du village. Ouvert du 1er mars au 11 novembre de 10 h à 18 h 30. Entrée : 4,60 € (30 F), 3,05 € (20 F) pour les enfants de 7 à 14 ans. Dans le coteau de la Maumenière, un ensemble d'habitations troglodytiques très bien conservées et de longues (très longues !) galeries creusées au XVe siècle. Là, on découvre que le « champignon de Paris » est en fait cultivé en Anjou, que les pleurotes sont jaunes et roses, et qu'il aurait fallu prendre une petite laine, parce qu'il y fait froid !

Saviez-vous qu'en fait le fonctionnement du champignon est plus proche de l'animal que du végétal ? Les techniques pour faire pousser les nouvelles variétés comme le pied-bleu ou le shii-také (ou lentin de chêne) vous surprendront peut-être, mais la reconstitution des techniques du début du XXe siècle ne vous laissera pas indifférent (cultures en meules et mannequins). À l'époque, « finir aux champignons » sonnait comme « aller au bagne », et on comprend pourquoi (claustrophobes, s'abstenir) ! Parmi les photos et documents retraçant l'histoire de la profession, le plan de cadastre d'un sous-sol troglodytique. Un vrai casse-tête. Nouvelle galerie aménagée récemment avec quelques « fantaisies champignonnesques » amusantes et bien mises en lumière, et une vesse de loup de 3,5 kg, entre autres. À la fin du parcours, une étonnante collection de plus de 200 objets provenant du monde entier sur le thème du champignon.

En marge de la visite, l'« assiette du champignonniste » (voir la rubrique « Où dormir ? Où manger ? »).

➢ *Balade* sympa dans les rues à flanc de coteau à la recherche des vieilles *demeures* datant des XVe, XVIe et XVIIe siècles. En particulier, rue Françoise-de-Maridor, chemin du Coteau, Haute-Rue, etc. Belle demeure à colombages du Sénéchal. En été, les rues se parent de roses trémières. Grimpez sur le coteau pour le panorama sur la Loire et le château. Vieux moulin-cavier de la Tranchée. Possibilité de visite guidée de la ville en juillet et août (s'adresser à l'office du tourisme).

➢ Demandez à l'office du tourisme le dépliant sur les *randonnées* à effectuer dans le coin (payant). Petit topo aussi pour découvrir cette belle région à pied.

Manifestations

– *Saison musicale :* 6 à 8 dates en juillet ou en août. Beaux concerts classiques qui se déroulent à 21 h à l'église, ou au château (selon les années).
– *Marché aux puces :* chaque 2e dimanche du mois, de 9 h à 18 h, sur le quai de la Loire. Brocanteurs, artisanat, bijoux. 50 à 60 exposants. Assez réputé.

FONTEVRAUD-L'ABBAYE   (49590)   1 490 hab.

Aux frontières de l'Anjou, de la Touraine et du Poitou, dans le jardin de la France, l'un des ensembles monastiques les plus importants d'Europe, l'un des plus fascinants également par son histoire...

JUSTEMENT, UN PEU D'HISTOIRE

L'abbaye fut fondée par Robert d'Arbrissel, un ascète qui passa sa vie (1045-1116) à lutter contre le déclin de l'Église. Grand orateur, il attira à lui des foules considérables. Des centaines de convertis l'accompagnèrent même dans ses pérégrinations, mélange hétérogène de gens de toutes classes et conditions, lépreux, vagabonds, prostituées repenties. À l'époque, cette communauté ambulante mixte étonna et inquiéta beaucoup les autorités ecclésiastiques qui préférèrent la voir se fixer. En effet, un mélange d'ascèse orientale et celte poussait les hommes à passer la nuit avec les femmes pour mieux surmonter les tentations charnelles. Robert d'Arbrissel fut donc incité à fonder un monastère. Fontevraud ne se révéla pas un mauvais choix. Jolie campagne, vallon riant, sources abondantes. Bientôt, les dons affluèrent, des dames de la haute intégrèrent la communauté, des bâtiments commencèrent à s'élever. Bien entendu, la conception du monastère tranchait aussi avec ceux de l'époque. Il était divisé en sections regroupant chacune les « tendances » de Fontevraud : le monastère des femmes (Grand Moutier), celui des hommes (Saint-Jean-de-l'Habit), celui des lépreux (prieuré Saint-Lazare), celui des anciennes prostituées (la Madeleine), les infirmeries (quartier Saint-Benoît). Ce qui contrastait également avec les mœurs de l'époque, c'était l'attention et le respect portés aux femmes par Robert d'Arbrissel. Aussi n'est-il pas étonnant qu'à son départ de l'abbaye il ait nommé une abbesse à sa tête, chose complètement inhabituelle en ce temps-là.

Les comtes d'Anjou prirent Fontevraud sous leur protection. Une des filles de la famille d'Anjou devint même la seconde abbesse. Les Plantagenêts tombèrent également amoureux de l'abbaye, au point de vouloir y être enterrés. Geoffroy le Bel, duc d'Anjou et du Maine, duc de Normandie (appelé « Plantagenêt » car il plaçait un genêt dans son heaume) disparut en 1151. Son fils, Henri II, épousa Aliénor d'Aquitaine, puis devint roi d'Angleterre. Il se révéla très généreux pour Fontevraud, qui était sur ses terres, et quand il mourut, en 1189, il fut le premier Plantagenêt enterré à Fontevraud. Dix ans après, Richard Cœur de Lion et sa sœur Jeanne moururent à leur tour, alors que leur mère Aliénor s'était retirée à l'abbaye depuis cinq ans déjà. Ils y furent également inhumés, suivis en 1204 par Aliénor. Raymond VII (comte de Toulouse et fils de Jeanne) et Isabelle d'Angoulême (veuve de Jean sans Terre) complétèrent la nécropole royale. En tout, une douzaine de membres de la famille royale y fut inhumée. Pendant ce temps-là, Fontevraud avait essaimé. En 1155, on comptait déjà plus de 60 prieurés rattachés à l'ordre. Au total, on en dénombra jusqu'à 153 (dont 5 en Espagne et 4 en Angleterre). Les XVIe et XVIIe siècles furent pour l'abbaye un second âge d'or, durant lequel s'élevèrent de nombreuses constructions prestigieuses.

Jusqu'en 1789, Fontevraud resta fidèle à sa règle : une abbesse en assuma toujours la direction. Et fait aussi le seul ordre double à s'être maintenu jusqu'à cette date. En outre, le recrutement de l'abbaye se révéla très aristocratique. Sur les 36 abbesses qui la dirigèrent, 16 étaient de sang royal. En 1738, Louis XV confia ses quatre filles à Fontevraud pour leur éducation. Une anecdote : en raison de leur rang élevé, l'abbesse dut être nommée duchesse pour avoir le droit de s'asseoir devant elles.

À la Révolution, l'abbaye fut mise en vente par lots. Les édifices sans terres ne trouvèrent pas preneur, notamment le grand monastère et l'abbatiale, ce qui les sauva. Néanmoins, ils furent abondamment pillés. En 1804, Napoléon ordonna la transformation de l'abbaye en prison.

Fontevraud : prison de cauchemar!

En 1814, la première année, il y eut 469 détenus (à partir de l'âge de 8 ans !). Leur chiffre oscilla entre 700 et 1 800. Au XIXe siècle, ce fut la plus importante prison (après Clairvaux). C'était également l'une des prisons les plus dures de France : 12 h de travail obligatoire très pénible et obéissance totale. À partir de 1839, imposition du silence absolu, consommation de tabac réglementée, jeux de hasard proscrits, punitions extrêmement sévères (cachot, pain sec), conditions d'hygiène lamentables, nourriture malsaine. Des milliers de prisonniers décédèrent de maladies comme la tuberculose. Et pourtant, plus de 75 % des détenus n'étaient pas des criminels, seulement des petits délinquants, voleurs de poules, mendiants, vagabonds, domestiques, ouvriers agricoles ou du textile, colporteurs, petites gens, bref des Jean Valjean, tous victimes ou laissés-pour-compte des crises et mutations économiques du XIXe siècle. Un chiffre sociologique intéressant : vers les années 1850, sur 1 700 détenus, moins de 100 propriétaires ! On s'aperçoit d'ailleurs qu'aujourd'hui, ça n'a pas beaucoup changé...

Quelques locataires célèbres : Auguste Blanqui, le socialiste-révolutionnaire en 1836, et Charles Maurras. Jean Genet, venu rendre visite à un ami emprisonné dans les années 40, écrivit dans *Le Miracle de la rose* : « De toutes les centrales de France, Fontevraud est la plus troublante. C'est elle qui m'a donné la plus forte impression de détresse et de désolation, et je sais que les détenus qui ont connu d'autres prisons ont éprouvé, à l'entendre nommer même, une émotion, une souffrance comparables aux miennes. »

La prison de Fontevraud ne ferma qu'en 1963... et les derniers prisonniers de droit commun ne partirent qu'en 1985 ! En fait, il ne s'agissait plus de véritables prisonniers, mais ils n'avaient nulle part où aller... Ils participèrent alors à la rénovation de l'abbaye.

Adresse utile

Office du tourisme : allée Sainte-Catherine. ☎ 02-41-51-79-45. Fax : 02-41-51-79-01. • officetourisme.fontevraud@libertysurf.fr • Dans la chapelle Sainte-Catherine. Ouvert de début avril à fin septembre, du lundi au samedi de 10 h à 12 h et de 14 h 30 à 18 h 30, les dimanche et jours fériés de 14 h 30 à 18 h 30. Lui rendre visite car, outre la doc habituelle à récupérer, vous aurez l'occasion d'admirer l'édifice : une chapelle-lanterne des morts du XIIIe siècle, avec une fort belle voûte Plantagenêt, dite « angevine ». Visites guidées du village tous les vendredis après-midi. Juste à côté, un enlumineur traditionnel, *Festina Lente*.

Où dormir? Où manger?

Prix moyens

Chambres d'hôte : chez Michel et Lucette Courant, 140, av. des Roches. ☎ 02-41-38-11-99. Dans le bas du village, en direction de Montsoreau. Chambres de 37 à 41 € (243 à 270 F) pour 2. 2 chambres pas chères pour les petits budgets, dont une communiquant avec une 3e chambre afin d'accueillir 4 personnes (salle de bains commune). Bon accueil, très grand jardin quelque peu « vallonné » et possibilité de rentrer sa voiture. À deux pas, un resto, *Le Délice*.

FONTEVRAUD-L'ABBAYE / OÙ DORMIR ? OÙ MANGER ?

🛏 🍽 *Hôtel La Croix Blanche* : 7, place des Plantagenêts. ☎ 02-41-51-71-11. Fax : 02-41-38-15-38. ● snc. lacroixblanche@wanadoo.fr ● Fermé du 13 janvier au 10 février et du 18 novembre au 29 novembre. Chambres doubles de 50 à 78,40 € (328 à 515 F) avec bains. Grand choix de menus, dont un végétarien à 15,90 € (104 F), et de 18,60 à 38,90 € (122 à 255 F). Demi-pension de 53,50 à 69,40 € (351 à 455 F) à partir de la 2e nuit. Chèques-restaurant et vacances acceptés. Hôtel charmant à côté de la célèbre abbaye de Fontevraud. Édifice respectant élégamment l'architecture locale. 21 belles chambres autour d'une cour fleurie et au calme. Tout confort (douche ou bains, téléphone, TV, et même un petit coin salon). Chambres sous les toits un peu moins chères. Cela dit, les prix sont à la hauteur de la réputation de Fontevraud... Cuisine assez renommée. Bon menu du terroir, du style pointes d'asperges sauce mousseline à la concassée de tomate, grenadins de veau sauce estragon, chariot de fromages affinés et dessert du jour. Bon foie gras du Layon. Excellent accueil. Apéritif offert, réduction de 10 % sur le prix de la chambre d'octobre à mars sur présentation du guide.

Plus chic

🛏 🍽 *Domaine de Mestré* : ☎ 02-41-51-72-32 ou 75-87. Fax : 02-41-51-71-90. ● domaine-de-mestre@wanadoo.fr ● Sur la route de Fontevraud à Montsoreau, en pleine campagne. Fermé du 20 décembre au 1er mars, et le dimanche et le jeudi pour les repas ; en mars, ouvert le week-end uniquement. Chambres doubles ou suites de 4 personnes et plus, de 52,59 à 93,76 € (345 à 615 F). Petit déjeuner à 6,86 € (45 F) par personne. Dîner à 22,87 € (150 F). Mieux vaut réserver, surtout en saison. Dans l'ancien domaine agricole des moines de l'abbaye, reconverti en hôtellerie et domaine touristique, une douzaine de chambres pleines de charme avec bains, ainsi qu'une bonne table d'hôte. On y trouve également une activité commerciale avec une savonnerie artisanale et une boutique particulièrement bien fournie. Accueil tout en efficacité, peut-être un peu trop. Réduction de 10 % offerte à nos lecteurs porteurs de l'édition en cours à partir de 2 nuits, sauf en juillet et août.

🛏 🍽 *Hôtellerie du Prieuré Saint-Lazare* : rue Saint-Jean-de-l'Habit. ☎ 02-41-51-73-16. Fax : 02-41-51-75-50. ● contact@hotelfp-fontevraud.com ● À l'intérieur de l'abbaye ; accès en voiture à gauche de la porte principale de l'abbaye (sonner). Fermé de novembre à mars. Chambres doubles de 45 à 85 € (295 à 558 F). Menus de 15 à 54 € (98 à 354 F). 52 chambres sobres et confortables, d'anciennes cellules monacales (certaines assez petites, forcément) tout confort, avec une décoration sobre et de bon goût. Si vous le pouvez, préférez les n°s 105, 106, 205 et 206, les plus grandes. Restaurant assez unique en son genre, dans le merveilleux cadre du plus petit cloître de France, avec, par exemple, la terrine de foie gras de canard mariné aux épices douces et le dos de sandre rôti sur peau au fumet de saumur-champigny. Accueil et service manquant un peu de décontraction, cela dit, comme si l'atmosphère de l'abbaye raidissait (ou régissait ?) les attitudes... Il faut dire qu'on loge au cœur de celle-ci, rendez-vous compte ! Pour les clients de l'hôtel, visite de l'abbaye à tarif réduit et, pour nos lecteurs ayant le *GDR* en poche, réduction de 10 % sur le prix des chambres.

🍽 *Restaurant La Licorne* : allée Sainte-Catherine. ☎ 02-41-51-72-49. Juste après l'office du tourisme. En été, ouvert tous les jours midi et soir. Fermé les dimanche soir, lundi et mercredi soir en basse saison. 1er menu à 22,87 € (150 F) en semaine, puis menus à 37 et 49 € (243 et 321 F) et un menu dégustation-surprise à 64 € (420 F). Réservation nécessaire. Demeure au cadre très élégant, au fond d'un jardin. Cuisine possédant l'une des meilleures réputations de la région. Ravioli de langoustine, sole, daurade et bar de ligne sont à la carte mais celle-ci change selon le marché et la saison, pour ne pas dire selon l'humeur du chef. Si c'est le jour des folies, au menu le plus cher (vraiment très cher, les vins ne sont pas compris!), attendez-vous à déguster pas moins de... 7 plats!

À voir

★ **L'abbaye royale de Fontevraud :** ☎ 02-41-51-71-41. Fax : 02-41-38-15-44. Durant octobre, ouvert de 10 h à 17 h 30 ; du 2 novembre au 31 mars, de 10 h à 17 h, du 1er avril au 31 mai, de 10 h à 17 h 30 ; du 1er juin au 30 septembre, de 9 h à 18 h. Fermé les 25 décembre, 1er janvier, 1er et 11 novembre. Visite libre ou guidée (1 h environ sur les principaux points d'intérêt). Entrée : 5,50 € (36 F). Tarif réduit (18-25 ans, familles nombreuses, enseignants) : 3,51 € (23 F). Tarif groupe à partir de 20 personnes : 4,50 € (29,50 F). Gratuit jusqu'à 18 ans et pour les demandeurs d'emploi porteurs d'un justificatif (quelle bonne idée!).

– **L'abbatiale :** sa construction commença en 1101 et se termina vers 1160. Le pape vint en personne consacrer le chœur en 1119, trois ans après la mort de Robert d'Arbrissel. Façade austère. Porche roman classique, surmonté d'une grande baie en plein cintre. Une petite niche de style flamboyant, ajoutée au XVe siècle, vient cependant lui apporter une petite touche délicate. Petit pignon encadré de deux clochetons octogonaux.
À l'intérieur, saisissante et très émouvante sensation d'harmonie et de plénitude. Le jeu des coupoles du type angoumois et le rythme des colonnes et arcatures aveugles s'articulent quasi parfaitement. Volonté de simplicité, d'austérité encore plus mise en valeur par l'exquise ornementation des chapiteaux (entrelacs, motifs végétaux, scènes de la Bible, animaux fantastiques). Transept en berceau brisé. Chœur très différent de la nef. Plus de fioritures, volonté de dépouillement correspondant à l'humilité du fondateur. Déambulatoire de 10 colonnes, surmonté d'un élégant triforium. Superbe effet de verticalité, symbolisant l'élan de la prière (21 m de haut). Nécropole royale : les gisants en pierre de tuffeau polychrome d'Henri II Plantagenêt, Richard Cœur de Lion, Aliénor d'Aquitaine et Isabelle d'Angoulême (ce dernier en bois). Manquent les tombeaux de Jeanne (fille d'Henri II) et de Raymond VII, comte de Toulouse (probablement disparus dans la tourmente révolutionnaire). On a retrouvé récemment l'emplacement initial des gisants, grâce à des vestiges de fresques, sur l'un des piliers. Une référence à Raymond VII l'authentifie. Au passage, on notera l'extraordinaire travail de restauration réalisé. Quand on pense qu'il avait été créé jusqu'à cinq niveaux d'occupation du temps de la prison (juste sous les coupoles, il y avait un dortoir). Le paradoxe, c'est que c'est probablement ce qui empêcha l'abbatiale de devenir une carrière de pierre comme tant d'autres églises.

– **Le cloître du Grand Moûtier :** un des plus grands cloîtres de monastères de femmes qu'on connaisse. Il date du XVIe siècle et remplaça le cloître roman. Le seul côté sans colonnes est dit « de la première Renaissance » (influence italienne). Monogramme de Louise de Bourbon. Noter quelques belles clés de voûtes.

– **La salle capitulaire :** porte d'entrée et fenêtres de style Renaissance à la très riche ornementation. Chose curieuse : quand Fontevraud était une prison, on procéda, dans le même temps, à des transformations et dégradations importantes pour créer des nouvelles surfaces, et à des restaurations tout aussi importantes pour sauver et mettre en valeur certaines parties. C'est ainsi qu'à partir de 1860 des détenus maçons et sculpteurs participèrent à la rénovation du cloître et du porche de la salle capitulaire. À l'intérieur, carrelage du XVIe siècle, refait au XXe siècle où l'on note la salamandre de François Ier. Admirables retombées de voûtes sur fines colonnettes. C'est dans cette salle que l'abbesse réunissait toutes les communautés en chapitre sur les questions d'intérêt général. Peintures murales de 1570 représentant *La Passion du Christ, La Dormition* et *L'Assomption de la Vierge* (certains portraits d'abbesses ont été ajoutés longtemps après).

– **Le grand réfectoire :** salle aux dimensions imposantes (45 m de long et 10 m de large). Construit au début du XVIe siècle avec 7 grandes croisées d'ogives.

– **La cuisine romane :** la visite s'achève par cette curieuse et fascinante construction faisant penser à un baptistère ou à une chapelle funéraire. En fait, c'est une cuisine (la dernière d'époque romane en France), appelée ici ***tour d'Évraud***, du nom d'un grand bandit qui y attirait, dit-on, ses victimes. Elle est de forme octogonale, recouverte de pierres donnant l'apparence d'écailles de poisson. Sur le côté, absidioles surmontées de lanternons. À l'intérieur, la complexité de l'architecture est étonnante : octogonale à la base, puis de plan carré, puis à nouveau pyramidale sous la hotte. On y trouvait six fours à bois et une vingtaine de cheminées, utilisés suivant le sens du vent. La cuisine fut abandonnée lors de la reconstruction du grand réfectoire au XVIe siècle. De là, le regard se porte sur le **prieuré Saint-Lazare**, de l'autre côté des jardins. C'était, des cinq couvents, celui qui accueillait les lépreux. L'essentiel des bâtiments date du XVIIe siècle. Seule la chapelle remonte à l'époque médiévale. Aujourd'hui, le prieuré a été transformé en hôtellerie (ouverte aux individuels, voir « Où dormir ? Où manger ? »). Superbe de dormir à Fontevraud et de se laisser bercer par le fantôme des abbesses !

– **Le Centre culturel de l'Ouest :** créé à l'initiative de trois régions (Pays de la Loire, Centre et Poitou-Charentes) dont l'abbaye est la charnière. Renseignements : ☎ 02-41-51-73-52. Fax : 02-41-38-15-44. Il vise à continuer l'entreprise de restauration et de promotion de l'abbaye en y organisant une animation permanente et une riche programmation. Rencontre avec des auteurs, artistes, comédiens ; colloques historiques, stages de musique, chant, arts plastiques, théâtre, concerts prestigieux, etc. Programme annuel. ☎ 02-41-51-71-41.

– **Les Rencontres Imaginaires :** tous les soirs au mois d'août, à 21 h 30. ☎ 02-41-38-18-17. Entrée : 13,72 € (90 F). Tarif réduit étudiants et chômeurs : 7,62 € (50 F). C'est le joli nom choisi pour des visites-spectacles de l'abbaye. L'occasion de découvrir les lieux majeurs de l'édifice au gré d'un parcours animé par des comédiens et des musiciens, et de profiter de la magie du site à la tombée de la nuit. Réservation vivement conseillée.

– Enfin, sachez qu'il n'y a que deux messes par an à l'abbaye, celles du Lundi de Pâques et de la journée grégorienne de juillet (se renseigner pour les dates). À ne pas manquer si vous êtes par ici, car les messes sont chantées.

★ ***L'église paroissiale Saint-Michel :*** dans le village, à côté de l'abbaye. Fondée au XIIe siècle. Entourée par une galerie en charpente de bois sur piliers de pierre du XVIIIe siècle. À l'intérieur, l'édifice est, dans l'ensemble, de style gothique angevin. Entre nef et transept, élégant arc triomphal à trois voussures et splendide retable en tuffeau du XVIIe siècle. Maître-autel en bois sculpté doré sur colonnes corinthiennes rapporté à la Révolution. Nombreuses œuvres d'art intéressantes provenant pour la plupart de l'abbaye : un christ en bois, maigre et pathétique, du XVe siècle, une *Crucifixion* de Dumontier (XVIe siècle), un *Couronnement d'épines* très ténébreux, une crucifixion en bois sculpté polychrome, un reliquaire avec fragments de saint Placide, saint Eutrope et saint Fortunat.

➤ DANS LES ENVIRONS DE FONTEVRAUD

★ **Le château de Brézé :** 49200 Brézé, entre Fontevraud et Montreuil-Bellay. ☎ 02-41-51-60-15. Fax : 02-41-51-63-92. • www.chateaude-breze.com • Ouvert tous les jours de mai à septembre de 10 h à 18 h. Entrée : 5,40 € (35 F) pour le château ; 5,40 € pour les douves ; 9,20 € (60 F) pour un billet couplé (château + douves). Groupes, étudiants (carte), enfants : 3,05 € (20 F) pour les douves ou le château ; 5,40 € (35 F) pour le billet château et douves. Tarif réduit accordé à nos lecteurs sur présentation du *Guide du routard* de l'année.

La famille de Colbert a eu la riche idée d'ouvrir les portes du château au public. On peut y découvrir les douves sèches les plus profondes d'Europe. C'est de ces fossés qu'a été extraite la pierre qui a servi à l'édification de l'abbaye voisine de Fontevraud. Jolie cour d'honneur Renaissance en U, restaurée au XIXe siècle. À l'intérieur, collection d'armures et raffinement dans la présentation de certaines pièces. Des toits sur lesquels on peut se promener, on embrasse avec éblouissement la campagne saumuroise et les vignobles exploités depuis le XIVe siècle par ce même château.

Mais, depuis quelque temps, ce sont les souterrains (des Xe-XVIIe siècles) qui constituent la plus grande attraction du château. Ils vous conduisent d'abord dans les douves, puis dans une cité troglodytique militaire, qui abrita au XVIIe siècle les armées du prince de Condé. On y trouve des salles monumentales (dont trois reconverties en « cathédrale d'images » avec 4 300 m^2 d'écran !). Dans ces anciens celliers seigneuriaux, les plus grands pressoirs en sous-sol d'Anjou, un fournil très important, une magnanerie (pour les vers à soie), une glacière troglodytique, un chemin de ronde dans la roche et, tenez-vous bien, un pont-levis souterrain. Impressionnant, en effet ! En fin de visite, 22 mn d'audiovisuel et une dégustation de leur AOC Saumur.

MONTREUIL-BELLAY (49260) 4 460 hab.

À 18 km au sud-est de Saumur, une charmante et accueillante petite cité, la dernière des 32 villes closes de l'Anjou à avoir quasiment conservé son aspect d'antan : une partie des murailles et des portes de ville, son superbe château, plus d'intéressants petits musées locaux. Sous l'Ancien Régime, ce fut un important centre administratif qui compta 57 paroisses. En transférant les pouvoirs de Montreuil-Bellay à Saumur, la Révolution provoqua son déclin. Même les guerres vendéennes l'oublièrent, ce qui nous vaut de retrouver Montreuil-Bellay intact.

Étape très agréable. On y déguste de bonnes spécialités locales : le boudin de brochet, les rillauds et rillettes. Pour arroser tout cela, des petits vins gouleyants, dont des blancs secs et fruités tout à la fois, aux arômes de pomme et de genêt.

Adresse et info utile

ℹ️ Maison du tourisme : place du Concorde. ☎ 02-41-52-32-39. Fax : 02-41-52-32-35. • www.ville-montreuil-bellay.fr • En juillet et en août, ouvert de 10 h à 19 h (18 h les samedi et dimanche). Le reste de l'année, horaires variables.

■ Aire de services camping-cars : place des Nobis, à côté du camping. Stationnement, eau, électricité... Très pratique.

Où dormir ? Où manger ? Où boire un verre ?

Camping

▲ |●| *Camping Les Nobis :* ☎ 02-41-52-33-66. Fax : 02-41-38-72-88. • camping.les.nobis@aol.com • ✗ En bord de rivière. Ouvert de Pâques à fin septembre. Forfait pour 2 personnes avec une tente : 14,33 € (94 F). Bar-grill (andouillettes et brochettes au feu de bois) et menus entre 9,91 et 14,94 € (65 et 98 F), avec buffet de hors-d'œuvre. Bon confort général (3 étoiles). Location de mobile homes, accès gratuit à une piscine en été, etc. Discothèque. Un vrai petit *Club Med*, quoi ! En plus, café offert à nos lecteurs sur présentation du guide. Le grand jeu.

Prix moyens à un peu plus chic

🛏 |●| *Splendid' Hôtel :* 139, rue du Docteur-Gaudrez. ☎ 02-41-53-10-00. Fax : 02-41-52-45-17. • contact@splendid-hotel.fr • ✗ En plein centre-ville. Plusieurs types de chambres doubles, de 32 € (210 F) avec lavabo, à 50,31 € (330 F) avec lits séparés et bains. Menus à 12,50 € (82 F), servi midi et soir, ou de 16 à 32 € (105 à 210 F). Belle bâtisse du XVe siècle agrandie au XVIIe. Chambres toutes conventionnelles mais propres et confortables. Petits matins qui chantent avec la fontaine centrale, mais demander si un mariage ou une fête ne sont pas prévus le week-end car on ne prévient pas toujours. L'accueil pêche aussi un peu par sa rapidité excessive... On peut préférer le *Relais du Bellay*, c'est la même maison, avec des tarifs un peu plus élevés mais au calme. Sinon, salle à manger agréable pour une cuisine fraîche et copieuse. Grand choix de poissons et spécialité de boudin de brochet. Accès gratuit aux installations de détente du *Relais du Bellay* (lire ci-dessous). Réduction de 10 % offerte toute l'année à nos lecteurs porteurs de l'édition en cours, sur le prix des chambres.

🛏 *Relais du Bellay :* 96, rue Nationale. ☎ 02-41-53-10-10. Fax : 02-41-52-45-17. • contact@splendid-hotel.fr • ✗ Chambres doubles de 44,21 à 67 € (290 à 440 F). Petit déjeuner-buffet : 8,38 € (55 F). Mêmes proprios qu'au *Splendid' Hôtel*. Fort bien situé. Deux bâtiments : celui de l'ancienne école de filles, une grande et vieille maison angevine possédant un certain charme et assez bon marché, et le nouvel édifice, plus confortable mais plus cher aussi, avec certaines chambres qui donnent sur le château et les remparts. Grande cour (celle de l'école), bien agréable avec sa piscine. Accueil convivial et détendu. Salle de fitness, sauna, hammam, jacuzzi pour repartir en pleine forme. Restaurant au *Splendid' Hôtel* à deux pas. Réduction de 10 % offerte toute l'année à nos lecteurs, sur présentation du *GDR*.

🛏 *Chambres d'hôte de la Demeure des Petits Augustins :* chez M. et Mme Guezenec, place des Augustins. ☎ et fax : 02-41-52-33-88. • moniqueguezenecbb@minitel.net • ✗ En plein centre. Fermé de novembre à mars. Chambres pour 2 à 55 € (361 F). Séduisant ancien hôtel particulier du XVIIe siècle. Mignonne petite cour de caractère, couverte de lierre. 3 chambres. Bon accueil. Ameublement ancien et odeurs rustiques, c'est M. Guezenec qui restaure. Gros chat noir angora qui ronronne. Si vous réservez un peu à l'avance (ce qui est préférable), demandez la grande chambre (la « blanche », près de la chapelle). Pour nos lecteurs, sur présentation du guide, 10 % de remise à partir de 2 nuits, hors juillet et août. Cartes de paiement acceptées.

|●| *La Grange à Dîme :* rue du Château. ☎ 02-41-50-97-24. • grange.a.dime@wanadoo.fr • En saison, ouvert tous les soirs à partir de 20 h et le dimanche midi ; le reste de l'an-

née, du vendredi au dimanche soir (tous les jours pour les groupes, sur réservation). Menu à 19 € (125 F), apéritif, café et vin compris. Pour les moins de 13 ans, menu à 9,91 € (65 F). Réservation conseillée. Situé dans une vieille grange du XVe siècle possédant une superbe charpente (taillée dans le cœur du chêne) en forme de carène renversée et visible à partir du 1er étage. Sachez que vous dînez dans un très ancien hôtel des impôts, comme son nom l'indique! Ici, menu unique avec un verre de coteaux du layon en apéritif, des champignons farcis pour vous ouvrir l'appétit, puis plusieurs fouées fourrées au beurre salé, rillettes, jarret de porc, *mohjettes* au confit de canard, salade, fromage de chèvre, plus le « caprice de la pâtissière » pour finir, café et vin compris. Un conseil, venez à jeun. Le montant de la dîme? On vous l'a dit, très raisonnable, pour pareille bombance. Bon accueil et service en tenue d'époque!

|●| ▼ Plusieurs petites adresses pour se restaurer à moindre frais à midi, ou pour boire un verre. D'abord, un sympathique café-brocante, *Au-delà du Temps*, sur la place du Marché. ☎ 02-41-51-98-44. Ouvert du mardi au samedi de 9 h à 19 h. Congés annuels en janvier et février. Salades, sandwichs, glaces et accueil très gentil. Ensuite, la *crêperie de l'Escalier Saint-Pierre*, non loin de là. ☎ 02-41-52-36-31. Enfin, juste pour boire un coup dans un cadre ancestral, le *café des Marchands*, installé dans l'ancienne maison de l'Apothicaire du XVe siècle. Aujourd'hui, aussi typique qu'à l'époque surtout, autour d'un petit « jaune »!

Où dormir dans les environs?

■ *Chambres d'hôte Château La Paleine :* 10, place Jules-Raimbault, 49260 Le Puy-Notre-Dame. ☎ 02-41-38-28-25. ● p.wadoux@liberty surf.fr ● À quelques kilomètres à l'ouest de Montreuil-Bellay. 5 chambres à 41 € (269 F) pour 2 et 11 € (72 F) par personne supplémentaire, avec cuisine à disposition. Gîte pour 5 personnes de 228 à 350 € (1 496 à 2 296 F). Ancienne propriété de viticulteurs reconvertie en chambres d'hôte. Derrière de hauts murs en tuffeau, grand jardin, presque un parc, avec 2 chambres dans la maison principale (au cachet plus ancien), et 3 chambres dans l'ancien chai refait à neuf, peut-être un peu trop! En tout cas, bon confort à ce prix, cuisine à disposition dans chaque bâtiment et excellent accueil de nos hôtes. Réduction de 10 % sur le prix de la chambre d'octobre à avril et pour 4 nuits consécutives de mai à septembre.

■ *Chambres d'hôte Château La Tour Grise :* chez Françoise et Philippe Gourdon, 1, rue des Ducs-d'Aquitaine, 49260 Le Puy-Notre-Dame. ☎ 02-41-38-82-42. Fax : 02-41-52-39-96. ● philippe.gourdon@la tourgrise.com ● À quelques kilomètres à l'ouest de Montreuil-Bellay. Chambres à 47 € (308 F) pour 2 et 12 € (79 F) par personne supplémentaire. Dans les très jolies dépendances de la propriété, deux très beaux ensembles avec entrées indépendantes, chez un vigneron en activité. Le « Chenin », avec deux chambres pour 3 personnes, salle de bains, pierres apparentes et tommettes au sol, très joli. Le « Cabernet », avec une chambre double, une mezzanine à trois lits d'une place, salle de bains et sisal au sol. Cuisine à disposition avec barbecue, salle de détente et four à pain. Grande cour intérieure fermée, très agréable, et salle de dégustation pour les amateurs de bon vin, directement du producteur au consommateur! Du bon saumur en cours de reconversion bio-dynamique. Bon accueil de Mme Gourdon qui pourra vous donner plein d'informations sur Le Puy et ses environs. Apéritif offert sur présentation du guide.

À voir. À faire

★ **Le château :** ☎ 02-41-52-33-06. Fax : 02-41-52-37-70. D'avril à fin octobre, ouvert de 10 h à 12 h et de 14 h à 17 h 30. Fermé le mardi. Entrée : 6,86 € (45 F) ; 4,57 € (30 F) pour les étudiants (16-25 ans) et 3,05 € (20 F) pour les enfants de 6 à 15 ans. Pour nos lecteurs, sur présentation du *Guide du routard*, entrée au tarif groupe, c'est-à-dire à 4,57 € (30 F). Intéressante visite guidée de 1 h.

Le premier château fut bâti au XIIe siècle. Il en subsiste une partie des remparts, douves, barbacane (bâtiment de défense) et cuisine. Agrandi par les comtes d'Harcourt aux XVe et XVIe siècles, qui privilégièrent l'aspect agrément à l'aspect défensif. Visite de la partie habitée (XVe siècle). Cuisine médiévale assez originale avec cheminée centrale sur piliers et arches gothiques, plus de grandes cheminées latérales. Remarquez, sur le mur de droite en entrant, les dimensions impressionnantes du tire-bouchon.

Dans le *Petit Château* (XVe siècle), logis des chanoines dans le style béguinage de Flandres (la belle vie, quatre appartements avec cave à vin personnelle !).

La dernière partie, le *château Neuf*, date du XVe siècle. Élégante bâtisse avec tours octogonales édifiée sur une cave avec de belles voûtes en ogives (dernière salle voûtée en anse de panier du XVIIe siècle). Salle à manger avec plafond peint. Poutres se terminant avec de petits personnages profanes (nonne nue et coquine !). Tapisserie de Bruxelles et ravissant ameublement (notamment, superbe armoire allemande avec ferrures). Chambre de la duchesse de Longueville (elle y amena son amant, La Rochefoucauld). Splendide armoire de sacristie. Grand salon (salle des gardes) : malle de mariage de la reine Margot (en cuir orné de clous), reliquaire de Jeanne de Valois, tapisserie où apparaissent, pour l'une des premières fois, le rouge et la perspective. En dessous, meuble sculpté Renaissance. Salon de musique : lustre de Murano du XVIIIe siècle et un meuble Boulle en laiton et écailles de tortue. Bel escalier à vis.

Le château produit d'excellents saumur blancs et rouges (possibilité de dégustation) et vente sur place.

★ **La collégiale Notre-Dame :** ancienne chapelle du château (XVe siècle). Ouvert de 8 h 30 à 20 h. Pas de clocher, une simple petite flèche, de puissants contreforts. À l'intérieur, volume imposant (44 m de long, 13 m de large, 18 m de haut). Grandes fenêtres flamboyantes. Vierge en bois polychrome.

➢ **Promenade dans la ville :** après la visite du château et de la collégiale, rendez-vous *place du Marché* pour admirer ses maisons anciennes (marché le mardi matin). Dans la *rue du Docteur-Gaudrez*, beaux hôtels particuliers, notamment aux nos 16 (hôtel du XVIIIe siècle) et 36 (hôtel de Chatillon) et au no 77, le clos Gaudrez. *Rue de la Mairie*, maison de l'Apothicaire (XVe siècle) avec ses figures sculptées encadrant la porte. La rue Nationale mène à la *porte Saint-Jean*, au bel appareil de pierre en bossage (avec les fentes du Pont-Levis). Tout ce côté de la ville possède encore sa muraille intacte. À côté de la porte, *chapelle Saint-Jean*, ancien hôpital au XVe siècle. Fresques intéressantes et belle charpente. À l'opposé de la rue Nationale, la *porte Nouvelle* et son élément de muraille du XVe siècle. En redescendant l'avenue du Pont, vers la rivière, sur la gauche, vous trouverez le *logis du Meunier* (XVIIIe siècle). Belle vue sur le château et le Thouet depuis le pont. Quelques îles dont l'*île aux Moines*, une des promenades favorites des familles. Au pied du château, les bords du Thouet livrent également une paisible balade. Peu avant le camping, *ruines des Nobis*, ancien prieuré bénédictin, et de l'*église Saint-Pierre* (XIe siècle).

★ **La Soie vivante :** Les Petits-Augustins. ☎ 02-41-38-72-58 ou 02-41-38-86-98. De mi-mai à mi-octobre, ouvert tous les jours, sauf le lundi, de 10 h à 12 h et de 14 h à 18 h ; en juillet et août, tous les jours, sauf le lundi matin. Entrée : 4 € (26 F), 2 € (13 F) pour les enfants de 6 à 12 ans. Et 3,05 € (20 F) pour nos lecteurs sur présentation du *Guide du routard*. Pour les enfants, questionnaire « Sur la piste de l'enfant roy ».

Tout savoir sur l'élevage du ver à soie ? C'est possible. Ici, un couple de passionnés fait revivre la tradition des magnaneries, la première manufacture ayant été créée à Tours par Louis XI. Tout le cycle de la ponte à la montée du cocon vous est expliqué. On apprend ainsi qu'en cinq semaines le ver atteint 10 000 fois son poids de naissance, qu'il a été découvert par hasard en Chine quand un cocon tombé dans le thé chaud a laissé apparaître ses fils. On y voit aussi de fabuleux métiers à tisser, comme le métier à passementerie (en fonctionnement). Ne pas rater le règlement intérieur d'une manufacture du début du XXe siècle : lever à 5 h 30, repos de 8 h à 9 h, obligation d'assister aux offices, interdiction d'aller en ville la nuit ! Vive le progrès social !

– *Canoë-kayak :* avec le club de canoë de Montreuil-Bellay (*CKMB),* rue du Moulin-de-la-Salle, au port Sainte-Catherine. ☎ 02-41-52-32-39 ou 06-82-30-44-52. Base ouverte tous les jours de mai à septembre ; de 14 h à 18 h du 3e week-end de juin au 2e week-end de septembre ; les week-ends et jours fériés le reste de l'année. Chouettes balades à faire sur le Thouet. Assez bon marché.

Manifestation

– *Festival de Mai (L'Art en fête) :* le week-end de l'Ascension. Renseignements : ☎ 02-41-52-32-39.
– *Concours des Peintres dans la ville :* le 1er dimanche du mois d'août.

➤ *DANS LES ENVIRONS DE MONTREUIL*

★ *L'abbaye d'Asnières :* à *Cizay-la-Madeleine*. ☎ 02-41-67-04-64 ou 02-41-67-04. Sur la D761, à mi-chemin entre Montreuil et Doué-la-Fontaine. Ouvert en juillet et août, tous les jours sauf le mardi, de 14 h à 18 h 30 ; et toute l'année pour les groupes (réserver par téléphone). Édifiée au début du XIIIe siècle, dans un bel environnement boisé. La nef a disparu (utilisée comme carrière de pierre au XIXe siècle), mais il reste le puissant clocher et, surtout, le chœur et le transept. Chœur tout en finesse et légèreté, avec ses huit voûtes soutenues par de délicates colonnes. Vestiges rares du carrelage vernissé d'origine. Animations en été.

★ *Méron :* à 4 km, c'est la zone industrielle de Montreuil-Bellay. Pas à visiter nécessairement, mais il faut savoir qu'elle s'élève sur un ancien camp de concentration de tsiganes créé par Vichy et géré par la sous-préfecture de Saumur. On y interna aussi des indésirables, notamment les clochards nantais !... Attendez, ce n'est pas fini. Montreuil-Bellay fut libéré en septembre 1944, les tsiganes en... janvier 1945, pour être... regroupés dans d'autres camps et finalement être libérés en décembre de la même année ! Mais, dites donc, les pétainistes n'étaient plus au pouvoir en 1945 ! Voilà, après le camp de Pithiviers, celui de Gurs-en-Béarn, une autre page sordide de notre histoire de France, soigneusement occultée... Merci à Jacques Sigot (de Montreuil-Bellay) d'avoir rappelé dans un livre cet événement ! Une stèle a été posée en 1988 pour honorer les victimes du camp.

★ *LE PUY-NOTRE-DAME* (49260)

À quelques kilomètres à l'ouest de Montreuil-Bellay. Des bus de la ligne n° 9 y mènent du lundi au samedi (information au : ☎ 02-41-69-10-00 ou 02-41-

88-59-25). Une très intéressante église de style gothique Plantagenêt pour les amateurs et une pépinière de viticulteurs dans le coin car c'est la première commune viticole du Saumurois. Deux adresses de chambres d'hôte pour dormir dans le village (voir plus haut « Où dormir dans les environs ? »).

fi *Office du tourisme :* à côté de l'église. ☎ 02-41-38-87-30. Ouvert de mi-juin à mi-septembre de 10 h à 12 h 30 et de 14 h à 18 h. Intéressant sentier « Au fil de la vigne », labellisé par le Parc naturel régional, et présentation de vins.

★ *La collégiale Notre-Dame :* dans le village du Puy. Elle fut pendant longtemps un haut lieu de pèlerinage pour l'une des reliques les plus célèbres rapportées des croisades : la ceinture de la Vierge. Ce qui explique la disproportion de l'édifice par rapport au village. Louis XI en était amoureux. Base de la tour-clocher du XIIIe siècle, partie supérieure du XVe siècle. Façade-mur au portail bien usé.
Côté rue, faux portail à sept voussures gothiques sur colonnettes avec, au-dessus, une ravissante Vierge (autrefois polychrome). L'Enfant Jésus semble lui indiquer quelque chose. À l'intérieur, ampleur harmonieuse du vaisseau. Voûtes angevines. Nef et transepts ornés d'arcatures aveugles. Superbes stalles sculptées du XVIe siècle (seuls les dais et l'ornementation en dessous sont du XIXe siècle). Particulièrement remarquables sont les représentations des saints et des apôtres (*Saint Pierre et ses clés*, et un *Saint Georges* bien usé, notamment), ainsi que les figures féminines sur le devant de la première rangée de stalles. Quelques métaphores comme l'ivrognerie sur le premier siège de droite. Dans le transept droit, le reliquaire de la ceinture de la Vierge, qui avait pour vertu de faciliter les accouchements. Ainsi Anne d'Autriche se la fit-elle livrer pour la naissance du futur Louis XIV. Anne de Bretagne l'emprunta également. Belle porte sculptée et *Assomption* du XVIIe siècle.
– Ne pas manquer la *fête du Vin et du Champignon*, le 1er week-end de juillet. Classée parmi les 100 plus belles fêtes de France. Et puis, qui sait, vous remporterez peut-être l'élection... « du mec le plus farfelu » ! Renseignements : ☎ 02-41-38-87-30.
– *Grand Prix rétro :* le dernier week-end de juillet. Entrent en compétition des véhicules de course d'avant-guerre.

★ *La cave champignonnière de Saint-Maur :* à Sanziers. ☎ 02-41-52-26-84 ou 06-81-17-35-74. Ouvert tous les jours de mars à octobre de 10 h à 12 h et de 14 h à 18 h. Entrée : 4 € (26 F) ; 2,50 € (16 F) pour les enfants de 6 à 16 ans. Dans un très joli village de viticulteurs, découverte d'une champignonnière et d'un musée entretenus avec amour, dans un environnement troglodytique du XVIe siècle. Proprio très sympa qui vous expliquera les secrets de la culture du champignon sylvestre et celui de Paname. Plein de vieux outils partout, que l'on découvre au cours d'un chouette parcours dans un vrai labyrinthe. Vente de champignons et dégustation de vins de la propriété.

★ *Le moulin à eau de Batereau :* 49260 *Vaudelenay*. Au nord du Puy-Notre-Dame. Visite le 1er dimanche de chaque mois de 14 h à 18 h ou sur rendez-vous. ☎ 02-41-38-08-79. Construit au XIe siècle, il fut abandonné au début du XXe siècle avant de se retrouver un meunier il y a peu ! Profitez-en pour le visiter car il fonctionne de nouveau.

★ *LE COUDRAY-MACOUARD* (49260)

Sur la N147 entre Saumur et Montreuil-Bellay. N'hésitez pas à flâner dans les ruelles de ce magnifique village fleuri possédant de superbes demeures des

XVᵉ et XVIIIᵉ siècles. Geoffroy, comte d'Anjou et vainqueur du seigneur de Montreuil, fit construire la forteresse pour contrer le pouvoir de la cité rivale...

■ *Mairie :* ☎ 02-41-67-98-10. Une mairie fort bien logée, où l'on vous donnera moult infos.

➤ *Balade dans le village :* voir d'abord l'*église Notre-Dame*, une ancienne chapelle seigneuriale du XIIᵉ siècle, modifiée aux XVIᵉ et XVIIᵉ siècles ; la *seigneurie du Bois*, un beau manoir restauré des XVᵉ et XVIᵉ siècles (☎ 02-41-67-88-06 ; visites guidées tous les jours de 14 h à 18 h de juin à mi-septembre) ; et puis plein d'autres édifices plus charmants les uns que les autres (dont la mairie), à travers des ruelles médiévales sculptées dans le tuffeau. Également une petite promenade botanique, de mai à octobre, pour découvrir les plantes textiles et tinctoriales (pour les tissus et teintures).

★ *La Magnanerie :* impasse Bel-Air. ☎ 02-41-67-91-24. De mi-juin à mi-septembre de 11 h à 12 h 30 et de 15 h 30 et 18 h. Entrée : 4 € (26 F). Réductions. Vidéorama de 15 mn. Élevage du ver à soie *bombyx* et de la chenille sauvage *eri* en milieu troglodytique, avec quelques plantations de mûriers. Beaucoup de vers et peu de papillons. La chrysalide est séchée dans son cocon avant la mue, car le papillon, en naissant, tache la soie. Bonne retranscription de la sériciculture aujourd'hui. Comme le dit un proverbe chinois, « La grande patience, c'est d'aller du ver à soie jusqu'à l'étoffe ». Mais dans le jeu de l'intrus, savez-vous comment distinguer l'acétate de la soie ?

★ *L'atelier de la Girouetterie :* 24, rue du Puits-Venier. ☎ 02-41-67-98-30. Fax : 02-41-67-99-10. ● www.girouette.com ● Ouvert du lundi au samedi de 10 h à 12 h et de 14 h à 18 h (19 h en été) ; en juillet et août, le dimanche en plus, de 15 h à 19 h. Gratuit, sauf pour les groupes. Fabrique, bien sûr, des girouettes, exposées sur un arbre métallique original, et des enseignes en cuivre. Sans doute les seuls à concevoir et réaliser des girouettes creusées, c'est-à-dire ajourées. Celles du village sont remarquables.

– À la Pentecôte, très jolie **fête au village de charme** (le village du Coudray-Macouard est classé).

QUITTER MONTREUIL-BELLAY

En bus

➤ *Pour Le Puy-Notre-Dame, Doué-la-Fontaine, Brissac-Quincé, Angers :* ligne nº 9. 1 à 3 départs le matin, sauf le dimanche. Renseignements : ☎ 02-41-69-10-00 ou 02-41-88-59-25.

DOUÉ-LA-FONTAINE (49700) 7 790 hab.

Depuis qu'elle a découvert le pot aux roses, Doué en est devenue la capitale ! Premier producteur de roses en France (pas de pots, bien sûr), elle a néanmoins la chance de posséder aussi les plus beaux troglos de plaine dans sa région. Bref, sans même parler de son célébrissime zoo, Doué se révèle plutôt... douée pour les sites touristiques (un peu trop, peut-être ?) et ses environs sont un bon camp de base au carrefour des grands axes Cholet-Saumur et Montreuil-Bellay-Angers.

LES TROGLOS DE PLAINE

Une des particularités de la région, c'est le falun, une roche calcaire coquillière déposée là par la mer, il y a quelque dix millions d'années. C'est à Doué qu'on trouve la couche la plus épaisse (jusqu'à 23 m). Le falun le plus dur fut largement utilisé pour la construction. Les perreyeux possédaient pour l'extraire une technique originale. Ils creusaient une tranchée dans un champ qu'ils élargissaient progressivement jusqu'à la nappe phréatique. Avantage : on pouvait travailler à l'abri des intempéries et, lorsque la carrière était épuisée, il suffisait de refermer la voûte, de remettre la terre pour utiliser les champs à nouveau totalement (ce qui explique la forme triangulaire des carrières).

Le falun le plus friable était utilisé comme sable, celui de plus mauvaise qualité, cuit dans des fours à chaux. Enfin, en dégageant la terre, puis le falun le plus friable pour créer une grande cour en profondeur, les gens du coin créaient une sorte de falaise dans laquelle ils creusaient pièces d'habitation, caves, celliers, greniers, etc. Avantage, la vente des milliers de mètres cubes de terre et falun extraits pour creuser la cour leur remboursait quasiment le prix du champ et du labeur des ouvriers. Et ils obtenaient une maison pour rien, puisqu'il n'y avait nul besoin d'élever des murs, de construire une charpente ou de couvrir le toit. Par endroits, comme à Rochemenier (voir plus loin), le sol se révélait tellement creusé que l'on ne pouvait plus le faire, sous peine d'aboutir dans la cave d'un voisin.

Adresse et infos utiles

Office du tourisme : place des Fontaines. ☎ 02-41-59-20-49. En juillet et août, ouvert tous les jours de 9 h 30 à 12 h 30 et de 14 h à 18 h ; en mai et septembre, aux mêmes horaires mais fermé les dimanche ; à partir de septembre, du lundi au vendredi de 9 h à 12 h 30 et de 14 h à 17 h 30.

Où dormir ? Où manger ?

Camping

Camping municipal Le Douet : rue des Blanchisseries. ☎ 02-41-59-14-47. Direction Angers par la D761. Ouvert du 1er avril au 30 septembre. Compter environ 8 € (52 F) pour 2 personnes et une tente, dans ce camping 2 étoiles. Près de 200 emplacements. Assez ombragé. Accès à une piscine.

Prix moyens

Hôtel de France : place du Champ-de-Foire. ☎ 02-41-59-12-27. Fax : 02-41-59-76-00. Fermé les dimanche soir et lundi, sauf en juillet-août, ainsi qu'en janvier. Chambres doubles de 37 à 47 € (243 à 308 F). Menus de 14 à 37 € (92 à 243 F). L'hôtel-restaurant de bourg dans toute sa splendeur et son conformisme pépère. 18 chambres un peu passées mais correctes, avec douche ou bains. Grande salle à manger d'un bleu royal, avec de larges sièges, au goût, disons, grandiloquent mais désuet, pour une bonne cuisine traditionnelle. Les menus proposent salade de rillauds, charlotte de sandre ou saumon au beurre blanc, etc. Et le petit menu de la semaine est classique. Accueil un peu (trop) sur la réserve.

Le Caveau : 4 bis, place du

Champ-de-Foire. ☎ 02-41-59-98-28. Ouvert tous les jours de Pâques à mi-septembre; hors saison, ouvert tous les week-ends (du vendredi soir au dimanche soir) ou la semaine sur réservation. Fermé la 1re quinzaine de janvier. Formule 2 plats à 9,15 € (60 F), à midi en semaine, sinon, menu unique à 18,30 € (120 F), vin et café compris. Demi-tarif jusqu'à 12 ans. Au cœur de la ville, dans une cave médiévale qui fut par la suite un dancing réputé, un troglo chaleureux pour déguster des fouaces et des galipettes, ô combien sympathiques, farcies aux rillauds, au fromage de chèvre ou plus simplement au beurre d'Anjou. Les formules généreuses sont une bouffée d'air pour le porte-monnaie. Les jeunes gens qui vous accueilleront vous réservent bien des surprises si vous êtes en mal de tuyaux sur la région. Sourires garantis. Soirées-théâtre à l'occasion. Cette équipe-là a plus d'une fouée dans son sac!

Plus chic

I●I *Auberge Bienvenue* : 104, route de Cholet. ☎ 02-41-59-22-44. Situé en face du zoo, dans une maison moderne. Fermé les dimanche soir et lundi, les mercredi soir de septembre à avril et la 1re quinzaine de février. Formule à 15 € (98 F), ou menus entre 19 et 40 € (125 et 262 F). Salle à manger dans un cadre moderne et bourgeois (chandeliers d'argent sur les tables) et grande terrasse aux beaux jours, mais la route passe devant. Cependant, grâce au sourire et au naturel des patrons, on vit un moment agréable. Service attentionné et cuisine traditionnelle raffinée, avec anguilles rôties, filet de sandre ou magret de canard. Menus « régional » ou « gourmand » d'un bon rapport qualité-prix. Un verre de layon est offert pour le dessert à nos lecteurs ayant le *GDR* dans la poche.

Où dormir? Où manger? Où acheter un bon confit de canard aux haricots dans les environs?

❀ I●I *Liliane Maudet* : Le Pinier, Nueil-sur-Layon, 49310 Vihiers. ☎ 02-41-59-40-62. En venant de Pont-de-Trémont (sur la D960) vers Vihiers, c'est sur la gauche (à la hauteur du lieu-dit Le Coq-Hardi). Ferme-auberge : tous les week-ends d'avril à octobre sauf le dimanche soir (réserver) et du jeudi au dimanche en juillet et août. Fermé la 1re quinzaine de janvier. Menus de 15,09 à 25,92 € (99 à 170 F). Liliane Maudet fut l'une des premières à se lancer (avec enthousiasme) dans la production de foie gras (au torchon) en Anjou. Et quelle réussite! Déjà médaillée d'or (en 1990) au concours de Saint-Aubin-de-Luigné, deux nouvelles médailles d'argent sont tombées dans son escarcelle en l'an 2000. Elle propose à la vente de délicieux magrets, gésiers, confits de canard (ah, celui aux haricots!), manchons, rillettes, etc. Accueil à la hauteur de la qualité des produits. Agréable salle de dégustation, ouverte tous les jours. À la ferme-auberge, menus à base de foie gras, confit, cou farci, magrets, légumes du jardin, fromages fermiers et dessert maison. Pas d'hébergement.

🏠 *Troglogîte d'étape Le Grison* : 1, rue des Troglogîtes, 49700 Louresse-Rochemenier (mais adresse postale : 22, rue de l'Abbaye, à Doué-la-Fontaine). Réservation impérative : ☎ 02-41-59-07-02 (M. Hugel) ou 02-41-59-28-78. Ouvert toute l'année. 10 € (65,60 F) par personne et par nuit; supplément pour bois et chauffage. Possibilité de louer des draps pour environ 8 € (52,50 F). Situé dans une cour troglodytique avec d'autres gîtes en location à la semaine, maison traditionnelle collée au tuffeau. Bien tenue. 4 chambres et 19 places en tout, mais possibilité de trouver 6 places de plus au gîte *Mousseau*, si besoin est. Cela dit, réserver très tôt, c'est vite complet ! Grande salle à manger et coin-cuisine impeccables. Cheminée pour faire du feu. Également 3 petits troglodytes disponibles à la semaine ou pour le week-end.

▲ **Chambres d'hôte Troglodytes de la Fosse :** à Forges, 49700 Meigné-sous-Doué. ☎ 02-41-50-90-09 ou 06-85-65-58-10. Chambres doubles de 44,21 à 57,93 € (290 à 380 F). Table d'hôte, sur réservation, à 19,82 € (130 F). Si vous recherchez un peu de confort au milieu de nulle part (il n'y a vraiment que le troglo de la Fosse et quelques maisons ici !), ainsi qu'une piscine pour lézarder au soleil (en espérant qu'il y en ait), voici l'endroit idéal. 8 chambres agréables et colorées, certaines familiales, dans une grande et belle bâtisse disposée autour de la piscine (chauffée). Ce fut un temps la boîte de nuit la plus réputée de la région mais, heureusement, c'est beaucoup plus calme aujourd'hui ! Utilisation d'une cuisine en supplément si l'on souhaite se faire des repas, ou table d'hôte sur réservation. La propriétaire réalise aussi des pièces de verre thermoformé, vous aurez peut-être le plaisir de manger dedans ! Apéritif offert sur présentation du guide de l'année.

I●I **Les Caves de la Génevraie :** 13, rue du Musée, 49700 Louresse-Rochemenier. ☎ 02-41-59-34-22. Fax : 02-41-59-31-12. Accès par la D761 ou la D69 au nord de Doué-la-Fontaine. Au centre du village. En juillet et août, ouvert tous les jours sauf le lundi ; le reste de l'année, ouvert uniquement les vendredi soir et samedi, ainsi que le dimanche midi (les autres jours, ouvert aux groupes de 20 personnes minimum, et sur réservation). Menu unique à 19 € (125 F), vin et café compris. Réservation obligatoire (attention, resto non-fumeurs !). « Resto-troglo » aménagé dans une galerie ayant servi de refuge pendant les guerres de Religion. Plusieurs petites salles à manger creusées dans le tuffeau et, bien entendu, bien fraîches par grosse chaleur. Demander celle de gauche, à la réservation, c'est la plus mignonne selon nous ! Repas de fouaces, galettes de froment cuites au four ou sous la cendre et que l'on fourre de rillettes, *mohjettes* (haricots blancs), champignons, fromage de chèvre... bref, les spécialités du pays, avec hors-d'œuvre, vin du Layon en apéro et anjou rouge tout au long du repas. Avant de partir, ne pas manquer la visite de l'adorable troglodyte derrière le resto, avec ses puits de lumière, son four à pain et ses vitraux. Café offert à nos lecteurs sur présentation du *Guide du routard*.

À voir

★ **Le zoo de Doué :** 103, route de Cholet. ☎ 02-41-59-18-58. Fax : 02-41-59-25-86. • www.zoodoue.fr • Ouvert du 1ᵉʳ février à la mi-novembre de 10 h à 18 h en hiver et de 9 h à 19 h en été. Entrée : 11,50 € (75 F), 5,50 € (36 F) pour les enfants jusqu'à 10 ans. Et ticket valable pour la journée.
Ceci est un paragraphe assez rare dans nos guides, car, dans l'ensemble, nous n'aimons guère les zoos. À travers le monde, combien en a-t-on vu de zoos tristes, voire sinistres ! C'est pourquoi celui de Doué-la-Fontaine marque une rupture totale avec ce que nous connaissions jusqu'à présent. D'abord, cadre assez rare de sites escarpés, anciennes carrières de falun, caves cathédrales baignées par la nappe phréatique et abondante végétation. Toutes les conditions pour recréer le milieu naturel le plus proche de la réalité ont été recherchées (parcs paysagers, îles luxuriantes, immenses volières, utilisation de vitrages, etc.). Résultat : à aucun moment n'apparaît ce sentiment de pitié qui vous étreint lors de certaines visites de zoos. D'ailleurs, beaucoup d'animaux réputés pour se reproduire très difficilement en zoo ont répondu à l'objectif en procréant, parfois de façon tout à fait excep-

tionnelle. C'est ainsi que le zoo de Doué se fixe principalement comme mission la reproduction d'espèces en grand danger de disparition et leur réintroduction en milieu naturel, comme le lynx ou les vautours-fauves (ou griffons), dont deux jeunes ont été envoyés dans le parc du Vercors, ou ces deux ours à lunettes (si, si, ça existe !), prénommés Waïka et Pedro, dernières acquisitions en provenance des zoos de Zurich et Saint-Pétersbourg, dont il resterait un peu moins de 3 000 individus au monde... Cette dimension écologique apparaît clairement dans la démarche du zoo : nombreux panneaux explicatifs détaillés, tableaux des naissances (130 pour la seule année 1999 et 43 entre janvier et juin 2000), création du Naturoscope à l'entrée. Expos temporaires par thèmes dans un lieu remarquable et extrêmement bien adapté : campagnes contre la destruction des forêts tropicales, le trafic des animaux et infos sur le processus de réintroduction dans la nature, les espèces à protéger. Pour compléter la visite, une galerie de fossiles, une autre consacrée à la préhistoire, et bien des surprises. Voilà, impossible de tout décrire ici, mais nos coups de cœur sont allés à l'étonnante grotte des roussettes, aux îles des singes, à la crique des manchots, à la volière à ciel ouvert des vautours fauves (où l'on peut pénétrer), aux lémuriens malgaches, aux varis, particulièrement émouvants, et au canyon des léopards. À faire peur. Sans oublier le ballet des hippopotames pygmées, en aquavision !

Comptez 3 h de visite. À l'entrée, un panneau indique l'heure de repas des animaux, on peut donc composer son itinéraire en fonction de ce que l'on désire voir : des vautours se jeter sur une carcasse de bœuf, les manchots ou les loutres pêcher leurs poissons, etc. Sinon, parcours bien ficelé puisque, en prenant toujours les allées de droite, on voit toutes les bêtes et on ne se perd jamais. Nous conseillons d'ailleurs vivement l'achat de la brochure où, outre le plan de la visite, vous découvrirez les portraits commentés de chacun des pensionnaires. Vraiment intéressante ! Pour conclure, nos lecteurs photographes, par la diversité et l'originalité des angles de vue, y réaliseront des clichés tout à fait inhabituels. Un zoo décidément pas comme les autres...

★ *Le musée des Commerces anciens :* ☎ 02-41-59-28-23. Ouvert en mars et avril de 9 h 30 à 12 h et de 14 h à 18 h (fermé le lundi), de mai à novembre, ouvert de 9 h 30 à 12 h et de 14 h à 19 h. En juillet et août, sans interruption de 9 h à 19 h. Fermeture au public du 15 novembre au 15 mars. Entrée : 5,50 € (36 F) ; 3,50 € (23 F) pour les enfants de 6 à 16 ans. Installé dans les anciennes écuries Foulon.

Une rétrospective foisonnante des boutiques d'antan. Ce panorama du petit commerce en milieu rural de 1850 à 1950 est tout simplement fascinant. Au 1er étage, le bistrot, la salle des réclames, l'apothicaire, l'échoppe du cordonnier, l'atelier du chapelier, la boutique de parasolerie. Au rez-de-chaussée : la rue commerçante, avec ses façades, devanture, corniche et gouttières d'origine (1860). Dans le capharnaüm de la droguerie, les produits d'entretien : « OXEBO, FAINEUF, TAKA, YAXA », la peinture « KIMDY », le « SAKY TUE » pour punaises. La colle « FIXEFORT » et, pour y croire, une assiette fendue recollée et qui supporte un poids de 2 kg. Cette petite démonstration publicitaire a 70 ans. Incroyable ! « FIXEFORT » nous a convaincus.

Dans l'épicerie-mercerie, des paquets de fécules, que l'emballage a préservées d'un siècle d'humidité, le seau de confiture « DAME TARTINE », le gros pain de sucre que l'on cassait au détail, les échantillons de dentelles et même le livre de compte (en 1838, une certaine Mme Lefèvre a acheté un œuf qu'elle a payé 6 centimes), ainsi que la fameuse réclame du chocolat Elesca : « LSKCSKI » ! Derrière la vitrine de chapeaux, des feutres, gibus, un haut-de-forme noir dont la couleur change huit fois selon la lumière, la marotte en cire avec de vrais cheveux. Dans l'armurerie, le fameux miroir aux alouettes. La boutique de jouets digne des merveilles de Lewis Caroll, avec le « pédagogique » petit menuisier, la vieille dînette en tôle. Il suffit d'ouvrir une boutique pour que tout prenne vie d'un coup. La clochette de la porte, les odeurs oubliées qui nous assaillent... Nostalgie garantie.

★ **Les ruines de la collégiale Saint-Denis :** de la fin du XIIe siècle. De style angevin à nef unique. La croisée et une chapelle possèdent encore leur voûte. Dans la nef, beaux chapiteaux de style roman.

★ **La maison carolingienne :** bd du Docteur-Lionet. Au sud de Doué. C'est la plus ancienne demeure fortifiée de France. On pense qu'elle fut la résidence d'été de Louis le Pieux, fils de Charlemagne.

Le Doué troglodytique

On vous rappelle que le zoo se situe également sur un site troglo !

★ **La rue des Perrières :** ne pas manquer cette rue troglodytique typique. Au n° 545, on y trouve notamment le *centre des Perrières*. ☎ 02-41-59-71-29. Fax : 02-41-59-06-13. Pour la visite, ouvert de mi-juin à mi-septembre de 10 h à 18 h, fermé le lundi ; hors saison, sur rendez-vous. Entrée : 3,50 € (23 F) ; réductions enfants et groupes. Ancienne carrière et habitation, aujourd'hui superbe centre de séjour pour collectivités (hébergement pour les groupes). Vous découvrirez surtout (encore plus par jour de grand soleil) l'intelligence de cette architecture avec la *cave cathédrale*. Salles à l'aura lumineuse, parfois à la douce pénombre (ou lumière diffuse suivant l'orientation), puits de lumière, fraîcheur particulièrement agréable par grosse chaleur, pierre prenant des tons mordorés ou couleur de miel, etc.

– Dans la même rue, juste à côté, un repaire de nains de jardin dans une demeure troglodytique parfois ouverte à la visite (horaires sur la porte). D'autres abritent divers ateliers.

★ **La cave aux Sarcophages :** à La Seigneurie, 1, rue Croix-Mordret. ☎ 02-41-59-24-95. Ouvert d'avril à mi-septembre tous les jours de 10 h à 12 h et de 14 h à 19 h, toute l'année sur réservation pour les groupes. Entrée : 3,35 € (22 F) ; réductions. Visite guidée. Décidément, vous passerez une bonne partie de votre journée sous terre ! Creusé dans le falun, un site archéologique troglodytique où l'on pratiquait l'extraction de sarcophages monolithiques du VIe au IXe siècle à l'époque mérovingienne. Aujourd'hui, inscrit à l'Inventaire supplémentaire des monuments historiques. Une partie de l'activité consistait à évider le bloc pour former la « cuve », puis d'autres pierres étaient extraites pour fabriquer le couvercle. On a pu évaluer à environ 35 000 le nombre de sarcophages extraits. Réservé aux seigneurs et personnages illustres, le sarcophage devait assurer le confort des morts. Voir en fin de visite une superbe salle dite « en cathédrale », servant à l'extraction de pierres par tranchées. Ça paraît très compliqué comme ça, mais on comprend très vite sur place. Un conseil, attention à votre tête...

★ **La Sablière :** 16, rue de la Petite-Riffaudière. ☎ 02-41-59-96-83. Ouvert d'avril à octobre tous les jours de 10 h à 12 h et de 14 h à 19 h. Entrée : 3,05 € (20 F), 2 € (13 F) pour les enfants. Visite guidée. Derrière l'église Saint-Denis (c'est fléché). On vous en a tant parlé ! Vous allez une fois de plus vous retrouver sous terre pour comprendre comment étaient creusées les galeries desquelles on extrayait le falun, sable calcaire. Cette sablière est l'œuvre de Maurice Grégoire, qui a passé sa vie à creuser une galerie souterraine sur environ 60 m de longueur. C'est à la fois impressionnant quand on pense aux heures de travail fournies par un seul homme, et très dépouillé. Le plus étonnant, devant l'ampleur de la tâche, c'est que les actuels propriétaires de la maison n'ont découvert cette cave que par hasard. Intéressantes scènes reconstituant la vie du malheureux Maurice Grégoire qui, à force de travailler dans le noir, perdit la vue. Atelier de fabrication artisanale d'eau de rose et de bleuet. Cadeau pour nos lecteurs, sur présentation du *Guide du routard* de l'année, un kir à la rose : original, non ?

– La maison a également ouvert la **Ferme d'antan**, route de Cholet, Ouvert de mai à fin septembre de 10 h à 19 h. Entrée : 2,50 € (16 F). Réductions. Veaux, vaches, cochons, outils et un jardin de 2 500 rosiers avec 80 variétés différentes, utilisées pour la distillation de l'eau de rose. Animations en juillet et août et dégustation gratuite d'un kir à la rose, de bonbons ou de limonade à la rose sur présentation du guide.

★ **Les arènes :** rue des Arènes. ☎ 02-41-59-22-28. Ouvert de 14 h à 18 h du 1er avril au 30 septembre. Fermé le mercredi. Gradins creusés dans le falun. Arènes en général attribuées aux Romains, mais plus probablement aménagées au Moyen Âge pour des spectacles. Forme vaguement elliptique de 45 m x 36 m.
Si vous êtes par là à cette période, ne pas manquer le sympathique marché de Noël.

Au nom de la rose...

★ **Les chemins de la Rose :** au parc de Courcilpleu (quel joli nom !), route de Cholet. ☎ 02-41-59-95-95. Après l'*Auberge Bienvenue* et le rond-point qui suit, sur la droite. Ouvert tous les jours de mi-mai à mi-septembre et les 2 derniers week-ends de septembre, de 9 h 30 à 19 h. Entrée : 5,50 € (36 F), 3,05 € (20 F) pour les enfants de 5 à 17 ans. Il manquait à Doué, leur capitale, un lieu pour rassembler les plus belles roses de France, voilà qui est fait : 8 000 rosiers pour 900 variétés de roses, dans un parc privé à l'anglaise, le long d'un beau parcours plein de santé. Une pépinière d'infos sur l'histoire de la rose. Du bouton à la pointe de l'épine, vous saurez tout sur la rose Jacques Cartier, la Yolande d'Aragon ou la William Shakespeare et vous repartirez sans doute avec de bons conseils et des projets pour votre propre jardin secret... Une des plus belles roseraies de France et un must pour les romantiques que nous sommes (on n'a pas dit « fleur bleue » !). Animations en saison et marchés aux rosiers pour faire ses emplettes en juin et novembre.

★ **Le jardin des Roses :** situé entre le zoo et le musée des Commerces anciens. Ouvert de 9 h à 19 h toute l'année, mais période recommandée du 1er juin au 31 août. Entrée libre. Renseignements à l'office du tourisme.

Manifestation

– **Les Journées internationales de la Rose :** sur 5 jours autour du 14 juillet, aux arènes (voir plus haut). Avec près de 100 000 boutons de rose exposés, c'est un concours international d'art floral qui remporte chaque année un vif succès.

➤ *CIRCUIT DES TROGLOS ET DANS LES ENVIRONS DE DOUÉ*

Au nord de Doué, nombreux sites et villages troglodytiques à visiter. Il faut prendre le temps de découvrir l'ingéniosité de nos ancêtres et la qualité d'un mode de vie très apprécié aujourd'hui des touristes. Hébergement et restauration en troglo connaissent un succès certain. Et puis une bonne journée troglo se termine nécessairement dans un resto... troglo !

★ ROCHEMENIER

Situé à 7 km environ au nord de Doué.

★ *Le village troglodytique :* ☎ 02-41-59-18-15. • http://perso.club-internet.fr/troglody • Ouvert tous les jours ; du 1er avril au 1er novembre, de 9 h 30 à 19 h ; en février, mars et novembre, les week-end et jours fériés de 14 h à 18 h. Fermé en décembre et janvier. Entrée : 4 € (26 F), 2,20 € (14 F) pour les enfants, lycéens et étudiants. Essayer de venir le matin ou pendant l'heure du déjeuner, voire d'éviter le week-end en saison (beaucoup de monde).

Voici seulement deux exemples parmi les 40 fermes troglo et les 250 salles creusées de la commune ! Particulièrement remarquables. Excellente petite brochure (payante) pour en faire une visite vraiment complète et enrichissante. Objets, outils et machines diverses recréent bien l'atmosphère d'antan. La qualité des pièces présentées en fait également un excellent musée ethnographique. Un site d'autant plus passionnant que l'on vient d'y retrouver les traces d'une nécropole gallo-romaine et carolingienne... Et dire qu'au début du XXe siècle, elles étaient encore habitées ! Dans la première ferme, creusée aux XVIIe et XVIIIe siècles (avec des parties XIIIe), noter le beau pressoir à huile de noix, en orme et en chêne, avec son treuil appelé « la mariée » et son rouleau de grès pour écraser les noix de tout son poids ; ainsi que le « jitte », cheminée qui permettait de verser le raisin directement dans le pressoir à vin (dit « casse-cou ») sans avoir à faire descendre le lourd charroi dans la cour. Vous verrez successivement les granges, le cellier, l'étable, la chambre à coucher. Remarquez la porte à bourdonneau dans la salle n° 4, sans aucune espèce de charnière ! Dans la deuxième ferme, puits de lumière, voûte à coubles, salle de veillée où en hiver, la chaleur des corps de 30 personnes qui y cassaient des noix suffisait pour amener la température à 12 °C (confortable, pour les mentalités de l'époque). Plusieurs salles d'expo, l'ancienne chapelle souterraine, les habitations modernisées. De vieilles photos en noir et blanc redonnent vie à l'ensemble, tout comme ces animaux de basse-cour en été. Incontournable.

★ *L'église Sainte-Madeleine-et-Saint-Jean :* appelée aussi *Sainte-Émérance*. Juste en face du village troglodytique. À la fois émouvante et superbe, elle date du XIIIe siècle. Élégante porte en accolade. Intérieur rustique empli de fraîcheur, avec vieilles poutres porteuses, murs blanchis à la chaux, plafond en bois. Chœur de style classique. On y célèbre la messe une fois par an, le 21 janvier, jour de la Sainte-Émérance : celle-ci guérissait les coliques et éloignait les orages. Au début du XXe siècle, un sonneur volontaire faisait encore tinter la cloche à l'approche de lourds et noirs nuages. Quelques chants grégoriens (enregistrés, bien sûr) renforcent cette douce et puissante atmosphère...

★ *La caverne sculptée de Dénezé-sous-Doué (49700) :* ☎ 02-41-59-15-40. Fax : 02-41-59-21-72. À 3 km de Rochemenier, sur la D69. Ouvert tous les jours de 10 h à 19 h du 1er juin au 31 août ; de 10 h à 18 h en septembre ; de 14 h à 18 h en avril et en mai ; fermé le lundi sauf si férié ; le reste de l'année, sur rendez-vous. Entrée : 3,80 € (25 F), 2,20 € (14 F) pour les enfants. L'un des points d'orgue d'une visite en pays troglo.

Découverte en 1956, c'est l'une des œuvres d'art les plus insolites et mystérieuses d'Anjou. Des centaines de personnages sculptés dans le tuffeau forment une immense bande dessinée qu'on a datée des XVIe et XVIIe siècles. Le caractère métaphorique de certaines scènes, des détails étranges, des situations ou descriptions humoristiques intriguent beaucoup les spécialistes. Ainsi, dans quelques scènes, s'y moque-t-on des grands de l'époque et de la mode (les vêtements permirent d'ailleurs la datation). On y voit des gens bizarres (Indien, personnage en caleçon, une pietà inhabituelle, virulente caricature d'un tableau de Michel-Ange, nombreux visages déformés et tordus), ainsi que des personnages célèbres, Catherine de Médicis et François Ier en tête (le roi voulait décapiter les confréries de métiers!). Le trait est frondeur, volontiers caricatural. Bien sûr, nous laissons à l'excellente guide et conservatrice le soin d'égrener ses explications affûtées à ce sujet. Ce qu'on peut dire, c'est que, à l'époque, vécut dans la région une communauté de sculpteurs de pierre aux traditions très libertaires. Ils formaient une confrérie au-dessus des races et des religions. Dans le village, d'ailleurs, en pleine guerre de Religion, les cultes catholique et protestant étaient célébrés alternativement dans l'église paroissiale, preuve de la tolérance qui y régnait. Interdits d'activité par le roi, peut-être cherchèrent-ils à se venger, à exprimer dans la pierre, avec douleur, humour et subversion, leur protestation contre l'ordre moral, inaugurant par là l'art populaire contestataire.

Ce petit chef-d'œuvre fut longtemps en danger, après que des ruissellements d'eaux polluées au nitrate aient provoqué un effritement dramatique de la pierre (bras, nez, oreilles tombèrent à une grande cadence). La dégradation semble s'être stoppée, si l'on exclut quelques problèmes tenaces dus au salpêtre. Vous verrez donc les statues avec une couleur différente selon le climat et les périodes de l'année, mais il semble que le pire soit derrière nous. Bon, il serait tout de même temps que les monuments historiques inscrivent ce site fascinant à leur inventaire supplémentaire! En attendant, prenez de l'avance sur eux et inscrivez-le à votre programme, il est remarquable.

★ *La Fosse :* à *Forges*. ☎ 02-41-59-00-32 ou 02-41-52-27-60 (hors saison). ♿ À 4 km de Doué-la-Fontaine. Ouvert tous les jours de début juin à fin septembre, de 9 h 30 à 19 h ; en mars, avril, mai et octobre, de 9 h 30 à 12 h 30 et de 14 h à 18 h 30 ; en février et en novembre, le week-end de 14 h à 18 h. Fermé de début décembre à fin janvier. Entrée : 4,12 € (27 F). Une ristourne offerte à nos lecteurs sur présentation du guide : entrée à 2,90 € (19 F). Il n'existe qu'une quarantaine de caves habitées dans ce canton et pourtant, le troglo est la seule architecture qui n'a pas besoin de reconstitution. Bernard Foyer, dit Nanard Pictus, habitant troglodytique invétéré, frondeur et conservateur de cette ferme souterraine, en connaît un rayon, et pour cause. Il est aussi membre de la confrérie qui en défend les usages, sans se prendre pour autant trop au sérieux. Ce troglo n'a pas été retouché comme à Louresse-Rochemenier. Un vrai terrier humain de 1830 qui comprend nécessairement aussi les « appartements » de la gent domestique, poules, furets, lapins. On préfère les caves d'habitation, évidemment. Pittoresques alvéoles très *cosy* comme la pièce appelée « au privé d'amour » et scènes pleines d'humour à coup de petits panneaux rigolos disséminés un peu partout, comme ce mannequin représentant « le père Bontemps, 87 ans et bien conservé »! Également quelques comparaisons intéressantes avec l'habitat tunisien de Matmata ou, mieux, celui de l'Aragon espagnol. Collection de fossiles, puits à deux niveaux, beau site, etc. Chambres d'hôte juste en face (*L'Estaminet de la Fosse*; voir plus haut).

QUITTER DOUÉ-LA-FONTAINE EN BUS

➢ *Pour Angers :* en période scolaire, environ 3 départs par jour (sauf le dimanche) ; en été, 2 départs par jour.
➢ *Pour Montreuil-Bellay :* 2 départs par jour (sauf le dimanche). Renseignements : ☎ 02-41-69-10-00.

LA RÉGION DES COTEAUX DU LAYON

À l'ouest de l'axe Angers, Doué-la-Fontaine, Montreuil-Bellay, de part et d'autre de la rivière Layon (en gros, de Nueil-sur-Layon à Saint-Aubin-de-Luigné), s'étire une région qui produit l'un des plus fameux vins d'Anjou : le coteaux du layon. Sur le plan touristique, même si la région autour de Saint-Aubin-de-Luigné fut assez blanche, le Layon marqua une sorte de frontière entre des zones d'influences entre royalistes et républicains (surtout influences stratégiques et militaires). Les Blancs disaient d'ailleurs : « Après Vihiers, faut point s'y fier ». De même, le jeu de boule de fort ne va pas au-delà du Layon, et il est inconnu dans les Mauges. Lire aussi « Les p'tits vins d'Anjou » au début du chapitre sur le département pour le rôle assez « historique » du coteau du layon dans la région.

Géographiquement, c'est une région de collines plus ou moins escarpées, superbement exposées au midi. L'appellation coteaux du layon recouvre 25 communes. Six d'entre elles, vu la qualité de leur production, ont eu le droit d'y adjoindre « villages ». Ce sont Faye-d'Anjou, Rablay-sur-Layon, Beaulieu-sur-Layon, Rochefort-sur-Loire, Saint-Aubin-de-Luigné et Saint-Lambert-du-Lattay. Plus deux crus prestigieux : le quarts de chaume et le bonnezeaux. On y trouve également tout l'éventail des autres vins traditionnels : cabernet d'anjou, anjou blanc et rouge, rosé d'anjou, etc. Le coteaux du layon est un grand vin liquoreux ou moelleux, obtenu par sur-maturation du raisin sur pied pour obtenir la « pourriture noble ». C'est un champignon, l'*Hotrytis cinera*, qui la provoque et enrichit le raisin en sucre. Comme cette pourriture n'apparaît pas en même temps sur les pieds, il faut vendanger à la main plusieurs fois les mêmes rangs, les mêmes ceps. Le sol souvent maigre et cette méthode de vendange, longue et très artisanale, expliquent en général les faibles rendements et, de ce fait, le coût plus élevé des coteaux du layon. Après fermentation, il donne un vin à la superbe robe d'or avec des reflets de vert. Bouquet très délicat et fruité dès la première année, mais il atteint des sommets après plusieurs années d'épanouissement. On dit alors que, dans la bouche, « il fait la queue de paon ». Parfois le goût est tellement séduisant que c'en est presque un péché ! C'est un vin idéal pour l'apéritif et pour accompagner le foie gras. Heureusement, de moins en moins de producteurs un peu trop gourmands ont la main lourde en additifs, soufre et sucre ; le vin devient alors particulièrement indigeste.

Comment y aller ?

En bus

Au départ d'Angers. Pour tous renseignements : ☎ 02-41-59-19-02 ou 02-41-88-59-25.
➢ *Pour Beaulieu-sur-Layon, Bonnezeaux et Thouarcé :* ligne n° 24. Départ en fin d'après-midi les mercredi et vendredi.
➢ *Pour Rablay-sur-Layon et Le Champ-sur-Layon :* tous les jours sauf le dimanche, 2 départs en fin d'après-midi.

Où dormir ? Où manger dans le Layon ?

Campings et gîte

🏕 *Camping municipal Sainte-Offange :* route de Savennières, 49190 Rochefort-sur-Loire. ☎ et fax : 02-41-78-82-11. ♿ À l'entrée du village, venant de Béhuard. Ouvert du 1er mai au 30 septembre. 3 étoiles. Forfait tout compris pour 2 personnes : 7,62 € (50 F). Bien placé et bon confort. En bord de rivière. 110 emplacements semi-ombragés. Location de bungalows toilés et de mobile homes. Piscine municipale à proximité.

⚐ *Camping municipal du Stade du Layon* : rue Jean-de-Pontoise, 49190 Saint-Aubin-de-Luigné. ☎ 02-41-78-33-28. Fax : 02-41-78-68-55. Ouvert de mai à fin octobre. Forfait à 4 € (26 F) pour 2 personnes avec une tente. 2 étoiles.

⚐ *Camping municipal de la Coudraye* : 49750 Saint-Lambert-du-Lattay. ☎ 02-41-78-44-26. ⚒ Dans la rue qui part du musée. Ouvert toute l'année. 2 étoiles. Bien ombragé. Au bord de l'eau. Location de VTT. Petit office du tourisme en face, ouvert en été, tous les jours sauf le mardi.

⚐ *Camping à la ferme et gîte Mirebeau* : 49750 Rablay-sur-Layon. ☎ 02-41-78-32-92. ⚒ À l'entrée du village, venant de Saint-Lambert, sur une colline ; pas très bien indiqué (téléphoner avant). Ouvert de mai à septembre. Pour 2 personnes et une tente, prévoir 8,23 € (54 F). Également un petit gîte, de 61 à 152,45 € (400 à 1 000 F) la semaine, selon la saison. Belle ferme en pleine nature. Très bon accueil. Le propriétaire, récoltant, viticulteur et pas bégueule, propose aussi un gîte tout simple mais dans un cadre un peu surréaliste (une minuscule chapelle), pour 2 personnes. Sans doute le meilleur site pour des vacances rigolotes. Et on peut aussi déguster du vin d'Anjou car il est offert à nos lecteurs porteurs de l'édition en cours.

Bon marché à prix moyens

🏠 ⦿ *Le Grand Hôtel* : 30, rue René-Gasnier, 49190 Rochefort-sur-Loire. ☎ 02-41-78-80-46. Fax : 02-41-78-83-25. Resto fermé le mercredi et le dimanche soir (ainsi que le mardi soir hors saison). Hôtel fermé pendant les vacances scolaires de la Toussaint. Chambres à 30,49 € (200 F) avec douche et w.-c. sur le palier et 36,59 € (240 F) avec douche et w.-c. privés. Menus de 16,77 à 35,06 € (110 à 230 F). Vieille maison agréable dans la rue principale. Idéale après une journée de découverte dans le Layon. Salle à manger au rez-de-chaussée, décorée dans des tons jaune et vert assez pâles... Jardin. Cuisine très soignée, avec surtout des spécialités ligériennes (de Loire, donc) : bouilleture de grenouilles, rillauds d'Anjou, navarin de lieu jaune et puis bavarois à la banane. Carte des vins très complète (la patronne est sommelière). Chambres relativement grandes, mais assez simples. Préférez celles du 1er étage, donnant sur le jardin. Accueil agréable. Café offert à nos lecteurs sur présentation du *GDR*.

🏠 *Chambres d'hôte La Pichonnière* : chez M. et Mme Colibet-Martin, 49320 Charcé-Saint-Ellier-sur-Aubance. ☎ 02-41-91-29-37. Fax : 02-41-91-96-85. • www.gite-brissac.com • De Charcé, prendre la D761 vers Brissac sur 1,5 km, puis suivre le fléchage à gauche. Chambres à 38,50 € (253 F) pour 2. Au bout d'une longue allée de marronniers, un grand corps de ferme en tuffeau. Dans la cour, production de graines à fleurs (on ne vous raconte pas les photos !). Au 1er étage, 3 chambres coquettes et confortables. Douche et lavabo privés, w.-c. communs sur le palier. Vélos à disposition pour parcourir la campagne. Accueil sincère et chaleureux. Une gentille adresse.

🏠 *Chambres d'hôte de M. et Mme Friess* : 35, rue Saint-Vincent, 49750 Beaulieu-sur-Layon. ☎ et fax : 02-41-78-60-82. À côté de l'église. Entrée dans la cour par la porte cochère. Tout le confort pour 20 £, pardon, 36 € (236 F), petit déjeuner compris. Une petite touche d'Écosse en Pays de la Loire. Laissez votre kilt au vestiaire pour vous endormir profondément dans l'une des 4 chambres à la moquette épaisse. Jolie collection de poupées anciennes de la proprio. Ambiance très familiale.

⦿ *Le Haut Tertre* : 1, place du

Tertre, 49320 Brissac-Quincé. ☎ 02-41-91-79-95. Dans la montée, vers le centre. Ouvert tous les jours le midi, les vendredi soir et samedi soir. Formule à 8,84 € (58 F), à midi en semaine, menus de 11,28 à 24,24 € (74 à 159 F). Derrière une jolie façade pastel grise et rose, une petite salle, parquet et chaises en alu un peu design. Bonne petite cuisine avec des formules pour tous les budgets. Entrées et plats du jour (sauf le week-end), bonnes salades, et spécialité de foie gras à la carte ou dans le menu le plus cher.

I●I *Le Cheval Blanc :* 3, place du Prieuré, 49380 Thouarcé. ☎ et fax : 02-41-54-04-40. Fermé les dimanche soir, lundi soir et jeudi soir, ainsi que la 1re quinzaine d'août. Ouvert seulement les vendredi soir et samedi soir en hiver. Formule à 9,76 € (64 F) vin compris, 1er menu à 12,04 € (79 F) et d'autres menus jusqu'à 26,68 € (175 F). Dans cet ancien relais de poste couvert de lierre, une salle très soignée pour le 1er menu, servi à midi. Pour les autres menus, spécialités de Saint-Jacques, saumon ou alors des viandes... Formule ouvrière également, mais qui ne donne pas droit aux nappes blanches en tissu !

Prix moyens à plus chic

⌂ *Chambres d'hôte du Domaine de L'Étang :* L'Étang, 49540 Martigné-Briand. ☎ 02-41-59-92-31. Fax : 02-41-59-92-30. De l'église de Martigné, suivre la direction Thouarcé, puis vous trouverez les panneaux du hameau L'Étang et « B & B ». Chambres à 46 à 54 € (302 à 354 F) pour 2. 4 chambres dans des dépendances, face à une maison du XIXe siècle recouverte de vigne vierge. Chambres rénovées mais ayant conservé un certain cachet. Belles salles de bains, parquet, décoration et mobilier élégants, un rien *british*. Très joli zinc au rez-de-chaussée rapporté des puces de Saint-Ouen à Paris. Jardin classique devant, accueillante orangeraie à côté et parc de 2 ha agrémenté de cèdres, avec un tennis. Piscine. Également deux gîtes pour 3 et 7 personnes à louer. Accueil prévenant.

⌂ *Hôtel Le Castel :* 1, rue Louis-Moron, 49320 Brissac-Quincé. ☎ 02-41-91-24-74. Fax : 02-41-91-71-55. ● le.castel.brissac@wanadoo.fr ● Très bien situé en face du château de Brissac. Fermé entre Noël et le Jour de l'An. Chambres doubles de 45 à 74 € (295 à 485 F) suivant le confort. Hôtel sans charme extérieur particulier. Chambres entièrement neuves et toutes pareilles. Grand confort et décoration plutôt gaie. Très bonne literie avec des *king size* dont le patron est très fier ! Pour les amateurs, il existe une chambre nuptiale (la plus chère) avec lit à baldaquin et baignoire à bulles ! Possibilité de se restaurer à proximité ; crêperie dans le virage en montant vers le centre-ville (fermé le mardi) ou resto un peu plus élaboré, *Le Haut Tertre* (lire plus haut). Remarquez aussi, derrière l'école maternelle à côté de l'hôtel, l'adorable petite vigne en pleine ville...

I●I *Le Relais de Bonnezeaux :* ancienne gare de Bonnezeaux. ☎ 02-41-54-08-33. Fax : 02-41-54-00-63. ✵ Situé sur la D24, à 2 km environ du village de Thouarcé, en direction d'Angers. Fermé les dimanche soir, lundi, mardi soir et les 3 premières semaines de janvier. Menus à 15,24 € (100 F), à midi en semaine, ou de 21,34 à 39,64 € (140 à 260 F). Menu « queniau » à 9,91 € (65 F). Installé dans l'ancienne gare de Bonnezeaux, l'une de ces « gares électorales » de la fin du XIXe siècle. Cependant, hormis le nom de la gare, il ne reste pas grand-chose de l'atmosphère d'antan si ce n'est ce côté vieille France du style « C'est aujourd'hui dimanche, le temps des roses blanches.. » ! Salle panoramique et cadre moderno-chic pour une cuisine raffinée (en particulier, le poisson). Formules intéressantes proposant un vin différent à chaque plat. À la carte, quelques spécialités maison vraiment délicieuses, comme la salade gourmande, le sandre rôti au tanin d'anjou rouge et le nougat glacé au cointreau. Quelques millésimes de rêve à la carte... Quelle orgie ! Terrasse ombragée, petit sentier pour digérer et aire de jeux pour les enfants.

À voir

★ **Tigné (49540) :** village à l'ouest de Doué-la-Fontaine, sur la D84. C'est là que Gérard Depardieu s'est posé pour reprendre son souffle entre deux films. Il a acheté le château (XVe siècle, modifié au XVIIIe), au milieu du village, tout en logeant dans la ferme en face pour avoir la vue sur le château ! Il cultive désormais la vigne. On dit son cabernet d'anjou honnête (mais plus cher que les autres).

★ **Aubigné-sur-Layon (49540) :** entre Tigné et Martigné-Briand sur la D748. Village classé pour son charme, tout ce qu'il y a de plus fleuri, avec une église du XIe siècle et des peintures murales en trompe l'œil réalisées par un Italien au XIXe siècle. Vestiges d'un château du XIe, petit conservatoire floral d'espèces rares et treilles de chenin (le cépage), courant le long des murs... Très joli. C'est aussi un village de musiciens.

★ **Le château de Martigné-Briand (49540) :** ☎ 02-41-59-44-21. ⚑ uniquement dans la cour. En juillet-août, ouvert du mardi au dimanche de 10 h à 12 h et de 14 h à 18 h ; en avril, mai, juin, septembre et octobre, du mardi au samedi de 14 h à 17 h 30. Entrée : 3,81 € (25 F), 2,29 € (15 F) pour les enfants de moins de 10 ans. Ristourne, soit 2,29 € (15 F) l'entrée adulte, sur présentation du *Guide du routard*.
Imposantes ruines de ce château datant du début du XVIe siècle et brûlé en 1793, mais qui conserve de beaux éléments d'art gothique flamboyant et Renaissance. Ses cheminées à nu paraissent de loin énormes. Curiosités à voir : les souterrains médiévaux du XIIe siècle, les voûtes des oratoires, etc. Sinon, accès libre pour admirer la façade principale encadrée de tours rondes et ornée de fenêtres finement sculptées de style Renaissance.

★ **Rablay-sur-Layon (49750) :** agréable village d'artistes. Expos d'art et artisanat local. ☎ 02-41-78-61-32. De juillet à fin août, ouvert du mardi au dimanche de 14 h 30 à 18 h 30 ; d'avril à fin décembre, du jeudi au dimanche et les jours fériés, de 14 h 30 à 18 h 30 également. Voir aussi la maison de la Dîme, belle demeure à colombages du XVe siècle. Dans l'église, retable intéressant du XVIIIe siècle.

★ **Beaulieu-sur-Layon (49750) :** dans le chœur de l'ancienne église, aujourd'hui chapelle, très belles peintures murales du XIIe siècle.

★ SAINT-LAMBERT-DU-LATTAY (49750)

🛈 **Office du tourisme :** dans la rue qui part du musée. En face du camping municipal de la Coudraye. Ouvert en été, tous les jours sauf le mardi.

★ **Le musée de la Vigne et du Vin d'Anjou :** place des Vignerons. ☎ 02-41-78-42-75. ⚑ uniquement pour le diaporama et l'exposition temporaire. Situé sur la route touristique du vignoble. D'avril à la Toussaint, ouvert du mardi au dimanche de 10 h à 12 h et de 14 h 30 à 18 h 30 ; en juillet et août, tous les jours de 10 h à 18 h 30. Entrée : 4,50 € (29 F), 3 € (20 F) pour les enfants de 7 à 14 ans. Tarif de groupe proposé à nos lecteurs, soit 3,40 € (22 F) les adultes et 2,60 € (17 F) pour les enfants sur présentation du *Guide du routard*. Visite commentée pour les groupes. Diaporama de 20 mn sur l'histoire du vin en Anjou. Et un jeu pour les enfants : « les dix clefs du

musée ». Dix clefs, dix coffres et dix énigmes pour découvrir le musée autrement.
Cinq salles où sont expliqués le travail de la vigne, les terroirs vinicoles, l'élaboration du vin, la tonnellerie, et une cour des pressoirs. Situé dans d'anciens celliers, cadre vraiment plaisant et... adéquat. Pour finir, « L'imaginaire du vin » autour des thèmes comme la sociabilité. Celle des confréries, banquets, vendanges, ou bien l'enterrement de la vie de garçon, une pratique très populaire dans la région. À se demander pourquoi on les appelle les « Angevins ». Mais aussi le vin docteur, le vin coquin, la sensualité du vin, etc. Un dédale de photos, textes et jeux insolites, aussi joyeux et chaleureux les uns que les autres. Le tout sans abus. Sentier d'observation du vignoble fort bien balisé, petite dégustation pour compléter la visite.

★ **Saint-Aubin-de-Luigné (49190) :** village vigneron typique. Voir la mairie installée dans l'ancien presbytère, une superbe gentilhommière du XVIe siècle, avec élégante tourelle d'escalier hexagonale et échauguette ronde. À côté de la mairie, caveau de dégustation des coteaux du layon du coin. Église abondamment restaurée au XIXe siècle avec un ravissant portail Renaissance et trois retables du XVIIIe siècle. Venant de la Corniche angevine, belle vue sur Saint-Aubin depuis le belvédère du moulin Guérin. Possibilité de balades en barque sur le Layon, de mi-juin à mi-septembre, tous les jours de 14 h à 19 h ; hors saison, les dimanche et jours fériés. ☎ 02-41-78-52-98 ou 02-41-78-48-71.

★ Dans les environs de Saint-Aubin, possibilité de visiter les **ruines du château de la Haute-Guerche**. ☎ 02-41-78-41-48. En juillet et août, ouvert de 9 h à 12 h et de 14 h à 18 h. Imposante bâtisse brûlée en 1794 par une « colonne infernale » républicaine. C'est à son seigneur que les vignerons du célèbre vignoble de Chaume devaient livrer un quart de leur récolte, d'où l'appellation « quarts de chaume ». Vers Chaudefonds-sur-Layon, la *Basse-Guerche*, elle, ne s'admire que de l'extérieur (elle est habitée !).

★ **La corniche angevine et Rochefort-sur-Loire (49190) :** à partir de Chalonnes, vers Angers, un morceau de la D751 suit joliment en corniche le Louet, un des bras de la Loire, et livre, bien sûr, de fort beaux points de vue. À Rochefort, près du camping, gros rocher de Saint-Offange dont le château fut démantelé par Henri IV. De l'ancienne église ne subsiste que le clocher à l'appareillage de pierre très primitif. Le contrefort du porche conserve des traces de balles des guerres de Vendée. Également un mouleur-statuaire dans le village et des courses hippiques en saison !

★ **Le château de Brissac :** 49320 **Brissac-Quincé**. ☎ 02-41-91-22-21. Fax : 02-41-91-25-60. Au nord du Layon, dans le vignoble de l'Aubance déjà. En juillet, août et la 1re quinzaine de septembre, ouvert de 10 h à 18 h ; d'avril à juin, la 2e quinzaine de septembre et en octobre, ouvert de 10 h à 12 h et de 14 h 15 à 17 h 15, fermé le mardi. Entrée : 7,50 € (49 F). Tarif réduit : 6 € (39 F). Gratuit pour les enfants de moins de 8 ans. Entrée du parc seul : 3,50 € (23 F). Visite guidée (45 mn environ).
Construit à la fin du XVe siècle. Resté dans la même famille jusqu'à nos jours. Parenté avec la célèbre Veuve Cliquot illustrée par un portrait dans le château. Architecture tout à fait originale. En effet, au début du XVIIe siècle, le proprio faisait reconstruire son château au fur et à mesure qu'il le démolissait pan par pan. Comme il trouva la mort avant la fin des travaux, le château se retrouva avec une façade neuve style Renaissance (évoluant vers le classique) et toujours ses deux grosses tours à mâchicoulis du XVe siècle. Opposition de styles intéressante donc.
Il compte sept niveaux, dont deux de caves (ce qui en fait le plus haut château de France : 52 m, d'où peut-être le prix d'entrée à (1 F) le mètre ?), et comprend 203 pièces. Dans le vestibule, beaux frontons de portes sculptés, tables Louis XIII. Dans le grand salon : lustre de Venise, pla-

fonds sculptés, belle tapisserie du XVIII siècle (rare de voir des tableaux en trompe l'œil). Dans la salle à manger, ravissant plafond peint du XVII siècle. Tribune d'orchestre. Immense salle des gardes. Poutres peintes (au moins 100 personnages et paysages). Tapisseries flamandes du XVI siècle (noter la tête du cheval d'Alexandre le Grand). Chambre du roi Louis XIII. Tapisseries d'Aubusson qui ont conservé leurs couleurs éclatantes. Dans la chambre des Chasses, belle tapisserie qu'il faut prendre le temps de détailler, armoire Louis XIII à motifs géométriques, beau coffre de mariage sculpté. Galerie de portraits : curieuse chaise à porteurs de 200 kg. Portrait de la première femme qui a eu son permis de conduire. Théâtre construit au XIX siècle. Aux murs et au plafond, les deux C entrelacés ne sont pas les initiales de Coco Chanel, mais celles de Charles de Cossé Brissac. Cave-dégustation de vins. Parc superbe. Après la visite du château, dégustation des vins de la propriété dans le cellier. Cuisines médiévales ouvertes à la visite. Tournages de films de temps à autre. Très joli marché de Noël.

Balade

➢ *La Loire angevine :* d'Angers à Champtoceaux, la magie de la Loire saumuroise se poursuit. Une douce promenade, encore plus dolente même. Au niveau de Savennières, Béhuard et Rochefort, la Loire se fait large, démultiplie ses nombreux bras. De la corniche, rive sud, superbe panorama au niveau de La Haie-Longue. En face de Chalonnes, on trouve l'île la plus longue de son cours (11 km).

Quelques fêtes et spécialités locales

N.B. : on n'est pas obligé de faire toutes les fêtes !
– *Fête de la Rillaudée :* le 1er week-end de juillet à Brissac. On célèbre les bons rillauds d'Anjou, bien sûr !
– *Chasse aux œufs de Pâques géante :* dans le parc du château de Brissac.
– *Marché de Noël :* le 1er week-end de décembre, dans le château de Brissac. Payant.
– *Nuit de l'Aubance :* à la Saint-Jean, à Brissac.
– Brissac, c'est aussi le secteur des petits *coteaux de l'aubance*, vins blancs demi-secs ou moelleux issus du cépage chenin et de la sur-maturation du raisin. Infos et adresses des viticulteurs à l'office du tourisme, place de la République (dans la montée ; ☎ 02-41-91-21-50).
– *Vendanges Belle Époque :* le 1er dimanche d'octobre, à Martigné-Briand, on revit et on célèbre les vendanges à l'ancienne, en costumes d'époque, avec foulage du raisin au pied après la vendange, démonstration de vieux métiers (tonnelier et maréchal-ferrant, entre autres) et, bien sûr, quelques dégustations ! Renseignements au château : ☎ 02-41-59-44-21.
– *Fête des Vins millésimés et de l'Anguille :* le 2e ou le 3e week-end de juillet, dans le parc du château de Bellevue, à Saint-Aubin-de-Luigné. Vente aux enchères de vieux millésimes. Renseignements : ☎ 02-41-78-48-71.
– Également *concours de vins et de foies gras* à Saint-Aubin-de-Luigné chaque 3e week-end de juillet.
– *Fête du Patrimoine, du Vin et de l'Art en musique :* chaque année à la fin du mois d'août, à Aubigné-sur-Layon. Infos au : ☎ 02-41-59-40-19.
– *Saveurs du Layon en fête :* le dernier week-end de juillet, à Chaudefonds-sur-Layon. Comme son nom l'indique, dégustation de produits et de vins du coin.
– *Fêtes des Vins :* fin février, à Chalonnes-sur-Loire. ☎ 02-41-78-10-69.
– *Fête des Vins de Bonnezeaux :* début août, à Thouarcé. ☎ 02-41-54-14-36.

– **Fête des Vins et de l'Andouillette :** le week-end autour du 14 juillet, à Saint-Lambert-du-Lattay. ☎ 02-41-78-42-75.

Où acheter du bon vin ?

Château de la Guimonière : 49190 Rochefort-sur-Loire. ☎ 02-41-91-28-37. De Saint-Aubin, prendre la D54 sur 2 km vers le sud. Michel Doucet, ancien viticulteur, garde jalousement en cave quelques grands vins blancs de chaume dont lui seul connaît le secret. La dégustation est un moment de pure volupté. Tarifs préférentiels selon l'humeur. Dispose aussi de deux gîtes ruraux 2 épis aménagés dans une partie du château et pouvant accueillir 5 et 10 personnes : comptez de 381,12 à 533,37 € (2 500 à 3 500 F) la semaine en juillet et août. Parc de 3 ha. Apéritif offert à nos lecteurs munis du *GDR* et réduction de 10 % sur le prix de la chambre du 31 octobre au 31 mars.

L'ÎLE DE BÉHUARD (49170) 110 hab.

À une quinzaine de kilomètres au sud-ouest d'Angers, une seule route d'accès. Île presque secrète, village de charme, atmosphère sereine véritablement en dehors du temps (même en juillet et août). Trafic automobile quasi nul, car le secteur est piéton pour les touristes (grand parking à disposition, obligatoire pour les camping-cars, certains ayant ratiboisé les angles de murs dans le village, *damned*!). Bon, cela tombe bien car il y a de chouettes balades à faire à pied sur l'île. Celle-ci fut longtemps le but d'un fameux pèlerinage, à Notre-Dame de Béhuard, une très curieuse et adorable église à ne pas manquer.

Où manger ?

Chic

Les Tonnelles : rue Principale. ☎ 02-41-72-21-50. Ouvert tous les jours en juillet et août sauf le lundi midi. Fermé les dimanche soir et lundi le reste de l'année. Congés en janvier et février. Attention, très chic ! Formule à 21,34 € (140 F) à midi en semaine, et menus de 28,97 à 59,46 € (190 à 390 F), avec un verre de vin différent à chaque plat pour ce dernier. Terrasse délicieuse en été sous une agréable... tonnelle pour une cuisine renommée. Petite salle bourgeoise mais assez fraîche, et service stylé. La carte change régulièrement, mais on trouve des spécialités à base de poisson essentiellement, comme le sandre de Loire au beurre blanc ou le brochet (selon la pêche), les anguilles mais aussi le lapereau confit au layon et le pigeonneau rôti au jus de sureau. Une grande soirée d'excitation pour vos papilles. Après le repas, balade inévitable sur le sentier pédestre qui entoure l'île.

Où dormir ? Où manger dans les environs ?

Chambres d'hôte La Rousselière : 49170 La Possonnière. ☎ et fax : 02-41-39-13-21. • larouseliere@unimedia.fr • À 4 km de La

Possonnière ; de Saint-Georges-sur-Loire, prendre la D961 vers Chalonnes puis à gauche, juste au niveau du pont de la voie ferrée. Fermé de mi-novembre à mi-décembre. Chambres pour 2 entre 48 et 66 € (315 à 433 F). Table d'hôte sur demande à 23 € (151 F), en été possibilité d'un repas froid au midi au bord de la piscine pour 14 € (92 F). Situé sur les bords de la Loire dans un cadre superbe. Vaste maison du XVIIIe siècle appartenant à une famille de viticulteurs et qui propose 6 chambres spacieuses. Les moins chères sont un peu trop modernes à notre goût, préférez la « fleur bleue », si vous le pouvez, vraiment ancienne, avec une terrasse. La véranda a été réalisée par un ami de Gustave Eiffel. Billard pour les amateurs, piscine pour les sportifs, petite chapelle restaurée pour les historiens (XVIIe siècle) et moulin en fonctionnement à 300 m pour les curieux. Une adresse on ne peut plus complète. Seul bémol, la ligne de TGV Nantes-Paris passe dans le coin ! Mais ce n'est pas si gênant. 1 nuit offerte à nos lecteurs pour un séjour de 7 nuits sur présentation du guide.

■ I●I *Chambres d'hôte Le Prieuré de l'Épinay :* 49170 Saint-Georges-sur-Loire. ☎ et fax : 02-41-39-14-44. ● bgautier@compuserve.com ● Sur la N23 direction Nantes ; 3 km après le village, au bout d'une petite route à gauche. Ouvert du 1er mai au 30 septembre. Comptez 65 € (426 F) pour les chambres (petit déjeuner compris) et 25 € (164 F) par personne pour la table d'hôte, de l'apéritif au café. Amoureux des vieilles pierres, bonjour ! Ce magnifique prieuré du XIIIe siècle propose 3 suites confortables pour 2 personnes. Demandez à prendre votre petit déjeuner dans la cuisine. Une cheminée gigantesque, avec une marmite d'où s'échappe un fumet appétissant, un escalier qui conduit mystérieusement à la cave, le tout baigné d'une lumière pâle. M. et Mme Gaultier vous charmeront par leur gentillesse. Petits plats mitonnés avec les légumes du potager. Piscine dans le jardin. Et apéritif offert sur présentation du *GDR* !

I●I *La Chauffeterie :* 49170 Saint-Germain-des-Prés. ☎ 02-41-39-92-92. ✗ Sur la D15 entre Saint-Germain-des-Prés et Saint-Augustin-des-Bois ou par l'A11, sortie Beaupréau-Chalonnes ; suivre les panneaux sur quelques kilomètres dans la nature. Ouvert de midi à minuit. Fermé les lundi, mardi et mercredi. Menus entre 16 et 24,40 € (105 et 160 F). En pleine campagne, cette petite ferme en activité, tenue par un couple de Parisiens, propose une cuisine simple et de qualité dans deux adorables salles avec cheminée et des chaises habillées façon Moyen Âge. Mousseline de brochet, sandre au beurre blanc et blanc-manger à la fleur d'oranger. Service très attentif du patron, astrologue de formation, pendant que madame officie aux fourneaux. Comment ça, macho ?

À voir

★ *L'église Notre-Dame de Béhuard :* ouverte toute l'année de 9 h à 19 h. Elle fut longtemps le but d'un fameux pèlerinage, à l'époque où la Loire impétueuse et dangereuse donnait souvent l'occasion aux marins d'avoir recours à l'île. Un exemple : de 1884 à nos jours, l'île fut submergée plus d'une dizaine de fois. Cette étrange et adorable église bizarrement incrustée sur un rocher serait le produit d'un vœu de Louis XI rescapé d'un naufrage. À l'intérieur, plafond en bois en forme de carène de navire renversée. On devine encore des traces de peintures. Face à l'entrée principale, statue polychrome de la Vierge du XVe siècle, avec son fils sur l'épaule. Vitrail de la même époque (avec fleur de lys). Dans une niche, la Vierge vénérée du XVIe siècle avec un manteau brodé. Au mur, des chaînes de galérien, ex-voto d'un prisonnier échappé d'un bateau maure. Aujourd'hui, comme il n'y a plus guère de marins qui se noient dans la Loire, l'église protège les usagers de la route...

➤ *DANS LES ENVIRONS DE L'ÎLE DE BÉRUARD*

★ **Savennières (49170) :** on y trouve l'une des plus vieilles églises d'Anjou. Façade et mur de la nef en petit appareil de pierre et brique typiquement carolingien (IXe siècle). Abside et clocher du XIIe siècle. Le savennières est l'un des grands crus angevins. C'est un vin blanc sec et corsé. Le plus célèbre cru, la Coulée de Serrant, cultivé sur à peine 7 ha, n'est produit qu'à raison de 20 000 bouteilles par an et selon une méthode bio-dynamique. Autant dire qu'il est récolté et vinifié avec amour !

★ **Le château de Serrant :** ☎ 02-41-39-13-01. Fax : 02-41-39-18-22. • serrantsci@aol.com • À 1 km au nord-est de Saint-Georges-sur-Loire sur la N23. Visites guidées toute l'année de 10 h à 17 h 15. En avril, mai, juin et septembre, ouvert tous les jours sauf les lundi et mardi. En juillet et août, ouvert tous les jours et seulement le week-end d'octobre à décembre. Le reste de l'année, sur rendez-vous pour les groupes. Entrée : 9 € (59 F), 5 € (33 F) pour les étudiants et les enfants. Compter une bonne heure de visite, avec les cuisines et les souterrains.
Château du XVIe siècle à l'aspect somptueux et sévère tout à la fois. Sa construction s'étala sur trois siècles, mais le style Renaissance initial y domine. À l'intérieur, une des plus belles collections de meubles de France, si, si... on persiste et signe. Tout un salon de Jean-Étienne Saint-Georges. La curiosité est le cabinet d'ébène d'Henri IV (style Louis XIII), sans aucun doute le joyau de Serrant. Une chambre Empire qui avait été préparée pour le passage de Napoléon, le bougre n'y dormit qu'une nuit... et aussi la bibliothèque flanquée de ses 12 000 volumes, une collection exceptionnelle, qui comprend rien de moins que l'original d'une partie de l'introduction de l'*Encyclopédie* de Diderot, et une des premières versions de *Don Juan* ou des *Fables* de La Fontaine. Pas loin, l'escalier à caissons (chacun d'eux est une pièce unique). La chapelle, avec ses colonnes en marbre de plus de 6 m de hauteur, fut construite par l'architecte Hardouin Mansart, qui bâtit aussi celle de Versailles. S'y trouve le mausolée de Vaubrun. Pour l'anecdote, sachez que Louis XIV, parti à Nantes arrêter Fouquet, s'embourba devant les grilles du château, sur l'ancienne route de campagne, l'actuelle N23. Le coup de la panne, quoi ! Évidemment, le maître des lieux lui offrit l'hospitalité pour la nuit ! Mais on ne vous dit pas tout.

★ **La mairie de Saint-Georges-sur-Loire (49170) :** visite en juillet et août, de 11 h à 12 h 30 et de 14 h 30 à 18 h 30, sauf le lundi. Mairie installée dans une abbaye du XVIIe siècle. Voir la salle capitulaire au rez-de-chaussée, et, par le grand escalier (rampe classée), possibilité d'accéder à la salle du conseil et aux combles. Expos de peinture.

MONTJEAN-SUR-LOIRE (49570) 2 690 hab.

Montjean fut, par le passé, un port très important et une petite cité industrielle active, principalement autour de la production de charbon et la fabrication de la chaux. Il y eut près d'une vingtaine de fours à chaux en activité. C'est à la fin du XIXe siècle que Montjean fut au sommet de son essor industriel. Les quais voyaient arriver des dizaines de bateaux quotidiennement, surtout pour le transport de la chaux. Le dernier four à chaux ferma en 1961 (à Châteaupanne, à côté). La culture du chanvre représentait la troisième

LES COTEAUX DU LAYON

grande richesse de la ville. Bien que ces trois activités aient aujourd'hui quasiment disparu, on peut retrouver toute cette époque grâce à l'écomusée installé dans l'ancienne forge.

Adresse utile

Office du tourisme : 2, place du Général-de-Gaulle. ☎ 02-41-39-07-10. Ouvert tous les jours en juillet et août de 10 h à 12 h et de 14 h à 18 h 30.

Où dormir ? Où manger ?

Auberge de la Loire : 2, quai des Mariniers. ☎ 02-41-39-80-20. Au niveau du pont. Fermé le mercredi sauf en juillet et août. Chambres doubles de 44,21 à 57,93 € (290 à 380 F). Menu du jour à 9,45 € (62 F) à midi en semaine (sauf jours fériés), ou menus à partir de 14,94 € (98 F). 4 chambres rénovées dont 2 donnant sur le pont et la Loire, avec double vitrage. Plus calme sur l'arrière quand même. Spacieux et confortable, avec salle de bains et TV, un peu moderne mais bien tenu. Petit hôtel familial (on loge au-dessus de l'appartement des proprios). Au resto, préférer le menu du midi servi dans la partie bar, réservée aux ouvriers, plutôt que cette cuisine se voulant plus élaborée mais surfaite, dans la partie bourgeoise de la maison. Accueil poli, presque un peu trop. Vive la simplicité ! Apéritif offert à nos lecteurs.

Chambres d'hôte Les Cèdres : 17, rue du Prieuré. ☎ 02-41-39-39-25 ou 06-62-17-39-25. Fax : 02-41-39-64-35. • les.cedres@wanadoo.fr • En venant du pont, rue à droite après la poste, vers la piscine. Ouvert de Pâques à la Toussaint. Chambres de 55 à 58 € (361 à 380 F) pour 2. Une très belle adresse au cœur du village. Derrière les murs, un magnifique jardin à l'abri des regards. Vieille bâtisse bien restaurée proposant 3 chambres. Une sous les toits, de la taille d'un petit loft, avec salle de bains impeccable, poutres apparentes, moquette écrue et un beau meuble marocain. Notre préférée, vous l'avez compris. La 2e n'est pas mal non plus, avec sa vue sur le jardin et sa salle de bains années 1950, séparée de la chambre. Enfin, la dernière, la plus petite et la moins chère, charmante malgré tout. Très belle salle à manger avec meubles anciens, piano et bibliothèque. Piscine municipale à deux pas. Accueil sympa et ouvert des proprios.

À voir. À faire

★ **L'écomusée :** La Forge, place du Vallon. ☎ 02-41-39-08-48. Ouvert de Pâques à la Toussaint, tous les jours de 14 h 30 à 18 h 30 sauf le lundi. Entrée : 3,81 ou 4,57 € (25 ou 30 F), avec ou sans visite guidée ; 2,29 ou 3,05 € (15 ou 20 F) pour les enfants. Tarif de groupe accordé à nos lecteurs, sur présentation du *Guide du routard*, soit 3,81 € (25 F) pour les adultes et 2,29 € (15 F) pour les enfants, en visite guidée.
Le musée présente ce que furent les grandes activités professionnelles et industrielles de Montjean. Salle consacrée à la marine de Loire : souvenirs et témoignages rappellent la place importante de Montjean dans le trafic fluvial. Quelque cent bateaux transportèrent la chaux fabriquée ici jusqu'en Bretagne. Photos du temps passé et chantiers récents. Documents, règlements maritimes, historique de la navigation, etc. Insolite : la réutilisation du bois des bateaux démontés ou des bois d'épaves dans la charpente des maisons. Très intéressante section consacrée à la production du chanvre et ses

applications. Cordes, cordages, tissus, voiles de navire étaient issus du chanvre produit à Montjean. Saviez-vous que le papier OCB est fabriqué à base de chanvre ? Hé oui, vous avez peut-être fumé du chanvre sans le savoir ! Quoi qu'il en soit, la dernière usine d'Angers, Bessonneau, s'arrêta en 1964, victime du synthétique, et avec elle toute la production de la région. Heureusement, aujourd'hui, de rares passionnés maintiennent quelques derniers arpents, pour la mémoire et pour le festival du Chanvre (lire plus loin). Présentation vivante, claire et détaillée de toutes les étapes de cette culture (photos émouvantes, instruments traditionnels, machines). Des guides apportent leur expérience et leurs explications. Démonstration du broyage du chanvre et réalisation d'une corde (précédées d'une vidéo). Enfin, l'activité chaufournière (fabrication de la chaux) est en bonne place. Deux sites de fours à chaux monumentaux ont été inscrits à l'inventaire des monuments historiques. Dans le « musée de plein air », circuit de découverte, des fours à chaux, puits de charbon.

➢ *Promenade en bateau sur la Loire :* possibilité de découvrir le fleuve à son rythme avec la gabare *la Montjeannaise*, une reconstitution de 1830. Sur réservation en semaine. De mai à fin septembre, 3 départs le dimanche (sans réservation) à 15 h, 16 h et 17 h. Ticket comprenant l'entrée de l'écomusée (réduction pour les enfants). Renseignements à l'écomusée. ☎ 02-41-39-08-48. Sur *la Ligériade*, croisière commentée d'environ 1 h 15 avec Jean-Patrick Denieul, marin-pêcheur professionnel. Départ tous les jours à 16 h ; le dimanche, à 15 h 30 et 17 h, en juillet et août. Renseignements : ☎ 02-41-39-07-10 ou 02-41-72-81-28 (de 10 h à 12 h).

– *Canoë-kayak :* à la base nautique, route d'Ingrandes. ☎ 02-41-39-07-10. Tous les jours du 1er juillet au 31 août.

Manifestations

– *Festival du Chanvre :* sur 5 jours à la mi-août. La fête de cette culture traditionnelle maintenue grâce à quelques particuliers propose expos, animations, démonstrations et produits à base de chanvre (vêtements, cosmétiques, constructions et même de la bière...).
– Tous les ans, la 1re quinzaine de juillet, expo de **sculptures monumentales** dans tout le village et sur les bords de Loire. Très beau et assez impressionnant. Animations autour de la sculpture avec un atelier poterie, sur les quais, gratuit pour les enfants.

➢ *DANS LES ENVIRONS DE MONTJEAN-SUR-LOIRE*

★ *Le jardin du château du Pin :* à *Champtocé-sur-Loire*. ☎ 02-41-39-91-85 ou 06-11-68-61-81. Par l'A11, sortie n° 19 côté Beaupréau (ou Chalonnes en venant de Nantes) ; au rond-point, suivre les panneaux sur 4 km. De la N23, sortir à Champtocé au niveau des ruines du château Barbe-Bleue et suivre les panneaux sur 5 ou 6 km. Ouvert en juillet et août tous les après-midi sauf le lundi. Entrée : 6 € (39 F). Gratuit pour les enfants jusqu'à 12 ans.
Jane de la Celle entretient pratiquement toute seule ce jardin légué par son grand-père après 30 ans d'abandon. L'œuvre familiale ? Ces beaux ifs, taillés comme les pièces d'un échiquier géant, un art topiaire assez unique en Europe. D'ailleurs, les passionnés et esthètes de jardins ne s'y trompent pas puisqu'ils sont nombreux, la bible du « jardiniste » sous le bras (et la bave aux lèvres), à se promener dans ce très bucolique jardin de perspectives qui s'offre sur 18 niveaux.

Bien sûr, il faut parler du château qui, s'il ne se visite pas, est tout de même assez remarquable. Château fort du XIIe siècle détruit durant les guerres bretonnes, reconstruit aux XIVe et XVe siècles avec un donjon carré, il présente de belles gargouilles et sculptures apparentes, une superbe chapelle annexe du XVIIIe siècle (chapiteaux délicats et carrelage à fleurs de lys), ainsi que des douves... garnies de plantes aquatiques ! On en revient toujours aux plantes et aux fleurs ici. Sans faire un inventaire complet, admirez les tilleuls séculaires, les sauges, les châtaigniers âgés de 700 ans, ou encore le jardin persan et ne manquez pas les roses remontantes, entre mai et mi-octobre, ni la collection de 2 000 dahlias entre la mi-juillet et la mi-octobre.

Et puis, assistez, si vous êtes par là, à la *fête des Plantes*, les derniers week-ends de mai et de septembre, avec des exposants venus de toute l'Europe. Beau travail, Jane...

★ ***Ingrandes-sur-Loire :*** agréable village en bord de Loire qui offre, de l'autre côté de son joli pont de 1867, la seule ***piscine naturelle*** sur la Loire du département. Surveillée et ouverte en été de 14 h 30 à 19 h 30. Bien sûr, beaucoup de monde ! Beau point de vue sur Ingrandes de l'autre côté du pont, ou sur le « front de Loire » en face. D'autre part, l'office du tourisme expose une remarquable ***collection d'horloges d'églises et de pendules anciennes***, rassemblée par l'horloger d'Ingrandes. Ouvert en juillet et août de 10 h à 12 h et de 15 h à 18 h 30, sauf le dimanche ; en juin et pendant la 1re quinzaine de septembre, le matin uniquement.

QUITTER MONTJEAN-SUR-LOIRE

En bus

➤ ***Pour Angers et Saint-Florent-le-Vieil :*** 2 départs par jour en été, sauf le dimanche. Renseignements : ☎ 02-41-69-10-00 ou 02-41-88-59-25.

LA RÉGION DES MAUGES

C'est la région qui s'étend au sud de Saint-Florent-le-Vieil et Saint-Laurent-de-la-Plaine jusqu'à Cholet. Appelée parfois Vendée angevine. Rien n'aurait tiré ce plateau faiblement ondulé de son anonymat tranquille, s'il n'y avait eu la Révolution française. C'est alors que les Mauges entrèrent dans l'histoire en rejoignant l'insurrection vendéenne. Évidemment, aujourd'hui, avec le remembrement, la liquidation des haies, le rabotage des chemins, on a du mal à imaginer que les Mauges furent des terres propices à la guérilla vendéenne. Et pourtant !

UN PEU D'HISTOIRE

Le 21 janvier 1793, la Convention fit juger et exécuter le roi. Les grandes puissances européennes encerclèrent et menacèrent alors la France. En mars 1793, la Convention décida la levée de 300 000 hommes pour renforcer son armée. Avec le pays de Retz, le marais et les bocages vendéens et poitevins, les Mauges refusèrent d'envoyer leurs enfants à la guerre et se révoltèrent. Moins perméable aux idées nouvelles, inquiète des atteintes aux libertés religieuses, exaspérée de ce que les injustices et lourds impôts de l'Ancien Régime n'avaient pas encore totalement disparu, dénonçant la corruption dans les villes, la paysannerie des Mauges possédait peu de raisons, de son point de vue, de suivre l'ordre de mobilisation générale. Plus de 500 paroisses se soulevèrent contre la République. Les Mauges donnèrent à l'insurrection des chefs prestigieux : Cathelineau et Stofflet (d'origine populaire), d'Elbée et Bonchamps (issus de la noblesse). Les autres régions virent émerger Charette, La Rochejaquelein, Lescure. Pourtant armés seulement de fourches et de faux, les Vendéens chassèrent l'administration républicaine et remportèrent plusieurs victoires. Ils pratiquèrent avec succès la guérilla rurale. Les moulins à vent leur servaient, par la position des ailes, à transmettre les messages. Des villes importantes furent prises. La Convention expédia alors 100 000 hommes pour écraser l'insurrection. Les Vendéens furent battus à Cholet. Le 18 octobre 1793, 80 000 Blancs franchirent la Loire pour fuir au nord jusqu'à Granville (en Normandie), espérant d'hypothétiques alliés, en l'occurrence les Anglais, qui ne vinrent jamais... Ce fut la célèbre « Virée de Galerne » et l'échec aussi. Au retour, les chaloupes canonnières les attendaient sur les bords de Loire. L'armée vendéenne fut massacrée par celle de Kléber en Pays nantais, à Savenay, le 23 décembre 1793. On estime à environ 5 000 le nombre de Vendéens survivants. Ironie du sort : c'est exactement le nombre de prisonniers républicains que le général vendéen Bonchamps avait décidé d'épargner avant de mourir au soir du 18 octobre, dans un sursaut de clémence... Les Républicains ne s'embarrassèrent pas de tels sentiments et la répression fut impitoyable : noyades dans la Loire et massacres par « les colonnes infernales » du général Turreau. En outre, les Mauges connurent un véritable génocide architectural : villages, églises, fermes furent détruits. Aujourd'hui, ceux que cela intéresse peuvent suivre toute l'histoire de la Vendée militaire sur les fresques et les vitraux d'un certain nombre d'églises reconstruites au XIXe siècle. Notamment à Chanzeaux (belles fresques murales), Saint-Florent-le-Vieil, Lucs-sur-Boulogne (en Vendée), Avrillé, Pin-en-Mauges (remarquables vitraux), Chemillé, La Chapelle-de-Hautefoy, etc. Pour finir, le 17 février 1795, la paix fut signée : manque de coordination et rivalités entre chefs blancs, et lassitude de la Convention amenèrent les belligérants à négocier. Charette obtint la liberté religieuse pour la Vendée. Pourtant, des actions de guérilla continuèrent jusqu'à la fin du XVIIIe siècle (avec Stofflet notamment). En 1801, le Concordat apporta les garanties religieuses définitives.

SAINT-LAURENT-DE-LA-PLAINE (49290) 1 570 hab.

Cette ville souffrit beaucoup des guerres vendéennes. Elle perdit la moitié de ses habitants en 1793. Aujourd'hui, elle s'est repeuplée et jouit d'une certaine prospérité. Dans la chapelle Notre-Dame-de-la-Charité, ancien lieu de pèlerinage rasé en 1791 comme « repaire de fanatisme », vitrail sur Cathelineau, le héros local.

Adresse utile

◨ *Syndicat d'initiative :* 7, place Abbé-Joseph-Moreau. ☎ 02-41-78-24-08. À la cité des Métiers de Tradition. Mêmes horaires que la cité (voir ci-dessous).

À voir

★ ***La cité des Métiers de Tradition :*** 7, place Abbé-Joseph-Moreau. ☎ 02-41-78-24-08. Fax : 02-41-78-56-87. ♿ sur tout le rez-de-chaussée, et visite guidée pour les aveugles. En avril et en septembre, ouvert du mardi au dimanche de 14 h à 18 h ; de mai à fin août en semaine de 10 h à 12 h 30 et de 14 h 30 et de 19 h, les week-end et jours fériés de 14 h 30 à 19 h. Fermé d'octobre à fin mars sauf pour les groupes. Toute l'année, visite pour les groupes sur rendez-vous. Entrée : 5,50 € (36 F). Tarif réduit étudiants et personnes handicapées : 4,50 € (30 F). Enfants (de 8 à 15 ans) : 3,05 € (20 F). Tarif réduit accordé à nos lecteurs sur présentation du *Guide du routard*. Compter au moins 2 h de visite pour les 5 000 m² de bâtiments et les 38 000 pièces de collection ! Et plein d'activités pour les enfants qui essaieront de découvrir comment vivait le grand-père de leur grand-père !

Découvrez sans tarder l'un des plus fascinants musées ethnographiques à notre connaissance, entièrement autofinancé depuis 1970. Né de la passion d'un jeune homme de 82 ans, Victor Perrault, et de l'équipe qui, progressivement, s'est jointe à son œuvre. Il y a plus de 30 ans, il commença à rassembler les vieux outils de forgeron et l'idée lui vint qu'il serait bien de les montrer aux jeunes générations, plutôt que de les voir finir chez le ferrailleur. Pour que le métier, même s'il a quasiment disparu, ne se perde pas dans la mémoire des gens. Mais l'originalité de la démarche des promoteurs de ce musée exceptionnel, ce n'est pas seulement de présenter des objets. Il fallait que leur cadre, le décor, soit au moins aussi beau, qu'il participât de l'émotion. C'est ainsi que les bâtiments qui abritent objets et machines sont aussi de petits chefs-d'œuvre. Il faut dire que Victor Perrault est aussi charpentier de métier et qu'il met toujours la main à la pâte, sans relâche. De plus, le musée est devenu la chose du village, du département et de bien des admirateurs d'ailleurs. Les dons d'objets, les aides, les encouragements affluent. Toutes les conditions se trouvaient donc réunies pour que cela soit une réussite. Impossible de tout décrire ; et puis, il ne faudrait pas diminuer le plaisir de la découverte. Mais voici cependant quelques points forts du musée (qui s'agrandit d'année en année) : on pénètre dans le nouveau bâtiment d'accueil : plafond à la française avec deux longues poutres de 11 m de long, copie de l'escalier du Mont-Saint-Michel en dentelle de pierre réalisé par l'équipe de la cité, une mosaïque de carreaux de terre cuite posés par les bénévoles et la copie de la cheminée de la maison d'un chanoine de Saint-Saturnin-sur-Loire.

Puis, tout un symbole, on continue par l'ancien presbytère du XVIIIe siècle, l'une des deux seules maisons du village qui aient échappé aux destructions des « colonnes infernales ». On commence par la salle des Broderies (ou l'incroyable métier et la patience de nos grand-mères). Belle collection de coiffes angevines. Salle consacrée à la photographie (du daguerréotype à la géniale invention de M. Eastman... le film photographique, en passant par un camérographe de 1904 avec lequel on déroulait les films en même temps qu'on lisait le texte). Machines de fourreur, énormes métiers à passementerie au 1er étage (on dirait d'immenses vaisseaux !) et travail du lin.

En sortant du presbytère, on découvre le théâtre à scène tournante où l'on présenta les premières expositions et un pavillon de la mode entièrement construit dans un style XVIIIe siècle et abritant des collections privées. Superbe rue des Artisans où furent reconstituées les boutiques ou ateliers des métiers traditionnels (sabotier, cordonnier, forgeron, huilier, repasseuse, etc.). Sous la première charpente du musée, on découvre la vieille école, la salle de la Ferme, le fournil, une belle collection de pressoirs et d'alambics. À propos de la charpente, c'est un remarquable travail à l'ancienne. Pas un clou, mais au moins 600 chevilles.

Accès aux métiers du bois par un élégant escalier du XVIIIe siècle (menuisier, tonnelier, charron). Il faut savoir aussi que la plupart des jeunes qui travaillent sont d'anciens chômeurs qui peuvent s'installer ici pour développer leur artisanat.

Mais le plus beau reste encore à découvrir (lors des journées d'animations de la cité, un dimanche par mois entre juin et septembre – interdiction de les manquer ! – ou pour les groupes) : l'histoire du pain racontée avec pédago-

gie et poésie au travers de toutes les étapes de sa fabrication. Noter, là encore, l'harmonieuse charpente cintrée. Impressionnante reconstruction d'une grande roue à aubes et des scies haut-fer et forestière (et tout marche !). La grange agricole, magnifique espace, offre elle aussi des machines incroyables, matériels insolites comme ce moulin à carton à meules en granit de 13 t pour broyer le papier. Pittoresque expo de vieux tracteurs. En tout, 73 corps de métiers. Un vrai village dans le village.
On reste subjugué, ébahi, requinqué par la réalisation d'un tel musée, l'un des plus intelligents qu'il nous ait été donné de visiter de par le monde. Alliant didactisme, plaisir, exaltation de la beauté du travail de l'homme. Entre le manoir de la Caillère, de Richard Rak (l'art plastique et pictural épris d'authenticité ; « À voir. À faire dans les environs », dans le chapitre sur Trélazé) et la cité des Métiers de Tradition (fantastique hommage au savoir-faire de nos ancêtres), cet Anjou ne nous aura donc pas ménagé les heureuses surprises. Instits parisiens, amenez donc vos mômes en masse ici, venez leur montrer ce qu'on peut faire avec ses mains, du cœur, de l'enthousiasme. De l'amour tout simplement...

QUITTER SAINT-LAURENT-DE-LA-PLAINE

En bus

➢ *Pour Angers, Saint-Georges-sur-Loire, Chalonnes, Beaupréau, Montigné-sur-Moine* : 2 bus par jour en haute saison. Renseignements : ☎ 02-41-70-11-60.

SAINT-FLORENT-LE-VIEIL (49410) 2 690 hab.

Nul ne pouvait mieux décrire la séduction de Saint-Florent et de ses bords de Loire que Julien Gracq qui y naquit en 1910, y passa son enfance et y vit encore aujourd'hui. Il écrivit sur la région des textes magnifiques, en particulier dans *Lettrines, Lettrines 2* et *Les Eaux étroites*. Bien sûr, à ses yeux, Saint-Florent a changé, trop peut-être, et il ne manqua pas de se plaindre du silence des rues, de l'absence de cris d'enfants. Mais le village, le paysage, eux, ont à peine évolué. Le site, sur sa colline escarpée, a su conserver tout son charme. De l'île Bataille use, admirez ce mélange de fierté hautaine de l'église et de désordre bucolique, lorsque la forêt dégringole dans la Loire. Aragon avait craqué lui aussi : « Allez à Saint-Florent, allez à ce belvédère d'une de nos plus terribles histoires... ».

UN PEU D'HISTOIRE

Saint-Florent est l'une des villes d'Anjou les plus chargées d'histoire. Avec leur bon goût légendaire, les moines avaient édifié là une abbaye, au VIIe siècle. Avant eux, saint Florent en avait fait son camp de base pour évangéliser les Mauges. Sous l'Ancien Régime, Saint-Florent est la petite capitale religieuse de la région. C'est là que se déroule, le 12 mars 1793, un événement qui aura une portée historique : lors du tirage au sort des conscrits qui doivent partir grossir l'armée nationale, une révolte éclate et se propage dans toutes les Mauges. La guerre vendéenne commençait. Cathelineau, le grand chef aimé, blessé à Nantes, y mourut le 14 juillet 1793. Le 18 octobre de la même année, après la défaite de Cholet, l'armée blanche reflua à Saint-Florent. Ce fut le dramatique épisode de la Virée de Galerne (lire « Un peu d'histoire », en introduction aux Mauges). Ce soir-là, l'un des chefs vendéens, Bonchamps, sur le point de mourir, trouva la force et le courage de s'opposer à l'exécution de 5 000 prisonniers républicains. Dans le lot, il y avait le père du sculpteur David d'Angers, ce qui explique que ce dernier acceptât de réaliser le monument en hommage à Bonchamps, visible aujourd'hui dans l'église abbatiale. En 1794, ville et abbaye furent incendiées. Pour finir, le traité de paix mettant fin à la première guerre vendéenne y fut signé, entre Stofflet et Hoche, un des généraux du Directoire, le 2 mai 1795.

Adresses utiles

- **Office du tourisme :** place de la Mairie. Hors saison, à la mairie. ☎ 02-41-72-62-32. En été, dans les caves de l'abbaye. ☎ 02-41-72-62-95. Ouvert tous les jours de mai à fin août, de 10 h à 13 h et de 14 h 30 à 19 h.
- **Carrefour des Mauges :** ferme abbatiale des Coteaux. ☎ 02-41-71-77-30. Fax : 02-41-71-77-31. Ouvert les week-end et jours fériés de juin à septembre et tous les jours en juillet et août, de 14 h 30 à 19 h. Visite indispensable avant de vous lancer à l'assaut des Mauges. Ici, vous trouverez des brochures et des ouvrages sur la région mais comme c'est aussi un centre d'initiation à l'environnement, vous trouverez également l'*observatoire de la Loire* (mare pédagogique « la mare aux Demoiselles », aquariums de poissons d'eau douce, etc.), des expos temporaires sur les Mauges et le fleuve sauvage, des sorties accompagnées et un gîte d'étape (voir ci-dessous).

Où dormir ? Où manger ?

Camping et gîte d'étape

- **Camping municipal de l'île Batailleuse :** ☎ 02-40-83-45-01. Au pied du pont (côté Loire-Atlantique), en bord de rivière. Ouvert de fin avril à mi-septembre. Compter 4,65 € (30 F) pour 2 personnes et une tente. 2 étoiles. Ombragé. Bons sanitaires. Emplacement agréable.
- **Gîte d'étape du Carrefour des Mauges :** ferme abbatiale des Coteaux. ☎ 02-41-71-77-30. Fax : 02-41-77-71-31. Le Carrefour des Mauges (voir ci-dessus) propose un gîte d'étape pour randonneurs. 9 € (59 F) la nuitée. 22 places, dont une chambre à 6 lits et une autre à 16 lits. Très bon accueil.

Prix moyens

- **L'Hostellerie de la Gabelle :** 12, quai de la Loire. ☎ 02-41-72-50-19. Fax : 02-41-72-54-38. Situé au centre-ville, près du pont. Fermé les vendredi soir, dimanche soir et lundi midi d'octobre à mai. Chambres doubles à 39,64 € à 44,21 € (260 à 290 F) avec douche ou bains ; certaines avec lavabo, moins chères. Petit déjeuner : 6,10 € (40 F). 1er menu à 12,20 € (80 F) en semaine ; sinon, autres menus de 19,82 à 38,87 € (130 à 255 F). Petit hôtel de province traditionnel au bord de la Loire. Jolie tour de la Gabelle en angle, qui lui donne un beau cachet extérieur. Cuisine simple, mais agréable : anguilles de Loire à la provençale, sandre au beurre blanc, foie gras maison. Chambres à l'ancienne à la déco désuète et aux prix en hausse mais praticables. Décoration plutôt kitsch et vieille France, surtout la salle à manger (on se croirait un peu dans *La vie est un long fleuve tranquille*), sans parler de ces numéros de *Gala* et *Femme Actuelle* à disposition dans les couloirs... Mais c'est une adresse bien située pour qui veut faire une halte au bord de la Loire, entre Nantes et Angers. Apéritif offert à nos lecteurs sur présentation du GDR.

Où dormir ? Où manger dans les environs ?

🛏 *Gîte d'étape :* ferme de la Guichetière, 49530 Bouzillé. ☎ 02-40-98-11-79. Fax : 02-40-98-13-20. C'est entre Saint-Florent et Liré. De Bouzillé, prendre la route du Fossé-Neuf ; après la grosse maison bourgeoise, suivre le panneau à droite. Compter environ 7,80 € (51 F) par personne et par nuit en gîte d'étape ; location du gîte entier pour le week-end à 150 € (984 F). En pleine campagne, 18 places dans une jolie maison basse, derrière une autre plus récente. Cuisine-séjour (avec 3 grandes tables de campagne), 4 chambres de 4 ou 5 places chacune et 2 douches et 2 w.-c. à disposition. Bon accueil du jeune couple qui tient le gîte, mais réserver le plus tôt possible en saison, surtout le week-end ! Et pour bien commencer le séjour, un petit verre du Val de Loire vous est offert sur présentation du guide de l'année.

|●| *Crêperie du Moulin de l'Épinay :* rue de l'Èvre, 49410 La Chapelle-Saint-Florent. ☎ et fax : 02-41-72-70-70. ❀ Fermé les lundi et mardi toute l'année. Formule à 9,45 € (62 F), boisson comprise, à midi en semaine ; puis menus à 15,55, 21,65 et 27,75 € (102, 142 et 182 F) pour les gourmands. Sous une grande véranda moderne (un peu trop) jouxtant le moulin refait à neuf, un resto panoramique qui domine la plaine de belle façon, idéal pour écrire des lettres à... son moulin. Cela dit, pas de tables en terrasse à cause du vent, excepté pour les Don Quichotte téméraires (pléonasme !). Cuisine régionale, mais on préférera bien sûr les galettes et les crêpes puisque la farine vient directement du moulin à côté. Lire aussi la rubrique « À voir dans environs » pour la visite, car il ne faut pas croire qu'en venant manger une crêpe ici, on entre à côté comme dans un moulin ! Ambiance sympa autour d'une bolée de cidre brut et de galettes classiques bien faites et servies rapidement. En dessert, si vous aimez la chantilly, prenez la crêpe du chef, vous nous en direz des nouvelles ! À croire qu'on fête son anniversaire à chaque fois... Kir au muscadet offert aux lecteurs du *Guide du routard*.

À voir. À faire

★ *L'église abbatiale :* ouverte de 9 h à 18 h (19 h en été). Date en grande partie du début du XVIIIe siècle. Tour et nef sont d'un style classique très traditionnel. Par contre, la façade, avec sa galerie et son fronton sculpté, possède son petit cachet. Le portail latéral sud (du XIIIe siècle) reste le seul vestige de l'église médiévale. À l'intérieur, nef aux voûtes en berceau. Belle luminosité. Impression de grande sobriété. Dans une chapelle, le monument de Bonchamps, *Grâce aux prisonniers !*, exécuté par David d'Angers. De facture classique et pourtant très émouvant. Le sculpteur sut rendre la grâce et la générosité du chef vendéen. Il faut dire qu'il possédait une sacrée motivation, puisque son père figurait dans les 5 000 prisonniers que Bonchamps refusa de faire exécuter. À voir également, l'autel Saint-Joseph du XVIIIe siècle, plutôt expressif.
Un bel escalier mène ensuite aux anciennes cellules des moines, puis à la sacristie, elle aussi joliment voûtée. Sous l'église, intéressante crypte restaurée, festival d'ogives retombant sur des piliers à multiples colonnettes et chapiteaux fleuris. Petit musée : tissus brodés, vieux cadre-reliquaire du

XVIIe siècle, orfèvrerie religieuse, ciboire, burettes, statue de saint Yves du XVIIe siècle, vieux missels, petite section lapidaire.

★ **Le musée d'Histoire locale et des Guerres de Vendée :** place J.-M.-Sourice. ☎ 02-41-72-50-03. En juillet, août et jusqu'à mi-septembre, ouvert tous les jours de 14 h 30 à 18 h 30 ; de Pâques à fin juin et en octobre, le week-end, de 14 h 30 à 18 h 30. Entrée : 2,30 € (15 F). Tarif réduit entre 12 et 18 ans. Gratuité en dessous de 12 ans. Installé dans une chapelle du XIXe siècle. Intéressant petit musée local par la qualité des documents et témoignages.
Saint-Florent inspira beaucoup les peintres (Turner notamment). Belle série de gravures. Une étonnante maquette d'un artiste florentais, Maurice Lacombe, fait revivre une scène restée dans toutes les mémoires locales et au-delà : le passage de la Loire, le 18 octobre 1793, de 5 000 prisonniers républicains qui furent finalement épargnés juste avant de mourir par la clémence du général vendéen Bonchamps (voir aussi « Un peu d'histoire »). L'auteur a passé deux ans et demi à l'imaginer et à la réaliser. Déclaration de soumission des chefs vendéens. Peintures de Marie Sourice et dessins de David d'Angers. Étrange jugement du conseil militaire, condamnant à mort Jean-Nicolas Stofflet (les simples soldats sont nantis de leur profession, avec, en accolade, le mot « brigand »). Bons de l'armée catholique et royale, armes vendéennes (faux, boulets, pistolets), chapeau de Stofflet, estampes de chefs de guerre vendéens, costumes locaux (les mariées étaient en noir !), petite section ornithologique, curieux mouchoirs d'artilleur ou d'instruction militaire. Tableaux de contraventions amusantes (poules ayant picoré chez le voisin, paysan continuant à compter en lignes et en pouces, ayant « fait tirer sa voiture par des chiens », etc.). Petite section sur les Vikings, installés à Saint-Florent pendant 80 ans entre les IXe et Xe siècles. En général, le musée est tenu par de jeunes passionnés d'histoire (en été), n'hésitez pas à leur poser des questions, c'est fou ce qu'ils connaissent bien leur « pays » !

➢ **Balade dans la ville :** de l'esplanade, très beau panorama sur la Loire et les environs (flèches de direction). Colonne commémorant le passage de la duchesse d'Angoulême en 1823. Promenades balisées dans les ruelles descendant vers la Loire, et dans la garenne, par des sentiers aménagés. Dans le cimetière, petite chapelle du XVe siècle.
À noter que l'office du tourisme a développé l'« Acoustiguide », simple baladeur qui, moyennant la somme de 3,81 € (25 F), vous commente le tour de la ville en 1 h 30 à 2 h. Disponible à l'office du tourisme, place de la Mairie.

➢ **Canoë-kayak et promenade en barque :** avec *Anjou Loisirs*, à la petite base de loisirs de Notre-Dame-du-Marillais. ☎ 02-41-70-56-78. Notre-Dame-du-Marillais est limitrophe de Saint-Florent ; en venant de Saint-Florent, la base de loisirs est à la sortie du village et au pont tout de suite à gauche. Ouvert tous les jours en juillet et août et le week-end d'avril à octobre (ou sur réservation en semaine). Balades sur l'Èvre.

Festival

– **Les Orientales :** sur 2 week-ends fin juin-début juillet, dans l'abbatiale. Renseignements : ☎ 02-41-72-62-02 (pendant le festival), ou (mairie) ou 01-41-22-66-46. Surprenant, ce festival d'Orient sur ces bords de Loire et en même temps pas si étonnant puisque l'on est dans le village du député-maire Hervé de Charette, ancien ministre des Affaires étrangères... Rencontres musicales, expos et spectacles sur le thème Asie-Occident.

▶ DANS LES ENVIRONS DE SAINT-FLORENT-LE-VIEIL

★ *Le moulin de l'Épinay :* rue de l'Èvre, 49410 **La Chapelle-Saint-Florent**. ☎ et fax : 02-41-72-73-33. ♿ En juillet et août, visite de 10 h à 12 h 30 et de 14 h 30 à 18 h 30 ; fermé les samedi, dimanche matin et lundi. En mai, juin et septembre, ouvert de 14 h 30 à 18 h 30, fermé le lundi. En avril et octobre, ouvert le dimanche de 14 h 30 à 18 h 30. Ouvert les jours fériés d'avril à octobre. Entrée : 3,85 € (25 F) pour les adultes, 2,95 € (19 F) pour les 7 à 12 ans, gratuit pour les moins de 12 ans. Pas la plus belle architecture de moulin qu'on connaisse (XVIIIe siècle très rénové) mais visite sympa, notamment grâce à ce moulinet d'orientation qui fait tourner le toit en fonction des vents. Audiovisuel, maquettes, expos temporaires et boutique sur le site. Une expo permanente sur la vie du meunier, avec bornes interactives, maquettes, assez chouette. En saison, intéressant programme d'animations. Crêperie juste à côté (voir « Où dormir ? Où manger dans les environs ? », plus haut).

★ *Le cirque de Courossé :* à 9 km au sud de Saint-Florent-le-Vieil, direction La Chapelle-Saint-Florent. Une petite halte sympathique par beau temps, dans un site un peu escarpé. Nombreux points de vue sur le vallon et les bocages. Escaliers menant à une chapelle installée dans la roche. Balade jusqu'au bord de l'Èvre à travers une végétation luxuriante. Point de départ de nombreuses randonnées et sentier d'interprétation.

★ *Le musée Joachim-du-Bellay :* 1, rue Pierre-Ronsard, 49530 **Liré**. ☎ 02-40-09-04-13. Face à l'église de Liré. Ouvert du 1er février à fin décembre du mercredi au dimanche de 10 h à 12 h et de 14 h à 18 h. Fermé hors saison les samedi matin et dimanche matin. Des visites commentées à 10 h 30, 14 h 30 et 16 h 30. Entrée : 4 € (26 F) ; 3,30 € (22 F) pour les étudiants et les chômeurs ; 2,60 € (17 F) pour les moins de 18 ans. Gratuit pour les moins de 10 ans. Parcours-jeu de piste pour les enfants. Un montage audiovisuel conclut la visite. Brochure explicative à l'entrée du musée. Possibilité de visite guidée. Le tarif de groupe (3,05 €, soit 20 F) est accordé à nos lecteurs, sur présentation du *Guide du routard* de l'année.
Abrité dans une belle demeure Renaissance avec une porte à fronton triangulaire en façade, surmontée de fenêtres à meneaux. Petit musée littéraire en hommage au poète ami de Ronsard qui naquit au château de la Turmelière, sur la commune de Liré. Du Bellay parle d'ailleurs de son village natal dans le sonnet *Heureux qui comme Ulysse*. Séjournant à Rome, il est soudain gagné par le nostalgie : « Plus mon petit Lyré que le Mont Palatin / Et plus que l'air marin la douceur angevine »... Ça ne vous rappelle rien ? Pas beaucoup d'objets d'époque dans ce « site d'interprétation », mais une scénographie didactique et moderne à la fois sur Joachim et son époque, dans 5 salles réparties sur 2 étages et un décor qui évoque la Renaissance. On fait le tour des différentes périodes de la vie du poète grâce à des fac-similés de gravures, jeux de correspondance et illustrations ludiques de poèmes.

QUITTER SAINT-FLORENT-LE-VIEIL

En train

➢ *Pour Angers et Nantes :* 4 trains par jour de Varades, à 1,5 km de Saint-Florent. Renseignements SNCF : ☎ 0892-35-35-35 (0,34 €/mn, soit 2,21 F).

En bus

➢ **Pour Montjean, Chalonnes, Saint-Aubin-de-Luigné, Rochefort et Angers :** en moyenne, 2 départs par jour (sauf le dimanche). Renseignements : ☎ 02-41-69-10-00 ou 02-41-88-59-25.

➢ Une ligne également **pour Angers** par **Champtocé** et **Saint-Georges-sur-Loire** : 2 départs quotidiens (sauf le dimanche). Renseignements : ☎ 02-41-69-10-00 ou 02-41-88-59-25.

➢ Sinon, de Varades, à 1,5 km de Saint-Florent, bus **pour Ancenis**.

CHAMPTOCEAUX (49270) 1 770 hab.

À la frontière avec la Loire-Atlantique. Village bâti sur un à-pic de 80 m au-dessus de la Loire. Situation privilégiée donc. Du belvédère, panorama assez exceptionnel au soleil couchant. Ce fut une cité médiévale de première importance, avec une imposante forteresse. Celle-ci fut rasée par le duc Jean V, à l'issue de la guerre de Succession de Bretagne. Quelques vestiges, notamment la porte d'entrée de la ville close (aujourd'hui propriété privée). De la place, intéressant sentier balisé de visite des ruines de la citadelle. Au pied de celle-ci, ancien péage fortifié.

Adresse utile

Office du tourisme : derrière l'église. ☎ 02-40-83-57-49 (en saison) et 02-40-83-52-31 (mairie). Du 1er mai à fin septembre, ouvert tous les jours (sauf le lundi), y compris les jours fériés, de 10 h à 12 h 30 et de 14 h 30 à 18 h 30. Ne pas manquer, à partir de l'office, la promenade du Champalud (pour le panorama), qui se prolonge jusqu'à la coulée de la Luce et les bords de Loire (attention, bonne descente !).

Où dormir ? Où manger ?

Hôtel Le Champalud : promenade du Champalud. ☎ 02-40-83-50-09. Fax : 02-40-83-53-81. Restaurant fermé le dimanche soir (sauf en saison). Chambres de 42,69 à 51,83 € (280 à 340 F). Menu-étape en semaine à 10,21 € (67 F), vin compris, et menus de 13,72 à 33,54 € (90 à 220 F). Un menu à 25,92 € (170 F), vin compris. Dans un charmant village au bord de la Loire, un hôtel entièrement rénové et une table assez réputée. Une douzaine de chambres confortables avec ascenseur, douche ou bains. Repas du jour avec fromage, dessert et vin compris. Également en semaine, mais sur demande, belle balade gourmande en terroir à des prix encore raisonnables. À la carte : terrine « ligérienne », filet de sandre au beurre blanc ou encore les cuisses de grenouilles. Fait aussi brasserie (mais sans le cadre du resto) avec une formule économique et une carte des bières du monde. Enfin, au sous-sol, petit caveau avec une fresque représentant Noé, considéré ici comme le premier vigneron. Tennis à proximité. Salle de détente avec de vieux jeux d'échecs ou de petits chevaux. Bon accueil du patron. Réduction de 10 % sur le prix des chambres offerte à nos lecteurs sur présentation du *Guide du routard* de novembre à mars, plus l'accès gratuit à la salle de remise en forme !

Chez Claudie : Le Cul-du-Moulin. ☎ 02-40-83-50-43. Fax : 02-40-83-59-72. Au pied du village, descendre vers la Loire. Restaurant fermé les dimanche soir et mercredi, ainsi que pendant les vacances de février (zone A). Chambres entre 32,01 et 35,06 € (210 et 230 F). Menu en semaine et à midi à 9,90 € (65 F), et autres menus entre 12,19 et 33,53 € (80 et 220 F). Sympathique auberge toute recouverte de lierre. En bord de route, mais on aurait tort d'en faire un *casus belli*. Agréables chambres très spacieuses, avec vue sur la Loire et la tour Oudon éclairée la nuit, ou donnant sur l'arrière, avec douche ou bains, TV et téléphone. Certaines avec cabine de douche. Au resto, cuisine du terroir servie dans une immense salle à manger assez *kitsch*. Bonne cuisine. Cuisse de lapin aux pruneaux, anguilles et grenouilles à la provençale, brochet au beurre blanc, etc. Apéritif maison offert à nos lecteurs sur présentation du *GDR*.

Chic

▲ |●| **Les Jardins de la Forge :** 1, place des Piliers. ☎ 02-40-83-56-23. Fax : 02-40-83-59-80. ✃ Fermé les dimanche soir, mardi et mercredi, et les 1ʳᵉˢ quinzaines de mars et d'octobre. Chambres doubles entre 76,22 et 144,83 € (500 et 950 F) en haute saison, petit déjeuner compris. Menus entre 27,44 € (280 F) en semaine et 70,13 € (460 F). Malgré une façade mi-figue mi-raisin, le cadre intérieur s'avère élégant avec son décor tout bleuté et ses pierres apparentes. Vraiment frais et agréable. La cuisine du restaurant vaut le déplacement. Grande table et cuisine gastronomique très réputée. Menus qui changent régulièrement. À la carte d'été, salade de moules et langoustines, escalope de sandre au beurre blanc, ou, dans le menu le plus cher, demi-pigeonneau rôti sauce aux morilles et jus de truffes. On loge dans la résidence hôtelière ultra-moderne juste en face. Après tout, pourquoi pas, les chambres sont à l'avenant, chics et très confortables. La n° 6 est d'un bon rapport qualité-prix, avec vue sur la Loire et la piscine. Petit déjeuner servi en chambre. Bon accueil. Café et petit déjeuner pour 1 personne et par nuit offert à nos lecteurs sur présentation du *Guide du routard*.

Où dormir ? Où manger dans les environs ?

Camping et gîtes

⚐ **Camping Beauregret :** 49530 Drain. ☎ 02-40-98-20-30 ou 02-40-98-20-16 (mairie). Fax : 02-40-98-23-29. ✃ À l'est de Champtoceaux sur la D751. Ouvert du 1ᵉʳ mai au 30 septembre. Compter 5,49 € (36 F) pour 2 personnes et une tente. En bord de fleuve (mais pas de baignade). Ombragé. Belle herbe grasse. Environnement verdoyant.

▲ **Gîtes de la Barbotine :** 1, route de Saint-Christophe, 49270 Le Fuilet. En juillet et août, location uniquement à la semaine, auprès du central téléphonique de Clermont-Ferrand : ☎ 04-73-93-60-00. Le reste de l'année, à la nuitée, réservation sur place : ☎ et fax : 02-41-70-08-89. ✃ pour tous les gîtes et 2 gîtes entièrement adaptés. Compter environ 518,33 € (3 400 F) la semaine en haute saison et de 54,88 à 62,50 € (360 à 410 F) la nuitée, hors juillet et août, pour un gîte de 6 personnes ; ajouter 7,62 € (50 F) de frais de dossier. Si le cœur vous en dit, possibilité de loger dans 16 gîtes tout beaux tout neufs, et tout équipés, avec piscine (chauffée en hiver) et plan d'eau à proximité. Gîtes à l'architecture moderne, avec terrasse, et s'intégrant bien sur le site d'anciennes carrières comblées (comme nous !). Deux lits dans la cuisine-séjour équipée, deux chambres à coucher avec douche ou bains, et puis machine à laver, micro-onde, machine à café et TV... Animaux acceptés. Bon accueil et possibilité de repas pour les groupes. Sinon, petits restos et tous commerces au Fuilet.

L'ANJOU (LE MAINE-ET-LOIRE) / LA RÉGION DES MAUGES

Prix moyens

🏠 🍽 *Chambres d'hôte du Clos Saint-Martin* : 9, rue des Mauges, 49530 Drain. ☎ et fax : 02-40-98-29-71. À l'est de Champtoceaux sur la D751. Chambres de 38,11 € à 68,60 € (250 à 450 F) pour 2, sans le petit déjeuner, non obligatoire, à 4,57 € (30 F). Table d'hôte à 15,24 € (100 F), vin compris. Face à l'église, grande bâtisse en angle recouverte de vigne vierge, peut-être un ancien prieuré, nul ne semble savoir vraiment ! En tout cas, la maison a été entièrement rénovée (peut-être un peu trop d'ailleurs) et propose un immense salon au rez-de-chaussée et 4 chambres à l'étage de bon confort. La Safran, toute jaune, la Misaine, un peu plus chère avec son coin salon et ses voiles, ou encore la Perle, une chambre familiale pour 4 ou 5 personnes, avec une grande salle de bains. Profitez de l'immense jardin avec son grand potager et sa petite folie rurale et peut-être bientôt de la piscine. Gîte en projet. Accueil gentil de la proprio, ancienne hôtelière au Mans et aquarelliste à ses heures. En prime, dégustation de muscadet offerte à nos lecteurs.

Plus chic

🏠 🍽 *Chambres d'hôte Le Mésangeau* : 49530 Drain. ☎ 02-40-98-21-57. Fax : 02-40-98-28-62. • le.mesangeau@wanadoo.fr • À 3,5 km de Drain, sur la route de Saint-Laurent-des-Autels. Chambres à 70, 80 et 100 € (459, 525 et 656 F), petit déjeuner compris. Table d'hôte uniquement le soir et sur réservation à 25 € (164 F), avec le vin. Dans une immense gentilhommière restaurée de 1830, ancienne propriété de nobliaux locaux à laquelle on accède par une allée de plus de 1 km ! Grand parc de 6 ha avec étang et chapelle. Jardin avec un chêne de 350 ans, entouré de deux tours à grain et d'une véranda idéale pour la farniente. Gravures et tableaux sur les murs et tommettes dans les couloirs qui mènent aux 5 chambres rustiques et rénovées. Les plus chères sont plus sympas, avec leurs meubles anciens et leur grande salle de bains, mais plus confortables et rustiques que grandiloquentes, pour dire vrai. D'ailleurs, le proprio aime autant jouer de la guitare basse avec sa petite formation (pas quand les hôtes sont là, rassurez-vous !) que taquiner la boule sur l'un des deux billards de la maison. Très grande salle à manger pour les petits déjeuners et les repas. Barbecue dans le jardin aux beaux jours. Sinon, pas mal de restos gastronomiques dans le coin. Bon accueil et apéritif offert à nos lecteurs sur présentation du *GDR*.

➤ DANS LES ENVIRONS DE CHAMPTOCEAUX

★ SAINT-LAURENT-DES-AUTELS (49270)

★ *La coulée du Cerf* : route de Saint-Sauveur-de-Landemont. ☎ 02-40-83-73-25 ou 06-68-47-71-44. Fax : 02-40-83-77-98. À la sortie de Saint-Laurent vers Saint-Sauveur. Ouvert du 1er avril au 11 novembre ; tous les jours en juin, juillet et août de 11 h à 20 h ; sinon, les mercredi, samedi, dimanche et jours fériés de 14 h à 19 h, ainsi que pendant les vacances scolaires ; tous les jours pour les groupes sur réservation. Entrée : 5,50 € (36 F) ; 3,50 € (23 F) pour les enfants de 3 à 12 ans.
Voici un bel exemple de reconversion partielle d'une famille d'agriculteurs ! Tout en poursuivant l'exploitation des deux fermes (vaches laitières, bovins et céréales), la famille a monté ce beau parc animalier sur 10 ha et deux musées agricole et viticole. Franchement, prévoyez la journée car on peut pique-niquer sur place et le lieu est vraiment chouette.

Dans une ambiance très bon enfant, vous et vos chers bambins serez surpris de découvrir ici, non seulement toute la basse-cour habituelle avec les vaches de l'exploitation mais aussi des animaux plus exotiques. En vrac et dans le désordre, des watussi (croisement entre le zébu et le bovin du Nil), des nandous, des émeus, des moutons africains à quatre cornes, un parc à chèvres (où l'on peut entrer), des baudets du Poitou, des yacks et des alpagas et puis des wallabies d'Australie, etc. Bien sûr, des cerfs et des daims, et puis quelques volières intéressantes avec la surprenante poule nègre et soie ou le faisan doré...

Dans le musée agricole, vieux outils, machines et calèches (qui ne se battent pas en duel!), tandis que le musée viticole présente de vieux alambics et une jolie collection de voitures anciennes (remarquez la vieille Peugeot presque entièrement rouillée mais très émouvante!). Un dimanche par mois, de juin à septembre, animation autour du four à pain et de la forge, construits à la main par le proprio avec des pierres de la région. On peut compléter cette belle journée avec une activité ludique pour vos enfants, la chasse aux trésors dans un labyrinthe végétal (voir ci-dessous).

★ *Le labyrinthe végétal :* route de Saint-Sauveur-de-Landemont. ☎ 02-40-83-78-25 ou 06-68-47-71-44. C'est à côté de la coulée du Cerf, en repartant vers Saint-Laurent. Au milieu d'un champ de maïs. Du 14 juillet à fin août, ouvert tous les jours de 14 h à 20 h; en septembre, le dimanche. Fermé le reste de l'année. Entrée : 4,50 € (30 F). Gratuit pour les enfants en dessous de 5 ans. Compter 2 h environ. Chasse aux trésors sur le thème des Mauges.

★ *LE FUILET* (49270)

★ *Le village potier :* à mi-chemin entre Saint-Laurent-des-Autels et Montrevault, sur la D17, au lieu-dit Les Recoins, à 3 km au sud du village du Fuilet (panneaux). C'est un très ancien village de potiers dont l'origine est encore mal datée (mais que fait la direction régionale des Affaires culturelles?). Cependant, on a constaté que cette activité regroupait une forte concentration de nouveaux ateliers au XVe siècle, on peut donc en conclure que la tradition est plus ancienne encore...

Le Fuilet possède depuis toujours un sous-sol argileux très riche. En 1910, on comptait encore plus de 40 potiers, mais aussi des briquetiers et des tuiletiers, en général en complément du métier d'agriculteur. La moitié d'entre eux disparut en raison de cette double activité, difficile à gérer, mais aussi à cause de la guerre de 1914-1918 et de l'arrivée de la mécanisation. Malgré tout, cette commune de 1 800 habitants ne cessa jamais l'activité et elle compte encore aujourd'hui une douzaine de poteries (une seule briqueterie, mais plus de tuilerie), preuve de l'enracinement profond de ce joli artisanat. La production actuelle est la plupart du temps une poterie utilitaire de jardin ou décorative, en raison de la porosité de l'argile local.

– La visite du village commence forcément par la *maison du Potier*, 2, rue des Recoins. ☎ 02-41-70-90-21. Fax : 02-41-70-26-22. Ouvert de fin mars à mi-octobre, sauf les samedi et dimanche matin, et le lundi matin en juillet et août; le reste de l'année, sur rendez-vous. Toutes les infos sur le village et les environs. Entrée payante pour la visite guidée de 1 h 30 : 4 € (26 F), 2,50 € (16 F) pour les enfants de 7 à 12 ans. Gratuit pour les moins de 7 ans. Petite réduc' pour nos lecteurs sur présentation du *Guide du routard*. On vous conseille la visite, généralement dirigée par un passionné.

Très jolies maquettes animées (tout le processus, de l'extraction à la cuisson jusqu'à la finition), avec mannequins et figurines en argile. Fabrication sous vos yeux d'un petit pot de fleurs à l'aide d'une grosse presse ancienne.

Démonstrations de tournage et démo à l'ancienne. Petit audiovisuel pour finir et vente de poteries (on avait oublié que c'est vraiment bon marché!). Pour les passionnés, la maison organise également des stages, des ateliers, ainsi que des animations ponctuelles. Pour compléter la visite, petite brochure avec la liste des artisans du village.

– Dans le village, petite balade à pied conseillée, notamment pour la visite de la **chapelle des Recoins**, entre la maison du Potier et les *gîtes de la Barbotine*. Son histoire est assez émouvante. Pétris de religion, les habitants décidèrent de l'édifier après le retour quasi miraculeux, en 1948, d'un villageois déporté à Dachau. On utilisa les seuls matériaux disponibles, ceux de l'ancien four du village, sans penser à l'analogie possible entre l'enfer d'où sortait le villageois et le nouveau lieu de culte aux briques noircies. Preuve que l'émotion des retrouvailles fut bien plus forte que le simple raisonnement.

Possibilité de louer des gîtes dans le village (voir les *gîtes de la Barbotine* dans « Où dormir? Où manger dans les environs? », plus haut).

CHANZEAUX (49750) 960 hab.

Considéré comme le « village-frontière » typique entre les Mauges et le Layon (a même été utilisé pour une étude sociologique américaine sur la société rurale française!). À la frontière également des zones royaliste et républicaine, le village connut des moments difficiles. Incendies, massacres de la population. La résistance du sacristain Ragueneau et de ses amis dans le clocher de l'église resta dans les annales. Le vieux clocher du XIIIe siècle a cependant subsisté. Sur le côté, stèles et plaques interpellent la mémoire du passant, en souvenir de ce clocher « célèbre par le martyre de ses défenseurs le 9 avril 1795 ». À l'intérieur, nombreux vitraux rappellent les guerres vendéennes; certains, modernes, reproduisent les portraits des principaux généraux. Au-dessus du portail, vitrail avec une messe clandestine. Fresques, dans le bas-côté gauche, rappelant les événements de 1794. Sur l'Hyrôme, un moulin à eau actionne ses pales d'un bruit sourd, à la grande joie des pêcheurs...

Où dormir? Où manger?

Chambres d'hôte du Moulin du Chapitre : chez Rose et Didier Lelièvre. ☎ et fax : 02-41-74-01-42. • www.moulin-du-chapitre.fr • Chambres pour 2 de 50,31 à 57,93 € (330 à 380 F), avec le petit déjeuner et de 73,18 à 88,42 € (480 à 580 F) pour les suites. Également 2 gîtes de 7 et 9 personnes au week-end ou à la semaine. Table d'hôte à 12,96 € (85 F) sans le vin. Attention, chef-d'œuvre de chambres d'hôte! Un site enchanteur avec un moulin, un vrai, qui appartenait sans doute à l'évêché d'Angers, avec des parties XIVe et XVe siècles, rénové de la plus belle façon qui soit. Tous les mécanismes restants ont été restaurés avec amour par les propriétaires, et l'on prend le petit déjeuner au beau milieu des engrenages avec, tenez-vous bien, une vue plongeante sur le cours d'eau qui passe sous la maison! Grandiose! De plus, les 4 chambres sont confortables et très sobres. Sauf peut-être celle du « gardien » de l'élégante tourelle indépendante où les mariés de la région viennent se blottir comme des étourneaux... Si vous voulez passer un séjour ici (quelle bonne idée!), on vous conseille également les deux gîtes de plain-pied avec un grand bout de jardin pour vous tout seul et la rivière entre les deux (où l'on peut pêcher!). Site verdoyant, bien sûr, et totalement au calme. Accueil plein de sensibilité et d'intelligence (le contraire eût étonné). En prime, réduction de 10 % sur le prix de la chambre aux routards porteurs du guide de l'année.

CHEMILLÉ (49120) 6 440 hab.

Entre Cholet et Angers, sur la N160. Surtout connu pour sa production de plantes médicinales depuis la fin du XIXe siècle. En juillet 1793, il s'y déroula une grande bataille entre Bleus et Blancs.

Adresse utile

🅸 *Office du tourisme :* pavillon de l'Albarel. ☎ et fax : 02-41-46-14-64. À côté de la mairie et du jardin des Plantes médicinales et aromatiques. Ouvert de mai à septembre de 10 h à 12 h et de 14 h 30 à 18 h 30 ; le dimanche et les jours fériés de 14 h 30 à 18 h 30 et d'octobre à avril du lundi au vendredi de 14 h à 17 h.

Où dormir ? Où manger ?

🏠 🍴 *Auberge de l'Arrivée :* 15, rue de la Gare. ☎ 02-41-30-60-31. Fax : 02-41-30-78-45. Situé en face de la gare (rassurez-vous, pas de trains la nuit !). Resto fermé le dimanche soir hors saison et la 1re semaine de janvier. Chambres doubles à partir de 38,11 € (250 F). Un 1er menu à 10,52 € (69 F) à midi et le soir jusqu'à 20 h 30, d'autres menus entre 13,57 et 25,76 € (89 et 169 F). Demi-pension obligatoire à partir de 34 € (223 F) par personne les vendredi et samedi en juillet, août et septembre. Le petit hôtel de bourg typique. 11 chambres correctes, certaines avec TV. Salle à manger au cadre assez cossu pour une bonne cuisine régionale. Le 1er menu propose entrée, plat, fromage ou dessert. Menus plus gourmands ou carte, avec escalope de sandre au beurre de grenouille, filet de kangourou (pas très régional, ça !) et crème soufflée à l'angevine, entre autres... Agréable terrasse verdoyante. Accueil et service un peu secs, néanmoins. Café offert à nos lecteurs, ainsi que le petit déjeuner pour 1 nuit et 1 repas pris à l'hôtel sur présentation du *GDR*.

Où manger dans les environs ?

🍴 *L'Escargotière du Moulin :* à La Vollerie, 49120 La Tourlandry. ☎ 02-41-64-41-92. Sur la D133, entre Vezins et Chemillé. Menu unique à 19,82 € (130 F) le soir sur réservation. Voilà une ferme-auberge bien originale. On y mange des mollusques gastéropodes pulmonés, avec ou sans leur coquille operculée, enfin bref, des escargots. Élevés dans des parcs, ils se reproduisent de janvier à juin et sont ramassés fin octobre. Visite de la ferme pédagogique avant ou après le repas ? Réservez votre table et choisissez vos escargots plutôt farcis à l'ancienne. Quoique, en sauce ou en potée, les petites bêtes ne perdent rien de leur saveur ! Apéritif maison ou café offert à nos lecteurs porteurs de l'édition en cours.

LA RÉGION DES MAUGES

À voir

★ **Le jardin des Plantes médicinales et aromatiques :** dans le parc de l'hôtel de ville. ☎ 02-41-46-14-64. Entrée libre. Ouvert toute l'année (meilleure période : de mai à fin septembre). La région produit des plantes médicinales depuis la crise du phylloxéra au XIXe siècle. Du coup, Chemillé est devenue la capitale française de ce type de production. Ici, la mairie a mis au point un sentier-jardin avec une collection d'environ 300 espèces de plantes médicinales et aromatiques classées selon leur milieu naturel : plein soleil, ombre ou aquatique. Jardin des senteurs (oh, les bonnes odeurs !), jardin aquatique, etc. En vrac, des pervenches, de la menthe, de la camomille et des plantes tinctoriales (pour les teintures). Très agréable. Petit livret en vente au centre de documentation et de dégustation (où l'on prend la tisane), à l'*Albarel* juste en face, ouvert toute l'année, et installé dans une ancienne pharmacie reconstituée de la fin du XIXe siècle.

★ **Les vestiges de l'ancien château :** la base des remparts, la poterne sud et une porte en arc brisé avec un rare appareillage de pierre du XIIIe siècle « en rucher d'abeilles ».

★ **L'église Notre-Dame :** aujourd'hui désaffectée. Date des XI-XVIe siècles. Admirer l'élégant clocher aux baies richement ornées (flèche plus tardive). À l'intérieur, quelques traces de peintures murales. Expo en été. Demandez la clef à l'office du tourisme hors saison.

★ **L'église Saint-Pierre :** n'a conservé du XIIe siècle que le clocher et le portail en arc brisé. À l'intérieur, voir le beau vitrail du transept gauche qui raconte l'épisode du Pater des Vendéens (d'Elbée qui magouilla ses troupes pour empêcher le massacre des Bleus prisonniers).

QUITTER CHEMILLÉ

En train

➢ Nombreux trains *pour Cholet et Angers*. Renseignements SNCF : ☎ 0892-35-35-35 (0,34 €/mn, soit 2,21 F).

En bus

➢ *Pour Cholet et Angers* (par Saint-Lambert-du-Lattay) *:* une dizaine de bus par jour, sauf le dimanche. Renseignements : ☎ 02-41-69-10-00.

CHOLET (49300) 56 320 hab.

Deuxième ville du département de Maine-et-Loire, petite capitale régionale du textile, de la chaussure, du mouchoir rouge... et du basket. Possède également des industries chimiques et électroniques, ce qui en fait la commune la plus ouvrière d'Anjou. Ville moderne et active donc, où les guerres vendéennes laissèrent peu de traces du passé. Propose néanmoins quelques sites et musées très intéressants, en ville et dans ses environs.

LE MOUCHOIR DE CHOLET

Merci Kleenex ! Libéré du rhume, le mouchoir en tissu s'est transformé en objet noble, précieux, évocateur de tant d'images disparues... Cinq siècles en ont fait leur basique : on l'agitait en guise d'adieu, on le nouait sur sa tête, on l'imbibait de larmes ou de parfum, avant de le laisser choir devant son soupirant... Toute une saga dont Cholet fut l'héroïne. C'est là que des tisseurs hollandais l'établirent, au début du XVIIe siècle. Le mouchoir y réussit tant et si bien qu'il fallut un sceau officiel pour le protéger des contrefacteurs : avant la Révolution, il faisait vivre plus de 30 000 personnes dans le Choletais. Mais les guerres de Vendée dispersent sous les ateliers. Elles n'en serviront pas moins sa cause lorsqu'en 1900, le barde breton Théodore Botrel l'associe dans une fameuse chanson *Le Mouchoir rouge de Cholet*, à la grande bataille de 1793, qui opposa Bleus et Blancs aux portes de la ville : en signe de ralliement, ces derniers portaient sur la poitrine un mouchoir blanc, que les fusils républicains teintèrent bientôt de rouge !

LA CHAUSSURE CHOLETAISE

Le Choletais est en effet une grande région de production pour l'industrie de la chaussure. Suite aux guerres vendéennes de sécession, le XIXe siècle n'offrira aux habitants de la région que chômage et misère sociale, accentués par la crise du textile et la mécanisation du tissage. S'ensuit un fort exode rural. Pour répondre à cette crise morale profonde et puisque partout ailleurs, on fait dans la chaussure de luxe, ici on se lança dans le créneau de la chaussure bon marché. Pas les pompes à Roland Dumas, non, la bonne petite chaussure populaire ! Quelques ateliers ouvrent à Saint-Macaire à la fin du XIXe siècle, puis à Saint-André-de-la-Marche en 1901, inspirés par l'abbé Vincent, une figure locale. C'est dans ce village que l'on peut visiter un passionnant musée de la Chaussure (cf. la rubrique « À voir dans les environs »). Au fait, ce nom de Saint-André-de-la-Marche, ça vient de la chaussure ? Pas du tout... Étrange et jolie coïncidence, certes, mais qui s'explique uniquement par la situation de la région au Moyen Âge, convoitée à la fois par les comtés d'Anjou, de Poitou et de Bretagne, et qui, comme d'autres, devient un territoire indivisible, une sorte de « marche » entre les comtés, d'où le nom de la commune. Bon, tant qu'on est dans les explications étymologiques, Saint-André n'a rien à voir avec le célèbre chausseur... *André* ! Par contre, c'est à Saint-Pierre-Montlimart, près de Montrevault, que la famille Biotteau donna naissance à la fameuse marque *Eram*. Hé oui, « Il faudrait être fou pour dépenser plus » est d'ailleurs un slogan qui caractérise parfaitement la chaussure choletaise. Artisanale au début, la production devient ensuite une petite industrie, grâce à la nombreuse main-d'œuvre bon marché, tout en conservant son caractère local. En 1925, on compte 85 fabriques produisant 840 000 à 960 000 douzaines de paires chaque année, l'unité de mesure dans le monde de la chaussure. Aujourd'hui, près de 10 000 emplois dépendent de cette industrie.

Adresses utiles

Office du tourisme : place de Rougé. ☎ 02-41-49-80-00. Fax : 02-41-49-80-09. ● www.ot-cholet.fr ● Hors saison, ouvert du lundi au samedi de 9 h 30 à 12 h 15 et de 14 h à 18 h 30, les dimanche et jours fériés de 10 h à 12 h. En été, du lundi au samedi de 10 h à 19 h, les dimanche et jours fériés de 10 h à 13 h et de 14 h 30 à 17 h. Bonne documentation sur la région. Central de réservation hôtelière.

Gare routière : ☎ 02-41-62-11-86.

Gare SNCF : environ 10 aller-retour en TGV par jour en moyenne, avec un changement à Angers. Compter 2 h 15 environ.

■ *Information SNCF :* ☎ 08-92-35-35-35 (0,34 €/mn, soit 2,21 F).

Où dormir? Où manger? Où boire un verre?

Aucun hôtel ne nous a véritablement séduits sur Cholet. Si néanmoins vous devez y dormir, pensez à réserver car c'est vite plein en été, en raison du très médiatique spectacle du Puy-du-Fou et des autres manifestations régionales. Consulter le central de réservation hôtelière de l'office du tourisme ou leur borne interactive fonctionnant 24 h/24 (en façade) pour les disponibilités si vous arrivez tard. Bon, les hôtels du centre les plus économiques sont les *hôtels de la Boule d'Or* (☎ 02-41-62-01-78) et *du Commerce* (☎ 02-41-62-08-97) dans la catégorie « Prix moyens à plus chic », le *Grand Hôtel de la Poste* (☎ 02-41-62-07-20).

Bon marché

⋏ *Camping du lac de Ribou :* allée Léon-Mandin. ☎ 02-41-49-74-30. Fax : 02-41-58-21-22. Fermé du 1er novembre au 31 mars. Au camping, forfait journalier pour 2 personnes (emplacement + voiture) entre 8,54 et 14,48 € (56 et 95 F) selon la saison. Vaste centre touristique, agréablement situé au bord d'un lac. Le camping (4 étoiles) est ouvert du 1er avril au 31 octobre ; le village de vacances est ouvert toute l'année. Très confortable. Restaurant. Location de bungalows et mobile homes. Tennis. Piscines. Location de vélos. Jeux pour les enfants (toboggan à eau). Hors du camping, nombreux sports : canotage, planche à voile, aviron, golf, poney, etc. Réduction de 5 % sur les prestations et sur présentation du guide.

🏠 I●I *Auberge de jeunesse :* au *foyer des jeunes travailleurs Les Pâquerettes,* 5, rue de la Casse. ☎ 02-41-71-36-36. Fax : 02-41-62-62-22. • www.lespaquerettes.fr.st • ⚒ Ouvert du 15 juin au 15 septembre et pendant les vacances scolaires. Compter 10,21 € (67 F) la nuit par personne et 3,66 € (24 F) pour la location de draps. Repas à 6,25 € (41 F) le midi. Capacité de 30 lits. Basique.

Bon marché à un peu plus chic

I●I *Le Thermidor :* 40, rue Saint-Bonaventure. ☎ 02-41-58-55-18. Entre la poste et l'église, sur la place principale (place Travot), prendre la petite rue Travot, puis à gauche vers l'hôtel de ville ; c'est la petite rue dans le prolongement. Fermé les mardi soir et mercredi, ainsi que la 1re semaine de janvier. Formule du jour à 10,52 € (69 F), en semaine uniquement, puis menus de 15,24 à 25 € (100 à 164 F). Même le nom des restaurants vous replonge ici au cœur de la Révolution française. Pas de langouste thermidor pour autant, mais plutôt une petite cuisine de terroir servie dans deux salles aux pierres et poutres apparentes, avec notamment du foie gras et des plats au beurre rouge... Ambiance très calme, même en saison. Apéritif maison offert à nos lecteurs, sur présentation du *GDR*.

I●I *Au Passé Simple :* 181, rue Nationale. ☎ et fax : 02-41-75-90-06. Situé dans l'une des rues principales de Cholet. Service jusqu'à 22 h. Fermé les dimanche et lundi (sauf les jours fériés) et 2 semaines en août. Formule à 11 € (72 F) à midi en semaine, ou menu à 13 € (85 F), midi et soir, autres menus entre 18,30 et 28,51 € (120 et 187 F). Cadre moderne coloré dans de jolis tons pastel jaune ou bleu. Bonne cuisine gastronomique à base de poisson principalement, pour ceux qui ont rangé définitivement leur instinct de carnivore dans la case « passé simple ». Pour finir, une bonne tarte aux pommes chaudes au miel d'acacia. Bon accueil et service agréable. Apéritif maison offert à nos lecteurs ayant le guide en poche.

Pour boire un verre, pas mal de *terrasses* sur la place Travot (et non en travaux !), la place principale de Cholet, tout près de l'office du tourisme.

À voir

★ *Le musée d'Art et d'Histoire :* 27, av. de l'Abreuvoir. ☎ 02-41-49-29-00. Ouvert de 10 h à 12 h et de 14 h à 18 h. Fermé les mardi et jours fériés. Entrée : 3,50 € (20 F). Tarif réduit (groupes) : 1,52 € (10 F). Entrée gratuite pour les étudiants, les enfants scolarisés, les enseignants ainsi que le samedi du 1er octobre au 31 mai. Installé dans un espace d'inspiration géométrique, il regroupe le musée d'Art (dit « construit et géométrique ») et celui d'Histoire. Galerie d'art avec les œuvres des peintres choletais Trémolières et François Morelet, ainsi que des œuvres de Coypel, Nattier, Van Loo. Sculptures de H. Maindron et expos temporaires. La galerie d'histoire est centrée sur les guerres vendéennes, mais s'étend jusqu'à la guerre de 1914. Dix portraits des généraux royalistes (Bonchamps, Cathelineau, Lescure, Charette, d'Elbée, etc.). Moulage de la statue de Bonchamps par David d'Angers (voir, plus haut, « Saint-Florent-le-Vieil »). Tableaux des batailles, dont *Les Massacres de Machecoul*, de belles dimensions, avec des personnages grandeur nature, carte du théâtre des opérations, nombreux témoignages, souvenirs, armes, etc. Le musée propose également des ateliers enfants en lien avec les expositions temporaires.

★ *Le Musée paysan :* La Goubaudière, au parc de loisirs de Ribou. ☎ 02-41-29-09-07. Ouvert toute l'année de 14 h à 18 h. Fermé les mardi et jours fériés. Entrée gratuite. Dans une ancienne ferme restaurée. Chambre, salle à manger, laiterie joliment reconstituées. Vêtements, coiffes, habits de fête. En cours de réaménagement tout en restant ouvert...

★ *Le musée du Textile :* rue du Docteur-Roux. ☎ 02-41-75-25-40. Sur la route de Beaupréau, avant le grand rond-point, à gauche, au niveau de la rivière Sauvageau. Ouvert du 1er juin au 30 septembre de 14 h à 18 h 30. D'octobre à fin mai, de 14 h à 18 h. Fermé le mardi. Visites guidées en saison. Entrée : 1,52 € (10 F). Gratuit pour les scolaires, les étudiants et les enseignants, ainsi que les samedis du 1er octobre au 31 mai. Installé dans une ancienne blanchisserie construite en 1881. La seule présentation de l'activité textile choletaise, pourtant forte de son passé et de son savoir-faire. Blanchisserie, expos à thème et restauration du site en été avec l'association Rempart. Renseignements au musée. Ateliers enfants.

Fêtes et manifestations

– *Festival des Arlequins :* en général, la 2e ou 3e semaine d'avril. Une vingtaine de troupes de théâtre amateur sélectionnées par un jury national. Renseignements : ☎ 02-41-49-25-58.
– *Carnaval de Cholet :* autour de la mi-avril. Une ancienne tradition qui bat alors son plein de jour comme de nuit sur une semaine. Renseignements : ☎ 02-41-62-28-09.
– *L'Été Cigale :* de juin à septembre environ, concerts gratuits tous les vendredis. Renseignements : ☎ 02-41-49-55-00.
– *Crèche vivante :* pour Noël, bien sûr, sur la place Travot (place principale). Animée et bien faite, elle reflète la forte tradition catholique des Mauges. ☎ 02-41-49-80-00.

➤ DANS LES ENVIRONS DE CHOLET

★ *Le parc oriental de* Maulévrier : 49360 **Maulévrier**. ☎ 02-41-55-50-14. Fax : 02-41-55-48-89. À une quinzaine de kilomètres au sud-est de Cholet. Ouvert du 1er mars au 15 novembre : de mars à juin et de septembre à novembre, tous les après-midi de 14 h à 18 h, sauf le lundi, et le dimanche de 14 h à 19 h ; en juillet et août, tous les jours de 10 h 30 à 19 h 30. Entrée : 5 € (33 F). Gratuit pour les enfants de moins de 12 ans. Créé au début du XXe siècle, c'est le plus grand parc de style japonais en Europe. Vous avez dit zen ? Absolument. D'ailleurs, c'est un lieu de rencontre pour les bouddhistes et leurs sympathisants, qui apprécient, tout comme les visiteurs, la grande impression de sérénité et de mystère qui se dégage ici. Très belle végétation. Environ 400 espèces. Les arbres japonais, superbes, sont taillés de plusieurs façons, en plateau, en transparence ou en moutonnement et l'eau, qui représente trois dixièmes du parc, change d'aspect au fil du parcours, petits lacs calmes, torrents, cascades, et emporte le visiteur dans une promenade spirituelle qui va de la naissance à la mort. Il trouve enfin l'apaisement à l'île de la Grue et de la Tortue, sur une pièce d'eau d'environ 2 ha qui symbolise la sagesse. Monuments khmers et japonais. Expos permanentes de céramiques et de bonsaïs et salon du Bonsaï en septembre. Enfin, démonstrations d'arts martiaux certains dimanches de mai, juin ou septembre. Sérénité et exotisme garantis. À ne pas manquer !

★ *Le musée de la Chaussure* : 6, rue Saint-Paul, 49450 **Saint-André-de-la-Marche**. ☎ 02-41-46-35-65. À 8 km au nord-ouest de Cholet, par la N249, vers Nantes, ou la D158 par les chemins de traverse. Ouvert tous les jours d'avril à octobre ; en juillet et août, du mardi au vendredi de 10 h à 12 h et de 14 h 30 à 18 h et le lundi de 14 h 30 à 18 h ; d'avril à octobre de 14 h 30 à 18 h seulement. Du 1er novembre au 15 décembre et du 15 février au 31 mars, le dimanche de 14 h 30 à 18 h ; toute l'année sur rendez-vous pour les groupes. Entrée : 4 € (26 F), 2,40 € (16 F) pour les enfants de 8 à 15 ans. Gratuit pour les moins de 8 ans. Forfait famille (2 adultes et 2 enfants) à 11 € (72 F). Petite réduc' accordée à nos lecteurs sur présentation du *Guide du routard*.

Lire aussi, en début de chapitre, la rubrique « La chaussure choletaise » et essayer d'obtenir une visite guidée, que ce soit avec les « anciens » pendant le week-end ou avec le très compétent jeune homme qui officie en semaine, car tout l'intérêt de ce musée réside une fois de plus dans la transmission de ce savoir que l'on communique avec tant de passion en Anjou !

Allez, au pied levé, quelques pièces originales de ce musée créé par d'anciens ouvriers dans un atelier rénové. D'abord, le sabaron, typiquement choletais, un soulier en cuir glissé dans un sabot plein de paille. Et puis les brodequins de laboureur (faits main), les pantoufles en cousu-retourné, et les galoches avec dessus de cuir et semelle de bois. À voir aussi, la machine à tourner les sabots, la *Turner* pour piéter le cuir, et la cabine du chef d'atelier. Saviez-vous qu'on appelait le patron « le singe » parce qu'il faisait la grimace à chaque demande d'augmentation ? Quant au contremaître, surnommé « le corbeau », il surveillait bien sûr la travée centrale où les femmes travaillaient à leur banc de piqûre... Voir aussi la vitrine du magasin traditionnel et la collection de cirages (« Ça va seul » !). Et puis quelques pièces originales pour finir, comme la « bovisandale » (destinée à nos amis les bovins !), la botte du postillon (celle du Chat Botté ou de 7 lieues), les véritables « formes » des pompes de De Gaulle (taille 47 !), des pompes exotiques de tous les pays, la bottine à talon tournant, ou celle à boutons style Mary Poppins, les godasses célèbres (celles de notre ami Lanzmann, marcheur devant l'Éternel !) et puis, pour finir, les sabots du braconnier avec le talon dans le sens inverse pour égarer ses poursuivants ! Vraiment très sympa.

Achats

Si après la visite du musée de la Chaussure, vous voulez faire des achats dans la région, sachez que les ventes d'usine à prix cassés se déroulent généralement en avril et en octobre (consulter les journaux gratuits). Sinon, possibilité de faire quelques affaires toute l'année, notamment dans les magasins d'usine des villages de la Séguinière et de la Romagne, sur la D753, à l'ouest de Cholet.

QUITTER CHOLET

En train

■ *Informations SNCF :* ☎ 0892-35-35-35 (0,34 €/mn, soit 2,21 F).
➢ Liaisons **pour Angers et Nantes**.
➢ Nombreux TGV **pour Paris** (voir dans « Adresses utiles », plus haut).

En bus

Aucun bus le dimanche, ni les jours fériés.
🚌 *Gare routière :* ☎ 02-41-62-11-86.
➢ *Pour Angers :* ligne n° 12 par Chemillé et Saint-Lambert-du-Lattay ; environ 6 bus par jour du lundi au samedi.
➢ *Pour Saumur :* ligne n° 23 par Vihiers et Doué-la-Fontaine ; 2 à 3 bus quotidiens du lundi au samedi.
➢ *Pour Saint-Macaire-en-Mauges et Beaupréau :* une demi-douzaine de départs du lundi au samedi. Lignes n°s 12, 21, 22 et 23.

LE HAUT-ANJOU SEGRÉEN

Itinéraire à articuler au départ d'Angers également. Quelques châteaux intéressants. Aux marches de l'Anjou et de la Bretagne, une région fort bien décrite dans *Vipère au poing*. En effet, Hervé Bazin était originaire de Marans, juste au sud de Segré. Région assez âpre, où le bocage se mêle au schiste des mines d'ardoise à ciel ouvert. Laissons d'ailleurs Bazin nous en parler un peu : « Nul pittoresque. Des prés bas, rongés de carex, des chemins creux, d'innombrables haies vives qui font de la campagne un épineux damier, des pommiers à cidre encombrés de gui, quelques landes à genêts »...

Comment y aller ?

En bus

➢ *Depuis Angers :* une dizaine de départs par jour (2 le dimanche) pour Grez-Neuville, Le Lion-d'Angers, Segré, Noyant-la-Gravoyère et Pouancé ; ligne n° 20, ou n°s 1 et 1B pour Noyant. Renseignements : ☎ 02-41-88-59-25 ou 02-41-69-10-00.

Adresse utile

■ *Office du tourisme de la région de Segré :* 5, rue David-d'Angers, 49500 Segré. ☎ 02-41-92-86-83. Fax : 02-41-61-05-73. Ouvert toute l'année, du lundi au vendredi de 9 h à 12 h 15 et de 14 h 30 à 17 h 45 ; le samedi de 10 h à 12 h et de 15 h à 17 h. Fermé les dimanche et jours fériés.

Où dormir ? Où manger dans le coin ?

Camping

✕ *Camping municipal :* 49220 Chenillé-Changé. ☎ 02-41-95-10-24. Ouvert du 1ᵉʳ mai au 31 octobre. Pour 2 personnes et une tente, compter environ 3,80 € (25 F). Fort bien situé, en bordure de la Mayenne, et ombragé. Aire non homologuée.

Prix moyens à plus chic

🏠 |●| *Chambres d'hôte Le Petit Carqueron :* 49220 Le Lion-d'Angers. ☎ 02-41-95-62-65. Depuis Le Lion-d'Angers, direction Vern-d'Anjou, à 1,5 km de la D770. Ouvert d'avril à début novembre. Prévoir 38,11 € (250 F) la nuit. Repas à 19,06 € (125 F) tout compris, sur réservation. Chambres d'hôte 2 épis. Belle ferme isolée en rase campagne, avec piscine. M. et Mme Carquaillet y ont aménagé 4 chambres avec douche et lavabo (2 w.-c. séparés). Table d'hôte sur demande avec apéritif, vin et café. Bonne adresse pour méditer sur le vide agreste. Possibilité de balades à cheval et nombreuses randonnées. De nombreuses attentions pour nos lecteurs, sur présentation du *GDR*.

🏠 |●| *Restaurant La Table du Meunier :* 49220 Chenillé-Changé. ☎ 02-41-95-10-98. Fax : 02-41-95-10-52. ♿ Accès par la N162, au nord du Lion-d'Angers, puis la D78. Ou bien la D770 (vers Châteauneuf-sur-Sarthe), puis la D287. Ouvert tous les jours en juillet et août, le reste de l'année, fermé les lundi soir (toute la journée de novembre à mars), mardi et mercredi, ainsi que le dimanche soir de novembre à mars. Fermeture annuelle du 27 janvier au 8 mars inclus. Réservation très recommandée le week-end. Une seule chambre d'hôte à 35 € (230 F) pour 2, avec salle de bains (sympa mais en bord de route quand même). Menus de 16,16 € (106 F), sauf les dimanche midi et jours fériés, à 41,16 € (270 F). Statue énorme à l'entrée. Dans un cadre de rêve : rivière paisible et ancien moulin à huile (ne cherchez pas les ailes, c'était un moulin à eau !), dans un village fleuri. Calme garanti dans les six salles à manger rustiques (rien que ça !) avec une décoration de bon ton et une vaste terrasse panoramique, pour une cuisine de terroir très renommée. Aux menus, par exemple : foie gras maison, sandre ou magret aux pommes et au beurre blanc, et enfin le nougat glacé sur son coulis de framboise. Possibilité également de nuitée à bord de bateaux habitables ou croisières (lire ci-après, la rubrique « À voir. À faire »).

🏠 |●| *Chambres d'hôte La Chaufournaie :* chez M. et Mme Scarboro, 49500 Chazé-sur-Argos. ☎ 02-41-61-49-05. ● peter.susan@libertysurf.fr ● Au sud de Segré, sur la D770 ; à 3 km de Vern-d'Anjou vers Angrie. Chambres à 39,64 € (260 F) pour 2. Table d'hôte à 14,50 € (95 F). Bienvenue dans les chambres des candidates à l'élection de Miss France ! Non, ce n'est pas un gag. Mme de Fontenay et ses jeunes pouliches dorment toujours ici lors de l'élection de Miss Anjou qui se déroule à côté (à Vern-d'Anjou). La preuve ? Les 5 chambres ont été baptisées du nom de ces charmantes et de leur célèbre chaperon (vous savez, la dame qui porte le plus grand chapeau du pays...) et il y a même des photos dédicacées dans la piaule à Miss France ! De plus, prix bon marché et décoration très simple, toute à l'image de cet événement un peu désuet mais toujours aussi populaire. Bon, même si la maison se trouve sur une départementale, la proprio anglaise s'avère accueillante et on ne pouvait résister à l'envie de vous donner cette adresse, pour ceux qui ont toujours rêvé de dormir dans la chambre de Miss France ou de Miss Guadeloupe... Apéritif offert sur présentation du guide.

■ *Chambres d'hôte de la Grange du Plessis :* place de l'Église, à Saint-Aubin-du-Pavoil, 49500 Segré. ☎ et fax : 02-41-92-85-03. À 3 km au nord de Segré ; accès derrière le presbytère du XVIIe siècle. Ouvert toute l'année. Chambres doubles à 55 € (361 F) pour 2. Dans une ancienne grange totalement restaurée et au calme, 4 chambres de très bon confort, presque luxueuses, avec poutres apparentes, grand lit ou lits séparés, belle salle de bains, TV et même une bouilloire pour le thé. La plus grande, au fond, peut accueillir 4 personnes avec son canapé convertible. Grande salle à manger et salon très agréables. Possibilité de table d'hôte sur réservation. Petit déjeuner inclus, bien sûr. Bon accueil. En prime, 10 % de réduction sur le prix de la chambre offert à nos lecteurs sur présentation du guide.

■ *Chambres d'hôte :* chez Jacqueline et Auguste Bahuaud, 2, rue de l'Écluse, La Croix-d'Étain, 49220 Grez-Neuville. ☎ 02-41-95-68-49. Fax : 02-41-18-02-72. • croix.etain@anjou-et-loire.com • Entre l'église et la rivière. Fermé de début novembre à mi-avril. Comptez de 60 à 74 € (394 à 485 F) pour 2. Table d'hôte sur réservation. Rare pour les chambres d'hôtes, cartes de paiement acceptées. Charmant manoir d'époque Directoire, au milieu d'un parc arboré et fleuri longeant la Mayenne. 4 chambres d'hôte personnalisées, entièrement restaurées, avec salle de bains. Beau mobilier ancien et décoration raffinée. Pour se restaurer, crêperie à la base fluviale juste à côté. Réduction de 10 % accordée à nos lecteurs, sauf de juin à octobre, sur présentation du *GDR*.

À voir. À faire

★ *Le château du Plessis-Macé :* 49770 *Le Plessis-Macé.* ☎ 02-41-32-67-93. Au sud de Grez-Neuville, en marge de la N162. En juillet et août, ouvert tous les jours de 10 h 30 à 18 h 30 ; en juin et septembre, de 10 h à 12 h et de 14 h à 18 h 30, fermé le mardi ; en mars, avril, mai, octobre et novembre de 13 h 30 à 17 h 30, sauf le mardi. Entrée : 4,60 € (30 F). Tarif réduit : 2,80 € (18 F). Gratuit pour les enfants de moins de 12 ans. Superbe château du XVe siècle. Esthétiquement plus proche du manoir. Particulièrement remarquable, le corps de logis en angle obtus. Belle alliance du schiste et du tuffeau pour les angles et encadrements de fenêtres. Lucarnes effilées. Gracieuses fenêtres à meneaux ou en accolade. Un élégant balcon en tuffeau sculpté du XVe siècle, d'où les dames regardaient les tournois, surmonte la porte ogivale. Charles VIII, Louis XI, François Ier et Henri IV honorèrent le château de leur séjour, ainsi que Joachim du Bellay. Toutes les pièces sont meublées. Chapelle de 1460 avec tribune en bois gothique flamboyant. Vitrail signé Mercier, affichiste célèbre ayant vécu près d'Angers. Communs aménagés en salles de réception et d'exposition à louer. Le Plessis-Macé offre souvent son cadre pour la représentation de pièces, lors du festival d'Anjou. À ne pas rater.

★ *Le château du Plessis-Bourré :* 49460 *Écuillé.* ☎ et fax : 02-41-32-06-01. ✻ uniquement au rez-de-chaussée. À 15 km au nord d'Angers. En juillet et août, ouvert tous les jours de 10 h à 18 h ; en février, mars, octobre et novembre, tous les jours sauf le mercredi de 14 h à 18 h ; en avril, mai, juin et septembre, de 10 h à 12 h et de 14 h à 18 h, sauf le mercredi et le jeudi matin. Visite des charpentes du XVe siècle et du chemin de ronde, sur rendez-vous, idem pour les visites nocturnes. Entrée : 7,50 € (49 F). Réductions pour les enfants de 7 à 15 ans et les étudiants. Tarif groupe.

Un des plus beaux châteaux d'Anjou encore habité aujourd'hui par ses propriétaires. Édifié en 1468 par Jean Bourré, ministre des Finances de Louis XI (féru aussi d'alchimie) en un temps record de cinq ans. Architecture de transition entre la forteresse (grosses tours rondes, porte fortifiée, deux doubles pont-levis, qui fonctionnent, et des douves en eaux) et les logis de style Renaissance.

Belle façade de la cour intérieure avec fenêtres à meneaux et fines lucarnes. Remarquables appartements, notamment la salle des gardes avec un extraordinaire plafond à caissons aux symboles alchimiques que l'on cherche aujourd'hui encore à interpréter (Eugène Canceliet, alchimiste du XXe, a déjà planché dessus, mais les résultats sont maigres). Scènes grivoises du XVe siècle, restées intactes grâce à la famille de Ruillé qui, après avoir acheté le château en 1751, recouvrit ce plafond d'un enduit en plâtre pour voiler le caractère impudique de certaines peintures. Ne ratez pas la fontaine où Vénus projette de l'eau par son sexe. Chambre seigneuriale au luxueux mobilier, Grand Salon, salle du Parlement aux voûtes angevines en tuffeau avec nervures prismatiques, bibliothèque, chapelle, etc. Château entièrement meublé.

★ *Grez-Neuville (49220) :* à 1,5 km en marge de la N162. Petit village tranquille au bord de la Mayenne, possédant un certain charme... et une jolie base fluviale. Entre la Mayenne et la Sarthe, 270 km de rivières navigables !

■ *Anjou Plaisance :* rue de l'Écluse. ☎ 02-41-95-68-95. Loue des bateaux électriques sans permis à l'heure ou à la journée.

★ *Le haras national de l'Isle-Briand :* 49220 *Le Lion-d'Angers.* ☎ 02-41-18-05-05. Fax : 02-41-18-05-15. De Pâques à mi-septembre, ouvert tous les jours avec des visites à 11 h, 15 h et 16 h 15 ; le reste de l'année, uniquement le week-end avec des visites à 15 h et 16 h 15. Fermé les jours de courses. Fermé en janvier. Entrée : 5,34 € (35 F), 2,29 € (15 F) pour les enfants de 8 à 16 ans. Ticket familial (2 adultes et 2 enfants) : 12,96 € (85 F). Réduction en cas de visite couplée du haras national et de l'École nationale d'équitation de Saumur. Visites organisées qui présentent les différentes activités du haras : reproduction, variété des races, attelages et forge. Beau parc.

– *Le Mondial du Lion :* concours complet international de dressage, cross, sauts d'obstacles. Se déroule à la mi-octobre, dans le parc du haras national, entre les deux rivières. Accueille chaque année plus de 40 000 spectateurs. Renseignements : ☎ 02-41-95-69-69.

★ CHENILLÉ-CHANGÉ (49220)

Très coquet village en bord de Mayenne. Impression de calme, de plénitude. Jolie diapo avec les berges verdoyantes, le vieux moulin encore en exploitation, les pénichettes, la petite écluse.

■ *Maine-Anjou Rivières :* à la base fluviale. ☎ 02-41-95-10-83. Fax : 02-41-95-10-52. Accès derrière l'église. Même maison que le resto *La Table du Meunier* (voir « Où dormir ? Où manger ? », plus haut). Loue des bateaux sans permis et est l'organisateur des promenades suivantes.

➤ *Promenades au fil de l'eau :* croisière de 1 h 30 environ, sur la Mayenne, la Sarthe, la Maine ou l'Oudon. Nombreux points de départ possibles sur tout le département, dont la base fluviale de Chenillé-Changé. À bord de l'*Hirondelle,* halage à l'aide d'une sympathique jument (sur la Mayenne seulement). Unique en France. Un bateau spacieux au charme rétro pour une croisière sur la Mayenne angevine avec passage d'écluse et démonstration de halage. Se renseigner sur les jours et lieux d'embarquement qui varient selon les mois. Les mini-croisières ont toujours lieu en milieu ou fin d'après-midi. Toutes infos à *Maine-Anjou Rivières* (voir ci-dessus). Brochure et calendrier sur place.

★ Possibilité de visite du joli *moulin à eau*, juste à côté de la base fluviale de Chenillé, plus ou moins en activité. Partie XVIe, mais tour refaite au début du XXe après un incendie. Se renseigner au bureau de *Maine-Anjou Rivières* (voir ci-dessus).

★ *La maison de la Rivière :* à *Châteauneuf-sur-Sarthe*. ☎ 02-41-33-91-64. Installé dans l'ancienne minoterie repérable à sa grande cheminée près du pont. En juillet et août, ouvert du mardi au vendredi de 9 h 30 à 12 h 30, le week-end de 14 h à 18 h 30 ; de mai à septembre, les week-ends et jours fériés de 14 h 30 à 18 h 30. Entrée : 3,50 € (23 F), 1 € (6,56 F) pour les enfants de 6 à 16 ans. Dans ce joli bourg de la vallée de la Sarthe, l'occasion de voir une expo sur les rivières du nord de l'Anjou (maquette de moulin, gabare...), la vie des mariniers et les crues des XIXe et XXe siècles (surtout celle de 1995, la référence...).

★ *Le château de Bouillé-Thévalle (49500) :* ☎ 02-41-61-09-05. Sur la D189, entre Montguillon et Saint-Sauveur-de-Flée (à l'ouest de la N162). Ouverture et horaires très incertains, quoi qu'il en soit uniquement en saison (s'il est ouvert !). Se renseigner par téléphone. Entrée payante. Gentil petit château datant du XVe siècle. Belle tour d'escalier à pans coupés en pierre, porte du XVIIe siècle avec bel encadrement décoré. La chapelle possède toujours sa charpente en carène de navire renversée du XVe siècle. *Musée du Costume,* du Moyen Âge à 1925, et reconstitution de jardins d'inspiration médiévale.

★ *Segré (49500) :* Segré est bien sûr la capitale de ce Haut-Anjou... Voir le vieux pont avec ses arches en dalles de schiste. Architecture des bâtiments civils datant pour la plupart du XIXe siècle, tout comme l'église Sainte-Madeleine, intéressante avec son grand dôme et son orgue conçu par Aristide Cavaillé-Coll, qui réalisa aussi ceux de Notre-Dame de Paris.

★ *Le château de La Lorie :* La Lorie, 49500 *La Chapelle-sur-Oudon*. ☎ 02-41-92-10-04. Tout près de Segré. Ouvert de Pâques à la Toussaint, avec des horaires d'ouverture variables : téléphonez ! Fermé le mardi. Édifié aux XVIIe et XVIIIe siècles, au milieu de jardins à la française. Construction ample et élégante, propre à l'art de vivre de l'époque. Beau salon de marbre, œuvre d'artistes italiens de 1779. Le château sert aussi de cadre, parfois, au festival d'Anjou.

NOYANT-LA-GRAVOYÈRE (49520) 1 800 hab.

Très riche en schiste ardoisier, le bassin du Noyant connut une très grande activité. La mine de Noyant, la « Mine bleue » désormais fermée au public, employa jusqu'à 350 ouvriers ; d'autres travaillaient dans les mines de fer alentour. Le site de la Mine Bleue de Noyant ferma en 1936 et la production s'acheva avec.
Les deux dernières ardoisières de La Pouëze et Misengrain ont fermé en 1999. Pour la description du procédé de production, nous vous renvoyons au chapitre sur Trélazé, plus haut.

Où dormir ? Où manger dans le coin ?

🏠 🍴 *Le village-vacances de Misengrain :* ☎ 02-41-61-71-96. Fax : 02-41-61-70-09. De Noyant, direction Bel-Air-de-Combrée, puis direction Bouillé-Ménard et suivre Misengrain. Nuitée à 21,34 € (140 F) par personne, petit déjeuner inclus. Menus à partir de 8,54 € (56 F). Demi-pension possible à 29,73 € (195 F) par personne. Pour ceux qui ne veulent pas faire de la route. Dans les anciens logements des ardoisiers réhabilités et tout en longueur, un centre de vacances géré en partie par des handicapés qui propose une formule d'hébergement sympa dans ce coin qui en manque tant. Parfois même, on peut avoir un gîte pour soi tout seul, si ce n'est pas plein ! Tout confort et tout équipé : douche, w.-c., cuisine. Quelques espaces verts autour. Côté resto, pas de miracle à attendre, mais l'accueil est chaleureux, et ce centre si bien tenu mérite bien qu'on lui file un bon coup de main !

Vers Pouancé

🏠 *Chambres d'hôte Le Pigeonnier :* chez M. et Mme Brousse, La Saulnerie, 49420 Pouancé. ☎ et fax : 02-41-92-62-66. ● brousse.gite@wanadoo.fr ● En ville, mais à 800 m du centre médiéval, direction Châteaubriant. Chambres à 41 € (269 F) pour 2. La Saulnerie est un superbe et ancien grenier à sel qui servait jadis d'habitation aux sauniers (nom de leur métier). Elle date du XVIIe siècle et ses contreforts lui donnent un petit côté moyenâgeux. Il faut dire qu'on est dans l'ambiance puisque vous bénéficiez d'ici d'un beau point de vue sur le village et les ruines d'un château fort qui appartint à du Guesclin. Dans l'ancienne grange, 4 chambres agréables et confortables avec sanitaires privés. Possibilité également de louer un gîte de séjour de 20 places. Bon accueil. Piscine. Beau sentier pédestre pour faire le tour des étangs du coin. Le proprio est aussi un fana de tourisme rural et de spectacles. Il participe à l'organisation du programme de l'adresse suivante.

🍴 *Ferme-auberge de l'Herberie :* chez Renée et Jean-Yves Ampilhac, 49420 Pouancé. ☎ 02-41-92-62-82. Fax : 02-41-94-90-25. De Pouancé, direction Châteaubriant, puis bifurquez vers Rennes et 500 m plus loin, tournez à droite. Bien fléché. Ouvert du vendredi soir au samedi soir, et tous les jours en juillet, ainsi que la dernière semaine d'août. Menus entre 15 et 21 € (98 et 138 F). Soirées-spectacles à 31 € (203 F) avec menu du terroir ou 37 € (243 F) avec menu gastronomique, vin compris. Dans un petit coin de campagne, les volailles et moutons élevés à la ferme se retrouvent sur la table, les légumes du magnifique potager aussi. Le must, c'est l'agneau rôti dans sa cheminée : 4 h de cuisson ! Et si on vous disait que la ferme bénéficie d'un beau point de vue sur le lac de Saint-Aubin ? L'endroit, chaleureux, accueille chaque année des artistes biélorusses et des enfants de Tchernobyl. L'âme slave s'est un peu épanchée dans le livre d'or, jetez-y un œil. Le plus croustillant de l'affaire : les soirées-spectacles. Théâtre ou concert, demandez le programme et vous aurez le fin mot de l'histoire ! Et si c'est votre anniversaire, une surprise vous attend... Décidément, Renée et Jean-Yves sont d'un dynamisme époustouflant ! On adore ça !

🍴 *Ferme-auberge de la Touche :* chez la famille Gohier, 49520 Le Tremblay. ☎ 02-41-94-22-45. Sur la D81, entre Challain et Combrée. Fermé les dimanche soir et lundi toute l'année. Menus de 13 à 17,50 € (85 et 115 F) en semaine et de 14,70 à 22,50 € (96 à 148 F) le week-end. Réservation impérative. Cette ferme est tellement jolie qu'on la croirait tout droit sortie d'un rêve bucolique ! Trois petites salles chaleureuses, l'une avec pierres apparentes, une autre avec une belle cheminée et un superbe dallage partout. Atmosphère authentique qui rappelle les fermes d'antan... Spécialités maison délicieuses, comme la terrine de canard au vin de noix ou la charlotte aux pêches ou le crémet fermier (fromage blanc, chantilly et coulis de fruits de saison !). Accueil familial et chaleureux. Une bonne adresse, mais penser à réserver.

I●I *Restaurant Le Fourneau :* place de l'Église, 49420 La Prévière.

☎ 02-41-92-44-44. À 3 km de Pouancé, direction Ancenis-Candé. Fermé les lundi et mardi soir, ainsi qu'en janvier ou février. Menus à 10 € (60 F) en semaine, et de 12,50 à 22,50 € (75 à 150 F). Sur une belle terrasse, et avec un peu de chance un magnifique coucher de soleil aux beaux jours, dans un village assez charmant, en hauteur. Néanmoins, se contenter de choses simples (plat du jour, buffet froid, etc.), car les plats plus élaborés ne sont franchement pas à la hauteur. Dommage, car le lieu et l'accueil sont vraiment sympas, Nicolas vous faisant patienter gentiment avec ses livres d'or, ses albums photos et ses anecdotes. Allez-y donc juste pour le cadre et l'ambiance de village.

À Nyoiseau

Camping La Rivière : 49500 Nyoiseau. ☎ 02-41-92-26-77 ou 02-41-92-26-65 (hors saison). Au nord-ouest de Segré. Ouvert de mi-juin à mi-septembre (inondable le reste de l'année). Joli nid d'oiseau que ce Nyoiseau, avec son vieux pont et sa rivière ! Petit camping très calme et très sympathique. 25 emplacements seulement, mais « il y a tout le temps de la place » !

➤ DANS LES ENVIRONS DE NOYANT-LA-GRAVIÈRE

À voir

★ *La forteresse de Pouancé (49420) :* se renseigner au syndicat d'initiative (☎ et fax : 02-41-92-45-86) en été, ou à la mairie ☎ 02-41-92-41-08) hors saison. Ouvert tous les jours, sauf le lundi, du 15 juin au 15 septembre, en visites guidées. Entrée bon marché. Imposante forteresse des XIIIe et XVe siècles.

★ *Le château de Challain-la-Potherie (49440) :* ☎ 02-41-92-74-26. Ouvert toute l'année sauf le mardi de 10 h à 12 h et de 14 h à 18 h. Entrée : 6 € (39 F). Réductions. L'un des plus étonnants châteaux de style « troubadour », œuvre de l'architecte Hodé au XIXe siècle.

★ *Le château de Raguin :* 49500 *Chazé-sur-Argos.* ☎ 02-41-61-40-20. Au sud de Segré. Ouvert de juillet à mi-septembre, tous les jours de 14 h à 18 h. Entrée : 4,57 € (30 F) et 2,30 € (15 F) pour les enfants. Château qui propose son architecture de charme Renaissance. Un vrai joyau dans son écrin de verdure. Berceau de la famille du Bellay. Célèbre pour ses « chambres dorées », celle des amours, toutes en camaïeu de beige rehaussé d'or et de pourpre.

★ *Le domaine de la Petite-Couère :* 49500 *Nyoiseau.* ☎ 02-41-61-06-31. Situé entre Châtelais et Nyoiseau (sur la D271, au nord-ouest de Segré). Du 1er mai à mi-septembre, ouvert tous les jours de 10 h à 19 h. Du 1er février à avril et de mi-septembre à mi-novembre, les dimanche, ponts et jours fériés aux mêmes horaires. Entrée : 10 € (66 F), 5 € (33 F) pour les enfants de 3 à 12 ans (avec 3 tours de manège inclus jusqu'à 8 ans). Remise de 1 € (6,56 F) sur le prix des entrées adultes accordée à nos lecteurs sur présentation du *Guide du routard*. Une sorte de parc d'attractions rural, mais aussi un vrai village d'antan, sur un superbe domaine de 80 ha. Prévoir la glacière et le pique-nique pour le déjeuner (sinon, petite restauration sur place) !

Plus de 40 reconstitutions des modes de vie du début du XXe siècle avec, dans l'ordre ou presque : le musée du Tracteur et du Matériel agricole, du Titan Harvester de 1912 au tracteur des années 50, en passant par le Robust, dont la silhouette ressemble à une locomotive à vapeur ; les voitures à pédales et une quarantaine à moteur, Torpédo, Cabriolet, Limousine ; et une collection de 3 000 voitures miniatures. Et puis, hop, on monte dans le petit train jusqu'à la réplique réduite de la gare de Combrée du village 1900, dont certains bâtiments sont d'origine. À voir, les manèges anciens ; l'école reconstituée dans les moindres détails, carte de France, encriers en porcelaine, etc. ; l'épicerie avec des épices aux essences fortes et l'inévitable estaminet avec l'ancêtre des juke-boxes, de l'absinthe... mais aussi les lessiveuses, une collection unique en France d'une trentaine de machines de 1880 à 1945 comme la Merveilleuse ; la mairie avec la machine à écrire par pantographe ; la saboterie industrielle ; le coiffeur barbier et sa gamme de produits ; la petite chapelle, avec son curé ; le mini-musée d'objets insolites. Et enfin, en petit train ou par des sentiers jalonnés, découvrez quelque 400 espèces d'animaux en semi-liberté ! Daims, chèvres, baudets... Une merveille, surtout pour les enfants.

LE BAUGEOIS

C'est le Nord-Est de l'Anjou, célèbre pour ses clochers vrillés ou tors, ses forêts, ses traditions encore bien ancrées, dont la boule de fort. Alternance de cultures, bois, petits villages paisibles, landes, bruyères qui en font une région propice aux balades à vélo. Les amateurs de dolmens seront comblés, ainsi que ceux des vieux lavoirs. Et puis, c'est aussi le pays de Rougé-le-Braconnier, un peu le Robin-des-Bois local qui, au milieu du XIXe siècle, pris sur le fait, tira sur des gendarmes sans les tuer mais les mena en bateau pendant plus de trente mois à travers vents et marais ! Et avec le soutien de la population. Il finit par se faire pincer mais symbolise toujours, quelque part, la résistance locale à la modernité.

Comment y aller ?

En bus

➤ *Depuis Angers :* renseignements, ☎ 02-41-88-59-25 ou 02-41-69-10-00.
– *Pour Jarzé, Baugé, Pontigné et Noyant :* lignes n°s 8A et 8B. Environ 8 départs par jour, sauf le dimanche.
– *Pour Fontaine-Guérin, Vieil-Baugé :* ligne n° 15. Environ 5 départs par jour, sauf le dimanche.
➤ *Depuis Le Mans et Saumur :* les bus SNCF entre Le Mans et Saumur s'arrêtent également à Baugé.

BAUGÉ

(49150)   3 660 hab.

La petite capitale du Baugeois, édifiée au XIe siècle par Foulques Nerra, est un carrefour entre l'Anjou et la Touraine. À visiter pour son intéressant musée et la croix d'Anjou.

Adresse et info utiles

Office du tourisme : place de l'Europe. ☎ 02-41-89-18-07. Fax : 02-41-89-04-43. • www.tourisme-bauge.fr.st • Ouvert du lundi au samedi de 11 h 30 à 12 h 30 et de 13 h 30 à 18 h de mi-septembre à mi-juin ; en saison, ouvert du lundi au samedi de 10 h à 12 h 30 et de 13 h 30 à 18 h 30.
– **Marché :** le lundi de 13 h à 18 h et le samedi de 8 h à 13 h.

Où dormir ? Où manger ?

Hostellerie de la Boule d'Or : 4, rue du Cygne. ☎ 02-41-89-82-12. En plein centre de Baugé. Fermé les dimanche soir et lundi. Chambres doubles (douche ou bains) de 48,02 à 62,50 € (315 à 410 F). Menus de 14,48 à 25,92 € (90 à 170 F). Demi-pension possible à 62,50 € (410 F) par personne. Réservation conseillée. Sympathique petit hôtel proposant 10 chambres distribuées par deux coursives donnant sur un très exotique patio. Au restaurant, nettement plus conventionnel, bonne cuisine de terroir. Par contre, prix un peu élevés et accueil et service parfois un peu légers. De plus le « parking privé » n'est pas très pratique !

Le Commerce : 1, place du Marché. ☎ 02-41-89-14-15. Ouvert à midi seulement. Fermé le dimanche et la 2e quinzaine du mois d'août. Formule à 9,45 € (62 F) ou menu à 11,45 € (75 F). La petite adresse du coin. Salle spacieuse et chaleureuse, aux tables gargantuesques et conviviales. Bonne cuisine régionale simple et efficace avec une formule buffet d'entrées + plat, et un menu avec 2 entrées, plat, fromage et dessert, invariable. Plébiscité par les gens de la région.

Où dormir ? Où manger dans les environs ?

Camping et gîte d'étape

Camping L'International : 49430 Durtal. ☎ 02-41-76-31-80. Fax : 02-41-76-32-67. En centre-ville (panneau). Fermé les lundi et mercredi et de fin septembre à Pâques. Forfait pour 2 personnes tout compris : 8,63 € (57 F). Également un gîte d'étape de 14 places à 5 € (33 F) par personne. Location de bungalows au week-end minimum. Au bord du Loir (où, comme chacun sait, on dort comme un...). Emplacements bien ombragés. Pas mal de monde en saison. Location de barques (jolie balade jusqu'à Chalou, près des Rairies) et piscine. 10 % sur les séjours de 15 jours et cocktail de bienvenue le lundi en été offert à nos lecteurs.

Bon marché

🛏️ 🍽️ **Chambres d'hôte Le Chant d'oiseau :** chez Jannick et Jean-Pierre Gallet, Les Rues, 49150 Bocé. ☎ et fax : 02-41-82-73-14. À 8 km au sud de Baugé, par la D938 vers Longué, puis la D458 à gauche. Chambres à 43,5 € (285 F) pour 2. Table d'hôte le soir uniquement à 16 € (105 F). Un jardin paysager, une grange très bien restaurée avec une belle poutre et une jolie baie vitrée, et le tour est joué. Vous voici à la campagne, avec le chant des oiseaux, chez Jannick et Jean-Pierre, qui vous accueillent dans 3 chambres très sympas avec douche, dont une familiale (pour 4) avec mezzanine. Possibilité d'utiliser la kitchenette de la salle commune ou repas sur réservation. Bon accueil.

De prix moyens à plus chic

🛏️ 🍽️ **Chambres d'hôte Le Logis de Poëllier :** Poëllier, 49150 Le Vieil-Baugé. ☎ et fax : 02-41-89-20-56. • le-logis-de-poellier@wanadoo.fr • 🍴 une chambre et en gîte. Accès : à Échemiré sur la D766, prendre la D211 vers Sermaise, c'est à environ 2 km sur la gauche. Chambres à 48,78 € (320 F), petit déjeuner compris. Également en gîte de 8 chambres de 2 à 3 personnes, à 32 € (210 F) pour 2. Table d'hôte le soir, sur réservation uniquement : 18,30 € (120 F) par personne (apéritif, vin et café compris). Beau logis en tuffeau du XVIe siècle, entouré d'une cour troglodytique. 3 chambres pour 2 à 4 personnes, avec douche et w.-c., répondant aux doux noms musicaux de « Sonate », « Concerto », « Prélude ». Apporter son linge de toilette. Possibilité d'utiliser la kitchenette. Salle de séjour avec TV. 3 salles de réception. Possibilité de tarifs forfaitaires selon la durée du séjour, principalement hors saison. Apéritif et café offerts sur présentation du guide de l'année.

🛏️ 🍽️ **Le Prieuré du Vendanger :** hameau de Vendanger, 49150 Le Guédeniau. ☎ 02-41-67-82-37. Fax : 02-41-67-82-43. • www.vendanger.fr • De Baugé, prendre la D938 vers Longué ; au carrefour Le Bois-Maudet, prendre la D62 vers Vendanger. Fermé pour les fêtes de fin d'année. Comptez 65,75 € (431 F) la nuit pour 2, 68,50 € (449 F) pour la suite. Dîner à 22,85 € (150 F) par personne, sur réservation. Vieille maison du XIe siècle entièrement restaurée sur un parc de 5 ha en pleine forêt domaniale. La maîtresse de maison et son mari, anciens torréfacteurs de café parisiens convertis à la vie à la campagne, seront aux petits soins pour vous. 4 chambres d'hôte et une suite joliment décorées et très calmes. Possibilité de dîner aux chandelles à la table familiale en hiver, sous la tonnelle en été. Vélos et piscine pour les sportifs. Étang pour la pêche. Billard, piano, bibliothèque... Accueil très convivial. Malgré des prix en hausse, une bien belle adresse. 10 % de réduction sur le prix de la chambre offert à nos lecteurs sur présentation du guide.

🛏️ 🍽️ **Auberge du Port-Saint-Aubin :** place de l'Église, 49640 Morannes. ☎ 02-41-42-26-22. Fax : 02-41-42-20-54. À 15 km au nord-ouest de Durtal, par la D859 jusqu'à Daumeray, puis la D75. Chambres doubles de 45 à 68,60 € (295 à 450 F). Menus de 16 à 29 € (105 à 190 F). Dans un village très calme aux confins du département, 6 chambres récemment rénovées et très confortables. 2 grandes chambres un peu plus chères, dont une avec vue sur la rivière. En fait, la singularité du lieu réside surtout dans ce bar-salon installé dans une chapelle du XVIIe siècle ! Sinon, piscine et jardin où l'on peut déjeuner aux beaux jours. Salle à manger avec une fresque qui n'est pas du meilleur goût pour une petite cuisine traditionnelle sans prétention. Bon accueil.

À voir

★ **Le château et le musée d'Art et d'Histoire de Baugé :** place de l'Europe. ☎ 02-41-89-18-07 ou 22-59 (hors saison). Dans le centre-ville. Du 1er avril à mi-juin et de mi-septembre au 1er novembre, ouvert les week-end et jours fériés seulement, de 14 h 30 à 18 h ; de mi-juin à fin juin et du 1er septembre à mi-septembre, du mardi au dimanche de 14 h 30 à 18 h ; en juillet-août, tous les jours de 11 h à 13 h et de 15 h à 19 h. Entrée : 4 € (26 F). Étudiants et militaires : 2,50 € (16 F). Gratuit jusqu'à 18 ans. Tarif réduit accordé à chaque porteur du *Guide du routard* ou du ticket couplé avec les musées de Beaufort-en-Vallée et Parçay-les-Pins.
Sur une place bien dégagée, le château a fort belle allure. Construit au XVe siècle par le roi René. Festival de saillants, cheminées et lucarnes. Superbe escalier à vis (malheureusement, pendant la restauration, la voûte en palmier n'est pas visible). Musée présentant une intéressante collection d'objets domestiques anciens, coiffes locales, faïences, curieuses couronnes de mariées du XIXe siècle, pièces, assignats, devoirs de gabelle, billets de confiance, pots d'apothicairerie du XVIIe siècle, armes et maquette du château en pierre. Superbe document de « congé définitif » signé Arago, Victor Hugo et Gambetta, adressé à Napoléon III. Ils ne mâchent pas leurs mots : « ... abrutissement essayé sur le moral des Français, servitude et plate adulation envers le pape, protection des cocottes et des chevaliers d'industries en tout genre... » Un régal ! Expos de céramiques contemporaines chaque été.

★ **La croix d'Anjou :** dans la chapelle de la Girouardière. ☎ 02-41-89-12-20. Ouvert de 14 h 30 à 16 h 15. Fermé les mardi et jours de fêtes religieuses.
Croix magnifique fabriquée à partir de morceaux de la Vraie Croix et décorée d'or et de pierreries du XIVe siècle. La relique vint de Terre sainte et connut une histoire tourmentée. Le roi René en fit le symbole de l'Anjou. Après son mariage avec Isabelle de Lorraine, elle devint croix de Lorraine également.

★ **Les maisons anciennes :** rue de l'Église, tout au début, belle tour d'angle du XVe siècle. Plus haut, église Saint-Pierre-Saint-Laurent (XVIIe siècle). Dans l'impasse Notre-Dame, demeure de 1619 avec nom du proprio. Place de la Croix-Orée, maisons de nobles. La « Pierre Grise » possède de curieuses tourelles et encorbellement « en cornet de glace ».

➤ À VOIR DANS LES ENVIRONS DE BAUGÉ

★ **L'église Saint-Symphorien du Vieil-Baugé (49150) :** à l'ouest de Baugé. Ouvert de 9 h à 18 h. Remarquable église des XIe et XVIe siècles avec clocher tors penché, tel un chapeau de sorcière, assez incroyable ! D'ailleurs, une légende raconte qu'il se baisse dès que passe une pucelle... Mais dans l'ensemble, musique qui invite au silence et à la réflexion. Vue pittoresque sur le chevet et le clocher d'une ruelle derrière.

★ **L'église de Fontaine-Guérin (49250) :** une belle église à clocher vrillé. Date du XIIe siècle. Nef à voûte lambrissée et peinte.

★ **L'église de Pontigné (49150) :** une remarquable église avec un clocher tors, vrillé d'un quart de tour ! Nef et transept du XIIe siècle. Porche roman tout usé avec frise de masques au-dessus. Retable monumental en marbre et pierre du début du XVIIIe siècle. Jolies peintures murales dans les absidioles du transept (XIIIe siècle). Noter la profondeur du transept. Restes de polychromie sur les chapiteaux et fresques remarquables.

➤ À VOIR ENCORE UN PEU PLUS LOIN...

★ **L'église de Jarzé (49140) :** sur la D766, à 9 km à l'ouest de Baugé. Église avec chœur du XVe siècle et fresques murales du XVIe siècle (prophètes porteurs de citations bibliques). Réalisme original des scènes.

★ **L'église de Mouliherne (49390) :** intéressante église (étonnante même). En grande partie du XIIe siècle. Chouette, encore un beau clocher tors ! Façade-mur à pignon en escalier. Porche roman. À l'intérieur, festival de voûtes : en étoile au-dessus du portail (avec clé de voûte polychrome), puis angevine, puis en lierne. Dans la croisée et les transepts, archaïques ogives en pierre. Beaux chapiteaux. Voûtes du chœur avec un arc légèrement brisé. Grand panneau explicatif sur les subtilités de cette architecture. Derrière l'autel, une petite surprise : trois sarcophages carolingiens bien conservés.

★ **Le musée Jules-Desbois :** 49390 **Parçay-les-Pins**. ☎ 02-41-82-61-74 ou 68-11. D'avril à mi-juin et de mi-septembre à début novembre, ouvert les week-end et jours fériés, de 14 h 30 à 18 h ; de mi-juin à fin juin et de septembre à mi-septembre, du mardi au dimanche de 14 h 30 à 18 h ; en juillet et août, ouvert tous les jours de 11 h à 13 h et de 15 h à 19 h. Entrée : 4 € (26 F). Réductions. Gratuit pour les moins de 18 ans. Tarif réduit pour les porteurs du guide de l'année ou du ticket couplé avec les musées de Baugé et de Beaufort-en-Vallée.
Dans la maison natale du sculpteur Jules Desbois, expo d'une centaine d'œuvres de l'ami de Rodin. Pêle-mêle : bronze, étain, marbre, plâtre ou encore terres cuites. Vous y verrez aussi la célèbre *Léda*, en marbre, exécutée en 1891.

★ **Le Musée populaire des Arts et Métiers :** Le Mortier-aux-Loups, 49490 **Noyant**. ☎ 02-41-89-57-40. Situé au nord de Noyant. Du 1er juillet au 31 août, ouvert de 14 h à 20 h, fermé le jeudi ; le reste de l'année, sur rendez-vous. Entrée : 3,80 € (25 F) ; réduction étudiants et groupes. Gratuit pour les enfants de moins de 12 ans. Plus d'une cinquantaine de métiers disparus ou en voie de disparition continuent à vivre au travers de près de 14 000 objets ou outils (beaucoup de raretés) collectionnés par un seul homme.

★ **Le château du Breil-de-Foin :** Le Breil-de-Foin, 49490 **Genneteil**. ☎ 02-41-82-25-13. Au sud de Chigné (sur la D79). Du 14 juillet au 31 août, ouvert tous les jours de 15 h 30 à 18 h 30 ; le reste de l'année, sur rendez-vous pour les groupes. Entrée : 7 € (46 F). Pour le parc seul : 1,52 € (10 F). Gratuité pour les moins de 12 ans. Ristourne de 1 € (6,56 F) consentie à nos lecteurs sur présentation du *Guide du routard*.
Beau château chargé d'histoire. Il fut la propriété de Françoise de Maridor (nom d'artiste, Diane de Méridor, pour Alexandre Dumas !), la célèbre Dame de Montsoreau. C'est là que Bussy d'Amboise tenta de la séduire (voir la suite de l'histoire, avant, dans le chapitre sur Montsoreau). Le château comprend deux parties. L'ancien château (XI-XVe siècle) connut la guerre de Cent Ans avec son gros donjon carré et sa haute toiture. Le nouveau château date des XVIe et XVIIe siècles. À l'extérieur, renforcements pour se préserver des attaques au bélier. Sur la façade, linteaux de fenêtres du XVe siècle, gothiques, avec des visages grimaçants. À l'intérieur, livre d'heures de Charles IX avec reliure brodée. Bel escalier Louis XIII. Alentour, parc botanique surprenant.

★ **Le château de Durtal (49430) :** ☎ 02-41-76-31-37. En juillet-août, ouvert tous les jours de 9 h 30 à 12 h 30 et de 13 h 30 à 19 h. D'avril à juin et en septembre de 14 h à 18 h, sauf le mardi. En dehors de ces périodes, sur rendez-vous. Entrée : 3,05 € (20 F) ; réductions enfants et groupes. Ristourne sur présentation du guide. Château édifié au XIe siècle par Geoffroy Martel, comte d'Anjou, pour surveiller le passage du Loir. Réaménagé entre les XIIe et XVIIe siècles en pierre des Rairies. Forteresse de transition, avec une aile orientale du XVe siècle, un corps Renaissance et un pavillon de style préclassique du XVIIe siècle, donnant sur des jardins en terrasse. Le château n'est pas meublé, mais il se visite. Pour les cachots et la 2e plus grande cheminée de France.

★ *LES RAIRIES* (49430)

À 5 km au sud-est de Durtal. Aux Rairies, nom probablement donné à cette commune car les biches venaient y raire (nom du brame de la biche !), on a longtemps extrait la pierre pour bâtir les édifices de la région. Par la suite, on s'est consacré essentiellement à la terre cuite et à la briqueterie. Dans le village, 100 personnes travaillent encore pour 5 ateliers de briqueterie.

★ *La maison de la Terre cuite :* 20, rue de Fougeré. ☎ 02-41-76-33-12. Fax : 02-41-69-17-65. De juin à août, ouvert de 15 h à 19 h, fermé le mardi ; de Pâques à la Toussaint, le dimanche de 15 h à 18 h. Entrée : 3,05 € (20 F), 1,52 € (10 F) pour les enfants. Cette association locale propose de vous faire découvrir les activités traditionnelles que sont la terre cuite et la briqueterie au travers de son petit musée et de ses animations d'été, sous une grange du XIXe siècle ajourée (pour faire sécher l'argile). Jolie sculpture de la maison imaginaire d'une reine babylonienne. On pourra aussi vous indiquer une chambre d'hôte à proximité et deux petits restos populaires dans ce village de 880 habitants. Sympa.

★ Dans le village, voir aussi la **briqueterie Le Croc**, classée monument historique, les **sociétés de boule de fort** et, à quelques kilomètres, le très bucolique **hameau de Chalou**, avec son vieux moulin et son petit pont sur le Loir, fréquenté par les pêcheurs du dimanche.... Accessible en barque depuis le camping de Durtal (voir plus haut rubrique « Où dormir ? Où manger dans les environs ? »).

LA VENDÉE

Vendée, ô noble terre! ô ma triste patrie!
Tu dois payer bien cher le retour de tes rois!

Victor Hugo.

La plupart du temps, le nom de Vendée évoque une histoire mouvementée et tragique alors que les guerres de Vendée ne concernaient qu'une moitié du département, le Nord-Est, puisqu'elles se déroulaient aussi sur une partie de trois départements voisins. Évidemment, la Vendée a bien d'autres facettes! Il faut prendre la peine de découvrir ses richesses et sa diversité. Diversité dans le paysage : les marais (breton, mouillé, desséché), les bocages, les longues côtes sablonneuses et les petits villages de pêcheurs qui côtoient les stations balnéaires. Sans oublier les îles, qui se révèlent un exil paradisiaque. Diversité du patrimoine : une ribambelle d'églises romanes, de châteaux forts et, à chaque détour de chemin, de calvaires. Diversité des attitudes chez les Vendéens, à l'instar d'autres régions. Selon le temps, la récolte, ils seront souriants ou renfrognés, courtois ou dotés d'un humour pas toujours facile à comprendre pour un néophyte. Quant à la cuisine régionale, pas besoin d'en connaître un rayon pour la trouver succulente. Si l'on y ajoute un climat particulièrement agréable, avec le même nombre d'heures d'ensoleillement que la Côte d'Azur (incroyable, non?), on conviendra que la Vendée mérite largement sa place de département parmi les plus touristiques de France.

MÉLUSINE, FÉE BÂTISSEUSE DE LA VENDÉE

Au Moyen Âge, dans un petit bois non loin de Lusignan, le comte Raymondin rencontre Mélusine qui, sur le bord d'une fontaine, peigne sa longue chevelure en chantant. C'est le coup de foudre. Superbe créature, Mélusine est la fille du roi d'Albanie (autre nom de l'Écosse) et de la fée Pressine. Plus gênant : elle fut maudite par sa mère pour avoir maltraité son père (ironie du sort, elle ne cherchait qu'à venger sa mère d'un époux volage!). Le jeune comte demande la belle en mariage. Cette dernière pose une condition : tous les samedis, il devra renoncer à la voir et la laisser s'enfermer dans la plus haute tour du château. Si d'aventure il devenait trop curieux, un grand malheur s'abattrait sur le foyer. Raymondin accepte et le couple coule alors des jours heureux, bien que chacun des dix garçons qu'ils ont ensemble soit affublé d'un handicap (œil unique, grande dent, oreille dissymétrique...)! Puis le démon de la jalousie s'immisce dans le ménage. Le frère de Raymondin pousse le mari à se poser des questions. Mélusine ne recevrait-elle pas un amant chaque samedi, au nez et à la barbe de son nigaud d'époux? Raymondin n'y tient plus, et un samedi, il jette un œil par le trou de la serrure de la porte interdite. Horreur et stupéfaction : il découvre sa bien-aimée, femme jusqu'à la taille et serpent jusqu'au bout de la queue... La douce Mélusine est donc une femme-serpent! Surprise, elle s'envole en faisant trois fois le tour de Lusignan, pousse trois cris qui déchirent le crépuscule et disparaît à tout jamais pour rejoindre la famille des fées, des monstres et des dieux déchus dont elle était issue.
Mélusine était également une fée bâtisseuse, qui construisait, à la nuit tombée, de merveilleuses cités et de radieux châteaux dans le Poitou et le

VENDÉE PATRIMOINE

La Vendée vous ouvre les portes de ses sites historiques, artistiques, écologiques...

conception artéfilee COMMUNICATION ● La Roche-sur-Yon ● Tél. 02 51 07 09 74

Pour recevoir gratuitement votre brochure **Vendée Patrimoine 2002**
Tél. **02 51 47 88 22** ou **www.vendee-tourisme.com**
ou par coupon réponse à retourner au
Comité Départemental du Tourisme de la Vendée
8, place Napoléon ● BP 233 ● 85006 La Roche-sur-Yon Cedex
ou par fax au **02 51 05 37 01**

Nom : .... Prénom : ....

Adresse : ....

....

Code postal : .... Ville : ....

GR 02/03

VENDÉE
TOURISME

Marais. Dans la forêt de Mervent, à Vouvant, on retrouve des traces de son passage. Grande protectrice de la région, elle était destinée à la faire rayonner de façon unique. Malheureusement, les guerres de Religion firent des ravages et bon nombre de châteaux furent détruits.

Comment y aller ?

Par la route

➢ *Paris-La Roche-sur-Yon :* A10, puis A11, A83 et D763. 452 km.
➢ *Lille-La Roche-sur-Yon :* A1, A10, A11, A83. 658 km.

LA VENDÉE 431

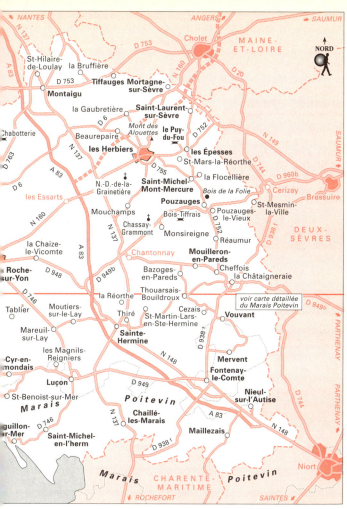

LA VENDÉE

➤ *Paris-Les Sables-d'Olonne :* A10, A11 jusqu'à Angers, puis N160. 457 km.
➤ *Lille-Les Sables-d'Olonne :* A1, A10, A11 jusqu'à Angers, puis N160. 663 km.

En train

Renseignements SNCF (horaires et tarifs) : ☎ 0892-35-35-35 (0,34 €/mn, soit 2,21 F). • www.sncf.fr • Minitel : 36-15 ou 36-16, code SNCF (0,20 €/mn, soit 1,29 F).
➤ *Paris-La Roche-sur-Yon et Paris-Les Sables-d'Olonne :* 12 à 14 aller-retour quotidiens en moyenne, avec un changement à Nantes. Quelques

TGV, tractés par une locomotive diesel (2 par jour en semaine, jusqu'à 4 en été le week-end) poursuivent leur route jusqu'à la Roche-sur-Yon et aux Sables, sans changement à Nantes. Meilleur temps de parcours : 2 h 50 (la Roche-sur-Yon) et 3 h 30 (les Sables-d'Olonne).

➢ *Bordeaux-La Roche-sur-Yon* : 4 dessertes par jour en moyenne. Durée du trajet : 3 h à 3 h 30.

Adresses utiles

- *Comité départemental du tourisme* : 8, place Napoléon, BP 233, 85006 La Roche-sur-Yon Cedex. ☎ 02-51-47-88-20. Fax : 02-51-05-37-01. • www.vendee-tourisme.com •
- *Gîtes de France* : 124, bd Aristide-Briand, BP 735, 85018 La Roche-sur-Yon Cedex. ☎ 02-51-37-87-87. Fax : 02-51-62-15-19. • www.itea.fr/GDF/85 •
- *Comité départemental de randonnée pédestre* : maison des Sports, 202, bd Aristide-Briand, 85000 La Roche-sur-Yon. ☎ 02-51-44-27-38. Fax : 02-51-44-27-10. Propose des itinéraires de randonnée pour tout le département, avec 88 circuits sur cartes détaillées.
- *Vendée Résa* : 8, place Napoléon, BP 233, 85006 La Roche-sur-Yon Cedex. ☎ 02-51-62-76-82. Fax : 02-51-62-01-51. Pour toute réservation d'hébergement ou d'événements particuliers.

LA ROCHE-SUR-YON (85000) 46 260 hab.

Capitale du département, La Roche-sur-Yon n'est pas vraiment le joyau de la Vendée. À moins d'être un passionné d'architecture du XIXe siècle, la ville n'a qu'un intérêt très limité. Son problème, c'est qu'elle manque cruellement d'histoire...
On commence à évoquer le nom de cette petite bourgade en 1790, lors de la création des départements. Certains proposent la ville comme chef-lieu, du fait de sa position centrale. Et Napoléon y transfère la préfecture en 1804. Il n'y avait pas grand-chose, il fallut tout construire ou presque. Sur les instructions de l'Empereur, les plans de la ville nouvelle, à vocation administrative et militaire, sont tracés : un pentagone et des rues à angle droit autour d'une grande place. Visionnaire, Napo venait d'inventer le Monopoly, les jeux vidéo grandeur nature et l'ambiance de villes américaines. Quand il se rendit à... Napoléon (nouveau nom de La Roche-sur-Yon !), pour se rendre compte de l'état des travaux, il fut, paraît-il, très déçu par le résultat. Il s'enfuit bien vite de la préfecture pour savourer des alentours bien plus charmants... et moins carrés !
Aujourd'hui, La Roche (qui a retrouvé son nom en 1870) s'organise autour de la grande place carrée où trône une statue du bienheureux fondateur. Imaginez une architecture lourde, quelques rues piétonnes et commerçantes somme toute animées, des gens adorables et vous aurez une idée de ce qui vous attend : une ville sans histoire dans un département qui en regorge.

Adresses utiles

- *Office du tourisme de La Roche-sur-Yon et du Pays yonnais* : rue Georges-Clemenceau. ☎ 02-51-36-00-85. Fax : 02-51-36-90-27. De septembre à fin juin, ouvert du lundi au samedi de 9 h à 12 h et de 13 h 30

LA ROCHE-SUR-YON

à 18 h ; en juillet et août, du lundi au samedi de 10 h à 19 h et le dimanche de 10 h à 12 h.
- **Poste :** rue Georges-Clemenceau. ☎ 02-51-37-00-27.
- **Gare SNCF :** bd Louis-Blanc. ☎ 0892-35-35-35 (0,34 €/mn, soit 2,21 F).
- **Gare routière :** rue Gaston-Ramon. ☎ 02-51-62-18-23.
- **Taxis :** cour de la gare SNCF. ☎ 02-51-37-07-66.
- **Location de voitures :** Avis, 70, bd Louis-Blanc. ☎ 02-51-62-44-45. Budget, 102, bd Louis-Blanc. ☎ 02-51-36-22-00. Europcar, 11, bd Louis-Blanc. ☎ 02-51-46-05-16. Hertz, 94, bd Louis-Blanc. ☎ 02-51-36-09-24.

Où dormir ?

Prix moyens

- **Marie-Stuart Hotel :** 86, bd Louis-Blanc. ☎ 02-51-37-02-24. Fax : 02-51-37-86-37. • www.group.citotel.com/hotels/stuart.html • En face de la gare SNCF. Resto fermé les samedi midi et dimanche (sauf en saison). Comptez 48 € (315 F) pour la chambre double avec bains. Menus à 13,50 € (89 F) au bar, à 15 et 19,67 € (99 et 129 F), sinon autour de 18,30 € (120 F) à la carte. Welcome in Scotland ! Ici tout rappelle le pays : aux murs, blasons et tissus des différents clans et, bien sûr, le portrait de Marie Stuart. Chambres plus ou moins spacieuses, chacune décorée dans un style différent. À chaque chambre, son charme quelque peu suranné et kitsch ! On aime ou on n'aime pas. Au resto, bonne cuisine. Spécialités du chef : le Highland steak, les Scotch eggs, le dumpling, mais aussi la potée de la mer... Le bar recèle quelques grands crus de whiskies. Excellent accueil, très Scottish of course ! Apéritif maison offert aux lecteurs de l'édition anglaise et Irish coffee à ceux de l'édition française qui dînent sur place.

- **Hôtel Logis de la Couperie :** route de Cholet. ☎ 02-51-37-21-19. Fax : 02-51-47-71-08. À 5 km du centre, prendre la nationale direction Cholet, puis la D80. Doubles de 55 à 80 € (361 à 525 F) avec douche et w.-c. ou bains, et selon la saison. Voilà une de nos meilleures adresses dans le département de la Vendée. Dans une ancienne demeure seigneuriale du XIVe siècle, perdue en pleine campagne, nichée dans un écrin de verdure. On vient ici pour goûter aux plaisirs d'une vie tranquille dans une ambiance où le raffinement s'allie à la simplicité de cette maison de famille. Les couloirs sont remplis de bibelots et des centaines de livres ornent les rayonnages. Seulement 7 chambres, douillettes, portant des noms de fleurs. Décoration très anglaise aux tons pastel. Ciel de lit, baldaquin et meubles anciens les agrémentent. Accueil cordial de la propriétaire. Excellent petit déjeuner. Jus de pomme maison offert à nos lecteurs à l'arrivée. De plus, chemins pédestres au départ du Logis, vélos à disposition et, sur demande, promenade en voiture à cheval. Étang à proximité.

Où manger ?

Prix moyens

- **Le Clemenceau :** 40, rue Georges-Clemenceau. ☎ 02-51-37-10-20. Ouvert tous les jours jusque tard le soir. Menus de 12,20 à 24,39 € (80 à 160 F) et à la carte. Brasserie en salle ou en terrasse, réputée pour la fraîcheur de ses fruits de mer et poisson. Tous les noms des fournisseurs figurent sur la carte. Copieuses et succulentes assiettes de la mer à 12,20 € (80 F) et soupe de poisson. Personnel

LA VENDÉE

sympa. Ambiance agréable également pour venir y prendre seulement un verre.

|●| *Le Bœuf Salade-Tex-Mex :* 32, rue de-Gaulle. ☎ 02-51-05-31-17. Ouvert tous les jours jusqu'à 23 h (minuit le samedi). Menus à 8,99 € (59 F) à midi en semaine, et à 12,04 et 15,09 € (79 et 99 F). Le patron, sorte de « BHL new age », fondu des *States*, a créé un pseudo-musée ethnologique des *Eighties* US avec ce décor américano-mexicano-indien en plein cœur de La Roche. Il fallait le faire ! Sa *margarita* est excellente, tout comme l'assiette texmex et les *spare-ribs*. Le seul endroit de la ville où l'on puisse manger tard le soir. Une petite fantaisie : pour les réceptions et mariages, le patron met à disposition un cuisinier, une voiture américaine ancienne... Digestif offert à nos lecteurs sur présentation du *GDR*.

|●| *Restaurant Saint-Charles :* 38, rue du Président-de-Gaulle. ☎ 02-51-47-71-37. ● mail@restaurant-st-charles.com ● Fermé les samedi midi et dimanche, ainsi qu'en août. Un menu à 15 € (98 F) servi en semaine et de 20 à 31,56 € (131 à 207 F). La référence au jazz est omniprésente dans la salle. Photos, ambiance musicale, instruments, jusque dans les noms des menus. Tout cela donne un bel ensemble, d'autant que le chef confectionne ses plats dans le même esprit. Spécialités selon la saison : carpaccio de canard de Challans, bar cuit à la vapeur d'algues. Bon rapport qualité-prix. Café offert à nos lecteurs porteurs de l'édition en cours.

Où dormir ? Où manger dans les environs ?

Les adresses qui suivent sont situées autour de La Roche-sur-Yon, en partant du nord vers l'ouest.

🏠 *Chambres d'hôte :* chez Josiane et Hubert Perrocheau, Le Chef-du-Pont, 85170 Les Lucs-sur-Boulogne. ☎ et fax : 02-51-31-22-42. À 20 km au nord de La Roche-sur-Yon, par la D937, direction Belleville-sur-Vie. Au village des Lucs, prendre la direction du Mémorial ; la maison est juste en face, fléchage à gauche après le pont. Chambres à 41,16 € (270 F) pour 2, petit déjeuner compris. Superbe demeure du XVIe siècle située sur une ancienne voie romaine. Pendant la Révolution, c'est au logis du Chef-du-Pont que l'on payait le droit de passage pour traverser le gué (le pont sur la Boulogne n'existait pas). Si la maison a une histoire, l'intérieur est un vrai petit musée... 2 chambres superbes et spacieuses, chacune avec son salon particulier où sont servies les collations matinales. Une au rez-de-chaussée, au décor typiquement vendéen, pour se replonger dans l'atmosphère d'autrefois ; l'autre à l'étage, avec un ravissant salon sur le thème de la mode (mannequin, collection de vieilles machines à coudre, coiffes traditionnelles...). Ambiance romantique et vieilles dentelles. Il faut dire que Josiane est une ancienne modéliste qui a travaillé, entre autres, pour Coco Chanel. Hubert, lui, est un passionné de l'histoire vendéenne. On lui doit un livre sur le curé Barbedette et il a aussi mis en place le circuit « Sur les pas de Charette » (officier de marine qui prit la tête des paysans du bocage lors du soulèvement vendéen). Accueil de qualité. Très bon rapport qualité-prix-convivialité. Pas de table d'hôte, mais une sympathique auberge au bord du lac, juste à côté. Le soir, le mémorial est illuminé et le parc de 16 ha vous offrira une bonne balade digestive. Réduction de 10 % sur le prix de la chambre offerte à nos lecteurs de septembre à juin, sur présentation du *GDR*.

🏠 |●| *Hôtel-restaurant du Centre :* 19, place du Marché, 85170 Le Poiré-sur-Vie. ☎ 02-51-31-81-20. Fax : 02-51-31-88-29. 🍴 Par la D6. En plein cœur du village. Fermé le dimanche soir. Chambres doubles de 28,97 € (190 F) avec lavabo à 53 € (348 F) avec bains. Menu ouvrier à 9,83 € (65 F), d'autres menus entre 14,50 et 32 € (95 et 210 F). Voilà une hostellerie bien accueillante. Des chambres confortables et propres, une mini-piscine propice au farniente estival du routard fourbu et, au restaurant, des petits plats régionaux simples et de bon aloi.

🏠 |●| *Hôtel-restaurant Le Saint-Benoist :* 35, rue du Maréchal-Leclerc, 85190 Aizenay. ☎ 02-51-94-60-17. Fax : 02-51-48-30-91. À 16 km de La Roche-sur-Yon, par la D948. Fermé le dimanche soir toute l'année, et entre Noël et le Jour de l'An ; ainsi que les vendredi soir, samedi et dimanche soir de septembre à mai. Doubles à 18,30 € (120 F) avec lavabo, à 25,92 € (170 F) avec douche et w.-c. et à 27,44 € (180 F) avec bains. Formule à 8,99 € (59 F) en semaine à midi, ou menus entre 12,04 et 22,11 € (79 et 145 F). Une étape économique et commode dans une maison contemporaine. Des chambres propres, mais évitez celles qui donnent sur la départementale, très fréquentée. Cuisine simple et roborative, mais les menus changent tous les quatre mois. Tout cela est servi avec le sourire dans un cadre moderne et fleuri. Apéritif offert à nos lecteurs, sur présentation du *GDR*.

|●| *Restaurant La Sittelle :* 33, rue du Maréchal-Leclerc, 85190 Aizenay. ☎ 02-51-34-79-90. À 16 km de La Roche par la D948, juste à côté du *Saint-Benoist*. Fermé les samedi midi, dimanche soir et lundi, ainsi qu'une semaine en hiver et en août. Menus à 19,06 € (125 F) pour déjeuner en semaine, et à 39,64 € (260 F). Voici une bonne grosse maison de médecin de province où la salle de consultation est plutôt avenante. Décor lumineux et subtil aux tons pastel. Le praticien s'est spécialisé dans les épices qui agrémentent une cuisine préparée avec soin et passion. Service souriant et sérieux. Apéritif ou café offert à nos lecteurs porteurs de l'édition en cours.

|●| *Auberge Le Fougerais :* route de Challans, 85190 Maché. ☎ 02-51-55-75-44. Fax : 02-51-60-06-46. ⚒ À 22 km de La Roche par la D948 ; après Aizenay, prendre à gauche une fois le pont sur la Vie franchi (fléchage). En juillet et août, ouvert tous les jours. Sinon, fermé les lundi soir, mardi soir et mercredi soir. Fermé également début octobre. Menus à 9,91 € (68 F) à midi en semaine, et de 17,53 à 32,78 € (115 à 215 F). Jolie maison recouverte de lierre avec terrasse ombragée. Dans cette grange réaménagée, l'atmosphère est douce. De grandes banquettes accueillent le voyageur fatigué, des tables toutes simples reçoivent des mets bien concoctés. Dans la cheminée, le chef alimente ses braises de sarments pour ajouter un parfum supplémentaire aux anguilles, ou aux cailles désossées. Plats sans façon mais copieux et d'un beau rapport qualité-prix. Apéritif offert à nos lecteurs, sur présentation du *GDR*.

|●| *Restaurant Café des Arts :* 2, rue de la Poste, 85190 Beaulieu-sous-La Roche. ☎ 02-51-98-24-80. À 15 km de La Roche. De La Roche, prendre la N160, direction Les Sables-d'Olonne. Sortir de la nationale à La Mothe-Achard, puis prendre la D978 vers Aizenay. On peut aussi passer par Venassault, c'est plus joli et moins encombré : sortir de La Roche, direction Les Sables, puis prendre la D42 en passant par Venassault jusqu'à Beaulieu. Le restaurant est en face de l'église. Ouvert à midi toute la semaine plus le soir des vendredi et samedi. Congés : 10 jours en février, juillet et octobre. Menus à 9,15 € (60 F) avec un quart de vin le midi (mais pas le soir), et de 14,48 à 17,53 € (95 à 115 F). Dans un coin de nature charmant. Cuisine du marché bien travaillée. Déco changeante et variée, comme les plats. Exposition d'œuvres d'artistes provenant de différentes régions, au 1er étage. Café offert à nos lecteurs munis du *GDR*.

|●| *La Guinguette de Piquet :* 85310 Le Tablier. ☎ 02-51-46-73-52 ● guinguette.piquet@wanadoo.fr ● Sortir de La Roche par la D746 en direction de Luçon. À Saint-Florent-des-Bois, prendre la D101 vers Le Tablier et suivre le fléchage « La

Guinguette ». À flanc de coteau de la vallée encaissée du Yon. De juin à fin août, ouvert tous les jours à partir de 11 h ; d'avril à fin septembre, ouvert le week-end. Le vendredi soir, soirée « Chantez guinguette » avec musiques du monde, les samedi et dimanche soir, bal à l'ancienne à l'intérieur ou à l'extérieur selon le temps, et le dimanche après-midi, guinguette au son de l'accordéon. Demandez-leur le programme et réservez. Entrée : 7,62 € (50 F) le vendredi (6,10 €, soit 40 F quand vous mangez sur place). Gratuit les autres jours. Compter de 6,10 à 10,67 € (40 à 70 F). Plusieurs terrasses avec des tables pour manger de copieuses grillades ou fritures. Ambiance vraiment sympa. Plusieurs sentiers pédestres indiqués sur un panneau à côté du parking et ruines d'une usine de filature en bas, au bord du Yon. Quelques emplacements de parking également. Apéritif offert sur présentation du GDR au resto.

Où boire un verre ? Où sortir ?

Le Grand Café : rue Georges-Clemenceau. En face et à côté de l'office du tourisme. Fermé le dimanche. Spacieuse terrasse ombragée sur la place. Beaucoup de jeunes. À partir du 21 juin (fête de la Musique), des spectacles ont lieu du vendredi au dimanche sous les arbres et tout autour, près du théâtre... Fait aussi restauration. Apéritif maison offert pour tout repas sur présentation du GDR de l'année.

Le Clemenceau : 40, rue Georges-Clemenceau. Voir plus haut la rubrique « Où manger ? »

Guinness Pub - Le Gaz bar : 41, rue M.-Berthelot. ☎ 02-51-37-51-15. Ouvert du lundi au samedi. Une rue qui part à l'angle nord-est de la place Napoléon. Minuscule bar à l'ambiance artiste, bohème, café-philo. Des concerts et des expos y ont lieu.

À voir

Le centre-ville de La Roche-sur-Yon est circonscrit dans un pentagone plutôt austère, encadré par des boulevards de ceinture. Étonnant de voir des rues toutes droites avec des immeubles en pierre de taille. Il n'y a cependant pas grand-chose à voir ou à faire dans cette ville nouvelle du XIXe siècle qui a juste conservé quelques maisons Renaissance du côté de la place de la Vieille Horloge. Un conseil, passez-y quelques heures et partez à la découverte des environs, ça vaut le coup !

★ **La place Napoléon :** difficile de la rater ! Située au centre de la ville, cette place d'armes fut prévue pour recevoir quelque 20 000 militaires. Au milieu de l'immense quadrilatère, statue équestre de l'Empereur.

★ **L'église Saint-Louis :** ouverte en juillet et août du lundi au vendredi de 15 h à 18 h, le samedi de 10 h à 12 h et de 15 h à 18 h, et le dimanche de 9 h à 12 h 30 ; le reste de l'année, accessible au moment des heures de culte. Dès 1808, un peu plus de 45 000 € (300 000 F) furent débloqués pour la construction d'une église. Il faut attendre 1812 pour que le projet soit couché sur le papier et encore cinq ans pour que les travaux démarrent. Les lenteurs de l'administration ne sont vraiment pas récentes. Vaste rectangle de 72 m sur 25, l'église présente une façade de style néo-classique avec six colonnes doriques sous un fronton triangulaire surmonté de deux tours carrées. Un ensemble plein de légèreté ! À l'intérieur, plafond à caissons sculptés, piliers couronnés de chapiteaux corinthiens. Dans le chœur, imposant symphorium baroque.

★ **Le Haras national :** bd des États-Unis. Renseignements et réservations auprès de l'association du Patrimoine yonnais : 13, rue de la République, BP 322, 85008 La Roche-sur-Yon. ☎ et fax : 02-51-46-14-47. En juillet et août, ouvert du lundi au samedi (fermé les dimanche et jours fériés), visites guidées : 1 le matin à 10 h 45, 7 l'après-midi entre 14 h et 17 h 45 ; en juin et septembre, départ de la visite du lundi au samedi à 15 h (fermé les dimanche et jours fériés) ; le reste de l'année, sur réservation. Entrée : 3,81 € (25 F). Tarif réduit : 2,29 € (15 F). Gratuit pour les enfants de moins de 7 ans. En pleine ville, on se retrouve à la ferme, où sont élevés une cinquantaine d'étalons, pur-sang anglais, trotteurs français, mais aussi des chevaux de trait. Visite de la sellerie, de la forge, de la maréchalerie, et voitures hippomobiles. Très beau parc calme et propice à la promenade.

➤ *DANS LES ENVIRONS DE LA ROCHE-SUR-YON*

★ *L'église Saint-Nicolas de La Chaize-le-Vicomte :* à 8 km à l'est de La Roche par la D948. Bel édifice roman du XIe siècle, rehaussé par des éléments de fortifications et un clocher de style provençal du XIVe siècle. Connue pour être la plus grande église romane de Vendée, elle est surtout remarquable pour ses pittoresques chapiteaux sculptés, pleins de fantaisie. On y reconnaît des coqs à visage humain, un joueur de viole faisant danser un petit animal ou encore un démon musicien.

★ *L'abbaye des Fontenelles :* à 4 km de La Roche-sur-Yon par la N160. Construite en 1210, elle fut saccagée pendant la guerre de Cent Ans et par les protestants. Elle fut plusieurs fois reconstruite, mais la Révolution eut raison de son rayonnement. Très beaux restes de la salle capitulaire aux belles voûtes à huit nervures. L'église, en forme de croix grecque, ne se visite malheureusement pas. Tout autour, très belle frise sculptée de visages naïfs.

★ *L'église de Landeronde (85150) :* par la N160, puis par la D50. Bâtie au XIe siècle, elle est remarquable par ses retables représentant l'Assomption au centre, la Vierge du Rosaire et saint Jean l'Évangéliste sur les bas-côtés.

LE MARAIS BRETON-VENDÉEN

Le décor est planté. De Bourgneuf à Saint-Gilles-Croix-de-Vie, ce vaste ensemble, s'étendant à perte de vue, a été gagné sur la mer au fil des siècles. Les alluvions de la Loire ont relié entre elles les quelques îles qu'étaient Bouin, Beauvoir, Monts et Riez. Plus tard, des moines acharnés et des Hollandais (qui n'étaient pas les derniers dans l'art de gagner des terres sur la mer) modifièrent le paysage pour en faire cet espace de prairies, entrecoupées de nombreux étiers et de canaux chargés de l'évacuation de l'eau.
Le marais reste encore un monde un peu à part en Vendée. La yole (barque plate) et la ningle (perche servant à sauter les étiers) ont beau devenir folkloriques, la vie reste difficile, parfois impénétrable. Il n'est pas rare que l'eau envahisse de vastes parcelles durant l'hiver, isolant les quelques bourrines (maisons basses au toit de roseaux) qui ont réussi à survivre. Cependant, l'élevage reste l'une des ressources principales de la région. Sur la côte, ostréiculture et tourisme assurent de nombreux débouchés ; ces deux secteurs ont été gravement touchés par la marée noire de décembre 1999.

CHALLANS (85300) 16 781 hab.

Capitale du marais et deuxième ville de Vendée, célèbre pour ses canards et ses poulets, Challans fut le théâtre de la première victoire des Vendéens sur les républicains pendant les guerres de Vendée. Le 12 mars 1793, les paysans faisaient fuir les autorités vers Les Sables-d'Olonne. Mais moins d'un mois après, les Blancs devaient reculer devant l'armée du général Boulard. Vous avez dit Boulard ?

Fleurie, gaie, Challans sent déjà la mer et les vacances. On y déguste volontiers une menthe à l'eau au soleil, et on y prend facilement le pli d'un farniente bien mérité.

Adresses utiles

- *Office du tourisme :* place de l'Europe, dans le centre. ☎ 02-51-93-19-75. Fax : 02-51-49-76-04. Hors saison, ouvert du mardi au samedi de 9 h à 12 h 30 et de 14 h à 18 h 30 ; en juillet et août, le lundi de 14 h 30 à 19 h et du mardi au dimanche de 9 h 30 à 12 h 30 et de 14 h à 19 h.
- *Poste :* place du Docteur-Henrot. ☎ 02-51-49-63-00.
- *Gare SNCF :* av. Biochaud. ☎ 0892-35-35-35 (0,34 €/mn, soit 2,21 F).

Où dormir ?

Camping

- *Camping Le Ragis :* se reporter à la rubrique « Où dormir ? Où manger dans les environs ? »

Prix moyens

- *Hôtel de l'Antiquité :* 14, rue Gallieni. ☎ 02-51-68-02-84. Fax : 02-51-35-55-74. • antiquitehotel@aol.com • Doubles de 41,16 à 60,98 € (270 à 400 F). Quel drôle d'endroit, et quel plaisir de le découvrir. L'extérieur semble banal, mais quelle surprise en entrant ! Cela pourrait s'appeler « le charme discret de la bourgeoisie ». Le mobilier est raffiné, ancien et fort bien mis en valeur. Les chambres sont spacieuses, et la plupart ont été rénovées avec soin. Elles sont distribuées autour d'une piscine « bleu des mers du Sud », au bord de laquelle on peut prendre son petit déjeuner. Une adresse qu'on adore, tenue par un jeune couple épatant, dynamique et plein d'idées. Réduction de 10 % offerte à nos lecteurs, sauf en juillet-août, sur présentation du *Guide du routard* de l'année.

Où manger ?

- *Restaurant Le Champagne :* 73, rue Bonne-Fontaine. ☎ 02-51-35-39-09. Au rond-point, route de Cholet, près de l'hôpital. Hors saison, ouvert seulement à midi en semaine, ainsi que les vendredi soir et samedi soir. En juillet et août, fermeture les lundi soir et mercredi soir. Fermé en novembre. Menus raisonnables de 13 à 20,58 € (75 à 135 F). Un petit restaurant discret, un peu excentré, dans une maison basse typique. Intérieur chaleureux en pierre apparente. On y mange des plats simples et bien faits. Apéritif offert à nos lecteurs sur présentation du *GDR*.

Où dormir ? Où manger dans les environs ?

Au sud de Challans

- **Camping Le Ragis :** Le Ragis. ☎ et fax : 02-51-68-08-49. À 3 km du centre par la D69 vers Soullans. Ouvert toute l'année sauf pour les fêtes de fin d'année. Forfait de 13,72 € (90 F) par jour pour 2 personnes en juillet et août. Et 4 chambres d'hôte à 38 € (250 F) pour 2, petit déjeuner compris. 30 % de réduction du 15 septembre au 15 juin. Repas à 13 € (85 F). Location de mobile homes et de bungalows. Dans un cadre verdoyant avec piscine et toboggans aquatiques, 100 emplacements au bord d'un étang poissonneux. Accueil sympa et ambiance familiale. Réservation conseillée. Apéritif ou café offert à nos lecteurs sur présentation du guide.
- **Le Relais du Marais :** 1, rue de l'Océan, 85300 Soullans. ☎ 02-51-68-04-18. Fax : 02-51-68-42-40. Fermé les dimanche soir et lundi hors saison, ainsi que 2 semaines en novembre et 8 jours en février. Chambres doubles de 24,39 à 33,54 € (160 à 220 F) avec lavabo et bidet. Menus de 10,98 € (72 F), sauf le dimanche, à 39,64 € (260 F). Obligation de demi-pension de 25,15 à 29,73 € (165 à 195 F) en juillet et août. Une adresse toute simple et éminemment sympathique. Chambres propres et sobres, à l'image du village. Cuisine typique servie dans une salle à manger rustique. Kir offert à nos lecteurs porteurs de l'édition en cours.
- **Restaurant La Gîte du Tourne-Pierre :** route de Saint-Gilles. ☎ et fax : 02-51-68-14-78. Sur la D69, à 3 km de Challans en direction de Soullans. Fermé les vendredi et samedi midi et dimanche soir en basse saison, ainsi que 15 jours en mars et 15 jours en octobre. Menus de 32,78 à 48,02 € (195 à 285 F). Parking. On entre dans cette belle maison basse comme dans un rêve. Ici, le temps s'arrête, on découvre de nouvelles saveurs, on apprécie la cuisine comme un art. Le homard est à l'honneur, tout comme le foie gras fait maison de différentes manières. C'est un vrai théâtre culinaire. Le service est impeccable et sans prétention. Bonne adresse pour routards fortunés et pour tous ceux qui souhaitent se rappeler ce que le mot « cuisine » veut dire. Apéritif offert à nos lecteurs sur présentation du *Guide du routard*.

À l'est de Challans

- **Chambres d'hôte, chez Josy et Didier Chesneau :** , 2, rue de La Rochelle, 85670 Saint-Christophe-du-Ligneron. ☎ et fax : 02-51-35-54-48. À 9 km de Challans par la D948, direction La Roche-sur-Yon. Comptez de 38,11 à 45,73 € (250 à 300 F) pour 2, petit déjeuner inclus. Dans cette ancienne école, dont on aperçoit encore les classes, la cour et le préau, les propriétaires accueillent chaleureusement leurs hôtes pour un repos prolongé... Au total, 5 chambres, dont 3 familiales à l'étage, toutes dotées de sanitaires privés, dans un cadre agréable avec, côté jardin, une piscine. Attention, pas de table d'hôte, mais on peut toujours disposer de la cuisine, moyennant un supplément de 10 % par personne.

Au nord de Challans

- **Chambres d'hôte :** chez Marie-Thérèse et Hubert Lebeau, Les Albizzias, 15, route de Challans, 85710 Bois-de-Céné. ☎ 02-51-68-24-68. À l'entrée de Bois-de-Céné (village à 10 km de Challans), prendre la D58 vers Challans. Fermé le dimanche soir. Comptez 40 € (262 F) pour 2 ou 50 € (328 F) pour 3, petit déjeuner compris. Repas sur réservation à 13 € (85 F) tout compris. Dans une maison récente, 2 chambres avec sanitaires privés. Très bonne literie. Déco tapisseries et point de croix, rehaussée par un mobilier style années 1930 relooké. Marie-Thérèse, femme dynamique, propose aussi sa table d'hôte, sur réservation uniquement. Hubert est un spécialiste du marais et vous propose des randos en sa compagnie pour découvrir les oiseaux. Apéritif offert à nos lecteurs munis du *GDR*.

À voir

★ *L'église Notre-Dame :* de style néo-gothique, elle fut construite à la fin du XIXe siècle et ne présente que peu d'intérêt. On remarquera cependant que son clocher se trouve de l'autre côté de la place. En 1905, l'État devint propriétaire du bâtiment encore en travaux, et, faute de crédit pour bâtir un clocher neuf, on décida de conserver celui de l'ancienne église. Pas facile pour le sonneur de cloches !

Manifestation

– *Autrefois Challans :* les 18 et 25 juillet et les 8 et 22 août 2002, Challans vit en 1910. Brocanteurs, lavandières, éleveurs et autres investissent la ville en costumes d'époque. Défilé des officiels, concours d'élégance, intervention des pompiers, noces maraîchines. 1 800 figurants en costumes font vivre cette grande fête.

➤ *DANS LES ENVIRONS DE CHALLANS*

★ *SALLERTAINE* (85300)

À 7 km à l'ouest de Challans, ce petit bourg a longtemps vécu de la production de sel... lorsque les marais étaient encore salants. Petites maisons basses et ruelles étroites en font un lieu typique du marais. Le village s'est autoproclamé « île aux Artisans » et vous pouvez flâner dans les rues tout en découvrant l'activité d'un souffleur de verre ou d'un fabricant de jouets en bois.

★ *L'église Saint-Martin :* ouverte en été. Ce sanctuaire du XIIe siècle, remarquable par son transept dont la voûte romane en coupole nervurée est unique, ne doit son salut qu'à la pauvreté de l'État. Elle devait être détruite après la construction de la nouvelle église, bâtie en 1906. Mais faute de crédit, les deux églises se font face aujourd'hui et le contraste vaut le coup d'œil. Chaque année, de juin à septembre, la vieille église accueille des expositions sur les us et coutumes du marais : mobilier, costumes et traditions pour mieux connaître la région (mais en raison de la restauration de l'église, les expositions seront réduites, voire supprimées jusqu'à la fin des travaux, en 2004).

★ *Le moulin à vent de Rairé :* ☎ 02-51-35-51-82. À 1 km du centre de Sallertaine par la D103. En juillet et août, ouvert tous les jours de 10 h à 12 h et de 14 h à 18 h 30 ; en juin et septembre, ainsi que pendant les vacances scolaires et les jours fériés de février à mai, ouvert de 14 h à 18 h. Entrée : 3,25 € (21 F), 1,52 € (10 F) pour les enfants. Construit vers 1560, le moulin de Rairé est le seul de France à avoir tourné sans interruption avec le vent comme seul moteur. Marcel Burgaud, descendant d'une longue lignée de meuniers, fait visiter avec passion son enfant. Il essaie de faire partager son enthousiasme à ses visiteurs en leur expliquant toutes les opérations nécessaires pour que le blé devienne farine. Journées « Pain Tradition Modernité » pour groupes (renseignements à l'office du tourisme de Saint-Jean-de-Monts).

★ BOIS-DE-CÉNÉ (85710)

À 10 km au nord de Challans par la D58. Village au riche passé, habité depuis l'époque romaine.

★ **L'église Saint-Étienne :** construite au XIVe siècle sur un ancien cimetière mérovingien, elle fut modifiée de la Renaissance au XVIIe siècle, comme en témoignent les chapiteaux au sommet des colonnes. Ils représentent de manière grossière les vices et les péchés capitaux dans un style plutôt pittoresque. Cherchez celui de la luxure : il ne manque pas de piquant. Très beaux retables du XVIIe siècle.

★ **L'abbaye de l'île Chauvet :** ouverte de juillet à mi-septembre tous les jours sauf le samedi de 14 h à 18 h. ☎ 02-51-68-13-19. Entrée : 4,57 € (30 F). Réductions. Fondée en 1130 par des bénédictins sur un îlot désertique, elle se révéla vite prospère mais eut à souffrir de la guerre de Cent Ans et des guerres de Religion, époque à laquelle elle devient protestante. Mais la victoire de Louis XIII sur les huguenots la rend aux catholiques quelques années plus tard. Mise en commande par Claude du Puy du Fou et par le cardinal de Richelieu, il reste de beaux vestiges de l'église abbatiale, comme un beau portail à cinq voussures reposant sur des colonnettes à chapiteaux ouvragés. Les péchés capitaux y sont vertement représentés. À tel point que certains ont été martelés aux endroits que la morale réprouve ! Une maquette donne une idée de ce qu'était l'abbaye à son apogée. Exposition retraçant l'historique du marais.

BOUIN (85230) 2 240 hab.

Rattachée au continent depuis le XVIIIe siècle seulement, Bouin a gardé l'aspect de village de pêcheurs qu'elle avait lorsque la mer entourait encore l'île. Comme Noirmoutier et Yeu, elle jouissait d'un privilège royal accordé dès le Moyen Âge. Car ces points stratégiques pour la navigation devaient être peuplés... On en fit donc une sorte de zone franche avant l'heure. Les habitants ne payaient ni les tailles royales, ni les aides, ni la gabelle. Le rêve, quoi ! Surtout pour les contrebandiers qui investirent vite les trois îles. Considérant que cela avait trop duré, Louis XV racheta les îles à leurs propriétaires. Et les avantages acquis, alors ?
En arrivant, on est surpris par le clocher de l'église qu'il faut absolument voir. On a un peu l'impression de retrouver « ce plat pays qui est le mien » dans cet univers lisse et pourtant varié.

Où dormir ? Où manger ?

🏠 |●| **Hôtel-restaurant Le Martinet :** 1, place de la Croix-Blanche. ☎ 02-51-49-08-94. Fax : 02-51-49-83-08. ● www.lemartinet.com ● Hôtel ouvert toute l'année, restaurant fermé le mardi midi en haute saison. Doubles de 38,11 à 57,93 € (250 à 380 F). Menus à 15,24 et 20,58 € (100 et 135 F). Également des studios de 2 à 4 personnes à louer, soit en gîte à 61 € par jour (400 F), soit en B & B, soit en demi-pension, comme les autres chambres. Dans cette grande et belle demeure vendéenne du XVIIIe siècle, vous avez le choix entre les chambres à l'ancienne donnant sur la place et celles qui ont été construites de plain-pied dans le jardin, au bord de la piscine. Calme et sérénité. Toute la famille s'y est mise : Françoise s'occupe de la déco, et assure aussi bien l'intendance que l'accueil ; ses fils, Emmanuel prend soin du potager dont il se servira pour la cuisine et Jean-François fournit poisson et huîtres. Dans la vieille salle à manger qui sent bon la cire, ou au bord de la piscine s'il fait beau, vous prendrez petit déjeuner et repas qu'Emmanuel vous aura préparés. Réduction de 10 % offerte sur le prix de la chambre de début octobre à fin mai, sur présentation du *Guide du routard* de l'année.

|●| *Restaurant Le Courlis :* 15, rue du Pays-de-Mont. ☎ et fax : 02-51-68-64-65. À la limite extérieure du bourg. Fermé le lundi et le mercredi soir (sauf en juillet-août et pendant les vacances scolaires). Menu avec café à 12,96 € (85 F) le midi en semaine, et autres menus de 17,99 à 53,97 € (118 à 354 F). Maison blanche et basse, typique du coin. Salle proprette aux tons pastel et au décor fleuri. La cuisine mérite vraiment toute l'attention gustative de vos papilles. Spécialités de poisson, comme le sandre au beurre blanc dès l'automne, le turbot au lard de Vendée et *mohjettes* au printemps. Accueil inégal. Apéritif ou café offert à nos lecteurs sur présentation du *Guide du routard*.

Où dormir ? Où manger dans les environs ?

🛏 |●| *Chambres d'hôte Les Tignons :* route de la Coupelasse. ☎ 02-51-93-85-95 • bcougnon@club-internet.fr • Entre Bouin et la pointe de la Coupelasse. Compter 24,39 € (160 F) pour 2. Petit déjeuner à 4 € (26 F). Repas traditionnel sur demande à 10 € (66 F). Au cœur de ce marais très naturel, des chambres de 4 à 6 personnes avec sanitaires privés dans une ancienne bourrine rénovée. Béatrice et Raymond organisent des randos-découverte à pied, en VTT, à cheval ou en bateau... ainsi que des stages de remise en forme, le tout encadré par des moniteurs qualifiés. Atmosphère très conviviale et écolo. Café ou apéritif offert sur présentation du guide, mais aussi quelques attentions toutes vendéennes. Surprise !

🛏 Également possibilité de *gîte* chez Christine et Christophe Charrier : Le Petit-Pineau, route de L'Époids. ☎ 02-51-68-64-88 ou 06-68-68-60-11. • christine.charrier@wanadoo.fr • La semaine entre 259,16 et 487,84 € (1 700 et 3 200 F).

À voir

★ *Les maisons anciennes :* les vieilles rues, autour de l'église, regorgent de belles maisons anciennes. Dans la Grand-Rue, ancienne maison du Sénéchal de Bretagne. Voir aussi le présidial (actuelle mairie) et quelques autres bâtisses dans les rues du Pas-Morteau, du Grand-Vitrail et des Brochets.

★ *L'église :* des XIe et XVIe siècles, elle est assez austère. À noter, les beaux retables du XVIIe siècle qui ornent le chœur et le clocher, qui mérite le détour.

BEAUVOIR-SUR-MER (85230) 4 000 hab.

Petite ville un peu oubliée par l'histoire depuis que Louis XIV fit raser la forteresse qui la défendait depuis le XIe siècle.

Adresse utile

🅘 *Office du tourisme :* rue Charles-Gallet. ☎ 02-51-68-71-13. Fax : 02-51-49-05-04. • www.otsi-beauvoir.com • Ouvert toute l'année : du 1er avril au 15 septembre, du mardi au samedi ; en juillet et août, tous les jours de 9 h 30 à 18 h 30 et les dimanche et jours fériés de 10 h à 12 h 30 ; hors saison, tous les matins du mardi au samedi de 9 h à 18 h 30.

Où manger dans les environs ?

|●| *Restaurant La Pitchounette :* 48, rue Bonne-Brise, 85230 Saint-Gervais. ☎ 02-51-68-68-88. Fax : 02-51-49-86-40. ⚒ À la sortie de Beauvoir par la D948 en direction de Challans. Service de 12 h à 13 h 30 et de 19 h 30 à 21 h 30. Fermé le lundi (sauf en juillet et août), ainsi que de mi-septembre à mi-octobre. Menus à 9,15 € (60 F) à midi en semaine, et de 16,50 à 25,60 € (108 à 168 F). Qu'est-ce qu'elle est jolie cette maison ! Toute fleurie, accueillante. Elle a un côté très... pitchounet (il faut le dire). La cuisine de Gérard Thoumoux égale et dépasse le cadre. Quelques spécialités autour du foie gras, des anguilles et des grenouilles du marais.

À voir

★ *L'église Saint-Philbert :* érigée par Philbert au VIIe siècle, l'église est le seul vestige de cette époque lointaine, même si elle fut largement modifiée au XIe siècle. Massive et austère, elle dégage une impression de puissance qui défie le temps.

★ *Le Gois :* voir le chapitre sur Noirmoutier.

➤ *DANS LES ENVIRONS DE BEAUVOIR*

★ *Le port du Bec :* à *L'Époids*, à 3,5 km de Beauvoir. En pleine région ostréicole. Ses pontons sur pilotis évoquent un peu l'Asie. On l'appelle d'ailleurs aussi « le petit port chinois ».

|●| On peut déguster des huîtres au café *Le Mord'eau* à n'importe quelle heure tous les jours.

★ *LA BARRE-DE-MONTS* (85550)

★ *Fromentine :* ce quartier de La Barre-de-Monts, resté authentique (pas de grands immeubles comme à Saint-Jean-de-Monts, forêt de pins maritimes très bien préservée) est le port d'embarquement pour l'île d'Yeu. Intense activité touristique en été bien sûr. À moins de laisser son véhicule à l'extérieur du bourg, des garages offrent de nombreuses places payantes.

★ *L'écomusée du Marais Breton, le Daviaud :* ☎ 02-51-93-84-84. Fax : 02-51-49-26-70. Fléché à partir de l'église de La Barre-de-Monts. Ouvert du 1er février à fin avril, ainsi qu'en octobre et pendant les vacances de la Toussaint et de Noël, de 14 h à 18 h, sauf le lundi ; de mai à septembre inclus, du lundi au samedi de 10 h à 19 h, et les dimanche et jours fériés de 14 h à 19 h. Entrée : 4,28 € (28 F) ; tarif réduit : 3,51 € (23 F). Réduction accordée à nos lecteurs et à leurs accompagnateurs sur présentation du *Guide du routard*. Gratuit pour les moins de 10 ans. À la limite des marais doux et salés, sur 60 ha, l'écomusée permet de découvrir les différentes facettes géographiques, écologiques et humaines du marais. Collections ethnographiques et expositions sur le milieu naturel. Animations en été. À voir absolument.

L'ÎLE DE NOIRMOUTIER

Ni embarcadère, ni bateau, ni traversée mouvementée ne sont nécessaires pour arriver à Noirmoutier. Depuis 1971, un pont de 583 m et quelques kilomètres de bitume relient la côte à Noirmoutier. Dans ces conditions, on devrait donc parler d'une presqu'île. Malgré cela, pas d'inquiétude : dès que l'on s'enfonce dans son cœur, Noirmoutier recèle des trésors de beauté et de charme au milieu des dunes, des pins, des chênes verts et des marais salants ! Normal que ses habitants soient aussi amoureux de cette langue de terre qui défie l'Océan.

Le climat doux, propice aux mimosas, aux figuiers et aux arbousiers, donne un caractère tout méditerranéen à l'île. On comprend que la bourgeoisie vendéenne ait « colonisé » ce coin de rêve au début du XXe siècle. Envahie en été, l'île n'a rien perdu de sa superbe. Reste que, pour découvrir et aimer Noirmoutier, il faudra être un lève-tôt, car c'est à l'aurore que l'île devient magique. Blanc des maisons et du sel des marais, vert des forêts, bleu du ciel et de la mer, la palette s'étend à l'infini au lever du soleil. Pas étonnant qu'Auguste Renoir ait séjourné ici à plusieurs reprises.

Il faut oublier sa voiture et partir à vélo à la découverte de cette île à fleur d'eau. Le seul moyen pour apprécier pleinement les superbes balades à travers les villages aux ruelles étroites ou sur les « charrauds » qui traversent les marais. Noirmoutier-en-l'Île, la capitale du lieu, fait penser de loin à Saint-Tropez. Ça sent le bien-être cossu et l'argent qu'on veut bien montrer. Mieux vaut donc vraiment partir dans les marais pour profiter pleinement de la magie de l'île.

UN PEU D'HISTOIRE

4 000 ans av. J.-C., Noirmoutier n'est encore qu'un cap prolongeant la rive gauche de la Loire. Ce n'est qu'au début de notre ère que l'endroit se transforme en île. L'histoire commence vraiment à partir du VIIe siècle avec l'arrivée de saint Philbert et de ses moines : ils trouvent l'endroit propice au recueillement et y fondent un monastère. À la mort du saint, l'île est entièrement défrichée et les bases de son économie sont fixées pour les quelques siècles à venir. L'agriculture, mais surtout les marais salants, procurent une notoriété et une richesse considérables à l'île d'Her (son nom à l'époque). Mais les convoitises sont nombreuses et, moins d'un siècle plus tard, les sarrasins pillent et détruisent le monastère. En 1756, les Jacobsen, venus de Hollande, posent le pied sur l'île. Cette famille va jouer un rôle primordial dans son développement en aménageant des polders, créant des zones de culture particulièrement fertiles. Le 31 décembre 1978, la digue a cédé, suite à un gros coup de mer, et plus de 500 ha de terrain furent inondés. Bonne année !

Adresses utiles

🛈 Office du tourisme (plan A2) : BP 125, 85330 Noirmoutier-en-l'Île. ☎ 02-51-39-80-71. Fax : 02-51-39-53-16. ● www.ile-noirmoutier.com. ● Le bureau principal se trouve sur la route du Pont, à Barbâtre. Ouvert du lundi au samedi de 9 h à 12 h 30 et de 14 h à 18 h ; en juillet et août, tous les jours de 9 h à 19 h. Personnel accueillant et compétent. Liste des locations sur l'île. Se procurer le topo-guide sur les balades insulaires

L'ÎLE DE NOIRMOUTIER

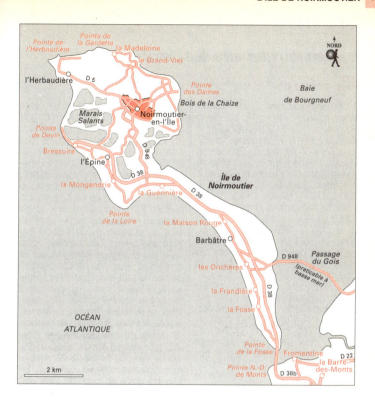

L'ÎLE DE NOIRMOUTIER

proposant six parcours balisés qui permettent de découvrir les différents aspects de l'île : moulins, marais, forêts, faune et flore.
■ *Annexe de l'office du tourisme :* rue du Général-Passaga, à Noirmoutier-en-l'Île. ☎ 02-51-39-12-42. Fax : 02-51-39-60-66. Ouvert de début février à mi-novembre. Mêmes horaires que l'office du tourisme.
✉ *Poste :* rue du Puits-Neuf à Noirmoutier-en-l'Île. ☎ 02-51-39-01-36.
■ *Location de vélos et de VTT :* Vel'hop, 55, av. Joseph-Pineau à Noirmoutier-en-l'Île. ☎ 02-51-39-01-34. *Noirmoutier Souvenirs*, place du Marché à Noirmoutier-en-l'Île.

☎ 02-51-39-28-03. Fax : 02-51-39-97-30. Ce dernier propose même une réduction de 10 % sur la location de vélos aux lecteurs du *GDR*.
■ *Location de scooters :* Vel'hop (voir ci-dessus). Environ 38,11 € (250 F) la journée. *Charier cycles*, 23, av. Joseph-Pineau à Noirmoutier-en-l'Île. ☎ et fax : 02-51-39-01-25. Ouvert toute l'année. Location de tous cycles et réparation. *Maurice Gaborit*, 2, rue de la Poste, à Barbâtre. ☎ 02-51-39-63-48. Fax : 02-51-39-39-03. Ouvert toute l'année. Vente et réparation de cycles. Location à prix intéressants hors saison.

Où dormir ?

À NOIRMOUTIER-EN-L'ÎLE (85330)

Prix moyens

▲ **Hôtel-restaurant Les Capucines** (plan B1, 11) : 38, av. de la Victoire. ☎ 02-51-39-06-82. Fax : 02-51-39-33-10. • capucineshotel@aol.com • Route du Bois de la Chaise. Fermé les mercredi et jeudi hors saison, et de début novembre à mi-février. Doubles de 38 à 76 € (250 à 499 F). Menus à 14 € (92 F), à midi en semaine, puis de 20 à 30 € (131 à 197 F). Demi-pension de 49 à 65 € (321 à 426 F), souhaitée en juillet et août et lors des grands week-ends de printemps. Dans un cadre relaxant, entre la forêt et l'océan, cette petite maison bien tenue conviendra aux amateurs de calme. Anne et Jean-Luc David ont pour mots d'ordre : qualité et modernité. On y sert une cuisine saine, et le confort des chambres justifie amplement une petite visite. Un petit déjeuner offert par chambre et par nuit à nos lecteurs sur présentation du *GDR* de l'année, hors juillet, août et longs week-ends fériés du printemps.

▲ I●I **Le Château du Pélavé** (plan B1, 12) : 9, allée de Chaillot. ☎ 02-51-39-01-94. Fax : 02-51-39-70-42. • chateau-du-pelave@wanadoo.fr • www.chateau-du-pelave.fr • pour le restaurant. Vers la plage des Dames, à l'entrée du Bois de la Chaise. Doubles de 48 à 120 € (315 à 787 F). Demi-pension de 63 à 94 € (413 à 617 €). Construite au XIXe siècle au milieu d'un beau parc arboré, cette vaste maison a été entièrement rénovée par un ex-prof de lettres, et le confort amélioré par des travaux récents. Choisissez la n° 4 ou la n° 8 pour prendre le petit déjeuner sur la terrasse. Verdure, calme et air pur assurés. Au resto, cuisine de qualité et de tradition avec les produits de la mer et du terroir, ainsi qu'une belle sélection de vins que Gérard Beaupère, le patron, va chercher lui-même chez les producteurs en hiver. Apéritif ou digestif offert à nos lecteurs porteurs de l'édition en cours au premier repas, ainsi qu'une réduction de 10 % en basse saison.

▲ **Hôtel Les Douves** (plan A2, 13) : 11A, rue des Douves. ☎ 02-51-39-02-72. Fax : 02-51-39-73-09. Fermeture hebdomadaire dimanche soir, lundi et jeudi soir. Fermé du 4 au 24 mars. Doubles de 50 à 70 € (328 à 459 F) selon la saison. Cette demeure cossue se niche juste en face du château sur la butte. L'endroit est calme, l'atmosphère familiale, les chambres sont fraîches et coquettes avec leur décor fleuri et dotées de tout le confort. Très bonne literie. Piscine pour les paresseux qui ont la flemme d'aller à la plage. Pour se restaurer, le resto *Le Manoir*, à côté, est tenu par les fils des patrons.

▲ **Hôtel du Général-d'Elbée** (plan A2, 10) : place d'Armes. ☎ 02-51-39-10-29. Fax : 02-51-39-08-23. • elbee@leshotelsparticuliers.com • En bas du château, près du petit port canal. Ouvert d'avril à septembre. Doubles de 75,46 à 190,56 € (495 à 1 250 F). Une merveille d'hôtel ! Dans une demeure historique du XVIIIe siècle, juste en face du château, cet hôtel a pour habitude d'héberger des personnalités importantes, mais comme il reste abordable, et que certains de nos lecteurs prisent ce genre de lieu raffiné et patiné... La situation des chambres très *cosy*, dans la partie XVIIIe ou sur la piscine, ainsi que la taille (chambre ou appartement !) et la saison influent sur le prix. Pub-salon, façon *british*, pour se détendre. Réduction de 25 % sur la 2e nuit sur réservation en saison.

▲ **Hôtel-restaurant Fleur de Sel** (plan B2, 14) : rue des Saulniers, BP 207. ☎ 02-51-39-09-07. Fax : 02-51-39-09-76. • www.fleurdesel.fr • contact@fleurdesel.fr • Suivre le fléchage à partir du château. Congés annuels de la Toussaint à la

NOIRMOUTIER-EN-L'ÎLE

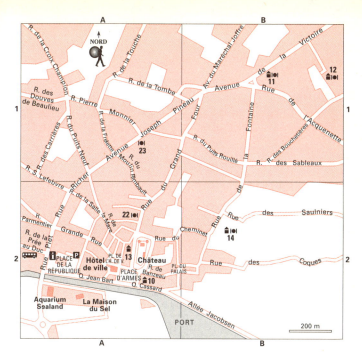

NOIRMOUTIER-EN-L'ÎLE

■ Adresses utiles
- **🛈** Office du tourisme
- 🚌 Gare routière

⌂ Où dormir ?
- 10 Hôtel du Général-d'Elbée
- 11 Hôtel-restaurant Les Capucines
- 12 Le Château du Pélavé
- 13 Hôtel Les Douves
- 14 Hôtel-restaurant Fleur de Sel

⍾ Où manger ?
- 11 Hôtel-restaurant Les Capucines
- 12 Restaurant de l'hôtel Le Château du Pélavé
- 13 Restaurant Le Manoir
- 14 Hôtel-restaurant Fleur de Sel
- 22 Restaurant Côté Jardin
- 23 Le Grand Four

mi-mars. Resto fermé les lundi midi et mardi midi sauf les week-ends fériés et vacances scolaires. Doubles de 70 à 125 € (459 à 820 F). Menus de 23 à 40 € (151 à 262 F). Demi-pension pour 2 jours minimum, par personne et par jour, de 66 à 104 € (433 à 682 F), selon la saison. En haute saison, les courts séjours ne sont acceptés que dans la mesure des places disponibles au dernier moment. Ce magnifique hôtel classé « châteaux, demeures de tradition » a été construit par les propriétaires actuels, il y a une vingtaine d'années dans le style de l'île, à l'écart du bourg donc au calme. Au cœur d'un vaste parc paysager méditerranéen, 35 chambres dotées du confort au style *cosy* avec meubles anglais en pin donnant sur la piscine, ou décor marine avec meubles style bateau en if et ouvrant sur de petites terrasses privées fleuries. Quant au resto, il est l'une des meilleures tables de l'île sinon de la Vendée. Accueil variable, dommage. Location de vélos et excursions.

À L'ÉPINE (85740)

Camping

- *Camping municipal de la Bosse :* ☎ 02-51-39-01-07. Fax : 02-51-39-33-12. Ouvert du 1er avril au 30 septembre. Forfait à 10,67 € (70 F) par emplacement pour 2 en saison. Pas étonnant que ce camping ait un tel nom, il y a des bosses partout ! On y dort cependant très bien et on apprécie le doux bruit de la mer, les pins, le sable. Juste derrière une dune s'étale langoureusement une grande plage. C'est paradisiaque.

À L'HERBAUDIÈRE (85330)

Camping

- *Camping municipal La Pointe :* ☎ 02-51-39-16-70. Ouvert d'avril à fin septembre. 220 emplacements en bordure de mer. Compter environ 11,43 € (75 F) pour 2 personnes et une tente.

Prix moyens

- *Hôtel Bord à Bord :* 6, rue de la Linière. ☎ 02-51-39-27-92. Fax : 02-51-35-74-17. Ouvert toute l'année. Doubles de 45,73 à 62,50 € (300 à 410 F) en haute saison avec douche, w.-c. et TV. Jolie bâtisse, certes de construction contemporaine, mais confortable et avec vue sur la mer. Le cadre est gai avec ses couleurs fraîches et marines. De grands miroirs ornent les murs des chambres qui prennent tout de suite une dimension plus spacieuse. Piscine. Pas de restaurant, mais, pour ceux qui aiment faire du cocooning en vacances, les chambres sont équipées d'une kitchenette. Accueil chaleureux de la propriétaire.

À LA GUÉRINIÈRE (85680)

Prix moyens

- *Hôtel-restaurant La Volière :* Les Dunes-de-la-Tresson. ☎ 02-51-39-82-77. Fax : 02-51-39-08-50. • hotlavoliere.free.fr • En venant du continent, à 50 m sur la gauche avant le bourg. Fermé de début novembre à Pâques. Chambres doubles à 47,26 € (310 F) pour 2 avec bains. Demi-pension obligatoire en juillet-août, à 45 € (295 F) par personne. Menus à 14,48 et 22,11 € (95 et 145 F). Cet immeuble moderne sans caractère ne susciterait guère l'enthousiasme si l'accueil n'était pas aussi sympa et le prix des chambres plutôt raisonnable. Chacune dispose d'une terrasse privative ou d'un balcon avec vue sur l'océan et la baie de Bourgneuf. Cuisine classique convenable. Piscine. Café offert à nos lecteurs sur présentation du *Guide du routard*.

À BARBÂTRE (85630)

Camping

⚐ **Camping Les Onchères :** ☎ 02-51-39-81-31. Fax : 02-51-39-73-65. Ouvert de début avril à fin septembre. Compter 17,38 € (114 F) en haute saison pour 2 avec une tente. 10 ha ombragés par les pins au bord de la mer.

Où manger ?

À NOIRMOUTIER-EN-L'ÎLE (85330)

📖 Se reporter également à la rubrique « Où dormir ? » pour le **restaurant de l'hôtel Le Château du Pélavé** (plan B1, **12**), ainsi que ceux des **hôtels-restaurants Les Capucines** (plan B1, **11**) et **Fleur de Sel** (plan B2, **14**).

|●| **Le Manoir** (plan A2, **13**) : 11 A, rue des Douves. ☎ 02-51-35-77-73. Fermé les dimanche soir, lundi et jeudi soir. Congés : du 4 au 24 mars. Menus de 15,24 à 32 € (100 à 210 F). C'est le restaurant repris par le fils, cuisinier de formation, des propriétaires de l'hôtel *Les Douves*. Bonne cuisine à base de produits régionaux et d'épices fines. Ici on célèbre les saveurs marines : au choix, huîtres gratinées ou encore poêlée de queue de langoustines à la vanille avec un magret de canard fumé aux framboises. On en salive encore. Cocktail maison offert à nos lecteurs sur présentation du guide de l'année.

|●| **Restaurant Côté Jardin** (plan A2, **22**) : 1 *bis*, rue du Grand-Four. ☎ 02-51-39-03-02. Fax : 02-51-39-24-46. Fermé les dimanche soir, lundi et jeudi soir en basse saison. Congés en janvier et 1 semaine en novembre. Menus de 11,89 à 33,54 € (78 à 220 F). Il ne faut pas hésiter à pousser la porte de cette belle adresse enfouie sous la vigne vierge. La cuisine, entièrement dévouée à la mer, ravira les routards gourmets. L'accueil cordial et le cadre élégant, avec des murs de pierre et des poutres au plafond, ajouteront encore au plaisir que l'on prend à être ici.

|●| **Le Grand Four** (plan A1, **23**) : 1, rue de la Cure. ☎ et fax : 02-51-39-61-97. Fermé de décembre à février. Menus de 16,01 à 44,97 € (105 à 295 F). Et le menu « Homard » à 64,03 € (420 F). Comme l'adresse précédente, une maison couverte de vigne vierge. À l'intérieur, cossu et un peu chargé, Patrice Vételé propose une cuisine élaborée et raffinée avec uniquement les produits du cru, tandis que sa femme prend soin des clients. On a bien aimé le menu « cuisine des saveurs de l'île » à 27,14 € (178 F).

À L'HERBAUDIÈRE (85330)

|●| **Au Vieux Loup de Mer :** 97, av. Mourain. ☎ 02-51-39-08-68. ⚐ Juste à côté de l'église. Fermé hors saison les vendredi soir et samedi, sauf pendant les vacances scolaires, et pour les fêtes de fin d'année. 1er menu à 11,20 € (73 F), autres menus entre 12 et 14,11 € (79 et 93 F). Ce petit resto avec salle blanchie à la chaux propose de bons poissons provenant directement de la criée. Jardin derrière. Café offert à nos lecteurs sur présentation du *Guide du routard*.

|●| **La Bisquine :** 30 A, rue du Port. ☎ 02-51-35-78-72. En face du tabac, dans cette rue perpendiculaire au port. Fermé le lundi (sauf va-

cances scolaires). Menus de 12,50 à 41,16 € (82 à 270 F). Dans un cadre chaleureux avec cheminée en hiver, une petite terrasse en été, on vient ici goûter à des spécialités de la mer bien préparées, comme le homard que l'on aperçoit dans le vivier. Apéritif offert à nos lecteurs sur présentation du *Guide du routard*.

À LA GUÉRINIÈRE (85680)

Prix moyens

IOI *Hôtel-restaurant La Volière :* voir la rubrique plus haut « Où dormir ? »

À BARBÂTRE (85630)

Prix moyens

IOI *Le Bistrot des îles :* à la Pointe de la Fosse, au pied du pont, face à la mer. ☎ 02-51-39-68-95. Fermé les lundi soir et mardi en basse saison et d'octobre à mars. Menus de 17,53 à 38,11 € (115 à 250 F). Dans une maison au style néo-colonial (on se croirait plutôt aux Antilles), Laurent Gouret, le chef, propose une excellente cuisine toute de fraîcheur et de finesse qui joue sur des mariages de saveurs originaux. La carte change souvent. Café offert à nos lecteurs sur présentation du guide.

À voir. À faire

★ LE GOIS DE NOIRMOUTIER

Jusqu'à la construction du pont, cette route de 4,2 km à travers la mer était le seul moyen d'accès sur l'île. On ne peut franchir le Gois qu'à marée basse : il ne se découvre que 2 fois par jour pendant environ 4 h. Attention, la mer peut réserver de mauvaises surprises à ceux qui la défient. Il ne faut pas s'aventurer dans le Gois alors que l'eau commence à monter. Nombreux sont ceux qui sont restés coincés en haut d'une des balises aménagées en refuge. De même, on ne compte plus les voitures abandonnées par des conducteurs optimistes quant aux propriétés amphibies de leur véhicule. À partir du IXe siècle, on passait ici à gué, donc en se mouillant les pieds. Utilisé seulement par les riverains, le passage du Gois ne pouvait être franchi qu'avec un guide en connaissant tous les pièges. Un vrai jeu de piste ! Pendant les guerres de Vendée, l'île ayant changé quatre fois de mains, Blancs et Bleus transformèrent le Gois en véritable autoroute militaire. Au XIXe siècle, on décida d'empierrer la chaussée, amélioration notable permettant l'accès facile de Noirmoutier.

Depuis l'ouverture du pont, le Gois n'est plus le passage principal, mais il reste la curiosité majeure de l'île. Sa disparition biquotidienne, lorsque les deux vagues se rejoignent en quelques minutes, n'en finit pas d'étonner... y compris les Noirmoutrins, qui y sont très attachés.

★ NOIRMOUTIER-EN-L'ÎLE (85330)

★ *Le château* (plan A2) : place d'Armes. ☎ 02-51-39-10-42. Fax : 02-51-39-24-55. • cecilia.gautreau@ville-noirmoutier.fr • Des vacances scolaires de février à la mi-juin et du 15 septembre à la fin des vacances de la Toussaint, ouvert de 10 h à 12 h 30 et de 14 h 30 à 18 h, sauf le mardi (ouvert tous les jours pendant les vacances de printemps) ; de mi-juin au 14 septembre, tous les jours de 10 h à 19 h. Entrée : 3,65 € (24 F), 2 € (13 F) pour les enfants. Billet combiné avec le musée de la Construction navale (voir ci-dessous) : 5,35 € (35 F) pour les adultes et 3,05 € (20 F) pour les enfants. Construit au XIIe siècle, de dimensions assez modestes, il n'en est pas moins l'un des plus vieux châteaux féodaux de France en aussi bon état. De tout temps, il fut le symbole de l'autorité sur l'île. Au fil des guerres, il passa entre des mains anglaises, espagnoles, hollandaises, allemandes. Une situation assez fluctuante. Mais il servit presque à chaque fois de geôle pour les ennemis ! L'enceinte du château, refaite au XIXe siècle, protège un donjon cantonné de quatre tourelles cylindriques servant de chambres de tir. Le château devient résidentiel à partir du XIVe siècle. Au XVIIe siècle, il ne sert plus que de cave et de grenier pour le fermier de la seigneurie.

– Le donjon abrite le *musée du Château*. On y trouve une riche collection de faïences anglaises de Jersey. La plupart furent rapportées par les marins et offertes à leurs familles. Effet garanti sur un petit napperon au-dessus de la cheminée ! Au 1er étage, la marine ancienne : des cartes, des maquettes, des sextants, etc. Également, une collection de malles de Rouen, très à la mode au XVIIIe siècle. Au rez-de-chaussée, tableau représentant la mort du général d'Elbée, exécuté par les républicains sur la place d'Armes devant le château. Et juste à côté, le fauteuil sur lequel il aurait été fusillé. Rien à voir avec celui du tableau. L'important, c'est d'y croire !

★ *L'église Saint-Philbert* (plan A2, près du château) : dédiée au saint local, elle s'élève à l'emplacement de l'église Notre-Dame du monastère bénédictin fondé par Philbert. À l'intérieur, abside du XIIe siècle et deux très beaux retables du XVIIe siècle. Dans la nef, maquette de la frégate du lieutenant Jacobsen réalisée par un horloger de la ville, en 1802. Sous le chœur, la crypte du XIe siècle séduit par son atmosphère intime. Le cénotaphe recouvre l'endroit où fut déposé le corps du saint pendant quelques années avant d'être déménagé vers Tournus pour cause d'incursions normandes répétées, peu propices au repos éternel.

★ *Le musée de la Construction navale* (hors plan par A2) : rue de l'Écluse. ☎ 02-51-39-24-00. De début avril à la mi-juin et en septembre et aux vacances de la Toussaint, ouvert de 10 h à 12 h 30 et de 14 h 30 à 18 h, sauf le lundi ; de la mi-juin au 31 août, tous les jours de 10 h à 19 h. Entrée : 3,05 € (20 F), 1,52 € (10 F) pour les enfants. Installé dans une ancienne salorge (magasin à sel) en bois du début du XXe siècle, transformée en chantier naval dans les années 1930. Outillage de charpentier, explications des différentes étapes nécessaires à la construction d'un bateau, maquettes, etc. Témoignages d'une activité importante du passé noirmoutrin.

★ *La maison du Sel* (plan A2) : sur le port de Noirmoutier-en-l'Île. ☎ 02-51-39-08-30. Ouvert en juillet et août de 10 h à 12 h 30 et de 15 h 30 à 19 h, et d'avril à juin sur réservation. Une exposition et un film retracent l'histoire et le travail des sauniers sur l'île. Il est également possible de visiter l'atelier de transformation du sel brut.

★ *L'Océanile* : sur la gauche de la route principale en venant du pont, avant d'entrer dans Noirmoutier-en-l'Île. ☎ 02-51-35-91-35. Fax : 02-51-39-88-12. Ouvert de mi-juin à mi-septembre de 10 h à 19 h tous les jours. Forfait journalier : 14,64 € (96 F), demi-journée à 11 € (72 F). Réductions. Parc aquatique à thèmes pour petits et grands. Mais était-ce bien nécessaire dans cet endroit ?

★ *Le musée des Traditions de l'Île* : place de l'Église, à La Guérinière. ☎ 02-51-39-41-39. Ouvert en juillet et août tous les jours de 10 h à 19 h ; en mai, juin, septembre et pendant les vacances de Pâques, tous les jours de 14 h 30 à 17 h 30. Entrée : 3,05 € (20 F) ; réductions. Intéressants rappels des activités, des traditions et des modes de vie du passé à Noirmoutier en 8 salles.

★ LA JETÉE JACOBSEN

Construite en 1812 par ce Hollandais installé à Noirmoutier, elle a trois raisons d'être : l'aménagement de marais salants par l'assèchement d'une zone marécageuse, la canalisation du port et la création d'un chemin de halage. On passe en bordure du vieux quartier du Banzeau, bâti sur l'ancien territoire de l'abbaye et sur les terres conquises sur la mer dès le XVe siècle. La balade, menant jusqu'au fort Larron, offre un panorama superbe. On traverse les marais salants et le cimetière de bateaux pour arriver sur la baie de Bourgneuf. La convention passée avec Jacobsen prévoyait que la chaussée ne pourrait être ouverte à la circulation que si elle faisait une largeur de 7 m. Il faut croire que les mètres, ici, ne sont pas les mêmes qu'ailleurs !

★ LE BOIS DE LA CHAISE

Un coin de Côte d'Azur de 110 ha plantés de pins maritimes, de chênes verts et de mimosas, plein d'un charme désuet. Il faut absolument découvrir cet endroit au mois de février lors de la floraison des mimosas. Si les chênes furent plantés par les Phéniciens, on doit l'introduction des mimosas et des pins à la famille Jacobsen. Encore eux ! On arrive, à travers les chemins privés (cachant quelques belles maisons du début du XXe siècle), sur la plage des Dames avec ses cabines de bain et sa superbe jetée en bois. On se retrouve propulsé dans les années 1930. Au niveau de l'estacade, départ d'une superbe promenade le long des criques. Elle permet d'aboutir à la plage des Souzeaux. Un véritable décor de cinéma ! Et pourtant, le bois a failli disparaître un jour de février 1972, lorsqu'un ouragan d'une violence extrême détruisit plus de 4 000 arbres en 30 mn. Heureusement, les esprits des druidesses qui hantent les lieux ont réussi à le préserver.

★ LE VIEIL

Petit village de pêcheurs typique, aux maisons basses et blanches. C'est ici que fut tournée une partie de *César et Rosalie*, avec Romy Schneider et Yves Montand.

★ L'HERBAUDIÈRE (85330)

C'est le véritable port de pêche de l'île, tout droit sorti de la palette d'un peintre obsédé par les couleurs. Il y en a partout, sur les coques des bateaux et sur les fanions qui servent à repérer les casiers à crustacés. Cela lui donne un air de fête permanent. Il y a un demi-siècle, la pêche à la sardine dominait l'économie locale et le port comptait cinq conserveries. La dernière ferma ses portes en 1965. Aujourd'hui, on pêche surtout des crustacés mais aussi beaucoup de soles et de turbots.

★ LES PLAGES DE LA FAÇADE ATLANTIQUE

Avec ses 40 km de plage, Noirmoutier offre aux accros des UV un choix superbe de sites. Plages de Luzéronde, de Morin, de l'Épine, des Sables-d'Or à La Guérinière et du Midi à Barbâtre. Le sable ne manque pas pour pratiquer le farniente ou pour se promener.

★ LES MARAIS SALANTS

Le sel fut pendant longtemps la principale richesse de l'île. Unique moyen de conservation pendant des siècles, le sel a eu longtemps une importance considérable dans la société. La période faste pour le commerce du sel s'étendit du XIIIe au XIXe siècle. Flamands, Anglais et Hollandais venaient faire le plein ici. Le déclin commença à la fin du XIXe siècle, à cause de la concurrence des sels du Midi et d'Italie. Et, plus tard, de l'apparition du frigidaire !

Le sel marin s'obtient tout simplement par l'évaporation de l'eau de mer. Mais le travail d'un saunier demande néanmoins de la minutie et du savoir-faire. En hiver, le marais est recouvert par les eaux. Dès le printemps, il faut donc le vider et le nettoyer avant le début de la saison d'été. Aux marées de lune, la mer arrive par les étiers jusqu'aux loires (réserves d'eau). L'eau circule dans les bassins d'argile du marais et s'évapore grâce au soleil et au vent. Donc, elle se charge en sel. Après ce parcours, l'eau de mer est devenue une saumure concentrée. Le sel se cristallise dans les derniers bassins, les « œillets », qui produisent chacun environ une tonne de sel par été.

La fleur de sel est une fine pellicule formée à la surface de l'eau par l'action du vent. Rare et délicat, ce sel a un parfum de violette au moment de la récolte. Quant au gros sel, il se cristallise sur le fond de l'œillet. Le saunier le ramène sur la table avant de le brouetter jusqu'au tesselier (gros tas de sel en bordure du marais). Il est ensuite stocké dans les salorges.

➤ Pour **découvrir un marais** dans le détail, certains paludiers organisent des visites pendant la période de récolte :

– **Michel Gallois :** sur la route de L'Épine, à côté du supermarché Super U. ☎ 02-51-39-52-72. Fax : 02-51-39-99-14. ● gallois-sel@wanadoo.fr ● Visite à 18 h, tous les jours sauf le dimanche en juillet et août, ou sur réservation le reste de l'année pour les groupes.

– **Véronique Gendron :** sur la route de Champierreux (entre Noirmoutier et La Bosse). ☎ 02-51-39-58-67. Visite tous les jours en saison à 17 h.

– **Philippe Martineau :** rue des Marouettes, en face de la coopérative de sel, à Noirmoutier-en-l'Île. ☎ 02-51-35-93-93 ou 06-03-56-83-27. Visite tous les jours en saison à 17 h 30. Le reste de l'année sur rendez-vous pour les groupes.

– **Denis Veille :** à 300 m du rond-point sur la route de Champierreux, à l'Épine. ☎ 02-51-39-68-23 ou 06-11-29-37-77. Tous les jours à 19 h en juillet et août. Le reste de l'année sur rendez-vous.

L'ÎLE D'YEU (85350) 5 000 hab.

La tête dans le Péloponnèse et le cœur dans le Connemara, baignée par une lumière mielleuse sans égale dans l'Atlantique, voici l'île d'Yeu qui s'offre à vous. Une île, une vraie, un bout du monde qui n'a pas abdiqué pour les sirènes d'un pont, allongeant le plus possible les 14 petits kilomètres qui la séparent du continent. En cela, elle reste la plus lointaine des îles atlantiques, un refuge, presque un exil.

Yeu ne mesure que 10 km de long sur 4 km de large. Son climat est doux en hiver, tiède en été, propice au développement d'une nature riche et préservée, où les cyprès, les ormes, les peupliers, les chênes verts disputent la vedette à une lande maigre broutée par quelques rares ovins, aux falaises sauvages et déchirées gardées par des escouades d'oiseaux, aux plages de sable doré se découvrant suivant le bon vouloir des marées. Une atmosphère romantique et nonchalante baigne ce gros rocher préservé des investisseurs immobiliers, *persona non grata* (et c'est tant mieux !). Malgré cela, l'île se construit rapidement. Les petits villages, naguère préservés dans leur écrin de verdure, forment à présent une agglomération de plus en plus dense. Seule consolation : si les deux tiers des maisons sont des résidences secondaires, la maison de pêcheur toute blanche avec un toit de tuiles n'a pas été remplacée par quelque marina hideuse.

À Yeu, même si le tourisme est devenu la première ressource de l'île, ils sont nombreux, parmi les 5 000 habitants, ceux qui continuent à vivre de la pêche. Port-Joinville est le seul port de Vendée avec un chiffre d'affaires en hausse. La sardine a disparu, mais le thon continue à faire les beaux jours des pêcheurs.

CHOISIR SA SAISON

Jusqu'ici, même au plus fort de la saison, l'île restait tranquille et vivable. Depuis quelques années, elle devient aux yeux des Islais eux-mêmes le Saint-Tropez vendéen. Impossible de cacher que les 200 000 touristes qui affluent ici durant les deux mois d'été rendent la vie un peu pesante. Yeu est victime de la mode qui ne jure que par les coins déserts et sauvages qui, à force, ressemblent aux périphériques en fin de journée. Qu'importe, il suffit d'y aller en dehors de ces périodes d'invasion pour se retrouver seul, ou presque, face à la beauté de l'endroit. Autre solution, faire comme les Islais et vivre à contre-courant, tôt le matin pour les bains de mer et la plage, l'après-midi pour les courses et le soir, au coucher du soleil, pour les balades. L'île n'est pas conformiste, il faut l'être encore moins qu'elle pour la vivre et l'aimer. Un conseil, un petit séjour en hiver vous laissera des souvenirs impérissables.

LE VÉLO : PLUS ÉCOLO

Pression touristique, invasion automobile (plus de 7 000 véhicules en été !), manque de mesures conservatoires : l'écosystème de l'île se dégrade rapidement. En routard avisé, on vous encourage à respecter quelques principes élémentaires.

– **N'apportez pas votre voiture sur l'île :** les distances sont courtes, les journées ensoleillées, les chemins étroits. Bref, c'est un endroit idéal pour le vélo. D'ailleurs, les loueurs sont nombreux. Ils pratiquent des tarifs raisonnables. En cas de crevaison, le dépannage est souvent rapide et gratuit où que vous soyez sur l'île. Laissez donc votre voiture dans l'un des garages ou parkings gratuits sur le continent.

– Lors de vos promenades sur l'île, ne vous écartez pas des pistes, respectez la végétation. C'est tout bête, mais au rythme où vont les choses, la côte sauvage ressemblera bientôt à un vaste terrain de motocross ! Voilà, c'est dit.

– Dernier conseil : sur l'île d'Yeu, on est en haute mer... Le vent souffle souvent et le soleil est particulièrement coriace. Coupe-vent et crème solaire ne sont pas superflus.

UN PEU D'HISTOIRE

Yeu n'échappa pas à la sagacité des marins de l'Antiquité. Grecs, Phéniciens et même Carthaginois trouvèrent ici une étape idéale sur la route qui les menait en Irlande et en Écosse pour y chercher de l'étain, essentiel pour fabriquer des armes. Les Romains, qui ne laissèrent pas un seul centimètre carré inexploré en Occident, y installèrent une garnison, poste avancé nécessaire à la conquête de la Bretagne. Ils ont donné son nom à l'île, *insula Oya*.

Les soldats de Dieu s'installèrent après les soldats des hommes. Toute une ribambelle de saints colonisa l'endroit, christianisation oblige. Hilaire, Martin, Florent, Colomban, Amand, Sauveur se succédèrent sur cette terre tranquille. Le rattachement de l'île au domaine royal ne date que de 1785, lorsque Louis XVI l'acheta à Victurnien Jean Baptiste de Rochechouart. Révolution et guerres de Vendée n'eurent que peu d'impact sur la vie des Islais.

Le sauvetage de l'*Ymer*

Un jour de janvier 1917, on signale, en fin de matinée, une embarcation à la dérive au large de l'île. Le canot de sauvetage est mis à l'eau avec douze hommes à bord. 2 heures après, le canot aborde une baleinière. À son bord, sept naufragés d'un cargo norvégien, l'*Ymer*, torpillé trois jours plus tôt par les Allemands en Espagne. Pris par la marée, le canot ne peut regagner l'île. Il faut attendre la nuit pour entrer. Mais le temps grossit et le canot part à la dérive. Le temps s'aggrave encore, le froid est polaire. Le bateau s'éloigne de plus en plus, emporté par les vagues et les courants. Durant trois jours, il est ballotté par les flots. Il passe Belle-Île, Groix, les îles de Glénan pour aborder l'îlot de Raguenes. À bord, le constat est terrifiant : cinq Norvégiens sur sept et six sauveteurs sur douze ont perdu la vie dans cette entreprise. La Norvège reconnaissante a fait édifier un monument commémoratif à Port-Joinville et versé des rentes généreuses aux familles des victimes islaises. Ce drame permet de rendre hommage aux sauveteurs en mer qui, depuis des générations, risquent presque quotidiennement leur vie pour en arracher d'autres à la mer dévorante.

L'île d'Yeu et le maréchal Pétain

En 1945, Philippe Pétain, chef du gouvernement de Vichy, fut condamné à mort pour haute trahison. Vu son grand âge – il avait quatre-vingt-neuf ans –, sa peine fut commuée en réclusion criminelle à perpétuité. On décida de l'emprisonner à la citadelle de l'île d'Yeu. Arrivé à Port-Joinville le 16 novembre 1945, il fut enfermé dans une casemate du fort. Durant six ans, il vécut à l'écart du monde, recevant uniquement la visite de ses avocats, du médecin et de son épouse. Et depuis, dans les bars islais, on ne commande plus un vichy-menthe, mais un pétain.
Au printemps 1951, le maréchal fut frappé par une grave congestion pulmonaire. Le gouvernement lui accorda une grâce médicale. Il fut transporté dans la maison Luco, sur le port, pour y mourir le 23 juillet. Le maréchal fut enterré au cimetière de Port-Joinville malgré le souhait, maintes fois exprimé par lui, d'être enseveli au milieu de ses hommes à Verdun.
Mais l'image glorieuse du vainqueur de la bataille de Verdun a largement été entachée par celle, plus pitoyable, de chef octogénaire d'un gouvernement ayant collaboré avec les forces d'occupation allemandes pendant la Seconde Guerre mondiale. Pourtant, une nuit de février 1972, la tombe fut ouverte et le cercueil emporté vers le continent. Les auteurs de l'exhumation voulaient accomplir le dernier vœu du maréchal en l'emmenant à Douaumont. Le gardien s'aperçut très vite de l'affaire et le cercueil fut rapporté à son point de départ. Toujours bien entretenue, cette tombe blanche est la seule du cimetière à être tournée vers le continent, les autres étant dirigées vers l'océan.

Comment y aller ?

Pas de pont. Par contre, la desserte maritime de l'île est assurée régulièrement toute l'année. Nombreux départs en saison, mais réservation impérative au minimum la veille.

En bateau

Deux solutions pour rejoindre les embarcadères du continent : la voiture (parkings gratuits ou gardés) et le bus (navette gare de Nantes-Fromentine) avec correspondance TGV.

Au départ de Fromentine

■ *Compagnie Yeu Continent :* 3, av. de l'Estacade, 85550 La Barre-de-Monts. ☎ 02-51-49-59-69. Fax : 02-51-49-59-70. Gare maritime de l'île d'Yeu, Port-Joinville. ☎ 02-51-58-36-66. Fax : 02-51-58-79-29. • www.compagnie-yeu-continent.fr • De 2 à 3 aller-retour dans chaque sens par jour, qui varient en fonction des marées. 24,85 € (163 F) l'aller-retour, taxe d'environnement incluse. Réductions. La traversée s'effectue soit en vedette rapide (en 40 mn avec un seul bagage à main par personne), soit en paquebot côtier (1 h 10 de traversée). Réservation indispensable, longtemps à l'avance pour les périodes de vacances.
■ *Vedettes Inter Îles Vendéennes :* réservation au central de Noirmoutier : ☎ 02-51-39-00-00. D'avril à septembre. 26,68 € (175 F) par personne l'aller-retour fait dans la journée, taxe d'environnement comprise. Durée : 45 mn.
■ *Compagnie Vendéenne :* bureau 19, av. de l'Estacade. ☎ 02-51-68-52-41. D'avril à septembre. 25,15 € (165 F) l'aller-retour. Durée : 45 mn en vedette rapide.

Au départ de Noirmoutier

■ *Vedettes Inter Îles Vendéennes :* estacade de La Fosse, 85630 Barbâtre. ☎ 02-51-39-00-00. D'avril à septembre. Départ de La Fosse. Parking gratuit ou privé. 26,68 € (175 F) par personne l'aller-retour fait dans la journée, taxe d'environnement incluse. Réductions. Durée : 45 mn.

Au départ de Saint-Gilles-Croix-de-Vie

■ *Compagnie Vendéenne :* place de la Douane, 85800 Saint-Gilles-Croix-de-Vie. ☎ 02-51-26-82-22. Fax : 02-51-55-08-91. D'avril à juin, 1 aller-retour par jour ; 2 rotations en juillet-août. Compter 25,15 € (165 F) par adulte pour un aller-retour.
■ *Vedettes Inter Îles Vendéennes :* 35, bd de l'Égalité, 85800 Saint-Gilles-Croix-de-Vie. ☎ 02-51-54-15-15. Uniquement de mi-juin à mi-septembre, tous les jours. 26,68 € (175 F) par personne l'aller-retour fait dans la journée, taxe d'environnement comprise.
■ *Vedette-taxi Amarylis :* agence Parenthèse, bd de l'Égalité. ☎ 02-51-54-09-88 ou 06-70-95-18-65. Fax : 02-51-55-92-67. • agenceparenthese@wanadoo.fr • Toute l'année, départ du port de plaisance, ponton n° 0 (selon les conditions météorologiques). Sur réservation uniquement. 6 personnes maximum. 55 mn de traversée. Compter à partir de 33,53 € (220 F) + taxe d'environnement en saison, pour 2 personnes l'aller-retour dans la journée.

Au départ des Sables-d'Olonne

■ *Société NGV :* 95 *bis*, rue de la Croix-Blanche, 85180 Le Château-d'Olonne. ☎ 02-51-23-54-88 ou 06-68-40-33-39. Fax : 02-51-21-33-85. D'avril à septembre. À partir de 32,78 € (215 F) l'aller-retour fait dans la même journée. 1 h de trajet sur le *Sabia*. Billetterie : quai Guiné, aux Sables-d'Olonne. Embarcadère à La Chaume. Parking gratuit à côté.

En hélicoptère

■ *Oya Hélicoptère :* rue Gabriel-Guist'hau, BP 307, 85350 Île d'Yeu. ☎ 02-51-59-22-22 ou 02-51-49-01-01 (à La Barre-de-Monts). Pas pour les fauchés : 61 € (400 F) par personne l'aller.

Adresses utiles

🛈 *Office du tourisme :* rue du Marché, BP 701, Port-Joinville. ☎ 02-51-58-32-58. Fax : 02-51-58-40-48. Ouvert de 9 h à 12 h 30 et de 14 h à 17 h 30 du lundi au samedi d'octobre à mars ; en avril, juin et septembre, du lundi au samedi de 9 h à 12 h 30 et de 14 h à 18 h et le dimanche matin ; en juillet-août, de 9 h à 19 h 30 du lundi au samedi et jusqu'à 12 h 30 les dimanche et jours fériés.

■ *Location de vélos :* nombreux loueurs le long du quai à Port-Joinville. Ils pratiquent, à peu de chose près, les mêmes tarifs pour une qualité similaire.

■ *Distributeurs de billets :* au Crédit agricole, au Crédit mutuel et aux supermarchés Casino et Super U.

Où dormir ?

Camping

⚑ *Camping municipal :* à la pointe Gilberge. ☎ 02-51-58-34-20. À 2 km de l'embarcadère. Ouvert toute l'année. En été, sur réservation. Forfait à 11,28 € (74 F) pour 2 personnes et une tente. Bien situé dans les pins à l'extrémité de la plage de Ker Chalon. De toute façon, il n'y a pas le choix, c'est le seul camping de l'île.

Prix moyens à plus chic

🛏 *Villa Crapouillot :* 93, rue Pierre-Henry. ☎ 02-51-59-25-08. • vcrap@club-internet.fr • Sur le front de mer, à 500 m du port en direction de Saint-Sauveur. Ouvert toute l'année. Comptez 26 € (171 F) pour 2 personnes, 29 € (190 F) avec vue sur la mer, 35,10 € (230 F) pour 4, 38,10 € (250 F) pour 4 avec vue sur la mer. Enfin, 1 studio, 1 maison et 1 appartement de 2 à 6 personnes avec kitchenette de 244 à 460 € (1 600 à 3 017 F) la semaine, selon la saison. Petit déjeuner à 4 € (26 F). Bourlingueur affable et chaleureux, Didier (le proprio) a monté une petite structure d'accueil simple, bien tenue, et très conviviale. Petit déjeuner copieux. Pas de draps (sauf hors saison), mais vous pouvez en louer si vous n'avez pas de sac de couchage : 5 € (33 F) la paire pour la durée du séjour. Dans le petit jardin : barbecue, table et frigo. La plage est à deux pas... Petit-fils de « crapouillot », Didier connaît bien son île. Quand souffle la bise sous le soleil d'été, il propose volontiers à ses hôtes une virée sur son catamaran. Réserver longtemps à l'avance. N'accepte pas les cartes de paiement.

🛏 *Chambres et table d'hôte :* chez Mme Cadou, 10, rue Ker-Guérin, à Saint-Sauveur. ☎ 02-51-58-55-13. Fermé de mi-octobre à mi-novembre. Comptez 48,78 € (320 F) pour 2, 68,60 € (450 F) pour 3 et 82,32 € (540 F) pour 4, petit déjeuner compris. Le hameau se trouve au centre de l'île, et cette maison blanche typique au centre du hameau, pas loin de l'église. Chambres propres, bien arrangées, avec sanitaires privés et mezzanine. Calme et tranquillité assurés. Mme Cadou s'occupe avec gentillesse de ses hôtes. Elle vient même chercher nos lecteurs à la descente de bateau, ce qui fait une économie de taxi! Ne pas oublier de le lui demander.

- ▲ |●| *Chambres et table d'hôte :* chez Mme Hobma, 7, chemin des Tabernaudes, Les Broches. ☎ et fax : 02-51-58-42-43. Au nord-ouest de l'île. Ouvert toute l'année. Chambres de 61 à 76,22 € (400 à 500 F), petit déjeuner compris. Menu gastronomique à 36,60 € (240 F). Un vrai petit coin de paradis perdu entre landes et océan, où Chantal Hobma tient ses 4 chambres à disposition de qui veut bien venir se perdre ici. Accueil cordial et prévenant. Chambres propres avec salle de bains. Réservation impérative.

- ▲ *Hôtel l'Escale :* rue de la Croix-du-Port, Port-Joinville. ☎ 02-51-58-50-28. Fax : 02-51-59-33-55. • yeu.escale@voila.fr • À 5 mn à pied du débarcadère. Fermé de mi-novembre à mi-décembre. Doubles de 28,97 € (190 F), pour petits budgets, à 53,36 € (350 F). Notre plus jolie adresse en matière d'hôtel sur l'île! Malgré sa petite trentaine de chambres, l'atmosphère est proche de celle des chambres d'hôte. Décorations extérieure (murs blancs et volets jaunes) et intérieure (fraîcheur marine) accueillantes. Les chambres sont climatisées et bien équipées, donnant sur le jardin, soit de plain-pied (celles qu'on préfère), soit à l'étage. Petit déjeuner-buffet (5,79 €, soit 38 F), convivial, présenté autour du vieux puits que l'on a conservé au milieu de la lumineuse salle de séjour ouverte sur le jardin par une baie vitrée. La propriétaire est de bon conseil pour vos balades et infos pratiques.

- ▲ |●| *Flux Hôtel-restaurant La Marée :* 27, rue Pierre-Henry, Port-Joinville. ☎ 02-51-58-36-25. Fax : 02-51-59-44-57. ♿ Fermé le dimanche soir et de mi-novembre à mi-janvier. Doubles de 38,87 à 54,12 € (255 à 355 F) pour 2. Demi-pension de 44,98 à 53,36 € (295 à 350 F). Le calme du parc en bord de mer, à l'écart de l'animation de Port-Joinville, fait qu'on aime bien cet hôtel. La n° 16 donne sur la mer. La n° 15 plaira aux familles : spacieuse, indépendante de l'hôtel, avec mobilier rustique, cheminée, on a l'impression d'être chez grand-mère. Au restaurant *La Marée*, vaste salle avec une cheminée pour les soirées d'hiver et une belle terrasse pour les déjeuners d'été à l'ombre des arbres du parc. Menus de 13,72 à 30,18 € (90 à 198 F). Cuisine traditionnelle à base de poisson. Service souriant et amical. Réduction de 10 % sur le prix de la chambre offerte à nos lecteurs, sauf lors des divers longs week-ends et ponts du printemps et en juillet et août sur présentation du *Guide du routard*.

- ▲ *Atlantic Hôtel :* 3, quai Carnot. ☎ 02-51-58-38-80. Fax : 02-51-58-35-92. Fermé 3 semaines en janvier. Chambres de 38,11 à 61 € (250 à 400 F) selon la saison et la vue (sur le port ou à l'arrière). Petit déjeuner à 6,10 € (40 F). En surplomb du port, ce petit hôtel, situé au 1er étage, permet de profiter de l'animation islaise. Ses chambres, bien qu'assez impersonnelles, sont équipées de tout le confort et l'accueil est cordial. Les plus chères ont vue sur le port; les autres, à l'arrière, donnent sur le village et sont un peu plus calmes. Réduction de 10 % offerte à nos lecteurs sur présentation du *GDR* de l'année, hors juillet et août et lors des longs week-ends ou ponts du printemps.

Où manger?

Prix moyens

- |●| *La Crêperie Bleue :* quai Carnot, Port-Joinville. ☎ 02-51-58-71-95. Sur le port, un peu à gauche en sortant du débarcadère. Fermé le lundi et mardi midi, 3 semaines en janvier et 15 jours en octobre. Comptez entre 9,15 et 10,67 € (60 et 70 F) pour un repas de crêpes, 13,73 et 15,24 € (90 et 100 F) pour le restaurant. Tables en bois ciré, bar de marine, tableaux de bateaux et, pour l'été, une petite terrasse sous une tonnelle bien agréable. De la cuisine à la salle, les femmes tiennent la maison. Accueil agréable et amical. Quantité de crêpes garnies de bonnes choses parfois surprenantes et toujours copieuses. On se croirait au fin fond de la Bretagne.

I●I *La Marée :* voir plus haut, « Où dormir ? »

I●I *Les Bafouettes :* rue Gabriel-Guist'hau. ☎ 02-51-59-38-38. À environ 100 m du port, en montant la rue qui passe devant l'office du tourisme. Ouvert tous les jours en juillet et août. Fermé le mardi de septembre à juin, en octobre et en janvier. Menus à 13 € (85 F), le midi seulement, et de 24 à 35 € (157 à 230 F), menu homard pour le dernier. Petite salle sobrement décorée de tableaux d'artistes locaux, mais une excellente et copieuse cuisine servie par des personnes enjouées. Au menu : soupe de poisson parfumée à souhait et poêlée de langoustines... hum ! Souhaitons-leur bon vent. Café offert sur présentation du guide de l'année.

I●I *Restaurant du Père Raballand,*

I●I *L'Étape maritime :* Port-Joinville. ☎ 02-51-26-02-77. Sur le quai, au bout à droite en venant du débarcadère. Fermé le lundi et au mois de janvier. Menus de 12,96 à 26,22 € (85 à 172 F). Face au port, ce bar-brasserie décoré à la manière de l'intérieur d'un bateau offre une cuisine raffinée de fruits de mer, poissons accompagnés de vins de propriétaires récoltants. Pour plus d'intimité ou de recueillement, « salle gastronomique » à l'étage, mais on y mange la même chose. Le père Raballand, c'est quelqu'un à Port-Joinville, et l'ambiance qui règne dans son bistrot en été et le week-end est unique. Excellent rapport qualité-prix. Café offert sur présentation du *GDR*.

I●I *Bistrot du Père Raballand :* 13, quai de la Mairie. ☎ 02-51-58-74-04. Près de la *Crêperie Bleue.* Ouvert de mars à septembre. Plats autour de 7,62 € (50 F). Même famille que le précédent mais à l'opposé du quai. Plusieurs niveaux à partir du quai, meublés de tables en pin et plantes. Service rapide et style un peu brasserie. Ambiance décontractée.

À voir. À faire

★ *Port-Joinville :* passage obligé de tous les touristes débarquant à l'île d'Yeu, la ville, comptant près de 2 000 habitants, est le centre principal de toutes les activités. Port de plaisance, port de voyageurs, on ne doit pas oublier que la pêche est encore l'activité principale de l'île après le tourisme. Maisons blanches, ruelles tortueuses, Port-Joinville mérite qu'on y fasse une petite balade avant de partir à la découverte des richesses des environs.

★ *Musée de la Pêche - L'Abri du marin et l'Abri du sauvetage en mer :* quai de la Chapelle, en face de l'héliport. Renseignements auprès de l'office du tourisme. Entrée : 3,05 € (20 F). Réductions. Exposition de maquettes de bateaux (thoniers anciens jusqu'à nos jours), sur l'histoire du sauvetage en mer, sur le patrimoine maritime de l'île... Intéressant.

★ *Le bois de la Citadelle et le fort de Pierre-Levée :* cette forêt de pins maritimes et de chênes verts plantés au XIXe siècle avait pour but de camoufler le fort aux vaisseaux ennemis. Construite au milieu du XIXe siècle, la citadelle est entourée de profonds fossés. Elle servit de prison au maréchal Pétain mais sa visite ne présente aucun attrait particulier.

★ *Les mégalithes islais :* plus de cent sites ont été répertoriés jusqu'à présent, témoignages tangibles d'une occupation extrêmement ancienne de l'île. À l'extrémité de la plage de la Gournaise, en bordure de la route, on trouve le *dolmen des Petits-Fradets,* monument funéraire qui comptait sept pierres formant une chambre. Il ne subsiste aujourd'hui qu'une petite partie de cet ensemble qui doit son nom aux croyances populaires. Longtemps, on a admis que les farfadets (d'où le nom de Petits-Fradets), petits lutins aux pouvoirs magiques, avaient construit le dolmen. Aujourd'hui encore, une pierre à cupules (petits trous circulaires creusés dans les roches) nommée la *roche aux Fras* est le siège des réunions nocturnes des lutins, diablotins, et autres nains de jardins fantastiques. Ils se réunissent le vendredi, dansent frénétiquement et invoquent Lucifer, le maître des lumières. À ne pas confondre avec une rave party.

Au niveau de l'anse des Broches, dominant la mer, le *dolmen de la Planche-à-Puarre* est un phénomène unique en Vendée : tombe en forme de transept comportant trois chambres dans lesquelles on retrouva des ossements au XIXe siècle.

★ *La pointe du But :* vue superbe sur le début de la côte sauvage et sur les dangereux écueils des « Chiens-Perrins ». De nombreux naufrages nécessitèrent la construction du grand phare que l'on aperçoit plus à l'intérieur des terres, de la corne de brume et de la balise qui se trouve sur l'écueil.

★ *La pointe du Châtelet :* sur cette vaste surface, un talus de pierres et de terre de près de 250 m de long et 3 m de haut, construit au début de notre ère, délimite ce qui devait être un camp retranché romain.

★ *Le Vieux Château :* visite guidée obligatoire, de 11 h à 17 h 30, sauf le lundi la 2e quinzaine de juin et la 1re quinzaine de septembre ; en juillet-août, tous les jours de 9 h 30 à 19 h 30. Accès : 2,13 € (14 F). Conférence sur le site en juillet et août, tous les samedis à 17 h (à vérifier !) par l'historien de l'île, Maurice Esseul. Passionnant ! Pas de doute, on est en Écosse ! À tel point que l'on peut se demander si Hergé ne s'est pas inspiré de ces ruines pour créer son château dans *L'Île Noire*. Construit sur un éperon de granit au XIIIe siècle pour assurer la protection de l'île contre les invasions sarrasines et normandes, il fut occupé par les Anglais durant la guerre de Cent Ans, mais également par de nombreux corsaires et flibustiers qui y trouvèrent refuge. Du haut du donjon, sublime vue sur la côte sauvage et sur l'océan qui s'engouffre avec fracas dans l'étroite crevasse en contrebas.

★ *Le port de La Meule :* longue anfractuosité où dorment à marée basse les homardiers et les langoustiers. Sur la jetée, les casiers et les bicoques portant les noms des bateaux donnent à l'endroit un air suranné d'un passé qui s'accroche dans ce coin de bout du monde oublié, que Chateaubriand n'aurait pas renié.

Dominant le port, la petite chapelle toute blanche de Notre-Dame-de-Bonne-Nouvelle protège les marins depuis le XVe siècle. Plus haut dans les terres, le village, largement séparé du port pour éviter les menaces de la mer, regroupe de belles maisons typiques de l'île. Murs blancs, volets de couleurs vives et toits de tuile rouge ne sont pas sans rappeler la Grèce.

➢ Superbe *balade* de la pointe de la Tranche à la pointe des Corbeaux, extrémité orientale de l'île. On longe le port et la plage des Vieilles, très fréquentée en été (pas que par des vieilles).

★ *Saint-Sauveur :* ancienne capitale de l'île, résidence du gouverneur pendant très longtemps. L'église est le seul témoignage de ce passé glorieux. Construite au XIIe siècle, elle dut subir de nombreuses vicissitudes : occupations anglaise, hollandaise et espagnole, intempéries, transformation en magasin à poudre, en dépôt de vivres... Elle n'était plus qu'une ruine au XIXe siècle. Un incendie, dû à la foudre qui s'abattit sur sa flèche, en 1953, fut l'occasion d'une restauration complète. On redonna à l'église son aspect roman avec un clocher carré. Sur le parvis, deux « pierres d'attente des morts ». Elles servaient autrefois à la pose des cercueils sur le bord des routes, les convois mortuaires étant pédestres.

➢ *De la pointe des Corbeaux à Ker Chalon :* succession de belles plages derrière la dune et une belle forêt de pins maritimes et de chênes verts.

Balades

➢ À pied ou à vélo, l'île offre une large palette de promenades pour qui veut la découvrir dans ses moindres recoins. Toutefois, l'office du tourisme propose de la découvrir sous tous ses aspects au travers de circuits qui traversent toute l'île. On vous remettra des photocopies de ces circuits à l'office, qui édite également un topo-guide en forme de carnet de voyage abordant l'île au travers de trois thèmes : l'architecture, les paysages et les mégalithes.

NOTRE-DAME-DE-MONTS (85690) 1 530 hab.

À 7 km au sud de La Barre-de-Monts par la D38. Cette cité doit son essor à sa situation permettant d'attirer et de retenir le touriste. Une curiosité : le pont d'Yeu, un promontoire sous-marin qui se dévoile seulement lors des grandes marées, restes d'un pont construit par le diable à la demande de saint Martin pour permettre l'accès à l'île d'Yeu. Comme quoi Bouygues n'a rien inventé !

Adresse utile

🅸 *Office du tourisme :* 6, rue de La Barre. ☎ 02-51-58-84-97. Fax : 02-51-58-15-56. De mi-juin à mi-septembre, ouvert du lundi au samedi de 9 h à 12 h 30 et de 14 h à 18 h 30 ; les dimanche et jours fériés, de 9 h 30 à 12 h 30 à partir de Pâques. Le reste de l'année, ouvert du mardi au vendredi de 9 h à 12 h 30 et de 14 h à 18 h 30, ainsi que le samedi de 9 h 30 à 12 h 30 et de 14 h à 18 h.

Où dormir ? Où manger ?

Camping

⛺ *Camping des Pins, La Croix de la Gaillarde :* 21, route de la Braie. ☎ et fax : 02-51-58-83-75. Ouvert de mi-juin à mi-septembre. Forfait autour de 13,72 € (90 F) pour 2 personnes, comprenant l'emplacement et l'électricité. Tous les emplacements sont sous les pins (le nom n'est donc pas trompeur). Piscine et grand parc plein de verdure.

Prix moyens

🛏 I●I *Hôtel-restaurant du Centre :* 1, rue de Saint-Jean-de-Monts. ☎ 02-51-58-83-05. Fax : 02-51-59-16-62. ※ Sur la place près du rond-point, en face de l'église, à environ 1 km de la plage. Fermé le dimanche soir et le lundi de novembre à mars et en janvier. Chambres de 35,22 à 44,82 € (231 à 294 F). Menus de 11,43 à 25,92 € (75 à 170 F). Chambres propres avec douche et w.-c. ou bains. Les plus spacieuses sont dans l'extension récente de l'hôtel. Atmosphère familiale. La cuisine de Daniel Brunet mérite une attention particulière, pleine de saveurs étonnantes, parfois oubliées et toujours subtiles comme le saumon cru vodka et griottes s'il est à l'ordre du jour. Réduction de 10 % sur le prix de la chambre et kir offert au restaurant à nos lecteurs, sur présentation du *Guide du routard*.

🛏 I●I *Hôtel de la Plage :* 145, av.

de la Mer. ☎ 02-51-58-83-09. Fax : 02-51-58-97-12. • hotelplage@eurospot.org • ✖ pour le restaurant. À l'angle de la rue principale, perpendiculaire à la plage. Fermé d'octobre à fin mars. Doubles de 51,22 à 79,27 € (336 à 520 F) avec douche et w.-c. ou bains (il y en a aussi avec lavabo de 28,05 à 35,06 € (184 à 230 F). Menus de 18,29 à 51,83 € (120 à 380 F). L'adresse idéale pour qui veut voir la mer en ouvrant les rideaux le matin, et qui souhaite pouvoir humer l'air marin de sa chambre à 3 h du matin si ça lui chante. Celles avec vue sur la mer ont même une terrasse ! Au resto, une des spécialités de la maison sont les galettes de homard noirmoutrines. Digestif offert à nos lecteurs porteurs de l'édition en cours, ainsi qu'une réduction de 10 % sur le prix de la chambre hors juillet-août.

🏨 **Hôtel-restaurant L'Orée du Bois :** 12-14, rue du Frisot. ☎ 02-51-58-84-04. Fax : 02-51-58-81-78. • hoteloreedubois@aol.com • Entre la route de La Barre-de-Monts et la mer, dans la forêt. Ouvert d'avril à fin septembre. Doubles de 38,11 à 53,36 € (240 à 350 F) selon le mois. Menus de 10,67 à 18,14 € (70 à 139 F). Petit hôtel familial moderne dans une rue très calme, à 800 m de la mer. Chambres claires et impeccables, certaines ouvrant directement sur la piscine.

SAINT-JEAN-DE-MONTS (85160) 6 890 hab.

Tel Janus, Saint-Jean-de-Monts a deux visages. Le centre-ville, petit et plutôt sympa, est construit autour de son église derrière un ensemble de dunes qui le séparent de la mer. De l'autre côté, le front de mer à perte de vue, qui peut concourir avec les coins les plus abominables de la Côte d'Azur ou du Languedoc-Roussillon pour la palme de la laideur. Certes, la plage est belle, immense, avec du sable fin, mais ce cordon d'immeubles résidentiels qui s'étend sur près de 3 km a totalement gâché l'endroit. D'autant que la grande majorité des appartements est fermée dix mois par an. Résultat : une solitude digne d'une période post-nucléaire dès que l'on vient hors saison, ce qui fait le bonheur des fans de char à voile.

Adresses utiles

ℹ️ **Office du tourisme :** 67, esplanade de la Mer. ☎ 02-51-59-60-61. Fax : 02-51-59-87-87. • www.ot-st-jean-de-monts.fr • Au palais des congrès. Ouvert de septembre à juin du lundi au samedi de 9 h 30 à 12 h 30 et de 14 h à 18 h, et le dimanche de 10 h à 12 h et de 14 h à 17 h ; en juillet et août, ouvert du lundi au samedi de 9 h 30 à 19 h, les dimanche et jours fériés de 10 h à 19 h. Propose également des passeports loisirs (char à voile, kayak de mer, golf, etc.).

■ **Le Cycl'Hop :** 6, av. de la Forêt. ☎ 02-51-58-04-81. Ouvert de 9 h à minuit en juillet et août. Location de cycles, de voitures et de scooters. Pour s'éclater dans la ville en rosalie (vélo 3 places), en rosatrois et même en rosasix (9 places !). Les vélos sont chouettes et drôles. Un bon moyen de découvrir la ville.

Où dormir ?

⛺ **Camping Le Rivage :** chemin de la Tonnelle. ☎ 02-51-58-11-38. Suivre la D38 en direction de Notre-Dame-de-Monts, puis tourner à gauche au rond-point. Ouvert d'avril à fin octobre. À 100 m de la plage, dans les pins. Emplacements bien délimités et bordés de verdure. Location de chalets, mobile homes. De 152,45 à 426,86 € (1 000 à 2 800 F) la semaine. Tranquille.

🛏 *Camping Le Clos d'Orouët :* chemin du Champ-de-Bataille. ☎ 02-51-59-51-01. 🍴 À la sortie d'Orouët en direction de Saint-Gilles, indiqué sur la gauche. Ouvert de mai à fin septembre. Environ 13,72 € (90 F) pour 2. Bien ombragé. Piscine chauffée. Bar-snack. Mobile homes. Ambiance sympa.

🛏 *Hôtel-restaurant La Cloche d'Or :* 26, av. des Tilleuls. ☎ 02-51-58-00-58. Fax : 02-51-58-82-85 • lacloche@club-internet.fr • Une petite rue très calme, cachée entre le centre et la plage d'une part et les avenues de la Forêt et de la Mer d'autre part. Ouvert de mars à fin septembre et le week-end en basse saison. Fermé les mercredi et jeudi en mars. Doubles de 31 à 52 € (203 à 341 F), avec douche et balcon ou bains, balcon et TV, selon la période. Demi-pension, demandée en juillet et août, de 36 à 51,50 € (236 à 338 F). Accueillant petit hôtel aux chambres bien tenues et à l'atmosphère familiale. Au resto, bonne cuisine basée sur les produits du terroir et de la mer. Apéritif maison offert à nos lecteurs sur présentation du guide.

🛏 *Hôtel-restaurant Le Robinson :* 28, bd Leclerc. ☎ 02-51-59-20-20. Fax : 02-51-58-88-03. • www.hotel-lerobinson.com • 🍴 Fermé en décembre et janvier. Doubles de 39,64 à 68,60 € (260 à 450 F). Menus à 11,89 € (78 F), sauf le dimanche midi, puis de 18,14 à 30,49 € (119 à 200 F). Cette affaire de famille est devenue au fil des années un petit complexe touristique agréable. À force de s'agrandir, de construire de nouvelles ailes, la maison a bien changé mais la qualité a toujours été maintenue. Plusieurs sortes de chambres, toutes confortables, certaines donnant sur les allées intérieures plantées, d'autres sur rue. Au restaurant, cuisine traditionnelle extrêmement bien préparée. Café offert à nos lecteurs sur présentation du *Guide du routard*. Parking payant.

Où manger ?

🍴 Voir aussi, les *restaurants des hôtels Le Robinson* et *La Cloche d'Or*, ci-dessus.

🍴 *Crêperie La Gigouillette :* 6, av. de la Forêt. ☎ 02-51-58-03-64. Sur la droite, à 100 m, en venant de la plage. Fermé le mardi et de mi-décembre à mi-janvier. Bonnes crêpes de 6,10 à 9,15 € (40 à 60 F).

🍴 *Restaurant À l'abordage :* 1, esplanade de la Mer. ☎ 02-51-59-07-18. Fax : 02-51-58-16-79. Ouvert de mi-février à mi-novembre. De 13 à 22 € (85,30 à 144,30 F), formule à 9,50 € (62,30 F). La vaste maison face à la mer existe depuis 1911. À l'intérieur, reproduction d'un navire de pirates. Vue directe sur l'océan de la salle panoramique. Malheureusement c'est un peu l'usine en été et la qualité s'en ressentirait selon plusieurs lecteurs. Choucroute et paella maison, brochettes océanes. Sangria offerte à nos lecteurs sur présentation du *Guide du routard*.

Où dormir ? Où manger dans les environs ?

🛏 🍴 *Auberge la Chaumière :* à Orouët. ☎ 02-51-58-67-44. Fax : 02-51-58-98-12. • chaumiere-sarl@wanadoo.fr • Sur la D38 en direction de Saint-Gilles, en retrait de la route, 3 km avant Le Pissot. Ouvert de mars à octobre. Doubles de 41,16 à 68,60 € (270 à 450 F) avec douche et w.-c. Menus de 16,01 à 38,11 € (105 à 250 F). Demi-pension de 48,78 et 62,50 € (320 à 410 F), obligatoire de mi-juillet à mi-août. Tenue par toute une famille, c'est le fils de la maison qui cuisine (et bien goûtez, si vous le pouvez, à l'anguille sautée). Architecture mi-moderne mi-ancienne (toiture de chaume recouvrant le resto) agréable. Les chambres très confortables et aux tons gais donnent pour la plupart sur la piscine, certaines de plain-pied, d'autres avec un petit balcon ou une loggia. Atmosphère familiale.

À voir. À faire

★ *Les vitraux de l'église Saint-Jean-Baptiste* : il ne reste rien de l'église d'origine. Elle fut restaurée entièrement en 1935. À cette époque furent posés les douze vitraux qui éclairent l'endroit. Toute l'histoire de Jésus y est résumée à partir des textes des Évangiles. Attrayant, à défaut d'être instructif.

➢ *Balades en vélo* : s'adresser au *Cycl'Hop* (voir plus haut la rubrique « Adresses utiles »).

Fêtes et manifestations

– *Kid's Folies* : à partir du 13 avril au 1er mai. Expos, spectacles, fête du livre jeunesse et de la B.D., etc.
– *Championnat de char à voile* : du 18 au 24 septembre.

➢ DANS LES ENVIRONS DE SAINT-JEAN-DE-MONT

★ *Le musée Milcendeau-Jean Yole* : Le Bois-Durand, à **Soullans**. ☎ et fax : 02-51-35-03-84. En juillet et août, ouvert tous les jours de 10 h à 19 h. En mai, juin et septembre, ouvert du mardi au samedi de 10 h à 12 h et de 14 h à 18 h, les dimanche et jours fériés de 15 h à 19 h. En février, mars, avril, octobre et vacances de Toussaint et de Noël, ouvert tous les jours sauf le lundi de 14 h à 18 h. Appelez pour le reste de l'année. Entrée : 3,05 € (20 F) ; tarif réduit : 2,29 € (15 F). Tarif réduit accordé à nos lecteurs sur présentation du *Guide du routard* de l'année. La région de Saint-Jean-de-Monts a favorisé le rassemblement de nombreux artistes, attirés par la lumière particulière du pays. Le musée retrace la vie et l'œuvre de deux enfants de Soullans, le peintre Milcendeau et l'écrivain Jean Yole. Deux destins émérites, transmis au travers d'une muséographie riche et claire, dans un lieu reposant.

★ *L'écomusée de la Bourrine du Bois-Juquaud* : 85270 **Saint-Hilaire-de-Riez**. ☎ 02-51-49-27-37. Fax : 02-51-93-83-02. Sortir de Saint-Jean par la D38, en direction de Saint-Gilles-Croix-de-Vie et, au Pissot, tourner à gauche par la D59. De février à fin avril et en octobre, ouvert du mardi au dimanche de 14 h à 18 h ; en mai, juin et septembre, du mardi au samedi de 10 h à 12 h et de 14 h à 18 h, les dimanche et jours fériés de 15 h à 19 h ; en juillet et août, du lundi au samedi de 10 h à 19 h, les dimanche et jours fériés, de 15 h à 19 h. Ouvert également aux vacances de la Toussaint et de Noël (sauf jours de Toussaint, Noël et Nouvel An) de 14 h à 18 h. En juillet-août, visites guidées à 10 h 30 et 15 h 30. Entrée : 2,14 € (14 F). Gratuit pour les enfants de moins de 11 ans. Ristourne pour nos lecteurs sur présentation du *Guide du Routard*.
Dernier témoignage de la vie traditionnelle dans le marais : dans cette bourrine, on a reconstitué l'existence du début du XXe siècle : une petite exploitation agricole, dont les variétés anciennes de légumes sont cultivées à l'aide de techniques traditionnelles, et un lieu d'habitation. La cheminée jouait un rôle primordial dans la vie des maraîchins. Mais le bois était une denrée rare : on alimentait le feu avec les boursats (bouse séchée), qui se consumaient lentement et dégageaient beaucoup de chaleur (et d'odeur ?).

LE LITTORAL VENDÉEN

Pour se rendre de Saint-Hilaire-de-Riez jusqu'à Saint-Gilles-Croix-de-Vie, il faut emprunter la corniche vendéenne à partir de Sion-sur-l'océan. Tout ce plateau rocheux plonge dans l'océan, formant les seules falaises de la côte vendéenne. Criques sablonneuses percées par le jeu des vagues, grottes et excavations aux noms obscurs comme le Trou du Diable, le Jet d'Eau, le Chaos, se découvrent depuis la falaise. Bref, la corniche est une route bien agréable.

SAINT-GILLES-CROIX-DE-VIE (85800) 6 900 hab.

Deux rivières (la Vie et le Jaunay) traversent deux bourgs (Croix-de-Vie et Saint-Gilles-de-Vie) qui n'en forment plus qu'un. La vie de Saint-Gilles et de Croix-de-Vie s'est donc tournée très tôt vers la mer.
De nos jours, la pêche à la sardine a disparu partout, sauf à Saint-Gilles. Les marins lui sont restés fidèles même s'ils ont dû se diversifier en taquinant le chinchard et l'anchois.
Autre gloire de la ville, l'entreprise Bénéteau, premier constructeur mondial de voiliers, rayonne depuis plus d'un siècle et génère encore de nombreux emplois dans la région.

UN PEU D'HISTOIRE

Dès le XIIe siècle, les seigneurs locaux règnent sur un port modeste mais florissant. Au XIVe siècle, Saint-Gilles, devenue trop petite pour loger tout le monde, commence à souffrir de surpopulation. Déjà! Les Giras investissent l'autre côté de l'estuaire, et, quelque temps après, une nouvelle cité se crée : Croix-de-Vie. Et comme toujours dans ce genre de situation, la rivalité et les querelles de clocher ont divisé les deux villes durant des siècles. Au XVIe siècle, la Réforme trouve à Saint-Gilles un écho très favorable. Les luttes religieuses, qui se multiplient assez rapidement, ne s'éteignent qu'avec la signature de l'édit de Nantes. Saint-Gilles étant protestante, il lui faut son pendant : Croix-de-Vie est érigée en paroisse catholique en 1690. Il faudra attendre 1835 pour qu'un pont au-dessus de l'estuaire les relie. Et ce n'est qu'en 1967 qu'une cité unique est formée.
Malgré toutes ces tribulations, le port de pêche, le plus actif du département, compte de nombreux bateaux qui alimentent abondamment les mareyeurs en homards, thons, sardines, soles. C'est d'ailleurs le dernier bastion vendéen de la pêche à la sardine ! Elle remplaça la morue dans le cœur et dans les filets des Giras dès le XVIIe siècle. Au XIXe siècle, les pêcheurs des Sables-d'Olonne, de Noirmoutier et de l'île d'Yeu rejoignirent ceux de Saint-Gilles. La sardine devint alors le fer de lance de l'économie du littoral de Vendée. On salait la sardine pour la conserver jusqu'à ce qu'on décide de la confire dans l'huile. La première « confiserie » fut construite ici. Le succès fut impressionnant. Aujourd'hui, il est impossible d'échapper à cette petite boîte pas toujours facile à ouvrir proprement et qui crée des paniques lors des pique-niques quand « on » a oublié l'ouvre-boîte.

Adresses utiles

Office de tourisme : forum du Port de Plaisance, bd Égalité. ☎ 02-51-55-03-66. Fax : 02-51-55-69-60. • www.stgillescroixdevie.com • ot

@stgillescroixdevie.com • En juillet et août, ouvert du lundi au samedi de 9 h 30 à 19 h, les dimanche et jours fériés de 10 h à 13 h et de 15 h à 19 h. Le reste de l'année, ouvert du lundi au samedi de 9 h 30 à 12 h 30 et de 14 h à 18 h 30 (18 h le samedi, et 19 h en mai, juin et septembre). Ouvert également les longs week-ends de printemps jusqu'à 19 h.

■ **Embarquement et croisière à l'île d'Yeu** (voir aussi la rubrique « Île d'Yeu, Comment y aller ? ») :
– *Vedette-taxi Amarilys* : agence Parenthèse, bd de l'Égalité (en face de l'office du tourisme). ☎ 02-51-54-09-88 ou 06-70-95-18-65. Toute l'année, selon la météo. De 6 à 8 passagers.
– *V.I.I.V.* : en face de l'embarcadère. ☎ 02-51-54-15-15. Du 15 juin au 15 septembre.
– *Compagnie Yeu-Continent* : agence Parenthèse, 34, bd de l'Égalité. ☎ 02-51-54-09-88 ou 06-70-95-18-65.
– *Compagnie vendéenne* : place de la Douane (près de l'office du tourisme), ☎ 02-51-26-82-22. • www.compagnievendeenne.com • D'avril à fin septembre.

Où dormir ? Où manger ?

▲ **Camping Les Cyprès** : 41, rue du Pont-Jaunay. ☎ 02-51-55-38-98. Fax : 02-51-54-98-94. ✶ À 600 m de la mer, entre cette dernière et la route des Sables. Ouvert du 1er avril à mi-septembre. Compter environ 21,34 € (140 F) l'emplacement pour 2 personnes, une voiture et l'électricité en été. Le terrain appartenait autrefois à l'évêché de Luçon. Tous les dimanches, un prêtre venait célébrer la messe dans le bar actuel ! Bien ombragé. Piscine chauffée.

🏠 |●| **Hôtel-restaurant Le Saint-Gilles** : 27, quai du Port-Fidèle. ☎ 02-51-55-32-74. Fax : 02-51-55-66-88. • lesaintgilles@aol.com • Sur le vieux port, de l'autre côté du pont de la Concorde. Fermé les dimanche soir et lundi hors saison, ainsi qu'en décembre. Chambres doubles de 47 à 54 € (308 à 354 F) avec douches et w.-c. ou bains, selon la saison. Menus de 13 à 32 € (85 à 210 F). L'hôtel offre des chambres plaisantes et bien tenues. Les plus agréables sont celles qui donnent sur les quais. Restaurant servant une cuisine basée presque exclusivement sur les produits de la mer. Café offert à nos lecteurs sur présentation du *Guide du routard*.

|●| **La Crêperie** : 4, rue Gautté. ☎ 02-51-55-02-77. Dans la rue qui prolonge le pont de la Concorde. Fermé les dimanche midi et lundi (sauf pendant les vacances), 15 jours en février et 15 jours en octobre. Menu à 9,45 € (62 F) en semaine et à midi. Les crêpes y sont classiques, bonnes et copieuses. Harmonieuse déco alliant rotin, fer forgé, filet de pêche et tableaux à thèmes marins.

|●| **Les Voyageurs** : 3, quai du Port-Fidèle. ☎ 02-51-55-10-12. À 50 m sur la droite de l'autre côté du pont de la Concorde. Ouvert toute l'année de 11 h à 23 h (en haute saison). Menus de 9,91 € (65 F) à 32 € (210 F). Assiette du pêcheur à 19,67 € (129 F). À l'intérieur d'une grosse maison bourgeoise d'apparence sage, une déco hallucinante composée d'anciens jeux de plein air provenant de brocantes : ballons de foot et de rugby, souliers de cuir, rollers, vieilles affiches... Les murs de pierre, les poutres, le cuivre lui confèrent une atmosphère cossue de pub. Et on y vient un peu comme dans une brasserie, manger des spécialités de la mer. Notre meilleure assiette de la mer dans le coin (fraîcheur, quantité, prix). Apéritif maison offert sur présentation du guide de l'année.

À voir. À faire

★ *L'église Saint-Gilles :* bâtie au XIVe siècle dans un style gothique flamboyant, elle fut presque entièrement détruite par deux fois, la première par les protestants, qui ne laissèrent en place que la façade nord, et la deuxième pendant la Révolution. Elle ne fut relevée qu'en 1873. À l'intérieur, très beaux vitraux racontant les combats contre les protestants.

★ *La pointe de la Garenne :* superbe balade sur la dune coincée entre la Vie et l'océan, qui offre des points de vue sur les ports, les églises, les jetées et la tour Joséphine. Pour profiter pleinement de la lumière, il vaut mieux s'y rendre en fin de journée, lorsque le soleil est rasant.

– *Marché nocturne des artisans et bibelots :* quai du Port-Fidèle et place du Vieux-Port, tous les soirs en juillet et août de 20 h à minuit.

COMMEQUIERS (85220) 2 300 hab.

À 12 km par la D754. Un peu avant d'arriver dans le village, prendre à droite la direction du dolmen de la Pierre-Folle. Au milieu de la forêt, on découvre trois pierres debout et une table. Prétexte à une belle balade.

Où dormir ? Où manger ?

▲ |●| *Hôtel de la Gare :* rue de la Morinière. ☎ 02-51-54-80-38. Fax : 02-28-10-41-47. ♿ pour le resto. Accès par la D754. Fermé le lundi et en janvier (pour le resto). Hôtel fermé d'octobre à fin mai. Doubles de 30,49 à 38,11 € (200 à 250 F). Menus à 12,20 € (80 F) sauf le dimanche, à 18,29 et 24,39 € (120 et 160 F). Il a tout pour plaire, cet hôtel aux allures victoriennes, construit au début du XXe siècle lorsque le chemin de fer desservait encore les moindres bourgades du fin fond de la France. Aujourd'hui, plus de train, donc, plus de bruit et des nuits réparatrices en perspective. De plus, les chambres sont séduisantes et joliment décorées. Fraîcheur et couleurs gaies ont également envahi la salle de restaurant à l'ambiance SNCF, avec photos anciennes, lanternes, poinçonneuses. Le chef s'affaire pour préparer de bons plats originaux et copieux. Jardin arboré pour la détente avec une piscine pour le sport. Kir offert à nos lecteurs sur présentation du *Guide du routard*.

À voir

★ *Le château fort :* sur la route de Saint-Christophe-de-Ligneron. On peut voir ce qu'il en reste après que Louis XIII l'eut fait détruire lors de sa victoire sur les huguenots du coin. Élevé à l'emplacement d'un ancien camp romain, ce château au plan octogonal, flanqué de huit tours puissantes, montre bien l'état d'esprit de la fin du Moyen Âge : il fallait trouver des réponses inédites aux évolutions de l'artillerie, notamment en supprimant les angles morts. Entouré de profondes douves remplies d'eau noire, il défendait la région contre toutes les incursions belliqueuses, ou presque !

À faire

➢ **Le vélo-rail :** gare de Commequiers. ☎ 02-51-54-79-99. Fax : 02-51-55-43-75. • www.cc-atlancia.fr • Ouvert tous les week-ends, jours fériés et le mercredi de Pâques à mi-juin, ainsi que la seconde quinzaine de septembre de 14 h à 19 h ; de mi-juin à fin juin tous les jours de 14 h à 21 h ; et tous les jours en juillet et août de 10 h à 21 h ; sur réservation le reste de l'année pour les groupes. Compter 19,82 € (130 F) par draisine de 2 à 5 personnes pour 2 h de balade en pleine saison. Balade de 3 h possible aussi. Dernier départ 2 h avant la fermeture. Les trains ayant abandonné ces rails depuis belle lurette, l'idée d'utiliser la portion entre Commequiers et Coëx germa dans l'esprit de quelques petits malins. La balade à bord de ces draisines est plutôt sympathique et pittoresque. En effet, la circulation se fait dans les deux sens sur une seule voie. On vous laisse imaginer la scène !

➤ DANS LES ENVIRONS DE COMMEQUIERS

★ APREMONT (85220)

Depuis Commequiers, accès par la D82. Un des plus beaux villages de l'arrière-pays de Saint-Gilles, doté d'une riche histoire. Les premiers chrétiens y installèrent un couvent et, dès le IXe siècle, une forteresse vit le jour sur le rocher dominant la rivière. Il s'agissait de défendre la région contre les incursions vikings. Au XVIe siècle, Philippe Chabot de Brion, favori de François Ier, fit reconstruire le château dans un style Renaissance. Aujourd'hui, la mairie veille aux destinées des ruines.

★ **Le château :** ☎ (mairie) 02-51-55-27-18 ou 73-66. Fax : 02-51-55-42-41. Ouvert tous les jours d'avril à fin mai et la première quinzaine de septembre de 14 h à 18 h ; en juin, juillet et août, de 10 h 30 à 18 h 30. Entrée : 3,05 € (20 F) pour le château seul, 3,81 € (25 F) avec accès à la salle panoramique du château d'eau (en juillet-août). Réductions. Remarquable façade Renaissance donnant sur la cour. On trouve également une voûte cavalière, la seule connue avec celle d'Amboise. On y pénètre par la tour de gauche. C'est un tunnel de 60 m assez pentu, creusé dans le roc, qui s'ouvre sur une esplanade en bordure de la Vie. Louis XIII aurait accédé au château par ce biais lors de sa venue. À noter que quelques scènes des *Vieux de la Vieille* furent tournées ici.

|●| Pour manger dans les environs, très bonne table à l'auberge *Le Fougerais*, à Maché (voir « Où dormir ? Où manger dans les environs ? », dans le chapitre sur La Roche-sur-Yon).

★ COËX (85220)

D'Apremont, prendre la D40 pour se rendre dans le village de Coëx.

★ **Le jardin des Olfacties :** ☎ 02-51-55-53-41. Fax : 02-51-55-54-10. • www.lejardindesolfacties.com • Au beau milieu du village. Ouvert de mi-avril à mi-juin, ainsi que la 1re quinzaine de septembre de 14 h à 19 h, tous les jours sauf le samedi, et de mi-juin à début septembre tous les jours de 10 h 30 à 19 h. Visites guidées. Entrée : 6,10 € (40 F). Réductions. En cadeau pour nos lecteurs, sur présentation du *Guide du routard*, le plan-guide. Ce jardin permet de découvrir de manière ludique quelques dizaines de sortes de fleurs et d'arbres parfois rares. Les fleurs, les plantes et les essences y sont réparties en chambres des senteurs. On trouve toute une panoplie de plantes médicinales et aromatiques, des collections de sauge, de menthe, etc. Un régal pour l'odorat qui redécouvre toutes sortes d'odeurs oubliées.

★ LA CHAIZE-GIRAUD (85220)

On y accède en continuant sur la D40.

★ Très belle *église* du XIe siècle qui a résisté au temps et aux velléités de l'histoire, nombreuses et destructrices, que la Vendée a connues au cours des siècles. On s'arrêtera surtout sur l'aspect extérieur, austère et humble. Façade typiquement romane avec un portail dont les archivoltes reposent sur des colonnettes aux chapiteaux historiés évoquant l'Annonciation, à gauche, et l'Adoration des mages, à droite.

– Après le village, prendre la D12 vers le littoral, puis descendre par la D38 vers Brétignolles-sur-Mer.

BRÉTIGNOLLES-SUR-MER (85470) 2 690 hab.

Encore une de ces villes côtières dont la population grossit de manière exponentielle avec les beaux jours. Les 13 km de plages qui alternent avec des criques rocheuses y sont certainement pour quelque chose. Brétignolles est réputée pour la qualité de ses « spots ». Une aubaine pour les surfeurs !

Adresse utile

Office du tourisme : BP 10, bd du Nord. ☎ 02-51-90-12-78. Fax : 02-51-22-40-72. • ot.bretignolles. sur.mer@wanadoo.fr • Ouvert toute l'année du lundi après-midi au samedi matin.

Où dormir ?

Peu d'hôtels mais beaucoup de campings à Brétignolles.

La Motine : 4, rue des Morinières. ☎ 02-51-90-04-42. Fax : 02-51-33-80-52. Ouvert du 1er avril au 30 septembre. Fermé le jeudi. Pour un mobile home 4 personnes, comptez de 237 à 488 € (1 550 à 3 200 F) et 0,34 € (2,20 F) par jour en juillet-août de taxe de séjour. Forfait week-end (3 nuits ; hors juillet et août) pour 4 personnes : 73 € (480 F). Maisons mobiles pour 4 à 6 personnes. Camping très fleuri, à 600 m de la plage et à 300 m du centre-ville. Piscine couverte avec solarium.

Où acheter un cadeau original ? Où trouver du bon vin ?

Atelier de poterie-céramique : à La Corde, 85470 Brem-sur-Mer. ☎ 02-51-90-50-77. Prendre la D38 sur 3 km vers Les Sables-d'Olonne puis, à la sortie de Brem-sur-Mer, la direction L'Île-d'Olonne. C'est à 2 km à gauche. Ouvert toute la semaine en saison de 8 h 30 à 20 h. Téléphoner hors saison. Christian et Chantal Bourcereau, des enfants du pays, sont d'authentiques céramistes de talent. Installés dans un charmant hameau qu'ils ont eux-mêmes retapé il y a plus d'une quinzaine d'années, ils créent de véritables œuvres d'art en grès, porcelaine et *raku* (aspect de faïence lézardée). Grands voyageurs, ils se sont inspirés de techniques provenant des quatre coins du monde pour créer leurs propres techniques de fabrication : leurs ateliers sont remplis d'outils et d'installations étonnantes comme ce four coréen en terre séchée, plutôt rarissime dans nos contrées ! Peut-être aurez-vous la chance d'assister à une cuisson de *raku*. Les deux artistes ont le feu sacré : ils parlent de leur passion avec un enthousiasme communicatif. Enfin, dans une des maisonnettes sont exposées les œuvres tentatrices. Pour offrir ou pour se faire plaisir, il y en a pour toutes les bourses.

● *Dégustation de vin, Patrice Michon et Fils :* 11, rue des Vallées, 85470 Brem-sur-Mer. ☎ 02-51-90-55-74. Ici, vous êtes au caveau de vente, l'ancienne cave de la famille Michon. Mais la nouvelle cave, où la visite est plus intéressante, se trouve sur la D32, à la sortie d'Olonne. Vous ne pouvez pas la manquer, c'est un grand bâtiment de 60 m de long, avec le nom écrit en grosses lettres de 1 m de haut, et c'est fléché. ☎ 02-51-33-13-04. Fax : 02-51-33-18-42. Téléphoner hors saison. Fermé le dimanche en hiver. Dégustation de vin de Brem au caveau ou au chais à l'île d'Olonne, un vrai plaisir pour les papilles gustatives. Le phylloxéra est bien loin, comme en témoignent les vignes nouvelles qui refleurissent un peu partout en France. À noter que Patrice Michon est quasiment l'un des seuls vignerons du coin à avoir une démarche à la fois de recherche et de préservation de la qualité.

➤ DANS LES ENVIRONS DE BRÉTIGNOLLES-SUR-MER

★ *Le château de Beaumarchais :* une des plus belles demeures de Vendée, construite au XVIIe siècle. Attention, l'endroit est privé et ne se visite pas. Dommage ! On peut l'admirer de l'allée, mais il ne faut pas entrer dans la cour. Ce bel exemple d'architecture Renaissance, avec ses toits d'ardoise et ses cheminées en brique, servit de quartier général à l'armée allemande stationnée dans la région pendant la Seconde Guerre mondiale. Propose toutefois des chambres d'hôtes dans une des ailes du château. ☎ : 02-51-22-43-22.

LE PAYS D'OLONNE

Sables, château, île. Ici, tout est olonnais, surtout les habitants, fiers de cette région riche en paysages et en ressources. Comme dans un grand magasin, on trouve de tout dans le pays d'Olonne. Forêt, port, villes, plages, bocages et marais permettent de ne pas s'ennuyer dans ce coin de Vendée largement dévolu au tourisme de masse depuis des années. Mais historiquement, le sel, la pêche, l'agriculture et le vin fournirent des ressources considérables à la région depuis le VIIIe siècle. Aujourd'hui, la vie s'organise autour des Sables-d'Olonne.

LES SABLES-D'OLONNE   (85100)   15 530 hab.

16 000 habitants seulement, pour 100 000 touristes qui déferlent sur la ville en été. C'est peu de dire que Les Sables représentent une station balnéaire de premier plan. Tout cela pose beaucoup de problèmes de circulation, de

stationnement et de logement. Mais la ville ne s'éteint pas pour autant dès la saison finie, il reste encore une forte activité portuaire autant pour la pêche que pour la plaisance. La mer et Les Sables, une vieille histoire.

UN PEU D'HISTOIRE

En 1218, le seigneur de Talmont, constatant l'envasement que subissait le port de sa ville, accorda une charte d'affranchissement pour favoriser son extension. Au XVe siècle, son importance redoubla, et Louis XI accorda des franchises à la ville en supprimant les impôts. Mais le port, qui n'était qu'un port baleinier depuis le XIIe siècle, devait être agrandi et fortifié. Ainsi, au XVe siècle, la morue prit-elle le pas sur les cétacés dans les filets des marins, jusqu'au XVIIIe siècle. Armateurs et sauniers gagnèrent énormément d'argent durant cette période. La Révolution fut une passe difficile pour les Sablais. Demeurés républicains, ils durent subir les assauts des Blancs en 1793, et vivre avec la crainte d'une extension de la guerre qui aurait coûté très cher à la ville. Car les exportations de sel et de blé transitaient par Les Sables, également port de commerce. Au XIXe siècle, des aménagements permirent l'arrivée de cargos plus importants. Ce n'est que dans les années 1960 que les bateaux de plaisance bénéficièrent d'un port à part. Port-Olona compte désormais plus de 1 000 anneaux.

Le XIXe siècle vit également le développement spectaculaire du tourisme. La mode des bains de mer, lancée en Angleterre, gagna le littoral français rapidement. Dès 1816, la municipalité réglemente les baignades sur la commune des Sables. Le phénomène prend une ampleur considérable avec l'arrivée de la ligne de chemin de fer Nantes-Les Sables, en 1866. Jusqu'ici, seuls les aristocrates profitaient des plaisirs balnéaires. À partir de ce moment, une clientèle plus bourgeoise et familiale s'y ajoute. Au début du XXe siècle, hôtels et villas cossues poussent comme des champignons. L'impulsion est donnée pour que la ville devienne une station de vacances de premier plan. Les activités liées au tourisme supplantent peu à peu le travail portuaire. L'avènement des congés payés ne fera que renforcer cet état de fait.

Comment y aller ?

En train

Informations SNCF : ☎ 0892-35-35-35 (0,34 €/mn, soit 2,21 F).
➤ **Depuis Paris :** 2 aller-retour directs en TGV par jour en semaine pour Paris, 4 ou 5 le week-end en été. Compter environ 3 h 30 (sur le trajet Les Sables-Nantes, le TGV est tracté par une motrice diesel. Sinon, TER pour Nantes, puis TGV Nantes-Paris, soit 12 à 14 aller-retour quotidiens.
➤ **Depuis Bordeaux :** changement à La Roche-sur-Yon.
➤ **Depuis Lyon :** changement à Nantes.

■ **Adresses utiles**
- ℹ Office du tourisme
- ✉ Poste
- 🚂 Gare SNCF
- 🚌 Gare routière

⚓ **Où dormir ?**
1 Camping Les Roses
2 Chambres d'hôte
3 Hôtel de la Tour
4 Hôtel Les Embruns
5 Hôtel Antoine
6 Hôtel Les Hirondelles

🍴 **Où manger ?**
10 L'Affiche
11 La Fleur des Mers
12 Restaurant Le Clipper
13 Restaurant Le Port
14 Restaurant George-V

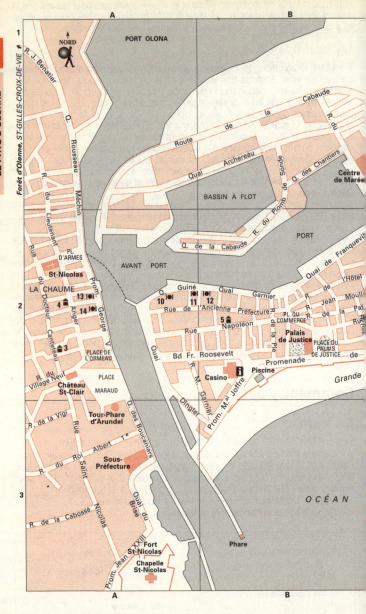

LES SABLES D'OLONNE

En bus

Informations : *Sovetours,* ☎ 02-51-95-18-71.
➢ Des liaisons avec **Nantes, Cholet, Luçon, La Tranche-sur-Mer, Saint-Gilles-Croix-de-Vie, Saint-Jean-de-Monts, Fromentine, La Rochelle et La Roche-sur-Yon**.

Adresses et infos utiles

- *Office du tourisme (plan B2)* : 1, promenade du Maréchal-Joffre. ☎ 02-51-96-85-85. Fax : 02-51-96-85-71. Ouvert du 1er juillet au 31 août tous les jours de 9 h à 19 h, et du 1er septembre au 30 juin tous les jours de 9 h à 12 h 15 et de 14 h à 18 h 30.
- *Poste (plan C1)* : rue Nicot. ☎ 02-51-21-82-82. Ouvert du lundi au vendredi de 8 h 30 à 17 h 45 et le samedi matin. Fermé le dimanche.
- *Gare SNCF (plan C1)* : rue de la Baudulère. ☎ 0892-35-35-35 (0,34 €/mn, soit 2,21 F).
- *Gare routière (plan C1)* : rue de la Baudulère. À côté de la gare ferroviaire.
- *Embarquement pour l'île d'Yeu* : Sarl NGV-Transport maritime de passagers, ☎ 02-51-23-54-88 ou 06-68-40-33-39. Fax : 02-51-21-33-85. En avril, mai, juin et septembre, 1 à 2 départs quotidiens sur le *Sabia*. 1 h de trajet. En juillet-août, 3 aller-retour quotidiens (4 le vendredi). Billetterie : quai Guiné (en face du resto *L'Affiche*). 32,78 € (215 F) l'aller-retour journée en classe tourisme. Embarcadère : près de la Capitainerie, quartier de La Chaume. Parking gratuit à côté. Voir aussi à « L'île d'Yeu, Comment y aller ? »
- *Compagnie de bus Sovetours* : gare routière. ☎ 02-51-95-18-71.
- *Location de voitures* : *Avis,* 5, place Collineau. ☎ 02-51-95-08-86. *Europcar,* 62, rue Joseph-Benatier, à La Chaume. ☎ 02-51-32-95-73.
- *Location de vélos* : *Éts Le Roch-Holiday Bikes,* 65, rue Nationale. ☎ 02-51-32-04-46. *Olonne Découverte,* 1, rue de la Poudrière (quartier Arago). ☎ 02-51-33-15-55.
- *Le bac La Chaumoise (plan A2)* relie le quartier de La Chaume à l'avant-port des Sables. Fonctionne de 6 h à minuit du lundi au jeudi, jusqu'à 0 h 30 les vendredi, samedi et veille de fêtes, et de 7 h à minuit les dimanche et jours fériés. Passage : 0,67 € (4 F). Carnet de 10 passages à environ 4,65 € (30 F) et coupons mensuels résidents et non-résidents. Gratuit jusqu'à 4 ans. Vélos tolérés quand il y a peu de passagers. Une solution bien pratique.

Où dormir ?

- *Camping Les Roses (hors plan par D2, 1)* : 1, rue des Roses. ☎ 02-51-95-10-42 et 02-51-33-05-05. Fax : 02-51-33-94-04. ● chadotel@wanadoo.fr ● À 500 m du centre et du Remblai, mais en ville. Emprunter l'avenue Gabaret jusqu'à la fourche, puis l'avenue d'Aquitaine (direction Talmont) sur environ 800 m et tourner à droite (indiqué). Ouvert d'avril à fin septembre. Compter 21,34 € (140 F) pour 2, emplacement et voiture compris. Ombragé et bien équipé. Piscine.
- *Hôtel de la Tour (plan A2, 3)* : 46, rue du Docteur-Canteteau, La Chaume. ☎ et fax : 02-51-95-38-48. ● www.hotel-lessablesdolonne.com ● Dans une jolie rue typique du quartier de La Chaume, située un peu plus haut que celle de l'hôtel *Les Embruns*. Doubles de 31 à 46 € (203 à 302 F). Petit déjeuner à 6 € (39 F). Une de nos meilleures adresses en Vendée. Le jeune couple qui dirige cet établissement vous reçoit comme des amis. Chaque chambre est décorée par madame autour d'un thème : « La Tour », « Les Toits du quartier »... et les meubles pren-

nent la forme du thème. Ils ont été réalisés sur commande. Les couleurs, le bleu, le vert, rappellent la mer. De certaines chambres, vue sur le port. Jardinet fleuri intérieur pour le petit déjeuner ou belle salle, où une cantatrice, ancienne propriétaire du lieu, faisait ses vocalises... Vraiment insolite et rapport qualité-prix imbattable. 10 % de réduction pour nos lecteurs au-delà de 3 nuits hors juillet-août et grands week-ends.

▲ *Hôtel Les Embruns* (plan A2, 4) : 33, rue du Lieutenant-Anger, La Chaume. ☎ 02-51-95-25-99. Fax : 02-51-95-84-48. ● lesembruns.hotel@wanadoo.fr ● Fermé les dimanche soir d'octobre à avril. Congés en novembre et février. Chambres doubles avec douche et w.-c. de 37 à 45 € (243 à 295 F). De l'autre côté du port, dans une ruelle parallèle à celui-ci, dans le quartier calme et sympa de La Chaume. On aperçoit très vite la grande façade jaune aux auvents verts. Chambres mignonnes aux couleurs chatoyantes et gaies, impeccablement tenues par Éric et Florence, un jeune couple accueillant et prévenant. Certaines ont vue sur le port, d'autres, situées à l'arrière sur une petite rue, sont plus fraîches en été. Réduction de 10 % offerte à nos lecteurs sauf en juillet et août, les week-end et jours fériés.

▲ *Hôtel Antoine* (plan B2, 5) : 60, rue Napoléon. ☎ 02-51-95-08-36. Fax : 02-51-23-92-78. ● antoinehotel@club-internet.fr ● Fermé d'octobre à mars. Doubles de 42,69 à 53,36 € (280 à 350 F). Demi-pension en juillet-août, de 39,64 à 45,73 € (260 à 300 F) par personne. En plein centre-ville, entre le port et la plage, ce petit havre de paix a tout pour séduire. Isabelle et Philippe Robin veillent jalousement sur leur enfant. Ils continuent de l'embellir avec gentillesse et passion. Ici, on prend le temps de vivre, on oublie le stress et on se refait une santé. Toutes les chambres ont été refaites dans des tons chaleureux et gais. On a une petite préférence pour celles donnant sur le patio de l'hôtel et celles de l'annexe donnant sur la cour fleurie. En fait d'annexe, on a plutôt l'impression d'être dans une maison particulière. Le patron prépare le soir pour ses hôtes en demi-pension, de bons petits plats en fonction de ce qu'il trouve au marché, pourquoi s'en priver ? C'est hyper copieux et excellent ! Un de nos coups de cœur en Vendée. Animaux non-admis.

▲ ǀ●ǀ *Hôtel Les Hirondelles* (plan C2, 6) : 44, rue des Corderies. ☎ 02-51-95-10-50. Fax : 02-51-32-31-01. ● leshirondelles@wanadoo.fr ● ⚿ Ouvert du 1ᵉʳ avril à fin septembre. Doubles de 50,31 à 57,93 € (330 à 380 F). Menus de 16,01 à 25,15 € (105 à 165 F). Demi-pension de 50,46 à 54,27 € (331 à 356 F), obligatoire en juillet et août. Parking privé payant. Le décor frais et moderne des chambres fait vite oublier l'aspect banal de la façade, et l'atmosphère familiale, ajoutée à la gentillesse de l'accueil, achèveront de vous convaincre. Chambres fleuries, certaines avec balcon (idéal pour le petit déjeuner), d'autres ouvrant de plain-pied sur un mignon patio tout blanc, planté d'essences exotiques. Salle du resto en surplomb de la rue d'un côté ou donnant sur le patio de l'autre. Et on y mange aussi bien qu'on y dort. Menus à base de poisson, de crustacés et de fruits de mer. Café offert sur présentation du guide.

Où manger ?

ǀ●ǀ *L'Affiche* (plan A2, 10) : 21, quai Guiné. ☎ 02-51-95-34-74. Fermé les dimanche soir, lundi et jeudi soir hors saison et le mercredi en saison et 3 semaines en janvier. Reconnaissable à sa petite façade jaune enserrée par d'autres confrères, *L'Affiche* nous a vraiment interpellés. Le menu à 17,53 € (115 F), qui proposait ce jour-là un sauté de ris d'agneau et langoustines, filet de canette au cidre, fromage et un gratin de fraises et pistaches, était une belle réussite gustative et d'un excellent rapport qualité-quantité-prix. D'autres menus de 10,52 à 25,15 € (69 à 165 F). Apéritif maison offert sur présentation du guide.

IOI La Fleur des Mers *(plan A2, 11)* : 5, quai Guiné. ☎ 02-51-95-18-10. Fax : 02-51-96-96-10. • www.fleur.mers@wanadoo.fr • Fermé les dimanche soir, lundi et mardi midi. Menus de 11,43 € (75 F), à midi en semaine, et de 14 à 29,73 € (92 à 195 F). C'est un peu au *feeling* qu'on pousse la porte de ce resto dont l'intérieur ressemble à celui d'un navire un tantinet chic et *clean*. Des niveaux successifs montent jusqu'au pont d'où l'on voit le port. Intérieur frais, spacieux et clair. Bon goût dans l'ambiance comme dans la cuisine délicate. Même au menu à 11,43 € (75 F) on a eu droit à des amuse-gueule chauds avant de passer au gratin de fruits de mer au mareuil, suivi de sardines grillées extra et d'un dessert. Bonne sélection de vins de la région. Franchement, on n'a pas été déçu du voyage ! On y retournerait volontiers.

IOI Restaurant Le Clipper *(plan B2, 12)* : 19 bis, quai Guiné. ☎ 02-51-32-03-61. Fax : 02-51-95-21-28. Fermé le mardi en juillet-août, les mardi et mercredi le reste de l'année, ainsi que 15 jours en décembre et 15 jours en février. Menus de 14,48 € (95 F) en semaine, à 30,34 € (199 F). La mer, encore et toujours ! Décor de bois précieux, donnant l'impression d'être dans le carré d'un somptueux bateau de croisière. Quant à la cuisine, elle recèle des mélanges subtils et étonnants comme, par exemple, ce bar aux graines de sésame rôti au jus de viande. Service prévenant et attentionné. Terrasse en été. Café offert à nos lecteurs sur présentation du *Guide du routard*.

IOI Restaurant Le Port *(plan A2, 13)* : 24, quai George-V, La Chaume. ☎ 02-51-32-07-52. Fax : 02-51-21-55-88. Sur les quais de La Chaume. Fermé les dimanche soir et lundi, ainsi qu'en janvier. Menus entre 13,42 et 24,39 € (82 et 160 F). Un resto de port chaleureux et sympathique. Une cuisine gourmande, colorée, à l'image de ce lieu où l'on voit plus de familiers que de touristes, ce qui est bon signe. Café offert à nos lecteurs porteurs de l'édition en cours.

IOI Restaurant George-V *(plan A2, 14)* : 20, quai George-V, La Chaume. ☎ et fax : 02-51-95-11-52. Fermé les dimanche soir et lundi hors saison, ainsi qu'en décembre et janvier. Menus de 12,50 (82 €) en semaine, et jusqu'à 33,54 € (220 F). Des salles au rez-de-chaussée ou au 1er étage, on profite de la vue sur l'entrée du port. Cadre plutôt chic, lumineux, agréablement décoré. Olivier Burban mène bien sa barque. Comme beaucoup, il travaille surtout le poisson, mais son truc c'est de jouer subtilement avec des saveurs inattendues, comme le foie gras au torchon gelée de vin liquoreux ou le gâteau de langoustines au jus de crustacés. Bon rapport qualité-prix. Café offert à nos lecteurs sur présentation du *Guide du routard*.

Où dormir ? Où manger dans les environs ?

Campings

▲ Camping Le Havre de la Gachère : Les Granges, 85340 Olonne-sur-Mer. ☎ 02-51-90-59-85. Fax : 02-51-20-11-92. ✗ Du centre d'Olonne, prendre la route de Saint-Gilles-Croix-de-Vie. Ouvert de Pâques à fin septembre. Forfait de 15 € (98 F) pour 2 personnes, avec emplacement et voiture. Près de 200 emplacements dans un havre de tranquillité au cœur de la pinède de la forêt d'Olonne. Amis de la nature, bonjour ! À 800 m du camping, le village de Brem-sur-Mer (avec son vin) est très accueillant. Gratuité des frais de réservation pour nos lecteurs.

▲ Camping Sauveterre : 3, route des Amis-de-la-Nature, 85340 Olonne-sur-Mer. ☎ 02-51-33-10-58. Fax :

02-51-21-33-97. À 6 km au nord des Sables-d'Olonne sur la D80, ou à 3 km du centre d'Olonne. Ouvert de début mai au 15 septembre. Forfait pour 2 personnes tout compris : 10,37 € (68 F) la nuit. Planté de pins, au bord de la grand-route. La forêt n'est pas trop loin.

▲ *Camping Le Nid d'Été :* 2, rue de la Vigne-Verte, 85340 Olonne-sur-Mer. ☎ et fax : 02-51-95-34-38.

• info@leniddete.com • Sur la gauche et bien en retrait de la route en venant de Saint-Gilles. Ouvert de début avril à fin septembre. Forfait 2 personnes + emplacement + voiture : entre 13 et 15 € (86 et 99 F) selon la saison. Calme et repos assurés dans un cadre verdoyant. Piscine. Gratuité des frais de réservation sur présentation du guide.

Chambres d'hôte

â *Chambres d'hôte* (hors plan par D2, 2) : chez M. et Mme Martin, 20 bis, rue G.-Bizet, 85180 Le Château-d'Olonne. ☎ 02-51-32-00-26. À environ 1 km au nord du Remblai (la promenade qui longe la plage des Sables), à la lisière des deux communes. Du centre des Sables, prendre l'avenue A.-Gabaret jusqu'à une fourche et suivre à droite l'avenue d'Aquitaine sur environ 800 m, puis tourner à gauche. C'est la première rue à droite. Compter entre 39,64 et 42,70 € (260 et 280 F) la nuit. 3 épis. Dans un quartier pavillonnaire très calme, une maison neuve fermée par un portail électrique. 2 jolies chambres avec salle de bains et jacuzzi (petit luxe à ne pas négliger après une longue journée épuisante au bord de la mer!).

â |●| *Chambres d'hôte et camping à la ferme Le Puy-Babin :* chez Nathalie et Pierre-Henri Vincent, 85150 Saint-Mathurin. ☎ 02-51-22-74-11. Prendre la N160 sur 5 km en direction de La Roche-sur-Yon. À Saint-Mathurin, tourner à droite vers La Mothe-Achard, puis suivre les panneaux. Ouvert toute l'année. Pour 2 personnes, comptez 33,54 € (220 F), petit déjeuner compris (confiture maison sublime). Un gîte pour 5 personnes à 304,90 € (2 000 F) la semaine. Table d'hôte le soir pour 12,20 € (80 F), vin compris. Dans un paysage doucement vallonné, un endroit tranquille et chaleureux entouré de champs. Près de la ferme, un camping ombragé et bien équipé : sanitaires propres, machine à laver, électricité. Le confort est d'une grande simplicité. On est à la ferme : pas de luxe superflu ! Même philosophie pour les 5 chambres, toutes équipées avec douche, lavabo et w.-c. À la table d'hôte, ambiance et cuisine familiales. La ferme propose de nombreuses activités pour découvrir le pays des Olonnes : VTT, canoë (voir plus bas « À voir. À faire dans les environs ») et un musée de l'Outillage agricole passionnant. Depuis la faux des guerres de Vendée jusqu'à l'ancêtre de la moissonneuse, une collection riche et impressionnante qui illustre avec beaucoup d'authenticité le passé rural de la région. Apéritif offert à nos lecteurs, sauf en juillet et août, sur présentation du *Guide du routard* de l'année.

â *Chambres d'hôte du château de la Millière :* chez Danièle et Claude Huneault, 85150 Saint-Mathurin. ☎ et fax : 02-51-22-73-29. Prendre la N160 vers La Roche-sur-Yon ; entre les bornes 81 et 80, prendre l'allée à droite, 500 m après le bourg de Saint-Mathurin. Fermé de début octobre à fin avril. Chambres à partir de 80 € (525 F) pour 2, petit déjeuner à 7,50 € (49 F). Superbe château du XIXe siècle avec une très belle piscine. Vaste parc de 18 ha. Les propriétaires proposent 4 chambres et une suite de prestige, avec sanitaires privés. Possibilité de barbecue et pique-nique dans le parc. Accueil raffiné. L'endroit idéal pour demander votre dulcinée en mariage. Et en mai, juin et septembre, Réduction de 10 % offerte à nos lecteurs ayant le *GDR* en poche sur le prix de la chambre.

â |●| *Chambres d'hôte Montmarin :* chez Françoise et Martial Fortineau, 85150 Martinet. ☎ 02-51-34-62-88. Fax : 02-51-34-52-65. À La Mothe-Achard (18 km au nord-est des Sables par la N160), prendre la direction de Nantes par la D978. Après 1 km, suivre le panneau « Le Martinet » sur la gauche; à 2 km tourner à gauche vers Martinet par la D55A, et prendre la route de la ferme 2 km plus loin ; c'est la 3e à gauche. Fermé de novembre à fin mars, et pas de repas le dimanche. Comptez 37 € (243 F) la nuit pour 2, petit déjeuner compris. Table d'hôte le soir pour 13 € (85 F). Dans le bocage vendéen, en pleine nature, ferme en activité proposant 4 chambres à proximité d'un bel étang. Chambres agréables (deux doubles, une triple et une quadruple), toutes avec salle de bains, et un petit déjeuner avec yaourt de la ferme et confiture maison. Petit coin-cuisine et salle de détente à disposition. Mais ce serait dommage de se priver de la table d'hôte. Réserver à l'avance. N'accepte pas les cartes de paiement. Apéritif ou café offert sur présentation du guide de l'année.

Prix moyens

|●| *L'Auberge de la Forêt :* route des Amis-de-La-Nature, 85340 Olonne-sur-Mer. ☎ 02-51-90-52-29. Fermé les lundi et mardi hors saison, ainsi que de mi-janvier à fin février et de mi-novembre à début décembre. Menus de 19,82 à 45,43 € (130 à 298 F). Quel plaisir de pouvoir manger sous les tonnelles de la terrasse ! Le décor a beau être un peu cossu, l'ambiance sait rester plutôt *cool*, à l'image du chef. D'ailleurs, le savoir-faire que Michel Guéry met dans sa cuisine ne pourra que vous séduire. De bons produits pour faire bonne chère ! Parmi ses spécialités : les anguilles à la crème d'ail et le croustillant de bar au fenouil.

Où boire un verre ? Où sortir le soir ?

Aux Sables, les bars ont l'autorisation de rester ouverts toute la nuit durant l'été. De quoi se prévoir quelques belles soirées de folies après avoir lézardé sur les plages toute la journée.

🍸 *Casino des Pins :* av. Rhin-et-Danube, près du lac du Tanchet. ☎ 02-51-21-69-00. Service au resto jusqu'à 23 h. Consos de 2,13 à 76,22 € (14 à 500 F). Machines à sous, black jack, roulette, boule pour ceux qui ont envie de perdre un peu d'argent en s'amusant ! Mais le casino des Pins, c'est aussi une ville dans la ville où l'on peut, dans une ambiance Nouvelle-Orléans revisitée, casser une croûte façon brasserie au *Cotton Pub*, déjeuner gastro en parlant affaires au *Saint-Louis*, boire un verre ou, la nuit venue, swinguer sur des concerts jazzy, se déhancher sur des rythmes latinos. Également tennis, mini-golf...

À voir. À faire

★ *Le musée de l'Abbaye Sainte-Croix (plan D2) :* rue de Verdun. ☎ 02-51-32-01-16. Fax : 02-51-32-01-17. • musee-lessables@wanadoo.fr • Ouvert du mardi au dimanche, du 1er octobre au 14 juin de 14 h 30 à 17 h 30, et du 15 juin au 30 septembre de 10 h à 12 h et de 14 h 30 à 18 h 30. Fermé les lundi et jours fériés. Entrée : 4,57 € (30 F). Tarif réduit : 2,29 € (15 F). Gratuit le 1er dimanche de chaque mois. Ce bâtiment du XIIe siècle en pierre blanche abrite plusieurs sites culturels parmi lesquels le musée, dont la réputation n'est plus à faire. S'articulant autour de deux axes – l'ethnographie maritime et l'art contemporain –, le musée doit en effet à cette dernière section sa réputation internationale. On sent, dans cette collection,

l'une des plus belles de France, une nette inclination pour les peintres avant-gardistes de 1910 à nos jours.
Victor Brauner et Gaston Chaissac y font figure de chouchous. Brauner, d'origine roumaine, s'est lié d'amitié avec André Breton et tout le groupe des surréalistes. Toute son œuvre reste marquée par le sentiment de l'étrangeté dans laquelle il conjugue l'imagerie onirique avec les exigences de son courant. Le musée présente une belle sélection de son œuvre, teintée d'humour et d'érotisme. *Mythologies et fêtes des Mères, Victor Victorel intégrant l'autoviol, Victor Victorel procureur général de l'orgasme propulseur, Hypercoït Barbarogène*, on vous le dit, c'est sexuel, mais on parle d'art ! La peinture de Chaissac, quant à elle, s'apparente plus à de l'art brut. Saluée dans les années 1950 par Dubuffet et Queneau, l'œuvre de Chaissac est intuitive, soucieuse d'une expression libre et spontanée. Ses toiles sont exposées au 1er étage. Les Sables-d'Olonne possèdent en France la plus importante collection publique des œuvres de Chaissac (près de 70 pièces, ainsi qu'une importante correspondance).

On trouve également *Les Barques échouées à Camaret* de Derain. *L'Été la plage des Sables-d'Olonne* de Marquet, *Les Bûcherons* de Max Beckmann et des œuvres plus contemporaines de Baselitz, Combas, Desgrandchamps, Saul, Rouan, Laget. Jean Dubuffet est également bien représenté avec *Trois Personnages* et le très beau *Colloque sous les arbres* de 1949. Au second étage sont présentés des objets d'ethnographie maritime et balnéaire : en particulier les gouaches ex-voto de Paul-Emile Pajot, les maquettes des bateaux, les objets en coquillages d'Hippolyte Massé et les nombreux souvenirs et bibelots de la station balnéaire. Tous les ans, plusieurs expositions thématiques ou monographiques attirent de nombreux amateurs.

★ **L'église Notre-Dame-de-Bon-Port** *(plan C2)* : construite au milieu du XVIIe siècle, c'est un des rares exemples en France du style dit de la Contre-Réforme. Les Sables obtinrent leur paroisse en 1622. On a bâti cette église à la place de la chapelle qui existait. Outre son aspect assez austère, on remarquera le clocher à bulbe avec son lanternon qui servait d'amer (de repère) aux marins. À l'intérieur, très beau ciborium de style Renaissance au-dessus du maître-autel.

★ **Les halles centrales** *(plan C2)* : rue des Halles. Ouvert aux heures de marché. Les Parisiens nostalgiques de l'époque des halles de Baltard pourront venir ici. Ils ne seront pas déçus. Superbement restaurées, elles sont plus vraies que nature. En ressortant, vous remarquerez que la rue de l'Enfer va en se rétrécissant pour ne mesurer que 44 cm en son point le plus étroit (un de nos lecteurs est allé vérifier, double-décimètre en main !). Elle est répertoriée dans le *Guinness des Records* comme étant la rue la plus étroite.

★ **Le Remblai** *(plan D3)* : promenade bordée d'immeubles cossus, de cafés et de boutiques avec une belle vue sur la baie. Édifié au XVIIIe siècle pour protéger la ville des fureurs de l'océan, le Remblai a conservé des bas-reliefs de cette époque, devant lesquels les marins venaient se recueillir avant de partir en mer. Il est interdit à la circulation des voitures le soir en été, pas mal !

★ **La Chaume** *(plan A2)* : le berceau des Sables-d'Olonne mérite qu'on s'y attarde. L'ancien quartier de pêcheurs, avec ses maisons typiques aux fenêtres à hauteur de la chaussée et aux toits de tuile, permet de belles flâneries. Quelques belles maisons d'armateurs, du temps où la pêche à la morue rapportait beaucoup, et un beau contraste avec l'urbanisation moderne du reste de la station.

★ **Le château Saint-Clair** *(plan A2)* **et la tour d'Arundel** *(plan A3)* : place Maraud. ☎ 02-51-32-78-81. Ouvert en avril et mai de 15 h à 18 h et de juin à septembre de 10 h 30 à 12 h 30 et de 15 h à 19 h. Entrée : 2,29 € (15 F), réductions. Le château fut construit au XIIIe siècle par le seigneur de Talmont. La tour (interdite au public), haute de 33 m, sert de phare depuis le XVIIIe siècle. En haut, panorama impressionnant sur la ville et ses environs. Le château abrite le *musée de la Marine* et le *musée de la Pêche*, avec de nombreuses maquettes exposées.

★ *La chapelle Saint-Nicolas* (plan A3) : il s'agit en fait d'une chapelle construite au XIe siècle par des moines bénédictins sous la coupe desquels elle demeura jusqu'au XVIIIe siècle. Le prieuré fut acheté en 1779 par l'armée qui s'en servit comme entrepôt à poudre. La chapelle devint un fort, puis elle fut abandonnée. Ce n'est qu'en 1970 qu'on la restaura pour en faire une salle de concert.

★ *Le zoo :* route du Tanchet. ☎ 02-51-95-14-10. Fax : 02-51-95-15-35. À côté du lac. Ouvert du 1er avril au 15 septembre, de 9 h 30 à 19 h ; du 15 septembre aux vacances de la Toussaint et du 15 février au 31 mars, de 10 h à 12 h et de 14 h à 18 h ; des vacances de la Toussaint au 15 février, de 14 h à 18 h. Entrée (chère) : 10 € (65,60 F) et 5 € (32,80 F) pour les enfants de moins de 10 ans. Il héberge des centaines de singes, loutres, tapirs, jaguars, lions, tigres, manchots et même des pandas dans un joli parc. Depuis l'année 2001, le zoo accueille des girafes du Niger. Plusieurs animations ponctuent la journée.

– *Les Salines :* embarcadère de Port-Olona nord. ☎ 02-51-21-01-19. Fax : 02-51-21-60-79. Visites sur réservation d'avril à fin septembre. Tarif : 12 € (79 F). Réductions. 2 h de balade charmante à travers les marais d'Olonne. Rencontre avec les sauniers et découverte de la flore et de la faune (voir plus loin « Le marais d'Olonne ») et escale au jardin des Salines avec parcours sur l'histoire du sel et visite des marais salants.

– *Base de canoë de l'Aubraie :* ☎ 02-51-90-87-74. Départ du village de l'Aubraie, situé entre le quartier de La Chaume et la forêt domaniale d'Olonne, au bord de la Rivière salée. Excursions en canoë à l'heure de 2 à 3 places. Accueil sympathique et chaleureux.

Manifestation

– *Vendée Globe :* tous les 4 ans, les plus grands marins partent pour un tour du monde en solitaire sans escale et sans assistance. Un défi technique et humain sans précédent et une occasion de voir de superbes bateaux et de véritables héros. Prochain départ théoriquement prévu à la fin de l'an 2004, de Port-Olona.

➤ **DANS LES ENVIRONS DES SABLES-D'OLONNE**

★ **OLONNE-SUR-MER** (85340)

ℹ *Office du tourisme :* place de la Mairie. ☎ 02-51-90-75-45. Fax : 02-51-90-77-30. • office-de-tourisme.olonne@wanadoo.fr • Ouvert toute l'année. L'office propose des sentiers balisés d'environ 10 km chacun, qui permettent de découvrir le bocage du pays d'Olonne, le marais et son fragile écosystème, les plages et la forêt. Itinéraires disponible à l'office. Il faut aussi savoir que la fin du GR 364, qui relie la forêt de Mervent à celle d'Olonne, passe à travers le marais et la forêt. Accueil très agréable.

DANS LES ENVIRONS DES SABLES-D'OLONNE / LE MARAIS D'OLONNE

★ *L'église Notre-Dame d'Olonne :* témoin de quelque mille ans d'histoire. Son plan basilical fait dire, en effet, qu'elle serait d'origine carolingienne. Il ne reste aujourd'hui que quelques éléments, dont la nef, de l'époque romane. Ayant subi les assauts de la guerre de Cent Ans, ceux des guerres de Religion et de la Révolution, cela n'a rien de remarquable. Chœur Renaissance dont la clé de voûte s'élève à 14 m. Clocher datant de 1660, surmonté d'une flèche servant d'amer aux marins.

★ *Le musée des Traditions populaires :* 30, rue du Maréchal-Foch. ☎ 02-51-96-95-53. Ouvert de juin à septembre en semaine de 15 h à 18 h 30. En cas de pluie, on pourra découvrir le pays d'Olonne du début du XXe siècle au travers de costumes, outils, documents.

★ *Le château de la Pierre-Levée :* à 2 km du centre d'Olonne. Propriété privée qui se visite en groupe de quinze. Réservation : ☎ 02-51-90-74-15 et auprès de l'office du tourisme d'Olonne-sur-Mer, ☎ 02-51-90-75-45. On peut se dire qu'on a déjà vu cela quelque part. Normal, il s'agit de la réplique, à peu de chose près, du Petit Trianon de Versailles. On la doit à un financier un peu fêlé, mais riche, conseiller de Louis XV, qui voulait une demeure élégante. Plutôt réussi comme pari !

★ *Les plages de Sauveterre et Les Granges :* pour se baigner, bronzer ou pratiquer la pêche à pied, Olonne possède deux superbes plages. Le naturisme est autorisé au lieu-dit La Grande-Pointe. Impossible de rater l'endroit, pas besoin de vous faire un dessin.

★ *LA FORÊT D'OLONNE*

Elle s'étend sur plus de 15 km de long et presque 2 km de large, et sert à protéger le marais contre les vents d'ouest. Un vrai paradis pour les marcheurs qui s'évertueront à reconnaître les dizaines d'essences différentes. On y trouve des pins maritimes, parasols, laricio mais aussi des chênes verts et de nombreux feuillus (acacias, érables, chênes). Avec un peu de chance et beaucoup de discrétion, vous croiserez peut-être quelques chevreuils.

★ *LE MARAIS D'OLONNE*

Un marais salant vieux comme... Mathusalem ou presque, puisqu'il est déjà mentionné en 631 par les moines de la région. Malgré des apparences tranquilles, il fourmille d'activités : sur les 1 400 ha de zone humide, on trouve un saunier (le dernier), des ostréiculteurs, une réserve ornithologique et une mosaïque de plus de 500 propriétés « d'agrément ». Sur ces parcelles parfois minuscules, on pratique essentiellement la chasse, la pêche et l'élevage extensif d'anguilles, de bars et de mulets. Ici, les techniques de pêche ont leurs particularités. Si d'aventure vous croisez un pêcheur, voici quelques termes essentiels qui vous permettront de relancer la conversation après l'inévitable « Alors, ça mord ? » La *trémaille* est un filet tendu en travers du canal (il est en principe interdit de le tendre d'une rive à l'autre...). La *senne* est un filet immergé en forme d'entonnoir. Le *carrelet* est un filet horizontal que l'on remonte à l'aide d'un palan fixé sur la berge. En hiver, les anguilles regagnent l'océan. C'est l'époque de la *pêche à la borne* : des cages sont fixées aux écluses. En sautant l'obstacle, les bestioles retombent dans la nasse. Plus sportif : la *pêche au salais*, sorte de fourche à dents munies de crochets. On embroche l'animal. Plus facile à dire qu'à faire !...
Malgré la permanence de ces traditions, le marais est menacé, victime de l'urbanisme rampant et de son morcellement extrême. De nouvelles routes assèchent les zones humides. Des canaux sont réaménagés pour la culture vivrière. Beaucoup sont bouchés par des propriétaires ou par manque

d'entretien. Bref, le marais s'asphyxie, l'écosystème s'appauvrit et les oiseaux disparaissent. Depuis quelques années, le nombre de nichées est en chute libre. Échasses et avocettes sont les premières espèces à plier bagage. Dommage.

★ *L'observatoire d'oiseaux :* ☎ 02-51-33-12-97. Des Sables-d'Olonne, prendre direction Vairé. C'est à gauche juste avant d'arriver à l'île d'Olonne. Ouvert de 10 h à 17 h tous les jours du 15 avril au 1er mai, du 1er au 4 juin, du 15 au 30 juin, et du 1er juillet au 17 septembre (jusqu'à 19 h 30 en juillet et août). Entrée : 2,29 € (15 F), 1 € (6,56 F) pour les enfants. Gratuit pour les moins de 7 ans. *Pass* offrant l'accès toute l'année pour 6,10 € (40 F). Le marais est une halte essentielle de flux migratoires. L'observatoire domine un vaste plan d'eau où s'ébattent hérons cendrés, aigrettes garzettes, sternes Pierregrain et autres OVNI à plumes. Un animateur vous aidera à les identifier. Inutile d'apporter vos jumelles : on vous en prête ! Le panorama est superbe, l'accueil sympa.
La réserve naturelle est gérée par les bénévoles de l'Association pour la défense de l'environnement en Vendée (ADEV). Si vous souhaitez apporter votre contribution, jetez un œil à la boutique (souscriptions, souvenirs...).

➤ *Excursions en canoë :* organisées par la ferme du Puy-Babin à Saint-Mathurin. ☎ 02-51-22-74-11. Adultes : 7,62 € (50 F). Enfants : 5,34 € (35 F). Durée : environ 3 h. Tous niveaux. Matériel et gilets fournis. Téléphonez pour connaître la date des sorties. Au fil de l'eau, on découvre la faune, la flore et les techniques d'exploitation du marais. Balade conviviale et passionnante en compagnie d'un guide kayakiste chevronné. On repart content et... salé ! (Prévoir un maillot ou des vêtements de rechange).

➤ *Randonnées pédestres :* itinéraires balisés. Renseignements à la mairie de l'île d'Olonne : ☎ 02-51-33-11-72 ou à l'office du tourisme.

– *Équitation :* centre équestre de Sauveterre, route de la Mer, à Olonne-sur-Mer. ☎ 02-51-90-76-96. Balades en forêt et sur la plage. Ambiance décontractée. Monte à l'américaine.

– *Karting Squad :* route de Challans, à l'île d'Olonne. ☎ 02-51-33-11-82. Évidemment c'est un peu cher, mais on s'amuse bien à plusieurs.

★ **LA MOTHE-ACHARD** (85150)

À 18 km au nord-est des Sables par la N160.

🛏 🍴 Possibilité de dormir et de se restaurer dans le coin, aux *chambres d'hôte Montmarin* (voir plus haut « Où dormir ? Où manger dans les environs ? »).

★ *Le Potager extraordinaire :* La Grange des Mares, à La Mothe-Achard. ☎ et fax : 02-51-46-67-83. Ouvert de mi-juin à mi-octobre de 10 h 30 à 12 h 30 et de 14 h 30 à 19 h. Entrée : 4,50 € (29 F). Réductions. Si le fait de ne pas savoir combien il existe de variétés de citrouilles et de potirons vous empêche de dormir depuis des lustres, vous devez venir chercher la réponse ici. Vous trouverez dans ce jardin botanique un nombre incroyable de cucurbitacées originaires de toutes les régions du monde, mais aussi des plantes plus bizarres les unes que les autres. Plus de 400 variétés poussent tranquillement sur cette terre de Vendée, et on vous proposera d'en goûter quelques-unes, comme la plante à goût d'huître !

★ *Le musée La Roue Tourne :* ☎ 02-51-38-65-85. Ouvert de Pâques à la Toussaint le dimanche après-midi ; en juillet et août, tous les jours, de 14 h à 19 h. Entrée : 2,29 € (15 F), 0,76 € (5 F) pour les enfants. Ils viennent d'Angleterre, de Suisse, de France. Les plus anciens datent de 1850 et n'ont que trois roues. Fabriqués en osier, en cuir ou en bois, ils sont équipés de suspensions. Bercelonnette, charrette, poussette, valise et baby camping que l'on attache derrière un vélo, ce musée présente une collection étonnante de landaus. Évitez d'y emmener votre bébé si le sien n'est pas aussi beau, il serait vert de jalousie! On trouve également des bicyclettes, des coiffes, des vieilles machines à écrire, des jouets anciens et plein d'ustensiles disparus. En somme, une vraie démarche d'ethnographie moderne dans un grenier de rêve.

TALMONT-SAINT-HILAIRE (85440) 5 360 hab.

Au XIe siècle, le seigneur de Talmont règne sur Olonne, La Mothe-Achard et Brem. Un port est créé à cette époque où l'on pratique le négoce du vin. Mais il sera vite remplacé par celui d'Olonne pour cause d'ensablement. Aujourd'hui, la ville est entourée de bocage et de marais largement exploités par les gens du cru.
Talmont garde la mémoire de Béatrix, châtelaine abandonnée par un mari parti aux croisades et qui n'avait d'autre divertissement que de se faire servir à dîner des cœurs d'enfants. Se rendant compte de son crime, elle décida de faire construire l'abbaye des Fontenelles près de La Roche-sur-Yon et de s'y rendre à pied. Bien sûr, il s'agit d'une légende. La construction de l'abbaye devait peut-être lui servir à expier d'autres forfaits plus lestes.

Adresse utile

Office du tourisme : place du Château. ☎ 02-51-90-65-10. Fax : 02-51-20-71-80. Ouvert toute l'année, le matin uniquement hors saison.

Où dormir? Où manger?

Prix moyens

Hôtel-restaurant Les Parcs : port de La Guittière. ☎ 02-51-90-61-64. Fax : 02-51-90-29-31. Dans les dunes, à 4 km de Talmont. Fermé les dimanche soir et lundi et d'octobre à début mars. Chambres doubles de 42 à 58 € (275 à 380 F) avec bains. Menus à thème (le canard, l'océan et le homard), très corrects, de 15 à 30 € (100 à 197 F). Pour sûr, ici la thyroïde va fonctionner. Comment résister aux huîtres qui n'ont qu'à traverser le chemin pour se retrouver dans votre assiette? On vient ici pour en manger simplement une douzaine arrosée d'un verre de muscadet. Il n'est pas interdit de rester plus longtemps dans ce petit coin paumé, loin de tout. Certes, la façade n'est pas très jolie, mais on s'y sent bien. Ambiance très cocooning. Réduction de 10 % sur le prix de la chambre offerte à nos lecteurs en basse saison sur présentation du *Guide du routard*.

À voir

★ **Le château :** au centre de la ville. ☎ 02-51-90-27-43. Fax : 02-51-20-73-24. Ouvert tous les jours du 1er avril au 10 juin, de 10 h 30 à 12 h 30 et de 14 h à 18 h 30 ; et de mi-septembre à début novembre de 14 h à 18 h. Visite libre : 3,05 € (20 F) et 1,52 € (10 F) pour les enfants. Visite guidée : 3,81 € (25 F) pour les adultes, 1,83 € (12 F) pour les enfants. Animations médiévales et visites les après-midi en juin-juillet et début septembre : 5,34 €

LA VENDÉE / DE TALMONT À LUÇON

(35 F) pour les adultes, 3,05 € (20 F) pour les enfants. Parcours nocturnes en semaine en juillet-août : 6,86 € (45 F) et 3,05 € (20 F). Bâti sur la motte qui dominait le port au XIe siècle, renforcé par Richard Cœur de Lion, le château fut démantelé sur ordre de Richelieu lors du siège de La Rochelle. On y pénètre en franchissant les restes des douves intérieures. Dans la cour centrale se trouve la tour carrée, reste de l'église Saint-Pierre construite au Xe siècle. On peut monter dans le donjon par un très bel escalier à vis pour arriver au poste de guet. De là-haut, belle vue sur la mer et les côtes.

★ *Le Musée automobile de Vendée :* route des Sables-d'Olonne (indiqué partout par de grands panneaux publicitaires). ☎ 02-51-22-05-81. Fax : 02-51-22-06-20. À 2,5 km du centre. Ouvert tous les jours du 1er avril au 31 mai et du 1er septembre au 1er week-end d'octobre, de 9 h 30 à 12 h et de 14 h à 18 h 30 ; du 1er juin au 31 août, de 9 h 30 à 19 h ; d'octobre au 1er avril, ouvert pendant les vacances scolaires tous les jours de 14 h à 18 h. Entrée à 7,20 € (47 F) et 4 € (26 F) pour les enfants de 4 à 10 ans. Comme souvent, ce genre de musée raconte une passion. En 1930, Gaston Giron achète sa première vieille voiture et depuis, il a acquis, avec son fils, plus de 200 véhicules fabriqués entre 1885 et 1975. Voilà donc pratiquement un siècle de l'histoire de l'automobile résumé dans ce hangar. On pourra s'attarder sur un tricycle à vapeur Dion-Bouton de 1885 (un des deux exemplaires connus), une Léon Bollée de 1904 qui ressemble à une vieille rame de métro, une Delahaye 1922, une Fiat 1921, une Chevrolet Impala de 1960, ou encore la Maserati Rafaela Speciale que conduisait Fangio. Frégate, Aronde, Caravelle, Peugeot 203, etc. Elles sont pratiquement toutes en état de marche, ce qui donne un cachet supplémentaire à cette admirable collection, à laquelle s'ajoutent des cycles superbes : draisienne de 1818, Grand Bi, première bicyclette et quelques belles motos.

DE TALMONT À LUÇON

SAINT-VINCENT-SUR-JARD (85520) 870 hab.

Petit village balnéaire tranquille et discret. Était-ce pour cette raison que Georges Clemenceau aimait se retirer, entre deux périples, à la fin de sa vie, dans la jolie maison basse faxe à la mer ?

HISTOIRE DE TIGRE...

Clemenceau est et restera celui que l'on surnomma le Tigre durant la Première Guerre mondiale. Né en 1841 à Mouilleron-en-Pareds, il fit ses études à Nantes avant de s'embarquer pour l'Amérique en 1865 afin d'y devenir professeur. Une fois là-bas, il y épousa une de ses élèves. Une histoire banale !
En 1870, farouche républicain, Georges s'engage dans la proclamation de la République. Élu député en 1876, il siégera dix-sept ans en se forgeant une réputation de tombeur de ministères, ce qui lui valut son surnom. Battu aux élections de 1893, le bébé tigre commence à écrire et se lie d'amitié avec les Goncourt, Rodin et Claude Monet. Excusez du peu ! Quand l'affaire Dreyfus éclate, Clemenceau se lance dans la bataille pour sauver le capitaine. C'est lui qui donnera le brillant plaidoyer de Zola, publié dans *L'Aurore*, son titre légendaire : « J'accuse ». Quand le verbe ne suffit pas, les différends se règlent en duel. Au début du XXe siècle, il revient aux affaires et accède à la présidence du Conseil dans un contexte difficile. Pour lutter contre la crimi-

nalité, Clemenceau crée les fameuses « brigades du Tigre » dotant la France d'une police moderne. Il quitte le gouvernement en 1909 après avoir présidé le Cabinet le plus long de la IIIe République. Un véritable exploit!
1914 : la guerre est déclarée. Clemenceau critique vivement le gouvernement et les militaires. En 1917, face à une situation cruciale (mutineries dans l'armée, révolution russe), Poincaré, président de la République, appelle le Tigre à la rescousse. En moins d'un an, il réussit à mener la France à la victoire du 11 novembre 1918. Pour les Français, il devient le Père la Victoire, mais il doit se retirer des affaires en 1920, après avoir été mis en minorité. À 80 ans, il se remet à écrire et voyage dans tout le continent asiatique. Aux Indes, il se met à chasser assidûment le tigre. Au soir de sa vie, partageant son temps entre la Vendée et Paris, Clemenceau reprend la plume. Il meurt à Paris le 24 novembre 1929. Selon ses dernières volontés, il repose à Mouchamps, près de Pouzauges, aux côtés de son père. Ni inscription, ni signe distinctif. Du coup, plus personne ne sait plus de quel côté se trouve le Tigre.

Adresse utile

Office du tourisme : le Bourg. ☎ 02-51-33-62-06. Fax : 02-51-33-01-23. • otstvincen@aol.com •

Où dormir ? Où manger ?

Hôtel-restaurant L'Océan : 72, rue Georges-Clemenceau. ☎ 02-51-33-40-45. Fax : 02-51-33-98-15. • www.hotel-restaurant-ocean.com • Fermé le mercredi hors saison. Congés de mi-novembre à fin février. Chambres doubles de 40 à 69 € (262 à 453 F) avec douche ou bains et selon la saison. Menus de 13 à 38,50 € (85 à 252 F). Demi-pension de 42 à 62 € (275 à 407 F), obligatoire en saison. La petite maison d'avant-guerre, proche de celle où Clemenceau venait passer ses vacances, n'a cessé de grandir, en réputation et en capacité d'accueil. Les chambres donnant sur le jardin sont plus confortables et plus calmes que celles donnant sur la mer. Au resto, bonne cuisine de spécialités régionales, comme les anguilles sautées à la vendéenne, les moules à la crème... Piscine. Apéritif maison (kir vendéen) offert à nos lecteurs, sauf de juin à septembre sur présentation du *Guide du routard*.

Où dormir dans les environs ?

Chambres d'hôte La Coutardière : chez Mme et M. Maret, La Coutardière, 85440 Saint-Hilaire-la-Forêt. ☎ 02-51-90-36-47. De Saint-Vincent-sur-Jard, prendre en direction d'Avrillé ; à Saint-Hilaire, suivre les panneaux. Chambre à 35,06 € (230 F), petit déjeuner compris. Parfait endroit pour un couple avec un enfant. Chambre indépendante avec salle de bains. Calme et sympa, que demander de plus ?

À voir

★ **La maison de Clemenceau :** ☎ 02-51-33-40-32. Ouvert d'octobre à mars, de 10 h à 12 h 30 et de 14 h à 17 h 30 sauf le mardi ; d'avril à août, de 9 h 30 à 19 h. Visite guidée toutes les demi-heures. Entrée : 3,81 € (25 F). Tarif réduit : 2,29 € (15 F). Gratuit jusqu'à 12 ans. En 1919, le commandant de Trémont fait savoir à Clemenceau qu'il lui prête cette maison. Le Tigre accepte, à condition de payer la location. Contrairement à certains dirigeants actuels, il savait qu'histoires de logement et politique ne font pas bon ménage ! La maison, surnommée par lui « Bel Ébat » (on se demande pourquoi !), est restée en l'état depuis sa mort. On y retrouve ses célèbres chapeaux, ses pistolets de duel tant redoutés, ses trophées de chasse, etc. Une belle maison de campagne, quoi !

➤ DANS LES ENVIRONS DE SAINT-VINCENT-SUR-JARD

★ **Le CAIRN (Centre archéologique de recherche sur le néolithique) :** route de Longeville-sur-Mer, 85440 **Saint-Hilaire-la-Forêt**. ☎ 02-51-33-38-38. Fax : 02-51-33-23-76. De Saint-Vincent-sur-Jard, prendre en direction d'Avrillé. Ouvert les après-midi, sauf le samedi, de 15 h à 18 h de début avril au 30 juin, et en septembre. Visite commentée les dimanche et jours fériés à 15 h 15. En juillet et août, ouvert tous les jours sauf le samedi matin et dimanche matin, de 10 h à 13 h et de 15 h à 19 h. 2 tarifs. Visite commentée à 11 h ; animation technique préhistorique de 15 h 30 à 18 h 30. En juillet-août : plein tarif à 5,49 € (36 F), tarif réduit à 3,96 € (26 F) et 1,82 € (12 F) pour les 7-15 ans. En basse saison : entrée à tarif réduit, soit 3,96 € (26 F) pour les adultes et 1,52 € (10 F) pour les enfants. Ristourne de 0,76 € (5 F) sur présentation du *Guide du routard*. Partir à la découverte du monde néolithique pour mieux le comprendre, c'est ce que propose le CAIRN – alliant recherche de pointe et ouverture touristique. Sérieux et très bien fait. On vous montrera la fabrication d'un four, la taille du silex, la construction mégalithique et... il ne faut pas trop en dire mais le découvrir.

★ **L'abbaye de Lieu-Dieu :** à **Jard-sur-Mer**. Magnifique abbaye du XIIe siècle, édifiée sous l'égide de Richard Cœur de Lion pour l'ordre des prémontrés. Au cours des 45 mn que dure la visite, on remarquera surtout une très belle salle du chapitre. Hélas, elle ne visite pas.

LA TRANCHE-SUR-MER   (85360)   2 540 hab.

Surnommée la « petite Californie française » en raison de son climat très agréable, La Tranche est une station balnéaire très étendue et particulièrement fréquentée. Elle accueille plus de 150 000 touristes pendant les mois d'été pour une population de 2 500 habitants. Ça fait du monde ! Il faut dire, qu'outre les locations, la station compte plus de 20 campings...

Adresses utiles

Office du tourisme : BP 216, place de la Liberté. ☎ 02-51-30-33-96. Fax : 02-51-27-78-71. • www.ot-latranchesurmer.fr • ot-latranchesurmer@wanadoo.fr • Ouvert toute l'année ; en juillet et août, du lundi au samedi de 9 h à 13 h et de 14 h à 19 h, les dimanche et jours fériés de 10 h à 13 h 30. En avril, mai, juin, tous les jours de 10 h à 12 h 30 ; le reste de l'année, du lundi au samedi de 9 h 30 à 12 h 30 et de 14 h à 18 h.

Inter Îles : à l'embarcadère. ☎ 02-51-27-43-04. Liaisons avec l'île de Ré, l'île d'Aix et la Rochelle de juillet à août. Plusieurs types de traversée : escale libre, visite guidée, visite découverte... À titre indicatif, quelques tarifs aller-retour en escale libre de la saison 2001 : pour l'île de Ré, 15,24 € (100 F) par adulte, 10,67 € (70 F) par enfant ; pour l'île d'Aix, 25,92 € (170 F) par adulte et 18,29 € (120 F) par enfant.

Où dormir ? Où manger ?

Camping

△ **Camping Sainte-Anne :** av. Sainte-Anne, La Grière-Plage, à 3 km du centre-ville. ☎ et fax : 02-51-30-46-82. Hors saison, ☎ 02-51-40-95-69. Ouvert de Pâques à fin septembre. Forfait : 15,24 € (100 F) par jour pour 2 personnes, emplacement et voiture compris. À 10 m de la plage, sous les pins, sympa et pas cher. Piscine chauffée. Réduction de 15 % avant le 15 juin et après le 31 août.

Bon marché

🛏 |●| *Hôtel-restaurant L'Atlantique :* 3, rue de la Bastille, à l'angle de l'av. de la Plage. ☎ 02-51-30-30-15. En plein centre-ville : entrée par le bar, sur la rue piétonne à deux pas et en face de l'église. Fermé le mercredi hors saison, ainsi qu'en janvier. Chambres doubles de 30,49 à 35,06 € (200 à 230 F). Petit menu à 9,91 € (65 F), à midi en semaine, puis menus entre 13,57 et 34,30 € (89 et 225 F). Demi-pension possible. Accueil très sympa. Chambres doubles rénovées, avec salle d'eau, toutes différentes. Le jeune propriétaire a voulu orienter la déco du bar et du resto sur le thème de la mer, et c'est plutôt réussi, mais côté cuisine, un effort est à faire sur la constance de la qualité, selon quelques témoignages de lecteurs. Réduction de 10 % sur le prix de la chambre offerte à nos lecteurs d'octobre à fin février sur présentation du *Guide du routard* de l'année.

Prix moyens

🛏 |●| *Hôtel-restaurant de l'Océan :* 49, rue Anatole-France. ☎ 02-51-30-30-09. Fax : 02-51-27-70-10. ● mi chel.guicheteau@wanadoo.fr ● À 50 m du centre-ville, face à la plage. Ouvert du 1er avril à fin septembre. Chambres de 50,30 € (330 F) avec douche à 73,18 € (480 F) avec bains. Côté resto 3 formules : 2 plats pour 13,72 € (90 F), 3 pour 18,29 € (120 F) et 4 pour 25,15 € (165 F). Demi-pension obligatoire du 10 juin au 10 septembre de 55,64 à 67,84 € (365 à 445 F). De la plage, cette maison à l'architecture vaguement mozarabe peut surprendre. Mais, en 70 ans, la famille Guicheteau a fait de cette ancienne villa de 5 pièces un hôtel de 45 chambres donnant sur la mer où se retrouvent un grand nombre d'habitués. Au restaurant, salle immense, haute de plafond et avec parquet. Apéritif offert à nos lecteurs porteurs de l'édition en cours.

|●| *Restaurant Le Nautile :* 103, route du Phare. ☎ 02-51-30-32-18. Fax : 02-51-30-04-81. Hors saison, fermé le lundi. Congés annuels : janvier. Menus de 14,94 à 33,54 € (98 à 220 F). Le quartier résidentiel de La Tranche cache ce restaurant dans son anonymat architectural, mais le parc et la véranda sont bien agréables. La cuisine fine et savoureuse de Cyril Godard mérite qu'on y goûte. C'est chic, un peu cher, mais bon. Petite marmite du pêcheur, cassolette de langoustines flambées au pineau... Toujours réputé dans la région, c'est bon signe !

À voir

★ *Le cimetière paysager :* un peu morbide comme balade, mais tellement agréable. Enfin un cimetière qui n'est pas déprimant.

△ *La plage de La Terrière :* des kilomètres de sable fin derrière une dune, paysage de rêve si l'on sait éviter le monde. Très réputé pour son spot.

Naturisme toléré au nord du poste de secours. Connu aussi pour son spot de surf.

★ *Le parc des Floralies :* bd de la Petite-Hollande. Du centre-ville, prendre la route des Sables-d'Olonne. Après quelques centaines de mètres, sur la gauche (fléchage). Renseignements à l'office du tourisme. Ouvert tous les jours de mars à début mai de 10 h à 12 h 30 et de 14 h à 18 h (10 h à 18 h les week-end et jours fériés). Fête des fleurs fin avril-début mai. Entrée : 5,19 € (34 F). Réductions. En été, accès libre au parc, mais on vient alors plus pour les arbres que pour les fleurs.

★ *La réserve naturelle de la Belle Henriette :* une lagune unique en Vendée. Promenades dans les marais, prairies humides, dunes et plages sableuses.

À faire

➢ *Balade sur le sentier de la dune de Paris :* ce sentier de 3,5 km, balisé en rose, commence au parc floral (voir ci-dessus) pour aller jusqu'à la plus haute dune de la forêt. Durée : 1 h environ.

➢ Prendre à l'office du tourisme la liste des circuits de *randonnées* pédestres et cyclistes.

DE TALMONT À LUÇON

★ LE CHÂTEAU LA GUIGNARDIÈRE

À 10 km par la D949 vers Luçon, un peu avant et sur la commune d'Avrillé. ☎ 02-51-22-33-06. Ouvert les week-end et jours fériés de Pâques à la fin mai, tous les jours de début juin à fin août de 10 h à 19 h ; en septembre de 12 h à 18 h. Entrée : 7 € (46 F), tarif réduit à 5 € (33 F). Gratuit pour les enfants de moins de 7 ans. Tarif réduit aux porteurs du guide. Château du XVIe siècle à la façade rigoureuse. Fenêtres à doubles meneaux. Dans le parc de 86 ha, on ne trouve pas moins de 14 menhirs. Pas étonnant qu'Avrillé soit surnommé le « Carnac de Vendée ».

★ MOUTIERS-LES-MAUXFAITS (85540)

À 6 km d'Avrillé par la D19.

★ *L'église :* du XIIe siècle. Belle façade comptant trois arcades en plein cintre.

★ *Les halles :* du XVIIIe siècle. On ne compte pas moins de 41 colonnes en pierre de style dorique pour soutenir le vaste toit de tuiles qui couvre ces halles superbes.
À 10,5 km par la D747, rejoindre le village des Angles.

★ *La tour de Moricq :* aux Angles. On l'appelle la tour du Bout-du-Monde. Construit au XVe siècle, ce donjon cubique devait veiller sur le marais contre les envahisseurs venus de la mer. Elle servit de prison aux XVIIe et XVIIIe siècles.
Revenir vers Les Angles et prendre à droite la D46 jusqu'à Saint-Benoist-sur-Mer.

★ *SAINT-BENOIST-SUR-MER* (85540)

★ **L'église :** belle église romane du XIe siècle construite alors que Saint-Benoist possédait encore un port. À l'intérieur, retable du XVIIe siècle. Sur sa toiture, on trouve une sculpture d'un lapin qui fume, faite par un des moines chargés de la restauration de l'édifice détruit pendant la guerre de Cent Ans. L'original a disparu, mais on le refait dès qu'il s'abîme. Un porte-bonheur pour le village !

SAINT-CYR-EN-TALMONDAIS (85540) 300 hab.

Célèbre dans toute la région pour son parc floral unique.

Où manger ?

I●I **Auberge de la Court-d'Aron :** 1, allée des Tilleuls. ☎ 02-51-30-81-80. ● dominique.orizet@wanadoo.fr ● ⚒ Fermé le mercredi et le dimanche soir de septembre à fin juin, ainsi qu'en février. Menus de 16,77 à 36,89 € (110 à 242 F). On abandonne sans regret la côte surpeuplée pour venir dans cette belle salle, installée dans les communs du château, savourer une cuisine pleine de saveurs. Réservation obligatoire le week-end.

À voir

★ **Le parc floral de la Court-d'Aron :** ☎ 02-51-30-86-74 ou 06-60-19-31-81 (portable). Fax : 02-51-30-87-37. ● www.domaine-des-lotus-prl.com ● courtdaron@aol.com. ● ⚒ Ouvert tous les jours du 1er avril au 30 octobre, de 10 h à 19 h. Entrée : 5,18 € (34 F) jusqu'à fin juin, puis 7,32 € (48 F), 2,29 € (15 F) pour les enfants. Un tarif spécial pour les porteurs du *GDR* de l'année. Johannes Mathysse, un Hollandais installé depuis 40 ans en France, fut le premier à introduire la culture de la tulipe dans l'Hexagone. Ce parc de 10 ha résume sa passion et sa vie : les fleurs, les plantes, les arbres. On y trouve une bambouseraie, une bananeraie, un étang de lotus unique en Europe, une collection de 125 dahlias, un lac rempli de carpes koï (sa dernière folie), et des milliers d'autres choses. On apprend avec surprise que les yuccas fleurissent. Un endroit admirable, qui donnera des complexes à ceux qui croient avoir la main verte.

LUÇON (85400) 9310 hab.

Entre bocage et marais, Luçon est la porte ouverte à toutes les découvertes possibles dans la région. Ville importante lorsque la mer arrivait encore à ses portes, couronnée par la réputation d'un certain cardinal de Richelieu, Luçon a dû se battre pour retrouver un rayonnement qui s'éteignait. La ville, aujourd'hui ravissante, connaît une renaissance progressive. Sa cathédrale et ses manifestations musicales en font une étape incontournable de la Vendée. On se baladera volontiers dans ses petites rues étroites avant d'aller vers le marais, la mer ou le bocage.

UN PEU D'HISTOIRE

Toute l'histoire de la ville est liée à celle de son église. Au VIIe siècle, on construit un monastère. Les pillages des Normands, les destructions de la guerre de Cent Ans alternent avec les reconstructions et les périodes fastes. Une histoire banale jusqu'en 1608, date à laquelle un jeune homme de 22 ans, maigrichon et pâle, devient évêque de la ville. Il s'appelle Armand du Plessis, duc de Richelieu.

Armand n'était pas destiné à l'évêché ; mais son grand frère refusa d'embrasser une carrière ecclésiastique pour des raisons obscures. Luçon se retrouve alors privée d'évêque. De dispense en passe-droit, Richelieu réussit le tour de force de se faire ordonner prêtre et évêque la même année, sans pour autant avoir le titre de docteur en théologie. Son sens du pouvoir et de l'intrigue vient de loin. À 22 ans, il prend donc possession de Luçon, « l'évêché le plus vilain de France, le plus crotté et le plus désagréable », comme il l'écrira plus tard. Il faut bien avouer que la cathédrale est à cette époque en partie détruite et la ville exsangue après les guerres de Religion. Il entame la reconstruction et commence à organiser le clergé de son diocèse. Très porté sur les études, il crée le premier séminaire qui restera en activité jusqu'en 1972. Très vite, Richelieu se heurte aux puissants protestants du Poitou. Patient, il garde ses rancœurs pour plus tard. En 1614, son élection aux États Généraux comme représentant du clergé de la province est un tournant dans sa vie. On le retrouve, deux ans plus tard, chef du Conseil de Marie de Médicis. En 1622, il est ordonné cardinal, devient chef du Conseil du roi et vend l'évêché de Luçon moyennant quelque rente. Il n'empêche que la ville est marquée au fer rouge par son passage. Depuis 1997, le séminaire est devenu, grâce à sa superbe acoustique, un haut lieu de culture avec son festival de musique romantique annuel : les *Nocturnes océanes*.

Adresses et renseignements utiles

Office du tourisme (plan A1) : square Édouard-Herriot. ☎ 02-51-56-36-52. Fax : 02-51-56-03-56. Ouvert en basse saison du lundi après-midi au samedi matin, de 10 h à 12 h 30 et de 14 h 30 à 18 h ; en juillet et août, du lundi au samedi et jours fériés de 9 h à 19 h, le dimanche de 9 h 30 à 12 h 30. Dans une maison de verre toute neuve, en face de la poste. Accueil délicieux. Liste des circuits pédestres à disposition.

Gare SNCF (hors plan par A1) : av. Émile-Beaussire. ☎ 0892-35-35-35 (0,34 €/mn, soit 2,21 F). Trains pour Nantes, Bordeaux et La Rochelle.

Gare routière (plan A-B1) : au Petit-Champ-de-Foire. ☎ 02-51-62-18-23 (gare routière de La Roche-sur-Yon). Juste à côté de l'ancien château d'eau. Liaisons avec toute la côte.

– Les Nocturnes océanes : du 22 au 27 juillet 2002. Un festival de musique classique qui porte, pour sa 5e année sur le thème du chiffre 5 (5e symphonie, 5e concerto...). Renseignements à l'office du tourisme.

Où dormir ? Où manger ?

Hôtel-restaurant du Croissant (plan B1, 1) : place des Acacias. ☎ 02-51-56-11-15. Fax : 02-51-29-03-65. Fermé le dimanche hors saison et en octobre. Chambres doubles à 23,17 € (152 F) avec cabinet de toilette, et de 33,54 à 40,09 € (220 à 263 F) selon les degrés d'un confort relatif qui s'améliore toutefois d'année en année ! Menus entre 9,91 et 19,82 € (65 et 130 F). Depuis 1930, cet établisse-

LUÇON

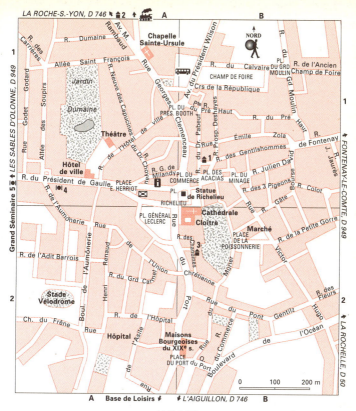

LUÇON

- **Adresses utiles**
  - Office du tourisme
  - Poste
  - Gare SNCF
  - Gare routière

- **Où dormir ? Où manger ?**
  1. Hôtel-restaurant du Croissant
  2. Hôtel-restaurant Le Bœuf Couronné
  3. Chambres d'hôte
  4. La Ciboulette
  5. La Mirabelle

ment reste fidèle à la tradition de l'hôtellerie familiale française, privilégiant l'accueil et la restauration au confort fonctionnel des commodités modernes. Une politique qui plaît à nombre de nos lecteurs. Très bonne cuisine traditionnelle. Café et 10 % sur le prix de la chambre offerts à nos lecteurs de novembre à avril sur présentation du *Guide du routard*.

Hôtel-restaurant Le Bœuf Couronné (hors plan par A1, *2*) : 55, route de La Roche-sur-Yon. ☎ 02-51-56-11-32. Fax : 02-51-56-98-25. • boeufcouronne@wanadoo.fr • Fermé les dimanche soir et lundi et la 2ᵉ quinzaine de septembre. Chambres avec bains à 45,73 € (300 F). Menus de 7,17 à 26,22 € (47 à 172 F). Jolie maison un peu proche de la route. Pergola fleurie en été, salon bien chaud en hiver, on a le choix entre plusieurs salles à manger pour savourer une bonne cuisine : paupiettes de filets de sole aux langoustines, foie gras de canard au porto... À voir, les flambages en salle. Si l'envie vous en prend, il y a 4 chambres plutôt cossues pour des nuits réparatrices. 10 % de réduction sur le prix de la chambre sur présentation du *Guide du routard* de l'année.

🛏 *Chambres d'hôte* (plan B2, 3) : chez Élisabeth et Henri Lugand, 1, rue des Chanoines. ☎ 02-51-56-34-97. Fermé de mi-décembre à mi-janvier. Chambres doubles de 46 à 54 € (302 à 354 F), dont une suite, petit déjeuner compris. Construite au XVIIIe siècle, cette maison des chanoines a un cachet extraordinaire. On se prend à regretter que les murs ne puissent pas parler. Une bibliothèque verte, dans le style Art nouveau, regorge de vieilles bandes dessinées. 3 chambres classieuses, décorées avec raffinement, avec de belles salles de bains. Derrière la maison, grand jardin à l'anglaise où l'on peut apprécier le calme et le bon air de la petite bourgade. En cas de maux de dents, pas d'inquiétude, Henri Lugand est dentiste. Réduction de 10 % offerte à nos lecteurs de septembre à décembre.

|●| *La Ciboulette* (plan A1, 4) : 35, rue De-Gaulle. ☎ 02-51-56-00-56. Dans la rue principale, sur la droite en venant des Sables. Fermé les dimanche midi, lundi et mardi soir hors saison. Formules-repas autour de 9,15 € (60 F). Même maison que *La Paillote* à Fontenay-le-Comte, même carte. Formules « repas dans une assiette », grillades, salades, le tout dans une déco exotique où domine le bambou ; noter l'abat-jour en forme de tête de cocotier... Arriver tôt au déjeuner.

|●| *La Mirabelle* (hors plan par A1, 5) : 89 bis, rue De-Gaulle. ☎ 02-51-56-93-02. Sur la droite en venant des Sables, juste après la dernière arche formée par les platanes. Fermé les samedi midi et mardi et 2 semaines en janvier ou février. Menu « gourmand » à 13,59 € (89 F) en semaine, formule « clin d'œil au terroir » à 14,94 € (98 F) les week-end et jours fériés et menu « saveurs régionales » jusqu'à 40,40 € (265 F). Salle élégante dans une petite maison basse à la façade ivoire et aux volets verts. Terrasse sur le côté aux beaux jours. La cuisine de Benoît Hermouet attire les fines fourchettes.

Où dormir ? Où manger dans les environs ?

🛏 |●| *Hôtel-restaurant Le Mareuillais* : route de Luçon, BP 4, 85320 Mareuil-sur-Lay. ☎ 02-51-30-51-60. Fax : 02-51-97-33-54. À la sortie de Mareuil, sur la droite de la D746 vers Luçon, un peu en retrait. Resto fermé le soir les vendredi et samedi, ainsi que début janvier. Chambres doubles à 33 et 37 € (216 et 243 F). Menus de 10 à 20 € (66 à 131 F). Longue maison sur deux niveaux, en partie couverte de vigne vierge, genre motel de campagne. Cuisine traditionnelle régionale.

À voir

D'une grande richesse architecturale, Luçon mérite bien une visite approfondie.

★ *La cathédrale Notre-Dame de l'Assomption* (plan B2) : imposante et étonnante, l'architecture de la cathédrale n'en demeure pas moins hétéroclite. C'est justement ce qui fait son charme. On y trouve tous les styles du XIIe au XVIIIe siècle. La façade, partie la plus récente de l'édifice, semble avoir été conçue sans le moindre souci d'unité. Elle se divise en trois parties où l'on reconnaît sans difficulté les trois ordres antiques : dorique, ionique et corinthien. Sa flèche s'élève à 85 m. À l'intérieur, nef du XIIIe siècle, longue de cinq travées. Seul élément subsistant de l'abbatiale romane, le transept nord où l'on trouve un très beau chapiteau représentant deux lions allongés sur l'astragale. Quelques belles pièces de mobilier comme le maître-autel, le baldaquin et les stalles du chœur du XVIIIe siècle. Dans les médaillons, le sculpteur a figuré des scènes de la Bible : Nativité, Adoration des Mages, Jésus parmi les Docteurs et la rencontre avec la Samaritaine. La chaire, plutôt banale, a été utilisée par Richelieu pour ses homélies. Sur la tribune, une des plus belles orgues Cavaillé-Coll de France. Classées monument historique. Mais pour s'en rendre compte, il faut l'entendre ! On accède au cloître par une porte du XIVe siècle. Conservé en l'état depuis le XVIe siècle, il est remarquable par son harmonie et sa galerie ouest avec ses pilastres à rosaces.

★ *Le jardin Dumaine* (plan A1) : visite gratuite toute l'année de 9 h à 19 h (21 h en été). Avant la Révolution, on y trouvait un couvent capucin. Acheté comme bien national par la famille Dumaine, il fut façonné par Pierre, le fils de la maison, médecin à la main verte. Il planta en 1830 la superbe allée d'ifs. À sa mort, il légua ce jardin à la ville. Au fil du temps, on construisit l'orangerie, le kiosque à musique, et on creusa la pièce d'eau et le bassin. Typique du Second Empire, à la fois jardin à la française, à l'anglaise et jardin baroque, il mérite vraiment qu'on s'arrête pour voir ses palmiers, ses magnolias, ses orangers, ses massifs floraux à thèmes. L'endroit rêvé pour conter fleurette, comme l'ont fait des générations de Luçonnais !

★ *La chapelle des Ursulines* (plan A1) : dans le pensionnat Sainte-Ursule. Visites guidées du mardi au samedi de 14 h 30 à 18 h en juillet-août. À l'année, sur demande. Se renseigner à l'office du tourisme. Elle date du XVIIe siècle. Impressionnant plafond de bois peint de 33 m de long. Remarquer un magnifique retable en marbre et pierre peinte. Chaque année à la fin juin, dans le cadre du festival de la *Promenades des Arts*, des concerts y sont également organisés.

★ *L'ancien château d'eau* (plan B1) : sur la place du Champ-de-Foire, juste à côté de la gare routière, on remarque un édifice très étrange. Il s'agit d'un ancien château d'eau construit en 1912 en béton armé dit « hennebique ». Cette construction est indirectement due à Georges Clemenceau. Il avait fait cantonner dans la ville le 1er dragon de cavalerie. Et cela nécessitait une desserte en eau potable de la zone militaire. Mais la caserne, dotée d'eau courante et d'électricité (une première !) n'abrita pas longtemps les malheureux soldats. Arrivés en avril 1914, ils partirent à la guerre en août pour ne plus jamais revenir.

Où acheter une spécialité locale ?

◈ *Établissement Vrignaud* (plan A1) : 1, place Richelieu. ☎ 02-51-56-11-48. Fax : 02-51-56-88-34. Ouvert du mardi au samedi de 9 h à 12 h 30 et de 14 h à 18 h 30. Juste en face de la cathédrale. Grande enseigne verte marquée « Kamok ». Dites, grand maître, quel est ce breuvage très étrange ? De la liqueur de café ! L'établissement a trouvé la formule magique du kamok en 1860 et ne cesse d'en produire. Un exploit, car ce n'est pas simple à faire. D'ailleurs, il n'en existe que deux dans le monde : le kamok de Luçon et une autre, d'origine brésilienne. La liqueur est faite à base d'arabica, mais on n'a toujours pas compris pourquoi kamok était presque l'anagramme de moka ! Aujourd'hui, on trouvera que cela fait « verlan ».

> ### DANS LES ENVIRONS DE LUÇON

★ **L'église Saint-Nicolas des Magnils-Reigniers :** à 5 km au nord-ouest de Luçon. Ouvert en saison du mardi au vendredi de 15 h à 18 h. Pour les visites commentées, toute l'année, s'adresser au ☎ 02-51-97-70-00. Ancien prieuré grandmontain et église construits entre le XIIe et le XVe siècle. Clocher étonnant, carré à sa base et octogonal plus haut, avec quatre clochetons aux angles. À l'intérieur, des traces de fresques superbes.

★ **Les « fiefs vendéens » :** Mareuil (en particulier la cuvée « Prestige »), Brem, Pissotte et Vix, des régions où le vin est une vieille histoire remontant à chaque fois au Xe siècle. Élaborée à partir de différents cépages – gamay et pinot noir pour les rouges, chenin et chardonnay pour les blancs –, l'appellation « fiefs vendéens » a obtenu un VDQS (vin délimité de qualité supérieure) en 1984. On dit des blancs qu'ils sont acidulés et souples en bouche, et que certains rouges peuvent rivaliser avec les bourgueil. En tout cas, à découvrir sur place, autour de Rosnay, au nord de Luçon, car vous n'en trouverez pas facilement ailleurs !

★ **Mareuil-sur-Lay (85320) :** difficile de trouver le calme dans la région, avec la départementale ! Mareuil doit sa jolie réputation à son vignoble, le plus important des quatre régions viticoles du département.

LE BOCAGE DE LA VALLÉE DU LAY

En remontant le Lay de Mareuil-sur-Lay à Réaumur, avec un peu de fantaisie, on découvre le bocage vendéen et toute une ribambelle de sites, d'églises et de manoirs accrochés sur les coteaux.

★ **L'église des Moutiers-sur-le-Lay :** construite au XIIe siècle, mais remaniée au XIXe siècle, elle a conservé, de la période primitive, le chœur à trois ogives et la nef, dont les retombées de voûtes sont ornées de masques cocasses.

SAINTE-HERMINE (85210) 2 260 hab.

Ville tampon entre plaine et bocage avec de belles halles de style Baltard du XIXe siècle. Clemenceau y passa le plus clair de sa jeunesse.

Adresse utile

Office du tourisme : 35, route de Nantes, BP 13. ☎ et fax ☎ 02-51-27-39-32. Ouvert en juillet et août.

Où manger ?

Restaurant Le Minage : place du Marché. ☎ 02-51-27-33-22. En face des halles classées. Ouvert uniquement à midi hors saison, plus le samedi soir. Fermé le lundi soir en juillet et août. Congés annuels du 20 décembre au 6 janvier. Menus de 9,15 à 25,92 € (60 à 170 F). Jolie maison blanche et verte. Une adresse très courue dans la région. Normal, on y mange à prix raisonnables une cuisine raffinée. De plus les portions sont copieuses et le service souriant. Au bar, amusante collection « sommelier ». À la cave, vente des produits du restaurant et d'objets de bistrot : tire-bouchons, verres, etc. Apéritif offert à nos lecteurs sur présentation du *Guide du routard*.

DE SAINTE-HERMINE À MOUILLERON-EN-PAREDS

Une superbe balade à faire en voiture pour découvrir quelques beaux paysages et des villages tranquilles du bocage vendéen.

★ *Thiré (85210)* : petit bourg sur les rives verdoyantes de la Smagne. Belle église romane où l'on peut voir un retable et un bénitier en porphyre du XVIe siècle.

★ *Saint-Martin-de-Lars-en-Sainte-Hermine (85210)* : un nom à rallonge pour un village où l'on trouve une église du XIe siècle pleine de charme.

★ *La Réorthe (85210)* : village pittoresque perché sur un coteau au-dessus des méandres du Lay.

★ *Bazoges-en-Pareds (85390)* : village qui a su conserver de superbes ruines médiévales.

– *Le donjon* : ☎ 02-51-51-23-10. Hors saison, ouvert les dimanche et jours fériés de 14 h 30 à 18 h 30 ; de Pâques à mi-septembre, tous les après-midi aux mêmes horaires. Entrée : donjon et jardin à 3,05 € (20 F) pour les adultes et 2,29 € (15 F) pour les enfants ; musée à 2,29 € (15 F) pour les adultes et 0,80 € (5 F) pour les enfants ; jardin seul à 1,22 € (8 F). Le donjon construit au XIVe siècle lors de la fortification faisait partie d'un château antérieur détruit au XVIIe siècle par Richelieu. Il ne reste que cette grosse tour surmontée d'une couronne de mâchicoulis. Petit musée et jardin médiéval juste à côté. Visite costumée le dernier samedi de juillet.

MOUILLERON-EN-PAREDS (85390) 1 180 hab.

La chose peut paraître incroyable mais les faits sont là. Dans ce petit village tranquille naquirent deux des hommes les plus importants de l'histoire française du XXe siècle. En 1841, Georges Clemenceau vit le jour dans la maison de ses grands-parents. Une plaque y est apposée. En 1889, c'est Jean de Lattre de Tassigny qui naît ici. Héros de la Seconde Guerre mondiale, à 56 ans, il signera pour la France la capitulation de l'Allemagne nazie à Berlin, le 8 mai 1945.

Où dormir ? Où manger dans les environs ?

🏠 |●| *Auberge de la Terrasse* : 7, rue Beauregard, 85120 La Châtaigneraie. ☎ 02-51-69-68-68. Fax : 02-51-52-67-96. À 9,5 km à l'est par la D949. Fermé les vendredi soir, samedi midi et dimanche soir (de septembre à mi-juin). Doubles à 50,31 € (330 F) avec douche, w.-c. et TV (Canal +). Menus de 10,50 à 29,70 € (69 à 195 F). Dans une rue calme de ce gros bourg très France profonde se cache, derrière une façade sans prétention, un charmant petit hôtel à l'atmosphère familiale, doublé d'un resto à la qualité réputée. Le patron, M. Leroy, se fait un devoir de vous faire découvrir, dans l'assiette, les produits du bocage vendéen comme ceux de la mer. Parmi ses spécialités : les anguilles au beurre de lardons, les escargots de différentes manières, la brioche en pain perdu... Chambres rénovées confortables. En face, une placette ombragée offre une jolie vue.

🛏 |●| *Chambres d'hôte La Cacaudière :* chez Mme Montalt, 85410 Thouarsais-Bouildroux. ☎ 02-51-51-59-27. Fax : 02-51-51-30-61. À 9 km au sud par la D8, puis la D39. Du village, direction La Caillère. Pour l'instant, le château n'est pas fléché ; si vous ne trouvez pas, demandez votre chemin au café de la place de l'Église. Ouvert de début juin à fin septembre. Chambres de 69 à 92 € (453 à 603 F) pour 2. Joli château du XIXᵉ siècle, dans un parc arboré très agréable. Mme Montalt loue des chambres de prestige, avec meubles anciens et décoration soignée. Salons de jeux (avec un billard), de lecture et de musique (avec un piano à queue). Excellente adresse, tenue par une femme chaleureuse et charmante. Apéritif offert sur présentation du guide.

🛏 *Chambres d'hôte et gîtes, Domaine de la Frouardière :* 85410 Cezais. ☎ 02-51-52-61-25. Fax : 02-51-69-69-04. • lafrouardiere@wanadoo.fr • À environ 7 km au sud-ouest de La Châtaigneraie. Doubles de 53,36 à 60,98 € (350 à 400 F) selon la saison, petit déjeuner compris. Pour les gîtes, compter de 304,90 à 914,69 € (2 000 à 6 000 F) la semaine, selon la taille et la saison. Dans une belle ferme des XVᵉ et XVIᵉ siècles offrant un joli panorama sur les collines, deux chambres d'hôte de 2 et 3 personnes et 3 gîtes, dont un pouvant accueillir jusqu'à 10 personnes. Accueil chaleureux des propriétaires qui ont pensé au bien-être et aux loisirs de leurs hôtes (vélos, piscine, salle de jeux, tennis, salle de musculation...). Une bien sympathique adresse. Apéritif, boisson fraîche ou café offerts sur présentation du guide.

|●| *Ferme-auberge du Moulin Migné :* 85390 Cheffois. ☎ 02-51-69-68-76. Fax : 02-51-52-66-23. À environ 6 km à l'ouest de La Châtaigneraie, entre Cheffois et Saint-Maurice-le-Girard. En pleine campagne au bord du Louing. Fermé le lundi. Menus de 14,48 à 24,39 € (95 à 160 F). Sur réservation. Isabelle, une ex-comptable, et Roland, son mari agriculteur, ont décidé de faire partager à leurs convives et surtout aux enfants leur passion pour une agriculture saine. Des stages sont organisés pour ces derniers, avec hébergement dans les environs. La cuisine d'Isabelle est préparée uniquement avec les produits de leur terroir. Dans les belles salles à manger de l'ancien moulin, on se régale tout en apprenant plein de choses intéressantes. Spécialité de génisse charolaise et porc fermier. Visite de l'exploitation et sentiers pédestres. Apéritif offert sur présentation du guide de l'année.

À voir

★ *La maison natale du maréchal de Lattre de Tassigny* (musée national des Deux Victoires Clemenceau-de Lattre) *:* ☎ 02-51-00-31-49. Fax : 02-51-00-34-31. Ouvert de 9 h 30 à 12 h et de 14 h à 18 h (et de 10 h à 12 h et de 14 h à 17 h de mi-octobre à mi-avril). Fermé le mardi. Entrée : 3,05 € (20 F). Tarif réduit : 2,29 € (15 F). Maison de la famille de Lattre où l'on apprend que les hommes de cette famille étaient tous maires de Mouilleron jusqu'à ce que Mme la Maréchale occupe cette fonction en 1956. Elle fut mairesse jusqu'en 1977. Plusieurs vitrines retracent la carrière militaire du général de Lattre, qui ne fut élevé à la distinction de maréchal qu'à titre posthume. On y expose son képi 5 étoiles. De Gaulle, en tant que général de brigade, n'en a jamais eu que deux !

Du « Tigre », le musée expose quelques souvenirs personnels et des documents relatifs à la signature du traité de Versailles. Étonnant que les deux hommes qui ont signé la paix à la fin des deux conflits mondiaux contre les Allemands soient originaires du même village !

LES COLLINES VENDÉENNES

Peu à peu, le paysage prend des rondeurs, contredisant l'idée que la Vendée est toute plate. Rien à voir avec les Alpes, mais les routes se mettent à serpenter et grimpent doucement à travers un paysage de bosquets et de haies touffues. Les vallées alternent avec les points de vue, des châteaux riches d'histoire succèdent à des villes modernes et dynamiques. Tout cela sous le regard du mont Mercure, point culminant de toute la Vendée avec ses... 285 m.

POUZAUGES (85700) 5 620 hab.

Au cœur des collines, Pouzauges est une ville où l'on grimpe. Les rues deviennent des venelles dont les noms rappellent tous les épisodes historiques de la ville : Barbe-Bleue, dont la femme était la châtelaine de la ville ; les guerres de Religion, qui générèrent de sanglantes batailles entre calvinistes et catholiques ; le passage des Colonnes Infernales, qui firent de nombreux morts durant les guerres de Vendée.
Pouzauges est également le siège de la plus grosse entreprise du département : Fleury-Michon, qui emploie plus de 2 000 personnes.

Adresse utile

Office du tourisme : 28, place de l'Église. ☎ 02-51-91-82-46. Fax : 02-51-57-01-69. • o.t.pouzauges@wanadoo.fr • En avril, mai, juin et septembre, ouvert du lundi au samedi de 9 h 15 à 12 h 30 et de 14 h 30 à 18 h 30 ; en juillet et août, mêmes horaires jusqu'à 19 h, plus le dimanche de 10 h à 12 h 30 ; hors saison, du lundi au samedi de 10 h à 12 h 30. Dispose d'un guide des circuits de randonnées pédestres (43 !) payant : 3,81 € (25 F).

Où dormir ? Où manger ?

Auberge de la Bruyère : 18, rue du Docteur-Barbanneau. ☎ 02-51-91-93-46. Fax : 02-51-57-08-18. • auberge.labruyere@wanadoo.fr • À 300 m du centre, en direction de La Pommeraie-sur-Sèvre. Resto fermé les vendredi soir, samedi et dimanche soir d'octobre à mai. De juin à septembre, fermé les samedi midi et dimanche soir. Chambres doubles à 47,26 € (310 F) avec douche et w.-c., à 53,36 € (350 F) avec bains. Menus de 12,96 € (85 F) sauf le dimanche, à 24,39 € (160 F). Demi-pension de 39,64 à 48,02 € (260 à 315 F). À flanc de coteau, au-dessus de la ville, belle vue depuis cette maison moderne qui dispose d'un jardin agrémenté d'une piscine chauffée (couverte en hiver), auprès de laquelle on vous sert crêpes, grillades et salades à la belle saison. Dans la salle à manger, on vous fera goûter une cuisine assez fine et savoureuse alliant terroir et produits de saison. Certaines chambres sont spacieuses et agréablement arrangées, mais d'autres, au dernier étage, sont vraiment riquiqui et un peu tristounettes malgré la vue, pour le même prix. Réduction de 10 % sur le prix de la chambre offerte à nos lecteurs d'octobre à fin mars sur présentation du *Guide du routard* de l'année.

Où manger dans les environs ?

I●I *Restaurant Patrick :* La Meille-raie Tillay, à Pouzauges-Gare. ☎ 02-51-65-83-09. Juste après l'usine Fleury-Michon, sur la gauche en venant de Pouzauges, sur la D752. Menus de 9,15 à 25,15 € (65 à 165 F). Une maison moderne d'un seul niveau, tout en longueur et vêtue de rose, c'est « chez Patrick », l'adresse que tout le monde connaît désormais puisque le patron et chef a su s'imposer par son talent. Patrick va lui-même chercher le poisson sur la côte et on peut lui faire confiance.

I●I *Restaurant-auberge de la Coudre :* route des Herbiers, à La Coudre. ☎ et fax : 02-51-57-11-40. De Pouzauges, prendre direction Les Herbiers, c'est à 5 mn de la ville. Fermé le soir de novembre à mars (sauf réservation) et le lundi soir le reste de l'année. Menus à 8, 13,42 et 20,58 € (53, 88 et 135 F). Vaste ferme réaménagée en retrait de la route sur la droite. Grande salle tout en longueur. Sur la grande cheminée, œuvres du propriétaire bulgare, peintre à ses heures perdues, et qui a investi une petite salle de sa grande grange, retapée avec amour, pour y étaler ses pinceaux. Bonne étape pour manger simple et copieux. Apéritif offert à nos lecteurs sur présentation du *Guide du routard* de l'année.

À voir. À faire

★ *Le vieux château :* ☎ 02-51-57-01-37 (mairie). Ouvert de la seconde quinzaine de juin à septembre, tous les jours de 14 h 30 à 18 h 30 (19 h 30 en juillet et août). Entrée : 2,50 € (16 F). Réductions. Le donjon actuel (ce qu'il en reste) date du XIIe siècle. Au XVe siècle, le château appartenait à Catherine de Thouars, la femme de Gilles de Rais, alias Barbe-Bleue, qui vécut à Tiffauges. À cette époque, le donjon fut renforcé par dix tours. Mâchicoulis et meurtrières dans tous les coins.

★ *L'église Saint-Jacques :* elle réunit roman du XIe siècle et gothique flamboyant du XVe siècle. Le contraste est saisissant à l'intérieur : l'entrée romane est sombre, austère, alors que le chœur est éclairé de vastes ouvertures. Remarquez également les colonnes : piliers massifs, fines colonnes nervurées dans le chœur. On peut s'attarder longtemps devant les nombreux vitraux. Noter celui placé en 1944 au-dessus de la porte de la sacristie et intitulé : « À ses martyrs, la Vendée toujours fidèle ».

➢ *Circuit « Le Fil vert » :* brochure à l'office du tourisme. De façon amusante, en suivant la ligne verte tracée sur les trottoirs de la ville, on découvre tous les points intéressants : venelles, donjon, église (XIIe-XVe siècle), maisons anciennes... Environ 1 h 30 de balade.

Idée rando

➢ *Le chemin des Bénédictins, balisage jaune, n° 3 :* balade de 4,5 km. Compter 1 h 30 aller-retour (sans les arrêts). De Pouzauges-le-Vieux, D49 à la sortie sud-est de Pouzauges. Ce circuit passe par des chemins ruraux, en sous-bois. Il permet de découvrir la campagne du haut pays vendéen, boisée de taillis de châtaigniers. Les ruines de l'abbaye de Bois-Roland mettent dans l'ambiance pour redescendre au Vieux-Pouzauges par l'ancien chemin

emprunté par les bénédictins. Du Puy-Crapaud, le panorama offre de très belles vues sur le bocage.
– Du Vieux-Pouzauges, prendre le circuit pédestre des bénédictins. Facile. Balisage jaune. Référence : *À la découverte de la Vendée par les sentiers*, éd. CDRP Vendée. Carte IGN n° 1426 Est.
– Point de départ magique pour cet itinéraire : l'église Notre-Dame-du-Vieux-Pouzauges. Traversez la route de Montournais. Quelques mètres plus loin, vous continuez l'itinéraire jaune et blanc pour monter vers le moulin du Puy-Crapaud (270 m). Le sentier s'approche d'une table d'orientation, d'où le panorama peut suggérer un coin pique-nique. Il continue vers les ruines de l'abbaye bénédictine de Bois-Roland, environnée de deux étangs. L'itinéraire contourne au nord Le Puy-Durand pour redescendre en forte pente vers le bourg du Vieux-Pouzauges.

➤ *DANS LES ENVIRONS DE POUZAUGES*

★ *L'église Notre-Dame-du-Vieux-Pouzauges :* à 1,5 km au sud-est. Un audioguide très bien fait tente de restituer le passé de cette église au travers des fresques. Un des joyaux de l'art poitevin. Nef primitive du XIe siècle. Clocher vendéen du XIIe siècle. L'intérieur est humide et en mauvais état, mais, en 1948, on y découvrit des fresques peintes au XIIIe siècle. Un trésor d'une richesse inouïe, qui donne une idée de ce qu'étaient les églises du Moyen Âge. On y reconnaît les épisodes du Péché originel, de Caïn et Abel, et de l'enfance de la vierge Marie avec l'archange Gabriel.

★ *Réaumur (85700) :* à 6 km au sud de Pouzauges, en plein dans le haut bocage. Belle vue sur la vallée du Lay et les villages alentour. Église fortifiée du XVe siècle.

– Prochainement un musée consacré à René-Antoine Ferchault, célèbre scientifique. ☎ 02-51-57-90-99 (mairie). Vous vous souvenez de la station du métro parisien « Réaumur-Sébastopol » ? Eh bien c'était lui... Savant du XVIIIe siècle qui, une fois connu, a pris le nom de la commune où il vivait.

★ *Le musée de la France protestante de l'Ouest :* Le Bois-Tiffrais, **Montsireigne**. ☎ 02-51-66-41-03. À 11 km au sud-ouest de Pouzauges. Par la D960 vers Chantonnay, puis à droite la D23 vers Mouilleron-en-Pareds. Ouvert du 15 juin au 15 septembre de 10 h à 13 h et de 14 h à 19 h, sauf le dimanche matin. Entrée : 2,29 € (15 F) et 1,52 € (10 F) pour les enfants. La région fut marquée très tôt et durablement par la Réforme et les persécutions diverses que les huguenots ont subies. Ce musée retrace le siège de La Rochelle, les dragonnades en Poitou, l'exil de plus de 100 000 protestants après la révocation de l'Édit de Nantes, etc.

★ *L'abbaye de Grammont :* à **Saint-Prouant**. À 16 km par la D960. Pour les périodes et horaires d'ouverture, se renseigner à la mairie : ☎ 02-51-66-40-60. Ancien monastère grandmontain du XIIe siècle. Un des trois mieux conservés de France, avec l'ensemble des bâtiments conventuels et son cloître intact. Normal, il fut abandonné à la fin du XVIIe siècle et transformé en exploitation agricole. Il fut ainsi épargné par la Révolution.

★ *Le bois de la Folie :* juste à la sortie nord de Pouzauges par la D752. Petite forêt vendéenne caractéristique qu'on appela d'abord « le phare de Vendée », car les marins le prenaient pour un amer, au large des côtes. Pourquoi « Folie » alors ? Rien à voir avec la démence, c'est sûr. Ce peut être une déformation de « la feuillue ». À moins que le vieux terme de folie ne se rapporte au latin *fagus* (hêtre), ou que ce soit l'ancien endroit de culte des druides... Allez savoir !

★ **Le château de Saint-Mesmin-la-Ville :** de l'autre côté de la « frontière », dans les Deux-Sèvres. ☎ 05-49-80-17-62 ou 02-51-91-97-30 (mairie, hors saison). ● chateau.saint-mesmin@liberty.surf.fr ● Ouvert de mai à mi-juin les dimanche et jours fériés de 14 h à 18 h ; de mi-juin à mi-septembre, tous les jours de 10 h 30 à 12 h 30 et de 14 h 30 à 18 h 30. Sur réservation pour les groupes toute l'année. Entrée : 4 € (26 F), 2 € (13 F) pour les enfants de 6 à 14 ans. Ristourne sur présentation du guide à nos lecteurs (3 €, soit 19,70 F). Construit au XIVe siècle sur un plan hexagonal, le château conserve maints vestiges de l'architecture militaire de l'époque. On visite le donjon avec sa chapelle, ses trois salles superposées et son chemin de ronde auquel on accède par un escalier à vis. Animations médiévales durant la saison.

SAINT-MICHEL-MONT-MERCURE (85700) 1 730 hab.

Attention, c'est l'Everest de la Vendée ! L'église, couronnée de *L'Archange saint Michel terrassant le dragon*, domine tout le département. C'est également un des sommets du Massif armoricain. La statue est une réplique de celle de Notre-Dame-de-Fourvière à Lyon. Qui a dit du Mont-Saint-Michel ?

Où manger ?

|●| **Auberge du Mont-Mercure :** rue de l'Orbrie, derrière l'église. ☎ 02-51-57-20-26. Fax : 02-51-57-78-67. Fermé le mardi soir et mercredi, les lundi soir en hiver ainsi que pendant les vacances scolaires de février (zone A) et les 2e et 3e semaines de septembre. Menus de 12 à 27,50 € (79 à 180 F) et en semaine menu à 8,38 € (55 F). Menu enfant à 8 € (52,50 F). Cadre vrai faux rustique, mais joliment décoré qui embrasse le haut bocage vendéen de ses hauteurs. M. Robin y propose une bonne cuisine pleine de saveurs originales. Accueil agréable de Mme Robin. Café offert à nos lecteurs sur présentation du *Guide du routard*.

Où dormir ? Où manger dans les environs ?

🏠 |●| **Chambres d'hôte La Bonnelière :** chez Françoise et Gaston Retailleau. ☎ et fax : 02-51-57-21-90. Du village, direction Les Herbiers ; à 4 km, au carrefour de la Croix-Barrat, tourner à gauche vers Le Boupère, c'est à 3 km sur la droite, juste après le château de la Bonnelière. Comptez 40 € (262 F) pour 2, 47 € (308 F) pour 3, etc. Également, 2 gîtes de 5 personnes, de 260 à 365 € (1 705 à 2 394 F) la semaine, selon la saison. Dans une ferme pratiquant l'élevage du charolais, 2 chambres d'hôte avec mezzanine de 4 et 6 personnes avec entrée indépendante, kitchenette et TV. Déco agréable et accueillante. Accueil plein de charme et de sourire.

🏠 |●| **Château de La Flocellière :** 85700 La Flocellière. ☎ 02-51-57-22-03. Fax : 02-51-57-75-21. ● www.flocellierecastle.com ● De Saint-Michel-Mont-Mercure, prendre la direction du château (panneaux) environ 2 km à l'est de Saint-Michel. Ouvert toute l'année. Doubles de 99 à 130 € (649 à 853 F). Petit déjeuner à 8 € (52 F). Personne supplémentaire : 23 € (151 F). Menu unique à 42 € (275 F) en table d'hôte avec les propriétaires. Gîtes à la semaine uniquement de 1 100 à 1 525 € (7 215 à 10 000 F) selon la taille et la durée. Château néo-gothique rénové il y a quelques années par la famille Vignal, à côté du donjon. Les prix ne sont pas si élevés au regard des chambres, superbes et spacieuses. Une touche un peu *british* dans la déco donne un charme fort agréable à l'ensemble. Bref, un luxe de bon goût. Les amoureux d'histoire préfèreront peut-être les suites du donjon, comme la « Belle Écossaise » ajoutée à la « Du Guesclin ». Possibilité pour 8 personnes de louer le pavillon Louis XIII et le donjon en formule gîte, à la semaine uniquement. Dehors, un vaste parc s'offre aux convives, ainsi qu'une piscine et les ruines du château du XIIIe siècle. Réserver à l'avance. Réduction de 10 % sur le prix de la chambre offerte à nos lecteurs porteurs du guide sauf en juillet-août.

➤ *DANS LES ENVIRONS DE SAINT-MICHEL*

★ **La Flocellière (85700) :** à 2 km à l'est. Nombreuses demeures anciennes. Château néo-gothique (voir ci-dessus « Où dormir ? Où manger dans les environs »), près duquel subsistent le donjon et une tour du XIIe siècle : il fut incendié à la Révolution, et des Colonnes Infernales y massacrèrent la population. À voir également : l'église du couvent des Carmes, au fronton de style Louis XV, et la maison de l'évêque.

– Chaque année à la fin juin, dans le cadre du festival de la *Promenade des Arts*, des concerts sont également organisés à la Chapelle Notre-Dame-de-Lorette.

★ **La maison de la Vie rurale :** ferme de la Bernardière. ☎ 02-51-57-77-14. Fax : 02-51-57-28-37. ● maison-vie-rurale@wanadoo.fr ● Ouvert du 1er mai au 15 juin et du 15 septembre au 15 octobre de 14 h 30 à 18 h 30, et de mi-juin à mi-septembre de 10 h 30 à 18 h 30. Entrée : 3,81 € (25 F). Réductions sur présentation du *GDR*. Gratuit avant 14 ans. Présentation du monde rural dans le bocage avec animations, expositions à thème et vente de produits de la ferme.

★ **Le moulin des Justices :** à environ 3 km au nord de Saint-Michel en direction des Herbiers. ☎ 02-51-57-79-09. Fax : 02-51-92-01-92. Ouvert du 15 mars au 15 juin et en septembre les week-end et jours fériés de 15 h à 19 h, et du 15 juin à fin août, tous les jours de 10 h à 12 h et de 15 h à 19 h. Entrée : 2,29 € (15 F), 1,52 € (10 F) pour les enfants de 5 à 13 ans. Visite commentée d'un joli moulin à vent en activité et possibilité d'achat de blé biologique. Beau panorama sur les alentours.

LE PUY-DU-FOU

Le Puy-du-Fou n'est pas un puits dans lequel un seigneur mal embouché aurait jeté un bouffon qui ne le faisait plus rire. L'endroit tire son nom du latin *podium fagi* qui signifie « le hêtre sur la colline ». À l'origine, il s'agit seulement d'un château du XVe siècle, construit par un certain Guy du Puy-du-Fou. Si, ça existe ! De cette époque ne subsistent que le bâtiment carré, ainsi qu'une tour à mâchicoulis. Le reste du château date du XVIe siècle. Lors de l'incendie provoqué en 1794 par les Colonnes Infernales (encore elles !), la partie centrale fut entièrement détruite. En 1977, le département de la Vendée acheta la propriété et retroussa ses manches pour tout restaurer. Aujourd'hui, la renommée du spectacle qui a lieu chaque année a dépassé nos frontières.

Fête et spectacle

– *La Cinéscénie :* les samedis 1er et 8 juin 2002, puis tous les vendredi et samedi soir à 22 h du 14 juin au samedi 7 septembre 2002, à l'exception du 1er week-end d'août. Réservation obligatoire : ☎ 02-51-64-11-11. Fax : 02-51-57-35-47. • www.puydufou.com • Prix : 20 € (131 F), 8 € (52 F) pour les enfants de 5 à 13 ans. Ou alors, pour les accros, un forfait Cinéscénie + Grand Parc (cf. « À voir ») : 36,70 € (241 F) pour les grands, 16,50 € (108 F) pour les plus jeunes (5-13 ans). Peut être utilisé en deux fois.
De loin, les mauvaises langues parlent d'un délire. Une fois qu'on a vu les spectacles, on doit bien dire qu'on reste bluffé par ce grand film en plein air où plus de 800 acteurs bénévoles racontent l'histoire de la Vendée Lumière, feu d'artifice, cascades, effets spéciaux. On ne fait ni dans le détail, ni dans la dentelle, mais ça ne laisse pas indifférent. Depuis 1978, plus de 6 millions de personnes ont vu le spectacle. Et il y a plus de 10 000 spectateurs chaque soir d'été.

À voir

★ *Le Grand Parc :* ouvert le week-end en mai, et tous les jours du 1er juin au 15 septembre, de 10 h à 19 h. Entrée : 22 € (144 F), 11 € (72 F) pour les enfants de 5 à 13 ans. C'est fou tout ce qui a pu se passer dans ce petit coin de Vendée... Des courses de char et des combats de gladiateurs dans un stadium gallo-romain de 6 000 places, réplique du Colisée (rien que ça !), l'attaque d'un fort de l'An Mil par les méchants Vikings (heureusement un pieux chevalier vendéen est là !), et on y trouve aussi une cité médiévale, un village du XVIIIe siècle, un moulin entièrement reconstitué, le tout sur 35 ha avec acteurs en costume et cascadeurs émérites pour plonger le spectateur ébahi dans le tourbillon de l'Histoire. Vous l'avez compris, le Grand Parc est devenu un parc d'attractions qui brasse allégrement les époques (évidemment, ne croyez pas que Jules César était en Vendée à décider dans l'arène du sort des chrétiens qui se rebellaient...). Également spectacles de fauconnerie, de chevalerie, musiciens, carillon animé (!), mais aussi, pour le côté écolo, une roseraie Renaissance, un arboretum, un théâtre pour enfants et un conservatoire animal.

LES ÉPESSES (85590) 2 110 hab.

Ancienne ville de tisserands, c'est la commune dont dépend Le Puy-du-Fou. Elle fournit la majeure partie des figurants de la Cinéscénie et du Grand Parc. La chapelle du XIVe siècle fut aussi un atelier de fondeurs de cloches. Métier qui se perd !

Où dormir ?

▲ *Chambres d'hôte La Devinière :* chez Susanne et Denys Bouquin, 20, rue du Puy-du-Fou. ☎ 02-51-57-30-46. Fax : 02-51-57-39-93. • suzanne-bouquin@wanadoo.fr • http://hotelsbouquin.free.fr • Compter de 69 € (453 F) la nuit en chambre double avec salle de bains et w.c., 69 € (453 F) pour suite pour 2 personnes et 107 € (702 F) pour 4 personnes. Prévoir 19 € (125 F) de supplément par lit supplémentaire. Belle maison dans laquelle on entre par un petit chemin bordé d'arbres et de murs de pierre. M. Bouquin est président de l'office du tourisme. Il a, avec sa femme, aménagé trois chambres d'hôte spacieuses et confortables et une suite. On peut y loger à trois, quatre, sans problème. Le petit déjeuner est compris. Une piscine dans le parc. Réserver très longtemps à l'avance. Réduction de 10 % offerte à nos lecteurs en semaine sur présentation du *Guide du routard* de l'année.

À voir

★ *Musée de la Voiture à cheval* : 2, rue du Bocage. ☎ et fax : 02-51-57-39-04. • www.chevalattelage.com • En avril et octobre, ouvert de 14 h 30 à 19 h. De mai à fin septembre, ouvert tous les jours de 9 h à 12 h 30 et de 14 h 30 à 19 h. Promenade en voiture à cheval de mi-juin à mi-septembre de 10 h à 12 h et de 14 h 30 à 19 h. Entrée musée : 5,60 € (37 F). Réductions. Romantique musée qui présente une soixantaine de voitures à cheval magnifiquement restaurées, du XVIIIe au XXe siècle. Pour ceux qui rêvent de les « toucher », des promenades leur sont proposées.

★ *L'église de Saint-Mars-la-Réorthe* : à 3 km au sud-ouest. Bâtie au XIXe siècle, elle présente néanmoins des vitraux intéressants concernant les guerres de Vendée. Pour ceux qui en veulent encore, ils constituent une mise en image des épisodes tragiques survenus dans la paroisse.

LES HERBIERS (85500) 13 900 hab.

L'extrémité nord des collines vendéennes. Ville très active où l'on trouve de nombreuses entreprises.

Adresse utile

🛈 *Office du tourisme* : 10, rue Nationale. ☎ 02-51-92-92-92. Fax : 02-51-92-93-70. Ouvert toute l'année, hors saison du lundi après-midi au samedi de 10 h à 12 h et de 14 h à 18 h, en saison du lundi au samedi de 9 h 30 à 12 h 30 et de 14 h à 19 h, le dimanche de 10 h à 12 h.

Où dormir ? Où manger ?

🛏 |●| *Hôtel-restaurant Le Relais* : 18, rue de Saumur. ☎ 02-51-91-01-64. Fax : 02-51-67-36-50. • www.cotriade.com • ⚒ pour le restaurant. Fermé le dimanche soir et lundi midi, ainsi que du 21 au 27 janvier et le midi les 2 premières semaines d'août pour le restaurant. Chambres doubles à 46 € (302 F). Menu en semaine à 10,70 € (70 F), et d'autres menus de 15 à 48 € (98 à 315 F). Une belle façade rénovée pour une maison de qualité, où le confort des 26 chambres n'a rien à envier au petit luxe de la salle à manger. Malgré le côté « bord de route » difficile à éviter dans la région, on jouit d'un certain calme grâce au double vitrage. On a le choix entre deux restaurants : la brasserie, où l'on peut déguster une cuisine traditionnelle, et *La Cotriade*, plus gastronomique. Cuisine généreuse.

🛏 |●| *Hôtel-restaurant du Centre* : 6, rue de l'Église. ☎ 02-51-67-01-75. Fax : 02-51-66-82-24. Fermé les vendredi soir et samedi hors saison, ainsi que du 28 juillet au 8 août et pendant les vacances scolaires de Noël. Doubles de 41,16 € (270 F), avec douche et w.-c., à 45,73 €

(300 F) avec bains. Menus de 11 à 24,54 € (72 à 161 F). En plein centre mais calme, un hôtel accueillant et chaleureux, où il fait bon séjourner pour visiter la région ou assister au spectacle du Puy-du-Fou.

Si la demi-pension est obligatoire à cette occasion ainsi que le week-end, vous ne le regretterez pas car le patron prépare une très bonne cuisine du marché principalement basée sur le poisson, et à la vapeur.

➤ DANS LES ENVIRONS DES HERBIERS

★ *Le mont des Alouettes :* ouvert en avril et mai, les week-end et jours fériés de 9 h 30 à 19 h et tous les jours en juin, juillet et août de 9 h 30 à 19 h. En septembre, ouvert du lundi au vendredi de 10 h à 18 h et de 9 h 30 à 19 h le week-end. Dernière visite : 15 mn avant la fermeture. Entrée : 2,29 € (15 F). On dit que c'est la « colline inspirée de la Vendée ». Il fallait bien du Barrès pour qualifier ainsi ce promontoire de 231 m, d'où l'on découvre tout le département. On peut y voir trois des huit moulins à vent qui servirent de télégraphe optique aux Vendéens en 1793. L'un d'eux a repris du service. Une chapelle néo-gothique, commencée en 1825 et achevée en 1968, commémore le soulèvement vendéen.

★ *Beaurepaire (85500) :* à 7 km au nord par la D23. Vestiges du manoir dit « du Grand Logis », avec un bel escalier en colimaçon et des encorbellements du XVe siècle. Il appartint à Gilles de Rais. Pour expier ses crimes, sa femme fit construire une église consacrée à saint Laurent. À l'intérieur, beau retable du XVIIe siècle.

★ *L'église Saint-Christophe :* suivre la N160 vers La Roche-sur-Yon sur environ 5 km, et tourner à droite vers Mesnard. Ouvert toute l'année. De style roman, elle date des XIe et XIIIe siècles. Ensemble superbe de peintures murales d'origine dans le chœur. On peut reconnaître la crucifixion de saint André sur le mur nord. Des bourreaux l'écorchent vif avec des peignes de fer. Au-dessus, représentation de la Cène. On peut aussi repérer un tétramorphe, représentation du Christ en majesté entre les symboles des quatre évangélistes.

★ *L'abbaye Notre-Dame de la Grainetière :* à environ 5 km par la N160 vers La Roche-sur-Yon, tourner à gauche à Mesnard-la-Barotière puis 2 km. ☎ 02-51-67-21-19. Ouvert tous les jours de 9 h à 19 h. Entrée : 1,52 € (10 F). Tenu par une communauté de bénédictins qui fait visiter le cloître gothique et la salle capitulaire, tous les jours, sauf le lundi, de 14 h 30 à 17 h 30.

★ *La tombe de Clemenceau :* 85640 *Mouchamps.* Par la D960 vers Chantonnay pendant 4,5 km, puis la D13 à droite. Suivre les pancartes. Clemenceau voulait des arbres et des plantes sauvages. Il est enterré à côté de son père, comme lui, dans une tombe sans inscription. Athéna, déesse de la sagesse et de la guerre, veille sur eux. Mais où est Georges ? Difficile de répondre, personne ou presque ne le sait. On pencherait pour la tombe de gauche.

MORTAGNE-SUR-SÈVRE (85290) 6 200 hab.

Sur les rives de la Sèvre Nantaise, qui offrent çà et là de jolis coins complètement reculés et escarpés, Mortagne fait partie de la région la moins connue de la Vendée, mais pas la moins belle.

Adresse utile

Office du tourisme : av. de la Gare, dans l'ancienne gare. ☎ : 02-51-65-11-32. Fax : 02-51-65-56-68. • tourisme@cc-canton-mortagne-sur-sevre.fr • Ouvert de mi-juin à mi-septembre, du mardi au samedi de 10 h à 12 h et de 14 h à 18 h, les dimanche et lundi (en juillet et août seulement) de 14 h à 18 h. Le reste de l'année, du mardi au vendredi de 10 h à 12 h et de 15 h à 17 h sauf le samedi (fermé l'après-midi).

Où dormir ? Où manger ?

Hôtel de France-restaurant La Taverne : 4, place du Docteur-Pichat. ☎ 02-51-65-03-37. Fax : 02-51-65-27-83. Fermé les samedi midi et dimanche toute la journée de mi-octobre à mi-juin. Doubles de 44,21 à 53,36 € (290 à 350 F). Demi-pension obligatoire en juillet et août à 45,73 € (300 F). Menus à 12,96 € (85 F) le midi en semaine, et de 25,15 à 49,70 € (165 à 326 F). Construit en partie en 1604, l'hôtel est bien reconnaissable avec son habit de lierre. À l'intérieur, des couloirs à n'en plus finir, des coins et recoins, conduisent à des chambres cossues. Pour ceux qui veulent faire une folie, il y a *La Taverne*. Salle somptueuse au décor raffiné, mobilier médiéval, collection de pots d'étain sur la cheminée et des fleurs partout. Service irréprochable. Côté cuisine, Bertrand Chusseau vous invite à un festival de saveurs surprenantes et fines selon le marché et la saison. Pour se détendre, piscine couverte chauffée ou le jardin du curé.

La Petite Auberge : même adresse et même proprio. Ouvert à midi du lundi au vendredi. Propose 2 menus à 12,96 et 15,20 € (85 et 99,50 F). À noter que c'est Alain Boudreau, le patron, qui conduit en cuisine la préparation des repas du wagon-restaurant lors des balades touristiques de l'ex-*Orient Express*.

À faire

➤ **Balade rétro commentée avec le chemin de fer de Vendée :** départ et retour à la gare de Mortagne. Réserver au : ☎ 02-51-63-02-01. Fax : 02-51-63-08-39. • cheminfer.vendee@m6net.fr • En train à vapeur en juin et début septembre le dimanche ; en juillet et août, les mercredi, vendredi et dimanche. Pour les groupes, du 1er avril au 31 octobre (sur réservation). Ouverture du guichet à 14 h, départ à 15 h 30 et retour à 18 h environ. Compter 9 € (59 F) l'aller ou 11 € (72 F) l'aller-retour. Réductions. Sur présentation du guide, une entrée pour un enfant offerte. En autorail Picasso (années 1950), le samedi en juillet-août. Balade superbe de 22 km entre Mortagne et Les Herbiers, dans des wagons bien restaurés. Le wagon-restaurant est celui de l'Orient-Express de 1926 ! Des repas y sont servis en été (compter 27 €, soit 177 F, boissons comprises pour le premier menu et 44,50 € (292 F) pour le 2e menu). On peut également le louer pour une fête cocktail... (42 places). Très demandé, réservation impérative au moins 2 semaines avant la date désirée !

➤ DANS LES ENVIRONS DE MORTAGNE

★ **L'église de La Gaubretière (85130) :** dans l'église, les reliques de saint Épurail vous guériront de toutes vos peurs si vous avez le courage de les

SAINT-LAURENT-SUR-SÈVRE (85290) 3310 hab.

Le « Lourdes » de Vendée. Une ville où les églises sont pléthore et où même le monument aux morts, symbole républicain par excellence, est surmonté d'un saint homme. Détail amusant, le village jouxtant Saint-Laurent s'appelle La Trique. Ça ne s'invente pas!
Sans passé particulier, la ville s'ouvre à l'histoire en 1716, lorsque Louis-Marie Grignion de Montfort vient y mourir. Ordonné prêtre en 1700, il s'occupe des pauvres en Bretagne, puis à La Rochelle et à Luçon. Il redonne foi aux catholiques secoués par les guerres de Religion. Épuisé par cette tâche, il meurt à 43 ans. Il repose dans la gigantesque basilique du XIXe siècle. Saint-Laurent est devenu un lieu de pèlerinage après le débarquement des congrégations monfortaines qui y sont encore.

Où dormir? Où manger?

△ **Camping Le Rouge-Gorge :** route de la Verrie, à moins de 1 km du bourg. ☎ 02-51-67-86-39. Fax : 02-51-67-73-40. • www.lerouge-gorge.com • Ouvert toute l'année. En juillet et août, forfait 2 personnes à 12,96 € (85 F). Réductions hors saison. Un joli petit camping familial, tout récent et tout propret, au calme et bien placé pour partir à l'assaut du Puy-du-Fou. Piscine. Possibilités de locations à la semaine (caravane, chalets et mobile homes) ou en week-end hors saison.

🛌 |●| **Hôtel-restaurant L'Hermitage :** 2, rue de la Jouvence. ☎ 02-51-67-83-03. Fax : 02-51-67-84-11. Par la D752, au bord de la Sèvre Nantaise, juste après le pont, en face de la basilique. Fermé le dimanche soir de mai à septembre et le samedi d'octobre à avril, 2 semaines en août et 1 semaine en février. Doubles de 30,50 à 43 € (200 à 282 F). Menus de 12,50 à 25 € (82 à 164 F). Voilà une gentille auberge familiale avec son jardin potager, où le chef-patron va s'approvisionner dès potron-minet. Il pourrait aussi pêcher la truite dans la rivière que surplombe la terrasse du bar. La salle à manger est digne d'un très vieil épisode de *Chapeau melon et bottes de cuir*. La cuisine est classique, fraîche et copieuse. Chambres bien tenues mais qui auraient besoin d'un petit rafraîchissement. Les plus agréables donnent sur la Sèvre. Café offert à nos lecteurs sur présentation du *Guide du routard*.

TIFFAUGES (85130) 1330 hab.

Sur un promontoire rocheux, au pied de la Sèvre, Tiffauges est célèbre pour son château où vécut Barbe bleue.

GILLES DE RAIS

Né en 1404, il montre très tôt de grandes aptitudes militaires, doublées d'une intelligence féroce. Marié à 16 ans à Catherine de Thouars, par qui il devient seigneur de Pouzauges, il part bouter les Anglais hors du royaume aux côtés de Jeanne d'Arc. À 25 ans, il est fait maréchal de France, honneur qui lui fait « fondre les plombs ». Il se met à donner des fêtes splendides. Il entretient une armée de 200 hommes et se fait servir par un nombre incalculable de domestiques. Sa fortune fond comme neige au soleil. Pour conserver son train de vie, il se met en quête de la formule de la pierre philosophale qui transforme le plomb en or. Il fait appel à un alchimiste italien qui lui affirme qu'en employant des mains, des cœurs, des yeux et du sang de jeunes et beaux enfants, il trouvera la fortune. Qu'à cela ne tienne, des centaines d'enfants passent de vie à trépas. À 20 lieues à la ronde, les campagnes sont terrifiées. Arrêté sur ordre de l'évêque de Nantes, il est pendu et brûlé devant une foule immense en 1440. Au XVIIe siècle, Perrault livra une version de cette histoire dans un de ses contes, *Barbe bleue*. Pour certains, on a de beaucoup exagéré les crimes de Gilles de Rais et un procès en réhabilitation a même été organisé en 1992 !

Où dormir dans les environs ?

△ *Camping Au fil de l'eau :* moulin de Plessaye, La Guignardière, 85530 La Bruffière. ☎ 02-51-48-93-92. À mi-chemin de La Bruffière et de Cugand, prendre une petite route sur la droite de la D755, et suivre le fléchage jusqu'à un hameau (où se trouve le gîte) puis tourner à gauche dans un chemin de terre parfois étroit. Ne pas descendre (vers le moulin où habitent les propriétaires), le terrain herbeux et ombragé est devant vous, sur le coteau. Forfait pour 2 personnes, emplacement, voiture et électricité compris : 8,38 € (55 F). Mobile homes ou gîtes de 2 ou 4-5 personnes de 106,71 à 426,86 € (700 à 2 800 F). Un camping à l'ancienne comme on les aime, modeste et tranquille en pleine nature, avec petit bloc de sanitaires bien entretenu. Quelques mobile homes et caravanes sur place ainsi que des VTT. Balades pédestres autour. Apéritif maison et 10 % de réduction pour 1 nuit offerts sur présentation du guide.

À voir

★ *Le château de Gilles de Rais :* ☎ 02-51-65-70-51. Fax : 02-51-65-75-67. • www.chateau-barbe-bleue.com • Ouvert en avril, mai, juin et septembre, en semaine de 10 h à 12 h 30 et de 14 h à 18 h ; les week-end et jours fériés de 14 h à 19 h. En juillet et août, tous les jours de 11 h à 19 h. Entrée : 7 € (46 F), 5 € (32,80 F) pour les enfants de 6 à 13 ans et tarif famille (2 adultes et 2 enfants) à 21 € (138 F). Réductions et ristourne sur présentation du guide : 5,50 € (36 F). Château qui forme une enceinte ovoïde de 700 m sur 3 ha avec un donjon du XIIe siècle. Visites animées par des personnages en costume d'époque du *conservatoire de la Machine de guerre médiévale* et du *centre de l'Alchimie*. Tir de canon, d'arbalète... On connaît des gamins, et même des adultes que les parodies de guerre font exulter !

★ *Le Village vendéen miniature :* rue du Moulin-Vieux. ☎ 02-51-65-71-94. • village.vendeen.miniature@wanadoo.fr • ꭱ Ouvert de mars à fin mai les dimanche et jours fériés de 14 h à 19 h ; en juin et en septembre du lundi au vendredi de 10 h à 12 h et de 14 h à 19 h, les samedi et dimanche de 14 h à 19 h ; en juillet et août, ouvert tous les jours de 10 h à 12 h et de 14 h à 19 h ; de décembre au 20 février, ouvert du mardi au samedi de 14 h à 18 h (19 h le dimanche). Entrée : 3,80 € (25 F). Réductions. Téléphonez-leur pour le reste de l'année. Ristourne de 0,80 € (5 F) par personne sur présentation du *Guide du routard*. Toute la Vendée traditionnelle en un clin d'œil. C'est ce que propose ce joli petit musée où des scènes de la vie d'autrefois sont reconstituées avec minutie. On découvre le maréchal-ferrant, le meunier et plusieurs corps de métier qui ont peu à peu disparu. Des centaines de santons proposent un échantillon du vêtement vendéen. L'architecture est également à l'honneur avec de belles maquettes réalisées avec des matériaux authentiques. Et de décembre à mi-février, une crèche de Noël avec son et lumière.

MONTAIGU (85600) 4 710 hab.

Ville administrative et industrielle de la vallée des Deux-Maines, située dans un cadre pittoresque malheureusement gâché par l'épouvantable circulation de la nationale (surtout les poids lourds) qui la traverse, même si le trafic s'est réduit depuis l'ouverture de l'autoroute Nantes-Niort.

Adresse utile

Office du tourisme : 6, rue Georges-Clemenceau. ☎ et fax : 02-51-06-39-17. Au début de la rue semi-piétonne, sur la droite en venant du carrefour de la N137, en plein centre. Ouvert toute l'année du mardi au vendredi de 9 h 30 à 12 h 30 et de 14 h à 18 h, le samedi de 10 h à 12 h 30. Guide des randonnées dans le coin, payant (3,80 €, soit 25 F).

Où dormir ? Où manger ?

Hôtel-restaurant des Voyageurs : 9, av. Villebois-Mareuil. ☎ 02-51-94-00-71. Fax : 02-51-94-07-78. • www.hotel-restaurant-les-voyageurs.fr • En plein centre. Doubles de 41,16 à 68,60 € (270 à 450 F). Menus de 10,52 à 33,54 € (69 à 220 F). Petit déjeuner-buffet à 5,34 € (35 F). Derrière la longue façade rose ornée de drapeaux, se cache, côté jardin, un charmant hôtel composé de trois bâtiments entourant une piscine. Chaque façade a une couleur différente et l'ensemble présente un petit côté méditerranéen. Les chambres sont confortables et de plusieurs tailles. Calme côté jardin. Au sous-sol, un espace remise en forme. Au rez-de-chaussée, mais en surplomb de la piscine, la vaste et lumineuse salle de restaurant où l'on vous sert une cuisine savoureuse. Personnel sympa.

Restaurant de la Digue : 9, rue des Abreuvoirs. ☎ 02-51-06-34-48. Au bord de la Maine, sur la gauche en descendant vers le pont. Fermé le lundi toute la journée et le mardi soir. En hiver, le mardi soir, le mercredi toute la journée et le samedi midi. Pizzas de 6,80 à 7,60 € (45 à 50 F), mais aussi des grillades servies dans l'une des deux salles rustiques ou en terrasse séparée de la rivière par une petite route peu fréquentée. Idéal pour la balade digestive.

Restaurant Le Cathelineau : 3 bis, place du Champ-de-Foire. ☎ 02-51-94-26-40. Fermé les dimanche soir et lundi, ainsi que du 9 au 25 février et du 1er au 20 août. Menus à 13,72 € (90 F), sauf les week-end et jours fériés, et de 16,77 à 46,50 € (110 à 305 F). Michel Piveteau prépare de bons plats originaux, aux alliances étonnantes. Son programme change toutes les 3 semaines environ. « Homarium » pour vous mettre l'eau à la bouche. Café offert à nos lecteurs sur présentation du *Guide du routard* de l'année.

▶ *DANS LES ENVIRONS DE MONTAIGU*

★ *Le château de la Preuille :* 85600 **Saint-Hilaire-de-Loulay**. ☎ 02-51-46-32-32. ♿ Visite des chais du musée du Vin et dégustation gratuite tous les jours du 15 juin au 15 septembre, de 9 h 30 à 12 h 30 et de 14 h à 18 h. Le reste de l'année, ouvert du mardi au samedi (les dimanche et lundi sur rendez-vous). Construit aux XIIIe et XVe siècles, c'est l'un des plus anciens châteaux du Val de Loire. Son vignoble remonte à l'époque gallo-romaine (les légions de César avaient installé un camp dans le coin) et fait aujourd'hui partie des dix plus importants de la région. Héritiers de 11 générations de vignerons, Philippe et Christian Dumortier, les actuels propriétaires, élèvent leur vin dans la meilleure tradition viticole et pratiquent des prix vraiment raisonnables pour la qualité : deux cuvées différentes de muscadet sur lie, le gros plant sur lie, le gamay et le chardonnay de Loire et même une méthode champenoise très réussie, la Veuve de Vize. À noter que c'est le seul endroit où l'on peut déguster du muscadet. En cadeau à nos lecteurs, sur présentation du *Guide du routard*, un verre INAO de dégustation en cristallin à l'effigie du château. Et, selon vos achats, d'autres bonus, par exemple offre d'un magnum de Tête de Cuvée pour l'achat de 24 bouteilles.

LE MÉMORIAL DE VENDÉE

En redescendant sur La Roche-sur-Yon, on trouvera deux lieux essentiels de la mémoire vendéenne : le logis de la Chabotterie, où les guerres de Vendée prirent fin avec l'arrestation de Charette en 1796, et le village des Lucs-sur-Boulogne, où un massacre terrible fut perpétré par les Colonnes Infernales le 28 février 1794. Impossible de les rater : sur toutes les routes du département, on ne voit que ces panneaux qui balisent le chemin pour s'y rendre.

★ *Le logis de la Chabotterie :* 85260 **Saint-Sulpice-le-Verdon**. ☎ 02-51-42-81-00. Fax : 02-51-42-46-22. En juillet-août, ouvert de 10 h à 19 h ; le reste de l'année, du lundi au samedi de 9 h 30 à 18 h, et les dimanche et jours fériés de 10 h à 19 h. Fermé les 3 dernières semaines de janvier. Entrée : 4,57 € (30 F). Gratuit pour les moins de 18 ans. Le bâtiment du XVe siècle est typique d'un logis bas-poitevin. Autour d'une cour carrée, les dépendances agricoles, logements du personnel et maison noble sont étroitement imbriqués, rappel des maisons gallo-romaines. À l'intérieur, reconstitution minutieuse de dix pièces telles qu'elles pouvaient être au XVIIIe siècle. Scénographie des guerres de Vendée plutôt objective et bien faite, et très beau jardin, à la fois d'agrément et potager. Quant à Charette lui-même, il n'était certainement pas aussi blanc qu'on le dit...

★ *Le mémorial des Lucs-sur-Boulogne (85170) :* à 9 km du précédent. Mêmes horaires que ceux du logis de la Chabotterie. Entrée gratuite. Austère, sobre, solennel. Un hommage vibrant aux morts des Lucs et, à travers eux, à tous les Vendéens victimes des guerres de Vendée.

LE MARAIS POITEVIN

Incontournable, immanquable, inévitable, nécessaire ! Tout visiteur qui passe dans cette région, aux confins des trois départements de Vendée, des Deux-Sèvres et de Charente-Maritime, se doit de s'arrêter dans ce coin de France, célèbre pour ses beautés. Mais attention, la « cathédrale de verdure », selon la formule de François Mitterrand (reprise dans de consternants dépliants touristiques), ne s'offre pas aussi facilement qu'une femme de petite vertu. La « Venise verte », formule facile, pompeuse, usée jusqu'à la corde, sait garder ses secrets. Ici, on vous affirmera que seuls les vrais maraîchins peuvent circuler dans le Marais sans jamais se perdre. C'est inscrit dans leurs gènes. Car, exploit au XXIe siècle, à l'heure des balises Argos et du GPS, on peut encore s'égarer dans cette jungle bocagère qui décline son camaïeu de verts à l'infini, au travers de tunnels étroits perdus dans le chevelu des arbres. On peut ramer des heures, des jours, dans cet abysse aquatique sans pouvoir en sortir. Et impossible de semer des petits cailloux pour se repérer ! La fracture dans le tapis de lentilles vertes aura tôt fait de se refermer pour vous perdre dans les chemins d'eau labyrinthiques du Marais. Mystérieux sans doute, magique peut-être, comme son origine que l'on attribue à Gargantua... Après quelques frasques rochelaises, le géant voulut pisser. Un pied sur la cathédrale de Fontenay, l'autre sur celle de Luçon (qui, du coup, s'enfonça !), le voilà en train de se soulager, remplissant abondamment et pour longtemps les canaux du Marais.
Malgré tout, magie ou pas, le Marais poitevin se meurt. La plus grande zone humide de France, après la Camargue, s'assèche (un comble !), vidée, pompée, drainée pour répondre aux nécessités de rentabilité des cultures céréalières. Sur les 90 000 ha du Marais, plus de 30 000 ont été asséchés, depuis 20 ans, pour laisser la place à de belles étendues de cultures intensives. Les intérêts s'opposent, les hommes aussi. Le conflit est ouvert. L'affaire est compliquée. Il faut choisir son camp. La survie de ce Marais millénaire est à ce prix.
Fin du coup de gueule. Maintenant, on s'explique.

LA LONGUE HISTOIRE DU MARAIS

Autrefois envahi par la mer, le Marais est né comme la Hollande, par l'œuvre de la main de l'homme. Avant le XIe siècle, les quelques populations courageuses installées malgré un environnement inhospitalier se sont contentées d'élever des digues sur le pourtour des îles pour lutter contre la mer, qui n'avait aucune difficulté à pénétrer dans les terres, vu l'altitude quasi nulle. Au fur et à mesure, un autre problème apparut, celui des eaux douces venues de la plaine. L'absence presque totale de pente empêchait leur cheminement vers l'océan.
Au XIIe siècle, la mer continue son retrait et des terres de plus en plus nombreuses apparaissent. L'Église voit là un bon moyen de s'enrichir. Des moines cisterciens et bénédictins sont donc dépêchés sur les lieux pour défricher les terres et creuser des canaux. Il faut à nouveau élever des digues pour contenir la mer. Au XIIIe siècle, de terres jusque-là incultes naissent vignobles et champs fertiles. Dernier témoignage de cette époque de « pionniers », le canal des Cinq-Abbés reste le principal maillon du système de drainage du Marais.
La guerre de Cent Ans, puis les guerres de Religion, loin d'épargner ce coin tranquille, l'ont laissé dans un état lamentable. Henri IV, séduit par la magie d'un lieu, « où les gens ne se déplacent qu'en bateau plat », ordonna à Sully

d'entreprendre la restauration et l'amélioration du Marais. Il fera même venir des ingénieurs hollandais, spécialistes des polders. Lentement, on creuse des canaux, on endigue et on draine. Peu à peu, la poldérisation devient réalité. La partie occidentale est desséchée et on laisse le fond du golfe recevoir les eaux de la plaine vendéenne. Il servira de réservoir. Louis XIII et Louis XIV poursuivront cette œuvre titanesque. À la fin du XVIIIe siècle, le « Marais desséché » connaît sa physionomie actuelle alors que le « Marais mouillé » reste encore sauvage, condamné à de longues périodes de crues par un écoulement trop lent des eaux venues des « bassins versants » qui entourent toute la zone. Au nord et à l'est, le Marais mouillé sert à la fois d'éponge contre les crues d'hiver et, en été, de réservoir d'eau pour le Marais desséché, protégé de la mer par des portes à flots qui se ferment à marée haute.

Du coup, on parle du premier comme d'un enfer où règnent pestilences, maladies et pauvreté. Triste description et fausse, de surcroît ! Les habitants du Marais mouillé avaient mauvaise réputation. En effet, les réfractaires de tout poil sont venus s'installer ici, échappant ainsi à la justice, à la conscription ou au bagne. On les appelle des *Colliberts* (en latin : épris de liberté). Le Marais leur assurait anonymat et oubli. Chacun devait, pour obtenir une terre, construire une maison en bois en une nuit. Si, au lever du soleil, la fumée sortait par le toit, la terre lui appartenait.

Napoléon Ier, qui se devait de mettre son nez partout (pas empereur pour rien !), donna un élan nouveau au Marais mouillé. La plupart des projets verront le jour dans la deuxième moitié du XIXe siècle. Élargissement des canaux, canalisation de la Sèvre Niortaise, etc., mais tout cela provoque une évacuation tellement rapide de l'eau qu'il faut construire des barrages et des écluses. Bien joué !

À cette période apparaissent les peupliers et les *mohjettes* (haricots blancs du coin) qui vont brutalement valoriser ces terres humides où l'on ne vivait que de pêche et de chasse. Au fur et à mesure, ces terres amphibies s'enrichissent par la diversification des ressources. Les inondations continuent, mais le Marais mouillé voit sa population augmenter au détriment du Marais desséché, touché par l'exode rural du XXe siècle.

Une réserve biologique monumentale

Aujourd'hui, le Marais représente plus de 90 000 ha, pensés, réfléchis et conquis sur la mer au fil des siècles. Il se partage en trois zones distinctes : le Marais maritime, pourtour de vase bordant la baie de L'Aiguillon ; le Marais desséché, s'étendant de la baie à Marans, couvrant 55 000 ha ; et, au fond, le Marais mouillé, de Marans à Niort, avec sa végétation luxuriante.

On y trouve une faune et une flore d'une richesse incroyable, qu'il faut prendre le temps de découvrir. Le marais n'est ni un zoo, ni un herbier. Rien ne se donne sans quelques efforts. Loutres, anguilles, hérons, roseaux, tamaris, frênes têtards bordant les conches... il y a beaucoup à voir et partout. Chaque paysage a ses habitants et chaque habitant ses habitudes. La modification de l'écosystème mettrait en péril l'ensemble du Marais qui forme une seule et même entité.

Deux exemples significatifs

Longtemps chassée pour sa fourrure, sa viande et sa mauvaise réputation, la loutre a aujourd'hui pratiquement disparu du Marais ; il n'en reste plus que quelques dizaines. De plus, il est difficile d'observer ces bestioles exclusivement nocturnes. À l'image des ours en vallée d'Aspe, la loutre a une symbolique particulière ici. Sa survie ou sa disparition montrera la capacité de l'homme à protéger son environnement contre la pollution. Tout comme l'anguille, qui a besoin d'un milieu favorable pour finir son voyage et grandir

LE MARAIS POITEVIN

sereinement : civelle qui a mis trois ans pour arriver de la mer des Sargasses, portée par le Gulf Stream, elle remonte les canaux pour vivre ici. Mais les difficultés pour traverser les marais sont tellement grandes qu'il y en a de moins en moins.

Le Marais : problème écologique, économique et politique

Chaque partie du Marais subit des évolutions, les projets fusent, les thèses s'affrontent. En fait, l'équilibre précaire de ce site a commencé à vaciller dans les années 1950, avec le remembrement. La poly-activité devient de moins en moins rentable et l'obligation de produire à bas prix conduit les hommes à vouloir s'affranchir du vieux problème des inondations pour pouvoir survivre. Ce problème humain ne peut être méprisé.

LE MARAIS-POITEVIN

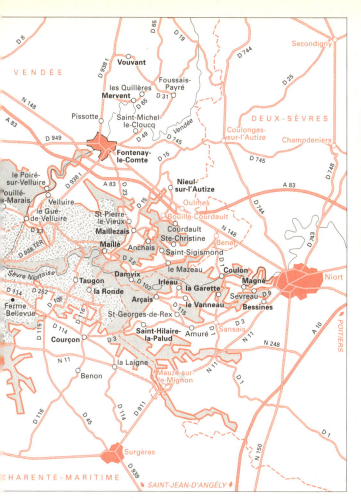

LE MARAIS-POITEVIN

Mais deux logiques s'affrontent désormais, celle de l'intensification agricole (subventionnée par la Commission européenne) conduisant à un assèchement progressif, et celle de la valorisation écologique des zones humides. À la fin des années 1970, les autorités politiques décident de créer un parc naturel régional. Seulement, il risque de menacer sérieusement l'agriculture intensive. Et donc, « on neutralise son action en mettant des hommes du lobby agricole dans le comité de gestion », constate Christian Errath, de la coordination de défense du Marais. Résultat : en 1991, Brice Lalonde, ministre de l'Environnement, décide de retirer le label, arguant que les remembrements, les travaux, les drainages et l'assèchement ont diminué la richesse biologique du Marais. Sans appel ! En effet, on assèche, pourquoi garder l'alibi d'un parc naturel, dit-on à la coordination en enfonçant le clou.

On draine, on draine...

Tout le problème est là. On pose des tuyaux en plastique et des pompes capables d'engloutir 50 m³ d'eau par heure pour alimenter des champs de « maïs boit-sans-soif ». Et là où l'eau n'a jamais manqué durant des millénaires, la nappe phréatique s'épuise. Depuis plusieurs années, chaque été, l'eau manque dans les rivières et ce sont les eaux maritimes qui remontent vers la terre. Le Marais ne joue plus son rôle d'épurateur naturel, et on jette directement plein d'horreurs chimiques (engrais, nitrates et pesticides) dans la baie de L'Aiguillon pour nourrir les huîtres et les moules. Imaginez le goût des huîtres!

Les céréaliers ne veulent cependant pas être les boucs émissaires des malheurs du Marais. Ils déclarent œuvrer eux aussi pour la survie du Marais desséché qui était inexploitable de manière rationnelle par l'élevage extensif qu'on y pratiquait. Les éleveurs ne sont pas de cet avis, et s'étonnent des primes accordées par l'État et les collectivités au drainage, alors qu'eux ne touchent rien.

Les scientifiques ne cachent pas leur inquiétude. Le Marais est un écosystème qui ne cesse de s'appauvrir de manière alarmante. Les photos prises par le satellite Spot le prouvent. Les zones humides régressent dangereusement. Le système hydraulique du parc concerne tout le Marais. Une rupture de l'équilibre pourrait entraîner un bouleversement écologique irréversible. Ces zones n'existent pas par hasard. Elles ont une fonction naturelle bien précise dans l'ordre de la création, comme les forêts, les mers et les banquises.

Tiens, une autoroute!

Comme si cela ne suffisait pas, il fallait une autoroute pour compliquer le problème. Pour relier l'A83 venant de Nantes à l'A10 (l'Aquitaine), on a prévu de construire un tronçon entre Niort et Coulon. Polémiques, rebondissements, pendant sept ans, les batailles sont âpres. L'État adopte finalement le tracé qui passera au nord de Niort, après intervention spéciale de François Mitterrand. Plus chère, car il faut bâtir sept viaducs, cette solution sauve une partie du Marais.

Et les élus, là-dedans?

Ah, les élus... La gestion des eaux du Marais poitevin fait l'objet d'un véritable enjeu politique. Les eaux sont gérées par des sociétés publiques, les SAGE (qui n'ont de sage que le nom!). Il en existe trois, une par département. Un agriculteur se trouvant aux confins des trois départements, du côté de Damvix, peut pomper de l'eau pour ses terres de Vendée, mais doit se limiter pour sa parcelle de Charente-Maritime et laisser sécher celle des Deux-Sèvres. Hypothèse qui montre, de manière simpliste, que cette gestion ne correspond à aucune réalité hydrologique ou géologique.

D'ailleurs, certains responsables nous ont assuré que « les politiques de la région n'avaient aucune volonté globale de sauvegarder quoi que ce soit. Comment peut-on gérer logiquement une zone couvrant trois départements, deux régions administratives ? » Et là, chacun s'accorde à dire que l'État doit prendre ses responsabilités. Facile, mais en attendant, les céréales, notamment le maïs, continuent à gagner du terrain. Et beaucoup craignent que le Marais se réduise d'ici quelques années à Damvix et à Coulon, vitrines pour touristes en autobus qui verront quelques lentilles pendant une demi-heure de bateau, et repartiront avec des souvenirs plein les mirettes. Plusieurs mesures d'urgence ont néanmoins été prises récemment, afin de sauver ce site unique de l'Hexagone : la création d'une réserve naturelle, un arrêté de protection du biotope, le classement d'une partie du site, et l'intervention du

Conservatoire du littoral. Tout n'est donc pas perdu, mais il y a quand même le feu. Paradoxal dans un marais !

Adresses utiles dans le Marais

ℹ *Comités départementaux du tourisme :* voir les chapitres consacrés aux Deux-Sèvres et à la Charente-Maritime.

Location de vélos et VTT

■ *Aux Deux Roues :* 33, rue Jacques-Moreau, 85460 L'Aiguillon-sur-Mer. ☎ 02-51-56-49-01.
■ *Garage Marie Gaudin :* route de Maillé, 85420 Maillezais. ☎ 02-51-00-71-30. À partir de 7,70 € (51 F) la journée.
■ *Garage Dugué :* 22, rue de la Petite-Ville, 85420 Damvix. ☎ 02-51-87-13-09. À partir de 11 € (72 F) la journée.
■ *La Bicyclette Verte :* voir ci-dessous.

Découvrir le Marais de façon originale

■ *Visite du Marais en roulotte ou calèche :* renseignements à la mairie, 85420 Damvix. ☎ 02-51-87-14-20. Voilà un bon moyen de visiter le Marais, la roulotte ! C'est sympa et très écologique !
■ *Découverte du Marais en train avec le Pibalou :* réservation à *DLMS Tourisme*, 6, rue de l'Église, 79510 Coulon. ☎ 05-49-35-14-14. Fax : 05-49-35-83-11. D'avril à septembre. Forfait famille (2 adultes et 3 enfants) pour 1 h 15 de balade : 33,53 € (220 F). Sinon, 8,38 € (55 F) par adulte, 6,10 € (40 F) par enfant, gratuit pour les moins de 6 ans.
■ *La Bicyclette Verte :* route de Saint-Hilaire-la-Palud, 79210 Arçais. Dans une ancienne laiterie, à 600 m en sortant de la ville direction Saint-Hilaire ☎ 05-49-35-42-56. Fax : 05-49-35-42-55. • www.bicyclette-verte.com • Ouvert d'avril à octobre, les week-ends, et en période de vacances scolaires. Une formule originale à la journée pour découvrir le Marais, incluant la promenade à vélo en très bon état, la promenade en barque et le déjeuner en auberge. Pour 35,06 € (230 F) par personne, 16,76 € (110 F) pour un enfant de 8 à 12 ans accompagné de 2 adultes. Séjours de 1 à 8 jours. À partir de 10,67 € (70 F) la location à la journée. Accueil très sympa.

Quelques adresses militantes

■ *Coordination pour la défense du Marais :* 85240 Le Mazeau. Engagée dans la lutte pour la survie du Marais. Beaucoup de documentation.
■ *Association de défense de l'environnement de Vendée (ADEV) :* 9 bis, rue de Gaulle, 85580 Saint-Denis-du-Payré. ☎ 02-51-27-23-92.
■ *ACEDEM :* 20, rue du Port-d'Aisne, 85450 Vouillé-les-Marais. Association très active pour la sauvegarde du Marais desséché. S'occupe de la *maison du Petit Poitou*.

Parcours

Notre itinéraire commencera à Fontenay-le-Comte, porte d'entrée vendéenne du Marais. Après un petit tour dans la forêt de Mervent-Vouvant, au pays de Mélusine, direction Maillezais, où Rabelais séjourna un moment. Puis, nous entrerons dans les Deux-Sèvres (Coulon, Magné, Saint-Hilaire-la-Palud, etc.) avant de passer en Charente-Maritime (vers Marans). Nous rejoindrons ensuite la Vendée pour visiter le Marais desséché et la baie de L'Aiguillon où l'air marin chatouille les narines du routard avide de découvertes naturelles et culinaires.

FONTENAY-LE-COMTE (85200) 15 400 hab.

Ancienne capitale du bas Poitou, riche d'un passé prospère, Fontenay n'a jamais vraiment digéré d'avoir perdu son rang au profit de La Roche-sur-Yon. Qu'à cela ne tienne, la ville offre des trésors d'architecture et d'histoire qui font défaut à la capitale du département. De plus, cette sous-préfecture jouit d'une sérénité et d'un charme bien agréables. Quand on passe à Fontenay, on a envie de s'arrêter sur les rives de la Vendée qui partage la ville en deux.
Sa situation centrale dans la région permet d'aller rêver dans le pays de Mélusine, à l'ombre des arbres millénaires de la forêt de Mervent, puis de descendre dans le marais, bien plus plat mais tout aussi charmant.

UN PEU D'HISTOIRE

Simple forteresse protégeant l'embouchure de la Vendée au XIe siècle, la ville connaît un développement économique sans précédent deux cents ans plus tard, avec l'apparition de grandes foires. Pendant la période de la Renaissance, sa renommée est largement confortée par une dimension culturelle telle, que François Ier dira qu'elle est une fontaine, source jaillissante des beaux esprits. La (modeste!) devise de la cité était toute trouvée. Le rayonnement de Fontenay ne faiblira pas avant le XVIe siècle et les guerres de Religion. La révocation de l'Édit de Nantes sonnera le glas. Protestante, la ville ne s'en remettra pas. Bousculée par les guerres de Vendée, la cité tombe dans l'anonymat quand Napoléon transfère le chef-lieu de département.

Adresses utiles

▌ *Office du tourisme* (plan A2) : place de la Bascule, tour de l'Octroi. ☎ 02-51-69-44-99. Fax : 02-51-50-00-90. Ouvert du 1er juillet au 31 août, du lundi au samedi de 9 h à 12 h 30 et de 13 h 30 à 19 h, le dimanche de 14 h à 18 h ; le reste de l'année le lundi après-midi de 13 h 30 à 18 h, du mardi au vendredi de 9 h à 12 h 30 et de 13 h 30 à 18 h, et le samedi de 9 h à 12 h 30. Visite du vieux Fontenay, tous les mercredis à 15 h en juillet et août. Prendre la brochure *Promenades pédestres entre forêt et Marais*, qui indique dix sentiers de randonnée balisés avec descriptions et plans autour de Fontenay.

✉ *Poste* (plan B2) : rue du Port. ☎ 02-51-53-14-03. près de l'office du tourisme.

🚌 *Gare routière* (plan B2) : 33, place de Verdun. ☎ 02-51-69-46-44. Sur la gauche en venant de l'autoroute.

Où dormir ? Où manger ?

Bon marché

🛏 |●| *Hôtel-restaurant Le Chêne Vert* (hors plan par B2, **10**) : 27, rue Kléber. ☎ et fax : 02-51-50-02-30. À deux pas de la gare routière. Resto fermé les samedi soir et dimanche, ainsi que les 15 premiers jours d'août et la semaine de Noël. Chambres doubles à 21,34 € (140 F) avec douche. Menus de 8,23 à 12,96 € (54 à 85 F). Haut lieu de la Résis-

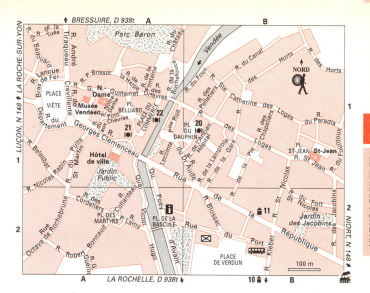

FONTENAY-LE-COMTE

Adresses utiles

- 🛈 Office du tourisme
- ✉ Poste
- 🚂 Gare SNCF
- 🚌 Gare routière

Où dormir ? Où manger ?

- 10 Hôtel-restaurant Le Chêne Vert
- 11 Hôtel Fontarabie-restaurant La Glycine
- 20 La Paillote
- 21 Le Pinky
- 22 Restaurant Aux Chouans Gourmets

tance pendant la Deuxième Guerre mondiale, cette maison au crépi ivoire abrite un petit hôtel aux chambres simples mais propres, la plupart refaites. La majorité donnent sur l'arrière, plus calme. Salles de resto, élégante côté rue, et une plus familiale au fond avec TV. Atmosphère conviviale.

Prix moyens

🛏 🍴 *Hôtel Fontarabie-restaurant La Glycine* (plan B2, 11) : 57, rue de la République. ☎ 02-51-69-17-24. Fax : 02-51-51-02-73. • fontarabie@aol.com • ♿ En plein centre. Fermé du 20 décembre au 8 janvier. Doubles de 43 à 49 € (282 à 321 F) avec douche ou bains et w.-c. Menus de 7,50 à 22,90 € (49 à 150 F). Il y a bien longtemps, au moment de la Saint-Jean, des commerçants espagnols faisaient le voyage de Fontenay pour vendre leurs chevaux nains et acheter des mules de Vendée. Ils arrivaient de Fontarabie pour faire leur négoce et logeaient dans ce relais de poste. Le nom de la maison était trouvé. Dès lors, il n'en changea pas mais cette belle bâtisse en pierre blanche et au toit d'ardoise a été rénovée. Déco contemporaine sobre. Chambres confortables. Le restaurant doit son nom aux vénérables glycines qui ornent l'entrée de la maison formant pergola sous laquelle il est bien agréable de boire un verre. La cuisine, tendance terroir, est bonne et plutôt copieuse. Personnel jeune et souriant pour vous accueillir. Apéritif maison, si on prend un repas, offert à nos lecteurs, ou réduction de 10 % sur le prix des chambres, sauf en juin, juillet et août, sur présentation du *Guide du routard* de l'année.

I●I *La Paillote* (plan B1, 20) : place du Dauphin. ☎ 02-51-51-00-18. Même maison que *La Ciboulette* à Luçon. Ouvert à midi du lundi au mercredi, midi et soir les jeudi et vendredi, et le samedi soir. Formules « repas dans une assiette » de 7,32 à 9 € (48 à 59 F) du lundi au vendredi. Formule copieuse, comprenant entrée, viande chaude et sa pomme au four, fromage et dessert, le tout dans la même assiette. Grillades, salades... Très frais. Sur une place ombragée très calme, un îlot d'exotisme. Ici, le choix du mobilier et du décor est franchement ensoleillé : bambou, hamacs, sombrero, tons ocre et jaune... Les employés du quartier et autres habitués de tous âges s'y retrouvent en petits groupes au déjeuner. La formule et l'ambiance sont vraiment sympas.

I●I *Le Pinky* (plan A1, 21) : place du Commerce. ☎ 02-51-69-34-24 ou 02-51-69-73-37. Ouvert à midi du lundi au samedi. Fermé le dimanche. Menus de 9,15 à 13,72 € (60 à 90 F). En plein cœur du marché le samedi matin, façade et déco intérieure d'inspiration marine. Terrasse ombragée à l'arrière. Accueil amical. Le menu à 13,72 € (90 F) proposait ce jour-là du foie gras sur toast, entrecôte ou saumon, fromage ou dessert. Fait aussi grill et bar. Une bonne petite adresse.

I●I *Restaurant Aux Chouans Gourmets* (plan A1, 22) : 6, rue des Halles. ☎ 02-51-69-55-92. Service de 12 h à 14 h et de 19 h à 21 h 30. Fermé les dimanche soir et lundi. Menus de 13,50 à 34,60 € (89 à 227 F). Une maison solide et raffinée à l'image de sa noble façade. En salle aux beaux murs de pierre apparente, ou en terrasse couverte donnant sur la Vendée, c'est selon. L'accueil et le service sont irréprochables. Cuisine traditionnelle, ou gastronomique de la plus grande fraîcheur (le marché est à la porte !) selon les saisons : coco de langoustines poêlées au jus de crustacés, farci en ballottine et son jambon de Vendée... Service soigné et attentionné. Café offert à nos lecteurs sur présentation du *GDR*.

Où dormir ? Où manger dans les environs ?

🏠 *Le Poiron* : château du Poiron, 85200 Pissotte. ☎ 02-51-69-20-27. Fax : 02-51-69-31-30. ● www.gites-poiron.com ● De Pissotte, prendre la D938 en direction de La Châtaigneraie, puis à environ 1,5 km, tourner à droite et suivre les panneaux « Gîte de France ». Comptez 14,48 € (95 F) la nuit, pour 1 personne en formule gîte. Cartes de paiement acceptées. Qu'il fait bon retrouver ce reposant domaine après les superbes balades à pied ou à vélo que vous offre la région ! Françoise et son mari anglais proposent un grand gîte indépendant de 30 personnes, très bien équipé (grande cuisine, spacieux sanitaires et piscine privée hors sol) dans les communs du château qu'ils habitent. Également 2 petits gîtes ruraux qui peuvent être loués en chambres d'hôte, à 53,36 € (350 F) par personne, petit déjeuner inclus. Autre piscine devant le château, et la nature tout autour. Françoise, qui est originaire du coin, saura vous donner plein de tuyaux pratiques. En prime, café offert aux lecteurs sur présentation du *GDR*.

▲ *Chambres d'hôte Chez Marie-Jo et Jean-Christian Bourdin :* Bel Air, 78, rue de la Mairie, Saint-Michel-le-Cloucq. ☎ et fax : 02-51-69-24-24. Dans le haut du bourg. Doubles à 40 € (262 F), petit déjeuner compris. Dans un cadre charmant, trois jolies chambres, toutes avec entrée indépendante, dans une partie attenante à l'ancienne ferme occupée par les propriétaires. Marie-Jo est enseignante et c'est plutôt Jean-Christian qui s'occupe des hôtes avec un grand sens de l'hospitalité. Pas de repas, mais cuisine et salle commune à disposition et la *ferme-auberge de Mélusine* (voir plus bas) est à 5 mn. Réduction de 10 % à partir de 4 nuits.

▲ |●| *Chambres d'hôte Chez Jean-Marie et Marie-Agnès Robuchon :* Le Peux, 85420 Saint-Pierre-le-Vieux. ☎ 02-51-00-78-44. Sortir de Saint-Pierre-le-Vieux par la D23 en direction de Souil et Fontenay-le-Comte, et prendre la seconde petite route sur la droite, à environ 1 km du bourg (panneau « Gîtes de France »). C'est la grande ferme blanche sur la droite à 200 m. Doubles à 30,50 € (200 F), petit déjeuner compris. Repas à 10,70 € (70 F). 2 chambres confortables dont une de plain-pied et, à l'étage, une suite composée de deux chambres avec sanitaires privés communs à l'extérieur des chambres, bien pour une famille ou des amis. Calme assuré. Très bon accueil de madame Robuchon, qui se fera un plaisir de vous expliquer les recettes maraîchines qu'elle cuisine à merveille. Demandez-lui de vous parler aussi de la vie des bagnards échappés de La Rochelle cachés jadis dans les marais. Les enfants découvriront les animaux de la ferme. Salon de jardin, kitchenette, barque et vélos à disposition.

|●| *Crêperie Le Pommier :* 9, rue des Gélinières, 85200 Pissotte. ☎ 02-51-69-08-06. ✗ Par la D938. Fermé le lundi et environ 2 semaines fin septembre. Crêpes de 3,81 à 6,10 € (25 à 40 F). À midi et en semaine, menu à 7,32 € (48 F). À côté d'un vieux cellier à vin, de Pissotte bien sûr, et des fiefs vendéens, protégée par une glycine et une vigne vierge, cette vieille maison aux volets verts, avec son jardin et sa véranda, dégage une sensation de sérénité. On est bien ici ! Les crêpes sont généreusement garnies. « Blanchette » (bacon, fromage de chèvre, crème fraîche et salade), « Syracuse » (magret fumé, pommes poêlées et crème au jus d'orange), que l'on déguste avec le vin rosé de Xavier, le frangin vigneron. Apéritif maison offert à nos lecteurs sur présentation du *Guide du routard*.

|●| *Auberge du Pot Bleu :* 85200 Pissotte. ☎ 02-51-69-16-32. ✗ Dans la forêt de Mervent. Sortir de Pissotte par la D104 en direction de l'Orbrie. À environ 1 km, dans un virage, prendre à gauche et suivre le fléchage. Menus de 13,72 à 32,01 € (90 à 210 F). Excellent resto, réputé dans la région, niché dans la vallée de la Vendée, mais pas directement au bord de l'eau. Nous y avons dégusté de délicieuses spécialités comme la fricassée d'anguilles avec ail et herbes, la selle d'agneau grillée et une mousse au chocolat (hum !), le tout accompagné d'un mareuil de Rosnay 1998 extra. Et comme le GR de pays passe à côté, la balade digestive s'est imposée.

|●| *Ferme-auberge de Mélusine :* chez Pascal Raguin, place de la Maison-Neuve, Saint-Michel-le-Cloucq. ☎ 02-51-51-07-61. ✗ À 3 km de Fontenay par la D49. De l'église, prendre la direction de la nouvelle ville, c'est sur une place occupée par un parking. Uniquement sur réservation en hiver. Fermé le mercredi. Menus à partir de 14,94 € (98 F), comprenant une entrée, un plat, le fromage et le dessert ; et 3 autres menus de 16,77 à 24,39 € (110 à 160 F). Dans une vieille grange typiquement vendéenne, deux salles de 50 couverts. Produits provenant de leur ferme. Spécialités de *préfou*, grillé de *mojhettes*, jambon vendéen, chevreau à l'ail vert. Agréables petits vins vendéens. Bon accueil.

LE MARAIS POITEVIN

Où boire un verre?

- **Le Rétro** (plan B1) : 23, rue des Loges. ☎ 02-51-50-08-00. Ouvert du lundi au samedi de 17 h à 2 h. Fermé le dimanche. Dans la rue piétonne, beau bar à bière (100 variétés de bières), qui possède un certain cachet. Billards, *darts*, et bien sûr beaucoup de jeunes.

À voir

★ **L'église Notre-Dame** (plan A1) : elle fut construite au XVe siècle sur la crypte du XIe siècle de l'ancienne chapelle Sainte-Marie. Terminée aux premières heures du XVIe siècle, elle vit Rabelais y célébrer la messe. Eh oui, le père de Gargantua était curé. Incendiée par les protestants quelques dizaines d'années plus tard, au cours des guerres de Religion, elle devint temple de la Raison pendant la Révolution, puis fabrique d'instruments de guerre. Un rapport?
Portail nord appauvri par les mutilations, mais présentant toutes les richesses de l'art du XVe siècle avec ses ogives à voussures décorées. Le portail sud est plus simple, plus pur. À l'intérieur, crypte romane primitive d'un grand intérêt architectural. Retable du XVIIe siècle, massif et pompeux, de style jésuite. Somptueuse chaire de 1784 miraculeusement intacte, ornée de sculptures magnifiques représentant Moïse et les Tables de la Loi ainsi que la religion qui écrase l'hérésie sur l'abat-voix.

★ **Le Musée vendéen** (plan A1) : place du 137e-R.-I. ☎ 02-51-69-31-31. À côté de l'église Notre-Dame. Ouvert du 15 juin au 15 septembre, du mardi au vendredi de 10 h à 12 h et de 14 h à 18 h, et les samedi et dimanche après-midi ; du 16 septembre au 14 juin, du mercredi au dimanche de 14 h à 18 h. Entrée : 2 € (13 F). Réductions. Au rez-de-chaussée, salles abritant les collections archéologiques provenant des fouilles de la région. Reconstitution d'un four à sel de l'époque gallo-romaine. Collection importante de verreries de cette époque. Au 1er étage, costumes, bijoux, coiffes et artisanat du XIXe siècle. Au 2e étage, peintures d'artistes vendéens dont Milcendeau et Baudry. Belle maquette animée de Fontenay en 1720.

★ **Le château Terre-Neuve** : rue de Jamigande. ☎ 02-51-69-17-75 ou 02-51-69-99-41. Ouvert tous les jours de mai à fin septembre, de 9 h à 12 h et de 14 h à 19 h. Entrée : 5,10 € (33 F). Demeure construite par Nicolas Rapin, grand connétable et compagnon d'Henri IV. À l'intérieur, on remarquera les cheminées du XVIe siècle avec leurs panneaux évoquant l'alchimie, les plafonds à caissons typiques de la Renaissance. La salle à manger compte deux portes provenant de Chambord et marquées de la Salamandre de François Ier. Salle des Bronzes remplie de beaux objets : balance, mortiers, armes et vêtements du XVIIIe siècle... Sully, Agrippa d'Aubigné et François Viète, mathématicien du XVIe siècle, résidèrent ici, tout comme Georges Simenon de 1941 à 1943. Un certain Raymond Queneau y passa aussi quelque temps, juste avant le père du commissaire Maigret. On ne s'étonne pas, en voyant le décor, que le surréalisme apparaisse dans l'œuvre de l'écrivain ! Pour ceux qui se demandaient où Queneau avait trouvé l'inspiration pour écrire *Les Fleurs bleues*, la réponse est ici !

➤ **Petit trek urbain** pour découvrir les façades de quelques superbes maisons Renaissance.

– De l'église Notre-Dame, descendre par la rue du Pont-aux-Chèvres. Au n° 14, l'*hôtel de Rivaudeau*, avec son portail à colonnes doriques et des cariatides. Au n° 9, le *palais des évêques de Maillezais* qui auraient résidé à

Fontenay. Ayant été chassés de leur cathédrale pendant les guerres de Religion, ils seraient venus ici avant que l'évêché ne soit transféré à La Rochelle. Mais tout cela est aujourd'hui remis en cause : ils ne se seraient jamais réfugiés dans ce palais aux belles balustrades en double poire sous des arcs rampants. Il seraient en fait descendus au n° 6, dans le *château Gaillard*, seul bâtiment de la ville représentatif du Premier Empire. Entrée monumentale surmontée de statues représentant Hercule et le lion à droite, Diane chasseresse à gauche et Laocoon et ses enfants étouffés par des serpents au centre (copie de celle exposée à Saint-Pierre de Rome). En face, le *prieuré Notre-Dame* avec une belle travée de style gothique flamboyant.

– On arrive ensuite sur la *place Belliard*, place principale de la ville sous l'Ancien Régime, qui conserve six maisons Renaissance à arcades, typiques du style François Ier. Au n° 18, façade avec fenêtres géminées à linteaux.

– De la place du Commerce, prendre à gauche vers le pont aux Sardines, le traverser et continuer tout droit dans la *rue des Loges* où les maisons témoignent de trois siècles d'architecture. Au n° 26, maison de style Louis XV construite en 1771, riche en ferronneries et décorations diverses. Belle porte d'entrée. Au n° 85, maison Millepertuis de la fin du XVIe siècle appelée aussi, suivant la tradition locale, maison Henri IV avec ses entrelacs à têtes humaines et animales, agrémentés de coquillages et de lianes. Les esthètes parlent de vermiculures décoratives italiennes. Nous, on dit simplement que c'est splendide. Au n° 94, maison à colombages du XVe siècle qui donne une bonne idée de ce qu'était la ville au Moyen Âge.

LA FORÊT DE MERVENT ET LE PAYS DE MÉLUSINE

Une forêt de 5 000 ha s'étend au nord de Fontenay-le-Comte. On raconte que la bonne fée Mélusine passa un temps fou dans les chênes, les hêtres, les châtaigniers... La forêt marque la frontière entre le Marais et le bocage vendéen. Elle faisait partie intégrante du Parc naturel régional du Marais poitevin. Traversée par la Vendée et par la Mère, c'est un lieu idyllique pour se balader, à pied, à vélo ou à cheval. Une dizaine de sentiers a d'ailleurs été balisée. Ces sentiers permettent de découvrir des paysages riches et variés, alternant haies, bocage, forêt et même un bout du Marais. Brochure de l'ONF à disposition dans les offices du tourisme ; pour les fondus de randos, un guide plus complet, *Randonnées et balades au pays de Mélusine*, édité par l'association des Sentiers de Mélusine, est en vente.

VOUVANT (85120) 920 hab.

Place forte élevée sur un promontoire surplombant une verdoyante vallée, le bourg date du XIe siècle et fut fortifié un siècle après par les seigneurs de Lusignan (Mélusine a mis la main à la pâte, Lusignan était son nom de famille !). L'enceinte principale est encore en grande partie visible. Du château, il ne reste que la tour Mélusine (aujourd'hui maison de Mélusine), à l'entrée de ce joli village médiéval. On remarque aussi la belle église, entourée de maisons basses parfois colorées.

Adresse utile

fi *Office du tourisme :* place du Bail. ☎ 02-51-00-86-80. Fax : 02-51-87-47-92. Juste à l'entrée du village en venant de Fontenay. Du 15 juin au 15 septembre, ouvert du lundi au samedi de 10 h à 12 h 30 et de 14 h à 18 h 30 ; le dimanche de 10 h à 12 h et de 15 h à 18 h ; hors saison, du lundi au vendredi de 9 h à 12 h et de 14 h à 18 h.

À voir

★ *L'église Notre-Dame :* ensemble unique alliant roman et gothique dans une parfaite harmonie. Bâtie au XIe siècle et remaniée, pour la façade nord, au XVe siècle. La nef fut saccagée par les guerres de Religion et on n'en reconstruisit que la moitié. D'où ses travées en ruine. Chevet remarquable. Portail particulièrement étonnant avec des sculptures impressionnantes. À l'intérieur, belle crypte du XIe siècle, d'une grande pureté.

★ *La maison de Mélusine :* place du Bail. ☎ 02-51-00-86-80. Situé dans l'office du tourisme. Du 15 juin au 15 septembre, ouvert du lundi au samedi de 10 h à 12 h 30 et de 14 h à 18 h 30, les dimanche et jours fériés de 10 h à 12 h et de 15 h à 18 h ; hors saison, les lundi, mardi, jeudi et vendredi de 14 h à 18 h. Entrée : 1,83 € (12 F) pour les adultes, 0,91 € (6 F) pour les enfants de 7 à 12 ans. Autrefois appelé la tour Mélusine, cet ancien donjon qui domine le site de ses 45 m ne présente pas d'intérêt esthétique majeur (on pourrait même dire que son aspect extérieur est plutôt décevant. Mais pénétrez cette maison pour découvrir le mystère de ce personnage. Tout l'imaginaire de la région se retrouve dans ces murs qui prennent du coup une dimension bien plus vaste. Film d'une dizaine de minutes présentant la légende de Mélusine.

MERVENT (85200) 1 080 hab.

Prendre la D99 vers Mervent, puis la D65. Un peu avant le village, s'arrêter devant le château.

Où manger dans le coin ?

Voir aussi plus haut la rubrique « Où dormir ? Où manger dans les environs ? », dans le chapitre sur Fontenay-le-Comte.

I●I *Crêperie du Château de la Citardière :* Les Ouillères. ☎ 02-51-00-27-04. Très bien indiqué. Se trouve entre Vouvant et Mervent, à l'écart de la D99. Fermé le mercredi de juin à septembre. D'octobre à fin mai, ouvert uniquement les week-end et jours fériés. Repas autour de 13 € (85 F). Crêpes et galettes entre 2,29 et 8,40 € (15 et 55 F). Voici un endroit insolite et romantique à la fois : une crêperie – et de bonne qualité ! – nichée dans un étrange château du XVIIe siècle jamais achevé, entouré de douves. Une petite partie des communs a été rénovée pour accueillir les promeneurs. À l'intérieur, une jolie salle rustique fleurant bon le feu de bois et la pâte à crêpe ; à l'extérieur, la terrasse pour contempler les hauts murs abandonnés. Excellentes crêpes : la « Sénéchal », au magret de canard, champignons, poivre vert ; la « Chantoizeau », flambée aux pommes ; la « Mélusine »... L'attente est un peu longue mais ça vaut le coup. On peut en profiter pour visiter le cellier qui sert de salle d'exposition temporaire et de spectacles. Café offert sur présentation du *Guide du routard*.

I●I *Restaurant Le Nautique :* 2, route du Lac, Mervent. ☎ 02-51-00-20-30. Juste en face du plan d'eau. Fermé le mardi toute la journée et le lundi soir. Menus de 11,89 à 25,15 € (78 à 165 F). Un endroit à l'ambiance conformiste juste ce qu'il faut et au décor suranné des petits coins de province, comme on en trouve de moins en moins. Cuisine bourgeoise bien préparée et copieuse. Service soigné et accueil agréable. Apéritif maison offert sur présentation du *Guide du routard* de l'année.

À voir

★ *L'église :* de style gothique flamboyant à chevet droit, datant du XVe siècle. Clocher massif et carré du XVIIe siècle.

➤ *DANS LES ENVIRONS DE MERVENT*

★ *L'église de Foussais-Payré :* à 7 km à l'est. Remarquable surtout par sa façade romane du XIIe siècle. Voussure externe magnifiquement décorée de 31 sculptures. Au centre, le Christ bénissant. Sur la baie de gauche, sculpture en haut relief représentant la Descente de la Croix. On y voit Marie recevant le bras de Jésus, Joseph d'Arimathie et Nicodème, décapité, qui descendent le corps. Dans la baie de droite, deux scènes : le jardin du Sépulcre, où Jésus apparaît à Marie-Madeleine, et le repas chez Simon le Pharisien.

LE MARAIS MOUILLÉ ET LA VENISE VERTE

Le cœur du Marais, et aussi sa partie la plus visitée : plus de 350 000 touristes s'y pressent chaque année pour s'apercevoir que le Marais ne recèle pas seulement tous les clichés servis en guise d'apéritif. Ici vivent des hommes et des femmes qui aiment leur petit coin de paradis. Beaucoup vous aideront à le découvrir, avec gentillesse et dévouement, pour vous faire partager leurs passions et leur vie. Ne l'ont-ils pas façonné de toutes pièces ? Mais il faut prendre son temps, et ne pas se contenter d'une petite balade en barque du côté de Coulon, hyper touristique. Se promener, marcher, apprécier cet air étrange aux parfums de terre et d'eau douce, se laisser pénétrer par l'esprit unique de la Venise verte ! Avec Maillezais, on entre dans le calme et le repos absolus.

MAILLEZAIS (85420) 990 hab.

Véritable capitale du Marais, Maillezais fut le siège d'un grand évêché, célèbre pour avoir accueilli Rabelais et Agrippa d'Aubigné. L'histoire de Maillezais est évidemment intimement liée à celle du Marais et de son abbaye.

Adresses utiles

■ *Office du tourisme :* rue du Docteur-Daroux. ☎ 02-51-87-23-01. Fax : 02-51-00-72-51. En face de l'église. Du 1er juillet au 31 août, ouvert tous les jours de 9 h 30 à 13 h et de 14 h à 18 h 30 ; hors saison, du lundi au samedi de 9 h 30 à 12 h 30 et de 14 h à 17 h 30. Bon accueil et plein de documentation. Brochure *Randonnée pédestre autour de Maillezais*, avec descriptif intéressant et plan de chacun des sept circuits.
■ *Location de vélos :* garage Marie Gaudin, route de Maillé. ☎ 02-51-00-71-30.

Balades en barque et canoë

⇌ *Embarcadère Aria Loisirs :* port des Halles. ☎ 02-51-87-14-00.
⇌ *Embarcadère de l'Abbaye :* Grand Port (port de l'Abbaye). ☎ 02-51-87-21-87.

Où dormir ? Où manger ?

♠ *Chambres d'hôte Le relais des Pictons, chez Geneviève Mougard :* 27, rue du Champ-de-Foire. ☎ 02-51-87-21-95. Chambres doubles avec douche et w.-c. à 32 € (210 F), petit déjeuner compris. À deux pas du centre-ville (tout petit, c'est certain), cette adresse est notre coup de cœur. Pas chère du tout, elle offre l'un des meilleurs rapports qualité-prix du coin avec ses jolies chambres et ses lits en rotin. Un seul regret, il faut réserver très longtemps à l'avance l'une des deux chambres que propose Mme Mougard avec son joli sourire et sa gentillesse toute maillezainoise !

♠ *Le Censif, chez Gabriel Robin :* ☎ et fax : 02-51-00-71-50. ✗ Prendre la rue du Champ-de-Foire (celle qui passe devant l'église) et continuer tout droit pendant 2 mn. Tourner à gauche juste avant la coopérative agricole (deux bâtiments, l'un d'eux ressemble à un silo à grains postmoderne), puis prendre la première à droite. Vous êtes arrivé ! Comptez entre 30,49 et 38,11 € (200 et 250 F) la nuit pour 2 personnes, petit déjeuner avec lait de vache de la ferme compris. Gabriel Robin, propriétaire des lieux, est un amoureux du Marais. Dans la grande salle du petit déjeuner, il a mis à disposition des visiteurs toute une documentation sur la région. Il vous expliquera avec passion la formation de cette terre qui était envahie par la mer il y a à peine 2 000 ans ! *Le Censif* est une grande et belle ferme toute simple. Une chambre pour 2 ou 4 personnes, de plain-pied, est accessible aux personnes handicapées. Spacieuse, très agréable. Au 1er étage, deux chambres plus petites (et moins chères). Enfin, il est possible de loger toute une famille, ou plusieurs amis, dans la dernière chambre dotée d'une mezzanine avec 4 lits et équipée d'une kitchenette. Ça sent bon la campagne ! Adresse idéale pour passer quelques jours. Apéritif maison et digestif offerts à nos lecteurs.

♠ *Chambres d'hôte chez Liliane Bonnet :* 69, rue de l'Abbaye. ☎ 02-51-87-23-00. Fax : 02-51-00-72-44. • liliane.bonnet@wanadoo.fr • Comptez de 56,41 à 59,46 € (370 à 390 F) pour 2, petit déjeuner (excellent) compris. Belle maison de maître du XIXe siècle. Difficile d'imaginer que, derrière cette façade massive, se cache un parc immense avec arbres centenaires, fleurs, tennis, verger, qui aboutit directement dans une conche où un bateau vous attend. Quel bonheur de partir pour une petite balade matinale lorsque la brume enveloppe encore le Marais! La maison ne dépare pas. Liliane Bonnet en a fait une sorte de musée du meuble vendéen. Il y en a partout, y compris dans les quatre chambres spacieuses et hautes de plafond. Et on dort dans des draps en fil, comme chez sa grand-mère. Accueil vraiment sympathique et gentil d'une femme passionnée par sa région d'adoption. Ici, nos lecteurs seront vraiment cajolés : café ou rafraîchissement et collation (confitures maison, jus de pomme artisanal, brioche...) offerts à l'arrivée et sur présentation du *Guide du routard*.

🛏 *Hôtel Saint-Nicolas :* 24, rue du Docteur-Daroux. ☎ 02-51-00-74-45. Fax : 02-51-87-29-10. Dans le centre, à 100 m de l'église. Ouvert de mi-février à mi-novembre. Chambres doubles de 35,10 € à 51,80 € (230 à 340 F). Petit déjeuner : 6,86 € (45 F). Un hôtel simple et calme. La plupart des chambres (plutôt rétros mais confortables) donnent quasiment de plain-pied sur la cour-jardin intérieure pentue, disposée en terrasses. Un style original sympa. Le propriétaire, très engagé dans la région, pourra s'il a un peu de temps vous indiquer ses chemins à lui, pour vous perdre en toute quiétude dans le Marais poitevin. Une bonne adresse pour rayonner dans le coin. Sur présentation du *Guide du routard*, 10 % de remise sur le prix de la chambre, hors vacances scolaires.

I●I *Restaurant La Grange aux Roseaux :* Le Grand Port. ☎ 02-51-00-77-54. Au pied de l'abbaye, au bord de l'eau. Service tous les jours de 12 h à 14 h 30 et de 19 h 30 à 21 h d'avril à mi-novembre, bar ouvert jusqu'à 2 h. Menus de 12 à 20 € (79 à 131 F). Une adresse où se mêlent touristes et habitués et on les comprend. On peut y déguster de bons farcis poitevins, anguilles et escargots du cru. Tonnelle extérieure, cadre romantique et accueil souriant. C'est parfait!

Où dormir? Où manger dans les environs?

Les chambres d'hôte fleurissent dans le Marais. Elles sont généralement très bien tenues et les habitants semblent ravis d'accueillir les touristes.

🛏 *Chambres d'hôte La Genète, chez Yvette et Paul Quillet :* ☎ et fax : 02-51-00-71-17. Lieu-dit La Genète. Quitter Maillezais en direction de Maillé sur 2 km, jusqu'au silo sur la gauche. Ensuite c'est fléché. ✂ Fermé en octobre. Comptez 38,11 € (250 F) la nuit pour 2, petit déjeuner compris. Attention, les cartes de paiement ne sont pas acceptées. Dans cette très jolie ferme aux volets bleus, on se sent vite bien. Rénovée de façon simple et agréable, elle offre tous les plaisirs d'une vie campagnarde à deux pas de Maillezais. L'accueil est tout bonnement charmant, encore une bonne adresse où il faut réserver longtemps à l'avance.

🛏 *Gîtes ruraux :* il en existe trois à Anchais. À 2 km de Maillezais. Se renseigner à la mairie.

🛏 I●I *L'Écurie du Marais :* Sainte-Christine, 85490 Benet. ☎ et fax : 02-51-52-98-38, ou 06-80-68-38-78. ● menardpa@club-internet.fr ● Dans le bourg de Sainte-Christine, prendre le chemin en face de l'église (bien indiqué). Dans un grand domaine ombragé, appartenant et dirigé par le dynamique Pascal Ménard, on peut camper, louer un gîte de 20 personnes ou une caravane, dormir en chambres d'hôte de 2 à 4 personnes en saison (compter 38,11 €, soit 250 F, pour 2). On peut manger en table d'hôte sur demande pour 16,77 € (110 F) pour les adultes ; 9,91 € (65 F) pour les enfants. Nombreuses activités : randonnées équestres, pédestres ou à VTT, balades en barque, en roulotte ou en calèche, pêche, tennis, piscine. Un lieu convivial et sportif très routard. En plus, digestif maison offert sur présentation du *GDR*.

À voir

★ **L'abbaye Saint-Pierre :** ☎ et fax : 02-51-00-70-11. Ouvert tous les jours de 10 h à 19 h en juillet et août ; de 9 h 30 à 18 h de septembre à juin. Fermé les 3 dernières semaines de janvier. Entrée : 2,29 € (15 F). Promenades contées en été, pour découvrir l'histoire de l'abbaye depuis sa création jusqu'à son rachat au XIXe siècle.
Dans l'ancien golfe des Pictons, Maillezais se situait sur la plus haute des îles. À la place de l'abbaye s'élevait un château fort chargé de défendre l'accès de la Sèvre contre les Normands. Construite au tout début du XIe siècle, l'abbaye ne dépendait que de la tutelle de Rome. Puissante et riche, elle fut pillée à plusieurs reprises par quelques seigneurs jaloux. Maillezais prit part à l'assèchement du Marais avec les abbayes de Saint-Michel-en-L'Herm, Nieul, l'Absie et Saint-Maixent. Jean XXII éleva l'abbaye au rang d'évêché au XIVe siècle, mais elle connut la magnificence à la Renaissance. Geoffroy d'Estissac, évêque protecteur de Rabelais, l'accueillit pendant cinq ans. L'auteur de *Gargantua* aurait envoyé des graines de salade romaine, et probablement de tomates et de melons d'Italie, et ces fruits auraient poussé pour la première fois en France à Maillezais. En 1589, Agrippa d'Aubigné s'empara de l'abbaye et s'y installa avec sa garnison. Il entreprit des transformations pour en faire une place forte protestante. Il y resta trente ans.
À la Révolution, l'abbaye devient propriété d'un démolisseur qui la transforme en... carrière ! Il vend l'édifice pierre par pierre. Il ne reste que les majestueuses ruines de la cathédrale. Elle mesurait 105 m de long et les voûtes s'élevaient à 100 pieds (34 m) de hauteur. Les six clochers dominaient la région de leurs 55 m. On peut encore voir le narthex et le mur nord percé de baies cintrées avec de beaux chapiteaux. L'emplacement du cloître a fait dire aux spécialistes qu'il était aussi beau que celui de Moissac dans le département du Tarn-et-Garonne. Étonnante cuisine octogonale qui fait 12 m de haut. L'âtre est au milieu de la pièce. Dans le réfectoire des moines, un escalier descend dans le cachot de Rabelais, enfermé là en raison de ses facéties incessantes. Sacré François ! Il reste également deux magnifiques celliers, l'un pour le sel, l'autre pour le vin.

★ **L'église Saint-Nicolas :** malgré la restauration destructrice du début du XXe siècle, elle garde quelques caractères romans. Beau portail à voussures sculptées qui lui donne un côté un peu celte.

➤ DANS LES ENVIRONS DE MAILLEZAIS

★ ANCHAIS

Anchais, c'est un petit endroit de rêve, retiré du monde, unique, situé à 2 km de Maillezais.

★ SAINT-SIGISMOND (85420)

Par la D68, à 3 km après Anchais. Un peu bondé en été (comme le reste de la région), il vaut mieux venir tôt le matin ou le soir. La lumière n'en est que plus belle.

Où dormir ? Où manger ?

🏠 |●| Pour dormir, se restaurer, faire du cheval dans le coin, **L'Écurie du Marais** (à Sainte-Christine ; voir plus haut « Où dormir ? Où manger dans les environs ? »).

À faire

➤ *Promenades sur l'Autise :* départ de l'embarcadère de l'Autise. Renseignements : ☎ 02-51-52-97-45 ou 94-82. Ouvert de mai à septembre. Un des plus beaux coins du Marais. La balade s'avère absolument somptueuse au milieu des conches bordées de frênes têtards. Il n'est pas rare de voir des hérons, des cygnes, des poules d'eau et des ragondins, qui sont là par erreur. Le ragondin fut importé d'Amérique récemment. On voulait en faire l'élevage. Mais certains se sont échappés et ont conquis les marais grâce à leurs facultés reproductrices impressionnantes. Très chaud, le ragondin ! Seulement, ils abîment les conches qui n'ont pas besoin de cela.

★ LE MAZEAU

À 2 km de Saint-Sigismond, par la même route. Hameau à la lisière des prairies naturelles humides, quadrillées par de multiples conches et fossés. Un des rares endroits où les loutres viennent encore nicher.

À faire

➤ *Promenades en bateau :* départ de l'embarcadère de la Venise verte, port du Mazeau. ☎ 02-51-52-90-73. Fax : 02-51-52-95-97. Ouvert d'avril à octobre. Hors saison, sur réservation.

NIEUL-SUR-L'AUTISE (85240) 1 010 hab.

À 10 km au nord de Maillezais par la D15. Village très connu pour son abbaye royale. C'est tout petit, tout mignon, mais ça bouge pas mal les samedis soir à l'*hôtel du Cloître*. Bon endroit pour jeunes qui veulent faire la fête, ou pour moins jeunes qui souhaitent juste voir l'abbaye.

Où manger ?

|●| *Hôtel-restaurant du Cloître :* ☎ 02-51-52-46-66. Fermé début septembre. Menus de 12,50 (82 F) à 20,60 € (135 F). Tenu par un jeune couple sympa. Son bar orné de coupes de football est souvent animé par la jeunesse des environs. Chaleureux mais très bruyant, surtout le week-end. Côté cuisine, c'est du traditionnel : farci poitevin, épaule d'agneau aux *mohjettes* bien préparé. Café offert sur présentation du *Guide du routard*.

Où manger dans les environs ?

|●| *Le Trou Vendéen :* à Courdault, 85420 Bouillé-Courdault. ☎ 02-51-52-41-51. À 2 km au sud d'Oulmes, par une petite route qui part au coin de l'église. Ouvert tous les midis et les vendredi, samedi et dimanche, hors saison. Fermé en janvier. Menus de 9,91 à 24,39 € (65 à 160 F) mais ils ne sont pas affichés. Juste à l'entrée du canal de la Vieille Autise, un autre bout du monde magique. On mange sur de grosses tables de ferme comme on n'en voit plus guère, dans la salle à côté du

bar, ou dans une autre, plus classique. Clientèle d'habitués. Le menu du jour à 9,91 € (65 F) avec moules, cuisses de grenouilles et anguilles, quand la pêche a été bonne, est très copieux. Bon rapport qualité-prix. Café et digestif offerts à nos lecteurs, sur présentation du GDR.

À voir

★ **L'abbaye royale :** place de l'Abbaye. ☎ et fax : 02-51-50-43-03. En octobre, février et mars, ouvert de 9 h à 12 h et de 14 h à 18 h ; en novembre, décembre et janvier, de 9 h à 12 h et de 14 h à 17 h 30 ; en avril, mai, juin et septembre de 9 h à 12 h 30 et de 14 h à 19 h ; en juillet et en août, de 9 h à 20 h. Visites guidées à 10 h et tout l'après-midi. Plein tarif : 2,29 € (15 F) Réductions. Fondée en 1068 par le seigneur de Vouvant. Louis VII passa ici en 1122 avec sa femme Aliénor d'Aquitaine, native de Nieul. Petit cadeau pour gâter sa jeune épouse : le roi prend l'abbaye sous sa protection. Lors des guerres de Religion, le duc d'Anjou, le prince de Condé et le roi de Navarre (futur Henri IV) logent ici. Leur présence attise les assauts des protestants, qui pillent et détruisent l'abbaye. Elle ne fut relevée qu'au XIXe siècle. À l'intérieur, les piliers du mur nord sont affaissés, en raison d'un tassement de la voûte dû, notamment, aux inondations. Le plus intéressant reste le cloître, le seul entier de tout l'Ouest de la France. La salle capitulaire était toute peinte, mais sa transformation en chenil l'a endommagée ! On remarque également un lavabo du XIIIe siècle, avec l'eau courante. Les moines pouvaient se laver les mains avant d'aller au réfectoire. Moderne !
Sur la façade typiquement poitevine, on observe de beaux chapiteaux historiés, en particulier ceux représentant les sept péchés capitaux. Qui peut les citer de mémoire ?

★ **La maison de la Meunerie :** ☎ 02-51-52-47-43. Fax : 02-51-50-49-82. ● maison-meunerie@wanadoo.fr ● De juin à fin septembre, ouvert tous les jours de 10 h 30 à 12 h 30 et de 14 h à 19 h ; pendant les vacances de Pâques, ouvert de 15 h à 18 h ; en mai et les 15 premiers jours d'octobre, ouvert seulement le week-end de 15 h à 18 h. Entrée : 3,35 € (22 F). Réductions. Un des derniers moulins à eau avec sa roue à aubes, fournissant 25 t de farine par an. Autrefois, on lui avait adjoint deux moulins à vent pour pallier le manque d'eau. Ils ont été remplacés par un moteur Diesel dans les années 1920. Le meunier vivait avec sa femme dans deux pièces qui ont été reconstituées. Pour reconstituer l'ambiance, les visites sont animées par un système audiovisuel. Lumière et son s'allument sur notre passage. Même l'odeur de farine envahit le lieu. Tous les deux ans s'y tient la fête de la Meunerie (voir plus bas).

★ **La saboterie de Nieul-sur-l'Autise :** suivez les panneaux ! Situé dans une des salles de la maison de la Meunerie (mêmes horaires). Entrée libre. On y apprend comment étaient fabriqués les bons vieux sabots à la mode d'autrefois. Démonstration une fois par mois pendant l'été.

Fête

– **Fête de la Meunerie :** tous les deux ans (années impaires), les dimanche et lundi de Pentecôte à la maison de la Meunerie. Cette fête réunit environ 650 bénévoles en costumes traditionnels. On y voit fonctionner le moulin, et l'on peut y découvrir beaucoup de vieux métiers.

➤ DANS LES ENVIRONS DE NIEUL

★ **Le site néolithique de Champ-Durand :** à 2 km de Nieul en allant vers Oulmes, sur la gauche (fléché). Entrée libre toute l'année. Les outils qui ont servi aux fondations de ce site défensif auraient été façonnés sur de la matière animale : bois de cervidés, omoplates... Pour les amateurs de fouilles.

COULON (79510) 2 170 hab.

Vitrine du Marais et de la Venise verte, Coulon souffre un peu de son succès. Le village est certes charmant mais, dès les beaux jours, les hordes de touristes débarquent sur le site pour faire l'incontournable petit tour en bateau. À tel point que les barques se bousculent et les pare-chocs s'entrechoquent sur les berges en fin de semaine et en été. Pas vraiment l'idéal pour découvrir les beautés des conches et des canaux. Le coin est beaucoup plus calme hors saison.

Pourtant, l'endroit est magique. Peupliers, palmiers et bananiers (si, si !, preuve que le climat est doux), frênes têtards, lentilles, vaches dans les prés... tout est réuni pour la photo. On peut également découvrir ici l'habitat maraîchin traditionnel. Sobres, tout en harmonie et en subtilité, les maisons se rassemblent sur les plus hautes levées pour éviter les inondations. Elles sont basses, allongées, avec des murs blanchis à la chaux et des volets peints de couleurs vives. Et une barque attend devant chaque maison.

On félicitera cette petite ville qui s'est dotée d'un médaillé d'or para-olympique 2000, pas à la barque mais... en cyclisme, avec Sébastien Bichon, conseiller municipal de la commune.

Adresses utiles

❚ **Office du tourisme de la Venise verte :** 31, rue Gabriel-Auchier. ☎ 05-49-35-99-29. Fax : 05-49-35-84-31. • www.ville-coulon.fr • Juste à côté de la Poste. Du 1ᵉʳ mai au 30 septembre, ouvert tous les jours de 10 h à 13 h et de 14 h 30 à 18 h 30 ; du 1ᵉʳ octobre au 30 avril, du lundi au samedi de 10 h à 12 h 30 et de 14 h à 17 h 30. Compétent et sympa. Bonne documentation. Propose de très bonnes cartes de balades à vélo, et organise de nombreuses visites guidées à thèmes toute l'année sur demande.

■ **Location de vélos :** La Libellule, place de l'Église. ☎ 05-49-35-83-42. O2, à la Sotterie (route d'Irleau), pour des locations plus « sport ». ☎ 05-49-35-87-87.

Où dormir ? Où manger ?

▲ |●| **Camping La Venise Verte :** 178, route des bords de Sèvre. ☎ 05-49-35-90-36. Fax : 05-49-35-84-69. • www.camping-lavenisteverte.com • En sortie de ville, direction Irleau. Ouvert du 1ᵉʳ avril à début novembre. Possibilité de se restaurer (snack, restaurant). Ambiance familiale sur les bords de Sèvre, à deux pas de la célèbre maison aux volets bleus. Très bien équipé et propre, avec une piscine et de nombreuses activités pour les enfants. Location de chalets possible.

🏠 |●| **Hôtel-restaurant Le Central :** 4, rue d'Autremont. ☎ 05-49-35-90-20. Fax : 05-49-35-81-07. Face à l'église. Fermé les dimanche soir et lundi, ainsi que les 2 premières semaines d'octobre et 15 jours fin janvier. Quelques chambres confortables à moins de 40 € (262 F). Menus à 15,24 € (100 F), sauf les dimanche et jours fériés, et de 20,89 à 32 € (137 à 210 F). La table incontournable du Marais, à tout point de vue : sérieux, poli, bon et soigné. Ça sent bon la France éternelle sur les murs et dans l'assiette : fricassée d'anguilles, agneau du Poitou et ses *mohjettes*, crème brûlée à l'angélique. 10 % de réduction sur les chambres aux lecteurs du *GDR*, toute l'année.

≜ *Hôtel Au Marais :* 46-48, quai Louis-Tardy. ☎ 05-49-35-90-43. Fax : 05-49-35-81-98. Fermé de mi-décembre à fin janvier. Chambres doubles de 54,88 à 70,12 € (de 360 à 460 F), lumineuses et gaies. Un emplacement de rêve sur le chemin de halage. Un hôtel comme on les aime, central, plein de fraîcheur, à l'accueil souriant. Idéal pour se reposer entre deux balades (organisées ou non par la maison) dans ce pays de terre et d'eau. Mieux vaut réserver.

I●I *La Pigouille :* 52, quai Louis-Tardy. ☎ 05-49-35-80-99. Fax : 05-49-79-18-15. Sur le chemin de halage. Fermé de décembre à mi-février, et le mercredi d'octobre à mars. Menu du jour à 10,36 € (68 F), autres menus de 13,56 à 22,71 € (89 à 149 F). Dans une très jolie salle rustique, une bonne cuisine locale (anguilles, lumas, grenouilles). En terrasse, on mange face à la Sèvre, on y rencontre des habitués qui peut-être vous parleront de leur Marais. À noter que la *pigouille* est la perche qui sert à faire avancer la barque plate dans les conches. D'ailleurs, ce resto a son propre embarcadère, et propose des formules promenade en barque, avec repas. Café offert sur présentation du *GDR*.

Où dormir? Où manger dans les environs?

≜ *Chambres d'hôte La Rigole :* 180, route des Bords-de-Sèvre. ☎ 05-49-35-97-90. Sortir de Coulon par la D123 en direction d'Irleau ; après 1,5 km, tourner à droite, juste après le camping, pour vous engager dans un petit chemin. Fermé pour les fêtes de fin d'année. Comptez 40 € (262 F) pour 2, très bon petit déjeuner compris. Au bord de la rivière, une authentique et charmante maison maraîchine. Chambres mignonnettes avec salle de bains, toutes personnalisées. Une avec lit à rouleaux, une de style 1900, une autre très romantique avec son lit à baldaquin, toutes avec vue sur la rivière. Un des meilleurs rapports qualité-prix du Marais poitevin. Les cartes de paiement ne sont pas acceptées. Pour nos lecteurs, lit supplémentaire gratuit dans la chambre 1900 ou barque à disposition.

I●I *L'auberge de l'Écluse :* route d'Irleau, écluse de la Sotterie. ☎ 05-49-35-90-42. Fermé les dimanche soir et lundi. Menus de 14,94 à 30,18 € (98 à 198 F). Mme Dougé a du caractère, connaît son métier mais ne manque pas de sourire. Dans cette ancienne auberge de mariniers, on vous servira des fricassées d'anguilles à l'ail, du farci poitevin, du jambon de pays aux *mohjettes*, ou une délicieuse tarte aux poires et à l'angélique. Ici, tout est maison et admirablement préparé dans un cadre agréablement rustique.

À voir. À faire

★ *L'église de la Sainte-Trinité :* romane à l'origine (XI-XVe siècles), elle a subi quelques ajouts de style gothique (portails ouest et sud). Nombreux vitraux, et une architecture dont on sent les divers remaniements.

★ *Le chemin de halage :* balade sympa le long des quais, de part et d'autre de la Sèvre canalisée. Maisons typiques de bateliers.

★ *La maison du Marais mouillé :* place de la Coutume. ☎ 05-49-35-81-04. Fax : 05-49-35-83-26. ● M.MM@wanadoo.fr ● En juillet et août, ouvert tous les

COULON / À VOIR. À FAIRE

jours de 10 h à 20 h ; de février à fin octobre, de 10 h à 12 h et de 14 h à 19 h, sauf le lundi en mars et octobre. Les week-ends de mai, juin et septembre, de 10 h à 13 h et de 14 h à 19 h. Ouvert du 6 au 30 novembre de 14 h à 19 h, fermé le lundi. Se renseigner pour le reste de l'année. Entrée payante (demi-tarif pour les enfants) : 4,57 € (30 F). Réduction sur le prix de l'entrée sur présentation du *GDR*.

Écomusée installé dans la maison de la Coutume (XIVe-XVIIe siècles) où logeaient les percepteurs d'un droit coutumier prélevé sur les marchandises qui remontaient la Sèvre Niortaise. Muséographie originale et intelligente réalisée par le Parc du Marais poitevin. Panorama exhaustif des activités humaines dans le Marais : exploitation du peuplier, culture de la *mohjette*, pêche à l'anguille, batellerie, etc. Le Maraiscope : vaste maquette animée avec trois écrans d'images pour mieux comprendre la conquête humaine du Marais. Produits des fouilles archéologiques : le premier village de Coulon au néolithique. Reconstitution de l'intérieur d'une maison maraîchine de la fin du XIXe siècle. À l'arrière de la maison, pigeonnier et grande fenêtre Renaissance ; sous l'entablement, fou, feuilles de chardon et bélier sculptés, qui seraient des symboles alchimistes. La visite est paisible, reposante... comme le marais. Et si vous avez l'œil, vous découvrirez dans la grande salle de nombreux détails amusants (on marche sur un vieux puits, on remarque un trou à boulin, une tête sculptée au pied d'un pylône...). À l'entrée, petite boutique de produits régionaux très complète.

➢ En juillet-août (sur demande hors saison), **balades-découvertes pour tous :** les guides vous emmènent de sentiers en chemins d'eau à la découverte des particularités du Marais (histoire, habitat traditionnel, hydraulique, faune, flore...).

➢ *Le Pibalou* : 6, rue de l'église (à côté de l'église). ☎ 05-49-35-14-14. Fax : 05-49-35-83-11. • www.MaraisPoitevin-Evasion.com • Entrée : 8,38 € (55 F) adulte, 6,10 € (40 F) enfant. 10 % de réduction pour nos lecteurs. Un parcours de 1 h 15 dans un petit train vert pour visiter le marais sans se fatiguer. Mais vous me direz, le *pibalou*, c'est quoi ? Et bien, ça vient de « pibale », le petit de l'anguille, tout simplement ! Possibilité de formule « Journée Venise Verte » avec barque + petit train + maison du Marais mouillé. Réservation conseillée.

★ *Aquarium de la Venise verte :* sur la place de l'Église, c'est le magasin de souvenirs du milieu ! ☎ 05-49-35-90-31. Fax : 05-49-35-80-23. De mars à octobre, ouvert tous les jours de 9 h à 19 h 30 ; le reste de l'année, sur réservation. Entrée : 2,74 € (18 F). Pour mieux comprendre ce qui nage le long des cours du marais, un petit aquarium, entretenu par un passionné et son fils Arnaud, champion de pêche, présentant uniquement des poissons de rivière. Si vous voulez voir à quoi ressemble une « silure » ! Accueil mitigé.

■ *L'embarcadère Aux Volets Bleus :* route de la Sotterie. ☎ 05-49-35-93-66. À 1 km de Coulon, direction Irleau. Cette maison est une véritable invitation à sortir son appareil photo. Mais évitez de le faire : Fabrice Ravard et sa famille vont finir – à cause du sans-gêne de certains – par avoir l'impression d'habiter dans un zoo ! D'autant que c'est l'un des embarcadères les plus sympas du Marais. Fabrice est agriculteur et, au retour d'une balade, vous pourrez le voir rentrer les foins ou emmener les vaches aux champs. En barque, évidemment !

⚓ *« La Roselière » :* ☎ 05-49-35-82-98, au cœur de la ville, où l'on peut coupler promenade en barque et un repas régional.

⚓ *La gare fluviale Cardinaud :* ☎ 05-49-35-90-47. Fax : 05-49-35-81-99. • www.marais-poitevin.com • À l'entrée de la ville (route de Magné). Très organisée. Location de bateaux libre, avec guide, ou audio-guide. Promenade prestige de 1 à 3 h à partir de 13,72 € (90 F) pour 2 personnes, et 6,86 € (45 F) pour 1 h. Tarifs dégressifs. Promenades classiques, dès mai et tout l'été. Possibilité de balades jusqu'à 22 h.

LE MARAIS POITEVIN

Manifestations

- **Rallye nocturne du Marais :** fin juin. Renseignements : ☎ 05-49-33-12-24 • j.chevalier4@libertysurf.fr • En canoë ou en kayak (par équipe), un jeu de piste nocturne (sauf si c'est la pleine lune) dans le dédale des canaux du Marais. Drôle et étonnant, c'est plus une fête qu'une course.
- **La Fête maraîchine :** le 1er week-end de juillet.

LA GARETTE (79270)

Petite ville charmante et typique du Marais dont les maisons s'étirent le long de la Vieille Sèvre et d'une conche, avec un double accès : à la cale (petit port sur le fleuve) et à la rue. Le village est en fait constitué d'une longue rue piétonne réaménagée, où se succèdent de petits embarcadères. L'architecture ancienne a été préservée (vieilles façades, tuiles anciennes, pierre blanche) ce qui donne du cachet au village... mais attention en haute saison, et au tourisme de masse d'ici quelques années ! En ouvrant bien les yeux, vous découvrirez que chaque rue porte le nom d'une plante, que la conche est parsemée de saules pleureurs, mais aussi de bananiers et palmiers Seul regret, l'arrivée sur l'embarcadère principal et le camping, un peu trop touristique.

Adresses utiles

▬ Plusieurs **embarcadères**, le long de la rue principale. Nombreuses formules de balades.
■ **Maison du Cheval :** ☎ 05-49-06-79-70. À 200 m du camping. Centre équestre avec rencontre et initiation pédagogique pour les enfants.

Où dormir ? Où manger ?

▲ **Camping L'îlot du Chail :** ☎ 05-49-35-00-33. Immanquable, en plein cœur du village. Ouvert de Pâques à la Toussaint. Tout confort avec snack, minigolf, tennis, piscine.
I●I **Restaurant Les Mangeux de Lumas :** rue des Gravées, La Garette-Sansais. ☎ 05-49-35-93-42. Fermé les lundi soir et mardi, sauf en été, ainsi que 15 jours début janvier. Formule grill à 10,36 € (68 F), sinon menus de 14,48 à 42,68 € (95 à 280 F). Spécialité du *Mangeux de Lumas*, le fameux *lumas* (appellation locale des escargots), préparé ici de mille et une façons : farcis, au vin rouge, au Pineau. Nombreuses autres bonnes spécialités maraîchines. Intérieur chic où trônent les photos des célébrités passées par là : Zitrone, Jospin, J.-C. Bourret... De joyeux groupes investissent parfois les lieux, aussi est-il préférable de réserver à l'avance si l'on veut une bonne table sur la terrasse ombragée au bord de la conche.

MAGNÉ (79460) 2 930 hab.

Si vous traversez en automobile cette charmante bourgade fleurie, il y a peu de chance pour que vous remarquiez sa particularité. Allez, on vous le dit : Magné est une île, enserrée par la Sèvre et un bras du Sevreau. Tout juste restauré, la place de l'église et les bords de Sèvres sont bien plaisants. Un petit stop s'impose dans celle qui se proclame la « 1re commune du Marais » (en venant de Niort).

Adresses utiles

Office du tourisme : s'adresser à celui de Coulon. ● www.ville-magne.fr ●
Location de vélos et de canoës : base nautique, av. du Marais-Poitevin. ☎ 05-49-35-78-14. De juillet à septembre.

Où dormir ? Où manger dans les environs ?

Camping municipal de Magné : ☎ 05-49-35-71-81. À l'entrée de la ville en venant de Niort. Terrain ombragé, avec piscine à proximité ouverte en été.

Auberge du Sevreau : 24, rue du Marais-Poitevin, à Niort-Sevreau, Magné. ☎ 05-49-35-71-02. ● auberge-du-sevreau.com ● Sur la D9, entre Magné et Niort. Fermé les dimanche soir et lundi, 1 semaine en avril, 1 début septembre, et 1 à Noël. Menus de 9,15 € (60 F) à midi en semaine, et à 25,91 € (170 F). Au bord de la Sèvre, en terrasse, il fait bon goûter à la bouilliture d'anguilles, la briochine d'escargots, le suprême de volaille. Ça sent bon la gastronomie dans une déco boisée raffinée aux hauts plafonds. En plus, les patrons sont sympas. Café offert sur présentation du Guide du routard.

Auberge de La Repentie : lieu-dit La Repentie. ☎ 05-49-35-92-05. Sur la D9, à l'entrée de Coulon en venant de Magné. Fermé le lundi et tous les soirs (sauf le samedi en juillet-août). Menus de 9,91 à 19,51 € (65 à 128 F). En terrasse ou dans la grande salle aux pierres apparentes, la carte fait la part belle aux spécialités maraîchines. Mais les gens du coin, peut-être en mal d'exotisme, préfèrent souvent une autre spécialité maison : la paëlla. Café offert aux lecteurs sur présentation du Guide du routard.

À voir. À faire

★ **L'église collégiale Sainte-Catherine :** style gothique du XVIe, avec son vieux portail signé Mathurin Berthomé et sa belle rosace (à voir depuis l'intérieur). Après la Révolution, elle fut utilisée comme entrepôt à fourrage, puis comme hôpital militaire.

– À quelques mètres, **un pont-levis**, qui n'a rien de médiéval, enjambe la Sèvre. À côté, **le four Pontet**, remis à neuf, utilisé comme salle d'exposition, et dernier four de potier, témoin d'un artisanat qui apparaît dans la région dès le néolithique.

➤ Sur l'autre rive, petite **balade** le long du chemin de halage, agréablement entretenu, avec parcours de vélo balisé. Il mène jusqu'à l'écluse du Marais Pin (1864) au lieu-dit de la Motte-qui-branle. La légende dit que le sol y est si instable qu'on le sent se dérober sous nos pas... En tous cas, l'écluse, elle, n'a pas bougé, et témoigne des grands travaux hydrauliques de la fin du XIXe siècle, dans la région, pour réguler et gérer les flux de l'eau. Réserve de pêche, baignade interdite !

➤ DANS LES ENVIRONS DE MAGNÉ

★ **La chapelle Sainte-Macrine :** sur la route de Sansais. Chaque année, les pèlerins se rendent ici le 6 juillet (ouverte uniquement à cette occasion ou pour les journées du Patrimoine) pour prier sainte Macrine, patronne du Marais. Voici son incroyable histoire... Macrine vivait dans le Marais au VIIe siècle avec sa sœur et son amie, toutes les deux aussi belles qu'elle. Un seigneur un peu macho décida de les honorer toutes les trois et les fit venir en son château. La sœur de Macrine succomba aux charmes du seigneur, mais les deux autres, plus farouches et tenant à leur virginité, s'enfuirent. La copine de Macrine mourut d'épuisement dans cette fuite éperdue. Les soldats allaient rattraper la dernière fuyarde du côté de Magné, lorsqu'elle eut l'idée de se précipiter dans un champ. L'avoine, qu'un paysan était en train de semer, s'est alors mise à pousser instantanément pour cacher Macrine ! Elle était sauvée. Une chapelle fut construite à l'endroit du miracle. Mais l'histoire ne dit pas ce qui s'est passé avec le paysan...

BESSINES (79000) 1 400 hab.

Première commune en sortant de Niort, à l'entrée du Marais Mouillé. Village natal de Jean Richard, commissaire Maigret et directeur de cirque. Ce qui explique que, fait exceptionnel, une rue ait été, de son vivant, baptisée de son nom. Village bien calme avec un sympathique et discret embarcadère des « 3 ponts » en sortie du village sur la route de Magné.

Où dormir ?

▲ *Reix Hôtel :* av. de La Rochelle. ☎ 05-49-09-15-15. Fax : 05-49-09-14-13. • reixhotel@free.fr • À 3 km après Niort sur la N11 (direction Mauzé-sur-le-Mignon), sur la droite. Fermé entre Noël et le Jour de l'An. Chambres à 51,83 € (340 F) avec douche ou bains et TV. En été, à défaut de pouvoir se baigner dans une des conches du Marais, il est agréable de trouver une piscine et un jardin dans ce bâtiment très contemporain, à l'intérieur charmant (salon avec sofa et piano), et à l'accueil décontracté. Chambres simples et propres. Pas de resto mais quelques-uns à proximité.

À voir

★ *L'église Saint-Caprais :* à la sortie du village. Église romane du XIe siècle, remaniée au XVe siècle. Tympan chapeauté d'une cloche apparente. Chemin de promenade à la sortie de l'église pour rejoindre le cœur du village.

LE VANNEAU (79270) 800 hab.

Un village qui a emprunté son nom à celui d'un petit échassier habitué du Marais. Verdoyant petit port, rénové avec goût, peu fréquenté puisque dépourvu d'embarcadère. Jardins potagers sur la motte, accessible par une pittoresque passerelle en fer. Tout à côté, la Belette, rue typique en bord de conche avec des maisons ayant entrées sur rue et sur l'eau, comme à Arçais, La Garette ou Saint-Hilaire-la-Palud. Bon point de départ pour une balade à pied autour des canaux à travers de petites forêts, et pour rejoindre Irleau.
– *Fête* unique et annuelle en été avec un marché flottant sur la Sèvre niortaise (renseignements auprès de l'office du tourisme de Coulon).

➤ DANS LES ENVIRONS DU VANNEAU

★ **Saint-Georges-de-Rex :** un charmant village, avec ses quatre lavoirs disséminés au hasard des venelles. Quelques curiosités, comme les ruines de la forteresse féodale, aux douves encore remplies d'eau (ne se visite pas). Et si le Christ en croix, qui marque l'entrée du village, est noir, dans l'église, celui du retable polychrome du XVIIe siècle est habillé en bleu-blanc-rouge !

★ **Armuré :** tout mignon avec son église romane du XIIe siècle, et son drôle de petit cimetière, sa croix hosannière et ses curieuses sépultures dont la forme symboliserait la lutte contre les inondations.

IRLEAU (79270)

Un petit village au nom évocateur, lente déformation du mot îlot. La route entre Coulon et Irleau suit le cours du... fleuve (la Sèvre se jette dans la mer, donc, on parle bien d'un fleuve !). De grands panneaux vous y invitent : ralentissez et admirez !

Où dormir ? Où manger dans les environs ?

🏠 ıoı *Chambres d'hôte La petite ferme du Verger :* au village de La Sèvre, 79270 Le Vanneau-Irleau. ☎ 05-49-35-06-64. À la sortie d'Irleau, prendre la petite route indiquée par le panneau « La Sèvre, 2 km ». Une fois face à la rivière, tourner à droite, c'est la première maison. Chambres doubles à 35,06 € (230 F), petit déjeuner compris. Menu unique à 15,24 € (100 F). Menu-enfants à 9,15 € (60 F).

Un coin superbe, vraiment. Dans une de ces cabanes, anciennes exploitations agricoles qui bordent le chemin de halage de la Sèvre, Jacqueline et Anne ont aménagé deux très jolies chambres d'hôtes à la table très régionale. Boisson fraîche offerte en été... et chaude en hiver aux lecteurs du *Guide du routard*.
ıoı *L'auberge de l'Écluse :* face à l'écluse (voir plus haut, sur Coulon).

À voir. À faire

– À La Sotterie, vous pourrez voir un de ces **barrages-écluses** qui ont permis, au XIXe siècle, de rendre la Sèvre navigable de Niort à Marans.

➤ Possibilité de louer des vélos (chez *O2* ☎ 05-49-35-87-87) et de faire de longues balades au calme, entre les canaux jusqu'au Vanneau, loin de la route principale souvent dangereuse. Passez l'écluse et suivez les chemins...

ARÇAIS (79210) 650 hab.

Rien à voir ou plutôt tout à regarder. Il est agréable de flâner dans ce village typiquement maraîchin, où les maisons sont peut-être encore plus belles qu'à Coulon. Au XIIIe siècle, déjà, Arçais était un port dynamique où transitaient bois, vin, céréales, *mohjettes*... Juste en face de l'embarcadère, un logis de rêve nargue la rivière au pied du château du XIXe siècle. Prendre le chemin de halage pour découvrir le quartier de La Garenne, tellement typique de la vie quotidienne d'antan. Du haut de la colline, belle vue sur le marais sauvage. Prisé des artistes, ils viennent de plus en plus s'installer au village : sculpteurs, potiers, tourneur sur bois, vannier... On dit même au pays qu'Arçais a tellement de charme qu'elle commencerait à faire de l'ombre à Coulon ...

Adresses utiles

Office du tourisme : place de l'Église. ☎ 05-49-35-43-44. Fax : 05-49-79-06-89. Ouvert tous les jours de juin à fin septembre, de 10 h à 12 h 30 et de 14 h 30 à 19 h. D'octobre à mai, tous les jours sauf les samedi après-midi et dimanche, de 10 h à 12 h 30 et de 14 h 30 à 17 h. Très serviable et compétent. Propose des visites guidées complètes (payantes), ainsi que des cartes de rando et pour le VTT.

Embarcadères : ☎ 05-49-26-02-95. Sur le port, trouvez M. Guinouard qui connaît une foule d'histoires sur le Marais. Promenades en barque et location de canoës.

La Bicyclette Verte : route de Saint-Hilaire-la-Palud, 79210 Arçais. ☎ 05-49-35-42-56. Fax : 05-49-35-42-55. • www.bicyclette-verte.com • Dans une ancienne laiterie, à 600 m en sortant de la ville direction Saint-Hilaire. Ouvert d'avril à octobre, les week-ends, et en période de vacances scolaires. Une formule originale à la journée pour découvrir le Marais incluant la promenade à vélo en très bon état, en barque et le déjeuner en auberge. Pour 35,06 € (230 F) par personne, 16,76 € (110 F) pour un enfant de 8 à 12 ans accompagné de 2 adultes. Séjours de 1 à 8 jours. À partir de 10,67 € (70 F) la location à la journée. Accueil très sympa.

Où dormir ? Où manger ?

Camping de La Taillée : ☎ 05-49-35-88-97. À côté du port. Ouvert de début avril à fin octobre. Ombragé et bon marché, à proximité du village.

Peu d'hôtels. Mieux vaut se rabattre sur les chambres d'hôte. Renseignements auprès de l'office du tourisme ou des gîtes de France à Niort.

Auberge de la Venise Verte : 14, route de Damvix. ☎ 05-49-35-37-15. Sur la D102 en direction de Damvix, à 3 km d'Arçais. Jolie route. Fermé les mercredi et jeudi, et de novembre à février. Menus de 12,95 à 29,72 € (85 à 195 F). Depuis janvier 2001, de nouveaux propriétaires ont investi les lieux, ne savent plus où donner de la tête, et refusent du monde (donc, ça nous intéresse !). Dans une ambiance familiale et une déco plutôt sobre, la maison vous servira, en salle ou en terrasse, une belle tranche de jambon cuit avec des *mohjettes* (explications dans le menu) et une ribambelle d'autres plats bien du coin. Belle carte des vins mais aux prix un peu salés. Petits plus, un parking et un petit carré de verdure pour les enfants. Sinon, on a bien aimé en apéro, la Troussepinette à l'aubépine du patron. C'est de Vendée, mais bon, on est à 200 m...

À voir. À faire

★ **Le chemin de halage :** démarre au pied du logis. Ce vieux chemin longe le quartier de la Garenne. On voit des fermes à flanc de coteau, dont les dépendances descendent jusqu'au bief Minet. Même si certains bâtiments sont en ruine, remarquez les superbes appareillages de pierre. Entre chaque maison s'ouvrent des venelles pour accéder aux barques. Elles permettent juste le passage d'une brouette !

★ *La Calèche d'Arçais :* ☎ 05-49-35-40-29 ou 06-13-86-01-72. De début avril à fin septembre. Découvrir le marais en calèche, c'est possible. 4 circuits, avec formule gastronomique ou pique-nique.

★ *Association « Animation et Culture » :* propose des balades nocturnes et contées, sur demande et réservation. Très prisées. Se renseigner auprès de l'office du tourisme.

SAINT-HILAIRE-LA-PALUD (79210) 1 360 hab.

Deux hameaux, La Rivière et Montfaucon, pour un seul village : Saint-Hilaire-la-Palud, qui se proclame attention ! « la capitale du marais sauvage des Deux-Sèvres ». Cet étrange nom vient du latin *palus*, qui veut dire... marais. D'où l'origine du mot paludisme ! Pas de panique : les libellules du Marais détruisent consciencieusement tous les moustiques ! On se trouve néanmoins dans la partie la plus sauvage et la moins connue du Marais. Ce village est le point de départ idéal pour quelques belles balades à l'intérieur du Marais.

Adresses utiles

🛈 *Office du Tourisme :* 3, cour de l'Ancienne-Métairie. ☎ 05-49-35-12-12. Ouvert de mi-juin à mi-septembre, du mardi au dimanche midi de 9 h 30 à 12 h 30, et de 14 h 30 à 18 h 30. Propose des balades à vélo en saison avec guide (sur demande).
⛵ *Embarcadère du port de Montfaucon :* ☎ 05-49-35-34-97. Un peu moins connu que Coulon, Arçais ou La Garette, et dans une partie plus sauvage du Marais, donc logiquement moins fréquentée.
■ *Randonnées à cheval :* club Saint-Hilaire, lieu-dit La Roche. Route de Courçon, à 1 km, indiqué sur la droite en quittant Saint-Hilaire (suivre Lidon). ☎ 05-49-35-33-09. Fax : 05-49-35-39-28. Gîte de groupe et restaurant.

Où dormir ? Où manger dans les environs ?

⛺ |●| *Camping du Lidon :* ☎ 05-49-35-33-64. Fax : 05-49-35-32-63. • info@lelidon.com • À 3 km de Saint-Hilaire. Suivre Courçon, et à 1 km, tournez à droite vers La Roche, et Lidon. Ouvert de fin mars à mi-octobre. Restaurant (fermé de décembre à mi-mars) avec des menus régionaux de 11,43 à 18,29 € (75 à 120 F). À l'orée du Marais sauvage, longé par une conche, un petit complexe touristique avec piscine, barques et canoës, vélos...

À faire

➤ *Randonnées à cheval :* voir la rubrique « Adresses utiles ».

➤ *Randonnée dans le Marais :* la municipalité a balisé une balade de 10 km (balisage gris sur bornes vertes) au départ de la place de la Mairie. En 2 h 30, vous pouvez pénétrer dans cette nature brute où seuls les bruits de vos pas vous dérangeront. Au premier pont, on traverse la conche qui marque la frontière entre les Deux-Sèvres et la Vendée. Les nombreux étangs sont en fait des anciens trous de brie, d'où l'on extrayait l'argile pour fabriquer les tuiles. Il y eut jusqu'à onze tuileries au début du XXe siècle à Saint-Hilaire. La dernière a fermé en 1983. Il n'est pas rare de croiser des biches au petit matin. Le sentier continue à travers une belle peupleraie. Au cinquième pont, prendre la première rue à droite et rejoindre Saint-Hilaire. Carte disponible à l'office de tourisme.

➢ *Les 24 Heures de la barque :* le dernier week-end de juillet. Ce sont les 24 Heures du Mans mais en barque, sur les canaux, autour d'une fête où se rassemblent petits marchands régionaux, groupes de musique. Renseignements auprès de l'office de tourisme.

DAMVIX (85420) 720 hab.

Les bords de la Sèvre offrent de beaux points de vue sur une longue suite de maisons blanches, dans un charmant décor très coloré. Le village a longtemps vécu de la pêche de poissons d'eau douce. De cette époque ne reste que le petit port. Comme beaucoup de villes dans les environs, Damvix vit surtout en été, au rythme des vacanciers qui viennent et repartent. Aussi, dès que l'hiver pointe le bout de son nez, tous les restaurants et cafés ferment leurs portes. Dommage mais compréhensible, la nature regagne ce qu'elle avait perdu en été !

Adresses utiles

■ *Location de barques et canoës :* Aria Loisirs, au port de Damvix. ☎ 02-51-87-14-00.

⇐ *Embarcadère des Conches :* ☎ et fax : 02-51-87-12-01. Ouvert d'avril au 15 septembre.

Où dormir ? Où manger ?

⌂ *Camping Les Conches :* ☎ et fax : 02-51-87-17-06. Ouvert du 1er juin au 15 septembre. Forfait 2 personnes + un emplacement + une voiture + électricité : 9,60 € (63 F). Oubliez le village de vacances qui se trouve derrière et appréciez ce vaste camping. Piscine, rivière. Petit paradis du campeur.

🏠 ⦿ *Hôtel-bar-restaurant La Bosselle :* 5, rue de la Garnauderie. ☎ 02-51-87-13-11. Fax : 02-51-87-13-48. ⚘ En face de l'église, à l'angle d'une rue, reconnaissable à sa grande pergola en terrasse. Fermé le mardi hors saison et d'octobre à fin mars (sauf le bar, qui reste ouvert). Chambres doubles à 24,39 € (160 F) avec cabinet de toilette, et à 33,54 € (220 F) avec douche ou bains. Menus de 11,89 à 15,55 € (78 à 102 F). Compter 21,30 € (140 F) à la carte. Ambiance amicale. Autrefois, Damvix avait son vocabulaire, et les nasses à anguilles se disaient... *bosselles !* D'où le nom du restaurant ! Spécialités locales, selon le moment. Apéritif maison offert aux porteurs du *Guide du routard*.

⦿ *Crêperie-pizzeria La Récré :* chemin du halage. ☎ 02-51-87-10-11. Dans l'ancienne école, juste au bord de la Sèvre Niortaise, tenu par un couple aimable et discret. Quitter la rue principale au coin de l'hôtel *La Bosselle*, en face l'église, et tourner à gauche. Fermé le mercredi hors vacances scolaires et du 15 novembre au 1er avril. Compter 7,62 € (50 F) à la carte. Dans la cour fleurie ou à l'intérieur, on mange de copieuses et originales pizzas comme celle aux *mohjettes*, ou la terrine de ragondin... Une adresse routarde prisée par les randonneurs qui arrivent ou qui reviennent par le chemin de halage. Expos à thème de sculpture, peinture... réalisées par les enfants. Une bonne idée! Apéritif maison offert aux lecteurs sur présentation du *Guide du routard*.

MAILLÉ (85420) 710 hab.

Agrippa d'Aubigné est à l'origine de la construction du fort Doignon, d'où il contrôlait le trafic fluvial de la Sèvre. Le fort, rasé par Richelieu en 1610, fut transformé en imprimerie. Reconverti en poète, Agrippa y fit publier ses *Tragiques*. Fait moins connu que son recueil, il était le grand-père de Madame de Maintenon. Quelle famille!

Adresse utile

- *Embarcadère communal des Capucines :* 3, rue de la Mairie. ☎ 02-51-87-07-52 ou 02-51-87-05-78 (mairie). Une bonne idée écolo! Les *Capucines* sont des bateaux électriques de 10 places. Insonore, inodore mais saveurs maraîchines.

Où dormir?

- *Camping municipal La Petite Cabane :* renseignements à la mairie, ☎ 02-51-87-05-78. Fax : 02-51-87-02-48. Ouvert du 15 avril au 30 septembre. Le coin est superbe. Location de barques et de canoës.

À voir

★ *L'église romane* du XIIe siècle, dont il ne subsiste que la façade. Beau portail en arc brisé, orné de voussures aux sculptures figurant acrobates, musiciens, jongleurs...

LE MARAIS DESSÉCHÉ

Très étendu, il représente plus de 50 000 ha. Ici, le paysage change radicalement. L'absence pratiquement totale d'arbres le rend plus uniforme, à l'image des polders de Hollande et parfois même de la Camargue. C'est dire la beauté du lieu. Les villages se sont réfugiés sur les anciennes îles du golfe des Pictons. Ici, les maraîchins sont agriculteurs, traditionnellement tournés vers l'élevage. Mais les céréales envahissent de plus en plus cette partie du Marais, où le comblement des conches va bon train. Autre mauvaise nouvelle : le Marais desséché ne fera bientôt plus partie du Parc naturel, si l'on en croit la charte signée en novembre 1995. Les habitants de tout le Marais poitevin vivent cela comme un drame... Car, sans le Marais desséché, il ne peut y avoir de Marais mouillé! À voir d'urgence, donc.

CHAILLÉ-LES-MARAIS (85450) 1 620 hab.

La capitale (ancienne et actuelle) du Marais desséché, dans un site remarquable. Les maisons, adossées à la falaise, bordent la rue principale parallèle à la nationale. Semblant surgir des profondeurs, Chaillé domine les étendues paisibles du Marais où alternent cultures, prairies et quelques haies de tamaris. Juste à côté, le village de l'An VII rappelle que ce coin de Vendée est toujours resté républicain durant la période révolutionnaire.

Adresse utile

i *Office du tourisme :* 60 bis, rue de l'An-VII. ☎ 02-51-56-71-17.

Où dormir ?

▲ *Ferme du Nieul :* chez Jeanne et Firmin Massonneau, Le Nieul. ☎ 02-51-56-71-66. À la sortie de Chaillé par la N137 vers Luçon, en face du point I, prendre sur la gauche une petite route, c'est à environ 200 m. Chambres doubles à 35,06 € (230 F), petit déjeuner compris. Depuis plus de vingt ans, ces éleveurs à la retraite aiment recevoir en toute simplicité des hôtes dans leur ferme de 1877. 4 chambres simples, charmantes comme l'endroit, décorées avec beaucoup de goût. Deux sont équipées de douche et w.-c. Pour les deux autres, salle de bains sur le palier. Superbe jardin. Pas de repas mais possibilité de le préparer dans une petite dépendance de la maison. Apéritif et café offerts aux lecteurs du *GDR*.

Où dormir ? Où manger dans les environs ?

▲ *Chambres d'hôte La Pérotine :* 23, rue Jean-Moulin, 85770 Le Poiré-sur-Velluire. ☎ 02-51-52-35-00. Dans la rue principale, en face de la boulangerie. Ouvert de mi-juin à mi-septembre. Sur réservation, le reste de l'année. Doubles à 45,73 € (300 F), petit déjeuner à volonté à 5,34 € (35 F). Derrière une imposante façade de pierre, quatre magnifiques chambres doubles et une suite, toutes décorées et meublées à l'ancienne façon chic. Pas étonnant, la propriétaire, Mme Favre, est une ancienne antiquaire. Elle aime recevoir et se fera un plaisir de vous donner de bons conseils pour visiter les environs. Vélos à disposition et apéritif maison offert aux lecteurs du *GDR*.

▲ I●I *L'Auberge de la Rivière :* 85770 Velluire. ☎ 02-51-52-32-15. Fax : 02-51-52-37-42. Fermé les dimanche soir et lundi (hors saison), ainsi que du 20 décembre au 27 février. En saison, fermé le lundi midi. Chambres doubles de 67,84 à 82,32 € (445 à 540 F). Menus à 19,06 € (125 F) le midi en semaine, autres menus à 31,25 et 38,87 € (205 et 255 F). Une adresse pour routards aisés ayant des envies de calme, de raffinement et des nostalgies de bonne cuisine. Au centre du bourg, laissez-vous glisser d'abord vers la rivière, puis vers les nappes jaunes d'une salle à manger riche en poutres, plantes, meubles et tapisseries. Cuisine de caractère : comme le feuilleté de langoustines, le pigeonneau aux morilles s'ils sont au programme... Pour la nuit, des chambres aux tons chaleureux qui redonnent le goût de la campagne au citadin le plus blasé. Toutes (sauf la n° 10) ont vue sur la rivière. Jolie balade matinale ou digestive le long de la Vendée. Réduction de 10 % sur le

CHAILLÉ-LES-MARAIS

prix des chambres à partir de 2 nuits consécutives, sauf de mi-juin au 20 septembre, sur présentation du *GDR*.

▲ |●| *Chambres d'hôte Le Logis d'Elpénor :* 5, rue de la Rivière, 85770 Le Gué-de-Velluire. ☎ 02-51-52-59-10. Fax : 02-51-52-57-21. Dans le bas du village au bord de la Vendée. Fermé en décembre et janvier. Chambre à 50,31 € (330 F) pour 2, petit déjeuner compris. Table d'hôte tous les soirs sauf le samedi, à 18,29 € (120 F) et 7,62 € (50 F) pour les enfants de moins de 6 ans. Très jolie maison avec 5 chambres agréables, spacieuses et bien décorées. Jardin donnant sur la rivière. Calme assuré pour des nuits réparatrices. Apéritif maison offert aux lecteurs du *GDR*.

▲ |●| *Chambres d'hôte Le Clos de la Garenne :* chez Brigitte et Patrick François, 9, rue de la Garenne, 17700 Puyravault. ☎ 05-46-35-47-71. Fax : 05-46-35-47-91. ● www.closdelagarenne.com ● À 13 km à l'ouest de Chaillé-les-Marais. De Chaillé, suivre la D25 jusqu'à Puyravault, puis suivre le fléchage dans le village. La maison est à 5 km de Puyravault. Comptez 60 € (394 F) pour 2, petit déjeuner compris. Repas à la table d'hôte : 23 € (151 F) par personne, vin et café compris. Voilà une maison chargée d'histoire... Datant du XVIIe siècle, elle appartient à Pierre-François Audry qui, sa vie durant, fut un fervent défenseur de la République. Il fut élu, notamment, président de l'Assemblée constituante en 1848... Aujourd'hui, Brigitte et Patrick, ses nouveaux propriétaires, ont décidé de l'ouvrir au tourisme. 3 chambres vastes et élégantes. 1 indépendante dans un petit pavillon composée de 2 chambres dont 1 spécialement décorée pour les enfants ; 2 autres à l'étage de la maison. Sanitaires privés. Croquignolet salon avec billard américain et une remarquable collection de balances et pesons (plus de 80 pièces dont une balance à opium... tiens, tiens !). Il faut dire que Patrick est collectionneur dans l'âme. Table d'hôte partagée en famille. Accueil chaleureux. Grand parc de 4 ha, avec une grande forêt, où une chèvre naine et deux ânes s'en donnent à cœur joie. Une adresse de charme, pour routards aisés. Apéritif offert à nos lecteurs.

À voir

★ *La maison du Petit Poitou :* ☎ 02-51-56-77-30. Ouvert tous les jours sauf le dimanche matin, du 1er mai au 15 septembre, de 10 h à 18 h sans interruption. Cet écomusée est installé dans la maison du maître de Digue. Diaporama sur la vie du maître de Digue. Le premier dessèchement complet, réalisé sur une surface de 5 500 ha, en 1646, comprend tout le territoire du Petit Poitou. Le syndicat chargé de la gestion du Marais siège ici depuis cette date. Agriculture, coutumes et traditions du Marais, faune et flore font l'objet d'une exposition permanente. On apprend avec surprise que les gens du coin chassaient à la vache ! Que Brigitte Bardot se rassure, on ne faisait rien de mal aux gentils bovins... Le paysage étant tout plat, il était impossible de se cacher pour approcher le gibier sans l'effrayer. Les maraîchins avaient donc dressé des vaches et approchaient les bêtes en se dissimulant sur le flanc du bovin. Coup imparable ! Devant la maison, quelques baudets du Poitou, tous laineux, qui prouvent qu'un âne est loin d'en être un.

★ *La ceinture des Hollandais :* juste derrière Chaillé, par la D10. Ce long canal de 20 km permet de se faire une idée sur le fonctionnement du marais du Petit Poitou, l'œuvre la plus achevée en matière de maîtrise des eaux. La partie à assécher est d'abord entourée de canaux reliés avec la mer. Pour éviter les débordements vers la zone à assécher, on élève un bot (une levée). Ensuite, on draine par un réseau intérieur la partie à assécher. Cette eau s'évacue par les radians directement dans l'embouchure de la Sèvre, au niveau des portes de Brault, près de Marans. Affranchi de ces problèmes d'eau, le marais du Petit Poitou peut être ainsi cultivé dans les meilleures conditions. L'été, un système de bondes (orifices) dans le bot permet de pomper de l'eau dans les canaux et ainsi de maintenir tout le marais humide. Génial, non ? Et ça date du Moyen Âge !

MARANS (17230) 4 430 hab.

Autrefois « île enfermée de marais bocageux » (selon les mots d'Henri IV), Marans était un relais important pour le cheminement des pelleteries importées d'Amérique du Nord vers Niort, où elles étaient travaillées, et une éminente plaque tournante de la foire aux grains du Poitou. Elle avait la particularité d'être une ville portuaire à l'intérieur des terres. Elle fut reliée à l'Océan et à La Rochelle par un premier canal dévié de la Sèvre, puis par le fameux canal de Marans, construit au XIXe siècle et détrôné depuis lors par l'apparition des chemins de fer. Un passé riche, dont témoigne encore la présence de belles demeures des XVIIe et XVIIIe siècles.

Aujourd'hui, situé sur la N137 qui relie La Rochelle à l'autoroute A83, Marans n'est plus qu'un bourg de passage, au trafic bruyant, entouré en grande partie de marais asséchés, transition entre la Charente-Maritime et les départements de la Vendée et des Deux-Sèvres. Hormis ses canaux et quelques curiosités, cette petite bourgade fleurie ne présente pas un intérêt majeur, sinon celui d'être la porte d'entrée principale, par la Sèvre Niortaise, du Marais poitevin côté Charente-Maritime.

Adresses utiles

🅸 *Office du tourisme :* 62, rue d'Aligre. ☎ 05-46-01-12-87. Fax : 05-46-35-97-36. À environ 100 m sur la gauche de la rue principale en venant du pont. En saison, ouvert du lundi au vendredi de 9 h 30 à 18 h, le samedi, de 9 h 30 à 12 h 30 et de 14 h à 17 h ; hors saison, ouvert les lundi, mardi, jeudi, vendredi de 9 h 30 à 12 h 30 et de 14 h à 17 h, uniquement l'après-midi le mercredi et le samedi de 9 h 30 à 12 h. On y trouve un petit plan de la ville payant ainsi qu'un guide des circuits pédestres, et VTT. Organise également des visites payantes, sur demande, du clocher de l'église, de la ville, du musée Cappon, du moulin de Beauregard.

⚓ *Embarcadère du Marais poitevin :* 77, quai Joffre. ☎ 05-46-35-08-91. Près du vieux pont (s'adresser au bar-brasserie *Le Thalassa*). Ouvert du 1er avril à fin septembre du mardi au dimanche, et tous les jours en juillet-août. Location de barques et bateaux électriques et à moteur, au forfait horaire ou à la journée, avec plusieurs propositions d'itinéraires. Pour une barque de 8 places, compter 16,80 € (110 F) pour 1 h (circuit de 8 km), 38,10 € (250 F) pour 3 h 15, 47,30 € (310 F) pour 4 h 30, et 77,75 € (510 F) pour la journée. D'autres variantes peuvent être étudiées sur place en fonction du nombre de personnes et du budget. En tout cas, une bonne solution pour une visite rapide du Marais poitevin.

⚓ Également *embarcadère Gégène*, au 73, quai Joffre. ☎ 05-46-01-11-33.

■ *Location de vélos et VTT : Cycles Nadeau,* 66, rue Gambetta. ☎ 05-46-01-03-50. Location de VTT et de vélos classiques toute l'année. Et *M. Bironneau :* av. du Général-de-Gaulle. ☎ 05-46-01-08-92. Ouvert toute l'année. Toutes sortes de vélos.

Où dormir ? Où manger ?

Marans ne se prête guère à la villégiature pour les raisons évoquées plus haut. Voici cependant ce qui nous a plu.

🛏 |●| *Restaurant et chambres d'hôte La Porte Verte :* 20, quai Foch. ☎ 05-46-01-09-45. De la rue principale (N137, direction Nantes), passer le 1er pont et prendre à gauche la rue de la Maréchaussée. Le quai Foch est au bout. Fermé les mercredi, dimanche, lundi et mardi soir hors saison, et pendant les vacances scolaires de février et de la Toussaint. Rapport qualité-prix imbattable pour le coin : à partir de 44,21 jusqu'à 53,36 € (290 à 350 F) la chambre double, petit déjeuner compris. Menus de 13,72 à 25,15 € (90 à 165 F). Dans le plus pittoresque quartier de Marans, un adorable jardin de poche où il fait bon dîner le soir, à la fraîche, face au canal de Pomère. Puis passé la porte, tout aussi adorables, deux salles fleuries et *cosy* en diable. Dans la plus grande, une magnifique cheminée qui accueille de belles flambées en hiver. La cuisine est à la hauteur du lieu avec ses spécialités du terroir tirant toute leur saveur de produits soigneusement sélectionnés. Et on ne vous a encore rien dit des ravissantes chambres d'hôte, dotées de salle de bains loin d'être miniatures, et aménagées à l'étage par l'accueillant couple de propriétaires. Une étape délicieuse...

|●| *Crêperie-grill Le Bilig :* quai Joffre. ☎ 05-46-01-06-89. Fermé le lundi (sauf en juillet et en août), le mercredi soir, ainsi que 2 semaines en novembre et 1 semaine en janvier. 3 menus à 9,45, 13 et 16,50 € (62, 85 et 108 F). Menu-enfants à 6,10 € (40 F). Des spécialités de crêpes et galettes originales de 6,10 à 9,15 € (40 et 60 F) environ : russe (saumon fumé, crème aux fines herbes et flambée à la vodka), Saint-Jacques (aux noix de Saint-Jacques à la provençale)... Moules-frites en saison. Petit resto sans prétention, avec, aux beaux jours, une agréable terrasse presque les pieds dans l'eau. Café offert sur présentation du *Guide du routard.*

Où dormir dans les environs ?

🛏 *Chambres d'hôte La Grande Bastille :* chez Mme Rocheteau. ☎ 05-46-01-14-51. À 8 km au sud-est de Marans sur la D114 en direction de Courçon. Compter 38,11 € (250 F) la chambre double, petit déjeuner compris (confitures et gâteaux maison). Belle ferme au jardin fleuri, en rase campagne. Les propriétaires ont aménagé deux grandes chambres rustiques dans le corps du logis : la rose, au mobilier ancien, possède une jolie petite terrasse sur jardin avec table et chaises ; la bleue, familiale, possède également une terrasse. Pour les longs séjours, une cuisine entièrement équipée, avec lave-linge, est à disposition. Écomusée agricole sur la ferme. Accueil chaleureux de la maîtresse de céans.

À voir. À faire

★ *L'église Saint-Étienne :* au milieu du cimetière, en ruine. Construite au XIIe siècle. Il ne subsiste que quelques murs et un clocher octogonal très particulier.

★ *L'église Notre-Dame :* érigée au tout début du XXe siècle. Restée inachevée jusqu'en 1988 par manque de moyens financiers : il lui manquait un clocher. En 1988, grâce à la générosité d'un riche Marandais, Barthélemy Fabbro, on édifia le clocher. Conçu par les architectes Pasquel et Chicot, il mesure 52 m. Le fût en béton de 25 m sur lequel il est posé abrite un porche. Ce clocher est doté d'une chambre de cloches et d'une salle panoramique. La chambre de cloches est constituée d'une armature en acier et recouverte de verre extérieur collé (procédé utilisé pour la pyramide du Louvre).

★ *Le musée Cappon :* 62, rue d'Aligre. Au 2e étage de l'office du tourisme. Entrée : 1,52 € (10 F). Deux salles consacrées à l'histoire locale, à laquelle s'est intéressé un certain M. Cappon. Une collection éclectique qui présente quelques pièces de la faïencerie de Marans, en service de 1745 à 1756 (existence éclair!). On y trouve également, entre autres curiosités, des coiffes marandaises, poupées en costume traditionnel, souvenirs de l'ancienne église Saint-Étienne et de l'ancien château fort, objets gallo-romains...

★ *Le moulin à vent de Beauregard :* av. de la Gare. ☎ 05-46-00-74-68 ou à l'office du tourisme de Marans. Ouvert de mi-juin à mi-septembre, tous les jours de 10 h à 12 h 30 et de 14 h 30 à 18 h 30. Fermé le lundi. Hors saison, sur rendez-vous. Visite : 3,05 € (20 F) en plein tarif. Réductions. Pour les lecteurs du *GDR*, entrée à 2,50 € (16 F) pour les adultes et 1,20 € (7,80 F) pour les enfants. Ce moulin du XVIIe siècle est racheté par la commune en 1994 qui le restaure à l'identique. Son toit conique pivote à 360°. En plus d'être accessible au public, grâce à l'association des Amis du moulin de Beauregard, il a repris du service auprès d'agriculteurs bio ! Fête du Moulin en juillet.

➢ *Balade le long du canal :* pousser ses gambettes jusqu'aux écluses des Enfrenaux, dernier barrage entre les eaux de la Sèvre Niortaise et l'océan. Une balade qui rappelle l'importance des voies navigables dans l'histoire prospère de La Rochelle, à laquelle Marans reste très liée. L'activité portuaire de Marans (haute place protestante) s'est essoufflée après la révocation de l'Édit de Nantes. Marans livre désormais son port et ses canaux à la navigation de plaisance. Voir aussi le petit guide des randos vendu par l'office du tourisme.

Marché

– *Marché nocturne :* en été tous les jeudis de 19 h à 23 h, sur les quais autour du marché couvert. Marché proposant évidemment les spécialités culinaires locales.

LA RONDE (17170) 750 hab.

Village tranquille à l'orée du Marais. Il faut donc le traverser (par la D116) pour croiser les premiers canaux quelques kilomètres plus loin.

Adresses utiles

🛈 *Offices du tourisme :* s'adresser à ceux de Marans (☎ 05-46-01-12-87) et de Courçon (☎ 05-46-01-62-90. Fax : 05-46-01-92-44), qui détiennent les informations nécessaires pour la visite du Marais.

■ *Location de vélos :* Mme Bernard, La Caillaude. ☎ 05-46-27-82-01.

⚓ *Embarcadère du Marais bazoin :* canal du Mignon. ☎ 05-46-27-87-60. Fax : 05-46-27-88-98. À mi-chemin de La Ronde et Maillé par la D116. En venant de La Ronde, tourner à droite avant la Sèvre, à La Croix-des-Mary, puis 1,5 km. Ouvert de Pâques à fin septembre tous les jours de 10 h à 19 h ; le reste de l'année, sur rendez-vous. Outre la location de barques, organise la découverte de la Venise verte en bateau, à pied, à vélo... (voir ci-dessous).

À faire

> *Découverte du marais, location de barques, cyclotourisme :* à l'embarcadère du Marais bazouin (voir ci-dessus). Un des rares du département à organiser une navigation-découverte dans les marais profonds et sauvages de la Venise verte. Point de départ pour des randonnées d'un à plusieurs jours en canoë. Compter 86,90 € (570 F) la location pour 2 jours pour 2 personnes, à 218 € (1 430 F) pour 1 semaine, supplément hébergement tentes : environ 26,70 € (175 F) par personne. Également location de barques à l'heure : 17,53 € (115 F ; tarif dégressif ensuite) : à la journée de 68,60 à 75,45 € (450 à 495 F), en fonction du type d'embarcation et du nombre de personnes. Légèrement plus cher avec accompagnateur, mais très intéressant, d'autant que ces guides, brevetés d'État, connaissent parfaitement le Marais (il vaut mieux !). Enfin, des circuits de cyclotourisme sont proposés à la carte. 120 places pour le camping. À noter, le matériel de couchage n'est jamais fourni.

TAUGON (17170) 620 hab.

Un petit bourg qui ne présente pas un grand intérêt, à part son étonnante église. Pour rejoindre la Sèvre Niortaise, prendre la D116 en direction de Combrands.

À voir

★ *La maison de la Faune du Marais :* à l'entrée du village en venant de La Ronde par la D116. ☎ 05-46-09-76-15 (mairie). Entrée : 2,29 € (15 F) pour les adultes et 1,37 € (9 F) pour les enfants de 7 à 16 ans, tarif groupe à partir de 12 personnes. Ouvert du 1er juillet au 30 septembre de 10 h à 12 h et de 15 h à 19 h ; l'hiver sur rendez-vous. Fermeture le mardi et le mercredi matin. Visites commentées sur demande. Reconstitution de biotopes de la faune et de la flore du Marais.

COURÇON-D'AUNIS (17170) 1 110 hab.

Ville-carrefour entre la forêt de Benon et le Marais poitevin, dont elle constitue une des principales portes d'entrée. Courçon, autrefois très connue pour ses foires aux bestiaux, vaut surtout pour son église dite fortifiée et ses tumuli découverts récemment. Pour info, la ville a été bâtie sur l'un des points culminants de la région, soit à... 25 m d'altitude. Ouvrez grands vos poumons !

Adresse utile

Office du tourisme : 12, place du Marché. ☎ 05-46-01-62-90. Fax : 05-46-01-92-44. • www.aunisverte.com • info@aunisverte.com • En été (15 juin-15 septembre), ouvert du lundi au samedi de 10 h à 13 h et de 15 h à 19 h, le dimanche de 10 h à 13 h ; en hiver, du lundi au samedi de 9 h 30 à 12 h et de 14 h 30 à 17 h. Tous types de renseignements sur la ville, la région et le Marais poitevin. Bonne documentation.

Où dormir ? Où manger dans les environs ?

Le Relais de Benon : à Benon... pardi ! ☎ 05-46-01-61-63. Fax : 05-46-01-70-89. Situé à 5 km de Courçon, coincé entre la N11 (à quatre voies) et l'échangeur de sortie Benon-Courçon, en bordure de la forêt de Benon (reliquat de ce qui couvrait autrefois toute la plaine d'Aunis et jadis fief des chouans). Très bien indiqué. Doubles de 59,50 à 71,65 € (390 à 470 F). Petit déjeuner-buffet à 7,93 € (52 F). Menus de 14,03 à 39,64 € (92 à 260 F). Demi-pension à partir de 60,98 € (400 F) par personne. Hôtel moderne, sans charme particulier. Les chambres sont confortables (bains, téléphone et TV), mais standardisées. On indique cette adresse surtout pour le restaurant, réputé dans le coin. Si vous décidez d'y dormir préférez les chambres donnant côté piscine. Foie gras mi-cuit, lotte aux aromates et aux pleurotes parmi les spécialités de la carte mais aussi service brasserie pour les pressés. Sur présentation du *Guide du routard*, café offert et 10 % de réduction sur le prix de la chambre (de septembre à mai, hors week-ends prolongés).

L'Auberge Aunisienne : 17170 La Laigne. ☎ 05-46-51-08-00. À 6 km de Courçon par la D114. En bordure de la N11, sur l'axe La Rochelle-Niort. Fermé le mardi soir du 10 septembre au 30 juin, ainsi que du 26 janvier au 8 février. Menus à 14,02 € (92 F), sauf le week-end, et à 17,23, 23,48 et 26,07 € (113, 154 et 171 F). Une auberge de campagne comme on les aime. Poutres, carrelage au sol, rideaux et serviettes à carreaux rouge et blanc : le décor est, comme il se doit, rustique à souhait. La cuisine est bien sûr du terroir, pleine de générosité mais avec cet esprit d'invention qui fait toute la différence : assiette de filets de sole et Saint-Jacques au citron, confit charentais ou jaud (jeune coq fermier) au pineau des Charentes, etc. Et les vins gouleyants servis au verre ne font guère grimper l'addition. Service un peu lent. Et pour cause, Monsieur est seul en cuisine et prépare tous les plats sur commande, tandis que Madame assure, seule la plupart du temps, le service en salle. Rassurez-vous, le jeu en vaut la chandelle. En sortant, balade digestive conseillée jusqu'à la petite église romane Saint-Gérard (XIIe siècle). On peut y accéder également par le jardin.

À voir

★ **L'église Notre-Dame :** église romane fortifiée de la fin du Xe siècle. De cette époque demeurent la nef, l'échauguette (sorte de petite tour d'angle qu'on trouvait sur les châteaux forts pour guetter l'ennemi), le portail et le clocher (remanié au XIXe siècle). Agrandie aux XIIIe et XIVe siècles, elle fut prolongée d'un chœur et de deux chapelles gothiques. Enfin, fortement restaurée au XIXe siècle, elle a été flanquée, sur décision du maire de l'époque (parano ou mégalo, la limite est floue !), de pseudo-fortifications purement ornementales dont elle aurait pu se passer !

À l'intérieur, très belle reproduction d'un tableau de Raphaël qui se trouve au Louvre, *La Sainte Famille*, attribué à Jules dit le Romain, disciple du grand peintre. Offert par la famille La Rochefoucauld, il a subi une petite cure de rajeunissement afin d'être présentable pour le baptême d'une des petites-filles de la célébrissime descendance ! Remarquez aussi les quatre magnifiques vitraux au fond du chœur qui représentent, de gauche à droite, saint Guillaume, duc d'Aquitaine (touché par la grâce divine, il est à l'origine de la construction de l'abbaye de la Grâce-Dieu, près de Courçon, première abbaye cistercienne en Aunis), Jeanne d'Arc, Saint Louis et saint Bernard (fondateur de l'abbaye).

★ ***Les tumuli :*** à Champ-Chalon dans la forêt de Benon, tout près de Courçon. Découverts en 1979, ils témoignent d'une occupation très ancienne du canton de Courçon. Des fouilles poussées ont permis de découvrir que ce qu'on prenait pour de simples amoncellements de pierres étaient en réalité des dolmens. On y a retrouvé notamment quelques morceaux de poteries, des outils et des pendentifs.

LA BAIE DE L'AIGUILLON

Au-delà des digues s'étend la baie de L'Aiguillon. Depuis des siècles, avec l'assèchement du Marais, cette baie ne cesse de se réduire. L'ancienne ouverture du golfe des Pictons, qui était de près de 40 km avant les travaux, ne dépasse pas 5 km aujourd'hui. Derrière, ce sont des dizaines de milliers d'hectares conquis sur la mer.
Encore un changement absolu de paysages dans cette baie. On trouve d'abord les prés-salés (on dit *mizottes*), recouverts par la mer lors des plus fortes marées : seuls quelques herbages résistant à un environnement chargé de sel y poussent. À marée basse, on aperçoit les vasières. On y élève des moules sur des bouchots, ces pieux que l'on aperçoit dans toute la baie.
Mais le spectacle le plus grandiose de cet univers à part, de ce sanctuaire, reste sans conteste la présence de milliers d'oiseaux qui s'arrêtent sur ces terres brunes et verdoyantes. La baie étant située sur une route migratoire, on compte en janvier jusqu'à 150 000 volatiles de toutes sortes dans ce havre de paix, indispensable à leur reproduction. Il n'est pas de spectacle plus beau que celui de cette marée montante lorsque des milliers d'oiseaux s'envolent ensemble pour se poser plus loin.

★ ***La porte du Brault et les portes des Grands-Greniers :*** d'Esnandes, prendre la D105, continuer vers Marans et prendre la D9 vers la gauche pour découvrir ces portes à flots. Elles empêchent la mer de pénétrer dans les canaux à marée haute tout en assurant l'évacuation de l'eau du Marais à marée basse. Le système est simple. Les deux battants sont plus larges que le canal. L'ouverture étant orientée vers la mer, lorsque la marée monte, la pression ferme les battants, qui se coincent. À l'inverse, à marée basse, la pression, plus forte du côté du Marais, fait ouvrir les deux panneaux. Le Marais se trouve ainsi protégé contre la mer et on peut aussi y retenir l'eau. Continuer par la D10 vers Puyravault pendant 9 km, prendre ensuite la D25 sur la gauche vers Triaize. Puis se diriger vers Saint-Michel-en-l'Herm par la D746.

SAINT-MICHEL-EN-L'HERM   (85580)   12 010 hab.

Occupée dès l'époque celtique, la ville est liée à l'histoire de son abbaye, un des hauts lieux de l'épopée des assèchements. Dans cette jolie bourgade, on sent le bon air frais et les moustiques. Vu les hôtels qu'on y trouve, mieux vaut préférer le camping. C'est moins cher et on n'a pas de mauvaises surprises. Si vous voulez vraiment dormir à l'hôtel, changez de ville !

Adresse utile

ℹ️ Office du tourisme : 5, place de l'Abbaye. ☎ 02-51-30-21-89. Du 15 juin au 15 septembre, ouvert de 10 h à 12 h et de 15 h à 17 h, fermé les dimanche et jours fériés ; le reste de l'année, ouvert seulement les jeudi et samedi matin de 10 h à 12 h.

Où dormir ?

⌂ Camping Des Mizottes : rue des Anciens-Quais. ☎ 02-51-30-23-63. Fax : 02-51-30-23-62. Situé à 5 km de la mer. Du centre du village, suivre les panneaux. Ouvert du 1er avril au 30 septembre. Forfait à 13 € (85 F) la nuit pour 2 personnes. Piscine.

⌂ Camping municipal Les Peupliers : 12, route de la Mer. ☎ 02-51-30-26-94 ou 02-51-30-22-03 (mairie). Fax : 02-51-30-28-05. À 7 km de la mer. Ouvert du 15 juin au 15 septembre. Compter 6,90 € (45 F) par jour l'emplacement pour 2 personnes et une voiture.

À voir

★ **L'abbaye :** en juillet et août, ouvert les mardi, jeudi et vendredi de 10 h à 12 h et de 15 h à 17 h. Prix de la visite guidée : 2,29 € (15 F). Pour nos lecteurs, tarif spécial à 1,83 € (12 F) sur présentation du guide. Réductions. Fondée par des moines venus de Noirmoutier en 682, l'abbaye subit les assauts des Normands deux siècles plus tard. Ils s'y installent pour 80 ans. Les moines reviennent au Xe siècle, mais le feu détruit tout au milieu du XIe siècle. Reconstruite, l'abbaye participe alors à l'entreprise d'assèchement du Marais. Siège de violents massacres durant les guerres de Religion, elle se retrouve à nouveau en mauvais état. Ce sont les bâtiments du XVIIe siècle que l'on visite. Cependant, deux belles pièces plus anciennes sont visibles : le chauffoir du XIIIe siècle et la salle capitulaire (XIIe et XVe siècles), dont les chapiteaux méritent une attention particulière.

➤ DANS LES ENVIRONS DE SAINT-MICHEL-DE-L'HERM

★ **La réserve naturelle Michel-Brosselin de Saint-Denis-du-Payré :** gérée par l'*ADEV*, 9 *bis*, rue de Gaulle à Saint-Denis-du-Payré. ☎ 02-51-27-23-92. ♿ La réserve est sur la D25 vers Triaize. En juillet et août, ouvert tous les jours de 9 h 30 à 12 h 30 et de 15 h à 19 h ; hors saison, uniquement pendant les vacances scolaires et à l'ascension de 9 h 30 à 12 h 30 et de 14 h à 17 h. Tarif : 5,34 € (35 F). Réductions. Sur présentation du *Guide du routard* entrée à 3,81 € (25 F). À la maison de la Réserve (dans le bourg) : film sur les zones humides, exposition et belvédère panoramique. Constituent une bonne introduction à la visite du site.
Créé en 1976 par un ornithologue passionné, Michel Brosselin, ce sanctuaire se veut un lieu de tranquillité pour la faune et la flore. On y compte plus de 200 espèces d'oiseaux d'eau migrateurs sur un site de 200 ha de prairies humides. Les échassiers y nichent en été, ne restant que le temps

d'une halte. L'abondance de nourriture leur permet de reconstituer leurs réserves de graisse avant de reprendre leur vol amaigrissant. Suivant leur cycle de vie, diurne ou nocturne, les oiseaux nichent dans la baie et se dispersent dans tout le Marais pour chercher leur pitance. Étape indispensable, voire vitale pour certaines espèces, sur les routes migratoires de l'Atlantique, la baie est un terrain d'observation unique pour découvrir les oiseaux. La réserve propose des postes d'observation équipés de longues-vues, et des guides-naturalistes sont là pour répondre à toutes vos questions. Ils pourront vous expliquer pourquoi la disparition des prairies, asséchées et mises en culture, constitue une menace pour nombre d'espèces. Mais la protection d'un gorge-bleue, d'un bécasseau, d'un busard des roseaux ou d'un bruant proyer a-t-elle encore de l'importance de nos jours?

L'AIGUILLON-SUR-MER (85460) 2 233 hab.

Dernière étape de ce périple à l'intérieur du Marais poitevin, L'Aiguillon est le berceau de l'élevage de la moule sur bouchot, technique développée dès 1235. Aujourd'hui, les trois communes de L'Aiguillon, La Faute et La Tranche représentent le principal centre mytilicole de l'Hexagone, grâce à des conditions idéales de développement : température de l'eau assez douce et richesse du plancton. Ici, la moule n'est presque une religion.
Entre le XIIe et le XIXe siècle, L'Aiguillon fut un village nomade. Établi sur un massif de dunes, il devait subir régulièrement les assauts de la mer. Il ne trouva sa place actuelle qu'à partir de 1732, après avoir été totalement détruit. Au XIXe siècle, on construisit une digue pour protéger le village.
Aujourd'hui, ce village vit de la pêche et du tourisme. Seulement voilà, le tourisme, ça ne dure que quelques mois. Alors il arrive parfois que les chambres des hôtels ne correspondent pas exactement à l'idée qu'on pourrait s'en faire. Normal, nous direz-vous, sinon à quoi bon investir! Il n'empêche qu'il est difficile de trouver un endroit vraiment agréable pour dormir. Côté restaurants, même combat. Dommage, le coin est très joli! Mais il reste encore quelques bonnes adresses...

Adresse utile

Office du tourisme : av. Amiral-Courbet. ☎ 02-51-56-43-87. Fax : 02-51-56-43-91. D'octobre à Pâques, ouvert les mardi et vendredi de 10 h à 12 h et de 14 h 30 à 17 h 30, les lundi et samedi de 14 h 30 à 17 h 30; de Pâques à fin mai, les mardi et vendredi matin, et tous les après-midi; du 1er juin au 30 septembre, tous les jours de 9 h 30 à 12 h 30 et de 14 h 30 à 18 h 30.

Où dormir?

Hôtel Les Voyageurs : 13, rue du Général-Leclerc. ☎ 02-51-56-40-90. Fax : 02-51-27-10-77. Fermé les dimanche et lundi (hors saison), ainsi que 15 jours en février et en octobre. Doubles avec lavabo et bidet à 25,92 € (170 F), avec douche de 28,97 à 33,54 € (190 à 220 F). 13 petites chambres dont la déco est à revoir, au-dessus d'un bar de quartier calme. Accueil chaleureux. 10 % de remise pour nos lecteurs, d'octobre à mai, sur présentation du *GDR*.

Où manger ?

|●| *Restaurant La Pergola* : 320, route de la Pointe-de-L'Aiguillon. ☎ 02-51-56-41-08. Fermé le mercredi sauf en juillet et août, et de novembre à janvier. Menus de 11,13 à 29,88 € (73 à 196 F) privilégiant le poisson. Face à la baie de L'Aiguillon, belle salle simple et agréable avec de grandes baies vitrées et vue splendide. Ici, les moules, les huîtres et autres coquillages ne mettent que peu de temps pour venir dans votre assiette. Dommage que le service et l'accueil soient devenus tendus.

|●| *Restaurant L'Oasis* : route de la Pointe-de-L'Aiguillon. ☎ 02-51-56-41-16. Prendre la direction de la pointe de L'Aiguillon ; le restaurant est un peu isolé, sur la gauche de la route. Fermé de mi-novembre à mi-février. Menus de 10,50 à 23 € (69 à 151 F). Menu-enfants à 6 € (39 F). Tout est blanc et bleu dans ce petit resto accueillant. On y mange donc au milieu des couleurs de la mer, à quelques mètres de celle-ci et des bouchots, mais un peu masqués par la digue. Soupe de poisson, huîtres chaudes, et moules farcies bien fraîches. Apéritif maison offert à nos lecteurs.

➤ DANS LES ENVIRONS DE L'AIGUILLON

★ ***La Faute-sur-Mer* :** station balnéaire assez récente. Coincée entre le Lay et l'Atlantique, elle bénéficie d'une belle plage de 8 km et d'un excellent microclimat.

|●| *Le Canot* : à La Faute-sur-Mer. Au rond-point situé après le pont en venant de L'Aiguillon (un peu sur la gauche). Réputé pour ses moules cuisinées de différentes manières.

NOTES PERSONNELLES

NOTES PERSONNELLES

NOTES PERSONNELLES

NOTES PERSONNELLES

NOTES PERSONNELLES

NOTES PERSONNELLES

Les peuples indigènes peuvent résister aux militaires ou aux colons. Face aux touristes, ils sont désarmés.

Pollution, corruption, déculturation : pour les peuples indigènes, le tourisme peut être d'autant plus dévastateur qu'il paraît inoffensif. Aussi, lorsque vous partez à la découverte d'autres territoires, assurez-vous que vous y pénétrez avec le consentement libre et informé de leurs habitants. Ne photographiez pas sans autorisation, soyez vigilants et respectueux. Survival, mouvement mondial de soutien aux peuples indigènes s'attache à promouvoir un tourisme responsable et appelle les organisateurs de voyages et les touristes à bannir toute forme d'exploitation, de paternalisme et d'humiliation à leur encontre.

Survival
pour les peuples indigènes

Espace offert par le Guide du Routard

- ❏ envoyez-moi une documentation sur vos activités
- ❏ j'effectue un don

NOM PRÉNOM ADRESSE

CODE POSTAL VILLE

Merci d'adresser vos dons à Survival France. 45, rue du Faubourg du Temple, 75010 Paris.
Tél. 01 42 41 47 62. CCP 158-50J Paris. e-mail : info@survivalfrance.org

Les conseils *nature* du Routard

avec la collaboration du WWF

Vous avez choisi le Guide du Routard pour partir à la découverte et à la rencontre de pays, de régions et de populations parfois éloignés. Vous allez fréquenter des milieux peut être fragiles, des sites et des paysages uniques, où vivent des espèces animales et végétales menacées.

Nous avons souhaité vous suggérer quelques comportements simples permettant de ne pas remettre en cause l'intégrité du patrimoine naturel et culturel du pays que vous visiterez et d'assurer la pérennité d'une nature que nous souhaitons tous transmettre aux générations futures.

Pour mieux découvrir et respecter les milieux naturels et humains que vous visitez, apprenez à mieux les connaître.

Munissez vous de bons guides sur la faune, la flore et les pays traversés.

❶ **Respectez la faune, la flore et les milieux.**

Ne faites pas de feu dans les endroits sensibles - Rapportez vos déchets et utilisez les poubelles - Appréciez plantes et fleurs sans les cueillir - Ne cherchez pas à les collectionner… Laissez minéraux, fossiles, vestiges archéologiques, coquillages, insectes et reptiles dans la nature.

❷ **Ne perturbez d'aucune façon la vie animale.**

Vous risquez de mettre en péril leur reproduction, de les éloigner de leurs petits ou de leur territoire - Si vous faites des photos ou des films d'animaux, ne vous en approchez pas de trop près. Ne les effrayez pas, ne faîtes pas de bruit - Ne les nourrissez pas, vous les rendrez dépendants.

❸ **Appliquez la réglementation relative à la protection de la nature,** en particulier lorsque vous êtes dans les parcs ou réserves naturelles. Renseignez-vous avant votre départ.

❹ **Consommez l'eau avec modération,**

spécialement dans les pays où elle représente une denrée rare et précieuse.

Dans le sud tunisien, un bédouin consomme en un an l'équivalent de la consommation mensuelle d'un touriste européen !

Les conseils *nature* du Routard (suite)

❺ Pensez à éteindre les lumières, à fermer le chauffage et la climatisation quand vous quittez votre chambre.

❻ Évitez les spécialités culinaires locales à base d'espèces menacées. Refusez soupe de tortue, ailerons de requins, nids d'hirondelles...

❼ Des souvenirs, oui, mais pas aux dépens de la faune et de la flore sauvages. N'achetez pas d'animaux menacés vivants ou de produits issus d'espèces protégées (ivoire, bois tropicaux, coquillages, coraux, carapaces de tortues, écailles, plumes...), pour ne pas contribuer à leur surexploitation et à leur disparition. Sans compter le risque de vous trouver en situation illégale, car l'exportation et/ou l'importation de nombreuses espèces sont réglementées et parfois prohibées.

❽ Entre deux moyens de transport équivalents, choisissez celui qui consomme le moins d'énergie ! Prenez le train, le bateau et les transports en commun plutôt que la voiture.

❾ Ne participez pas aux activités dommageables pour l'environnement. Évitez le VTT hors sentier, le 4x4 sur voies non autorisées, l'escalade sauvage dans les zones fragiles, le ski hors piste, les sports nautiques bruyants et dangereux, la chasse sous marine.

❿ Informez vous sur les us et coutumes des pays visités, et sur le mode de vie de leurs habitants.

Et si la solution c'était *vous* ?

Avant votre départ ou à votre retour de vacances, poursuivez votre action en faveur de la protection de la nature en adhérant au WWF.

Le WWF est la plus grande association privée de protection de la nature dans le monde. C'est aussi la plus puissante :
- **5 millions de membres ;**
- **27 organisations nationales ;**
- **un réseau de plus de 3 000 permanents ;**
- **11 000 programmes de conservation menés à ce jour ;**
- **une présence effective dans 100 pays.**

Devenir membre du WWF, c'est être sûr d'agir, d'être entendu et reconnu. En France et dans le monde entier.

Ensemble, avec le **WWF**

Pour tout renseignement et demande d'adhésion, adressez-vous au WWF France :
188, rue de la Roquette 75011 Paris ou sur www.panda.org.

© Copyright 1986 WWF International - ® Marque déposée par le WWF - Espace offert par le support.

Plus de 1 600 adresses
QUI SENTENT BON
LE TERROIR !

Redécouvrir la France des traditions : ses séjours à la ferme, ses gîtes ruraux, ses recettes de grand-mère... Rencontrer des habitants qui ont ouvert leur maison, le temps d'un repas ou d'un séjour.

et des centaines de réductions !

Hachette Tourisme

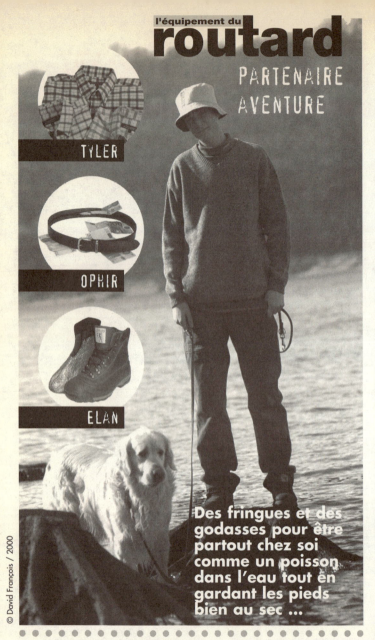

Plus de 550 adresses nouvelles
DES COUPS DE CŒUR,
PAS DES COUPS DE BAMBOU !

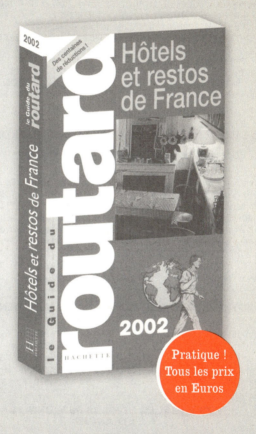

Adorables auberges de campagne, Chefs redonnant
un coup de jeune à nos recettes de grand-mère...
Avec en plus le sens de l'hospitalité.

et des centaines de réductions !

Hachette Tourisme

ROUTARD ASSISTANCE

L'ASSURANCE VOYAGE INTEGRALE A L'ETRANGER

VOTRE ASSISTANCE "MONDE ENTIER" LA PLUS ETENDUE

RAPATRIEMENT MEDICAL (au besoin par avion sanitaire)	983.935 FF	**150.000 €**
VOS DEPENSES : MEDECINE, CHIRURGIE, HOPITAL, GARANTIES A 100% SANS FRANCHISE HOSPITALISÉ! RIEN A PAYER...(ou entièrement remboursé)	1.967.871 FF	**300.000 €**
BILLET GRATUIT DE RETOUR DANS VOTRE PAYS : En cas de décès (ou état de santé alarmant) d'un proche parent, père, mère, conjoint, enfants		**BILLET GRATUIT (de retour)**
*BILLET DE VISITE POUR UNE PERSONNE DE VOTRE CHOIX si vous êtes hospitalisé plus de 5 jours		**BILLET GRATUIT (aller retour)**
Rapatriement du corps - Frais réels		**Sans limitation**

avec CHUBB INSURANCE COMPANY OF EUROPE S.A.

RESPONSABILITE CIVILE "VIE PRIVEE" A L'ETRANGER

Dommages CORPORELS (garantie à 100 %)......	29.518.065 FF	**4.500.000 €**
Dommages MATERIELS (garantie à 100 %)........	4.919.677 FF	**750.000 €**
(dommages causés aux tiers)		(AUCUNE FRANCHISE)

EXCLUSION RESPONSABILITÉ CIVILE AUTO : ne sont pas assurés les dommages causés ou subis par votre véhicule à moteur : ils doivent être convertis par un contrat spécial : ASSURANCE AUTO OU MOTO.

ASSISTANCE JURIDIQUE (Accident)...............	2.951806 FF	**450.000 €**
CAUTION PENALE..................................	49.197 FF	**7.500 €**
AVANCE DE FONDS en cas de perte ou vol d'argent......	4.920 FF	**750 €**

VOTRE ASSURANCE PERSONNELLE "ACCIDENTS" A L'ETRANGER

Infirmité totale et définitive	491.968 FF	**75.000 €**
infirmité partielle - (SANS FRANCHISE)	1391 FF	**200 €**
	491.967 FF	**75.000 €**
Préjudice moral : dommage esthétique	98.394 FF	**15.000 €**
Capital DECES	19.679 FF	**3.000 €**

VOS BAGAGES ET BIENS PERSONNELS A L'ETRANGER

Vêtements, objets personnels pendant toute la durée de votre voyage à l'étranger : vols, perte, accidents, incendie,	6.560 FF	**1.000 €**
dont APPAREILS PHOTO et objets de valeurs	1.968 FF	**300 €**

COMBIEN ÇA COÛTE ? **20 €** (131,20 FF) par semaine
Chaque Guide du Routard pour l'étranger comprend un bulletin d'inscription dans les dernières pages.

Information : www.routard.com

INDEX GÉNÉRAL

– A –

ABBARETZ 167
ABEILLE (musée de l') 246
AIGUILLON (la baie de l') 547
AIGUILLON-SUR-MER (l') 549
ALMANZOR (pierre druidique
   du tombeau d') 145
ALPES MANCELLES (les). . . . 243
AMBRIÈRES-LES-VALLÉES . . 208
AMOUR (côte d') 123
AMUSANT MUSÉE (l() 283
AN HAE-FOAZER (LA HAIE-
   FOUASSIÈRE) 86
AN TURBALL (LA TURBALLE) . 140
ANCENIS (ANKINIZ) 168
ANCENIS (pays d') 168
ANCHAIS. 526
ANDOUILLÉ 220
ANETZ 171
ANGERS 298
ANJOU (l') 291
APREMONT 468
AR BAOL (LA BAULE) 126
AR GROAZIG (LE CROISIC) . 133
AR PALEZ (LE PALLET) 85
AR POULGWENN (LE POU-
   LIGUEN). 129
ARÇAIS 535
ARCHE (refuge de l') 194
ARDOISE (musée de l') 191
ARMURÉ 535
ARTS ET MÉTIERS (musée
   populaire des) 426
ASNIÈRES (abbaye d') 374
ASNIÈRES-SUR-VÈGRE 284
AUBIGNÉ-RACAN (complexe
   archéologique d') 270
AUBIGNÉ-SUR-LAYON 388
AVALOIRS (mont des) 212

– B –

BAGNEUX. 359
BAJOULIÈRE (dolmen de la) . 332
BALLON (donjon de) 247
BARRE-DE-MONTS (LA) 443
BASSES-TERRES (moulin à
   vent des) 335
BATEREAU (moulin à eau de) 375
BATZ-SUR-MER (BOURC'H-BAZ) 131
BAUGÉ. 423
BAUGEOIS (le). 422
BAULE (LA ; AR BAOL) 126
BAZOGES-EN-PAREDS. 495
BAZOUGES-SUR-LE-LOIR
   (château de) 279
BEAUFORT-EN-VALLÉE 335
BEAULIEU-SUR-LAYON 388
BEAUMARCHAIS (château de) . 470
BEAUMONT-SUR-SARTHE. . . 245
BEAUREPAIRE 504
BEAUVOIR-SUR-MER 442

Retrouvez les restaurants sélectionnés par le Guide du Routard sur votre mobile orange en composant le 711 puis code court # 27, ou prononcez "guide du routard".
Le futur, vous l'aimez comment ?

BEC (port du) 443
BÉHUARD (île de) 391
BEILLÉ 256
BÉNÉDICTINS (chemin des) .. 498
BÉNÉHARD (château de) 266
BERCÉ (forêt de) 266
BERNERIE-EN-RETZ (LA ;
  KERVERNER-RAEZ) 100
BESSÉ-SUR-BRAYE 264
BESSINES 534
BLAIN (BLAEN) 155
BLAISON-GOHIER 329
BOIS-DE-CÉNÉ 441
BOIS-DU-TAY (centre touris-
  tique du) 204
BOIS-JUQUAUD (écomusée
  de la bourrine du) 464
BONNÉTABLE 257
BOUILLÉ-THÉVALLÉ (château de) 419
BOUIN 441
BOURC'H-BAZ (BATZ-SUR-MER) 131
BOURG-LE-ROI 251
BOURGNEUF-EN-RETZ
  (BOURC'HNEVEZ-RAEZ) ... 98
BRAULT (porte du) 547
BRÉCA 151
BREIL-DE-FOIN (château du) . 426
BRETESCHE (château de la) . 160
BRÉTIGNOLLES-SUR-MER .. 469
BRÉZÉ (château de) 370
BRIAU (palais) 171
BRIÈRE (parc naturel régional
  de) 146
BRISSAC (château de) 389
BRISSAC-QUINCÉ 389
BRODERIE (maison de la) 251
BRÛLON 284
BUT (pointe du) 460

– C –

CAILLÈRE (manoir de la) 332
CAMER 151
CANAL DE NANTES À BREST . 154
CANARDS (village des ; KER ANAS) 152
CANTRIE (site de la) 93
CASTELLI (pointe) 145
CELLIER (LE ; KELLER) 172
CENTRE ARCHÉOLOGIQUE
  DE RECHERCHE SUR LE
  NÉOLITHIQUE (le ; CAIRN) 486
CHABOTTERIE (logis de la) .. 509
CHAILLÉ-LES-MARAIS 540
CHAISE (bois de la) 452
CHAIZE-GIRAUD (LA) 469
CHAIZE-LE-VICOMTE (église
  Saint-Nicolas de LA) 437
CHALLAIN-LA-POTHERIE
  (château de) 421
CHALLANS 438
CHAMMES 201
CHAMP-DURAND (site néoli-
  thique de) 529
CHAMPTOCEAUX 404
CHAMPTOCÉ-SUR-LOIRE ... 395
CHANGÉ (bois de) 243
CHANZEAUX 408
CHAPELLE-BASSE-MER (LA) 83
CHAPELLE-DES-MARAIS (LA) . 151
CHAPELLE-SAINT-FLORENT (LA) 397
CHAPELLE-SUR-OUDON (LA)... 419
CHARETTE (route de) 98
CHARTRE-SUR-LE-LOIR (LA) 265
CHÂTEAUBRIANT (KASTELL-
  BRIANT) 162
CHÂTEAU-DU-LOIR 268
CHÂTEAU-GONTIER 191
CHÂTEAUNEUF-SUR-SARTHE . 419
CHÂTELET (pointe du) 460
CHAUSSÉE-NEUVE (LA) 152
CHAUSSURE (musée de la) .. 414
CHAUVET (abbaye de l'île) ... 441
CHAZÉ-SUR-ARGOS 421
CHÉMÉRÉ-LE-ROI 199
CHEMILLÉ 409
CHÊNEHUTTE-LES-TUFFEAUX 341
CHENILLÉ-CHANGÉ 418
CHOLET 410
CHOUAN (maison de Jean ; mu-
  sée de la Closerie des Poiriers) . 219
CHOUAN (pays de Jean) 214
CIDRE (musée du) 211
CITADELLE (bois de la) 459
CIZAY-LA-MADELEINE 374
CLAIRBOIS (ferme fortifiée du
  centre médiéval de) 201
CLAIRMONT (abbaye de) 220
CLEMENCEAU (tombe de) ... 504
CLERMONT (château de) 172

CLISSON (KLISON).......... 86	COSSÉ-LE-VIVIEN 187
CLOSERIE DES POIRIERS	CÔTE D'AMOUR 123
(musée de la ; maison de	CÔTE DE JADE............. 100
Jean Chouan) 219	COUDRAY-MACOUARD (LE). 375
COËVRONS 195	COULON 529
COËX 468	COURÇON-D'AUNIS......... 545
COLLINES VENDÉENNES ... 497	COUROSSÉ (cirque de) 403
COLOMBIERS-DU-PLESSIS.. 214	COURTANVAUX (château de) 264
COMMEQUIERS 467	COUTURES 332
CONQUEREUIL (KONKEREL) 161	CRAON 189
CONTRIE (dolmen de la)..... 217	CRÉ-SUR-LOIR (écomusée de). 279
CORBEAUX (pointe des) 460	CROISIC (LE ; AR GROAZIG) 133
CORNICHE ANGEVINE 389	CUNAULT 338
CORSEPT 110	

– D –

DAMVIX 538	DIVATTE (LA).............. 82
DAON (base de loisirs de) 195	DON (vallée du) 160
DENAZÉ (vieille forge de) 191	DOUÉ-LA-FONTAINE 376
DÉNEZÉ-SOUS-DOUÉ (caverne sculptée de) 383	DURETIÈRE (LA)............ 211
DERVAL.................... 167	DURTAL (château de)........ 426
DISSAY-SOUS-COURCILLON (église de) 269	

– E –

ÉCUILLÉ 417	ÉPOIDS (L')................ 443
ENTRAMMES............... 187	ERDRE (l') 79
ÉPAU (abbaye de l') 242	ERMITAGE (ferme de l')...... 204
ÉPESSES (LES)............. 502	ERNÉE..................... 215
ÉPINAY (moulin de l') 403	ÉVRON..................... 202

– F –

FAUTE-SUR-MER (LA)....... 550	FOLIE (bois de la) 499
FÉDRUN (île de) 151	FONTAINE.................. 332
FEGRÉAC (FEGERIEG)...... 158	FONTAINE-COUVERTE...... 191
FERTÉ-BERNARD (LA) 253	FONTAINE-DANIEL.......... 207
FIEFS VENDÉENS 494	FONTAINE-GUÉRIN (église de). 425
FIGURINE (musée de la) 356	FONTENAY-LE-COMTE...... 516
FLÈCHE (LA) 274	FONTENELLES (abbaye des). 437
FLOCELLIÈRE (LA).......... 501	FONTEVRAUD-L'ABBAYE.... 365

FORGES 383
FOSSE (LA) 383
FOSSÉS-BLANCS (LES) 151
FOUSSAIS-PAYRÉ (église de) 523
FRANCE PROTESTANTE DE L'OUEST (musée de la) 499
FRESNAY-SUR-SARTHE 247
FROMENTINE 443
FROSSAY 111
FUILET (LE) 407

– G –

GARETTE (LA) 532
GAUBRETIÈRE (église de la) . 565
GÂVRE (forêt du) 153
GÂVRE (LE) 154
GENNES 333
GENNETEIL 426
GESYRES (vallée du) 79
GOIS DE NOIRMOUTIER (LE) . 450
GORRON 214
GOULAINE (château de) ... 83
GOULAINE (marais de) 83
GRAINETIÈRE (abbaye de la) 504
GRAMMONT (abbaye de) 499
GRAND-LIEU (lac de) 93
GRAND-LIEU (région du lac de) 93
GRANDE-CHARNIE (forêt de la) 286
GRANDE-VIGNOLLE (LA) 361
GRANDS-GRENIERS (portes des) 547
GRANGES (plage les) 481
GREZ-EN-BOUÈRE 195
GREZ-NEUVILLE 418
GUÉ-DE-SELLE (base de loisirs du) 204
GUÉMENÉ-PENFAO (GWEN-VENEZ-PENFAOU) 161
GUENAUDIÈRE (moulin de la) ... 195
GUENOUVRY 162
GUENROUET (GWENRED) .. 156
GUÉRANDE (GWENRANN) .. 136
GUÉS (moulin des) 191
GUIGNARDIÈRE (château la) . 488
GWALED (VALLET) 84
GWERZHAV (VERTOU) 91

– H-I –

HAIE-FOUASSIÈRE (LA ; AN HAE-FOAZER) 86
HAMBERS 204
HAUT-ANJOU SEGRÉEN 415
HAUTE-GUERCHE (ruines du château de la) 389
HÉLICE TERRESTRE DE L'ORBIÈRE, ESPACE D'ART PLASTIQUE CONTEMPORAIN (l') .. 332
HERBAUDIÈRE (L') 448
HERBIERS (LES) 503
HERBIGNAC 151
HOMME (L') 266
HUISNE (vallée de l') 256
ÎLE D'YEU (L') 453
INGRANDES-SUR-LOIRE 396
IRLEAU 535

– J –

JACOBSEN (jetée) 452
JADE (côte de) 100
JARD-SUR-MER 486
JARZÉ (église de) 426
JOACHIM-DU-BELLAY (musée) 403
JUBLAINS 208
JUIGNÉ-SUR-SARTHE 283
JULES-DESBOIS (musée) ... 426
JUPILLES 267
JUSTICES (moulin des) ... 501
JUVIGNÉ 217

– K –

KASTELL-BRIANT (CHÂ-
  TEAUBRIANT) 162
KELLER (LE CELLIER) 172
KER ANAS (village des Canards) 152
KER CHALON 460
KERHINET 152
KERVERNER-RAEZ (LA BER-
  NERIE-EN-RETZ) 100
KLISON (CLISSON) 86
KONKEREL (CONQUEREUIL) 161

– L –

L'AIGUILLON (baie de) 547
L'AIGUILLON-SUR-MER 549
L'ÉPOIDS 443
L'HERBAUDIÈRE 448
L'HOMME 266
L'ORBIÈRE (hélice terrestre
  de ; espace d'Art plastique
  contemporain) 332
LA BARRE-DE-MONTS 443
LA BAULE (AR BAOL) 126
LA BERNERIE-EN-RETZ
  (KERVERNER-RAEZ) 100
LA CHAIZE-GIRAUD 469
LA CHAIZE-LE-VICOMTE
  (église Saint-Nicolas de) 437
LA CHAPELLE-BASSE-MER .. 83
LA CHAPELLE-DES-MARAIS . 151
LA CHAPELLE-SAINT-FLORENT 397
LA CHAPELLE-SUR-OUDON . 419
LA CHARTRE-SUR-LE-LOIR .. 265
LA CHAUSSÉE-NEUVE 152
LA DIVATTE 82
LA DURETIÈRE 211
LA FAUTE-SUR-MER 550
LA FERTÉ-BERNARD 253
LA FLÈCHE 274
LA FLOCELLIÈRE 501
LA FOSSE 383
LA GARETTE 532
LA GAUBRETIÈRE (église de) 505
LA GRANDE-VIGNOLLE 361
LA GUIGNARDIÈRE (château) 488
LA HAIE-FOUASSIÈRE (AN
  HAE-FOAZER) 86
LA LORIE (château de) 419
LA MARTINIÈRE (canal de) .. 110
LA MEILLERAYE-DE-
  BRETAGNE 167
LA MÉNITRÉ (base nautique
  et de loisirs de) 329
LA MEULE (port de) 460
LA MOTHE-ACHARD 482
LA MOTTE-GLAIN (château de). 166
LA PLAINE-SUR-MER
  (PLAEN-RAEZ) 105
LA RÉORTHE 495
LA ROCHE-SUR-YON 432
LA RONDE 544
LA SUZE-SUR-SARTHE 289
LA TRANCHE-SUR-MER 486
LA TURBALLE (AN TURBALL) . 140
LANDERONDE (église de) 437
LASSAY-LES-CHÂTEAUX 209
LAVAL 173
LAY (bocage de la vallée du) . 494
LAYON (région des coteaux du) 385
LE BOIS-JUQUAUD (écomu-
  sée de la Bourrine) 464
LE BREIL-DE-FOIN (château) . 426
LE CELLIER (KELLER) 172
LE COUDRAY-MACOUARD .. 375
LE CROISIC (AR GROAZIG) . 133
LE FUILET 407
LE GÂVRE 154
LE GUÉ-DE-SELLE (base de
  loisirs) 204
LE LION-D'ANGERS 418
LE LOROUX-BOTTEREAU ... 83
LE LUDE 271
LE MANS 224
LE MAZEAU 527
LE PALLET (AR PALEZ) 85

LE PLESSIS-BOURRÉ (château) 417
LE PLESSIS-MACÉ (château). 417
LE POULIGUEN (AR POULG-
  WENN) 129
LE PUY-DU-FOU 501
LE PUY-NOTRE-DAME 374
LE THOUREIL 331
LE TRONCHET 246
LE VANNEAU................ 534
LE VAUDELENAY 375
LE VIEIL...................... 452
LE VIEIL-BAUGÉ 425
LES ÉPESSES 502
LES GRANGES (plage) 481
LES FOSSÉS-BLANCS 151
LES HERBIERS 503
LES LUCS-SUR-BOULOGNE
  (mémorial) 509
LES MAGNILS-REIGNIERS
  (église Saint-Nicolas)....... 494
LES MOUTIERS-EN-RETZ ... 99
LES MOUTIERS-SUR-LE-LAY (église). 494
LES PONTS-DE-CÉ 325
LES RAIRIES 427
LES ROSIERS-SUR-LOIRE... 334
LES SABLES-D'OLONNE 470
LIEU-DIEU (abbaye de) 486
LIGNIÈRES-ORGÈRES 213
LION-D'ANGERS (LE)........ 418
LIRÉ 403
LITTORAL VENDÉEN........ 465
LOIR (vallée du)............. 262
LOIRE...................... 80
LOIRE-ATLANTIQUE 53
LORIE (château de la) 419
LOROUX-BOTTEREAU (LE).. 83
LOUÉ 285
LOUIS XVI (statue de) 83
LOUISFERT 168
LUÇON..................... 489
LUCS-SUR-BOULOGNE (mé-
  morial des)................ 509
LUDE (LE).................. 271

– M –

MACHECOUL (MACHIKOUL). 96
MADAME (grotte)............ 145
MAGNANNE (château de) 195
MAGNÉ 532
MAGNILS-REIGNIERS (église
  Saint-Nicolas des) 494
MAILLÉ..................... 539
MAILLEZAIS 523
MAINE ANGEVIN............ 195
MAINE NORMAND 243
MAINE-ET-LOIRE (départe-
  ment de ; ANJOU)......... 291
MALICORNE-SUR-SARTHE .. 287
MAMERS.................... 251
MANS (LE) 224
MARAIS BRETON-VENDÉEN. 437
MARAIS DESSÉCHÉ 539
MARAIS MOUILLÉ........... 523
MARAIS POITEVIN 510
MARAIS SALANTS 453
MARANS 542
MARCÉ 323
MARÇON................... 269
MAREUIL-SUR-LAY 494
MARSAC-SUR-DON (MARZ-
  HEG)..................... 161
MARTIGNÉ-BRIAND (château
  de)...................... 388
MARTINIÈRE (canal de la) ... 110
MASSERAC (MERZHEREG).. 162
MASSEREAU (réserve orni-
  thologique de l'île de) 111
MAUGES (région des) 396
MAULÉVRIER (parc oriental
  de)...................... 414
MAYENNE.................. 204
MAYENNE (la) 173
MAYUN 151
MAZÉ 338
MAZEAU (LE) 527
MÉE (pays de la) 162
MEILLERAYE-DE-BRETAGNE (LA) 167
MELLERAY (abbaye de) 167
MÉLUSINE (pays de) 521
MÉNIL...................... 195
MÉNITRÉ (LA ; base nautique
  et de loisirs de)............ 329
MÉRON 374

MERVENT 522	MONTMIRAIL 258
MERVENT (forêt de) 521	MONTREUIL-BELLAY 370
MERZHEREG (MASSERAC).. 162	MONTSIREIGNE 499
MESLAY-DU-MAINE 195	MONTSOREAU 362
MESQUER-QUIMIAC (MESKER). 145	MORTAGNE-SUR-SÈVRE.... 504
MEULE (port de LA) 460	MOTHE-ACHARD (LA) 482
MÉZANGERS 204	MOTTE-GLAIN (château de la) . 166
MILCENDEAU-JEAN YOLE (musée) 464	MOUAIS.................... 167
MINE BLEUE 421	MOUCHAMPS 504
MINES ET MINÉRAUX (musée des).................. 156	MOUILLERON-EN-PAREDS .. 495
MOISDON-LA-RIVIÈRE 166	MOULIHERNE (église de) 426
MONTAIGU.................. 508	MOUTIERS-EN-RETZ (LES).. 99
MONTAIGU (site et chapelle de) 204	MOUTIERS-LES-MAUXFAITS. 488
MONTGEOFFROY (château de) 338	MOUTIERS-SUR-LE-LAY (église des) 494
MONTJEAN-SUR-LOIRE 393	MOUZILLON 85

– N –

NANTES (NAONED) 59	NOTRE-DAME-DE-MONTS... 461
NEUF (étang) 218	NOTRE-DAME-DU-VIEUX-POUZAUGES (église)...... 499
NEUFCHÂTEL-EN-SAOSNOIS . 251	NOYANT 426
NIEUL-SUR-L'AUTISE 528	NOYANT-LA-GRAVOYÈRE... 419
NOÉ DE BEL AIR (château de). 85	NOZAY..................... 167
NOIRMOUTIER (île de) 444	NYOISEAU 421
NOIRMOUTIER-EN-L'ÎLE..... 446	
NOTRE-DAME-DE-LA-ROË... 191	

– O –

OISEAUX (jardin des) 290	OLONNE-SUR-MER 480
OLONNE (forêt d') 481	ORBIÈRE (hélice terrestre de l') 332
OLONNE (marais d') 481	ORME (ferme de l') 156
OLONNE (pays d') 470	OUDON (OUDON)........... 171

– P –

PAIMBŒUF (PEMBO)........ 109	PEMBO (PAIMBŒUF)........ 109
PALLET (LE ; AR PALEZ).... 85	PEN AR REN (calvaire de) ... 145
PAPÉA (parc récréatif de) 243	PEN BRON 142
PARÇAY-LES-PINS........... 426	PENC'HERIEG (PIRIAC) 143
PASSAY.................... 95	PERCHE SARTHOIS 252
PÉ (moulin du) 84	PERSEIGNE (forêt de) 250

PETITE-CHARNIE (forêt de la) . 286
PETITE-COUÈRE (domaine
  de la)...................... 421
PIERRE-LEVÉE (château de ;
  pays d'Olonne) 481
PIERRE-LEVÉE (fort de ; île
  d'Yeu)..................... 459
PIN (jardin du château du).... 395
PIRIAC (PENC'HERIEG) 143
PISSARRO (circuit du peintre) 211
PLAINE-SUR-MER (LA ;
  PLAEN-RAEZ) 105
PLESSIS-BOURRÉ (château du) 417
PLESSIS-MACÉ (château du) . 417
POMMES TAPÉES (troglo des). 361
PONCÉ-SUR-LE-LOIR 262
PONTCHÂTEAU (PONT KAS-
  TELL-KEREN).............. 159
PONTIGNÉ 425
PONT-MAHÉ................. 145
PONTMAIN 215
PONTS-DE-CÉ (LES) 325
PORNIC (PORNIZH)......... 100
PORNICHET (PORNIZHAN) .. 123
PORT-JOINVILLE 459
PORT-LÉRAT 142
PORT-SALUT (abbaye du) ... 187
POUANCÉ (forteresse de).... 420
POULIGUEN (LE ; AR
  POULGWENN)............. 129
POUZAUGES 497
PRÉ-EN-PAIL 212
PRÉFAILLES (PRADVAEL)... 105
PREUILLE (château de la).... 509
PRÉVELLES 256
PRIGNY (chapelle de)........ 99
PUY-DU-FOU (LE)........... 501
PUY-NOTRE-DAME (LE) 374

– R –

RABLAY-SUR-LAYON 388
RAGUIN (château de)........ 421
RAIRÉ (moulin à vent de) 440
RAIRIES (LES).............. 427
RANROUËT (château de) 152
RÉAUMUR................... 499
RENAUDIES (jardin des) 214
RENAZÉ..................... 191
RENÉ (halles et vitraux de) ... 246
RÉORTHE (LA) 495
RETZ (pays de) 93
RIVIÈRE (maison de la) 419
ROCHE (butte de LA)........ 83
ROCHEFORT-SUR-LOIRE ... 389
ROCHEMENIER............. 383
ROCHE-SUR-YON (LA) 432
RONDE (LA) 544
ROSIERS-SUR-LOIRE (LES) . 334
ROUEZ-EN-CHAMPAGNE.... 287
ROZÉ 150

– S –

SABLES-D'OLONNE (LES) ... 470
SABLÉ-SUR-SARTHE........ 279
SABOT (maison du) 251
SAINT-ANDRÉ-DES-EAUX ... 152
SAINT-ANDRÉ-DE-LA-
  MARCHE 414
SAINT-AUBIN-DE-LUIGNÉ ... 389
SAINT-AUBIN-DES-
  CHÂTEAUX................ 168
SAINT-AUBIN-DES-
  COUDRAIS 258
SAINT-BARTHÉLÉMY-
  D'ANJOU 324
SAINT-BENOIST-SUR-MER .. 489
SAINT-BRÉVIN (SENT-
  BREWENN)................ 107
SAINT-CALAIS 260
SAINT-CHRISTOPHE (église). 504
SAINT-CYR-EN-TALMON-
  DAIS 489
SAINT-DENIS-D'ANJOU...... 195
SAINT-DENIS-DU-MAINE 196

SAINT-DENIS-DU-PAYRÉ (réserve naturelle Michel-Brosselin de) 548
SAINT-FIACRE-SUR-MAINE.. 93
SAINT-FLORENT-LE-VIEIL ... 399
SAINT-GEMMES-LE-ROBERT 204
SAINT-GEORGES-DE-REX... 535
SAINT-GEORGES-DES-SEPT-VOIES............... 332
SAINT-GEORGES-DU-ROSAY................... 258
SAINT-GEORGES-SUR-LOIRE (mairie de) 393
SAINT-GILDAS-DES-BOIS (église de) 159
SAINT-GILLES-CROIX-DE-VIE 465
SAINT-HILAIRE-DE-LOULAY . 509
SAINT-HILAIRE-DE-RIEZ..... 464
SAINT-HILAIRE-LA-PALUD ... 537
SAINT-HILAIRE-SAINT-FLORENT 358
SAINT-JEAN-DE-MONTS..... 462
SAINT-JULIEN-DE-VOUVANTES (église de) ... 166
SAINT-LAMBERT-DU-LATTAY 388
SAINT-LAURENT-DE-LA-PLAINE.................... 397
SAINT-LAURENT-DES-AUTELS 406
SAINT-LAURENT-SUR-SÈVRE 506
SAINT-LÉONARD-DES-BOIS . 248
SAINT-LYPHARD............. 151
SAINT-MARCEAU (prieuré de) 247
SAINT-MARTIN-DE-LARS-EN-SAINTE-HERMINE......... 495
SAINT-MATHURIN-SUR-LOIRE..................... 328
SAINT-MAUR (abbaye de).... 333
SAINT-MAUR (cave champignonnière de)............ 375
SAINT-MESMIN-LA-VILLE (château de) 560
SAINT-MICHEL-CHEF-CHEF . 107
SAINT-MICHEL-EN-L'HERM .. 547
SAINT-MICHEL-MONT-MERCURE................ 500
SAINT-NAZAIRE (SANT-NAZER) 111

SAINT-NAZAIRE (terminaux de)...................... 122
SAINT-NICOLAS-DE-REDON (SANT-NIKOLAZ-AN-HENT) 160
SAINT-OUEN-DES-TOITS 218
SAINT-PHILBERT-DE-GRAND-LIEU (site de l'abbatiale de) 95
SAINT-PIERRE-DE-MONTRELAIS (église) 171
SAINT-PIERRE-EN-VAUX (église de) 333
SAINT-PROUANT 499
SAINT-RÉMY-LA-VARENNE.. 330
SAINT-SAUVEUR 460
SAINT-SIGISMOND.......... 526
SAINT-SIMON (chapelle) 83
SAINT-SULPICE-LE-VERDON 509
SAINT-SYMPHORIEN (église) 425
SAINT-VINCENT-SUR-JARD.. 484
SAINTE-HERMINE........... 494
SAINTE-MACRINE (chapelle) . 533
SAINTE-MARGUERITE 122
SAINTE-SUZANNE 199
SALLERTAINE 440
SANT-NAZER (SAINT-NAZAIRE) 111
SANT-NIKOLAZ-AN-HENT (SAINT-NICOLAS-DE-REDON)................... 160
SANZIERS 375
SARRÉ (moulin à eau de) 333
SARTHE.................... 221
SARTHE (vallée de la) 279
SAULGES 196
SAUMUR 341
SAUVETERRE (plage de) 481
SAVENNIÈRES 393
SEGRÉ..................... 419
SEMUR-EN-VALLON 260
SENT-BREWENN (SAINT-BRÉVIN)................... 107
SERRANT (château de) 393
SIFFAIT (folies).............. 172
SILLÉ-LE-GUILLAUME....... 243
SION-LES-MINES 168
SOLESMES................. 282
SOULLANS 464
SPAY 243
SUZE-SUR-SARTHE (LA) 289

– T –

TALMONT-SAINT-HILAIRE ... 483	TOTAL FINA ELF (raffinerie).. 122
TAUGON 545	TRANCHE-SUR-MER (LA).... 486
THÉVALLES (moulin de) 199	TRÉLAZÉ.................... 325
THIRÉ...................... 495	TROIS-RIVIÈRES (pays des) . 152
THOUREIL (LE) 331	TRONCHET (LE) 246
TIFFAUGES 506	TROTTÉ (moulin de)......... 213
TIGNÉ...................... 388	TUFFÉ 256
TISSERANDS MAYENNAIS (musée des) 208	TURBALLE (LA ; AN TUR-BALL) 140
TOILES DE MAYENNE 207	TURQUANT................. 360

– V –

VAAS 270	VIE D'AUTREFOIS (musée de la) 246
VAIR (château de) 171	VIE RURALE (maison de la) .. 501
VALLET (GWALED).......... 84	VIEIL (LE) 452
VANNEAU (LE).............. 534	VIEIL-BAUGÉ (LE)........... 425
VARADES 171	VIGNE (musée de la) 266
VARENNES (base de loisirs du lac de).................. 269	VIGNOBLE NANTAIS (pays du) 80
VAUDELENAY (LE).......... 375	VILLAINES-LA-GONAIS 256
VÈGRE (vallée de la) 284	VILLAINES-LA-JUHEL 213
VENDÉE (LA) 428	VIOREAU (grand réservoir de) 167
VENDÉE (mémorial de) 509	VIRÉ-EN-CHAMPAGNE 287
VENISE VERTE 523	VIVOIN (prieuré de).......... 246
VERTOU (GWERZHAV)...... 91	VOUVANT................... 521
VIBRAYE................... 259	VOUVRAY-SUR-LE-LOIR (cave municipale de) 269

– Y –

YEU (île d') 453	YVRÉ-L'ÉVÊQUE............ 242

OÙ TROUVER LES CARTES ET LES PLANS ?

Angers 300
Flèche (La) 275
Fontenay-le-Comte.......... 517
Laval...................... 180
Loire-Atlantique (la) 56
Luçon 491
Maine-et-Loire (le) 292
Mans (Le).................. 227
Marais poitevin (le) 512
Mayenne (la)............... 174
Nantes 62
Noirmoutier (l'île de) 445
Noirmoutier-en-l'Île.......... 447
Pays de la Loire (les) 13
Sables-d'Olonne (Les)....... 472
Saint-Nazaire............... 114
Sarthe (la) 222
Saumur.................... 344
Vendée (la) 430

les **Routards** *parlent aux* **Routards**

Faites-nous part de vos expériences, de vos découvertes, de vos tuyaux pour que d'autres routards ne tombent pas dans les mêmes erreurs.
Indiquez-nous les renseignements périmés. Aidez-nous à remettre l'ouvrage à jour. Faites profiter les autres de vos adresses nouvelles, combines géniales... On adresse un exemplaire gratuit de la prochaine édition à ceux qui nous envoient les lettres les meilleures, pour la qualité et la pertinence des informations. Quelques conseils cependant :
– Envoyez-nous votre courrier le plus tôt possible afin que l'on puisse insérer vos tuyaux sur la prochaine édition.
– N'oubliez pas de préciser sur votre lettre l'ouvrage que vous désirez recevoir.
– Vérifiez que vos remarques concernent l'édition en cours et notez les pages du guide concernées par vos observations.
– Quand vous indiquez des hôtels ou des restaurants, pensez à signaler leur adresse précise et, pour les grandes villes, les moyens de transport pour y aller. Si vous le pouvez, joignez la carte de visite de l'hôtel ou du resto décrit.
– À la demande de nos lecteurs, nous indiquons désormais les prix. Merci de les rajouter.
– N'écrivez si possible que d'un côté de la lettre (et non recto verso).
– Bien sûr, on s'arrache moins les yeux sur les lettres dactylographiées ou correctement écrites !

Le Guide du routard : 5, rue de l'Arrivée,
92190 Meudon

E-mail : guide@routard.com
Internet : www.routard.com

Routard Assistance *2002*

Vous, les voyageurs indépendants, vous êtes déjà des milliers entièrement satisfaits de Routard Assistance, l'Assurance Voyage Intégrale sans franchise que nous avons négociée avec les meilleures compagnies, Assistance complète avec rapatriement médical illimité. Dépenses de santé, frais d'hôpital, pris en charge directement sans franchise jusqu'à 300 000 € (2 000 000 F) + caution + défense pénale + responsabilité civile + tous risques bagages et photos. Assurance personnelle accidents : 75 000 € (500 000 F). Très complet ! Le tarif à la semaine vous donne une grande souplesse. Chacun des *Guides du routard* pour l'étranger comprend, dans les dernières pages, un tableau des garanties et un bulletin d'inscription. Si votre départ est très proche, vous pouvez vous assurer par fax : 01-42-80-41-57, mais vous devez, dans ce cas, indiquer le numéro de votre carte bancaire. Pour en savoir plus : ☎ 01-44-63-51-00 ; ou, encore mieux, • www.routard.com •

Imprimé en France par Aubin n° L 63008
Dépôt légal n° 18963-2/2002
Collection n° 13 - Édition n° 01
24/3543-6
I.S.B.N. 2.01.243543-2
I.S.S.N. 0768.2034